Renate Herrmann-Winter

Kleines plattdeutsches Wörterbuch für den mecklenburgisch-vorpommerschen Sprachraum

Platt=Deutsches
Wörter=Buch

nach der
alten und neuen
Pommerschen und Rügischen
Mundart

von
Johann Carl Dähnert,
Professor in Greifswald.

Stralsund,
gedruckt bey Christian Lorenz Struck.
1781.

Renate Herrmann-Winter

Kleines plattdeutsches Wörterbuch

für den mecklenburgisch-vorpommerschen Sprachraum

Erschienen bei
Hinstorff Rostock

Hinstorff Bökerie
Niederdeutsche Sprache und Literatur

Herrmann-Winter, Renate:
Kleines plattdeutsches Wörterbuch für den
mecklenburgisch-vorpommerschen Sprachraum.
– 3. Aufl. – Rostock: Hinstorff Verl., 1990
– 400 S.: Ill. – (Hinstorff Bökerie; 18)

ISBN 3-356-00375-5

Hinstorff Bökerie 18
3. Auflage 1990. Lizenz-Nr. 391
Printed in Germany
Schutzumschlag und Einband: Werner Schinko
Typografie: Heinz Holzgräbe
Vignetten: Gerda Nützmann
Bestell-Nr.: 523 0566
Herstellung: Mohndruck, Gütersloh

Vorbericht

Zur Geschichte der mundartlichen Lexikographie im mecklenburgisch-vorpommerschen Sprachraum

Auch Wörterbücher haben ihre Geschichte. Sie beginnt in Mecklenburg und Vorpommern bereits mit dem 15. Jahrhundert in der Zeit des Humanismus. Die entstehenden Wörterbücher, die damals noch Glossare, Vocabulare und Nomenclaturen hießen, wollten für die schulische Unterweisung und für geistliche Studien lateinische Wörter niederdeutsch erklären. Das erste große handschriftliche Zeugnis in unserem Raum stammt aus Stralsund. Es ist ein alphabetisch geordnetes, umfangreiches niederdeutsch-lateinisches Vokabular aus der zweiten Hälfte des 15. Jahrhunderts und verzeichnet mecklenburgisch-vorpommersche Wörter, die vielfach als Synonyme nebeneinandergestellt (wie z. B. *pannekoke efte eyerkoke*) und lateinisch übersetzt werden.[1] Im Jahre 1582 erschien in Rostock das erste gedruckte lateinisch-niederdeutsche Wörterbuch in Mecklenburg, der »Nomenclator latinosaxonicus« von Nathan Chyträus, Universitätsprofessor und erster Rektor der Rostocker Gelehrtenschule. Auch er gibt an, den Wortschatz seiner Zeit und Umgebung aufgezeichnet und dafür sogar Befragungen durchgeführt zu haben. Vierzehn Ausgaben zwischen 1582 und 1621 bezeugen die weite Verbreitung und Nutzung dieses vornehmlich zu Schulzwecken geschaffenen Buches. In Greifswald wurde 1610 ein ähnliches Schulbuch, die »Vocabula rerum in usum scholarum Pomeraniae collecta et usita«, gedruckt, in dem lateinische Wörter in vorpommersches Niederdeutsch übersetzt sind.[2]

Diese frühen Wörtersammlungen aus den Städten Stralsund, Rostock und Greifswald haben, ohne daß sie bewußt dafür angelegt wurden, zur Bewahrung des mittelniederdeutschen Wortschatzes wesentlich beigetragen und sind heute eine sprachhistorische Quelle von großem Wert.

Mit dem Ausklang des Niederdeutschen als Schriftsprache in der zweiten Hälfte des 16. Jahrhunderts ging die Anzahl der niederdeutschen Drucke zurück, und Wörterbücher wurden, da kein Bedürfnis mehr vorlag, nicht geschrieben. Das änderte sich erst in der Mitte des 18. Jahrhunderts, als in Deutschland die Sammlung von »Provinzialwörtern« durch die vielerorts gegründeten »Deutschen Gesellschaften« neuen Auftrieb bekam. In rascher Folge erschienen auch im norddeutschen Sprachraum zahlreiche »Idiotica«, so in Hamburg

1 Das Vokabular ist Bestandteil eines dreiteiligen Handschriftenbandes, der sich unter der Signatur Hs NB 27 im Stadtarchiv Stralsund befindet.

2 Wegener, Philipp: *Vocabula rerum in usum scholarum Pomeraniae collecta et usita.* Greifswald 1610.

1755, in Osnabrück 1756, in Bremen 1767–1771, in Königsberg 1785.[3] Eines der umfangreichsten und in vieler Hinsicht vollkommensten Wörterbücher dieser Art wurde 1781 in Stralsund gedruckt, das »Plattdeutsche Wörterbuch nach der alten und neuen Pommerschen und Rügischen Mundart«. Sein Verfasser, der Greifswalder Bibliothekar und Professor für schwedisches Staatsrecht Johann Carl Dähnert, wollte mit seinem Buch in erster Linie praktischen Belangen dienen und für alle, die des Plattdeutschen nicht mächtig waren, eine Übersetzungshilfe in Form eines »maessigen Handbuches« schaffen, das »am Ende gemeinnützig und ein Buch für jedermann« sein sollte. Dähnert sammelte und bearbeitete den Wortschatz Vorpommerns nach Prinzipien, die zum Teil heute noch zu den wesentlichsten Grundsätzen moderner Lexikographie gehören: den zeitgenössischen alltäglichen Wortschatz möglichst vollständig zu erfassen einschließlich seiner Kraftausdrücke, der geläufigen Sprichwörter und Redensarten, d. h. »die ganze und volle Plattdeutsche Sprache«, und das historische Sprachgut nur insoweit zu berücksichtigen, wie es für die eigene Zeit noch eine Bedeutung hat. Sein Hauptanliegen war es, »die Bedeutung der Wörter richtig zu bestimmen«, und die Orthographie sollte die Aussprache der Mehrheit unmittelbar widerspiegeln.

In Rostock war bereits 1757 der erste Teil eines »Idioticon Mecklenburgense juridico-pragmaticum« als akademische Disputation in lateinischer Sprache erschienen, fortgeführt von 1761–1766 in der Zeitschrift »Bützowsche Ruhestunden«. Der Rostocker Rechtsprofessor Ernst Johann Friedrich Mantzel, Autor dieses Idioticons, schuf wie Dähnert mit seinen Worterklärungen ein Hilfsmittel zum Verständnis der niederdeutschen Mundart, speziell für Gericht und Verwaltung, die täglich einer noch überwiegend plattdeutsch sprechenden Bevölkerung gegenüberstanden. Diesem Bemühen verdanken wir seine Sammlung von über 1500 niederdeutschen Wörtern vorwiegend aus ländlichen Arbeits- und Lebensbereichen.

Es hat am Ende des 18. und in der ersten Hälfte des 19. Jahrhunderts in der Nachfolge Dähnerts – vor allem in Pommern, aber auch in Mecklenburg – nicht an weiteren Versuchen gefehlt, ergänzende und auch für andere niederdeutsche Gegenden gültige Wortschatzsammlungen anzulegen. Sie sind, oft recht umfänglich, alle handschriftlich geblieben, nur einzelne Proben erschienen gedruckt. Auch das großangelegte niederdeutsche Wörterbuch des Greifswalder Professors Johann Gottfried Ludwig Kosegarten kam nicht über den Buchstaben A (a – angetoget) hinaus.[4]

Die mundartliche Lexik einzelner Sachgebiete, wie der Fische und Vögel oder der Medizin, ist seit dem ausgehenden 18. Jahrhundert im Zusammen-

3 Richey, Michael: *Idioticon Hamburgense.* Hamburg 1755; Strodtmann, Johann Christoph: *Idioticon Osnabrugense.* Osnabrück 1756; *Versuch eines bremisch-niedersächsischen Wörterbuchs.* Hrsg. von der Bremischen Deutschen Gesellschaft. Theil 1–5, Bremen 1767–1771; Hennig, Georg, Ernst Sigismund: *Preußisches Wörterbuch.* Königsberg 1785.

4 Kosegarten, Johann Gottfried Ludwig: *Wörterbuch der Niederdeutschen Sprache älterer und neuerer Zeit,* Bd. 1, Lfg. 1–3. Greifswald 1856–1860.

hang mit regionalen naturkundlichen Studien oder auch als Dissertation gesondert veröffentlicht worden.[5]

Auch die im 19. Jahrhundert zu neuem Selbstbewußtsein erwachte niederdeutsche Literatur schuf sich ihre eigenen Wörterverzeichnisse in einzelnen Ausgaben oder, wie im Falle Fritz Reuters, für das dichterische Gesamtwerk.[6]

Neue Anregungen, Anstöße und Ansätze zum Sammeln und Archivieren des Plattdeutschen gingen am Ende des 19. und zu Beginn des 20. Jahrhunderts wiederum nicht allein von sprachwissenschaftlicher Seite aus. Es waren vielmehr Heimatforscher und Volkskundler, deren bewahrendes Interesse auch der niederdeutschen Mundart galt. Richard Wossidlo (1859–1939), der »mecklenburgische Volksprofessor«, erfragte ein Leben lang den Wortschatz mecklenburgischer Bauern, Tagelöhner, Handwerker, Seeleute und Fischer. Mit mehr als zwei Millionen Aufzeichnungen, dem Ergebnis seiner rastlosen und hingebungsvollen Sammeltätigkeit, schuf er ein bleibendes Zeugnis der materiellen und geistigen Lebenswelt seiner Heimat. Er legte damit zugleich das Fundament für das große »Mecklenburgische Wörterbuch«, das der Rostocker Ordinarius für Niederdeutsch Hermann Teuchert 1926 begründete. Seit 1942 erscheint in einzelnen Lieferungen der siebenbändige, nunmehr nahezu abgeschlossene »Wossidlo-Teuchert«. Diese Enzyklopädie, in der das Wort- und Sachgut Mecklenburgs umfassend beschrieben sowie in historische und landeskundliche Zusammenhänge gestellt wird, erarbeiten heute Wissenschaftler der Sächsischen Akademie der Wissenschaften. Das zweite geplante große Regionalwörterbuch in unserem Raum, das Pommersche Wörterbuch, stand von Anbeginn an unter einem ungünstigen Stern. Fast zeitgleich mit dem Mecklenburgischen Wörterbuch wurde es 1925 in Greifswald ins Leben gerufen, doch anders als in Mecklenburg wechselten seine Leitung und Konzeption allzu häufig. Hinzu kamen mehrfache unwiederbringliche Verluste von Archivmaterialien. Erst der intensive Neubeginn der Sammlungen nach 1945 führte zum Aufbau eines alphabetisch eingerichteten Wörterbucharchivs mit einem Bestand von über einer Million Belegzetteln.

5 Siemssen, Adolph Christian: *Die Fische Mecklenburgs.* Rostock und Leipzig 1794; ders.: *Handbuch zur systematischen Kenntniß der Mecklenburgischen Land- und Wasservögel.* Rostock und Leipzig 1794; Niemann, Theophilus: *Specimen inaugurale physico-medicum sistens prodomum idiotici Mecklenburgensis.* Rostock 1798; Gilow, Christian: *De Diere, as man to seggt un wat's seggen.* Anklam 1871; ders.: *De Planten, as man to seggt un wat's seggen,* 7 Theile, ebda 1878.

6 Müller, Carl Friedrich: *Reuter-Lexikon. Der plattdeutsche Sprachschatz in Fritz Reuters Schriften.* Leipzig (1904). Mi = Sibeth, Friedrich Georg: *Wörterbuch der Mecklenburgisch-Vorpommerschen Mundart.* Leipzig 1876, Oktav, 110 S.

Zur Anlage des Wörterbuchs

Das »Kleine plattdeutsche Wörterbuch« beschreibt die allgemeinsprachliche plattdeutsche Lexik, wie sie in den drei Nordbezirken der DDR, Rostock, Schwerin und Neubrandenburg, heute sprachüblich ist. Es berücksichtigt aber auch veraltendes Wortgut, das nur noch älteren Mundartsprechern bekannt ist oder in der niederdeutschen Literatur vorkommt (z. B. *Dünning, Muschpaach*). Diese Wörter werden im Wörterbuch durch den Zusatz ›veralt.‹ unmittelbar hinter dem Stichwort gekennzeichnet. Wegen ihrer Bedeutung für das Verständnis älterer niederdeutscher Texte sind auch historische Lexeme (›hist.‹) ausgewählt worden, die in der Sprachverwendung nicht mehr üblich sind (z. B. *Kennewarden, Klaatsch*) oder/und deren Denotate heute nicht mehr existieren (z. B. *Bäsmer, Kossät*). Neue, dem niederdeutschen Lautsystem angepaßte Lehnübersetzungen aus dem Hochdeutschen sind nur dann als Stichwörter aufgenommen worden, wenn es sich um zentrale Wörter aus dem aktuellen Sprachgebrauch handelt, die nicht allein mündlich, sondern im allgemeinen auch im niederdeutschen Schrifttum bezeugt sind. Viele hochdeutsche Fachwörter aus den unterschiedlichsten Gebieten, wie Technik, Wissenschaft, Bildung, Sport, Gesundheitswesen, bleiben heute in der niederdeutschen Alltagsrede unverändert oder werden, wo es möglich ist, annähernd lautgerecht ins Niederdeutsche übertragen (*Waschmaschien, Hochschaul, Jugendweih, Ieshockey, Reihenunnersuchung*). Das geschieht spontan und okkasionell in jedem Gespräch. Sie gehören nicht ins Wörterbuch. Niederdeutsche Wörter mit einer fachspezifischen Bedeutung, die auch über das Fachgebiet (etwa Landwirtschaft, Handwerk, Seefahrt, Fischerei) hinaus bekannt ist, sind aufgenommen und besonders gekennzeichnet worden (z. B. landw., fischerspr., seem.).

Pflanzen- und Tiernamen wurden berücksichtigt, wenn ihre Bekanntheit vorausgesetzt werden konnte. Bei weniger verbreiteten Arten wird der wissenschaftliche Terminus angegeben. Eigennamen bleiben unberücksichtigt, mit Ausnahme der häufigen Diminutivformen von Rufnamen (z. B. *Krischan* Christian, *Örcher* Georg), deren niederdeutsche Lautform ohne Erklärung oft keine Zuordnung zu ihren hochdeutschen Entsprechungen ermöglicht.

Stilistische Bewertungen werden vereinzelt gegeben (z. B. scherzh., salopp, derb). Wenn ein Wort zusätzlich als ›umg.‹ gekennzeichnet ist, bezieht sich dieses auf seine Verwendung in der Sprachform ›Norddeutsche Umgangssprache‹, nicht auf eine stilistische Bewertung. Die Kennzeichnung ›liter.‹ besagt, daß der Gebrauch dieses Wortes nur schriftlich nachgewiesen werden konnte.

Komposita werden, wenn es mehr als drei sind, unmittelbar im Anschluß an das Bestimmungswort in Gruppen behandelt, die in sich alphabetisch geordnet sind. Das gleiche gilt für die trennbaren Präfixverben, die einen nicht unerheblichen Anteil am Gesamtwortschatz des Niederdeutschen haben. Ins Wörterbuch aufgenommen werden konnten aber nur die am häufigsten gebrauchten und solche, deren Semantik sich nicht ohne weiteres aus der Summe ihrer Bestandteile erschließen läßt.

Zur Materialgrundlage

Die wichtigsten Materialgrundlagen für das »Kleine plattdeutsche Wörterbuch« bilden Wortschatzsammlungen des Pommerschen Wörterbucharchivs, das heute ebenso wie die Arbeitsstellen für Mundartwörterbücher in der DDR zur Sächsischen Akademie der Wissenschaften gehört. Sie beinhalten im wesentlichen Verschriftlichungen gesprochener niederdeutscher Mundart aus den letzten 35 Jahren. Diese Lexik ist sowohl durch Fragebogen als auch durch Direktaufnahmen erhoben worden. Hinzu kommen Exzerpte aus zeitgenössischer und historischer Dialektliteratur, aus Heimatzeitschriften, Zeitungen, dialektologischer Fachliteratur und ausgewählten historischen Quellen.

Für unser Wörterbuch wurde das Wortmaterial aus dem vorpommerschen Raum, der sich in östlicher Richtung unmittelbar an Mecklenburg anschließt, ausgewertet. Es ist das Küstengebiet der DDR einschließlich Rügen, östlich der Linie Damgarten, Tribsees, Demmin, Altentreptow, Pasewalk, Löcknitz. Die hier gesprochene niederdeutsche Mundart weist in ihren Grundzügen so große Übereinstimmungen mit der benachbarten mecklenburgischen Mundart auf, daß sie zusammen mit dieser eine eigenständige »mecklenburgisch-vorpommersche Gruppe« innerhalb der ostniederdeutschen Mundarten bildet. Deshalb konnte für die Auswahl und Festlegung der Stichwörter das Mecklenburgische Wörterbuch zum Vergleich herangezogen werden. Es war zudem unentbehrliches Hilfsmittel für Angaben über die Verbreitung von Laut- und Wortvarianten in Mecklenburg sowie für Sachinformationen bei der Beschreibung von Realien.

Weitere Quellen für das »Kleine plattdeutsche Wörterbuch« sind ein umfangreiches Wortmaterial, das vom Verfasser auf Rügen gesammelt worden ist, sowie Exzerpte aus modernen niederdeutschen Bühnenstücken und Tageszeitungen aus den Nordbezirken. Die zeitlichen und stilistischen Angaben im Wörterbuch über die Verwendung der Lexik beruhen zu einem großen Teil auf eigenen Erhebungen zur Bewertung niederdeutscher Wörter in den letzten fünf Jahren. Aus dem »Kleinen Sprachlehrgang Plattdeutsch von A–Z«, Teil 1 und 2, Rostock 1982/83, des Verfassers wurden Stichwörter und Artikel in dieses Wörterbuch übernommen.

Stichwörter und Artikelaufbau

Das fettgedruckte Stichwort ist eine mundartliche Leitform. Wenn es von einem Stichwort mehrere großräumige Lautvarianten gibt, erscheinen sie alle fettgedruckt. Alphabetisches Ordnungswort ist stets nur das erste, doch gibt die Reihenfolge der Stichwörter im allgemeinen die Rangfolge ihrer Häufigkeit an.

Bei Wörtern mit den alten Langvokalen e und o stehen die diphthongischen Formen immer vor den monophthongischen (**leif, leef; Kauken, Koken; säut, söt**).

Die Lautformen in den illustrierenden Beispielsätzen innerhalb der einzelnen Wortartikel können von den normalisierten Stichwörtern abweichen, da sie die mundartliche Rede eines Sprechers möglichst lautgetreu (z. T. unter Verwendung zusätzlicher Bezeichnungen für die Stimmhaftigkeit und Überlänge von Vokalen und Konsonanten) wiedergeben.

Wegen der relativ großen Einheitlichkeit des Mundartgebietes, der leichteren Lesbarkeit der Artikel und nicht zuletzt aus Platzgründen wurde auf Ortsangaben für die Belegsätze verzichtet. Bei Stichwörtern, die nicht im gesamten Sprachraum gelten, wird ihre Verbreitung zu Beginn des Artikels angegeben.

In einem kleinen Dialektwörterbuch verbieten sich ausführliche grammatische Kommentare. Doch wird nach Möglichkeit zu jedem Stichwort (mit Ausnahme der Verben, Artikel, Numeralia und Interjektionen), das sich einer Wortart zuordnen läßt, eine direkte Wortangabe (Adj., Adv., Pron.; m., f., n. für die Substantive) gemacht. Wo es nötig ist, folgen Hinweise zur Aussprache, Angaben über die zeitliche Geltung (veralt., hist.), die fachspezifische Verwendung (z. B. landw., seem.), eine eingeschränkte regionale oder überregionale (umg.) Geltung sowie über die stilistische Bewertung (scherzh., spött., salopp). Die Wortinhalte werden hochdeutsch erklärt. Das geschieht in den meisten Fällen durch die Übersetzung des Stichwortes, wo eine lautsprachliche Umsetzung nicht möglich ist, in Form einer Umschreibung und, wenn nötig, mit Hilfe einer Sachbeschreibung, wobei vielfach volkskundliche Bezüge hergestellt werden. Auf die Definition folgen grammatische Angaben zur Pluralbildung der Substantive, von Konjugationsformen der Verben im Singular, Präteritum und Partizip Perfekt sowie Diminutivformen und unregelmäßige Steigerungsformen von Adjektiven.

Danach stehen Textbeispiele und Phraseologismen sowie Redensarten und Sprichwörter. Mitunter folgen etymologische Hinweise auf fremdsprachliche Entlehnungen oder andere Worterklärungen. Zum Schluß vieler Wortartikel werden Synonyme angeführt. Angesichts des Synonymenreichtums im Plattdeutschen kann auch hier keine Vollständigkeit angestrebt werden. Nicht alle Synonyme sind zugleich Stichwörter. Durch kursives Schriftbild werden diejenigen gekennzeichnet, die nicht in der alphabetischen Ordnung des Wörterbuches zu finden sind. Wörter, die zur etymologischen Erklärung angeführt werden, sind ebenfalls kursiv gedruckt.

Zur Orthographie

Die im Wörterbuch angewandte Orthographie beruht bei der Kennzeichnung von Quantität und Qualität der niederdeutschen Vokale sowie von stellungsbedingten Konsonantenvarianten auf folgenden Grundsätzen:

Vokallänge

Die Vokale a, o, u, ä, ö, ü sind ohne besondere Kennzeichnung lang,

- wenn sie in zweisilbigen Wörtern in offenen Tonsilben stehen (*baben, Bäsing, roken, buten, läben, Köter, rüken*).
- wenn sie in einsilbigen Wörtern vor einem Konsonanten stehen (*Rat, Rok, Hus, Buk, Näs, Dör, Für, Krüz; mal, ok, ut, vör, väl, hüt; -bor, -los, -sam*).
- wenn sie (einschließlich i) in einsilbigen Wörtern im absoluten Auslaut stehen (*bi, wi, di, Fru*).

Die Länge der Vokale a, e, o, u, ä, ö, ü wird durch Buchstabenverdopplung gekennzeichnet,

- wenn auf den Vokal zwei oder mehr Konsonanten folgen (*naakt, Aaft, suupt, däächt, Kuurn, Goorn*).
- wenn die Vokale in zweisilbigen Wörtern in offenen Tonsilben vor ch, sch, st stehen (*Joochen, Hüüschen, Hoosten*).

Der Langvokal i wird als ie geschrieben (*kieken, Wiem, schmieten, schrieben*).

Für den Langvokal e gilt zusätzlich zum Vorherigen die Buchstabenverdopplung auch vor einfachen Konsonanten in geschlossener Silbe (*een, ees, Been, Kleed, Breef*).

Die Länge der Vokale a, e, i, o, ä, ö, ü wird in niederdeutschen Wörtern, deren Orthographie nach ihren hochdeutschen Entsprechungen ausgerichtet ist, durch Dehnungs-h bezeichnet (*Hauhn, Häuhner, stahn, stah, Kreih, Mäuh, Bräuh, Dreih, gahn, Uhr* »Ohr«).

- Die Dehnung durch h entfällt, wenn zwischen dem niederdeutschen Wort und seiner hochdeutschen Entsprechung keine semantische Identität mehr besteht (*Bœn, bören, verfiert*).
- Bei Dehnung durch h nach hd. Vorbild entfällt die Buchstabenverdopplung (*Wihnachten*).

Vokalkürze

Kürze der Vokale a, e, i, o, u, ä, ö, ü wird durch Verdopplung des nachfolgenden Konsonanten bezeichnet (*Katt, Kopp, Schipp, hei gifft, du bliffst, Bütt, lött*).

- Die Buchstabenverbindungen ch, sch, ss, st werden nicht verdoppelt.
- Bei kurzen, wenig betonten Wörtern (vor allem Präpositionen und Pronomen) tritt die Verdopplung nicht ein (*an, bet, hen, dat, is, as, bün, sik, rup, rum*).

Vokalqualität

Die Qualitätsunterschiede bei den niederdeutschen Langvokalen e und ö werden in der Schreibung berücksichtigt.

- Wir unterscheiden langes geschlossenes e (*bleef, geef, ehr*) von langem offenem e = ä (*Häben, Läben, väl, vergäten, Mähl*).
- Wir unterscheiden langes geschlossenes ö (*glöben, röp, Dör, Möl*) von langem offenem ö = œ (*Bœn, Kœk, brœsig, œwer, Kœm, Mœhl*).

Apostroph

Ein Apostroph wird gesetzt bei

- Ausstoß von Vokalen und Konsonanten, wenn Wörter zusammengezogen werden (*an'n, an't, bi't, wier't, up't, up'e*);
- Überlänge von Vokalen oder Diphthongen (*Bä'* »Bitte«, *sä'* »sagte«, *Lü'* »Leute«, *bei'* »beide«);
- Überlänge von Nasalen, Gutturalen und Spiranten (*hemm', Kunn', Stunn', denn', Jung', lang', Lüs', Müs'*).

Spirantisierung

Die Spirantisierung von g und gg im In- und Auslaut wird orthographisch wiedergegeben, und zwar als ch (*mach, kreech, blaach, sechst, licht, fröcht*).

Die Endung -ig am Wortende wird, wie im Hd., ohne besondere Kennzeichnung spirantisch ausgesprochen (*bannig, orrig, bramstig*).

Auslautverhärtung

Tritt w in den absoluten Auslaut, so wird f geschrieben (*bleef, schreef, Wief, leef, Deef, Breif*).

Steht w vor einem oder mehreren Konsonanten, wird ebenfalls f bzw. ff geschrieben (*Haafk, blifft, schrifft*).

Eine Kennzeichnung der Auslautverhärtung bei den Konsonanten b, d, g, s unterbleibt. Ihre Schreibung richtet sich nach dem Hochdeutschen (*gaut, Tiet, Brut, Kleed, Hund*). Für ihre Aussprache gilt wie im Hd. b>p, d>t, g>k, sth. s>stl. s, wenn sie an das absolute Wortende treten oder wenn rechts von ihnen ein Konsonant steht.

Verzeichnis der Abkürzungen

Abb.	= Abbildung
abwert.	= abwertend
Adj.	= Adjektiv
Adv.	= Adverb
Akk.	= Akkusativ
allg.	= allgemein
Art.	= Artikel
as.	= altsächsisch
dän.	= dänisch
Dat.	= Dativ
Demonstr. Pron.	= Demonstrativpronomen
Dim.	= Diminutiv
ebda	= ebenda
eigtl.	= eigentlich
EN	= Eigenname
engl.	= englisch
f.	= Femininum
fachspr.	= fachsprachlich
fischerspr.	= fischersprachlich
FLN	= Flurname
FN	= Familienname
frz.	= französisch
gespr.	= gesprochen, ausgesprochen
hd.	= hochdeutsche Standardsprache
Hidd.	= Hiddensee
hist.	= historisch; mit ›hist.‹ werden Wörter gekennzeichnet, die heute nicht mehr verwendet und verstanden werden oder/und wo die durch sie bezeichnete Sache nicht mehr existiert.
Indef.Pron.	= Indefinitpronomen
Intens.	= Intensivform
Interj.	= Interjektion
Inter.Pron.	= Interrogativpronomen
intrans.	= intransitiv
iron.	= ironisch
jmd.	= jemand
Jh.	= Jahrhundert
kinderspr.	= kindersprachlich
Komp.	= Komparativ
Konj.	= Konjunktion
landw.	= landwirtschaftlich
lat.	= lateinisch
Lehnw.	= Lehnwort
liter.	= literarisch; nur im Schrifttum belegt
m.	= Maskulinum
mecklbg.	= mecklenburgisch
Mecklbg	= Mecklenburg
Mda.	= Mundart
mnd.	= mittelniederdeutsch
n.	= Neutrum
nd.	= niederdeutsch
Neolog.	= Neologismus, Neuwort
Neuvorpom.	= Neuvorpommern
nhd.	= neuhochdeutsch
nl.	= niederländisch
ON	= Ortsname
OZ	= Ostsee-Zeitung
Part.	= Partizip
Partik.	= Partikel
Pers.Pron.	= Personalpronomen
Pl.	= Plural
PN	= Personenname
pom.	= pommersch
Poss. Pron.	= Possessivpronomen
Präp.	= Präposition
Präs.	= Präsens
Prät.	= Präteritum
Pron.	= Pronomen
Ra.	= Redensart(en)
refl.	= reflexiv
Rw.	= Redewendung(en)
Sagw.	= Sagwort, Beispielsprichwort
scherzh.	= scherzhaft

schwed. = schwedisch
seem. = seemännisch
selt. = selten
Sg. = Singular
slaw. = slawisch
spött. = spöttisch
Sprw. = Sprichwort, -wörter
sprwl. = sprichwörtlich
sth. = stimmhaft
stl. = stimmlos
Superl. = Superlativ
Syn. = Synonym
syn. = synonym
Term. = Terminus
trans. = transitiv
übertr. = übertragen, metaphorisch
Uckerm. = Uckermark
Umg. = hochdeutsche, speziell norddeutsche Umgangssprache
umg. = umgangssprachlich, wie Umg.
urspr. = ursprünglich
veralt. = veraltend; mit ›veralt.‹ werden Wörter bezeichnet, die heute vielfach noch verstanden, aber nur noch von der älteren Generation gesprochen werden.
verbr. = verbreitet
vereinz. = vereinzelt
verstr. = verstreut
Vorpom. = Vorpommern
Wb. = Wörterbuch
Zss. = Zusammensetzungen

Baumgarten, Scheune = Karl Baumgarten: *Zimmermannshandwerk in Mecklenburg. Die Scheune.* Berlin 1961.

Baumgarten, Bauernhaus = Karl Baumgarten: *Das Bauernhaus in Mecklenburg.* Berlin 1965.

Bentzien, Haken und Pflug = Ulrich Bentzien: *Haken und Pflug.* Berlin 1969.

Biel, Kinderlieder = Anna Maria Biel: *Alte plattdeutsche Kinderlieder gesammelt u. neue hinzugedichtet.* Kiel 1907.

Dähnert, Wörterbuch = Johann Carl Dähnert: *Plattdeutsches Wörterbuch nach der alten und neuen Pommerschen und Rügischen Mundart.* Stralsund 1781.

Gilow, Pulteabend = Christian Gilow: *De Pulteabend.* 2 Teile, Anklam 1868–69.

Gundlach, Plattdeutsch = Jürgen Gundlach: *Plattdeutsch in Mecklenburg heute.* Bericht über die Tonbandaufnahmen der mecklenburgischen Mundart 1962/63. In: Rostocker Beiträge 1, 1966, 173–194.

Haas, Wafeln = Alfred Haas: *Wafeln.* In: Heimatleiw un Muddersprak Jg. 14, Nr. 48. Greifswald 1935.

Holsten, Sprachgrenzen = Robert Holsten: *Sprachgrenzen im Pommerschen Plattdeutsch.* Leipzig 1928.

Jacobs, Südmecklenburg = Hugo Jacobs: *Dialektgeographie Südmecklenburgs zwischen Lübz und Hagenow.* In: Teuthonista 2 u. 3, Halle 1925/26.

Kaiser, Atlas = Karl Kaiser: *Atlas der Pommerschen Volkskunde,* Textband und Kartenmappe. Greifswald 1936.

Meckl. Wb. = Wossidlo-Teuchert: *Mecklenburgisches Wörterbuch* Bd. 1–7,6. Neumünster, Berlin 1942–1984.

Meyer, Zuckerkauken = Klaus Meyer: *Zuckerkauken un Kœm.* Rostock 1982.

Meyer-Scharffenberg, Dörpgeschichten = Fritz Meyer-Scharffenberg: *Dörpgeschichten. Rostock 1959.*

Nd. Kochbuch = Kochbuch. *Alte Rezepturen von Mudder Schulten.* Hrsg. v. Bezirksvorstand Neubrandenburg des Verbandes der Journalisten der DDR, H. 1–4, Neubrandenburg 1980–84.

Nd. Liederbuch = *Niederdeutsches Liederbuch. Volkstümliche Lieder aus fünf Jahrhunderten.* Hrsg. von Heike Müns. Rostock 1981.

Papst, Flas = Johannes Papst: *Flas un Linnen. Plattdeutsche Redensarten, Reime, Lieder, Tänze und Geschichten.* Lübz 1977.

Peesch, Fischerkommünen = Reinhard Peesch: *Die Fischerkommünen auf Rügen und Hiddensee.* Berlin 1961.

Pötschke, Tonnenabschlagen = Dieter Pötschke: *Das Tonnenabschlagen und verwandte Reiterspiele.* In: Greifswald-Stralsunder Jahrbuch 13/14, 1982, 242–263.

Rassow, Fischersprache = Margarethe Rassow: *Fischersprache und Brauchtum im Lande zwischen dem Darss und der unteren Oder.* Berlin 1958.

Reich/Pagel, Himmelsbesen = Konrad Reich u. Martin Pagel: *Himmelsbesen über weißen Hunden.* Berlin 1981.

Rosenfeld, Haustierbezeichnungen = Hans-Friedrich Rosenfeld: *Zu den pommerschen Haustierbezeichnungen.* In: Nd. Mitteilungen 3, 1947, 54–81.

Rudolph, Boote = Wolfgang Rudolph: *Handbuch der volkstümlichen Boote im östlichen Niederdeutschland.* Berlin 1966.

Teuchert, Slaw. Lehnwörter = Hermann Teuchert: *Slawische Lehnwörter in ostdeutschen Mundarten.* In: Zeitschr. f. Mdaforschung 26, 1958, 13–31.

Trittelvitz, To lütt = Bernhard Trittelvitz: *To lütt för de Leew.* Hamburg 1954.

Volkslieder = Volkslieder und Volkstänze in Mecklenburg. Empfehlende Regionalbibliographie. Erarb. v. M. Gattner. Rostock 1983.

Winter, Spann = Renate Winter: *Zur Etymologie von nd. Spann ›Eimer‹.* In: Wiss. Ztschr. Univ. Greifswald, Ges. u. sprachwiss. Reihe 9, 1959/60, 379–381.

Winter, Pom. Antworten = Renate Winter: *Pommersche Antworten auf die Frage: Wat gifft' to eten?* In: Korr.Bl. d. Vereins f. nd. Sprachforschung 68, 1961, 42–46.

Winter, Kollatsch-Tollatsch = Renate Winter: *Kollatsch-Tollatsch. Ein Beitrag zum Phonem /k/ und seinen phonetischen Varianten in den Pommerschen Mundarten.* In: Lingua Posnaniensis 11, 1966, 121–130.

Winter, Ortsnamen = Renate Winter: *Substitutionsprozesse in Ortsnamen. Zur Aussprache der auf -itz, -vitz und -witz auslautenden slawischen Ortsnamen auf Rügen.* In: Onomastica Slavogermanica XI. Berlin 1976, 85–96.

Wossidlo, Meckl. Volksüberl. = Richard Wossidlo: *Mecklenburgische Volksüberlieferungen* Bd. 1–4. Wismar, Rostock 1897–1931.

Wossidlo, Reise = Richard Wossidlo: *Reise, Quartier in Gottesnaam. Niederdeutsches Seemannsleben in der Zeit der Segelschiffahrt.* 8. Auflage. Rostock 1969.

Wörterverzeichnis

A

A, a f., n. 1. der Vokal. Das Niederdeutsche in Mecklbg-Vorpom. kennt zwei qualitativ unterscheidbare a-Laute, ein helles und ein dumpfes nach o klingendes a. Kurzes helles a wird gesprochen, wenn a vor zwei und mehr Konsonanten steht *(Hand, Land, Wand)*, langes helles a wird nur vor r-Verbindungen gesprochen, wobei das r ausfällt *(hart* > *ha:t, Arft* > *A:ft, Arpel* > *A:pel, scharp* > *scha:p)*. Alle anderen a-Laute im Nd., das heißt: a vor einfachen Konsonanten: *Sak, Dak, dal* und auch in offener Tonsilbe: *laten, maken, faten*, aa vor mehrfachen Konsonanten: *maakt, kaakt, Aaft* bzw. ah in Wörtern mit hd. orthographischer Längung: *Hahn, Bahn* werden als dumpfes nach o klingendes langes a gesprochen. Da diese Lautverdumpfung jedes lange a betrifft, kann im Schriftsatz im allgemeinen, wie auch in diesem Wörterbuch, auf ein besonderes Zeichen dafür (wie etwa å) verzichtet werden. – 2. der Buchstabe; *von A bet Z* vollständig.

Aa f., zweisilbig gesprochen mit Betonung auf dem zweiten a, Notdurft, vor allem im Umgang mit Kindern und von diesen selbst gebraucht: *Aa maken.*

ääch Adj. stumpf, besonders von Zähnen, wenn man z. B. unreifes oder saures Obst gegessen hat: *mi sünd de Tähnen so ääch!* – Syn.: bömig, dof, schnärig, struf, stump.

Aaft n. Obst.

Aal m. Aal, Pl. Aals; Dim. Aalekin, Pl. *Aalekins* kleine Aale; *grönen Aal* grüner Aal; *suren Aal* saurer Aal; *Spickaal* geräucherter Aal. – *In'n Winter is de Aal lahm*, in der Fangzeit (von Mai bis August) *löppt de Aal; de Fischer sünd denn up'n Aal* beim Aalfischen. Aal galt als ein teures Gericht, deshalb: *Aal is blot 'n bäten up'e Schal*; ironisch: *Jung', frät Aal, de Tüften kosten Geld.* – Ra.: *Hei is glatt as 'n Aal un gräun as 'ne Wisch* er ist sehr wendig und gerissen; zustimmend: *Ganz egal, Speck orrer Aal, wenn't man fett is.* Im Sagw.: *De Aal sünd tau dür, säd dei oll Fru, don har se sik Marricks* (Regenwürmer) *braden. Nu heff di nich so, säd de Fru tom Aal, un treckt em dat Fell af.*

Aal–: (alle Zss. vorwiegend fischerspr.) **-blüsen** n. Aalfang mit Hilfe einer Lichtquelle, durch die die Aale angelockt werden. – Zu *Blüs.* – **-flott** n. Schwimmer aus Binsen an der Schnur der Aalangel. – **-hau** f. Aalharke; die größere *Sägelhau* wird vom Boot aus dicht über den Grund geführt, die kleinere *Handhau* hat nur Zinken von 10 bis 30 cm Länge. – **-iesen** n. mehrzinkiger Aalspeer zum Aalstechen. – **-kasten** m. mit Löchern versehener Kasten zum Frischhalten gefangener Aale. – **-krut** n. 1. langfaserige Wasserpflanze, Rumex hydrolapathum. – 2. Gartenkräuter für die Aalsuppe. – **-kuusche** f. Aalmutter, Aalmöwe, Fisch, Zoarces viviparus

L. – **-möf** f. Syn. zu Aalkuusche, Pl. *Aalmöben.* – **-popp** f. Aalpuppe, Schwimmer aus Binsen, Stroh oder Holz zum Aal- und Hechtangeln. – **-rüs** f. Bügelreuse mit engen Maschen zum Aalfang. – **-schnur** f. lange Aalleine, an der in regelmäßigen Abständen Schnüre mit geköderten Haken, *Töppels,* angeknotet sind. – **-stäken** n. Aalstechen vom Boot aus oder auf dem Eis. – **-supp** f. Suppe aus gekochtem Aal und Grünkräutern. – **-tuck** f. flügellose Aalzeese. – **-wehr** f. zum Aalfang in Flüssen aufgestellte Reuse. – **-zees** f. Schleppnetz mit Flügeln und engen Maschen.

Aant f. Ente, heute vorwiegend *Äänt* oder wie hd. *Ent,* Pl. immer *Änen.* Zu einem unnützen Menschen sagt man: *Gah hen un fläut de Änen von 'n Diek.* Jemand, der schlecht geht, *watschelt as de Änen.* – Sagw.: *Strafe muß sein, säd de Voß, don beet he de Aant denn Kopp af.*

aapsch Adj. affig, sonderbar.

Aaskreih f. Aaskrähe, Corvus corone.

Aasvagel m. Kolkrabe, Corvus corax L. Im Spottvers der Mecklenburger auf die Pommern: *se is'n pommerschen* (preußischen) *Aasvagel* wegen des Greifs im pommerschen Wappen.

Aaswäder n. Schmutzwetter.

Abc n. Alphabet: *hei liert nu dat Abc.* Kinderreime: *Abc, de Katt, de leep in'n Schnee, un as se wedder rute keem, don har se witte Hosen an. – Abc, de Katt leep in'n Schnee, de Mus leep ehr na, don sä' de Katt ja.*

Abc-Bauk n., veralt., Fibel.

Abc-Schaul f., veralt., unterste Klassen der ehemaligen Volksschule.

Abee n., zweite Silbe betont, Abort, scherzhafte Abkürzung von *Abort* oder *Abtritt*: *ik möt eis up't Abee.*

Abeel f., veralt., Silberpappel; häufig noch in FLN.

abelsch Adj., erste Silbe betont, albern, töricht, dumm: *heff di nich so abelsch!*

Aben m. Ofen, Pl. *Abens.* 1. Ofen. Im 18. Jh. wurden die Öfen auf dem Lande noch aus Ziegelsteinen gebaut und mit Lehm angestrichen. Sie standen in der *Döns* und wurden von der Küche oder der Diele aus geheizt. Der Platz zwischen Ofen und Wand war der wärmste, deshalb gibt es über ihn viele Redensarten: *am besten gahn wi achtern Aben sitten; achtern Aben bi Muddern sitten; 'n Hund achtern Aben rutfläuten.* Scherzh.: *Allens inne Welt – blot keen' höltern Aben un denn' mit Mursteen' inböten.* – Kinderrätsel: *Achtern Aben stahn twei Klaben, up de Klaben steiht 'ne Tunn, up de Tunn steiht 'n Trichter, up denn Trichter steiht 'n Schmecker, up denn Schmekker steiht 'n Rüker, up denn Rüker steiht 'n Kieker, up denn Kieker steiht 'n groten Duurnbusch.* – Der Mensch. – 2. Backofen (s. Backaben), auch abkürzend für andere Öfen.

Aben-: -anbäden n. Ofenanbeten, ein Pfänderspiel mit folgendem Spruch: *Aben, Aben, ik bä' di an, giffst du mi keinen gauden Mann, bä' ik di in'n Läben nich mihr an.* – **-bänk** f. Sitzbank an den Zimmerseiten des Ofens. – **-bäuter** m. Ofenheizer. – **-bessen** m. lange Holzstange mit Strohwisch zum Reinigen des alten Backofens. – **-dör** f. Ofentür. – **-hack** f., auch *-kratzer* f. und *-krück* f. eiserne Hacke am langen Stiel zum Herausholen von Kohlenglut und Asche aus dem Ofen. – **-hocker** m. Stubenhocker. – **-lock** n. Ofenloch;

scherzh.: *Abenlock un Kellerdör* ein Gericht aus gekochten Stachelbeeren, mit Milch gegessen; im Ofenloch wurden in der warmen Jahreszeit Speck, Schinken und Wurst aufbewahrt. Silvester sollten junge Mädchen rückwärts *in't Abenlock kieken*, weil sie dort das Gesicht ihres Zukünftigen erkennen könnten. – **-platt** f. Platte auf dem Kochherd. – **-ruhr** n. Ofenrohr, übertr.: Zylinderhut. – **-rühr** f. Ofenröhre. – **-schott** n. Verschlußblech am Ofenrohr. – **-setter** m. Ofensetzer. – Sagw.: *Seine Werke folgen ihm nach, sä' de Abensetter, don full he mit'n Aben üm.* – **-sott** m. Ofenruß. – **-staken** m. lange Holzstange zum Verteilen der Glut im Ofen. – **-wiepen** m. Wischlappen zum Reinigen des Backofens, auch zum Verstopfen des Bratofens.

äben Adj., Adv. 1. eben, soeben. – 2. langsam: *du mööst äben gahn, denn föllst du nich.* – 3. leise, behutsam: *sei geiht ganz äben ut de Dör.* – 4. dickflüssig: *de Saft is schön äben.*

äben-, Äben-: -drächtig Adj. gleichmäßig, bedächtig, langsam. – **-drächtiger** m. langsamer Walzer. – **-tau, -bitau** Adv. ebenzu, gerade noch. – Ra: *äbenbitau is uk vörbi.* – **-weg** Adv. gleichmäßig.

Abend m. Abend, Pl. *Abends*, Abende. Als Grußformel *Gauden Abend*, gesprochen *Gunnaamt, Naamt; dat ward all tierig Abend* es wird schon früh dunkel. In Verbindung mit Präpositionen in der Bedeutung abends (gespr. *aamts, aams*): *bi Abend, gägen Abend, mit Abend, tau Abend, up'n Abend; œwer Abend* den ganzen Abend. – Ra.: *Leiwer Gott, lat Abend warn, Morgen ward't von sülben; …, womöglich noch bi Daach.* Sagw.: *Wenn't hüt man ierst Abend wier, säd Hans, un morgen de Dach hen un œwermorgen de Sünn unner; wenn't bloß ierst Abend wier, dat de Minsch sien Rauh kricht, säd Hans un trock sik morgens dei Strümp an.*

Abend-: -blänk, -blank f. Abenddämmerung: *wi willn noch'n bäten up'e Abendblänk gahn.* – **-rot** n. Abendrot. Wetterregel: *Abendrot gaut Wärerbot, Morgenrot bringt Wader in'n Sot.* – **-sägen** m. Abendsegen; *Klas Abendsägen* Dummkopf. Spottvers: *Klas Abendsägen hett' Bär vullmägen* Klas Abendsegen hat das Bett vollgemacht. – **-schaul** f. Abendschule. – **-tiet** f. Abendzeit, Pl. *-tieden: bi Abendtieden gah ik nich ut.*

abers, aberst Konj. aber, jedoch, tritt neben älteres *œwer, œwers.*

Abevau m. ABV = Abschnittsbevollmächtigter der Volkspolizei.

abtrimo, Betonung auf der ersten und letzten Silbe, Imperativ mach(t), daß du (ihr) fort komm(s)t! *abtrimo in't Bär mit di (juch)!*

Äch, Erch f. Egge, Pl. *Ägen.* Man unterschied früher in der Landwirtschaft im wesentlichen drei Arten von Eggen: die *Schottäch* oder *schottsch Äch*, die *Saatäch* und die *Wischenäch*, auch *Küdikäch.* Heute werden sie meistens in der Kombination mit anderen Geräten (Schleppen, Grubbern) eingesetzt, wobei man die mittleren und schweren als Ackereggen, die leichten als Saateggen benutzt.

Achel f. Granne an den Kornähren, Pl. *Acheln.* – Syn.: Eil, Hachel.

Achiene f. Georgine, Dahlia (Cav.).

Achtdaachsklock f. Uhr, die nur alle acht Tage aufgezogen wird.

achteigen, achteihn achtzehn, häufig für eine unbestimmte Anzahl.

Ausweichende Antwort auf die Frage nach dem Alter: *ik bün twischen achteigen un achtig.*

achteigenhunnert(un)kruk ›achtzehnhundert Kruke‹, vor sehr langer Zeit. Oft mit erklärenden Zusätzen: *achteigenhunnertkruk as Buddels noch kein Mod' wiern,* oder: *as dei Buddels noch kein Hals harn.*

Achtel n., veralt., 1. Holzhohlmaß von 12–15 l für Bier, Wein, Schnaps, früher auch für feste Stoffe wie Butter, Heringe, Salz, Mehl. – 2. ein Achtel verschiedener Maßeinheiten.

Ächtels n. Hinterkorn, Kaff, geringeres Korn. – Vgl. Achterkuurn.

achter, achtern Adv., Adj., Präp. hinten, hinter. R ä u m l i c h : *von achtern, na achtern; wat achter dei Hand hemm'* Ersparnisse, Kapital besitzen; z e i t l i c h : *hei kümmt achter na* er kommt zu spät; m o d a l : *hei is schlimm dor achter.* – Ra.: *Nu kümmt hei dor achter as Thoms achter dei Hamel* oder *hei kümmt dor achter as de Köster achter denn Sünndach* er hat es endlich begriffen.

Achter, Achtern m. Hinterteil, Gesäß: *du krist weck vör'n Achtern; hei hett sik mit'n Achtern inne Netteln sett'.* – Syn. s. auch Noors.

Achter-, achter-: -an Adv. hinterher, häufig in Verbindung mit Verben: *hei kümmt achteran; sett di achteran.* – **-bein** n. Hinterbein: *sik uppe Achterbein' setten* Widerstand leisten. – **-bom** m., fischerspr., Auslegerrundholz am Zeesenboot. – **-däl** f. hinterer Teil der Diele. – **-dal** Adv. hinten runter: *dat sackt achterdal.* – **-deck** n., seem., Hinterdeck auf dem Schiff. – **-deil** n. Gesäß. – **-dör** f. 1. Hintertür. – Ra.: *sik 'ne Achterdör apen laten* nur bedingt zustimmen. – 2., übertr., Gesäß. – Ra.: *De Achterdör lat apen stahn, denn kann de Dokter wiedergahn.* – **-ducht** f. hinterste Bootsbank. – **-gatt** n. After. – **-geleech** n. Hintertreffen: *in't Achtergeleech kamen.* – **-gestell** n. Gesäß. – **-her** Adv. hinterher. – Ra.: *Dei is achterher as dei Köster achter dei Kinnelbier.* – **-iergistern** vorvorgestern: *dat stammt von achteriergistern.* – **-kamen** hinterherkommen, begreifen. – **-kastell** n., seem., 1. hinterer Schiffsteil. – 2., übertr., Gesäß. – **-kuurn** n. ›Hinterkorn‹, nicht voll ausgewachsenes, minderwertiges Korn. – **-lastig** Adj. hinten zu schwer beladen, besonders von Schiffen. – **-lien** f. hintere Netzleine. – **-na** Adv. hinterher: *dat dick Enn' kümmt achterna.* – **-œwer** Adv. hintenüber. – **-puurt** f. ›Hinterpforte‹, After. – Ra.: *De Achterpuurt holl ümmer apen, denn kœnen de Dokters tom Düwel lopen.* – **-sälen** Pl. Hintersielen. – Ra.: *inne Achtersälen kamen* sich wirtschaftlich ruinieren. – **-schinken** m. Gesäß. – **-siet** f. Hinterseite, Gesäß. – Ra.: *Man kann sik dreigen as man will, dei Achtersiet is ümmer hinn'.* – **-springen** hinterhersein. – **-stäben** m. 1. Hintersteven: *de löppt mihr œwern Achterstäben as œwern Vœrstäben* das Schiff macht keine Fahrt. – 2., übertr., Gesäß. – **-tau** Adv. ›hinterzu‹, hinterher: *achtertau gahn.* – **-üm** Adv. von hinten rum. – **-up** Adv. hinten rauf: *dat gifft wat achterup* es gibt Prügel. – **-ut** Adv. hinten aus, nach hinten; *wie sägelten em achterut* wir segelten an ihm vorbei; *dat's bi mi gänzlich achterut* das ist für mich erledigt. – **-wader** n. FLN Achterwasser. – **-wagen** m. 1. Hinterwagen. – 2., übertr., Gesäß. – **-warts** Adv. rückwärts.

ächter Adj., alter Komparativ zu

achter später, nur noch in der Verbindung *ächter Jahr* nächstes Jahr.

achtgäben aufpassen: *du mööst mihr achtgäben up diene Gören.* – Syn. *achtpassen*, veralt.

Ack, Äck m. Schmutz, Absonderung in den Augen.

Acker m. Land, Feld. Sauberer, gut geeggter Saatacker *is wie Ries.* Den Acker läßt man sprechen: *Pläächst du mi, ernähr ik di.* Scherzh.: *Hei hett uk eigen Acker. – Ja, in'n Blaumenpott. ... Ja, vier Morgen Wind achter't Hus.* – Ra.: *up anne Lü' eern Acker austn* auf anderer Leute Kosten leben; *gah mi von'n Acker* laß mich in Ruhe.

Acker-: -börger m., veralt., städtischer Bauer, Pl. *-börgers.* – **-bu** m. Ackerbau. – **-bur** m., veralt., Ackerbauer. – **-hoff** m., hist., Ackerhof. – **-hür** f., hist., Ackerpacht. – **-krut** n. Odermennig, Agrimonia L. – **-lus** f. ›Ackerlaus‹, Quecke, Agropyron (Gaert.). – **-mann** m., hist., Landwirt. – Ra.: *Ackermann, wat sechst du nu?* – **-männken** n. Weiße Bachstelze, Motacilla alba L. – **-pürrik, -pürring** m. 1. Engerling, Larve des Maikäfers – 2., scherzh., Ackerbürger. – **-schlöp** f., landw., Ackerschleppe, zum Glätten des umgepflügten Ackers. – **-striegel** m., landw., langzinkige Egge zur Unkrautbekämpfung. – **-wark** n., hist., Ackerwerk, Ackerland. – Sprw.: *Akkerwark is wacker Wark.*

Ackerie f. 1. Feldbestellung: *ik bün mit de Ackerie bald farig.* – 2., hist., kleine Landwirtschaft.

ackerieren Acker bestellen, Landwirtschaft betreiben.

Adamsbom m. ›Adamsbaum‹, baumartige Wolkenbildung, die schlechtes Wetter anzeigen soll: *de Adamsbom bläucht.*

Adder, Arrer f., vereinz. auch *Edder,* Natter. Nur die giftige Schlange (z. B. Kreuzotter) wird als *Adder* bezeichnet, sonst *Schnak* f. In Vergleichen: *sei puust' as 'ne Adder* sie schäumt vor Wut; *sei is bös as 'ne Adder; ... giftig as 'ne Adder; se stääkt as 'ne Arrer.* – Gegen Schlangenbiß gab es früher eine Vielzahl zauberischer und volksmedizinischer Mittel. So wurde der Biß zum Beispiel mit einem Rasenstück bestrichen oder mit einem Wollfaden umwickelt. – Adj. Zss., die sich auf das Aussehen von Schlangen beziehen: **adderbunt, -gries, -strämelig, -striepig.**

Adebor, Arebor, Aleboort m. Storch. Er soll dem Hause, auf dem er nistet, Glück bringen und es vor Blitzschlag schützen: *Wur de Adebor buucht up't Hus, treckt Gottesfräden in't Hus.* Den Kindern erzählte man, daß der Storch die kleinen Kinder brächte und die Mutter ins Bein gebissen hätte. Deshalb heißt es von einer Schwangeren: *de hett de Adebor bäten.* Die Kinder rufen dem Storch zu: *Arebor, du gauder, bring' mi 'n lütten Brauder, Arebor, du bester, bring' mi 'ne lütt Schwester*; oder: *Arebor, du Langbeen, wennier wist du wechtehn? Wenn de Roggen riep is, wenn de Poggen piepen, wenn de gälen Beeren up de Böm so glären, wenn de Hochtietswagen vör de Dören jagen, wenn de kollen Ringen in de Kisten klingen.* – Im Vergleich: *Dei geiht so stolz as Arebor inne Wisch.* – Ra.: *Dat gifft mihr Adebors as Poggen* die Nachfrage ist größer als das Angebot. – Sagw.: *Wäs man nich so ängstlich, säd de Arebor tau de Poch* (Frosch), *dat is gliek œwer. Dat sünd hochbeint Johren, säd de Arebor, un stünn bet unnern Buk* *in't Wader.* – Syn.: Heinotter, Langbein.

Adebor(s)-: **-beinen** Pl. 1. dünne Storchenbeine. – 2. Ackerschachtelhalm, Equisetum arvense L. – **-blaum** f. Wasserschwertlilie, Iris pseudacorus L. – **-brot** n. 1. Storchschnabel. – 2. Johannisbrot, Frucht der Ceratonia siliqua. – **-mudder** f. Hebamme. – **-schnei** m. Schnee im April. – **-stein** m. kleiner runder glatter Feuerstein. – **-stüm** m. Aprilschauer mit Schnee.

Adel f., m., veralt., 1. eitrige Entzündung am Finger: *ik glöf, ik krich 'n Adel an'n Finger.* – 2. Jauche, vor allem noch gebräuchlich in Zss., so **Adeljauch** f. als Übergangsform, **Adelkuhl** f. Jauchegrube, **Adelpol** m., **-pütt** f. Jauchepfütze.

Adeposade, auch *Aderpussader, Arepissare, Are un Posare*, veralt., altes Heilmittel zum Einreiben, mundartliche Umformungen von hd. *Arkebusade,* Schußwunde, auch Wundwasser.

aderkaugen, orrerkau(g)en wiederkäuen: *de Kauh licht un orrerkaucht.* Auch ein langsamer Esser *sitt dor un aderkaucht.*

adschüs, meistens aber verkürzt zu **tschüs, schüs**, auch **schüssing, tschüssing, tüssing**, auf Wiedersehen. Bereits im 17. Jh. an der Nord- und Ostseeküste verbreitet, vermutlich aus dem Spanischen, *adiós,* durch Seeleute ins Niederdeutsche übernommen, später Vermischung mit vorhandenen Eindeutschungen von frz. *adieu.* Heute gilt die Kurzform *tschüs* nicht mehr allein als mundartliches sondern auch als umgangssprachliches Abschiedswort.

af ab 1. Präp., von ab, häufig in Verbindung mit an: *von dei Tiet af an* von der Zeit an. – 2. Adv. los, getrennt sein: *du büst af* im Abzählreim; *dor is hei von af* das ist er los; *dorvon af* davon abgesehen; *kort af* kurz angebunden. In Wortpaaren: *af un an, af un tau* hin und wieder.

af-, Af-: **-ampeln** sich abmühen. – **-ängsten** sich sehr ängstigen, kraftlos werden. – **-apen** nachäffen, nachahmen. – **-argern** sich abärgern: *mit di möt ik mi denn ganzen Dach afargern.* – **-asen** sich austoben, abhetzen. – **-asten** schwer tragen, schwer arbeiten. – **-äten** abessen: *denn Teller rein afäten, dat't morgen schön Wäder ward.* – **-äxen, -äxtern** sich abquälen, hart arbeiten. – **-bachern** sich anstrengen. – **-bakken** 1. abbacken, fertig backen: *afbackt Brot.* – 2., seem., den Tisch abdecken. – Zu *Back*[2], s. d. – **-bäden** abbitten. – **-bängen** sich abquälen, ängstigen. – **-banken** Torfstreifen abstechen. – **-barch** m. Abhang. – **-beiden** kirchlich aufbieten. – **-beiern** die Glocken schnell läuten. – **-bicken** abpicken. – **-bieten** 1. abbeißen. – Ra.: *Dor bitt keen Mus 'n Faden von af* es ist wahr. – 2. einen Schnaps trinken: *hei hett einen afbäten.* – **-binnen**, fachspr., 1. Tabak aus der Trockenkammer nehmen. – 2. Tonnenbänder auf die Tonne schlagen. – 3. Baugerüst herrichten. – 4. eine geleimte Stelle trocknen lassen. – **-bladen, -blädern** abblättern. – **-blaken** absengen: *de Gäus afblaken.* – **-bläuden** ab- und ausbluten. – **-bläugen** verblühen, zurückgehen. – **-blecken** Haut u. ä. abziehen. – **-blieben** ›ableiben‹, fernbleiben: *wo is he afbläben?* – **-blökern** absengen. – **-blucken** abblitzen: *hei is dormit afbluckt.* – **-boddern** Butter machen oder Butter werden. – **-bödeln** sich abhetzen, überanstrengen. – **-bögen** abbiegen. – **-bören** abheben. – **-bösten** abbürsten; übertr.: 1. ausschimpfen. – 2. weglaufen. – **-bräugen, -bräuden** abbrühen: *'n Afbräuchten* ein gerissener Mensch. – **-bringen** 1. abladen. – 2. abgewöhnen. – 3. etwas abschaffen. – **-bruken** abnutzen. – **-bu** m. Abbau. – **-bucken** 1. zurückbeugen, abrücken. – 2. weibliche Tiere von den männlichen wegnehmen. – **-buddeln** 1. Getränk auf Flaschen ziehen. – 2. untergehen (vom Schiff). – **-bünzeln** losbinden. – **-burren** davonfliegen, davonlaufen: *dei is afburrt.* – **-daaksen** verprügeln. – **-daun** abtun, erledigen, beenden: *dat is för mi för ümmer afdan.* – **-dingen** abhandeln, feilschen: *hei will mi dat dörchut afdingen.* – **-dinsen**, hist., den Dienst aufgeben. – **-döschen** 1. fertig dreschen. – 2., übertr., etwas gründlich durchsprechen, auch klatschen: *dor ward orrig wat afdöscht.* – **-drägen** abtragen; Part.Prät. **afdragen** abgetragen, schadhaft. – **-dreigen** 1. abdrehen: refl., *de Aal hett sich afdreicht* der Aal hat sich von der Angelschnur gelöst. – 2., fachspr., drechseln. – **-drieben, -driewen** abtreiben. – **-drift** f. 1., seem., Abweichung vom Schiffskurs. – 2., hist., das Recht der Schafhütung auf der Weide. – **-drögen** 1. abtrocknen. – 2., übertr., betrügen beim Kartenspiel: *denn hemm' wi orrig afdrööcht.* – **-drummen, -drummeln** stumpf abschneiden. – **-eschern** sich abmühen, abhetzen. – **-fägen** abfegen. Sagw.: *Reinlichkeit is't halwe Läben, säd de Diern, don fäächt se denn Disch mit'n Bessen af.* – **-fällig** Adj. 1. abfällig. – 2. abschüssig. – **-farigen** abfertigen. – **-faudern, -fäudern** abfuttern. – **-fiedeln** mit stumpfem Messer abschneiden. – **-fielen** abfeilen. – **-fieren**, seem., die Segelleine locker lassen. – **-fleiten** abfließen. – **-flöten, -flöttern** Fett oder Rahm abschöpfen. – **-fluchten** die Fluchtlinie festlegen. – **-flünsen** Geld abnehmen. – **-fohrt** f. Abfahrt, zeitlich und räumlich. **-funzeln** ungeschickt abschneiden. – **-gäben** 1. abgeben, weggeben. – 2., refl., sich abgeben: *hei hett sik mit de Diern afgäben.* – **-gahn** 1. weggehen. – 2. abgehen, sich entfernen lassen: *de Schiet geiht nich af*; Bastlösereim: *Tinnejahn un Meigeran, lat mi doch de Fläut afgahn.* – 3., übertr., unpers., nicht können, nicht wollen: *dat geiht mi af* davon verstehe ich nichts; *dat is em leed nauch afgahn* es tat ihm leid. – 4. ablaufen, verlaufen. – Sagw.: *Is allens gaut afgahn, säd Riedel, keem von't Fischen un har nicks fungen.* – **-gängig** Adj. verbraucht, alt: *'ne afgängige Kauh.* – **-garben, -garwen** gerben, verprügeln. – **-gasseln** Brot vor dem Backen naß einstreichen. – **-gedreichter** m. ›abgedrehter‹, untersetzter Mensch. – **-geiten** abgießen. – **-glippen, -glipschen** abglitschen, abrutschen. – **-gnappen, -gnuppen** abbeißen, abrutschen: *de Reimen is afgnappt.* – **-gniedeln** etwas ungeschickt abschneiden. – **-gräunen** von Gras reinigen. – **-grawweln** mit den Händen durchwühlen. – **-griepen** abgreifen, aufgreifen (auch Prügel); Part. -gräpen abgegriffen, abgenutzt. – **-grusen** abbröckeln. – **-gummeln** jmd. etwas abbetteln. – **-gungeln, -jungeln** Nebenform zu -gummeln. –

-günsch, -günstig Adj. mißgünstig, neidisch. – **-haken** abhängen. – **-halsen**, seem., über Stag gehen. – **-hängig** Adj. steil abfallend. – **-hannen** Adj. abhanden, verloren: *dat is mi afhannen kamen.* – **-harkels** n. abgeharkte Kornähren, auch Strohreste. – **-haspeln** 1. Garn abwickeln. Ra. *Hei hett mit denn Düwel tausamen Wull afhaspelt* von jmd., der ununterbrochen redet. – 2. sich abmühen: *ik heff mi afhaspeln müßt.* – **-häuden** abhüten, eine Weide vom Vieh abgrasen lassen. – **-haugen** 1. abhauen. – 2., übertr., sich davonmachen. – **-hebben** ›abhaben‹, in Verbindung mit *wollen* 1. etwas trennen. – 2. Anteil an etwas haben. – **-helpen** jmd. von etwas befreien, erleichtern: *se hett ehr dorvon afholpen.* – **-hollen** abhalten, aufhalten, urinieren lassen (von kleinen Kindern). – **-horen** Haare verlieren. – **-horken** abhorchen, untersuchen: *ik möt mi eis afhorken laten.* – **-hüden** abhäuten, Haut, Fell verlieren. – **-hüren** abhören, ausfragen: *oll Lü' afhüren.* – **-iewern** sich abeifern, abhetzen. – **-jachern, -jachten** sich abhetzen. – **-jautern** abgaunern: *dat heff'k em afjautert.* – **-jöpen** das Fell abziehen. – **-käden** abketten. – **-kalaschen, -kaleschen** verprügeln. – **-kalfatern** 1., seem., das Schiffsdeck abdichten. – 2. geschäftig herumlaufen. – **-kamen** 1. ab-, freikommen: *dor bün ik gaut von afkamen.* – 2. aus der Mode sein: *dat is ganz afkamen.* – **-kanten** mit einer Kante versehen: *Taschendäuker afkanten.* – **-kanzeln** 1. von der Kanzel abkündigen. – 2. jmd. ausschelten. – **-kapiteln** jmd. ausschelten. – **-kappen** 1. abschneiden. – 2. Garderobe ablegen: *kappt juuch man ierst af.* – **-karjolen** ab-, davonfahren. – **-katern** bereden, abmachen: *de Sak is afkatert.* – **-katzbalgen** sich abmühen, austoben. – **-kaweln**, hist., 1. Ackerstücke in *Kaweln* teilen. – 2. auslosen. – **-keesen** ›abkäsen‹, die Molke von der dicken Milch ablaufen lassen. – **-ketteln**[1] abkitzeln. – **-ketteln**[2] Maschen abketten. – **-kieken** abgucken: *dat heff ik em afkäken* das habe ich von ihm durch Beobachtung gelernt. – **-kiemen, -kienen** abkeimen: *Tüffel afkiemen.* – **-klabastern** sich müde laufen: de ganze Stadt afklabastern. – **-kladdern** oberflächlich waschen. – **-klafacken, -klafaktern** hin- und herlaufen. – **-klarren, -klaren** oberflächlich abwischen. – **-klavieren** abzählen, ausrechnen: *dat haarst du di doch an de Fingern afklavieren künnt.* – **-klieren** schlecht abschreiben oder abwischen. – **-kloren** klar werden: *lat denn Honnig afkloren.* – **-klœstern** nach etwas herumlaufen. – **-klütern** Obst, Schneebälle (ab)werfen. – **-knappen, -knappsen** sich etwas durch Entbehrung absparen. – **-kniewen** schlecht abschneiden. – **-knöpen** 1. abknöpfen. – 2., übertr., ab-, wegnehmen. – **-kœnen** ›abkönnen‹, etwas aushalten: *ik kann dat nich af.* – **-koren** wegfahren mit einer Karre. – **-köstig** Adj. mit loser Kruste: *dat Brot is afköstig.* – **-kötern** das Kornfeld mit dem *Köter* abharken. – **-kotzen** sich erbrechen, ausreden: *kotz di man orrig af.* – **-kröppen** Baumwipfel beschneiden. – **-kruden** abkrauten, Unkraut jäten, Gras schlecht abmähen. – **-küllen** abkühlen. – **-kunft** f. Abstammung. – Sagw.: *Ik bün von hoge Afkunft, säd de Jung', mien Vadder wohnt up'n Bœn.* – **-künnigen** von der Kanzel herab verkünden. – **-laach** f. Ablage für Holz, als FLN auch für Anlegestellen. – **-laben** ›abloben‹, abschwören: *ik heff mi dat Drinken aflaaft.* – Ra.: *Ein möt nicks aflaben, as sik de Nees nich aftaubieten* man sollte nichts Unmögliches versprechen. – **-läben, -läwen** 1. erleben: *sowat heff ik noch nich afläáft.* – 2. sterben. – **-langen** erlangen, erreichen: *ik kann dei Wust nich aflangen.* – **-lannig** Adj. ablandig, vom Wind, der vom Lande auf das Meer weht. – **-läpeln** auslöffeln, abschöpfen. – **-lappen, -lappern** 1. sich in Lappen auflösen. – 2. sich küssen. – **-laten** von etwas ablassen, aufhören: *de Kauh lett af* gibt weniger Milch; *Jung', lat af!* Junge, gib nicht so an! – **-leddern** 1. das Fell toter Tiere abziehen. – 2. verprügeln. – **-leinen** etwas entleihen. – **-liggen** entfernt liegen: *dat Gehöft licht wiet af.* – **-lihren** 1. von jmd. etwas lernen. – 2. abgewöhnen: *dat Roken möőst du di rasch aflihren.* – **-lopen** ablaufen, weglaufen, übertr.: jmd. abweisen: *denn' heff ik so richtig aflopen laten.* – Sagw.: *Wo dit woll aflöppt, säd de Jung', don har hei Wader in't Seef gaten.* – **-lüchten** ableuchten. – **-lüden** ›abläuten‹, das letzte Totengeläut geben. – **-luern** auflauern, abwarten: *dat möten wi afluern.* – **-maddeln** sich abmühen. – **-maken** 1. ab-, losmachen. – 2. unterlassen: *dat mak di af!* – 3. verabreden: *dat hebben se ünner sik afmaakt.* – **-marachen** sich abquälen. – **-meiern** 1., hist., jmd. von seinem Besitz vertreiben. – 2. jmd. betrügen. – **-messen** Acker mit Mist düngen. – **-mössern** gründlich waschen. – **-möten** abwehren, abweisen: *ik war em afmöten, wenn hei fröcht; denn langen Hawer afmöten* jmd. vor Schlägen bewahren. – **-murksen**, wie umg., umbringen, töten. – **-musen** 1. jmd. Geld beim Spiel abnehmen. – 2. jmd. verprügeln. – **-nähmen** 1. abnehmen, wegnehmen. – 2. fotografieren: *wi willn uns afnähmen laten.* – 3. begutachten: *dat Buwark afnähmen.* – **-nibbeln, -niwweln** 1. abtrinken. – 2. sterben. – **-ögen** abgucken: *dat hett se sik von mi afööcht.* – **-paschollen** fortgehen. – Zu poln. *paschol!.* – **-pedden, -perren** 1. ab-, betreten. – 2. tanzen: *hüt abend will'n wi ein' afperren.* – **-peiken** loslaufen. – **-pietschen** abschlagen mit der Peitsche, auch vom Wind: *dei Wind hett all dat Aaft afpietscht.* – **-plaastern** abblättern, abschälen: *de Hut, de Lack plaastert af.* – **-plükken** abpflücken: *Hiering afplücken* den Hering aus dem Netz herauslösen. – **-pöllen** abpellen: *Tüften afpöllen.* – **-pricken** 1. die Wurst am oberen Ende mit einem Hölzchen verschließen: *de Wust afpricken.* – 2., seem., die Fahrrinne durch Seezeichen markieren. – 3., seem., den Kurs auf einer Seekarte festlegen. – **-puken, -pükern** abpellen: *denn Fisch afpuken.* – **-pulen** abnagen, abpellen. – **-purtrettieren** ›abporträtieren‹, fotografieren. – **-puusten** abpusten: *de Melk afpuusten* die Milch absahnen. – **-räästern** abreiben, ausschelten. – **-racken, -rackern** 1. sich abmühen, plagen. – 2. ungestüm abreißen: *Bläder afracken.* – **-rappeln, -rawweln** 1. abwickeln, abwinden: *denn Strump afrappeln.* – 2. unaufhörlich reden: *dei rappelt in fief Minuten wat af, dat kricht dei gor nich all werrer upwickelt.* – **-rieben, -riewen** abreiben. – **-rieten** abreißen, niederreißen. – **-römen, -ro-**

men absahnen: *de Melk möt afröömt warden.* – **-rugen** abrauhen, abblättern, mausern: *de Häuhner rugen af.* – **-ruppen, -rupsen** abrupfen: *de Gäus afruppen* Federn rupfen. – **-rusen** sich austoben: *nu hett de Storm sich afruust.* – **-russeln** abfallen, abbröckeln. – **-säuken, -söken** absuchen. – **-schappieren** abziehen, wegmarschieren. – **-schechten** loslaufen. – **-scheiten** 1. abschießen. – 2. durch Schießen verletzen. – 3. beim Gewinnschießen durch Entscheidungsschuß den Sieger ermitteln: *wi möten uns afscheiten, wenn wi gliek väl Ring'n hemm'.* – **-schluten, -sluten** abschließen, beschließen. – **-schmieten, -smieten** herabschmeißen, bewerfen, absetzen. – **-schnacken, -snacken** 1. jmd. etwas abschwatzen: *de hemm' mi dat Fohrrad afschnackt.* – 2. besprechen, vereinbaren: *de Wiewer hemm' sik dat afschnackt.* – **-schnückern** beschnuppern. – **-schotten** mit einem Brett *(Schott)* verschließen: *Grabens afschotten.* – **-schrapen** abkratzen, abputzen: *Wörteln afschrapen.* – **-schüddeln** abschütteln. – Ra.: *Hei schüddelt sik dat af as de Hund denn Rägen.* – **-schümels** n. das Abgeschäumte, abgefüllter Schaum. – **-schurren** 1. schurrend davongehen. – 2. sterben: *de Ollsch schurrt uk bald af.* – **-seggen** 1. absagen. – 2. als beendet erklären: *ik heff mi dat afsecht.* – 3. entscheiden: *dat is noch nich afsecht.* – **-seigen, -seiden** absäen, völlig besäen. – Ra.: *De Verwandtschaft is nich mit'n Schäpel Arften aftoseigen* die verwandtschaftlichen Beziehungen sind sehr weitläufig. – **-seihn** 1. absehen, lernen. – Sagw.: *Dat heff ik denn Paster afseihn, säd de Bur, don döfft hei sienen tweiten Jung' allein.* – 2. es auf etwas absehen: *dor kann'k noch von afseihen.* – **-setten** absetzen, wegnehmen, verkaufen, allg. und auch fachspr., 1. Jungtiere von der Mutter fortnehmen. – Ra.: *Hei is afsett' as'n Bucklamm* er ist beiseite geschoben. – 2. einen Bau verputzen: *dat Hus möt noch afsett' warn.* – 3. eine Richtung abstecken; seem.: *Kurs afsetten.* – **-settel-, -sittel(s)dach** m., hist., dritter Feiertag. – **-siet** f. Abseite, Nebenseite. – **-siets** Adv. abseits. – **-sin** ›ab sein‹, entwöhnt, fertig sein: *wenn ik von de Arbeit af bün, bün ik froh; von't Breifschrieben bün ik ganz af.* – **-sonnerlich** Adj. absonderlich, eigentümlich. – **-spaddeln** sich abmühen: *ik heff mi bannig afspaddelt, œwer keinen Dank krägen.* – **-spönen** abspänen, abschieben. **-sporen** absparen. – Ra.: *Wat man sich afsport an'n Munn', dat fräten nahst Katten un Hunn'* allzu große Sparsamkeit führt zu nichts. – **-spräken** 1. absprechen, verabreden, abmachen: *wi will'n dat afspräken.* – 2. durch Besprechen heilen: *dat Feewer, de Ros afspräken.* – **-stahn** abstehen, Abstand nehmen, schal werden: *afstahn Bier schmeckt nich.* – **-stäken** abstechen; *dat Kalf, dat Schwien afstäken* schlachten. – **-starben, -starwen** absterben, verdorren: *de Telgen sünd afstorben.* – **-stäweln** weggehen. – **-stippen** flüssige Reste vom Teller aufnehmen: *stipp denn Teller af!* – **-stöwen** 1. abstauben. – 2., übertr., Geld abnehmen, die Meinung sagen: *denn' heff ik œwer afstööft.* – **-strämeln** Blätter abstreifen: *strämel denn Gräunkohl man 'n bäten af!* – **-strängen** die Zugstränge der Pferde lösen; *de Pierd afsträngen.*

– **-strippen** melken. – **-ströpen** abstreifen. – **-stüern** abwehren. – **-tahlen** abzahlen. – **-täuwen, -töwen** abwarten; *bet Sünndach möten wi aftäuwen.* – **-tellen** abzählen. – **-tellriemels** n. Abzählreim, Beispiele s. Wossidlo, Meckl. Volksüberl. 4,832ff. – **-trecken** abziehen: *dat Fell, de Hut aftrecken; dat Metz aftrekken* schleifen; *de Geschwulst treckt af;* – *mit 'ne lange Näs aftrecken* enttäuscht weggehen. – **-wallen** abrühren: *de Supp mit'n Ei afwallen.* – **-warden** sich abgewöhnen, etwas aufgeben, fremd werden: *ik bün dat Roken nu ganz afworden; wi sünd uns afworden.* – **-warts** Adv. abseits, abwärts. – **-wassen** ›abwachsen‹: *dei's schön afwussen* sie ist schön dick. – **-weigen** herabwehen. – **-weiten** in Verbindung mit *nicks* absolut nichts wissen *hei weit dor nicks von af.* – **-wennen** 1. sich abwenden – 2. abgewöhnen: *ik war em dat woll afwennen.* – **-witten** abweißen, mit Kalk bestreichen. – **-wrangen** abdrehen. – **-wrucken** etwas ungeschickt abschneiden. – **-zuckeln** langsam weggehen oder -fahren.

Afkat m. Advokat, Rechtsanwalt, im Vergleich: *hei räd' as'n Afkat.* Im Sagw.: *Mien Jung' sall Afkat warn, secht de Bur, hei kann von Dach tau Dach bäder leigen. Dat will'n wi woll kriegen, säd de Afkat, don meen he dat Geld.*

afslut Adv. absolut, durchaus.

Afteiken n. Abzeichen.

agetieren jmd. überreden, agitieren: *mien Käptn hett mi agetiert von wägen ik sall up'm Lihrgang gahn.*

ahn Präp. ohne, in betonter Stellung fast immer durch das hd. *ohne* ersetzt, üblich aber in Verbindung mit anderen Präp. u. Konj.: *dat geiht uk ahn wat; ahn dem geiht dat nich; dat is nich ohne* es hat Bedeutung, bedeutet Gefahr.

ahnig[1] Adj. los, frei von etwas sein: *ik kann denn Schnuppen un Hausten gor nich werrer ahnig warden.* – Zu *ahn.*

ahnig[2] ahnend, etwas bemerkend: *mi is hüt so ahnig, as wenn noch wat passiert.* – Zu *ahnen.*

Ahuurn m. Ahorn.

Akie m., zweite Silbe betont, veralt., Schliff, Gewandtheit. – Zu frz. *acquis.*

akkedieren verhandeln, bereden, vereinbaren: *dei hemm' ümmertau akkediert, œwer sei sünd sich nich schlüssig worden.* – Zu hd. *Akkord.*

akkerat, akrat Adv. akkurat, genau, eigen: *de is nich akrat* er arbeitet nicht ordentlich; *akrat dat wull ik seggen* genau das wollte ich sagen; *du hest akkerat so'n Kleed as ik.*

Aktuworius, Aktuwarjus m., hist., Gerichtsschreiber, Amtsschreiber.

Akzitsch f. s. Azitsch.

Äl, Ell f. Elle, historisches Längenmaß. – Ra.: *Ik weit, wat de Ell dorvon kost'* ich habe kein Verlangen danach; *denn' mät ik noch mit de Ell af* den verprügele ich noch. Im Sagw.: *Allens mit Maten, säd de Schnieder, don verschacht' hei sien Fru mit'e Ell.* Im Tanzlied:

Soeben Ellen Boddermelk
un teihn Ellen Klümp,
un wenn dei Schauh versapen sünd,
denn danzen wi up de Strümp.

Aland m. Aland (karpfenähnlicher Fisch), Pl. *Alands, Alänner.* Der Aland wird schon im 17. Jh. von Joh. Micraelius zu den etwa 70 Fischarten gezählt, die in der Ostsee und in den Seen Pommerns gefangen werden.

alart, alert Adj., veralt., munter, fröhlich, flink: *de is ümmer so alert.* – Zu frz. *alerte.*

äldanken, erste Silbe betont, untätig, nachdenklich dasitzen, faulenzen: *du sittst dor un äldankst, gah doch tau Bär!* – Syn. äljanken.

Älditsch, Älditz f., vereinzelt auch *Äditz* u. *Ellritz* f. Eidechse. – Ra.: *Hei is fix as 'ne Älditsch an'n Morgen.*

Alhorn m. Holunder, auch *Alhörenbom*, Sambucus nigra L.

äljanken wie äldanken.

alksen (im Dreck) wühlen: *uns' Schwien alksen denn ganzen Dach up'm Messhoff*; in Verbindung mit *talksen: wat alkst un talkst du!*

all, alls, allst, allens Adj., Adv. jeder, alles, ganz, schon, aufgebraucht, zu Ende. 1. Adj.: *all Daach, all Abends, all un jeder.* – Ra.: *All Bott helpt* jede Kleinigkeit hilft; *allens wier vergäbens; allens inne Welt; hei weit allens; dat helpt allens nicks; all sien Geld* sein ganzes Geld. – 2. Adv.: schon; *ik heff dat all maakt.* – 3. in Verbindung mit *warden, maken, sin* aufgebraucht, zu Ende: *de Dummen war'n nich all; Brot is all(e).* Übertr.: *Mak, dat du all warst!* Verschwinde!

alldaachs Adv. alltags.

allermeist Adv. am meisten, sehr viel: *ik heff allermeist nauch; allermeist Tiet* höchste Zeit.

allerwägens, allerwäächt Adv. überall, für alles: *allerwägens licht wat rüm.* – Ra.: *Terbroken Pött gifft' allerwäächt* Unangenehmes gibt es überall; *dat kann man allerwägs tau bruken.*

allmächtig Adj. sehr groß: *'n allmächtigen Kauken.*

allmiendaach Adv. ›alle meine Tage‹, immer: *dat heff'k allmiendaach noch nich seihn.*

allreid Adv., hist., schon, bereit(s). – Zu engl. *all right.*

alltauhop Adv. alle zusammen: *alltauhop mit eis* alle auf einmal.

alltiet Adv. allezeit, immer.

alterieren, liter., sich aufregen, ärgern.

Altor m. Altar.

älwarig, -warrig Adj. Adv., veralt., elend, schwächlich, mager: *'n älwarig Piepgössel* ein schwächliches Kind

Alwend f. s. Anwend.

amböstig Adj. kurzatmig: *wenn du'n Barch ruppegehst, maarkt man di an, dat du all sihr amböstig büst.*

Ambraasch f., veralt., Lärm, Aufsehen, Gerede. – Zu frz. *embarras.*

Amidam, -dum f., hist., aus Weizen hergestellte Stärke. Die Rw. *in Amidam fallen* in Ohnmacht fallen beruht auf der scherzhaften Verwechslung mit *Amacht* f., hist., Ohnmacht.

Ämer, Amer, Emer f., veralt., glühende Asche, Funken.

ämern vor Hitze zittern, flimmern: *de Luft ämert hüt.* – Zu *Ämer.*

ampeln sich heftig bewegen, nach etwas streben: *hei ampelt na'n groten Gewinn.*

an 1. Präp. zur Bezeichnung zeitlicher und räumlicher Beziehungen. Durch den Zusammenfall des 3. u. 4. Kasus im Nd. ist im Mask. *am* (an dem) durch *an'n* ersetzt: *an'n Tun* am Zaun; Fem.: *anne, an de Sünn* in der Sonne; Neutr.: *an't Finster* am Fenster. – 2. Als Adv. häufig in Verbindung mit Präp. und Verben: *dor hett he noch väl an* davon hat er noch viel; *dor hett hei recht an; dat is he so anworden* daran hat er sich gewöhnt.

an-, An-: -äppeln hänseln, verulken. – **-äten** anessen, zunehmen. – **-bakken** ankleben, intrans.: *de Schnei backt an,* trans.: *Tapeten anbacken.*

– **-bäden** anbeten: *Wihnachtsmann, ik bä' di an* … – **-bänzeln** sich anfreunden, Intens. zu *anbänneln*. – **-barch** m. Anhöhe. – **-bäuten, -böten** Feuer anmachen. Präs. Sg. 1. *bäut, böt an*, 2. *büttst an*, 3. *bütt an*; Prät. 1. u. 3. *bör an*; Part. *anbött*. – **-beiden** anbieten. Präs. Sg. 1. *beid* an, 2. *beidst an*, 3. *beid an*; Prät. 1. u. 3. *bär an*; Part. *anbaden*. – **-bieten** anbeißen. – **-blacken** n., veralt., Kinderspiel mit Knöpfen, die an die Wand geworfen werden. – **-blaren, -blarren** anschnauzen: *wat blaarst du mi so an?* – **-bölken** anschreien. – **-bören** anheben: *nu bör di man 'n bäten an*. – **-bösten** 1. ›anbürsten‹, *dat Hor anbösten*. – 2. herbeieilen. – **-bott** n., hist., Angebot. – **-bräken** anbrechen. – **-brassen**, seem., die Rahen in die gewünschte Stellung bringen. – **-brüden** necken. – **-bu** m. Anbau. – **-buffen** 1. anstoßen. – 2. schwängern: *de is anbufft*. – **-bünzeln** unordentlich anziehen. – **-däu** m. erstes Tauwetter, Morgentau: *in'n iersten Andäu*. – **-daun, -don** antun, hinzutun, zufügen. – **-deinen** sich andienen, beliebt machen. – **-dem** ›an dem‹, richtig, wahr: *dat is nich andem*. – **-drapen** antreffen, betreffen. – **-dreigen** andrehen, übertr.: etwas aufschwatzen: *lat di nicks andreigen*. – **-drieben, -driewen** antreiben. – **-drögen** antrocknen. – **-dudeln**, refl., sich betrinken. – **-düden** andeuten. – **-dunen** antrinken: *hei is 'n bäten anduunt*. – **-fängen** anfangen. – **-faten** anfassen. – **-ficheln** anschmeicheln, – **-fleigen** anfliegen. – **-fliegen, -flieden** 1. sich anputzen. – 2. aufschwatzen: *de hett sich schön wat anfliegen laten*. – **-friegen** ›anheiraten‹: *hest' di eine anfriecht?* – **-gahn** 1. angehen, möglich sein, anfangen: *dat kann angahn* es ist möglich; *lat' man sacht angahn!; se geiht em an* drängt sich ihm auf. – 2. anwachsen: *de Planten sünd angahn*. – 3. als Part.Prät. in Verbindung mit *sin* zu verderben beginnen: *dat Fleisch is angahn* ist nicht mehr gut. – **-gellen** ›angelten‹, angehen: *dat gellt di nicks an*. – **-glœsen** anbrennen, anzünden. – **-gludern** anglotzen, böse ansehen. – **-glupschen** scheel ansehen. – **-gräāpsch** Adj. 1. begehrenswert, vielfach von bestimmten Waren: *niege Tüften sünd angrääpsch*. – 2. angriffslustig. – **-grapschen, -grapsen** anfassen, betasten. – **-griesen** grau werden. – **-hacken** 1. anheften. – 2. haftenbleiben, festsitzen: *dat is em anhackt* das hat er gestohlen. – Sagw.: *Womit man ümgeiht, dat hackt einen an, sär de Timmermann, as hei denn Balken mit na Hus nehm*. – **-hängsel** m. Aufhänger an der Kleidung. – **-hänseln**, hist., Einstand geben. – **-hollen** anhalten, aufhören. – **-hüpen** ›anhäufen‹, anhäufeln: *Tüften anhüpen*. – **-kamen** 1. ankommen, herankommen, eintreffen, merken, behandeln, widerfahren: *hei lött sik dat nich ankamen* läßt es sich nicht merken; *dor kann einen wat bi ankamen* es kann einem übel werden; *em is wat ankamen* ihm ist etwas zugestoßen; *wo de Sünn ankamen kann, is' schön warm*. – 2. als Part.Prät. in Verbindung mit *sin* anfangen zu verderben: *dat Fleisch is ankamen* das Fleisch ist schlecht. – **-kieken** ansehen: *dat kiek di an, dat sühst nich alle Daach!* Ra.: *Wat kiekst' mi an, wat gaffst mi an, denkst woll, ik bün dien Brut? Nee, mien Jung', dat glöf man nich, krichst höchstens an dei Schnut*. – Wenn es schmutzig ist, *kiekt einen dat so an*.

– **-klacken** ankleben, – **-klarren, -klaren** anfassen. – **-klautschen** neugierig betatschen. – **-klœstern** sich anziehen, warm und umständlich. – **-knüppen** zusammenknoten. – **-knüttels** n. das Angestrickte, ein Stück Netz, an das wieder angeknüpft wird. – **-knütten** anstrikken.– **-kohlsuern** sich etwas einbrocken: *hei hett sich schön wat ankohlsuert!* – Zu *Surkohl.* – **-külpen** anglotzen: *wat külpst du mi so an?* – **-küseln** sich betrinken: *hei hett sich einen anküselt.* – **-langen** an etwas heranreichen: *dor langt hei nich an.* – **-lappen** anschnauzen. – **-laten** anlassen, sich entwickeln: *wie sich dit woll anlett!* – **-leigen** anlügen. – **-liggen** 1. anliegen: *wer weit, wat dor anlicht* wer weiß, was da los ist. Allg. Frage nach dem Ergehen: *Wat licht an?* Scherzh. Antwort: *Moors an'n Poller.* – 2., seem., den Kurs halten: *wat lichst du an?* – 3. seelische Anteilnahme empfinden: *mi leech dat so an.* – **-lopen** anlaufen. – **-maken** anmachen, hinzufügen: *bäten Solt anmaken.* – **-marachen** 1. schnell herbeilaufen. – 2. großes Festessen zubereiten. – **-mauden** zumuten: *dat kannst du mi nich anmauden.* – **-meigen** anmähen. – **-micheln** 1. betrügen. – 2. sich einschmeicheln. – **-miegen** anpissen. – **-mölen** sich unordentlich anziehen. – **-munstern** 1. anheuern. – 2. sich anputzen. – **-nähmen** annehmen, entgegennehmen, etwas lernen: *de Schwien nähmen sich gaut an* gedeihen; *hei nimmt sich dat an* er lernt es; *hei hett sich dat Supen annahmen* angewöhnt. – **-neiden, -neigen** annähen. – **-ornieren**, veralt., anordnen. – **-pedden** antreten. – **-pinke(r)n** Feuer schlagen mit Stahl und Stein. – **-planten** anpflanzen. – **-pläugen** anpflügen. – **-preien**, seem., ein Schiff auf der Fahrt anrufen. – **-premsen** sich etwas anzwängen, jmd. etwas aufdrängen. – **-prünen** unordentlich annähen. – **-puken, -puuksen, -puchen** anstoßen. – **-pummeln** sich viel anziehen. – **-purren** antreiben, anspornen. – **-püüstern** anblasen: *Für anpüüstern.* – **-racken** anrichten: *Äten anracken.* – **-raden** anraten: *hei hett ehr dat anraden.* – **-reiden, -reden**, veralt., anschaffen. – **-rögen** anrühren: *schlicht Äten rööcht he gor nich an*; übertr.: *ierst hett he dat anrööcht, un nu sall 't nich sin.* – **-rökern** anräuchern. – **-rugen** anrauhen. – **-rüken** an etwas riechen: *dor rük an!* das nimm dir zu Herzen! – **-sabbeln, -sawweln** anlecken. – **-säuken**, hist., ansuchen, ersuchen. – **-schalmen, -schalwen**, fachspr., 1. im Wald zu fällende Bäume kennzeichnen. – 2. das Ende eines Holzstückes kammförmig einschneiden. – **-schäugen** verlängern, ein Stück ansetzen, übertr.: etwas hinzufügen: *de Lüd wüßten noch dit un dat antauschäugen.* – **-scheiten** 1. anschießen. – 2. angrenzen: *dat Hus schütt genau anne Strat an.* – **-schieten** 1. anscheißen, mit Scheiße beschmutzen. – 2., übertr., anscheißen, betrügen, beschimpfen. – Ra., wenn etwas geglückt ist: *Anschäten, leif Gott, de Scheeper seet inne anner Hock* (als der Blitz einschlug). – **-schläägsch** Adj. schlau, gewitzt: *hei hett 'n anschläägschen Kopp.* – Sagw.: *Ik möt 'n anschläägschen Kopp hemm', säd de Jung', dor kreech he weck an de Uhren.* – **-schlöpen** sich unordentlich anziehen. – **-schmieten** anschmeißen. – **-schmunstern** sich anschmeicheln. – **-schünnen, -schünen** jmd. zu etwas verleiten: *hei hett mi dat anschünnt* er hat mich dazu überredet. – Syn. inschünen. – **-schutern** jmd. etwas andrehen: *du lettst di von jeden wat anschutern.* – **-seggen** ansagen. – **-seigen** ansäen, mit der Aussaat beginnen. – **-seihn** ansehen: *dat will ik mi noch anseihn; dat seech mi so an* es schien mir so. – **-setten** ansetzen. – **-sin** ›an-, dransein‹, gewohnt, befreundet sein: *mit denn' bün ik gaut an; dat sünd sei so an* das sind sie schon gewöhnt. – **-sinnen** zumuten: *dat hett hei mi ansinnt.* – **-sitten** ansitzen, festsitzen, Schwierigkeiten haben; *hei sitt dormit an* er hat Ärger damit; *ik sitt bös mit'n Magen an; he sitt mit de Nerven an.* – Ra.: *He sitt dormit an as de Köster mit'n Sünndach.* – **-späulen** anspülen: *de Sand is anspäult.* – **-spiegen** anspeien. – **-spräken** ansprechen, um etwas bitten: *hei hett ehr anspraken.* – **-stahn** anstehen; mit Dat. der Person: jmd. gemäß sein: *dat steiht em an as denn Äsel dat Harfen; dat steht mi nich an.* – **-stäken** 1. anstechen: *'n Fatt Bier anstäken.* – 2. anstecken: *ik heff ehr 'ne Brosch anstäken.* – **-sticken** anstecken, Feuer anzünden: *hei stickt de Piep an.* – Sagw.: *Dat helpt för de Müs, secht dei Jung' un stickt dei Schün an.* – **-stœkern** anstoßen, antreiben, reizen: *wat stœkerst' mi an?* – **-stöten** anstoßen. – **-strieken** anstreichen. Präs. Sg. 1. *striek an*, 2. *strickst an*, 3. *strickt an*; Prät. 1. u. 3. *sträk an*; Part. *ansträken.* – **-stütten** anstützen. – **-süern** ansäuern: *sik wat ansüern* sich etwas einbrocken. – **-tarren, -taren** anfassen, berühren: *de Fleigen taarn einen hüt so an.* – **-teihn**, veralt., anziehen: *se will sich noch anners anteihn.* – **-teiken** anzeichnen, aufzeichnen. – **-trekken** 1. anziehen: *de Pier trecken an; dat niege Kleed antrecken.* – 2. ansteigen: *dat Feewer treckt an.* – 3. sich anziehen: *du bruukst di dat nich antautrecken.* – **-tüdern, -türern** 1. anbinden: *de Käuh up'e Wisch antüdern.* – 2. sich betrinken: *de harn sik bi lütt'n schön ein'n antüdert.* – **-tünen** sich altmodisch anziehen: *de hett sich hüt wedder wat antüünt!* – **-warden** sich an etwas gewöhnen: *ik bün dat anworden, Wihnachten Hasenbraden to äten; dat bün ik all von lütt up an anworden.* – **-wassen** anwachsen. – **-wend, -wenn', -wenning** f., landw., Stirnseite eines Ackerstükkes, Pflugwende, auch *Alwenn'.* – **-wennen** angewöhnen, Part.Prät. *-wennt.* – **-wrümmeln** sich unordentlich anziehen.

Änen Pl. s. Aant.

Änen-: **-braden** m. Entenbraten. – **-diek** m. Ententeich. – **-flott** n. Kleine Wasserlinse, Lemna minor L., auch **-grütt** f. – Syn. *Waderlins.* – **-stüz** m. Hinterteil der Ente. – Ra.: *Em geiht dat Mul as 'n Änenstüz.*

Angst f. Beklemmung, Sorge, Not. – Ra.: *Väl Angst un wenig Bäternis* (Besserung). – Sagw.: *Ut de Angst kümmt man gor nich rut, secht de Jung', in'n Sommer dunnert dat, un in'n Winter möt man inne Schaul. Angst heff ik nich, säd de Jung', œwer wechlopen dau ik doch.*

Angstbraden m. Angstbraten, d. i. gebratenes Gänsesauer.

Angstkœtel m. Angsthase. – Syn. Bangbüx.

ängsterlich Adv. ängstlich, angstvoll: *hei keek sich ganz ängsterlich üm.*

anken nach etwas verlangen.

Anker[1] m. u. n. Schiffsanker, übertr.: *vör Anker gahn* heiraten, ins Wirtshaus gehen.

Anker-: (alle Zss. vorwiegend seem.) **-flücht, -flunken** Pl. Ankerflügel. – **-klüs** f. rundes Loch in der vorderen Schiffswand, durch das die Ankerkette läuft. – **-schäkel** n. Verbindungsglied mehrerer Ankerkettenteile. – **-spill** n. Winde zum Hochziehen des Schiffsankers.

Anker[2] m., n., hist., altes Flüssigkeitsmaß, kleines Faß für Wein und Schnaps, c. 38 Liter fassend.

Anklamiten Pl. Bewohner von Anklam. Bis 1815 wurde in Ziethen bei Anklam plattdeutsch gepredigt, folgender Vers ist bis heute lebendig: *Ji Anklamiten sünd kamen na Ziethen to hüren denn Pastor von Ziethen. De Pastor von Ziethen ward juuch Anklamiten wat schieten.*

Annemie, Annemieken weibl. PN Annemarie.

anner Pron. anderer, nächster: *anner Lüd* andere Leute; *up dei anner Siet* auf der anderen Seite; *dat is'n annern Schnack* das läßt sich hören; *anner Johr* nächstes Jahr.

anner-, Anner-: -bäulkenkind n. Vetter oder Base zweiten Grades, meistens im Pl. gebraucht zur Bezeichnung der entfernteren Verwandtschaft. – **-uurts** Adv. anderenorts. – **-wägens, -wägent** Adv. anderswo: *hei hett annerwägens to daun.*

ännern[1], **antern**, hist., antworten.

ännern[2] ändern.

anners Adv. anders, sonst: *dat kümmt noch anners; du möötst dat anners maken; Lüd, de anners nich to bruken sünd* die sonst nicht zu brauchen sind.

annersrüm Adv. anders herum, umgekehrt: *dat Rad möt annersrüm gahn.*

annerswo Adv. an anderer Stelle: *von annerswo her.*

Anno im Jahre, in Zss. zur Kennzeichnung vergangener Zeiten: *Anno Tobak, Anno dataumal, Anno dunnemals; Anno Kruk, as dei Buddel noch kein Mod wier; Anno siebzig.*

Ap m. 1. Affe. – 2., übertr., närrischer Mensch; *Ulen un Apen* unleserliche, schlecht geschriebene Buchstaben.

apartig, apadig Adj., Adv. 1. für sich, gesondert. – 2. eigenartig, besonders: *'n ganz apartigen Tobak; 'n apartigen Minschen.*

apen Adj., Adv. offen: *mak eis de Dör apen; apen Finster; apen Wärer* ›offenes‹ Wetter, d. h. Winter ohne Frost; *apen Bein, apen Fäut* Flüssigkeit absonderndes Beingeschwür. – Ra.: *De Achterpuurt holl ümmer apen, denn kœnen de Dokters tom Düwel lopen* sorge für eine regelmäßige Verdauung, und du bist gesund.

apenbor Adv. offenbar.

Apenfett n. ›Affenfett‹, Margarine, früher amerik. Schmalz: *Pannkauken in Apenfett braden.*

Äppel, Appel m. Apfel, Pl. *Äppels*; Dim. *Äppelken: rode Backen as'n Appel. – Ra.: in'n suren Appel bieten; de Appel föllt nich wiet von'n Stamm.* – Im Volksglauben wird dem Apfel gesundheitsfördernde Kraft zugeschrieben: wer am frühen Ostermorgen nüchtern einen Apfel äße, sollte das ganze Jahr über gesund bleiben, aus gleichem Grund sollte man dem Vieh am Silvesterabend einen Apfel geben. In der Volksmedizin dienten Äpfel zum Vertreiben von Warzen.

Appel-: -höker m. 1., veralt., Apfelhändler. – 2., übertr., hilfloser Mann. – **-hüüschen** n. Kerngehäuse des Apfels. – **-maus** n. Apfelmus. – **-schmolt** n. Apfelschmalz, mit Äpfeln und Zwiebeln ausgebratenes Schweinefett.

appeldwatsch, appeldwalsch Adj. dumm, albern: *'ne appeldwatsche Diern.*

appelkathoolsch Adj., veralt., fremdartig, sonderlich. – Zss. aus *abelsch* und *kathoolsch* katholisch.

Apporten Pl. Neuigkeiten: *Apporten drägen* Klatsch verbreiten, dazu *Apportendräger* m., – Zu frz. *rapport* u. *apporter.*

apree Adv., hist., besonders, außerdem.

April m. April: *April kann schicken, wat hei will; is de April uk noch so gaut, kricht de Tunpahl doch 'n Haut; 'n drögen April is nich denn Buern sien Will, œwer an Aprilrägen is em väl gelägen; is dei April natt, versprääkt hei 'n vull Fatt.*

Apteik f. Apotheke. – Ra., wenn etwas sehr teuer ist: *Dat is ja de reinste Apteik!*

Apteiker m. Apotheker, Pl. *Apteikers: Apteikers sünd plietsche Lüd; dei weecht as'n Apteiker* er wiegt wie ein Apotheker, d. h. sehr genau. – Sagw.: *För denn Dod is nicks wossen, säd de Apteiker, don maakt hei Lussalf* (Laussalbe).

Arbeider m. Arbeiter, Pl. *Arbeiders.*

arben erben: *bi denn is nicks tau arben.*

Arebor m. s. Adebor.

Arft f. Erbse, Pl. *Arften. Dick Arften* dicke Erbsen waren früher ein sehr häufiges Gericht, das es auch zu besonderen Gelegenheiten, wie etwa Weihnachten, gab. Dazu aß man gepökeltes Rindfleisch, Speck, Käse, aber auch *solten Hiering* gesalzenen Hering. – Von weitläufiger Verwandtschaft heißt es: *dat is nich mit'n Schäpel Arften aftoseigen* (abzusäen). Eine Schwangere *hett tau väl dick Arften äten.* Als Drohung: *mit denn' möt ik noch 'n Schäpel Arften äten* mit ihm abrechnen.

Arft(en)-: -fräter m. ›Erbsenfresser‹, Kranich, Grus grus L. – **-pahl** f. Erbsenschote. – **-schugels** n. ›Erbsenscheuche‹, 1. Vogelscheuche. – 2., übertr., häßlicher Mensch.

Arm m. 1. Arm. – 2. Ärmel. – 3., fischerspr., Flügel am Sacknetz der Fischer. Pl. *Arms.*

Armlüdbodder f., veralt., Armeleutebutter, d. i. Margarine.

Arpel m. Enterich, Pl. *Arpels.* Auf Rügen und in Westmecklenburg vielfach noch dafür das alte nd. *Wädik* oder *Wäding: wi seggen Wädik, Arpel is fiener.*

Arrer f. s. Adder.

as Adv., Konj. als, wie. In Vergleichen: *bäter wat as nicks; hei löppt, as wenn dei Düwel achter em wier; hei reist so as œwermorgen; so drat as* sobald wie möglich. Als Beginn einer Antwort mit Bezug auf die eigene Person: *as ik; as ik sär* (sagte). Temporale Konj.: *as ik keem, wier't all düüster; as du gra' wech wierst, keem hei an.*

Äsel m. Esel, Pl. *Äsels.* – Ra.: *Dat ik 'n Äsel bün, dat weit ik, œwer dat du Äsel mi dat seggen mööst, dat argert mi. De griese Äsel* graue Haare: *bi em kümmt de griese Äsel uk all dörch.*

asig Adj., Adv. 1. Adj. schmutzig, auch: stark, kräftig: *dat's 'n asigen Kierl.* – 2. Adv. sehr viel, als Ausdruck der Verstärkung: *dat is asig heit; hei hett asig väl Geld; dat wier asig kolt buten.* – Zu hd. *Aas.*

Asjett f. 1. flache Schüssel für Gemüse, auch für Kompott. – 2. Behälter aus Aluminiumfolie für Kuchen und Speisen. – Zu frz. *assiette.*

Aspars, Spars m., veralt., Spargel. – Verkürzt aus *Asparagus* officinalis.

Ass f. Achse, Radachse, Pl. *Assen; per Ass führn* mit dem Wagen fahren.

Ass(en)-: -band n., fachspr., Eisenband, das die Wagenachse im *Assfudder* festklemmt. – **-lüns** f. Achsnagel. – **-rung** f. Achsenrunge.

Assanblee, Assomblei n., veralt., Feier, Festlichkeit. – Zu frz. *assemblée.*

Astrak, Alstral n., hist., Pl. *Astraken.* Fußbodenbelag aus Fliesen oder Ziegeln, im Pl. die Fliesen oder Steine selbst.

Ätelschapp n. Schrank für Eßwaren. – Syn. *Ätelspind.*

Aten m. Atem: *em ward de Aten so knapp;* außer Atem sein: *ut Puust un Aten, ut Stick un Aten sin.*

aten atmen.

äten essen. Präs. Sg. 1. *ät,* 2. *ettst,* 3. *ett,* Pl. *äten*; Prät. Sg. 1. u. 3. *eet,* Pl. *eeten*; Part. *äten.* – Ra.: *Von Äten un Drinken hett sik all manch ein Minsch ernährt.* Übertr.: *Wat de Bur nich kennt, dat ett hei nich; allens ward so heit nich äten, as dat kaakt is.* Auf die neugierige Frage: *Wat gifft't hüt to äten?* kennt das Nd. über hundert unterschiedliche Scherzantworten, s. Winter, Pom. Antworten.

Äten-: -grapen m., hist., großer eiserner Kochtopf. – **-klock** f. Glocke, die zum Essen ruft. – **-tien** f., hist., hölzernes Gefäß zum Essentransport.

Ätik m. Essig.

attrapieren, veralt., ertappen, erwischen: *wenn ik di noch eis attrapier!* – Zu frz. *attraper.*

Äuke, Äuscher, Auter Dim. des männl. PN August.

Auken Pl. Raum auf dem Boden unter den Dachsparren, Dachwinkel: *hei wahnt unner de Auken; dat Hus is vull bet unner de Auken.*

Aulamm n., im Westen Mecklbgs *Ööch-* und *Oochlamm* (geschrieben auch *Öglamm*) 1. weibliches Schaflamm. – 2., übertr., jüngstes Kind.

Aust f., m. Ernte, Zeit der Kornernte: *Roggen-, Weiten-, Hawer-* und *Gastenaust,* aber auch *Heu-* und *Tüffelaust.* – Syn. in Westmecklenburg Oorn.

Aust-: -äten n. spezielles Ernteessen. – **-bidder** m., hist., Bote, der zum Erntefest einlud. – **-bier** n., veralt., 1. Erntebier. – 2. Erntefest. – **-binner** m., hist., Bindeseil über den vollen Erntewagen. – **-buck** m. Erntebock, Gestalt aus dem alten Erntebrauchtum; veralt. Ra.: *Denn' hett de Austbuck stött* er ist krank. – **-büx** f., hist., leinene Erntehose. – **-dracht** f., hist., während der Ernte getragene Kleidung. – **-köst** f., veralt., Erntefest. – **-ledder** f., hist., Ernteleiter am Erntewagen. – **-lüd** Pl. Erntearbeiter. – **-maand** m. Monat August. – **-meiger** m. Spinne mit langen Beinen, Pl. *-meigers.* – **-popp** f., hist., Erntepuppe, letzte Garbe. – **-struz** m. Erntestrauß. – **-wagen** m. Erntewagen.

austen ernten.

äuwen, öwen üben: *hei äuft immer noch.*

Äuwer, Öwer n. 1. Ufer. – 2. Anhöhe, Abhang.

Aweck m., zweite Silbe betont, Schwung, Nachdruck: *etwas mit'n Aweck machen, räden.* – Zu frz. *avec.*

Äwer m. Eber. – Syn.: Bier, Kemp.

Äx, Äxt f. Axt, Pl. *Äx(t)en.*

Azitsch, Akzitsch, Aziss f., veralt., Narzisse, Narcissus L., heute *Zitsch.*

B

B, b n. 1. der Konsonant. b ist im Wortanlaut und auch im Wortinlaut stimmhaft: *Büdel, besabbern, abelsch, glöben.* Im Inlaut ist der alte mnd. Reibelaut v, w fast durchweg durch *-ben-, -bm-* oder *-m-* ersetzt: *bawen > baben; Häwen > Häben; wriwweln > wribbeln.* Wegen des häufigen Nebeneinandervorkommens beider Formen in der nd. Literatur werden in unserem Wörterbuch noch beide Formen im Stichwort angegeben, so *schrieben, schriewen; glöben, glöwen.* – Weniger stimmhaft wird b dort realisiert, wo es als Ergebnis einer geschwächten Lautung von *p* auftritt; *Loepel > Loebel; Koppel > Kobbel; Möpperkees > Möbberkees.* – 2. der Buchstabe, häufig in der Ra.: *Wer A secht, möt uk B seggen* wer das eine will, muß das andere ertragen.

Baaks m. großer kräftiger Bursche.

bäätsch Adj. bissig.

Baba f. Wiege, Kinderbett.

Babbel, Bawwel m. Mund, Schnabel: *holl dienen Babbel* sei still.

Babbeljan m. 1. kurze Tabakspfeife. – 2., seem., Wachgang auf Deck durch die Schiffsjungen: *Babbeljangahn.*

Babbellies f. Klatschweib.

babbeln, bawweln unaufhörlich reden, schwatzen, erstes Sprechen der Kleinkinder.

baben, bawen oben, oberhalb; der Superlativ *bœwelst* wird auch attributiv gebraucht: *baben up denn bœwelsten Bœn* auf dem obersten Boden. – 1. Adv.: *baben an'n Bom sitten de besten Äppels; Fett schwemmt baben; hei güng na baben; hei kümmt von baben; von baben dal* von oben herunter; übertr: herablassend. – 2. Präp.: *baben de Ierd* über der Erde; *baben Harten* nicht von Herzen

baben-, Baben-: -an Adv. obenan. – **-hand** f. Oberhand: *de Babenhand behollen.* – **-hitt** f. Oberhitze. – **-köst** f. obere Brotkruste. – **-stuf** f. 1. Oberstube. – 2., übertr., Kopf. – **-tähn** m. oberer Zahn. – **-tau** Adv. obendrein. – **-up** Adv. obenauf: *dei is bab'n up un unnerdoerch* er nimmt persönliche Angriffe nicht ernst. – **-wader** n. Oberwasser.

Bacher m., hist., Dreschmaschine, durch Göpel oder Lokomobil angetrieben. – Syn. s. Döschkasten.

bachern, veralt., mit dem Bacher (s. d.) dreschen.

Back[1] f., m. Backe, Wange, Gesäßbacke, Rücken: *de hett nich Buk noch Back* von einem sehr mageren Menschen.

Back[2] f., seem., 1. Eßschüssel auf dem Schiff: *'ne Back vull Arften.* – 2. Eßtisch. – 3. Eßraum der Matrosen. – 4. m. Aufbau auf dem Vorderdeck.

back[3] Adv. zurück, rückwärts; seem.: *dat Sägel steiht back.*

Backaaft n. Backobst; ein beliebtes Gericht sind *Backaaft un Klümp.*

Backaben m. Backofen. Backöfen dienten den Bauern früher zum Brot- und Kuchenbacken, aber auch zum Trocknen des Flachses. Ursprünglich war der Backofen im Hause, aber schon im 16. Jh. sollten die Backöfen wegen der Brandgefahr abseits vom Wohngebäude errichtet werden. – Ra.: *Dat lött sik nich in'n Backaben schuben* nicht mit Gewalt fertigbringen; eine dicke Frau *hett'n Noors as'n Backaben; gegen denn Backaben is schlicht hujahnen* gegen Mächtige(s) kann man nicht ankommen. Als Abweisung: *Allens inne Welt, bloß keinen höltern Backaben!*

backäppeln 1. hinterherlaufen. – 2. scharf traben.

Backbeeren Pl. 1. gedörrte Birnen, früher das wichtigste Dauerobst neben den *Backplummen* Backpflaumen. – 2., übertr., wertlose Dinge.

Backbeerenkram m. Unsinn, schlechte Arbeit; *dat is allens Backbeerenkram* es hat alles keinen Sinn.

Backbuurd n. Backbord, ›Rückbord‹, linke Schiffsseite (von hinten gesehen). Diese Seite lag dem Steuernden ursprünglich im Rücken. – Zu *Back*[1].

Backels n., auf Rügen *Backlis*, Backwerk, Gebäck, örtlich verschieden, meist aus mit Mehl angerührten zerkleinerten Kartoffeln, in der Pfanne gebraten. – Sprw.: *All Brugels un Backels gerött nich* nicht alles gelingt.

Backeltroch m. Backtrog. – Ra.: *Ut'n Backeltroch lött sich kein Vigelien maken* aus einem Backtrog läßt sich keine Geige machen.

backen 1. backen. – 2. trocknen. – 3. festkleben: *tau backen kamen*, veralt., zu Schaden kommen.

backig, backsig Adj. klebrig: *de Fingern sünd em so backig.*

Backs m., Subst. zu *backsen.* 1. klebrige Masse: *dat Brot is all ein Backs* das Brot ist klitschig. – 2. f. Ohrfeige: *wist 'ne Backs hemm?* – Sagw.: *Ik möt 'n anschlääqschen Kopp hebben, säd de Jung', don kreech hei por Backsen.* – 3. Haufen, kleine Menge: *'n Backs Geld.*

Backsbüdel m., verkürzt aus *Tobaksbüdel,* 1. Tabaksbeutel. – 2. dummer Mensch.

Backschaft f., seem., Mannschaft auf dem Schiff. – Zu *Back*[2].

backschietig, backscheißig Adj. frech, dummdreist: *räd nich so backschietig!*

backsen kleben, Intensivbildung zu *backen.* 1. kleben: *de Schnei backst* der Schnee klebt. – 2. mit der Hand schlagen: *hei hett em weck backst* er hat ihm eine Ohrfeige gehauen.

Backsgeschirr n., seem., Messer und Gabel. – Zu *Back*[2].

Backskist f., seem., Kiste unter der Koje zur Aufbewahrung des persönlichen Eigentums der Matrosen. – Zu *Back*[2].

Bäd f. Bitte, Gebet.

Bäddach m., veralt., Buß- und Bettag.

Baddel m. aus *Bartel,* einer Verkürzung des männl. PN *Bartholomäus,* s. die Zss. Dœs-, Drœn-, Düs-.

baddeln, veralt., dumm und viel reden.

baddig, battig Adj. schwül, drückend heiß: *dat is so baddig hüt, dat ward woll noch wädern.*

bäden beten, inständig bitten; *na'n Bäden gahn* zum Konfirmandenunterricht gehen.

bäder, bärer besser, Komparativ von *gaut,* lautgeschwächte Formen von *bäter.* – Ra.: *Dat kümmt noch bäder; bäder wat as gor nicks.* – Sprw.: *Bäder 'ne Lus in'n Kohl as gor kein Fleisch.*

Bädklock f. Betglocke; *de Bä'klock stöten,* früher gewöhnlich mittags und abends auf den Dörfern.

Bädschaul f., veralt., Betschule, Konfirmandenunterricht.

Bagaasch, Packaasch f. 1. Bagage, Gepäck. – 2. Gesindel.

Bahner m. Eisenbahner, Pl. *Bahners.*

Bahnmann m., veralt., Bahnbeamter.

Bäk f. Bach, schmaler Wasserlauf: *an dei Bäk stahn Vergißmeinnicht.* Bäk tritt allein und auch in Zss. oft als FLN auf.

Balamm n., veralt., Schaflamm; Dim.

Balämming. Im Kinderlied: *Balämming leep in't Holt, stött sik an ein Stöcking, dun deit em weih sien Köpping, dun schreech lütt Lämming mäh!*

Balbier m., veralt., Friseur, Barbier. Auch *Babutsch, Balbutsch,* und *Barbutsch.* – Syn.: Boortschinner, Putzbüdel.

balbieren, auch umg., rasieren; übertr.: *dei hett sik schön œwer'n Läpel balbieren laten.*

balboorsch, bamboorsch, borboorsch Adj. furchteinflößend; entstellt aus *barbarisch*: *'n ganz bamboorschen Düwel* ein hinterlistiger Mensch.

Balch f. Balge, hölzerne, aus Dauben gefertigte Waschwanne, Pl. *Balgen.*

balkendick Adj. dick wie ein Balken, häufig von dichtem Nebel: *dat is balkendick buten.*

balkendüüster Adj. stockfinster.

Ballerbüss f. 1. aus Holunderholz gefertigte Knallbüchse der Kinder. – 2. scherzhaft für altes Gewehr oder alte Taschenuhr; s. auch Büss.

ballstürig Adj. störrisch, widerspenstig: *dat Veih is so ballstürig;* auch *ballstürig Wäder* unbeständiges Wetter.

Bambus m., zweite Silbe betont, Pl. *Bambusen*; ungezogener Junge, Strolch, meistens im Plural gebräuchlich: *deese Bambusen hemm' mi doch dat Finster inschmäten.*

Bangbüx m., f. Angsthase, Feigling. – Syn. Angstkœtel.

bangbüxig Adj. ängstlich, feige: *ik wier bloots noch'n bäten bangbüxig.*

bängen drücken, pressen, zwängen: *hei bängt sich dei Stäwel an; hei möt so bängen, dat hei wat losward* von hartem Stuhlgang.

Bänk f., daneben auch *Bank,* Bank, Pl. *Bänk(en).*

Bänkengeld n., veralt., Kirchensteuer.

bannig 1. Adv. sehr, stark: *de Eier sünd ja bannig lütt; dat is bannig soltig.* – 2. Adj. groß, gewaltig, außerordentlich: *du büst ja einen bannigen Kierl!* (iron.)

Bänzel n., Sg. u. Pl., kurzes Stück Bindfaden, schmales Bändchen: *'n Bänzel ümbinden.* – Zu hd. *Band.*

Bär n. s. Bedd.

Barch m. Berg; *Bargen* ON Bergen auf Rügen; übertr.: *achtern Barch wohnen uk noch Lüd es* gibt auch noch woanders tüchtige Leute; *üm denn Barch trecken* etwas verheimlichen.

bärer s. bäder.

barft, barst Adj., verkürzt aus mnd. *barvoot, barvootes* barfuß: *mit barfte Beinen gahn; barft un boors* barfuß und barhäuptig; *hei is barst up'm Kopp* er hat eine Glatze.

barftbeinig Adj. mit bloßen Füßen.

bargen bergen, in Sicherheit bringen: *dat Sägel bargen;* verbergen: *ik kann dat Lachen nich bargen.*

Bark[1] f. Birke, Pl. *Barken.*

Bark[2] f., seem., dreimastiger Lastensegler.

Barkhauhn n. Birkhuhn, Lyrurus tetrix (L.)

Barm m., f. Hefe, trüber Rückstand von Flüssigkeiten; nur um Burg Stargard, sonst allg. *Gest.*

barst s. barft.

Bas m., veralt., Meister, Anführer, der Beste, Tüchtigste: *wecker is hier von juuch de Bas?*

Bäsbom m. s. Wäsbom.

basch Adj. 1. streng, scharf: *de Bodder is basch; baschen Kees* strenger Käse; *ut Hunnenschiet baschen Kees maken* etwas Unmögliches möglich machen. – 2. grob, ungezogen: *hei keem mi 'n bäten basch.*

Bäsen m., Sg. u. Pl., Binse.

Bäsing f. s. Besing.

Bäsmer, Bäsen, Däsen, Desem m., hist., Handwaage, bestehend aus einer Holzstange, deren eines Ende verdickt und beschwert war, während sich am anderen Ende ein Haken zum Aufhängen der Ware befand (s. Abb.).

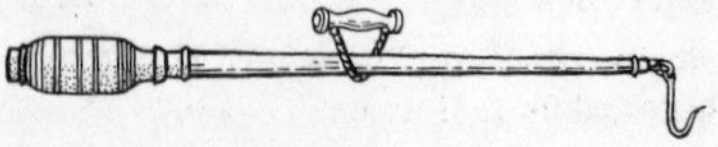

Bassfarken n., umg., scherzh., Violoncello.

Bassun f., zweite Silbe betont, hist., Posaune.

basten bersten, platzen.

bäten, bät'n Adv. bißchen; Dim. *bäting: 'n lütt bäten, lütt bäting* ein kleines bißchen; *'n bäten wat* ein bißchen; *ik bün kein bäten mäud* kein bißchen müde.

Bäten m. Bissen.

bäter s. bäder.

bätern bessern, ausbessern, sich bessern. – Ra.: *Wenn de Kauh dot is, ward de Stall bätert* wenn das Unglück passiert ist, wird die Ursache beseitigt; *dei Schwien hemm' sich gaut bätert* haben an Gewicht zugenommen.

Baud, Bod f. Bude, kleines Haus.

Bäudner m., hist., Büdner.

Bauk, Bok n. Buch, Pl. *Bäuker, Böker.*

Bäuk, Bök f. Buche, Pl. *Bäuken, Böken.*

Baukecker f. Buchecker.

bäuken Adj. aus Buchenholz: *bäuken Holt*, auch als Zss. *Bäukenholt.*

Bäukerkram m. verächtlich von gelehrten Büchern und Schriftstücken.

Baukweiten m. Buchweizen. Er wurde früher besonders auf sandigen Böden angebaut.

Baukweitengrütt f. Buchweizengrütze. Noch 1929 empfiehlt der Küchenzettel der ›Pommerschen Landfrau‹ als Abendmahlzeit dick gekochte *Baukweitengrütt* mit Milch und Brot. Wegen ihres geringen Nährwertes war sie aber wenig beliebt, was sich in zahlreichen Ra. widerspiegelt: *Baukweitengrütt, fief Schritt, dreimal Piss, weg is. Baukweitengrütt, föffteihn Schritt, von hier bet na'n Stall is allens wedder all.*

Bäulken n. s. Annerbäulkenkind.

bausen wühlen, bohren: *du sast di nich ümmer in dei Näs bausen; dei Müs hemm' 'n grotes Loch in dat Brot baust.*

bäuten, böten bessern. Präs. Sg. 1. *bäut*, 2. *böttst*, 3. *bött*; Präs. Pl. *bäuten*; Prät. Sg. *bödd, börr*; Prät. Pl. *bören. Netten böten* Netze flicken; veralt. auch noch für das Besprechen von Krankheiten: *ik heff mi dat böten laten; dei Ollsch kann böten.* Heute sprachüblich vor allem für Feuer machen, auch übertr.: *he bött em düchtig in* er sagt ihm tüchtig die Meinung.

bauzen mit lautem Knall niederstürzen, auftreten: *hei bauzt mit siene Stäwel dörch de Stuf.*

bawen s. baben.

Bäwer m. Beben, Zittern: *denn Bäwer kriegen.*

Bäwergras n. Zittergras, Briza media L.

bäwerig Adj. zitterig, bebend: *mi warden de Knei all bäwerig.*

bäwern zittern: *em bäwern de Büxen.*

Bäwernis f. zitternde Angst: *dat is ja rein, üm dei Bäwernis tau kriegen.*

bawweln s. babbeln.

beängsterlich, beängstlich Adv. ängstlich, besorgniserregend: *dat is mi tau beängstlich, wenn dei Diern so spät gahn sall.*

beäppelt Adj. verrückt, verdreht: *dat*

is beäppelt.

bedaben Part. Prät., Adv. mit Flüssigkeit bedeckt sein: *de Bohnen wiern ganz bedaben, as ik sei inweiken deer.*

bedaun betun, besorgen, beschmutzen, sich beruhigen: *ik heff allens bedan* ich habe alles erledigt; *bedau di man nich!* – stell dich nicht so an!; *bedau di doch bloß* beruhige dich doch.

Bedd, Berr, Bär n. Bett, Pl. *Bedden, Bäärn; tau Bedd, tau Berr gahn.* – Ra.: *In'n Bedd starben de mihrsten Minschen; ik war doch nich anner Lüd dat Bedd maken* für andere Schwierigkeiten aus dem Weg räumen

Bedd-, Bär-: -bür f., veralt., Bettbezug. – **-gahnstiet** f. Zubettgehzeit. – **-hitt** f. Betthitze. – **-lad** f. 1. Bettgestell. – 2. Truhe zum Verwahren von Betten. – **-quast** m. Strick über dem Bett zum Hochziehen. – Syn. *Beddreep.* – **-schapp** n., hist., Bett im Raum unter der Treppe oder schrägem Dach. – **-schraach** f., hist., Holzbettgestell aus zwei gekreuzten Beinen, über die Leinwand gespannt war (s. Abb. S. 285). – **-städ** f. Bettstelle. – **-stroh** n., veralt., Stroh zum Füllen der Bettunterlage; Äpfel und Birnen legte man zum Nachreifen gern ins Bettstroh; *Murre Maria ehr Bärstroh* Waldmeister.

bedeinen bedienen; Aufforderung bei Tisch: *nu bedeinen Sei sich!*

bedenken überdenken, überlegen, versorgen, sich erinnern: *ik heff mi bedacht* meine Meinung geändert; *dat Wäder steiht in 'n Bedenken* das Wetter ist unbeständig und wechselhaft; *hei is dormit bedacht* er hat etwas geschenkt bekommen; *ik kann mi noch bedenken.*

Bedenkjohr n. Jahr zum Nachdenken: *hei kümmt in de Bedenkjohren.*

bedeppert Adj., aus der Umg., ratlos, verdutzt, eingeschüchtert: *hei stünn ganz bedeppert dor.*

bedöwen betäuben.

bedrägen sich betragen.

bedrapen betreffen, Part. betroffen sein. Präs. Sg. 2. *bedröppt*; Prät. Sg. 3. *bedrap, bedröp*; Part. *bedrapen. Dat bedröppt di; hei wier ganz bedrapen.*

bedräplich Adj. fleißig, betriebsam, in gleicher Bedeutung *bedräwig.*

Bedräufnis f. Betrübnis.

bedräuwen, bedröwen betrüben: *hei sitt ganz bedräuft inne Eck.*

bedreigen betrügen. Präs. Sg. 1. *bedreich*, 2. *bedrüchst*, 3. *bedrücht*, Pl. *bedreigen*; Prät. Sg. 1. *bedrööch*, 2. *bedröchst*, 3. *bedrööch*, Pl. *bedrögen*; Part. *bedragen. Hei bedrücht, wo hei kann; hei bedrücht sienen Noors* er erbricht; im Laternenlied: *de Ollsch mit de Lücht, dee de Lüd bedrücht.*

bedrieflich Adj. betriebsam, fleißig: *hei is för sien Öller noch recht bedrieflich.*

bedriewen betreiben, ausüben.

bedrippst Adj., wie umg., niedergeschlagen, traurig, auch *bedrippt.*

Bedroch m. Betrug.

bedrögen betrocknen, trocken werden: *lat man dat Gras ierst bedrögen; dei Schnär is all bedröööcht* die Schnitte ist schon betrocknet.

bedröwen s. bedräuwen.

bedrüppeln betröpfeln; veralt. Ra.: jmd. *mit sien eigen Fett bedrüppeln* jmd. betrügen.

bedrüüscht Adj. verzagt, geknickt: *hei sitt ganz bedrüüscht dor.*

bedüchten dünken. – Sprw.: *Dat gröttste Glück, as mi bedücht, hett, wer up Glück lecht keen Gewicht.*

bedüden bedeuten, erklären, überzeugen: *hei hett em dat bedüd't* er hat es ihm erklärt; *hei ward sich bedüden* *laten* er wird sich überzeugen lassen.

Bedüdung f. Bedeutung.

beduern bedauern: *'n Stück Veih mutt man bi'n Schlachten nich beduern, denn kann't nich starben.*

bedümpeln beschönigen, übervorteilen.

bedüsen betäuben.

bedüüst Adj. schwindlig, benommen; Part. Prät. zu *bedüsen*, s. d.

beeden s. beiden.

Been n. s. Bein.

beennigen beenden.

Beer[1] f. Beere, Pl. *Beern.*

Beer[2] f. Birne, Pl. *Beern. Beern un Klümp* Birnen und Klöße, ein Gericht.

Beernbom m. Birnbaum.

Beernkrüd f. dick eingekochtes Birnenmus.

Beesen f. s. Beis.

Beest n. u. m. s. Beist[1] u. Beist[2].

beet s. beit.

Beet n. Beet, Gartenbeet, Pl. *Beer.*

Beet f. s. Beit.

befaten, refl., sich mit etwas, jmd. befassen.

befrünnen sich befreunden, verschwägern: *hei hett sich befrünnt mit mi.*

befummeln befühlen, in Ordnung bringen: *de Sak warn w' befummeln.*

begaben, -gawen mit etwas versehen, etwas geben: *hei hett sich gaut begaaft* gut versorgt; *ik heff em begaaft* verprügelt.

begäben, -gäwen sich begeben, etwas unterlassen: *ik heff mi dat begäben; hei hett sich dat Supen begäben* das Trinken abgewöhnt; den Ort wechseln: *wi begäben uns na Hus;* sich ereignen:, veralt., *dat begifft sich.*

begahn begehen, trans. u. intrans., trächtig sein: *de Sœch is begahn.*

begäng' Adj. bekannt, gebräuchlich, üblich, unterwegs: *wat maakt dei Oll? hei is ümmer noch begäng'* immer noch auf den Beinen; *dat is hier nich begäng'* ist hier nicht üblich.

Begängnis n., veralt., intensives Beschreiten, Begehen, Leichenbegängnis.

begapen begaffen.

begasseln 1. Brot vor dem Abbacken mit Wasser einstreichen. – 2., übertr., schlagen, prügeln, sich betrinken: *hei hett sich schön begasselt.*

begäuschen, begööschen beruhigen, beschwichtigen, überreden: *he wier so upgeräächt, ik müßt em man begäuschen.*

begeiten begießen: *sich de Näs begeiten* sich betrinken; *hest' all begaten?* hast du das Ereignis schon begossen, darauf getrunken?

beglieken begleichen: *allens begläken* alles bezahlt.

begnäugen, refl., sich begnügen.

begrabbeln, begrawweln befühlen, betasten.

Begräfnis n. Begräbnis.

begragen, begrawen, veralt., grau werden. – Ra.: *Wo einer in begriest, dor begraacht hei uk in* was man sich einmal angewöhnt hat, kann man sich nicht wieder abgewöhnen.

begrapschen, begrapsen betasten, anfassen: *du sast mi nich ümmer begrapschen.*

begriepen begreifen, fassen, erfassen, nachdenken. Prät. *begreep;* Part. *begräpen. Hei begrippt sich* er überlegt; *ik heff mi begräpen un will dat Hus nich mihr köpen.*

begriesen Greis werden: *nieglich Lüd begriesen bald* neugierige Leute werden früh alt.

begriesmulen, -mülen jmd. anführen, fehlschlagen: *lat di dat nich begriesmulen; dat ward di begriesmulen.* – Zu

Griesmul n. knirschendes Maul.

behacken behacken, in Verbindung mit *blieben* ›kleben‹ bleiben, sitzenbleiben: *se is dor behacken bläben.*

behäuden behüten: *dei Wisch behäuden* die Wiese als Viehweide nutzen; im Ausruf: *behäur mi Gott!* behüte mich Gott!

behebben, veralt., 1. bedeuten, besagen. – 2., refl., sich benehmen.

behollen behalten, einbehalten.

behöllern, behollern Adj. behaltend, bewahrend: *hei hett 'n behöllern Kopp* er hat ein gutes Gedächtnis.

behüpen Pflanzen mit Erde behäufeln: *Tüft'n behüpm* Kartoffeln behäufeln. – Syn. *behopen.*

beid, beir beide.

beiden, beeden bieten, anbieten. Präs. Sg. 1. *beid, beir, beed,* 2. *büttst,* 3. *bütt,* Pl. *beid't, beiden, beeden;* Prät. *böd, bod;* Part. *baden. De beeden sich nich de Daachstiet* sie grüßen sich nicht. – Sagw.: *Ik war denn Mund 'n bäten beiden, secht de Schauster un nimmt 'n Priem.*

beielen beeilen.

beigern, beiern, veralt., die Kirchenglocke mehrmals mit dem Klöppel kurz hintereinander anschlagen, gewöhnlich eine halbe Stunde vor dem Gottesdienst.

beihren beehren.

Bein, Been m., n. Bein, Pl. *Bein, Been, Beiner, Beiners.* Mit Präp.: *hei is all inne Bein* ist schon aufgestanden; *wi gahn up'e letzte Been* es geht bergab; *de Supp is fix tau Bein* die Suppe ist wenig gehaltvoll, schnell in den Beinen; *de Acker hett nicks unner dei Beinen* der Acker ist mager, muß gedüngt werden.

beinahstens Adv. beinahe, Neolog.

beinfägen, veralt., schnell laufen, eilen.

Beis, Bees, Beesen f. Binse, Knäuelbinse, Juncus conglomeratus L.

Beis(t)lok, Beeslok m. Schnittlauch.

Beist[1], **Beest** n. Bestie, Tier, Pl. *Beister.*

Beist[2], **Beest, Beis** m., häufiger *Beis(t)melk* f. Biestmilch, die erste Milch der Kuh nach dem Kalben. Sie ist besonders fettreich, sieht sehr gelb aus und hat einen eigenartigen Geschmack. Gewöhnlich wurde damit das Kalb getränkt, das Vieh gefüttert oder auch die Stube aufgewischt. Man kochte aber auch Milchsuppe (s. Beistklümp) davon.

Beis(t)-: -backels n. Gebäck aus Biestmilch mit Speck und Pflaumen. – **-botter** f. Butter aus Biestmilch. – **-kees** m. Käse aus Biestmilch. – **-klümp** f. Pl. Milchsuppe aus Biestmilch. – **-melk** f. s. Beist.

beit, beet Adj. ohne Stich beim Kartenspiel, verloren: *hei is beit.*

Beit, Beet f. Bete, Pl. *Beiten, Beten.* Meistens: *ro' Beit* rote Bete, auch *Beitwördel* f.

bekaken bekochen: *bekaakst du de Lüd ümmer noch?*

bekamen bekommen.

bekatern beklatschen, heimlich besprechen.

bekieken ansehen, besehen: *Biller bekieken; de Rüs bekieken* die Reuse entleeren.

beklackern 1. beschmutzen. – 2., refl., übertr., sich ängstlich anstellen: *beklacker di man nich!*

beklaren, beklarren berühren, beschmieren: *du mööst nich allens beklaren.*

bekleeden bekleiden, verkleiden.

bekleimen, veralt., mit Lehm beschmieren.

beklœnen besprechen, bereden.

beklœtern 1. naß machen. – 2. klatschen, durchhecheln: *denn' hemm' se* *beklœtert.*

bekniwweln anfassen, drücken, reiben: *sei hett dei Pupp so lang bekniwwelt, bet s' intwei is.*

beknütten bestricken. 1. Stricksachen anfertigen. – 2., veralt., beschädigte irdene Töpfe mit Drahtgeflecht (urspr. Garnmaschen) überziehen (s. Abb. S. 236).

beläben, beläwen, auch *biläben* erleben: *dat heff ik all oft beläáft; dor kann 'n wat beläwen!; wat'n nich alls so biläáft!* Ausdrücke der Verwunderung.

Beläfnis n., liter., Erlebnis: *dei hett väl Beläfnis hatt.*

beleggen 1. belegen, festmachen: *dat Sägel beleggen.* – 2. befruchten: *de Sœch is belecht.*

beleigen belügen.

beleiwen belieben; in veralt. Wendungen: *Wat beleift di noch?* Was möchtest du noch? *Dat beleeft mi so* gefällt mir so.

belemmert Adj., auch umg., wertlos, kleinlich, unangenehm; Part. Prät. zu *belemmern* lahmlegen, hindern.

belihren belehren: *'n ollen Mann belihren; ein'n von't richtige End belihren* jemand die Meinung sagen.

belopen belaufen, erledigen, anlaufen: *ik heff dat allens alleen belopen müßt; de Lœpel sünd belopen* die Löffel sind angelaufen.

belüchten beleuchten.

beluern 1. belauern, aufpassen: *hei hett dei beiden beluert.* – 2. betrügen.

bemäten bemessen: *ik möt mi dat bemäten* einteilen.

bemäugen sich bemühen: *sich üm 'ne niege Stell bemäugen.*

bemengen, refl., sich befassen: *ik war mi nich väl mit de Sak bemengen; bemeng di dor nich mit!*

bemiegen 1. bepissen: *hei hett sich bemägen* (vor Lachen, vor Schreck). – 2. jmd. betrügen: *dei sall mi nich bemiegen!*

bemussen befehlen, zwingen: *ik lat mi von di nich bemussen!; hei will mi dat bemussen* mich zwingen.

Benähmität f., veralt., Benehmen, Manieren: *dei kennt kein Benähmität.* – Syn. *Benähmels* n.

benaugen, veralt., matt, kraftlos machen.

benäumen, benömen benennen, Namen geben: *wur hemm' ji juuchen Hund benöömt?*

benaut Adj. niedergeschlagen, bedrückt; Part. zu *benaugen,* s. d. *Wat is mit di los, du büst ja so benaut!*

Bengel m. 1., wie hd., Junge, auch Schimpfwort für den frechen, ungezogenen oder Kosewort für den kleinen Jungen: *'n säuten Bengel.* – 2., veralt., Stock, Knüppel.

Benimm m., scherzh., Benehmen: *dei hett keinen Benimm.*

benödigen benötigen: *benödigt sin*; brauchen, bedürfen: *hei is sihr um Geld benödigt.*

benömen s. benäumen.

benüssen, benüsseln schwindlig, betäubt werden: *hei wier dörch denn Schlag benüsst.*

beögen, beögeln besehen, anschauen.

bepruusten beniesen: *bepruust is wohr* was man beniest hat, stimmt.

bepüüstern Krankheiten besprechen, s. püüstern.

beräden 1. bereden, besprechen. – 2., refl., sich überreden lassen: *hei lött sich doch noch beräden.*

berüken beriechen: *sich berüken* Bekanntschaft aufnehmen.

besabbern, besawwern, refl., sich mit aus dem Mund herauslaufender Flüssigkeit bekleckern: *besabber di nich!*

Besan m., seem., Gaffelsegel des hintersten Mastes.

Besäuk, Besök m. Besuch: *wi will'n hüt tau Besäuk gahn; hei hett fremden Besäuk* er hat Läuse.

besäuken, besöken besuchen.

beschieten bescheißen. – Ra.: *Wenn ein' Glück hett, beschitt hei sich in'n Schlap un bruukt gor nich tau stöhnen. Hei hett sich so beschäten* er ist so überempfindlich, sehr genau.

beschladdern über etwas reden, klatschen: *dei beschladdern dei Lüd all wedder von vör un von hinnen.*

beschlapen, beslapen beschlafen.

beschlieken, beslieken beschleichen.

beschluten, besluten beschließen. Präs. Sg. 1. *beschlut,* 2. *beschlüttst,* 3. *beschlütt;* Prät. *beschlöt(en);* Part. *beschlaten.*

beschmieten, besmieten beschmeißen.

beschnacken, besnacken überreden, besprechen, beklatschen: *beschnackt juuch dat man* besprecht es; *lat di nich beschnacken!* laß dich nicht überreden!; *mi hett einer beschnackt* sagt man, wenn man Bläschen auf der Zunge oder am Mund hat.

beschniegen, besniegen, beschnieden beschneien. Part. *beschniecht, beschnien* betrübt, niedergeschlagen: *hei güng beschniecht weg; he maakt so'n Beschniechten.*

beschnückern genau betrachten, untersuchen.

beschriegen beschreien.

Beschüken m. s. Maschüken.

beschwiemen, beswiemen ohnmächtig, schwindlig werden: *wenn he Blaut süht, denn beschwiemt he.* Dazu *Beschwiemnis* f., veralt., Ohnmacht: *sei kreech tweimal dei Beschwiemnis.*

beseggen besagen; *sich beseggen laten* sich gut zureden, belehren lassen: *he lett sich nich beseggen.*

beseigen besäen.

beseihn ansehen, betrachten: *ik kann dat nich mihr beseihn* ich kann das nicht mehr gut sehen; *dat Fell beseihn* verprügeln; *sich nich beseihn kœnen* sich nicht leiden können; fischerspr.: *de Rüs beseihn* die Reuse entleeren.

besetten besetzen.

Besing f. Beere, Pl. *Besinge.* Mit Zusätzen wie *rod', schwart* werden in der Uckermark Walderdbeere und Heidelbeere bezeichnet. Für die Blaubeere gilt in Mecklbg-Vorpom. überwiegend *Bick(s)beer.*

besitten besitzen, sitzen bleiben: *sei is mit twei Kinner besitten bläben.*

besl-, besm-, besn-, besw- s. beschl-, beschm-, beschn-, beschw-.

besöken s. besäuken.

besömen 1., fachspr., bei Tischlern, Fischern, Schneidern: besäumen. – 2. tüchtig essen: *hei hett denn Braden schön besöömt.* – 3., übertr., *de Uhrn besömen* verprügeln.

bespräken 1. besprechen, verabreden. – 2. Krankheiten besprechen.

Bessen m., mit stimmhaftem *s* ausgesprochen, Besen, Pl. *Bessen, Bessens.* – Ra.: *De Fru un de Bessen hüren achtern Aben;* im unordentlichen Haushalt *ward de Disch mit'n Bessen affäächt.* – Sagw.: *Reinlichkeit is't halwe Läben, sär de Diern un fäächt denn Disch mit'n Bessen af.*

Bessenbinner m. Besenbinder: *lopen as'n Bessenbinner* schnell laufen.

Bessenstruk n. Ginster, aus ihm wurden Reisigbesen gefertigt. – Syn. *Bessenries.*

bestahn bestehen, ertragen: *de besteiht up sienen Kopp; bi drööch Brot kann man uk nich bestahn* von trockenem Brot allein kann man auch nicht leben; *bestahn blieben: dei is mit'e Dracht bistahn bläben* bei der kalbenden Kuh hat sich die Nachgeburt nicht gelöst.

bestäken bestecken: *bestäken blieben* stecken bleiben.

Bestmudder, Bessmudder f., veralt., Großmutter.

bestöwen 1. bestäuben: *de Roggen bestööft sich sülb'm* der Roggen bestäubt sich selbst. – 2. bestauben: *dat Klavier is ganz bestööft.*

bestrieden 1. bestreiten, für falsch erklären: *wi hemm' em dat besträden.* – 2. zurücklegen, beschreiten: *dat möt ik allens bestrieden* das muß ich alles ablaufen. – 3. wie hd., vereinz., etwas (Kosten u. ä.) übernehmen: *mien Deil bestried ik allein.*

Bestvadder m., veralt., Großvater.

besupen, refl., sich besaufen, betrinken.

bet Präp., Konj. bis; räumlich und zeitlich: *bet hierher; bet de Tiet hen* bis zu dieser Zeit.

betahlen bezahlen. – Ra., wenn sich jemand zu lange irgendwo aufhält: *Nu will ik man gahn, süss möt ik noch Meir* (Miete) *betahlen.*

betämen 1. bezähmen. – 2., veralt., sich ziemen.

beteiken, beteeken bezeichnen: *du mööst mi dat genau beteiken.*

bether, zweite Silbe betont, Adv. bisher: *bether bün ik gaut trecht kamen.*

betlang Adv. bislang.

betrecken beziehen, überziehen: *de Himmel betreckt sich all.*

betruern betrauern.

betrugen ›betrauen‹, betreuen: *de kranke Fru wür von ehr Schwester betruucht.*

Bett n. s. Bedd.

bettau Adv. ›bis zu‹, weiter: *gah 'n bäten bettau; mak 'n bäten bettau* beeile dich ein bißchen.

betügen bezeugen.

betündeln, betuntern beschwatzen.

betütern 1. bemuttern, auf jmd. einreden: *hei mütt ümmer betütert warden.* – 2. Part. Prät. *betütert* angetrunken: *hei is lütt bäten betütert.*

betüüschen beschwichtigen, trösten.

betwielen Adv., liter., bisweilen.

bewahnen bewohnen.

bewandt Adj. beschaffen, bewandert; Part. zu *bewennen* bewenden, aufhören: *dat's gor nich recht bewandt* das lohnt sich nicht.

Bewandtnis f. Bewenden, Grund, Zusammenhang: *dat hett noch 'ne annere Bewandtnis; dor hemm' wi Bewandtnis mit* damit haben wir Erfahrung.

bewassen bewachsen.

bi Adv., Präp. bei, dabei. **1.** Adv.: *hei is düchtig bi* er ist tüchtig bei der Arbeit; *allens, wat bi un nah is* alles, was zu erreichen ist; *dat licht dicht bi* es liegt nahe bei. Im Satz als Ergebnis der Getrenntstellung von Adverbien wie *dorbi, hierbi, wobi* in Verbindung mit *sin* und anderen Verben: *hei is dor grad bi wääst; hier gah ik nich wedder bi* hier gehe ich nicht wieder ran. – *bi* bildet mit Adv. u. Präp. eine Anzahl unfester bis fester Zusammensetzungen, wobei die Betonung stets auf dem zweiten Bestandteil liegt, wie: **bian** Adv. nebenan, daneben; **biher** Adv. nebenher; **bilangs** Adv. nebenbei, seitwärts; **bi lütten** Adv. allmählich. – Sagw.: *So bi lütten, secht Fru Schütten, kricht mien Döchting uk all Titten;* **binäben** Adv. nebenan, neben; **binahstens** Adv. Superl. zu *binah* ungefähr; **bi rüm** ungefähr, annähernd, in der Nähe: *so bi Ostern rüm;* **bisachten** Adv. allmählich; **bisiet** Adv. beiseite; **bitau** Adv. nebenbei, vorbei, beiseite: *gah* *man 'n bäten bitau!* gehe ein bißchen aus dem Weg! **bitieden** Adv. beizeiten: *du mööst hüt bitieden tau Hus sin;* **bi wech** ›bei weg‹, dabei: *dor is mi nicks bi wech* das macht mir nichts aus; **bi wechlang** gelegentlich, nebenbei. – **2.** Präp.: *bi Klauk sin* bei Verstand sein; *gaut bi Sak sin* wohlbeleibt, dick sein; *nich ganz bi sich sin* nicht ganz normal sein; *Hus bi Hus* Haus an Haus; *bi eenen wech* in einem fort; *bi miene Tiet* zu meiner Zeit; *ik wull bi Sei* ich wollte Sie besuchen; *bi Winterdach* im Winter.

bi-, Bi-: -backen 1. aufkleben. – 2., übertr., etwas zusetzen: *hei hett bi dat Geschäft schön bibackt.* – **-bäuten** 1. ›zuheizen‹. – 2., übertr., strafen, vergelten: *täuf, dat wa'k di eis werre biböten* warte, das werde ich dir einmal heimzahlen. – **-bieten** zubeißen. – **-blieben** bei etwas bleiben, fortfahren: *so blief man bi!* – **-boddern** ›beibuttern‹, zugeben, einbüßen. – **-bögen** ›beibiegen‹, anpassen: *ein' wat bibögen* jmd. etwas beibringen, jmd. von etwas überzeugen. – **-bucken** ›beibücken‹, zusetzen, Verlust erleiden. – **-discher** m. ›Beitischer‹, Pl. *-dischers,* veralt., Gutsangestellte wie z. B. Gärtner, Kutscher, Diener, die an einem Extratisch *(Bidisch)* aßen, von den Tagelöhnern und Knechten getrennt. – **-fack** n. Seitenfach in der Scheune, Abseite im Bauernhaus. – **-fallen** zufallen, einfallen: *mi fallen all mien Sünn' bi.* – **-gäben, -gäwen** ›beigeben‹, einbüßen, verlieren: *lütt bigäben* klein beigeben, nachgeben. – **-gahn** ›beigehen‹, herangehen: *nu will'n wi man bigahn und afwaschen; dor geiht hei nich bi* vor der Arbeit scheut er sich. – **-kamen** ›beikommen‹, herankommen: *ik kann dor nich bikamen;* sich einfallen lassen: *hei kümmt bi un süppt de ganze Buddel ut; wat ein' all's so bikümmt;* drohend: *dat lat di nich bikamen!* – **-lad** f. kleines Fach links oben in einer großen Truhe; sie diente vornehmlich zur Aufbewahrung von kleineren Gegenständen, wie Papieren, Nähzeug u. ä. – Ra.: *Dat föllt von de Kist in de Bilad* das Geld bleibt in der Familie. – **-laten,** erste Silbe betont, ›beilassen‹, zulassen: *dor kannst du em nich bilaten; 'ne Sœch bilaten* eine Sau zum Eber bringen, decken lassen. – **-legger** m. ›Beileger‹, der von der Küche aus geheizte Stubenofen. – **-maken,** refl., sich ›beimachen‹, darangehen: *ik war mi man glieks bimaken un stoppen de Strümp.* – **-namen** m. Beiname. – Syn. Ökelnam. – **-pierd** n. ›Beipferd‹, das beim Vierergespann vorne rechts gehende. – **-puken** jmd. einen Schlag, eine Ohrfeige versetzen: *denn' war'k einen bipuken!* – **-pulen** verprügeln, einen Schlag versetzen: *denn' heff ik bipuult.* – **-schlagen** heranschlagen, zusammenbringen, vor allem verstreut Herumliegendes. – **-schmieten** ›beischmeißen‹, dazulegen. – **-setten** ›beisetzen‹, an die Seite setzen. – **-stahn** beistehen; von gutem, satt machendem Essen vorhalten: *dat Äten steiht gaut bi.* – **-trecken** hinziehen, wirken, helfen: *dat sall nu bitrekken!* das soll nun helfen!

bibbern, biwwern zittern, vor Angst oder Kälte.

Bicht f. Beichte; jmd. *de Bicht verhüren* jmd. die Meinung sagen; *tau Bicht gahn* zum Abendmahl gehen.

Bick f. 1. Spitzhacke. – 2., fachspr., Vorderbeschlag der Deichsel.

Bickbeer, Bicksbeer, vereinz. **Beiksbeer** f. Heidel- oder Blaubeere. –

Syn. Besing.

bicken hacken, klopfen, schlagen. – Zu *Bick.*

Bidd, Birr f. Bitte. – Ra.: *Dat is eener von de sœben Bidden* ein böser Mensch.

bidden, birren bitten: *hei hett sich up dat Bidden lecht.*

Biel n. Beil.

Bier m. Eber, männliches Schwein, veralt. auch *Bierndt.* – Syn.: Kemp (im Süden Mecklenburgs), Äwer.

bieren brünstig sein, von der Sau. – Zu *Bier.*

biester Adv., veralt., irre, verlaufen: *biester gahn* sich verirren; s. verbiestern.

Biesterie f. 1. Verwirrung: *du hest mi mit dien' Räden ganz inne Biesterie bröcht.* – 2. Dummheiten: *hei hett bloß Biesterie in'n Kopp;* dazu das Adv. *biesterig.*

bieten beißen. Präs. Sg. 1. *biet,* 2. *bittst,* 3. *bitt;* Prät. *beet, beeten;* Part. *bäten. De Boors bitt hüt nich; ik heff nicks mihr tau bieten;* übertr.: *in't Gras bieten* sterben. – Ra.: *Wat farig is, bitt nich mihr* was erledigt ist, bereitet keine Sorgen mehr.

Bieter m. Beißer, Zahn.

bietsch Adj. bissig.

Bifaut m. Beifuß, Artemisia vulgaris L.

biläben s. beläben.

billern Bilder ansehen: *hei billert.*

Billjet n. Fahrkarte, Fahrschein: *in'n Bus is'n Kasten, wo't Billjet afballert ward.*

Binnel-, Binn'-, Binner-, Binde-: -arm m., veralt., weiße Leinenärmel, die bei der Kornernte von den Binderinnen auf die Unterarme gezogen wurden. – **-bier** n., hist., Fest am Ende der Kornernte. – Syn.: -grütt f., -klaatsch n., -köst f. – **-bom** m. Bindebaum. – Syn. Wäsbom. – **-garn** n. Garn zum Garbenbinden. – **-grütt** f., hist., auf rügenschen Gütern, wie Binnelbier, s. d. – **-handschen** m., Sg. u. Pl., veralt., Handschuhe, die man zum Garbenbinden anzog. – **-hark** f., veralt., hölzerne Harke zum Aufnehmen der Schwaden. – **-klaatsch** n., hist., wie Binnelbier, s. d. – **-köst** f., hist., wie Binnelbier, s. d. – **-schört** f., veralt., Schürze des Binders.

binnelst Adv., Präp. innen, innerhalb, Superl zu *binnen.* Substantiviert *dat Binnelst* n. das Innerste. – Ra.: *Dat Binnelste na buten kihren.*

binnen binden. Prät. Sg. 1. *bün,* Pl. *bünnen;* Part. *bunnen.* Auch, veralt., das Korn zu Garben binden.

binnen Adv., Präp. innen, innerhalb. Als Adv. alleinstehend: *mien Vadder is binnen* mein Vater ist im Haus; *dat Schipp kümmt binnen* das Schiff läuft in den Hafen ein; oder in Verbindung mit Präp.: *hei kennt em von binnen un buten.* Als Präp. zeitl. (örtlich veralt.): *binnen vierteigen Daach.*

binnen-, Binnen-: -johrsch, veralt., Adv. innerhalb eines Jahres. – **-kamen** in den Hafen einlaufen. – **-klauk** Adj. durchtrieben, verschmitzt. – **-rüs** f. Reuse, nur geeignet für Binnengewässer. – **-warts** Adv. nach innen. – **-wennig** Adv. innerhalb.

bissen (mit stimmhaftem ss), **birsen** rennen, toben, eigtl. von Kühen und Schafen, wenn sie vom *Bissworm,* der Stechfliege (Insekt aus der Tribus Stomoxyini), gestochen worden waren.

biwwern s. bibbern.

blaach Adj. blau, heute meistens vom hd. *blau* verdrängt, besonders in der übertr. Bedeutung betrunken. Aber auch der ›blaue Montag‹ heißt nur noch selten *blaach Mandag. Blaach Melk* oder *Melk vonne blaach Kauh*, wenn die Milch mit Wasser verdünnt ist; *dat Blage von'n Häben* das Blaue vom Himmel; *blagen Twiern* ›blauer Zwirn‹, übertr.: schlechter Branntwein.

Blaachfaut m. 1. Flußfischadler, Pandion haliaëtus (L.). – 2. Eule.

Blaachhööschen n. 1. Leberblümchen. – 2. Veilchen.

Blaachrak f. Mandelkrähe, Coracias garrulus L.

blabbern, blawwern schnell reden, schimpfen.

Blackpott m. 1., veralt., Tintenfaß. – 2. Zylinder.

Blädder f. Blatter, Bläschen auf der Zunge, Pl. *Bläddern; ik heff 'ne böse Blädder anne Tung'.*

bladen, blaren abblättern: *Runkel bladen* die unteren Blätter der Runkel abbrechen.

Blamsur f., s. Plamsur.

Blänk f. 1. heller Streifen am Himmel, Glanz. – 2. freie Stelle auf schilfbewachsener Wasserfläche.

blänkern blinken, glitzern.

Blankmützenwäder n. schönes Wetter.

blansieren, veralt., balancieren.

Blarr, Blar f. Flöte aus Weidenbast. Substantiv zum folgenden blarren.

blarren, blaren 1. blöken. – 2. schreien, laut rufen. – 3. weinen: *worüm blaarst du all wedder?*

blassing Adv. blaß, bleich, Dim. zu *blaß.*

Bläu f. Blüte: *de Roggen is in de Bläu;* Substantiv zu *bläugen.*

bläuden, blöden bluten. Präs. Sg. 1. *bläud,* 2. *blöttst,* 3. *blött;* Prät. *blör(en);* Part. *blött. Hei blött as'n Schwien; ut de Näs bläuden; he möt bläuden* er muß bluten, bezahlen.

bläudig Adj. blutig. – Zu *Blaut.*

bläugen, bläuden blühen: *dat Wader bläucht* von grünlichen Algen, die bei Sommerwärme auf der Oberfläche nährstoffreicher Gewässer schwimmen; übertr.: *wer weit, wat uns noch bläugen deit* wer weiß, was uns die Zukunft bringen wird.

Blaum, Blom f. Blume; Dim. *Bläuming* n. – Ra.: *Wer Blaumen plücken will, dörf kein'n Diestel seigen* wer Erfolg haben will, darf sich keine Feinde machen; übertr.: *dörch de Blaum räden* verhüllend sprechen; als Antwort darauf: *dörch'e Blaum hett de Katt in'n Teepott schäten* durch die Blume hat die Katze in den Teetopf geschissen.

Blaumen-: -goorn m. Blumengarten. – **-pott** m. Blumentopf. – **-struz** m. Blumenstrauß. – **-wark** n. ›Blumenwerk‹, prachtvolle Blumen: *wat hest du för Blaumenwark stahn!*

Bläusch f., veralt., Feuerschein, Fakkel; auch *Bläusching, Blösching.*

bläuschen, blööschen 1. flackern, blitzen, lodern: *dat Für bläuscht; dat bläuscht in'n Süden* es blitzt im Süden. – 2. qualmen, blaken; veralt.: *de Lamp* (Petroleum) *hett bläuscht.*

bläuschig, bläusterig Adj. vom Fieber gerötet: *bläuschig utseihn.*

Blaut, Blot n. Blut: *ehr schœ' dat Blaut to Kopp* ihr schoß das Blut in den Kopf, sie erregte sich. – Ra.: *Ümmer ruhig Blaut un warm antreckt* immer sachte; *wo dat Blot nich henlöppt, dor krüppt dat hen* Blutsverwandtschaft macht sich immer geltend, vornehmlich im Alter; ähnlich: *gliekes Blaut verlett sich nich.*

Blaut-, blaut-: -blas f. 1. Blutblase. – 2. rote Mütze. – **-kauken** m. Blutkuchen; zubereitet wie Eierkuchen, statt Milch Blut zugesetzt; auch geschichtet, wie eine Torte geschnitten, mit Apfelscheiben zwischen den einzelnen Kuchen. Nicht syn. mit *Tollatschen* und *Hinrichs*. – **-sur** Adj. ›blutsauer‹, sehr sauer; übertr.: *dat wür em blautsur.* – **-wust** f. Blutwurst.

blawwern s. blabbern.

bleckern Adj. blechern, aus Blech.

Bleckkauken m. Blechkuchen, auf einem Blech gebackener Kuchen.

Bleckkopp m., veralt., Tassenkopf aus Blech.

Bleckpuuster m., scherzh., ›Blechpuster‹, Trompeter.

Bleckschöttel f. Blechschüssel, 3–4 Liter fassend, diente früher auch zum Aufstellen von Milch zum Entrahmen.

bleik, bleek Adj. bleich, blaß.

Bleik, Bleek f., veralt., Bleiche.

Bless, Bliss m. 1. weißer Stirnfleck. – 2. Kopf: *ik hau di vör denn Bless.*

Blessnörks m. Bläßhuhn, Fulica atra L. – Syn. Zapp.

Blickfür n. Leuchtfeuer.

Blie n. Blei. Zu Silvester wurde Blei gegossen und die Zukunft aus den Figuren gedeutet.

blieben, bliewen bleiben. Präs. Sg. 1. *blief*, 2. *bliffst*, 3. *blifft*; Prät. *bleef, bleeben*; Part. *bläben. Nacht blieben* übernachten; *ik blief bi't Schriewen* ich bleibe beim Schreiben; *dat blifft so as dat is; dat lat man blieben* das laß nur sein; von einem Dicken: *bi denn' süht man't ok, wo't blifft*; übertr.: *von'n Wagen blieben* mit jmd. nichts zu tun haben wollen.

Bliefedder f., veralt., Bleistift.

Bliesticken m. Bleistift.

bliewen s. blieben.

blink nur in der Formel *blink un blank* schmuck und sauber.

blinkern 1. blinken, glitzern: *kiek, wo dat Wader blinkert!* sieh, wie das Wasser glitzert! – 2. mit dem Blinker, einer Fischfigur aus glänzendem Metall, angeln.

Blinn'kauh f. Blindekuh-Spiel. Spielreime in verschiedenen Fassungen: *Blinn'kauh, ik lär di* (ich leite dich). *Wohen? Na'n Kauhstall. Wat sall ik dor? Hawer fräten. Heff keen' Läpel. Sök di een'* (suche dir einen).

Bliss m. s. Bless.

blockeggen, veralt., ungeschickt tanzen.

blöd Adj. wie hd., speziell schüchtern, furchtsam: *blöd Hunn' warn nich fett; 'n blöd Minsch kümmt tau nicks; hei wier em nich blöd* er sagte ihm gehörig die Meinung.

blœken, blöken blaken, räuchern, sengen, auch *blökern.*

Blœker m. Kopf: *schla' em vör'n Blœker!*

blœkerig Adj. rauchig, angebrannt, brenzlig.

Blom f. s. Blaum.

blööschen s. bläuschen.

Blœsser m., veralt., dicker, kräftiger Junge.

Blot n. s. Blaut.

blot, bloots 1. Adj. nackt, unbekleidet: *naakt un blot; mit blotem Kopp; blot un barst* mittellos. – 2. Adv. nur: *lat mi bloots taufräden!* laß mich in Ruhe.

blucken blitzen, aufleuchten.

Blugel n., m., veralt., Holzstück, auf das Garn gewickelt wurde.

Blüs f. Fackel.

blüsen 1. nachts mit Hilfe von Licht fischen. – 2. rauchen, paffen.

Bod f. s. Baud.

Bodden, Borren m. 1. Boden, Grund, Unterstes: ein Vielfraß *hett kein' Borren inne Maach* keinen Boden im

Magen. – 2. Erdoberfläche. – 3. FLN für Meeresteile, die bis zu dreiviertel von Land umschlossen sind.

Boddenkönig m. Sieger im Tonnenabschlagen, s. Tunnenafschlagen.

boddenleddig Adj. leer bis auf den Boden.

Bodder, Borrer f. Butter. Vielfach in Ra.: *Denn' geiht dat Mul, as wenn't mit Borrer schmeert is* er ist sehr geschwätzig; *hei lött sich de Borrer nich von't Brot nähmen* er setzt sich durch; *dat is all's in Bodder* es ist alles in Ordnung. Anders im Sagw.: *Dat is nich all's Bodder, wat de Kauh gifft, säd de Bur, don pedd he in'n Kauhfladen.* Butter wurde von den Bauern früher als wertvolles und teures Produkt angesehen, und hohe Butterpreise waren für den Verkauf günstig, deshalb heißt es noch in einer Ra.: *Gottlof, wat is dei Bodder dür!* Man ermahnte zu sparsamem Verbrauch: *Fröt nich so väl Bodder, ik finn' sei uk nich in'n Kauhstall achter dei Kauh!*

Bodder-: -blaum f. ›Butterblume‹, Gemeiner Löwenzahn, Taraxacum officinale. – **-brot** n. Butterbrot; *Bodderbrot schmieten* flache Steine so auf die Wasseroberfläche werfen, daß sie mehrfach aufspringen. – **-büss** f., veralt., 1. hölzerne Butterbüchse. – 2., übertr., alte Taschenuhr. – 3. nur Pl., übertr., große Augen. – **-fatt** n., veralt., Butterfaß, Holzgefäß, das bis Anfang des 20. Jhs. im bäuerlichen Haushalt und Kleinbetrieb zur Herstellung von Butter diente. Mit Hilfe eines *Bodderstaff*, s. d., wurde die Sahne so lange gestampft, bis sich kleine Butterklümpchen bildeten. Neben diesem *Stamp-* oder *Staffbodderfatt* gab es noch das leichter zu handhabende *Bodderfatt to'n Dreigen*, ein zylindrisches Holzgefäß mit Flügelwerk. – **-form** f., veralt., hölzerne Buttermodel, rund oder rechteckig, in deren Boden verschiedenartige Muster eingeschnitzt sind (s. Abb.).

– **-kell** f., veralt., Holzkelle zum Abpfunden von Butter. – **-licker** m. 1. Zeigefinger. – 2. Schmetterling. – 3. Leckermaul. – **-melk** f. Buttermilch, daraus bereitet: *Boddermelkkauken, Boddermelkskees, Boddermelksupp*, s. Nd. Kochbuch 3 u. 37; im Mönchguter Tanzlied: *Sœben Ålen Boddermelk un teigen Ålen Klümp, un wenn de Schauh versapen sünd, denn danzen wi up Strümp.* – **-pund** n., hist., Holzhohlmaß in Form eines Kelches zum Abwiegen von Butter. – **-schap** n. mit einer hölzernen Buttermodel hergestelltes ›Butterschaf‹ (s. Abb.). – **-staff** n.,

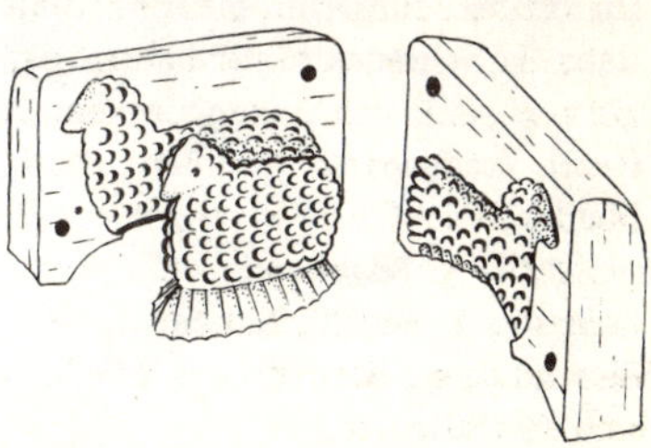

veralt., Stoßstampfer des Butterfasses mit durchlöcherter Holzscheibe.

– **-vagel** m. Schmetterling. – **-weich** f., hist., viereckiger Holzkasten auf einem Wiegengestell mit inwendigen Holzgittern, an denen sich die Butter beim Wiegen sammeln kann (s. Abb.).

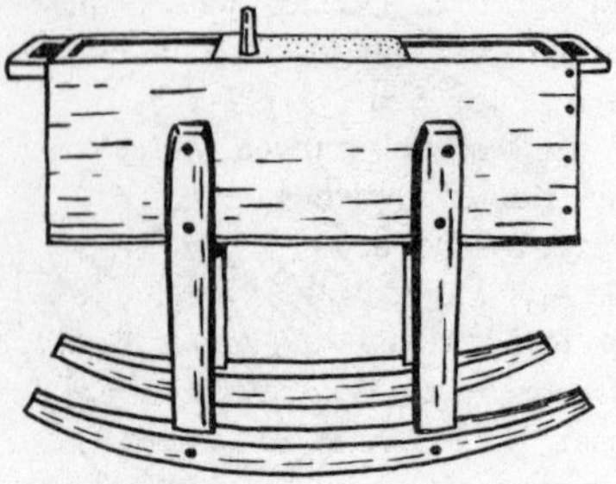

boddern buttern, Butter machen, Butter werden. Wenn sich im *Bodderfatt* kleine Butterklümpchen bilden, *denn boddert dat, denn bräākt dat.* Im Sommer kam es vor, daß die Butter nicht gerinnen wollte, daher die Ra.: *Wenn't nich boddern will, denn boddert dat nich* es ist alles erfolglos, vergeblich.

Bodding n. Butterbrot: *Mudding, giff mi noch'n Bodding!*

bœdeln umherlaufen, wild laufen. – Zu *Bœdel* m. Büttel.

Bœgelbom m., veralt., verkürzt aus *Tunnenbœgelbom*, s. d., ›Bügelbaum‹, auf Hiddensee Weihnachtsgestell aus ein oder zwei gekreuzten Bügeln aus Buchsbaum um einen Mittelstab; der Schmuck besteht aus Backwerk, Nüssen, Pfefferkuchen, die an Fäden aufgehängt werden, dazu Lichter.

Bœgelrüs' f. Bügelreuse, in der das Netz durch Bügel gehalten wird.

bögen biegen, beugen: *hei lücht, dat sich dei Balken bögen.*

Böhnken n. 1. Kaffeebohne, Pl. *Böhnkens.* – 2. nur Pl., übertr., Nebeneinkünfte: *hei hett noch allerhand Böhnkens bitau.*

Boi, Bai n., hist., leichter Baumwollstoff in verschiedenen Farben: *griesen, witten, blagen Boi.*

Bok n. s. Bauk.

Bök f. s. Bäuk.

bölken brüllen, schreien.

Bölkhausten m. starker, bellender Husten.

Boll f. mancherlei Rundes, wie Frauenbrüste, Loch im Strumpf: *hei hett 'ne Boll up'm Hacken.*

boll Adj. hohl, locker: *dat Ies is boll*, wenn nach dem Gefrieren der Wasserspiegel sinkt; vor allem in der Verbindung *holl un boll* hohl und leer geläufig: *de Bom is holl un boll*; auch: *de Maach is holl un boll* der Magen ist leer.

Böller, Boller m. 1. Huhn ohne Schwanz. – 2. Fastnachtsgebäck, Heißwecke. – Syn. s. Weggen.

Bollies n. Hohleis, unter dem das Wasser ausgefroren ist: *up Bollies lopen* auf dünnem Eis laufen.

Bolten m. Bolzen, Pl. *Bolten(s).*

Bolteniesen n., hist., altes Plätteisen, das mit glühend gemachtem eisernen Bolzen geheizt wurde. Abb. s. Plättiesen.

Bom m. Baum, Pl. *Böm.* – Ra.: *dei geiht œwer Bom un Barch* scheut sich vor keiner Arbeit; *so as de Bom is, so warden uk de Telgen* wie der Vater ist, werden auch die Kinder; *hei stünn twischen Bom un Bork* konnte sich nicht entscheiden.

Bom-: -bicker, -picker m. Specht. – **-löper** m. Baumläufer, Gattung Certhia L. – **-ries** n. Baumreis zum Veredeln.

bömen den beladenen Heuwagen mit einem *Binnelbom* (s. d.) befestigen.

bömig Adj. stumpf, von den Zähnen. – Aus dem Nl. – Syn. s. ääch.

Bœn m. ›Bühne‹, Bodenraum unter dem Dach, Pl. *Bœns.* Ausruf des Erstaunens: *Sowat krüppt nich upm bœwelsten Bœn!* Vom Prahlhans: *De hett ja Rotten upm Bœn!* Wenn man von etwas zuviel hat: *Dor heff ik denn ganzen Bœn vull.*

Bœnger m. Bonbon, Pl. *Bœngers*: *wein man nich, krist uk 'n Bœnger.* Ausruf des Erstaunens: *Ach du leiwe Güt, fief Bœngers in eine Tüt!*

Bœnhas m., hist., 1. Handwerker, zumeist Schneider, der nicht der Zunft angehörte. – 2. Katze.

bœnhasen, hist., nachforschen, ob jemand unerlaubte Arbeit macht.

Boors m. Barsch. Ra. bei schwülem Wetter: *Hüt is'n Wäder, wo de Boors bitt* heute ist ein Wetter, wo der Barsch beißt (beim Angeln); *is de ierste Fisch 'n Boors, is de Angelie in'n Moors.* Zu jmd., der schlecht rasiert ist: *Du hest woll Boors tau'n Meddach äten?* Im Vergleich: *Hei schnappt na Luft as'n Boors upm Drögen.*

Boort m. Bart, Pl. *Bör*: *dörchschnäden Boort* Bart, der das Gesicht umrahmt, aber das Kinn frei läßt; jmd., dem es gut schmeckt, *dei schleit sich mit dei Tung' üm'n Boort; einen üm'n Boort gahn* jmd. schmeicheln.

Boortschinner m., scherzh., Friseur. – Syn. s. Balbier.

Booshaken m. Bootshaken, lange Stange mit eisernem Haken; s. Boot.

Boosmann m., seem., Bootsmann; s. Boot.

Boot n., f. Boot, kleineres Fahrzeug, Pl. *Bö'.* In allen Zss. wird *Boots-* zu *Boos-, Bos-* assimiliert.

Bor m. Bär, heute meistens wie hd. *Bär.*

borboorsch s. balboorsch.

Borch m. verschnittenes männliches Schwein, veralt. auch *Nabelborch.*

bören, böörn heben, tragen: *hei kann dat nich böörn.* Die Fischer *möten de Rüsen böörn* die Reusen aus dem Wasser ziehen und die Fische bergen. Ein Betrunkener *kann de Tung' nich mihr böörn.*

Born m. 1. Quelle: *weiken Born* sumpfige Stelle. – 2. Brunnen. – Syn.: Pütt[2], Sod.

börnen das Vieh tränken: *Kälwer börnen* Kälber aufziehen.

Borrer f. s. Bodder.

bös Adj. wie hd., als Adv. sehr, Ausdruck der Verstärkung: *dat is bös dür* es ist sehr teuer; *dat is bös warm.*

bosen, bossen, refl., sich ärgern.

Bosmann m. s. Boot u. Boosmann.

Bossen m. Busen, Pl. *Bossens*: *de Fru hett'n prächtigen Bossen; dat Äten steiht mi so vör'n Bossen* wenn man zuviel gegessen hat.

bossig Adj. ärgerlich, böse, unhöflich.

Bost[1] f. Brust, Pl. *Böst*: *ik heff dat so up'e Bost* Beschwerden in der Brust; *hei hett schön wat tau Bost nahmen* er hat viel getrunken; *hei schmitt sich inne Bost* er prahlt.

Bost[2] f. Bruch, Riß, Sprung: *ik heff so väl deipe Bosten in mien Hänn'.*

Böst f. Bürste.

Bostbengel m. kräftiger Junge.

Bostbrett n., hist., gesteiftes Vorhemd.

Bostbüdel m. Brustbeutel.

bösten schnell laufen.

bosten bersten, platzen: *de Tüften möten ierst bosten.*

Bostwratt f. Brustwarze, Pl. *-wratten.*

böten s. bäuten.

Bötnadel f., fischerspr., Nadel zum Flicken von Fischernetzen.

Bott[1] n., hist., Befehl, Gebot; geläufig nur noch in der Verbindung *all Bott helpt* auch Kleinigkeiten helfen. – Sagw.: *All Bott helpt, secht de Mück* *un pißt inne Ostsee; ..., sä' de Meif un sett sik up dat Schipp, dat sik fastführt hadd.*

Bott[2] n. Raum, Zwischenraum.

bottstüern zurückhalten, hindern, hinweisen: *dei Käuh möten 'n bäten bottstüert warn* die Kühe müssen geleitet werden.

bœwelst s. baben.

braaschen wiehern, von Pferden. – Syn. brenschen.

brabbeln, brawweln schwatzen. – Syn. s. zackerellen.

Brack f., fachspr., Eisenbeschlag am Zugholz für zwei Pferde, Pl. *Bracken.*

Brägen m. Hirn, Gehirn, Gericht daraus, Pl. *Brägens*: *di is woll de Brägen infroren* dir ist wohl der Verstand eingefroren; *dei sœl'n ehr Brägens man 'n bäten anstrengen.*

brägenklœterig, -klüterig Adj. benommen, schwindlig, leicht verrückt.

Brak[1] f. Brache, Viehweide: *dei Schap sünd up'e Brak*; dazu *braken.*

Brak[2] f., veralt., Flachsbreche, Gerät zum Entfernen der holzigen Teile des Flachses.

Brakelklaatsch f., veralt., Fest zum Abschluß des Flachsbrechens. – Syn.: *Brakelköst.*

Brakeltiet f. Zeit des Flachsbrechens.

braken 1. Flachs brechen. – 2. die Brache (s. Brak[1]) umbrechen.

bräken brechen, zerbrechen, erbrechen. Präs. Sg. 1. *bräk*, 2. *breckst*, 3. *brickt, breckt*; Prät. Sg. *brök*; Part. *braken. hei möt sich bräken* übergeben; *de Bodder breckt all* beim Buttern bilden sich die ersten Butterklümpchen.

Bräkendal m. Tunichtgut.

Bräker m. 1. hohe Welle, Brandungswelle. – 2. gewalttätiger Mensch.

Bram m. Besenginster, Sarothamnus scoparius L.

Bramborg ON Brandenburg; entschuldigend für angebranntes Essen in der Ra.: *dei Kœksch is na Bramborg verreist.*

brammig Adj. streng riechend.

bramsig Adj. dick, wohlgenährt, selbstbewußt.

Bramwien m. Branntwein: *'n lüttn Bramwien nähmen* einen kleinen Schnaps trinken.

Bramwienhausten m. Trinkerhusten.

Bramwiennäs f. rote Trinkernase.

Bran f. Augenbraue, Pl. *Branen*; Dim. *Bränings, Bräuning.*

brand- dient in Verbindung mit Adjektiven der Steigerung und Verstärkung, z. B. *branddür* sehr teuer, *brandmager* sehr mager, *brandnieglich* überaus neugierig, *brandsoltig* stark versalzen. – Zu *Brand* m.

branstig, branzig, brenstig Adj. angebrannt, auch stark gesalzen.

braschen, bratschen über etwas reden.

bräsig s. brœsig.

Brass, Brast m., f. 1., veralt., große Menge, viel. – 2. *in Brass* erregt, in Wut; hierzu die Figur des ›Käptn Brass‹ aus der OZ.

Brassen m. Brachsen, Blei.

Bratspill m., seem., Ankerwinde.

Bräuchten Pl. ›Gebrühte‹, Pellkartoffeln, s. Bräuhtüft.

bräuden, bröden brüten.

Brauder, Broder m. Bruder, Pl. *Bräuder, Bröder;* Dim. *Bräuding, Bröding. – Ra: Du büst de beste Brauder uk nich* du bist unzuverlässig.

Bräuh, Brööch f. Brühe.

bräuhen, bräugen, bräuden brühen. Im vorpom. Sprachraum gilt überwiegend *bräugen*, in Mecklbg *bräuden* neben *bräuhen.*

Bräuhtüft, -tüffel f. Pellkartoffel, gekochte Kartoffel – Syn. Bräuchten.

bräuhwarm Adj. brühwarm.

Brauk, Brok n. FLN, Bruch, sumpfiges Gelände.

Bredulch f., auch *Predulch*, zweite Silbe betont, Bedrängnis, Verlegenheit: *ik bün schön in de Bredulch kamen.* – Aus frz. *bredouille.*

Breibendräger m. Briefträger.

Breid f. Breite: *inne Breid gahn* dick werden.

Breif, Breef m. Brief. – Ra.: *Hei hett denn Ollen sienen Breif funnen* er gleicht seinem Vater in allem.

Breifschapp n., hist., Schrank zur Aufbewahrung von Urkunden.

breitpeeren breittreten.

Breitpisser m. Mädchen, Frau.

breitstahn 1., hist., Pate stehen, zu *bereit.* – 2. sich wirtschaftlich gut stehen, zu *breit*: *dei steiht sich breit.*

Brems, Bröms f. 1. Bremse, große Stechfliege. – 2. wildes Mädchen.

Brennen m. nur in den Ra.: jmd. *up'n Brennen sitten* jmd. auf der Pelle sitzen; *nich von'n Brennen gahn* lästig sein.

brenschen wiehern. – Syn. braaschen.

Brett n. Brett, Pl. *Brää', Bräder*, auch *Bräders.* – Ra.: *Dat's 'n Kierl, dor kann'n Brett ut schnieden* ein kräftiger, stämmiger Mann; *dörch'n eiken Brett laben* sehr loben.

Brick f., **Bricken** m., landw., veralt., 1. flaches Holzbrett. – 2. Holzscheibe, die auf der Oberfläche großer Milchkannen oder -eimer das Überschwappen der Milch verhüten soll.

Brie m. Brei. – Sprw.: *Gah na Hus un kak dien' Brie, denn kümmst du nich in Striederie* geh nach Hause und koche deinen Brei, dann kommst du nicht in Streiterei.

Brigadschee m. Brigadier.

Brigg f., seem., Zweimastsegelschiff mit Rahsegeln. – Zu hd. *Brigantine.*

brillögen durch die Brille jmd. scharf ansehen: *wat brillöögst du mi, heff ik di wat dan?*

Brink m. Platz im oder beim Dorf, Anger.

brockfällig Adj. baufällig, gebrechlich: *hei ward uk all brockfällig.*

Broder m. s. Brauder.

bröllen, veralt., brüllen, so heute auch nd.: *se brüllte, dat allens tohopleep.*

Brœsel m. kurze Tabakspfeife: *jeder Schnœsel hett sien Brœsel.*

brœsig, bräsig Adj. rotwangig, frisch, wohlgenährt: *hei is 'n brœsigen Kierl*; daher auch der PN *Unkel Bräsig* bei Fritz Reuter.

Brot n. Brot, Pl. *Brö'*: *hei hett sien gaut Brot* er hat eine gute Stellung; *ik heff em ierst tau Brot bröcht* ich habe ihm eine Stellung besorgt; *hei versteiht mihr as Brot äten.* – Scherzh.: *Dat schlicht Läben hüürt up, dei Tüften warden up Brot sträken* das schlechte Leben hört auf, Kartoffeln werden jetzt aufs Brot gestrichen.

Brot-: **-back** f., seem., Eßschüssel der Seeleute. – **-knuust** m. Ende des Brotes, Kanten. – **-köst** f. Brotrinde. – **-kuurn** n. Brotgetreide. – **-schapp** n. Brotschrank: *de licht all wedder an't Brotschapp.* – **-schüwer**, veralt., Schieber, um Brot in den Backofen zu schieben.

brott, brottig Adj., veralt., grob, schroff, unhöflich.

Bruddel m. Fehler, Versehen, bes. bei Handarbeiten.

Bruddelie f. Pfuscharbeit.

bruddeln langsam kochen, brodeln. – Syn. brusseln.

brüden 1. necken, foppen, aufziehen:

ik lat mi nich brüden. – Sprw.: *Dat Brüden geiht üm* wie du mir so ich dir. – 2. sich kümmern um: *ik brü' mi dor nich üm.* – Zu *Brut* Braut gehörig.

Brugels n. Gebräu, Gebrautes. – Ra.: *All Brugels un Backels gerött nich* nicht alles gelingt.

brugen brauen: *wat hest du dor werrer tausamenbruucht!*

Brügg f. Brücke, gesprochen häufig *Brö', Brööch, Brüüch, Brü'*, Pl. *Brüggen.*

Brüjam m. Bräutigam, Pl. *Brüjams*: *de söcht 'n Brüjam* heißt es, wenn der Unterrock unter dem Kleid hervorsieht.

Brüjamsblaum f. Gartenringelblume, Calendula officinalis L.

bruken brauchen, verwenden, anwenden: *wat sall man dortau bruken* – welches Mittel soll man anwenden?; *dat is nich to bruken* ist wertlos; *hei wier nich to bruken* er hatte schlechte Laune.

Brüllup m., hist., große Festlichkeit, war verbreitet im histor. Neuvorpom.: *mak nich son'n Brüllup dorvon!* – Zu schwed.-dän. *bryllup.*

Brummel m. Kinderspielzeug, s. Burrknaken.

Brummelbeer f. Brombeere. – Ra.: *In de Brummelbeern hacken blieben* bei einer Sache reinfallen. Auch verkürzt zu *Brummel.*

Brummelbeerbusch m. Brombeerstrauch.

Brümmer, Brummer m. 1. große Schmeißfliege: *hei hett'n Brümmer in'n Noors* er kann nicht stillsitzen. – 2. Brummkreisel: *dei spälen Brümmer.* – 3. besonders große und wuchtige Gegenstände, Tiere oder Menschen. – 4. etwas, das brummt; auch als Dim.: *n' Brümming maken* mit dem Finger an die Unterlippe schlagen und dabei brummen.

Brümmküsel, Brumsküsel m. Kreisel, Brummkreisel.

brun Adj. braun: *brun un blaach schlan* jmd. kräftig verprügeln, braun und blau schlagen.

Brus f. 1. Brause, Gießkanne. – 2. Limonade.

brusen. 1. brausen, sausen. – 2. brünstig sein, vom Schwein: *de Sœch bruust.*

brusseln 1. langsam kochen. – 2. zischend braten, schmoren. – Syn. bruddeln.

Brut f. Braut, Pl. *Brü', Brutens.*

Brut-: -danz m. Ehrentanz der Gäste mit der Braut. – **-deiner** m., veralt., Brautdiener, der zur Hochzeit einlädt. – Syn.: *-bidder.* – **-hahn** m., hist., Brauthahn, ein altes Hochzeitsgeschenk in Gestalt eines lebenden Hahns, später auch aus Butter, Zucker o. ä. – **-kranz** m. Brautkranz, er darf während der ganzen Hochzeit nicht abfallen. – **-kutsch** f. Eisenhut, Aconitum L. – **-lacht** f., hist., Hochzeit. – **-lad** f., hist., Truhe mit der Aussteuer der Braut. – **-lüd** Pl. Brautpaar.

Bruusch, Brüüsch m. Beule: *du hest 'n schönen Bruusch vör'n Kopp.*

Bu m. Bau. 1. Baustelle: *hei is up'm Bu; hei arbeit up'm Bu.* – 2. das Erbaute, Gebäude: *dat is 'n ganz niegen Bu.*

Buarbeider m. Bauarbeiter, Pl. *Buarbeiders.*

Buck m. Bock, Pl. *Bück: di hett woll de Buck stött* du bist so launisch. – Sprw.: *Olle Bück hemm' de stiefsten Hüürn.* – Sagw.: *Köp di 'n Buck, säd de Fru, denn' bruukst nich tau melken.*

Bucklamm n. junges männl. Schaf oder junge männl. Ziege.

buckleddern Adj. aus Bocksleder.

Buckmœhl f. Bockmühle.

bücken, bucken brünstig sein, von Ziegen.

Bücks f. s. Büx.

bucksch Adj. bockig, störrisch, eigensinnig. – Zu *Buck*.

bucksen 1. sich zanken. – 2. Murmeln fortstoßen mit dem Zeigefinger.

Buddel[1] f. Flasche, Pl. *Buddeln, Buddels; hei kiekt oft deip inne Buddel* er trinkt gern; entschuldigend bei zu häufigem Alkoholkonsum: *ik bün all mit de Buddel grot maakt.* – Zu frz. *bouteille.*

Buddel[2] f. Bläschen, Pl. *Buddels*: *wenn't Buddels rägent, rägent' noch drei Daach.*

buddeln graben, in der Erde wühlen: *Tüften buddeln* Kartoffeln ernten.

Buddelschipp n. Modellschiff in der Flasche.

Büdel m. Beutel, Sack, Geldtasche, verkürzt auch *Bül.*

büd(e)lig Adj. ausgebeutelt, ausgebeult: *de oll Büx sitt all so büdlig.*

Buer m. s. Bur.

Buern-, Buers-: -lüd Pl. Bauern. – **-ollsch** f. Bauersfrau. – **-plumm** f. kleine, frühe, blaue Pflaume. – **-ros** f. 1. Bauernrose, Stockrose, Malve. – 2. Päonie. – **-sprake** f., hist., alte Bürgerversammlung, Verordnung, Gesetz. – **-städ** f. Bauernstelle.

Buersch f. Bauersfrau.

Büffelskopp m. Büffelkopf: *Mäkelborger Büffelsköpp* Spottname für die Mecklenburger wegen des Büffelkopfes im meckl. Wappen. Im Grenzspott gegenüber dem histor. preußischen Vorpommern: *De Mäkelbörger Büffel schitt de Preußen in de Tüffel.*

buffen stoßen, knuffen, schlagen.

bugen, buen bauen: *hei will nu uk bugen* sich ein Eigenheim bauen. – Ra.: *Dei hett dicht bi't Warer buucht* sie weint sehr leicht.

Bugspriet m., n., seem., der über den Bug des Schiffes hinausragende Baum zum Festmachen der Vorsegel.

Buhoff m. Bauhof; veralt.: Platz der Zimmerer.

Buk m. Bauch, Pl. *Bük*; Dim. *Büking*; *sik up'n Buk leggen* faulenzen; *dei hett denn Buk vull* ist schwanger; *nich Buk noch Back hemm'* vorne und hinten nichts haben, sehr mager sein.

Buk-, buk-: -kniepen n. Bauchkneifen, Bauchschmerzen. – **-lings** Adv. bäuchlings, am Bauche. – **-lœsig** Adj. schwach, flau im Magen, – **-nagel, -nabel** m. Bauchnabel. – **-weihdaach** f. Bauchschmerzen.

Bük f., veralt., Buchenlauge; dazu die Gefäße *Bükfatt* und *Bükeltunn.*

büken, veralt., Wäsche einweichen, früher: Leinwand und Garn in Aschenlauge einlegen; *Bükfatt* und *Bükeltunn* Gefäße dazu. – Zu *Bük.* s. d.

Bul[1] f. Beule.

Bul[2] f. Menge, Haufen, Besatzung, nur an der Küste üblich. – Zu nl. *boel.*

Bül m. s. Büdel.

Buland n. Bauland, zum Bau vorgesehener Boden: *Buland hemm' wi all.*

Bülch[1] f. Welle, Pl. *Bülgen*; *Bülgen un Wachten* Wellen und Wogen.

Bülch[2] f. Waschwanne.

Bulemann m. Kinderschreck. – Syn.: Bullerlux, Bummelux.

Bulenfür n. Fleckfieber bei Schweinen.

Buler m. trockener Nasenschleim.

Bull m. Bulle, Pl. *Bullen*; Dim. *Bülle, Bülling. De Kauh ward bi'n Bullen* *bröcht*. In Vergleichen: *Bi em kümmt't as bi'n Bullen de Melk* er ist begriffsstutzig; *dat is so grad, as wenn dei Bull pißt* es ist schief.

Bull(en)-, bull-: -bäätsch Adj. sehr bissig, übertr.: mürrisch. – **-bieter** m. 1. scharfer, großer Hund. – 2. bösartiger Mensch. – **-hitt** f. sehr große Hitze. – **-krut** n. Sonnentau, Drosera L. – **-päs** f., **-päsel** m. 1. Ochsenziemer. – 2. Rohrkolben, Typha latifolia L. – Syn. s. Bumskül. – **-stöten** n., hist., ›Bullenstoßen‹, Volksfest beim ersten Weidegang, wo unter den Bullen der Dorfherde das größte und schönste Tier ermittelt wurde.

buller lautmalendes Wort für hohles, polterndes Geräusch.

Buller-: -beis f. Rohrkolben. – Syn. s. Bumskühl. – **-büss** f. Kinderspielzeug. – **-ies** n. Hohleis, s. Bollies. – **-jan** m. 1. poltriger, lauter Mensch. – 2. Baldrian. – **-lux** m. Schreckgespenst für Kinder. – Syn.: Bulemann, Bummelux.

bullerig Adj. polternd, böse, aufgeregt.

Bulljong f. Bouillon, Fleischbrühe: *hei hett Bulljong inne Knaken* er ist ein Schwächling.

Bullkater m. 1. dunkle Regenwolke. – 2., hist., vor allem auf dem Darß, vermummte Gestalt mit Bockshörnern und mit Ruß verschmiertem Gesicht, die zu Weihnachten (auch in der Fastnacht) von Haus zu Haus zog, um die Kinder zu erschrecken und zu beschenken, s. auch Ruuchklas.

Bülow m. Pirol: *Vagel Bülow bringt Rägen.*

Bulster n. 1. Samenhülse. – 2. Unebenheit auf ebener Fläche, wie Akker, Wiese, Kuchen, Pl. *Bulstern.*

bulsterig Adj. uneben, mit Erhebungen, locker, unordentlich.

Bült f. 1. in Büscheln wachsendes Gras auf feuchten Wiesen. – 2. kleine, mit Rohr bewachsene Inseln. – 3. ausgehobene Grassode, Pl. *Bülten.*

Bültsack m., seem., Schlafsack der Matrosen.

Bummelbian m., letzte Silbe betont, Anhängsel, Nebensache: *ik will nich bloß Bummelbian sin.*

Bummelschottsch m. Volkstanz, zu dem gesungen wurde: *Murrer Witsch, Murrer Witsch, kiek mi mal an, wur ik denn Bummelschottschen danzen kann, Hacken un de Tehn, de sünd to sehn, hei Murrer Witsch, wo geiht dat schön.*

Bummelux m. Schreckgespenst für Kinder. – Syn.: Bullerlux, Bulemann.

Bums f. Stippsoße zu Pellkartoffeln, ein Gericht auf Rügen: *Bräuhpentüffel un Bums un Schellhiering tau* Pellkartoffeln, Soße und Salzhering.

bumsen klopfen, schlagen, dröhnen: *he bumste an de Dör; hemm' ji dat nich bumsen hüürt?*

Bumskül f. Rohrkolben, Typha latifolia L.; von starkem Regen: *dat rägent Bumskülen.* – Syn.: Bullenpäs, Bullerbeis, Dunnerkül, Kädding, Klöpper, Plumskül, Pumpäsel.

Bundeslad f., veralt., große, eckige Holztruhe.

Bung f. 1., fischerspr., Fischreuse. – 2., hist., Trommel, Pl. *Bungen.*

Bünnel n. Bündel: *'n Bünnel Wördel* ein Bund Mohrrüben (ca. 20 Stück); *'n Bünnel Flicken.*

bunt Adj., wie hd.; Ra.: *So bunt fläut' kein Scheeper* wenn etwas übertrieben bunt aussieht; *bunt Wader* Bottich mit Waschwasser für die vom Felde zurückkehrenden Erntearbeiter, angefüllt außerdem mit Früchten, Blumen, Brennesseln, auch einer Flasche Schnaps; verbreitet um Gnoien, Dargun, Stargard, Anklam, Demmin, auf Usedom. – Übertr.: 1. verziert; *de Bodder bunt maken* die Butter verzieren. – 2. ungeordnet: *'ne bunte Sak.*

Bünzel n. Schnur, Band, übertr. auch auf das zusammengeschnürte Gepäckstück, Bündel. – Aus mnd. *buntseel* Bundseil.

bünzeln binden, schnüren, Kleinkind wickeln.

Bur m. Bauer, Pl. *Buern.* Sehr häufig in Ra. u. Sprw.: *Bur blifft Bur, un wenn hei bet Meddach schlöppt; wat de Bur nich kennt, dat ett hei nich* allg. für das Mißtrauen der Norddeutschen gegenüber allem Fremden; von schlechtem Wetter: *dit Wäder is Buern un Minschen œwer.* – Sagw.: *Lütt Vergnäugen möt ik uk hemm', säd de Bur un kettelt sien Fru mit de Messfork; allens kann angahn, säd de Bur, bloß keen Fingerhandschen œwer Fuusthandschen antrecken.* – Zss. s. bei Buern-.

Bür f. Bettbezug, Pl. *Büren*; häufiger für das Kopfkissen, weniger für das Oberbett; heute weitgehend verdrängt durch *Beddbetoch* m. Bettbezug.

Bürer m. Kommode mit drei großen Schubfächern.

Bürofru f. Sekretärin, Sachbearbeiterin, Pl. *Bürofrugens.*

Burre, Burri, Burro m., erste Silbe betont, Porree.

burren surren, mit schnurrendem Geräusch fliegen; übertr.: *dat burrt di woll* was redest du für einen Unsinn?

Burrkäwer m. 1. Maikäfer, Melolontha vulgaris. – 2. Mistkäfer, Familie Scarabaeidae. – Syn. s. Scharnwäwer.

Burrknaken m., veralt., Kinderspielzeug aus Spitzbeinknochen, die durchbohrt und auf Band gezogen werden. – Syn.: Brummel, Schnurrer.

Busch m. Busch, Pl. *Büsch, Büscher.* 1. Strauch. – 2. Wald: *'n lütt'n Busch* ein kleiner Wald; *wi führn tau Busch; tau Busch gahn; busch-in* in den Wald hinein: *hei güng busch-in*; übertr.: *uppm Busch kloppen* das Gespräch unbemerkt auf etwas, was man wissen will, bringen; mit etwas *achtern Busch hollen* etwas verheimlichen; *an'n Busch häuden* nicht normal sein.

Buschbom m. Buchsbaum, Buxus sempervirens L.

büschen, 'n büschen Adv. (ein) bißchen.

Buscherun, Busserun m., f., seem., letzte Silbe betont, veralt., Arbeitshemd aus Baumwolle, meist blau, für die Seeleute und Fischer, Pl. *Buscheruuns.* – Zu nl. *boezeroen.*

Buss f. Buchse im Rad, Hülse, Pl. *Bussen.*

Büss f. 1. Büchse, Dose. – 2. Gewehr, Pl. *Büssen.*

Bussen m. Busen, Frauenbrust, Pl. auch *Bussentüüch* Frauenbrüste.

Busseruntüüch n. Arbeitszeug.

Busskäwer m. Mistkäfer. – Syn. s. Scharnwäwer.

bütelst, büterst Adj., Superl. zu *buten*, äußerst, am weitesten, am entferntesten; *dat bütelste Hus in't Dörp.*

buten Adv. draußen: *mak de Dör von buten tau* geh hinaus!; *na buten gahn.* – Ra.: *Dat's buten so as vör de Dör* es bleibt sich alles gleich; *von buten tau rinkamen* von draußen reinkommen; *buten* bezeichnet auch das Land im Gegensatz zur Stadt: *ik bün ümmer buten wääst.*

Buten-, buten-: -aben m. von der

Küche oder dem Flur aus geheizter Stubenofen. – **-af** Adv. außerhalb, nach außen. – **-arbeit** f. Außenarbeit, Feldarbeit. – **-buurds** Adv. außerhalb des Schiffes, über Bord. – **-dör** f. Außentür. – **-dörps, -dörpsch** Adj. ortsfremd, außerhalb des Ortes. – **-duursch** Adj., hist., außerhalb der Stadttore, vorstädtisch. – **-kopps** Adv. auswendig. – **-lands** Adv. außer Landes, im Ausland. – **-landscher** m. zugewanderter Einwohner auf der Insel Rügen. – **-strann', -strand** m. offener Meeresstrand. – **-tau** Adv. außerhalb, draußen: *butentau blieben.* – **-ut** Adv. draußen, außen: *sei wohnt butenut.* – **-veih** n. Pferde und Kühe, die nachts auf der Weide bleiben. – **-warts** Adv. auswärts, äußerlich. – **-wennig** Adj. äußerlich.

Butscher m. kleiner Junge: *'n lütt'n Butscher.*

butt 1. Adv. plötzlich, geradezu, unvermittelt: *dat sechst du mi so butt in't Gesicht?*; *wi mütten butt noch eis los* (Hidd.). – 2. stumpf, plump von Gegenständen, s. auch das folgende Subst.

Butt[1] f. dickes Ende des Mastdarmes. – Syn. *Buttenn'.*

Butt[2] f. Scholle, Steinbutt, Pl. *Bütt, Butten*: *hüt gifft't Butten.*

Bütt f. Bütte, Pl. *Bütten.* 1. Holzgefäß in verschiedenen Formen u. Größen und mit unterschiedlichen Verwendungszwecken, heute überwiegend niedrige Holzwanne. – Syn. Tien. – 2., hist., henkellose Tasse aus braunem Ton. – 3., hist., größere irdene Schüssel, auch zum Aufstellen von Milch zum Entrahmen, überwiegend auf den Gütern.

Buttemmer m., hist., hölzerner, sich nach oben verjüngender Milcheimer, Inhalt 20–25 l.

Buttendräger m., hist., Kiepenträger, Händler, der seine Ware auf dem Rücken trägt.

buttoorsen auf den Hintern schlagen, unruhig sitzen.

Buurd m., f. Bord. 1. oberster Rand eines Schiffes, Begrenzung des Decks: *an Buurd sin* auf dem Schiff sein. – 2. Brett, Brettergestell.

Buurken n. Vogelkäfig.

Buwagen m., hist., großer Ackerwagen.

Buwark n. Bauwerk.

buwarken Ackerbau treiben, anbauen, ernten.

Büx f. Hose, Pl. *Büxen*, wird auch im Sg. gebraucht; entstanden durch Zusammenziehung von mnd. *buckhose*, bockslederne Hose. – Ra.: *em bäwern de Büxen* er hat Angst; *de Büxen stramm trecken, wat vör de Büxen kriegen* Schläge bekommen; wenn man etwas nicht glaubt: *dat möööst ein'n vertellen, de siene Büxen mit 'ne Kniep-tang' taumaakt; Büx mit Strümp* Strumpfhose. – Syn. Hos.

Büxen-: -kierl m. kleiner Junge. – **-knop** m. Hosenknopf. – **-kül** f. Hosenbein. – **-schieter** m. Hosenscheißer, kleiner Junge.

C

C, c n. der Konsonant; Anlaut in Wörtern aus fremden Sprachen, wird in mundartlicher Orthographie kaum verwendet. Entsprechend der Aussprache des anlautenden c, ch werden mundartliche Lehnwörter mit z, k bzw. sch geschrieben und unter diesen Buchstaben eingeordnet, wie *Chaussee.*

Centrum-Worenhus n. s. Zentrum-Warenhaus.

Chaussee f. s. Schossee.

Christopher m., veralt., heiliger Christophorus, Schutzherr der Schiffer und Fährleute. Man sprach allg. vom *groten Christopher*, deshalb auch die Ra.: *hei vertellt von'n groten Christopher* er schneidet auf, oder mit dem Zusatz: *hei vertellt von'n groten Christopher un hett 'n lütten noch nich seihn.*

D

D, d n. der Konsonant. Im Inlaut ist d immer stimmhaft, im Auslaut wird es stimmlos (ḍ u. t) gesprochen (*Sod, Dod, Leed*). Im Inlaut wird -d- allgemein zu -r- geschwächt, so *Brauder>Braurer*; *Wäder>Wärer.* Das gilt auch für -dd-, so *Ledder>Lerrer*; *Meddach>Merrach.* In der Verbindung -rd- schwindet d auch ganz, so *fardig>farig*, ebenso im absoluten Auslaut nach Langvokal (*Bäd>Bä'*; *Lad>La'*; *schad>scha'*). Der Westen Mecklenburgs wies lange Zeit mouillierte Formen, d. h. -j- für -d- auf, vor allem bei den Konsonantenverbindungen -ld- und -nd-, so *to Fejl'* zu Felde, *Ejn'* Ende, *Kijner* Kinder. Diese Lauterscheinung ist heute nicht mehr üblich, wurde aber 1962 noch in Boldela b. Sülztorf Kr. Schwerin nachgewiesen, vgl. Gundlach, Plattdeutsch 179.

Dääch[1] m. 1., veralt., Gedeihen, nur noch vom Vieh: *de Schwien hemm' kein Dääch.* – 2. Name für verschiedene Pflanzen wie Aloe, Labkraut, Johanniskraut: *dullen Dääch* Bilsenkraut, Hyoscyamus niger L. – 3., überwiegend *Dœch*, Art, Schick, Benehmen: *dat hett keinen Dœch nich* es taugt nicht; *hei hett sienen Dœch nich* er ist nicht ganz normal.

Dääch[2] m. *schwarten Dääch* Birkenteer oder andere schwarze Flüssigkeit, um Tierkrankheiten zu heilen und Tierwunden vor Insekten zu schützen.

daachs-œwer Adv. tagsüber.

däächt Adj., Adv. sehr tüchtig, kräftig, ›gediegen‹: *ik heff mi däächt verfiert* ich habe mich sehr erschrokken; *hei gött sik buten noch fix 'n däächten Schluck Bramwien in'n Hals.* – Syn. dägern.

Dääfk m., veralt., kleine Nase, Zapfen.

Daaks f. Prügel, Schläge; *hei hett orrig Daaks krägen*; als Maskulinum Bezeichnung für einen großen, kräftigen Jungen. – Zu *daksen*;

Dach m. Tag, Pl. *Daach.* Die vollständige Grußformel *Goden Dach* wird meistens verkürzt zu *Gun Dach, 'n Dach, Dach* oder erweitert zu *Dach ok, Daching.* – Ra.: *Morgen ward dat ok wedder Dach* morgen ist auch noch Zeit zum Arbeiten; Leute, die gerne faulenzen, *säuken denn drüdden Dach inne Woch.* Mittwoch und Sonnabend *sünd kein Daach*, weil in ihren Namen das Wort *-dach* fehlt; von jmd., dem es gut geht: *hei maakt sik 'n gauden Dach; hei lääft 'n gauden Dach.*

Dach-, Daach-: -blatt n. 1. Tageblatt. – 2., übertr., Klatschbase. – **-däächlich** Adv. tagtäglich. – **-lang** Adv. tagelang. – **-lohn** m. Tagelohn. – **-löhner** m., veralt., ein zum ehemaligen Gut gehöriger Landarbeiter.

Dacht m., heute meistens *Doch*, Docht, Pl. *Dachte, Dochte.* In der Antwort auf die entschuldigende Rede ›ich dachte‹: *Dachte sünd keine*

Lichter un Orschlöcher kein Gesichter.

Dack n. Dach, Pl. *Däker.* – Ra.: *bet an't Dack vull sin* total betrunken sein; jmd. *up't Dack stiegen* jmd. bestrafen; *unner Dack un Fack sin* in Sicherheit sein.

Dack-: -brett n., fachspr., Arbeitsgerät des Rohrdachdeckers. – **-drupp** f. Dachtraufe. – **-fast** m. Dachfirst. – **-has** m., scherzh., Katze. – **-leck** f. Dachtraufe. – **-ledder** f. Dachleiter, lange Leiter. – **-lok** m. Hauswurz, auf Rohrdächern wachsend, Sempervivum tectorum L. – **-rönn** f. Dachrinne: *de is so lang, de kann ute Dackrönn supen.* – **-rur** n. Dachrohr. – **-schof** n., fachspr., ein Bündel Dachrohr. – **-splett, -spliss** n., fachspr., kurzes Brett, das unter die Fugen von Dachziegeln gelegt wird. – Syn. *Dachspon* m. – **-stein** m. Dachstein, Dachziegel. – Ra. über einen Dummen: *De is mit'n Dackstein na Schaul gahn un mit'n Kalenner insägent.* – **-stroh** n. langes, glattes Stroh zum Dachdecken.

Dackelschacht, Deckelschacht m., fachspr., 3–5 m lange und ca. 2 cm dicke Holzstange, die zum Dachdekken mit Stroh oder Rohr gebraucht wird; sie liegt unmittelbar auf einer Strohlage genau über einer Dachlatte, mit der sie durch Draht verbunden wird.

daddeldu, seem., veralt., erledigt, beendet. Mit dem Ruf *daddeldu* wurde das Ende der Arbeit angekündigt.

Dägel m. Tiegel.

dägern Adv. sehr tüchtig: *sich dägern verfieren* sehr erschrecken. – Syn. däächt.

Dak m. Nebel, Dunst, der abends aus den Wiesen aufsteigt: *dei Dak licht up'e Wisch.*

daken tauen, nebeln.

Däken m., fischerspr., Fischkasten zur Aufbewahrung lebender Fische auf Fischerbooten.

dakig Adj. neblig: *dat ward so dakig utseihn.*

daksen prügeln, schlagen.

Dal n. Tal, nur noch in festen Wendungen, wie *œwer Barch un Dal.*

dal Adv. nieder, hinunter, herab, hinab: *von baben dal* von oben herab; *dat geiht ümmer von baben dal* es geht hoch her. In Verbindung mit up: *up un dal* auf und ab; *dat geiht up un dal mit em* abwechselnd gut und schlecht.

dal-: -bören eine Last absetzen: *ik möt eis dalbören.* – **-bräken** zusammenbrechen, niederreißen: *denn Schuppen dalbräken.* – **-bucken** sich niederbeugen. – **-bur** m. ungeschickter, grober Mensch. – **-dükern** untertauchen, unterdrücken. – **-dwingen** niederzwingen. – **-firen**, seem., herunterlassen. – **-fräten** übermäßig viel essen: *dor kann'k mi dal in fräten.* – **-gahn** hinuntergehen, auf etwas losgehen: *hei geiht up em dal as dei Buck up dei Hawerkist.* – **-kieken** herabsehen. – **-klautschen** niedertreten, niedertrampeln. – **-lachen** sich totlachen. – **-liggen** niederliegen, bettlägerig sein: *sei licht fast dal.* – **-maken** heruntermachen, schelten, abnehmen: *'n Bom dalmaken.* – **-marachen** mit Getöse etwas abschlagen, herunterreißen. – **-pedden, peeren** niedertreten. – **-sacken** niedersinken. – **-scheiten** herunterschießen, runterstürzen. – **-schlagen** niederschlagen. – **-schnacken** jmd. überreden. – **-setten** niedersetzen, absetzen: *sett di dal!* nimm Platz! – **-späulen** herunterspülen. – **-stöten** herunterstoßen. – **-warts** Adv. abwärts. – **-wossen** Part. Prät. untersetzt, klein.

Däl f. 1. Diele, Hausflur. – 2. Fußbodenbrett, Pl. *Dälen.*

Dalben Pl. s. Dukdalben.

Daller m., veralt., unzuverlässiger, alberner Mensch, nur noch gebräuchlich in Zss. mit Personennamen, wie: *Dallerfieken, -fritz, -hans, -jochen, -klas, -lott, -marieken.*

dallerig Adj. albern. – Zu folg. *dallern.*

dallern, dalwern Unsinn treiben, albern sein.

dalli Adv. schnell, flink, eilig. – Slaw. Lehnw.

Dalluhr n. abstehendes, herabhängendes Ohr.

damen sich in der Luft widerspiegeln, sichtbar werden: *dat Land daamt in Sicht* (von der See aus).

dammeln schlendernd einhergehen, untätig sein.

dämmen Straße pflastern: *de Strat ward endlich dämmt.*

dammlich Adj. kindisch, dämlich, ungeschickt.

dampen, dämpen dampfen, dämpfen. – Ra.: *Kiek, wur dat dampt achter em* wenn jmd. die Unwahrheit spricht.

Damper m. 1. Dampfer, Dampfschiff, auch *Dampschipp* n. – 2. Kessel zum Dämpfen der Viehkartoffeln. – 3., hist., Lokomobil in der Landwirtschaft zum Pflügen und Dreschen.

Dank[1] m. Dank: *tau Dank* zur Zufriedenheit; *di kann man nicks tau Dank maken.* Scherzhafte Antwort auf die Wendung *›schön'n Dank‹: mit ›schön'n Dank‹ hett de Köster sien Katt dotfaudert.*

Dank[2] m. Seetang, Fucus L.

Dann f. Tanne, Pl. *Dannen.*

Dannen-: -appel m. Kiefernzapfen. – **-bom** m. 1. Tannenbaum, Weihnachtsbaum. – 2. Ackerschachtelhalm, Equisetum arvense. – **-holt** n. Tannenholz, Nadelholz. – **-küsel, -kussel, -kuschel** n. Gruppe kleiner Nadelgehölze. – **-licht** n. Maitrieb der Kiefer. – **-schap** n. Tannenzapfen, Pl. *Dannenschœp.*

Danz m. Tanz, Pl. *Dänz.* Beschreibung und Liedertexte alter meckl. und vorpomm. Tänze s. Literatur in Meckl. Wb. 2, 249; Volkslieder; Kaiser, Atlas 165 ff.

Danzbœn m. Tanzboden.

Danzdäl f. Tanzdiele.

Darl f., fischerspr., auch *Dadel* gespr., Angel für Hechte (auch Aale) mit Köder in Fischform aus glänzendem Blech.

Darmkniepen n. kolikartige Leibschmerzen.

Darr, Dar f. Darre, Trockenplatz über einem Ofen.

Däsen m. s. Bäsmer.

Dassel m. Kopf: *he kreech eis vör'n Dassel.*

dat Art., Demonstr. Pron., Konj. das, daß; oft verkürzt zu *'t: in't, up't an't.* Abweichend vom Hochdeutschen u. a.: *dat Speck, dat Lohn, dat Lief, dat Emmer, dat Napp, dat Rühr, dat Sarg.* – Ra.: *Dat's man dat* das ist es eben.

dataumal Adv. dazumal, damals.

datzig Adj. übermütig, ausgelassen.

dau Pers. Pron. du, beim Anruf von unbekannten Personen.

däugen, daugen, däuden, dauen tauen: *œwer Nacht däucht dat noch ümmer wedder.*

Dauk, Dok n. Tuch, Stoff, Pl. *Däuker, Döker.* In der alten bäuerlichen Tracht der Frauen spielten die oft reich verzierten Umschlagtücher

(Rehna, Schönberg, Mönchgut) eine große Rolle.

Daumad f. Regenwurm, Pl. *Daumaden*; auch *Daumaddik, Dauworm.*

daun, don tun. Präs. Sg. 1. *dau*, 2. *deist*, 3. *deit*, Pl. *daun*; Prät. *deed*; Part. *dan. Dau man nich so* ziere dich nicht so; *ik heff tau daun; hei hett sien Daun dormit.* – *Daun* in Verbindung mit einem Infinitiv steht zur Umschreibung eines einfachen Verbums 1. im Nebensatz: *wenn ik em seihn dau, war'k em dat seggen; wenn wi na Hus führen deeden, ...* – 2. im Hauptsatz, der mit einem Verb beginnt: *lachen deit hei nie; kennen dau ik em nich; wahnen deit hei hier nich.* – 3. in Verbindung mit dem Infinitiv mit zu zum Ausdruck einer lang andauernden Handlung: *wat deist du hier tau sitten? wat sall dat Tüüchs noch rümtauliggen daun?*

Deckelschacht m., fachspr., lange Holzstange über dem Dachrohr, befestigt an Dachlatten, Pl. *Deckelschächt.*

Deckelwäd f., fachspr., veralt., dünne Weidenrute zum Befestigen von Stroh oder Rohr auf den Dächern, Pl. *Deckelwäden.*

Deech m. s. Deich.

Deef m. s. Deif.

Deel m., n. s. Deil.

Deenst m. s. Deinst.

deep s. deip.

dees Demonstr. Pron. dieser, diese: *dees Mann, dees Fru;* s. diss.

Deff m. Schlag: *Deff kriegen* Prügel beziehen.

deffen schlagen, hauen, stoßen.

deffendieren, refl., sich verteidigen; s. auch verdeffendieren.

deftig Adj. kräftig, tüchtig: *'n deftigen Bengel.*

dei, dee Art. der, die; oft in verkürzter Form nur *de* oder in den flektierten Kasus in unbetonter Stellung kontrahiert zu *'n*, wie: *in'n* in dem, in den; *upm* auf dem;*na'n* nach dem. Als Demonstrativpronomen nimmt *dei, dee* im Satz das Subjekt wieder auf: *Willem, dei weit dat uk; dei lütte Traktorist, dei kann œwer führen.*

Deich, Deech m. Teig: *Deich maken* Teig anrühren; *Deich gahn laten* Teig gehen lassen.

Deichap m. ›Teigaffe‹, scherzh., Bäkker, so auch *Deichklarrer, -knäder, -pedder -ul.*

Deichlaken n. Laken, das über den Teig gebreitet wird.

Deif, Deef m. Dieb. – Im Sagw.: *Nicks geiht œwer dat Pierstählen, säd de Deif, un œwer de Gemütlichkeit. Aller Anfang is schwer, säd de Deif, don stahl hei 'n Mœhlenstein.*

Deiker m. ş. Deuker.

deikern liebkosen, mit einem kleinen Kind spielen: *se deikert mit ehr; de lütt Diern deikert mit ehr Popp.*

Deil, Deel m., n. Teil: *ik heff mien Deil dan; dee hett sien Deel krägen* er hat seine Strafe bekommen. – Ra.: *Wat dei ein Deil will, mütt't anner Deil lieden.*

Deinst, Deenst m. Dienst, Dienststelle, Tätigkeit des Gesindes, Hilfe; in älterer Sprache vor allem für die Leistungen abhängiger Bauern (Hand- und Spanndienste).

Deinst-, Deenst-: -bad m., veralt., Dienstbote. – **-diern** f., veralt., Dienstmädchen. – **-eid** m. Diensteid. Ra.: *ein' up'n Deinsteid nähmen* tüchtig zechen. – **-geld** n. Trinkgeld. – **-mäken, -mäten** n., veralt., Dienstmädchen.

deip, deep Adj. tief.

Deipstall m. Tiefstall, vor allem für Jungvieh.

Deipwader n. Tiefwasser, Weltmeer.

Deissel m., fachspr., Dechsel, Zimmermannsbeil, das als Beil und als Hammer verwendet werden kann.

deisülwig Pron. der-, dieselbe.

Delf m. ungezogener junger Mann: *du büst 'n groten Delf!*

delgen 1., veralt., bezwingen, bewältigen: *ik künn dat nich delgen.* – 2. zurechtweisen, besonders Kinder: *se delgt denn ganzen Dach mit de Gören.*

denken denken. Prät. *dacht*; Part. Prät. *dacht. Dat heff'k mi dacht; denken is nicks, weiten mütt ik!* – Sprw.: *Denken un Meinen bidröcht mannich einen.*

Denn m., f. Lagerstatt der Schweine in der Streu.

denn Adv., Konj. 1. dann: *denn kann ik di nich helpen; denn man tau; denn äben nich.* – 2. denn: *kannst du denn nich hüren; wat is denn los?*

denn' denen, ihnen, Dat. u. Akk. des Demonstr. Pron. und des bestimmten Artikels: *ik schenk denn' dat; ik heff denn' seihn; denn' sien Kinner sünd all grot.*

Dennschweit m. Schmierkrankheit bei Schweinen.

Desem m. s. Bäsmer.

desprat Adj., zweite Silbe betont, verzweifelt, erregt: *hei wür ganz desprat.* – Zu hd. *desperat,* aus dem Lat.

destowägen Konj. deswegen.

det s. dit.

Deuker, Deiker m. Teufel, Pl. *Deukers*; Dim. *Deuking; di sall doch gliek de Deuker halen!* – Syn. s. Düwel.

Dezem m., erste Silbe betont, 1. der Zehnte. – 2., übertr., Lohn, Strafe, Prügel: *dei hett sien' Dezem krägen!*

di dir, dich, Dat. u. Akk. des Pers. Pron. *dei, de: dat kann'k di seggen! ik heff di seihn.* Oft stellt *di* (als Dativ) die Beziehung zum Subjekt her: *hür di mal, dei maken di'n groten Spektakel.*

Diangter m., liter., Teufel, belegt bei F. Reuter. – Aus frz. *diantre.*

dicht Adj. eng, nahe; Dim. *dichting; dicht hollen* undurchlässig, übertr. verschwiegen sein: *hei kann nich recht dicht hollen; nich ganz dicht sin* nicht normal sein; *dichtmaken* zumachen, schließen: *dichtmaakt Ogen; mak de Dör dicht! dicht bi, dicht bi an, dichting bi* ganz in der Nähe.

dick Adj. 1. dick, wohlbeleibt, groß: *'n dicken Buk, 'n dicken Damper; dick Marie* volles Portemonnaie; *dat dick Enn' kümmt nah'!* – 2. fest, geronnen: *dick Arften, dick Melk;* wenn jemand nicht hören will, fragt man: *du hest woll dick Bohnen äten?* – 3. trübe, neblig, undurchsichtig: *dat Warer is dick, dat is so dick wääst* es war so neblig; *dat kümmt dick rup* wenn ein Gewitter aufzieht. – 4. satt, voll, übertr.: überdrüssig; *sich dick un dun fräten; wi hemm' dat dick* uns ist es über; *hei hett'n dicken Kopp* er hat Sorgen.

dick-, Dick-: -back f. Pausbacke, dickes Kind. – **-bein** n. Oberschenkel. – **-bramsig** Adj. angeberisch, hochmütig. – **-bräudsch** Adj. dreist, verwöhnt, wählerisch. – **-brœsig** Adj. dickfällig, frech. – **-buk** m. Fettwanst; Dim. *Dickbüking.* – **-daun** angeben, prahlen. – **-drääfsch** dickfellig, frech. – **-kopp** m. Dickkopf; *Pommerscher Dickkopp,* veralt. Bezeichnung für eine Getreidesorte; *Dickkopp* verbreiteter Spottname für Tiere und Pflanzen. – **-koppswördel** f. Wurzel des Gemeinen Geißkrautes. – **-ledder** n. dickes Fell: *dat's 'n ganzen Dicklerrer* Mensch mit dikkem Fell. – **-melk** f. dicke, saure Milch, in Satten aufgestellt, die auch mit Schwarzbrotkrümeln und Zucker bestreut gegessen wurde. – Syn. *Stippmelk.* – **-muulsch, -muult** Adj. maulig, schlecht gelaunt. – **-nacksch** Adj. eigensinnig. – **-näsig** Adj. eingebildet. – **-oors** m. Mensch mit dickem Gesäß. – **-schnut** f. Großschnauze. – **-trien** f. Grauammer. – **-wust** f. 1. dicke Wurst. – 2., übertr., dicker Mensch.

Dickde f. 1. Dicke: *sei is inne Dickde gahn* sie ist sehr dick geworden. – 2., veralt., Dickicht, dichtes Waldstück: *se sünd inne Dickden gahn* sie sind in den Wald gegangen. – 3. dichter Nebel.

Dicksch f. kleine dicke Frau.

Diek m. 1. Deich, Damm. – 2. Teich: *lat de Änen an'n Diek;* abweisende Ra: *schiet an'n Diek.*

Diern f. Mädchen, veralt. Dienstmädchen, Pl. *Dierns*; Dim. *Dierning*; *'ne lütte säute Diern.* – Ra.: *Dat's gor nich so einfach as schlap bi dei Diern un dau ehr nicks* von einer schwierigen Sache.

Diert n. Tier, Pl. *Dierte, Dierer*; dat olle *Diert* Scheltname für altes Vieh; *'n malles Diert,* übertr., ein ausgelassener Mensch.

Diestel,[1] **Diessel** m. Distel: *Diesteln stäken.*

Diestel,[2] **Diessel** m. Deichsel. *Ran an'n Diestel* ran an die Arbeit!

Dings n. Ding, Gegenstand, Pl. *Dinger. Wat's dat för'n Dings? Wo heit dat Dings noch?* Weitere Ersatznamen für Personen, Gegenstände, Orte: *Dingsbums, Dingsda, Dingskirchen.*

Dingsdach m., veralt., Dienstag.

Dinseldach m., hist., Tag, an dem die Dienstboten wechselten (z. B. 24. Okt.). Nd.-hd. Sprüche zu diesem Anlaß z. B.: *Hüt is mien Dinseldach, mein Jahr is aus, hüt leckt mir der Herr im Arsch und die Frau auch.*

dippen, seem., die Flaggen auf einem Schiff zum Gruß senken und wieder hochziehen.

Disch m. Tisch; auf die rasche Verdauung von Gegessenem bezieht sich die Ra.: *Dat geiht von'n Disch na're Wisch.*

Discher m. Tischler.

dischern die Tätigkeit des Tischlers ausüben; wenn sie von Laien ausgeübt wird, heißt es *discherieren.*

diss, mit stimmhaftem s, Demonstr. Pron. dieser, diese; Nebenform *dees* s. d.; *up disse Oort ward dat nicks; disse Daach, bet dissen Dach* bis jetzt.

dit, düt, det Demonstr. Pron. dieses: *dit Johr; hei vertellt von dit un dat un süss noch wat* er erzählt von diesem und jenem und sonst noch etwas.

döben, döwen betäuben.

Doch m. Docht, s. Dacht.

Dœch f. s. Dääch.[1]

Dochter f. Tochter, Pl. *Döchter*; Dim. *Döchting.*

Dochtersmann m. Schwiegersohn.

Dochtersœhn m. Enkel.

Dod m. Tod. Häufig in Ra.: *Einen Dod kann de Minsch man starwen; de Dod will Ursak hemm'; denn ein'n sien Dod is denn annern sien Brot; de Dod steiht achter de Dör; hei is nich bang vör Dod un Düwel.*

Dodder, Dödder m. 1. Eidotter. – 2. Nasenschleim.

Doden-, doden-: -acker m., veralt., Friedhof. – **-bidder** m., hist., ›Totenbitter‹; derjenige, der zum Leichenbegängnis einlud. – **-blaum** f. 1. künstliche Blume. – 2. Weiße Seerose, Nymphaea alba. L. – 3. Sumpfdotterblume, Caltha palustris L. – **-fru** f., veralt., Totenfrau; sie übernahm alle mit einem Begräbnis verbundenen Aufgaben.

– **-kamer** f. 1. Totenkammer. – 2., fischerspr., hinterer Teil der Reuse. – **-kist** f., veralt., Sarg. – **-klock** f. Sterbegeläut. – **-kul** f. offenes Grab. – **-räd** f. 1. Totenrede. – 2., übertr., beim Kartenspielen Bemerkungen über ein gerade beendetes Spiel. – **-schlap** m. sehr fester, tiefer Schlaf. – **-sünndach** m. Totensonntag. – **-vagel** m. Eule, Kauz. – **-witt** Adj. totenweiß, blaß. – **-woch** f. Woche vor Totensonntag.

dodig, dorig Adj. tot, leblos: *dat dorig Küken;* scherzh. Ra., wenn jmd. köstlichen Schinken vor sich liegen hat: *Ät dat nich, dat is von'n dodigen Schwien.*

dof Adj. 1. dumm: *dof un dœmlich; dat's 'n ganz Dowen* ein ganz Dummer. – 2. taub, schwerhörig, gefühllos: *mi sünd de Fäut dof.* – 3. leer: *dei Nœt is dof.* – 4. stumpf, von den Zähnen. – Syn. s. ääch.

Dofnettel f. Taubnessel.

dœgen taugen, brauchbar sein. Präs. Sg. 1. *dœch,* 2. *döchst,* 3. *döcht,* Pl. *dœgen*; Prät. *dööch*; Part. *dagen. Wat nicks döcht, kümmt wech; de Saat döcht nicks, dor ward nicks ut. Hei döcht an de Wördel nich* er taugt charakterlich nichts. Scherzhaft im Vergleich: *hei döcht dortau as dei Äsel tau'n Fiedeltrecken.*

Dok n. s. Dauk.

Dokter m. Doktor, Arzt, Pl. *Dokters.* Guter Rat: *De Hinnerpuurt lat apen stahn, denn kann de Dokter wiedergahn.*

Dölling m., nur auf dem Fischland und Darß, kleiner Zander, Pl. *Döllings.*

Dœmel m. einfältiger Mensch, eigtl. Zustand des Nicht-ganz-bei Sinnenseins.

Dœmelack, Dœmelach m. Dummkopf; ebenso *Dœmelklas* und *Dœmelsack.*

dœmlich Adj. dumm, töricht: *hei keem mi so dœmlich; dat's 'n dœmlichen Kierl.*

don s. daun.

don s. dunn.

Döns f., hist., heizbare Stube im alten Bauernhaus. – Entlehnt aus dem Slawischen **dvornica* oder **durnica.*

Döntjes Pl. kleine Erzählungen, Geschichten, Anekdoten; *Döntjes vertellen.* – Pl. zum veralt. Sg. *Döönken, Dönken* n. Liedchen.

Döp f. Taufe.

döpen taufen, Part. *döfft.*

Dopp m. 1. Hülse, Eihülle, Eischale, Pl. *Döpp; dat Küken is noch in'n Dopp.* – 2. Vorhaut beim Wallach.

dor Adv. da; alleinstehend: *dor rägent dat all wedder;* in festen Verbindungen mit Verben: *dor sin* zur Stelle, vorhanden sein und Präpositionen (in getrennter und ungetrennter Stellung): *dor achter* da hinter, hinterher: *hei is schlimm dor achter; dor af, dor an: hei is dor Fründ mit an* mit dem ist er befreundet. *dor bi* dabei: *dor is nicks bi; dor för* dafür, dazu: *dor bün ik gaut för; dor gägen* dagegen: *dor bün ik gägen; dor hinner* da hinten; *dor mank* da zwischen: *hei is dor uk mank; dor mit* damit: *dor heff ik nicks mit tau daun; dor na* danach: *dor renn ik mi dot na; dor œwer* darüber: *dor bün ik œwer weg; dor tau* dazu: *dor tau bün ik nich tau bruken; dor üm* darum: *dor üm heff ik mi nich* es macht mir nichts aus; *dor up* darauf: *dor lat ik mi nich up in; dor ut* daraus: *hei här dor nicks Arges ut* er dachte nichts Böses dabei; *dor von* davon: *dor heff ik nicks von hüürt; dor vör* davor: *hei stellt sich dor vör.* – In

Verbindung mit Adverbien und Konjunktionen, wie: *dordörch, dormit, dorna, dortau, dortwischen.*

Dör f. Tür. – Ra.: *Mak de Dör von buten tau* bleibe draußen; *hei hett mi vör de Dör sett't.* – Die Haustüren waren auf dem Land früher häufig waagerecht geteilt in eine *Baben-* eine Oben- und eine *Unnerdör* eine Untertür. Während der untere Teil dieser Türen eingeklinkt war, stand der obere im Sommer offen. Das große Tor vor der Einfahrt hieß *grot Dör* im Gegensatz zur *lütt Dör*, der normalen Tür.

dörben dürfen, wagen, sich getrauen, Prät. Sg. 1. *dörst, dürst*, Pl. 1. *dörsten, dürsten*; Part. *dürst.*

dörch Adv., Adj. u. Präp. durch: *de Kees is noch nich dörch* der Käse ist noch nicht reif; *wi harn hüt morgen sihr gauden dörchen Kees äten; hei kennt em dörch un dörch.* – Ra.: *Dor bün'k mit dörch as de Köster mit'n Sünndach.* Als Präp.: *dörch 't Finster, dörch de Brill, dörch'n Gewitter.*

dörch-, Dörch-: -ackern durcharbeiten. – **-ampeln,** refl., sich hindurchzwängen. – **-baldowern** durcharbeiten, besprechen. – **-bängen,** refl., sich durchzwängen: *hei bängt sich dörch.* – **-bieten** durchbeißen. – Ra.: *'ne Bohn mihr dörchbieten* einen stärkeren Kaffee kochen. – **-bimsen** durchprügeln. – **-boddern** ›durchbuttern‹, sich hindurcharbeiten: *dörch Modder dörchboddern.* – **-bögen** durchbiegen. – **-bräken** durchbrechen. – **-büken** durchnässen, durchweichen: *ik bün ganz dörchbüükt.* – **-daksen** durchprügeln. – **-döschen** ›durchdreschen‹, übertr. durchsprechen: *dei Sak möten wi noch eis dörschdöschen.* – **-dräben** Partizip zu folgendem **-drieben** durchtrieben, gerissen. – **-dreigen** durchdrehen. Partizip *dörchdreicht* verrückt. – **-drieben, -driewen** durchtreiben. – **-driewer** m. Herumtreiber. – **-ein, -einanner** Adv. durcheinander: *rühr mi dat doch nich all's dörch'nein!* – **-fall** m. Durchfall. – Syn.: Dörchmarsch, Schieterie, Dünnschiet. – **-faudern,** refl., sich durchfuttern. – **-fäuhlen** durchfühlen, refl., sich durchschlängeln. – **-fingerieren,** refl., sich mühsam durchwinden, auch einfädeln: *hei hett denn Faden richtig dörchfingeriert.* – **-flutschen** schnell durchrutschen. – **-fummelieren,** refl., sich durchwinden. – **-gahn** durchgehen, durchbrennen, durchfeiern: *hei is de Nacht dörchgahn.* – **-gahns** Adv. durchgängig, ohne Unterbrechung: *dor is dörchgahns up.* – **-gräsen** durchschaudern, zittern. – **-griepen** durchgreifen, Ordnung schaffen. – **-grimmeln** durchschimmern. – **-häkeln, -hœkeln** 1. durchhecheln. – 2., übertr., bereden, klatschen. – **-halen** eine Krankheit überstehen: *dei haalt dat wedder dörch; de Wind hett em so dörchhaalt* der Wind hat ihn so durchgepustet. – **-hen** Adv. hindurch, gänzlich: *de ganze Nacht dörchhen; dörchhen sin* verwirrt sein. – **-jachern** durchhecheln. – **-kalaschen, -kaleschen** durchprügeln. – **-katern** durchhecheln. – **-kieken** hindurchsehen, etwas durchschauen: *hei kiekt nich dörch.* – **-kladdern** oberflächlich waschen. – **-klingeln** telefonieren. – **-kniepen** durchkneifen. – **-kriegen** durchbekommen: *de Dokter kricht em dörch.* – **-krupen** durchkriechen; wenn im Brot große Löcher sind: *dor is de Bäcker mit sien Fru dörchkrapen.* – **-läppern,** refl., sich mühsam durchschlagen. – **-lat** m. Durchlaß. – **-laten** durchlassen. – **-läuchten** Durchlaucht; Dim. *Dörchläuchting* (so F. Reuter) alte Anredeform für die meckl. Herzöge. – **-lüchten** durchleuchten. – **-marsch** m. Durchmarsch, Durchfall. – **-musen** durchsuchen. – **-neicht** durchtrieben, gerissen, Partizip zu *dörchneigen.* – **-nüschen, -nüsseln** durchwühlen, durchsuchen. – **-pedden, -peeren** durchtreten. – **-quaddern** oberflächlich waschen. – **-räden** besprechen, telefonieren. – **-raupen** durchrufen, telefonieren. – **-rökern** durchräuchern. – **-sagen** 1. durchsägen. – 2., übertr., *'n Ast dörchsagen* schnarchen. – **-säuken** durchsuchen. – **-schänen** sich mühsam einen Weg durch eine Menschenmenge bahnen. – **-schieren** durchleuchten. – **-schlusen, -schlüsen** durchschleusen. – **-schnückern** durchkramen, durchsuchen. – **-schrapen,** refl., sich mühsam durchbringen. – **-schuckeln** durchrütteln. – **-schüern** 1. durchscheuern. – 2., refl., sich durchschlagen. – **-schwutschen** durchfeiern. – **-seggen** durchsagen, Nachrichten verbreiten. – **-seigen, -seiden, -seihen** durchsieben. – **-seihn** durchsehen, verstehen: *hei süht nich dörch.* – **-simmen** durchbrennen, durchfeiern. – **-siepern** langsam durchlecken. – **-spräken** durchsprechen, telefonieren. – **-stackern,** refl., sich durchschlagen. – **-stahn** durchstehen, überstehen: *sei hett de Krankheit nu dörchstahn.* – **-stöckern** wie stakkern. – **-stowen** durchrühren: *dörchstoofte Tüften* Stampfkartoffeln. – **-stuken** durchstampfen. – **-süken** gesund werden: *hei hett dörchsüükt.* – **-teihn** durchziehen. – **-tellen** durchzählen. – **-trecken** durchziehen. – **-üm** Adv. ›durchum‹. – **-ut** Adv. durchaus. – **-walken** verprügeln. – **-wassen** durchwachsen, Part. Prät. *dörchwussen* halb fett, halb mager, vom Fleisch: *dörchwussen Speck.* – **-weg** Adv. hindurch: *dörchwech gahn; dörchwech sin* verwirrt sein. – **-weigen** durchwehen; *sich dörchweigen laten.* – **-wrangen,** refl., sich durchquälen.

Dörensüll f. Türschwelle.

dorig s. dodig.

Dörp n. Dorf, Pl. *Dörper,* auch die Dorfbewohner: *dat ganze Dörp; up'n Dörp* auf dem Lande; *hei kennt alle Welt un sœben Dörper* er ist ein Prahlhans; beim Kartenspiel: *uppe Dörper gahn; ut jeden Dörp 'n Köter.*

Dörp-, dörp-: -bull m. 1. Dorfbulle. – 2., scherzh., Dorfcassanova. – **-diek** m. Dorfteich. – **-in** Adv. dorfeinwärts; *dörpin gahn.* – **-klock** f. 1. Dorfglocke. – 2., übertr., Klatschweib. – **-krauch** m. Dorfkrug. – **-lüd** Dorfbewohner. – **-paul** m. Dorfteich. – **-riemels** n. Pl. Spottverse, oft gereimt, auf die Dorfbewohner.

dörteigen, dörtein dreizehn.

dörtig, dördig dreißig.

dörtichst der dreißigste.

Dœs m. Verwirrung, Gedankenlosigkeit: *hei hett dat in sien Dœs maakt;* ein dummer Mensch *de weit von sienen Dœs nicks af.*

Dœsbaddel m. Dummkopf, verkürzt aus *Bartholomäus,* s. Baddel.

Dœsbüdel m. Dummkopf, Trottel.

Dösch[1] m. Dorsch: *kaakt Dösch* gekochter Dorsch.

Dösch[2] f. Prügel, Schläge, Drusch: *hei hett orrig Dösch krägen.*

Dösch-: -däl f. Diele in der Scheune,

auf der gedroschen wurde. – **-flägel** m. Dreschflegel, ein etwa 1,20 m langer Stiel, an dem ein Schlagholz mit einem ledernen Riemen drehbar befestigt war (s. Abb.). – **-kasten** m., veralt., Dreschmaschine, meist mit Göpelantrieb. – Syn.: Bacher, *Döschmaschin.*

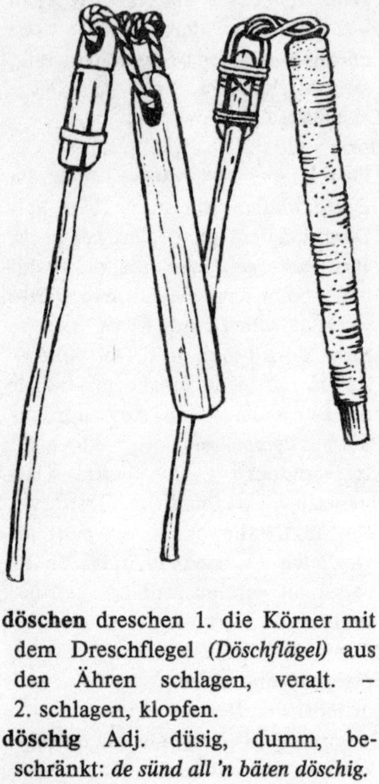

döschen dreschen 1. die Körner mit dem Dreschflegel *(Döschflägel)* aus den Ähren schlagen, veralt. – 2. schlagen, klopfen.

döschig Adj. düsig, dumm, beschränkt: *de sünd all 'n bäten döschig.*

Döschkopp m. Dorschkopf, Schimpfwort.

dœsen gedankenverloren sein, sich schläfrig fortbewegen: *hei dœst so vör sich hen.*

Döst m. Durst. – Ra.: *Hei hett ein'n œwer'n Döst nahmen* er hat zuviel getrunken. Scherzhaft rechtfertigt sich der wegen zu großer Trinklust Gerügte: *ji räden all' von mienen Supen, œwer keiner räd't von mienen Döst.* Entschuldigend deshalb auch: *wat kann hei dorför, wenn hei so'n Döst hett.* Von einem Schuh oder Strumpf, der vorne ein Loch hat, heißt es: *de hett Döst.*

dösten dursten; *mi döst* ich habe Durst.

döstig Adj. durstig.

dot Adj. tot: *se hett all einen Mann dot; hei leech för dot* war auf den Tod krank. – Ra., wenn etwas fehlgeschlagen ist: *nu is't anner Kind uk dot. Dotgahn* und *dotblieben* umschreiben das Sterben: *hei wier binah dotbläben; du bliffst noch lang nich dot; de Eier sünd dotgahn* (angebrütet). Substantiviert: *de Dot* der Tote.

Döte, Döde, kinderspr., Großmutter, Großvater; Dim. *Döding.*

dœwer s. œwer[2] Adv.

Dœz m. Kopf, abwertend; *nimm de Mütz von'n Dœz; de Frugens hemm' 'n Dœz för sich; ik hau di weck an'n Dœz.*

dräben, dräwen 1. treiben. – 2. brünstig sein, von Hündinnen: *dei Hund drääft;* s. auch dräweln.

Dracht f., vereinz. *Drucht,* Tracht, das Getragene. 1. Ertrag, den Bienen zusammensammeln: *de Immen gäwen dit Johr 'ne gaude Dracht Honnig.* – 2., landw., Trageholz, das man über die Schulter legt und mit dem an zwei Ketten Eimer u. ä. getragen werden (s. Abb. S. 371); *'ne Dracht Wader* zwei Eimer Wasser. – 3. Volkstracht. – 4. Prügel: *du krichst 'ne Dracht.*

Drachtholt n. Trageholz, wie Dracht 2.

Drachtknuppen m. Blütenknospe des Obstbaumes.

drachtig, drächtig Adj. trächtig, tragend: *de Kauh is drachtig.*

drad, dra' 1. Adv. schnell, flink, sofort: *sei wiern drad mit dei Arbeit farich.* – 2. Konj. sobald wie, sowie: *so* *drad as ik mi seihn lat, löp hei wech.*

drädig, drätig, dratig Adj. stark, forsch, wie aus Draht: *'n dratigen Bengel; 'ne dralle drädige Fru; drätichen Kaffee kaken* starken Kaffee kochen.

Draff m. Trab: *nu mak di man up'n Draff* gehe los; *ik war di glieks up'n Draff bringen.*

drägen, dragen tragen. Präs. Sg. 1. *drääch, draach,* 2. *dröchst,* 3. *dröcht*; Prät. *drööch, drögen*; Part. *dragen. Denn Sack kann'k nich drägen; dei Stäwel drägen sich gaut.* – Ra.: *Dat dröcht de Katt up'm Schwanz wech* es ist sehr wenig.

Draggen m. vierflügliger, kleiner Anker auf Segelschiffen und zum Verankern von Reusen.

Drahtäsel m., scherzh., Fahrrad.

Drak m. Drachen, Hausgeist, Spuk, Kinderspielzeug: *de Drak treckt,* veralt., der Drachen zieht, wenn ein Meteor über den Himmel zieht.

Drakasten m., hist., ›Ziehkasten‹, Vorläufer der Kommode, der aufklappbare Deckel diente als Schreibtisch.

drall Adj., Dim. *dralling.* 1. fest gedreht, von Garn und Wolle: *de Wull is 'n bäten drall spunnen.* – 2. gut genährt: *'ne dralle Diern.* – 3. flink, tüchtig: *dralling lopen, drall rägen.*

dran Adv. daran: *dor fählt 'n Knop dran; hüt hett hei nicks dran maakt.* In fester Verbindung mit Verben: *dran sin* 1. an der Reihe, betroffen sein: *ik bün jetzt dran,* auch als Superlativ: *he is am dransten* er kommt jetzt ran. – 2. vorhanden sein: *wat is dran?* Frage nach dem Fangergebnis der Fischer. – 3. bevorstehen: *Ostern is dicht dran.* – *dran glöben möten* sterben: *hei möt dran glöben.*

drang Adj. dicht, eng, gedrängt: *hei geiht drang ran* er geht dicht heran; *dat stünn so drang* es stand so dicht; *de Dör geiht so drang tau* sie klemmt; *drang un dicht* sehr eng.

drapen treffen. Präs. Sg. 1. *drap,* 2. *dröppst,* 3. *dröppt*; Prät. *dröp*; Part. *drapen; man dröppt sich wedder eis* man trifft sich manchmal wieder.

drätig s. drädig.

draugen drohen: *ik seech noch, wo hei mi draugen dee* ich sah noch, wie er mir drohte; *dei Rägen, dei Schnei draucht* liegt in der Luft.

Draussel f. Drossel, Pl. *Drausseln.*

drawalgen umherlaufen.

Dräwel, Drewel m., fischerspr., 1. durchlöcherter Fischbehälter zur Aufbewahrung lebender Fische auf Fischerbooten. – 2. flacher Kahn mit großen Behältern für lebende Fische.

dräweln 1. läufig sein, von Hunden: *de Hund dräwelt.* – 2. treiben, bes. von Schnee; s. dräben.

dreegen s. dreigen[1].

Dreesch m. s. Dreisch.

drei, dree drei: *hei frett för drei; hei steiht dor, as wenn hei nich bet drei tellen kann.* – Sagw.: *Aller guten Dinge sind drei, säd de Bur, don drünk hei denn vierten Schluck.* – Alter Hochzeitsvers: *Drei Daach, drei Daach, drei lustige Daach, un naher kümmt dei ewige Plaach, denn fählt dat an Grütt, denn fählt dat an Mähl, denn schriegen denn Buern sien Kinner so väl.*

drei-, Drei-: -angel m. 1. Dreieck. – 2., fischerspr., Angel mit drei Haken für den Hechtfang. – **-bastig** Adj. ungezogen, dickfellig, frech: *dat's 'n dreibastigen Kierl; hei räd sier dreibastig.* – **-bein** m. 1. dreibeiniger Hokker. – 2., veralt., Dreifuß zum Aufsetzen von Töpfen über der Herdplatte. – 3. Holzgestell für die

Waschbütte. Im Rätsel: *Tweibein sitt up Dreibein unner Vierbein.* – Melkerin unter der Kuh; s. Dreifaut. – **-dœmlich** Adj. besonders dumm.– **-draatsch, -dräätsch** Adj. kräftig, stark: *dreidraatschen Kaffe.* – **-draht** m. 1. dreifach gedrehter Faden, Zwirn. – 2. starker Bohnenkaffee.– **-duwwelt** Adj. dreifach. – **-faut** m. 1. kleiner dreibeiniger Amboß. – 2. Melkschemel. – 3. dreibeiniges eisernes Gestell zum Aufsetzen von Kochtöpfen, s. Dreibein. – **-hieschig** Adj., veralt., drei Wohnungen enthaltend: *dreihieschige Katen.* – Syn. *dreihüsig.* – **-klürig** Adj. dreifarbig: *dreiklürig Katten sünd dei besten.* – **-master** m. 1. Schiff mit drei Masten. – 2. Dreispitz, dreieckiger Hut, veralt., – **-pott** m., veralt., Katen mit drei Wohnungen. – **-strichig** Adj. aus drei Zitzen Milch gebend: *'ne dreistrichige Kaun.* – Syn.: *dreistrippig, dreitittig.*

dreigen[1], **dreegen** trügen. Präs. Sg. 1. *dreich*, 2. *drüchst*, 3. *drücht*; Prät. Sg. *drööch*; Part. *dragen.* – Im Sprw.: *Denken un Meinen drücht mannicheinen* zu viel und zu langes Überlegen führt zu nichts; *de Ogen dreigen mi all* meine Sehkraft läßt schon nach.

dreigen[2], **dreihen** drehen. Präs. Sg. 1. *dreich*, 2. *dreichst*, 3. *dreicht*; Prät. Sg. *dreichte*; Part. *dreicht*; *de Wind dreicht sich na Osten.* – Ra.: *Man kann't dreigen wi man't will, dei Noors blifft ümmer hinner.*

Dreih -f., m. 1. Drehung, Subst. zu *dreigen*; *inne Dreih kamen* in Drehung geraten; *dat Band is inne Dreih kamen* ist in Unordnung. – 2. als m. Nähe, Richtung: *dat licht in denn Dreih.* – 3. Kniff: *de hett denn Dreih rut.*

Dreih-, dreih-: -botterfatt n., veralt., hölzernes Butterfaß, bei dem das Flügelwerk mittels einer Kurbel gedreht wurde (s. Abb.). – **-buck** m.

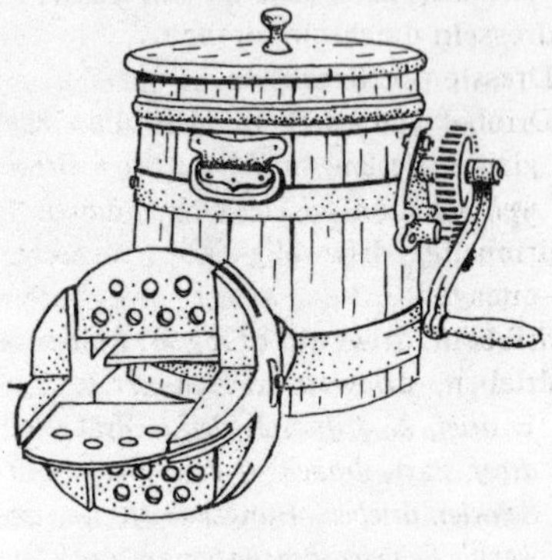

1. Drehkreuz zum Versperren von Wegen für Wagen usw. – Syn.: *Dreihkrüz, Dreihschott.* – 2. Winde zum Aufschleppen von Booten, Netzen u. zum Mastlegen. – **-büker** m. untersetzter, dicker Mensch. – **-horig, -hörig** Adj. frech, dickfellig, eigensinnig, durchtrieben.

Dreisch, Dreesch m., landw., ruhender Acker, Ackerland, das als Weide dient: *dei Schap up'n Dreisch häuden.* Heute spielt der *Dreisch* in der Landwirtschaft keine Rolle mehr, das Wort ist jedoch, vor allem in Flurnamen, erhalten und z. B. in Schwerin für das große Neubaugebiet, *Großer Dreesch*, übernommen worden.

Dreischmus f. Feldmaus. – Ra.: *Dei süht ut as 'ne frischmelkend Dreischmus* sie sieht neugierig aus.

drell, drelling Adj. 1. gedreht. – 2. schnell, eilig. – 3. munter: *drell lopen, drell maken.* – Ra.: *Wer lang schlöppt un drell löppt, kümmt uk noch an't Ziel.*

Drell m. Drillich.

drellen drehen, sich drehen.

Dremmel m. Verlangen, Begierde, Drang: *hei hett 'n Dremmel dorna.*

dremmeln 1. drängeln, stoßen, schieben. – 2. fortgesetzt bitten: *de Gören dremmeln denn ganzen Dach œwer.*

dresseln drechseln, drehen.

Dressler m. Drechsler.

Dribbel, Driwwel m. Unruhe, Begierde, Verlangen: *hei hett so'n Driwwel, hei kann dei Tiet nich aftäuwen.*

dribbelig, driwwelig Adj. unruhig, quengelig.

dribbeln, driwweln drängen, treiben.

drieben, driewen treiben. Präs. Sg. 1. *drief*, 2. *driffst*, 3. *drifft*; Prät. Sg. *dreef*; Part. *dräben.* – Ra.: *Du kannst Schwien drieben; Hunger drifft' rin, un wenn't Schwiensbraden is; em drifft de Näs* ihm läuft die Nase.

driebennatt Adv. triefend naß: *driebennatt keem ik tau Hus an.*

Driefbeet n. ›Treibbeet‹, Frühbeet.

driest Adj. dreist, frech, unverschämt.

driewens Adv. eilig, unverzüglich, stracks: *hei keem driewens up mi tau; lop driewens hen un sech em dat.*

Drift f. 1. Viehtrift. – 2. Treiben des Schiffes, Strömung. – 3. Trieb der Pflanzen. – 4. Energie, Initiative: *in denn Jungen is Drift in.*

Driftbom m., fischerspr., loses Auslegerrundholz am Zeesenboot.

driftig Adj. lebhaft, tüchtig, fleißig, dreist, durchtrieben.

drinken trinken. Präs. Sg. 1. *drink*, 2. *drinkst*, 3. *drinkt*; Prät. *drünk, drünken*; Part. *drunken.* – Ra.: *Wenn'n öfter eis drinkt, kricht 'n lang nich so'n Döst; œwern Döst drinken* sich betrinken. Trinkvers: *Drink ik, so hink ik, drink ik nich, so hink ik doch; ei, so will ik leewer drinken un hinken as nich drinken un doch hinken.*

Drinkkumm m., f., hist., Trinkgefäß der Matrosen aus Steingut.

Drinkmat f. Trinkgefäß aus Blech.

driwweln s. dribbeln.

drœben Adv. 1. drüben, jenseits. – 2. in der BRD: *hei is na drœben gahn.*

Droch m. Trug, Betrug.

drögen trocknen, trocken werden: *dat drööcht hüt nich* die Wäsche trocknet heute nicht.

Drom m. Traum, Pl. *Dröm.* – Ra.: *dat's mi in'n Drom nich infollen; Drom is'n Droch, wer nachts in't Bär schäten hett, find't morgens noch* Traum ist Betrug, wer nachts ins Bett geschissen hat, findet es morgens noch.

drömen träumen.

Drömt n., hist., altes Getreidemaß von 12 Scheffeln.

Drœn m. kleiner Schwatz, auch Geschwätz: *wi hemm' 'n lütt'n Drœn maakt* wir haben ein bißchen geklönt.

Drœn-, drœn-: -baddel m. Schwätzer, Träumer, Aufschneider. – **-büdel** m. wie -baddel. – **-dun** Adj. durch Alkohol verursachte Geschwätzigkeit. – **-klas** m. Schwätzer. – **-kœtel** m. Schwätzer. – **-pott** m. Schwätzer. – **-schnack** m. Unterhaltung, auch leeres Gerede. – **-schnacken** erzählen, schwatzen, plaudern.

drœnen 1. dröhnen: *mi drœnt dat so inne Uhrn* es dröhnt in den Ohren. – 2. langweilig reden, schwatzen: *hei hett hier 'ne ganze Stunn' säten un drœnt.*

drœnig Adj. langweilig, geschwätzig.

Drœnung, Drœning f. 1. Erschütterung: *ik heff mi denn Kopp so stött, dat geef 'ne orrige Drœnung.* – 2. Schnaps zur Aufmunterung: *hei hett hüt noch keine Drœnung hatt.*

drööch Adj. trocken: *dat wier 'n drögen Sommer dit Johr;* bezogen auf Menschen und Tiere: mager, hager; *de*

Ollsch süht so dröööch ut as'n Bessenstäl; schlecht genährtes Vieh *süht so dröööch ut*; ein noch nicht ganz reifer Mensch *is noch nich dröööch achter de Uhren.* Wer seinen Vorteil zu nutzen weiß, *hett sien Schap in't Dröööch bröcht* seine Schafe ins Trockene gebracht; bezogen aufs Essen: ohne besondere Zutaten, ohne Getränke: *dat is hier aber bannig dröööch* wenn nichts zu trinken angeboten wird; *dröööch stahn* keine Milch geben (vor dem Kalben): *de Käuh stahn dröööch.*

dröpsig Adj. trübsinnig, niedergeschlagen: *hüt morgen stünn hei dröpsig vör sien Dör.*

Drubbel, Druwwel m. kleiner untersetzter Mensch.

drubbelig, druwwelig Adj. klein, untersetzt.

Drucht f. Tracht, Last: *'ne Drucht Holt*, vgl. Dracht.

drucksen unentschlossen sein, auch vom Wetter: *dat druckst all denn ganzen Morgen* ist ungewiß, sieht nach drohendem Regen aus.

drüdd, drürr der dritte.

Drüddel m., hist., altes Geldstück (im Werte von 2/3 Taler), gültig bis Mitte des 19. Jhs.. In festen Wendungen noch geläufig: *em bölken de Drüddel* er prahlt mit seinem Geld.

drüddhalf zweieinhalb.

Druf m., f. 1. Traube. – 2. Bohrwinde am Gewindebohrer.

Drufäppel m. 1. Traubenapfel. – 2., übertr., pausbäckiges Kind.

Drufbohrer m., fachspr., Handbohrer, Gewindebohrer.

Drufnägling f. Bartnelke, Dianthus barbatus L., Pl. *Drufnäg(e)lings.*

drullig Adj. 1. drollig, spaßig. – 2. rund, füllig.

Drummel, Drümmel m. kleines Endstück; Dim. zu *Drumm* m. Trumm; *denn' Drummel sagen wi noch eis dörch* dieses Stammstück sägen wir noch einmal durch; *schnie' di man orrich 'n Drümmel af; 'n dicken Drummel* ein kleiner Mann, kleines, dickes Kind.

Drummelkees m. kleiner, länglich geformter Käse aus Quark und Kümmel.

drummeln etwas zusammendrücken, schlecht abschneiden.

Drupp, Druppen m. Tropfen. – Ra.: *Ein Drupp helpt denn annern* eins kommt zum andern; ähnlich: *Drupp up Drupp gäben 'ne Pütt, Penning up Penning gäben bald 'ne Mark.*

drüppeln tropfen, träufeln; Intensivform zu *drüppen* tropfen, veralt.

Drus m. Halbschlaf: *ik bün ja woll noch ganz in'n Drus; dat Wärer steiht in'n Drus* es ist ungewisses Wetter. Auch adjektivisch: *drus* verschlafen, mürrisch.

drusen leicht schlafen, vor sich hindämmern: *ik heff 'n bäten druust;* scherzh.: *ierst 'ne Stunn drusen un denn tau Bär gahn.* – Syn. drusseln.

drusseln, mit stimmh. s. gespr., für kurze Zeit einschlafen, einnicken. Subst. dazu *Drussel* m. – Syn. drusen.

drütteigen, drüttein, dörtein dreizehn. – Ra.: *nu schlöcht' drütteigen* nun wird es zu bunt.

Druusch, Drüüsch f. 1. Beule, Prügel, zu *drüüschen* schlagen. – 2. m. Schelte, Vorhaltungen: *wi kriegen hüt unsen Drüüsch von'n Lihrer.* – 3. Salzlake in einem Trog zum Konservieren (24 Std.) ausgenommener Heringe, bevor sie in Tonnen eingesalzen werden: *de Hiering licht inne Drüüsch.* So behandelter Hering heißt *Drüüsch-*, bzw. *Drüüschelhiering*, er wurde früher auf Mönchgut am zweiten Hochzeitstag gegessen.

drüüschen 1. schlagen, verprügeln, quetschen. – 2. stark regnen. – 3. viel reden.

Druwwel m. s. Drubbel.

Dubbock m. s. Duwock.

Dubenschlag m. Taubenschlag.

Düber, Düwer m. Täuberich, auch *Düffer, Düffert*, veralt.

Ducht f. 1. Teilstränge eines Seils, in der Fachsprache des Reepschlägers. – 2. Schlaufe: *binn man 'ne Schleuf mit twei grode Duchten.* – 3., fischerspr., Sitzbank in einem Ruderboot: *sett di man achtern in dei Ducht.* – 4. Delle, flache Vertiefung: *dei Ducht in dien' Haut sitt ja ganz verdwass.*

dücht 3. Pers. Sg. Präs. s. dünken.

dudelig Adj. unordentlich, nachlässig: *sei hett sich so dudelig antreckt.*

dudeln schlechte Musik machen, eigtl. Dudelsack blasen oder Leierkasten drehen.

düden deuten, klarmachen: *kannst du di dat düden?*

duern[1] dauern, währen.

duern[2] bedauern, leid tun.

Duf f. Taube, Pl. *Duben.* – Ra.: *Een Sparling inne Hand is bäder as teigen Duben up't Dach; denn Preister sien Duben* Dohlen; *wer sien Geld will fleigen seihn, dei schafft sich Duben an; Duben afschmieten* Holztauben ›abschmeißen‹, als Volksbelustigung.

Düffer m. s. Düber.

dugen 1. leise, dumpf schmerzen, besonders von Zähnen: *mi duucht dei Tähn so; dat duucht mi inne Tähnen.* – 2. hinunterwürgen: *hei duucht un duucht un kricht't nich runner.*

Dukdalben Pl. Pfahlbündel zum Festmachen von Schiffen, auch nur *Dalben.*

duken, düken tauchen, sich bücken.

Düker m. Taucher, Wasserhuhn, kleine Ente.

dükerig Adj. geduckt, gebeugt.

dükern 1. sich bücken, tauchen, Iterativ zu *duken*: *nu düker di man deip dal* bück dich tief. – 2., übertr.; sich unterordnen, ducken: *wer sich nich dükern kann, kümmt nich hoch.*

duknackig, duknackt Adj. gebückt, geduckt; übertr.: niedergeschlagen; *hei geiht hüt so duknackt.* – Syn.: *duknäsig, duknääst.*

dull Adj. toll, ausgelassen, stark, tüchtig, sehr: *dat's ja 'n dulles Stück* eine tolle Sache; *'n Dullen utlaten* ausgelassen sein; *dull up dei Arbeit sin* arbeitswütig sein; *sei wier dull krank* sie war sehr krank; *sei sünd dull vergnäucht* sie sind sehr vergnügt.

Düll f. 1. Tülle an Töpfen und Kannen: *du hest dei Düll afstött'.* – 2. eisernes Ansatzstück am Spaten und anderen Geräten, in das der Holzstiel gesteckt wird.

Dullbrägen m. Hitzkopf, Draufgänger. – Zu *dull.*

Dullkrut n. schwarzes Bilsenkraut, Hyoscyamus niger L. – Syn. Schlapkrut.

Dumen m. Daumen, Pl. *Dumens.* Im Fingerreim: *Dat is de Dumen, dee schüttelt de Plummen, dee leest se up, dee ät se up, un de Lütt, de löppt un secht' sien Mudder.* – Ra.: *Wenn't Unglück sin sall, brääkst du di denn Dumen inne Näs af; œwern Dumen äten* im Stehen, Vorbeigehen etwas essen; *up'n Dumen lutschen* kümmerlich leben.

dummdriest Adj. frech, unverschämt.

dümming dumm, dümmlich. – Dim. zum Adj. *dumm.*

Dümpel m. Tümpel, kleiner Teich.

dümpeln jmd. im Wasser untertauchen: *ik heff em eis dümpelt;* übertr.: jmd. unterkriegen, demütigen: *de* *möt noch dümpelt warden.*

dun Adj. 1. betrunken; formelhaft: *dick un dun, dun un dœmlich.* Der Grad der Trunkenheit wird durch unterschiedliche Bestimmungswörter angezeigt: *drœndun, falldun, sprüttendun, schnirtendun.* – Ra.: *Dun vergeiht, œwer düsig blifft.* – 2., veralt., voll, dick, gedunsen, so die urspr. Bedeutung.

Dun f. Daune.

dünken dünken, scheinen; das Prät. *dücht* wird heute allgemein im Präsens gebraucht, zumeist unpersönlich in der Form *mi dücht* mir scheint, nach meiner Ansicht; dazu der seltener gebrauchte Infinitiv *düchten; mi dücht, du künnst dat bärer maken; wat mi dücht, dat dräucht mi nich* meine Ahnung trügt nicht. Pragmatisches Sprw.: *Dücht di männich mal wat ful, denn denk dien' Deil un holl dat Mul.*

dunn, don dann, da, damals. 1. Adv.: *dat wier dunn noch bannig kolt.* – 2. Konj.: *drei Fäuder har'n wi güst rin, don füng't an tau rägen* drei Fuder hatten wir gerade eingefahren, da fing es an zu regnen; *dunn eis* kürzlich. – Zu häufiger Gebrauch von *don, dunn* in fortlaufender Rede wird sozial abgewertet: *Wenn einer ümmer bi sien Vertellen, ›un don‹ secht, denn secht man tau em: 'vertell man nich so katenmässig'.*

dünndarwig Adj. dünn, mager, elend: *du büst ja so dünndarwig worden, as wenn du nicks mihr to äten krichst.*

dunnemal(s) Adv. damals: *dat is noch von dunnemals.*

Dunner m. Donner, Gewitter. Vielfach in Ausrufen, Verwünschungen und Flüchen: *Dunnerdusend; Dunnerjachting; Dunner un dei Knütt, Dunnerknütt; Dunner un Lüchting* Donner und Blitz, zusammengezogen zu *Dunnerlüchting, Dunnerlüttjen; Dunner Mieskatt; Dunnersachsen, Dunnersachsing; Dunnerschlag; Dunnerschock; Dunnerwäder; Dunnerwettstock.*

Dunner-: -balken m. Latrinenbalken. – **-bessen** m. 1. Schneeschläger. – 2., übertr., zänkische Frau. – **-kiel** m. Donnerkeil, versteinertes Schalenteil eines Tintenfisches (Belemnit); man glaubte, daß die Donnerkeile während des Gewitters mit dem Blitz auf die Erde geschleudert würden; Donnerkeile haben im Volksglauben schützende Kräfte, u. a. vor Blitzschlag. – Syn. *Dunnerpiel* m. – **-kül** f. Rohrkolben. – Syn. s. Bullenpäs.

Dünning[1] f., veralt., Schläfe.

Dünning[2] f., veralt., Seite, Flanke von Säugetieren: *Fleisch ut de Dünningen.*

dünning besonders dünn; Dim. zum Adj. dünn.

dünnklœterig Adj. dünnflüssig, wässerig.

Dünnschiet f. ›Dünnscheiße‹, Durchfall. – Syn. s. Dörchfall.

Düp, Düüpte f., veralt., Tiefe eines Gewässers.

dupsig Adj. klein, untersetzt, gedrungen.

Dur[1] f. Dauer: *dat hett kein Dur* ist nicht von Dauer.

Dur[2] n. Tor, Tür.

dür Adj. teuer, kostbar: *dat's mi tau dür; in diss' Tiet is de Wohrheit dür* heutzutage wird viel gelogen; *dat ward 'n düres Johr* sagt man, wenn man Ratten oder Mäuse pfeifen hört. – Ra.: *Wür sünd nich dür* Worte sind nicht teuer.

durabel Adv. dauerhaft, haltbar, fest. – Zu frz. *durable.*

dürich Adj. töricht, dumm: *wo künnst du woll so dürich sin?*

Dus n., m. Daus, As, Pl. *Düser.*

Düs, Dus m. f. 1. Benommenheit, Zerstreutheit, Dummheit: *dat heff'k in minen Düs maakt;* Dim. *Düsing.* – 2. einfältiger, dummer Mensch: *Dus un Dus steiht sik* gleich und gleich gesellt sich gern.

Düsbaddel m. Dummkopf.

Düsbüdel m. Dummkopf, Schlafmütze.

Dusel m. 1. unverdientes Glück: *bi't Koortenspäl heff ik ümmer bannigen Dusel.* – 2. Rausch, Schwindel, Halbschlaf: *hei is noch in'n Dusel; hei hett dat in'n Dusel dan.*

düselig Adj. schwindlig, benommen.

dusemang Adj., veralt., sachte, langsam, sanft: *hei geiht recht dusemang mit mi üm.* – Zu frz. *doucement.*

düsen 1. in Gedanken vertieft sein, vor sich hinträumen, planlos umherlaufen: *hei düüst dörch de Stadt un süht nicks.* – 2. ausreichen, genügen: *dat düüst nich* das reicht nicht aus; *gistern heff ik dree grote Kuurn drunken, œwer dee düüsten!*

dusend tausend.

Dusendblatt n. Gemeine Schafgarbe, Achillea millefolium L. – Syn. Röölk.[1]

düsig Adj. 1. schwindlig, benommen: *mi is ganz düsig in'n Kopp.* – 2. dumm, begriffsstutzig: *hei is'n bäten düsig.*

Düsjochen m. Dummkopf, langsamer Mensch.

Düskopp m. Dummkopf, Trottel.

Düskram m. unsinnige Dinge.

düt s. dit.

dütlich Adj. deutlich.

Dutt m. 1., veralt., Haufen, Klumpen, nur noch in festen Wendungen gebräuchlich: *se keemen up'n Dutt* sie kamen zusammen; *nu is allens in'n Dutt* nun ist alles hin; *hei künn allens in'n Dutt schlagen* alles entzweischlagen. – 2. Haarknoten der Frauen: *kiek, wat dei Diern för'n groten Dutt hett;* übertr. Kopf, Verstand: *hei hett se uk nich all up'n Dutt.*

Düüpte f. s. Düp.

Duurn m. Dorn, Pl. *Düürn.*

Duurnrämel m. Dornenhecke.

düüster Adj. finster, dunkel: *in'n Keller is dat düüster; dat is hier düüster as in'n Hunnenoors.* Ironische Ra. gegenüber einem Überschlauen: *Du büst klauk, du kannst Kattenschiet in'n Düüstern rüken*; oder: *vör denn' nimm di in Acht, dei kann in'n Düüstern kieken;* positiv: *in'n Düüstern is gaut schmüüstern.* – Der Grad der Dunkelheit wird durch steigernde Bestimmungswörter ausgedrückt: *balkendüüster, pickendüüster, stickendüüster, tappendüüster.*

düüsterblaach Adj. dunkelblau.

düüsterrot Adj. dunkelrot.

düütsch Adj. deutsch: *düütschen Tee* Tee aus einheimischen Kräutern; *düütschen Kaffe,* veralt., Zichorienkaffee.

Düwel, Deuwel m. Teufel, Pl. *Düwels.* In unzähligen Vergleichen, Ra., sprichwörtl. Wendungen: *Dat geiht, as wenn de Düwel Dreck haspelt* es geht sehr schnell; *dat is, as wenn de Düwel dormank is* wenn etwas nicht klappt; ebenso: *dor hett de Düwel sien Spill; di karrt woll dei Düwel* dich plagt wohl der Teufel. – Sprw.: *De Düwel schitt ümmer up'n gröttsten Hümpel* wo viel ist, kommt noch mehr hinzu. *Nettel un Düwel möt'n mit 'ne faste Fuust anfaten. Wenn man denn Düwel an de Wand maalt steiht hei all in de Husdör.* – Viele Sagw.: *Spaß möt sin, säd de Düwel, as hei sien Oma mit de Messfork ketteln deed. Wo man singt, da laß dich ruhig nieder, säd* *de Düwel un sett' sik in'n Immenschwarm. Wer't lang hett, lött't lang hängen, säd de Düwel un bünn sik 'ne Latt an'n Schwanz.* – Syn.: Deuker, Fander.

Düwels-: -dreck m. altes volkstümliches Hausmittel gegen Erkrankungen des Viehs, Asa foetida, auch Zaubermittel gegen ›Verhexungen‹. – Syn. *schwarten Dägen,* s. Däächⁿ. – **-ei** n. kleines Ei: *möt trü'warts œwer't Dack schmäten warn.* – **-end** n. ein großes Stück, großes Ende. – **-kierl** m. Teufelskerl, Draufgänger. – **-knäp** Pl. Teufelskniffe, dumme, tolldreiste Streiche. – **-kram** m. Teufelskram, Ungelegenheiten. – **-krut** n. Franzosenkraut, Knopfkraut, Galinsoga parviflora. – **-melk** f. Wolfsmilch, Euphorbia L. – **-mœhl** f. Teufelsmühle, Kettenkarussell. – **-rank** f. Keulenbärlapp, Lycopodium clavatum L. – **-tüüch** n. Teufeleien, Zaubereien. – **-wader** n. Schnaps.

Duwenstäken n. Taubenstechen, veralt., Kinderbelustigung auf Schützenfesten u. Jahrmärkten: *up'n Schiebenschuß künn' dei Kinner Dubenstäken maken.*

Düwer m. s. Düber.

Duwock, Duwick, Duwopp m. 1. Akkerschachtelhalm, Equisetum arvense. – Syn.: Dannenbom, Kattenstiert, Zägenboort. – 2. Wiesen- und Sumpfschachtelhalm, Equisetum pratense.

Duwwellenner m. 1. junges, besonders kräftiges Kalb. – 2. dicker Mensch.

duwwelt Adj. doppelt.

Dwaddel, Dwarl m. 1. Quirl. – 2. Haarwirbel, auch *Hordwaddel.* – 3. Ast mit Gabelung.

Dwäl f. 1. Astgabel. – 2., veralt., Handtuch.

dwalsch Adj. albern, töricht, dumm. – Syn. dwatsch.

dwass, dwars Adv. quer, häufig in Verbindung mit Verben: *dwass knütten* quer stricken; *dwass kieken* schielen; *dwass räden* dummes Zeug reden; *sik dwass leggen* widersprechen, trotzen: *hei ward sik dwass leggen un dat nich daun.*

dwass-, Dwass-: -beinig Adv. breitbeinig. – **-bengel** m. junger, halberwachsener Mann. – **-brägen** m. Querkopf. – **-dörch** Adv. querdurch. – **-driewer** m. 1. Herumtreiber. – 2., seem., ein Boot, das quer zum Winde treibt. – **-kieker** m. jmd. der schielt. – **-kopp** m. Querkopf, Dickkopf. – **-lings** adv. verquer. – **-löper** m. Taschenkrebs. – **œwer** Adv. schräg gegenüber. – **-ut** Adv. quer, seitwärts heraus. – **-vör** Adv. quer vor: *hei lecht sich dwass vör.*

dwatsch, twatsch Adj. beschränkt, dumm, tölpelhaft: *wat büst du bloß för'n dwatschen Kierl! Stell di nich so dwatsch an* so ungeschickt; *de Lü' sünd uk 'n bäten dwatsch.*

Dweidel, Dweudel, Dweil m., seem., Besen aus Stoff- und Wollresten, mit dem auf Schiffen das Deck gewaschen wird: *de Schipper hemm' 'n Dweidel.* – Aus dem nl. *dweil* f.

dweideln aufwischen.

dwer Adv. quer.

dwingen zwingen, bezwingen; Part. Prät. *dwungen*; wird zunehmend verdrängt durch hd. zwingen.

E

E, e n. der Vokal. Er tritt als langer geschlossener Vokal auf in Wörtern wie *Eemk, See, een* und als kurzer offener Vokal in Wörtern wie *Hemd, sech* sage, *echt.* Langes offenes e in Wörtern wie *äben, Läben, räden* wird orthographisch mit ä wiedergegeben. Der e-Schwund in der Aussprache der Endung *-en* wird im Stichwort grundsätzlich nicht vermerkt, vereinzelt jedoch in den Beispieltexten durch Apostroph angezeigt.

Eck n., f. verhärtete Augenflüssigkeit in den Augenwinkeln, besonders nach dem Schlafen: *mak di de Eck ut de Ogen.*

Ecker f. 1. Eichel. – 2. Buchecker., Pl. *Eckern.* – Ra. von einem Überschlauen: *de kennt Eckern, sei möten œwer riep sin.* Wetterregel: Ist die Eichelernte reich, gibt es zu Weihnachten viel Schnee.

edder, hist., oder.

Edder f. s. Adder.

Edding, Errik m., fachspr., Kehle der Reuse.

Ede, Ete männl. PN Erich und Eduard.

Eek f. s. Eik.

Eemk f. Ameise, Pl. *Eemken*; Dim. zu mnd. *emete*; in vielen lautlichen Varianten und fast immer in Zusammensetzungen mit nd. Entsprechungen für hd. urinieren: *miegen, pissen, seichen: Miecheemk, Miecheming, Miechäning, Miecheink, Miecheining, Pißeemk, Seecheemk, Sprockeemk, Miechhauhn.* Gleiche Zusammensetzungen werden mit dem Grundwort Mier[2] gebildet, wie *Pißmier, Seechmier, Sprockmier.*

een s. ein.

eerst s. ierst.

ees s. eins.

efte, hist., oder, ob, wenn.

egalemang Adv., liter., gleichmäßig, eben. – Zu frz. *également.*

Egen Pl. Grannen, s. Eil.

Egg f. s. Äch.

ehr 1. ihr, Dativ des Pers. Pron. *sei: ik heff et ehr secht.* – 2. sie, Akk. des Pers. Pron. *sei: allens is üm ehr rümmer.* – 3. ihnen, Dativ Pl. des Pers. Pron. *sei: dat geiht ehr to dull* anstelle von *enn,* das aber in Vorpommern noch erhalten ist. – 4. ihre, Poss. Pron.: *se ehr Tied, se ehr Fru.*

Ehr f. s. Ihr.

Ei n. Ei, Pl. *Eier* oder mit j-Bildung *Eijer, Ejer.* Küster und Pfarrer, im Mittelalter auch die Grundherren, erhielten früher als Abgabe von den Bauern auch Eier, besonders zu Ostern. Um diese Zeit zogen die Kinder mit Ruten von Haus zu Haus und sagten folgenden Spruch auf: *Stiep, stiep Osterei, giffst du mi kein Ei, stiep ik di dat Hemd entzwei.* Zu Ostern wurden auch Wettspiele mit hartgekochten Eiern veranstaltet, indem man die Eier einen Abhang *(Eierbarch)* hinabrollen ließ. – Junge Mädchen vor der Heirat fragte man scherzhaft: *kannst' uk all Eier kaken?* Wer beim Gruß den Hut nicht vom Kopf nimmt, *de hett woll Eier unnern Haut.* Häufig in Ra., Rätseln und Sprw.: *Ei is Ei, sä' de Köster, dor langt he na't Gausei.* Im Kinderreim: *Bimmel, bammel beier, de Köster mach kein Eier. Wat mach he dann? Speck inne Pann, is'n ollen Leckermann.*

Ei-, Eier-: -back n. Rührei. – **-botter** f. ein Brotaufstrich aus Eiern, Mehl und Butter. – **-dopp** m. Eierschale. – **-kauken** m. Eierkuchen. – **-kiep** f. 1. Eierkiepe. – 2., übertr., auffälliger, komischer Frauenhut. – **-kist** f., scherzh., kleines Auto. – **-pann** f. Rührei. – **-rühr** n. Rührei. – **-schell** f. Eierschale. – **-soll** n., veralt., Pflichtablieferung an Eiern. – **-witt**

n. Eiweiß.

eigenbackt Adj. selbstgebacken: *eigenbackt Brot schmeckt am besten.*

eigenmaakt Adj. selbstgemacht: *eigenmaakt Wust; eigenmaakt Tüüch* selbstgewebtes Zeug; *eigenmaakt Lüd* zuverlässige, anständige Menschen.

Eik, Eek f. Eiche, Pl. *Eiken, Eeken*; auch *Eikbom.* – Nach altem Volksglauben soll man bei Gewitter, das man im Freien erlebt, vor Eichen weichen und Buchen suchen: *Eiken, Pappeln un Weiden müst du meiden, œwer Bäuken kannst du säuken.* Anders: *Von de Eeken sast du weeken, na de Böken kannst du söken, unner Fichten sast du flüchten.* Man glaubte auch, daß ein Haus vor Blitzschlag geschützt sei, wenn man eine Eiche daneben pflanzte.

Eik-, Eiken-: -appel m. Gallapfel. – **-holt** n. 1. Eichenholz. – 2. Eichengehölz, Eichenwald. – **-katt** f., erste Silbe betont Eichhörnchen, s. Katteiker. – **-sagels** n. Sägemehl von Eichenholz, zum Räuchern.

Eil, Eidel f. Granne des Getreides, Pl. *Eilen, Eideln, Einen, Eigen, Egen.* – Syn. Achel, Hachel.

ein, een ein. **1.** Zahlwort: *Klock ein* ein Uhr; *so bi Klock einen* gegen ein Uhr. *Wat de ein' nich weit, weit de anner; wat denn eenen sien Ul, is denn annern sien Nachtigall; dat is ein Daun(t)* es ist einerlei, ist dasselbe. – **2.** Pron. 1. für hd. man: *dat kann ein maken, seggen* usw., oft zu *'n* verkürzt: *dat kann'n seggen.* – 2. für hd. jemand: *is dor einen? wenn di ein süht.* – für flekt. Formen des Pers. Pron. ich: *dat glööft hei einen* (mir) *nich; hei kann einen* (mich) *wild maken; hei beacht einen* (mich) *gor nich.* – 3. adjektivisch: irgendeine, gewisse: *up ein Oort is dat gaut so.* – **3.** Artikel, meistens geschwächt zu *'n*: *dat's 'n gauden Kierl; ik möt noch 'n Kauken backen.* – In Abzählreimen steht neben *ein* sehr häufig *eene*: *eene meene mu, af büst du; eene, meene man, Kaffe inne Kann, Kees inne Kiep, du gah hen un griep.*

ein-, Ein-: – **-beer** f. Wachholderbeere. **-bein** n. Melkschemel. – **-kennig, eikennig** Adj. leicht erkennbar, wohlbekannt: *du bruukst mi nich seggen, wer de Mann is, de is mi einkennig; de Lütt is all ganz eikennig* schon ganz kundig, aufgeweckt. – **-klürig** Adj. einfarbig, auch *eisklürig* von Kleidungsstücken, aber auch von gleichmäßig grauem Himmel: *dat süht so einklürig ut.* – Aus frz. *couleur.* – **-ooch** n. Monokel. – **-pott** m. Eintopf.

eins, eens Adv. einmal, mal, einerlei, einst. Daneben, ebenso häufig die Formen mit n-Ausfall *eis* und *ees*: *kumm eis her!; dat sech mi doch eis!; dei Lütt möt eis* die Kleine muß mal; *kiek eis wedder in* besuche mich mal wieder; *dat is all eins* es ist einerlei; *dat wier eis* das war früher. – In Verbindung mit Präpositionen: *mit eis* auf einmal, plötzlich: *mit eis kann ik dat nich betahlen; in eis (to)* in einem fort, anhaltend: *dat rägent in eis weg; œwer eis* überein: *dat is all œwereis* es ist alles gleich; *up eis* auf einmal.

einzelt s. enzelt.

eisch Adj. böse, hinterhältig, eklig, schmutzig. Vor allem zu ungezogenen Kindern: *du büst 'n eischen Jung', du büst 'ne eische Butt.* Die linke Hand, die man zur Begrüßung reicht, ist *de eische Hand.*

eischen, hist., fordern, verlangen, auffordern.

Eklepaasch f., veralt., Equipage.

elben, elm elf: *dat wier Klock elben, as ik em dröp.*

Eldena Ortsteil von Greifswald mit Klosterruine. Im Tanzlied, das zur Kegelquadrille gesungen wird: *Eldena, Eldena, ist ein schönes Städtchen, Eldena, Eldena ist 'ne schöne Stadt.*

Elditsch f. s. Älditsch.

elk, hist., jeder.

Ell f. s. Äl.

Eller f. Schwarzerle, Pl. *Ellern*; daneben auch *Els.*

Eller(n)brauk, -brok m. Bruch, das mit Erlen bestanden ist. Der Zeitangabe: *dat wier don, as du bi'n leiwen Gott in'n Ellernbrauk liggen deest* liegt die Vorstellung zugrunde, daß im *Ellernbrauk* die Seelen der Ungeborenen wohnen und daß dorthin auch die Seelen der Toten wandern, deshalb: *dei is bi'n leiwen Gott in'n Ellernbrauk* er ist gestorben. – Syn. *Ellernwriet.*

Elling Dim. des weibl. PN Ella.

Elm f., hist., Ulme, Pl. *Elmen.*

Els f. s. Eller.

em 1. ihm, Dativ des Pers. Pron. *hei: lat em man schlapen! ik weit nicks von em orrer ehr* ich habe keine Ahnung. – 2. ihn, Akkusativ des Pers. Pron. *hei: ik heff em seihn; lat em lopen; ik heff em leif.*

Emanzipatschon f., letzte Silbe betont, Emanzipation.

Emer f. s. Ämer.

Emmer n., m. Eimer, Pl. *Emmers.* Drohende Ra.: *Di help ik gliek up'n Emmer!; dat gütt mit Emmern* es regnet sehr stark; *dat is allens in'n Emmer* alles ist verloren. Spruch, der das Handmelken begleitete: *Stripp, strapp, strull is dat Emmer nich bald vull?* – Syn. Spann.

en 1. ihn, Akk. des Pers. Pron. *hei,* heute nur noch selten gebraucht, dafür *em.* – 2. ihm, Dat des Pers. Pron. *hei: se hülp en ümmer; se mücht en gorto giern lieden.* – 3. ihnen Dat. u. Akk. Pl. des Pers. Pron. *sei: ik heff en' drapen* ich habe sie getroffen; *ik war en' helpen* ich werde ihnen helfen.

engelsch, englisch Adj. aus England, englisch: *englisch inköpen* einkaufen, ohne zu bezahlen; *engelsch Ledder,* hist., derber Stoff für Arbeitshosen; *engelsch Gewürz* Piment.

Engelspierken n. Libelle. – Syn. s. Gottspierd.

Enk m. Ableger einer Pflanze, Pl. *Enken: för Enken dörf man nich danken.*

Enn' n. Ende, ein Stück, eine Strecke, eine Zeitspanne, Pl. *Enns*; Dim. *Enning,* lütt *Enning. Dat Enn' is noch nich aftoseihn; dat dickste Enn' kümmt na.* – Sprw.: *Allens hett'n Enn', œwer de Wust hett twei.* Aufforderung zum Essen: *Ät man, ät, is' man 'n lütt Enn', wur't gaut schmeckt.* Ausdruck des Erstaunens: *dor is dat Enn' von weg!* – Im Hinblick auf das Lebensende: *mit denn geiht tau Enn'; nu is't ut un to Enn'; nu is sien Enn' dor.* – Im Sagw.: *Dat schlicht Läben hett'n Enn', säd de Fru, un schmeert sich Stamptüften up't Brot.* – Die präpositionale Verbindung *to Enn'* wird zusammengezogen zu *t'enn,* s. tens, tenst.

Ennelbutt f. 1. letztes Ende des Mastdarmes vom Schwein, meistens für Zungen- oder Grützwurst gebraucht. – 2. kleiner dicker Mensch.

ennen enden, beendigen.

entfamich(t), entfaamt, auch **infamig** Adj. niederträchtig: *dat's 'n ganz entfamichten Bengel.*

entgägen entgegen, zuwider, unangenehm: *dat is mi so entgägen* das ist mir unangenehm, peinlich.

entrusten entrosten: *dat Schipp entrusten.*

entseggen entsagen, verzichten: *hei hett sich dat Roken entsecht; sik dat entseggen* sterben: *hei hett sich dat entsecht* er ist gestorben.

entseihen sich scheuen, sich vorsehen, sich schämen: *he entsüht sich uk nich 'n bäten; entseih di!* achte auf deine Worte!

entwei s. intwei.

Enzelbur m., veralt., Einzelbauer, werktätiger Bauer, der nicht Mitglied einer LPG war.

enzelt, enzeln, einzelt Adj. einer allein, einzeln: *twee enzelt Lü'* zwei einzelne Leute, ein kinderloses Ehepaar; *enzeln köpen* einzeln kaufen.

Epi m., erste Silbe betont, Schnaps beliebiger Sorte: *will'n man noch 'n lüttn Epi nähmen!*

erdriesten, refl., wagen, sich zutrauen: *ik erdriest mi un frööch em* ich faßte Mut und fragte ihn.

erfinnen erfinden.

erhollen erhalten, bewahren, versorgen. – Ra.: *Von Äten un Drinken hett sich all mennich ein erhollen.*

erläben erleben: *dat mücht ik noch erläben.*

Ernsting m. Dim. des männl. PN Ernst.

ernstlich, iernstlich Adj. ernsthaft: *dat geht mihr in't Ernstliche œwer.*

Esch f. Esche, meistens mit dem Zusatz *taach Esch* zähe Esche, durch den die Art ihres Holzes charakterisiert wird. – Wetterregel: *Bläucht* (blüht) *de Esch vör de Eik, ward de Sommer weik. Drifft* (treibt) *de Esch noch vör de Eek, gifft't in'n Sommer grote Bleek* regnet es viel.

eschern, refl., sich anstrengen, abmühen, kurz atmen: *de Köter eschert so.*

Ess f., fachsprachl., Schmiedeesse.

Essigholt n. Buchenholz, weil Buchenholzspäne bei der Essigherstellung Verwendung finden.

estemieren (be)achten, würdigen, schätzen: *dei estimiert mi nich* er respektiert mich nicht; *so wat estemier ik wierer gor nich* so etwas beachte ich gar nicht; *ik estemier em up föftig Johr* ich schätze ihn auf fünfzig Jahre.

Ete s. Ede.

Etter m. Eiter.

etzlig Indef. Pron. einige, ein paar; *etzliche Johren* einige Jahre.

Exküs f., zweite Silbe betont, Entschuldigung, Pl. *Exküsen: mak nich so väl Exküsen* rede dich nicht raus. – Zu frz. *excuse.*

F

F, f n. der Konsonant. f steht als stimmloser Reibelaut im Anlaut, Inlaut und Auslaut der Wörter *(Flœgel, grifflachen, fief).* Orthographisch als f wiedergegeben wird auch die stimmhafte Spirans w, wenn sie in den Silbenauslaut tritt und dadurch zum stimmlosen Reibelaut wird *(Druf, Schufkor),* f und v bezeichnen den gleichen Laut.

Faald m., veralt., 1. Hofraum. – 2. Misthaufen, öfter *Messfaald.*

Faast m., f. First.

Faats m. Fang, guter Griff, Vorteil: *'n gauden Faats maken.* – Zu *faten.*

Fack n. Fach, oft auch schon in hd. Lautformen gebraucht. 1. Raum zwischen zwei Ständerpaaren im Fachwerkbau. Ra.: *Wat unner Dack un Fack hebben* in Sicherheit haben. – 2. In der Scheune der abgeteilte Raum rechts und links vom Mittelgang, in dem früher das Getreide lagerte und von wo aus es später gedroschen wurde. – Vgl. auch Tass. – 3. spezielles Wissensgebiet. – Ra.: *Jeder in sien' Fack un de Dachdecker up't Dack.* – *twei Fack Gardinen* die für zwei Fenster notwendige Menge Gardinen.

fack Adj. müde, erschöpft, matt: *ik bün so fack, mach mi nich rögen.*

Faden m., mit langem offenen o ausgesprochen, Faden: *kein'n drögen Faden an'n Lief hemm'* durchnäßt sein; *dat is mit'n heiten Faden neicht* oberflächlich genäht; *hei hett wat up'n Faden* er hat etwas auf dem Herzen; *bi denn' ritt de Faden nich af* er erzählt unaufhaltsam. – Früher war der Faden ein altes Längen-, Flächen- und Raummaß. Besonders Brennholz wurde noch im 19. Jahrhundert nach Faden vermessen; ein Faden Holz enthielt etwa $3\frac{1}{3}$ Kubikmeter.

Fägels n. das Aus- oder Zusammengefegte, Kehricht: *dat Fägels kümmt up'm Müllbarch.*

fägen 1. fegen, mit dem Besen reinigen. In übertr. Bedeutung auch redensartlich: *Ein jerer fääch vör sien eigen Dör, hei find't Schiet nauch dorvör.* – 2. schnelles Hin- und Herbewegen, Laufen oder Tanzen: *hei fäächt dörch'n Saal.*

fählen fehlen, nicht vorhanden sein, im Süden des meckl.-vorpom. Sprachraumes *fehlen.* In festen Ra.: *di fählt woll 'n bäten, di fählt woll 'n Lütten, di fählt woll einen* du bist wohl nicht ganz normal; mit weiteren Zusätzen: *denn' fählen fief Gröschen an'n Daler, nägennägentig Pennig anne Mark.* Ausruf bei unangenehmer Überraschung: *dit fählt mi noch!*

faken, hist., oft.

Fallbrügg f. Zugbrücke.

falldun Adj. zum Umfallen betrunken: *dat ward em den Rest gäwen, hei's ja all falldun.*

fallen fallen, anfallen. Präs. Sg. 1. *fall,* 2. *föllst,* 3. *föllt*; Prät. *follen. Vonne Trepp fallen* sich die Haare schneiden lassen; *vonne Kanzel fallen* kirchlich aufgeboten werden; *dat Sägel fallen laten* das Segel herunterlassen; sprichwörtlich: *so as't föllt, so bullert't* so wie es kommt, geschieht es. Im Sagw.: *Nu wier ik bald follen, secht de Jung', don leech hei all.*

Fallreip, -reep n., seem., auch *Fallreiptrepp* Strickleiter am Außenbord des Schiffsrumpfes zum Besteigen und Verlassen des Schiffes.

falsch Adj. 1. falsch, unzuverlässig, unsicher: *dat Ies is falsch* noch nicht fest, nicht haltbar; *wat in'n falschen Hals kriegen; anne falsch Adreß geraden; upm falschen Acker pläugen* eine falsche Meinung haben. In bezug auf charakteristische Eigenschaften: *'n falschen Fuffziger, 'n falschen Gröschen, 'n falschn Köter.* – 2. ärgerlich, wütend, böse: *se hett mi up'e Strat gor nich ankäken, ik glöf, se is mi falsch; hei wier bannig falsch* sehr ärgerlich.

Fander, Fanner m., hist., Teufel. – Syn. s. Düwel.

Fangball, auch **Fange(l)ball** m. ein Ballspiel.

Fangelstein m. Kinderspiel mit Steinen, Knöpfen oder Murmeln, die hochgeworfen und wieder aufgefangen werden.

Fangeltorm m., hist., alter Wachturm in mittelalterlichen Städten, der als Gefängnis diente.

Fanglien f. Fangleine, Befestigungstau, das beim Anlegen vom Boot aufs Land hinübergeworfen wird.

Fangtähn m. Fangzahn: *dei hett Fangtähnen* sie hat vorstehende Zähne.

farben, farwen färben; übertr.: *blaach farben* blau färben, verprügeln.

Farf f., überwiegend *Faaf* gesprochen, Farbe, Pl. *Farben.* – Ra.: *dat gifft de Sak 'ne anner Farf* wenn man den wahren Sachverhalt von etwas erfährt. – Ironisch im Sagw.: *'n bäten mihr Farf kann ehr nich schaden, sä' dei Düwel un streek sien Großmurrer schwart an.*

farig, fardig Adj. fertig, beendet, bereit: *bet dee Tiet möt dat farig sin; ik bün farig* ich bin bereit; *hei söcht farig Arbeit.* In festen Redewendungen: *farig mit Jack und Büx* erschöpft bzw. pleite sein; *farig sin* schwanger sein; *nich ganz farig sin* nicht ganz normal sein. – Im Rätsel: *Wat is farig un ward doch all Daach maakt? – Dat Bedd.*

Farken, Farkel n. 1. Ferkel. – 2., übertr., schmutziger Mensch; *lütt Farken* kleine schmutzige Kinder. Auch in den Ra. Übertragungen vom tierischen auf den menschlichen Bereich: *Farkens warden uk grot Schwien* Kinder werden auch Erwachsene; *väl Farken maken den Drang dünn* wo viele Kinder sind, muß das Essen verdünnt werden. *Dei verköfft all wedder Farken* er schnarcht laut; *wenn ein' 'n Farken anbaden ward, möt'n 'n Sack uphollen* man muß die Gelegenheit beim Schopfe packen. – Mit Kauf und Verkauf von Ferkeln war früher viel Brauchtum verbunden. So sollte man mit neugekauften Ferkeln entweder durch drei Türen gehen oder sie rückwärts in die Bucht schieben. Verkaufte man Ferkel, sollte man in den Sack, in dem sie transportiert werden, etwas Stroh aus dem heimatlichen Stall hineingeben; *de Farken möten dat Muddernest mithebben.*

farwen s. farben.

Fasel m., f., landw., Zuchtvieh, bes. Schwein, im Alter zwischen *Farken* und *Pölk.*

faseln ohne Überlegung daherreden, schwatzen: *hei faselt wat trecht!* – Schwatzhafter Mensch: *Faselfritz, Faselhans, Faseljochen.*

Faselschwien n. junges Schwein.

Fassong f. Machart, Schnitt eines Kleidungsstückes, Verfassung, Lebenstil, Figur: *dien Haut hett kein Fassong nich* dein Hut sitzt nicht; *ganz ut'e Fassong kamen* 1. ganz aus der gewohnten Ordnung kommen. – 2. dick werden; *sich nich ut'e Fassong bringen laten* sich nicht aus der Ruhe bringen lassen. – Zu frz. *façon.*

Fast m., f. s. Faast.

fast Adj., Adv. fest; neben auch im Hd. verbreiteten Bedeutungen, spezielle Verwendungen im Nd. Ein kräftiges Essen *sett'n fasten Kierl; nich ganz fast up'n Stäl sin* nicht ganz normal sein; *dei Schier geiht so fast* die Schere läßt sich schwer auseinanderbiegen; *man möt wat Fastes in'n Lief hemm'* kräftiges Essen; *wat Fastes up'n Lief* ist beengende Kleidung.

fast-, Fast-: -bäcker m., hist., ›Festbäcker‹, d. h. die Schwarzbrotbäcker im Gegensatz zu den ›Losbäckern‹, den vornehmlich Weißbrot backenden Bäckern. – **-boddern**, refl., sich festfahren, in Schwierigkeiten geraten. – **-bömen** den Heubaum auf dem Heufuder festbinden. – **-bünzeln** festbinden. – **-führen** sich festfahren. – **-hacken** festkleben, hängen bleiben: *ik bün an deesen Draht mit mien'n Kleed festhackt.* – **-halen** die Segel festmachen. – **-hollen**, refl., sich festhalten. – **-kieken**, refl., sich festsehen, festblicken. – **-klœ-**

nen, refl., sich festschwatzen. – **-leggen**, refl., sich festlegen. – **-leigen**, refl., sich festlügen. – **-maken** festmachen, befestigen, vertraglich absichern. – **-neigen** festnähen. – **-pedden, -peeren** festtreten. – **-pinnen** festnageln. – **-pricken** an einem Pfahl festmachen. – **-proppen** zukorken. – **-schrieben, -schriewen** schriftlich, vertraglich festlegen. – **-sitten** festsitzen. – **-tüdern** festbinden. – **-wassen** festwachsen. – **-wörgen** zu fest zumachen, zu sehr befestigen. – **-zurren** festbinden.

Fastelabend, Fastelam m. Fastnacht, Dienstag vor Aschermittwoch. Bis zum Anfang des 20. Jhs. wurde die Fastnachtszeit in Mecklenburg und Vorpommern zwei bis drei Tage lang ausschweifend gefeiert, mit großen Festgelagen, Tanz, Spielen, Umzügen und Bittgängen der Knechte, Handwerksburschen und Kinder. Schon früh versuchten Obrigkeit und Kirche mit wiederholten Erlassen gegen allzu große ›Fress- und Saufereyen‹ (1661) und deren hohe Kosten anzugehen. – Heute erinnert an das ehemalige reiche Brauchtum dieses Tages und der Fastenzeit eigtl. nur noch ein Gebäck, *de Heitweggen* Heißwecken, Syn. *Böller* u. *Pummel.* Man aß sie jedoch früher anders, nämlich ›mit Gewürz, Butter und Eyer in heißer Milch zur Loeffel = Speise zubereitet‹ (Dähnert, Wörterbuch 181). Andere noch bis in die 30er Jahre unseres Jhs. übliche Speisen zu Fastnacht, wie etwa Grünkohl mit Lungwurst oder Schweinekopf, Schweineschinken und geräuchertes Rindfleisch, haben sich nicht bis heute behauptet. Anders ist es mit einzelnen *Fastelabendbäders* Fastnachtsreimen, die von verkleideten Kindern bei Umzügen von Haus zu Haus aufgesagt wurden; sie sind bei älteren Mundartsprechern durchaus noch bekannt, so etwa von Mönchgut (1970): *Fastelaben, Fastelaben, komm direkt von Mönchgaut her, mi bäwern de Büxen hinn' un vör. Giff mi 'n Ei, giff mi 'n Drei', giff mi 'n lütt Stück Speck dorbei. Fru, schnieden Se rum, schnieden S' sik nich in'n Dum'. Laten S' mi nich so lange stahn, ik will ok noch wierer gahn.* – Die eingesammelten Gaben wurden von den Kindern auf Stöcke und Ruten gespießt und gehängt, die sie mit sich herumtrugen. – Weitere Verse s. Meckl. Wb. 2, 812f.

Fastelabend-: -bäder m. Fastnachtsreim. – **-bier** n., hist., Fastnachtsfeier. – **-böller** m. Heißwecke. – **-klaatsch** m., hist., Fastnachtsfeier. – **-pummel** m. Heißwecke. – **-raud** f. Fastnachtsrute.

faten, mit langem offenem o, fassen. Präs. Sg. 1. *fat*, 2. *faatst*, 3. *fött, fot'*, Pl. *faten*; Prät. *föt; tau faten kriegen* erreichen, festhalten: *se hemm' em to faten krägen*; auch *tau fat kriegen* begreifen, verstehen: *em har dat mit eis fatkrägen; sik faten* sich prügeln, schlagen: *dei faten sich beid'; dat fött gaut anne Uhrn* es ist sehr kalt.

Fatt n. Faß, größeres und kleineres; auch ein Maß, Pl. *Faten, Fatens* (Rügen), meist wie hd. *Fässer* oder die Mischformen *Fatter, Fätter.* – Ra. von Trinksüchtigen: *hei is as'n Fatt ahn Bodden; hei süppt as'n Fatt.*

Fattbier n. 1. Faßbier. – 2., hist., in der 2. Hälfte des 17. Jhs. ein speziell in Wismar gebrautes und zur Ausfuhr über See bestimmtes besonderes gutes Bier.

Fattbinner m., veralt., Böttcher; geläufig noch die Ra.: *rönnen as'n Fattbinner.* – Syn. *Fattmaker.*

Fatzen, Fatz m. Fetzen, kleine unbedeutende Menge: *giff mi eis 'n lütten Fatzen af; dat sünd blot noch Fatzen* von einem getragenen Kleidungsstück.

fäuden ernähren, aufziehen, s. upfäuden.

Fauder[1], **Foder**, auch **Faurer, Forer** n. Futter. 1. Nahrung für Mensch und Vieh: *inne Wisch steiht schönes Fauder* auf der Wiese wächst das Gras gut. So auch *Fauder pachten; Fauder meiden* Futter mähen. – Ein übellauniger Mensch *möt bi sien eigen Fauder werre gaut warden.* – 2. Unterfutter.

Fauder-: (alle Zss. vorwiegend landw.) **-gang** m. Futtergang im Kuhstall. – **-kamer** f. Futterkammer für Korn und Häcksel. – **-kist** f. Futterkiste. – **-knecht** m., veralt., Knecht zum Füttern des Viehs. – **-krüff** f. Futterkrippe. – **-kumm** n. Futterkiste. – **-kuurn** n. zum Futter bestimmtes Korn. – **-luk** f., veralt., 1. Loch in der Stalldecke, durch welches das Futter hinabgeworfen wird. – 2., scherzh., Mund. – **-moll** f. Futterschwinge.

Fauder[2], **Foder** n., daneben vereinzelt umgelautet *Fäurer, Föder* Fuder, eine Wagenladung voll Heu oder Stroh.

faudern, faurern, vereinzelt *fodern* füttern; *natt faudern* viel trinken. – Sprw.: *Dei dei Häuhner faurert, deit uk wat* wer die Hühner füttert, tut auch etwas.

fäuhlen, föhlen fühlen, tasten, empfinden; *Häuhner fäuhlen* Hühner tasten, ob sie ein Ei legen. Abweichende Ra.: *Gah hen un fäuhl de Häuhner, vergett œwer denn Hahn nich!* – *sik fäuhlen* sich etwas einbilden: *De Mann is so olt as hei sik fäuhlt, un dei Fru is so olt as sei sik anfäuhlt.*

Faut, Fot m. Fuß, Pl. *Fäut(en), Föt*; Dim. *Fäuting, Fäuten.* Alter volksmedizinischer Ratschlag: *De Fäut warm, denn Kopp kolt, denn Moors apen, denn hett de Dokter nicks to hopen.* In Verbindung mit Präpositionen: *tau Faut* zu Fuß; *Faut för Faut* Fuß für Fuß, langsam; *sik œwern Faut spannen* sich zanken; *nicks up'e Fäut hemm'* keine ordentlichen Schuhe haben; übertr.: *wat unne de Fäut hemm'* Geld, Vermögen besitzen, auch vom Acker, der gut gedüngt ist.

Faut-, faut-: -deinst m., hist., Dienstleistungen der Bauern am Hof ohne Gespann. – **-enn'** n. Fußende. – **-fast** Adj. handfest, charakterfest. – **-lappen** m. 1. Fußlappen. – 2., scherzh., gekochter Weißkohl: *Fautlappen mit Lüs* Weißkohl mit Kümmel. – Syn. *Fautlummen.* – **-ling** m. Füßling. – **-schauster** m. Schuster. – **-spor** f. Fußspur.

Fautlis, Fautlitz n., fischerspr., unterer Teil der Zeese (Rügen).

Februwor m., veralt., Februar.

Fedder, Ferrer f. Feder, Pl. *Feddern.* 1. Vogelfeder; der Pl. *Feddern* bezeichnet das ganze Bett: *nu œwer rut ut dei Feddern.* – 2. Schreibfeder, die ursprünglich aus einer Gänsefeder geschnitten wurde: *dat will'n wi eis inne Ferrer faten* wir wollen es schriftlich aufsetzen. – 3. Metallfeder zum Abfangen von Druck und Zug.

Fedderball m. 1. Federballspiel. – 2. Bett; in der Ra.: *tau Fedderball gahn* ins Bett gehen.

Fedderflücht, -flucht f. Gänseflügel, benutzbar wie ein Handfeger. – Syn.: *Fedderflunk* f. und *-wisch* m.

Fedderköst f., veralt., Fest nach dem Gänseschlachten, speziell dem Federschleißen, nicht überall üblich gewesen, belegt für Usedom, Demmin.

Fedderpos' f. Federpose, Federkiel, diente früher angespitzt zum Schreiben.

Feewer n. Fieber, Pl. *Feewers; dat Feewer kriegen.* Nach alter volksmedizinischer Auffassung gab es sehr unterschiedliche Fieberarten, deshalb auch der Plural *Feewers.*

feewerig Adj. fieberig; *du sühst so feewerig ut.*

Feewerkrut n. Echtes Tausendgüldenkraut, Centaurium minus Moench.

feitschen 1. sich herumtreiben, viel trinken: *orrich einen feitschen.* – 2. peitschen, knallen.

Feld, Fell n. Feld, Pl. *Feller*; Dat. Sg. *up'n Fell'n* auf dem Feld; *tau Fell gahn; œwer Feld* über das Feld hinaus, auswärts; *von'n Fell kamen.*

Fell n. Fell, Pl. *Fellen*, vornehmlich auch für die Haut des Menschen: *dat Fell vullkriegen* Prügel beziehen, naß werden; *'n iesern Fell hemm'* sehr gesund sein; *Fell versupen* Trinkgelage nach einer Beerdigung abhalten; wenn es dabei zu hoch herging, hieß es entschuldigend: *dat Fell is'n bäten taach wääst.*

feniensch, veniensch Adj. giftig, spöttisch, heimtückisch: *'n ganz fenienschn Hund* ein hinterlistiger, böser Mensch; *hei käk mi so feniensch an.* – Zu frz. *venin* aus lat. *venenum* Gift.

fett Adj. fett; *fetten Speck; 'ne fette Fru*; übertr.: *fett sin* betrunken sein; *fett lachen* schadenfroh, selbstzufrieden lachen. – Ra.: *So fett fiedelt Lux nich* man muß sich einschränken; *dat maakt denn Kohl nich fett* das macht nichts aus.

Fett n. Fett. – Ra.: *gah hen un lick Fett* laß mich in Ruhe! *Fett sett werrer Fett* nahrhaftes Essen verleiht Kraft, setzt Fett an; *Fett schwemmt baben*; übertr.: *in sienen Fett sin* in seinem Element sein.

Fetthinnelster m. dickes Gesäß.

Feudel m. Scheuertuch, Aufwischlappen. – Aus dem Nl. *feil* über die Seemannssprache ins Nd. entlehnt.

feudeln aufwischen. – Zu *Feudel,* s. d.

ficheln streicheln, schmeicheln, sich beliebt machen (eigtl. fächeln).

Fick f., hist., Tasche, speziell Hosentasche; übertr.: *de hett wat inne Fick* er ist wohlhabend.

fickerig Adj. unruhig, nervös, zapplig: *nu war man nich fickerig dorbi.*

Fickfackerie f. Ausflüchte, Dummheiten, leeres Gerede: *sech mi, ob du wist orrer nich, för Fickfackerie bün ik nich!*

Fidibus, Filibus m. gefalteter Papierstreifen zum Feuer anzünden.

Fiduz m., n. zweite Silbe betont, Vertrauen, Lust, Unternehmungsgeist: *se hemm' to em dat gröttst Fiduz; dortau heff ik keinen Fiduz* keine Lust. – Zu lat. *fiducia.*

Fiedelbogen m. Geigenbogen; in Vergleichen: *gahn, stahn, liggen as'n Fiedelbogen; spannt as'n Fiedelbogen* (Meyer-Scharffenberg, Dörpgesch. 125); *krumm as'n Fiedelbogen.*

Fieer f. Feier, Fest.

Fieerabend m. Feierabend.

Fieerabendarbeit f. Arbeit, die außerhalb der regulären Arbeitszeit verrichtet und sehr gut bezahlt wird.

Fieerdach m. Feiertag.

fieern feiern, untätig sein: *ik heff drei Daach fieert.*

Fieerstunn' f. Feierstunde.

fief fünf: *hei kann nich bet fief tellen.* – Ra.: *Fief grad' sin laten* Nachsicht üben, sorglos sein; *hei hett sien Fief* (bezogen auf die fünf Sinne) *nich tausamen, nich up'm Hümpel.*

Fiefaderblatt n. Breit- und Spitzwegerich, Plantago major und lanceolata L.

Fiegling m. s. Viegling.

Fieken, Fieking Kurzform des weibl. PN Sophie. Im Neckreim: *Fieken, lat di strieken, lat di straken, von dei jungen Soldaten.* – Necknamen: *Fiekendüchtig, Fieken-von't-Lann'.*

fien Adj. fein; Komparativ *fiener; sik fien maken* sich gut anziehen; *wat büst du fien! dei hett 'ne fienere Näs; dat is 'ne ganz Fiensche!*

Fiene f. Dim. zum weibl. PN Adolfine.

Fiepe f. kleine, meist aus Weidenrinde hergestellte Pfeife, mit der sehr hohe Töne geblasen werden können; auch zum Anlocken von Rehen.

fiepen leise, hohe Töne hervorbringen, bes. vom Reh.

fieren, seem., gleiten lassen, Tau oder Leine ablaufen lassen: *de Netten warn upm Grund fiert* die Fischernetze müssen bis zum Grund heruntergelassen werden. Das Kommando zum Herablassen, z. B. auch der Segel, auf dem Schiff heißt: *fier wech!* – Zu nl. *vieren.*

fiern Adj., Adv. fern; *von fiern* aus der Ferne.

Fiernseihen n. Fernsehen.

Fiernseiher m. Fernsehgerät. – Syn.: Flimmerkist, Kiekschapp, Rühr.

Fiernseihkieker m. Fernsehzuschauer.

Fiest m. 1. leiser Furz. – 2., seem., schwacher Wind: *is man'n lütten Fiest.*

fiesten furzen.

Fiete, Fieten m. 1. Kurzform der männl. PN Friedrich und Fritz. – 2. Kurzform des weibl. PN Frieda, die auch *Fieting* heißt.

figerös Adj. 1. stattlich, von guter Figur. – 2. lustig, fidel.

figilant, letzte Silbe betont, Adj. schlau, hinterlistig, albern, komisch, launenhaft. – Syn. *figeliensch*, beide Wörter gehen auf lat. *vigilans* wachsam zurück, wie auch hd. vigilant: *hei is ümmer figelant üm em rüm* er bemüht sich um sein Wohlwollen; *sei hett sich so figiliensch antreckt* auffällig, ungewohnt angezogen.

fikatzen 1. reiben. – 2. jmd. necken, ärgern. – 3. schelten, prügeln: *hei hett em düchtig fikatzt*; – 4. antreiben, hetzen, schikanieren: *du hest mi dörch de ganze Stadt fikatzt.*

Filebonke f., veralt., war nur in Vorpommern verbreitet; geschichtete Spüßspeise aus geriebenem Schwarzbrot, Früchten und Schlagsahne. – Zu schwed. *fil(e)bunke* Satte dicker Milch.

fillen, veralt., Fell, Haut abziehen.

Fimm f., fachspr., Mengenbezeichnung für 100 Bund Rohr oder Stroh zum Dachdecken, Pl. *Fimm.* Man unterscheidet *dat lütt Fimm* (auch *Lütthunnert*) mit 100 Schof Rohr von *dem grot Fimm* (auch *Grothunnert*) mit 120 Bund Rohr. – Aus dem Nl.

Finger m. Finger, Pl. *Fingern, Fingers.* In festen Redewendungen: *dörch de Fingern seihn* etwas durchgehen lassen; *inne Fingern kriegen* erhalten, bekommen; *üm 'n lütt'n Finger wikkeln* jmd. gefügig machen; *uppe Fingern kloppen* bestrafen; *wat twischen de Fingern hemm'* etwas zu tun haben. – Zu den Namen der einzelnen Finger in den Kinderreimen s. Wossidlo, Meckl. Volksüberl. 3, 291; ferner zu Fingerspielen ebd. 305.

fingerieren die Finger bewegen, etwa beim Geigen- oder Klavierspiel: *Vigelien spälen kann ik uk, säd de Jung', bloots dat Fingerieren verstah ik nich.*

finnen finden, Prät. Sg. 1. u. 3. *fünn*; Part. *funnen.* Wenn ein Kind hinfällt, fragt man: *Wat hest funnen – hest'n Daler funnen?; dat ward sik finnen; nich ut dat Bedd finnen.*

Finster n. Fenster, Pl. *Finstern.*

Finzel m. Fetzen, Schnipsel, kleines Stückchen; *'n lütten Finzel.*

fipperig Adj. 1. unruhig, nervös. – 2. schwächlich, mager.

fipsig Adj. klein, kurz, verschnitten, bes. von Kleidungsstücken: *em sitt de Antoch so fipsig.*

Fisch m. Fisch, Pl. *Fisch*; *kein Fisch ahn Graden* kein Fisch ohne Gräten; *nich Fisch noch Fleisch sin* unentschieden, unbestimmbar.

Fisch-: (alle Zss. vorwiegend fischerspr.) **-hüd** n. Fischkiste mit durchlöcherten Wänden zum Aufbewahren lebender Fische im Wasser. – **-kiep** f. 1. Tragekorb. – 2., hist., altes Mengenmaß für Fische. – **-kieper** m., veralt., Fischereiaufseher. – **-kierl** m., veralt., Fischhändler, der mit einem Karren durch die Stadt fuhr und seine Ware laut rufend anpries. – **-krien** f. Fischkiepe. – **-küt** f. Eingeweide der Fische. – **-meif** f. Fischmöwe, Lachmöwe, Larus ridibundus. L. – **-tüften** Pl. Stampfkartoffeln mit Petersilie und Zwiebeln (Zutaten wie bei gekochtem Fisch). – **-wad** f. großes Fischnetz, Zugnetz. – **-wief** n. Fischverkäuferin.

Fisematenten nur Pl. Streiche, Ausflüchte, Umständlichkeiten, umg. Fisimatenten; etymologisch möglicherweise zu lat. *visae patentes* – ordnungsgemäß verdientes Patent, umgedeutet zu ›überflüssige Schwierigkeit‹.

fisseln, mit stimmhaftem s gesprochen, fein und schwach regnen oder schneien: *dat fisselt ja in eene Tour, dat blifft woll hüt so bi*; dazu *Fisselrägen, Fisselschnei.*

fital Adj. zweite Silbe betont, liter., unangenehm, fatal.

Fitt f., Pl. *Fitten.* 1. Fischflosse: *de Fisch möt man an de Fitten kennen.* – 2., fischerspr., dicke Holznadel zum Spleißen von Tauen.

Fitz f. eine kleine Menge Wollfäden: *fief Fitzen sünd 'ne Laach Wull.*

Fitzel m. Fetzen, kleines Stück.

fitzeln schnippeln, mit stumpfem Messer schneiden.

fix, fixing Adj. schnell, flink, tüchtig, kräftig: *mak fixing!* beeile dich; *du büst 'n fixen Kierl; 'n fixen Wind* ein starker Wind; *›fix‹ hett sich dot lopen un ›rasch‹ lääft nich mihr* Antwort wenn jmd. zur Eile treibt.

Fixküsen Pl., verbreitet auf dem Darß, Dummheiten, Streiche, schlechte Angewohnheiten: *dei hett Fixküsen in'n Kopp.* – Syn. *Faxen.*

Flaatsch, Flatschen m. Fetzen, Lappen.

Flach, Flagg n., m. Stelle, Fleck, Fläche, Ort, Pl. *Flœg; up Flœg* stellenweise. *Roden Flœg* rote Flecke, Anzeichen einer Krankheit; *'n einsam, 'n ruhign Flach.*

flächwies Adv. stellenweise.

flack Adj. flach, eben, glatt: *flach Warer* flaches Wasser.

Fladder, Flarrer m., f., n. allg. etwas Flatterhaftes, Unfestes, sowohl konkret wie auch in übertr. Gebrauch.

fladderig Adj. flatterig, nervös, flatterhaft, oberflächlich. – Syn. fludderig.

fladdern, flarren flattern.

Fladrun f., veralt., zweite Silbe betont, runde flache Wärmflasche aus Ton. – Syn. Warmkruk.

Flägel m. 1., veralt., Dreschflegel. – 2. ungeschliffener, grober Mensch.

Flagg f. s. Flach.

Fläk, Flak f., Pl. *Fläken.* 1. Flechtwerk in Zäunen, als Schutzwand, vornehmlich im Westen Mecklenburgs verbreitet. – 2. Längswand des Kastenwagens.

flämmern flimmern; *dei Luft flämmert,* wenn es sehr heiß ist.

Flander, Flanner m., hist., sogen. Helgoländer Sommerhut, vor allem bei der Ernte getragen.

Flapp, Flabb f. Mund, groß und breit, abwertend: *hei treckt 'ne schweiwe Flapp; hei lött de Flapp hängen* er ist eingeschnappt; *holl dien Flapp!* sei still.

Flass n. Flachs.

Flass-: -brak f., landw., ›Flachsbreche‹ Gerät zum Flachsbrechen. – **-dies** f., landw., Flachsgarbe, zopfartig zusammengedreht. – **-horig** Adj. strohblond, von Haaren. – **-kopp** m. Mensch mit flachsblondem Haar: *du schellst mi ut as Flasskopp un hest sülben rode Hor* du bist in der gleichen Situation wie ich.

flässen Adj. aus Flachs; übertr.: *dat geiht von flässen* es geht schnell, rasch.

flauken, floken, veralt., fluchen.

Flaum, Flom(en) m., meist Pl. 1. Bauch- und Nierenfett von Schweinen, Gänsen und Enten. – Syn. Fliesen f. Pl. – 2. Schuppen der Fische.

fläumig, flömig Adj. trübe.

Flaut, Flot f. Flut, Hochwasser.

Fläut, Flöt f. 1. Flöte, Holzblasinstrument; selbstgefertigte Weidenflöte; scherzh. zu jmd., der dauernd pfeift und flötet: *Wenn dien Fläut Jungen kricht, denn giff mi einen af.* – 2. weibl. Geschlechtsteil von Mensch und Tier.

Fläuten-: -bülow m. 1. Regenpfeifer, zur Familie der Charadriidae geh. Vogel. – 2. Pirol, Oriolus oriolus. – **-diern** f. pfeifendes Mädchen. – **-hagen** fiktiver ON in Ra.: *dat is in Fläutenhagen* das ist verloren; *in Fläutenhagen wahnen* abgelegen wohnen.

Fleddermus f. Fledermaus.

fledig Adj., veralt., leicht, zierlich, zerbrechlich, schwach; *se wier 'ne lütt fledige Diern.*

Fleeder m. 1. Holunder. – 2. Flieder; *spaanschen Fleeder* lila Flieder.

Fleeder-: -beer f. Holunderbeere. – **-beersupp** f. Holunderbeersuppe. – **-krüd** f. Marmelade aus Holunderbeeren. – **-mus** n. Mus von Holunderbeeren. – **-tee** m. Tee aus Holunderbeerblüten.

Fleich, Fleech f. Fliege, Pl. *Fleigen.*

Fleigen-: -deck f. Pferdedecke. – **-klapp** f. Fliegenklappe. – **-markt** m., hist., Herbstmarkt. – **-schapp** n. ein mit Gaze gegen Fliegen gesicherter Schrank zum Aufbewahren von Eßwaren. – **-schiet** m., f. 1. Fliegendreck. – 2., übertr., Sommersprossen.

fleigen, fleegen fliegen. Präs. 1. *fleich,* 2. *flüchst,* 3. *flücht,* Pl. *fleigen*; Prät. Sg. *flooch, flööch*; Part. *flogen.*

Fleisch, Fleesch n. Fleisch; *mien Fleisch un Blaut* mein Kind. Als tägliches Nahrungsmittel war Fleisch früher sehr viel seltener als heute, am beliebtesten war das Schweinefleisch *(Schwiensbraden).*

Fleischdach m., veralt., Tag, an dem es früher im Bauernhaus Fleisch gab.

Fleischfatt n. Fleischfaß für Pökelfleisch. – Syn.: *Fleischbütt* f., *Fleischküben* m.

Fleischkasten m., scherzh., Sarg. – Syn. *Fleischkist.*

fleiten, fleeten fließen, strömen. Präs. Sg. *fleit*, 2. *flüttst*, 3. *flütt*, Pl. *fleiten*; Prät. *flöt*; Part. *flaten.*

Flems f. Mädchen, das sich herumtreibt.

Flick-dei-Büx Ruf der Wachtel, auch der Vogel selbst, Coturnix coturnix (L.)

Flickhiering, Fleckhiering m. Hering, der ausgenommen, am Rücken aufgeschnitten und auseinandergeklappt geräuchert wird.

Flidder, Flirrer m. Flitter, dünner Stoff, minderwertiger Schmuck.

fliegen, flieden, flien 1. kramen, räumen: *wat fliegst du dor inne Schuf rüm* – was kramst du dort in der Schublade rum? – 2. in Ordnung bringen, aufräumen: *de Bärn torecht fliegen* die Betten machen.

Flies f. dünne Haut, die die Fettschicht, die *Flomen* des Schweines, umgibt, auch synonym zu *Flomen* selbst gebraucht, Pl. *Fliesen.* Diese Haut wurde als Wursthaut benutzt, für die *Fliesenwust.*

flietig Adj. fleißig; im Vergleich: *hei is so flietig as de Hund bi'n Flöhen.* Rätsel: *Wennihr sünd de Fulen nich von de Flietigen tau kennen? Wenn't kolt is, denn lopen 's all gliek dull.*

Flimmerkist f. Fernsehapparat. – Syn.: Fiernseiher, Kiekschapp, Rühr.

Flinkfläut(er) m. 1. schneller Arbeiter. – 2. Hans-Dampf-in-allen-Gassen.

flirren 1. flimmern: *dat flirrt mi so vör dei Ogen; dei Luft flirrt vör Hitt.* – 2. flattern, von Vögeln.

flitschen rutschen, schlüpfen, schnell laufen.

Flitschgruben Pl. gekochte Kartoffelgraupen. – Syn. *Flitschers* Pl.

Flitzepeed n., scherzh., Fahrrad, veralt. – Zu hd. *Veloziped.*

flöckern, flökern sich herumtreiben, viel unterwegs sein.

Flœgel m. Flügel, Pl. *Flœgels.* 1. Flügel der Vögel. – 2. Windanzeiger am Mast der Segelschiffe und auf dem Giebel des Hauses. – 3. Teil des Schleppnetzes. – 4., veralt., Klopfholz am Dreschflegel. – Syn.: Flücht, Flünk.

Flöh f. 1. Floh, Pl. auch *Flöh: ik heff 'ne Flöh; di bitt woll dei Flöh?* dich plagt wohl der Übermut? *ein'n dei Flöh afsammeln* jmd. verprügeln; *Flöh in't Uhr setten* Flöhe ins Ohr setzen. – 2. Kaffeegrund. – 3. Geld.

Flöhkist f. 1. Bett. – 2. Kino.

Flöhkrut n. Flohkraut, Pulicaria vulgaris.

floken s. flauken.

Flomen m. s. Flaum u. Flies.

flot Adj. flach, seicht, niedrig: *dat Warer is hüt so flot.*

Flot f. s. Flaut.

Flöt f. s. Fläut.

Flötmelk f. saure, dicke entrahmte Milch. – Syn. *Flottmelk.*

Flott n. alles, was oben schwimmt. 1. Floß. – 2. Schwimmer aus Kork oder Holz an der Angel und an den Netzen der Fischer. – 3. Wasserlinse Lemna L., die im Sommer häufig Teichoberflächen ganz überzieht. – 4. Fettschicht auf der Milch. – Zu *fleiten.*

Flott-: -angel f. Angel mit Schwimmer. – **-fedder** f. Feder an der Gänsekeule. – **-holt** n., fischerspr., Schwimmer aus Holz. – **-reip** n., fischerspr., Schnur am oberen Netzrand, an der die Schwimmer sitzen. – **-simm** n., fischerspr., obere Leine des Zugnetzes.

Flœz, Flöz m. 1. rücksichtsloser ungehobelter Mensch, Flegel. – 2. Mütze: *kannst dienen Flœz nich von'n Kopp kriegen?* –

flœzig Adj. flegelhaft.

Flücht, Flucht f. Flügel, Pl. *Flüchten, Fluchten*; übertr.: *mak di blot up'e Flüchten* sieh zu, daß du fortkommst; *denn' sünd de Flüchten beschnäden* er muß sich sehr einschränken; wer alt ist, *denn' sünd de Flüchten lahm, hei is flüchtenlahm.* Auch Mühlenflügel, Flügel an der Schiffsschraube oder der Reuse. – Syn.: Flœgel, Flünk.

Fludder, Flurrer m., f., n. 1. Flatterhaftes, dünner Stoff. – 2. matschige, weiche Erde.

Fludder-: -büx f. weite Hose. – **-esch** f. Zitterpappel. – **-kram** m. minderwertiges Zeug. – **-lies** f. unordentlich gekleidete Frau.

fludderig Adj. lose, leicht, unfest: *fludderiges Tüüch* leichter, dünner Stoff. – Syn. fladderig.

flümen farzen; Subst. dazu *Flüm; Flümer* jmd., der farzt.

Flünk, Flunk f. Flügel. – Syn.: Flœgel, Flücht.

flunkern 1. lügen, schwindeln. – 2. flattern, wehen.

Flunner. f. 1. Flunder, Pl. *Flunnern, Flunners.* Man unterscheidet *ruge* rauhe und *glarre* glatte. Am besten sollen sie *inne gräun Arftentiet,* wenn die Erbsen reif sind, schmecken. Über das *schiefe Maul* der Flundern gibt es viele volkstümliche Erzählungen und Erklärungen, wie z. B.: *Worüm hett de Flunner een scheif Mul? Se hett raupen* (gerufen): *Is de Hiering uk'n Fi-i-i-sch? Dunn schlööch de Klock twölbm, un dat Mul bleef ehr scheif stahn.* – 2. erster Fährdampfer, der Ende des 19. Jhs. zwischen Stralsund und Altefähr verkehrte. – 3., scherzh., Einwohner Stralsunds: *Stralsunner Flunnern.*

Flunnerbüx f., veralt., weite, weiße Hose der Mönchguter.

Flunnerkopp m. Schimpfwort.

Flunnermul m. schief gezogener Mund.

flusig Adj. flüchtig, oberflächlich, unordentlich: *de Murers hemm' sier flusig arbeit't; de Diern is so flusig.* Unordentliche, nachlässige Menschen nennt man spöttelnd *Fluskopp, Flusmajur, Flusmariek(en), Flusmichel.*

flustern leise sprechen, flüstern.

flutschen gleiten, rutschen, gut und schnell vonstatten gehen, vorwärts kommen: *dat flutscht man so.*

Fluusch, Flüüsch m. Büschel Haare, Wolle: *'n Fluusch Hor.*

fluuschen schaffen, gut vonstatten gehen; *hüt hett dat gaut fluuscht.*

Fockwand f., landw., Tennenwand in der Scheune.

Foder n. s. Fauder.

föft der fünfte, Ordnungszahl zu *fief.*

föfteihn fünfzehn.

föftig fünfzig.

Fohlen n., mit langem offenen o gesprochen, daneben vereinzelt noch die ältere Kurzform *Fahl, Fohl,* im südöstl. Raum *dat Föllen.* 1. Fohlen. Sprw.: *De ruuchsten Fohlen warden de glattsten Pier.* – 2. unreife, scheckige Frucht der Kastanie.

föhlen s. fäuhlen.

fohren 1. fahren, schnelles Fortbewegen. – 2., seem., mit einem Schiff fahren: *to See fohren.* Daneben allg. nd. *tau See führen.*

Fohrenslüd Pl., seem., Seeleute,

Fischer, die auf See fahren; Sg. *Fohrensmann.*

Fohrkoort f. Fahrkarte.

Fohrrad n. Fahrrad.

Fohrstauhl m. Fahrstuhl.

Fohrt f. Fahrt, Fahrgeschwindigkeit, Schiffahrt, Pl. *Fohrten: hei is up Fohrt* macht eine Seereise; *väl Fohrt* reger Schiffsverkehr; stabreimend *Veih un Fohrt* lebendes und totes Inventar; übertr.: *inne Fohrt sin* aufgeregt sein.

Fohrtüüch n. Fahrzeug.

For f. Furche, Pl. *Foren; dei For löppt hen un her, as wenn dei Bull pißt hett* von einer schlecht gepflügten Furche; *je mihr Foren, je mihr Oren* je mehr Furchen, desto mehr Getreide; übertr.: *mit denn' is kein For tau pläugen* mit ihm ist kein Auskommen.

för Präp. für: *för't ierst* fürs erste; *för hüt* für heute; *för nicks is nicks* ohne Gegenleistung kann man nichts erwarten; *för dull* sehr stark; *dat kakt för dull, dat rägent för dull* sehr stark; *för olt köpen* etwas Gebrauchtes kaufen; *för gaut: dat treck ik nur för gaut an* das ziehe ich nur zu festlichen Gelegenheiten an; *för naß* umsonst: *för naß mitmaken; för wiß* gewiß, wahrhaftig.

Forsch f., m. Stärke, Kraft: *dor hett hei siene Forsch in* das ist seine Stärke; *de hett sienen Forsch inne Kinnbacken* er kann gut erzählen; dazu das Adjektiv forsch, wie hd.

fos, foosch Adj. 1. minderwertig, unbrauchbar, schlecht, morsch. – 2., übertr., böse, schlecht, liederlich; substantiviert **Fos** f. Prostituierte. – Aus nl. *voosch.*

Foss m. s. Voss.

Föst m., f. First.

fösten umherlaufen, -jagen.

Fot m. s. Faut.

Fotz f. 1. Vulva. – 2. liederliches, mannstolles Mädchen.

fräätsch Adj. gefräßig: *is dei œwer fräätsch!* kann sie aber unmäßig viel essen!

fragen fragen. Präs. Sg. 1. *fraach,* 2. *fröchst,* 3. *fröcht,* Pl. *fragen*; Prät. Sg. *frööch*; Part. *fraacht. Wer väl fröcht, kricht väl Antwuurt; wer väl fröcht, gifft nich giern.*

Fränsel f. Franse, Pl. *Fränsel, Fränseln; kannst di de Fränsel von'n Rock nich afschnieden?*

Fransur f., zweite Silbe betont, Frisur; *'n Kleed mit väl Fransuurn* ein Kleid mit viel Rüschen und Schleifen.

Frantspies m., zweite Silbe betont, Vordergiebel, Ausbau auf dem Dach, Frontispiz. – Zu frz. *frontispice.*

Franzbrot n., veralt., 1. größeres eingekerbtes Weizenbrötchen, Pl. *Franzbrö'.* – 2., übertr., Kinderpopo, Frauenbrust.

franzöösch Adj. 1. französisch. – 2., übertr., *dat Pierd geiht franzöösch* das Pferd setzt beim Gehen die Hufe nach innen; *sik franzöösch davon maken* heimlich verschwinden. Ausruf der Verzweiflung: *nu räd mit de Kauh franzöösch!*

Franzosenkrut n. Knopfkraut, Galinsoga parviflora. – Syn. Düwelskrut.

Frät n. Essen, Fressen: *grot Frät gäben* einen Festschmaus ausrichten.

Frätaust f., m. Schlechtwetterernte, wo viel gegessen und wenig gearbeitet wird.

fräten fressen. Präs. Sg. 1. *frät,* 2. *frettst,* 3. *frett*; Prät. *freet,* Pl. *freeten*; Part. *fräten.* Aufforderung zum Essen: *frät, in'n Buk is düüster; frät, dat di dat Mul schüümt!* Der Vielfraß *frett as'n Schündöscher, as'n Schwien.* Der Geizige *frett sien eigen Mess*; bei dem Armen *fräten dei Schullen all ut'e Schöttel* die Schulden schon aus der Schüssel. – Der den Mecklenburgern zugesprochene Wahlspruch lautet: *Fräten, schlapen, supen, langsam gahn und pupen.*

fraud Adj., veralt., erfahren, kundig. In Verbindung mit *warden: fraud warden* etwas gewahr werden, bemerken.

freisen, veralt., frieren, ersetzt durch hd. *frieren*; vereinzelt gebräuchlich noch der ursprüngliche Gebrauch in der dritten Person. *mi früst* ich friere.

Fresser, Fräter m. Sterke, Färse, besonders auf Rügen.

Fretteraasch f. Eßsachen, Futter.

freugen, freuen, freuden sich freuen; *freugen* gilt im hist. Vorpommern und östl. Mecklenburg, daneben bereits *freuen; freuden* verbreitet im Westen und der Mitte Mecklenburgs: *ik heff mi'n Loch in't Hemd freucht* mich sehr gefreut; ironisch: *freuch di naakt, denn kümmt di nicks in't Hemd; sik freugen œwer jeden Dreck, œwer jeden Furz* über jede Kleinigkeit; häufig in Verbindung mit *dortau: dor heff ik mi am allermihrsten tau freucht.*

fri Adj. frei; in den flektierten Formen gilt im Osten u. a. *friege(n)*, im übrigen Gebiet *friede(n).*

Friech f., **Friegerie** f., auch *Friegeratschon* Heirat, Heiraterei: *up'e Friech gahn* sich eine Frau suchen. – *Friech* ist heute im Sprachgebrauch veralt., *Friegeratschon* nur literarisch belegt, gebräuchlich ist *Friegerie: mit twintich Johren hemm' de Dierns blot de Friegerie in'n Kopp.*

friegen, frieden heiraten; im hist. Vorpommern u. Osten Mecklenburgs *friegen*, sonst *frieden*, vielfach auch schon *heuraden* und hd. *heiraten* oder umschreibend *sik verännern.* – Sprw.: *Friegen is kein Pierkop, wer friegen will, do de Ogen up* Heiraten ist kein Pferdekauf, wer heiraten will, sollte die Augen aufmachen. Wohlmeinender Ratschlag: *Friech Nahwers Kind, denn weitst du, wat du finnst*; dass. *Frie œwern Mess, denn weißt du, wat du hest.*

friewillig Adj. freiwillig.

frisch Adj. neu, rein; mit Präpositionen: *up't frisch* aufs neue, *von frischen* von neuem; *sik frisch antrecken* sich neue Sachen anziehen.

Frischback n. das Kinderspiel Schinkenklopfen.

frischmelken Adj. frischmelkend, von der Kuh nach dem Kalben.

Frittbohrer m. 1. kleiner Handbohrer. – 2. Korkenzieher.

fröcht s. fragen.

frömd Adj. fremd, auswärtig, nicht dazugehörig: *dat is mi frömd; dei is hier frömd; sik frömd maken* heimlich fortgehen.

Frömd f. Fremde.

Frostkoetel m. Mensch, der leicht friert.

Fru f. Frau, Ehefrau, Pl. *Frugens*; Dim. *Fruken; een flietig Fru is de beste Sporbüss; wur de Fru dat Wuurd hett, döcht dei Mess nicks.* Im Sagw. spielt *de oll Fru* eine besondere Rolle: *Dat Dicks hett't meist Geld kost, säd de oll Fru, don drunk se denn Kaffeegrund mit ut. De ierste Not möt kihrt warden, säd de oll Fru, don schlööch se denn Backeltroch entwei, üm dormit dat Sürwader heet to maken. Is komisch, secht dei oll Fru, wenn dei Eier dür sünd, lengen de Häuhner nich.*

früchten, veralt., fürchten, so auch heute im Nd.

Frugens-: -bramwien m. Kirschlikör.

– **-flass** m. Leinkraut, Linaria vulgaris – **-lüd**, Pl. zu *Frugensminsch*, ›Frauensleute‹, Frauen. – **-minsch** n. Frau, etwas abwertend. – **-schauh** m. 1. Frauenschuh, Cypripedium calceolus L. – 2. Pantoffelblume, Calceolaria-Hybride.

Fründ m. Freund, Pl. *Frünn'*; Dim. *Fründing*, in älterer Sprache auch Verwandter. Heute der Plural *de Frünn'* (wie im Hd.) die Sowjetbürger.

fründlich Adj. freundlich, vergnügt, heiter.

Fründschaft f. 1. Freundschaft: *an'n Geldbüdel hüürt dei Fründschaft up.* – 2. Verwandtschaft: *dei is ut uns Fründschaft.*

Frust m. Frost.

früst s. freisen.

fuchtig Adj. wütend, zornig: *holl di fuchtig!* Bleib gesund!

Fuck m. 1. Stoß. – 2. Wink: *giff ehr man'n lütten Fuck, dat se dat markt.*

fucken 1. stoßen, kneifen. – 2. kratzen.

füdder, fürrer, hist., weiter.

Fuddik f., hist., Tasche im Rock oder in der Hose.

fudern s. futern.

führen 1. fahren, refl. sich fahren; *wi führn mi'n Bus; he is na Berlin führt; up'e Strat führt sich dat bäder.* – 2., hist., anführen, führen.

ful Adj. faul, faulig, träge; *fules Holt; 'n fulen Appel; ful Fleisch* überflüssiges Fleisch, Fett am menschlichen Körper; *up'e fule Siet liggen, 'ne ful Ader hemm', 'ne ful Riff* (Rippe) *hemm'* sehr faul sein. Im Vergleich: *dei is so ful, dei mach dei Uhren an'n Kopp nich rögen; dei's tau'n Starben tau ful*; übertr.: *dat's 'ne ful Sak, dor is wat ful an.*

ful-, Ful-: -bänk f. Ofenbank, Sofa. – **-brass** f., seem., Abfalleimer. – **-esch** f. 1. Zitterpappel, Populus tremula. – 2. Schwarzpappel, Populus nigra L. – **-faden** m. langer, eingefädelter Faden. – **-jack** m. Faulpelz. – **-krank** Adj. faulkrank. – **-schüpp** f. Müllschaufel.

Füllsel(s), Fülles n. Füllung von Braten und Geflügel. Die Formen *Fülles* und *Füllsel* sind ursprünglich (ebenso wie *Hackels* u. *Häcksel*) wortgeographisch voneinander getrennt. Leitform in Mecklenburg u. Vorpommern ist *Fülles*, im Südosten galt allein *Füllsel* (brandenburg. Einfluß), das sich heute aber weiter nach Norden ausdehnt.

Für n. 1. Feuer: *Für anböten* einheizen; *Für faten* Feuer fangen; *dat Äten is woll up't Für wääst* scherzh. von sehr heißem Essen; *de Himmel is een Für* es blitzt und wetterleuchtet sehr. Die Ra.: *Wo Rok is, is uk Für* wird im Sagwort vom Ulenspegel ironisiert: *Wo Rok is, is ok Für, har Ulenspegel secht un wull sik de Piep an'n Pierkœtel anstäken.* Übertr.: *för ein' dörch't Für gahn; Für maken* zur Eile antreiben; *Für un Fett sin* schnell begeistert sein. – 2. Krankheit der Schweine, vor allem Rotlauf.

Für-: -blaum f. 1. Mohn, Papaver rhœas L. – 2. Feuerlilie, Lilium bulbiferum L. – **-emmer** n. Feuereimer, mußte früher in jedem Hause vorhanden sein, meist aus Leder. – **-hierd** m., veralt., Feuerherd, gemauerte Kochstelle in der Küche. – **-holt** n. Brennholz. – **-kiek** f., auch nur *Kiek*, hist., kleiner runder oder eckiger Behälter aus Eisenblech oder Messing (urspr. auch Ton oder Holz) mit seitlicher Luftzufuhr, in den glühende Kohlen getan wurden. Das Gerät diente zum Wärmen der Füße. Die Wortbedeutung von *Fürkiek* wurde teilweise auf *Fürkiep* übertragen. – **-klock** f. Feuerglocke, die bei Ausbruch eines Feuers in der Kirche geläutet wird. – **-spann** n. Feuereimer, s. -emmer. – **-sprütt** f. Feuerspritze. – **-städ** f. Feuerstelle: *dat Dörp har söß Fürstäden* sechs Bauernhöfe. – **-stauhl, -stohl** m., scherzh., Motorrad. – **-tüüch** n. Feuerzeug. – **-wader** n. Feuerwasser, Schnaps.

furts s. fuurts.

furwarken rumwirtschaften, wild gestikulieren, sich aufgeregt bewegen.

fuschen, fuschern 1. schlecht und oberflächlich arbeiten. – 2. betrügen.

Fuscherhahn m. Kartenspiel.

Fusel m., wie umg., einfacher, billiger Schnaps.

Fussel m., mit stimmhaftem s, kleines Fädchen, Stückchen.

fusselig Adj. faserig; übertr.: *sik denn Mund fusslig räden* ständig auf jmd. einreden.

fusseln 1. fasern, kleine Fäden absondern. – 2. durcheinanderreden. – 3. fein regnen oder schneien. – Syn. fisseln.

futern, fudern schimpfen, zetern.

fütern koitieren, von Mensch und Tier.

Futteraasch f. Proviant, Verpflegung. – Aus dt. *Futter* u. frz. *fourage.*

füünsch Adj. hinterlistig, boshaft, wütend, ärgerlich, gekränkt: *hei is 'n füünschen Hund; sei is gliek füünsch* leicht beleidigt; *hei is füünsch up mi* ärgerlich auf mich. – Zu *Fün* f., veralt., Laune.

fuurts, fuurtsen(s) Adv. sofort, gleich; verkürzte plattd. Lautform von hd. *sofort*; durch Lautumstellung daneben noch regionale Sonderformen wie *fuurst* u. *fuurstens.* – *Dat mök ik em fuurtsen schrieben; ik kam fuurst* ich komme sofort. Frage: *fuurtsen gliek orrer naasten fuurtsen* gleich oder später?

Fuust f. Faust, Pl. *Füüst, Fuusten.* – Ra.: *Dat paßt as de Fuust up't Och; ut'e Fuust äten* ohne Besteck essen; *'ne Fuust inne Tasch maken* seinen Ärger bezwingen.

Füüsters Pl. Fausthandschuhe.

fuustfast Adj. kräftig, gesund, standfest; *hei bleef fuustfast.*

Fuusthanschen m. Fausthandschuhe.

G

G, g n. der Konsonant. g ist im Wort- und Silbenanlaut stimmhafter Verschlußlaut (*gahn, gäben, friegen*). Südlich der Zarow, südlich Neubrandenburg und Neustrelitz durchweg – sowie im Südwesten Mecklbgs in Einzelwörtern – wird j statt g gesprochen. Im Wort- oder Silbenauslaut sowie in der Stellung vor t wird g in Abhängigkeit vom vorausgehenden Laut als stimmloser Reibelaut realisiert. Um diese Aussprache für den Wörterbuchbenutzer kenntlich zu machen, wird dafür ch geschrieben, so *blaach, Deich, Maach, hei secht.* Die Schreibung der Adjektivendungen -ig bzw. -lich richtet sich nach der hd. Orthographie, wenn es für die nd. Wörter hd. Entsprechungen gibt. In der Verbindung -ng wird g wie im Hd. im Silben- und Wortauslaut als k gesprochen, nicht bei der Dim.endung -ing. Hier wird wie bei Verschmelzungen vor -en und -e gutturales η gesprochen.

Gabel, Gawel, Gaffel f. Gabel, gegabelter Holzstiel unterschiedlicher Größe, als vielseitig verwendbares Gerät in der Landwirtschaft (*Gaffel mit Twäl*), in der Hauswirtschaft (*Speckgaffel, Fleischgaffel*), als Eßgerät (*Gabel, Gawel*), für das Häkeln (*Gabelarbeit*). *Gaffel* ist heute vor allem seem. der obere Segelbaum mit gabelförmigem Ausschnitt, der um den Mast greift und das Gaffelsegel führt.

gäben, gäwen geben, reichen. Präs. Sg. 1. *gäf*, 2. *giffst*, 3. *gifft*, Pl. *gäben*; Prät. *geef*; Part. *gäben*; *dat gifft sich wedder* es gibt sich wieder, verändert sich; *hei geef sich* er beruhigte sich. – Ra.: *nu giff di man, Murrjan hett sich uk gäben; denn' heff ik't gäben* dem habe ich es aber gegeben; unpersönlich: *hüt giff't noch wat* es gibt noch Unwetter o. ä.

Gadder, Garrer m. Schmutz, Morast. – Syn. *Godder.*

gadlich Adj. passend, angemessen. 1. ziemlich groß, ansehnlich: *sei hett all'n gadlichen Jung'* sie hat schon einen recht großen Jungen. – 2. ziemlich klein, mäßig *dei Fisch sünd man gadlich* die Fische sind klein; *'n gadlichen Weitenschlag* ein mittelmäßiger Weizenschlag.

Gaffel f. s. Gabel.

Gagel n. Zahnfleisch: *dei Tähnen scheiten all in't Gagel* die Zähne (von kleinen Kindern) schießen schon ins Zahnfleisch.

gägen, gegen gegen; Präp.: 1. neben: *hei geiht gägen sien Fru* er geht neben seiner Frau. – 2. im Vergleich zu: *du büst tau olt gägen ehr; gägen mi kannst du noch gaut rönnen* im Gegensatz zu mir kannst du noch gut laufen. – 3. zeitlich: um, herum: *gägen Wihnachten; gägen fief will'n sei kamen* etwa um fünf Uhr wollen sie kommen. – Adv.: 1. dagegen, dawider: *ik heff dor nicks gägen.* – 2. gegenüber.

gägenan Adv. dagegen: *nich gägenan kœnen* sich nicht überwinden können; *gägenan sin* eine abweichende Meinung vertreten: *dei is ümmer gägenan.*

gägenangahn 1. Einspruch erheben. – 2. zupacken, sich anstrengen. – 3. daneben, nebenher gehen.

gägenanräden widersprechen.

gägenhollen 1. dagegen halten. – 2. vorhalten, sättigen: *dat Äten höllt gägen.*

Gägenœwer n., m. Gegenüber.

Gägenpart m. Widerpart: *Gägenpart hollen* es jmd. gleichtun, jmd. gewachsen sein; *Gägenpart daun* jmd. Widerstand leisten.

gägentau Adv. nahezu.

gahn gehen. Präs. Sg. 1. *gah*, 2. *geihst*, 3. *geiht*, Pl. *gahn*; Prät. Sg. *güng*, Part. *gahn*; das Perfekt gewöhnlich mit *hebben gebildet: wo hett di dat gahn?* In Verbindung mit einem Infinitiv: *schlapen gahn, sitten gahn: gah sitten!* nimm Platz! *arbeiten gahn; einen gahn laten* furzen. Im Sagw.: *Lat' gahn as't geiht, secht Hans, wenn't man gaut geiht*; unpersönlich: *'t geiht* es geht; *dat geiht noch* es ist erträglich; in Verbindung mit Präpositionen: *achter gahn* nach hinten gehen; *de Klock geiht up acht* es ist gleich acht Uhr.

gäl Adj. 1. gelb. – 2., übertr., neidisch, hämisch; *gäl lachen* höhnisch lachen; *gäl schnacken* hochdeutsch reden. Substantiviert: *de Gäle*, veralt., Rohrstock; *dat Gäle von't Ei* das Eigelb; *Gäl Wördel* f. gelbe Wurzel, Mohrrübe; *Gälen Viegling* m. Goldlack.

gäl-, Gäl-: -beinig Adj. gelbbeinig. – **-ei** n. das Gelbe vom Ei, Eigelb.

– **-föötschen** Pl., hist., die Rüganer. – **-gaus** f., Dim. **-gäuschen** n. 1. junge Gans. – 2. Goldammer, Emberiza citrinella L. – 3. Grünfink, Carduelis chloris L., – **-gölling, -gülling** f. 1. gelbe Studentenblume, Tagetes patulus L. – 2. Ringelblume, Calendula officinalis L., – **-ööschen** n. Gelbes Windröschen, Anemone ranunculoides L., – **-sucht** f. Gelbsucht.

Gallen m., hist., Tag des Sankt Gallus = 16. Oktober, früher Beginn der Stallfütterung: *St. Gallen kümmt' Veih tau Stallen*; auch viele Wetterregeln.

galstrig Adj. verdorben, ranzig, zu fett: *dat Speck is so galstrig; dat Meddachäten is hüt so galstrig wääst.*

gammelig Adj., auch umg., verdorben, schlecht, bes. von Lebensmitteln.

gammeln 1. alt, schlecht werden. – 2. bummeln, herumlungern.

gang Adj. gangbar, üblich, in der Stabreimformel *gang un gäf* gang und gäbe, allgemein üblich.

Gäng f. nur in der Ra. *inne Gäng sin* zugange, beschäftigt sein; *he is dormit inne Gäng.*

Gängel m. 1. Kufe einer Wiege, eines Schaukelpferdes, eines Stuhles. – 2. Wiegemesser, auch *Gängelmetz.*

Gängelpierd n. Schaukelpferd.

Gängelstauhl m. Schaukelstuhl.

gängig Adj. gut gehend: *ik heff 'n por gängige Pier vör'n Wagen.*

Gangspill n., seem., hist., große Winde auf dem Schiff zum Ankerlichten.

Gangwark n. Gehwerk, Beine: *dei hett 'n gaudes Gangwark an'n Lief* sie hat einen guten Schritt am Leibe.

Ganter, Ganten m. 1. Gänserich; vereinzelt auch *Gant* u. im Süden *Gänter, Jänter.* – 2. Gant, hist., Brettervorrichtung zum Strafvollzug mit drei ausgesparten Löchern für Kopf und Arme des Delinquenten. In Ra. noch Bezug darauf: *Hei is ut'n Gannen* er ist außer Gefahr; *dat kümmt up de Gant* das kommt zur Versteigerung.

gapen, japen gaffen, staunend anstarren.

garben, garwen 1. gerben; übertr.: *dat Fell garwen* verprügeln. – 2. erbrechen.

Garbrader m., hist., Schlächter.

Garf f. Garbe, Pl. *Garben, Garwen.* Zu Garben wurde früher das Korn nach dem Mähen mit der Sense oder der Mähmaschine (*Binner*) zusammengebunden. Die einzelnen Garben wurden dann auf dem Feld paarweise in Dachform in Hocken aufgestellt. Die Größe der Hocken (auch *Stiegen* oder *Mandeln*) war örtlich verschieden und richtete sich auch nach dem Getreide (10–20 Garben meistens). Die letzte Garbe, die auf dem Feld gebunden und dann eingefahren wurde (*de Oll*), spielte im Brauchtum eine besondere Rolle.

Gark f. Krähe, eigentlich die Nachahmung ihres Rufes: *gark, gark*; dazu das Verbum *garken* wie eine Krähe schreien.

garren, garen heftig weinen, stöhnen.

Garrpott m. häufig weinendes Kind.

garwen s. garben.

Gaschen m., hist., flanellartiger Stoff; dazu das Adj. *gaschen* aus Flanell; in Verbindung mit Subst.: *gaschen Jack, gaschen Tüüch.*

gasseln Brot während des Backvorgangs mit Wasser bestreichen, damit es blank wird.

Gast m. Gast, Pl. *Gäst*; *tau Gast gahn* eine Besuch machen, einkehren; *tau Gast nödigen* einladen. – Ra.: *De*

Gast is as'n Fisch, hei blifft nich lang frisch; denn iersten Dach 'n Gast, denn tweiten all 'ne Last, denn drürren stinkt hei fast.

Gastbott n., hist., Gastmahl, Einladung.

Gasten, Gast f. Gerste: *dei Gasten is'n Räuber* Gerste beansprucht den Boden sehr stark. – Sprw.: *Wur Gasten licht, kann keen Roggenkuurn liggen* eines von beiden kann nur sein.

Gastenegen Pl. Gerstengrannen.

Gastengrütt f. Gerstengrütze.

Gastenkuurn n. 1. Gerstenkorn. – 2. kleines Geschwür am Augenlid.

Gasthus n. Gasthaus.

Gat f. Gosse; Abfluß aus den alten bäuerlichen Küchen durch ein Loch in der Außenwand (*Gatlock*).

Gatt n. Öffnung, After: *du krist bald wat vör't Gatt* du bekommst sehr bald Prügel.

gau Adj., veralt., schnell, flink, eilig.

Gaus, Gos f. Gans, Pl. *Gäus, Gös*; Dim. *Gäussing, Gössel* (s. d.). Lockruf: *gäussing, gäussing. 'ne Hau(d) Gäus* eine Schar Gänse. Die Gänseaufzucht spielte auf dem Lande früher eine große Rolle: Anfang März wurden sie gesetzt, zu Michaelis (29. 9.) oder Martini (11. 11.) geschlachtet. Schon im September konnte man *de Gäus upspräken*, d. h. den Ankauf vorbesprechen. – Fast alles von der Gans ist verwertbar: die Federn, das Blut (zu *Schwartsur*), Innereien u. Pfoten (zu *Wittsur*), das Gänseklein wird eingesalzen und gesäuert. Den Gänsebraten füllt man u. a. mit Äpfeln und Backpflaumen (*Testament*). Scherzhafte Ra.: *'ne Gaus is'n narrschen Vogel, hett'n ein tau'n Frühstück, hett'n nich nauch, un hett'n twei, verdaarft man sich dat Middachäten. De Gaus is'n klauken Vogel, secht de Bur, singen kann se nich, œwerst sei denkt sik ehr Deil. Dat is de Gaus recht, worüm is sei nich bi Dach na Hus gahn, säd de Voss, don beet hei ehr denn Kopp af.* – *Gäus un Frugens möt man schnattern laten.*

Gaus-, gaus-: -blaum f. Gänseblümchen, Bellis perennis L. – **-diestel** f. Gänsedistel, Sonchus oleraceus L. – **-drümmel** m. 1. Gänsekot. – 2., scherzh., Zigarre. – **-ei** n. Gänseei. – Sagw.: *Ei is Ei, säd de Köster un langt na't Gausei.* – **-fedder** f. Gänsefeder; diese sollte auf dem Lande die Braut im Schuh tragen, um Glück bei der Geflügelaufzucht zu haben. – **-flücht** f. Gänseflügel, dient als Staubwedel. – Syn. *Gausflunk.* – **-görgel** f. Gänsegurgel. – Syn.: Gausruhr n., *Gausschlœk* m., *Gausschlund* n. – **-gras** n. Raygras, Lolium perenne L. – **-häuden** n. das Gänsehüten; *dat Gaushäuden kriegen* ohnmächtig werden. – **-häuder** m. Gänsehirt. – Sagw.: *Schad, dat se mi nich to'n Gaushäuder nähmen, secht de Voss, ik wüst süss Gras nauch.* – **-hut** f. Gänsehaut. – **-kohl** m. Kohlgänsedistel, Sonchus oleraceus L. – **-kœtel** m. Gänsekot; *du sühst ut as'n Gauskœtel up't witt Enn'* du siehst sehr verfroren aus. – **-ögen** verschlafen aus den Augen sehen. – **-pick** n. spitzes Messer. – **-ruhr** n. Luftröhre der Gans, früher, mit einigen Erbsen gefüllt, als Kinderklapper benutzt. – **-stüz** m. Hinterteil der Gans.

gaut, got Adj. gut; Dim. *gäuding*: *se süht so gäuding ut*; in den flektierten Formen mit d: *'n gauden Fründ*, auch leniert zu r: *'ne gaure Sak.* Bei den Begrüßungsformeln wird *gauden Dach* zu *Gundach*, *gaude Nacht* zu *Gunnacht*, *gauden Abend* zu *Nabend.*

gaut seggen bürgen; *gaut daun* pflegen, verwöhnen; *gaut maken* haushalten, etwas herauswirtschaften; *för gaut* endgültig; *tau'n Gauden* zum Guten; *in'n Gauden* im Guten.

Gaut, Got n. 1. Gut, Eigentum, Besitz. – 2. landw. Großbetrieb, Pl. *Gäuder, Göder.*

Gautsbesitzer m., veralt., Besitzer eines Gutes.

Gäwel m. 1. Giebel, Pl. *Gäwels.* – 2., übertr., große Nase; *'n schönen Gäwel putzt dat Hus.*

Gawel f. s. Gabel.

gäwen s. gäben.

Gebeier n. wiederholtes Läuten der Kirchenglocke. – Syn. *Gebimmel.*

gebierden sich gebärden: *hei gebierd sich as so'n Mallen.*

Geblar n. 1. Kindergeschrei. – 2. Blöken der Schafe.

Gebrabbel, Gebrawwel n. Geschwätz, lautes Durcheinander.

Gebruk m. Gebrauch 1., hist., Brauch, Sitte. – 2. Verwendung, Benutzung.

Gebüd n., veralt., Gebäude, Pl. *Gebüden*; ältere Form *Gebügt.*

geburen geboren. – Ra.: *Dumm geburn, nicks tauliert und de anner Hälft vergäten.*

Gedau n. Getue, Gehabe, Lärm: *hei hett so'n Gedau an sich* er ziert sich; *wat maakst du bloß för'n Gedau dorüm* was machst du für Aufhebens darum?

Gedœmel n. dummes Gerede.

Gedœns n. leeres Gerede: *mak nich so väl Gedœns!*

Gedrief n. 1. Getriebe. – 2. liederliches Treiben. – 3. etwas lang und ungeordnet Herabhängendes. – 4. langer, großer Mensch. – 5. abfällig für Vieh: *dit Gedrief von Kauh.* – 6. Schimpfwort für verrückte Leute: *malles Gedrief.*

Gedrœn n. leeres Geschwätz, dummes Gerede: *wer sall sik dat Gedrœn anhüürn?*

Gedür f. Geduld, Ausdauer: *hei har nich recht Gedür tau disse Arbeit* er hatte keine rechte Ausdauer bei dieser Arbeit.

Gefäuhl n. Gefühl: *dat heff ik so in't Gefäuhl; hei hett kein Gefäuhl för so-wat.*

Gefüllsels n. auch *Geflüsels* n. Füllung von gebratenem Geflügel oder anderem Braten.

gegen s. gägen.

Gegniedel n. fehlerhaftes Spiel auf der Geige: *ik kann dat Gegniedel nich mihr mit anhüürn.*

Geheit n. Geheiß, Anordnung: *hei deit dat up sien eigen Geheit.*

Gehœch n., vorw. liter., Freude, Gelächter.

Gehöft n. Anwesen, Haus mit Grundstück, das Zuhause, veralt., Gebäude eines Bauernhofes. *Mak, dat du up't Gehöft kümmst!* Sieh zu, daß du nach Hause kommst.

Gehür n. 1. Gehör. – 2., hist., das ›Gehörige‹, was sich gehört.

gehüren 1. gehören, Eigentum sein. – 2., refl., sich ziemen, schicken. – Vgl. hüren.

geiht s. gahn.

geistlich 1. elend, blaß: *de Lütt süht ja so geistlich ut, is se krank wäst?* – 2. geistlich. – 3. geistig.

geiten gießen. Präs. Sg. 1. *geit*, 2. *güttst*, 3. *gütt*, Pl. *geiten*; Prät. 1. *göt*, 2. götst, 3. *göt*, Pl. *göten*; Part. *gaten.* Von starkem Regen: *dat gütt man so.*

Geitkann f. Gießkanne.

Geitkell f. Gießkelle aus Blech mit spitzer Ausgußtülle (*Tip*) und langem Griff zum Ein- und Ausfüllen von Teer.

Gejacher n. Hetzerei, Toberei, Lärmen.

Gejaumel n., veralt., Gerede, Gejammer.

Gekakel n. Alberei, Gelächter.

Geklœn n. Geplauder.

Gelääch n. richtige Lage: *wi möten em man ierst in't Gelääch bringen.*

Geldbüdel m. Portemonnaie, Geldbörse.

gellen gelten, kosten. Präs. Sg. *gell*, Pl. *gellen*; Prät. *güll*; Part. *gullen, gollen*. *Dat sall gellen* Bekräftigung einer Abmachung; *dat gellt dorup* das trifft dafür zu; *dat gellt di* das gilt dir.

Gemäut n. Gemüt; *tau Gemäut nähmen* zu Herzen nehmen; *tau Gemäut führen* genießen: *dat Stück Kauken will ik mi tau Gemäut führen.*

genau Adj. 1. sparsam, knickerig: *hei is sihr genau.* – 2. Adv. bestimmt, sicher: *dat is noch nich genau rut.*

genauch s. nauch.

Genicksbraden m. Genickbraten, gebratener Schweinekamm, früher häufig das Mittagsgericht zu Weihnachten.

Gequos n. inhaltsloses Geschwätz: *dien Gequos wi'k nich mihr hüürn* dein Gerede will ich nicht mehr hören. – Syn.: *Gequaddel, Gequassel, Gequatsch*, Getraatsch, Getün.

Geraaster n. Lärm, Getöse, besonders von Fuhrwerken auf schlechtem Pflaster.

geräten Adj. gerissen, schlau, gewitzt. – Syn. *geräwen* gerieben.

Gereff, Geriff n. Gerippe, abgemagerter Mensch.

Gerönn n. Gerenne, Rennerei: *dat wür mit eis so'n Gerönn up de Strat.*

Geror n. Geweine, weinerliches Gejammer.

gerümig Adj. geräumig: *dat Hus is sihr gerümig.*

Gesabbel, Gesawwel n. Geschwätz.

Gesangbauk n. 1. Gesangbuch. – 2., übertr., Kartenspiel, verkürzt aus: *denn' Düwel sien Gesangbauk; lang' mal dat Gesangbauk her* gib mal das Kartenspiel her.

Gesäus n. Gesäuse. 1. Aufhebens, Lärm: *se maken so väl Gesäus von de Sak.* – Syn.: Gewäs, Gesums. – 2. Geschwätz, dummes Gerede: *dat is so'n Gesäus.* – 3. schlechte Gesellschaft: *gah mi mit dat Gesäus von'n Lief.* – 4. Kram, Durcheinander.

gescheihn geschehen. Präs. Sg. 3. *geschüht; nu, wo't gescheihn is, warst du woll klauk warden.*

Geschirr n. Gerät, Handwerkszeug, Gefäße im Haushalt. Ra.: *sich in't Geschirr leggen, schmieten* tüchtig arbeiten; abfällig auch für Menschen, besonders Frauen: *dat olle Geschirr.*

Geschmüüster n. Gelächter, Schmunzeln.

Gesell m. 1. ausgelernter Handwerker. – 2. allg. Junge; verkürzt: *lütt Sells* kleine Burschen.

Gest, Gess m., f. Hefe: *hal eis för'n Gröschen Gest von'n Bäcker*. Scherzhafte Antwort auf die Frage: *Na, wo geiht't? Mi geiht dat ut'n Noors as Gest.* – Das Synonym *Barm* gilt vornehmlich im brandenburg. Sprachraum, relikthaft auch um Burg Stargard.

Gestkauken m. Hefekuchen.

Gestklüt f. Hefeklöße.

Gesums n., zweite Silbe betont, Aufsehen, Gerede. – Syn.: Gesäus, Gewäs.

getacht Adv., veralt., beschaffen, geartet: *ik bün getacht, dat ik mi allens gefallen lat.*

Getodder n. 1. Gerede, Geschimpfe, Vorhaltungen. – 2. langes Geschlinge.

Getraatsch n. Gerede, Geschwätz: *dit Getraatsch kümmt mi lang ut'n Hals.*

Getting n., kinderspr., Lätzchen. – Zu hd. *Serviette.*

Getüder, Getüdel n. verwirrte Fäden.

Getün n. inhaltloses Geschwätz.

Gewäs n. Gewese, Aufhebens, Umstände; hist.: Grundstück, Wirtschaft, Anwesen. *Mak nich so'n Gewäs dorvon; mi paßt dat gor nich, dat ji von mien' Geburtsdach so'n Gewäs maken.* – Syn.: Gesäus, Gesums.

gewennt Adj. gewöhnt, Partizip zu *gewennen* gewöhnen, veralt. Das Adj. ist noch gebräuchlich: *dat is se nich gewennt; hei is dor nich an gewennt.*

gewinnen, wie hd. gewinnen, speziell das Vorgehen der Uhr: *de Klock gewinnt.* – *gewinnen* verdrängt zunehmend älteres nd. *winnen.*

Gewitter, Gewidder n., wie hd. Gewitter, Pl. *Gewitters. Bi Gewitter sall man nich ut't Finster kieken, nich neigen, nich äten.* Deshalb im Gewitterspruch: *Denn Schläper lat schlapen, denn Bäder lat bäden, denn Fräter schlah dot. Wenn dat Gewitter œwer kahle Böm geiht, gifft dat kein Aaft.* Heraufziehendes Gewitter *bläucht up*, *Gewitters kamen nich œwert Wader.* Scherzh. im Sagw.: *Man kümmt ut de Angst nich rut, secht de Jung', im Winter de Schaul un sommers de Gewitters.* – 2., übertr., Krach, Streit: *nu is't Gewitter to Enn; nu schlöcht Gewitter in.*

gewohr gewahr; *gewohr warden* erkennen, merken: *he ward dat noch gewohr warden.*

Gewrœgel, Gewœrgel n. Gedränge, Gezerre.

Gezauster n. lautes, zänkisches Reden: *wat wier dat för'n Gezauster, dor künn'n wirrig warden.*

Gibbel, Giwwel, Jiwwel m. Verlangen, Begierde, Gelüst: *'n Gibbel up wat hemm'.* – Syn. s. Jieper.

gibbeln, giwweln Verlangen haben, begierig sein; auch *gibbern, giwwern.*

gichten, veralt., 1. ärztlich untersuchen und attestieren: *hei güng na'n Dokter, üm sich gichten tau laten* (Trittelfitz, To lütt 201). – 2. kneten, massieren.

giemen s. jiemen.

Gien n., fachspr., Flaschenzug.

Gieper m. s. Jieper.

giern Adv. gern, vergnügt, verlangend; Dim. *gierning*; *du sühst hüt so giern ut* so vergnügt aus; *hei kiekt so giern* er guckt so verlangend; *du kannst mi giern hemm'* ich will nichts mit dir zu tun haben.

Gierz, Giersch n. Giersch, Geißfuß, Aegopodium podagraria L.

Giez 1. Geiz. – 2. schlechter, unbearbeiteter Tabak. – 3. Dreck- oder Moorloch.

giezig Adj. geizig.

Giftnudel f. 1. zänkische Frau. – Syn. *Giftmieger.* – 2. Zigarre.

Gill, Gilde m., f., hist., Gilde, Gemeinschaft von Männern in den Städten zu verschiedenen Zwecken wie Hilfe bei Viehseuchen, Krankenpflege, Geselligkeit, Leichenbegängnisse.

gischen, gissen gären, schäumen: *de Saft gisst.*

gistern, gisten Adv. gestern: *dat wier gistern abend; hei is uk nich von gistern* er weiß Bescheid.

giwweln s. gibbeln.

Gläd, Glär m. ›Glitt‹, Gleiten; *de Loppen Heu licht uppe Glär* der Heuhaufen wird gleich umfallen, abgleiten; übertr.: *dat is noch inne Glär* ist noch in der Schwebe, unentschieden; *wat inne Glär bringen* etwas in Ordnung bringen.

gladritschen auf dem Eis, auf Schnee schliddern. – Syn.: *glannern, glänschen*, glitschen.

Glanner m. s. Klanner[1].

glant Adj., veralt., glatt, geputzt: *sich glant maken* sich fein machen; *glant utseihn* hübsch aussehen; *glant un gaut* schön und gut.

glarig, glorig Adj. 1. glasig, durchsichtig, – 2. trübe, verschleiert: *glarige Ogen.* – 3. glitschig, gallertartig: *de Tüften sünd glorig.*

Glasklicker m. bunte Glaskugel zum Murmelspiel, Pl. *Glasklickers.*

Glasür f., zweite Silbe betont, Glasur; übertr.: *de Glasür is all runner* das Beste ist schon davon weg.

glau Adj. glatt, fidel, heiter: *glau utseihn* gesund aussehen; *'ne glaue Diern* ein hübsches Mädchen. – Syn. glei.

gläugen, gläuden, gläuhen glühen; *du gläuchst ja so* bist so rot im Gesicht.

gläuhnig, glöhnig Adj. glühend, glühend heiß: *gläuhnig Wader* kochendes Wasser; *gläuhnig Küll* strenge, beißende Kälte. – Ra.: *hei sitt up gläuhnig Kohlen* er hat keine Zeit; *dat is mit 'ne gläuhnig Nadel neicht* das ist schlecht genäht und hält nicht; *hei lött nicks liggen as gläuhnig Iesen un Mœhlenstein* er stiehlt. *Meister Gläuhnig* m. der Schmied.

Glaut, Glot f. Glut.

glei, glee Adj. glatt, wohlgenährt, gesund: *alles güng glee un gaut.* – Syn. glau.

Glibber, Gliwwer m. gallertartige Masse, Morast.

glibberig, gliwwerig Adj. schlüpfrig, glatt.

glieden gleiten. Präs. Sg. 1. *glier*, 2. *glittst*, 3. *glitt*; Prät Sg. *gleer*, Pl. *gleeden*; Part. *gläden.*

gliek, glieks, glieksen Adv. gleich, sofort: *ik bün glieks wedder dor.* – Ra.: *Is all gliek, ob Kittel orrer Büx* es bleibt sich alles gleich. Im Sagw.: *Wenn wi all' gliek riek wiern, secht Hans, wecker süll denn dei Schwien häuden?*

Gliep, Griep f., fischerspr., ein zwischen zwei oder drei Stöcken befestigtes Fischernetz zum Herausholen der Fische aus dem *Däken* (s. d.) bzw. zum Fang von Köderfischen.

Glind n., hist., 1. Bretterzaun. – 2., veralt., Geländer, Treppengeländer.

glippen, glippsen, glipschen rutschen, gleiten, (*glippsen* vor allem auf dem Eis).

glipperig s. glibberig.

Glitsch f. kurze Schlitterbahn. Substantiv zu *glitschen.*

glitschen auf dem Eis oder Schnee gleiten, rutschen.

glitschig Adj. feucht, schlüpfrig, glatt.

Gliwwer m. s. Glibber.

glöben, glöwen glauben. Präs. Sg. 1. *glöf*, 2. *glööfst*, 3. *glööft*; Prät. *glööfte*; Part. *glööft.* Vereinzelt auch ohne g-Anlaut *löwen.*

glœsen 1. glimmen, schwelen: *dat Für glœst.* – 2. farzen. – 3. rauchen (Zigarre, Pfeife).

glorig s. glarig.

Glot f. s. Glaut.

Gludder, Glurrer f. 1. breiige Masse, Morast. – 2. Durchfall.

gludern jmd. böse, wütend ansehen: *hei gludert œwer dei Brill.*

glupen 1. glotzen. – 2. mißtrauisch, verstohlen blicken.

gluupsch Adj. 1. scheel, finster blikkend, mißtrauisch (zu *glupen* s. d.). – 2. unerwartet, plötzlich, heftig: *hei füng an so gluupschen to leigen* er fing mächtig an zu lügen.

gnabbern, gnappern nagen, beißen,

essen. – Intensivform zu *gnappen.*

gnäckern, gnackern fortwährend leise weinen, vom Kind. – Syn.: gnarren, gnaddern.

gnaddern 1. nörgeln. – Syn. gnägeln, gnuddern. – 2. weinen, vom Kind. – Syn.: gnäckern, gnarren.

gnägeln murren, nörgeln, unzufrieden sein.

gnäglig, gnägelsch Adj. gnatzig, übelgelaunt, unzufrieden.

gnappen 1. beißen, nagen: *de Pier gnappen an de Krüff.* – 2. sich zanken: *wat hemm' ji juuch wedder tau gnappen?*

gnarren, gnaren 1. weinen, klagen, nörgeln. – Syn.: gnäckern, gnaddern, gnägeln, gnuddern. – 2. knarren: *de Dör gnaart.*

gnatschen, gnautschen laut schmatzend essen, besonders Obst: *de Kinner gnatschen Külpen* essen vornehmlich unreife Äpfel.

Gnatz m. 1. Schorf, Hautausschlag. – 2. Zank, Streit: *denn Gnatz hest du anfungen.*

gnatzig Adj. mißgelaunt, unfreundlich, mürrisch.

Gnatzkopp m. unzufriedener, mürrischer Mensch.

gnausen stöhnen, nörgeln: *wat hett de Jung' tau gnausen?*

Gnick n., m. s. Knick.

gnickern kichern, leise lachen: *de Dierns kreegen dat Gnickern* die Mädchen fingen an zu kichern.

gniedeln ungeschickt schneiden.

gnietschig Adj. 1. geizig. – 2. hastig: *gnietschig äten* hastig essen. – 3. unwirsch.

gnitterig Adj. reizbar, verärgert.

gnittschääfsch Adj. mißgünstig, neidisch, boshaft: *wecker ward denn so gnittschääfsch sin?*

gnœrrigen wiehern.

gnötern schimpfen, murren.

gnuddern knurren, nörgeln. – Syn. s. gnarren.

gnuffen stoßen, knuffen.

gnurpschen, gnurpsen knirschen, vom Schnee bei großer Kälte, auch von den Zähnen.

Gnurrpott m. sauertöpfischer, unfreundlicher Mensch.

gnurschen knirschen, knarren: *de Schnee gnurscht.*

Gnutsch m., n. kleine Fische, kleine unbrauchbare Früchte: *luter Gnutsch.*

gollen Adj. golden. – Ra.: *Hei kiekt in ehr as in'n gollen Pott* er sieht nur das Gute in ihr.

Gölling, Gäl Gölling f. 1. Gemeine Ringelblume, Calendula officinalis. L. – 2. Gelbe Studentenblume, Tagetes patula. L.

Goorden, Goorn m. Garten, Pl. *Goorns, Goordens.*

Goorn n. 1. Garn, Faden. – 2. Zug- und Treibnetze der Fischer.

Göps, Göpsch f. Menge, die man in zwei aneinander gelegte hohle Hände nehmen kann: *'n Göps vull Stickelbeern* eine Hand voll Stachelbeeren; übertr. die Hände selbst: *nimm dien Göpsen weg! Wat hei ierst inne Göpsen hett, is so gaut as weg.* Gericht: *Meckelbörger Göpsklümp mit Speck* Klöße aus Mehl, gekochten Kartoffeln, geschnittenem Weißbrot und Gewürzen.

Gör, Jör n. Kind, Pl. *Gören, Jören: se hett so väl Gören; lütt Gören* kleine Kinder, mitunter auch abwertend.

Görgel f. Gurgel.

Gos f. s. Gaus.

Gössel, Güssel n. 1. junge Gans, Gänschen, Pl. *Gössels, Güssels.* – 2., übertr., junges Mädchen: *dat's noch'n Gössel.*

Gosser m. kleines Kind, Pl. *Gossers,*

verbreitet im vorpom. Raum. – Entlehnt aus dem schwed. *gosse* Knabe, Junge.

Gœt m. f. Guß. 1. Regenschauer: *dat wier 'ne schöne Gœt.* – 2. Ausguß in der Küche: *mak dei Gœt sauber.* – 3. Dachrinne.

Got n. s. Gaut.

got s. gaut.

Gottspierd n. ›Gottespferdchen‹, Libelle, Heuspringer; regional in vielen Lautvarianten: *Gottspierken, Golspiering, Gauspiering.* – Syn.: *Gottshauhn*, Engelspierken, Himmelspierd, Hottepierd.

Gottswuurt n. Gottes Wort, übertr.: klarer Schnaps: *dit is rein Gottswuurt.*

graach Adj. grau, zunehmend verdrängt durch grau; formelhaft: *gries un graach* sehr grau, trübe und traurig; *graach un grind* von unsauberem Kopf; *hei döcht nich an'n gragen Grund* er taugt durch und durch nichts.

gräapsch s. angräapsch.

grabbeln, grawweln greifen, betasten, wühlen, etwas heraussuchen.

Grabbelsack m. Sack mit kleinen Geschenken, aus dem sich Kinder in der Weihnachtszeit oder bei Kinderfesten etwas ›herausgrabbeln‹ dürfen.

Grabietz m. Kraft, Energie, Lust: *ik heff dor kein' Grabietz tau.*

grademang Adv. 1. ebenso, gerade so. – 2. soeben.

gradœwer Adv. ›geradeüber‹, gegenüber: *de wohnt gradœwer.*

gradtau Adv. geradezu, direkt: *dei is 'n bäten gradtau* sie ist ein bißchen direkt; Antwort auf die Frage: *wur geiht'? ümmer gradtau, un denn'n linken Bein vör.*

Graff n. Grab, Pl. *Gräwer.*

Gräffnis n. Beerdigung.

gragen grau werden, vom anbrechenden Tag: *de Dach füng an tau gragen.*

Grän f. Fichte, Pl. *Gränen* auch Zweige der Fichte: *Gränen to'n Friedhoff*; besonders im hist. vorpom. Gebiet verbreitet und häufig in Zusammensetzungen als Flurname. – Entlehnt aus schwed. *gran.*

grandessig Adj., veralt., ärgerlich, überheblich.

Grapen m., hist., eiserner Kochtopf auf drei Beinen, der auf dem offenen Herd benutzt wurde (s. Abb.); *denn eegen Grapen schrapen* alleine wirtschaften.

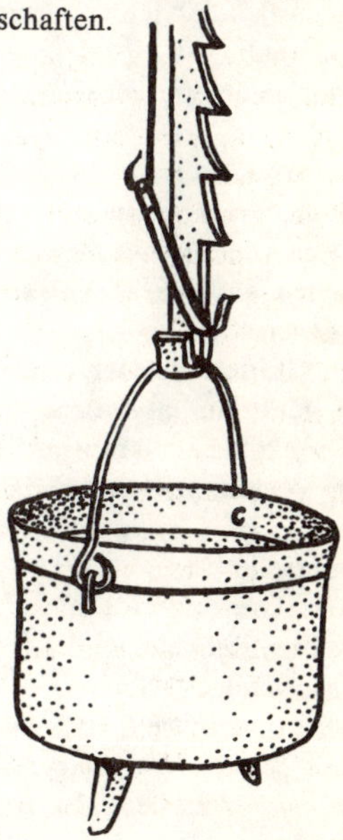

Grapenbrad(en) m. Schmorbraten, auch gekochtes Rindfleisch.

Grapengeiter m., hist., Kesselgießer, Kupferschmied.

Grapenlicker m. Topflecker, Köchin.

Grapp f. Laune, spaßiger Einfall, Dummheit, Flausen, Pl. *Grappen*: *sett di kein Grappen in'n Kopp; dorüm wa'k mi kein Grappen maken* darum werde ich mir keine Gedanken machen.

grapschen, grapsen, auch umg., schnell ergreifen, nach etwas greifen.

gräsen[1] frösteln, sich grauen, sich ärgern: *dat grääst mi ümmer so denn Puckel dal; sei grääst sich vör denn Kierl* hat Angst; *em güng dat Gräsen an* er fürchtete sich.

gräsen[2] grasen, Gras fressen, weiden: *dei Schap grösen*; übertr.: *hei grääst uk giern up frömde Wischen* er geht häufig fremd.

gräsig Adj. häßlich, schrecklich, schauderhaft.

grätzen sich ärgern: *dat sall einen woll grätzen!*

gräun, grön Adj. 1. grün. – 2., übertr., unreif: *gräune Äppel.* – 3. frisch, von Fischen, weder gesalzen noch geräuchert: *gräunen Hiering, gräunen Aal.*

gräun-, Gräun-: -fauder n. Grünfutter. – **-jäger** m. Laubfrosch. – **-kohl** m. Grünkohl. – **-kram** m. Grünkram. – **-schnabel** m. Grünschnabel. – **-seip** f. grüne Waschseife, Schmierseife.

Gräwing, Grewing m. Dachs.

grawweln s. grabbeln.

Graz m., veralt., 1. Trieb, Verlangen, Selbstvertrauen: *em fählt de Graz dortau; dat Schwien hett keinen Graz tau fräten.* – 2. Ansehen, Gunst. – Zu frz. *grace.*

Greeben Pl. Grieben. 1. ausgebratene kleine Fettwürfel; *Gausgreeben mach ik giern.* – 2. Mundausschlag; scherzh. beim Anblick eines solchen Ausschlags: *du büst denn Köster bi de Greeben wäst.*

Greit f. weibl. PN Grete; im Vergleich: *sei steiht dor as dumm Greit in'n Düüstern* unentschlossen, verdutzt.

grell Adj. grell, aufgeweckt, munter; Dim. *grelling*; *'ne grelle Diern; inne Ogen grell sin* liebenswürdig sein.

grienen schadenfroh lächeln, grinsen: *hei grient as'n Primelpott.*

Griening n., subst. Dim., leichtes Lächeln. – Zu *grienen.*

griepen greifen. Präs. Sg. 1. *griep*, 2. *grippst*, 3. *grippt*; Prät. Sg. *greep*; Part. *gräpen.*

Griepsch f. Greiferin, nur in der Verbindung *Mudder Griepsch* Hebamme; *Mudder Griepsch ehr Geschäft bläucht* es werden viele Kinder geboren.

gries Adj. grau: *de Himmel is gries in gries; gries schämern* grau schimmern; *dat's 'n ganzen Griesen* das ist ein ganz Grauer, Durchtriebener; *'n lüttn Griesn* ein kleiner Schnaps; *de Griese* der Wolf.

Grieskopp m. Mensch mit grauen Haaren.

griesgrämelig Adj. mürrisch, niederträchtig. – Zu mnd. *grisgramen* heimlich murren.

grifflachen verstohlen, hämisch lächeln, grinsen; *kiek bloß, wur hei all werrer grifflacht.*

grimmelig 1. Adj. gesprenkelt, gefleckt: *denn Hund sien Fell is grimmelig.* – 2. Adv. sehr: *grimmelig vull.*

Grips m. 1. Verstand: *hei hett ja keinen Grips.* – 2. Kragen: *lat di man nich bi'n Grips kriegen.*

Grips, Gripswold ON Greifswald.

Gripsch, Griepsch m. Kerngehäuse von Äpfeln und Birnen.

Gripskasten m., scherzh., Kopf.

grisseln, mit stimmhaftem ss. 1. überrieseln, frösteln, von Schauern überlaufen werden: *mi grisselt so; de Hut kann einen dorbi schurrern un grisseln warden* (Gilow, Pulteabend 90). – 2. fein regnen oder schneien.

groff Adj. grob; *groff Brot* Schwarzbrot. – Ra.: *De is uk mit Groffbrot upfaudert* stammt aus ärmlichen Verhältnissen; *groff wech sin* grobschlächtig sein; *groff wech räden* offen, derb reden.

Groffbodding n. Schwarzbrotschnitte mit Butter.

grœlen, grölen 1. lärmen, schreien. – 2. laut singen. – 3. übellaunisch, zänkisch sein: *wat gröölst du in einen wech; dat grœlt mi so* es ärgert mich.

grön s. gräun.

Gröschen, Groschen m. Zehnpfennigstück, Pl. *Gröschen(s)*; hatte urspr. den Wert von 12 Pfennigen; *de Gröschens tausammen hollen* sparen. – Ra.: *du büst woll nich recht bi Gröschen* du bist wohl nicht ganz bei Verstand; *em fählt 'n Gröschen an'n Daler* dass.

Größer, Größing, Größi f. Großmutter, auch *Größemudder.*

grot groß; Komp. *grötter*, Superl. *gröttst.* 1. Adj. übertr.: *'n grot Mul hemm'* angeben, vorlaut sein; *de Ogen sünd grötter as de Maach* die Augen sind größer als der Magen; *väl Lüttes maakt een Grotes* eines kommt zum anderen; *hei lääft up'm grot'n Faut* er lebt auf großem Fuß; *grot warden* aufwachsen: *ik bün bi drööch Brot, mit de Buddel grot worden; grot maken* aufziehen; *grot kriegen* aufziehen bis zum Erwachsensein: *wi kriegen em nich mihr grot.* – 2. Adv. sehr, viel: *se räden grot dorvon; dor is mi nich grot üm tau daun.*

grot-, Grot-: -daun großtun, prahlen, angeben. – **-hannel** m. Großhandel. – **-johann** m. Prahlhans. – **-maken** aufziehen, bes. vom Vieh. – **-mast** m., seem., Hauptmast bei Zweimasttakelung. – **-mul** n. Großmaul. – **-spräker** m. Angeber.

Gru n. kleiner Köderfisch, Pl. *Gru, Gruen*; *Gru griepen.*

Grugel m. Grauen, Furcht, Abscheu: *de Grugel geiht an* man bekommt Angst.

grugelig 1. Adj. greulich, unheimlich, ängstlich: *dat is hüt grugeliges Wärer* scheußliches Wetter; *'n grugeliges Wief* eine herrschsüchtige Frau; *grugelig warden* mit Dat.: *mi ward grugelig.* – 2. Adv. sehr, viel: *ik heff mi grugelig verfiert* sehr erschrocken; *grugelig väl Geld utgäben* sehr viel Geld ausgeben.

grugeln sich fürchten.

Grugelstunn' f. Dämmerstunde.

grugen grauen, sich fürchten: *mi gruucht* ich fürchte mich; *em gruucht vör'n dodigen Kiwitt* er ist sehr ängstlich; Ruf der Eule: *kumm mit, kumm mit, uhu, kumm mit, kumm mit, mi gruucht, kumm mit, kumm mit, uhu!; tau grugen maken* Angst einflößen.

Grumm m., n. Abfall, kleine Stücke (z. B. Torf, Sägespäne, Fische, Heu).

grummeln 1. in der Ferne donnern: *dat fängt all wedder an tau grummeln.* – 2. vor sich hinreden, murmeln: *hei grummelt wat in sien'n Boort.*

grünnen gründen, begründen, Grund fassen, Grund legen: *dat is nich gründ't* das ist nicht bewiesen.

grunsen sich ärgern, grämen: *du grunst di denn ganzen Dach; wenn hei sich nich so grunsen dee, denn seech hei uk gesünner ut.*

grusen[1] grausen, Angst haben: *mi gruust*; auch *grusseln.*

grusen[2] zerbröckeln, in kleine Stücke, zu Grus zerfallen: *dat Kuurn fängt an tau grusen* das Korn fängt an auszufallen, ist überreif. – Zu hd. *Grus.*

Grütt f. Grütze; aus Hafer (*Hawergrütt*), aus Gerste (*Gastengrütt*), früher auch aus Buchweizen (*Baukwei-*

tengrütt); noch heute *rode Grütt* Süßspeise aus Fruchtsaft und Grieß oder Kartoffelmehl mit Milch oder Vanillesoße, aber ohne Grütze. Scherzhafte Antwort auf die Frage: *Wat giff't to äten? Rode Grütt un Stiernanis*. Auf den geringen Nährwert der Grütze zielen Sprüche wie: *Grütt is denn Buk nicks nütt*. Übertr.: *Grütt in'n Kopp hemm'* dumm sein; positiv auch Verstand: *'n bäten Grütt unner dei Mütz is väl nütz, œwer 'n gaudes Hart unner dei West is dat best.*

Grütt-: -blaum f. Name verschiedener Pflanzen (Schafgarbe, Achillea L.; Wiesenschaumkraut, Cardamine pratensis L., u. a.). – **-kopp** m. Dickkopf, Dummkopf. – **-wust** f. Grützwurst, aus Schweineblut, Grütze und Schweinefett.

günnen gönnen: *ät langsam, is di doch günnt* iß langsam, es wird dir doch gegönnt. Im Sprw.: *Ungünnt Brot schmeckt am besten* Brot, das einem nicht gegönnt wird, schmeckt am besten.

günsen, günseln wimmern, stöhnen, von Hunden, auch von kleinen Kindern.

güntsiet, veralt., jenseits, gegenüber: *hei wohnt güntsiet.*

Güssel n. s. Gössel.

güst Adv. gerade, soeben: *bi de Fru, dee juuch helpen sall, bün ik güst wäst.*

Gust m. Kurzform des männl. PN August und Gustav.

Gustäving m. Dim. des männl. PN Gustav.

Guste f. Kurzform des weibl. PN Auguste.

Güster, Jüster m. Breitfisch, Halbbrachsen, Blicca björkna L. – Möglicherweise zu slaw. **guščerъ*, polab. *ǵäustar.*

gütt s. geiten.

güüst, jüüst Adj. unfruchtbar, nicht tragend, von Kühen: *de Käuh stahn güüst* geben keine Milch, stehen trocken. – Ra.: *Hei kann 'ne güüste Kauh 'n Kalf afräden* er erreicht alles; *güüst pläugen* ohne Dung pflügen.

H

H, h n. der Konsonant. Er steht als Hauchlaut ohne Reibegeräusch vor Vokalen (*Hackels, Harfst*). Außerdem wird er nach den Regeln der hd. Orthographie als Dehnungs-h und zur Bezeichnung von Langvokalen verwendet (*Hahn, Kauh, mihr, gahn*).

Hääch f., veralt., 1. Aufbewahrung, Versteck, Pl. *Hägen*; *wat inne Hääch hemm'* etwas an verstecktem Ort aufbewahren. – Zu *hägen.* – 2., hist., Zaun, Hecke. – 3., veralt., Bezirk, Gehege.

Haafk, Haf m. Habicht, Pl. *Haafken.*

Hääkt m. Hecht, Pl. *Hääkt*: *se sünd na Hääkt* sie sind auf Hechtfang; im Vergleich: *he geht ran as de Hääkt in'n Karpendiek.* – Sprw.: *Lütt Fisch gäben grote Hääkt* viele Pfennige geben eine Mark. *Is de Hääkt in'n Kasten, deer he fasten.*

Hääkt-: -darl, -darr f., fischerspr., Hechtangel mit metallischem Köder. – **-goorn** n., fischerspr., Zuggarn zum Hechtfang. – **-iesen** n., fischerspr., Eisenstab zum Hechtstechen. – **-krüz** n. ›Hechtkreuz‹, die Gräte im Hechtkopf, die Glück und im Portemonnaie Geld bringen soll.

Hääster m. s. Heister.

Habäuk, Hagbäuk, -bök f. Weiß- oder Hainbuche, Carpinus betulus L.; Adj. *habäuken.*

Häben, Häwen m., veralt., Himmel. In sprw. Ra. oft wegen des Reimes noch lebendig. Im Ruf an den Kukkuck: *Kuckuck in'n Häben, wo lang sall'k noch läben?* – Ra.: *Holl di an'n Tun, de Häben is hoch* tue das Nächstliegende; *dei will in'n Häben bugen* oder *süht denn Häben för'n Dudelsack an* er ist ein Idealist.

Haben m. Hafen, Pl. *Habens.*

häben heben; übertr.: *ein'n häben* Alkohol trinken.

Habenarbeider m. Hafenarbeiter, Pl. *Habenarbeiders.*

habenbinnen Adv. im Hafenbecken.

Habutt f. s. Hambutt.

Hachel f. Granne an den Kornähren. – Syn.: Achel, Eil.

Hacht f. 1. Halt, Schutz: *dat Geld hett kein Hacht bi em; ik heff tau Hus de Hacht nich hatt.* – 2. unebene Stellen am Grund eines Gewässers. – 3. dreieckiger Riß im Kleidungsstück.

Hachteln Pl. Kletten-Labkraut, Galium aparine L. – Syn.: Kläflüs, Preisterlüs.

Hackels n. klein Gehacktes, speziell Häcksel, geschnittenes Futter für das Vieh (Stroh, Grünfutter). Auf Rügen dafür *Hacklis* und *Hacklitz*, im Süden des meckl.-vorpom. Sprachraums gilt märkisches *Häcksel.* Übertr.: *Hackels schnieden* abgehackt sprechen; *dat is jo man Hackels for di* das ist eine Kleinigkeit für dich.

Hackelskamer f., landw., Kammer zum Häckselschneiden.

Hackelslad f., landw., Häckselschneidemaschine, Vorrichtung zum Häcksel- und Grünfutterschneiden. Bestehend aus einem trogähnlichen Kasten mit beweglichem Messer an einem Ende, mit dem Stroh hart an

der Kastenecke abgeschnitten wird (s. Abb.). – Syn. Schniedlad.

hacken 1. hacken. – 2. heften, kleben, hängenbleiben: *hei bleef hacken* er blieb sitzen; auch übertr.: *se is to hacken kamen* sie ist schwanger.

Hackenklemmer m. 1. Schmeichler. – 2. unangenehmer Vorgesetzter, veralt., Inspektor.

Hackup m. Quark, Weißkäse, verbr. im südöstl. Sprachraum.

Haddick, Harrick, Hadk m. Hederich, Raphanus raphanistrum L.

Haffduurn m. Gemeiner Sanddorn, Hippophaë rhamnoides L.

Hahn m., mit langem offenen o gesprochen, Hahn, Pl. *Hahns*: *Henn'küken heff ik nich väl, sünd dit Johr meist Hahns; de Hahns kreigen so väl, dat gifft Rägen; 'n gauden Hahn ward selten fett; Hahn up'm Mess sin* Herr im Hause sein.

Hahnenbalken m. 1. oberster Verbindungsbalken zwischen den Dachsparren. – Syn. *Hahnenbagen.* – 2. Balken- und Lattenlage über der Scheunentenne, auf der das ungedroschene Korn gelagert wurde.

Hahnenfaut m. Hahnenfuß, Ranunculus L.

Hahnenkopp m. die Latten (oft als Pferdeköpfe ausgeschnitten) an den Enden des Dachfirstes alter Bauernhäuser.

Hake m., hist., Kleinkaufmann, Händler, Pl. *Haken.* Im 17. Jh. bildeten sie in Mecklenburgs Städten Ämter. Vgl. Hœker.[2]

Häkel f. Werkzeug zur Flachsbearbeitung; übertr.: *dörch dei Häkel trekken, de Drüdd inne Häkel nähmen* jmd. durchhecheln.

Haken m. 1. Haken. – Ra.: *Wat'n Haken warden sall, böócht sich bi Tieden; Haken un Ösen* an der Kleidung; übertr.: unleserliche Buchstaben: *luter Haken un Ösen.* – 2. pflugähnliches Ackergerät, mecklenburgischer Haken, s. Bentzien, Haken und Pflug. – 3. FLN.

haken 1. hängenbleiben: *mit'n Faut achtern Süll haken.* – 2. sich streiten, zanken: *sei hemm' sich all wedder haakt.* – 3. häkeln: *ik bün grad dorbi, mi 'n Unnerrock to haken.* – 4., veralt., mit dem *Haken* arbeiten.

Häker, Hœker, m., hist., ländlicher Arbeiter, der vornehmlich den Akker pflügt. – Zu *Haken* 2.

halen, mit offenem o gesprochen; 1. holen; Verwünschung: *hal di de Düwel!* Ruf an den Fährmann: *Hal œwer!* Ruf der Fischverkäufer: *Haalt Fisch!* – Ra.: *Hei röppt ›haalt Fisch‹ un hett noch gor kein'; dor is nicks tau halen.* – 2. erreichen, schaffen: *sei hett dat haalt.* – 3. wiegen: *dat Schwien haalt drei Zentner.*

half Adj. halb: *dat is nich half un nich heil* das reicht nicht aus. – Ra.: *Halfpart – Düwels Part* wer teilen will, will betrügen; *so halwer Namiddag* so gegen 15 oder 16 Uhr.

half-, Half-: -backen Adj. halbgar, nicht durchgebacken. – **-brauder** m. Stiefbruder. – **-bur** m., hist., bäuerlicher Besitzer mit der Hälfte an Land, verglichen mit einem Vollbauern. – **-lang** Adj. halblang: *nu mak man halflang* übertreibe nicht. – **-meddach** n. zweites Frühstück, vereinz. – **-part** m. halber Anteil: *Halfpart maken* zu gleichen Anteilen teilen. – **-wassen, -wussen** Adj. halberwachsen, halbstark. – **-wech** Adv. gerade genug, mittelmäßig: *mak man halfwech* arbeite langsam, beruhige dich.

halmen beim Mähen mit der Sense einzelne Halme stehen lassen: *du mööst nich so väl halmen, dat mütt man ja noch eis meigen.*

Hambutt, Hanbutt, Habutt f. Hagebutte, Pl. *Hambutten*; *verdrööchte Rosen nennt man Hambutten.* Tee aus Hagebutten wurde gegen Fieber verabreicht.

Hamel m. 1. Hammel, Pl. *Hamels*: *wur een Hamel henlöppt, dor lopen s' all hen;* jmd., der schwer begreift, *kümmt dor achter as Thoms achter dei Hamels.* – 2. Schmutz, Dreck am Kleidersaum.

Hamen m. 1. Nachgeburt der Kuh. – 2., fischerspr., sackartiger Netzteil beim Zuggarn, in das die Fische hineingeleitet werden.

Hamer m. Hammer, Pl. *Hamers; Hamer un Tang'* Hammer und Zange.

hamern hämmern, mit dem Hammer schlagen.

Hand f. Hand, Pl. *Hänn'.* In vielen Redewendungen: *de Hand in't Für leggen; ein Hand wascht de anner; in gode Hänn' kamen; Hand upleggen* Besitz ergreifen; *väl Hänn' maken bald ein Enn'.* – In Verbindung mit vielen Präpositionen: *wat achter dei Hand hemm'* Besitz haben; *bi dei Hand sin* hilfsbereit sein; *bi de Hand sitten* sofort erscheinen; *inne Hänn' spiegen, spucken* sich anstrengen; *wat du mit de Hänn' uprichst, stöttst mit'n Noors wedder üm* von einem Ungeschickten; *tau Hannen sin* griffbereit sein; *unner dei Hand wechgahn; Geld* *up'e Hand hemm'* haben; *vonne Hand gahn* geschickt sein, schnell arbeiten; *vonne Hand in'n Mund läben.*

Hand-: -bessen m. Handfeger. – **-brett** n. Arbeitsgerät des Putzers. – **-bütt** f. kleines Holzgefäß mit hochstehendem Griff zum Schöpfen. – **-dauk, Handauk** m., n. Handtuch, Pl. *Handäuker, -döker.* Rätsel: *Dor hängt wat anne Wand un gifft di jeden Dach dei Hand. – Dat Handauk.* – **-deinst** m., hist., pflichtmäßiger Hofdienst und Gemeindedienst ohne Gespann, vgl. Spanndeinst. – **-gebierd** f., veralt., Handgebärde, Hantierung, Beschäftigung, auch Handarbeit: *mak doch 'n bäten Handgebierd.* – **-lop, -löper** m. Handlauf, Treppengeländer. – **-maugen** Pl., hist., Pulswärmer. – **-mœhl** f. Handmühle. – **-örgel, œgel** f. Ziehharmonika. – **-pierd** n. rechts vom Sattelpferd gehendes Pferd im Viergespann. – **-pöters, -pötings** Pl. 1. Handschutz. – 2. Pulswärmer. – **-spak** f., fachspr., leichter Hebebaum zum Kanten und Fortbewegen von Baumstämmen. – **-ul** f. Handfeger.

Häng m., **Hängen** f. Aufhänger, jede Vorrichtung zum Aufhängen, auch Tür- oder Fensterangel.

Hängelpott m., hist., Steinguttopf mit festem Griff, in dem früher das Mittagessen aufs Feld getragen wurde; oft auch zwei Gefäße an einem Griff.

hängen hängen. Präs. Sg. 1. *häng*; Prät. *hüng*; Part. *hungen.* Im Sagw.: *Friech man ierst, säd de Schäper tau sienen Hund, du warst denn Start woll hängen laten.*

Hängstart m. Hängeschwanz.

Hängsel, Hängels m. ›Hängendes‹, Vorrichtung an Kleidungsstücken zum Aufhängen. – Märkisches *Hängsel* hat sich heute großräumig gegenüber altem *Hängels* in Meckl./Vorpom. durchgesetzt (wie *Häcksel* gegenüber *Hackels*).

hannacksch, hanaaksch Adj., zweite Silbe betont, 1. eigensinnig, störrisch: *sich hanaaksch anstellen.* – 2. verdreht, eigenartig: *du hest ja so'n hannackschen Haut up.* – Adj. zu hd. *Hannaken.*

Hanne, Hannes s. Hanning.

Hannedaller m. unzuverlässiger, nicht ernst zu nehmender Mensch. Syn.: *Hannedähne, Hannedœs, Hannedussel, Hannefatz, Hannefatzke, Hannenüte.*

hannig Adj. handlich, bequem: *'ne hannige Tasch.*

Hanning Kurz- u. Koseform der männl. PN Johann und Johannes, aber auch von Johanna. Daneben *Hannes, Hanne, Hannemann.*

Hannür, Hannürke n., veralt., zweite Silbe betont, Manieren, Angewohnheit, Pl. *Hannüren*: *wat hest du för Hannüren an di?* – Zu frz. *honneur.*

Hanschen, Handschen m. Handschuh. – Ra.: *Dat schad't mien Muddern gor nicks, dat mi de Fingern frieren, wat knütt' sei mi kein Hanschen.* Wer im Frühjahr Handschuhe trägt, muß sich sagen lassen: *lat di nich von'n Kuckuck in dei Hanschen schieten.*

Hanschenkierl m. 1. jemand, der Handschuhe trägt. – 2., übertr., Schwächling: *'n Hanschenkierl is man 'n halwen Kierl.*

happelig Adj. nervös, ängstlich, auch stotternd.

Happen, Happs m. Bissen, Pl. *Happens, Happse; 'n Happen* eine Kleinigkeit, ein bißchen; übertr.: *'n Happen hee, 'n Happen hü sin* dumm, verrückt sein.

happig Adj. gierig, unbescheiden: *wäs man nich so happig*; von zu hohen Preisen: *dat's 'n bäten happig.*

Harfst, Harst m. Herbst: *in'n Harst, œwer Harst* zur Herbstzeit; *in'n Harfst ward dat letzte von'n Fell aust'* im Herbst wird das letzte vom Feld geerntet; *de treckt as de langen Harfst* von einem sehr langsam Gehenden.

Harfst-, harfst-: -beer f. Herbstbirne. – **-bladd** n. Herbstblatt: *dei Harfstbläder russeln ein'n üm dei Fäut.* – **-blaum** f. Herbstblume, Herbstzeitlose, Colchicum autumnale L. – **-œwers, harstœwers** Adj. ›über Herbst‹, im Herbst.

Hark f. Harke, Rechen, Pl. *Harken.* – Ra.: *Ik war di wiesen, wat 'ne Hark is* ich werde andere Saiten aufziehen.

Harkels n. das Zusammengeharkte.

Harkenhöft n. Querholz der Holzharke, in dem die Zinken sitzen.

Harkentinn, -tink f. Harkenzinke.

Hart n. Herz, alleinstehend meist schon in hochdeutscher Lautform sprachüblich, doch in Formeln und Ra. noch fest: *von Harten* von Herzen; *wat nich œwer't Hart bringen können* etwas nicht fertigbringen; *wat upm Harten hemm'* etwas auf dem Herzen haben; *em sackt dat Hart in de Büxen, sien Hart puckert as'n Lämmerschwanz* er hat Angst; *hei hett ehr in sien Hart schlaten* er hat sie in sein Herz geschlossen. Bei größeren Fehlschlägen resümierend: *Wenn't Hart man gaut is!* Ähnlich im Sagwort: *Wenn't Hart man schwart is, sär de Köster, dor keem he in 'ne rode West tau Beierdigung.*

Hart(en)-: -kul f. ›Herzkuhle‹; *dat* (Essen) *steiht mi so vör de Hartkuhl.* – **-lening** f. Herzdame im Kartenspiel. – **-pöll, -poll** n. Herzblatt, Triebspitze bei Pflanzen. – **-spann** n. Schmerzen in der Nackenmuskulatur und Herzgegend, deshalb ›Herzspannen‹, Linderung durch *Knœstern* und *Knäden*; alte Besprechungsformel: *Beerbom, ik kam to di, dat Hartspann, dat plaget mi, Beerbom, ik bitt di, nimm dat Hartspann weg von mi.*

hart Adj., Adv. hart, dicht, fest, knapp: *hart an'n (bi) Wind sägeln.*

hart-, Hart-: -bost f. Riß, Sprung, im Eis oder Holz. – **-fräätsch** Adj. alles essend, nicht wählerisch. – **-hürig** Adj. schwerhörig. – **-liewig** Adj. hartleibig, geizig. – **-melken** Adj. schwer zu melken. – **-mülig, -muulsch** Adj. hartmäulig, von Pferden, starrsinnig. – **-nacksch** Adj. hartnäckig, unnachgiebig. – **-worm** m. Blindschleiche, Anguis fragilis L.

hartlich Adj. herzlich, ansehnlich: *de Küken sünd all hartlich; 'n hartlichen Fisch* ein schöner, großer Fisch.

Has m. Hase, Pl. *Hasen*: *hei schlöppt as'n Has* mit offenen Augen; *man möt denn Hasen schlan, wo he sitt* man muß die Gelegenheit beim Schopfe packen.

Hasengeil m. Besenginster, Sarothamnus scoparius (L.)

Hasenkleewer m. Sauerklee, Oxalis acetosella L.

Hasenmul n. ›Hasenmaul‹, Hasenscharte.

hasig Adj. 1. albern, schelmisch: *hei maakt so'n hasiges Gesicht.* – 2. ängstlich: *wäs doch nich so hasig!*

Hassel m. Haselnußstrauch, auch Haselnuß *(Hasselnœt)*, Pl. *Hasseln: inne Hasseln gahn* Haselnüsse pflükken bzw. sammeln. Eine reiche Nußernte kündigt einen harten Winter an. – Syn.: *Hasselbom, Hasselbusch, Hasselholt.*

Haud, Hod f. Haufen, Anzahl, Schar urspr. das ›Gehütete‹, der Ort, an dem gehütet wird. Heute vor allem Mengenbezeichnung: *'ne Hau' Gäus* eine Schar Gänse, *'ne Hau' Kinner, 'ne Haud Schap.* – Zu *häuden.*

häuden, höden hüten. Präs. Sg. 1. *häud,* 2. *höttst,* 3. *hött;* Prät. *hödd';* Part. *hött'.* – Ra.: *Gah hen un häu' de Häuhner* mach daß du fortkommst!; *bäten an'n Busch häuden* dumm sein.

Haufiesen n. Hufeisen; *Wer'n Haufiesen find't, hett Glück, œwer dor möten noch Nagels an sin.*

haugen, hauen schlagen, hauen: *Holt haugen;* übertr.: *einen œwer't Uhr haugen* jemand betrügen. – Ra.: *Wat tau'n Schwientroch haucht is, ward in'n Läben kein Vigelien* was als Schweinetrog zurechtgehauen ist, wird im Leben keine Violine.

Hauhn, Hohn n. Huhn, Pl. *Häuhner, Höhner;* Dim. *Häuhning, Höhning; Häuhner fäuhlen* Hühner tasten. In Vergleichen und Ra. ähnlich dem Hochdeutschen: *mit de Häuhner tau Bär gahn* früh zu Bett gehen; *dor kreicht nich Hauhn noch Hahn na* es kümmert sich niemand darum. Übertr.: *'n Hauhn ruppen, plücken* ein Hühnchen rupfen. – Ra. zur Rechtfertigung eines Mißerfolgs: *Klauk Häuhner leggen uk in'n Nettel.* Ein eingebildeter Kranker *is krank as'n Hauhn, mach äten un nicks daun.* Scherzhaft einschränkende Versprechung: *Du sast hemm', wat de Häuhner leggen, bloots de Eier nich.* Kinderreim: *Ticke, ticke Häuhning, wat deist du in mienen Hoff? Du plückst mi all de Bläumings af, du maakst dat väl tau groff. Mien Mudding sall di schellen, mien Vadding sall di schlan. O ticke, ticke Häuhning, wur ward di dat noch gahn.*

Häuhner-: -flücht f. Hühnerflügel. – **-hoff** m. Hühnerhof. – **-gott** m. Flintstein mit einem Loch. – **-mierken** n. Vogelmiere, Stellaria media (L.). – **-rick** n. Sitzstangen der Hühner. – Syn. *Häuhnerwiem.* – **-tüüch** n., abwert., Hühnervieh.

Häuken[1], **Höken** n. junge Ziege, vornehmlich im Osten und Südosten des meckl.-vorpom. Sprachraums.

Häuken[2], **Hoike** m., n., hist., Mantel.

Häukendräger m. 1. gesinnungsloser Heuchler, Schmeichler. – 2. Neuigkeitenverbreiter, Schwätzer.

Häuslerie f., hist., kleine Bauernwirtschaft mit meist nur einer Kuh.

Hausten, Hoosten m. Husten: *'n drögen Hausten hemm'* einen trockenen Husten haben; *'n leegen Hausten hemm'* einen schlimmen Husten haben; *de Hausten keem em los* der Husten löste sich.

hausten, hoosten 1. husten: *wer lang' haust', de lääft uk lang.* – 2. entrüstet ablehnen: *ik war di wat hausten; ik haust em wat.*

Haut, Hot m. 1. Hut. – Rw.: *Dat kümmt nich up'n Haut* das kommt nicht in Frage; *dat stäk di an'n Haut!* Als Antwort, wenn jemand ironische, bissige Anspielungen macht: *De Spitzen kannst' di an'n Haut stäken, denn bruukst' an'n Rock keen Kant; allens unner einen Haut bringen* Verschiedenes miteinander vereinbaren; Hochachtung bezeugen: *denn Haut afnähmen;* Ausruf der Verwunderung: *oh Hannes, wat'n Haut!* d. i. der letzte Vers des Refrains zu einem beliebten Marschlied. – 2. hutähnliche Gegenstände, wie z. B. vierkantiges Eisenstück zum Schutz des Reusenpfahlkopfes; Vorrichtung zum Aufhängen der Kompaßscheibe; Fingerhut zum Nähen.

Haut-: -filter m., hist., Hutmacher von Filzhüten. – **-maker** m. Hutmacher allg. – **-töppel** m., aus *-köppel* entstanden, Kopfstück vom Hut.

Häwamm f. Hebamme. – Syn. Mudder Griepsch.

Häwammsfinger m. schmale, schlanke Finger.

Häwammstasch f. Hebammentasche, übertr., große Reisetasche.

Häwelie f., veralt., 1. geringfügige Meinungsverschiedenheit: *ik heff mit em 'ne lütte Häwelie hatt.* – 2. Schäkerei, Neckerei. Zum folgenden *häweln.*

häweln, veralt., scherzen, necken, schäkern.

Häwen m. s. Häben.

Hawern, Hawer m. Hafer. – Rw.: *Hand von'n Sack, is Hawern in* zu jemand, der aus Neugier alles anfaßt; *langen Hawern kriegen* Prügel beziehen; *em stääkt de Hawern* er ist übermütig. – Sprw.: *Dat Pierd, dat denn Hawern verdeint, kricht em selten* es werden meistens die Falschen belohnt.

Hawer-: -grütt f. Hafergrütze. – **-kist** f. Haferkiste; im Vergleich: *hei geiht dorup los as de Buck up'e Hawerkist.* – **-sack** m. Hafersack; im Volkslied: *Un wenn mien Fru mi argern deet, denn weet ik, wat ik do: denn stäk ik se in'n Hawersack un binn em baben to.* – **-seigen** n. Hafersäen. – Ra.: *bi still Wäder is got Hawerseigen.* – **-zäch** f. 1. Haferziege, Bekassine, Gallinago gallinago L. – 2. albernes Mädchen. – Syn. *Hawerzick* f.

Hawie f., zweite Silbe betont, 1. Gabelweihe, zur Gattung Circus geh. Vogel. – 2. Hühnerhabicht, Accipiter gentilis L.

hebben, hewwen, hemm' haben, besitzen. Präs. Sg. 1. *heff,* 2. *hest,* 3. *hett,* Pl. *hebben, hemm'*; Prät. Sg. 1. *har,* 2. *harst,* 3. *har (hadd),* Pl. *haren, har(r)n*; Part. *hatt.* Ra.: *Hebben is bäder as Kriegen* oder in der 1. Pers.: *Heffik is bäder as Harik* Haben ist besser als Kriegen; *wat üm sik hemm'* vermögend sein; *wi warden dat bald hemm'* wir werden die Sache bald in Ordnung bringen. Als Hilfsverb häufig anstelle von *sin* sein: *hei hett lopen* er ist gelaufen; *em hett dat schlicht gahn* es ist ihm schlecht gegangen; refl., *sik hebben* sich zieren, sich verstellen.

Heck n. 1. Schiffshinterteil. – 2., veralt., Tor, Tür, Pforte an Hof- und Koppelzaun. – 3., hist., eine Hälfte der quergeteilten Haustür *(Babenheck, Unnerheck).*

heel s. heil.

heet s. heit.

heeten s. heiten.

hei, he Pers. Pron. er. Die Lautformen folgen im wesentlichen der diphthongischen bzw. monophthongischen Aussprache anderer Wörter, *he* hat größeren Geltungsraum im Süden und in den größeren Städten.

Heid[1], **Hei'** f. Heidekraut, Erika.

Heid[2], **Heide** f. 1. Mischwald aus Nadel- und Laubbäumen, häufig in Flurnamen, vgl. Rostocker Heide; *wi gahn inne Heid.* – 2. unbebautes, wild bewachsenes Land.

Heid[3], **Heed** f. Hede, grobe Flachsfaser.

Heidhonnig m. Heidehonig.

Heidkrut n. Heidekraut. Blüht das Heidekraut üppig, soll es im Winter viel Schnee geben.

Heidlüchten n. Wetterleuchten.

heil, heel Adj., Adv. unbeschädigt. 1. ganz, nicht entzwei, unverletzt: *dat Tüüch is wedder heil; de Faut is heil bläben.* – 2. ganz, vollständig: *'ne* *heile Woch* eine ganze Woche; *bet inne heile Nacht* bis in die späte Nacht; *heil un deil* vollständig; *dat is nich heil un nich half* nichts Halbes und nichts Ganzes. – 3.. Adv. sehr: *dat is heil gaut; sei is heil krank* sie ist sehr krank.

heilmaken reparieren, ganz machen.

heimlich Adj. versteckt, geheim: *heimlich Rieten inne Glieder; 'ne heimliche Küll* eine Kälte, deren Stärke man nicht gleich spürt.

Hein, Heiner Kurzformen des männlichen PN Heinrich; Dim. auch *Heining.*

Heinotter m. Storch, nur im Kreis Ludwigslust, sonst s. Adebor.

Heir m., im westl. u. nördl. Mecklbg., Hirte, sonst wie hd. *Hirt*, auch *Hierd.*

heisch, heesch Adj. heiser: *du büst ja so heisch hüt.*

Heister m., häufig auch *Hääster*, Pl. *Heisters, Häästers.* 1. Elster. Wetterregel: *De Hääster schimpt, ward kolt un rägen warden.* – 2. Eichelhäher (im Raum Jarmen, Gützkow u. Gr. Bisdorf). – 3., übertr., unruhiges zappliges Kind.

heit, heet Adj. heiß: *dat wier hüt 'n heiten Dach,* übertr.: anstrengender Tag; *dat löppt em heit œwer* es überläuft ihn heiß. – Ra.: *Dat ward nich so heit äten as dat upfüllt ward;* aber: *wer heit äten kann, liert gaut schwiegen; mit de heit Nadel neigen* unordentlich arbeiten.

heiten, heeten 1. heißen, genannt werden: *wenn du dat farig krist, will ik Hans heiten.* – Ra.: *So as de ein heit, so süht de anner ut* beide sind gleich. – 2., veralt., jmd. gebieten: *wer het di dat heeten?*

Heitweck f. Heißwecke, Hefegebäck für den Fastnachtsdienstag, früher mit Füllung aus Butter, Zucker, Zimt und Rosinen, in heißer Milch gegessen, Pl. *Heitweggen.* – Syn. s. Weggen.

Helft n. Stiel, Griff an Werkzeugen, vor allem an Axt und Beil.

Hell f. s. Höll.

hellig, hellicht Adj. hell, licht: *an'n helligen Dach; hellig Für* hell loderndes Feuer; übertr.: *hier is hellicht Dach inne Schün* die Scheune ist vollkommen leer. Ein zänkischer Mensch *maakt einen denn helligen Dach düüster.*

hellig[2], Adj. mager, dünn, schwach, ermattet: *de Jung' is na de Krankheit ganz hellig worden.*

hellsch, hellschen Adv. höllisch, sehr: *hellschen klauk; hei is hellschen up'n Posten; dat deit mi œwer hellschen weih.*

helpen helfen. Präs. Sg. 1. *help,* 2. *helpst,* 3. *helpt*; Prät. *hülp*; Part. *hulpen.* Drohung: *di wa'k helpen!, einen up'n Schwung helpen; du büst nich to helpen* dir ist nicht zu helfen. Ra.: *Helpt' uk nich, so schad't uk nich.*

Helphollen n. Aufsehen, Aufhebens, Gerede: *dor wür wierer keen Helphollen von maakt.*

Hemdschlipp f. Hemdzipfel, Pl. *Hemdschlippen; di kiekt 'ne Hemdschlipp rut.*

Hemdsmaug f. Hemdärmel, Pl. *Hemdsmaugen: hei löppt 'n ganzen Dach in Hemdsmaugen rüm.*

hemm' s. hebben.

Hemp m. Hanf.

hen Adv. hin. 1. örtlich: *dor möten wi hen; se sünd so wiet hen, dat se nich mihr kœnen* sie haben es so weit gebracht, daß sie nicht mehr können. – 2. zeitlich: *dat is noch 'n bäten hen; tau Abend hen.* – Als Glied eines Wortpaares: *hen un her; hen un trüch* (hin und zurück), *hen un wenn* hin und wieder.

hen-: **-af** Adv. hinab. – **-dal** Adv. hinab, herunter. – **-dörch** Adv. hindurch, durch. – **-dœsen** wachend träumen: *hei dœst so vör sich hen.* – **-düsen** wie *dœsen*; aber: *dat düüst nich hen* das genügt nicht. – **-gahn** hingehen; abweisend: *gah hen un häud de Häuhner, gah hen un schiet anne Dör!* – **-haugen** 1. hinhauen. – 2., übertr., in Ordnung gehen: *dat haucht hen.* – **-hüren** 1. hingehören. – Sagw.: *Jed' Ding wur't henhürt, säd dei Diern, don stellt sei denn Nachtpott up'n Disch.* – **-kamen** 1. hinkommen, ähneln: *hei kümmt ganz na sienen Vadder hen.* – 2. ausreichen, ungefähr stimmen: *dat kümmt binah so hen.* – **-kriegen** fertigbringen, schaffen: *dat heff'k grad noch so henkrägen.* – **-langen** hinlangen, ausreichen: *dat möt henlangen.* – **-muschen** etwas unordentlich erledigen: *dat wier man jüst so henmuscht.* – **-nüsseln** 1. vor sich hindösen. – 2. hinfallen. – **-pedden** hintreten: *wo du henpeerst, wasst kein Gras mihr.* – **-pinkeln** hinpinkeln; – Ra.: *Man weit nich, wur de Natur henpinkeln deit* man weiß nicht, wem das Glück zufällt. – **-plieren** hinblinzeln. – **-quatschen** 1. hinwerfen. – 2. hinfallen: *de is dull henquatscht.* – **-quienen** dahinsiechen. – **-scheiten** 1. hinschießen. – 2. hinfallen. – **-schieten** hinscheißen. – Ra.: *Wur ik henschäten heff, hest du noch gor nich henroken* du bist noch viel zu unerfahren. – **-schlagen, -schlan** hinschlagen. Ausruf des Erstaunens: *Dor schla doch einer lang bi hen!* – **-schmieten** hinschmeißen: *'n Ooch henschmieten* beobachten; ironisch, wenn etwas heruntergefallen und entzweigegangen ist: *schmiet hen, dor kann noch mihr liggen!* – **-schusseln,** mit stimmhaften *ss*, gedankenverloren gehen. – **-setten** hinsetzen: *sett' man hen;* refl.: *ik heff mi hüt all eis hensett'* ich bin heute schon einmal hingefallen. – **-tau** Adv. hinzu. 1. zeitlich: *hentau Merrach* gegen Mittag; *hentau Klock sössen* so gegen sechs Uhr. – 2. örtlich: *bi de Kirch hentau is uk de Krauch* in der Nähe der Kirche ist auch die Gastwirtschaft; *dor hentau geiht de Wech na de Stadt.* – **-teihn** 1. hinziehen. – 2., übertr., Wirkung haben; *dat tüht hen!* – **-trecken** hinziehen; *dat treckt sich all' werrer hen* das kommt alles wieder in Ordnung. – **-up** Adv., veralt., hinauf. – **-ut** Adv. hinaus. – **-weg** Adv. hinweg.

Henk n. Henkel, Griff: *dat Henk vonne Kann' is afbraken.*

Henksel n. Henkel, auf Rügen *Henklis, Henklitz.*

her Adv. her; Dim. *herken, herking.* 1. räumlich: *kumm her; dat is nich wiet her mit em; hei is bannig achter ehr her* er bemüht sich sehr um ein Mädchen. – 2. zeitlich: *so lang her wier dat gaut* bisher war es gut; *dei Johren sünd her* die Jahre sind heran, d. h. vergangen.

her-: **-daun** ›hertun‹, hergeben, reichen: *dau mi eis denn' Hammer her.* – **-gahn** hergehen, zugehen: *dull, hoch hergahn.* – **-halen** herholen. – **-hollen** herhalten, aushalten: *de lütt Mann möt ümmer herhollen.* – **-in** Adv. herein. – **-kamen** herkommen: *hei hett kein grot Herkamen* er stammt aus einfachen Verhältnissen. – **-kriegen** herbekommen: *hei kreech sien Metz her un schneed af; hei kreech dei Diern her un schüll ehr mächtig ut* (schalt sie aus). – **-na, -naast** Adv. hernach, hinterher.

– **-trecken** 1. herziehen, – 2., übertr., sprechen: *œwer einen hertrekken* schlecht über jmd. sprechen. – **-üm, -ümmer** Adv. herum, vielfach in Zss. – **-up, -rupper** Adv. herauf, auch in Zusammensetzungen. – **-ut** Adv. heraus. – **-warts** Adv. auf dem Herwege, hierher.

Hermänning Dim. des männl. PN Hermann.

Herrgottskauh f. Marienkäfer, Coccinella septempunctata.

Hesp f., fachspr., lange, schmiedeeiserne Türgehänge für schwere Türen, Pl. *Hespen.*

Hess f. Sehne, Ferse an den Hinterbeinen der Huftiere, übertr., Hacken beim Menschen: *lat di nich in dei Hessen peern.*

Hessenbieter m. guter Hütehund.

Heu n., im Westen Mecklbgs *Hö,* Heu. Alte Scherzfrage: *Wo wasst dat beste Heu? Heu wasst nich, Gras wasst.* Oder: *Wur oft meicht de Bur Heu? Gor nich, Heu is all afmeicht.* In Vergleichen: *Geld as Heu hemm'* viel Geld haben, oft mit Zusätzen: *Geld as Heu, bloß nich so lang; Geld as Heu un Mess.* Wer sich rasch entscheiden sollte, dem wird gesagt: *Man möt Heu maken, solang de Sünn schient.*

Heu-: -aust m., f. Heuernte. – **-bœn** m. Heuboden. – **-bünnel** n. kleines Heubund. – **-feewer** n. Heuschnupfen. – **-gabel, -gaffel** f., landw., zweizinkige Heugabel aus Holz. – **-hop** m. Heuhaufen. – **-hümpel** m. Heuhaufen. – **-hüpper** m. grüne Heuschrecke, Grille, Gryllus campestris. L. – **-kaben** m. Heukoben, Heuboden, Heuverschlag. – **-maand** m., veralt., Heumonat, Juni. – **-pierd** n. Heuschrecke. – **-schur** n. Heuschober. – **-springer** m. Heuschrecke, zur Ordnung der Saltatoria geh. Insekt. – **-wäder** n. Heuwetter. – Ra.: *Heuwäder un Hochtiet is nich all Daach* man muß die Gelegenheit nutzen. – **-wisch** f. Heuwiese. – **-zääch** f. ›Heuziege‹, d. h. eine Ziege, die frisches Heu frißt und niest; im Vergleich: *hei pruust as 'ne Heuzääch.*

heugen Heu machen: *se sünd bi't Heugen; dat heucht dit Johr gaut.*

heuraden heiraten: *heuraden is gaut, nich heuraden is bäder.* Frage an die Braut: *Du wist heuraden, kannst du uk all Eier kaken?* – Syn. friegen.

hewwen s. hebben.

hicken picken, mit dem Schnabel hacken: *mien' Küken hemm' hickt* oder: *dei Küken sünd in't Hick, liggen in't Hick.*

Hicker m. Schluckauf, Schlucken, auch *Hickup,* Dim. *Hickerchen* n.; Schluckauf zeigt nach alter Volksmeinung bei dem Betroffenen an, daß jmd. an ihn denkt. Als Mittel gegen den *Hickup* werden empfohlen: ein Stück Zucker essen, das Emporstrecken der Arme, tiefes Luftholen und mehrmaliges Schlukken. Aber auch abergläubische Vorstellungen gibt es viele, z. B. soll der *Hickup* vergehen, sobald man an den letzten Schimmel denkt, den man gesehen hat. – Syn. Schluckup.

hiddelig Adj. hastig, unruhig, erregt: *nu wäs man nich so hiddelig!*

Hiddernettel f. Kleine Brennessel, Urtica urens L.

hieben s. hiewen.

Hierd m. Herd, Küchenherd: *sett dat up'n Hierd.*

Hiering m. Hering. *Solten Hiering* gesalzener Hering, wurde bereits im Mittelalter weit und intensiv gehandelt. Vom *gräunen Hiering,* dem frischen Hering, wird noch aus dem

18. Jh. berichtet, daß man ihn als Nahrungsmittel wenig achte. Da grüner Hering früher bei uns auch aus Schweden eingeführt wurde, hieß er auch *schwedscher Hiering*, s. schwedsch. Die Fischhändler, die früher auf den Straßen und Fischmärkten frischen Hering verkauften, lockten ihre Kunden an mit dem langgezogenen Ruf: *Haalt Hiering, haalt Hiering!* – Im Vergleich: *Dei süht ut as'n Hiering twischen de Ogen* er sieht mager und elend aus. Im Sagwort scherzhaft: *Wur'k uk allerwäächt hengeraden kann, säd dei Hiering, don wür hei in Etzig lecht* wo ich so überall hinkommen kann, sagte der Hering, da wurde er in Essig gelegt. – Syn.: Schausterkarpen, *Schniederkarpen.*

Hiering(s)-: -bänniger m., scherzh., Lebensmittelkaufmann. – **-tüffeln, -tüften** Pl. Heringskartoffeln: geschnittene Pellkartoffeln mit Mehlschwitze, Salzhering und Zwiebeln, alles zusammengegeben. – **-tunn** f. Heringstonne. – **-wad** f., fischerspr., großes Heringsfangnetz.

hiesig Adj. einheimisch, von hier: *hei is kein'n Hiesigen.*

hiewen, hieben heben, hochziehen; seem.: *hief dat Anker up!; de Sägel warden hieft.*

Hilch f., auch n., Gesichtsrose; verkürzt aus *hillig Ros* heilige Rose: *he hett de Hilch un lött sik böten* durch Besprechen heilen.

hild Adj., veralt., eilig; *'t hild hemm'* es eilig haben: *ik har dat ok'n bäten hild hatt.* – Ra.: *Sei hett dat hild as'n Hauhn, wenn dat leggen will.*

Hill f., hist., Bodenraum unter dem Dach über der Diele des alten Bauernhauses, auch Raum in der Scheune, in dem das beste Futter aufbewahrt wurde. – Rw.: *wat up' e Hill staken* sich etwas aufheben.

Himmelsbrandblaum f. 1. Königskerze, Verbascum L. – 2. Kaiserkrone, Fritillaria imperialis L.

Himmelfohrt f. Himmelfahrtstag, kirchlicher Feiertag. Wetterregel: *As dat Wärer an'n Himmelfohrtsdach, dei ganze Harfst dat wäsen mach* wie das Wetter am Himmelfahrtstag ist, so wird es den ganzen Herbst über sein. Ein Spottvers über den Pommern: *Wat een Pommer is von rechte Oort, de drächt denn Pelz bet Himmelfohrt, un deet em denn de Buk noch weh, denn drächt he em bet Bartholomä* (24. 8.).

Himmelschlœdel m. Schlüsselblume, Primula veris L. und elatior (L.).

Himmelspierd n. Libelle. – Syn. s. Gottspierd.

Himphamp m. Durcheinander, Trödel, wertlose Sachen, übertr.; Unsinn; *dat's 'n bösen Himphamp.*

Hindrich s. Hinrich.

Hings(t) m. Hengst.

Hinketick, Hinketing n. Hüpfespiel der Kinder, wobei auf die Erde gezeichnete Felder fehlerfrei durchhüpft werden müssen. – Syn.: *Humpeltick*, Hümpetick.

Hinnbeer f. Himbeere: *de Hinnbeern sünd riep.* – Zu mhd. *hintber.*

hinnelst, hinnerst Adj. hinterst, Superlativ zu *hinnen*; als Substantiv *Hinnelst, Hinnelster* m. Hintern: *du krichst wek vör'n Hinnelsten; denn' kiek ik nich mit'n Hinnelsten an* den sehe ich nicht an, verachte ihn. – Ra.: *Dat's eklig vör'n Hinnelsten, wenn't Hemd brennt.*

hinnen Adv. hinten, synonym mit *achter* und ebenso gebraucht: *dor hinnen* da hinten; am häufigsten in Verbindung mit *vör*: *hinnen un vör is all eis* von einer schmalbrüstigen

Frau; von einem schlecht geladenem Wagenfuder: *hinnen un vör fix, inne Mirr* (Mitte) *nicks;* ungezogene Kinder bekommen *wat hinnen vör.*

hinnen-, Hinnen-: -an Adv. hintenan, hinterher. – **-mast** m. der dritte, hintere Mast beim Haffkahn. – **-œwer** Adv. hintenüber. – **-rüm** Adv. hintenrum: *bi dei geiht't ümmer hinnenrüm* sie ist nicht aufrichtig.

hinner Präp., Adv. hinter, neben *achter* gebraucht, das stärker zurücktritt: *ik heff hinner mi kein Ogen* ich habe hinter mir keine Augen.

hinner-, Hinner-: -bein n. Hinterbein. – Ra.: *Hei sett sik up'e Hinnerbein.* – **-deil** n. Gesäß. – **-dör** f. Hintertür. – **-enn'** n., fischerspr., Hinterende der Bügelreuse. – **-gestell** n. Gesäß. – **-hand** f. Hinterhand. – Ra.: *ik heff noch'n bäten inne Hinnerhand* ich habe noch etwas in Reserve. – **-höllig** Adj. hinterhältig. – **-kastell** n. Gesäß, Hintern. – **-kuurn** n., landw., taubes, minderwertiges Korn, s. Achterkuurn. – **-puurt** f. Afteröffnung, s. Achter-. – **-rücks** Adv. hinter dem Rücken, heimlich. – **-sinnig** Adv. schwermütig. – **-speigel** m. Gesäß. – **-stellig** Adj., hist., nachgelassen, zurückgeblieben. – **-tau** Adv. nach hinten zu. – **-tücksch** Adj. hinterlistig. – **-ut** Adv. weit zurück; *dor bün ik noch wiet mit hinnerut.* – **-wagen** m., übertr., großes Gesäß. – **-warts** Adv. hinter dem Rücken.

Hinner Kurzform des männl. PN Heinrich.

hinneran Adv. hinterher: *hei löppt ümmer hinneran;* häufig in Verbindung mit Verben der Bewegung, wie: *-bösten, -gahn, -krupen, -schockeln, -tüffeln.*

Hinrich, Hindrich m. 1. männl. PN Heinrich, häufig mit charakterisierenden Adjektiven: *'n iesern Hinrich* ein sehr widerstandsfähiger Mensch; *'n drögen Hinrich* ein magerer Mensch; *'n langen Hinrich* ein sehr großer Mensch; *blagen Hinrich* blauer Heinrich, in Wasser gekochte Grütze. – 2. *Hindrichs* Pl. süße Blutkuchen aus Mehl, Blut und Rosinen. – Syn.: Klas 3., Tollatsch.

hippelig Adj. unruhig, zapplig, auch nervös: *sitt doch still, wäs nich so hippelig!* – Syn. *hipperig.*

Hisch, Hiesch f., hist. 1. Wohnung für eine Familie in einem größeren Katen. – 2., übertr.: Familie, Haushalt.

hissen, hitzen hetzen, jagen: *hei is mit allen Hunn' hisst* er ist gerissen, raffiniert.

Hitt f. Hitze: *dee is de Hitt woll tau Kopp stägen* Beurteilung unkluger Reaktionen. *Hitt möt Hitt verdriewen* als Erklärung für zu warme Kleidung bei Hitze; ähnlich: *wat gaut gägen de Küll, is uk gaut gägen de Hitt.* Im Sagwort: *De Hitt, de Hitt, har de oll Fru secht, har sœben Röck anhatt un mit'n Hinnelsten vör'n Backaben säten.*

Hittkopp m. Hitzkopf, jähzorniger Mensch.

Hittpickel, -pückel m. Hitzepickel.

hoch Adj. hoch. Komparativ *höger,* Superlativ *an'n hööchsten*; *dor geiht dat hoch her* es geht fein (oder ausgelassen) zu; Ausruf beim Kartenspiel, auch für andere Steigerungen: *ümmer höger rup!*; von hoher sozialer Stellung: *dei hett't tau wat Hoochs bröcht; dei Hogen* Leute in gehobener Stellung; *dei geiht up de hoch Schaul* auf die Oberschule; vom Gebrauch des Hochdeutschen: *he schnackt hoch, he schnarzt hoch, ik kann hoch* *un platt räden;* bei Zeitangaben: *dat is all hoch Merrach* es ist kurz vor Mittag; *bet in dei hoge Nacht* bis in die späte Nacht.

hoch-, Hoch-: -beinig, -beint Adj. hochbeinig (vom Vieh), schlecht: *dat sünd hochbeint Johren* es sind schlechte, teure Zeiten. Im Sagw.: *Dat sünd hochbeinig Tieden, secht de oll Fru, don bünn se sich de Strümp œwer de Knei fast.* – **-düütsch** Adj. hochdeutsch: *dat's 'n Hochdüütschen* jmd., der kein Plattdeutsch kann; *mit di möt ik eis hochdüütsch räden* dir muß ich mal die Meinung sagen; *räd plattdüütsch, hochdüütsch verschlimmert dei Sak!* – **-fien** Adj. besonders fein. – **-foort** f. Hoffart, Hochmut: *Hochfoort möt Pien lieden,* Ra., wenn vornehme Kleidung unbequem sitzt. – **-kaugen** vorsichtig, langsam essen; wenn etwas nicht schmeckt: *du kauchst ja so hoch.* – **-puusten** hochblasen. – Ra.: *Dei kann mi hochpuusten* er kann mir nichts anhaben. – **-riep** Adj. sehr reif. – **-schnarzer** m. jmd., der hochdeutsch spricht. – **-schnutig** Adj. hochnäsig. – **-up** hoch hinauf. – **-wader** n. Hochwasser.

Hœch f., **Hœgen** m. 1. Verlangen, Appetit auf Wohlschmeckendes: *ik heff so'n Hœch up Kauken; se hett'n Hœgen.* – 2., hist., Sinn, Geist, Fest; letzteres erhalten in der festen Wendung: *Hans von allen Hœgen* Hans Dampf in allen Gassen.

Hochtiet f. Hochzeit; man unterscheidet heute noch bei der Vermählungsfeier *(gräun Hochtiet)* je nach Ausstattung *grot, lütt un still* (bei Trauerfällen in der Familie) *Hochtiet*; Ehejubiläen sind *Rosenhochtiet* (10 Jahre), *sülwern Hochtiet* (25 Jahre), *golden Hochtiet* (50 Jahre), *diamanten Hochtiet* (60 Jahre), *iesern Hochtiet* (65 Jahre). Zum historischen und heutigen Brauchtum, über Hochzeitsordnungen, Hochzeitsbitter, -gerichte, -tänze usw. s. Meckl. Wb. 3, 726ff. – Ra.: *Dat is nich all Daach Hochtiet; man möt't so nähmen, as dat kümmt: Hochtiet un Heuwärer is nich all Daach;* Trost bei kleinen Verletzungen bei Kindern: *Bet tau dien Hochtiet is allens werrer heil.* – Sprw.: *Vör de Hochtiet plückste Rosen, na de Hochtiet flickste Hosen. Vör de Hochtiet möst du't wenn', na de Hochtiet hett't 'n Enn'.*

Hock f., veralt., Hocke, Garbenstand des Getreides; durchschnittlich 20 Garben (= 1 Stiege) wurden paarweise gegeneinander aufgestellt; es gab auch kleinere, selten größere Hocken. Wenn das Korn auf dem Felde gedroschen wurde, hieß es: *ut de Hock döschen.*

Höcker m. männliches Schwein. – Syn.: *Äber,* Bier, Biernt.

Hod m. s. Haud.

höden s. häuden.

Hoff, Haf m. Hof, Pl. *Hœf.* Ursprünglich der Raum, der unmittelbar am Bauernhaus lag, später auf den gesamten bäuerlichen Grundbesitz übertragen, speziell auch auf den ehemaligen Gutshof bezogen, deshalb, hist., *tau Hoff gahn* als Tagelöhner dienen; *unner'n Hoff wohnen* als Tagelöhner auf dem Gut wohnen. Heute ist *Hoff* vor allem der Raum hinter oder neben dem Haus. Ra.: *gah mi von'n Hoff* geh mir vom Leibe! In der Wetterregel bezogen auf den Hof des Mondes: *Wenn de Maand 'n Hoff hett, ward dat Unwärer.* –

Hoff-: -bau' f. Hofbude. – **-bessen**

m. Hofbesen, großer Reisigbesen. – **-brigad** f. Brigade, die auf dem Hof arbeitet. – **-deinst** m., hist., Hofdienst. – **-diern** f., hist., Mädchen, das auf dem Gutshof diente. – **-dur** n. Hoftor. – **-gänger** m., hist., Hofgänger, Gutsarbeiter. – **-jung'** m., hist., Hofjunge, Junge, der verpflichtet war, auf dem Gutshof Dienste zu leisten. – **-klock** f., hist., Hofglocke, die zu Beginn und Ende der Arbeitszeit auf dem Gut geläutet wurde. – **-puurt** f. Hofpforte. – **-städ** f., hist., kleiner Bauernhof, Bauernwirtschaft. – Ra.: *Dat's 'n schlicht Karer, dei up frömde Hoffstä' muust* das ist ein schlechter Kater, der auf fremden Hofstellen maust. – **-trur** f. Hoftrauer, übertr.: Schmutz unter den Fingernägeln: *dei hett Hofftrur.*

Höft n. 1. Haupt, Kopf, Pl. *Hööft, Höfter; von Höft to Fot* von Kopf bis Fuß. – 2. einzelnes Stück Rindvieh: *sœben Hööft Veih, teigen Hööft.* – 3. Querbalken und -leisten an Geräten. – 4. hochragender Ufervorsprung: FLN *Göhrensches Höft, Barhöft.*

hœgen, refl., sich freuen, nicht ganz ohne Schadenfreude: *se hemm' sik bannig eins hœcht* sie haben sich eins ins Fäustchen gelacht; *hei ward sik eins hœgen, dat em dat glückt is.* – Zu *Hœch,* s. d.

hœglich Adj. vergnügt, vergnüglich.

Hohn n. s. Hauhn.

hohnräden verspotten: *du wist mi woll hohnräden.*

hojahnen, hujahnen, erste Silbe betont, lautlos gähnen: *ik mütt hüt ümmertau hujahnen.* Im Sprw.: *Gägen 'n Backaben is schlicht hujahnen* gegen Gewalt ist man machtlos. – Syn. *hujapen.*

hœkeln haken, mit einem Haken etwas zusammenkratzen.

Hœker[1] m. s. Häker.

Hœker[2] m., hist., Krämer, Kleinkaufmann. – Vgl. Hake.

hölken aushöhlen, hohlmachen: *dat's 'n utgehölkten Tähn* ein ausgehöhlter Zahn.

Hölkmetz n. gebogenes Schnitzmesser, Zugmesser.

holl Adj. hohl, hohl und dumpf klingend: *mi is so holl inne Maach* ich habe großen Hunger; übertr.: *dei is binnen holl,* oder: *hei is holl bet anne Tähnen* er ist bestechlich. Sehr häufig in Verbindung mit *boll,* zur Verstärkung der Aussage: *dei ganze Wie' wier holl un boll* der ganze Weidenstamm war hohl; übertr.: *sien Kopp is holl un boll* sein Kopf ist leer.

Höll, Hell f. 1. Hölle. – 2. dunkler, enger, heißer Raum, besonders der Raum hinter dem alten Ofen zwischen dessen Längsseite und der Wand, wo bequem ein Mensch sitzen konnte: *uk de Katt sitt giern inne Höll.*

Hollänner m. 1. Holländer, Niederländer. – 2., hist., Pächter gutsherrlicher Milchwirtschaft, Molkereipächter. – 3. Windmühle holländischer Bauart. – 4., hist., Schlittschuhe aus Holz mit eingelegter Stahlschiene, durch Riemen am Fuß befestigt, auch Bogenschlittschuhe. – 5., veralt., Holzschuhe nach holländischer Art, sie wurden noch nach 1945 u. a. in Stralsund fabrikmäßig hergestellt und getragen.

hollen halten. Präs. Sg. 1. *holl,* 2. *höllst,* 3. *höllt,* Pl. *hollen*; Prät. Sg. *höll, hüll*; Part. *hollen. De Uhren stief hollen* die Ohren steif halten; *dat Mul hollen* das Maul halten; jmd. *tau hollen kriegen* zu fassen kriegen; jmd. *för wat hollen* jmd. einschätzen, beurteilen: *för wat höllst du denn'?* Scherzfrage: *So ist't inne Welt, einer höllt't mit'n Büdel, dei anner höllt't mit't Geld, womit höllst du dat? Ik holl't mit'e Hand.*

Hollfast m. Halt, Verlaß, Stütze: *dei Pahl möt deiper sett warden, süß kricht dat kein' Hollfast* der Pfahl muß tiefer gesetzt werden, sonst bekommt er keinen Halt; *dor is uk kein Hollfast in* von einem unzuverlässigen Menschen; *hollfast warden* Anschluß finden.

holl-liewig Adj. ›hohlleibig‹ 1. mager: *de Kauh is holliewig.* – 2. hungrig: *de is so holliewig, de ward gor nich satt.*

Hölschen m. Holzpantoffel, s. hölten.

Holt n., auch *Hult* Holz, Pl. *Hölter. Holt haugen* Holz hauen; *dat Holt döcht nicks* das Holz taugt nichts. – 2. Gehölz, Wald, Busch: *wi will'n in't Holt gahn* wir wollen in den Wald gehen; *mien Braurer is in't Holt führt* mein Bruder ist in den Wald gefahren. FLN *Kummerowsches Holt.*

Holt-: -appel m. wilder Apfel, Malus silvestris L. – **-asch** f. Holzasche, früher zum Zähneputzen empfohlen. – **-beer** f. wilde Birne. – **-buck** m. Holzbock, zur Fam. Cerambycidae geh. Käfer. – **-bütt** f. Holzbütte. – **-duf** f. Holztaube, Ringeltaube, Columba palumbus L. – **-für** n. Holzfeuer. – **-hauger** m. Holzhauer. – **-käd** f. ›Holzkette‹, Eisenkette zum Transport von Langholz. – **-laatsch** m. Holzpantoffel. – **-pantien** f. Holzpantoffel. – **-pantüffel** m. Holzpantoffel. – **-pot** f. Holzstück mit aufgespaltenen Enden, gut geeignet zum Anheizen. – **-schraach** m. 1. Eichelhäher, Garrulus glandarius (L.), auch *Holtschrieger.* – 2. Sägebock. – **-täk** f. Holzzecke, Ixodes ricinus L. – **-wahrer** m., veralt., Waldhüter. – **-wech** m. Holzweg. – Ra.: *upm Holtwech sin* sich irren. – **-worm** m., scherzh., Tischler.

hölten, höltern Adj. hölzern, aus Holz. In Verbindung mit Substantiven, getrennt oder als Komposita: *hölten Tüffel* Holzpantoffel, *hölten Schlarpen* dass.

hölten-, Hölten-: -assig Adj. mit einer hölzernen Achse versehen. – **-drœtik** n. Name eines Spiels mit Nüssen, wobei erraten werden muß, wieviel, bzw. ob der Gegenspieler eine gerade oder ungerade Zahl Nüsse in der Hand hält. – **-tüffelschaul** f., hist., verächtlich, alte Dorfschule.

Hölting m. wilder Apfel, Holzapfel, auch *Höltingappel*; volksetymologische Form zu *Höltick* m. wilder Apfel.

Holunner m. Holunder, Sambucus nigra L.

Honnig m. Honig: *Honnig üm'n Boort schmeren* Honig um den Bart schmieren, schmeicheln; *up'n Honnig krupen* auf den Honig kriechen, sich täuschen lassen. Gereimter alter Poesiespruch: *Wer Honnig will likken un Rosen will bräken, möt lieden, dat Immen un Duurnen em stäken.*

Honnig-: -beer f. Honigbirne, süße Augustbirne, Art der Pyrus communis L. – **-blaum** f. Echtes Labkraut, Galium verum L. – **-bodding** n. mit Honig bestrichene Brotscheibe. – **-kaukenpierd** n. Honigkuchenpferd; im Vergleich: *hei grient as'n Honnigkaukenpierd.* – **-kaukenspill** n., hist., Honigkuchenspiel, Glücksspiel auf Jahrmärkten, bei dem der Gewinn aus großen Honigkuchen bestand. – **-maand** m. Honigmonat, Flitterwochen.

Hööch, Hööcht f. Höhe, Anhöhe: *tau Hööcht(en); dei is tau Hööchten führt* er ist tot; *hei is inne Hööcht gahn* er ist sehr gewachsen.

Hoosten m. s. Hausten.

Hop m. mittelgroßer Haufen, Pl. *Höp: Heu ward in Höp sett'; denn' wa'k 'n Hop vör dei Dör setten!*

Hoppelpoppel m., n. 1. Gericht aus Bratkartoffeln und Eiern. – 2. geschlagenes Ei mit Zucker und etwas Rum. – 3. Quark.

Hoppen m. Hopfen; übertr.: *dor is Hoppen un Molt verluren* da nützt nichts mehr.

Hoppenbier n. Hopfenbier.

Hoppensack m. Hopfensack, sehr großer Sack. – Ra.: *hei hett 'n ganzen Hoppensack vull Göörn* viele Kinder; *dat Kleed sitt so wiet as 'n Hoppensack.*

Hoppenstang' f. 1. Hopfenstange. – 2., übertr., dünner, langer Mensch.

Hopphopp m. Floh; als Adverb Aufforderung zum Beeilen: *nu mak man 'n bäten hopphopp!*

Hor n. Haar, Pl. *Horen.* – Ra.: *sich inne Horen kriegen* sich streiten; *se liggen sich ümmer inne Hor; Hor up'e Tähnen hemm'* hart, eisern sein; *in't Hor drögen laten* im Haar trocknen lassen, vergessen; *in Horen* ohne Kopfbedeckung: *du geihst ja in Horen* du gehst ja barhäuptig; *dörch dei Hor wassen* glatzköpfig sein.

Hor-, hor-: -büdel n. 1. Haarbeutel für den falschen Zopf. – 2. Beutel für das hintere Haar der Männer bei der Tracht. – Ra.: *hei verliert Prük un Horbüdel* er verliert alles. – **-farf** f. Haarfarbe. – **-hanschen** m., hist., Fausthandschuh der Fischer, gestrickt aus grauer Schafwolle und ausgekämmtem Frauenhaar. – **-klein** Adj. ganz im einzelnen, ausführlich. – **-schleuf** f. Haarschleife.

Horbolten m., fachspr., Bolzen, auf dem die Sense gedengelt wird. – Syn. *Horhund.*

horen dengeln, die Sense durch Hammerschläge schärfen: *de Seis horen.*

Horhamer m. Hammer, mit dem die Sense gedengelt wird.

horken horchen, im Sprachgebrauch verdrängt durch hd. *horchen.* – Sprw.: *De lang horkt, de hüürt uk wat.*

Hornack m. Gemeine Teichsimse, Scirpus lacustris (L.).

Horpeus n., hist., seem., Masse aus Teer, Pech und Harz oder aus Wachs und Eigelb, mit der das rohe Holz am Schiffssteven eingestrichen wurde.

Hos f. Hose, steht neben *Büx*, dem eigentlichen nd. Wort für Hose, vor allem in Ra.: *Hosen runn'* Hosen runter, Ausdruck beim Kartenspielen; Aufforderung, aus den Betten aufzustehen: *Rut ut dei Posen, rin in dei Hosen!*

hoselieren, veralt., Notdurft verrichten, Hose herunterziehen: *ik möt eis hoselieren.*

Hosensack m. Hosentasche.

Hosenschieter m. ›Hosenscheißer‹, Kosewort für ein kleines Kind.

Hot n. s. Haut.

Hottehüü n., kinderspr., Pferd. – Syn. Hottepierd.

Hottepierd, Horrepierd n., Dim. *Hotsepierken.* 1., kinderspr., Pferd. – 2. Libelle. – Syn. s. Gottspierd.

hottern 1. langsam, zuckelnd mit einem Wagen fahren. – 2. sich verweilen, trödeln.

Hotz f. Haufen, Menge, Schar: *'ne ganze Hotz Kinner.*

hü Zuruf an das Pferd, loszugehen; in Verbindung mit *hott* zur Bezeichnung von Gegensätzen z. B. von zerstrittenen Eheleuten: *de ein geht hü,* *de anner hott.*

Hubel m. s. Huwel.

Hübschigkeit f. Schönheit, gutes Aussehen: *von dei Hübschigkeit kann ik nich läben.*

hucheln lachen, kichern.

Huckel m. Hügel, kleine Unebenheit, Pl. *Huckels.* – Syn. Huppel.

huckelig Adj. uneben.

huckepack, hukepack Adv. auf dem Rücken: *hei dröcht denn Lütten hukepack* er trägt den Kleinen auf dem Rücken.

Hücks, Hücksch f. 1. Kröte, auch *Fürhücks.* – 2. häßliche Frau.

huddelig, hudderig Adj. frostig, zitternd vor Kälte, aber auch aus Angst: *mi is hüt so huddelig* ich zittere vor Kälte; *du büst ja nu all so huddelig* du zitterst ja jetzt schon vor Angst.

hüden 1. häuten: *de Tüften hüden noch* die Kartoffeln bekommen erst eine Schale, sind noch nicht reif. – 2. tauschen: *will'n eis hüden* wollen mal tauschen.

Hüdfatt n., fachspr., durchlöcherter Fischbehälter zum Aufbewahren von Fischen im Wasser.

Huf f. Haube; Dim. *Hüüfken.*

hufrostig Adv., erste, lautmalende Silbe betont, verfroren, empfindlich gegen Kälte: *mi is so hufrostig.*

hujahnen s. hojahnen.

Huk[1] f. Hocke: *inne Huk sitten* mit gebeugten Knien hockend sitzen; *bi't Melken hemm' wi inne Huk säten* beim Melken haben wir in der Hocke gesessen; *sik inne Huk setten* auch Notdurft verrichten; *de Huk vullkriegen* Prügel beziehen; *de Huk vulleigen* sehr lügen.

Huk[2], **Hucke** FLN auf Hiddensee u. ö. – Zu nl. *hœk* Landspitze.

Hüker m. Hocker, dreibeiniger, niedriger Schemel, auch Fußbank: *sett di man up'n Hüker!* In übertr. Bedeutung: *dor hest 'n Hüker von mien Großmurrer,* sagt ein Junge, wenn er jmd. mit seinem Knie einen Stoß in den *Achterstäben* versetzt.

Hulbessen m., scherzh., Staubsauger.

hulen, hülen heulen: *de Hund huult wedder so.*

Hüler m. 1. großes Schnapsglas mit massivem Fuß. – 2. großer Brummkreisel aus Blech, der beim schnellen Drehen singt.

Hulkasten m., scherzh., Kofferradio, Recorder.

Hülp f. Hilfe; *tau Hülp kamen,* helfen: *dor is kein Hülp an* es lohnt nicht mehr.

Hülsenduurn m. Stechpalme, Ilex aquifolium L.

Hult n. s. Holt.

hulwaken, veralt., nicht schlafen können, wach liegen: *he hett de ganze Nacht hulwaakt.*

Hummel f. Hummel; ein Kind, das nicht stillsitzen kann, *hett Hummeln in'n Noors.*

Hümpel m. jegliche Art von Haufen, aber auch als Mengenangabe: *'n Hümpel Jungs, 'n Hümpel Lü'* eine große Anzahl von Leuten; *se höllt ehr (Geld) up'm Hümpel* von einer sparsamen Frau; *sien Fief nich up'm Hümpel hemm'* seine fünf Sinne nicht beisammen haben, zerstreut sein. – Ra. von ständig sich mehrendem Reichtum: *De Düwel schitt ümmer up denn gröttsten Hümpel* der Teufel scheißt immer auf den größten Haufen.

hümpelwies Adv. haufenweise.

Hümpetick n. Kinderspiel, bei dem auf einem Fuß durch vorgezeichnete Spielfelder gehüpft werden muß. – Syn. Hinketick.

Hün un Perdün, veralt., alles Zubehör, Groß und Klein, Sack und Pack: *se hemm' ehr mit Hün un Perdün ut de Wohnung rutschmäten.* Zwillingsformel, die urspr. aus der Seemannssprache übernommen ist, wo *Hün* den Mastkorb und *Perdün* das Haltetau bezeichnete, beide Wörter sind Entlehnungen aus dem Nl.

Hund m. Hund, Pl. *Hunn'*; Dim. *Hünning.* – Ra.: *up'n Hund kamen, up'n Hund tau rieden kamen* herunterkommen. – Sprw.: *Dor is kein Hund so dumm, dat hei nich bellen lihrt. Is de Hund œwern Tuun, kümmt de Schwanz uk noch rœwer* wenn das Schwierigste geschafft ist, gelingt das übrige auch; ebenso: *kam ik œwern Hund, so kam ik uk œwern Stiert.*

Hungerhark f. Hungerharke, große Harke, ursprünglich aus Holz, später aus Eisen und von Pferden gezogen, mit der auf dem Felde liegengebliebenes Korn, aber auch Heu zusammengeharkt wurde.

Hunn'-: -angst f. große Angst. – **-blaum** f. 1. Hundskamille, Anthemis L. – 2. Margerite, Leucanthemum vulgare. – 3. Löwenzahn, Taraxacum officinale. – **-bodderfatt** n., hist., durch Hundekraft angetriebenes Butterfaß. – **-danz** m. ›Hundetanz‹, tolle Angelegenheit, verstärkend: *Hunn'danz up Söcken.* – **-draff** m. Hundetrab, langsamer Trab. – **-hanschen** m. Sg., Pl. ›Hundehandschuh‹, übertr.; ausgekochter Mensch, unsaubere Geschäfte. – **-kœtel** m. Hundekot. – **-küll** f. Hundekälte. – **-melk** f. ›Hundemilch‹. – Ra.: *dei hett Hunn'melk sagen* er ist ein gerissener Mensch. – **-schiet** f. ›Hundescheiße‹, wertlose, schlechte, unbrauchbare, minderwertige Ware: *dat's Hunn'schiet!* Antwort auf die neugierige Kinderfrage: *Wat gifft' to äten? Hunn'schiet un Backbeern, Hunn'schiet mit Plummen, Hunn'schiet mit gräun Seep, Hunn'schiet in Borrer brad't.* Anerkennend wird derjenige, der aus allem etwas zu machen versteht, gelobt: *hei kann ut Hunn'schiet baschen Kees maken*; mit der gleichen und ähnlichen Ra. werden aber auch die Überschlauen kritisiert: *hei kann Hunn'schiet in Düüstern rüken, hei kann ut Hunn'schiet Fläuten maken.* – **-stiert** m. Hundeschwanz. – **-streich** m. ›Hundestreich‹, Unsinn, Dummheit: *de Jungens hemm' bloots Hunnenstreich in'n Kopp.* – **-stüz** m. Hundeschwanz. – **-tähn** m. Hundezahn.

hunnert hundert: *up hunnert sin* aufgeregt, erregt sein. – Ra. beim Einschenken von Schnaps: *Na hunnert Johren is allens gliek, ob wi sapen hemm' orrer nich.*

Hunnertdalerpierd n. Hunderttalerpferd; im Vergleich: *hei hett'n Noors as'n Hunnertdalerpierd* er ist ziemlich dick.

Hupen m. Haufen von beliebiger Größe, Pl. *Hupens*; *'n Hupen Minschen* eine Menge Menschen. – Ra.: *Wenn't kümmt, kümmt' mit Hupen* gewöhnlich kommt alles zugleich.

hüpen 1. häufeln, anhäufeln: *Tüffel hüpen* Kartoffeln anhäufeln. – 2. in Haufen setzen: *Heu hüpen* Heu in Haufen setzen.

hüpendig, hüpig Adj., Adv. gehäuft: *hüpendig vull* gehäuft voll.

Hüper m. Gerät zum Kartoffelhäufeln.

Huppel m. kleine Erhöhung, wie Huckel.

hüppen hüpfen. – Ra.: *Hei is denn Düwel ut de Bratpann hüppt* er ist nicht ganz normal.

Hüpper m. Hüpfer, Springer. 1. kleines Kind. – 2., hist., kleiner Ring, der lose auf dem Deckel des Stampfbutterfasses aufsitzt.

Huppup m. Wiedehopf, lautmalendes Wort.

Hür f., veralt., Heuer, Lohn, Pacht, Miete.

hüren 1. hören: *up dat Uhr hür ik schlicht,* übertr.: ich will nichts davon wissen; *wecker nich hüren will, möt fäuhlen* wer nicht hören will, muß fühlen. – 2. gehören, Eigentum sein, dazugehören: *tau'n Kaffee hüürt 'n Stück Kauken; hüürt di dei Hund?; hei hüürt dor uk mit tau.* – 3., refl., sich gehören; *dat hüürt sich nich* das gehört sich nicht; *du mööst dat maken as sich dat hüürt* wie es sich gehört. – 4. gehorchen: *dei Lütt hüürt œwer uk gor nich* die Kleine gehorcht überhaupt nicht; *up dei Ollen ward nich hüürt.*

Hürenseggen n. das Hörensagen: *hei weit dat bloots von't Hürenseggen.*

Hurrik m., veralt., dichte Wolken am Horizont: *de Sünn krüppt achtern Hurrik.*

Hus n. Haus, Pl. *Hüser*; Dim. *Hüüschen*; *tau Hus kamen* nach Hause kommen; *an't Hus kamen* dass.; *von Hus ut* von Hause aus; *hei is denn Schauster (Schnieder, Discher* u. ä.) *dörch't Hus rönnt* er versteht von seinem Handwerk nur wenig. – Ra.: *Ierst 'n Hus un denn wat in* erst eine Wohnung und dann eine Frau; *an olle Hüser un olle Frugens is alltiet wat to flicken; Infäll hemm' as'n oll Hus* Einfälle haben wie ein altes Haus.

Husch m. 1. kurzer Regenschauer: *ik heff 'n orrigen Husch afkrägen.* – 2. Vorgang von kurzer Dauer.

husch-di-Katt Adv. schnell, flüchtig.

Huschmusch m. Gerümpel, schlechte, flüchtige Arbeit.

Hüsung, Hüsing f., veralt., Behausung, Wohnung, Obdach. Als Titel eines Versepos von F. Reuter (»Kein Hüsung«) noch bekannt, aus dem aktiven Sprachgebrauch heute weitgehend geschwunden.

Hut f. 1. Haut von Mensch und Tier, Pl. *Hüd'*: *mit Hut un Hor* gänzlich; *hei wier bloß Hut un Knaken; ut'e Hut fohren* aus der Haut fahren, sich erregen. – 2. Fettschicht auf der gekochten Milch.

hüt Adv. heute: *dat is hüt un dissen (deesen) Dach noch so* das ist heute immer noch so.

hütigendachs Adv. heutzutage.

Hütt f. Hütte; als Formel: *Hütt un Mütt* gesamte Habe; *hei is mit Hütt und Mütt aftagen* er ist mit dem gesamten Hab und Gut abgezogen.

huuch, huuching Ausruf der Verwunderung, des Erschreckens; erweitert: *huuching eins, Mieking!*

Huurn n. Horn, Pl. *Hüürn.* – Ra.: *Hei möt sik ierst de Hüürn aflopen; dat is em in't Huurn drœnt* er ist beleidigt.

Hüüschen n. ›Häuschen‹, Kerngehäuse von Apfel und Birne, Pl. *Hüüschen.* – Syn.: *Gehüs,* Karnhus.

Huwel, Hubel m. Hobel, Werkzeug des Tischlers.

Huwelhingst m., scherzh., Tischler.

I

I, i n. 1. der Vokal. i tritt als kurzer offener Vokal auf in Wörtern wie *Disch, ik, sitt* (orthographisch stets i). In offenen Tonsilben (*rieten, stiepen, kihren*) und in geschlossenen Silben (*Tiet, stief, mien, mihr*) ist i lang und geschlossen. Dieses lange i wird orthographisch als ie oder ih wiedergegeben, in Abhängigkeit von der Orthographie der hd. Entsprechung des nd. Wortes (s. Vorbericht. Zur Orthographie). – 2. langgezogenes i als Ausruf des Abscheus, des Ekels: *i, wat is dat? i, is dat hier 'n Modder!*

ichtens s. jichtens.

iedel eitel, als Adjektiv ungebräuchlich, als Adverb: sehr, völlig; zur Steigerung dienend: *iedel vergnäucht* sehr vergnügt; *iedel fidel* sehr lustig; *iedel dœsig* sehr dumm.

Iel[1] m., f. Egel, Blutegel, Pl. *Ielen. Ielen setten* Blutegel setzen; *munter as 'ne Iel.*

Iel[2] f. Eile; *dat hett noch kein Iel* das eilt noch nicht.

ielenfix Adj. sehr schnell: *dat möt ielenfix gahn.*

ielig Adj. eilig: *ik heff dat ielig* ich bin sehr in Eile.

Iemiech f. Ameise. – Zu *miegen.* – Syn. s. Eemk.

Ierd f., südlich von Ueckermünde *Eerd,* Erde: *tau Ierd kamen* beerdigt werden; einen *tau Ierd bringen* jmd. beerdigen; *du bringst mi noch inne Ierd* du bringst mich noch ins Grab! Zu einem Aufschneider: *Blief up'e Ierd, denn föllst du nich von'n Bœn* bleib auf der Erde, dann fällst du nicht vom Boden.

Ier(d)-: -äppel m., vereinzelt, Kartoffel. – **-beer, besing** f. Erdbeere. – **-kröt** f. Erdkröte. – Vgl. Hücks. – **-mann** m. 1. Erdmann, alter männl. PN. – 2., vereinz., Tod. – 3., vereinz., Grab. – **-möpper** Pl. große graue Frösche. – **-paach, -poch** f. Erdkröte. – Vgl. auch Hücks. – **-tuffel, -tüffel** f. Kartoffel.

ierden Adj. irden, aus Ton: *ierden Pött* irdene Töpfe; *ierden Schöttel* irdene Schüssel; *ierden Tüüch* irdene Ware allg.

iernstlich s. ernstlich.

ierst, im Westen Mecklenburgs vereinzelt noch *eirst,* daneben südliches *eerst.* 1. Adj. der erste: *ik wier dei ierst* ich war der erste; *de iersten Plumm' sünd madig.* – Sagw.: *Dat's blot dat ierste Mal, sä' de Schooster, don kreech sien Fru acht Wochen na de Hochtiet 'n Jungen.* – 2. Adv., auch *iersten* erst. – Sprw.: *Man möt ierst kruppen, ihrer man löppt* es fällt kein Meister vom Himmel; ähnlich: *Ierst 'ne Näs un denn 'ne Brill, un denn ierst seihn, ob's passen will.* In Verbindung mit Präpositionen: *för't ierst* fürs erste; *in't ierst* zuerst: *in't ierst wull dat nich recht gahn; up de ierst* fürs erste; *von ierst af an* von Anfang an; *von iersten* von vorhin: *ik bün noch satt von iersten; dat krist du noch von iersten* das bekommst du noch von vorhin.

ierstlich 1. Adv. in der ersten Zeit. – 2. Zahlwort erstens.

Ies n. Eis: *tau Ies gahn,* fischerspr., zum Eisfischen gehen; *up Ies liggen* unpäßlich sein nach starkem Alkoholgenuß; jmd. *up't Ies führn* jmd. verleiten. – Sprw.: *Wenn't denn Äsel tau gaut geiht, geiht hei up't Ies un brääkt in.*

Ies-, ies-: – -bein m. Eisbein. – **-bor** m. Eisbär. – **-bräker** m. 1. Eisbrecher. – 2. Grog oder anderes alkoholisches Heißgetränk. – **-glanner, -klanner** m. 1. Eisscholle, Eiszapfen. – 2., Pl. kalte Füße. – **-kägel** m. großer Eiszapfen. – **-klumpen** m.1. ein Stück Eis. – 2., Pl. kalte Füße. – **-kolt** Adj. eiskalt. – **-mirt** f. Eismyrte: *wenn die Iesmirt up't Dack wasst, schleit dei Blitz nich in.* – **-schläden** m. Eisschlitten. – **-tappen** m. Eiszapfen.

Iese, Iesi weibl. PN Luise.

Iesen n. Eisen; *koll Iesen* kaltes Eisen, auch Bügeleisen; *dat koll Iesen gäben* mit dem Messer stechen. – Ra.: *Hei kann nicks liggen laten as gläuhnig Iesen un Mœhlenstein* er läßt alles mitgehen, ist ein Dieb.

Iesenbahn f. Eisenbahn, gegenüber älterem *Ieserbahn.*

iesenmadig Adj. wurmstichig: *de Wördel sünd œwer Johr all iesenmadig.*

Ieserkauken m., veralt., Waffeln, zwischen zwei Eisenplatten gebacken.

iesern Adj. eisern: *iesern Hochtiet* eiserne Hochzeit nach 65jähriger Ehe; *dat is'n ganz Iesern* das ist ein sehr abgehärteter und willensstarker Mensch.

iesig Adj. eisig: *iesige Luft; iesig kolt* eisig kalt, zusammengezogen zu einem Wort: *iesigkolt, iesingkolt.*

Iewer m. Eifer: *hei keem so in Iewer.*

iewerig Adj. eifrig, flink, auch zornig: *wat künn hei iewerig warden* wie ergrimmt konnte er doch sein.

iewern, refl., ärgerlich sein, sich ereifern: *hei iewerte sik so, dat hei ganz rot wür.*

Ihr f., südl. Ueckermünde und Anklam *Ehr*, Ehre: *tau Ihren kamen; de Ihr andaun* jmd. die Ehre erweisen; auch: *de Buddel de Ihr andaun* einen kräftigen Schluck aus der Flasche trinken; *aller Ihren wiert sin* aller Ehren wert sein.

ihrdem, ihrdäm Adv. ›vor dem‹, zuvor, in früherer Zeit: *dat wier ihrdem eis so* das war früher mal so; *dat's all von ihrdem her* das ist schon von früher so; *ihrdäm heff ik em seihn* vor kurzem habe ich ihn gesehen.

ihrer Adv. eher, bevor: *ihrer du dat nich farig hest, kümmst du mi nich wech* bevor du das nicht fertig gemacht hast, darfst du nicht weggehen; *ihrer du tau Pott kümmst, … tau Daach kümmst* bevor du fertig wirst; *dei is ihrer ut't Nest hüppt* er ist dumm.

ihrgistern Adv., veralt., vorgestern, vor langer Zeit: *se keemen all ihrgistern trööch* sie kamen schon vorgestern zurück; *dat is von ollen ihrgistern* eine sehr alte Geschichte.

ihrlich Adj. ehrlich, ehrenwert, achtbar, aufrichtig: *dat wier groff, œwer ihrlich* das war grob, aber ehrlich; *sik ihrlich maken* Schulden bezahlen, Einstand geben. Scherzhafte Ra.: *Weker ihrlich dörch dei Welt kamen will, möt sik'n bäten taustählen* wer ehrlich durch die Welt kommen will, muß sich ein bißchen ›zustehlen‹; oder im Nachsatz verhüllend: *de möt nachts twischen twölben un ein'n keinen Schlap inne Ogen hemm'.*

ihrpusselig Adj. einfältig, treuherzig.

ik Pers. Pron. ich, in verkürzter Form häufig nur 'k: *heff'k* habe ich; *kam'k* komme ich; *schrief'k* schreibe ich. – In Abzählreimen am Beginn stehend: *Ik un du, Müllers Kuh, Müllers Äsel, dat büst du; ik un du un Schult'n sien Fru un een Buddel Bier, sünd dat nich vier, twee Hiering up de Röst, dat sünd söss, twee Soldaten up de Wacht, dat sünd acht, twee Kierls bi't Meigen, dat sünd teigen.* – Als alleinige Antwort auf eine Frage häufig erweitert zu *icke*: *Wer hett dat maakt? Icke!*

Ilk m. Iltis. – Ra.: *Sei is flink as'n lütt Ilk.*

Ilof m. Efeu, Hedera helix L.

Imig f. s. Iemiech.

Imm f. Biene, Pl. *Immen,* übertr.: Läuse; *de hett Imm'! – Imm, Imm, gah ut un kumm nich werrer rin* sagen die Kinder, wenn eine Biene im Zimmer surrt. – Scherzhaft: *Wecker sien Geld will fleigen seihn, de steckt dat in Häuhner un Immen rein* wer sein Geld fliegen sehen will, legt es in Hühnern und Bienen an, denn der Volksmund meint: *Immen un Schap ernähren ehren Herrn in'n Schlap.*

Immenrump m. Bienenstock.

Immenschuer m. Bienenschauer, Bienenschuppen.

Imt n., hist., Frühstück, Imbiß.

in 1. Adv. darin: *hei was nich in* er war nicht zu Hause; *is hei in?* ist er zu Hause?; *hei weit nich mihr in un ut* er weiß nicht mehr ein und aus. – **2.** Präp. in, an, auf, bei: *de Sünn steiht in'n Merrach* es ist zwölf Uhr; *in Horen gahn* ohne Kopfbedeckung gehen; *in Korten* in Kürze; *in de Tiet* während der Zeit; *in einem tau* fortwährend; *dor hett hei kein Schuld in* daran hat er keine Schuld.

in-, In-: -asen, refl., sich einschmutzen. – **-austen** ›einernten‹. 1. Ernte einbringen. – 2., übertr., gut essen, gute Geschäfte machen: *in de Ba'tiet hemm' dei Gastlü' schön inaust* in der Saison haben die Wirtsleute schön eingenommen. – **-bäutels** n. Heizmaterial. – **-bäuten** einheizen. – **-billen** einbilden. – **-billsch** Adj. eingebildet. – **-bimsen** eintrichtern, einreden. – **-binnen** einbinden: *Stroh inbinnen.* – **-blieben, -bliewen** zu Hause bleiben. – **-bögen** einbiegen. – **-bören 1.** einnehmen. – 2., übertr., Alkohol trinken: *sich schön einen inbören.* – **-buddeln** eingraben, beerdigen: *se hemm' em hüt inbuddelt.* – **-büken** einweichen (Wäsche). – **-bünneln, -bünzeln** einbündeln. – **-büxen** Babys windeln. – **-dösen** einschlafen. – **-drächtig** Adj. einträchtig. – **-drellen** eindrehen: *dei Angelschnur is indrellt.* – **-drögen** eintrocknen. – Ra.: *Di is woll de Grütt indrööcht?* Du bist wohl nicht normal. – **-druseln, -drusen** einschlafen: *ik wier all indruust.* – **-drüüschen** Hering einsalzen. – **-dümpeln** eintauchen in Wasser. – **-faten** einfassen, einfangen: *denn Immenschwarm infaten.* – **-föden** einfädeln. – **-friegen** einheiraten: *hei hett dor infriecht* – **-fummeln** 1. mühsam einfädeln. – 2. sich heimlich etwas in die Tasche stekken. – **-gahn** 1. ›eingehen‹, sterben. – 2. begreifen, verstehen: *dat geiht mi nich in* das kann ich nicht begreifen. – **-gebuurn** Adj. eingeboren; *dat is so ingebuurn* das liegt so in der Art. – **-gedüm, -döm** n. 1. Eingeweide. – Syn. Inster. – 2. Bratenfüllung. – 3. beweglicher Besitz auf einer Wirtschaft. – **-grimmeln** grau werden. – Syn. *ingriesen.* – **-häuden** einhüten. – **-haugen** ›einhauen‹, tüchtig essen: *du hauchst ja bannig in!* – **-heimsch** Adj. 1. verschlossen, verschwiegen. – 2., veralt, einheimisch. – **-hüsig** Adj. häuslich, zurückgezogen. – **-kacheln** 1. einheizen. – 2., übertr., Alkohol trinken. – **-kamen** ›einkommen‹, einfallen. – **-kieken** jmd. besuchen: *kiek eis werrer in!* übertr.: *inne Buddel kieken* sich betrinken. – **-klaren, -klarren** 1. einschmutzen. – 2. etwas einwühlen. – **-knöpen** einknöpfen, übertr.: *sich einen inknöpen* sich betrinken. – **-knüppen, -knüppern** einknüpfen, einen Knoten machen. – **-knütten** einstricken. – **-köpen** einkaufen. – **-kräumeln** einbrocken, einkrümeln. – **-kriegen** einholen: *denn' krich ik noch werrer in* den hole ich noch wieder ein. – **-krücken** sich unterhaken, einärmeln: *will'n wi uns inkrücken, dat wi nich fallen?* – **-kulen** begraben, vergraben. – **-kuscheln** einkuscheln: *de Farken hemm'* *sich schön inkuschelt.* – **-laten** einlassen, refl., sich auf etwas einlassen: *dor lat ik mi nich up in.* – **-leggen** hineinlegen, speziell einsargen: *de Liek inleggen; Mess inleggen* Dung in die Ackerfurchen streuen. – **-liewen,** refl., sich etwas einverleiben, tüchtig sattessen: *dei hett sich œwer wat inlieft!* – **-ligger** m. Einlieger. 1. Mieter in einem Haus. – 2., hist., Arbeiter auf dem Land ohne Landbesitz, zur Miete wohnend. – **-lopen** einlaufen. – **-lüchten** 1. einleuchten, einsehen, verstehen: *lücht di dat nu in?* – 2. verprügeln: *denn' war'k weck inlüchten.* – **-lüden** einläuten: *de Köster lüd't denn Sünndach in.* – **-maken** 1. hineintun. – 2. einkochen. – 3. sich vollmachen (von kleinen Kindern). – **-meiden,** refl., sich einmieten. – **-miegen** das Bett naß machen. – **-mölen** ›einmölen‹, in Unordnung bringen. – **-mummeln, -mümmeln,** refl., sich warm anziehen. – **-musseln,** refl., sich einkuscheln. – **-nähmen** einnehmen. – **-nicken** einschlafen. – **-ösen** unterhaken: *wi will'n em man inösen, he is 'n bäten dun.* – **-pägeln,** refl., übertr., sich betrinken: *hei pägelt sich ein'n in.* – **-paß** m. Enttäuschung, Störung, Behinderung: *se hemm' keinen Inpaß hatt* sie hatten keinen Schaden. – **-pedden, -peeren** hineintreten. – **-plüddern, -plürren** eingießen, einschenken. – **-pœseln,** refl., einschmutzen: *pœsel di man nich so in.* – **-puken** 1., refl., etwas zu sich nehmen, essen: *sich wat inpuken.* – 2. begraben: *vör'n half Johr hemm' s' em inpuukt.* – 3. verprügeln: *hei hett em 'n por inpuukt.* – **-purren** eingraben, verscharren, beerdigen. – **-pütten** eingießen. – **-puuschen** naß machen. – **-raapsel** n. das Eingeraffte. – **-racken, -racksen** einschmutzen. – **-rapen** einraffen. – **-reiden** sich mit dem Nötigsten versehen: *wi hemm' uns gaud vör'n Winter inreid't.* – **-reigen** einreihen, in eine Reihe legen: *dat Heu inreigen.* – **-rieben, -riewen** einreiben. – **-riewels, -rieflis** n. ›Einreibsel‹, Einreibemittel. – **-rönnen** einrennen; *mit denn' kann'n Dör un Wänn' inrönnen* über einen sehr dummen Menschen. – **-rusten** einrosten. – **-sägelsdach** m. Tag der Konfirmation. – **-sägen** einsegnen. – **-schaken** eine Kette durch Einhaken eines Kettengliedes schließen: *schak eis dei Kä' in!* – **-schaustern** einbüßen. – **-scheiten** ›einschießen‹, einfallen: *wat ein' all so inschütt* was einem alles so einfällt! – **-schlach** m. Einschlag, Saum: *dei Inschlach kann noch utlaten warn.* – **-schlagen, -schlan** einschlagen; speziell fischerspr.: *Flicken inschlan* Flicken einsetzen in Fischernetze. – **-schlapen** einschlafen, sterben. – **-schlumpsen** einheimsen, gewinnen (beim Kartenspiel). – **-schmuddeln** einschmutzen. – **-schott** n., m. ›Einschuß‹ 1. Schreck, Zusammenfahren: *man kann dat Inschott kriegen, so verfihrt man sich.* – 2. Milchstockung in der weiblichen Brust und im Euter: *de Kauh hett Inschott krägen.* – **-schün(n)en** jmd. etwas einreden, jmd. zu etwas verleiten: *gaut, dat du uns dat inschünnt hest.* – Syn. anschünnen. – **-seihn** einsehen, verstehen. – **-seipen, -seepen** 1. einseifen. – 2., übertr., betrügen: *denn' hemm's' orrich inseipt.* – **-sitten** 1. darin sitzen, drin stecken: *dor sitt noch wat in.* – 2. im Gefängnis sitzen: *he möt insitten.* – **-sölen, -sülen,** refl., sich schmutzig machen. – **-sol-**

ten einsalzen. – **-spunnen** einsperren: *de ward inspunnt bi Wader un Brot.* – **-stahn** 1. einstehen für etwas, bürgen: *för sich allein instahn* für alles alleine gerade stehen. – 2. eingestehen: *stah dat in!* gestehe es! – 3. ›drinstehen‹, geschehen: *dor steiht nicks von in* es kommt nicht in Frage. – **-stellen** einstellen; speziell fischerspr.: *dat Nett instellen* das Netz im Wasser aufstellen. – **-stiegen** einsteigen. – **-stippen** eintunken. – **-störten** einstürzen. – **-stöten** hineinstoßen. – **-stuken** hineinstauchen, übertr.: *ein'n weck instuken* jmd. verprügeln. – **-süern** einsäuern, veralt. Brotteig ansetzen. – **-susen** bettnässen. – **-trecken** einziehen, hineinziehen. – **-tüdern** Fäden verwirren, übertr.: *sik'n Lütten intüdern* sich betrinken. – **-tünen** einzäunen. – **-verstahn** Adj. einverstanden. – **-waden** mit den Füßen ins Wasser gehen. – **-warden** bemerken, gewahr werden: *sei ward dat noch eis inwarden; ik bün dat gor nich inworden, dat du rinkamen büst.* – **-weiken** einweichen, vor allem Wäsche. – **-wennen** 1. einwenden: *hest du wat dorgägen intauwennen?* – 2. sich eingewöhnen: *hei ward sich schon inwennen.* – **-wennig** Adj. inwendig, von innen. – **-wördeln** einwurzeln.

indäm Adv. währenddessen, indem: *indäm dat ik dat sech, keem hei.*

infamig Adj. frech. – Zu *entfaamt*, s. entfamich(t).

Innenwiek f. Gewässer in Buchten.

Inspekter m. Inspektor, Aufseher: hist., Wirtschaftsleiter auf einem Gut.

Inster n., hist., die Eingeweide geschlachteter Tiere. – Syn. Ingedüm.

Instlüd Pl., hist., Tagelöhner.

intwei, intwee, entwei Adj. entzwei, auseinander, getrennt, kaputt: *entwei maken; entwei rieten; de Disch is intwei; nu is de Pott intwei:* 1. nun ist der Topf entzwei. – 2., übertr., die Sache, die Freundschaft ist aus. – Ra.: *Dat is noch wiet entwei* daraus wird vorläufig nichts.

intweiig Adj. kaputt, zerrissen: *intweiige Strümp* zerrissene Strümpfe; *intweiige Schauh* kaputte Schuhe. – Zu *intwei.*

J

J, j n. der Konsonant. Er steht im Wort- und Silbenanlaut als stimmhafter palataler Reibelaut. Häufig wird j im Anlaut mit stärkerem Reibegeräusch als [ʒ] (wie in Journal), z. B.: [ʒɔ] ja, [ʒu:gŋt] Jugend, [lytʒə] kleine oder zusätzlich mit einem d-Vorschlag (*djedet Djohr* jedes Jahr, *djedermann, Djung'* Junge) artikuliert. Diese Aussprache ist besonders bei häufig gebrauchten Wörtern zu beobachten und ist in Mecklbg (auch in der dortigen hd. Umgangssprache) stärker verbreitet als im hist. Vorpommern.

jacheln, jachern 1. keuchen, außer Atem sein nach schnellem Laufen. – 2. lachen, kichern. – Syn. jichern.

Jack f. Jacke: *'ne warm Jack* ein Kognak. – Ra.: *Dat is Jack wie Büx* es ist alles gleich; *farig sin mit Jack un Büx* total erledigt sein; *wat up'e Jack kriegen, de Jack vull kriegen* Prügel beziehen; *de Jack vull hemm'* betrunken sein; *sik einen unner de Jack knöpen* sich betrinken; *die Jack treck ik mi nich an* die Sache beziehe ich nicht auf mich.

jackeln wackeln, schaukeln: *hei jak-*

kelt up'n Stauhl ümmer hen un her; anne Dör jackeln an der Tür rütteln. – Vgl. juckeln.

Jäcker, Jäckert m., j hier ausgesprochen wie in hd. Journal, kurze Jacke der Männer: *dissen Jäcker heff ik mi gistern köfft; ik bruk hüt kein'n Jäcker an.* – Zu hd. *Jakett.*

Jacks f. Prügel, Schläge: *dei Jacks, dei hei krägen hett, wier nich von schlichten Öllern.*

Jakobi, zweite Silbe betont, Tag des heiligen Jakobus, 25. Juli, früher gewöhnlich der Beginn der Roggenernte. Deshalb beziehen sich auch viele Wetterregeln auf diesen Tag: *Jakobi warm un hold, Wihnachten iesig kolt. Js Jakobi hell un warm, früst* (frierst) *du Wihnacht' bet in'e Darm'. Jakobirägen verdarft de Beeren.*

Jan Kurzform des männl. PN Johann, häufig als Grundwort in Zss. wie *Baller-, Daller-, Dœmel-, Dummer-, Schlusjan* u. m. Im Sagw. heißt es: *Einfach Jan, sä' dei Bur, as sien Jung döfft warn süll, hei sall doch bloots achtern Plauch gahn* nur ›Jan‹ soll er heißen, sagte der Bauer, als sein Junge getauft werden sollte, er soll doch bloß hinterm Pflug gehen.

Jank m. Verlangen, Begierde, Gier: *ik heff so'n Jank dorup.* – Syn. s. Jieper.

janken Verlangen haben, gierig sein nach, auf etwas: *dor jankt ehr doch na* danach hat sie Verlangen.

Janne, Janni Kurzform des weiblichen PN Marianne.

japen s. gapen.

jappen, japsen nach Luft schnappen, den Mund aufsperren, gähnen: *hei kann nich mihr japsen.*

Jauch f., vereinzelt *Jüüch (s. d.)*, flüssiger Stalldünger, heute schon häufig Gülle.

jaudeln, jaudern jammern, wimmern, winseln, betteln: *wat jauderst du bloß ümmertau.*

jaumeln bitten, betteln: *dei jaumelt in eis tau.*

jautern klagen, jammern, winseln.

jawweln schelten, schimpfen.

jederein, veralt, ein jeder: *dat hett nich jederein.*

jenn, jenner, hist., jener.

Jette f. Kurzform des weibl. PN Henriette.

ji Pers. Pron. 2. Pers. Pl. ihr; *wat gahn ji mi an? wat kümmern ji mi?* was geht ihr mich an.

jichern keuchen, schnell atmen. – Syn. jacheln.

jichtens, ichtens Adv., veralt., irgend irgends: *wenn ik jichtens kann, kam ik hüt to di; dat geiht jichtens noch so* das geht gerade noch so.

jiemen pfeifend atmen, nach Luft ringen; vereinz. auch *giemen*: *dat jiemt em inne Bost* es pfeift in der Brust.

jiepen piepen, pfeifen, zwitschern (von kleinen Vögeln).

Jieper, Gieper m. heftiges Verlangen, Gier: *hei hett so'n Jieper up'n Glas Bier.* – Syn.: Gibbel, Jank, Jœk.

jieperig Adj gierig, lüstern: *dei is so jieperig na denn Schnaps.*

Jiwwel m. s. Gibbel.

Johanni Tag des heiligen Johannes, 24. Juni, wichtig für die Landwirtschaft, deshalb viele Wetterregeln: *Vör Johanni birr um Rägen, na Johanni kümmt hei ungelägen* vor Johanni bitte um Regen, nach Johanni kommt er ungelegen. Dem Pastor wird in den Mund gelegt: *Vör Johanni helpt mi bäden, na Johanni kann'k allein* vor Johanni helft mir beten, nach Johanni kann ich es allein; *wenn't Johanni rägent, denn rägent' noch söss Wochen.*

Johr n. Jahr, Pl. *Johren; œwer Johr* in

diesem Jahr; *vörrig Johr* und *verläden Johr* vergangenes Jahr; *taukamen Johr* im kommenden Jahr; ebenso: *nekst Johr* und *anner Johr.* Im Sprw.: *Anner Johr hett de Kauh anner Hor* im nächsten Jahr sieht alles anders aus; *süss Johrs* in sonstigen Jahren; sonst: *süss Johrs hemm' wi bäder lääft; dat sünd all Johren her* es ist schon lange her; *hei is in mien Johren* er ist in meinem Alter; *Johr un Dach* unbestimmte, lange Zeit: *di heff ik ja Johr und Dach nich seihn* dich habe ich ja schon sehr lange nicht mehr gesehen; *se kümmt nu all in de Johren* sie kommt in die Wechseljahre.

johren ›jahren‹, gut gedeihen; *gaut johren* gut lohnen: *ditmal hett de Aust bäder johrt.*

Johrling n. ein Jahr altes weibliches Schaflamm.

johrsch Adj. einjährig: *dat Fahlen is ierst johrsch.*

Jœk f. 1. Jucken, Krätze: *hei hett dei Jœk.* – 2. Verlangen, Gier: *Jœk hemm'.* – Syn. s. Jieper.

jökeln lachen, Spaß machen, kichern: *wat jökelst du ümmertau?*

jöcken, jöken jucken: *mi jöökt dei Näs; wat mi nich jöökt, dat kratzt mi nich* was mich nichts angeht, kümmert mich nicht; *wat jöökt di* – was fehlt dir?

Jöljapp m. 1. Schreihals. – 2. Bezeichnung des Storches im Rätsel.

Jöll f. Jolle, Pl. *Jöllen.*

Joochen, Jööching Kurzform des männl. PN Joachim. Spottend: *Joochen, Poochen; Joochen Pœsel, wat büst' vör'n Äsel! du sühst ut as Joochen von'n Lan'n* siehst einfältig und dumm aus.

Jop f. Joppe, kurze, warme Männerjacke: *dat gifft wat uppe Jop* es gibt Prügel.

Jöper m. 1. kleiner Junge. – 2. unzuverlässiger Mensch.

Jör n. s. Gör.

josen, jösen, nur auf Ostrügen verbreitet, auch dort veralt., laut rufen, jauchzen.

Jüch f. s. Jüüch.

Jück n. Joch, Zugvorrichtung beim Gespann.

Juckbeer f. Hagebutte; den Inhalt, d. h. die Kerne der Hagebutte, nennt man *Juckpulver.*

juckeln schaukeln, wackeln, schwanken: *dat juckelt so upm Wagen.* – Vgl. jackeln.

Julbuck m., hist., meist als Ziegenbock vermummte Gestalt, die am Heiligabend von Haus zu Haus zog, s. auch Bullkater 2., Kinnjees, Knieperdacks, Ruuchklas.

Jule Kurzform des männl. PN Julius sowie der weiblichen PN Julie und Juliane, daneben für Juliane auch Julchen. Im Tanzlied: *Herr Schmidt, Herr Schmidt, wat kricht de Jule mit? Een Pinkelpott un'n Schleierhot, dormit statt ik mien Jule ut.*

jülken hastig trinken: *jülk nich so!*

Julklapp f. ein Geschenk (oft Scherzartikel) zu Weihnachten, das mehrfach verpackt und mit verschiedenen Adressen versehen ist und mit dem Ruf **Huuch Julklapp** nach kräftigem Poltern in die offene Tür geworfen wird (*Julklapp schmieten*). Ein besonders in Vorpom. seit Anfang des 19. Jh. bevorzugter Brauch, der aus Schweden übernommen wurde; von E. M. Arndt für Rügen und den Darß nachgewiesen, auch von F. Reuter (*Ut mine Stromtid* Teil I Kap 7) ausführlich geschildert. – Zu schwed. *jul* Weihnachtsfest u. *klappa* klopfen.

jümmer Adv., veralt., immer.

jumpen hüpfen, springen.

Jumper m. 1. Pullover. – 2. Fischerhemd.

Jung' m. Junge, Pl. *Jungs, Jungens*; Dim. *Jünging, Jüngschen.* Auch als Anrede für ältere männliche Personen: *mien oll Jung'.* – Häufig im Sagw.: *Dat har ik mi dacht, secht de Jung', as hei ut dei Schaul kümmt, dat ik tau Hus uk noch Schläg krich.*

jünnen Adv., Präp., veralt., unten, hinten, jenseits: *dor jünnen in dei Grund sünd de Käuh henrönnt* dort unten in den Grund sind die Kühe gerannt.

just, jüst Adv. gerade, eben: *just as hei inne Dör keem; just noch so* gerade noch so; *just so taukamen* gerade drauf zukommen. – Zu frz. *juste,* engl. *just.*

justemang, jüstemang Adv. soeben, gerade: ik keem jüstemang tau Hus ich komme gerade nach Hause; *dat heff ik so justermang schafft.*

Jüster m. s. Güster.

juuch Dat. u. Akk. des Pers. Pron. *ji* ihr: *ik kann juuch hüt helpen; bi juuch* bei euch zu Hause.

Jüüch, Jüch f. 1. Brühe, Suppe. – 2. dünner Kaffee. – 3. Eiter. – 4. Jauche. – Vgl. Jauch.

juuchen 1. jauchzen, kichernd lachen, kreischen, laut schreien: *de Mätens juuchen up de Strat.* – 2. wiehern.

Juuchheidiwater n. schlechter, dünner Kaffee, auch Limonade. – Zu *juchhei* Ausruf der Freude und Ausgelassenheit.

jüüst s. güüst.

K

K, k n. der Konsonant. Er wird nach kurzem Vokal orthographisch als ck wiedergegeben, mit Ausnahme von Kurzwörtern, wie *ik, uk, sik* (s. Vorbericht. Zur Orthographie). Ausgesprochen wird k im Anlaut vor Vokalen (*k^h^an, K^h^œk^h^, K^h^anten*), im Auslaut (*Sük^h^, riek^h^, Sack^h^*) stark behaucht. Im Inlaut, besonders nach Langvokal, wird k stark geschwächt, so daß es als stimmlose Lenis (ģ) erscheinen kann (*maģen* machen, *K^h^auģen* Kuchen).

Kaasch, Kas m. Landeinbuchtung, Einschnitt, Pl. *Kasen.* – Zu dän. *kaas.*

Kabach f., zweite Silbe betont; 1. altes, niedriges, baufälliges Haus: *'ne lütt Kabach.* – 2. dürftiges Zimmer, kleine Kammer. – Syn.: Kabuff, Kabus.

kabbeln, kappeln, kawweln sich zanken, streiten: *de kabbeln sich bei' all werrer; de See kawwelt* ist so unruhig, s. kappelig.

Kabel n. s. Kawel.

Kaben, Koben m. 1. Holzverschlag für Vieh, bes. für Schweine (*Schwienskaben*). – 2. altes Haus, Hütte: *de hett uk so'n ollen Kaben.* – 3., übertr., Gefängnis, Kittchen: *wenn du stahlen hest, kümmst in'n Kaben*; auch für das Bett: *rin in'n Kaben!* Marsch ins Bett!

kabritsch s. kaprietsch.

kabruusch s. kapruusch.

Kabuff, Kabüff n. 1. enger, dunkler Raum, Abstellkammer: *wat nich mihr tau bruken is, schmieten wi in't Kabuff.* – 2. altes, baufälliges Haus, auch schlechte Wohnung: *dat ward dei höchste Tiet, dat wi ut dat olle Ka-*

buff hier rutkamen. – Syn.: Kabach, Kabus.

Kabus, Kabüs f. kleiner Abstellraum, Kammer, Verschlag. – Zu nl. *kombuis*, hd. *Kombüse.*

Kachelaben m. Kachelofen, Pl. *Kachelabens.* Allgemeines s. Aben. – Ra.: *Allens inne Welt, bloß kein' höltern Kachelaben un denn' mit Murstein inbäuten* launige Charakterisierung einer sehr schwierigen Lage. Will man jmd. darauf aufmerksam machen, daß vorsichtiges Reden wegen der Anwesenheit von Kindern nötig sei, verweist man auf den *Kachelaben*: *Vörsicht, de Kachelaben hett Uhren; hier is'n Kachelaben inne Stuf.*

kackerig Adj. ängstlich, empfindlich, kleinlich: *se hemm' sich so kackerig; mi is so kackerig* der Stuhlgang drängt.

kackfidel Adj. äußerst lustig, vergnügt: *kackfidel un poppenlustig* ausgelassen und übermütig.

Käd, Kä' f. Kette, Pl. *Käden*; *de Hund möt anne Kä' lecht warn.*

Kädding, Kärring m. Rohrkolben, Typha latifolia L., auch *Keddik* oder *Kettik.* Die Blätter wurden zum Flechten von Stuhlsitzen und -lehnen benutzt, auch zum Dachdecken verwandt. – Syn. s. Bumskül.

Kädel m. s. Kätel.

Kädenhund m. Kettenhund.

Kädenräkel 1. Kettenhund. – 2. keifende Frau.

Kader, Karer m. Doppelkinn: *hei hett 'n schönen Karer dor hängen.*

Kader m. s. Kater.

Kadrilch f. Quadrille, ein seit dem ausgehenden 18. Jh. bis heute beliebter und gepflegter Volkstanz, dessen bekannteste Form der *Kägel*, der Kegel, ist. Auf Rügen und in Vorpommern tanzte man auch die *Schwedsche Kadrilch*, die Schwedische Quadrille.

Kadümßel, Kadümpels n. Fleischgericht aus Innereien.

Kaff[1] n. 1. Spreu, kleine Strohabfälle, als Viehfutter verwendet; von magerem Vieh: *de kriegen woll bloß Kaff un Wader.* – 2. wertlose Dinge, dummes Geschwätz: *dat is ja allens Kaff; wat rädst du för Kaff!*

Kaff[2] n. abgelegene unbedeutende Ortschaft. – Aus dem Rotwelschen.

Kaffedrinken n. Kaffeetrinken, nachmittägliche Kaffeemahlzeit.

Kaffich m., veralt., Kaffee, bes. etwas dünner Kaffee; dazu das Verb *kaffichen* Kaffee trinken.

Kaffschriewer m., veralt., spöttische Bezeichnung für einen jungen landwirtschaftlichen Lehrling, oder früher auch für den jungen Gutsinspektor.

Kaffschüpp f. ›Kaffschippe‹, forkenähnliches Gerät zum Schaufeln von *Kaff.*

Kaffstall m. Stall, in dem *Kaff* aufbewahrt wird und kranke Pferde stehen. – Ra.: *in'n Kaffstall trecken* sich zur Ruhe setzen; *he treckt nu in'n Kaffstall.*

Kägel m. 1. Kegel im Kegelspiel; das Ergebnis jeden Wurfes wurde vom Kegeljungen, der die Kegel wieder aufstellte, mit bestimmten Redewendungen kommentiert, z. B. *alle Nägen mit Glück un Sägen; alle Nägen, ik heff so lang' kein' Schilling krägen.* – 2. beliebter Volkstanz, auch *Kägelkadrilch*, der meistens von vier Paaren um einen neunten Tänzer herum getanzt wird. Im einzelnen sind die Ausführungen des Tanzes sehr verschieden, ebenso wie die Texte, die zur Musik gesungen werden; besonders weit verbreitet sind:

Eldena, Eldena ist ein schönes Städtchen, Eldena, Eldena ist 'ne schöne Stadt; sowie: *De Jung' is nich von mi, de Jung' is nich von mi, de Jung', de is denn' Schulten sien, de Jung' is nich von mi.*

Kagel f., hist., Kapuze, Frauenkappe mit Schulterkragen.

Kähl f. 1. Kehle; *he will mi anne Kähl; hei kreech mi bi de Kähl tau faten; dat Metz sitt em anne Kähl; dörch dei Kähl geiht väl,* auch mit Zusätzen als Sagw.: *..., sä' de Bur, don har hei sien' Hoff versapen; ..., sä' de Schipper, don har hei sien Schipp versapen.* – 2., fischerspr., obere Öffnung der Fischreuse.

kahl Adj. 1. ohne Haare: *kahlen Kopp* Glatze; *mit kahlen Kopp gahn* ohne Kopfbedeckung gehen; *kahles Schipp* abgetakeltes Schiff. – 2. leer, geschmacklos: *dat Äten schmeckt so kahl* ist geschmacklos.

Kahldutt m., veralt., aus dem Ei geschlüpfter junger Vogel.

Kahnschipperplatt n. das Plattdeutsch der Kahnschiffer von Ueckermünde.

Kaiser m. 1. Kaiser, vor allem in Ra.: *hüt läben wi as de Kaiser; bi denn' hett de Kaiser sien Recht verloren; se strieden sik üm Kaisers Boort.* In vielen Varianten beim Ballspiel der Kinder: *Kaiser, König, Eddelmann, Börger, Bur, Beddelmann.* – 2. Maikäfer mit dunkelrotem Rückenschild und schwarzen Punkten.

Kaiserblaum f. Kornblume, Centaurea cyanus L.

Kaiserhappen m. besonders guter Bissen.

Kaiserkragen m. Gebäck aus Plunder oder Blätterteig mit Zuckerguß und mit Marmelade gefüllt.

Kajak m., vereinz., Dohle, Pl. *Kajaken.*

Kak m., hist., Pranger, Schandpfahl.

Käk m., vereinz., ein heftiger, plötzlicher Windstoß.

kakelbunt Adj. sehr bunt, grell in den Farben: *so'n kakelbuntes Tüüch treck ik nich mihr an.*

kakelig Adj. 1. sehr vergnügt. – 2. auffällig bunt, grell: *dat is mi tau kakelig.*

kakeln, vereinz. auch *kedakeln.* 1. gackern, von der Henne: *kakeln daun de Häuhner, wenn se lecht hemm'.* – 2., übertr., von jungen Mädchen lachen, kichern, albern; *hür blootsens, wur de Dierns dor kakeln!*

Käkelreimen m., veralt., Zungenband, Häutchen unter der Zunge; wenn jmd. viel redet: *em is dei Käkelreimen gaut schnäden*; früher löste man kleinen Kindern mitunter das Zungenband.

kaken kochen. Präs. Sg. 3. u. Part. *kaakt.* Von einer untüchtigen Hausfrau: *se döcht kein Ei to kaken; se kann nich kaken oder maken.* Frage an ein heiratsfähiges Mädchen: *Kannst uk all Eier kaken?*

Kak-: -fisch m. Kochfisch. – **-fru** f. Kochfrau. – **-kees** m. Kochkäse. – **-mamsell** f. Köchin. – **-maschien** f. Küchenherd aus Steinen mit gußeiserner Kochplatte (*Kakplatt*). – **-ring** m. eiserner Ring beim Kohleherd, der an die Topfgröße angepaßt wurde und zusammen mit dem Topf das Feuerloch abschließt.

käken heftig und stoßweise wehen, vom Wind: *an de Huseck kääkt de Wind.*

kakendig, kaknig Adj. kochend: *kakendig Wader* kochendes Wasser; warnend: *verbrenn' di nich, de Supp is kakendig heit; mi is so kakendig heit* ich schwitze sehr.

Kakerlaatsch m. Küchenschabe, Pl. *Kakerlaatschen.* – Entstellt aus hd. *Kakerlak.*

Kalabreeser m. breitkrempiger, altmodischer Hut: *dei hett ja 'n mächtigen Kalabreeser up.*

Kalandsbrauder m., erste Silbe betont, hist., Mitglied der religiösen Bruderschaft des Kaland, die es im Mittelalter in vielen Städten gab, später übertr. Zechbruder.

kalännern, hist., sich in Wirtshäusern herumtreiben, zechen.

Kalasch f., zweite Silbe betont, veralt., Prügel, Hiebe: *wenn du nich orrig büst, gifft dat Kalasch!*

kalaschen schlagen, prügeln.

Kaldun f., zweite Silbe betont, Eingeweide von Tieren, auch das aus den eßbaren Teilen zubereitete Gericht, meist Pl.: *sik de Kaldunen vullschlan* sich tüchtig sattessen; *de Kaldunen vull hemm'* betrunken sein; von jmd., der wenig Kleidungsstücke besitzt: *een up'n Tun, een up't Kaldun* ein Stück hängt auf der Leine, das andere ist angezogen.

Kaleika, Kaleiker n., auch f., zweite Silbe betont, Aufhebens, Schwierigkeiten, Pl. oft *Kaleikas.* Das Wort ist aus dem Rotwelschen ins Plattdeutsche übernommen worden. Jemand, der bei einer Angelegenheit Schwierigkeiten vermutet, sagt: *dat ward uns noch väl Kaleika maken.* Oder anders: *Sovál Kaleika kann'k nich maken!* – Auch im Sinne von Dummheit, Unsinn wird das Wort gebraucht: *wenn dei Jugend utlaten is* ›ausgelassen‹ ist, *maakt sei allerhand Kaleika.*

Kalenner m. s. Klenner.

Kalesch f. 1. leichter Kutschwagen, mit dem Zusatz *oll* auch für einen schlechten Wagen. – 2. Magen: *sik de Kalesch vullhaugen* sich mehr als satt essen. – 3. Prügel: *hei kreech feste Kalesch* er bezog eine tüchtige Tracht Prügel.

Kalf n. Kalb, Pl. *Kälwer. Hei kennt nich Kauh noch Kalf* er weiß von nichts; übertr.: *dei Kauh vergett ümmer, dat se 'n Kalf wäst is* Erwachsene vergessen immer, daß sie auch mal jung waren. – Ra.: *Nu is't Kalf in't Ooch schlan* wenn sich jmd. gekränkt und beleidigt fühlt.

kalfatern, kalfaten Schiffe und Boote abdichten, früher mit Werg und Teer und einem *Kalfaterhamer* m., einem gerillten Hammer.

Kaliet f., zweite Silbe betont, hist., 1. Frühstückskorb mit Deckel, meist aus Spanholz oder Bast, zum Transport der Verpflegung auf das Feld; hauptsächlich in der Uckermark verbreitet. – Zu poln. u. russ. *kalita* Beutel, Korb. – 2. Magen, Bauch, vgl. Dähnert, Wörterbuch 214; eine schwangere Frau *hett de Kaliet vull.*

Kalmank m., zweite Silbe betont, hist., grob gewebter wollener Kleiderstoff.

kalmieren, vereinz., beruhigen: *he is hüt so in Fohrt, du möömst em 'n bäten kalmieren.*

kalmüsern, kalmüüstern grübeln, tüfteln.

Kalür f. s. Klür.

Kalwerie f. albernes Benehmen.

kalwerig Adj. albern. – Zu *kalwern* albern sein.

Kalwerkropp m. Wiesenkerbel, Anthriscus silvestris.(L.) – Syn. *Kalwerkrut.*

Kälwern sich übergeben, erbrechen.

Kälwertähn m. 1. Kälberzahn. – 2., Pl. *Kälwertähnen*: große Gerstengraupen, auch Kartoffelgraupen.

Kamell f. 1. Kamille, Pl. *Kamellen.* Die Kamille spielte in der Volksmedizin eine große Rolle. – 2., übertr., nur Pl.: alte Geschichten, alte Sachen; häufig im Reim mit *vertellen*: *Ik will di wat vertellen von olle Kamellen, Kamellen von de bunte Kauh, ach, du hüürst ja doch nich tau.*

kamen kommen. Präs. Sg. 1. *kam*, 2. *kümmst*, 3. *kümmt*, Pl. *kamen*; Prät. Sg. 1., 3. *keem*, Pl. *keemen.* Antworten auf die Frage: Wann kommst du? *Kam'k hüt nich, kam'k morgen, œwermorgen ganz gewiß. Ik kam, so Gott will un de Wind steiht still.* – Ra.: *Wat kamen sall, dat kümmt, dor helpt kein Hollen;* auch als Sagw. mit dem Zusatz: *sä' de Jung', don scheet hei sich dei Büx vull; wenn't kümmt, denn kümmt' in Hopen* wo was ist, kommt noch immer mehr dazu; dagegen: *ut nicks kümmt nicks.* In Verbindung mit anderen Verben, Adjektiven u. Präpositionen: *tau liggen kamen* krank werden, spez. ins Wochenbett kommen; *jmd. dœmlich kamen; dür kamen* teuer werden; *tau Pass kamen: dat kümmt mi sihr tau Pass* das kommt mir sehr gelegen; *in'n Gang kamen* in Bewegung kommen; *tau Gang kamen* fertig werden mit etwas; *in't Enn' kamen:* sich erzürnen, streiten: *ik bün dull mit em in't Enn' kamen; hei kümmt up sienen Vadder* er artet nach seinem Vater; *dat is noch nich vör mi kamen* davon habe ich noch nichts gehört. Im Vergleich: *Bi em kümmt', as bi'n Bullen de Melk* von einem langsamen Arbeiter.

Kamer f. Kammer.

kamig Adj. schimmelig, faulig im Geschmack, von Flüssigkeiten: *de Wien is kamig; de Soltgurken sünd kamig worden.*

Kammbrett n. s. Kannbrett.

Kammbuurd n. s. Kannbuurd.

Kammlad, Kemmlad f., veralt., 1. Vorrichtung zum Häckselschneiden, ein Holzgestell, in dem das eingelegte Stroh weitertransportiert und von einem Schneidemesser zerkleinert wird, mit Fußantrieb; auf Rügen *Hacklislad.* – 2. beweglich aufgehängtes Rahmengehäuse am Webstuhl. – 3. Anbau an einem Hause zur Hinterseite. – 4. abseits gelegenes Zimmer in alten Häusern. – 5. kleines Seitenfach in einer Truhe oder Lade.

Kamp m., hist., oft in Flurnamen, Stück Land, Ackerland, bewachsenes Land im Wasser.

kämpen zelten, wie hd. *campen.*

Kämper m. jmd., der im Zelt übernachtet.

kampieren 1. begreifen, verstehen; entstellt aus hd. *kapieren.* – 2. sich mit Schmerzen herumplagen: *ik heff œwer Nacht bös kampiert. – 3.* übernachten: *wo kampierst du hüt?*

Kamsol n., hist., kurze Jacke.

Kamumm, Karmumm n. das Gewürz Kardamom: *an'n Kauken hüürt uk'n bäten Kamumm.*

Kandar f., zweite Silbe betont, Kandare, Gebißstange der Pferde; übertr.: *de Fru möt man anne Kandar nähmen; denn Bengel möt ik up Kandar führen* kurz halten.

kandessig Adj., zweite Silbe betont, aufgebracht, ärgerlich, zornig, auch stolz; daneben auch *kedessig* und *kredessig.*

kandidel Adj., liter., fröhlich, vergnügt, lustig: *wat wiern wi kandidel, wat wiern wi riek!*

Kaneil m., zweite Silbe betont, Kaneel, Stangenzimt bester Sorte. – Ra.: *dei paßt up'm Kaneil* sie läßt sich nicht betrügen.

Kaneilsbork f. ›Kaneelborke‹, Zimtrinde.

Kaneilstang f. Zimtstange.

Kaninken n. Kaninchen; wenn jmd. mit *›hei‹* angeredet wird, antwortet er: *›Hei‹ is de Kaninkenbuck un ›sei‹ is sien Fru.*

kankœfsch, kankœgsch, kanküüsch Adj., erste Silbe betont, wählerisch im Essen, verwöhnt, mäklig: *sei is so kankœgsch in't Äten.* – Entstellt aus *kagenkœgsch*, zu *Kagen* m., veralt., Krankheit mit Husten; *kagenkœgsch* heißt zunächst verschnupft, ohne Eßlust. – Syn. s. krüüdsch.

Kannbrett, Kammbrett n. Wandbrett, Tellerbord, eines oder mehrere übereinander, auf denen in alten Küchen Teller, Kannen und Schüsseln standen; in den kammartigen Einschnitten am vorderen Rand der Bretter steckten die Löffel (s. Abb. *Kannbuurd*).

Kannbuddel, Kannsbuddel f., veralt., große, dickbauchige Flasche für Bier.

Kannbuurd, Kammbuurd n. 1. Wandbrett, Tellerbord, wie *Kannbrett.* – 2., veralt., alter Küchenschrank, aus zwei Teilen bestehend. Das Oberteil war ein offenes Regal, unten ein geschlossener Kasten mit ein/zwei großen Türen (s. Abb.).

Kannedat m., letzte Silbe betont, Kandidat.

Kanten m. 1. Endstück des Brotes. – Syn. Knuust. – 2. ein dickes Stück Brot, Speck oder dgl.

Kanthaken m. Eisenhaken mit Ring zum Kanten, Drehen und Wenden von Gegenständen. – Ra., wie umg.: *ein' bi'n Kanthaken kriegen* festhalten, ergreifen.

Kantheder n. Katheder.

Kantschau, Kantschu m., hist., kurze Lederpeitsche, Stock zum Schlagen. – Zu poln. *kanczuk* Peitsche.

Kap f. Landwirtschaftliche Betriebsform ›Kooperative Abteilung Pflanzenproduktion‹ (KAP); *wi sünd nu inne Kap.*

kapen s. gapen.

Kapittel n. Kapitel 1. größerer Abschnitt eine Buches, übertr.: *ein'n dat Kapittel (ver)läsen* jmd. ausschimpfen, Vorhaltungen machen. – 2. Angelegenheit: *dat is'n Kapittel för sik* das ist etwas Besonderes; *de Frugenslüd sünd 'n Kapittel för sik.*

Kapittelmütz f. Zipfelmütze.

kapitteln ausschimpfen, schelten.

kappelig, kawwelig Adj. unruhig, von der See bei kurzen heftigen Wellen: *de See is hüt so kappelig.*

Käppen m. Kapitän, verkürzte Form

von plattdt. *Kaptein* Kapitän. Ursprünglich galt diese Bezeichnung nur für den Schiffsführer von Kriegsschiffen, später dann auch von Kauffahrern. Daneben war – vor allem auf Segelschiffen – die Bezeichnung *Schipper* m. Schiffer oder *de Oll* der Alte üblich.

kappen abschneiden, abhauen: *Wieden kappen* Weiden beschneiden.

Kappenad f. Karbonade, gebratenes Rippenstück, meistens für Kotelett. Das Wort verschwindet allmählich aus dem Sprachgebrauch. Scherzhaft bezeichnet man noch die Salzheringe als *Kappenaden mit Ogen,* weil sie oft als Ersatz für eine Fleischmahlzeit dienten.

kappenieren 1. entzweimachen, ruinieren, gebräuchlich vor allem zur Bezeichnung kindlicher Missetaten: *de Gööm hemm' denn Gorentun kappeniert.* – 2. töten, umbringen. – Zu *kappen* und zu hd. *kaputt,* inhaltlich.

Käppsel n. kleine Kappe, Käppchen ohne Rand, auch im Hause getragen, wenn die Haare fehlen; *kannst du dienen Käppsel nich runnerkriegen?*

kaprietsch, kabrietsch, kabritsch Adj. launisch, unzufrieden, mißgestimmt, ärgerlich, aufgebracht: *dat maakt mi ganz kaprietsch; ik bün seelengaut, œwer ik kann uk kaprietsch warn.* – Zu frz. *caprice.*

kapruusch, kabruusch maken gemeinsame Sache machen: *de beiden maken kapruusch, dat is nich richtig.* Aus dem Jiddischen.

Kaptein m. s. Käppen.

Kapun m., zweite Silbe betont, Kapaun.

kaputtig Adj. entzwei, kaputt: *'n kaputtigen Mähdöscher.*

kaputtmaken entzweimachen.

Kapuuster m., vereinz., Kohl. – Entlehnt aus russ. *kapusta.*

Kar, Kaarn f. 1. Kerbe: *schnied 'ne Kar in denn Stock; ik sall 'ne Kar in't Uhr schnieden* als Gedächtnisstütze. – 2. eingekerbtes Stück: *'n Kaarn Hiering* (ein herausgeschnittenes) Stück vom Salzhering; *'n Kaarn Bodder.*

Karak f. s. Karock

Kardäätsch f. Kardätsche. 1. grobe Bürste zum Pferdestriegeln. – 2. Ziehbrett, großes Reibebrett der Maurer.

Karer m. s. Kader u. Kater.

Karessellsessel m. drehbarer Sessel.

Karfsaach f. ›Kerbsäge‹, bügellose Säge.

Karjol f., hist., zweirädriger Kutschwagen mit Lederverdeck. Mit solchen Wagen wurde früher auch die Post über Land befördert, deshalb auch *Karjolpost* f. Dem Posthorn hatte man in Stralsund folgenden scherzhaften Vers unterlegt: *Ach du mien leiwer Gott, möt ik all wedder fort up de Schossee, dor licht väl Schnee. Heff ik kein Fedderbedd, schlap ik up Stroh, dor piekt mi 'ne Floh an den Popo.* – Zu frz. *carriole.*

karjolen, krajolen 1. umherfahren, schnell fahren. – 2. schreien, laut singen, Lärm machen.

Kark f., hist., Kirche, heute nur *Kirch* sprachüblich: *unner de Kirch* während des Gottesdienstes; im Vergleich: *dat is so still as inne Kirch.* – Ra.: *Dei Kirch möt in't Dörp blieben* es muß alles im angemessenen Rahmen bleiben.

Kark(en)-, Kirch(en)-: -bauk n. Kirchenbuch. – **-bœn** m. Kirchenboden. – **-bräker** m., hist., Kirchenräuber. – **-deiner** m. Kirchendiener. – **-fohrt** f., veralt., Fahrt zur Kirche aus Dörfern, die keine Kirche hatten; vom Darß (1920): *up dei Kirchfohrt freuchten wi uns de ganze Woch, un dor hemm' wi all uns Brüjams kennenlihrt.* – **-gang** m., veralt., *denn Kirchgang hollen* das letzte Mal vor und das erste Mal nach der Entbindung in die Kirche gehen. – **-klock** f. Kirchenglocke; *dei Kirchenklocken gahn* die Kirchenglokken läuten. – **-mus** f. Kirchenmaus.– Ra.: *Se is arm as 'ne Kirchenmus* sie ist sehr arm. – **-tiet** f. Kirchzeit, Zeit des Gottesdienstes.

Karlien, Korlien 1. Kurzform des weibl. PN Karoline; ein lang aufgeschossenes junges Mädchen *is 'ne lang' Karlien.* Im Neckreim, auch als Text zur Polka: *Karlien, Karlien kaakt Tüftensupp, un sünndaachs gifft dat Fleisch.* – 2. braune, dickbäuchige Steingutkaffeekanne: *se hett ehr Karlien in't Abenrühr stahn.*

Karn m. Kern, Pl. *Kaans.*

Karn-: -aaft n. Kernobst. – **-bicker** m. Kernbeißer, Coccothraustes coccothraustes (L.) auch *Karnbieter* m. – **-hus** n. Kerngehäuse, s. Hüüschen. – **-knacker** m., spött., behäbiger Mensch. – **-melk** f. Buttermilch.

karnüffeln schlagen, stoßen, prügeln.

Karock, Karack, Korack f., m., veralt., Saatkrähe, Corvus frugilegus L.

Karpen m. Karpfen: *hei ritt dat Mul up as'n Karpen.*

Karr f. s. Kor.

Karusselschmeer f., zweite Silbe betont, 1. Karusselschmiere. – 2., übertr., Margarine.

Karuz f. s. Kruutsch.

Karwenzmann m. mächtiges Exemplar, großer Brocken, bezogen auf Menschen und Gegenstände: *de grote Karwenzmann von Schienwerfer.* (Meyer, Zuckerkauken 87.)

Kas m. s. Kaasch.

kasch, kass Adj., veralt., lebhaft, forsch, frisch, aufrecht: *un wat se för'n kaschen Gang hett!; sei keem mi ganz kasch entgägen.*

Kasper m. männl. PN Kaspar.

Kastann f., zweite Silbe betont, Kastanie, Pl. *Kastannen*; Nebenformen: *Kaschdann, Kestann, Kristann, Kustann.* – Ra.: *Kastannen ut't Für holen* für andere Gefahr auf sich nehmen. Volksmedizinischer Rat: *'ne Kastann inne Hosentasch jöcht denn Rismustismus wech* vertreibt den Rheumatismus.

kasten seggen den Dienst versagen: *as ik upstahn wull, säd mien linker Faut kasten; hei hett nu ok kasten secht* er ist gestorben. – Herkunft unklar.

Kastrull f. Kasserolle, urspr. kupferner oder eiserner Schmortopf, später auch aus Messing, Weißblech oder Aluminium, aber immer mit einem Stiel. Häufig auch zum Aufkochen von Milch verwendet: *dor bruukst du keinen groden Pott, dat kannst inne Kastrull maken.*

Katekismus m., veralt., 1. Katechismus, der kleine lutherische. – 2., scherzh., Kartenspiel: *hal eis denn Katekismus her!*

Kätel, Kädel m. 1. Kessel. – Sagw.: *Een oll Kätel will uk putzt warn, säd de oll Fru, don friecht se 'n jungen Kierl.* – 2., übertr., als FLN für kesselartige Senkungen im Boden: *hest du denn Kätel uk toplannt?*

Kätel-, kätel-: -bäätsch Adj. streitsüchtig. – **-bank** f., veralt., Holzbank zum Absetzen von Töpfen und Kesseln. – **-bäuter, -böter** m. 1., hist., Kesselflicker. – 2. Schmetterling; im Kindervers: *Kätelbäuter, sett di, Käs un Brot schmeckt di,* oder *..., Näs un Mul, dat blött* (blutet) *di.*

– **-flicker** m., veralt., Kesselflicker, früher nicht seßhaft. – Ra.: *Hei hett'n Mul as 'n Kätelflicker* redet sehr viel. – **-grütt** f. im Kessel gekochte Grützwurst. – **-haken** m. Haken an einer Kette oder drehbaren Stange zum Aufhängen von Töpfen und Kesseln über dem offenen Herdfeuer. – **-kranz** m., veralt., aus Stroh geflochtener Untersatz für die alten Messing- oder Kupferkessel. – **-schapp** n., veralt., Kesselschrank auf alten Segelschiffen. – **-schmitt** m. Kesselschmied.

Katen m. 1., veralt., frühere Tagelöhnerwohnung, Pl. *Katens*; auch *Dachlöhnerkaten, lütten Katen.* Es waren kleine Häuser mit ein, zwei oder drei Wohnungen (*Einpott, Tweipott, Dreipott*). – 2. altes, baufälliges, kleineres Haus: *wat wist' mit so'n ollen Katen?* – Ra.: *denn Katen anstecken* sich den Mund verbrennen.

Katenblaum f. Pelargonie, Geranie, Pelargonium.

Katenlüd Pl., veralt., Tagelöhner.

Katenmann m., veralt., Tagelöhner, Gutsarbeiter.

Kater, Kader, Karer m. 1. Kater, männl. Katze, Pl. *Katers.* In Vergl.: *hei süht ut as'n afgelickten Karer* er sieht geschniegelt aus, auch: hat nasse, angeklatschte Haare; *hei hett 'n por Ogen as'n gläuhnigen Kater* er hat besonders hervorstehende Augen; *nieglich sin as so'n Kater* neugierig sein wie ein Kater. Wo es sehr unordentlich ist, *hett de Karer mit de Müs späält*; entschuldigend für einen ungetreuen Ehemann: *dat is 'n schlichten Karer, de bloß vör een Loch muust.* – 2. Übelkeit nach übermäßigem Alkoholgenuß.

Kater-, kater-: **-bunt** Adj. sehr bunt, zweifarbig. – **-danz** m. Unsinn, albernes Treiben. – **-miech** f. 1. Katzenharn. – 2., übertr., schlechtes Bier, Kamillentee. – **-natt** Adj. sehr naß. – **-stiech** m. Katersteig, Schleichweg, übertr. Pl. Schliche.

katern, kadern, karern brünstig sein, von der Katze.

kathoolsch Adj. 1. katholisch. – 2. seltsam, unverständlich: *de räden so kathoolsch* über Umsiedler (1945) gesagt. – 3. verrückt, nicht ganz ordentlich: *du büst woll kathoolsch!; da ward einen rein kathoolsch.*

Katt f. Katze, Pl. *Katten.* Die Stellung der Katze im Haus, ihre Eigenschaften u. ihr Treiben gaben Anlaß zu vielen Ra. und Sprw.: *'ne gaude Fru un 'ne gaude Katt, de hollen dat Hus rein*; wenn am Hochzeitstag kein gutes Wetter ist, *hett de Brut de Katten nich gaut faudert*; zur Bezeichnung von etwas Wertlosem: *dat is för de Katt; dat hett de Katt sik haalt.*; Ausrufe der Verwunderung: *ach, wur giern ät de Katt säut Melk!*, oder: *ach, wur giern frett de Katt Fisch!*; wenn es jmd. wirtschaftlich schlecht geht: *dor sünd uk mihr Katten as Graden* da sind mehr Katzen als Gräten. – Sagw.: *Ik sitt gaud, säd dei Katt, don seet sei up 'ne Specksiet* ich sitze gut, sagte die Katze und saß auf einer Speckseite. *All Daach wat Niechs, säd dei Katt, don har sei sik dei Tung' an dei heit Melk verbrennt* alle Tage etwas Neues, sagte die Katze, als sie sich die Zunge an der heißen Milch verbrannte. In Kinder- und Volksreimen: *Johann, spann an, drei Katten vör'n Wagen, drei Müs vorut, so geiht' na dei Brut.* – *Schnie' de Katt denn Schwanz af, schnie' em doch nich ganz af, lat 'n lütten Stümmel stahn, dat sei kan na't Musen gahn.* – Die Katze als ›Prophet‹: *wenn de Katten pruuschen,* *gifft dat Rägen* wenn die Katzen niesen, gibt es Regen; *wenn de Katt sich putzt, gifft dat Besäuk.*

Katt-, katt-: -eiker m. Eichhörnchen, Umkehrung von *Eikkatt.* – Ra.: *Hei hett't inne Wür as de Katteiker in'n Start* er ist ein Prahlhans. – **-fisch** m., Pl., kleine, nur für Katzen genießbare Fische, aber auch Plötze. – **-hinrich** m. Hut, Mütze, ursprgl. aus Manchester mit Pelz.– **-horig** Adj. kratzbürstig, bissig. – **-mess** m., zweite Silbe betont, in der Ra.: *Kattmess gäben* jmd. auf Trab bringen. – **-ut** Adv., zweite Silbe betont, bankrott, ruiniert, am Ende: *mit denn' is't uk bald kattut*; auch *kattut gahn.* Volksetymologische Umbildung von *kaduk* hinfällig, nichtig, hist. – **-wälig** Adj. übermütig, ausgelassen.

Katten-, katten-: -darf m. Katzendarm: *dünn as Kattendarf* sehr dünn. – **-dreck** 1. Katzendreck. – 2., übertr., Wertloses: *dat's kein Kattendreck.* – **-dreckig** Adj. unfreundlich, streitsüchtig. – **-ficken** n. in der Ra.: *dat geiht ja as't Kattenficken* es geht sehr schnell. – **-gang** m. schmaler Weg zwischen zwei Häusern: *hei versteek sich fix in'n Kattengang.* – **-kees** m. ›Katzenkäse‹, kleine wilde Malvenart, Malva silvestris L. u. Malva neglecta, hauptsächlich für deren kleine grüne Früchte. – **-kopp** m. Katzenkopf. 1. schlechter Knoten im Band. – 2., scherzh., Schlosser. – 3. runde Pflastersteine. – **-loch** n. 1. Katzenloch, Durchschlupf für die Katze an der Stall- oder Haustür des alten Bauernhauses. – 2. die gemauerte Öffnung im unteren Teil des Herdes. – **-münz** f. Katzenminze, Nepeta cataria L. – Syn.: *Pierdmünz.* – **-ooch** n. 1. Katzenauge. – 2. Rückstrahler am Fahrrad. – **-pot** f. Katzenpfote; *Kattenpoten*: Pl., 1. Immortellen (Mecklbg.-Vorpom.). – 2. Kätzchen am Haselstrauch. – 3. Rohrkolben. – **-schiet** m. Katzenscheiße. – Ra.: *Kattenschiet in'n Düüstern rüken, bloots warm möt's noch sin* superschlau sein wollen. *Ut Kattenschiet* (s. Hunn'-) *lött sich kein baschen Kees maken* Unmögliches läßt sich nicht realisieren. – **-start, -stiert** m. 1. Katzenschwanz. – 2. Acker- und Wiesenschachtelhalm, vereinz. auch Königskerze.

kattig Adj. kratzbürstig, unfreundlich, leicht gereizt: *du büst hüt ja mächtig kattig.*

Kattun m., zweite Silbe betont. 1. bedrucktes Baumwollgewebe, früher auf dem Lande vor allem für Schürzen gebraucht. – 2., übertr., *Kattun gäben* jmd. nachdrücklich die Meinung sagen, auch verprügeln: *denn' heff ik schön Kattun gäben!*

Katüffel, Ketüffel f. Kartoffel. – Syn.: Nudel, Patüffel, Tüffel[1], Tüft.

Katusch, Kartusch f., zweite Silbe betont, Geschützladung, Kartusche. Nur in der Wendung jmd. *Katusch gäben* prügeln, verprügeln geläufig: *hei gifft em Katusch.*

kaugen kauen; *lang kaugen* oder *hoch kaugen* langsam und ohne Appetit essen: *kauch man nich so hoch!; wat tau kaugen gäben* jmd. seine Meinung sagen; vom Mageren: *hei is tau ful taun Kaugen.*

Kaugels n. das Gekaute oder zu Kauende. – Subst. zu *kaugen.*

Kauh, Koh f. Kuh, Pl. *Käuh, Köh.* Von der Bedeutung, die die Kuh für die Landwirtschaft hat, zeugen viele sprachliche Belege, die sich in Ra., Rw. und Vergleichen niedergeschlagen haben: *de Melk sitt de Käuh inne Hüürn* oder: *de Käuh is de Melk inne Hüürn drööcht* die Kühe stehen trokken; *de Kauh melkt dörch'n Hals* wenn die Kuh gut gefüttert wird, gibt sie auch viel Milch, aber: *wer mit de Köh führt, möt sien Pier melken* wer seine Kuh als Zugtier benutzt, kann nur wenig Milch von ihr erwarten; *wer hett Käuh, de hett uk Mäuh* wer Kühe hat, hat Arbeit; *wecker de Kauh tauhüürt, de fat s' an'n Start* wer sich von einer Anspielung getroffen fühlt, reagiert; *de Kauh vergett, dat sei uk'n Kalf wääst is* die Alten vergessen, daß sie auch einmal jung waren. Von einem Betrunkenen: *hei kennt nich Kauh noch Kalf; von achtern is de Kauh blind.* Vergebliche Anstrengungen, jmd. zu überzeugen: *nu räd du mit dei Kauh franzöösch!* – Sagw.: *Dat is nich allens Bodder, wat dei Kauh gifft, säd dei Diern, don peerd s' in'n Kauhfladen.* Im Vergleich: *'ne olle Fru un 'ne olle Kauh sünd ümmer noch wurtau* (zu etwas nützlich), *'n oll Mann un 'n oll Pierd sünd nicks wiert.* In übertr. Bedeutung: *'ne Kauh mit'n iesern Schwengel* Pumpe; *uns' Herrgott sien Kauh* Marienkäfer; *de Kauh för'n lütt'n Mann* die Ziege.

Kauh-, kauh-: -baaks m., veralt., junger Kuhhirte. – **-blaum** f. Kuhblume. 1. blühender Löwenzahn, Taraxacum officinale – 2. Sumpfdotterblume, Caltha palustris L. – **-diestel** f. Distel, die die Kühe gern fressen. – **-dokter** m., scherzh., Tierarzt, auch schlechter Arzt. – **-drift** f. Weg, auf dem Kühe getrieben werden. – **-faut** m. 1. Kuhfuß. – 2. eiserne Brechstange mit Griff zum Ausziehen von Nägeln, am unteren Ende leicht gekrümmt und gespalten. – **-fladder, -flarrer** m. Kuhfladen. – **-häuder** m. Kuhhirt. – Ra.: *Wenn dat ganze Dörp lacht, lacht de Kauhhäuder up'n Fellen mit* wenn alle fröhlich sind, wird sich keiner ausschließen; übertr.: *denn Kauhhäuder sien Hemd* Haut auf der gekochten Milch. – **-hessig** Adj. x-beinig. – **-kees** m. Kuhkäse, früher im Haushalt hergestellt. – **-melk** f. Kuhmilch. – **-mess** m. Kuhmist, als Heilmittel in der Volksmedizin verwendet. – **-pilz** m. Kuhpilz, Suillus bovinus. – **-schiet** f. Kuhscheiße. – Ra. über einen eingebildeten Menschen: *De denkt uk, Kauhschiet is sien Braurer*; von starkem Regen: *dat rägent Kauhschiet*; stellvertretend für die ganze Landwirtschaft: *sei will nich inne Kauhschiet klarren* will nicht in der Landwirtschaft arbeiten. – **-schietgräun** Adj. dunkelgrün. – **-stallollsch** f. tüchtige Bäuerin. – **-start, -stiert** m. Kuhschwanz. – **-stiech** m. 1. Kuhsteig. – 2., übertr., Falten auf der Stirn, Runzeln im Gesicht. – **-stuf** f. ausgebaute Stube aus ehemaligem Kuhstall (Hidd.). – **-trünnel** m. getrockneter Kuhfladen. – **-wisch** f. Kuhwiese, oft FLN für sumpfiges Gelände.

käuhl, köhl Adj. kühl: *dat is bannig käuhl hüt.*

käuhlen, köhlen kühlen, seem.: *käuhlen* frisch werden, wehen: *buten käuhlen de Wind all mihr.*

Käuhlfatt n. Kühlfaß.

Käuhlkamer f. Speisekammer.

Käuhls n. das Kühle: *mi jankt na wat Käuhls.* Subst. zu *käuhl.*

Käuhlschapp n. Kühlschrank.

Käuhlung, Köhlung f. Kühlung, Luftzug; seem.: *Kaulung*; als FLN bei Rostock u. ö.

Kauken, Koken m. Kuchen, Pl. *Kaukens*; Dim. *Käuking, Köking.* Im Kindervers: *Backe, backe Käuking, in dei Mirr* (Mitte) *is' säuting* (süß), *buten ümher is hei schmal, as'n Käuking warden sall. Schuf in'n Aben, schuf in'n Aben, dei Bäcker hett sien Fru schlagen; mit denn Schüwer achtern Nacken, nu kann sei kein' Käuking backen, mit denn Schüwer up dat Lief, oh, wur schriecht dat arme Wief!* – Als Abweisung redensartlich meist hochdeutsch: *Ja, Kuchen, secht Nante, œwer säut möt hei sin; ja, Kuchen, secht Nante, frisch Brot gifft' all Daach.*

Kaukenplat f. Kuchenblech.

Kaukentähn m. ›Kuchenzahn‹, meist einzeln stehender, auch letzter Vorderzahn.

Kausch f., seem., Eisenring mit Hohlrand, durch den ein Tau gelegt werden kann.

Kawel[1], **Kabel** f., m., veralt. 1. Los, urspr. in Form eines Holzstäbchens: *mi trüff dei Kawel* mich traf das Los. – 2. das Ausgeloste, ein Acker- oder Wiesenstück. – 3., allg., Teil, Stück.

Kawel[2], **Kabel** n. 1. Kabel. – 2. starkes Tau.

Kawelgatt n., seem., Raum im Vor- oder Achterschiff zur Aufbewahrung der Taue.

Kawelgoorn n., fachspr., Kabelgarn, Hanffäden, aus denen ein Tau gedreht wird.

kaweln, kabeln losen.

Käwer m. Käfer, Pl. *Käwers* ; die ältere, aber jetzt ungebräuchliche Form heißt *Säwer.*

kawweln s. kabbeln.

kedakeln gackern, von Hühnern. – Vgl. kakeln.

keddeln 1. kitzeln: *ik war' di mal keddeln.* Im Sagw.: *Spaß möt sin, secht de Düwel un keddelt sien Großmurrer mit'e Messfork.* – 2. prickeln: *mi keddeln de Fingern.*

kedessig s. kandessig.

Kees m. 1. Käse; *witten Kees* weißer Käse, Quark; *weeken Kees* weicher Käse: *'ne Schöttel vull witten Kees* eine Schüssel Quark; *baschen Kees* scharfer, alter, ranziger Käse. Früher wurde auf dem Lande auch im Haushalt Sauermilchkäse *(Kœmkees, Pimpkees, Stippkees)* hergestellt. Dazu mußte die entrahmte Milch gerinnen, bevor die Molke *(Waddik, Warrik)* abgegossen werden und ablaufen konnte. Die übrigbleibende Masse wurde gewürzt und geknetet und mußte längere Zeit gären und trocknen. – Ra.: *Kees un Brot, dat schmeckt got; up'n Kees passen* sich nicht übervorteilen lassen; *'n Kierl as drei Kees hoch* ein kleiner Mann; *ut Hunn'schiet baschen Kees maken* Unmögliches wahr machen. – 2., übertr., dummes Geschwätz, Unsinn: *mak kein' Kees!* mach keinen Unsinn!; *up jeden Kees ingahn* sich auf alles einlassen; *up jeden Kees* auf jeden Fall; *'n Kees gäben* eine Ohrfeige verpassen.

Kees-: -bank f., veralt., längliche Holzbank mit kleinen Rillen im geneigten Bodenbrett, an den Seiten Leisten, zum Ablecken und Auspressen des Quarks. – Syn.: *Keesrönn,* s. auch Keeskopp. – **-bein** n. Schweißfuß. – **-blatt** n., salopp, niveaulose, kleine Zeitung. – **-botter** f. ›Käsebutter‹. 1. süß oder salzig zubereiteter Quark. – 2. sehr weiß aussehende Butter. – **-fritz** m. 1., scherzh., Molkereiarbeiter. – 2. jmd., der gerne Käse ißt. – **-kauken** m. Käsekuchen aus Quark.

– **-kopp** m., veralt., kleine Holzwanne mit Löchern zum Auspressen von Quark. – 2., spöttisch, Dummkopf. – **-metz** n., iron., Seitengewehr. – **-pappel, -pöppel** f. Käsepappel, Malve, Malva neglecta. – **-rönn** f. s. Keesbank.

keesen[1], veralt., wählen, mäkeln: *mank dat Äten keesen* im Essen rumstochern.

keesen[2] 1. gerinnen, käsen: *de Melk is keest.* – 2. Käse bereiten.

keesig Adj. 1. wie Käse, blaß, bleich, farblos: *du sühst so keesig ut.* – 2. frech: *wäs nich so keesig!*

Keiben Pl. s. Keimen.

Keimen, Keiben Pl. Kiemen des Fisches; den Maulfaulen fragt man: *kannst' dei Keimen woll nich vonanner kriegen?; in de Keimen schlagen* prügeln.

Kein f. Kien, harziges, kleingespaltenes Holz zum Feueranmachen.

kein Indef. Pron. kein, keiner, niemand. 1. adjekt. Gebrauch: *hei is keinen Dummen; wi hemm' keinen Breif krägen.* Häufig in Verbindung mit bestimmten Substantiven zur Bezeichnung von ›niemand‹: *kein Minsch, kein Düwel, keine Seel.* – 2. subst. Gebrauch: *ik heff keinen kennt.*

kein-ein Indef. Pron. niemand, nicht einer, dient zur Verstärkung von *kein* bei substantivischem Gebrauch: *kein-ein is tau de Versammlung kamen; mi hett kein-ein wat tau seggen; hier is kein-ein tau Hus.*

kellen kribbeln, schmerzen, bes. wenn Finger kalt werden oder nach großer Kälte sich wieder erwärmen: *holl dei kollen Finger nich an'n Aben, süss warden sei di kellen; mi kellen de Fingern.*

Kels f., fischerspr., Zinken mit Widerhaken am Aalspeer, Pl. *Kelssen.*

Kemedi f. s. Komedi.

Kemp m. männliches Schwein, Zuchteber, Pl. *Kempen*; verbreitet nur im Süden Mecklenburgs. – Syn.: Äwer, Bier.

kennenlihren kennenlernen.

Kennewarden Pl., hist., Kennzeichen.

kennig Adj. kundig, erfahren, schlau; Adj. zu *kennen*; *kennig maken* kenntlich machen: *ik will mien Geschirr ierst kennig maken* mein Werkzeug zeichnen; *kennig warden* erkennen: *ik wür em ierst kennig, as hei mi grüßen dee.*

Keramiksch f. Keramikerin.

Kesser, Kescher m. 1. Fanggerät für Fische, kleines Netz an der Stange. – 2. vorderes und hinteres Verschlußbrett am Kastenwagen.

Kestann f. s. Kastann.

Ketüffel f. s. Katüffel.

Kiek f. s. Fürkiek.

Kiek n. Versteck; *Kiek spälen* Versteck spielen.

kieken sehen, gucken, blicken. Präs. Sg. 1. *kiek*, 2. *kiekst, kickst*, 3. *kiekt, kickt*; Prät. Sg. 1. *keek*; Part. *käken. Lat mi eis kieken!* laß mich mal sehen! Auch im Sinne von beaufsichtigen: *kiek eis na dei Kinner!; dwass kieken, scheif kieken* schielen; *hei kiekt 'n bäten scheif.* Jmd., der fragend angesehen wird, sagt scherzhaft: *Wat kiekst' mit de Näs, hest' keen Ogen?* Von jmd., der besonders gute Augen hat: *de kiekt dörch sœben eeken Brä'* er sieht durch sieben eichene Bretter hindurch. *Inne Buddel kieken* Alkohol trinken; *in't Rühr kieken* leer ausgehen. Von magerem Essen wird gesagt: *dor liern ji wiet na kieken un sacht na gahn.* Und wenn der Zeh durch den Strumpf kommt, heißt es scherzhaft: *bi di kiekt einer ut't Finster.* Zahlreiche imperativische Bildungen als Personen- und Ortsbezeichnungen: *Kiek-in-dei-Welt* kleines Kind; *Kiek-in'n-Aben,* scherzh., Bäcker; *Kiek-œwern-Tun* Kresse; *Kiek-inne-Mark* Stadtturm in Pasewalk, auch bei Parchim; *Kiek-œwern-Diek* Haus in Stralsund; *Kiek-œwer* Haus in Zingst; *Kiek-in-dei-Peen* ehem. Schloß bei Kummerow.

Kieker m. 1., seem., Fernglas: *lang' eis denn Kieker her!* – 2. Auge, Pl. *Kiekers*: *ein'n up'n Kieker hemm'* jmd. besondere Aufmerksamkeit schenken, es auf ihn (auf etwas) abgesehen haben; *wat up'n Kieker hemm'* besonders gute Leistungen vollbringen.

Kiekschapp n. Fernsehapparat; dringt aus der plattdt. Literatur in den mündlichen Sprachgebrauch ein; vereinz. auch *Kiekkommod* f. – Syn.: Fiernseiher, Flimmerkist, Rühr.

Kiel m. Keil. – Ra.: *Een Kiel drifft denn annern* eins zieht das andere nach sich.

kielhalen, keelhalen, seem., kielholen. 1. einen Menschen an einer Leine unter dem Kiel des fahrenden Schiffes hindurchziehen; vom 16. bis zum 19. Jh. vielfach als schwere Strafe oder als Bewährung des Schiffsjungen auf Segelschiffen angewendet. – 2. leere Schiffe so auf die Seite legen, daß der Kiel und die andere Seite aus dem Wasser herausragen, damit Reparaturen und Reinigung am Schiffsboden ausgeführt werden können.

Kien m. nur in der Rw. *up'n Kien passen* auf seinen Vorteil bedacht sein; ebenso in der Rw. *up'n Kien sin* wachsam sein.

kienen keimen: *de Tüften kienen dit Johr so tiedig.*

Kiep f. Kiepe. 1. geflochtener Tragekorb. – Sprw.: *Raup nich ihrer ›Haal Fisch!‹, ihrer du wek inne Kiep hest* erst wenn man etwas geleistet hat, kann man damit prahlen. – 2., hist., altes Maß für Fische.

Kieper, Küper m. 1., hist., Fischereiaufseher. – 2., allg., Wärter, Wächter. – 3. Küfer.

Kierl m. Kerl, Ehemann, tüchtiger Mann, Pl. *Kierls*: *mien Kierl is nich to Hus*; *'n leddiglos Kierl* ein Junggeselle; *'n fixen Kierl* ein aufgeweckter Mensch; *'n Kierl as'n Bom* ein kräftiger Mann. Eingeschränktes Lob: *'n feinen Kierl, wenn de annern nich tau Hus sünd*; *eenen bannigen Kierl sienen Büxenknop*; *dat's 'n feinen Kierl anne Sprütt, wenn't Für ut is.*

kierlshaft Adj. männlich.

kiesäätsch Adj., erste Silbe betont, wählerisch im Essen. Besonders Kinder werden ermahnt: *wääst nich so kiesäätsch* seid nicht so nörglich, mäklig; Zusammenbildung aus *kiesen, keesen* wählen und *äten* essen; über *kies-ätig* ist *kiesäätsch* entstanden. – Syn. s. krüüdsch.

kiewen, refl., sich streiten, zanken: *de Göörn kiewen sich all wedder.*

kiewig Adj. 1. streitsüchtig, zänkisch: *wäs man nich so kiewig* sagt man zu jmd., der gereizt reagiert. – 2. stark, groß, kräftig: ein Stück Holz, das groß und schwer ist, *is orrig kiewig.*

Kiewitt m. Kiebitz. Der Ruf des Kiebitz, der ihm seinen Namen gegeben hat, wird auf vielfältige Weise sprachlich gedeutet: *Kiewitt, wo bliewik? Dor bliewik, fief witt, fief witt.* In erweiterter Form im Kindervers, der gesungen werden kann: *Kiewitt, wur bliewik? In'n Brummelbeerbusch, dor sitt ik, dor fläut ik, dor heff ik mien*

Lust. – Wenn jmd. sehr ängstlich ist, fragt man ihn etwas ironisch: *Gruucht di vör'n dodigen Kiewitt?* Hast du Angst vor einem toten Kiebitz?

Kiewittsbeer f. fleckige Birnensorte.

Kiewittsblaum f. Wiesenschaumkraut, Cardamine pratensis L.

Kihr f. Kehre, Wende: *tau Kihr gahn* in sich gehen, sich aufgeregt benehmen, toben, schimpfen: *hei güng bös tau Kihr*; auch klagen, jammern: *hei güng so väl üm sien Pierd tau Kihr*; *inne Kihr gahn* einen Umweg machen; *ut'e Kihr gahn* aus dem Weg gehen, einen Umweg machen; *dat licht ganz ut'e Kihr* es liegt sehr abgelegen.

kihren kehren, wenden: Heu, Flachs usw.; *dat Heu möt kihrt warden*; *dat Ünnelst na baben kihren* das Unterste zu oberst kehren.

Kimmeldauk, -dok n., veralt., Tuch, das oben auf dem Kopf zusammengebunden wird, bei Zahnschmerzen etwa.

Kimming, Kimmung, Kimm f. 1. überstehender Teil der Dauben am Boden offener Holzgefäße. – 2. Kimme, Kerbe, Einschnitt allg. – 3., seem., Kimmung, Horizont, Ende des Gesichtsfeldes: *dei Sünn geiht unner dei Kimming.* – Rw.: *Rum Hart un klor Kimmung* weites Herz und klaren Blick; *rein Schipp un klor Kimmung.*

Kind n. Kind, Pl. *Kinner, Kinners*: *Kinner wohren* auf Kinder aufpassen, sie betreuen; *mit'm Kind gahn* schwanger sein. – Ra. über erstrebenswerte Kinderzahlen: *ein Kind – kein Kind, twei Kinner – Spälkinner, drei Kinner – väl Kinner. – Kinner dörben woll alls äten, œwer nich alls weiten. Väl Kinner maken dünnen Drank* viele Kinder machen das Essen dünner; *oll Lüd vör sik, Kinner vör sik*; *Kinner un dune Lüd seggen de Wohrheit.* Als Diminutiv häufig in Ausrufen der Verwunderung: *Kinnings, wie wier dat schön! Kinnings un Lüd! Kinnings, Kinnings, wat sünd't vör Tieden!*

Kinddöp f. Kindtaufe.

Kindsfaut m., hist., Fest mit Kaffee und Kuchen anläßlich der Geburt eines Kindes.

Kindsjohr n. Kinderjahr: *bi miene Kindsjohren.*

Kinnelbier n., f. Fest anläßlich der Kindtaufe: *un nägst Johr sünd wi wedder hier bi Weidemanns up Kinnelbier.*

Kinner-: – **-gorden** m. Kindergarten. – **-gordensch** f. Kindergärtnerin. – **-kor** f. Sportwagen. – **-kutsch** f. Kinderwagen. – **-station** f. Kinderstation im Krankenhaus.

Kinnjees m., zweite Silbe betont, hist., Jesuskind, auch verkleidete Gestalt bei den Umzügen zur Weihnachtszeit (bes. am Heiligen Abend), vgl. Ruuchklas, Bullkater, Julbuck.

Kirch f., **Kirch-** s. Kark, Kark-.

Kittelaasch f. Kittelzeug: *witte Kittelaasch* weißer Kittel.

Kitter m., scherzh., Glaser.

klaamsch Adj., auch *klamig*, naßkalt: *klaamsch Hänn'* kalte Hände; *mi is so klaamsch* ich friere.

Klaatsch f., m., hist., Fest, Gelage zu Anlässen wie Kindtaufe, Abschluß der Ernte, Beerdigung u. a. mehr.

klabastern umherlaufen, oft lärmend, toben, klettern: *de Göörn klabastern hüt so lut.*

Klabatsch f. 1. Klopfpeitsche mit dünnen Lederriemen. – 2., übertr., Prügel, Schläge; dazu auch das Verbum *klabatschen* prügeln, schlagen. – Syn. Kloppietsch.

Klaben m., f. s. Klaf[1], Klaf[2].

kläben, kläwen kleben.

Klabutsch n., veralt., Gericht aus zerkleinerten Innereien, süßsauer zubereitet.

klack, klack lautnachahmend für Geräusch eines fallenden Körpers.

Klackeierkauken m. 1. mißratener Eierkuchen. – 2., übertr., schwierige Angelegenheit.

Klackerbeer f. frühe, kleine Birne, die nur geschüttelt wird.

Klackerklief f. Mehlklößchen in der Milchsuppe, Pl. *-klieben.* – Syn.: *Klackerklüt*, Wribbelklüt.

klackern kleckern, klecksen, fallen: *dat Kind klackert bi'n Äten*; *dei Äppel klackern man so von'n Bom.*

Klacks m. 1. Klecks, geringe Menge einer weichen Masse. – 2., übertr., Kleinigkeit, nicht der Rede wert: *dor mak di man keine Sorgen üm, dat nähm ik inne Hand, dat's 'n Klacks.*

kladderig s. klatterig.

kladdern[1] klettern: *sei kladdert as 'n Jung'.*

kladdern[2] im Wasser panschen, lautmalend auch *kluddern*, oberflächlich waschen.

kladdernatt Adj. triefend naß.

Klaf[1], **Klaben** m. 1. gespaltenes starkes Holzstück. – 2. Pl. *Klaben* Holzpantoffeln.

Klaf[2], **Klau** f. Klaue der Huftiere, Pl. *Klaben, Klaven.*

Klafakter m., veralt., Kalfaktor, Laufbursche, Zuträger von Neuigkeiten.

klafaktern dauernd unterwegs sein, klatschen: *dei klafaktert von ein'n Hus to 'n annern.*

Kläflus f. Klettenlabkraut, Galium aparine L. – Syn.: Hachteln, Preisterlüs.

klafustern viel reden, schwatzen: *dei hett werrer wat trechtklafustert.*

Klafüt f., n., zweite Silbe betont, schlechtes, dünnes Getränk: *du hest 'ne schöne Klafüt kaakt.*

klamig s. klaamsch.

Klammerbüdel m. 1. Beutel für Wäscheklammern. – 2., übertr., in der Ra.: *mit'n Klammerbüdel pudert sin* nicht ganz normal sein

klammlies Adv. heimlich: *hei güng' klammlies ein End vörut*; ebenso: *klammheimlich,* wie umg.

Klamüser m. Sonderling, Grübler, Bastler.

klamüsern s. kalmüsern.

Klanner[1], **Glanner** m. Eiszapfen, Eisscholle: *œwer de Glanners lopen*; *mien Fäut sünd so kolt as'n Glanner.*

Klanner[2] m. Koriander.

Klapp[1] f. 1. Klappe, Verschluß. – 2., salopp, Mund: *holl dien Klapp!* – 3. Bett.

Klapp[2] f. dünne Schnur am Peitschenende, die den Knall verursacht: *'ne Klapp dreigen* dünnen Bindfaden eindrehen an einer Peitsche.

Klappbodding f. Klappstulle.

Klappdeckel m., scherzh., Kopfbedeckung.

Klapper f. Klapper. 1. Kinderspielzeug; früher auch selbst hergestellt aus getrockneten Luftröhren von Gänsen oder Enten, die mit Erbsen gefüllt wurden. – 2. Klapper aus Holz, früher auf Gütern verwendet, um zum Essen zu rufen; das geschah auch durch Schläge auf die Pflugschar; *na de Klapper gahn, lopen*, hist., als Tagelöhner arbeiten. – 3. Kartoffelsortiermaschine.

Klapper-: -bein n. der Tod. – **-büss** f. Spielzeug. – **-laatschen** Pl. Holzpantoffeln, Holzsandalen. – **-mœhl** f. 1. Klappermühle, Vogelscheuche. – 2., übertr., geschwätziges Weib: *ehr geiht dat Mul as 'ne Klap-*

permœhl. – **-pott** m. Klappertopf, Rhinantus L., Unkraut. – **-ros** f. Mohn, Papaver rhœas L.

klappsch Adj. vorlaut. – Zu *Klapp*[1].

Klärchen f. 1. Dim. des weibl. PN Klara. – 2., scherzh., Sonne.

klaren, klarren 1. schmieren, schlecht schreiben: *klar doch nich so*! schreib doch nicht so unsauber! – 2. kratzen, scharren: *hei klaart sich mank de Hor*; drastische Abweisung: *klar di an'n Noors*! – 3. rühren, rumwirtschaften: *klar nich ümmertau inne Schöttel.*

Klas m. 1. männl. PN Klaus, verkürzt aus Nikolaus, Pl. *Klœs.* Wegen der großen Beliebtheit und Häufigkeit dieses Namens gibt es Spottverse: *Klas Klasen sien Klas is bi Klas Klasen sien Klas* (weil viele Dorfbewohner *Klas* hießen). Als Spottname – dummer, einfältiger Mensch: *du büst 'n richtigen Klas*; gesteigert in der Zusammensetzung *Klas Abendsägen*, dazu der derbe Vers: *Klas Abendsägen hett't Bär vullmägen* das Bett vollgemacht. Verkleidete Gestalten zu Weihnachten: der *Ruuchklas* und *Klingklas*; der *Sankt Klas* kommt am 6. Dezember. – 2. Dohle: *winters kamen dei Klœs up't Land.* – 3. Blutkuchen aus Blut, Mehl, Rosinen und Zucker in Vorpommern. – Syn.: Tollatsch, Hindrich 2.

Klashahnik, Klashahn m. Eisente, Anas glacialis, hält sich im Winter an der Ostseeküste auf; übertr.: 1. Spottname für Einwohner mehrerer meckl. Dörfer, u. a. der Warnemünder. – 2. Pl. *Klashahns* Name einer Shantygruppe.

klaspern klettern: *hei klaspert dei Lerrer hoch.*

Klatsch f. Name der Kuh, Pl. *Klatschen*: *dor sünd de Klatschen mank wäst*; meist abwertend für alte Kuh: *de oll Klatsch.*

Klatt f. Klette, Verfilzungen im Haar und im Fell, Pl. *Kladden*: *Kladden in't Hor*; übertr.: *sik bi de Kladden hemm'* sich zanken.

klatterig, kladderig Adj. zottelig, zerzaust: *kladderig Hor* zerzauste Haare.

klauk, klok Adj. klug, schlau, erfahren; Kompar. *kläuker, klöker*, Superl. *an'n kläuksten, klööksten*; *'n klauken Kierl* ein studierter Mann; *de is kläuker as de Polizei erlaubt*; *nich recht klauk sin* nicht ganz bei Verstand sein; *sien Klauk nich hemm'* nicht ganz bei Sinnen sein; *half klok sin* dumm sein; *Klauk ut kriegen* etwas verstehen; *dor kriech ik kein'n Klauk ut, keinen Klauk nich rinner* etwas nicht begreifen. In Vergleichen und Ra.: *hei is klauk as 'n däänsch Pierd*; *wenn dien Kopp so klauk wier as dien Noors, denn künnst du Schiedsrichter warn*; *dat Küken will ümmer kläuker sin as dat Hauhn*; *hei is so klauk, hei kann Kattenschiet in'n Düüstern rüken.*

Klaukschieter m. ›Klugscheißer‹, Besserwisser.

klaukschnacken klug daherreden: *klaukschnacken kost' kein Geld.*

Klaukschnacker m. Besserwisser, Klugredner.

Klautsch f. große Hand, Pl. *Klautschen*: *de hett 'n por schöne Klautschen an'n Lief.*

klautschen ungeschickt, unvorsichtig gehen, auf etwas treten: *up'e Tehn klautschen* jmd. auf die Zehen treten.

Kläwels n. etwas zum Kleben, Klebstoff; auf Rügen *Kläflis.*

kläwen s. kläben.

Klawezimpel n., dritte Silbe betont, Klavier.

Kledaasch f., zweite Silbe betont, Bekleidung, Kleidungsstück, Pl. *Kledaschen.*

Kleed n. Kleid, Pl. *Kleder*; übertr.: *einen tau Kled gahn, kamen* jmd. auf die Pelle rücken, ein Anliegen haben.

kleeden kleiden, gut stehen, von Kleidungsstücken.

Kleewer m. Klee; man unterscheidet *witten, roden, gälen Kleewer.* – Vgl. auch Hasenkleewer, Muskleewer.

kleien, kleigen, kleiden 1. kratzen: *hei kleicht sich an'n Kopp.* – 2. wühlen, kramen: *wat kleist du in dei Kist?* – 3. streicheln: *kleich dei Kauh 'n bäten, dat sei still steiht!*

kleimen, kleemen 1. Holzfachwerk mit Lehm ausfüllen, Lehmwände herstellen, ausbessern. – 2. dick aufschmieren.

Kleimklaatsch m., hist., Festessen nach Errichtung der Lehmwände.

Kleimstaken, Leimstaken m., veralt., 1. gespaltene Latten oder Knüppel (mit Stroh umwickelt, in Lehm gewälzt), die zwischen die Querriegel des Fachwerks eingekeilt wurden oder als Ausfüllung von Zimmerdekken dienten (s. Abb.; s. a. Winnelbœn). – 2., scherzh., Klarinette.

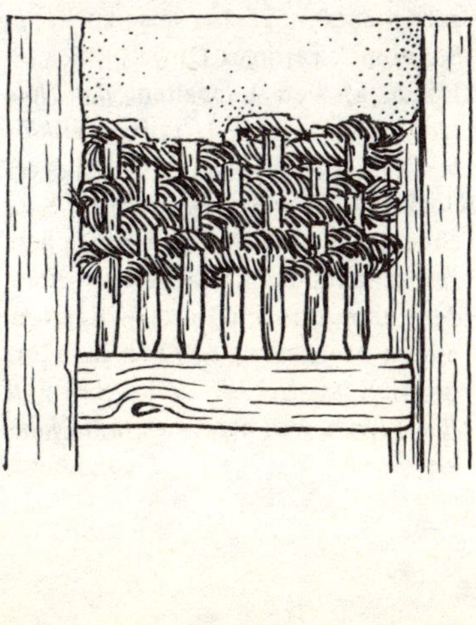

klein Adj. klein; gebräuchlicher ist *lütt*; häufig aber in Zss., s. d.

klein-, Klein-: -forig Adj. ausführlich, sehr gründlich: *kleinforig vertellen.* – **-kriegen** 1. begreifen, verstehen: *ik kann dat nich kleinkriegen.* – 2. Geld ausgeben. – **-maken** 1. klein machen. – 2. Geld wechseln. – **-meddach** n. zweites Frühstück; nur Raum Pasewalk, sonst *Lüttmeddach.* – **-veih** n. Kleinvieh, Federvieh. – Sprw.: *Kleinveih maakt uk Mess.*

Klemm[1] f. 1. Klemme, Haarklemme, Klammer allg. – 2., übertr., Notlage, Verlegenheit: *hei sitt bannig inne Klemm.*

Klemm[2] m. nur in Verbindungen wie: *dat's von Klemm un Lange* etwas Gestohlenes; *hei is bi Klemm un Klau tau Schaul gahn* er ist ein Dieb (fiktive Firmennamen).

Klemmer m. Sperber, Accipiter nisus L.

Klenner, Klinner m. Kalender. – Verkürzt aus *Kalenner.*

klennern blättern, nachschlagen, Neuigkeiten verbreiten.

Kliebenbusch m. Klettenstaude, s. Klief[1].

Kliebensupp f. Milchsuppe mit kleinen Mehlklößchen. Sie wurde früher auf dem Lande oft zum Frühstück und Abendbrot gegessen. Weil das mit Wasser angerührte Mehl in die kochende Milch ›reingekleckert‹ wurde, nannte man die Suppe auch *Klackerklieben* oder *Klackerklüt.* – Syn.: Melkklüt, Klütersupp.

Klickels n. 1. kleine, von den Händen abgeriebene Mehlklößchen, die in kochende Milch eingestreut werden. – 2. die mit diesen Mehlklößchen bereitete Milchsuppe, vgl. Kliebensupp.

klicken, klickern kleckern, tropfenweise Flüssigkeit fallen lassen.

klickernvull Adv. übervoll, von Obstbäumen: *de Bom sitt klickernvull.*

Klie f. Kleie, Abfallprodukt beim Mahlen des Getreides, als Futter verwendet: *dat Mähl, wat wi krägen hemm', is jo de reinste Klie.* – Ra.: *Wecker sik unner dei Klie gifft, ward von dei Schwien upfräten.*

Kliebüdel m. ein mit Kleie gefülltes kleines Beutelchen, das früher in der Volksmedizin bei Geschwüren aller Art Verwendung fand.

Klief[1] f. Klette, Arctium L., Pl. *Klieben*: *du hest luter Klieben anne Strümp.* In Vergleichen: *de hollen tauhop as de Klieben* sie sind sehr befreundet; *he hackt an mi as de Klieben* er ist nicht wieder loszuwerden.

Klief[2] f. kleiner Kloß, kleine Mehlklößchen in der Milchsuppe, auch die Milchsuppe selbst, Pl. *Klieben.* – Scherzhafte Antwort auf die Frage der Kinder: *Wat gifft't to äten? Koll Klieben un warm Nachtmützen, koll Klieben un Hiering* u. ä.

klieren schlecht, unsauber schreiben.

Kliesch, Kliesche f., veralt., Scholle, Pleuronectes limanda L., Plattfisch, kleiner als die Flunder. – Zu poln. *kleszcz.*

Kliester m. 1. Kleister, Klebstoff. – 2., übertr., mißratener Kuchen, schlecht gebackenes Brot.

kliestern 1. kleistern. – 2. Ohrfeige hauen: *lat di nich eine kliestern.*

Klietsch, Klitsch m. Wasserstreifen in Brot oder Kuchen, feucht-klebriger Teig, s. Klinsch.

klietschig, klitschig Adj. feuchtklebrig, nicht aufgegangen, von Teig. – Syn. klinschig.

Klingbüdel m. Klingelbeutel, an langer Stange befestigter kleiner Beutel, meist mit Glöckchen, der vom Küster während des Gottesdienstes für die Aufnahme der Kollekte bei den Kirchenbesuchern herumgereicht wurde.

Klingklas m., veralt., verkleidete Nikolausgestalt zu Weihnachten, mit Rute und Sack, s. Ruuchklas.

Klink f. Klinke; von jmd., der nicht aufhört zu reden: *dei hett kein Klink inne Kähl*; abweisende Antwort auf die Frage, wie etwas werden soll: *Klink vör't Häuhnernest!*; *Klinken putzen* betteln.

Klinkendräger m. Schornsteinfeger.

Klinner m. s. Klenner.

Klinsch m., n. Kleister, breiige Masse, Wasserstreifen im Brot oder im Gebäck: *de Kauken is de reine Klinsch worden.*

klinschig Adj. nicht aufgegangen, von Backwaren, klebrig. – Syn. klietschig.

klipp in der Formel *klipp un klor* klar und deutlich, sonst Schallwort; als Adj.: aufgeweckt, klug; *de lütt Diern is œwer klipp.*

Klippschaul f., veralt., Schule für Anfänger, ehemalige Volksschule, abwert.; wird volksetymologisch mit dem Geräusch der Holzpantinen, die die Kinder früher trugen, erklärt, gehört aber möglicherweise zu *Klipp* Schnippel, geringes Ding.

klöben, klöwen 1. spalten: *dat Holt klööft gaut.* – 2., refl., teilen: *sei klöben sich denn Gewinn.*

Klock f. 1. Glocke, vor allem die Kirchenglocke; übertr. u. a. auf den glockenähnlichen Rauchfang über dem alten offenen Herd. – Ra. von einem Menschen, der nur halb informiert ist: *Hei hett de Klocken woll lüden hüürt, weit œwer nich, wurs' hängen*; jmd., der gerne Neuigkeiten verbreitet, *bringt allens anne grote Klock.* – 2. Uhr. Nach der Uhrzeit wird gefragt: *Wat is de Klock? Woväl is de Klock?* – Veralt.: *Wat sünd de Klocken?* – Bei der Antwort wird *Klock* immer vor die Zahl gesetzt, z. B. *Klock fiebm* fünf Uhr; *üm Klock teigen* gegen zehn Uhr. Scherzhafte Antworten auf die Frage: *Wat is de Klock? Wat se gistern üm disse Tiet uk wier*; *dreivittel up'n Büxenknop, wenn du löppst, denn schaffst du't noch.* Oder im Vers: *Wat is de Klock? Dreivittel up'n Stock, wenns' schleit* (schlägt), *schleits' di up'n Kopp.* – Den Zeitpunkt aber für das Mittagessen bestimmt nicht die Uhr, sondern der Magen, deshalb heißt es: *Klock is Klock, wenn wi äten, is dat Merrach* wenn wir essen, ist Mittag. Die Kinder fragen die Butterblume: *Wat is de Klock?* und pusten ihren Samenstand in den Wind; so oft, wie sie neu ansetzen müssen, um alle Samen wegzupusten, so spät ist es. – Eine schlecht und ungenau gehende Uhr *geiht na're Supp* geht nach der Suppe; ... *geiht na de Bottermelk*; ... *geiht as de Wind weicht* wie der Wind weht.

Klock(en)-: -acht n. Perlhuhn, Nachahmung seines Schreis. – **-blaum** f. 1. Glockenblume, Campanula L. – 2. Akelei, Aquilegia vulgaris L. – **-lüden** n. Glockengeläut. – **-pedder, -perrer** m. Glockentreter. – **-reip** n. Glockenseil. – **-schauster** m., scherzh., Uhrmacher. – **-stauhl** m. Glockenstuhl. – **-tiet** f. Uhrzeit: *sien Klockentiet hollen* pünktlich sein.

klockendig Adj., veralt., genau auf den Glockenschlag: *'ne klockendig Stunn'* eine volle, geschlagene Stunde.

klok s. klauk.

Klœn n. Schwätzchen, Schnack, Unterhaltung: *wi hemm' 'n lütt'n Klœn maakt.*

Klœn-: -baddel m. Schwätzer. – **-büdel** m. Mensch, der gerne erzählt und schwatzt. – **-kasten** m. Telefon. – **-schnack** m. gemütliche Unterhaltung: *wi will'n noch 'n bäten Klœnschnack afhollen.* – **-stunn'** f. Erzählstunde.

klœnen, klönen sich gemütlich unterhalten, erzählen, plaudern: *sei klœnt denn ganzen Dach.* – Sagw.: *Führ ik, denn führ ik, klœn ik, denn klœn ik, sä' Kutscher Friedrich un geef denn Paster keen Antwuurt.*

Klopp, Kloppe f. Schläge, Hiebe, Prügel: *hei hett Klopp krägen.*

Klöpper m. Klopfer, Pl. *Klöppers.* 1. Holzhammer und ähnliche Geräte. – 2. Rohrkolben, auch *Klöpperbesen*, Typha latifolia L. – Syn. s. Bumskül. – 3. Ausklopfer. – 4. wildes Mädchen. – 5. altes Pferd.

Klöpperleesch f. schmal- und breitblättriges Schilf, Typha latifolia, Typha angustifolia L.

Kloppietsch f. Klopfpeitsche. – Syn. Klabatsch.

Kloppschinken m. 1. geklopfter Schweineschinken, in Ei und Mehl gewälzt und gebraten. – 2. Kinderspiel.

klor Adj. klar 1. durchsichtig, rein: *klor Wader* sauberes Wasser; *kloren Schnaps*; *kloren Frost* Frost ohne Schnee. – 2. deutlich, verständlich, eindeutig; oft mit Vergleichen, die zwar das Gegenteil ausdrücken, das Gemeinte aber unterstreichen sollen: *dat is klor as Bottermelk*; ... *as Wustsupp*; ... *as dick Dint*; *klor sin* feststehen; *klormaken* erklären; *sich nich klor warden* etwas nicht entscheiden können; etwas *nich klor kriegen* etwas nicht verstehen. – 3. fertig, bereit, vorbereitet, vor allem seem.: *klor warden*; *klor to'n Wennen.*

Klœt n. dünner Kaffee, schwaches Getränk.

Klœter f. 1. Fetzen, Flicken, Pl. *Klœtern.* – 2. Schmutz, der sich im Fell der Tiere festsetzt. – 3. Klingel. – 4. Kinderklapper, vgl. Klœterbüss.

Klœter-, klœter-: -appel m. Klapperapfel, ›Hasenkopf‹, mit Kernen, die klappern. – **-büss** f. 1. Klapperbüchse, Kinderklapper: *früher wür sei ut'n Schlunk maakt, dor keemen Arften rin.* – 2. Klatschweib. – **-fieken** n. Quatschliese. – **-jakob** m. Klappertopf, Rhinanthus L., s. -pott. – **-joochen** m. Schwätzer. – **-melk** f. Buttermilch. – **-natt** Adj. sehr naß. – **-nœt** f. Klappernuß. – **-pott** m. wie Klœterjakob.

klœterig, klœtrig Adj. kümmerlich, schlecht, dünn: *dor geiht dat man klœtrig tau*; *de Supp wier ganz klœterig.*

Klott f. alte abgetragene Mütze. – Zu frz. *calotte.*

klöwen s. klöben.

Kluck f. Glucke, Bruthenne; Dim. *Klucking*; übertr. u. abwertend für die Frau: *oll Kluck*; besonders die seßhafte, träge: *de sitt as 'ne Kluck*; von einer sehr eifrigen: *de rackt as 'ne bös Kluck.* – Eine *Kluck setten* sollte man am besten nach Sonnenuntergang und auch nur an bestimmten Tagen. Eine Glucke, die nicht von den Eiern geht, *sitt fast.*

klucken 1. von Hennen, die brüten wollen: *dat Hauhn kluckt.* – 2., übertr., hocken, sitzen bleiben: *de kluckt up ehr Geld* sie ist geizig.

kluckern 1. Geräusch von Flüssigkeiten beim Ausgießen aus Gefäßen, Flaschen u. dgl., deshalb auch: *eenen kluckern* einen Schluck aus der Flasche nehmen. – 2., veralt., refl., liebkosen, sich lieb haben: *will'n uns 'n bäten kluckern.*

kluddern s. kladdern².

klüftig Adj. 1. spaltbar, gut spaltend, von Holz. – 2. klug, scharfsinnig: *hei hett 'n klüftigen Kopp* er ist klug, gewitzt.

Kluftkohl m. Gericht aus gevierteltem gegartem Kohl.

Klugen, Klungen n., m. Knäuel, Pl. *Klugens*; im Südwesten Mecklenburgs auch *Klügen*: *dat Klugen Wull.*

Klump m. 1. Kloß, Pl. *Klümp.* – Syn. Klut. – 2. Grießspeise, Pudding, früher auch aus geriebenem Zwieback und Semmeln mit vielen Rosinen: *sünndachs gifft' bi uns ümmer Klump.* – Ra.: *Klümp un Grütt sünd denn Magen nütt.* – 3. Haufen, Menge.

Klumpatsch m. 1., abwert., Haufen, Menge, Masse, Kram: *dor licht de ganze Klumpatsch.* – 2. mißratene Speise, mißratener Kuchen.

Klumpen m. Haufen, Menge: *'n Klumpen Unglück*; *'n Klumpen Geld*; *'n Klumpen Leihm*; *wat upm Klumpen hemm'* etwas auf einem Haufen, zusammen haben; *in'n Klumpen fallen* zusammenbrechen; *in'n Klumpen schlan* kurz und klein schlagen.

klumpen Klöße bilden, gerinnen: *dat Blaut klumpt.*

Klunker m. 1. Troddel, Quast, Klümpchen, Pl. *Klunkern.* Im Kinderlied: *Heff een nie Kleding an, heff so schön Klunkern an, hei, bün ik fien!* – 2. Dreckklümpchen an Tierfellen.

Klünner m. Klappertopf, Rhinantus L., Unkraut.

klünnern klappern, poltern, klingeln.

klunzig Adj. feucht, klamm, klumpig: *dat Heu is noch so klunzig*; *dei Berrn* (Betten) *sünd klunzig*; auch von schlecht ausgebackenem Brot: *dat frische Brot is so klunzig, dat licht as'n Klunt inne Maach* ..., es liegt einem wie ein Klumpen im Magen.

Klür, Kalür f. Farbe; *dien Kalür geföllt mi nich* deine Farbe gefällt mir nicht, du siehst bleich aus; *dreiklürig Katten musen gaut* dreifarbige Katzen mausen gut. – Zu frz. *coleur.*

klüren, kalüren farblich harmonieren; *dat kalüürt gaut* es paßt farblich gut zusammen. – Verb zu *Klür.*

Klüs f., seem., 1. runde Öffnung am Schiffsbug, durch die die Ankerkette läuft, auch *Klüsgatt* n., Pl. *Klüsen.* – 2., übertr., nur als Pl. Augen: *nu mak dien lütten Klüsen tau.* – 3., veralt., Alkoven, Verschlag zum Schlafen. – Zu nl. *kluis.*

Klut m. Kloß, Pl. *Klüt, Klüten.* 1. Erdkloß: *Kluten pedden* Erdklöße mit den Füßen zerkleinern, geringschätzig für die Tätigkeit des Bauern. – 2., veralt., ungebrannte Lehmsteine: *früher muerten wi dei Wänn' mit Kluten.* – 3. Speisekloß aus Kartoffeln, Mehl u. dgl. Sehr häufig scherzhaft in der Antwort auf die Kinderfrage: *Wat gifft't hüt to äten? Koll Klüt un warm Nachtmützen*; *Klüt un Klapphölter*; *koll Klüt un Häuhnerwust.* – Beliebte Gerichte: *Backbeern un Klüt, Zwetschen un Klüt, sur Klüt* Klöße mit süßsaurer Soße. Tröstliche Ra.: *Arger di man nich, inne Rühr stahn Klüt, dat weitste man nich.* – Syn.: Klump, Klief².

klüten mit *Klüten* werfen, s. Klut.

Klutenpedder m., scherzh., Bauer, Landmann.

Klüter¹ m. kleines Klößchen, Pl. *Klüters, Klütern,* Suppenklöße.

Klüter-: **-grütt** f. Milchsuppe mit kleinen Mehlklößchen. – **-klieben** Pl. 1. kleine Mehlklößchen. – 2. Suppe daraus. – **-melk** f. saure, dicke Milch. – **-supp** f. Milchsuppe mit kleinen Mehlklößchen.

Klüter² m. 1. Huhn ohne Schwanz. – 2. kleines, stämmiges Kind.

klüterig Adj. ›kloßig‹, von Flüssigkeiten mit kleinen Klümpchen.

knaastern knistern, knacken, Pfeife rauchen mit hörbaren Geräuschen, sowie von unbestimmten Lauten.

Knabberkees m. Früchte der Wilden Malve, Malva silvestris L. – Syn. Möpperkees.

Knackarftenbusch m. Schneebeerenstrauch. – Syn. *Knackbeerenbusch.*

Knacken m. 1. ein großes, dickes Stück von Holz, Brot u. ä. – 2. die Umdrehung der Schreibmaschinenwalze um eine Einrastung.

knackendig, knackig Adj. zu hd. *knacken; knackendig kolt* so kalt, daß es knackt; *de Pries sünd knackig* die Preise sind sehr hoch.

knackenvull Adv. sehr voll, übervoll.

knäden kneten; bei der Butterherstellung galt: *je mihr, dat de Bodder knäd't wür, je bäder schmeckt se*; auch massieren: *du kast mi eis 'n bäten knäden.*

knädendick Adv. sehr satt; ebenso *knädensatt.*

Knaken m. Knochen, Pl. *Knakens; Knaken afpulen* Fleisch von den Knochen ablösen; von guten, schmackhaften Gerichten heißt es: *dor schittst kein Knaken na*; *orrig wat inne Knaken hemm'* gut genährt sein, Kraft haben; *Hut un Knaken sin* abgemagert sein; *keinen Marks, keinen Mumm inne Knaken hemm'* schwächlich sein; Schmerzen in allen Gliedern: *Weihdag inne Knaken*; nach einem Sturz *möt man siene Knaken tausamensammeln*; wenn man alt ist, *willen dei ollen Knaken nich mihr.*

Knallbüss f. Knallbüchse aus Holunderrohr.

Knallen m., veralt., dicke Scheibe Brot oder Kuchen: *du hest ja 'n orrigen Knallen afschnäden.*

Knäp 1. Kniff, Falte, im Papier, in der Kleidung, auch Einschnitt: *hei is inne Knäp so dünn* er ist in der Taille so dünn; *wo anner Lüd 'n Buk hemm', heff ik Knäpen.* – 2., Pl., *Knäpen,* übertr., Kniffe, Streiche, Dummheiten: *wat hest du blot für Knäpen in'n Kopp?*; *hei sitt vull Knäp un Undœch.*

knappemang Adv. knapp, wenig, kaum: *de Tiet wier knappemang üm, dor wier se uk all wedder dor.*

Knapperdachs m. s. Knieperdachs.

Knapperkees m. s. Knabberkees.

Knappsack m., veralt., Reisesack mit Eßwaren. – Zu nl. *knappen* essen.

knapptau Adv. ›knappzu‹, kaum: *hei wüßt knapptau, woans dat schräben ward* er wußte kaum, wie das geschrieben wurde.

Knarr, Knaar f. Knarre, drehbares Kinderspielzeug.

knass, knasch Adv. 1. eng, stramm: *knass antrecken* fest anziehen; *knass sitten* von Kleidungsstücken und Schuhen: *de Rock sitt so knass* der Rock sitzt zu eng; *de Stäwel sitten to knasch.* – 2. dicht: *he güng knass an em ran* er ging ganz dicht an ihn heran. – 3. schroff, hart: *se wier hüt knass af mit em* sie war sehr schroff zu ihm.

Knast m. 1. Knorren, Knubben am Holz, ein Stück knorriges Holz, Pl. *Knäst.* Wenn jmd. laut schnarcht, heißt es: *nu is hei an'n Knast!* – 2. Buckel: *hei het 'n anstännigen Knast*; übertr.: *wat up'n Knast hemm'* Sorgen haben. – 3. alter, oft reicher Mann. – Ra.: *Bi'n ollen Knast is gode Rast* wenn eine junge Frau einen älteren Mann heiratet. – 4. Hunger.

knautschen 1. knüllen, knittern, Stoff und Papier. – 2. auf etwas herumkauen: *Äppel knautschen.* – 3. nörgeln, quengeln: *sei knautscht hüt all denn ganzen Dach.*

Knäwel m. 1. Knebel – 2. großes dikkes Stück, Pl. *Knäwels.*

Knei, Knee m., n. Knie: *inne Knei gahn, up'e Knei liggen, inne Knei knikken* knien; *de Knei krumm maken* auf dem Abort sitzen; bei einer zu weiten Hose *hängt de Noors inne Knei*; *dat is mi so inne Knei schaten* es hat mich so getroffen.

Kneikähl, -kähling f. Kniekehle.

Kneireimen m. Knieriemen des Schusters.

Kneischief f. Kniescheibe.

knendlig Adj., veralt., zart, dünn, unbedarft, schwächlich: *ik bün as lütten Jung' man ümmer 'n knendlig Kind wäst.*

Knick, Gnick n., m. Genick, Nacken: *wat up'm Knick hemm'* eine Last zu tragen haben; *weck in'n Knick kriegen* Prügel beziehen; *weck in'n Knick gäben, haugen* jmd. verprügeln; *'n dikken Knick hemm'* angeschwollenes Genick haben.

Knicker m. Geizhals: *hei is'n ollen Knicker*; ebenso Knickstäwel m., s. d.

knickern 1. knausern, übertrieben sparsam sein. – 2. stümperig gehen: *ik keem driebennatt tau Hus an un knickerte dei Trepp hoch.*

Knickstäwel m. Geizkragen.

Knief n. Messer, meistens das stumpfe, schlechte, aber auch Taschenmesser: *dien oll Knief is uk so* *stump, dorup kann'n na Paris henrieden.*

Kniep f. Wäscheklammer, Pl. *Kniepen.*

kniepen kneifen, zwicken. Präs. Sg. 1. *kniep,* 2. *kniepst,* 3. *knippt, kniept*; Prät. Sg. *kneep*; Part. *knäpen. Dor is nicks to kniepen un nicks to bieten* dort geht es sehr ärmlich zu, gibt es nichts zu essen; *dat kniept hüt orrig* es friert heute sehr stark.

Knieper m. Kneifer, Klemmer. 1., Pl., Brillengläser, die auf die Nase geklemmt wurden, Zwicker. – 2. Wäscheklammer. – 3., übertr., Geizkragen.

Knieperdacks m., auch *Knapperdacks* weiß maskierte und verkleidete Gestalt mit großer Holzzange aus dem Weihnachtsumzug am 24. 12. in Buchholz/Müritz, s. Wihnachten.

Kniephalder m. Halfter für Pferde und Kühe.

Knieptang' f. Kneifzange. Scherzh., wenn jmd. zu lange auf der Toilette sitzt: *ik wull di all 'ne Knieptang' nabringen.*

Kniesenack m., hist., Güstrower Starkbier.

kniewen schneiden, ungeschickt mit stumpfem Messer. – Verb zu *Knief* Messer.

knipp-ögen, kniep-ögen, veralt., mit den Augen zwinkern, blinzeln.

Knipslatern f. Taschenlampe. – Zu hd. *knipsen* Licht anschalten.

Knirk m. Wacholder. Die Zweige des *Knirk* wurden gerne zum Räuchern von Wurst, Fleisch und Speck verwendet. Aus sehr jungen Stämmen stellte man Peitschen- und Spazierstöcke her, ebenso Reusenbügel. Die Beeren des Wacholder, die *Knirkbeeren*, sollen gegen Magenbeschwerden wirksam helfen.

Knirrband n. 1. Verstauchung oder Verrenkung des Handgelenks. – 2. Lederband, das zum Schutz des Handgelenks bei Sehnenzerrung umgebunden wird: *ik heff mi dei Hand œwergräpen, dor möt'n Knirrband rüm.* Zur Heilung werden viele volksmedizinische und abergläubische Mittel empfohlen.

knœkern Adj., auch *knœkrig* knöchern, knochig: *de hett so'ne knœkrign Fingern*; *hei is uk so knœkern* er ist so mager.

Knop m. Knopf, Pl. *Knöp.* 1. Knopf: *wenn'k noch mihr äten sall, möt ik ierst 'n Knop springen laten*; *he ritt sich keen Knöp vonne West* er arbeitet langsam. – 2. Knoten: *'n Knop in't Taschendauk maken; denn Knop up'n Büdel hollen* das Portemonnaie zuhalten, nichts hergeben. – 3. Fruchtkapseln und Blütenknospen: *gäl Knöp* Blüten des Rainfarns, Tanacetum vulgare L.; *gollen Knöp* Kriechender Hahnenfuß, Ranunculus repens L. – 4., übertr., scherzh., alter Mann: *mit denn' ollen Knop wi'k nicks tau daun hemm'*; aber auch: *dat's man 'n lütten Knop* das ist ein kleiner Mann.

Knöpdauk n. zum Knoten gebundener Halsschal.

knöpen 1. knöpfen, knüpfen. – 2., übertr., etwas trinken: *einen unner de West knöpen.*

Knoplock n. Knopfloch.

Knöpnadel f. Stecknadel.

Knœsel m. kurze Tabakspfeife: *jeder Schnœsel rookt sien Knœsel*; *nu stäk di man ierst 'n Knœsel in't Gesicht.*

knœstern drücken, kneten, massieren: *ik heff so'n Weihdaach in't Gnick, du mööst mi knœstern* ich habe solche Schmerzen im Genick, du mußt mich massieren.

Knœwel m. 1. Knöchel, Fingerknochen, Finger, Pl. *Knœwels*: *schietrige Knœwels* schmutzige Hände; *hei mäut sien Knœwels œwerall mank hemm'* er muß überall dabei sein; *mi frieren dei Knœwels.* – 2. Knebel zum Spannen der Handsäge und von Seilen.

knœweln mit den Fingerknöcheln melken, im Unterschied zu strippen, s. d.

Knubben, Knuppen m. Knoten, Knorren, Auswuchs, Knospe, Pl. *Knubbens: Knubben binnen* Knoten machen; scherzh.: *'n Knubben inne Beinen schlan* sollte derjenige, der zu schnell wächst; *de Rosen hemm' all Knubbens*; *du hest'n schön' Knubben Brot afschnäden* eine dicke Scheibe Brot abgeschnitten.

Knubbenbieters Pl. Spottname für die Bewohner von Jasmund/Rügen.

knubblig, knuwwlig Adj. klein, gedrungen, wohlbeleibt.

knüdden s. knütten.

Knüdel m. Beule, Knoten unter der Haut, auch *Knuden*: *ik heff 'n Knuden inne Bost un mütt dor eis mit na'n Dokter.*

knuffig Adj. derb, grob: *de Kierl paßt nich to de lütte nüdliche Diern, de is so knuffig.*

Knufflok m. Knoblauch, Allium sativum L.

Knull m. Kinderspiel mit Murmeln, Steinchen oder Bohnen.

Knüppdauk n. Knüpftuch, Hals- oder Kopftuch, das geknotet werden kann.

knüppeldun Adj. sehr betrunken; auch als Steigerung von satt: *knüppelsatt.*

Knuppen s. Knubben.

knüppern knüpfen, aufknoten.

Knurren, Knorren m. Knorren, großes Stück, Auswuchs, Ast, großes Torfstück: *dat Brett hett tauväl Knurren*; *stäk 'n Knurren Holt in'n Aben!*

Knurrhahn m. Knurrhahn, Fisch der Familie der Triglidae: *hei hett Tacheln, un de Graden sünd as Knaken.*

knusen drücken, hinunterwürgen; gebräuchlicher die Zss. verknusen, s. d.

knütern unbeholfen schnitzen, basteln: *dat knütert he alls mit sien Taschenmetz trecht.*

knutschen s. knuutschen.

Knütt f., auch *Knüttels* n. das Strickzeug: *dei Knütt mütt man ümmer bi de Hand hemm'.* – Syn. Strich.

Knütt-: **-brett** n., fischerspr., Brett zum Regulieren der Maschenweite bei Fischernetzen, Pl. *Knüttbrä'.* – **-büdel** n. Strick-, Handarbeitsbeutel. – **-nadel** f. Stricknadel. – **-wokken** dass. wie Knüttelhund.

Knüttelhund m., fischerspr., Holzgestell mit gegabeltem Ast zum *Netzeknütten.*

Knüttelsticken m. Stricknadel.

Knüttelstickenblaum f. Grasnelke, Armeria maritima.

knütten stricken, knoten; urspr. für die Tätigkeit bei der Herstellung und Ausbesserung von Fischernetzen: *Netten knütten*; dann für das Stricken der Frauen überhaupt: *uk in'n Stahn würd knütt't* auch im Stehen wurde gestrickt.

Knuust m. 1. Endstück des Brotes, Pl. *Knüüst*: *in'n Knuust sitt de mihrste Kraft.* – Sprw.: *Hest du noch'n Knuust in't Schapp, geiht di dat noch lang' nich knapp. Bäder 'n hard'n Knuust as 'ne lerrig Fuust* besser einen harten Kanten als eine leere Faust. Kinder und junge Frauen sollten keinen Kanten essen, damit sie nicht naseweis oder zu klug würden. – Syn. Kanten. –

2. Pl. *Knüüst* Brötchen, im Kreis Grimmen. – Sagw.: *Dat sünd man Knüüst, säd dei Jung, un streucht sik Zucker up'n Sirup.* – 3., allg., Knorren, Auswuchs.

knuutschen, knutschen 1. liebkosen, küssen, drücken. – 2., mit kurzem u, knautschen, knüllen, knittern.

Koben m. s. Kaben.

kodderig Adj. übel im Magen, jämmerlich, zum Erbrechen schlecht: *mi is hüt so kodderig inne Maach.*

Koh f. s. Kauh.

Kohl m. 1. Kohl, Pflanze und Gericht: *langen Kohl* Weißkohl mit Kümmel; *korten Kohl* Grünkohl; *Kohl suern* Kohl einstampfen. Alte Bauernregel: *Wenn dei Kohl will œwer dei Tün, kümmt dat Heu nich in dei Schün* bei nasser Witterung wächst der Kohl sehr gut (will über die Zäune), aber das Heu trocknet nicht (kommt nicht in die Scheune); ähnlich: *väl Kohl, wenig Heu.* – Ra.: *Dat maakt denn Kohl nich fett* das hilft auch nicht; *anner Lüd ehr Kohl* die Angelegenheiten anderer Leute; *bäder 'ne Lus im Kohl as gor kein Fett*; *di ward de Kohl woll to fett* du wirst wohl zu übermütig. – 2., übertr., dummes Zeug, Unsinn: *red nich so'n Kohl*; *dat is ja Kohl.*

Kohl-: -goorn m. Kohlgarten, allg. Gemüsegarten. – **-grütt** f., veralt., Kohlsuppe mit Grütze. – **-hoff** m., veralt., Gemüsegarten. – **-kopp** m. Kohlkopf. – **-supp** f. Kohlsuppe.

Koithan m., hist., einspänniger Schlitten mit querbefestigten Brettern zum Sitzen, diente im 18./19. Jh. (noch 1886) zum Personentransport zwischen Stralsund und Altefähr über den vereisten Strelasund. Dähnert, Wörterbuch, 248 erklärte: *Koithan* »Ein Name der Pferde bey den Rügischen Bauern.« Diese Bedeutung wird schon früh angezweifelt, wahrscheinlicher ist, daß man die Bezeichnung für den Schlittenführer, den *Keuthahn*, verwegener Mensch, auf das ganze Gefährt übertrug.

Kœk f. Küche, Pl. *Kœken*: *de hebben 'ne grote Kœk* dort wird gut gekocht; *mak keenen Larm in de Kœk* mach kein Aufhebens davon; *in Düwels Kœk kamen* Ungelegenheiten haben.

Kœken-: -aben m. Kochherd aus Steinen oder Kacheln. – **-brett** n. Küchenbrett, auf dem Töpfe und Schüsseln stehen. – **-dragoner** m., scherzh., Köchin, Küchenmädchen. – **-goorn** m. Küchengarten: *dei Kœkengoorn licht vör de Achterdör.* – **-rahmen, -ran** m. Wandbrett für Geschirr und Töpfe. – **-schapp** n. Küchenschrank, unten geschlossen, oben offen. – **-schört** f. Küchenschürze.

Koken m. s. Kauken.

Koksaben m. 1. Koksofen. – 2., scherzh., kleine, kurze Pfeife: *mak dienen Koksaben mal reigen* säubere deine Pfeife mal!

Kœksch f. Köchin: *de Kœksch hett Buk un Back* die Köchin ist wohlbeleibt. – Sagw.: *Weckerein kann ok an all's denken, säd dei Kœksch, don har sei vergäten, Meddach tau kaken.*

Kœksraf m. Kolkrabe, Corvus corax corax L.

Kolchoos f., scherzh., landwirtschaftliche Produktionsgenossenschaft.

Kolk, Kölk n. Wasserloch, Vertiefung in Wiesen, auf dem Acker.

kölken, kölksen sich erbrechen, aufstoßen.

Kollducks, Kullducks f., zweite Silbe betont, Kröte; auch *Kollhücks, Kullhücks* im Ortsspott auf Teterow: *Te-*

terowsch Kollhücksen drägen blage Büxen.

kolschen, veralt., reden, schwatzen, sich unterhalten (bes. in der Gegend um Barth): *wat kolscht du ümmertau dorœwer?*

kolt, auch **kult** Adj. kalt; in den flekt. Formen: *koll,* Kompar. *köller,* Superl. *an' küllsten; so'n kollen Wind; de Boden is kolt; mi löppt dat so kolt œwer* mich friert; *'ne kolle Schuller wiesen* etwas ablehnen; *'ne kolle Stuf* Stube mit kalter Pracht, nur für Besuch; *de kullen Daach* die Eisheiligen im Mai; scherzh. Aufforderung, wenn jmd. sehr friert: *Is di kolt? Krup in'n Hunn'noors un schlut achter di tau!* – Umschreibend anstelle einer direkten Ablehnung: *So kolt ward de Winter woll nich warden.*

koltgrünnig Adj. kaltgründig, von nassem Ackerland, auch Steinfußboden.

Kœm m. Kümmel. 1. die ganze Pflanze, bes. aber ihre als Gewürz dienenden Fruchtkörner. – 2. Branntwein, urspr. nur für den Kümmelschnaps, heute für jeden klaren Schnaps: *lat uns ierst 'n lütt'n Kœm drinken!*

Kombiantoch m. Kombinationsanzug, Arbeitsbekleidung.

Kœmbrauder m. Schnapsbruder.

Kœmbuddel f. Schnapsflasche.

Komedi, Kemedi f., zweite Silbe betont, vorwiegend liter., 1. Komödie, Schauspiel, Theater. – 2. Dummheiten: *ji drieben blot Komedi.* – 3. Umstände: *mak nich so väl Komedi.*

Kœminsel f., scherzh., Gaststätte.

Kœmkees m. Kümmelkäse, selbst hergestellter Sauermilchkäse.

Kommischon f. Kommission, Prüfungsausschuß.

kommod, kommodig Adj., zweite Silbe betont. 1. bequem, angenehm: *sik dat kommod maken.* – 2. passend, schön: *dat dau ik tau kommode Tiet; kommores Wärer* schönes, warmes Wetter.

Kommodenlack, Kummodenlack m., scherzh., Kognak.

kommün Adj., zweite Silbe betont, gemeinschaftlich, gemeinsam: *wi maken dat kommün.* Im 17./18. Jh. als französisches Fremdwort in die Mundart übernommen.

Kommün f., fischerspr., Gemeinschaft, von mehreren Fischern gemeinsam betriebene Fischerei, Pl. *Kommünen.* Aus der verbalen Verbindung *in Kommün fischen* entwikkelte sich das Substantiv zur Bezeichnung der Fanggemeinschaften selbst. Spez. Gemeinschaften heißen *Garn-* oder *Rüskommün.*

kœnen können, vermögen, in der Lage sein. Präs. Sg. 1. *kann,* 2. *kannst,* 3. *kann,* Pl. *kœnen*; Prät. Sg. *künn, kunn,* Pl. *künnen*; Part. *künnt. Hei kann wat*; *dei kann mihr as Brot äten*; *hei kann nicks dorför*; *hei kann mit em* er versteht ihn richtig zu behandeln; *ik künn kein Wuurd rutkriegen*; *kœnen kunn hei dat* er war dazu durchaus in der Lage; *hest du dat künnt?* konntest du das?; Auf die Rede: *Ik kann nich* wird geantwortet: *›kann-nich‹ licht up'n Kirchhoff un ›mach-nich‹ licht dorbi.*

Königsschuß m., hist., Schützenfest; auch *Königsscheiten.*

Konsumfru f. Verkäuferin im Konsum, Pl. *Konsumfrugens.*

Konsumwief n., scherzh., Verkäuferin im Konsum, Pl. *Konsumwiewer.*

kontant Adv. zufrieden, befreundet: *mit denn' bün ik got kontant* mit dem bin ich gut befreundet; *ik wier nich recht mit em kontant* ich lebte in keinem guten Einvernehmen mit ihm. – Zu frz. *content.*

Koordenspill n. Kartenspiel.

Koorl männl. PN Karl; Dim. *Körling. Allens, wat'n bäten sin will, heit Koorl.*

Koorl-duk-di kleiner Mensch.

Koort f. Karte, Spielkarte, Pl. *Koorden*: *Koorden kloppen* Karten spielen; *Koorden leggen* Karten legen. Ra. u. Rw. sind vielfach vom Kartenspiel übertragen: *'ne afspäält Koort* eine erledigte Angelegenheit; *dei hebben sich inne Koorden käken* haben sich erzürnt.

Kop m. Kauf, Verkauf: *wat tau Kop hemm'* etwas zu verkaufen haben; *'n gauden Kop* ein guter Kauf.

Kop-: **-geld** n. Kaufgeld, Kaufsumme. – **-hall** f. Kaufhalle. – **-lüd** Pl. Kaufleute. – **-mann** m. Kaufmann, Käufer. Spottvers: *Kopmann, lop man, lur up'n Penning!* – **-tähn** m. ›Kaufzahn‹, die oberen Vorderzähne eines Pferdes, Pl. *Koptähnen.*

köpen kaufen. Präs. Sg. 1. *köp*, 2. *köffst*, 3. *köfft*, Pl. *köpen*; Part. *köfft. Dor kann'k mi nicks för köpen* als Antwort auf ›schönen Dank‹; *denn' köp ik mi* den nehme ich mir vor.

Koperatschon f. Kooperation. 1. Zusammenarbeit, besonders zwischenbetriebliche. – 2. Kooperationsgemeinschaft als Betriebsform.

Kopp m. Kopf, Pl. *Köpp*; Dim. *Köppken, Köpping*; speziell Tasse, Becher, häufig in Zss. *Drinkkopp, Kaffeekopp*; übertr. auf Gegenstände, die dem Kopf des Menschen ähneln, wie *Kohlkopp, Nagelkopp.* – Unzählige Ra. und Wortverbindungen beziehen sich auf den menschlichen Kopf als den wichtigsten Körperteil des Menschen: *denn Kopp mööst du dorbi hemm'* die Gedanken muß man zusammennehmen; *dat kost't noch keinen Kopp* es ist nicht so ernst gemeint; *hei hett sien eegen Kopp, ... 'n Kopp för sik* ist eigenwillig; *... 'n dikken Kopp* hat Kopfschmerzen, auch: ist eigenwillig; *'n behöllern Kopp* ist sehr schlau, behält viel; *... 'n anschläägschen Kopp* ist erfinderisch. – Sprw.: *Väl Köpp – väl Sinn* so viele Leute, so viele Meinungen. Scherzh. zu einem Beleidigten: *Nu is hei fuurst Kopp un Noors in eis*; zu einem Überschlauen: *Du hest 'n schlauen Kopp, schad', dat de verfulen mütt, dat geef 'n Por schön höltern Schauh.* – In Verbindung mit Präp.: **dörch**: *dörch 'n Kopp gahn laten* überlegen. – **in**: *dat will mi nich in'n Kopp* das verstehe ich nicht; *wat he nich in'n Kopp hett, möt'e inne Fäut hemm'; dat sett di man nich in'n Kopp* das bilde dir nicht ein. – **mit**: *wat hei mit'n Kopp uprichten deit, stött'e mit'n Noors werrer üm* von einem ungeschickten Arbeiter. – **œwer**: *œwer Kopp* kopfüber; *œwer Kopp gahn* Bankrott machen. – **tau**: *tau Kopp kamen* etwas erledigen, schaffen; *sich tau Kopp seihn* auf seinen Vorteil bedacht sein; *tau Kopp stiegen* zu Kopf steigen. – **tens**: *tens Köppen* ›zu Ende‹ des Kopfes, am Kopfende. – **up**: *up'n Kopp haugen* verschwenden; jmd. *up'n Kopp kamen* als Drohung; *up sien Kopp bestahn* auf seiner Meinung beharren. – **ut**: *sik wat ut'n Kopp schlan.*

Kopp-, kopp-: **-arbeit** f. Kopfarbeit. – Sagw.: *Kopparbeit is woll nich einfach, secht de Bur taun Paster, dat seih ik jeden Dach an miene Ossen.* – **-bräken** n. Kopfzerbrechen, Kopfschmerzen. – **-dal** Adv. kopfabwärts. – **-dauk** n. Kopftuch. – **-fast** Adj. schwindelfrei. – **-heister** Adv. kopfüber; *koppheister scheiten* Purzelbaum schlagen. – **-heisterwater** n., scherzh., Schnaps. – **-hor** n. Kopfhaar, allg. Menschenhaar. – **-krank** Adj. geisteskrank. – **-krei** Adv. kopfüber: *koppkrei scheiten* Kobolz schießen. – **-küssen** n. Kopfkissen. – Ra.: *Wenn de Fru dotblifft, kümmt dei Mann 'n Koppküssen höger tau liggen*, d. h., die zweite Frau bringt neuen Besitz mit in die Ehe. – **-lastig** Adj. 1. vorne zu schwer beladen. – 2., übertr., geisteskrank. – **-lus** f. Kopflaus. – **-nöt** f. Kopfnuß, Schlag an den Kopf, Ohrfeige. – **-œwer** Adv. kopfüber. – **-schauster** m., scherzh., Mützen- oder Hutmacher. – **-schu, -schuuch** Adj. kopfscheu. – **-unner** Adv. ›kopfunter‹, in Verbindung mit *koppbaben* und *koppœwer* drüber und drunter. – **-weihdaach** f. Kopfschmerzen.

Köppels n. der obere Teil eines Hutes: *dei Haut möt'n niech Köppels hemm'.*

köppen köpfen: *dei Räuben köppen* Blätter von den Rüben abhauen.

Kopper n. Kupfer.

Kopper-: -kätel m. Kupferkessel. – **-mœhl** f. Kupfermühle. – **-schmäd** m. Kupferschmiede. – **-schmitt** m. Kupferschmied.

koppern, köppern Adj. kupfern, aus Kupfer.

Köppken n. s. Kopp.

köpplings Adv. kopfüber, übereilt.

Kopps m. kluger Kopf; *Kopps* eigtl. Genitiv zu *Kopp*, wird aber als selbständiges Wort verwendet: *hei hett Kopps* er ist klug; *hei kann dormit nich Kopps warden* er versteht das nicht.

koppshöger Adv. ›kopfhöher‹, in der Ra.: *koppshöger kamen* vorwärts-, vorankommen.

Kor f., daneben im südwestlichen Gebiet Mecklenburgs *Karr*. 1. Karre, Karren, ein- oder zweirädrig. – 2., übertr., altes Auto, altes Fahrrad u. dgl. – Ra.: *de Kor in'n Dreck schuben* eine Sache schlecht ausführen, verschlimmern; *einen vör de Kor hemm', up de Kor hemm'* jmd. zum Narren halten; jmd. *vör de Kor spannen* jmd. zu einer schweren Arbeit heranholen.

Korak m., f. s. Karack.

Körbs, Kœps f., m. Kürbis, Pl. *Körbsen, Kœpsen.*

Körbsennoors m., scherzh., kleiner, dicker Mensch.

Körbsenries m. Kürbisreis, süßer Reis gemischt mit Kürbiswürfeln.

Körbsensupp f. Kürbisbrei in Milchsuppe verrührt.

koren karren, mit oder auf der Karre fahren. Scherzh.: *Dat Öller geiht vör, Murrer, kor du man!*; jmd. *an'n Wagen koren* jmd. schädigen; *mit di koren se woll* du bist wohl nicht ganz ordentlich.

kören[1], veralt., wählen, auswählen: *in't Äten kören.*

kören[2], **köddern**, hist., sprechen, reden, schwatzen.

Korensädel, -sälen m. Karrenseile, Hebegurt für die Karre.

Korentagel m. Karrengurt.

Korf m. Korb, Pl. *Korfs, Körf.* Die geflochtenen Körbe wurden früher als Heimarbeit aus Weidenruten, Haselruten u. dgl. selbst hergestellt. Die gespaltenen Ruten (*Rauden*) heißen *Schänen*, deshalb auch *Schänkorf* für *Tüffelkorf* Kartoffelkorb.

Korfriedach m. Karfreitag, kirchlicher Feiertag. – Syn. Stillenfriedach.

Körfschänen Pl. Weidenruten zum Körbeflechten.

körig Adj. wählerisch im Essen. – Syn. s. krüüdsch.

Körling m. Dim. des männl. PN Karl.

kort Adj. kurz; Dim. korting. 1. räumlich: *se is 'n bäten kort geraden* sie ist sehr klein; *kort maken* entzweischlagen, prügeln; *kort Holt* kurzes Holz; *korten Kohl* Grünkohl; *in kort Tüüch gahn* ohne Hut und Mantel gehen; *ehr würd de Luft 'n bäten kort.* – Ra.: *'t is man 'n kort Enn', wur't gaut schmeckt* die Zeit des Genießens und der Freude im Leben ist recht kurz. – 2. zeitlich: *in korten* in Kürze; *in korten fixen* sehr schnell; *vör korten* vor kurzem.

kort-, Kort-: -af Adv. kurzab, kurz angebunden: *hei is hüt so kort af; de Wind weicht so kort af* der Wind weht so böig. – **-farig** Adj. kurz, knapp: *hei maakt dat kortfarig af.* – **-fleisch** n. kleine Fleischteile zum Einsalzen, beim Schlachten. – **-kaakt** Adj. kleingekocht. – **-köppig, -köppsch** Adj. eigensinnig, leicht aufgebracht. – **-lings** Adv. kürzlich, neulich. – **-schnutig** Adj. mit kurzer Schnauze. – **-sichtig** Adj. kurzsichtig. – **-tittig** Adj. kurzstrichig, mit kurzen Zitzen. – **-üm** Adv. kurzum: *kortüm wennen* kurz umwenden. Übertr.: kurz angebunden sein. – **-ut** Adv. ›kurzaus‹, sehr kurz. – **-weg** Adv. kurzweg, kurz.

körtens Adv. kürzlich: *hei is man ierst körtens hier wäst; ik heff em körtens noch seihn.* Vgl. körtlich.

körtlich, körtlings Adv. kürzlich, wie körtens.

koscher Adj. gemäß, in Ordnung; nur in der Verbindung *nich koscher sin*, bes. in Bezug auf Lebensmittel, die etwas verdorben sind: *mi dücht, dat Fleisch is nich mihr ganz koscher, dat hett woll 'n lütt'n Stich.* – Aus dem Hebräischen.

Kœsel m. verkohlte Dochtspitze der Kerze.

Kossät, Kotz m., hist., Kossäte, d. h. eigtl. ›Katenbesitzer‹, sehr kleiner Bauer, der zu Tagelöhnerdiensten verpflichtet war; dafür auch *Kœter.*

Köst[1] f., veralt., Festschmaus, Bewirtung; gebräuchlich in Zss., wie *Austköst, Oornköst* Erntefest und anderen Bezeichnungen für Festlichkeiten.

Köst[2] f. Brotkruste, Rinde, Pl. *Kösten*: *dei oll Mann kann de Köst nich bieten*; aber die Jungen sollten sie essen: *wi möten dei Kösten äten, denn warden wi stark.*

Köstenbidder m., veralt., Hochzeitsbitter, der die Gäste einlädt. – Zu Köst[1].

Köster m. 1. Küster. – 2., veralt., Dorfschullehrer, der zugleich Organist und Küster war: *uns' lütt Köster.* Rudolf Tarnow setzte diesem Lehrertyp in der Figur des Köster Klikkermann ein literarisches Denkmal. Die Lehrer selbst haben sich schon um 1900 gegen diesen Titel gewehrt und um seine Abschaffung gekämpft. Volkstümliche Ra. spielen zumeist auf die ärmlichen Lebensverhältnisse des Küsters an, dessen Einkünfte im wesentlichen aus Naturalabgaben von Gemeindemitgliedern bestanden: *Ei is Ei, säd de Köster un langt na't Gausei* (weil es das größte ist!); *Straf möt sin, säd de Köster, dor ät he de Jungs inne Schaul dat Bodderbrot up.* Wenn jmd. beim Essen tüchtig zulangt, heißt es: *de frett noch düller as de Köster up't Kinnelbier* der frißt noch mehr als der Küster auf der Kindtaufe; oder jmd., der gerne und viel trinkt, *hett so'n*

Döst, as wenn hei 'n Köster söächt hett. Wer aber Sorgen hat, *de sitt dor mit an as de Köster mit'n Sünndach.* – Im Wiegenlied: *Bimmel, bammel, beier, de Köster mach kein Eier; wat mach hei dann? Speck inne Pann, hei is'n lütten Leckermann.*

Köster-: -acker m., hist., Ackerland, das zur Schule gehörte, aber Kirchenbesitz war. – **-dach** m., hist., Gottesdienst, vom Küster abgehalten. – **-ei** n., hist., ›Küsterei‹, Ei, das an den Küster abgegeben werden mußte. – **-kuurn** n., hist., ›Küsterkorn‹, Korn, das an den Küster abzugeben war. – **-land** n., veralt., Akkerland der Schule. – **-noors** m. Küsterarsch, häufig in Vergleichen.

Köstersch f. Ehefrau des Küsters.

Kœtel m. kleines Kotstück, kleine Tierexkremente, Pl. *Kœtels.* Jmd., der Angst hat, *denn' sitt dei Kœtel all in dei Büx*; jmd., der bald stirbt, *hett sien letzten Kœtel kackt*; drastische Aufforderung an einen ›*Frostkœtel*‹, jmd., der sehr friert: *kack 'n Kœtel un warm di!*

Kœtel-: -fäger m. Straßenfeger. – **-kees** m. kleiner, länglicher Quarkkäse mit Kümmel. – **-kist** f. großer Hintern. – **-mann** m., nur redensartlich: *hork an't Enn', sär Kœtelmann.* – **-puurt** f. Afteröffnung.

kœteln[1] Exkremente fallen lassen: *de Pier kœteln.* – 2., intr., frieren: *mi kœtelt.*

kœteln[2] erzählen, schwatzen, reden: *hei kœtelt ja wedder wat trecht.*

Köter m. 1. männlicher Hund, abwerten: *wat blaffen dei Köters hüt abend tausammen?* – 2., landw., mit der Hand gezogene hölzerne Hungerharke, bis zu 2½ m breit: *Köter trekken* nachharken; auch zur Bezeichnung anderer Geräte bzw. Geräteteile.

Kœter m., hist., Kätner, Bewohner einer Kate mit dazugehörigem Akkerland, Kleinbauer, auch *Kœtner*; vgl. Kossät.

Kœterwehr f., hist., kleiner Bauernhof.

Kœterwirtschaft f., hist., kleine Landwirtschaft.

Kotz m. s. Kossät.

Kotzbalken m., scherzh., schwere Zigarre.

kotzen erbrechen, sich übergeben: *ik kotz mi de Seel ut'n Lief; dat's taun Kotzen* es ist ärgerlich.

Krääft m. Krebs. 1. das in Gewässern lebende Tier: *an'n Krääft frett man sich hungrig an.* – 2. Maulwurfsgrille, Gryllotalpa gryllotalpa L. – 3. bösartige Geschwulst: *wenn de Krääft Luft kricht, denn möt de Minsch ihrer starben* wenn der Krebs operiert wird, muß der Mensch früher sterben. – 4. Vorrichtung für die Spindel am Spinnrad.

kräänsch s. krœnsch.

Kraasch f. Mut, Kraft: *dat möt man ehr laten, Kraasch hett se.* – Zu frz. *courage.*

kraaschen, kratschen schreien, krähen, heiser krächzen; bes. vom Gakkern der Hühner, bevor sie legen, auch von den Junghennen: *sei kraaschen all so väl, nu warden sei woll bald anfangen tau leggen.*

Krabauter m. lebhaftes Kind, Pl. *Krabauters*: *'n lütt Krabauter*; auch *Krabutt* m.

Krabb, Kraff, Krapp f. 1. Krabbe. – 2. Engerling. – 3. Pl. *Krabben*, übertr.: kleine Kinder.

krabbeln, krawweln 1. krabbeln, kriechen, mühsam klettern. – 2. kratzen.

Krack f. altes, mageres, stümpriges Pferd, Pl. *Kracken*; *mit dei Krack* *ward hei ok nich wiet kamen.*

Kraftminsch m. kräftiger, robuster Mann.

krägel, kregel Adj. lebhaft, munter, frisch: *de Lütt is mächtig krägel.* – Ra.: *Klein un kregel is bäder as grot un 'n Flegel.*

kräkeln, krœkeln nörgeln, beanstanden, schimpfen: *hei hett ümmer wat tau kräkeln; de krœkelt œwer alls.*

kraken schreien, von Krähen.

Krall f. Koralle, Pl. *Krallen*: *sei hett 'ne Krallenkär* sie hat eine Korallenkette.

krall Adj. freundlich, aufgeweckt, munter: *de Diern hett kralle Ogen.*

Kram, Kraams, Kraamt m. Kram, Ware, nicht näher bezeichnete Dinge: *sienen Kram tausamenschmieten* heiraten; *up sienen Kram uppassen* seine Sachen zusammenhalten. – Ra.: *Denn' duurt de Kram länger as de Ell* er ist sehr verschwenderisch.

krambolieren 1. zusammenstoßen. – 2. entzweimachen.

kramerlatiensch Adj. beim Sprechen Plattdeutsch und Hochdeutsch vermischend.

Kramuck n. 1. kleines, zurückgebliebenes Kind. – 2. Pl. *Kramucken* verkrüppeltes Obst: *lat doch de Kramukken liggen un nimm di 'n orntlichen Appel.*

Kran m. s. Kraun.

Kränk f. Ärger, Wut, Krankheit; nur in der Ra.: *dor kannst de Kränk kriegen* da kannst du die Wut bekommen; als Verwünschung: *du sast de Kränk kriegen.*

Krankenhus n. Krankenhaus.

Krankensüster f. Krankenschwester.

krankschrieben jmd. schriftlich durch den Arzt als krank, d. h. arbeitsunfähig, erklären: *ik bün all acht Daach krankschräben.*

Kranz m. Kranz, Pl. *Kränz.* Der Brautkranz einer Witwe durfte früher nicht geschlossen sein. *Wenn dei Brut 'n Kind har, kreech sei denn Kranz ierst na dei Kirch up.* Auf Hochzeitsfeiern wurde um Mitternacht der Kranz abgetanzt (*Kranzafdanzen*), wobei jeder Gast zusah, daß er ein Stück vom Schleier erhielt. *Denn maken s' uk woll 'ne lange Reich, faten sich all an, de Brut an de Spitz, gahn dörch alle Stuben na de Däl, uk woll na de Strat und singen: Schür 'n Kätel ut, büst uk miene Brut. Klüt un Backbeern will'n wi kaken, dorbi Brot un Fleisch, dat is gor nich eisch, dat gifft Murr uns in de Knaken.*

kranzheistern, -hästern 1. jmd. die Meinung sagen, ihn abkanzeln: *denn' war ik œwer orrig kranzhästern.* – 2. jmd. hinauswerfen: *na, dit har mi passieren süllt, de har ik œwer kranzheistert.*

kratschen s. kraaschen.

Kratz f. Gerät zum Kratzen. – Ra.: *inne* oder *ut'e Kratz gahn* verlorengehen; *hei hett sich dat ut'e Kratz gahn laten; alles is inne Kratz gahn* alles ist verloren.

Kratzböst f. ›Kratzbürste‹, zänkischer Mensch.

kratzböstig Adj. unfreundlich, grob.

kratzen 1. reiben, kratzen, scharren, jucken: *de Häuhner kratzen na Wörm* die Hühner kratzen nach Würmern; *Bodder up't Brot kratzen* Butter dünn aufs Brot schmieren; übertr.: *dat kratzt mi* das ärgert mich; ausgedrückte Schadenfreude: *dat kratzt mi sihr un freucht mi düchtig.* – 2. Kartoffeln aufnehmen: *Tüffel kratzen.*

Kratzer m. 1. drei- oder vierzinkige Hacke an einem Holzstiel zum Kartoffelaufnehmen. – 2. Schramme. – 3. Gerät zum Auflockern des Flachses u. andere Geräte.

Kratzkopp m. leicht erregbarer Mensch.

Krauch, Krooch m. Krug, Wirtshaus, Gastwirtschaft, Kneipe: *hei kann an keinen Krauch vörbikamen* er nimmt jede Gelegenheit zum Trinken wahr; *denn Süper mahnt de Krauch, wenn em sien Döst nich mahnt; in'n Krauch kann'n för'n Schilling wat tau hüren kriegen, wat 'n Daler wiert is.* Vom spät aufgehenden Mond heißt es: *de sitt noch in'n Krauch.*

kraugeln 1. kraulen, kratzen. – 2. krabbeln, kriechen.

Kräuger, Kröger m. Gastwirt.

Kraum, Krom f. Brotkrume.

Kräumel, Krömel m. 1. Krümel, Pl. *Kräumels*: *wisch eis de Kräumels von'n Disch!* – 2., übertr., kleiner Mensch: *hei is man 'n lütten Kräumel.*

Kraun, Kran m. Kranich, Pl. *Kraunen*: *de Kraunen scharrigen* die Kraniche schreien; *de Kran treckt, 't gifft anner Wäder* der Kranich zieht, es gibt anderes Wetter.

Kraunsbeer, Kroonsbeer f. 1. Preiselbeere, Vaccinium vitis-idæa L. – 2. Moosbeere, Vaccínium oxycoccus L.

Kraus m., n., vor allem seem., sonst veralt., große Tasse, irdener Krug: *dei drünk wi ümmer ut de Kraus; wi hemm' 'n gadlich Kraus vull Schmolt* einen großen Topf voll Schmalz.

Kräusch n. 1. kleines Kind, Pl. *Kräuschen*: *lütt Kräuschen.* – 2. kleine Birnen, unreifes Obst allg.

Krauter m. 1. Sonderling, alter Mann: *'n ollen Krauter.* – 2. kleiner Handwerksmeister, kleiner Kaufmann. – 3. im Pl.: kleine Kinder: *de lütten Krauters.*

krawweln s. krabbeln.

kredessig s. kandessig.

Kreek f. s. Kreik.

kregel s. krägel.

kreidenkopp kopfüber, s. kreigenkopp.

Kreigen-, kreigen-: **-bein** n. Krähenbein, übertr.: 1. Runzel, Falte: *Kreigenbeinen* üm dei Ogen. – 2. Hahnenfuß, Ranunculus acris, auch *Kreigenblaum.* – 3. Verstärkungen im Fischernetz. – **-düsig** Adj. dumm, nicht normal. – **-faut** m. Krähenfuß. 1. Brecheisen. – 2., nur Pl., Runzeln. – 3., nur Pl., unleserliche Schrift. – **-fedder** f. Krähenfeder. – **-kopp** m. Krähenkopf: *Kreigenkopp, Kreidenkopp scheiten* rückwärts kopfüberschießen. – **-krut** n. Kraut der Krähenbeere. – **-schiet** m. 1. Krähendreck. – 2., übertr., Dummheiten; *Kreigenschiet in'n Kopp hemm'.* – **-schugels** n. 1. Vogelscheuche: *dat Kreigenschugels süht ja so gruglig ut.* – 2., übertr., alte häßliche Frau.

kreigen, kreiden krähen, schreien: *de Hahn kreicht so väl, dat gifft anner Wärer; na em kreicht nich Hund orrer Hahn* ihn vermißt niemand.

Kreih, Kreich f. Krähe, auch Dohle und Rabe, Pl. *Kreigen*; im westl. Mecklenburg *Kreiden. Wenn de Kreigen kraken, uk, wenn se sihr hoch inne Böm sitten, gifft dat Unwäder.* Eine alte Bauernregel besagt, daß der Roggen am 1. Mai so hoch sein müsse, daß sich eine Krähe darin verstecken könne. – Jemand, der nicht nur eingebildet, sondern dazu auch noch dumm ist, *de hett nich bloß 'n Vagel, de hett all 'ne Kreih.* Und dem Dummen hat offenbar *'ne Kreih in'n Brägen schäten.* In Vergleichen: *Du sühst ja ut, as wenn di dei Kreigen unner hatt hemm'* als wenn dich die Krähen unter sich gehabt hätten; wenn es besonders heiß ist, sagt man: *Dat is 'ne Hitt, dat de Kreih upm Tunpahl jappt* es ist eine so große Hitze, daß sogar die Krähe auf dem Zaunpfahl japst. Sitzen die Krähen im Herbst scharenweise auf den Bäumen, heißt es: *de Kreigen hemm' Schaul.*

Kreik, Kreek f. kleine, frühe, bläulich-rosa Pflaume, Spilling, Pl. *Kreiken, Kreeken.*

Krempel m. Kram, Zeug, Trödel: *schmiet denn Krempel man weg.*

Krempstäwel m., Sg. u. Pl., lange Stiefel, deren Schaft sich umkrempeln läßt, bes. von den Fischern benutzt.

kreppen Adj. aus Krepp: *'n kreppen Kleed.*

Krett n. vorderes und hinteres Verschlußbrett am Kastenwagen: *schuf dat Krett tau; dat Schwien sprüng' œwer 't Krett*; im südl. Mecklenburg dafür Kesser, sonst auch Schottkell, s. d.

kribbeln, kriwweln prickeln, jucken: *mi kribbeln dei Fingern*; ärgern, reizen: *mi kribbelt dat* mich ärgert es.

kribbelig Adj. nervös, unruhig.

Kribbelkopp m. gereizter Mensch.

Kribbelwater n., scherzh., Selterswasser.

Krickaant f. Krickente, kleine wilde Ente.

Kried f. Kreide: *inne Kried sitten* Schulden haben; *dat geiht œwer Kried un Rotstein* das übersteigt alles.

kriegen kriegen, bekommen. Präs. Sg. 1. *krich*, 2. *krichst*, 3. *kricht*, Pl. *kriegen*; Prät. Sg. 1. *kreech*; Part. *krägen. Kinner kriegen* Kinder gebären; *mit de Angst kriegen* ängstlich sein; *bi de Büx kriegen* erfassen, ergreifen; *wenn einer dat kricht, denn kricht he dat tauierst in'n Kopp; ik kann dat nich klauk kriegen* ich werde nicht schlau daraus; *dat Lopen, dat Lachen, dat Hülen kriegen; wat tau seihn kriegen* was zu sehen bekommen, erleben; *ik krich ehr so wiet* ich bringe sie dazu; *wat (dormit) tau kriegen hemm'* etwas zu tun haben: *ik heff dormit nicks to kriegen.* – Ra. über Liebende und Eheleute: *Dat hett sich so un kricht sich nich, un wenn't sich kricht, verdröcht't sich nich.* Im Sagw.: *Dat will'k woll kriegen, säd de Afkat, don nehm hei't Geld.* – Scherzh.: *Krist alles, wat de Häuhner leggen, bloß de Eier nich.*

Krien f. geflochtener, hoher Weidenkorb, auf dem Rücken zu tragen, aber auch mit zwei Handgriffen versehen. Die *Krien* diente als Behälter für Obst und Kartoffeln (*Tüftenkrien*), aber auch zur Beförderung anderer Waren. – Das Wort gehört zu pomoranisch *karzyna*, seine Vollform in anderen Mundarten lautet *Karine.*

krillen[1] kraus werden, von zu stark gedrehten Fäden, von Farbe, auch von zu dicker Suppe.

krillen[2] grillen.

kriminal Adj. kriminell: *dor fängt de Sak an, kriminal tau warden.*

krimmeln wimmeln; meist in der Formel *krimmeln un wimmeln.*

Krimp f. s. Krümp.

Krink m. 1. Kreis: *de Sünn hett 'n Krink.* – 2. Rand von selbst gestrickten Strümpfen oder Handschuhen: *hest du denn Krink all farig?*

Krint f. Korinthe, Pl. *Krinten.*

Krintenstuten m. Korinthenkuchen.

Krips m., nur in festen Fügungen: *einen bi'n Krips kriegen* am Kragen packen; *dat geiht œwer Krips un Kragen* alles geht verloren.

Krischan m., erste Silbe betont,

männl. PN Christian: *witten Krischan* Quark; *von'n groten Krischan räden* große Reden führen, s. auch Christopher.

krisselig Adj. körnig, flockig: *de Borrer is hüt so krisselig, de lött sich gor nich upschmeeren.*

Kristoffer m. s. Christopher.

kriwweln s. kribbeln.

kröchen, kröcheln husten, krächzen, hüsteln: *du kröchst di ja de Seel ut'n Lief.*

Kröger m. s. Kräuger.

krœkeln s. kräkeln.

Krömel m. s. Kräumel.

Kronenproppen m. Kronenkorkenflaschenverschluß: *Kronenproppen von de Bierbuddeln.*

krönnigen, krönnichen 1. husten, hüsteln, krächzen, sich räuspern: *ik heff mi bannig verküllt, de ganze Nacht heff ik krönnigen müßt.* – 2. wiehern, schreien, von Pferden, wenn sie Hunger haben.

krœnsch Adj. stolz, eigensinnig, halsstarrig: *he maakt sich krœnsch; 'n krœnschen Kierl* ein kräftiger, stolzer Mann; *wäs man nich so krœnsch* sei nicht so frech!

Krooch m. s. Krauch.

Kroonsbeer f. s. Kraunsbeer.

Krœpel m. Krüppel, Pl. *Krœpels*; *ik mak di tau'n Krœpel*; übertr. auf mißgestaltete oder mißratene Gegenstände jeglicher Art: schlechtes Gebäck, unbrauchbare Pflanzen, kleines Obst usw.

kröppen 1. stutzen, beschneiden, vor allem die Krone von Bäumen: *Wieden kröppen.* – 2., unpers., sich ärgern: *dat kröppt mi sihr und freucht mi düchtig.*

Kroppkrut m. Rainfarn, Tanacetum vulgare L.

Kropptüüch n. ›Kroppzeug‹, kleine Kinder, kleine Gegenstände, kleines, wertloses Obst.

krœsig Adj. lebhaft, munter, kräftig, leicht erregt: *nu fäuhlt hei sich all wedder krœsig* nun fühlt er sich schon wieder stark; *kiek eis, wur dei Farken all krœsig sünd; hei is 'n ganz krœsigen Kierl* er ist sehr streitsüchtig.

kroß Adj. knusprig, scharf gebacken.

Krœt f., n. 1. Kröte. – 2. freches kleines Mädchen, auch als Kosewort: *mien lütt säut Krœt.* – 3., nur im Pl. *Krœten* Geld: *dien por Krœten reiken nich.*

krœtig Adj. eigensinnig, kratzbürstig, ungezogen: *sei is wedder krœtig un will dat nich daun.*

Kru f. Gruppe, Gesellschaft, urspr. nur für die Besatzung eines Schiffes: *Werner Gottschalk hüürt ok to de Kru.* – Zu engl. *crew.*

krüchen, krücheln husten, hüsteln: *wat krüchst du ümmertau!*

Krüd f. Kreude. 1. eingekochter Rüben- oder Obstsaft, auch eingedicktes Obstfleisch, so *Plummenkrü'* Pflaumenmus. – 2., hist., gewürztes Konfekt.

Krüdbrot n., hist., gewürztes Brot, süßes Semmelbrot.

Krüdnelk f. Gewürznelke.

Krüff, Krüww f. Krippe, Futtertrog für Pferde und Kühe, Pl. *Krübben.* – Syn. *Röp.* Dazu *Krübbenbieter* m. Pferd, das beim Fressen in die Krippe beißt. – Syn. *Krübbensetter.*

Kruk f. Kruke. 1. großer Krug, große Flasche aus Ton. Als Zeitangabe: *Anno Kruk* vor langer Zeit, oft mit dem Nachsatz: *as de Buddels noch kein Mo' wiern* als die Flaschen noch nicht Mode waren. Oder in Verbindung mit der Jahreszahl 1800: *dat wier achteinhunnert un Kruk, as dat* *noch kein Buddels geef.* – 2. kleines, dickes Mädchen: *'ne lütt Kruk.*

krüllen, krullen kräuseln, gerinnen (von Milch); *krüllt Melk* oder *Krüllmelk* ist erwärmte sauer gewordene Milch, Quark; mit süßer Milch verrührt im Sommer als Nachspeise gegessen.

Krümm f. Biegung, Krümmung.

krumm-, Krumm-: -darft, -darm m. unterster Teil des Dünndarms. – **-duwwelt** Adj. gekrümmt und doppelt; das Tau z. B. liegt *krummduwwelt*, wenn es nicht ordentlich in Ringe gelegt worden ist. – **-holt** n. gebogenes Querholz zum Aufhängen eines aufgebrochenen Schweines. – **-pucklig** Adj. mit krummem Rücken. – **-rüm** Adv. eine Biegung machend. – **-start, -stiert** m. 1. krummer Schwanz. – 2. Apfelsorte, Pommerscher Krummstiel. – **-stroh** n. kurzes Stroh: *dat licht dor as Krummstroh* es liegt alles durcheinander.

krümming Adj. krumm, gebogen; Dim. zu *krumm.*

Krümp, Krimp f., veralt., Einschrumpfung, das Eintrocknen, vor allem bei Wäsche. – Ra.: *inne Krümp gahn* verloren gehen.

krumpelig Adj. kraus, faltig, unordentlich: *dat Kleed sitt krumpelig.*

krünkelig Adj. zerknittert, faltig, knautschig.

krupen kriechen. Präs. Sg. 1. *krup*, 2. *krüppst*, 3. *krüppt*; Prät. *kröp, krop*; Part. *krapen.* Essen, das nicht schmeckt, *will nich krupen,* doch eine leckere Nachspeise *krüppt liekers.* Wenn es kalt ist, *krüppt mi dat œwern Puckel.* Den unachtsamen Fußgänger mahnt man: *Kiek nich na dat, wat flücht* (fliegt), *leiwer na dat, wat krüppt. Lat man krupen!* laß nur gut sein! – Ra.: *denn' lat man einer krupen* der weiß, was er tut. Von einem langsamen Menschen: *Hei krüppt as de Fleich inne Bottermelk.* Ausruf eines Verärgerten: *nu ward mi dat bi lütten krupen!* Dazu viele imperativische Bildungen: *Krup-dœrch'n-Tun* Igel; *Krup-inne-Büx* ängstlicher Seemann; *Krup-in't-Loch* Maulwurf; *Krup-unner* Unterschlupf.

krus Adj. kraus: *sich krus maken* die Federn sträuben; *krus Hor, krusen Sinn* krause Haare, störrischer Sinn.

Krüsel m. Kreis, Wirbel, Haarwirbel: *de hett twee Krüsels up'n Kopp; 'n bäten in'n Krüsel hemm'* im Kopf benommen sein.

Krüselwind m. Wirbelwind, böiger Wind. Bauernregel: *Is Krüselwind, gifft't dröch Tiet* Wirbelwind kündigt trockene Zeiten an.

Krüsemünt f. Krauseminze, Mentha piperita L.

krüsen kraus machen, krausen: *hei kruust de Näs* er zieht die Nase kraus.

Krut n. Kraut, jede Pflanze, Pl. *Krude, Krüder.* – Sagw.: *Dat is 'n dulles Krut, sär de Voss, don har hei sich in'n Neddel sett'* Fehler macht auch der Schlaueste. *För'n Dod is keen Krut wossen* der Tod is unabwendbar; *Krut un Räuwen* wirres Durcheinander.

Krut-: -buck m., scherzh., Gärtner. – **-goorden, -goorn** m. Kräutergarten. – **-iesen** n. s-förmig gebogenes Eisen zum Zerstampfen von Grünfutter.

krüüdsch, krüüsch Adj. wählerisch im Essen: *wäs man nich so krüüdsch, hest woll kein' Hunger inne Jack.* Oder im Sagw.: *Krüüsch bün ik nich, sär dei Jung', œwer bäder is bäder, don streucht hei sich Zucker up'n Sirup.* –

Syn.: kankœfsch, kiesäätsch, körig, tür.

Kruutsch, Kruz f. Karausche, Carassius carassius (L.) – Verkürzt aus *Karuz.*

Krüww f. s. Krüff.

Krüz n. Kreuz. 1. kreuzförmige Gegenstände. – 2. unterer Teil des Rückens: *ik heff't so in't Krüz* ich habe Schmerzen im Rücken; *dat gifft gliek wat in't Krüz* es gibt Schläge. – 3. Leid, Unglück, Last: *he hett sien Krüz dormit.*

Krüz-, krüz-: -adder f. Kreuzotter. – **-duurn** m. Kreuzdorn, Rhamnus cathartica L., diente in abergläubischen Vorstellungen zur Abwehr böser Geister. – **-elend** Adj. sehr elend, übel. – **-fidel** Adj. sehr lustig. – **-gesund** sehr gesund. – **-hääkt** m. 1. Hechtart. – 2. Wasserfrosch, Rana esculenta L. – **-holt** n. Kreuzholz, zum Aufhängen von Würsten, zum Bedecken von Flüssigkeiten, bes. Milch im Eimer, um das Überschwappen zu verhindern. – **-iesen** n. kreuzförmiges Stoßeisen. – **-karf** Kreuzkerbe. – **-lahm** Adj. kreuzlahm, Schmerzen im Rücken. – **-lien** f. Kreuzleine, gekreuzte Leine, mit der zwei Pferde gleichzeitig gelenkt werden. – **-œwer** Adv. querüber: *hei kreech ümmer krüzœwer.* – **-päper** m. Schwarzkümmel, Nigella sativa L. – **-stein** m. 1. versteinerter Seeigel. – 2. Grenzstein.

krüzen, seem., kreuzen, gegen den Wind im Zickzack segeln.

Kü m., n., veralt., ein flaches Kissen, das die Frauen früher aus modischen Gründen unter dem Rock über dem Gesäß trugen: *früher drögen de Frugenslüt' 'n Kü.* – Zu frz. *cul.*

Küben n. Kübel, großes Holzgefäß mit zwei Griffen; vor allem in Zss. wie: *Bräuhküben* Kübel zum Brühen, *Melkküben, Seihküben* Kübel zum Seihen.

kucheln kichern: *de Dierns sitten inne Eck un kucheln.*

Kuckucksblaum f. 1. Kuckucksblume, Dactylorchis. – 2. volkstüml. Bezeichnung mehrerer Frühjahrsblüher.

Kuddelmuddel n., m. Durcheinander, Wirrwarr: *he räd so'n Kuddelmuddel, dat kann kein Schwien verstahn.*

Küddik, Kütick, Kürrik m. Ackersenf, Sinapis arvensis L., oft auch zur Bezeichnung des Hederichs.

Kuff f., seem., holländisches Segelschiff mit zwei Masten und rundem Bug und Heck.

Küff, Küft f. altes baufälliges Haus, Pl. *Küffe, Küften*; elende Hütte: *dei oll Küff is nicks wiert.*

Kuffert, Kuffer m. 1. Koffer, Reisehandkoffer: *de Kufferts sünd all dor.* – 2., veralt., Kastentruhe mit gewölbtem Deckel, urspr. zur Aufbewahrung von Leinen, Wäsche und Kleidern, bes. der Aussteuer (s. Abb.).

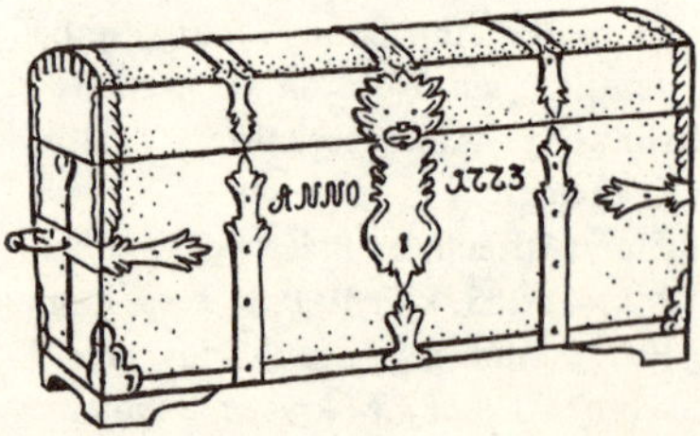

Kuhl f. kleine, grubenartige Vertiefung allg., spez. Grab, auch Grübchen in der Wange: *Kuhlen inne Backen, Schelm in 'n Nacken.*

Kuhlengräwer m. Totengräber; der

Genesende *is denn Kuhlengräwer von'n Spaden hüppt.*

Kuhlmutt f., veralt., Kinderspiel: *Kuhlmutt drieben:* eine Holzkugel (*Kuhlmutt*) muß vom Treiber in ein Mittelloch des Spielfeldes getrieben werden, während die anderen Mitspieler ihr Loch mit Stöcken besetzen. Das Spiel wird mit einem Vers eröffnet, eine von vielen Varianten ist: *Rühr üm, rühr üm, dei Grütt brennt an, dor kümmt de Kierl mit de Kuhlmutt an.* – Syn. *Kuhlsœch.*

Kuhn f. 1. Pute; häufig im Pl. gebräuchlich: *de Kuhnen*, auch für Perlhühner. – 2., übertr., Schimpfwort für eine alte Frau.

Kuhnhahn m. Truthahn: *hei puust' sich up as'n Kuhnhahn.*

Kujon m., zweite Silbe betont, veralt., Schurke, Schuft, schlechter Mensch: *dat's 'n gefährlichen Kujon, denn' möt man ut'n Weg gahn.*

Küken n. 1. Küchlein, junges Huhn, auch Jungtiere anderen Geflügels; übertr. auf kleine Kinder; Dim. *Küking.* – Ra., Sprw.: *Dat Küken is kläuker as't Ei; dat is nich gaut, wenn't Küken kläuker is as de Kluck.* Im Vergleich: *ik lop rüm as't Küken ahn Kopp* ich bin ratlos. – 2. Nasenschleim – 3. Schlüsselblume als Verkürzung von *Kükenblaum.*

Kül f. Keule, dicker Stock; vor allem im Pl. *Külen* Schenkel.

Kulboors m. 1. Kaulbarsch, Acerina cernua (L.); *Kulboors un Pelltüffel* Kaulbarsch und Pellkartoffeln war früher ein beliebtes Gericht, mit dem scherzh. Zusatz: *un dat in'n Düüstern äten.* Eine grobe Drohung ist: jmd. *'n Kulboors in'n Noors stekken un trüchoors wedder ruttrecken.* Das gleiche Bild im Vergleich mit Geburtsschmerzen: *Wenn dei Mannslüd Kinner kriegen deern, denn dächten sei doch, en'n wür 'n Kulboors vör dwass dörch'n Moors treckt.* – 2. alter rügenscher Tanz.

Külend, -enn' n. abgeschrägter Giebel des rohrgedeckten Bauernhauses.

Küll f. 1. Kälte: *'ne grugliche Küll* eine strenge Kälte. – Ra.: *Wat got is gegen de Küll, is uk got gegen de Hitt.* Scherzh. im Sagw.: *Küll kann'k gaut verdragen, säd de Bur, don set* (saß) *he achtern warmen Aben.* – 2. Frostbeulen: *ik heff Küll inne Fingern; up Küll in dei Tehnen schmeert man Lampenöl.*

Kullducks f. s. Kollducks.

Kulp, Külp f. 1. unreifes Obst, vor allem im Pl. *Kulpen, Külpen*: *dei Külpen schmecken noch nich.* – 2., nur Pl., sehr große hervorstehende Augen.

külpen jmd. mit großen Augen anstarren, anglotzen.

Kulpoch, Külpoch, Külepoch f. Kaulquappe, Pl. *Kulpoggen*: *dit Johr krupen dei Kulpoggen spät ut.* – Syn. *Kulquabb.*

Kulsœch f. s. Kuhlmutt.

kult s. kolt.

kum Adv. kaum. – Ra., veralt.: *Is't nich rum, so is't doch kum* wenn es auch nicht viel ist, es reicht doch notdürftig aus.

küm, kün Adj. zart, schwächlich, gebrechlich, elend: *mi is so küm; ik bün ganz küm*; matt: *de Fisch warden küm* (im Fischkasten); dazu das Adv. kum.

Kumbein f. Kombine, Erntemaschine, die mehrere Arbeitsgänge kombiniert.

Kumm m. Behältnis, Pl. *Kümm.* 1. aus Ton oder Porzellan: große und kleine Schüsseln, große henkellose Tasse, veralt. – 2. aus Holz: Futtertrog für Pferde. – 3. aus Netzwerk: Netzsack der Fischreuse.

Kümmeldauk, -dok n., veralt., Tuch, das bei Zahnschmerzen unter das Kinn gelegt und auf dem Kopf zugeknotet wurde.

Kummkor f. einrädrige Schubkarre mit aufgesetztem kippbaren Kasten zum Transport von Sand, Steinen usw.

Kummodenlack m. s. Kommodenlack.

kümmt s. kamen.

kumpabel, kumpagel Adj., veralt., fähig, imstande, dreist: *du büst ja woll kumpagel un hauchst mi mit'e Messfork.*

Kumpanie f. Kompanie. 1. militärische Einheit. – 2., veralt., Gesellschaft, Genossenschaft. Redensartlich noch heute: *Kumpanie is Lumperie.*

Kunditschon f., letzte Silbe betont, Kondition, Verfassung.

künnig Adj. 1. kundig: *ik bün de fremde Sprak nich künnig.* – 2. bekannt werden, sein: *ik bün em nich künnig, hei is mi nich künnig; ik bün dat gor nich künnig worden.*

künnigen kündigen.

Künstlerminsch m. Künstler.

Kunterakt m. Kontrakt, Vertrag, Urkunde.

Kunterband f. Konterbande, Schmuggelware.

Kunterbüt f. ›Konterbeute‹, erbeutete Schmuggelware.

Kunternanz f. Haltung, Fassung. – Zu frz. *contenance.*

kunträr Adj. konträr, entgegen, zuwider: *dat kümmt mi ganz kunträr; kunträrer Wind* Gegenwind.

Küp f., veralt., Bottich, Kübel.

Küper m. Küfer.

kuranzen abkanzeln, mit jmd. umspringen, schelten: *denn Kierl heff ik düchtig kuranzt.*

kurlos Adj., veralt., ratlos, traurig, niedergeschlagen.

Kürrik m. s. Küddik.

Kurrpietsch m. Schlammpeitzger, Misgurnus fossilis (L.) – Zu slaw. *piskor*; durch Umstellung der Silben im Nd. entstand *Kurrpietsch.*

Kus f. Backenzahn, Zahn, Pl. *Kusen*: *dei Kusen kamen* die Backenzähne wachsen; vom Verstorbenen: *denn' daun de Kusen nich mihr weih; einen achter de Kusen stäken* priemen.

kuscheln sich an etwas oder jmd. anschmiegen: *se kuschelt sich in ehr Bett.*

kuschen sich beherrschen, zähmen, gehorchen: *du büst noch tau jung, du mööst noch kuschen*; im Zuruf an den Hund: *kusch!, kusch di!*

Küsel m. Wirbel, Strudel, Kreisel: *dat Boot keem in'n Küsel.*

küseln, refl., sich um sich selbst drehen: *dat Warer küselt sich; dei Strom küselt.*

Küselwind f. Wirbelwind.

Kusenbräker m., scherzh., Zahnarzt.

Kusentrecker m., scherzh., Zahnarzt.

Kussel, Kuschel m., mit stimmhaftem ss ausgespr., kleines, niedriges Gehölz, kleinere Kiefern- oder Fichtengruppen.

Kusselwark n. Kiefergehölz.

Küssen n. Kissen.

Kustann f. s. Kastann.

Küt n., f. 1. Eingeweide und deren Inhalt, von Tieren, heute bes. von Fischen (*Fischküt*); – 2., übertr., Eiter, allg. Schmutz und Dreck: *dor wier nicks as Schiet un Küt.*

Küter m., hist., Fleischer, der die bereits geschlachteten Tiere zerlegte, die Eingeweide verarbeitete und Wurst machte; zu *Küt* s. d. – Straßen- und Gebäudenamen, wie etwa

Küterdamm und *Kütertor* in Stralsund, erinnern an dieses alte Gewerbe.

Kütick m. s. Küddik.

Kutsch f. 1. Kutsche, geschlossener, vornehmer Wagen; iron.: *Kutsch mit vieruntwintig Finstern* Leiterwagen. Im Kinderreim: *Ri, ra, rutsch, wi führn in de Kutsch, in de Kutsch dor führn wi, up denn Äsel rieden wi, ri, ra, rutsch, wi führn in de Kutsch.* Im Abzählreim: *Kutsch, Kalesch, Meßwagen.* – 2., übertr., Bett: *nu ma rin inne Kutsch!* – 3. Pflanzenname *Kutsch un Pier* Echter Sturmhut, Aconitum napellus L.

Kutt f. weibliches Geschlechtsteil, Vulva. – Ra.: *Dei Kœm un dei Kutt maken dei Minschen kaputt* Schnaps und Frauen ruinieren den Mann.

Kutter m. Motorschiff für die Fischerei, auch als Einmaster zum Segeln.

Kuurn n. Korn, Pl. *Küürn*. 1. einzelnes Korn: *schmiet de Häuhner 'n por Küürn hen.* – 2. allg. Getreide, Roggen als das wichtigste: *dat oll Kuurn möt dat niech noch seihn* das alte Getreide muß noch über die neue Ernte hinaus reichen. – 3. Getreideschnaps: *'n lütten Kuurn.*

Kuurn-: -blaum f. Kornblume, Centaurea cyanus L., s. Trääms. – **-burr** f., veralt., Maschine zum Reinigen von Getreide. – **-flücht** f., veralt., Gänseflügel an langer Stange zum Kornreinigen. – **-radel** f. Kornrade, Agrostemma githago L. – **-schüffel, schüpp** f. Kornschaufel. – **-worm** m. Kornmade.

Küürnerteller m. ›Körnerzähler‹, scherzh. für Leistungs- und Verlustprüfer in der Landwirtschaft.

Kuwert n., zweite Silbe betont, Briefumschlag.

Kwett f. s. Quett.

L

L, l n. der Konsonant. Er wird im allgemeinen wie das hd. l artikuliert. Es wird dort als gelängtes l gesprochen, wo die Silbe -en fast vollständig liquidiert wird, z. B. *fal*<*fallen, sal*<*sallen.* In der Stellung nach i, e, o und ö wird l häufig verdumpft (mouilliert) ausgesprochen (= ł), z. B. *Lilgen, Ilk, Geld, Pölk.* Besonders häufig betroffen von dieser Aussprache ist das Suffix -el, wo durch die Rückverlagerung der Artikulationsbasis beim l zugleich eine Verdumpfung des Vokals (e>u) erfolgt, z. B. *Wäsuł* Wiesel, *Wörduł* Wurzel, Mohrrüben, *Wispuł* Wespe, *Œsuł* Ösel, Docht, *Vaguł* Vogel.

Laach f. Lage, Situation, Art und Weise des Liegens, eine bestimmte Menge Zusammengelegtes: *'ne Laach Kuurn* eine Lage Korn, *'ne Laach Stroh; 'ne Laach Wull* 100 g Wolle; *'ne lütte Laach* (in der Gastwirtschaft) ist ein Bier und ein Schnaps.

lääch s. leech.

Laatsch m. Pantoffel aus Holz oder Filz, Pl. *Laatschen.* – Syn. s. Tüffel[2].

laatschen 1. nachlässig, schleppend gehen, schlurfen: *dei laatscht œwer'n groten Unkel* er geht o-beinig, d. h. die Zehen nach innen gerichtet. – 2. einen Schlag versetzen, eine Ohrfeige austeilen: *du krist gliek wek laatscht!*

laatschig, vereinzelt **latschig** Adj. unordentlich, langsam, nachlässig, in Bezug aufs Gehen: *laatschig gahn* langsam, watschelnd gehen; *'n laatschigen Gang*; vom Befinden: *mi is hüt so laatschig* ich fühle mich nicht wohl; von Gegenständen: *dat Fleisch* *is so laatschig* das Fleisch ist geschmacklos, lappig; *dat Mähl is laatschig* das Mehl ist etwas feucht.

Laban m., erste Silbe betont, beide a nach o gesprochen, großer, ungeschlachter Mensch: *'n langen, groten Laban.*

labberig, lawwerig Adj. fade im Geschmack, gehaltlos: *dei Koffee is so labberig* der Kaffee ist so dünn.

Labberwach f., seem., Schiffswache bei schwachem Seegang.

laben loben: *Taukiekers möten de Hochtiet laben, dorüm möten sei orrig wat to äten un to drinken hemm'. Jeder Kopmann laaft sien Wor; dat Äten laaft sich sülfst* gutes Essen lobt sich selbst, aber vom Menschen heißt es: *wenn man laaft warn will, möt man dotblieben; dörch'n eiken Brett laben* über Gebühr loben.

läben, läwen leben: *hei lääft 'n gauden Dach* er lebt einen guten Tag. In Vergleichen: *hei lääft as dei Has in't Krut* wie der Hase im Kraut, d. h. im Überfluß, *... as de Pürrick in'n Kees* wie die Made im Käse; *... as Gott in Frankreich; ... as Hund un Katt* in Zank und Streit. In Ausrufen des Erstaunens: *so wat lääft ja woll nich!* das kann doch nicht möglich sein; auch mit Zusätzen, wie: *so wat lääft ja nich up'n bœwelsten Bœn* so etwas lebt ja nicht auf dem obersten Boden, d. h., es kann ja nicht wahr sein!

Läben, Läbent n. Leben: *dat har ik in mien Läbent noch nich seihn.*

Lack m., veralt., Mangel, Fehler, üble Nachrede, geläufig nur noch in der Verbindung: jmd. *'n Lack anhängen* jmd. verleumden, in Verruf bringen, übel nachreden; vereinzelt auch: *'n Lack kriegen* Schaden erleiden.

lack s. leck.

Lad f., veralt., Lade, Truhe, Kasten, Pl. *Laden.* Die *Lad* hatte einen flachen oder nur leicht gewölbten Deckel. Sie diente zur Aufbewahrung von Kleidungsstücken und Leinenzeug. – Vgl. Kuffert (s. Abb. S. 168).

Läd n. s. Litt.

Läfdach m. Lebtag: *mien Läfdach; dat heff'k mien Läfdach nich hüürt* das habe ich noch nie gehört. Auch verkürzt zu *Läder*: *all mien Lärer* mein ganzes Leben; *dat ha'k mien Läre nich seihn* das habe ich noch nie gesehen.

lahm Adj. lahm, schwach, gebrechlich: *lahm Wäder* schwüles Wetter; *mi is so lahm; 'n lahm Koort spälen* schlecht Karten spielen; in Vergleichen oft in Verbindung mit *Gössel*: *gahn as'n lahm Gössel.*

Lähn f. Lehne, Stuhllehne, auch Geländer, Dim. *Lähning.*

lakensch Adj., veralt., aus feinem, wollenen Tuch: *lakenschen Rock* schwarzer Rock.

Lamäng f., zweite Silbe betont, Hand: *hei maakt allens ute Lamäng; dat kümmt nich inne Lamäng* das kommt nicht in Frage. – Zu frz. *la main.*

Lamm n. Lamm; Dim. *Lämming.* Es werden nach dem Geschlecht unterschieden: das *Bucklamm* und das *Mudderlamm.* Im Sprw.: *Dei Appel föllt nich wiet von'n Stamm, so as dat Schap is, is dat Lamm.*

Lämmer-: -driewer m., scherzh., Schäfer. – **-grieper** m., scherzh., Schäfer. – **-häuder** m. ›Lämmerhüter‹, Schafstelze, Motacilla flava. – **-hüppen** n., veralt., Lämmerhüpfen, Tanzveranstaltung der Jugendlichen. – **-schap** n. Schäfchenwolke. – **-start, -stiert** m. Lämmerschwanz; in Vergleichen: *denn' schleit dat Hart* *as'n Lämmerstart* er hat Angst; *em geiht dat Mul as'n Lämmerstart* er redet sehr viel. – **-strat** f. Lämmerstraße, im Wiegenlied und im Hamburger Lied von Jan Hinnerk.

Land n. Land, Pl. *Länner*; Dim. *Ländken, Länneken: dat söte Länneken* Hiddensee; *Land seihn* Hoffnung haben, ein Ende sehen; *Land maken* sich zur Ruhe setzen. In Zwillingsformeln: *Land un Strand, Land un Sand, Land un Meer.* In Verbindung mit Präpositionen: *an Land kamen* nach Hause kommen, als Ausruf der Verwunderung: *lat mi an Land!* Als Verwünschung: *mak bloß, dat du Land gewinnst!* mach, daß du fortkommst!; *buten Lands sin* im Ausland sein; *in'n Lann'* im Lande; *hei is in'n ganzen Lann' bekannt; bi uns tau Lann'* in dieser Gegend, bei uns; *œwer Land* über Land: *œwer Land führen; œwer Land ward nich spiest* iß dich zu Hause satt, mitgegeben wird nichts; *unner Land* im Schutz der Küste; *up'n Land* auf dem Land, in dörflicher Umgebung, ebenso: *von'n Lann'*; Spottname für Tölpel: *Johann von'n Lann', Marieken von'n Lann'.*

Land-: -koort f. Landkarte. – **-lüd** Pl. Landleute, Dorfbewohner. – **-mann** m. Landmann, der das Land bearbeitet, der auf dem Dorf wohnt. – **-minsch** m. 1. ›Landmensch‹, jmd., der auf dem Land wohnt. – 2. jmd., der sich auf dem Land wohlfühlt. – **-rägen** m. Landregen. – **-rieder** m., hist., Landreiter. – **-rott** f. Landratte. – **-schop** f. Landschaft. – **-strat** f. Landstraße.

Landslüd Pl. Landsleute, Menschen aus der gleichen Gegend.

lang lang; Komp. *länger*, Superl. *an'n längsten.* 1. Adj.: *lange Fingern maken* stehlen; *mit langen Hawern faudern* Schläge austeilen; *langes Gesicht maken* enttäuscht aussehen; *lange Büxen drägen* erwachsen sein; *langen Kohl* 1. dünn gekochter Weißkohl. – 2. Grünkohl mit Rippen. – Ra.: *Wer't lang hett, lött' lang hängen; je länger de Stäl, desto wierer von de Arbeit.* Ein großer Mensch *is so lang as Lewerenzen sien Kind.* – 2. Adv.: *lang kauen* appetitlos essen; *sich lang maken* sich zum Schlafen hinlegen; *tau langen* zu lange; *all langen* schon lange; *lang(en) so gaut nich* bei weitem nicht so gut.

lang-, Lang-: -bein m. Storch, s. Adebor. – **-bom** m. Langbaum, Balken, der beim alten Erntewagen Vorder- und Hinterwagen miteinander verband. – **-finger** m., scherzh., Dieb. – **-gahn** 1. entlanggehen. – 2., übertr., sich ereignen; *du weetst ja gor nich, wo't langgeht,* du weißt ja gar nicht, was passiert. – **-holt** n. Langholz. – **-hor** n. ›Langhaar‹, Frau. – **-schächtig** Adj. langschäftig, mit langen Beinen. – **-schläper** m. Langschläfer. – **-siet** Adv. seitlich, an der Seite. – **-stielig** Adj. langwierig, mühsam. – **-stiezig** Adj. langweilig, umständlich: *'ne langstiezige Arbeit.* – **-tiets** Adv. lange Zeit: *dat licht all langtiets rut.* – **-tœgsch** Adj. langsam, schwerfällig, umständlich, langweilig: *hei räd so langtœgsch un arbeit' uk so; dat is ein' vonne Langtœgschen.*– **-uhr** n. Langohr, Hase und Esel. – **-wielig** Adj. langweilig.

Längd(e) f. Länge: *dat treckt sich mächtig inne Längde.*

Lank[1] f. Flanke, Teil zwischen Rippen und Lende: *Weihdaach inne Lanken* Schmerzen in den Gliedern.

Lank[2] f., FLN, Teil eines Gewässers oder ganzer See.

Länneken n. s. Land.

Lantern f. Laterne. – Syn.: Latücht, Lücht.

Läpel, Lœpel m. 1. Löffel, Pl. *Läpels, Lœpels.* An das früher übliche Essen mit dem Löffel aus einer gemeinsamen Schüssel erinnert heute noch die Redensart: *mit denn' stäk ik denn Lœpel uk nich wedder in ein' Schal.* – Ra. vom Überschlauen: *dei hett dei Klaukheit mit'n Läpel äten*; vom Betrogenen: *denn hemm's œwern Läpel balbiert.* Wo gut und reichlich, auch verschwenderisch gelebt wird, *dor ward mit'n groden Läpel äten; jmd. up'n Läpel gäben* jmd. in Pension (Verpflegung) geben; *kort vör'n sülwern Läpel* kurz vor dem Erfolg, Sieg (weil der Gewinn des Preisschießens auf den alten Schützenfesten oft aus einem silbernen Löffel bestand). Bildhaft für sterben: *denn Läpel dalleggen, denn Läpel anne Wand stäken.* Die letzte Ra. geht zurück auf die alte bäuerliche Sitte, die benutzten Löffel nach der Mahlzeit in Lederschlaufen zu stecken, die an der Wand, am Tisch oder am Wandbrett befestigt waren. – 2. Ohren des Hasen, auch auf die des Menschen übertragen: *sparr dien Läpel up* mach deine Ohren auf; *du krichst weck achter dei Läpel!*

Läpel-, läpel-: -brett n., hist., Brett mit Schlaufen oder ausgesägten Löchern zum Einhängen von Löffeln (s. Abb.). – **-kost** f. Essen, das man mit dem Löffel ißt, d. h. vornehmlich Zusammengekochtes. Früher erhielten die Arbeiter auf den Gütern nur *Läpelkost*, nur Mittag- und Abendbrot. – **-stäl** m. Löffelstiel: *keinen warmen Läpelstäl in'n Mund kriegen* nichts zu essen bekommen. – **-wies** Adv. löffelweise.

läppern 1., refl., zusammenkommen,

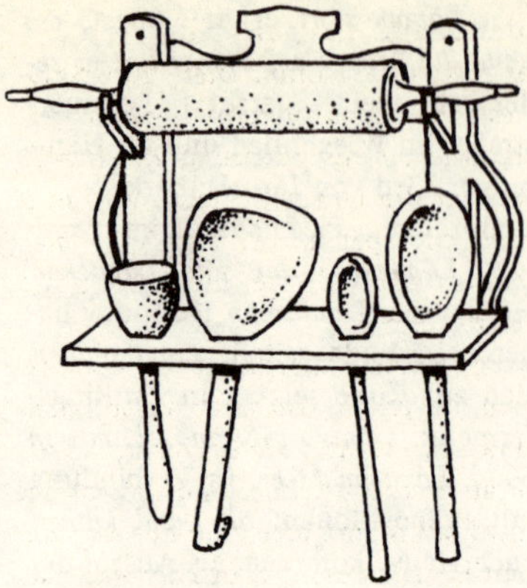

sich allmählich vergrößern, mehren, bes. von Geld: *dat läppert sich*, ebenso *tausamenläppern.* – 2. sich hinziehen, hinzögern, ebenso *henläppern.*

lappsalben, lappsalwen 1., seem., das Tauwerk teeren. – 2., übertr., zum Munde reden, schmeicheln.

Larm m. Lärm, Krach, Geschrei: *ji maken ja'n dullen Larm; so'n Larm in'n Hus; groten Larm maken* Aufhebens machen.

läsen lesen. 1. Schrift lesen: *kannst' denn Breif uk läsen? hei kann in'n Düüstern läsen* er ist sehr schlau; spottend zu jmd., der viel liest: *denn Pastor sien Döchter hemm' so väl lääst, dat s' ganz dœmlich in'n Kopp sünd wääst*; von einem mageren Menchen: *denn' kann man dat Vadderunser dörch de Backen läsen.* – 2. sammeln, auflesen: *Tüften läsen* Kartoffeln sammeln.

läsig s. lœsig.

Lass, Last m. Lachs.

Last f., hist., Maßeinheit; 1 Last = 96 Scheffel = 12–13 Tonnen Hering.

Lastadie f., hist., Schiffswerft, auch Ballast; Name für Straßen: Große und Kleine Lastadie.

lat Adj. spät; Komp. *later*, Superl. *latest*; meistens adverbial gebraucht: *dat wier sihr lat gistern; de Klock geiht tau lat* die Uhr geht nach; *wur lat is dat?* wie spät ist es? Als Adj.: *laten Gasten* späte Gerste; *lat Tüften* späte Kartoffeln.

laten lassen, zurücklassen, überlassen, belassen, loslassen, unterlassen. Präs. Sg. 1. *lat*, 2. *lettst*, *löttst*, 3. *lett*; Prät. *leet*; Part. *laten. Lat mi taufräden!* laß mich zufrieden! *dat lat man, dat lat* laß nur; *dat lat man sind* das tue nicht, das laß sein; *sich Tiet laten* sich Zeit lassen; *dat lett sich äten* es läßt sich essen; *wat laten kœnen* viel essen können: *Jung', ät in'n Stahn, je mihr kannst du laten*; auch aussehen, nacharten: *hei lett na dei Murrer* sieht aus wie die Mutter; *dat lett ehr nich* das steht ihr nicht; *dat lett em* es steht ihm, kleidet ihn. – Ra.: *So as de ein lett, süht dei anner ut.*

Latücht f., zweite Silbe betont, Laterne, Lampe: *mak dei Latücht eis ut; gah mi ut'e Latücht!* geh mir aus dem Licht! – *Latücht* ist eine Mischform aus *Laterne* und *Lücht* Leuchte. – Syn. Lantern, Lücht.

Läuchen, Lööchen m. lodernde Flammen, Glut; Dim. *Läuching.*

läumerig, lömerig, läumig, lömig Adj. trübe, von Flüssigkeiten: *läumig Wader, läumerig Wien.*

Läus, Lös f. Geleise, Wagenspur. Übertr.: *wat werrer in de Läus bringen* etwas wieder in Ordnung bringen; beim Erzählen: *wenn hei mal inne Läus is, höllt hei nich werrer an.* – Syn. Trad.

Läusch n. s. Lisch.

Läuschen, Lööschen n. lustige Geschichte, Anekdote, auch unwahre Erzählung: *vertell mi doch kein Läuschen, dat is all's nich wohr.* – Allgemein bekannt geworden ist das Wort durch Fritz Reuters 1853 erschienene Gedichtsammlung ›Läuschen un Riemels‹. Zurück geht das Wort *Läuschen* auf mnd. *leise, loise* geistliches Lied. Das dazugehörige Diminutiv *Lœschen* entwickelte sich dann zu *Läuschen.*

läusen gerade, in der Spur laufen: *dat will nich läusen* es will nicht klappen; *denn' lat man läusen* den laß ruhig gehen. – Zu *Läus.*

Lawei f., zweite Silbe betont, Gesicht; nur in Verbindung mit schlagen: *weck inne, anne Lawei kriegen; krichst eis anne Lawei, dat d' denkst, dat sünd twei* du bekommst Prügel ins Gesicht, daß du denkst, es sind zwei.

lä'weik Adj. ›gliederweich‹, wacklig: *de Stauhl is so lä'weik.* – Zu *Litt.*

läwen s. läben.

Läwer f. Leber: *sich all's von dei Läwer räden* sich frei aussprechen; *di is woll 'ne Lus œwer de Läwer lopen* dir ist wohl eine Laus über die Leber gelaufen. – Beim Hochzeitsessen und anderen festlichen Gelegenheiten wurden beim Zerlegen der Hechtleber von den Tischgästen sogenannte *Läwerriemels* Leberreime aufgesagt; sie wurden eingeleitet mit der Formel: *De Läwer is von'n Hääkt un nich von ...* Danach variieren die Strophen, denn sie durften sich nicht wiederholen. Überliefert sind etwa: *De Läwer is von'n Hääkt un nich von'n Stubben, wer väl Lüs hett, mutt sich väl schubben* (Rügen). Oder: *De Läwer is von'n Hääkt un nich von'n Boors, wenn einer di leif hett, dat is doch woll wat Roors* (etwas Rares).

läwig Adj. lebendig: *de Fisch sünd noch läwig.* Auch in der Bedeutung munter, lebhaft: *dat's 'n läwigen Jung'.*

lawwerig s. labberig.

Lechel n., hist., kleines hölzernes Fäßchen, etwa 5 l fassend, in dem früher Getränke mit aufs Feld genommen wurden; vor allem auch für Bier und Branntwein; heute nur noch in Museen erhalten.

leck, lack Adj. undicht, besonders von Holzgefäßen, auch allg.: *de Emmer is leck; dat Pappdack is leck.*

Leckbier n. Bier, das beim Abzapfen und Eingießen überläuft: *dat Leckbier kreegen früher de Schwien.*

Leckmelk f. ungekochte, saure Milch, von der die Molke abgelaufen ist (durch ein Tuch gegossen); sie wird danach süß oder salzig zubereitet.

ledden, lean, lären leiten, führen: *hei läärt dat Kalf.*

Ledder[1], **Lerrer** f. Leiter: *stiech nich so hoch up'e Lerrer; hei klarrert up dei Lerrer* er klettert auf die Leiter; *hei is vonne Lerrer fallen* seine Haare sind geschnitten worden.

Ledder-: -bom m. halbrunde Leiterstangen, in denen die Sprossen befestigt sind. – **-sprat** f. Leitersprosse. – **-tram** f. Leitersprosse.

Ledder[2], **Lerrer** n. Leder, auch Haut des Menschen: *dat Lerrer vullkriegen* Prügel beziehen, ähnlich: *an't Lerrer willen, dat Lerrer mör maken.* Die Ra.: *Dat's all so, as dat Ledder is* ist durch Fritz Reuters Romanfigur Jochen Nüßler in der ›Stromtid‹ literarisch geworden und in mündlichem Gebrauch vielfach ergänzt und erweitert worden: *dat's all so, as dat Lerrer is, un dat Lerrer is taach* (zäh); *dat's all so, as dat Lerrer is, buten so as vör de Dör; dat is all so, as dat Ledder is, dat een is nich dicht un dat anner schleet dörch.*

Ledder-: -jungs Pl., scherzh., Pellkartoffeln, Saubohnen. – **-kees** m. zäher, alter Käse. – **-tüüch** n. Lederzeug.

leddig, lerrig Adj. leer: *hei is mit lerrig Taschen na Hus kamen.* – Sprw.: *Wenn de Troch* (Trog) *lerrig is, bieten sich de Schwien,* d. h., wo Mangel herrscht, gibt es Streitigkeiten. Die Formel *leddig un los* bezeichnet den Zustand der Ungebundenheit, meistens das Nichtverheiratetsein: *hei is ümmer noch lerrig un los.*

Lee f., n. s. Lei.

leech, lääch Adj. 1. niedrig, flach: *dat Warer is man lääch; dei Stuf is man lääch; de Hiering löppt leech* der Hering hält sich dicht am Land in niedrigem Wasser auf. – 2. schlecht, böse, schwach, krank, schlimm: *hei süht man leech ut* er sieht schlecht aus; *mi is so leech inne Maach* mir ist so flau im Magen, ich habe Hunger; *hei sä' ehr kein leeges Wuurt* er sagte ihr kein böses Wort; *dat's 'n leegen Hund* ein gemeiner Mensch. Im Sagw.: *Dat harr leeger warden künnt, säd de Bur, don har em sien eigen Wagen dat Bein afführt.*

leed s. leid.

leef s. leif.

leegen s. leigen.

Leem m. s. Leim.

leenen s. leinen.

leggen, lengen legen. Präs. Sg. 1. *lech,* 2. *lechst,* 3. *lecht*; Prät. *läd, lär*; Part. *(ge)lecht. De Wind hett sich lecht; dat ward Tiet, dat de Häuhner bald lengen warn* es wird Zeit, daß die Hähner bald anfangen zu legen; *hei lecht sich in't Geschirr* er arbeitet angestrengt.

Lei, Lee f., n., seem., die dem Wind abgekehrte Seite eines Schiffes; *dat Schipp geiht mit Lee.* – Ra., wenn jmd. auf dem Schiff urinieren will:

Haalt' Raurer inne Lei, de Schipper will pissen.

leid, leed Adj. leid (sein, tun, bereiten, geschehen): *lat di dat man nich leed warden* laß es dich nicht gereuen; *dat is em leed worden* er hat es sich anders überlegt; *ik wull em dat nich to leed don* ich wollte ihm das nicht zumuten; *dat deit mi leed* das tut mir leid; *mien Mann hett mi noch keen leedes Wuurt secht* mein Mann hat mir noch kein böses Wort gesagt.

leidig Adj. wehleidig, mitleidig, gönnerhaft: *de deet ümmer so leidig*; besonders oft von geheucheltem Mitleid: *dei is inne Ogen leidig, hinnern Rücken falsch.*

leif, leef Adj. lieb, angenehm; Kompar. *leiwer*, Superl. *an'n leifsten.* Dim. *leiwing*; *leiwing daun* liebenswürdig sein; *leif hebben* lieb haben, lieben; *wat tau Leif daun* etwas zu Gefallen tun, ebenso: *eenen de Leef andon; du leiwe Tiet, dat leiwe Brot, de leiwen Kinnner, de leiwe Gott.* Häufig im Kompar. u. Superl.: *dat günn ik em leiwer as mi* ich gönne es ihm mehr als mir; *dei bitt sich leiwer 'n lütten Finger af; ik ät am leifsten Änenbraden.*

leiflich Adj. erfreulich, angenehm, lieblich: *se hett so'n leifliches Wäsen.*

Leifst m., n., f. der, die, das Liebste. – Substantivierter Superl. von *leif.*

leigen, leegen lügen. Präs. Sg. 1. *leich*, 2. *lüchst*, 3. *lücht*, Pl. *leigen*; Prät. *lööch*, *lögen*; Part. *lagen.* Wer besonders gut lügen kann, *de kann Afkat warden.* Wer besonders auffällig und kräftig lügt, *de lücht, dat sich de Balken bögen, … dat't achter em roken deet* daß es hinter ihm raucht, … *mihr, as vier Pier trecken kœnen* mehr als vier Pferde ziehen können. Wer mit den Worten *›du lüchst‹* beschuldigt wird, antwortet mit einem Wortspiel: *lüchten deit de Himmel, bieten deit de Schimmel, un leigen deist du.*

Leihm, Lehm m. Lehm, Ziegelerde. – Ra.: *de hett in'n Lehm gräpen* er hat Glück gehabt.

Leihm-: -aben m., veralt., Lehmofen, Ofen aus ungebrannten Lehmsteinen, früher mit Rinderblut gestrichen. – **-däl** f. Lehmdiele. – Ra.: *hei is up'e Leihmdäl grot worden* er stammt aus ärmlichen Verhältnissen. – **-klut** m. ungebrannter Mauerstein, Lehmklumpen. – **-kuhl** f. Lehmkuhle. – **-staken** s. Kleimstaken. – **-trad** m. Lehmpfad.

leihnen, lehnen leihen, entleihen, verleihen: *Geld leihnen.*

Leiwing n. Kosewort für kleines Kind: *mien Leiwing!* Dim. zu *leif* lieb.

Lemmel, Lemmer n. Messerklinge, ohne Griff: *dat Taschenmetz hett ein grot un ein lütt Lemmel.*

lenssen, lenzen, seem., Schiffe leer pumpen. – Zu *lens, lenz* trocken.

Lerrer f., n. s. Ledder[1] u. Ledder[2].

Leuwagen, Leiwagen m. 1., seem., Stange auf einem Segelschiff zum Befestigen der Fockschoot. – 2. Schrubber mit langem Stiel, nur westl. von Schwerin verbreitet.

Lewark, Lewalk f., erste Silbe betont, Lerche, heute allmählich verdrängt durch *Lerch*; aber noch geläufig in Ra. u. Sprw.: *hei lött de Lewark messen* er überläßt der Lerche das Düngen seines Ackers, d. h., er düngt nicht. *De Lewark hett ehr Nest anne Ierd, œwer singen deit sei an'n Häben* die Lerche hat ihr Nest auf der Erde, aber sie singt am Himmel.

Licht n. 1. Licht, Schein, Helligkeit,

Pl. *Lichter, Lichten.* – Ra.: *mi geiht 'n Licht up; Licht in de Sak bringen.* – 2. Kerze. – 3., nur als Pl. *Lichter,* übertr., tropfender Nasenschleim.

licht[1] Adj. leicht; Dim. *lichting: dat Hus is man licht buucht; sich licht maken*: 1. Geld ausgeben. – 2. Kleidung ausziehen. – 3. Notdurft verrichten. Wenn jmd. eine Angelegenheit für unkompliziert erklärt, antwortet der andere ironisch: *Dat's all nich so licht, as liggen bi de Diern un daun ehr nicks* es ist alles nicht so leicht, so wie es nicht leicht ist, bei einem Mädchen zu liegen und ihm nichts tun.

licht[2] Adj. hell, licht; substantiviert: *in'n Lichten* im Hellen: *du steihst mi in'n Lichten.*

Lichtmess, -mesch f., veralt., katholischer Feiertag ›Mariä Lichtmeß‹ am 2. Februar. Er erlangte besondere Bedeutung für die Wettervorhersage: *Is de Lichtmessen hart, streu de Koh wat unner'n Start. Is de Lichtmess gelinn', kümmt week Wäder geschwinn.* Weitere, oft gegensätzliche Prognosen, s. Meckl. Wb. 4, 910ff.

licken lecken; derbe Abfertigung: *lick mi an'n Moors!; gah hen un lick denn Hund an'n Moors* mach, daß du fortkommst! Jmd., der glattes Haar hat, *denn' hett de Bull lickt.* Im Sagw.: *Likken kannst du mi, sär de Bur, œwer mit de Hüürn mööst' mi ut de Büx bliewen.*

Licker m. 1. Zunge – 2. Naschkatze. – Pl. *Lickers.*

Lickertähn m. ›Leckerzahn‹, Feinschmecker, Genießer; Frage an einen solchen: *Lickertähn, machst uk gräun Seep?* Feinschmecker, magst du auch grüne Seife?

lickmünnen, vorwiegend liter., mit der Zunge über die Lippen fahren, um anzuzeigen, daß man Appetit auf etwas Gutes zu essen hat; *dat lickmünnt di woll?* das schmeckt dir wohl sehr gut?

Lickup m., zweite Silbe betont, kleiner Bissen; *dat's ja man 'n Lickup* es ist nur sehr wenig.

lieden leiden, erleiden, dulden. Präs. 1. *lied, lier*, 2. *littst*, 3. *litt*; Prät. *leer, leeren*; Part. *läden. Dei sünd gaut tau lieden* sie sind gut zu leiden, es sind angenehme Leute; *denn' kann'k up'n Dod nich lieden* den kann ich nicht ausstehen; *Unschuld möt Gewalt lieden* wer seine Unschuld nicht beweisen kann, muß die Folgen tragen; *hei kann keen vull Glas lieden* er duldet kein volles Glas, ist ein Trinker. Im Superlativ: *de liedenst Deil* der am meisten betroffene Teil: *wenn ji dat so maken, büst du dei liedenst Deil.*

Lief n., m. 1. Leib, Körper, Magen, Bauch. Im Sprichw.: *Äten un Drinken höllt Lief un Seel tausamen. Bäder de Lief barst, as de Kost verdarft* es ist besser, daß der Bauch platzt, als daß das Essen verdirbt; *hei hett sich dat Lief vullschlan* er hat sich sattgegessen; *lang' Lief un kort Gedächtnis* großer Körper – kurzes Gedächtnis. – In Verbindung mit Präpositionen: **an:** *hei lett sich de Arbeit nich an'n Lief kamen* er mag nicht arbeiten; ironisch: *he mag woll arbeiten, œwer de Arbeit dörf nich so dicht an'n Lief rankamen; sei mœgen dei Hänn'n an'n Lief nich rögen* sie sind sehr faul. – **bi:** *gaut bi Lief sin* wohlgenährt sein. – **na:** Ra.: *dat treckt sich allens na'n Lief* es zieht sich alles nach dem Körper, konkret: von einem zu engen Kleidungsstück, übertr.: von Dingen, die wieder in Ordnung kommen. – **tau:** *tau Lief gahn* zu Leibe gehen, übertr.: eine Arbeit anpacken, auch konkret: jmd. auf den

Leib rücken. – **up:** *sich wat up'n Lief rieten* sich Unannehmlichkeiten schaffen; *nicks up'n Lief hebben*, nicht ausreichend gekleidet sein, keine Kleidungsstücke besitzen; *se hebben nicks up'n Lief un nicks in'n Lief; jmd. up't Lief sitten* jmd. bedrängen, antreiben. – **von:** *von'n Lief blieben, gahn* in der Aufforderung: *gah mi von'n Lief!* laß mich in Ruhe! – 2., veralt., Leibchen, an dem die Strumpfbänder befestigt sind.

Liefreimen m. Leibriemen, Gürtel, auch Hosenträger.

Liek f., n., daneben auch schon in hd. Lautform *Leich* Leiche: *de Liek inleggen* die Leiche aufbahren; *utseihn as 'ne Liek* sehr blaß und elend aussehen; *dit is ja grad so as bi 'ne Leich* es ist so still und beklemmend.

liek Adj. gleich, in gleicher Weise, gerade, eben: *dat is all liek gaut; liek un liek söcht sich gern.* Im Sagw.: *Liek un liek hüürt tauhop, säd de Düwel, don harr he'n Afkaten, 'n Schnieder, 'n Wäwer un'n Möller in'n Sack.*

Liekduurn m. ›Leichdorn‹, Hühnerauge: *hei hett em uppe Liekdüürn perrt* er hat ihn auf die Hühneraugen getreten, d. h., er hat ihn beleidigt.

lieker, liekers, liekerst(en) Konj. trotzdem, ohnehin, dennoch: *du büst lieker dick nauch* du bist ohnehin dick genug; *lat dat Kind man schriegen, wassen deit't liekers* laß das Kind ruhig schreien, es wächst trotzdem; *hei keem liekers* er kam trotzdem; *hei dee dat liekers wedder* er tat es dennoch wieder.

lieksterwelt genau so, gerade so: *mi is dat doch so lieksterwelt, as wenn sich achter mi wat rögen deet; dei is lieksterwelt sien Vadder; dat is lieksterwelt egal.*

liektau Adv. geradezu, ohne Umschweife.

liekut Adv. geradeaus.

Liem m. Leim. Übertr.: *up denn' Liem gah ik nich* auf diesen Handel gehe ich nicht ein; *ut'n Liem gahn* 1. entzweigehen, auch übertr.: *die Fründschaft is ut'n Liem gahn.* – 2. dick werden *de is bannig ut'n Liem gahn.*

Lien[1] f. Leine, Strick, Pferdeleine, Wäscheleine; Dim. *Liening*.

Lien[2] n., m. Lein, Flachs: *Lien trecken* Flachs ziehen, ernten.

Lienrummel f., landw., veralt., Maschine zum Reinigen von Leinsamen.

Liensaat f. Leinsamen: *Liensaat kaken* Leinsamen kochen, auch als Hausmittel zur Linderung von Blasenbeschwerden.

Lier f. Leier, Leierkasten, auch schon wie hd. *Leier: de oll Leier* die alte Leier.

Lies, Ließe f. weibl. PN Elisabeth, Liesbeth, Luise; weitere Varianten: *Liesser, Lissing, Lieschen.*

lies Adj. Adv. leise; Dim. *liesing* ganz leise: *liesing kaken* langsam, sacht kochen.

Liespund n., hist., Gewicht von 7 kg bzw. 14 Pfund. Am längsten wurden Felle, Wolle, Honig, Lichte und vor allem Flachs nach *Liespunden* verkauft.

Liest f. Leiste.

liggen, lingen liegen. Präs. Sg. 1. *lich*, 2. *lichst*, 3. *licht*; Prät. *leech, legen*; Part. *lägen. Tau lingen kamen* bettlägerig werden, speziell von der Frau: niederkommen: *se is to lingen kamen; wat tau liggen hemm'* einen Vorrat haben: *ik heff noch 'n por Solthiering tau liggen; nicks liggen laten* stiebitzen, stehlen: *he kann nicks liggen laten as gläuhnig Iesen un Mœlenstein; an'n Hus liggen* sich zu Hause aufhalten: *du süst man leiwer an'n Hus liggen; up'e fule Hut liggen* auf der faulen Haut liegen; jmd. *up'e Tasch liggen* auf jemandes Kosten leben. – Im Sagw.: *Wenn ik man ierst leech, säd de Jung' un seet in't Bedd, Mudder, kumm her un stöt mi üm. Ich will bi't Äten ganz giern sitten, wenn'k bloß bi de Arbeit liggen künn.*

Lihr f. 1. Lehre, das Lernen: *inne Lihr gahn* sich in der Lehre, der Ausbildung befinden. – 2., fachsprachl., Meßwerkzeug.

Lihr-: -gang m. Lehrgang: *hei möt up'n Liehrgang.* – **-geld** n. Lehrgeld. – **-johr** n. Lehrjahr. – **-köst** f., veralt., Schmaus während der Lehrzeit. – **-utbiller** m. Lehrausbilder.

lihren lehren, lernen: *hei lihrt em bloß dumm Tüüch; hei hett väl lihrt* ist gelehrt; *hei lihrt Bäcker; lihrt is lihrt* gelernt ist gelernt.

Lihrling m. Lehrling.

Lilgen Pl., mit stark verdumpftem l gesprochen, Maiglöckchen; Kurzform zu folgendem.

Lilgenkumfalgen, -kunfalgen Pl. Maiglöckchen, in vielen lautlichen Varianten belegt, die alle auf die Eindeutschung von Lilium convallium zurückgehen. – Syn. Maiblaum.

Linjong f., erste Silbe betont, Preißelbeere, Pl. *Linjongs*; nur im histor. Vorpommern verbreitet. – Aus dem Schwedischen *lingon* entlehnt.

Linkepot f. Linkshänder; Spottvers: *Linkepot, schla' denn Düwel dot.*

links, linksch Adv. links.

linksrümmer Adv. links herum.

Linn f. Linde, Pl. *Linn'.*

Linnen n. Leinen, Leinwand. Jmd., dem das Hemd aus der Hose guckt: *de hett Linnen tau verköpen; dat gifft wat in't Linnen* es gibt Prügel; *linnen Hemm'* Hemden aus Leinen.

Linnen-: -dauk n. Leinentuch. – **-schapp** n., veralt., Wäscheschrank. – **-tüüch** n. Leinenzeug. – **-wäwer** m. 1. Leineweber. – 2. langbeinige Spinne.

Linnenbom m. Linde.

Lisch, Liss, auch *Läusch* u. *Lüsch* n. Schilf, aber auch Bezeichnung anderer Wasserpflanzen.

Litt n. Glied, Pl. Lä', Läd. 1. Augenlid. – 2. Fingerglied, Knöchel: *mien Lä' daun mi weih von't Waschen* meine Fingerglieder tun mir vom Waschen weh.

Lœch f. Lüge, Pl. *Lœgen: dei Lœch glööft di keiner* die Lüge glaubt dir keiner; von jmd., der ständig lügt: *dei is ut luter Lœgen tausamenbackt; dei is ut Lœgen un baschen Kees tausamenbackt.*

Lock n. 1. Loch, Öffnung, Vertiefung, Grube, Pl. *Löcker.* – Ra.: *'n Lock in 'n Buk hemm'* fortwährend Hunger haben; *'n Lock in'n Buk fragen* fortwährend fragen; *up't letzte Lock fläuten* kurz vorm Ruin stehen. Aufforderung, sich zu entfernen: *du weitst doch, wur dei Timmermann dat Lock laten hett.* – 2., übertr., Gefängnis: *de hett in't Lock säten.* – 3., übertr., kleines Zimmer.

Lockstuten m. Gebäck, Kringel mit einem Loch in der Mitte.

Lodderarbeit f. Pfuscharbeit, schlusige, wertlose Arbeit.

lodderig Adj. unordentlich, liederlich, zerrissen: *de is ümmer so lodderig antreckt.*

Lodderjan m. Liederjan, liederlicher Mensch.

loddern, lorrern etwas nachlässig tun, trödeln, faulenzen, bummeln; meistens in Verbindung mit Präpositionen wie *ver-, rüm-.*

Lodderwirtschaft f. unordentliche Wirtschaft.

Löddik, Lörrik, Lörring m. Lattich, Bezeichnung mehrerer Pflanzen, u. a. für Huflattich, Klette, Ampfer.

löden s. lüden.

Lof n. Laub.

lœgenhaftig Adj. lügenhaft.

Lœgenpost f., scherzh., Zeitung.

Lœgensack m. Lügner.

Lœgentrien f. lügnerisches Mädchen.

Lok m., n. Lauch, Allium. *Lütt Lok* Schnittlauch, Allium schoenoprasum L.

lœkerig Adj. unbeständig, flau, müde, hungrig: *mi is so lœkerig inne Maach.* – Zu lœkern.

lœkern, löggern 1. Verlangen nach etwas haben, gelüsten: *mi lœkert na'n Glas Bier* ich habe großen Appetit auf ein Glas Bier. – 2. herumlungern: *he deet nicks un lœkert denn ganzen Dach rüm.*

lömerig s. läumerig.

Lœn m., veralt., Ahorn.

Lööchen m. s. Läuchen.

lööpsch Adj. 1. läufig, brünstig: *dei Hund is lööpsch.* – 2. belebt: *dat wür mit eis so lööpsch up dei Strat* es waren auf einmal so viele Menschen auf der Straße. – 3. ›laufend‹, von Pferden: *de Pier sünd lööpsch worden* die Pferde sind durchgegangen.

loorsen schlürfend gehen: *hei loorst.*

Lööschen n. s. Läuschen.

Lop m. Lauf, das Laufen, auch Wasserlauf.

Lop-: -für n. Lauffeuer. **-ies** n. ›Laufeis‹, dünnes Eis. – **-jung'** m. Laufbursche. – **-katt** f. Laufkatze zum Befördern von Lasten. – **-masch** f. Laufmasche.

Lœpel m. s. Läpel.

lopen laufen. Präs. Sg. 1. *lop*, 2. *löppst*, 3. *löppt*; Prät. *leep, lööp*; Part. *lopen. Hei kümmt an tau lopen* er kommt angelaufen; *lopen ji all?* lauft ihr schon?; *loopt fix!* lauft schnell! In Vergleichen: *hei löppt as 'ne lahm Lus, as 'n Windhund, as 'n Spitzbuf, as 'n Bessenbinner, as dat Unglück, as dei Schwien.* Von Dingen: *dat Geld löppt* das Geld wird schnell alle; *dat löppt tau dull in't Geld* es wird zu teuer; *de Botter löppt von'n Teller; de See löppt.* – In Ra.: *dörch de Kähl löppt väl; dor lihrt man schnell na lopen un wiet na kieken; lopen Warer* laufendes Wasser, Quellwasser.

Löper m. Läufer, Pl. *Löpers.*, 1. junges Schwein. – 2. in Längsrichtung vermauerter Ziegelstein. – 3. oberer Mahlstein in der Mühle. – 4. bequemer Schuh, in dem man gut laufen kann.

Loperie f. Lauferei: *dor har'k väl Loperie mit hatt.*

Loppen m. 1. Haufen, Büschel, Arm voll: *'n Loppen Stroh, Heu.* – 2. Maß für Hede.

Loppenmaschin, Loppmaschin f., landw., veralt., Getreidemähmaschine, die das Getreide in *Loppen* ablegte, ein Vorläufer des Binders, der die *Loppen* zu Garben bindet.

Lorch, Lurch f. dünnes, wässriges Getränk, besonders dünner, schlechter Kaffee; umg. *Lorche, Lurche.* Im Nd. daneben auch noch *Lork* und *Lurk.* – Syn. Plürr.

Lös f. s. Läus.

los Adj. lose, nicht befestigt, ungebunden, locker: *'ne lose Hand* eine lockere Hand, die schnell zuschlägt; *'n loses Mul* ein loses Mundwerk; *'n losen Schlap* ein leichter Schlaf; *dat Brot is so schön los backt* das Brot ist so locker gebacken (s. Losbäcker); etwas *licht los* liegt locker; *de Lien los hollen* die Leine locker halten; etwas loswerden: *ik bün nicks los worn* 1. ich habe nichts verkauft. – 2. ich habe keinen Erfolg auf der Toilette. – *los sin*: *wat is los? all's, wat nich fast is; nu is werrer wat los; hüt is da'n Pierd los* es gibt eine große Festlichkeit. In der Formel *los un lerrig* ungebunden; von nicht eingepackter und nicht abgewogener Ware, z. B. *los Solt.*

los-, Los-: **-bäcker** m., hist., Feinbäkker, Bäcker, *der ›loses‹ Weißbrot buk*, im Gegensatz zu den *Fastbäckern.* – **-bännig** Adj. ungebunden, frei: *dat Pierd löppt losbännig rüm* ist nicht angebunden; *hei kann sik denn Dach so inrichten, as hei will, hei is ja losbännig.* – **-blarren** losheulen. – **-blubbern** losschelten. – **-bören** fortjagen, auf den Trab bringen: *täuf, die war'k losbören!* – **-bösten** loslaufen. – **-bullern** losschimpfen. – **-düsen** schlafmützig fortgehen. – **-furwarken** rücksichtslos arbeiten und handeln. – **-gahn** losgehen, anfangen: *nu geiht't los! (dor)up losgahn* auf etwas zugehen: *de geht up all's glieks los.* – **-iesen** loseisen. – **-kamen** freikommen: *hei kann dor nich von loskamen.* – **-laten** loslassen (etwas); *einen loslaten* Witze, Streiche machen. – **-maken** losmachen, lösen: *wi hemm' wat losmaakt* wir haben etwas bekommen; *einen dat Fell, dat Lerrer losmaken* jmd. verprügeln. – **-pruuschen** losniesen. – **-pruusten** laut loslachen. – **-rieten** losreißen. – **-rögen** ›losbewegen‹: *de Wind rööcht wat los* nach Sturm folgt Regen. – **-scheiten** losschießen: *nu scheit los!* nun schieße los, fange an! – **-schmieten** losschmeißen: *schmiet de Lien los!* – **-socken** fortlaufen, -gehen: *denn wa'k man lossocken.* – **-tigern** fortgehen. – **-tippeln** fortgehen. – **-trecken** losziehen, weggehen. – **-tüffeln** langsam fortgehen.

lœsig, läsig Adj. matt, schlapp, abgespannt: *mi is hüt so lœsig, ik mach nicks daun* ich bin heute so abgespannt und müde, ich mag nichts tun; *lœsig Wärer* müde machendes Wetter; *lœsig inne Maach sin* hungrig sein. Häufig in der festen Verbindung: *lasch un lœsig.*

Lott f. weibl. PN Charlotte, Lotte. – Ra.: *Ach Gott, secht Lott, fief Kinner un keinen Pisspott.* Im Tanzlied in vielen Varianten: *Lott is dot, Lott is dot, Jule licht in'n Graben; wat maakt se dor, wat maakt se dor, sei höllt denn Moors na baben.*

löwen s. glöwen.

Lowies, Lowiesch f. weibl. PN Luise, daneben auch *Wieschen* und *Wiesching.*

Löwing f., hist., Laube.

Lucht[1] f. Luft, alte nd. Form für heute allein gültiges *Luft*, vereinzelt noch literarisch.

Lucht[2] f. Öffnung im Bauwerk für Türen (*Dörlucht*) und Fenster (*Finsterlucht*), auch für die Fensterrahmen einschließlich der Fenster: *för dat Hus bruken wi söss Luchten Finster*; Gardinen für zwei Fenster sind: *twei Luchten Gardinen.*

Lucht[3] f., hist., Raum in der hinteren Diele des Bauernhauses.

lucht veralt., links, und fast nur im Komparativ gebräuchlich: *de Frugens säden in dei Kirch an de luchter Siet.* Bekannte PN Lucht und Luchterhand.

Lücht f. Leuchte, Laterne, Lampe: *stick mal eis de Lücht an, dat is ja all so schummerig.* Wenn jemand tüchtig getrunken hat, heißt es auch: *dei hett ein' u'pe Lücht gaten.* – Beim Laternenumzug sangen die Kinder:

Dor kümmt de Ollsch mit de Lücht,
dei de Lü' bedrücht,
dei de Eiger haalt un nich betahlt.
Da kommt die Alte mit der Laterne
die die Leute betrügt,
die die Eier holt und nicht bezahlt.
– Syn.: Lantern, Latücht.

lüchten[1] leuchten, blitzen: *dat lücht'* es blitzt oder wetterleuchtet. Dazu *Dunnerlüchting* Donnerblitz als Ausdruck des Erstaunens. Heute vor allem in übertr. Bedeutung: *denn' heff ik œwer na Hus lücht'* dem habe ich die Meinung gesagt, daß er nach Hause ging; als Drohung: *di war'k lüchten!* dir werde ich helfen!

lüchten[2] anheben, aufheben, wie hd. *lüften: de Rüs lüchten* die Reuse hochnehmen.

Lüchtenpahl m., vorw. liter., Laternenpfahl.

Lüchter[1] m. Leuchter.

Lüchter[2] m., seem., Schiff, das Ladung übernimmt, um größere Seeschiffe zu erleichtern. – Zu *lüchten*[2].

Lüchting[1] m. 1. Blitz: *dat wier so hell, as wenn 'n Lüchting dörch't Timmer güng.* – 2. Teufel: *di sall de Lüchting halen!*

Lüchting[2] m. Taugenichts, Leichtfuß, Schlingel: *dat is di so'n Lüchting.* Häufig als Drohung: *täuf du Lüchting!* warte, Bursche! – Etymologisch zu *licht* leicht.

lud s. lut.

Lüd, Lü' Pl. Leute, Menschen: *all Lüd* alle Leute; *dun Lüd* betrunkene Leute; *lütt Lüd* Menchen ohne Einfluß, in niedrigen Stellungen; *de lütten Lü' hemm' denn Wind ümmer von vör* den ›kleinen‹ Leuten wird nichts geschenkt. – Ra.: *Oll Lüd sünd wunnerlich, wenn't rägent, führen s' to Heu; dun Lüd un Kinner passiert nicks.*

Luden m. s. Luten.

lüden, auf Rügen auch *löden* läuten.

Lüder m. s. Luten.

Luderjan, Lüderjan m. unordentlicher Mensch, Liederjan.

Lüdschnack m. Gerücht, das, was Leute erzählen: *Lüdschnack, dat is as Lüd schnackt;* so Meyer, Zuckerkauken 16.

luern lauern, warten: *dor kannst lang up luern.* Wenn alles Warten aussichtslos ist, heißt es: *dor luer man up*; oder: *dor kannst luern, bet Ostern un Pingsten up einen Dach föllt. Wenn de Wind luert, denn schleit dat Wärer bald üm* unbeständiger Wind kündigt einen Wetterumschlag an.

Luft f. 1. Luft, Atem. Im 19. Jh. dafür noch *Lucht* gebräuchlich: *anne Luft gahn* spazieren gehen; *inne Luft gahn* abbrennen, sich aufregen; ein schlechter Mensch *is nich de Luft wiert, de he atent; anne Luft setten* jmd. hinauswerfen; *nich Luft halen könen,* keine Zeit haben; *dat Lufthalen vergäten* sterben. – Ra.: *nu gifft Luft* jetzt wird Platz, auch: das Problem ist gelöst. Im Sagw.: *Dat gifft Luft, sä' de Diern, dor kreech se twe Kinner mit eenmal.* Aufforderung zum Schnaps eingießen: *lat man eis dei Luft rut* (aus den Gläsern). – 2., übertr., Pfefferminzlikör.

lüften 1. Luft hereinlassen, auslüften. – 2. hochheben. – 3. als Drohung wie lüchten[1] (s. d.).

lüftig Adj., veralt., ausgelassen, wild, munter.

Luftschipper m. Pilot, vor allem Führer eines Agrarflugzeuges.

Luk f. Luke, Bodenluke, verschließbare Öffnung. Im Sagw.: *Nu kam ik, sä' Hans Quast, dunn föll hei ut dei Luk.* Häufig übertr.: *einen up'e Luk hemm'* betrunken oder verrückt sein; *hei hett 'n lütten up'e Luk.*

Lulatsch m., wie umg., 1. großer Mensch: *'n langen Lulatsch.* – 2. unordentlicher, liederlicher Mensch, Faulpelz.

Lümmel m., wie umg., ungezogener Junge, Pl. *Lümmels.*

Lummenbüdel m. Lumpenbeutel.

Lummenführer m., veralt., Lumpenaufkäufer, Lumpenhändler.

Lummenpopp f. Puppe aus Stoffflikken.

lummerig Adj. weich, weichlich, lose: *lummrigen Stoff; dat Fleisch is so lummerig.*

Lumpen, Lummen m. Lappen, alte Kleidung, Pl. *Lummens,* auch *Lummen: dat sünd luter olle Lummen; hei hett wat inne Lummen* er hat Geld.

lumpen, veralt., hinken: *hei lumpt up ein Bein.*

Lun f. Laune: *dei is hüt nich gaut bi Lun.*

Luning, Lüünk m. Spatz, Sperling, nur vereinzelt noch gebräuchlich, vorwiegend im Westen und Süden Mecklenburgs: *de Lüünken krupen unner't Dak.*

Lunk f. tiefe Stelle in der Wiese, Senke auf Äckern, Pl. *Lunken.*

Lüns f. Nagel und Ring an der Wagenachse zum Befestigen des Wagenrades, Halterung für die *Lünsstaken* oder *-stangen* am alten Erntewagen. *De Lünzen*, Pl., mußten ab und an von Fett und Staub gereinigt werden, übertr., daher die Ra.: *de Lünzen reigen maken* die Meinung sagen, ausschimpfen: *ik heff em de Lünzen eis reigen maakt.*

Lüns-: -koppel f., **-koppling** n., fachspr., Streiflünse, Verbindung zwischen Achse und Wagenrunge. – **-pinn** f. Achsennagel. – **-staken** m., landw., veralt., Holzstange am Erntewagen von der Wagenachse aufwärts zur Stütze der Ernteleiter. – Syn.: *Lünsstang, Lünnsstütt.*

Lurch f. s. Lorch.

lurig Adj. 1. lauernd, mißtrauisch (von Menschen), unsicher (von Wind und Wetter). – 2. angenehm, behaglich.

Lurwig m. männl. PN Ludwig.

Lus f. 1. Laus, Pl. *Lüs'.* In Ra. und Sprw.: jemand, der üppig lebt *lääft as 'ne Lus in'n Schorf*; jemandem, der ärgerlich ist, *denn' is 'ne Lus œwer de Läwer lopen*. Kinder werden beim Trinken von kaltem Wasser ermahnt: *drink nich so väl, krist Lüs' in'n Buk* trinke nicht so viel, du bekommst Läuse in den Bauch. Vor Unannehmlichkeiten wird gewarnt: *sett di keine Lüs' in'n Pelz!* Und doch *is 'ne Lus in'n Kohl bärer as gor kein Fleisch.* Andererseits sollte man sich nur um Dinge bemühen, die größer sind als eine Laus: *wat grötter is as'n Lus, dat nimm mit na Hus.* Das Bild von der hungrigen Laus wird auf menschliche Verhaltensweisen übertragen: *je hungriger de Lus, je scharper se bitt* (beißt). Scherzhaft im Sagw.: *Mudder, Mudder, ik heff't all tau wat bröcht, sä' de Jung, don har hei Lüs';* oder: *willen all hoch rut, sä' de Schauster, don kröp em 'ne Lus up'n Haut.* – Im Brauchtum gab es zahlreiche volksmedizinische Mittel gegen Läuse bei Mensch und Vieh, z. B. sollte man ständig drei Haare von einer toten Katze bei sich tragen, um sich vor ihnen zu schützen. Im Traum aber sah man sie gern, denn *wenn man von Lüs dröömt, gifft' Geld.* – 2., übertr., Pl. Samenkerne der Blaubeere, Kaffeegrund.

Lus-: -allee f., scherzh., Scheitel. – **-angel** f. verlauster Mensch, Schimpfwort. – **-bengel** m. Strolch,

Schimpfwort. – **-blaum** f. Zineraria hybrida. – **-glitsch** f., scherzh., Scheitel: *du hest di 'ne schöne Lusglitsch treckt.* – **-hark** f., scherzh., Kamm. – **-käwer** m. Mistkäfer. – **-knicker** m. Geizhals. – **-krut** n. verschiedene Wiesenpflanzen. – **-pulwer** n. Läusepulver. – **-treppen** Pl., scherzh., Koteletten (Bakkenbart).

Lüsch n. s. Lisch.

lusen lausen, in Ra. meist in übertr. Bedeutung: *de hebben mi schön luust* sie haben mir (beim Kartenspiel) viel Geld abgenommen; *mi luust de Ap!* Ausruf des Erstaunens und Erschreckens.

lusig 1. Adj. lausig, verlaust. – 2. Adv. schlecht, sehr: *dat geiht em bannig lusig; lusig kolt* sehr kalt; *lusig väl Geld.*

lustern, lüstern, vereinzelt im Westen Mecklenburgs, horchen, lauschen: *hier bi unsen Hus gifft' nicks to lustern.*

lut Adj. laut: *hei hett 'ne lude Stimm.*

Luten männl. PN Ludwig, auch *Lüder* u. *Luden*; Dim. *Luding.* Spottvers: *Lat' lopen, secht Luten, un pißt inne Bücks.*

lütt Adj. klein; Dim. *lütting.* Ein plattdeutsches Wort, das große Ausstrahlungskraft besitzt und auch in hochdeutscher Rede verwendet wird: *lütt Diern* kleines Mädchen, oft als Anrede gebraucht; *lütt bigäben* klein beigeben; *dat Lütt* das kleine Kind: *bi ehr is wat Lütt's unnerwägens* sie ist schwanger. Von einer Familie mit vielen Kindern heißt es: *dor is lütt up lütt.* Im Kartenspiel *halen de Lütten de Groten.* Jemand, der schon *'n Lütten sitten hett, denn' kamen de Lütten mank de Groten* wer betrunken ist, dem kommt alles durcheinander. In übertragener Bedeutung: *lütt Pött kaken licht œwer* kleine Menschen sind leicht gereizt; *lütt Müs' hemm' uk Uhren* kleine Kinder achten sehr auf die Gespräche der Erwachsenen. – *bi lütten* nach und nach. Im Sagw.: *So bi lütten, secht Fru Schütten, kricht mien Döchting uk all Titten.*

lütt-, Lütt-: -abendbrot n., veralt., Nachmittagskaffee, Vesperbrot. – **-geld** n. Kleingeld. – **-holt** n. Kleinholz. – **-kariert** Adj. kleinkariert. – **-meddach, merrach** n., veralt., zweites Frühstück. – **-schaul** f., hist., untere Jahrgänge der alten Volksschule. – **-wader** n. Niedrigwasser.

lüüstern 1. gehorchen, folgen, bes. seem.: *dat Rauder lüüstert gaut.* – 2. auf etwas warten, begierig sein: *he lüüstert up'n Breif.*

Luv n., f., seem., dem Wind zugewendete Seite des Schiffes. – Sprw.: *Mann in't Luv un Fru in't Lee, dat's Gott's Will an Land un up See.*

luvgierig Adj., seem., vom Schiff, das nach der Windseite drängt.

Luvkant f., seem., Kante, die dem Wind zugekehrt ist.

Luvsiet f., seem., Windseite.

luwarts Adj., seem., zur Windseite hin.

luwen, seem., das Schiff in den Wind steuern. – Zu *Luv.*

Luzipee f., erste Silbe betont, Libelle. – Möglicherweise von hd. *luzid* hell, durchsichtig und hd. *Veloziped* Fahrrad.

M

M, m n. 1. der Konsonant. Er wird wie im Hd. artikuliert und bleibt in allen Positionen im Wort unverändert. – 2. ersetzt *ja* als Ausdruck der Zustimmung im Gespräch. – 3., langgezogen gesprochen, anerkennender, zustimmender Ausruf beim Probieren und Schmecken von Speisen: *m, dat schmeckt œwer gaut!*

Maach f., daneben häufiger **Magen** m. Magen. In Ra. über sehr großen Hunger: *mi hängt dei Maach inne Knei; mi löppt de Maach wech; mi löppt de Hund mit de Maach wech; wi möten wat inne Maach hemm'.* Wer Magenschmerzen hat, *de hett dat inne Maach, denn' steiht dat Äten so vör de Maach*; aber das Sprichwort meint: *'n pommerschen Magen kann allens verdragen.* Bei Kindern sind allerdings öfter *de Ogen grötter as de Maach* die Augen sind größer als der Magen. In übertr. Bedeutung: *inne Maach scheiten* überrascht, erschrokken sein; jmd. *schwer inne Maach hemm'* ihn nicht leiden können.

Maand, Man m., vereinz. f., Mond; Dim. *Mœning* n.: *Mœning geiht up; niege Maand* Neumond; *taunähmen Man* zunehmender Mond; *Vullman* Vollmond. Durch dünnen Stoff *schient de Man dörch; bi denn' geiht dei Man uk all up* er bekommt eine Glatze. Wetterregel: *Wenn dei Man 'n Hoff hett, gifft dat Rägen; dei Man gütt ut* der Mond gießt aus, d. h., wenn das erste oder letzte Viertel schräg liegt, regnet es. *De Man schüppt in* (schaufelt ein), wenn nur der untere Halbkreis zu sehen ist; *in'n Man kieken* leer ausgehen.

Machandel, Machannel, Machangel m. auch *Macholder* Wachholder, Juniperus. L. – Vgl. Wacholler.

Macker[1], **Magger** m. 1. Mitarbeiter, Arbeitskamerad, Gehilfe. – 2., fischerspr., Fischerpartner, Bootsmann; *mien Macker.* – 3., wie umg., Freund.

Macker[2], **Mäcker** m. männl. PN Max; Spottvers: *Mackerducker mach giern Zucker, Zucker is all, Macker is mall.*

macklich Adj. gemächlich, gütig, angenehm, freundlich.

Mad[1] f. 1. Made, Engerling, Larve des Maikäfers, Pl. *Maden.* – Ra.: *Hei lääft as de Mad in'n Speck* er ist sehr wohlhabend. – 2. Regenwurm, verbreitet vor allem auf Usedom und um Burg Stargard; *man nimmt de Maden taun Angeln; dei is nackt as'n Mad* der ist sehr arm. – 3. Motte. – 4. Mehlwurm, auch *Mählmaden* Pl.

Mad[2], **Mor** f. breiiger Dreck, Morast, Schlamm; *hei is inne Mad stecken bläben* er ist im Morast steckengeblieben; *in dissen Wech is 'ne Mad, dor is nich dörchtaukamen.* – Syn.: Modd, Modder, Motsch.

Maddel f. s. Marl.

maddeln 1. quälen, bes. junge Tiere. – 2. kneten, drücken: *maddel nich so väl mit denn Kauken ümher, ät em up.*

Maddik, Marrik, Madding m. Regenwurm; im Süden heißt er *Piermad* oder *Pieratz*, im Westen *Mett(k)*, auf Rügen *Merrik, Merring*, Pl. *Merrings.* Regenwürmer zum Angeln sucht man am erfolgreichsten im Dunkeln mit einer Laterne *(Marrings blüsen).* Von jmd., der besonders schlau sein will, sagt man: *hei hüürt dei Marriks bläken* er hört die Regenwürmer bellen. Im Sagw.: *De Aal sünd tau dür, säd de oll Fru, un brött sik Marrings.*

Madkuhl f. Schlammloch.

Ma-etzig m. s. Maretzig.

Maföken Pl. Ausflüchte, Machenschaften, Dummheiten: *mak mi kein Mafäuken* mach mir keine Ungelegenheiten; *hei ward nich vernünftig, hei hett ümmer Maföken in'n Kopp.* – Aus dem Rotwelschen.

Magenfohrplan m., scherzh., Speisekarte.

Magenstrump m. gestrickte Magenbinde.

magreen, magerenn Adv., veralt., letzte Silbe betont, heiratsfähig. – Zu hd. *majorenn* mündig, volljährig.

Mähl n. Mehl; als Probe für die richtige Hitze im alten Backofen wurde Mehl auf den Brotschieber gestreut, das sich braun färben mußte. In Ra.: *Dei Hawern gifft kein Mähl* aus Hafer gibt es kein Mehl, es wird nichts, alle Bemühungen sind vergeblich. *Sei will ümmer Klüten kaken, ihrer sei Mähl hett* das zweite vor dem ersten tun. Ein Schlaukopf, *dei weit, woväl Klümp in ein Fatt Mähl sitten.* Im Sprichw.: *Wenn dei Müs' satt* (dick) *sünd, is dat Mähl bitter* wenn man im Wohlstand lebt, wird man leicht unzufrieden.

Mähl-, mähl-: -beer f. Mehlbeere 1. Frucht des Weißdorns, Cratægus L. – 2. Preiselbeere, Vaccinium vitis-idæa L. – **-grütt** f. Mehlgrütze, dicker Roggenmehlbrei. – **-klieben** f. Mehlklößchen, auch Suppe daraus. – **-kliester** m. dicke, steife Mehlsuppe. – **-klüter** m. Milchsuppe mit Mehlklößchen. – **-popp** f., veralt., ›Mehlpuppe‹, Pfefferkuchenfigur, groß und bunt angemalt, wurde an den Weihnachtsbaum gehängt, oft einziges Weihnachtsgeschenk für die Kinder (s. Abb.). – **-spies** f. 1. Mehlspeise. – 2., übertr., hoher weißer Stehkragen: *hei stääkt bet œwer de Uhrn inne Mählspies.* – **-tien** f., veralt., Holzgefäß mit Deckel zur Aufbewahrung von Mehl. – **-witt** Adj. weiß wie Mehl. – **-worm** m. 1. Mehlwurm. – 2., scherzh., Müller.

Mahltiet f. Mahlzeit; Ausruf angesichts eines Mißgeschicks: *Prost Mahltiet!*

Mai m. Monat Mai; vielfach in Wetterregeln: *Mai käuhl un natt, füllt denn Bur'n Schün un Fatt; 'n kollen Mai väl Heu; an'n iersten Mai sall dei Roch* (Roggen) *so hoch sin, dat sich dor 'ne Kreih in verstäken kann.* – Die Kinder begingen den 1. Mai ähnlich wie den ersten April: *in'n Mai schikken*, veralt., anführen. Dazu gab es Sprüche wie: *A Mai, A Mai, dei Katt dei lecht ein grotes Ei*; oder: *A Mai, A Mai, ik kann die schicken as'ne Kreih.*

Mai-: -blaum f. 1. Maiglöckchen, Convallaria majalis L. – Syn. Lilgen. – 2. Mainelke. – **-bom** m. ausgeschmückte Birke, wie Pingstbom s. d. – **-bodder** f. Maibutter, aus der Milch nach dem ersten Weidegang der Kühe, besonders wohlschmekkend. – Ra. im Kartenspiel, wenn Karo ausgespielt wird: *Kruutschen* (Karauschen) *mit Maibotter.* – **-katt** f. im Mai geborene Katze. – **-käwer** m. Maikäfer. – **-rägen** m. Mairegen: *Mairägen up dei Saaten, bringt dat Johr väl Dukaten.* – **-scholl, -schull** f. Maischolle: *braden Maischoll* gebratene Maischolle.

Mak f. Mache; in festen Verbindungen: *inne Mak verdorben sin* nicht geraten sein, von Dingen und Menschen; auch: *dei is inne Mak verseihn* erblich belastet sein; jmd. *inne Mak hemm'* jmd. verprügeln; jmd. *inne Mak nähmen* auf jmd. einwirken.

Mäkelborg Mecklenburg. Das Wort, das eigentlich ›große Burg‹ (mnd. *mikilinburg*) heißt, wurde von den Nachbarn Mecklenburgs anders gedeutet: *dat's 'n Mäkelborger*, sagt man in Pommern und meint damit einen nörgelnden Menschen; deshalb verallgemeinernd: *Mäkelbörger gifft' œwerall* Nörgler findet man überall; und in bezug auf Pommern: *de een secht: dat is'n ollen Mäkler, de anner secht: Mäkelbörger gifft dat uk in Pommern.* Die Mecklenburger selber nannte man mit Bezug auf ihr Landeswappen *Mäkelborger Büffelsköpp.* Wenn jmd. am Tisch seinen Kopf mit beiden Händen stützt, heißt es: *hei maakt dat Mäkelborger Wappen*, d. h., er ahmt mit seinen Armen die Hörner des Büffelkopfes nach. Frage: *Worüm stickt de Mäkelbörger Ossenkopp de Tung' ut?* Antwort: *Damit hei denn preußschen Adler an'n Moors licken kann.* – Scherzhaft wurde früher von fremden Seeleuten der Mond als *Mäkelbörger Sünn* bezeichnet; heute sind Wruken *Mäkelborger Ananas.*

Mäken n. s. Mäten.

maken machen. Präs. Sg. 1. *mak, mök,* 2. *maakst, mökst,* 3. *maakt, möckt*; Part. *maakt.* Mit Objekt: 1. zurecht machen: *denn Goren maken, de Betten maken, de Strat maken, de Stuf maken.* – 2. Prüfung ablegen: *'n Meister maken; mien' Kaptein maken.* – 3. eine Stellung einnehmen: *'n Sekretär maken, 'n Vorsitzenden maken.* – Aufforderung, sich zu beeilen: *nu mak man! sich lang maken* sich schlafen legen; *hei möckt' nich mihr lang* er stirbt bald; *hei hett sich dorvon maakt* er ist gestorben. – Scherzhafte Ra.: *Mit mi kast du dat ja maken, ik heff ja bloots ein Mudder, ... blot einen linken Arm.* – *maken up* so tun als ob: *hei maakt up vornähm; ik mak dit Jahr up Wihnachtsmann.*

mäklich Adj. schlecht, tadelnswert.

mal Adv. einmal: *dit mal* dieses Mal; *mit'n mal* auf einmal: mit er-Erweiterung: *maler drei bün'k vergääfs dor wäst* etwa dreimal bin ich vergeblich dagewesen.

malad, zweite Silbe betont, müde, abgespannt, matt, kränklich. – Aus frz. *malade.*

maleins, maleis Adv. einmal, ab und zu: *maleis lat ik mi dat gefallen.*

Malerminsch m. Maler, Künstler.

Maless, Malest f., zweite Silbe betont, Unannehmlichkeit, Ärger, Umstände: *mit denn Jung' hett hei väl Maless; dor kannst du noch Maless mit kriegen.* – Wohl bereits im 18. Jahrhundert entlehnt aus frz. *malaise.*

mall Adj. verrückt, verdreht, töricht, wie umg. gebraucht; auch seem.: *de Wind is mall* der Wind springt um.

Mallbüdel m. dummer Schwätzer, verrückter Mensch, Pl. *Mallbüdels.*

mallen sich albern benehmen, treiben, toben; seem.: *de Wind mallt* der Wind wechselt ständig die Richtung.

mallerhaftig Adv. unsinnig, dumm.

mallig Adj. wie mall: *wenn de Minsch mallig ward, denn kricht hei't tauierst in'n Kopp; sich mallig hemm'* sich zieren: *heff di nich so mallig, lang' man düchtig tau!*

Malligkeit f. Unsinn, Albernheit: *de hett bloß Malligkeiten in'n Kopp.*

Mallür n., zweite Silbe betont, Malheur, Unglück, Pech: *sei hett Mallür hat.* Scherzhaft: *Wenn't Mallür sin sall, kannst die de Fingern inne Näs afbräken* wenn es das Unglück will, kannst du dir die Finger in der Nase abbrechen. Oder im Sagw.: *Dat is'n Mallür, säd de Klempner, don löd't hei sien Näsenspitz an'n Teekätel fast* das ist ein Pech, sagte der Klempner und lötete seine Nase am Teekessel fest.

mallüren Pech, Unglück haben: *dat har gaut mallüren künnt* es hätte beinahe ein Unglück gegeben.

Malting m. Koseform des männl. PN Malte.

Mammelutsch f., scherzh., Marmelade.

Mamsell, Mansell f., veralt., Wirtschafterin; Dim. *Mamselling* auch Anrede für kleine Kinder.

Man m. s. Maand.

man Partik. 1. mal, nur: *dat lat man* das laß nur; *gah man na Hus*; *sech em dat man eis* sage ihm das mal bei Gelegenheit; *täuf man!* warte nur! Als Aufforderung: *man tau!* nur zu! – 2. aber: *man ik mein dat so.* – Sprw.: *Denn Bur'n argert dei Müs ehr Piepen, man nich dei Uhl.*

Mandach m. Montag; Montag sollte man keine neue Arbeit, keine Reise beginnen, er galt als Unglückstag: *'n rugen Mandach gifft 'ne glatte Woch.*

mank zwischen. 1. Präp.: *stäk di nich mank mienen Kram* mische dich nicht in meine Angelegenheiten; *mank dei Lüd gäf ik mi nich mank* mit den Leuten will ich nichts zu tun haben. Der zu häufige Gebrauch des Wortes wird in einem Vers verspottet: *Mank uns mank is keiner mank, dei nich mank uns mank gehüürt* wir sind unter uns. – 2. Adv.: *dor wierns' all mit mank* alle waren dabei; *dor is wat mank.*

mank-, Mank-: -dörch Präp. zwischendurch: *ik finn dor nich mankdörch.* – **-nanner** Adv. durcheinander: *dei kricht all's manknanner.* – **-kaakt** Adj. zusammengekocht; *mankkaakt Äten* Eintopf. – **-kuurn** n. gemischtes Getreide aus Hafer, Roggen, Gerste, Gemenge. – **-maus** n. Eintopf, Zusammengekochtes. – **-mausen** Kleingedrücktes (Kartoffeln, Gemüse) zwischenrühren.

Mann m. Mann, Pl. *Manns* und *Mannslüd*; Dim. *Manning* als Ausruf oder freundliche Anrede gebraucht; *mit alle Mann* allesamt; *'n groden Mann* eine hochgestellte Persönlichkeit; *de drü'de Mann* der dritte Mann; *de schwart Mann* der Schornsteinfeger.

Mannel f. 1. Mandel. – 2., veralt., Menge von 15 Stück, Verkaufsmaß für Eier; *'ne half Mannel wiern 8 Eier.* – 3. vereinzelt für den Garbenstand, wie Hock u. Stiech[2].

Mannelkaarn m. Mandelkern.

mannich, zweite Silbe betont, nicht wahr, meist am Ende eines Satzes in der mündlichen Rede: *du kiekst doch uk eis werrer in, mannich?* Dim. *manniching.* Substantiviert *Manniching* m. als Spottname für Menschen, die häufig *mannich* gebrauchen.

männig manch, viel: *dat is all männig Johr her* das ist schon lange her; *dat is männig Johr olt; männig Stück.*

männig-: -ein mancheiner: *dat hett all männigein so gahn.* – **-mal** manchmal. – **-maleins** manchmal. – **-wek** manche, einige. – **-wat** manches.

Manns-, manns-: -arbeit f. Männerarbeit. – **-bild** n. Mann. – **-büx** f. Männerhose. – **-hoch** Adj. groß wie ein Mann. – **-kierl** m. Mann, Frau mit männlichem Benehmen. – **-lüd** Pl. Männer, Pl. zu *Mann.* – Ra.:

Maandschien, Mannslüd un Musik, dat is dat best up de Welt. – **-minsch** n. Mann. – **-person** f. Mannsperson. – **-volk** n. Männer.

mannomann, erste Silbe betont, Interjektion, Ausruf der Verwunderung.

manschen mischen, panschen, im flüssigen Dreck wühlen.

Manschien m. Mondschein.

Mansell f. s. Mamsell.

Mantilch f., veralt., Mantille, Schulterumhang für Frauen.

Manze, Mansche f., fischerspr., großes Heringsnetz. – Slaw. Lehnwort.

Marach f., zweite Silbe betont, Lärm, Krach, schwere Arbeit, aber auch Menge jeder Art: *dor wier 'ne Marach Minschen upm Mark* da waren eine Menge Menschen auf dem Markt; *wat hest du di för'ne Marach Tüffel upfüllt?; dor heff ik väl Marach mit hatt* damit habe ich viel Arbeit und Ärger gehabt.

marachen schwer, angestrengt und hastig arbeiten, sich abmühen, geräuschvoll hantieren: *Mudder maracht ja so inne Kœk, is se bös? – Wat marachst du dor anne Dör?*

Marän, Murän f., zweite Silbe betont, Maräne, lachsartiger Fisch der Gattung Coregonus L.

Maratz m., zweite Silbe betont, Schmutz, Dreck.

Mardel f. s. Marl.

Maretzig, Maretsch m. Meerrettich, auf Rügen *Maetzig*, gespr. *Ma-etzig*, zweite Silbe betont. Das heutige plattdeutsche Wort ist durch volksetymologische Anlehnung an das hd. Wort ›Essig‹ entstanden, urspr. bedeutet es Rettich, der über das Meer gekommen ist. *Maretzig kümmt an kaakt Hääkt un Boors* Meerrettich kommt an gekochten Hecht und Barsch. Wenn jemand ein sehr faltiges Gesicht hat, sagt man: *he hett so'n schrumplig Gesicht, dor kann man Maretsch up rieben.*

Margreit weibl. PN Margarete.

Marie, Marei 1. weibl. PN Marie, häufig in Spott- und Tanzversen, u. a. *Marie, Mara, Marutschkaka ...; Marie, Marie, wat seggen de Lüd von di? Du hest so'n kortes Hemde an, dat reikent bet an dei Knie.* – 2. Geld: *dicke Marie* großes Portemonnaie, d. h. viel Geld.

Marienblaum f., **-bläumken** n. Gänseblümchen, Bellis perennis L. – **-strat** f. Marienstraße, auch im Wiegenlied.

Mariek, Marieken, Mriek f. Diminutivform des weibl. PN Marie. Häufig in Tanzliedern, wie z. B.

Wenn mien Marie nich danzen will,
denn weit ik wat ik dau,
denn stäk ik ehr in'n Hawersack
un bind em baben tau;
un wenn se denn noch bäden deit:
ach, leiwer Mann, mak up,
denn bind ik em noch faster tau
un sett mi baben up. –

Mariekenblaum f. Gänseblümchen, Bellis perennis L.; Dim. *Mariekenbläuming.*

Mariekenkäwer Marienkäfer, Coccinella septempunctata L.

marken merken, bemerken, fühlen, sich einprägen: *dat hett hei sich markt; dat war ik mi marken* ich nehme es mir zu Herzen. Als ernsthafte Anweisung: *mark di dat!*

Marks n. Knochenmark: *hei hett Marks inne Knaken* er ist sehr kräftig; *dat güng mi dörch Marks un Penning* es ging mir durch und durch.

Marksknaken m. Markknochen.

Marl, Mardel, Maddel f. Windhalm, Windhafer, Apera spica-venti (L.). –

Aus dem Slaw. entlehnt.

Marlblaum, Mardelblaum, Maddelblaum f. Gänseblümchen, Bellis perennis L.

Marlspieker m., fachspr., eiserner oder hölzerner spitzer Bolzen zum Spleißen von Tauen (s. Abb.). *Mit denn Marlspieker ward dat Tau upspleißt, so dat 'ne Schling' entsteiht, un deese Schling' ward mit ein Kausch* (s. d.) *ümschlaten.*

Marmel f. 1. Murmel, Kugel aus Ton oder Glas zum Spielen für die Kinder, urspr. aus Marmor; auch *Marmelkugel* oder *-kuller.* – 2. Marmor.

marod Adj., zweite Silbe betont, müde, abgespannt, elend: *dei Hitt maakt mi ganz marod* die Hitze macht mich ganz kaputt. Oft im Stabreim: *müde, matt, marod, trääch, ful, kommod* beim Ballspiel der Kinder, aber auch im allg. plattdeutschen Kontext gebraucht. – Entlehnt aus frz. *maraud.*

Marrik m. s. Maddik.

Martensdach m., veralt., 11. November, Tag des Heiligen Martin.

Martini m. Martinstag, der 11. November, wie Martensdach.

Martinsvogel m. Gans, auch *Martinsgaus,* weil die Gänse früher am 11. 11. geschlachtet wurden.

Mäsch m. s. Mösch.[2]

Maschentun m. Maschenzaun, Zaun aus Maschendraht.

Maschoppe f., veralt., Gemeinschaft der Großfischer, in Anklam.

Maschüken, Moschüken, Meschüken m. Zwieback; Dim. *Maschüking*; vorwiegend runder: *machst' Moschüken äten?* Der Schiffszwieback hieß früher im Plattdeutschen auch *Beschüt* oder *Beschäut,* daraus entwikkelte sich *Beschüken,* dann *Maschüken.* – Zu nl. *beschuit*, frz. *biscuit.*

masig Adj. sehr weich, mürbe, in Gärung übergehend: *masigen Kees.*

Masseln Pl., mit stimmhaftem *ss* gesprochen, Masern: *uns Gööm hemm' all de Masseln hett, œwer nu hemm's' woll dörchsüükt* unsere Kinder haben alle die Masern gehabt, sie jetzt aber wohl überstanden.

mastig Adj. behäbig, stark, kräftig: *du büst ja bannig wossen un büst 'n mastigen Kierl worn*; *hei geiht so mastig* er geht sehr selbstbewußt.

Mat[1] n., vereinz. noch f., Maß, Pl. *Maten, Matens.* 1. Gefäße und Geräte zum Messen; in der Küche: *Litermat, Wadermat.* – Sprw.: *Mit dat Mat, wur du mit mettst, ward man di werrer mäten* so, wie du urteilst, wirst du auch beurteilt. – 2. Blechtasse. – 3. das Gemessene: *Mat nähmen* Maß nehmen. – 4. die rechte Menge: *kein Mat kennen, weiten* keine Grenzen kennen: *dei weit sien Mat nich*; *hei hett hüt œwer sien Mat äten.* Im Sagw. wird scherzh. auf die konkrete Bedeutung Bezug genommen: *Alles mit Maten, secht de Schnieder un drinkt de Borrermelk ut'n Fingerhaut. All's mit Maten, sä' dei Schnieder un schlööch sien Ollsch mit d' Ell vör'n Noors.*

Mat[2] m. Gefährte, Genosse, vor allem seem.

Mäten, Mäden n. 1. Mädchen allg., Pl. *Mätens*; daneben noch vereinzelt *Mäken*, aus dem sich *Mäten* urspr. entwickelt hat. Aus der Zeit alten bäuerlichen Besitzdenkens stammt die Ra.: *Find't sich de Kauh, find't sich uk dat Mäten.* Flinke, fleißige Mädchen brauchen sich um ihre Zukunft auch keine Sorgen zu machen: *Een Mäten as 'ne Katt kricht allerwägens wat.* – Sagw.: *Nu gifft' Luft, sä' dat Mäten, dor keemen twei mit eis* jetzt gibt es Luft, sagte das Mädchen, als es Zwillinge bekam. – 2., veralt., Dienstmädchen.

mäten messen.

Matschop f., veralt., Genossenschaft, Kompanie.

Matt f., veralt., Metze, altes Hohlmaß, besonders für Getreide; kleinere Matten im häuslichen Bereich für Mehl: *'ne Matt Mähl hüürt tau'n Kringel* (ca. 4 Pfund); auch: *'ne Matt Hiering* = 15 Stück.

Matz Kurzform des männl. PN Matthias, Kosewort für ein kleines Kind: *'n lüttn söten Matz.* Als Zusammensetzung *Matzfotz* in der Ra.: *du steihst dor as Matzfotz von Dräsdn* ratlos dastehen. *Matz, matz, matz* Lockruf für Kaninchen.

Maud f. s. Mod.

mäud, mäu' Adj. müde. Auf die Frage: *wo geiht't?* wie geht's? gibt es die scherzhafte Antwort: *Äten un Drinken schmeckt, œwer ümmer mäud un so'n Grugen vör dei Arbeit* Essen und Trinken schmecken, aber immer müde und solche Angst vor der Arbeit. Selbstkritisch kennzeichnet man diesen Zustand so: *mäud bün ik, matt un krank un'n bäten ful dormank.*

mäuden s. mäuhen.

Mäudigkeit f. Müdigkeit.

Mau(g) f., veralt., Hemdsärmel. Fast nur noch in der Zusammensetzung *Hemdsmaugen* Pl. gebräuchlich: *hei geiht in Hemdsmaugen* er geht hemdsärmelig. Übertr.: *dei hett wat inne Maugen* er ist sehr kräftig, hat Armmuskeln.

mäugen s. mäuhen.

Mäuh f. Mühe: *ik möt mi dor väl Mäuh mit gäben*; *dor hett'n denn wierer kein Mäuh mit* damit hat man keine Arbeit. – Sprw.: *Wer hett Käuh, de hett uk väl Mäuh* wer Besitz hat, hat Sorgen und Mühe damit.

mäuhen, refl., sich mühen. Im hist. Vorpom. *mäugen,* im Westen Mecklenbgs *mäuden.*

Mäuhm f., veralt., Muhme, Mutter, weibliche Person.

Mauken Pl., 1. große Füße, auch Plattfüße, dicke Beine. – 2. große, alte Schuhe.

Maus n. Mus, Brei; übertr.: *ik schlaach di tau Maus.*

Mäuser m. Mörser.

Mäuserkül f. Mörserkeule.

Mauspott m. Breitopf.

Maustüften, -tüffel Pl. Stampfkartoffeln.

Maut, Mot m. Mut: *dei Kierl hett Maut*; *gaud'n Mauts sin* guten Mutes sein; zuversichtlich sein: *mi is hüt nich gaut taumau'* ich fühle mich nicht gut.

Mautwillen m. Mutwillen: *mit Mautwillen wat entweimaken* etwas absichtlich entzweimachen.

Meddach, Merrach, auch **Middach, Mirrach** m., n. Mittag. 1. Mittagsmahlzeit: *Meddach möt uk maakt warden* Mittagessen muß auch gekocht werden; *lütt Meddach* zweites Frühstück. – 2. Tageszeit: *bi Merrach rüm* gegen 12 Uhr; *dei Klock is Merrach* es ist 12 Uhr; *dat Äten höllt bloß von Klock twölf bet Meddach* das Essen hält nicht lange vor. – 3. Himmelsrichtung Süden.

Meenen n. Meinen, Meinung: *ik bün œwer anner Meenen.*

Meid f. Miete.

meiden mieten.

meiden s. meihen.

Meids-: -daler m., hist., Handgeld für die Dienstboten, wenn sie sich verpflichtet hatten. – **-geld** n. Mietsgeld. – **-lüd** Pl. Mieter, Leute, die zur Miete wohnen. – **-mann** m. Mieter.

Meieran, Meigeran m., erste Silbe betont, Majoran. Im Vers:
Meieran un Tinnerjan,
dat wasst in unsen Goren
Adelheid, dat is mien Brut,
dat sall nich lang' mihr wohren.
Achter denn Holunnerbusch
geef ik ehr denn iersten Kuß.

Meif, Meef f. Möwe, Pl. *Meiwen*, daneben häufig auch aus dem Hd. übernommenes *Möw. Wenn de Meiwen schriegen, uk wenn se to Lann' trecken* (aufs Land ziehen), *gifft't Rägen un Storm.* Im Sagw.: *Helpt all sien Deil, sä' dei Meif un pißt inne Ostsee* es nützt alles, sagte die Möwe, und pißte in die Ostsee; oder ähnlich: *All Bott helpt, secht de Möw un sett sik up dat Schipp, dat sik fastführt har* auch Kleinigkeiten helfen, sagte die Möwe und setzte sich auf das Schiff, das sich festgefahren hatte.

meigen s. meihen.

meihen mähen, im hist. Vorpom. und im Osten Mecklenburgs heißt es *meigen*, im Westen *meiden. De Wisch lött sich noch nich meigen.*

meist Adj. das meiste; *hei hett't meist krägen* er hat das meiste bekommen. Scherzfrage: *wennihr hett de Möller dat meist(e) up'e Windmœhl? Wenn hei denn Kopp ut'e Luk steckt.* Als Adv. 1. fast, zum Teil, beinahe: *de Wind hett sich meist lecht* der Wind hat sich fast gelegt; *de Arbeit is meist farig.* – 2. oft, viel: *dat hett meist rägent* es hat viel geregnet.

meistendeils, -deels Adv. meistenteils, meistens, häufig.

Meister m. Meister; Dim. *Meisting*, s. d. 1. Handwerksmeister. – 2. Leiter eines Produktionsbereiches in einem Betrieb. – 3. der Tüchtige, Beste, allg. und im Sport. – Meister wird häufig als wohlmeinende, leicht scherzhafte Anrede für Männer ohne Meisterqualifikation verwandt: *Meister, sech eis, wo süht dat ut mit'n por Brä' för mi?*

Meistern nur in der Verbindung *Fru Meistern* Frau Meisterin, Ehefrau des Meisters.

Meisting m. Dim. zu *Meister*, Koseform, meistens in der Anrede gebraucht: *Meisting, kœns' mi dit woll heilmaken? Meisting, ik bün farig.*

meisttiet Adv. meistens, in der meisten Zeit: *hüt bün ik meisttiet tau Hus.*

melanklütrig Adj. melancholisch, trübsinnig: *du büst woll melanklütrig in'n Kopp.*

Melk f. Milch. Man unterscheidet nach ihrer Beschaffenheit: *dick Melk, sur Melk* dicke Milch, saure Milch; *säut Melk* süße Milch, das ist frische Vollmilch; *blaach Melk* Magermilch; *krüllt Melk, Krüllmelk* geronnene Milch; *Boddermelk* Buttermilch; *Stippmelk* Sauermilch. – Eine Kuh, die viel Milch gibt, *is gaut inne Melk*; ein Armer *hett nicks inne Melk to brocken*; wer sehr blaß ist, *süht ut as Melk un baschen Kees.*

Melk-, melk-: -bank f. Gestell für große Milchkannen, oft an der Straße, auch – **-buck** . – **-boort** m. Milchbart. – **-buddel** f. Milchflasche; jmd., der gerne plattdeutsch spricht: *ik bün bi de plattdüütsche Melkbuddel grot wuurn.* – **-bütt** f., veralt., kleiner hölzerner Milcheimer, auch *Melktien.* – **-emmer** m. Milcheimer. – **-hut** f. ›Milchhaut‹ auf gekochter Milch. – **-kauh** f.

Milchkuh: *dat is 'ne schöne Melkkauh, œwer Schick hett sei nich* es ist eine gute Milchkuh, aber sie hat keinen guten Körperbau. – **-klut** m. Milchkloß, in der Ra.: *utseihn as'n afgelickten Melkklut* blaß, elend aussehen; Pl. *Melkklüt* wie Kliebensupp, s. d. – **-krüz** n. Holzkreuz, das, auf den Milcheimer gelegt, das Überschwappen verhinderte. – Syn. *Melkbricken* m. – **-peiplein** f., scherzh., Milchpipeline, Milchgewinnung in Großställen. – **-pierd** n., veralt., Pferd, das den Milchwagen zog. – **-riep** Adi. ›milchreif‹, von unreifen Getreidekörnern. – **-satt** f. Milchsatte, flache irdene, auch gläserne (früher auch blaue) Schüssel zum Aufstellen von Milch. – **-schöttel** f. größere Milchschüssel. – **-spann** n. Milcheimer. – **-speigel** m. ›Milchspiegel‹, glatte Haarfläche an den Lenden der Kuh. – **-spies** f. Milchspeise. – **-strat** f. Milchstraße. – **-stratensystem** n. Milchstraßensystem. – **-tähn** m. 1. Milchzahn. – 2., scherzh., Zahnprothese: *Melktähn för Rentners.* – **-tiet** f. Melkzeit, früher bei kleinen Bauern gewöhnlich um 6^{00}, 11^{00}, 20^{00}; sonst 5^{00}, 12^{00}, 20^{00} bei *frischmelken Käuh.* – **-tien** f., veralt., kleiner, hölzerner Milcheimer. – **-tüften, -tüffel** Pl. Milchkartoffeln, ein meckl. Kartoffelgericht.

melk Adj. milchend, Milch gebend: *de Kauh is melk* die Kuh gibt Milch; *de Kauh ward bald melk* die Kuh kalbt bald. Im übertr. Gebrauch: *dei Näs is melk* die Nase tropft (vom Schnupfen).

Melkenbuurd n., veralt., Wandregal mit unterschiedlicher Anzahl von Brettern (4–6), in dem die gefüllten Milchschalen standen, meist mehrere übereinander, durch *Melkbrä'* Milchbretter getrennt.

Melkenkamer f., veralt., Kammer, in der die Milch und Geräte für die Buttergewinnung aufbewahrt wurden.

Melkenrägel f. eingehegter Platz auf der Weide, zu dem die Kühe zum Melken zusammengetrieben wurden.

Melkenschapp n., veralt., Schrank mit offenem Oberteil, in dem die zum Entrahmen bestimmten Milchsatten standen, unten im geschlossenen Teil der *Rohmpott.*

Mell f. 1. Melde, Atriplex L. – 2. Weißer Gänsefuß, Chenopodium album.

mellen melden, angeben, sagen: *dat kann'k di man mell'n* das kann ich dir sagen; *hei hett nicks tau mell'n, dat Wuurt hett sei* er hat nichts zu sagen, das Wort hat sie; *dei Klock mellt* die Uhr (Wanduhr) schnarrt kurz vor dem Schlagen.

Mellkohl m. wie Mell.

mengelieren vermengen, mischen, vermischen: *dat will'n wi man 'n bäten mengelieren*; *sik ok mit unner de Lüd mengelieren* sich auch unter die Leute begeben.

Mermel, Merwel m. Mergel.

Merrach m., n. s. Meddach.

Merrik m. s. Maddik.

Merwelkuhl f. Wasserloch im kalkreichen Ackerboden. – Zu Mermel, Merwel.

meschant, zweite Silbe betont, schlecht, heruntergekommen, schändlich: *meschant utseihn* unordentlich, heruntergekommen, schäbig aussehen; auch ›verboten‹ aussehen: *he har'n Gehrock an un dröööch dortau Turnschauh, dat seech meschant ut.* – Zu frz. *méchant.*

meschugge, meschucke Adj. verrückt, nicht ganz normal: *du büst woll 'n bäten meschugge*; auch verkürzt zu *meschü*, zweite Silbe betont. – Aus dem Jiddischen.

Meschüken m. s. Maschüken.

Mess m. 1. Mist, Dung; wird vom Bauern hoch geschätzt: *wo Mess is, is Brot*; *wo Mess is, is Geld*; *wi sünd taufräden, wenn wi man Tüffel un Mess hemm'* (Tribseer Ackerbürger am Ende des 19. Jh.). Im Sagw.: *Des Guten kann man auch zuviel bekommen, säd de Bur, don föl em'n Fauder Mess up't Lief.* Dung auf dem Acker ausbreiten heißt: *Mess schmieten, Mess streugen* (im Norden des Sprachraums), *Mess streuen* (in der Mitte), *Mess schüdden* (im Südwesten), *Mess bräken* (im Südosten). – 2. Misthaufen: *wenn de Hahn up denn Mess kreicht, kümmt noch 'n Gast.* – 3., übertr., wertloses, unbrauchbares Zeug: *weg mit denn Mess*!

Mess-, mess-: **-barch** m. Dunghaufen, -abladeplatz. – **-beinen** Pl. schmutzige Füße. – **-bör** f. Misttrage. – **-bur** m. kleiner, ärmlicher Bauer. – **-faald** m., veralt., Dunghaufen. – **-fink** m. Schmutzfink. – **-flak, -fläk** f. rechte hohe Bretterwand am Dungwagen. – **-fork** f. Dungforke, drei- oder vierzinkig. – **-haken** m. zweizinkiger Dunghaken, mit dem der Mist vom Wagen oder Haufen heruntergerissen wird. Frage an den Hartleibigen: *sall ik mit'n Messhaken kamen?* – **-hoff** m. Dungplatz auf dem Hof. – **-hop** m. Misthaufen. – **-hümpel** m. Misthaufen. – **-käwer** m. Mistkäfer, Familie Scarabaeidae. – Syn. s. Scharnwäwer. – **-klöpper** m., hist., 1. Landarbeiter, Hofgänger. – 2. schmutzige Frau. – **-klut** m. Mist- oder Erdklumpen, Pl. *-klüt.* – **-kor** f. Dungkarre. – **-kuhl** f. Mistkuhle, Dunggrube. – **-lader** m. Kran zum Dungaufladen. – **-ledder** f. Leiter des Dungwagens. – **-michel** m. Schimpfwort für schmutziges Kind. – **-mul** n. ›Mistmaul‹, Kosewort für kleines Kind: *zuckersäutes Messmul.* – **-natt** Adj. klatschnaß. – **-pedder, -perrer** m. ›Misttreter‹ spottend, 1. große, plumpe Stiefel. – 2. Bauer, Landarbeiter. – **-pilz** m. Schwefelkopf graublätterig, Hypholoma capnoides. – **-pölk** m. ›Mistschwein‹ übertr. schmutziges Kind. – **-stäwel** m. ›Miststiefel‹, 1. hoher Arbeitsstiefel. – 2. schmutziger Schuh. – **-wäder** n. ›Mistwetter‹, schlechtes Wetter. – **-wagen** m. ›Mistwagen‹, Dungwagen: *de Messwagen hett bloots eine Flak* (s. d.) *un up dei anner Siet meist twei Bischlachbrä'.* – Ra.: *Wur dei Messwagen nich henkümmt, dor hüürt Gottes Sägen up.*

messen misten, den Acker düngen: *messt man gaut, denn wasst uk wat* wenn gut gedüngt wird, dann wächst auch etwas.

messig Adj. mistig, schmutzig: *hei hett sich messig maakt.*

messignatt Adj. naß wie Mist, triefnaß, vgl. messnatt.

Mett n. rohes, fettfreies Schweinefleisch, das zur Bereitung von Mettwurst (s. d.), der wichtigsten Dauerwurst, zerkleinert wird, früher mit einem Stampfeisen, heute mit dem Fleischwolf.

Mettk m. s. Maddik.

Mettwust f. Mettwurst, geräucherte Wurst aus gehacktem Schweinefleisch, Rückenspeck, Salz und Gewürzen. In Ra.: *Dat geiht na Gunst un Gaben, wecker 'ne Mettwurst bringt, kümmt baben. Hei schmitt mit de Mettwust na'n Schinken* er wirft mit der Wurst nach dem Schinken, will Großes erwirken durch kleine Gaben. – Sprechübung der Kinder: *sœbenmal in ein' Aden*: ›*dicke, fette Mettwust*‹ *seggen* bei einmaligem Luftholen siebenmal dicke fette Mettwurst sagen.

Metz, Metzer n. Messer, Pl. *Metzers, Messer; dat Metzer is so stump, dor kann'n na Berlin up rieden.* – In Ra.: *hei schnitt mit't grot Metz* er schneidet auf, renommiert; *em steiht dat Metz anne Kähl* er ist in verzweifelter Situation; *unner't, vör't Metz kamen* operiert werden. Im Sprw.: *Dat blankst' Metz ward rustern, wenn't ümmer in't Schuf licht* d. h., wer rastet, rostet. Aberglaube: Ein Messer darf nicht auf dem Rücken liegen, das bedeutet Zank; fällt ein Messer vom Tisch, sollte nicht weitergegessen werden; mit einem Messer darf man keine Milch umrühren, *süss schnitt dat dei Kauh in't Ürer.*

Metzer-: -brett n., veralt., Messerbrett zum Putzen der Messer, ein schmales Brett, auf das Leder genagelt war und an dessen einem Ende sich ein Kasten für den Putzstein befand. – **-fiel** f. Messerfeile. – **-helft** n. Messergriff. – **-schmitt** m. Messerschmied.

Meug f. s. Mäuh.

mi 1. mir, Dat. des Pers. Pron. *ik*: *vertell mi doch nicks*! erzähl mir doch nichts!; *glöf mi dat doch!* glaube mir das doch! – 2. mich, Akkus. des Pers. Pron. *ik*: *ik heff mi bannig verfiert* ich habe mich sehr erschrokken. – Wegen dieses Kasuszusammenfalls im Nd. haben plattdeutsch Sprechende im Hd. öfter Schwierigkeiten beim Gebrauch des 3. und 4. Falles, und deshalb rät ein Spruch: *Wenn du nich wettst, ob mir oder mich, räd plattdüütsch, mien Sœhn, denn verspräkst' di nich.*

Michel m. 1. Kurzform des männl. PN Michael. – 2., übertr., dummer Mensch: *dat's 'n Michel un blifft 'n Michel*; *du büst 'n schönen Michel* ein unzuverlässiger Mensch. – 3., veralt., *Micheil, Michael* Michaelistag = 29. September, früher für die Landwirtschaft von Bedeutung u. a. für das Säen, auch als Termin für den Gesindewechsel.

Mick f., Pl. *Micken* n. 1. Astgabel in vielfacher Verwendung, u. a. als Wäschestütze, als Auflegegabel der Riemen im Fischerboot, als Auflegegabel für den niedergelegten Mast. – 2., veralt., Semmel, Salzkuchen, längliches Gebäck aus Roggenmehl mit zwei bis drei Einkerbungen; *'ne Reich Micken*. Eine Reihe *Micken* waren gewöhnlich drei zusammenhängende Salzkuchen.

mickerig s. mückerig.

Midd, Mirr f. Mitte: *dei Disch steiht inne Mirr vonne Stuf.* – Ra.: *Hei fängt in dei Mirr an, as dei Hund mit de Wust* er fängt bei der Arbeit mittendrin an wie der Hund beim Fressen der Wurst.

Midd-, Mirr-, mirr-: -fack n. Scheunenfach über der Diele. – **-schipps** Adv. in der Mitte des Schiffes. – **-schippsgast** m. Schiffsbesatzung, die im Mittelschiff wohnt, wie Bootsmann, Zimmermann, Koch usw. – **-wägs** Adv. auf halbem Wege. – **-wochen** m. Mittwoch, teilweise verhochdeutschte Form von älterem *Mirrwäken.*

Middach m., n. s. Meddach.

midden, mirren Adv. mitten. – Ra.: *so midden inne Welt* mittelmäßig.

middendörch Adv. mittendurch.

middenmank Adv. dazwischen, mitten darunter: *dei Göörn wiern dor mirrenmank.*

Miech-äning, Miech-än f. Ameise, eine besonders auf Rügen verbreitete Nebenform zu *Miecheemk*.

Miecheemk f. Ameise, in vielen Lautvarianten, s. Eemk.

mieden, miedern Adj., vereinz. auch *miesern*. 1. genügsam, sparsam: *de is so mieden* sie ist sparsam, auch geizig. – 2. wählerisch, appetitlos: *se is so mieden in't Äten.* – Abgeleitet von *mieden* meiden.

miegen Wasser lassen: *ümmer wenn ik dei Kauh melken dau, fängt sei ierst an tau miegen*. Frage, wenn es nur wenig regnet: *rägent dat orrer miegen dei Mücken?*

Mieke, Mieken f. Kurzform des weibl. PN Marie; Dim. *Mieking*. Ausruf des Erstaunens: *Huuch eins, Mieking.*

Miele f. Kurzform des weibl. PN Emilie.

mien Poss. Pron. mein: *hei kann mien un dien nich unnerscheiden*; *dat's all mien* das gehört alles mir; scherzh. erweitert: *dat's mien sien* das gehört mir; oder *dat is dien sien* das gehört dir; *mien* steht substantiviert auch für ›die Meinen‹ (Ehefrau, Kinder usw.): *Mien sünd to Hus*; *mien* wird in der Anrede zur freundlichen Charakterisierung von Personen zugesetzt: *mien leiwe Fru, mien leif Kind* usw.

miendaach, meindaach Adv. ›meiner Tage‹, immer, stets: *so wat heff'k miendaach noch nich seihn* so etwas sah ich noch nie.

Miene f. Kurzform des weibl. PN Wilhelmine; Dim. *Miening*.

mienläder, veralt., mein Lebtag: *ik heff mienläder dor nicks mit tau daun hatt* ich habe damit im Leben nichts zu tun gehabt.

Mier[1] f. Miere, Vogelmiere, Stellaria media (L.). *De Mier wasst œwerall.*

Mier[2] f. Ameise. – Aus dem Nl. – Syn. s. Eemk.

mierig Adj. schlecht, geizig, schäbig: jmd. *mierig maken* jmd. schlecht machen.

Mierken, Mierkens, nur Pl. und fast immer in Verbindung mit *maken* Streiche, Faxen, Grimassen, Albernheiten.

mies Adj. schlecht: *dat is 'n glatten miesen Bedroch.*

Mies f. Mieze, Name der Katze, übertr. von dem Lockruf *mies, mies.* – Ra.: *dat is Mies as Mus* es kommt auf dasselbe raus. Lautvarianten u. Diminutivformen: *Mießing, Miesch, Miesching.*

Miesekatt, Mieskatt f. Kosewort für Katze.

miesern s. mieden.

Miet[1] f. 1. großer runder oder eckiger aufgeschichteter Haufen von Heu, Stroh oder Getreide. – 2. Erdgruben zur Überwinterung von Kartoffeln, Rüben und Obst, dachartig ausgefüllt, mit Stroh und Erde abgedeckt.

Miet[2] f. Milbe, häufig im alten Mehl, Pl. *Mieten.*

mietig Adj. muffig, dumpfig, vom Mehl. – Zu *Miet*[2].

Mieting f. Koseform des weibl. PN Marie.

mihr Adj. u. Adv. mehr. Kompar. *mihrer*, Superl. *mihrst. De mihrste Tiet* die meiste Zeit, meistens; *am mihrsten* am meisten; *mihr as to väl* sehr viel; *hest du nauch Tüften? Mihr as tau väl* mehr als genug. – Im Rätsel wird gefragt: *Wecker Schap* (Schafe) *fräten mihr, dei witten orrer dei schwarten?* Antwort: *Dei witten, denn dat gifft mihr witte as schwarten.* – Ra.:

Dor sünd mihr Adebors as Poggen die Nachfrage ist größer als das Angebot; *dat schmeckt na mihr*; *je mihr he hett, je mihr he will*; *ümmer mihr sall't sin*; *wenn einer deit, wat hei deit, kann hei nich mihr daun, as hei deit.*

mihrstendeils Adv. meistenteils.

millewiel Adv. mittlerweile.

millgäwern, -gäwig Adj. mildtätig, gebefreudig: *hei hett 'ne millgäwern Fru.*

mindigstens Adv., liter., mindestens.

minn Adj., veralt., wenig, gering; Kompar. *minner*, Superl. *minnst. Dat is tau minn. Wat kost't dat Pund, twintig Penning? Twei Penning minn!*

minnachtig Adj., veralt., mißachtend, hochnäsig, geringschätzig: *hei kiekt mi so minnachtig an.*

minnern vermindern.

Minsch m. Mensch, Pl. *Minschen*; in verächtlichem Sinne und in Zusammensetzungen auch: *dat Minsch*; *dat Mannsminsch, dat Frugensminsch*; *so'ne Minschen* solche Menschen; *männig Minsch* mancher Mensch. – Ra.: *Wat gifft' bloß för Minschen, Mulapen un Muskanten, vonne Mulapen œwer an'n meisten. Wenn dei Minsch dat kricht, denn kricht hei dat tauierst in'n Kopp*; *ein Minsch is denn annern sien Wulf* einer gönnt dem anderen nichts. – Häufig für man: *dei Minsch möt sich tau helpen weiten.* Scherzhaft im Sagw.: *Wat sünd ji för Minschen, secht dei Bur tau sien Schwien, perrt mit de Beinen in'n Troch, un nahsten stöten ji em üm.*

Minschendokter m. Arzt, Pl. *Minschendokters.*

minschenmœglich Adj. menschenmöglich, glaubhaft: *dat is ja nich minschenmœglich.*

Mirr f. s. Midd.

Missingsch n. Sprachform, die eine Vermischung von Hochdeutsch und Niederdeutsch darstellt. Die Herkunft des Wortes ist sehr umstritten. Man hat es zunächst mit dem nicht sonderlich edlen Mischmetall Messing in Verbindung gebracht. Offenbar aber ist es eher, wie die frühesten Zeugnisse des Wortes belegen, eine umgestaltete niederdeutsche Form von *Meißnisch*, der Bezeichnung für die obersächsisch-meißnische Sprache. Diese galt im 16./17. Jahrhundert in Norddeutschland als vorbildhaft für das Hochdeutsche schlechthin. Die Versuche der plattdeutsch Sprechenden, hochdeutsch zu reden, blieben lange unvollkommen, das Ergebnis war eine Vermischung von hoch- und niederdeutschen Elementen. Seit Fritz Reuter ist diese Sprachform aus dem Munde von Onkel Bräsig weit bekannt geworden. Charakteristisch für das *Missingsch* ist auch, daß niederdeutsche Wörter falsch ins Hochdeutsche übertragen werden, wie zum Beispiel *von baben dal in die Mistkaule* anstelle von *von baben dal inne Messkuhl* – von oben hinein in die Mistkuhle.

mit 1. Präp. mit: *mit mien Fru heff ik twei Kinner*; *mit de Johren kümmt dat*; *wi gahn mit Wind* wir haben den Wind im Rücken. – 2. Adv.: *de Beinen will'n nich mihr mit* die Beine wollen nicht mehr mitmachen; *du möösst mit*; auf die Frage *kann ik mit?* die scherzhafte Antwort: *du sast mit, wenn't losgeiht na'n Schapwaschen, … na'n Hunn'schietklöben.* – Adverb. Verbindungen: *mit eis* auf einmal; *mitdewiel* mittlerweile; *mitdes* unterdessen, inzwischen; *mitunner* mitunter.

mit-, Mit-: -äten mitessen; *dat Mit-*

äten hemm', veralt., Verpflegung zu Hause haben. – **-börger** m. Mitbürger. – **-bringsel** n. das von einer Reise Mitgebrachte. – **-daun** ›mittun‹, mitmachen. – **-des** Adv., zweite Silbe betont, unterdessen, inzwischen: *mitdes wür dat tau lat.* – **-eis** Adv. plötzlich, auf einmal. – **-friegen** mitheiraten: *dei hett gliek 'n Mäten mitfriecht* sie hat eine Tochter mit in die Ehe gebracht. – **-gahn** 1. mitgehen. – 2., übertr., *mitgahn laten, heiten* stehlen. – **-hollen** mithalten. – **-kamen** mitkommen. – **-kriegen** 1. mitkriegen, bekommen. – 2., übertr., verstehen: *ik heff dat nich ganz mitkrägen.* – **-lopen** mitlaufen. – **-nähmen** mitnehmen. – **-schnacken** mitreden. – **-sin** passen, recht sein: *dat is di woll nich mit?* – **-spälen** mitspielen. – **-tellen** mitzählen. – **-trecken** mitziehen. – **-unner** Adv. mitunter, bisweilen. – **-wassen** mitwachsen.

Mœch f. Geschmack, Gefallen: *Mœch finnen* Gefallen finden.

Mod, Mo', Mau(d) f. Mode, Gewohnheit, Brauch: *dat is bi uns nich Mo'* das ist bei uns nicht bekannt und üblich. Neue Moden werden zunächst verspottet: *Wat Mod is, lett gaud, un wenn't Hinnelst na vör sitt* was Mode ist, sieht gut aus, auch, wenn das hinterste Teil vorne sitzt; oder: *wo't Mo' is, ritt de Bur up'm Bullen to Stadt*; oder: *wur't Mo' is, backen sei Pumpernickel inne Kirch.*

Modd, Morr f. Morast, Schlamm, Sumpf: *wi hemm' up de Modd fastsäten* wir haben (mit dem Boot) auf einer seichten Stelle im Wasser festgesessen; *dei Schwien wäuhlen inne Morr.* – Syn. s. Mad².

Modder, Morrer m. Schlamm, Morast, Dreck, Schmutz; erweiterte, allgemein übliche Form zu *Modd, Morr.*

modderig Adj. morastig, schmutzig, moorig, erdig (auf den Geschmack bezogen): *de Fisch schmecken so modderig.*

Moder f. s. Mudder.

mœgen mögen, können, dürfen, gernhaben. Präs. Sg. 1. *mach*, 2. *machst*, 3. *mach*; Prät. Sg. *mücht*, Pl. *müchten*; Part. *mucht, mücht. Mach sin* es kann sein, vielleicht; *ik kann dat nich so seggen, as ik woll mücht.* Verbreitete Ra.: *Wer't mach, dei mach't, un wer't nich mach, dei mach't ja woll nich mœgen* wer es mag, der mag es, und wer's nicht mag, der wird's wohl nicht mögen. Im Sagw.: *Jeder, wat hei mach, secht de Jung', Vadder, ät du dei Arften* (Erbsen), *ik will dat Speck äten. Hei mach giern einen* er trinkt gerne; *wenn twei sich mœgen* haben sie sich gerne, es kann aber auch sein, *dat sei em nich mach.*

mœglich 1. Adv. mächtig, sehr: *du büst ja mœglich driest*; *hei hett sich mœglich verspäd'*; *hei is ja mœglich verküllt* er ist sehr erkältet. – 2. Adj. möglich, erträglich: *'n mœglichen Kierl.* – In Ausrufen der Verwunderung: *Wur is't mœglich?* Wie ist das möglich? *Dat is ja woll nich mœglich!*

Mœhl f. 1. Mühle, Anlage zum Mahlen. Nach dem verwendeten Antrieb unterscheidet man *Windmœhl, Wadermœhl, Dampmœhl, Roßmœhl*, nach dem, was gemahlen wird, *Kaffeemœhl, Knakenmœhl*, nach ihrer Form *Buckmœhl* Bockmühle. Viele FLN erinnern an alte Mühlenstandorte, wie etwa *Mœhlenbarg.* – 2., übertr., alle Vorrichtungen, die etwas drehen.

Mohr, Mohrt m., veralt., Mahr, Nachtgespenst, Alpdrücken: *ehr hett de Mohr räden.*

Mohr(t)rieden n. Alpdrücken.

moi Adj., selten gebraucht, angenehm, bequem, ruhig, schön: *de Wind is moi, wi sägeln los*; *moiges Wärer* schönes Wetter. – Zu nl. *mooi.*

Möl f., auch umg., 1. Unordnung, Durcheinander: *wat is dat hier bloß fönne* (für eine) *Möl inne Stuf*; *lat mi mank dei Möl rut*! Was ist hier in der Stube bloß für eine Unordnung, laß mich raus aus diesem Durcheinander. – Ra.: *wat is't för 'ne Möl in'n Zägenstall!* wie verworren ist doch alles! – 2. *de Möl* m. alte unbrauchbare Gegenstände: *schmiet doch denn ollen Möl weg!* – Zss. mit Personennamen wie *Mölfieken, -fritz, -jett, -johann, -suse, -trien* usw. für unordentliche Personen.

mölen kramen, wühlen, herumsuchen, durcheinanderbringen.

mölig Adj. unordentlich.

Moll, Mull f. Mulde, längliches, flaches Holzgefäß, vielseitig verwendbar, früher zum Butterkneten *(Boddermoll)* und Brotbacken *(Backelmoll)* verwendet, auch zum Kartoffelnsammeln. Übertr.: *dat gütt mit Mollen* es regnet sehr stark.

Möller m. Müller. Das Handwerk des Müllers galt als unehrlich, deshalb war es auch nicht angesehen: *dei Möller kümmt gliek hinner'n Schinner.* Auf die angeblichen Betrügereien des Müllers zielen viele Ra. und Sprüche, wie etwa der folgende von Rügen: *Möller, Möller, Mattendeef, wurvon sind dien Knee so scheef? Du hest so väl stahlen, dorum deest du ok so prahlen.* Auf ähnliches zielt die Ra.: *'t is got för'n Möller, dat de Säck nich spräken kœnen.*

molum Adv., veralt., betrunken, angetrunken.

Momang m., zweite Silbe betont, Moment, Augenblick: *töf man ein'n Momang* warte mal einen Augenblick; *ik kam hüt noch to juuch, œwerst blot up'm Momang.* – Zu frz. *moment.*

Mönchgaut n. Mönchgut, Landschaftsname für die südöstliche Landzunge Rügens, die noch heute einige sprachliche Besonderheiten (gegenüber dem übrigen Rügen) aufweist und deren Bewohner früher eine eigene Tracht trugen. Der Name ist aus der Zugehörigkeit dieses Landteiles im Mittelalter zum Kloster Eldena zu erklären.

Moors m. Gesäß, Hintern; neben häufigerem *Noors* (s. d.), zu *Ors, Orsch* mit aus Artikel verkürztem m-Vorschlag. – Ra.: *dat's in'n Moors, … för'n Moors* es ist verloren, umsonst; *dat's för'n Moors köfft* wenn man etwas Unbrauchbares gekauft hat. *Hei sett sik ümmer mit'n Moors in'n Nettel* er benimmt sich stets daneben; jmd. mit steifem Gang *is de Moors uthaakt*; ein Schwächling *hett keinen Moors inne Büx*; einem Angeber erklärt man realistisch: *du hest denn Moors uk ut twei Hälften*; *hei hett kein' reigen Moors* er hat kein reines Gewissen. – Syn. s. Noors.

Moors-: -architekt m., scherzh., Lehrer. – **-dreck** m., scherzh., Mostrich. – **-klemmer** m. Schmeichler. – **-likker** m. Liebediener. – **-lock** n. Arschloch.

Moort, Mor m. Marder.

Möpperkees m. Früchte der Wilden Malve, Malva neglecta und Malva silvestris L.: *kumm, wi willen Möpperkees plücken*; die Früchte werden gerne von Kindern gegessen. – Zu *Möpper, Mops* m. dicker Hund. – Syn. Knabberkees.

mopsfidel Adj. munter, gesund.

Mor f., m., s. Mad[2] und Moort.

mör Adj. mürbe, gar, weich, von Obst, Fleisch, von Holz und Stoffen, sogar von Kaffee: *is dei Kaffee mör?* ist der Kaffee fertig zum Trinken? *mör daun* angenehm, gut tun: *dat deit mi orrig mör* es tut mir sehr gut; übertr.: jmd. *de Knaken* oder *dat Ledder mör maken* jmd. verprügeln. – Schwarzer Humor im Sagw.: *Wat olt is, ward mör, säd de Düwel, don reet hei sien Großmudder ein Uhr* (Ohr) *af.*

Mörbraden m. Schweinefilet, Mittagsgericht am zweiten Tag des Schweineschlachtens.

Mores Pl. Sitte, Anstand: *Mores lihren* Vernunft lehren.

Morgen m. Morgen, als Gruß meist *Gunmorgen* (zusammengezogen aus *gauden, goden Morgen*); scherzh.: *'n gaut Frühstück is bäder as wenn ein'n sœben Buurn gun Morgen beiden.* Wenn jmd. *Gunmorgen* sagt, antwortet der Angesprochene möglicherweise mit einem Scherz: *denn ward dat hüt jo nicks mihr.* Sprw.: *Fläuten an'n Morgen bringt Kummer un Sorgen.*

Morgen-: -rot n. Morgenrot; als Wetterprognose: *Morgenrot bringt Warer in'n Sod* Morgenrot deutet auf kommenden Regen. – Im Vers: *Morgenrot, Morgenrot, Murrer, uns' oll Katt is dot, gistern ging se noch spazieren, hüt möt dat Biest krepieren, morgen in dat köhle Graff.* – **-sprak** f., hist., morgendliche Versammlung der Zünfte. – **-stunn'** f. Morgenstunde. – **-sünn** f. Morgensonne.

Moritzen, Muritzen Pl. nur in der Verbindung *Moritzen lihren* Gehorsam, Benehmen lehren: *di will ik Muritzen lihren* dir werde ich schon Anstand (Gehorsam, Benehmen) beibringen. – Zu *Mores* Pl., aus dem Lat.

Morr f. s. Modd.

Mösch[1] f., auch *Mäuschen,* veralt., Milchsuppe mit eingeweichten Semmeln, eingeweichtem Kuchen.

Mösch[2], **Mäsch** m. Echter Waldmeister, Asperula odorata L. – Zu hd. *Moschus.*

Moschüken m. s. Maschüken.

Moss n. s. Musch.

Mot m. s. Maut.

Möt f. Zusammentreffen, Begegnung, in festen Verbindungen: jmd. *inne Möt kamen* jmd. treffen: *hei keem mi gra' inne Möt* er lief mir gerade über den Weg; jmd. *ut'e Möt gahn* aus dem Weg gehen; *inne Möt lopen* in den Weg laufen, aufhalten: *wenn de Pier dörchgahn, löppt man ehr in de Möt.*

möten[1], veralt., aufhalten, hemmen, zurückhalten, bändigen, abwehren: *dat Unkrut möten*; *möt dei Käuh eis, dat sei nich in't Kuurn gahn*; *hei ward em noch möten* er wird ihn noch bändigen; *ik künn em nich mihr möten* ich konnte ihn nicht mehr aufhalten; *wi möten uns noch ees* wir treffen uns noch mal.

möten[2] müssen, daneben auf Rügen und im Süden und Südwesten des Sprachraumes *mütten.* Präs. Sg. 1. *möt, mütt,* 2. *mööst, möötst, müttst,* 3. *möt,* Pl. *möten, mütten*; Prät. *mößt, müßt*; Part. *mößt, müßt. Wi möten mal werrer* wir müssen wieder anfangen zu arbeiten. Im Sagw.: *Ja, wi möten, secht Stiene Witten, steiht up un geiht werrer sitten.* Aber das Stöhnen und Gähnen hilft am Ende doch nicht: *Wer möt, dei möt, dor helpt kein Hojapen (Hujanen).* Und ganz allgemein: *Wat sin möt, möt sin, Sünndags 'n bäten Fleisch un 'n bäten witt Sand vör* *dei Dör.* Scherzhaft im Sagw.: *Wat sin möt, möt sin, säd de Bur, verköfft sienen Ossen un köfft sik 'ne Prük* (Perücke). Frage bei ungewissem Ausgang: *Wur dit woll möt? – Ik möt eis* ich muß pinkeln.

Motsch, Motsche f. Morast, Dreck, besonders auf schmutzigen Wegen. – Syn. s. Mad[2].

Müch f. s. Mügg.

muchlig Adj. muffig, schimmlig: *dat kann ik nich mihr äten, dat is ja ganz muchlig.*

Muck[1] f., veralt., 1. Trinkbecher ohne Griff und Unterschale, aus Steingut; auch *Kaffeemuck*; früher auch auf Schiffen üblich. – 2. zylinderförmiges, schalenartiges Gefäß, verzinnt, mit Griff, von Seeleuten häufig mit nach Hause gebracht. – Zu engl. *mug.*

Muck[2], **Mucks** m. 1. Laut, Ton: *hei sär kein'n Muck(s)* er sagte nichts. – 2. Laune, Eigenheit: *hei hett sien Mucken*; *Mucken un Grapen hett jedwerein* jeder Mensch hat seine Eigenheiten. Im Vers: *De Zick, de hett ehr Mucken, dat Aas, dat will nich bukken.*

Muckefuck m., wie umg., Kaffeeersatz, schlechter, dünner Kaffee.

mucken, mucksen 1. einen Laut von sich geben: *dörfst di nich mucken.* – 2. aufbegehren, widersprechen.

Mucker m. Kaninchen, Pl. *Muckers*; Dim. *Mucking*, auch als Lockruf.

Muckerfauder n. Kaninchenfutter: *ik möt noch Muckerfauder halen.*

Muckerhas m. 1. Kaninchen. – 2., übertr., Kosewort für Mädchen.

mückerig, mickerig Adj. schwächlich, kümmerlich, zurückgeblieben: *de Planten sünd dit Johr so mückerig.*

mückern kränklich, schwach sein, im Wachstum zurückbleiben: *vör sich hen mückern*; vgl. vermückern.

mucksch Adj. mürrisch, schlecht gelaunt, unfreundlich, eigensinnig.

Muddelie f. Unordnung, Schmutz.

Muddelkram m. Schmutzkram, Unrat.

muddeln 1. nachreifen, von Obst: *dei Äppel möten noch'n bäten muddeln.* – 2. fein regnen oder schneien: *dat muddelt buten 'n bäten.* – 3. unordentlich arbeiten.

Mudder, Mudders, Murrer f. Mutter, auch Ehe- und Hausfrau; daneben vereinzelt auch noch *Mauder* und *Moder*; sehr verbreitet ist noch die Form *Mudders* f., die aus *Muddersche* hervorgegangen ist; Dim. *Mudding.* – *Mudders, wat gifft' tau äten? Mien Murrers is gra' wechgahn* meine Mutter ist gerade weggegangen; *hei hängt an Muddern ehr Schört*; *ein leift dei Murrer, dei anner dei Dochter, un wek all beid.* – In Verbindung mit anderen Substantiven: *Mudder Griepsch* f. Hebamme; *Mudder, Murrer Witsch* im Tanzlied vom *Bummelschottschen* (s. d.); *Mudder Meiersch* Abort.

Mudder-: -lamm n. weibliches Lamm. – Syn. *Mudderschap.* – **-melk** f. Muttermilch: *mit dei Muddermelk kümmt dei Mudderwitz.* – **-pierd** n. Mutterpferd, Stute. – **-seel** f. ›Mutterseele‹, jemand; meist negativ: *kein Mudderseel lött sich blicken.* – **-seelenallein** Adv., wie hd., allein, völlig allein. – **-sprak** f. Muttersprache, ursprünglich das Niederdeutsche: *blief man bi dien Muddersprak* zu jmd. gesagt, der Schwierigkeiten mit dem Hochdeutschen hat, heute nicht mehr ausschließlich in dieser Bedeutung.

muddlig Adj. unsauber, schmierig, schmuddelig: *in dei ehren Husholt geiht dat 'n bäten muddlig tau.*

muern 1. mauern, aus Steinen und Mörtel etwas bauen. – 2., übertr., beim Kartenspiel: bei guten Karten vorsichtig spielen, nicht ausreizen.

Muff[1] m. Muff, rund genähter Pelz zum Warmhalten der Hände. Rätsel: *Buten ruuch un innen glatt, wat is dat? De Muff.*

Muff[2] f., fachspr., Muffe, Ansatzstück, Hülse, Aufsatzkapsel auf der Achse des Wagenrades.

muffig Adj. 1. moderig, dumpfig riechend. – 2., selt., mürrisch, unfreundlich.

Muffing m. Pulswärmer, Pl. *Muffings*; Dim. zu Muff[1].

Mügg, Müch f. 1. Mücke, Pl. *Müggen*: *de Müggen pissen* es regnet sehr fein und wenig; *he gifft an as ne Tüt vull Müggen un kann achter nich mihr hoch* er gibt mächtig an, obwohl er gar nichts mehr leisten (hinten nicht mehr hoch) kann. – 2., übertr., kleines Mädchen, u. a. in der Frage: *hett dei Mügg uk all'n Krüz? Dei hett doch bloß'n Haken, wo de Noors inhakt is.*

Müggenfett n. ›Mückenfett‹, wird gebraucht in einem Aprilscherz: *hal mi för'n Groschen Müggenfett ut de Apteik.*

mührig Adj. rege, lebhaft.

Mul n. Maul, sehr häufig, vor allem in Rw., als Bezeichnung für den Mund, wobei das plattdeutsche Wort nicht als so derb empfunden wird wie seine hochdeutsche Entsprechung. Deshalb wohl wird das allgemein verbreitete plattdeutsche Sprw.: *Holl dien Mul un dau dien Wark, stäk di nich in jeden Quark* häufig so auch im hd. Kontext gebraucht. Dim. *Müling Mäulchen, Mündchen.* – Geschwätzigkeit und Großtuerei werden in anschaulichen Vergleichen kritisiert: *denn' geiht dat Mul as 'ne Päpermœhl*; *dat geiht, as wenn dat Mul mit Borrer schmeert is; dat Mul geiht em as'n Lämmerschwanz* oder *as'n Entennoors,* auch: *hei ritt dat Mul bit an'n Moors up.* Warnend deshalb: *wer'n grot Mul hett, möt'n breiden Puckel hemm'* wer viel (über andere) redet, muß es auch verantworten können. Wer aber gar zu gerne schwatzt, von dem meint man: *denn' sien Mul möt na sien' Dot noch extra dotschlan warden.* – Auch Übellaunigkeit und Griesgrämigkeit erkennt man am Aussehen des Mundes: *de Jung' maakt all wedder 'n dick Mul.* Deshalb die Ra.: *So'n Mul mak man, denn ward dei Zääch woll bukken,* oder *de Sœch woll brusen*! – Zum tüchtigen Essen wird aufgefordert: *frät', dat juuch dat Mul schüümt!* Wenn es aber nicht reicht, *denn is dat man dat Mul tau'n Narren hollen!* Ein richtiger Mann aber *möt wat för't Mul hemm'*, d. h. tüchtig zu essen haben.

Mul-, mul-: -ap m. 1. Maulaffe, dummer Mensch: *Mulapen utbeiden, verköpen* untätig herumsitzen. – 2. Löwenmaul, Antirrhinum majus L. – 3. Kapuzinerkresse, Tropæolum majus L. – 4. *Mulapen* Pl. die gekreuzten Pferdeköpfe an den Giebelbrettern des Bauernhauses, im Sg. auch für anderen Giebelschmuck (s. Abb. S. 204). – Syn. Sünndach 2. – 5. Terminus in der Zimmerei. – **-backs** f., m. Ohrfeige. – **-klempner** m., scherzh., Zahnarzt. – **-örgel** f. Mundharmonika. – **-schauster** m. scherzh., Zahnarzt. – **-schell** f. 1. Ohrfeige. – 2., veralt., Semmelgebäck mit Zucker. – **-schwetsch** f. Ohrfeige: *du krichst gliek 'ne Mulschwetsch.* – **-trecker** m. 1. Maulzieher, von sauren Früchten. – 2.

Schlehe, Prunus spinosa L. – **-trummel** f., veralt., Maultrommel, ca. 12 cm großes leierförmiges Musikinstrument mit Saiten oder einer Feder, mit dem Mund zu spielen, Vorläufer der Mundharmonika. – **-wälig** Adj. redelustig, vorlaut, frech: *dei's bannig mulwälig.* – **-waschen** viel reden, schwatzen: *de Ollsch hett bi mi hüt so väl mulwascht, dat ik nich tau'n Arbeiten kamen bün.*

Muling f. Mole: *wi würden na de Muling randräbm*; auch *Mulung* (Rügen).

Mull f. s. Moll.

Mull, Müll n., m. 1. zusammengefegter Kehricht: *fääch dat Mull nich œwern Döörnsüll* fege den Müll nicht über die Türschwelle. Im Vergleich: *Geld wie Mull un Mess hemm'* viel Geld besitzen. – 2., veralt., lockere, trockene Erde.

Müll-: -barch m. ›Müllberg‹, Müllhaufen: *dat kümmt up'm Müllbarch* das rangieren wir aus. – **-kierl** m. Arbeiter der Müllabfuhr. – **-püker** m. Arbeiter der Müllabfuhr. – **-schuffel** f. Müllschaufel. – **-schüpp** f. Müllschaufel.

mullen 1. Erde, Sand aufwerfen. – 2. mit einem Spieltier schmusen (von kleinen Kindern).

Mullworm m. Maulwurf: *hei mullt in dei Ier* er wühlt in der Erde. Dem Wort zugrunde liegt *Mullworp* ›Erdaufwerfer‹, es wurde zu *Mullworm* umgedeutet. Im Rätsel: *Achter unsen Hus plööcht oll Varrer Krus, ohne Plooch un ohne Schor, un liekers ward' 'ne gode Fohr* hinter unserm Haus pflügt Vater Krause, ohne Pflug und ohne Schar, und doch wird es eine gute Furche. – *De Mullworm.* – Viele alte abergläubische Vorstellungen verbanden sich mit der Tätigkeit des Maulwurfs, wie etwa: *kümmt de Mullworm an't Hus, gifft 'n Doden*, vor allem in den Zwölften. Viel Glück dagegen wurde demjenigen prophezeit, der einen Maulwurf in seiner Hand sterben ließ. – Übertr.: *hett dei Jung' 'n Mullworm up'm Kopp* hat der Junge schönes dichtes schwarzes Haar.

mulsch s. muulsch.

Mul-un-Klabensük f. Maul- und Klauenseuche.

Mummel, Mümmel f. Seerose; man unterscheidet *de witt Mummel* weiße Seerose, Nymphæa alba, von *der gäl Mummel* der gelben Seerose, Nuphar lutea (L.). Pl. *Mümmeln, Mümmelken.*

mümmeln, mummeln 1. mit geschlossenem Mund, meist auch ohne Zähne, langsam kauen: *sei möt mummeln, sei hett kein Tähn mihr*; *Muckers mummeln.* – 2. undeutlich sprechen. – 3. sich warm anziehen, einpacken.

Mumpitz m., wie umg., Unsinn, Blödsinn.

Mund urspr. f. jetzt durchweg m., Pl. *Münner*; Dim. *Münning.* In Ra. u. Sprw.: *mit'n Mund vörut sin* naseweis sein; *tau Munn' räden* zum Munde reden; *fix mit'n Mund sin* vorlaut sein; *denn Mund tau vull nähmen* prahlen, ebenso: *hei kann all's, œwer blot mit'n Mund*; *de hett dat in'n Munn' as de Katteiker in'n Start* er schneidet mächtig auf; *denn Mund inne Pünt* (gespitzter Mund) *trecken* ein schnippisches Gesicht machen;

von einem Lügner: *Wenn hei 'n Mund apen deit, will hei leigen, hett hei em tau, denn hett hei lagen.*

Mundfiedel f. Mundharmonika.

Mundlack m., hist., große Oblate.

Mundledder, -lerrer n., scherzh., Mundwerk.

münnig Adj. mündig.

Münzer m., wie umg., Münzfernsprecher.

Mur[1] n. Moor, Sumpf.

Mur[2] f. Mauer.

Mur-: -kätel m. eingemauerter (Wasch)kessel. – **-kell** f. Maurerkelle. – **-oss** m. ›Mauerochse‹, Rohrdommel, Botaurus stellaris (L.). – **-päper** m. Mauerpfeffer, Sedum acre L. – **-sœch** f. Kellerassel, Porcellio scaber. – **-stein** m. Mauerstein. – **-wark** n. Mauerwerk.

Muràn f. s. Marän.

Mürder m. Mörder.

Murer m. Maurer, Pl. *Murers, Mures.* – Ra.: *Dei Murers is in'n Somer kein Glas Bier tau dür un in'n Winter kein Knuust Brot tau hart.* Im Vergleich: *Hei is so pünktlich as dei Murers, morgens Klock nägen all in'n Rönnstein.*

Murer-: -lüd Pl. Maurer. – **-schnur** f. Schnur des Maurers. – **-schweit** m. Maurerschweiß; scherzh. für etwas sehr Kostbares: *Murerschweit is dür.* – **-speck** m., scherzh., Salzhering.

Murkel m., n. kleines Wesen, oft zurückgeblieben im Wachstum.

murklig Adj., umg., klein, unansehnlich.

Murks m., wie umg., schlecht ausgeführte Arbeit.

murksen schlecht, schlusig, pfuscherhaft arbeiten.

Murmelsaison f. Frühling, d. h. Zeit des Murmelspielens.

Murr f. Körperkraft: *Murr in dei Knaken hemm'* Kraft haben.

Murrer f. s. Mudder.

Murrjan m. 1. brummiger, mürrischer Mensch. – 2. Name für Hund oder Kater.

Mus f. 1. Maus, Pl. *Müs'*; Dim. *Müüsken.* – In Ra.: *Dat is Mus as Rott, dei Katt frett's all bei'* es ist eins wie das andere, alles ist gleich; ebenso: *dat is Mus wie Mähl. – Wenn de Mus satt is, schmeckt dat Mähl bitter* Überfluß führt zu Überdruß; *wenn de Fru verreist is, spälen de Müs' up'm Disch*; *Müs' marken* Verdacht schöpfen: *hei markt Müs'.* Auch im Tanzlied: *Mus, ik krich di, Mus, ik krich di ganz gewiß. Katt, dat fröcht sik, Katt, dat fröcht sik, ob du mi uk friegen deest.* In Vergleichen: *nieglich as 'ne frischmelken Mus* sehr neugierig; *so fien as de Müs' up Kinnelbier*; *so hild* (eilig) *as de Mus up't Kinnelbier*; *läbm as de Mus inne Spieskamer.* – 2., übertr., kleines Kind: *lütte Müs' hemm' uk Uhren* kleine Kinder hören auch auf die Gespräche der Erwachsenen. – 3. Vulva. Als Erwiderung auf die Bestätigung *dat's wohr*: *gewiß hett's Hor, süss künn s'nich Mus heiten.*

Mus-: -braden m., scherzh., panierte, gebratene Schinkenscheiben. – **-dreck** m., scherzh., Mostrich, Senf. – **-kist** f. ›Mäusekiste‹, Kiste zur Aufbewahrung von alten, aber meistens kostbaren Gegenständen, übertr. auf heimliche Verstecke von Süßigkeiten und Ersparnissen; für artige Kinder *geef dat noch'n bäten ut'e Muskist.* Jmd., der nicht aufgepaßt hat, *kümmt ut'e Muskist*; in gleicher Bedeutung auch *Muspott.* – **-kleewer** m. Hasenklee, Trifolium arvense L. – **-tähn** Pl., scherzh., Graupen. – **-uhr** n. ›Mauseohr‹, kleines Ohr. – **-wick** f. Großer Vogelfuß,

Seradella, Ornithopus sativus.

Musch n. Moos, im Süden u. Südosten Mecklbgs *Moss*, im Südwesten *Muss*.

Musche m., veralt., Herr, aus frz. *monsieur*, aber nur in Verbindung mit Namen und Beinamen: *Musche Korl, Musche Nüdlich, Musche Dickkopp, Musche Clown* junger Mann, *Musche Buhbuh* Schreckgestalt der Kinder.

muschen, wie umg., 1. unordentlich arbeiten, auch *muscheln*. – 2. mogeln, schummeln. – 3. schlagen, prügeln.

muschig Adj. unsauber, unordentlich, schmutzig: *dat süht ümmer so muschig ut.*

Muschpaach f., veralt., zweite Silbe betont, ungereinigter, gelbbrauner Zucker. – Übernahme ins Plattdeutsche aus dem span.-ital. Terminus *Moskowade* für Rohzucker.

muse(n)dot Adj. ›mausetot‹, tot.

musen 1. mausen, Mäuse fangen. 2., übertr., koitieren; *hei muust utwärts* er betrügt seine Frau; *dat's 'n schlichten Karer, dei ümmer vör ein Loch muust* entschuldigend für Untreue. – 3., übertr., stehlen.

musingstill Adv. mäuschenstill.

musselig Adj., auch umg., regnerisch, schmutzig.

musseln leicht regnen, nieseln.

Müsser n., mit stimmhaften *ss* gesprochen, Kosewort für kleines Kalb, vorwiegend auf Rügen, auch als Lockruf. – Dim. *Müssing.*

Mutt f. Sau, weibliches Schwein, nur auf Rügen und dem Fischland verbreitet.

mütten s. möten².

Muttland n. Landschaftsname. 1. für Rügen. – 2. für das Fischland. – Pl. *Muttlänner.* – Zu Mutt.

Mütz f. Mütze: *hei hett sien got Mütz up* er ist gut gelaunt; *dor föllt di de Mütz nich von af* das schadet deinem Ansehen nicht.

Mützenwäder n. gutes Wetter.

muulsch Adj. 1. maulig, übel gelaunt, unfreundlich: *mak nich so'n muulsches Gesicht!* – 2. überreif, faulig, bes. vom Obst; oft mit Kürze *mulsch*: *de Beeren sünd mulsch.*

muulschen, mulschen 1. faulig werden. – 2. nachreifen, weich werden: *de Äppel möten noch bäten mulschen.* – 3. lieblos kochen. – 4. schlafen: *Mudding lecht sich 'n bäten mulschen.*

Muurd m. Mord.

Müürk f. Pfifferling, Pl. *Müürken.*

Muusch, Muuschi f. Vagina.

N

N, n n. der Konsonant. n wird wie im Hd. artikuliert. Im Silbenanlaut bleibt es unverändert, in allen anderen Positionen wird es häufig assimiliert. Das betrifft vor allem die Silben -en (u. a. Infinitivendung der Verben), die nach b und p zu m (*schrieben>schriebn>schriem; supen>supm*) assimiliert wird. *-gen* und *-ken* werden zu η (= ng) assimiliert: *söken>sök*η*; liggen>lig*η. Bei der Assimilation von -nen, auch von -men, tritt häufig Ersatzdehnung, d. h. eine Längung des n auf, so *schienen>schien; rœnnen>rœn,* auch *nähmen>nähm.* Diese Aussprache wird in unserem Wörterbuch nicht bezeichnet, sie ist ein allgemeines Merkmal auch der gesprochenen hd. Sprache. Überlanges n für -nde aber wird als n' geschrieben in nd. Wörtern wie: *Hänn'* Hände, *Wänn'*

Wände, *tau Lann'* zu Lande, *an'n Strann'* am Strande, ebenso bei dem Demonstrativpronomen *denn'* dieser.

na[1] Interjektion, die in gesprochener Sprache als Einleitung eines Satzes, einer Frage oder auch zur Wiederaufnahme der Rede dient; *na, kümmst du nu?; na, ik har bald wat secht; na, uk'n bäten hier?; na, wat sall dat?; na, denn adjüs!; na, wat ik noch seggen wull.*

na[2] nach. **1.** Adv.: *ik möt em na* ich muß hinter ihm her; *ümmer de Näs na* immer geradeaus; *dor fraach ik nicks na* das interessiert mich nicht, das mag ich nicht; *dat laten S' man na* das unterlassen Sie bitte; *hest du noch wat na behollen?* hast du noch etwas übrig behalten? *na un na* nach und nach, allmählich.– **2.** Präp. räumlich und zeitlich: *hei keem na Hus; hei geiht na Schaul; na buten* nach draußen; *na achtern* nach hinten; *na Pingsten, na'n Meddachäten, na Fierabend; na sich sin* habgierig sein, auf seinen Vorteil bedacht sein; *hei is dull na sich; dat hett hei na mi* das hat er von mir (von mir geerbt); *de scheiwe Näs hett hei na mi.*

na-, Na-: -apen nachäffen. – **-arten, -oren** nacharten, die gleiche Art haben: *hei oort ganz na sien'n Großvarrer.* – **-blieben** ›nachbleiben‹, übrigbleiben. – **-daun** ›nachtun‹, nachäffen, jmd. beleidigen: *heff ik di wat nadan?* – **-deil** m. Nachteil: *im Nadeil sin.* – **-denkerig, denkern** Adj. nachdenklich. – **-dräägsch** Adj. nachtragend. – **-drägen** nachtragen, sich rächen. – **-drieben** nachtreiben, antreiben. – **-faten** nachfassen: *man möt ümmer werrer nafaten* immer wieder versuchen. – **-fläuten** ›nachflöten‹, das Nachsehen haben: *nu fläut em na.* – **-gäben** nachgeben, zugestehen. – **-gahn** 1. nachgehen, nachforschen, untersuchen. – 2. zurückbleiben: *de Klock geiht na.* – **-harkels, -harksel** n. das Nachgeharkte, Getreidereste auf dem Feld. – **-heit** f., veralt., Nähe. – **-her** Adv. nachher, später. – **-kieken** n. Nachsehen: *hei hett dat Nakieken.* – **-klapp** m. 1. Nachschlag, Zugabe: *dit Schur is man noch 'n Naklapp.* – 2. Nachfeier. – **-laten** nachlassen, unterlassen: *de Kauh lött na* die Kuh gibt weniger Milch. – **-madd** f. Nachmahd, zweiter Grasschnitt. – **-maken** nachmachen, nachäffen. – **-mäten** 1. nachmessen. – 2. sich erbrechen: *hei hett namäten.* – **-muddeln** nachreifen. – **-nusseln** hinterherkommen, trödeln. – **-paugen** nachäffen, Kleinkindersprache nachahmen: *hei paucht einen all's na.* – **-planten** nachpflanzen: eingegangene Pflanzen durch neue ersetzen. – **-plappern** nachplappern. – **-püker** m. Nachkömmling. – **-pusseln** nachputzen, nacharbeiten: *ik heff dat all's 'n bäten napusselt.* – **-räd** f. Nachrede: *bi'n Doden gifft' kein schlicht Naräd.* – **-riepen** nachreifen. – **-sammeln** nachsammeln, auflesen: *Tüften nasammeln.* – **-säuken, -söken** nachsuchen. – **-schlieken** nachschleichen. – **-schlötel** m. Nachschlüssel. – **-schnökern, -schnückern** nachsuchen, schnüffeln. – **-schrapels, -schrapsel** n. Essenüberrest. – **-schulen** heimlich nachsuchen. – **-seggen** ›nachsagen‹, weitererzählen: *ik kann dor nicks œwer naseggen.* – **-seihn** n. das Nachsehen: *wenn ik dat Naseihn nich heff* wenn ich keinen Nachteil davon habe. – **-setten** nachsetzen, nachkommen, etwas weiter betreiben: *hei is em gliek na-*

sett', hei hett em œwer nich mihr krägen. – **-sicht** f. Nachsicht: *Mudders hett kein Nasicht mit denn Jungen.* – **-sin** ›nach sein‹, übrigsein: *do warden woll noch weck nasin*; refl., *na sich sin* egoistisch sein: *dei is na sich, du büst väl tau na di.* – **-sinnen** nachdenken. – **-sitten** nachsitzen in der Schule. – **-sommer** m. Spätsommer. – **-späulen** nachspülen, etwas nach dem Essen trinken, auch Alkohol. – **-spekelieren** nachspionieren. – **-spill** n. Nachspiel. – **-stahn** ›nachstehen‹, von jmd. übertroffen werden: *dei steiht sien Vadder nicks na* er ist ebenso wie sein Vater. – **-staken** nachstaken, nachgehen. – **-stieden** ›nachsteifen‹, nachträglich dick werden: *dei Supp is so nastied', dor kann 'n Schnieder up danzen.* – **-stoppeln** Kartoffeln nach der Ernte nachsammeln. – **-strippen** nachmelken. – **-tellen** nachzählen. – **-toch** f. Nachzucht. – **-tœgsch** Adj. 1. nachtragend. – 2. gierig. – **-trecken** nachziehen. – **-wassen** nachwachsen.

näächt der neunte.

naakt Adj. nackt: *naakt un blot*; übertr.: *du geihst naakt un blot* ohne Hut und Mantel; *'ne naakte Diern* eine mittellose Frau.

naamsen jmd. nennen, benennen: *ik heff di nich Drœnbüdel naamst, sonnern dien' richtigen Namen nennt.*

naasch s. narsch.

naast, naasten(s) Adv. nachher, später, wird verdrängt durch *neechstens*: *töf ierst af, naasten kannst du maken, wat du wist* warte erst ab, danach kannst du machen, was du willst; *nu mak di œwer naastens up de Bein'* nun beeile dich aber; *naasten reisen wi noch na'n Man; naastens fuurstens* nachher gleich.

Nabel, Nawel m. Nabel Pl. *Nabels.*

Näbel m. s. Näwel.

Nabelborch, Nagelborch m., veralt., verschnittenes, männliches Schwein. – Zu Nabel.

näben, näwen, selten *nääft*, Präp., Adv. neben.

näbenan Adv. nebenan; scherzh. Worte zum Anlocken von Kunden auf dem Jahrmarkt: *Kamen Sei rin, kamen Sei ran, hier ward'n Sei äbenso beschäten as näbenan!*

näbenbi Adv. nebenbei: *wat näbenbi hemm', maken* etwas nebenbei haben, machen.

Naber m. s. Nawer.

Nacht f. Nacht, Pl. *Nacht(en), Nächt.* In Verbindung mit Präpositionen: *inne Nacht, œwer Nacht, tau Nacht, up'e Nacht, vör Nacht; bi halwe Nacht* sehr spät. *Nacht blieben* übernachten: *ji kœnen Nacht blieben.* – Sprw.: *Tau Nacht kriegen dei Fulen ehr Macht* nachts werden die Faulen fleißig; *morgen früh is de Nacht tau Enn'* Aufforderung, endlich ins Bett zu gehen.

Nacht-, nacht-: -dauk n., veralt., dreieckiges Tuch, das von Frauen nachts um den Kopf gebunden wurde. – **-fijol** f. Nachtviole, Hesperis matronalis L. – **-goorn** n. Fischnetz (*lütt Goorn*), mit dem nachts gefischt wurde. – **-kost** f. Abendbrot, s. Nackost. – **-lad** f. ›Nachtlade‹, Nachtstuhl. – **-mütz** f. 1. Nachtmütze, veralt., Haube aus Leinen, die nachts von Frauen getragen wurde; Tanzvers: *Wist 'ne Nachtmütz hemm', kannst't mi man seggen, ik heff noch ein', dei kann'k di leihn, ik gah mit di un du mit mi, un œwert Johr, denn friech ik di.* Antwort auf die Frage: *Wat gifft' to äten? Koll Klüt un warm Nachtmützen.* – 2., übertr., verträumter, langsamer Mensch, Schlafmütze. – **-pie** f., veralt., Nachthemd, bes. Kindernachthemd. – **-pott** m. Nachttopf. – **-schlapen** Adj. nachtschlafend: *nachtschlapen Tiet* nachts. – **-schwœlk** f. 1. Nachtschwalbe, Caprimulgus europaeus L. – 2., übertr., Herumtreiber. – **-ul** f. 1. Nachteule. – 2. Motte, die ins Licht, in die Lampe fliegt. – 3., übertr., Mensch, der spät zu Bett geht.

Nacken, Nack m. Nacken, Pl. *Nakkens*; *Gerda schmeet denn Kopp in de Nack un güng.*

Nackost, Nackus, Nackels f., veralt., erste Silbe betont, Nachtkost, Abendbrot, letzte Tagesmahlzeit, die meistens aus einem warmen Gericht bestand: *Nackels äten; tau're Nackus geef dat meistendeils Brattüften un Melksupp.* – Entstellt aus *Nachtkost.*

Nagel m. Nagel, Pl. *Nœgel, Nœgels.* 1. Nagel am Finger oder Zeh. – Ra.: *dat war'k mi unnern Nagel rieten* das werde ich behalten, mir aneignen; *dei hemm' dei Nœgel ut dei Wand mitnahmen* sie haben alles mitgenommen; *dat's 'n Nagel tau mien' Sarg; hei hett nich dat Schwart unnern Nagel* er besitzt nichts; *hei hett 'n schönen Nagel in'n Kopp* er ist sehr eingebildet; *hei hett'n groten Nagel un nicks uptauhängen* dass. – 2. Metallstift.

Nägelken n. 1. Gewürznelke. – 2., veralt., Gartennelke. – Dim. zu Nagel.

Nägelworm m. Kribbeln in den Fingerspitzen bei starkem Frost: *oh, wur bitt mi dei Nägelworm.*

nägen neun. – Ra.: *hei räd' ut nägen Münn'* er redet jedem zu Munde.

nägenklauk Adj. neunmalklug, naseweis, vorlaut: *de Scheeper is so'n Nägenklauken, dei hüürt dat Gras wassen.*

Nägenknei n. Ackerschachtelhalm, Equisetum arvense L., auch Pflanzen mit knotigem Stengel.

Nägenmürer, -müürder m. der Neuntöter, Lanius collurio L..

nägentig neunzig.

nah 1. Adj. nahe; Komp. *neger*, Superl. *neechst. Tau nah kamen* jmd. kränken: *dei is mi sihr tau nah kamen. Kumm eis neger!* Komm mal näher! Ra., wenn spät abends Besuch kommt: *Je neger an'n Dach, je hübscher de Lü'. De Neechsten* die Nächsten, die Verwandten; *neechst Johr, neechsten Dach.* – 2. Adv. ganz in der Nähe.

nähmen nehmen, ergreifen, und in vielen weiteren Bedeutungen wie im Hd.: *dat nimmt keiner* das nimmt niemand weg, das stiehlt niemand; *hei lött sich dat nich nähmen* er ließ es sich nicht nehmen; *ik nähm dit* ich wähle dieses; *hei wull ehr nähmen* er wollte sie heiraten; *etwas tau sich nähmen* essen; *einen nähmen* trinken; *dat nimmt sich nich väl* es ist gleich; *einen up'n Arm nähmen* jmd. zum besten halten; *dat wür' so nahmen* es wurde so verstanden.

nährig s. nehrig.

Naht f. Naht, Pl. *Näht* u. *Nahten.* – Ra.: *weck up'e Naht kriegen* Prügel beziehen; *dat sitt em up'e Naht* er hat ein dringendes ›Bedürfnis‹ zu erledigen, auch eine eilige Arbeit: *'ne schöne Naht tausamenschrieben* formal und inhaltlich schlecht schreiben.

nahtau Adv. nahezu, fast, beinahe: *dei Kauh kost nahtau fiefhunnert Mark! Dat wier nahtau Merrach, as dei Rägen losgüng; dat is nahtau fief* es ist fast fünf Uhr.

nakig Adj. nackt, nackend: *hei geiht*

tau nackig antreckt er hat zu wenig an.

Nam' m. Name, Pl. *Naams*; *dat Kind möt doch 'n Nam' hemm'; hei kann noch nich sien' Nam' schrieben.*

namkünnig Adv., veralt., namhaft: *namkünnig maken* sich vorstellen.

nämlichs Konj. nämlich: *dat füng nämlichs allens ganz anners an; ik heff nämlichs Hunger.*

Nante Kurzform des männl. PN Ferdinand; Dim. *Nanting.*

Napp n. Napf, kleine Schüssel; als Grundwort in vielen Zss., wie *Ät-, Holt-, Katten-, Kees-, Melk-, Päper-, Schmoltnapp.*

Nappkauken m. Napfkuchen, auch als Schimpfwort: *hei is uk so'n Nappkauken.*

naren necken, foppen: *du sast den Hund nich naren*; in der Formel: *naren un taren* necken und zerren: *hei möt ümmer naren un taren.*

narens, nardens, narrens Adv. nirgends: *hei wier narens to finnen; sei höllt dat narens ut* sie hält es auf keiner Stelle aus; *dat is narens nich wurtau* das ist zu nichts zu gebrauchen. – Ra.: *Dat geht narens so unwies to as up de Welt, denn eenen friert', un denn annern schweet'* nirgends geht es so merkwürdig zu wie auf der Welt, der eine muß frieren und der andere schwitzt.

Narf f. Narbe, Pl. *Narben*, heute sprachübliches Wort für veralt. *Nor.*

narköppsch Adj. wütend, verrückt: *ganz narköppsch kann mi dit hier maken.*

narsch, naasch Adj. wunderlich, seltsam, merkwürdig, eigtl. närrisch, verrückt: *heff di nich so narsch* sei nicht so albern; *'n narschen Pötter* ein seltsamer Kauz; *dei's 'n bäten narsch* sie hat etwas absonderliche Eigenheiten; *dit's ja narsch* das ist ja merkwürdig; *de Diern hett sich so narsch* das Mädchen ziert sich. – Ra. angesichts einer komplizierten Situation: *Dat's 'n narsch Ding, Mul un Boort un beide Backen un doch kein Näs.*

Näs f. 1. Nase, Pl. *Näsen*; Dim. *Näsing*. Vergleiche, Ra. und Sprw. beziehen sich vor allem auf die Nase als einem aus dem Gesicht herausragenden Geruchsorgan: *de Näs rutstäken; de Näs œwerall mank hemm'; de Näs in jeden Dreck stäken* überall mitreden, neugierig sein; *sik sülfst anne Näs faten* seine eigenen Fehler erkennen; *nich œwer sien Näs wegkieken kœnen* einen begrenzten Gesichtskreis haben; *sik de Näs begeiten* sich betrinken; *de Näs inne Luft hollen* hochnäsig sein; *sien eigen Näs afbieten* geizig sein; *sik de Näs verbrennen* voreilig sein; *de Näs hängen laten* betrübt sein. Junge Menschen, die schon überall mitreden wollen, werden auf ihre jugendliche Unerfahrenheit hingewiesen: *putz di man ierst de Näs*, so auch im Sprw.: *Ierst 'ne Näs un denn 'ne Brill. Ümmer de Näs lang'* geradeaus: *gah man ümmer de Näs lang'; dei kieken sik dei Näs lang'* sie haben das Nachsehen; *dat schöne Äten güng mi anne Näs vörbi* von dem guten Essen habe ich nichts abbekommen. – *Wenn di dei Näs jökt, krichst noch Niechs* (etwas Neues), *frischen Dreck tau weiten.* – Syn. Gäwel, *Lötkolben*, Rotzhaken, Schnut, *Zinkhaken.* – 2., übertr., Spitze an Geräten.

Näs(en)-: -bläuden n. Nasenbluten. – **-dauk** n. Taschentuch. – **-deckel** m., scherzh., Sarg mit flachem Deckel, auch *Näsendrücker*; solche Särge gab es früher vor allem für arme Leute. – **-drübbel, -druppen** m.

Tropfen an der Nase. – **-klemmer** m. 1. Früchte des Ahorns, die sich die Kinder auf die Nase kleben, auch *Näsenknieper.* – 2. Pincenez, Nasenkneifer. – **-popel** m. harter Nasenschleim, auch *Näspukels.* – **-stüber** m. leichter Stoß gegen die Nase. – **-wader** n. Nasenschleim. – **-warmer** m., scherzh., kurze Tabakspfeife. – **-wischer** m., scherzh., Schnurrbart.

näsig s. œwernäsig, rotznäsig, wiesnäsig.

näslang Adv. in Verbindung mit *all(e)*: *alle näslang* häufig, oft, alle Augenblicke: *alle näslang müßt se up'n Pott.*

Natschon f., zweite Silbe betont, Nation.

natt Adj. 1. naß: *de Ierbodden is natt* der Erdboden ist naß, feucht; *'n natten Sommer* ein regnerischer Sommer; *'n Natten hemm'* nasse Füße haben: *ik heff 'n Natten krägen.* In Vergleichen: *natt as 'ne Katt, natt as 'n Pudel* sehr naß. Wetterregel: *Schient de Sünn up'n natten Stein, denn kümmt bald werrer ein'*; oder: *schient de Sünn up't natte Blatt, duurt nicht lang', gifft't wedder wat. Natt un Drööch* Essen und Trinken: *ik heff hüt noch nich Natt noch Drööch krägen.* – 2., übertr., nicht normal, dumm: *dei is natt, so'n Natten.* Antwort auf die Anschuldigung *oh, wur büst du natt: lat man, wer mi natt maakt, maakt mi uk werrer drööch* kümmere dich um deine Angelegenheiten, laß mich in Ruhe. – *Hüt Abend gifft dat noch 'n natt Johr* heute Abend gibt es Schläge.

nätten nässen: *dei Näbel nätt' orrig.*

nau Adj., Adv. 1. genau, knapp, wenig, dicht: *nau up'e Kant, so nau anne Kant* dicht auf der Kante; *nau neigen* knapp, dicht an der Naht nähen: *neich dat nich so nau, denn ritt dat ut; dor geiht dat nau tau* da geht es knapp zu; *up'n naugen Tœgen (Toch)* um Haaresbreite. – 2. geizig, übertrieben sparsam: *hei is so nau.*

nauch, nooch Adv. genug: *ik heff nauch äten; wi hemm' sülbm nauch Äppel anne Böm.* Auch als Partikel in der Bedeutung wohl, schon, freilich: *dat mach nauch so sin* das mag wohl so sein.

nauhorig Adj. dünnhaarig.

Nauke, selt., Schimpfwort für kleinen Menschen.

näumen, nömen, veralt., benennen, bezeichnen, jmd. mit Namen anreden.

näuslich Adj. niedlich, hübsch: *wi näuslich de Diern sich rutputzt har.*

Nawel m. s. Nabel.

Näwel, Näbel m. Nebel: *vör Dau un Näwel* vor Tagesgrauen; *bi Nacht un Näwel.* – Wetterregeln: *Januar im Näwel, Frühjohr mit natt Stäwel; Näwel in'n März (in'n Harfst) kümmt na nägendig Dagen as Rägen werrer.*

näwen s. näben.

Nawer, Naber m., mit dumpfem a ausgesprochen, Nachbar, Pl. *Nawers*; Dim. *Nawing. 'n gauden Nawer is bäder as'n Fründ inne Fiern.* Um die Glaubhaftigkeit einer Aussage zu unterstreichen, sagt man: *fraach mien Nawer* und erhält die Antwort: *ja, dat's genau so'n Schelm as du.*

nawern, nawerieren nachbarlichen Besuch machen: *'n bäten nawern gahn.*

Nawersch f. Nachbarin; scherzh. Ra. beim Nähen mit zu langem Faden: *Nawersch, nimm dei Kinner vonne Strat, mien Fru will neigen.* – Syn. *Nawersfru.*

Neddel f. s. Nettel.

nedden Adv., veralt., unten, in Zss. *neddendal* herunter, *neddenan* unten dran.

nedder Adv. nieder: *sett di nedder.*

nedderdüütsch Adj. niederdeutsch, belegt seit dem 15. Jh. *Dat's 'n Nedderdüütschen* ein Niederdeutscher, jmd., der plattdeutsch spricht.

nedderleggen niederlegen, hinlegen.

Neech, Neecht f. Nähe: *hei wohnt hier up dei Neech; inne Neech bekäken, süht de Sak ganz anners ut* aus der Nähe besehen, sieht die Sache ganz anders aus.

neechbi Adv. nahebei.

neechstens Adv. s. naast(en).

neeking nein, Dim. zu *nee* nein. Auch als Ausruf: *Neeking, wat wier dat hüt bloß wedder!*

neger näher, Komparativ zu *neech.*

nehrig Adj. 1. Spaß am Essen habend, zu hd. *nähren*: *du ätst ja so nehrig, di schmeckt dat woll?* – 2. sparsam, knauserig, geizig: *dei's nehrig, dei höllt all's tausamen; alles nehrig nähmen* auf sich bedacht sein.

neihen nähen, in Vorpom. u. im Osten Mecklbgs *neigen*, im Westen Mecklbgs *neiden.* – Aberglaube: *Wenn man an'n Sünn-* oder *Festdach neicht, neicht man sich denn Himmel tau. Knöp dörb'n nich up'n Lief an't Tüüch neicht warden, süss neicht man dat Glück af. Wer sich an'n Lief neecht, beschitt sich in'n Dod.*

nesseln ein Nest bauen, nisten: *de nesselt œwerall.*

Nest n. Nest, Pl. *Nester.* 1. Nest der Vögel und anderer Tiere: *dei Jungs plünnern alle Nester.* – Ra.: *Wenn väl Häuhner in ein Nest leggen, is't bald vull* wenn alle anpacken, ist eine Arbeit schnell geschafft. – Ra., wenn jmd. wegen einer zu erwartenden Erbschaft heiratet: *dei nimmt denn Vagel bloß wegen dat Nest.* – 2., übertr., Bett: *gah in't Nest!* geh zu Bett! – Wetterregel: *De Sünn krüppt unner't Nest, morgen gifft't Rägen ut West.* – 3., übertr., Wohnung, Heim, Haus: *up't lerrig Nest kamen* niemand antreffen.

Nett n. Netz zum Fischfang (*Fischnett, Fischernett*), Vogelfang und zu anderen Zwecken (*Inköpnett* usw.), Pl. *Netten.*

Nettel, Neddel m., f. Nessel, Pl. *Nettels, Netteln, Neddeln.* Im Sprw.: *Ra' un Netteln bringen denn Burn tau'n Betteln* Rade und Nesseln (d. h. Unkraut) auf dem Acker verhindern einen guten Ertrag; *sich in'n Nettel setten* sich verrechnen, Schaden nehmen: *dei hett sich mächtig in'n Nettel sett'.*

Netteldauk n. Nesseltuch, grobes Leinen.

Nettelkönig m. Zaunkönig, Troglodytes troglodytes L.

Nettnadel f. Holznadel zum Knüpfen und Flicken von Fischernetzen.

nibbeln s. nippeln.

nickköppen mit dem Kopfe nicken, entweder, um Zustimmung auszudrücken oder beim Einschlafen im Sitzen: *mi dücht, hei hett dunn nickköppt* ich denke, er hat dann zugestimmt; *hei wull'n Happen nickköppen* er wollte ein bißchen überschlafen.

nicks nichts: *du krist nicks mihr.* – Ra.: *Wo nicks is, dor kann sülfst de Düwel nicks holen; för nicks is nicks* umsonst gibt es nichts; *von nicks is nicks* ohne Arbeit kommt man zu nichts. Was gibt es zu essen? *Nicks un dortau Brot.* Verstärkung durch *nich* zu *nicksnich*: *ik heff nicksnich secht* nichts gesagt; *dat is nicksnich vör mi.*

nie, niech Adj. neu; Komp. *nieger,*

Superl. *niechst*; in Westmecklbg auch *nieder* und *niedst.* – *Wat Niechs* ›was Neues‹, Neuigkeiten; *niege Moden, niege Kleeder, niege Lü'; von niegen* von neuem. Im Sagw.: *De ierste Not möt kihrt warden, säd de Fru, nimmt de niege Jack un flickt dormit de olle.* – Wenn die Nase juckt oder die Ohren klingen, *gifft dat wat Niechs tau weiten.*

Niebu m. Neubau.

Niebur m., veralt., Neubauer, Siedler, der 1945 nach der Bodenreform Land erhalten hatte.

niedsch Adj. futterneidisch, hastig, gierig beim Essen: *du mööst nich so niedsch äten.*

nieg(e)lich, niedlich, nielich 1. Adj. neugierig. Oft in Vergleichen: *nieglich sin as oll Finksch, ... as 'n jungen Hund, ... as Mudder Schrödersch, ... as so'n Zick, ... as 'ne Katt.* Augenzwinkernd entschuldigt man seine große Neugier mit den Worten: *ik bün ja nich nieglich, œwer ik mach giern allens weiten.* Abwehrend: *wäs doch nich so nieglich, krist bloß griese Hor dorvon.* – 2. Adv., veralt., in der Lautform *nielich* vorwiegend liter., neulich, vor kurzem. – Syn. nülich(s).

Niejohr n. Neujahr, 1. Januar. Allg. üblicher Gruß zum Neujahrstag: *Prost Niejohr*, auch mit dem Zusatz: *... dei Hund schitt in't oll Johr.* Wenn jmd. auf etwas besonders lange warten muß, meint er verärgert: *dor kann'k woll bet Niejohr luern!* Noch im 19. Jh. kannte man die Sitte, einander zu Neujahr zu beschenken, und es war üblich, wie z. T. auch heute noch, sich am Neujahrstag gegenseitig zu besuchen und einander Glück zu wünschen. Dabei wurden von bestimmten Berufsgruppen auch die ihnen zustehenden Gaben und Gelder eingesammelt. Die Umzüge der Kinder fanden vorwiegend am Silvesterabend und nur vereinzelt auch noch Neujahr statt. – Zum Jahreswechsel gab es außer den üblichen Pfannkuchen besondere Hefegebäcke, die auch *Niejohr, Nijohrkes* hießen. Auf Rügen buk man im 18. Jh. mit *Backbeern, Äppel un Zukker* (= *Maus*) gefüllte ca. 15–20 cm große längliche Hefekuchen, *Niejohrskauken, Niejohrswülf*, die auch *Tollatschen* genannt wurden. In der Neujahrsnacht beschenkte der Bauer früher sein Vieh mit *Niejohrsback* und mit Pfefferkuchen sowie mit zusätzlichem Futter, damit es im kommenden Jahr gesund bliebe. Voraussagen und Orakel in der Neujahrsnacht und am Neujahrstag betreffen neben anderem auch das Wetter:

– *Niejohrsnacht hell un klor,*
  düd' up ein godes Johr.
– *Niejohr Sünnenschien*
  lett dat Johr fruchtbor sin.
– *Is tau Niejohr dat Morgenrot klor,*
  gifft' schlicht Wärer dat ganze
  Johr.

nielich s. nieg(e)lich u. nülich(s).

Nieman m. Neumond.

niemodsch Adj. ›neumodisch‹, modern.

nie nich niemals, doppelte Verneinung: *dat dörfst du nie nich werrer daun* das darfst du nicht wieder tun; *ik heff dat nie nich seihn* ich habe das niemals gesehen.

niepern Adj. neugierig, gewitzt, klug: *dat Mäten süht niepern ut as 'ne frischmelken Mus* das Mädchen sieht so neugierig aus wie eine gerade geborene (frisch Milch gewordene) Maus.

Nieselpriem m., wie umg., nörgelnder, unzufriedener Mensch: *hei is'n richtigen Nieselpriem.*

Nikodemus m. nur in der Ra.: *kamen as Nikodemus inne Nacht* spät kommen, auch ungelegen kommen.

Niller m. Penis.

Nipp f., auch n. Tülle zum Ausgießen an Kannen und Töpfen, Pl. *Nippen: dei Pott hett kein Nipp mihr.* Weil diese Tüllen so oft fehlen, entstand die Ra.: *för all'ns is Platz in dei Welt, blot nich för Nippen un Henkels. Nipp* wird heute zunehmend verdrängt durch *Nippel.* – Syn. Tipp.

nipp Adv., Adj., auch **nipping** genau, gespannt, scharf. Vor allem gebraucht in Verbindung mit den Verben hören und sehen: *nu hür uk nipp tau* höre auch genau zu; *dor möt man nipp henkieken* da muß man genau hinsehen. Aber auch allgemein: *weitst du dat so nipp?* weißt du das so genau?; *dat is nipp neicht* das ist sehr dicht an den Rand genäht.

nippeln, nibbeln wenig, in kleinen Portionen essen und trinken: *hei hett 'n bäten nibbelt; hei nibbelt giern.* Über ein Mädchen, das zwar begehrt, aber nicht geheiratet wird: *nippelt harn all' nauch, œwer taubieten wull keiner.*

nödig, nörig Adj. nötig, notwendig, erforderlich: *dat har nich mihr nödig dan; is dat nörig?* muß das sein?

nœlen, nölen langsam sein, langsam arbeiten, trödeln, zaudern: *hei nœlt un nœlt un ward nich farig; nœl nich so!* trödele nicht so! – Viele Zss., vor allem mit Personennamen, charakterisieren umständliche, langsame Menschen beiderlei Geschlechts als *Nœlfieken, -jan, -johann, -joochen, -kopp, -michel, -peiter* oder *-peter, -sus, -tante.*

nœlig, nölig Adj. langsam, umständlich, unordentlich: *dei Diern is so nœlich, dat geiht gor nich vörwarts mit ehr.*

nömen s. näumen.

nooch s. nauch.

Noors m. Hintern, Gesäß; Dim. *Nörßer, Nörßing. Noors* ebenso wie *Moors* dass. gehören zu *Oors* Arsch, ihre Anfangsbuchstaben sind auf die verkürzten Arikel *'n* bzw. *'m* zurückzuführen. Anders als im Hd. ist der Gebrauch dieser Wörter nicht eingeschränkt. Die Mundart hat eine Fülle von Vergleichen, Ra. u. Sprw. um dieses Wort hervorgebracht, die von seiner sprachl. Geltung zeugen. Wer große Freude erfährt, *freut sik 'n Loch in'n Noors; weck för'n Noors kriegen, denn Noors vullkriegen* Prügel beziehen. Was man verloren hat oder was entzwei ist, *is in'n Noors.* Bei großer Kälte *früsst* (friert) *einen dei Noors tau; sik sülben in'n Noors licken* zum Munde reden, schmeicheln; jmd. *in'n Noors krupen* sich einschmeicheln; *'n sitten Noors hemm'* Ausdauer haben. Jmd., um den sich einer stark bemüht, ihn auch umsorgt, *dei is em dörch'n Noors treckt. Lick mi an'n Noors* derbe Abweisung; *denn Noors taukniepen* sterben; *man kann sich dreigen wie man will, dei Noors blifft ümmer hinner* verschiedene Standpunkte ändern nichts an dem vorliegenden Sachverhalt; *œwer Kopp un Noors* Hals über Kopf. Im Sagw.: *Dat schad' mien Murrer gor nicks, dat mi dei Noors friert, worüm hett s' mien Büx nich flickt.* – Syn.: Achter, Achterdeil, -dör, -gestell, -puurt, -siet, -stäben, -wagen; Hinnelst(er), Moors, Pöker.

Noorsback f. Arschbacke.

Nor f., veralt., Narbe, s. Narf.

Norder m. Bewohner des nördl. Teils von Hiddensee, aus Vitte u. Kloster.

Gegensatz: *de Süder* Bewohner von Neuendorf.

nörig s. nödig.

nörricken, nörrigen 1. wiehern, auch lockrufen des Schweins. – 2. sich räuspern. – 3. murren, nörgeln: *hei nörricht denn ganzen Dach.*

Nœt f. Nuß, meist Haselnuß, auch andere kleine, runde Gegenstände: *Wenn't väl Nœt gifft, gifft 'n strengen Winter.* Im Sagw.: *Wat sünd dat för Nœt, sär dei Düwel, don beet hei in'n Schapskœtel.*

Nück f. Laune, Schrulle, Eigenart, Pl. *Nücken*: *hüt hett mien Fru ehr Nücken* sagt erklärend der Ehemann, und die Kinder ergänzen: *grot Lüd' hemm äben ehr Nücken.* – Sprw.: *Dei Hund lett woll von siene Hor, œwer nich von siene Nücken* das Äußere eines Menschen verändert sich mit der Zeit, aber nicht sein Charakter. Ironisch im Sagw.: *Dat sünd so siene Nücken, secht de Fru, don leech ehr Mann in't Starwen.*

nücksch Adj. launenhaft, eigensinnig.

nudd(e)lig Adj. trödelig: *se is so nuddlig bi de Arbeit.*

nuddeln trödeln, langsam arbeiten: *wenn du wierer so nuddelst, warst du hüt nich mihr farig* wenn du weiterhin so trödelst, wirst du heute nicht mehr fertig. Viele Zss. mit Personennamen bezeichnen langsame, trödlige Menschen: *Nuddelfritz, -hanne, -jochen, -peter.*

Nudel f. 1. Kartoffel, nur im südlichsten Grenzgebiet des hist. Vorpom. u. Mecklbgs und als Wort der Uckermark bekannt, Pl. *Nudeln.* – Syn. s. Katüffel. – 2. Nudel, Eierteigware. – 3., übertr. auf den Menschen, lustige Person.

nüdlich Adj., Adv. 1. Adj.: niedlich, hübsch, zart, fein: *sei har ehr lütt Diern so nüdlich antreckt* sie hatte ihr kleines Mädchen so hübsch angezogen. Im Sagw.: *Wat sünd wi nüdlich, wenn wi jung' sünd, säd de Jung', don faudert he de Farken.* – Als Personenbezeichnung substantiviert: *Musche Nüdlich* prahlerischer Mensch, ungezogener Junge (*Musche* zu frz. *monsieur*). Die positive Bedeutung von *nüdlich* wird aufgehoben im Ausdruck der Verwunderung: *dat is ja nüdlich* das ist ja unerhört! – 2. Adv.: ungefähre Mengenangabe: *dei Jung' hett nüdlich äten* eine ganze Menge; *dat's 'n lütt nüdlich Pölk* ein beachtliches Schwein; *dat's all nüdlich kolt* sehr kalt.

nülich(s) Adv. neulich, kürzlich: *ik seech di nülichs as eine deutsche Eiche in'n Omnibus sitten; nülich heff ik em seihn.* – *nülich* verdrängt heute älteres *nilich*, s. nieg(e)lich.

Nüller m. s. Niller.

nüms Indef. Pron. niemand, im mündlichen Sprachgebrauch heute von *kein* verdrängt, aber in der neuen niederdeutschen Literatur noch häufig bezeugt: *hier is nüms to Hus; nüms will dat maken; mi hett nüms wat secht.*

nürig Adj. begierig sein auf Essen und Trinken, mit Appetit essen: *hei hett dat so nürig utäten.*

Nüsch f. unordentliche Frau. – Syn.: *Nüschkarlin, Nüschkatrin.*

nüschen verprügeln, schlagen: *denn' war' ik einen nüschen, de hett't verdeint* den werde ich verprügeln, der hat es verdient.

nusseln, nüsseln, mit stimmhaftem ss gesprochen. 1. langsam arbeiten: *du nusselst ja so* du trödelst ja so (mit deiner Arbeit). – 2. taumeln, schwanken: *as ik hüt mit mienen*

Mann na Hus güng, nusselte hei so, as wenn hei besapen wier. – 3. wühlen: *de Schwien nusseln mank dat Fauder.* – *nusseln* ist auch Nebenform zu umg. *nuscheln* undeutlich sprechen: *rä' doch dütlich, du nusselst ümmer so.*

nüsterbleik, -bleek Adj. blaß, bleich, elend: *du sühst so nüsterbleik ut, as wenn di dei Küken dat Brot nahmen hemm'.*

Nüter, Nüte Kosename für ein kleines Kind, auch für Erwachsene, dann aber mit negativem Sinn: *kumm doch eis her, mien lütten Nüter!* Bei Fritz Reuter heißt der Titelheld eines Gedichtes *Hanne Nüte.*

Nütsche Kosewort für Schwein, Pl. *Nütsches.* Auch als Zss. *Nütscheschwien, Nutscheschwien.* Lockruf für Ferkel: *nutsche, nutsche* u. *nütsche, nütsche.*

nütt Adj. nütze, nützlich: *hei is tau nicks nütt* er ist zu nichts zu gebrauchen.

Nuurden, Nuurd m. 1. Himmelsrichtung Norden; Wetterregel: *Dei Nuurden maakt 'n bös Gesicht, dat gifft Rägen* wenn der Himmel abends im Norden bedeckt ist, gibt es Regen. Im Sprw.: *Von Nuurd na Süd, de Welt is wiet, von Ost na West, tau Hus is't best.* – 2. Windrichtung Norden: *Nuurd in'n Februar bringt väl Kuurn in'n Sack* Nordwind im Februar verspricht eine reiche Ernte.

Nuurderenn' n. Norderende, nördl. Ortsteil von Vitte/Hidd. und Altenhagen b. Ahrenshoop.

Nuurdoost m., zweite Silbe betont, Nordost, Nordostwind.

O

O, o n. 1. der Vokal. o tritt als kurzer offener Vokal auf in Wörtern wie *kolt, Solt, Schmolt, Oss.* In der Stellung vor l + Dental variiert die Aussprache des o und weist in manchen Gegenden zuweilen geschlossene Kürze oder sogar Länge auf, etwa bei *kolt, olt.* Als langer Vokal ist o ein geschlossener Laut, z. B. in *Bom, Sod, Koken,* auch vor r-Verbindungen, so *Oort, Boort, klor, Johr.* Die Umlaute von o sind kurzes, offenes ö in Wörtern wie *Dörp, Köpp, Pött* und langes, geschlossenes ö in Wörtern wie *mör, Dör, Öschen, Öming.* Langes, offenes ö muß durch ein eigenes Graphem, nämlich œ, wiedergegeben werden, da es im Lautsystem unserer Mundart ein distinktives Phonem darstellt, vgl. *Mähl* (Mehl): *Mœhl* (Mühle); *Öwer* (Ufer): *œwer* (über). In der alphabetischen Reihenfolge werden ö und œ wie o behandelt. – 2. der Buchstabe: *dat A un O* Anfang und Ende, die Hauptsache. – 3. Ausruf der Freude, der Bewunderung, des Schmerzes, der Drohung: *O, wur schön!; o, dat geföllt mi!; o, wur deit dat weih!; o, wur frieren mi de Fingern!; o, wat is dat kolt!* Mit erhobenem Zeigefinger: *o, o! O, wat möt ik seihn!*

öbberst, liter., das oberste, Superl. zu *oben.* – Syn.: bœwelst, œwerst.

obschoons(t) Konj. obschon, obgleich: *obschoons dat all bet hüt morgen duurt hett.*

obsternaatsch, upsternaatsch Adj. aufsässig, starrköpfig, eigensinnig.

obtwoors s. oftwoors.

oft-eis, oft-eins Adv. öfter, oft.

oftwoors, ofzwoors, obtwoors Konj.

obzwar, obgleich, wenn schon.

Ogen-: -bra' f. Augenbraue, Pl. *Ogenbranen*, auch *-brunen.* – **-deckel** m. Augenlid. – **-deiner** m. Augendiener, jmd., der nur zum Schein freundlich ist. – **-glas** n., veralt., Brille. – **-klemmer** m. Monokel. – **-litt** n. Augenlid. Rätsel: *Twe ruge Lappen, de tosamenklappen, wur't Hor up steht, wur't Water rutgeht – Dat Ogenlitt.* – **-speck** n., scherzh., Hering. – **-speigel** m. ›Augenspiegel‹, Beispiel, Vorbild: *dor nimm di man 'n Ogenspeigel an.* – **-tähn** m. Augenzahn, Eckzahn. – **-verblennen** n. Täuschung, Schein, blauer Dunst.

Öging n. s. Ooch.

Öglamm n. s. Aulamm.

ok, uk auch. Als Konj. wie im Hd. gebraucht, aber häufig nur in Sätzen, die Zweifel, Vorwurf u. ä. ausdrükken: *dat hest mi ok gistern seggen künnt; dat ik dor uk nich an dacht har! Kümmst du hüt ok noch mal?* – Sehr häufig als Abschlußwort in vertraulichen Grußformeln: *Gauden Dach ok; tschüß ok; gaude Nacht uk* etc.

Ökelbild n. Karikatur: *dit is doch ganz wat anners as de Ökelbiller.*

ökeln spotten, verhöhnen: *dat hest du von't Ökeln!*

Ökelnam' m. Spott-, Scherz- und Spitzname. Nicht immer sind *Ökelnamen* spöttisch gemeint, sie dienen oft zur Unterscheidung bei gleichen Vor- und Familiennamen, in manchen Gegenden noch heute, wie z. B. auf Hiddensee (in Neuendorf z. B. *Kitting, Poochen, Solting, Timping, Zoting*) oder Mönchgut. Es sind überwiegend Männer, die mit *Ökelnamen* bedacht werden, aber bei der direkten Anrede darf man sie nicht verwenden. – Syn. Binamen.

Oktobervoß m. ›Oktoberfuchs‹, als Singular nur in der Ra.: *grienen as'n Oktobervoß* verschlagen, verschmitzt lachen. Im Plural: *Oktobervöß mit Polizeigesichter* Pellkartoffeln und Hering.

Öl[1] n., früher auch m. *de Öl* Öl: *Öl up't Für geiten* ein Unglück vergrößern.

Öl[2], **Ole** n. Bier. – Lehnwort in der nd. Literatur aus dem schwed.-dän. *öl.*

ölen 1. mit Öl einschmieren. – 2., übertr., Alkohol trinken: *hei hett orndlich einen ölt.* – Zu *Öl*[1].

Ölkann f. 1. Ölkanne. – 2., veralt., Petroleumlampe.

Ölkauken m. Ölkuchen, Rückstand bei der Ölgewinnung.

oll s. olt.

Oll m. Alter, substantivischer Gebrauch des Adj. *olt*; Dim. *Olling, Ölling.* 1. alter Mensch: *de Oll*; *hei räd' as'n Ollen; hei is ganz dei Oll; wat möt dei Minsch sich quälen, bet hei Großvadder ward, un denn sengens noch ›dei Oll‹!; de Ollen* die Vorfahren. – 2. vertrauliche Benennung von Vorgesetzten; veralt. für den Kapitän, den Gutsbesitzer u. a. – 3., veralt., letzte Garbe, die vom Feld eingefahren wurde. – 4. alte Tiere. – 5. Kreuzbube im Skatspiel.

Ollendeil n. Altenteil, das, was dem alten Bauern an Besitz, Wohnung und Land noch zur Verfügung stand.

Öller n. Alter: *hei is in mien' Öller; up't Öller warden's oft wunnerlich.* – Sagw.: *Öller geiht vöran, secht dei Jung' un stött denn Vadder ut dei Bœnluk.*

öllerhaft Adv. alt, ältlich.

Öllermann m., hist., Altermann einer Zunft.

Öllern Pl. Eltern. – Ra.: *Väl Kinner maken arme Öllern; nich von schlichten*

Öllern sin etwas taugen, gut sein.

Öllern-: **-aktiv** n. Elternaktiv. – **-bierat** m. Elternbeirat. – **-hus** n. Elternhaus. – **-verträder** m. Elternvertreter.

ollich, ollig s. ornlich.

Olljohrsabend m. 31. Dezember, Silvester. Der letzte Tag im Jahr ist durch spezielles Brauchtum und besondere Festlichkeiten aus dem Jahresrhythmus herausgehoben. Wegen der nächtlichen Umtriebe der dämonischen *Fru Gaud* sollen Türen und Fenster geschlossen bleiben, mit viel Krach sollen böse Geister vertrieben werden. Umzüge vermummter Tiergestalten fanden auch in der Silvesternacht statt. Bestimmte Tätigkeiten in Haus und Hof sollten an diesem Tag und in dieser Nacht unterbleiben, vor allem das Backen im Backofen. Der Herd dagegen sollte *bebackt warn.* Spezielle Silvester- bzw. Neujahrsgebäcke waren die *Tollatschen* auf Rügen, überall gab es Schmalzgebäcke (*Purzel, Pelze*), seit dem 19. Jh. auch den *Berliner Pannkauken.* Ein früher verbreitetes Mittagsgericht am *Olljohrsabend* war *Gräunkohl mit Schwienskopp*, das heute aber nicht mehr üblich ist.

Ollsch f. Alte; Dim. *Ollsching.* 1. freundlich-iron. Bezeichnung des Ehemannes für seine Frau: *mien Ollsch is noch nich to Hus; dor kannst' mien Ollsch uk na fragen.* – 2., abwertend, unordentliche, liederliche alte Frau. – 3. weibl. Tiere, vor allem die Kuh, kosend auch *Ollsching.* – 4. Kaffeekanne. – 5. letzte Garbe, vgl. de Oll. – 6. Kreuzdame im Kartenspiel ›Schafskopf‹.

Ollschenbaster n. Kartenspiel ›Schafskopf‹; zusammengezogen aus *Ollsch un Baster.* Nd. *Baster* f. Pique-Dame.

Olm m. verrottetes, morsches, vermodertes Holz: *dat is jo kein Holt mihr, dat's jo luder Olm, dat schmiet man weg.*

olmig Adj. vermodert, morsch.

ölschen sich anstrengen, schwer arbeiten, auch in Dreck und Schlamm, deshalb auch wühlen, unordentlich arbeiten.

olt, oll Adj. alt; Kompar. *öller*, Superl. *öllst. Wo olt sünd sei?; so olt ward kein Schwien; up siene ollen Daach* im Alter. – Sprw.: *Wat olt is, dat hinkt, wat jung is, dat springt. Oll Lü' un klein Kinner seggen dei Wohrheit. Jung' Lü' sünd späälsch, oll Lü' sünd gröölsch* junge Leute sind verspielt, alte weinerlich. – Substantivisch in flektierten Formen: *dat is all wat Olls* etwas Altes; *dat will wi man bi'n Ollen laten. Wur geiht di dat? Ümmer so bi'n Ollen; dat blifft allens bi'n Ollen* es verändert sich nichts.

olt-, Olt-: **-backsch** Adj. 1. altbacken. – 2., übertr., altmodisch: *se is so oltbacksch antreckt.* – 3., übertr., altklug: *de Kinner möten nich so oltbacksch räden.* – **-dun** Adj. betrunken vom vergangenen Tag. – **-fränksch** Adj. altmodisch. – **-melken** Adj. ›altmilchend‹, von einer Kuh, die in einem Jahr nicht tragend geworden ist. – **-stadt** f. Altstadt. – **-trödler** m. Altwarenhändler.

öltlings Adv., veralt., früher: *von öltlings her* vor langer Zeit, von altersher.

Öming f. Ömchen; Dim. zu *Oma.*

Ooch n. 1. Auge, Sehorgan, Pl. *Ogen*; Dim. *Öging.* – 2., übertr.: Augen im Kartenspiel, Nadelöhr, Triebe und Knospen von Pflanzen u. a. – Das Dim. *Öging*, Pl. *Ögings*, für Auge ist bes. gebräuchlich im Umgang mit kleineren Kindern: *nu schlap man, mak dien Ögings tau*; oder als Frage: *kannst' dien Ögings noch nich upkriegen?*

Oorn f. Ernte; vor allem in Westmecklenburg, sonst dafür Aust, s. d.

Oors, Oorsch m. Arsch, s. Noors u. Moors.

Oors-, Oorsch-: -back f. Gesäßbacke. – **-gatt** n. Arschloch. – **-haken** m. Kreuz, vor allem bei Kindern. – **-kar** f. Gesäßkerbe: *dat klemm di man inne Oorskar* das behalte ruhig für dich. – **-klemmer** m. kleine harte Pfeffernüsse. – **-knieper** m. in Schmalz gebackene Fastnachtskuchen. – **-licker** m. Speichellecker. – **-lock** n. Arschloch, Schimpfwort.

Oort f. Art, Eigenschaft, Art und Weise: *ute Oort schlan* aus der Art schlagen; *dat hett gor kein Oort mit ehr* sie ist nicht zu gebrauchen; *dat is so sien Oort (up sien Oort)* das ist sein Wesen; *Sünndachsarbeit hett kein Oort nich* am Sonntag soll man nicht arbeiten.

Ööschen n. Sg. u. Pl. Anemone, Osterblume. 1. *witt Ööschen* Waldanemone, Buschwindröschen, Anemone nemorosa L.: *in'n Maimaand süht dat in'n Busch ut, as wenn dat schniecht hett, dat maken de witten Ööschen.* – 2. *gäl Ööschen* gelbes Windröschen, Anemone ranunculoides L. – 3. *blaach Ööschen* Leberblümchen, Hepatica nobilis.

Oost, Oosten m. Himmelsrichtung Osten, langes o wird vor allem an der Küste gesprochen: *de Wind kümmt hüt ut Oost; de Oost is so scharp; de Wind weicht Oosten.*- Ra.: *Oost un West, tau Hus is't best.*

Oosterkant f. Ostseite.

oostlich Adj. östlich.

Oostsee f. Ostsee.

Or f. Ähre, Pl. *Oren: de Weiten steiht in'n Oren.*

Örcher, Örching Koseform des männl. PN Georg.

Order f. s. Orrer.

Örgel f. Orgel.

Orlof n., hist., Erlaubnis, Genehmigung.

ornlich, ollich, orrich ordentlich. 1. Adj. artig, ordentlich, brav: *de Kinner wiern hüt œwer nich orrich* die Kinder waren heute nicht artig; *hei is'n ornlichen Minschen; se hett dat sihr ornlich maakt; hei hett em ornlich Bescheid secht.* – 2. Adv. reichlich, sehr viel: *hei hett orrich wat tau äten krägen* er hat reichlich zu essen bekommen.

Orrer, Order n., f. Order, Befehl, Anweisung, Nachricht: *wenn du tau Hus büst, schick mi glieks Orrer; ik bruk dat nich tau maken, dor heff ik kein Orrer tau krägen* ich brauche das nicht zu machen, ich habe keine Anweisung bekommen; *Orrer parieren* gehorchen: *wist du glieks Orrer parieren!* sagt man zu ungezogenen Kindern.

orrer, odder Konj. oder: *kümmst du gliek, orrer hüt abend?*

orrerkaugen s. aderkaugen.

orrich s. ornlich.

Ortschester n. Orchester.

Œsel m. verkohlter Docht des Lichtes oder einer Öllampe: *de Œsel ward afknipst orre mit de Lichtschier, ok Œselschier afschnäden.*

œseln blaken, rußen: *dat Licht œselt.*

Ösfatt n., überwiegend seem., ursprünglich hölzerne, später blecherne Schaufel zum Ausschöpfen des Wassers aus einem Boot (s. Abb. S. 220), vereinzelt auch Schöpfkelle.

Oss m. Ochse, Pl. *Ossen.* In Vergleichen: *dorstahn as de Ossen an'n Barch*

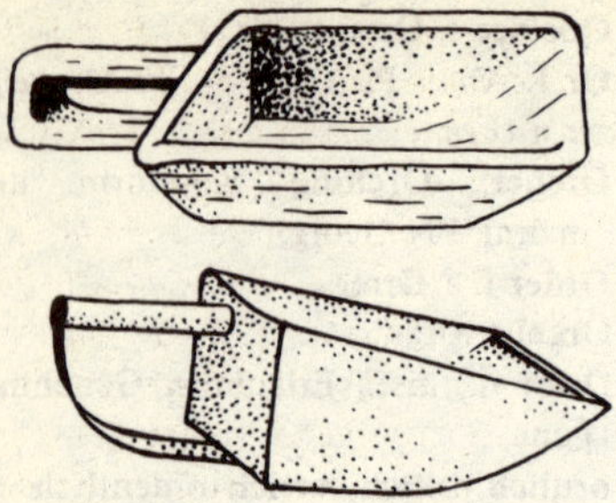

sich nicht zu helfen wissen; ebenso: *dorstahn as de Oss vör't niege Dur; dat is grad' so, as wenn de Oss in de Bibel kiekt* von einem Unkundigen, Ahnungslosen. *Di hett woll dei Oss stött?* du bist wohl nicht ganz klug; *nu is de Oss in't Ooch schlan* jmd. ist beleidigt. – Ra. u. Sprw.: *Von'n Ossen kann man nich mihr verlangen as Rindfleisch. De Ossen daun de gröttste Kopparbeit. Ossen un 'n Foder Heu möt man ut 'n Weg gahn. Hei spannt de Ossen hinnen an* er fängt die Sache am falschen Ende an. *Achtern föllt de Oss af* man kann eine Sache nicht bis zum Schluß durchhalten. *Wer mit Ossen führt, de kümmt ok to Mark* auch Bedächtigkeit führt zum Ziel.

Ossen-: -blaut n. 1. Ochsenblut. – 2., veralt., Lakritze: *ik mücht 'ne Stang' Ossenblaut.* – **-brill** f., scherzh., große Brille; zu jmd., der nicht lesen kann: *sett di 'ne Ossenbrill up.* – **-für** n. großes Feuer im Ofen oder Herd. – **-hœker** m., hist., Ochsenpflüger, d. h. jmd., der mit einem Ochsen pflügt. – **-hut** f. Ochsenhaut. – **-kopp** m. Ochsenkopf; wegen des Ochsenkopfes in ihrem Landeswappen Spott- und Schimpfname für die Mecklenburger: *de Ossenköpp; 'n Ossenkopp maken* den Kopf in beide Hände stützen, das Mecklenburger Wappen nachahmen, s. Büffelskopp. – **-ooch** n. Ochsenauge 1. großes Auge. – 2. Margerite. – 3. Katzenauge am Fahrrad. – 4. kleines Schnapsglas. – 5. Gebäck. – 6. Loch im Strumpf. – **-pläuger** m. Ochsenpflüger.

ossig 1. Adj. stark, kräftig, derb. – 2. Adv. sehr, viel: *ik heff mi ossig verfiert* mich sehr erschrocken.

Oster-: -appel m. Apfel, der am Ostermorgen auf nüchternen Magen gegessen werden soll, damit man während des ganzen Jahres gesund bleibe. – **-blaum** f. Anemone. – **-ei** n. Osterei. Verse s. Stüpen. – **-für** n., veralt., zu Ostern angezündetes großes Feuer. – **-wader** n. Osterwasser, Wasser, das am Ostermorgen vor Sonnenaufgang aus einem fließenden Gewässer geholt und schweigend nach Hause gebracht werden mußte. Dort wusch man sich damit und versprach sich davon Gesundheit und Schönheit. In Flaschen gefüllt, hob man es oft bis zu einem Jahr lang auf. Zur Skepsis mahnt das Wort: *Osterwader maakt oll Wiewer nich jung'.*

Ostern n. Ostern: *tau Ostern; up Ostern.* – Syn. Paaschen.

Ottegrafie f. Orthographie.

Ötting Koseform des männl. PN Otto.

œwel Adj. übel. schlecht, schlimm: *mi ward ganz œwel* mir wird schlecht. In verbaler Verbindung: *för œwel nähmen* verübeln: *dat nimm mi nich för œwel* das darfst du mir nicht übelnehmen; *dat nähm ik di ok nich för œwel.*

œwelnähmen übelnehmen, verübeln.

öwen s. äuwen.

Öwer n. s. Äuwer.

œwer[1] Adv., Konj. aber, jedoch; daneben *œwerst*, auch *œwers* in gleicher

Bedeutung: *dat is œwerst verbaden* das ist aber verboten; *ik heff ehr œwerst Bescheid stuukt* ich habe ihr die Meinung gesagt; *ik heff em dat secht, œwerst hei kümmt nich.*

œwer[2] über. **1.** Präp.: *œwer Johr* in diesem Jahr; *œwer Middach; œwer Nacht; œwer Dach; hei geiht œwer'n groten Unkel* er geht, indem er die Fußspitzen nach innen kehrt; *œwer Siet sin* erledigt sein; *einen œwern Döst drinken* zuviel Alkohol trinken; *hei is œwer Land führt.* – Ra.: *Dat geiht œwer Kried un Rotstein* das ist zuviel, das überschreitet das Maß; *kam ik œwern Hund, kam ik uk œwern Schwanz* wenn ich diese schwierige Situation überstanden habe, werde ich auch andere meistern; *de hett sich mit em œwern Faut spannt* sie haben sich erzürnt; *dat's mi bannig œwer't Lief kamen* ich bin sehr überrascht worden. – **2.** Adv.: *dat is mi œwer; de Pott löppt glieks œwer; dat is œwer un œwer nauch; œwer un dœwer* über und über, reichlich; *dor is noch œwer tau kamen* das ist noch zu schaffen. Zuruf an den Fährmann: *Hol œwer!*

œwer-, Oewer-; -äten überessen. 1. zuviel essen (Betonung auf -äten). – 2. einer Speise überdrüssig sein (Betonung auf *œwer-*). – **-backen** überbacken: *Krü' œwerbacken* das Pflaumenmus zum Schutz gegen Schimmel mit einer Talgschicht versehen. – **-blieben** übrigbleiben, z. B. von Essenresten; übertr.: unverheiratet sein; *se is œwerbläben.* – **-bören,** refl., sich verheben: *hei hett sich œwerböört.* – **-böstig** Adj. hochnäsig, eingebildet, überheblich. – **-bugen** etwas darüber bauen: *up'n Stall hett hei sich noch'n Dubenschlag œwerbuucht.* – **-däm** Adv. außerdem, obendrein, trotzdem: *dat Geld heff ik œwerdäm krägen; hei mach nicks daun, œwerdäm is hei uk noch frech.* – **-damen**, seem., sich in der Luft spiegeln: *dat daamt so œwer; dat süht so œwerdaamt ut.* – **-daun** refl., sich überanstrengen: *œwerdau di man nich!* – **-drägen** übertragen. – **-driewen** übertreiben. – **-drusseln**, mit stimmhaften ss, leicht einschlafen, einnicken: *'n bäten œwerdrusseln*, auch *œwerdrusen.* – **-dümpeln** übervorteilen. – **-düweln** betrügen, übers Ohr hauen: *lat di nich œwerdüweln!* – **-eck** Adv. schräg über eine Ecke hinweg: *wi hemm' dat Sofa œwereck sett'.* – **-ein** überein; in Verbindung mit Verben: *œwerein sin* einig sein; *œwereinkamen* sich verständigen: *wi kamen gaud œwerein; sich œwerein antrecken* sich ständig dasselbe anziehen, ebenso *ümmer œwerein gahn.* – **-eins, -eis** Adv. das gleiche, dasselbe: *dat kümmt all œwereis rut; dor bün ik mit ehr œwereis* ich habe die gleiche Meinung wie sie; *Kleider œwereis maken* zwei gleiche Kleider nähen. – **-fix** Adv. ›überschnell‹, sehr schnell. – **-fluddern** oberflächlich säubern. – **-ful** Adj. sehr faul. – **-fusseln** leicht überschneien oder -regnen. – **-gäben** übergeben, sich erbrechen. – **-gahn** 1. übergehen, vergessen, vernachlässigen (Betonung auf *-gahn*). – 2. vorübergehen, über die Zeit hinausgehen (Betonung auf *œwer-*): *dat geiht all werrer œwer; de Rägen geiht all œwer*; von einer Frau, die nicht zum berechneten Zeitpunkt gebiert: *dei geiht œwer.* – **-gang** m. Übergang. – Sagw.: *Dat's man 'n Œwergang, secht de Voß un treckt denn Hasen dat Fell œwer de Uhrn; ..., sä' de Voß un beet de Gaus denn Hals af.* – **-geiten** übergießen.

– **-glööfsch** Adj. abergläubisch. – **-gnuppen** überspringen, verrenken: *mi is de Hand œwergnuppt.* – **-gnurpsen** überschlagen, umknikken: *Rägenschirme gnurpsen œwer.* – **-hals** Adv. lauthals: *œwerhals schriegen.* – **-happsen** ein großes Stück abbeißen von einer Scheibe. – **-haugen** 1. übertrumpfen, überbieten. – 2. etwas herausschlagen. – **-hen** Adv. darüber hinweg: *dor œwerhen sin, kamen* etwas überwinden, drüber hinwegkommen. – **-jöhrsch** Adj. überjährig. – **-kamen** (*œwer-* betont), 1. heraufziehen: *'t kümmt 'ne Bö œwer* es kommt eine dunkle Regenwolke heran; *dat kümmt schwart œwer* es zieht ein Gewitter auf. – 2. sich etwas versagen: *hei künn dat nich œwerkamen tau lachen* er konnte sich das Lachen nicht verbeißen. – 3. bekommen (*-kamen* betont): *mi is dat so von miene Öllern œwerkamen.* – **-kappen** überschlagen: *de Wind hett mi denn Schirm œwerkappt*; auch von Wellen, wenn sie überschlagen. – **-klaren** 1. oberflächlich reinigen, waschen. – 2. schlecht streichen. – **-klauk** Adj. altklug, überheblich. – **-kœnen** besser können, überlegen sein: *dor kann ik œwer; dat kann ik nich œwer.* – **-krüz** Adv. überkreuz. – **-laatschen** 1. schief treten. – 2. schlagen, Schlag versetzen. – **-lang** Adv., veralt., eine Zeitlang, bisweilen. – **-leggen** 1. überlegen (*-leggen* betont). – 2. etwas (dar)überlegen (*œwer-* betont). – **-mastig** Adj. breitspurig, überheblich, stolz. – **-mäud** Adj. sehr müde. – **-maut** m. Übermut. – Sprw.: *Œwermaut deit selten gaut.* – **-näsig, -nääst** Adj. hochnäsig, eingebildet: *mit denn' will ik nicks tau daun hemm', dei is so œwernäsig.* – **-öllert** Adj. überaltert. – **-ööchsch, -ööcht** Adj. ›überäugig‹ 1. müde, schläfrig, übernächtigt: *du kiekst all so œweröööchsch, gah tau Bär!* – 2. weitsichtig, vereinz. kurzsichtig. – 3. in Verbindung mit *sin* etwas übersehen: *hei is ganz œwerööcht, kann sien eigen Saken nich finnen.* – **-pedden** übertreten, sich etwas verrenken. – **-pedder** m., scherzh., Polkaschritt. – **-peensch** Adj. jenseits der Peene, d. h. außerhalb des Gebietes des ehemaligen Neuvorpommern: *dat is 'n Œwerpeenschen.* – **-planmäßig** Adj. mehr, als der Plan vorsieht. – **-pötig** Adj. 1. mit verrenktem Fuß, wacklig. – 2., übertr., eingebildet, hochnäsig. – **-schilpern, -schilwern** leicht überfrieren: *gah nich up dat Ies, dat is ierst œwerschilwert.* – **-schleiten** mit Stangen überdecken: *denn Stall œwerschleiten.* – **-schnieden** überschneiden: *œwerschnäden Brot* eingeschnittenes Brot. – **-schölpern, -schülpern** Flüssigkeit überschwappen lassen, verschütten. – **-schrieben** überschreiben (*-schrieben* betont): *tau'n Œwerschriewen führn* zum Notar fahren wegen einer Überschreibung. – **-schriegen** überschreien. – **-schwuppen** ausschütten, hinausspritzen. – **-sichtig** Adj. kurzsichtig. – **-sinnig** Adj. tiefsinnig, grüblerisch. – **-spönig, -spöönsch** Adj. ›gegen den Span‹ 1. vom Holz, das schräg gegen die Faser geschnitten ist: *dei Stäl hölt nich, hei is œwerspönig.* – 2., übertr., großspurig, hochmütig, eingebildet, verdreht: *hei is'n bäten œwerspönig.* – **-stahn** überstehen; *'ne Krankheit œwerstahn.* – **-stiegen** (*-stiegen* betont) übersteigen: *denn Tun œwerstiegen.* – Sprw.: *Wo de Tun an 'n siedsten* (niedrigsten) *is, ward hei œwerstägen* man geht gewöhnlich den Weg des geringsten Widerstandes. – **-straken** darüberhinstreichen, sich kämmen: *sik dat Hor eis œwerstraken.* – **-striekenn** überstreichen. – **-ströpen** überstreifen. – **-stür** Adv. rückwärts: *œwerstür gahn.* – **-tau** darüberzu. – **-taukamen** darüberzukommen. – **-tellen** 1. überzählen. – 2., übertr., Schläge verabreichen: *wek œwertellen.* – **-toch** m. Überzug. – **-trecken** überziehen, prügeln: *wek œwertrekken.* – **-tügen** überzeugen. – **-tügung** f. Überzeugung. – **-warden** ›über werden‹, bewältigen, überwinden: *dat kœnen wi nich œwerwarden; hei kann dat nich œwerwarden* er kann nicht drüber hinwegkommen. – **-watersch** Adj. von jenseits des Wassers: *de Œwerwaterschen* die Darßer, die Ueckermünder, jeweils vom anderen Ufer aus gesehen. – **-wech** Adv. (*-wech* betont) darüber hinaus, auch in Zss. mit Verben. – **-wendlich** Adj. ›überwendlich‹: *œwerwendlich Naht* Kappnaht, Naht mit eingerollten Stoffkanten. – **-wiel** Adv., veralt., zur Zeit: *œwerwiel geiht dat gaut.*

œwrig Adj. übrig. 1. überzählig, überschüssig: *du büst hier œwrig.* – 2. als Rest geblieben: *dor is noch wat œwrig.*

œwrigblieben übrigbleiben, überschüssig sein. – Ra.: *Wer nich kümmt to rechte Tiet, de möt nähmen, wat œwrigblifft.*

P

P, p 1. der Konsonant. Er wird im Anlaut vor Vokalen und im Auslaut stark behaucht ausgesprochen, so *Pann* Pfanne *[pʰan], Pingsten* Pfingsten *[ˈpʰiŋsten], Supp* Suppe *[zupʰ], Kopp* Kopf *[kophl]* usw. Im Inlaut dagegen wird p stark geschwächt, so daß es sich zu einem stimmlosen b̥, sogar zu einer stimmhaften Lenis b entwickeln kann, wie *köpen* kaufen > *[kø:bm], supen* saufen > *[ˈzu:bm], Appel* Apfel > *[ˈabəl].* – 2. der Buchstabe in der Ra.: *'n P vörschrieben* etwas verhindern: *dor warn wi 'n P vörschrieben* und in der Abkürzung PEB = Pommersche Einheitsbeine, scherzh. für dicke, unschöne Beine.

Paaschen n., hist., Ostern. Noch erhalten in FLN wie *Paschenberg, Paschenwinkel.* – Syn. Ostern.

Packaasch f. s. Bagaasch.

Packelaasch f. Gepäck: *wie wißt du dien ganze Packelaasch mitkriegen?*

packenmäud s. paddenmäud.

Packer m. 1. jmd., der packt. – 2. ein wohlbeleibter, dicker Mensch: *dat's 'n schönen Packer.*

Packneeljen Pl., zweite Silbe betont, veralt., auch *Packneilken, Packneelken* n. Habseligkeiten, Siebensachen, Gepäck: *nimm dien Packneilken man un gah 'n End bettau.*

Pad, Pät, Por m. Pate, Pl. *Paden*; Dim. *Päding. Pad, Pät stahn* Pate stehen. Aberglaube: *Wenn dei Jung' luder Frugenslü' as Paden hett, ward hei frugensmall, wenn 'ne Diern luder Mannslü' as Paden hett, ward sei schlimm hinner dei Mannslü' her.*

Päd f., nur im Süden und Südosten von Mecklbg-Vorpom., Quecke, Agropyron repens (L.), Pl. *Päden: de Päden sünd denn Acker sien Dod.* – Syn. Quäk.

Padd f. Frosch, Pl. *Padden.* Nicht das allgemein übliche Wort für Frosch (s. Poch), nur vereinzelt in den südlichen Grenzgebieten verbreitet.

paddendod Adj. mausetot.

paddenmäud, auch *packenmäud* Adj. sehr müde, todmüde: *hei is paddenmäu' na Hus kamen.* – Syn. poggenmäud.

Paddik, Parrik, Parring m., auch *Perrik* u. *Purrik.* 1. inneres Mark der Zweige und Äste von Bäumen oder Sträuchern, bes. vom Holunder. – 2. Kohlstrunk, Inneres der Mohrrübe: *dei Parrik ward bi'n Kohl vör't Kaken rutschnäden.* – 3. Eiterpfropfen in einer Wunde.

Padenbreif m., veralt., Patenbrief: *in'n Padenbreif von'n Jungen wür lütt Geld un 'ne Schriefferrer lecht; vör'n Mäten wür Neihnadels, Faden, uk lütt Geld inlecht.*

Padenrock m. Gehrock.

Pädschen n., hist., Pädagogium, früher Ausbildungsstätte für Lehrer, u. a. in Putbus auf Rügen: *duntomalen wier ik up dat Pädschen.*

Pagelun m., f. Pfau, Aussehen, Gang und Geschrei des Pfaus regen zu Vergleichen an: *sei hett sich upputzt as'n Pagelun; sei dreicht sich as'n Pagelun; se blaast sich up as 'ne Pagelun.*

Pahl m. Pfahl, Pl. *Poehl, Pahls, Pahlen: hei hett'n Pahl in't Krüz* er geht sehr gerade; übertr. Ra.: *Pahl trecken* abziehen, weggehen, verschwinden; ähnlich: *schuf Pahl!* Aufforderung, sich zu entfernen.

pahlen Pfähle einschlagen.

Pait, hist., Semmel, Weißbrot, bezeugt für Mönchgut auf Rügen

Päk f. Salzlake zum Haltbarmachen von Fleisch u. Heringen. – Ra.: *wat inne Päk hemm'* etwas vorrätig haben.

Päkaal m. eingesalzener, gepökelter Aal.

Palten m. 1. Erdscholle, ausgestochenes Rasenstück, Pl. *Paltens: wat hest du vör Paltens mit rinnebröcht.* – 2., übertr., dicke Brotscheibe.

Pamel f., hist., in Mecklbg u. Vorpom. alte Bezeichnung für ein kleines, längliches Weizenbrot, auch als Zopf geflochten. In anderen nd. Gegenden bezeichnet man mit *Pamel* vor allem flache Roggenbrötchen.

Pamp, Pamps m. 1. dicker, steifer Brei: *wat hest du hüt för'n Pamps kakt?* Oft speziell für Kleinkinderbrei. – 2., übertr., Pampe, Dreck, Morast.

Pampuuschen m. Sg. und Pl. Filzpantoffel, warme gefütterte Hausschuhe: *ik heff ganz kolle Fäut krägen, giff mi doch mien' Pampuuschen.* – Syn. s. Tüffel[2].

Paneelbrett n. Wandbrett in der Stube oder Küche, Dim. *Paneeling.*

Pangschon f., zweite Silbe betont, Pension.

Panitschenschauh m., veralt., leichtes dünnes Schuhwerk, Tanzschuh u. ä.: *mit dien Panitschenschauh kannst' nich in'n Kauhstall gahn! Panitschenschauh danzen* ein Kinderspiel auf Rügen u. verstr. im übrig. Vorpom.: zwei Kinder sitzen sich in Hockstellung gegenüber, dann beginnt folgende Wechselrede: *Hest mienen Mann nich seihn? – Ja. – Wo wier hei denn? – Up'n Mark. – Wat maakt hei dor? – Hei köfft Schauh. – Wat för Schauh? – Panitschenschauh!* daraufhin hüpfen beide Kinder aneinander vorbei, klatschen in die Hände und rufen: *huchhei Panitschenschauh, huchhei Panitschenschauh.*

Pann f. Pfanne, Pl. *Pannen. Eier inne Pann haugen, schlagen* Setzeier machen. – Ra.: *de hett' inne Pann* er ist verrückt. – Rätsel: *Wo licht de Has an warmsten? Inne Pann.*

Pannback m. in der Pfanne gebackener flacher Kuchen aus Mehl, Eiern,

Rosinen, auch Apfelscheiben, vgl. Pannkauken.

Pannkauken m. Pfannkuchen, urspr. in Mecklbg und Vorpom. der aus Mehl und Eiern in der Pfanne gebackene flache Kuchen, vereinzelt auch aus Kartoffeln. – Syn.: *Eierkauken,* Pannback, *Tüffelkauken.* Im Gegensatz dazu der *Berliner Pannkauken* (kugliges Schmalzgebäck), der heute verkürzt auch als *Pannkauken* bezeichnet wird. – Ältere Ra. beziehen sich auf den flach gebackenen *Pannkauken: jmd. tau'n Pannkauken drücken* ihn zusammenschlagen; von einer schmalbrüstigen Frau: *de is platt as'n Pannkauken*; wer sich unnötig aufregt, *de reecht sich œwer jeden Pannkauken up.*

Pantüffel[1] m. Sg. u. Pl. Pantoffel(n), Holzpantine(n). – Syn. s. Tüffel[2].

Pantüffel[2] f. Kartoffel, s. Patüffel.

Pantüffelschaul f., veralt., alte Volksschule auf dem Dorf; auch *Tüffelschaul.*

Pantüffelsupp f. Kartoffelsuppe.

Pap m. Pfaffe, Geistlicher.

Päper m. Pfeffer: *schwarten, witten Päper.* – Ra.: *Päper in'n Noors hemm'* nicht stillsitzen können.

Päper-: -kauken m. Pfefferkuchen. – **-kuurn** n. Pfefferkorn; Schnellsprechübung: *de Päperküürn in'n köppern Pott, in'n köppern Pott de Päperküürn.* – **-mœhl** f. Pfeffermühle. – **-nœt** f. Pfeffernuß, braunes u. weißes, rundes, hartes Weihnachtsgebäck. – Ra., wenn es sehr kalt ist: *dat friert Päpernœt.* – **-sack** m., veralt., Pfeffersack, scherzh. für den alten Kolonialwarenhändler.

Papier n. s. Popier.

Paraplü m. Regenschirm. – Ra., veralt., *Paraplü un Pompadur fählen bi keine Liebestour.*

parat s. prat.

Parchen n. Barchent, einseitig gerauhtes Gewebe.

Parchenhemd n. Männerhemd aus Barchent.

Pardelkett f. Perlenkette.

Parl, Pardel f. Perle, Pl. *Parlen.* – Ra.: *Parlen bedüden Tranen.*

Parpentikel n., dritte Silbe betont, Uhrpendel; auch *Parpendikel, Permantikel, Permtikel.* – Zu hd. *Perpendickel.*

Parr f. Pfarre, Pfarramt. – Ra.: *Ierst 'ne Parr un denn 'ne Quarr* zuerst eine Stelle und danach Kinder.

Parrik m. s. Paddik.

Part m. 1. Teil, Anteil, Pl. *Parten. Half Part maken* mit jmd. teilen; *Part hemm'* Anteil an Besitz, an Kosten oder auch an gemeinsamer Arbeit haben: *dor heff ik 'n Part mit an; jeder hett sien Part; ik för mien Part* ich für mein Teil, d. h. von mir aus. – 2. Partei: *Part hollen* Partei ergreifen; zu jmd. stehen: *dei höllt sien Part.*

partu, pattu Adv., zweite Silbe betont, durchaus, auf jeden Fall: *hei will dor partu nicks von weiten; dat geiht mi pattu nicks an.* – Zu frz. *partout.*

Päs, Päsen, Päsel m. 1. Glied des Bullen, Ebers und Hammels, meist *Bullenpäs.* – 2., vereinzelt, Treibschnur am Spinnrad.

Paslatant m., veralt., jmd., der einem anderem die Zeit vertreibt: *ik bün doch nich dien Paslatant!* In der präpositionalen Verbindung *för Paslatant* als Zeitvertreib. – Zu frz. *pour passer le temps*, ursprgl. in der Bedeutung Zeitvertreib.

pass s. taupaß.

Passer m., seem., Zirkel des Schiffszimmermanns mit gebogenen Schenkeln.

passig, passlich Adj. passend, geeignet: *'n passlichen Brüjam* ein geeigneter Bräutigam; *dat wier keen passliche Tiet, as hei keem* er kam zu unpassender Zeit. – Syn.: *passrecht*, passmat.

passmat Adv. paßrecht, passend, gerade recht: *dei Stäwel sünd grad so passmat* die Stiefel haben genau die richtige Größe; *dat keem uns passmat* das kam uns gerade recht. – Syn. *passrecht*, passig.

Paster m. Pastor, Pl. *Pasters*; Dim. *Pasting*, daneben auch Betonung auf der zweiten Silbe *Pastor, Pastur*, so auch im Lied: *Von Herrn Pasturn sien Kauh.* Ablehnende Antwort auf die Bitte um Wiederholung einer Aussage: *tweimal predigt dei Paster nich. Dei Paster ward juch dei Bicht verhüürn* Drohung gegenüber ungezogenen Kindern; *Bicht verhüürn* Prügel austeilen. – *Fru Pastern* Frau Pastor.

Pasterstunn f., veralt., Konfirmandenstunde.

Pät m. s. Pad.

Patsch f., auch umg., 1. Hand; kinderspr. Dim. *Patschhänning.* – 2. Pfütze, Matsch: *inne Patsch sitten* in Bedrängnis sein.

Patschent m., zweite Silbe betont, Patient, Kranker.

pattu s. partu.

Patüffel, Petüffel, Pantüffel f. Kartoffel, bes. auf Rügen, Pl. *Patüffeln.* – Syn. s. Katüffel.

Pauf f., vorwiegend im Pl. *Paufen* gebraucht, Bläschen, Pickel, Geschwüre: *hei hett so väl Paufen in't Gesicht; dei sitt an'n Lief vull Paufen.*

paugen wimmern, jammern, leise weinen, weinerlich sprechen.

Pauhl, Pohl m. Pfuhl, Wasserloch, auch kleiner Dorfteich: *dei Gäus sünd up'n Pauhl; to Pauhl gahn* sich ertränken; *de grote Pohl*, scherzh. für den Atlantischen Ozean.

Päuler, Päuling m. Dim. zum männl. PN Paul.

päustern s. püüstern.

pedden, perren, peän treten. Präs. Sg. 1. *peer*, 2. *peerst*, Pl. *peän*; Part. Prät. *pedd't. Peer mi nich uppe Schauh!; peer mi nich uppe Häuhnerogen!; hei peert sich œwer'n groden Unkel* er setzt die Füße beim Gehen nach innen; *'n Stiech pedden* einen Steig, Weg treten. – Wenn die Braut dem zukünftigen Ehemann bei der Trauung *up den rechten Tehn peert* auf den rechten Zeh tritt, *denn sall sei Gewalt œwer em hemm' un ok in'n Hus.* – Sprw.: *Dei Poch kann so lang pedd't warn, bet sei quiekt* auch die Geduld des friedfertigsten Menschen ist einmal zu Ende.

Peen f. der Fluß Peene, der bis 1815 die Grenze zwischen Alt- und Neuvorpommern bildete, daher die veralt. Ra.: *hei is von jensiets dei Peen; hei is œwer dei Peen gahn.* Wenn etwas noch nicht verloren ist: *dat is jo nich inne Peen follen.*

Peik, Peek f. 1. Stock mit Eisenspitze zum Abstoßen auf dem Eis. – 2. andere spitze Geräte und Gegenstände. – 3. Fischkasten auf dem Boot.

Peikschläden m. kleiner flacher Schlitten, der mittels einer *Peik*, die der Fahrer zwischen den Beinen hält, vorwärts bewegt wird.

Peiter, Peite männl. PN Peter, häufiger Spottname; Dim. *Peiting.* In Neckversen: *Peiter heit hei, up'n Leimbarch steht hei; Schwarten Peiter* Kartenspiel; *höltern Peiter* Fensterkreuz; im Rätsel: *binnen blank, un buten blank, inne Mirr 'n höltern Peiter* *mank* – Das Fenster; *langsamen Peiter* langsamer träger Mensch.

Peiterzilch, Peiterßill, Peirezilch f. Petersilie: *hal bäten Peirezilch ut'n Goren!* Bei einem Schmutzfinken kann man *Peiterzilch achter de Uhren seigen* Petersilie hinter den Ohren säen; wenn jmd. bedrückt und traurig ist, *is em de Peiterzilch verhagelt*; Mädchen, die nicht zum Tanz aufgefordert werden, *plücken orrer seigen Peiterzilch.*

Pennal, Pinnal n., zweite Silbe betont, hist., hölzerne Griffelbüchse der Schüler für Bleistifte, Griffel usw.

pennen, wie umg., schlafen.

Penning m. Pfennig, Pl. *Pennings. up'n Penning seihn* sparsam, geizig sein; *denn Penning teigenmal ümdreigen* geizig sein; *keinen Penning wiert sin* wertlos sein. – Sprw.: *Väle Pennings bringen mit dei Tiet Dalers.*

Penningskrut n. Ackerhellerkraut, Thlaspi arvense L.

Pentüffel f. s. Patüffel.

Penunse(n), Pinunsen Pl., auch umg., Geld, Habseligkeiten. Vereinzelt auch noch in anderen Lautformen wie *Pernunsen, Penunjen* usw. – Zu poln. *pieniądze.*

perdangs Adv., zweite Silbe betont, glatt, einfach, geradezu: *du hauchst mi perdangs ut de Tüffel.*

perdollsch, -döllsch Adj. ungeschickt, linkisch, unbeholfen, dumm.

perdü Adv., zweite Silbe betont, verloren. Wenn man etwas verloren hat und nicht wiederfinden kann, sagt man, *dat is perdü.* – Das frz. Wort *perdu.*

Perfesser m. Professor.

pernass Adv. umsonst, ohne Bezahlung: *hei süppt am leifsten pernass; pernass mitmaken* ohne Gegenleistung mitmachen.

pernottig, pernotzig Adj. unfreundlich, trotzig, eingebildet: *hei deit so pernottig* er bildet sich sehr viel ein; *hei antwuurd' em ganz pernottig* er antwortete ihm schroff und unfreundlich.

perren s. pedden.

Perrong m., zweite Silbe betont, veralt., Bahnsteig. – Zu frz. *perron.*

Persch f., veralt., Pfirsich.

Persenning f., seem., geteertes Segeltuch zum Abdecken. – Zu nl. *presenning.*

Perzeß m. Prozeß.

pesen, wie umg., schnell laufen, rennen.

petrant Adj. penetrant.

Petüffel f. s. Patüffel.

Pichel m., veralt., Kinderlätzchen.

picheln, wie umg., trinken, saufen: *du pichelst woll ümmer äben tau?*

Pick n. Pech. – Ra.: *hei hett Pick anne Büxen* er mag nicht aufstehen; *hei hett Pick anne Fingern* er stiehlt; *dat hackt tausamen as Pick un Schwäwel.*

Pickelstein, Bickelstein m. mit der Spitzhacke *(Bick)* abgeschlagene Steinstücke. In der Ra.: *Pickelstein frieren* sehr stark frieren.

picken s. bicken.

pickendüüster Adj. ›pechdunkel‹, tiefdunkel, sehr dunkel.

Pickhingst m. Spottbezeichnung für den Schuster, auch *Pickfiester, Pickschwœlk.*

Pie, Piej f., veralt., Unterrock mit Leibchen, besonders für Kinder.

piek s. pük.

Pieks m. kleiner Pickel, kleines Geschwür, Pl. *Piekse.*

piel Adj. steil, senkrecht, geradezu: *de Drachen steech piel inne Hööcht; hei richt' sich piel up; hei güng piel up em tau* er ging gerade auf ihn zu.

Piep f. 1. Pfeife, Flöte, Röhre, Pl. *Piepen.* – Ra.: *Hüt to Tiet hett jerer Grönschnabel in't Mul de Piep* heute will die Jugend schon überall mitreden; *stick di man ierst 'ne Piep an* laß dir Zeit, komm erst zur Ruhe, ebenso in der Ra.: *ierst de Piep in'n Brand un denn dei Pier ut'n Graben; de Piep in'n Sack hollen* die Pfeife in der Tasche halten, sich zurückhalten; *de steckt dei Piep ümmer gliek in'n Sack* er sieht alles immer gleich schwarz; *all's sall na sien Piep danzen* jeder soll tun, was er will. – Die Herstellung der Weidenflöten der Kinder wurde begleitet durch Bastlösereime: *Piepen, piepen Pasterjan, lat denn Jung' dei Fläut afgahn, lat's uk nich verdarwen, lat's recht gaut warden*; weitere Verse s. Wossidlo, Meckl. Volksüberl. 4, 75 u. Biel, Kinderlieder, 48. – 2., übertr., verschiedene andere röhrenartige Gegenstände, z. B. die Falten der Rüschen bei der weibl. Garderobe.

piepen pfeifen. Präs. Sg. 1. *piep,* 2. *piepst,* 3. *piept*; Prät. *peep, piepte*; Part. Prät. *piept.*

Piependeckel m. 1. Pfeifendeckel. – 2., übertr., beschränkter Mensch; Spottname, auch mit Zusatz: *Krischan Piependeckel.* – 3. flache, schäbige Mütze.

Piepenkopp m. Pfeifenkopf: *wenn ik di up'n Piepenkopp har, denn künn'k vör Lachen nich roken*; oder: *keem ik vör Lachen nich ut'e Büx* zu jmd., den man nicht ernst nimmt.

Piepenpurrer m. Pfeifenreiniger.

pieperig Adj. kränklich, schwächlich.

Piepgössel n. 1. piependes Gössel. – 2., übertr., weinerlicher, schwächlicher kränklicher Mensch, auch kleines schwächliches Kind: *he hett man een Gör, un dat is uk noch son Piepgössel.* – Ra.: *Oll Piepgössel, krank as 'n Hohn, mag giern äten un blot nicks don.*

Piephahn m. Penis. Spottvers: *Dei Möller mahlt, wenn dei Wind gaut weiht, hei vœgelt sien Fru, wenn em dei Piephahn steiht.*

pieplings Adv. ununterbrochen, immerfort: *em löppt de Näs pieplings; em löppt dei Bramwien pieplings ut dei Ogen.*

piepsig Adj., wie umg., hoch, schwach von der Stimme.

Pieratz m., verbr. im Süden, Regenwurm, auch kleiner Aal, Pl. *Pieratzen.*

Pierd, Pier n. Sg. u. Pl. Pferd. In vielen Redensarten und Sprichwörtern begegnet uns das Pferd, weil es in der Landwirtschaft früher neben dem Menschen die wichtigste Arbeitskraft war: *'n gaut Pierd treckt tweimal an* ein gutes Pferd zieht zweimal an, gibt nicht gleich auf; *de Pier, de denn Hawer verdeenen, kriegen em nich* die Pferde, die den Hafer verdienen, bekommen ihn nicht, d. h., die Falschen werden belohnt; *de ruuchsten Fahlen warn dei glattsten Pier* die rauhesten Fohlen werden die glattsten Pferde, d. h., die wildesten Mädchen werden einmal die besten Ehefrauen; *von'n Pierd up'n Äsel kamen* sich wirtschaftlich verschlechtern; *söcht't Pierd un ritt dorup* wenn jmd. etwas sucht und ständig übersieht; *wenn de Bur besapen is, lopen de Pierd am besten; he sitt up'n hoges Pierd* er ist von sich sehr eingenommen; *de Leif treckt mihr as teigen Pier.* Im Sagw.: *Dat Nödigst tauierst, säd dei Mann, don schlööch hei ierst sien Fru dei Jack vull, un naast kreech hei dat Pierd ut'n Graben*; und scherzh.: *dau man nich so stur, secht* *de Äsel tau't Pier, wi kamen doch bei' in einundeisülwig Wust* ... wir kommen doch beide in die gleiche Wurst.

Pier(d)-: -appel m. Pferdeapfel; in der Volksmedizin verwendete man heiß aufgebrühte *Pieräppel* gegen Frost in den Gliedmaßen. – **-bohn** f. Pferdebohne, Vicia faba L. – **-faut** m. 1. Pferdefuß. – 2., übertr., Klumpfuß. – 3., übertr., Teufel. – **-kamer** f., veralt., Kammer neben dem Pferdestall für den Pferdeknecht. – **-knieper** m. 1. Mistkäfer, Familie Scarabaeidae. – 2. Gemeiner Ohrwurm, Forficula auricularia L. – Syn. Uhrenknieper. – **-knüppel** m., scherzh., plattd. Übersetzung von Rostock, d. i. Roß-Stock. – **-kop** m. Pferdekauf. – **-kœtel** m. Pferdekot. – **-sälen** f. Pferdegeschirr. – **-tüchterin** f. Pferdezüchterin.

pieren quälen, necken: *du pierst denn Hund so lang', bet hei di bitt.*

pieschen, kinderspr., pinkeln. Aufforderung: *piesch, piesch!*

Pietsch f. 1. Peitsche. – 2., nur Pl. *Pietschen* Quecke; *dor sünd so väl Pietschen in'n Acker.*

pietschen trinken: *einen pietschen* Alkohol trinken. – Zu poln. *pić.*

Pietschenknaller m. weiß verkleidete Gestalt (mit Zuckertütenhut und Peitsche) aus den Weihnachtsumzügen, s. Wihnachten.

Pillendreiger m., scherzh., Apotheker.

pimperlich, pimpelig Adj., auch umg., zimperlich, verzärtelt, verweichlicht.

pimpern koitieren: *du sühst ja so angräpen ut, hest woll dei ganze Nacht pimpert.*

Pimpkees m., veralt., Sauermilchkäse mit Kümmel in länglicher Form, der nach dem Trocknen vielfach noch leicht angeräuchert wurde.

Pingsten n. Pfingsten. Zu Pfingsten wurden Haus und Stuben, ja sogar die Ställe mit Maien geschmückt. Einen Birkenzweig sollte man bis zum nächsten Jahr stecken lassen, so seien Haus und Hof gegen Blitzschlag geschützt. Schon früh wurde zu Pfingsten spezielles Bier *(Pingstbier)* gebraut, in vielen Dörfern ein *Mai-* oder *Pingstbom* errichtet. Zu weiteren Pfingstbräuchen s. Meckl. Wb. 5, 411ff. – Wetterregel zu Pfingsten: *wenn't Pingsten rägent, is keen Frucht sägent*; anders ist es mit dem Wein: *Pingsträgen bringt Wiensägen.*

Pingst-: -bier n., veralt., zu Pfingsten gebrautes Bier. – **-blaum** f. Wiesenschaumkraut, Cardamine pratensis L. – **-bom** m. zu Pfingsten in den Dörfern errichteter Baum, als Mittelpunkt von Vergnügungen. – **-maien** n. Birkengrün zu Pfingsten. – **-mark** m. Pfingstmarkt, besonders berühmt war der Rostocker Pfingstmarkt. – **-oss** m. 1. Pfingstochse, ein besonders fetter Ochse, der zu Pfingsten mit einem Blumenkranz vor dem Schlachten durch die Straßen geführt wurde. – 2., übertr., ein aufgeputzter Mensch. – **-vagel** m. Pirol, Oriolus oriolus. – Syn. *Vagel Bülow.* – **-voß** m. nur im Vergleich: *hei grient as 'n Pingstvoss*, entstellt aus *Pingstoss.*

pinken, pinkern schlagen, klopfen, auf Metall hämmern.

Pinkepank m. Spottname des Schmieds. – Vers zu einem Kinderspiel, bei dem ein kleiner Gegenstand in einer Faust verborgen wird; beide Fäuste werden im Wechsel übereinander gehalten, und der Mit-

spieler muß erraten, in welcher Hand sich der Gegenstand befindet:
Pinkepanke, Schmidt is kranke,
wur sall 'e wahnen,
un'n orrer baben?

Pinn f. 1. kleiner Nagel, Stift. – 2. zugespitztes Ende des Hammers.

Pinnenschieter m. kleinlicher Mensch, Pedant, Kleinigkeitskrämer.

pinnenschieterig Adj. kleinlich, geizig.

Pion, Pijon f. Päonie, Paeonia L., im Vergleich: *sei bläucht as 'ne Pijon* ist sehr rot im Gesicht.

Pipie n., zweite Silbe betont, kinderspr., Urin: *Pipie maken.*

Pipifax m., kinderspr., Penis. – Syn. Pullermann.

Pipp, Pips m. Krankheit der Hühner, Diphtherie: *denn Pipp aftrecken* die weiße Haut von der Zungenspitze abreißen.

pirren, vorw. liter., heruntertropfen, von Wasser und Blut.

Pirt f. kleines Zöpfchen, dünne Haarsträhne, Pl. *Pirten*; übertr. auch auf dünne Mohrrüben, Aale usw.

pissen urinieren: *dei Minsch is doch kein Hauhn, hei möt doch uk eis pissen …* mal eine Pause machen. Eine schief gepflügte Furche *süht ut, as wenn de Bull pißt hett. Piß di man nich inne Büx!* sei nicht so ängstlich!; *lat di nich an'n Wagen pissen* laß dich nicht betrügen; *de Müggen pissen* es nieselt. Im Sagw.: *Lat lopen, secht Fritz Lüth un pißt inne Büx.*

Piß-, piß-: -büdel m. kleines Kind. – **-dauk** n. Windel. – **-eemk** f. Ameise. – **-nelk** f. 1. Bartnelke, Dianthus barbatus L. – 2. Schimpfwort für eine Frau. – **-pott** m. Nachttopf. – **-warm** Adj. lauwarm.

Plääch f. Pflege.

Plaaster m., n. Pflaster, Flicken, Pl. *Plaasters.* Wenn Kinder weinen: *dor möt ik woll 'n Plaaster upleggen,* d. h. zum Trost eine Süßigkeit geben.

Plaasterschmeerer m., scherzh., Sanitäter, Arzt, Apotheker.

Plaasterstein m. Pflasterstein.

Placken m. Fleck, Stelle, Pl. *Plackens: 'n Placken Land,* Acker.

Plackenfeewer n. 1. Fleckfieber. – 2., übertr., ein Mensch, der nicht loszuwerden ist: *hei is dat reine Plackfeewer.*

Plackfür n. Schweinekrankheit.

Pladder m. heftiger Regenguß, Schauer.

pladdern, plarrern plätschern, stark regnen, vergießen, verschütten, planschen.

plägen pflegen, für etwas sorgen.

Plamsur, Blamsur f., zweite Silbe betont. 1. breiige Masse, Morast; übertr.: *einem ut de Plamsur helpen* jmd. aus einer Schwierigkeit helfen; im Ausruf: *dor hemm' wi de Plamsur!* da haben wir die Bescherung; *dat's 'ne schöne Plamsur!* – 2. großer schmutziger Fleck, besonders an der Zimmerdecke.

Plandiskuschon f. Plandiskussion.

planten pflanzen: *Tüffel planten.*

Plantenprodukschon f. Pflanzenproduktion, relativ selbständiger landwirtschaftlicher Pflanzenproduktionsbetrieb mit eigenem Fonds als kooperative Abteilung aus LPG und VEG = KAP.

Plat[1] f., auch *Platen* m., veralt., Schürze.

Plat[2] f. Platte, Eisenplatte, Herdplatte, Kuchenblech, Pl. *Platen*; *de Kaffee steiht up'e Plat; stell dei Supp man up'e Plat, dor blifft sei warm; du müßt dei Plat gaut mit 'ne Speckschwor afrieben, süss hackt dei Kauken fast;*

sei hett 'ne Plat Streußelkauken backt.

Platenkauken m. Blechkuchen.

Platt f. allg. Platte, wie Plat[2]. – 2., scherzh., Glatze: *dei hett uk all 'ne Platt.* – 3., veralt., Fußsohle: *de Platt putzen* davonlaufen.

platt Adj. 1. flach, eben: *hei hett 'ne platte Näs; dat platte Land* flaches Land, aber auch im Gegensatz zur Stadt: *up'm platten Lann' wahnen.* – 2. niedrig, flach: *platt Wader, platt dalliggen* flach daliegen, übertr., auch krank sein. – 3. plattdeutsch: *räd hei uk platt?; hei schnackt half hoch, half platt.* Substantiviert *dat Platt: dat rügensch Platt is ganz anners.* – Syn. plattdüütsch. – 4., in Verbindung mit *sin*, sprachlos, verblüfft sein: *hei wier ganz platt, as ik em dat sech.*

plattbarft, -barst Adj. ganz barfuß, ohne Strümpfe und Schuhe: *hei keem plattbarft an.*

plattdüütsch Adj. plattdeutsch. Seit der Mitte des 17. Jhs. (entlehnt aus dem Niederl.) als Bezeichnung für das Niederdeutsche im Gegensatz zum Hochdeutschen aufgekommen in der Bedeutung ›platte‹, minderwertige Sprachform. Die Nebenbedeutungen von *Plattdüütsch* bzw. *Platt* haben sich im Laufe der Jahrhunderte gewandelt, heute ist *Platt* oft Mundart schlechthin. – Einwohner von Lohme (Rü.) um 1960: *Im Winter hemm' wie plattdüütsch spraken, œwer in'n Sommer hemm' wi hochschnarzen lihrt wegen de Ba'gäst.* Allg.: *wi will'n man plattdüütsch räden, dat is gemütlicher.* Und ganz pragmatisch: *Wenn du nich weißt, ob mir, ob mich, schnack plattdüütsch, denn blamierst' di nich. Hei is'n Plattdüütschen* er spricht plattdeutsch.

Plattfaut m. Plattfuß, Pl. *Plattfäut, -föt.* Heute Name einer plattd. Singegruppe.

Plättiesen n. Bügeleisen, vereinz. auch nur *Plätt* f., Vorformen des heutigen elektrischen Bügeleisens waren das massive eiserne, das *Boltentiesen* (s. d.) und das mit glühenden Holzkohlen gefüllte (s. Abb.).

Platting f., seem., zusammengedrehtes oder -gelegtes Kabelgarn.

Plauch, Plooch m. Pflug, Pl. *Pläuch, Plööch.*

Plauch-:, (alle Zss. vorwiegend landw.), **-deinst** m., hist., Pflugdienst. – **-eggen** n. Eggen unmittelbar nach dem Pflügen. – **-for** f. Pflugfurche. – **-iesen** n. Pflugeisen. – **-marieken**, veralt., der 25. März (Mariä-Verkündigung); Tag, an dem mit dem Pflügen begonnen wurde. – **-schor** f. Pflugschar. – **-start, -stiert** m. ›Pflugsterz‹, Führungsstange mit Handgriff am Pflug.

pläugen, plögen pflügen: *deip, flach pläugen.* Übertr.: *hei kann kein grad For pläugen* auf ihn ist kein Verlaß; *mit denn' is schlicht tau pläugen* mit ihm ist schlecht auszukommen; *hei pläucht as mit de Messfork* er schreibt schlecht; von einem Seemann: *hei pläucht de Ostsee.*

Plauz, Plautsch f. dicker Bauch: *kiek, wat dat Kalf sich vör 'ne Plautsch antutscht hett; hei hett dei Plauz all vull* er hat viel gegessen und getrunken.

plemplem, zweite Silbe betont, auch umg., Adj. verrückt: *hei is 'n bäten plemplem.*

Plennimenni n., veralt., viel Geld: *hei hett orrig Plennimenni.* – Aus dem engl. *plenty money.*

Plie, Plü m. Verstand, Intelligenz, gutes Benehmen: *kein Kierl verdröcht, wenn sien Fru mihr Plie hett as hei; hei hett nich 'n bäten Plie* kein bißchen Benehmen. – Zu frz. *pli.*

plieren mit zusammengekniffenen Augen sehen, blinzeln: *kiek, wur dei Katt mit dei Ogen pliert.*

Pliet m. kleiner Plötz, kleiner Blei, Rotauge, Ükelei; Pl. *Plieten*; überhaupt kleine breite Fische.

plietsch Adj. listig, schlau, gewitzt. Das Wort ist eine Verkürzung von hochdeutsch ›politisch‹, vgl. auch schwienplietsch. Wenn man von jmd. meint, er sei *'n ganz Plietschen* hält man ihn für pfiffig und gerissen, aber doch nicht so, wie er in der folgenden Ra. verspottet wird: *hei is plietsch as Hannes, dei bünn dei Häuhner denn Steert tau Hööcht, dat s'bäder leggen kœnen* er ist so pfiffig wie Hannes, der band den Hühnern den Schwanz hoch, damit sie besser legen können.

plinken, plinkern blinzeln, zublinzeln, zwinkern: *hei plinkt mi tau.*

plinkerig Adj. blinzelnd.

plinkögen mit den Augen zwinkern, blinzeln: *em wier wat in't Ooch flogen, nu möt hei ümmertau plinkögen.*

plinsen leise weinen, heulen: *wat stehst du dor un plinst?*

plögen s. pläugen.

Plooch m. s. Plauch.

Plœter, Plöter m. armseliger, armer Mensch, Pl. *Plœters: hei keek uns Plœters vonne Sie' an.*

plœterig Adj. 1. armselig, ärmlich, dürftig: *bi em geiht dat uk man plœterig tau; hei geiht so plœterig antreckt* er ist dürftig angezogen. – 2. wässerig, dünn: *de Kaffee schmeckt so plœterig; wat hest du werrer för 'ne plœterige Supp kaakt.*

plücken pflücken, rupfen, zupfen: *Gäus plücken* die Federn der Gänse ausrupfen.

Plückfinken Pl. Gericht aus Fleischresten, oft auch Innereien, süßsauer gekocht; heute kaum noch bekannt, nur als scherzhafte Antwort auf die Frage: *Wat gifft' hüt to äten? Plückfinken un Hackkutten.*

Plüggen, Plüngen m. Pl. 1. Schusternägel aus Holz, Stifte. – 2. Federkiele im Fleisch gerupften Geflügels, bes. bei Gänsen. – 3. Geld: *mit mien por Plüggen kann ik nicks anfangen.*

Plumm f. 1. Pflaume, Pl. *Plummen, Plumpen: Plummen un Klüt* Backobst und Klöße, auch *Plummen un Klüt mit Schinkenknaken.* – Ra. beim Skat: *de iersten Plummen sünd madig*; die Trümpfe *fallen as de Plummen von'n Bom.* Im Vergleich: *de süht ut as 'ne verdrööchte Plumm* sie sieht so faltig aus wie eine vertrocknete Pflaume. – 2. Vagina.

Plummen-, plummen-, -plumpen: -bom m. Pflaumenbaum. – **-goren** m. Pflaumengarten: *dor is 'n Läbn as in'n Plummengoorn* dort geht es lustig zu. – **-kauken** m. Pflaumenkuchen. – **-krüd** f. Pflaumenmus. – **-maus** n. Pflaumenmus. – **-weik** Adj. sehr weich: *dat Ei is plummenweik kaakt.*

Plümper m., fischerspr., Stange zum Scheuchen der Fische beim Fischen mit Zugnetzen; übertr. auf den Fischer selbst, bes. im Spottvers: *Dei Fischer is'n Plümper, un wenn hei nicks fängt, is hei 'n Stümper.*

plumpsen, wie umg., mit Geräusch fallen, bes. ins Wasser.

Plumskül f. Rohrkolben. – Syn. s.

Bumskül.

Plünnen m. Sg. u. Pl. Lappen, Fetzen, Lumpen, alte abgetragene Sachen: *dei hett Plünnen vör de Finstern; mit de ollen Plünnen is ja doch nicks mihr antofangen; hei nimmt sien ganzen Plünnen mit; mit diene Plünnen kannst uk keinen Staat mihr maken.*

Plünnenfahrer m., veralt., Lumpensammler.

Plünnenkierl m. Lumpenhändler.

Plünnenkram m. Lumpen, schlechte Ware.

Plunner m. 1. Plunder, wertloser Kram. – 2. blättriges Gebäck: meist *Plunnerstück.* – 3. schlechtes Messer.

Plürr, Plürrer, auch *Plürk* u. *Plurt* f. dünnes Getränk, speziell dünner Kaffee, dünne wässerige Suppe: *wat hest' werrer för 'ne Plürr kaakt?* – Syn. Lorch.

plusen zausen, rupfen, kratzen: *inne Hor plusen; dei Häuhner plusen sik; de Hund pluust dat ganze Fell up*; übertr.: *sei hemm' em schön pluust* ihm beim Kartenspiel Geld abgenommen.

Plut f., veralt., Hälfte eines Brötchens, Pl. *Pluten.*

pluusterig Adj. zerzaust, unordentlich: *dien Hor is so pluusterig.*

Pluusterschinken m. in Brotteig gebackener Schinken.

Pluz, Plutz m., nur in der Verbindung *up'n Pluz* auf der Stelle, plötzlich, sofort: *up'n Pluz kann'k di dat nich gäbm; dat is so up'n Pluz kamen* es kam so plötzlich. – Zu hd. *plötzlich.*

Poäng m., zweite Silbe betont, Moment, Augenblick: *in'n letzten Poäng; hei täuft bet upm letzten Poäng* er wartet bis zum letzten Moment. – Zu frz. *point.*

Poch, Porch f., mit offenem gelängtem o gesprochen, in der Literatur meistens *Pogg*, der Frosch, die Kröte, Pl. *Poggen: dor hüppt 'ne Poch; hei is schwienplietsch as 'ne Porch in'n Manschien* er ist pfiffig wie ein Frosch im Mondschein. Eine hochnäsige Frau *geiht kein'n hinken Poch ut'n Wech* geht einem hinkendem Frosch nicht aus dem Weg. Wenn jmd. sehr dumm ist, heißt es entschuldigend: *du kannst dor uk nicks för, dat de Poggen kein Hor hemm'* daß die Frösche keine Haare haben. Ein Dickschädel *möt ümmer sienen Willen hemm', as de Poch in'n Sod ...* wie der Frosch im Brunnen.

Podagra n., veralt., Gicht: *dat Podagra kümmt von't Supen.*

Pödder m. s. Pötter.

Podex m., wie umg., Gesäß, Hintern.

Pogg f. s. Poch.

Poggen-: -fell n. Froschhaut; Neckreim: *Hinrik, Pinrik, Päpergesell, flickt sien Schauh mit Poggenfell.* – **-fräter** m. ›Froschfresser‹, hist., Schimpfname für den Franzosen. – **-hand** f. Froschhand, kalte Hand. – **-knief** n. schlechtes, stumpfes Messer. – **-leik** n. 1. Froschlaich. – 2., scherzh., Sago. – **-mäud** Adj. sehr müde. – **-ogen** Pl. Graupen. – **-puuks** n. altes, stumpfes Messer. – Syn. *Poggenschlitzer.* – **-stauhl, -stohl** m. ›Froschstuhl‹, Pilz.

Pohl m. s. Pauhl.

Pok n. 1., veralt., Dolch, Pl. *Poken.* – 2., hist., Einwohner von Mönchgut, weil sie *Poken* verwendeten, im Gegensatz etwa zu den Einwohnern von Putbus, die bei Auseinandersetzungen Streitkolben benutzten und deshalb *Kollen* genannt wurden. – 3. schlechtes, stumpfes Messer.

Pöker m., kinderspr., auch *Pööks,*

Pooks Hintern; Dim. *Pöking*; *du krist wat up'n Pöker.* – Syn. s. Nors.

polen, veralt., undeutlich sprechen, erstes Sprechen des Kleinkindes: *hei füng grad an tau polen.*

Polizeiminsch m. Polizist.

Pölk n. größeres Ferkel, Jungschwein von 25 bis 50 kg Gewicht, Pl. *Pölk: dei Pölk sünd noch 'n bäten lütt.*

polken, pölken stochern, bohren.

Pölkengeneral m., scherzh., Schweinezuchtbrigadier.

Pöll, Pell f. Pelle, Haut, Schale, Fettschicht auf der gekochten Milch.

pöllen, pellen 1. dünne Haut abziehen: *Tüften pöllen* die Schale von gekochten Kartoffeln abziehen; *he pöllt sich* er häutet sich, vor allem nach Sonnenbrand. – 2. herausklauben: *inne Näs pöllen; Rosinen ut'n Kauken pöllen; Tüften pöllen* Kartoffeln mit dem Kratzer aufnehmen.

Pöllis, Pöllels, Pölsel n. Schale der Pellkartoffeln.

Pölltüffel, -tüft, -kantüffel, -ketüffel, -nudel f. 1. Pellkartoffel. – 2., übertr., Loch im Strumpf. – 3., scherzh., Taschenuhr.

Polt f., fischerspr., Fischereiboot mit flachem Boden für Binnengewässer, Pl. *Polten.*

pomadig Adj. nicht aus der Ruhe zu bringen, langsam, träge: *wäs man nich so pomadig* sei doch nicht so träge; *hei is'n gauden Kierl, blot 'n bäten pomadig.*

Pommer m., veralt., Bewohner der ehemaligen Provinz Pommern. Er wird in bezug auf seine Kleidung als konservativ und unmodern verspottet: *Wat een Pommer is von rechte Oort, de dröcht denn Pelz bet Himmelfohrt, un deit em denn de Buk noch weh, denn dröcht he em bet Bartholomä* (24. 8.), *un fängt em denn to frieren an, so treckt he em schon wedder an.* Die Nachbarn verspotten den Pommern als dumm: *de Pommer is in'n Winter so dumm as in'n Sommer.* Auch seine Schweigsamkeit wurde bedichtet: *Dit is mi nich recht, denn dat is nich echt: een Winter, de nich kolt, een Dägen, de ut Holt, een Preister, de nich bäd, een Pommer, de väl räd.* Die Mecklenburger urteilten ganz besonders hart über die Pommern als ihre engsten Nachbarn: *in Pommern sall'n se ja noch Minschenfleisch fräten … und ein merkwürdiges Platt sprechen. Wenn dei pommerschen Gäus kein Wader hemm', denn drinken sei nicks.*

Pomuchel n., veralt., Dorsch, slaw. Lehnwort.

Pomuchelskopp m. 1. Dorschkopf. – 2., übertr., Mensch mit dickem, auch störrischem Kopf. So durch F. Reuter in die niederdt. Literatur eingegangen.

Popier, Papier n. Papier, Schriftstück, Pl. *Popieren: ik heff kein Popieren doroewer* ich kann das schriftlich nicht nachweisen; *tau Popier bringen; hei hett denn Ollen siene Popieren funnen* er ist genauso wie sein Vater.

Popierfräter m., scherzh., Verwaltungsarbeiter.

Popp f. 1. Puppe, Pl. *Poppen*; Dim. *Pöpping* neben *Püpping* zu *Pupp*, das heute altes *Popp* zunehmend verdrängt. – 2., veralt., kreisförmig aufgestellte Garben. – 3. Larve des Maikäfers. – 4. Fingerverband. – 5. Schwimmer aus Binsen beim Eisangeln. – 6. *Gäl Popp* f. Rohrstock.

Pöppel f. Pappel.

Pöppelkees m. Wilde Malve, Malva sylvestris L., besonders deren Frucht. – Syn.: Knabberkees, Möpperkees.

Por m. s. Pad.

Por n. Paar; Dim. *Pöörken: 'n Por Schauh, 'n Por Strümp; 'n staatsches Por* ein staatliches Paar.

Pörrer m. s. Pötter.

Portjuchhee n. Portemonnaie, Geldbörse: *in mien Portjuchhee is Fierabend.* – Vgl. auch Pottmenee.

Portrett, Purtrett n., verächtl., alte, häßliche Frau, häßliches Gesicht. – Zu hd. *Porträt.*

Portschon, Pottschon f., zweite Silbe betont, Portion: *half Portschon* Halbstarker; *dei half Pottschon hett nicks tau mellen.*

Pos f. 1. Federpose, ganze Feder. – 2. Schwimmer an der Angel. – 3. *Posen,* nur Pl., Bett: *rin inne Posen!* marsch ins Bett!; *inne Posen gahn* zu Bett gehen.

Pœsel m. 1., veralt., Docht an der Öllampe. – 2. Schmutzfink. – Im Neckreim auf den PN Jochen: *Jochen Pœsel, wat büst du för'n Äsel.*

Posentur f., letzte Silbe betont, Positur: *sei schmitt sik in Posentur.*

Post m. Pfahl, Pfosten, Pl. *Pöst.*

Postür n., zweite Silbe betont, verrücktes Frauenzimmer. – Zu frz. *posture* Haltung, Stellung.

Pot f. Pfote, Pl. *Poten: Schnuten un Poten* Schnauzen und Pfoten vom Schwein werden sauer eingekocht oder als Zusammengekochtes gegessen.

Pöters m., nur Pl., Pulswärmer, so auch das Dim. *Pötings.* – Zu *Pot.*

Pott m. Topf, Pl. *Pött, Pötte.* 1. speziell Kochtopf, Nachttopf u. a. Töpfe. In übertr. Bedeutung: *dei Pott is entwei* die Freundschaft ist aus; *dat is'n dicken Pott* von einer sehr engen Freundschaft; *tau Pott kamen* mit etwas zurechtkommen; *ut'n Pott sin* aus dem Häuschen sein. – Sprw.: *Lütt Pött kaken licht œwer* kleine Menschen erregen sich leicht; *so'n Pott – so'n Stülp* gleich und gleich gesellt sich gern. Und die Selbsterkenntnis der Dicken: *dei dicken Frugens kamen nich von Gott, dei kamen ut'n Pott* dicke Frauen fallen nicht vom Himmel, sie essen sich dick. *Ut'n Pott äten, gifft dicke Backen* schon in der Küche naschen, gibt dicke Backen. In bekannten Tanzreimen steht der *Pott* im Mittelpunkt:

Wenn hier 'n Pott mit Bohnen steiht
un dor 'n Pott mit Brie, denn lat ik
Pott mit Bohnen stahn un gah na
mien Marie …
Wenn de Pott œwer nu 'n Loch hett,
leewer Heinrich, leewer Heinrich.
Wenn de Pott œwer nu 'n Loch hett,
leewer Heinrich, wat denn?
Stopp et to, leewe, leewe Liese, leewe
Liese, stopp to! …
Womit sall ik et denn œwer tostoppen,
leewer Heinrich, leewer Heinrich?
Mit Stroh, leewe, leewe Liese,
leewe Liese, mit Stroh! …

– 2., auch umg., großes Schiff. – 3., scherzh., altes Schiff.

Pott-, potten-: -aal m. gekochter Aal: *tau Pottaal warden de dünnen Aals bruukt.* – **-binner** m. ›Topfbinder‹, Handwerker, der gesprungene, irdene Töpfe durch ein Draht-, Band- oder Bastgeflecht reparierte (s. Abb. S. 236). – Syn. *Pottflicker.* – **-bredd** n., veralt. Topfbrett zum Abstellen von Töpfen. – **-buddel** f. kugelförmige Flasche mit kurzem Hals. – **-deckel** m. 1. Topfdekkel. – 2. flache Mütze. – **-dicht** Adj. ganz dicht. – **-egal** Adv. ganz gleich. – **-grütt** f. Kesselgrütze. – **-kauken** m. Napfkuchen. – **-kees** m., veralt., Gärkäse aus altem Quark und Käse-

resten unter Zusatz von Natron. – **-kieker** m. Topfgucker. – **-lappen** m. Topflappen. – **-maker** m. Töpfer. – **-mat** n. altes Flüssigkeitsmaß, Topf. – **-rahmen** m. Gestell zum Aufbewahren von Topfdeckeln. – **-schör** f. Pl. Topfscherben. – **-warm** Adj. sehr warm. – **-wust** f. Grützwurst im Topf gekocht.

Pötter, Pödder, Pörrer m. 1. Töpfer, Ofensetzer, Pl. *Pötter(s)*; heute auch *Töpper. Pötters gifft dat väl, œwer kein Abensetters.* Viele Sagw. verspotten scherzh. Eigenarten des Töpfers: *heff'k doch mien Piep wedder liggen laten, säd de Pötter, as de niege Aben roken deed* hab ich doch meine Pfeife wieder drin liegen lassen, sagte der Töpfer, als der neue Ofen rauchte; oder missingsch: *meine Werke folgen mir nach, säd de Pötter, dor föll em de Aben üm* ... da fiel ihm der Ofen um. – 2. sonderbarer, seltsamer Mensch: *'n narrschen Pötter; 'n lütt'n Pötter* kleiner Junge.

pötterig Adj. gebrechlich, unsicher gehend.

pötterlatiensch Adj., veralt., unverständlich, undeutlich; nur in Verbindung mit *räden: pötterlatiensch räden.*

pöttern 1. töpfern, Töpferarbeiten verrichten. – 2. etwas zerschlagen. – 3. stochern, rühren: *in't Für pöttern.*

Pottmenee n. Portemonnaie, Geldbörse. – Vgl. Pottjuchhee.

Pottschoggen Pl. s. Schottpoch.

Pottschon f. s. Portschon.

Potzlaan n. Porzellan.

Potzlaanhund m., veralt., Porzellanhund, von den Seeleuten früher aus England mitgebracht; es ist immer ein Paar, das sich gegenübersitzt (s. Abb.), sie standen gewöhnlich auf der Kommode oder im Fenster.

powerig Adj. ärmlich, arm, auch *power: dat seech dor man powrig ut.* – Zu frz. *pauvre.*

Pracherbodder f. Margarine. – Ra.: *em geiht dat Mul as wenn't mit Pracherbodder schmeert is* er redet sehr viel. – Zu mnd. *Pracher* m. Bettler.

Pracherkauken m. Kuchen aus geriebenem Brot, Schlagsahne, Äpfeln, übereinander geschichtet.

Pracherlus f. Scharfer Rittersporn, Delphinium staphisagria L., volkstümlich auch Läuseritterssporn, weil er zur Vertreibung von Läusen, Ratten und Mäusen Verwendung fand.

prachern, veralt., betteln.

Präkel m., Pl. *Präkels.* 1. Stachel, Dorn. – Ra.: *sei hett 'n Präkel in'n Noors* sie ist unruhig. – 2. kleines Holzstäbchen, zum Verschließen der Würste, auch zum Durchstechen der Wurstdärme beim Kochen der Wurst. – Syn. Prick.

präkeln stechen, einstechen, vor allem beim Wurstmachen in die Därme, um das Platzen zu verhindern; auch zur Garprobe beim Kuchenbacken.

Prangel m. dicker Knüppel, dicker Nagel, dicke Nähnadel.

prasteln viel reden, Lärm machen: *dat Fett prastelt in'n Pott; de Rägen prastelt an't Finster.*

prat, parat Adj. bereit, fertig, griffbereit, parat: *sich prat maken* bereit machen; *prat sin: sünd ji noch nich prat, dat wi gahn kœnen?; sik prat hollen* sich bereit halten; *prat stahn* bereitstehen.

Prat m., veralt., Gerede, Geschwätz, Aufsehen: *hei maakt dor'n groten Prat von.*

praten reden, schwatzen.

präuben, präuwen proben, prüfen, probieren, abschmecken: *du kannst hüt abend miene Wust mal präuben.*

Prauf f. Probe: *'ne Prauf nähmen; nich de Prauf* nicht die Probe, keineswegs.

Predulch f. s. Bredulch.

preislich Adv. selbstsicher, stolz, herausfordernd: *dor stellt sei sik so recht preislich hen.*

Preister, Preester m. Priester, Pastor: *tau'n, na'n Preister gahn* zum Konfirmandenunterricht gehen; *räden as 'n Preister* viel und ununterbrochen reden; *leigen as'n Preister* lügen wie ein Pastor. – Ra.: *De Preister un de Hund verdeinen ehr Geld mit'n Mund. Wat de Preister nich kennt, kennt de Köster.* – Rätsel: *Wecker steht mirrn in't Holt un spräkt ümmertau, œwer kein antwuurd' em? – Dei Preister up'e Kanzel.* – Syn. Paster.

Preister-: -acker m., veralt., Pfarracker. – **-bur** m., veralt., Pächter des Pfarrackers. – **-gaus** f., veralt., kleine Gans aus der Herde des Bauern, die als Pflichtabgabe an den Pastor ausgewählt wurde. – **-lüs'** Pl. ›Priesterläuse‹ 1. Kletten-Labkraut, Galium aparine L. – Syn. Hachteln, Kläflüs. – 2. Samen des Zweizahns, Bidens tripartitus L. – 3. rosa Kerne der Hagebutte. – **-schaul** f. Konfirmandenunterricht.

preistern predigen, viel reden, schwatzen: *se preistert denn ganzen Dach.*

prellen, wie hd. 1. federnd aufschlagen, z. B. einen Ball (Prellball). – 2. jmd. betrügen. – 3. sich stoßen.

premsen stopfen, hineinzwängen: *hei premst sik denn ganzen Buk vull.*

preschen, wie umg., schnell laufen, stürmen, jagen: *de Pier preschen querfeldin œwer denn pläuchten Acker.*

press 1. Adj., fest, eng, drückend: *dat Kleed sitt so press up den Lief.* – 2., Adv., stets, fortgesetzt: *hei blifft press dorbi.*

prick 1. Adv. genau, sicher: *dat kann kein Minsch so prick weiten* das kann kein Mensch so genau wissen; *prick kieken, prick seihn; prick Klock teigen möten wi gahn* pünktlich um 10 Uhr müssen wir gehen; *prick un wiss* ganz genau. – 2. Adj.; Komp. *pricker,* Superl. *an'n pricksten.*

Prick, Pricken m. 1. kurzer angespitzter Stock, Pflock zum Verschließen von Türüberfällen, Pl. *Prickens.* Übertr. Ra.: *stäk 'n Pricken vör!*

mach Schluß damit. – 2. angespitztes Stäbchen zum Verschließen der Würste. – Syn. Präkel. – 3. Stange zum Markieren einer Fläche, Richtung oder des Fahrwassers. – 4., fischerspr., Stange zur Befestigung von Aalschnüren.

priesgäben preisgeben: *hei geef dat nich pries.*

Prill m., veralt., April. Wetterregeln: *Drögen Prill is denn Buurn sien Will* ein trockener April ist günstig für den Bauern; *de Prill höllt denn Plooch werrer still.*

Primuskaker m., scherzh., Spirituskocher.

Priwee n., veralt., Abort: *bi Großvadder up't Priwee harn se 'ne Holtbrill hadd mit'n langen Riß in.*

pröddeln 1. langsam kochen, brodeln, schmoren. – 2. viel reden. – 3. bitten, betteln. – 4. schlecht nähen.

Produkschon f. Produktion.

profoss Adv. forsch, stürmisch, gewaltsam, heftig; vereinz. auch *parfoss: von'n Barch geiht dat ümmer profoss dal mit'n Wagen.* – Zu frz. *par force.*

Pröl m., f. wertloser Kram, Unordnung, Trödel: *dat is wieder nicks as Pröl; mit so'n Pröl gäf ik mi nich af; Pröl un Möl.*

Prölhiering m., veralt., leicht angeräucherter Hering, der auf die Kartoffeln gelegt und so gar gekocht wird; für Rügen auch bezeugt als leicht gesalzener Hering, der auf offenem Rost gebraten wurde.

prölig Adj. unordentlich, unaufgeräumt.

proost, wie hd. *prost,* Zuruf beim Trinken, vereinz. beim Niesen, erweitert durch Zusätze wie: *proost, secht Joost, un wer nicks hett, dei hoost'; proost up'n schäbigen Rest; proost up'n Huppen!* – In Verbindung mit Substantiven oft ironisch für eine ›schöne Bescherung‹: *proost Mahltiet, proost Niejohr, proost Johrmark.*

Proppen m. 1. Pfropfen, Korken. In Ra.: *einen up'n Proppen setten* jmd. im Stich lassen; *sülfst upm Proppen sitten* in Verlegenheit sein; *dat's för'n Proppen* das ist so gut wie nichts. Entschuldigend für einen Bezechten: *hei hett bloß eis an'n Proppen roken.* – 2., übertr., kleiner dicker Mensch; Liebkosung für ein kleines pummliges Kind: *mien lütten, säuten Proppen!; ik wier don noch 'n lütten Proppen.*

proppen 1. pfropfen, zukorken. – 2. hineinstopfen, hineinzwängen: *hei proppt sich alle Taschen vull; propp doch nich so!* iß nicht so hastig und viel! – 3. Gänse nudeln: *Gäus proppen; propp de Gäus man nich so dull, dat is noch nich kolt nauch.*

proppenig, proppendig Adv. gestopft, gedrängt; verstärkendes Adverb zu *vull: proppendig vull* gedrängt voll, neben *proppenvull.*

Proppentrecker m. Korkenzieher.

propper Adj. vornehm, eigen; Kompar. *propperer.*

pröscheln, prösseln langsam schmoren, kochen.

prottig Adj. großspurig; in der Zwillingsformel *prottig un pampig daun* einen starken Mann markieren.

Prük f. Perücke, auch Haare, Haarfrisur: *dei hemm' sich inne Prük* sie zanken sich. Von einem Vergeßlichen: *du verlierst noch Prük un Horbüdel.* – Im Sagw.: *Wat sin möt, möt sin, säd de Bur, verköfft sienen Ossen un köfft sich 'ne Prük.*

Prün m. Pfriem, Dorn.

prünen 1. unordentlich, schlecht nähen oder stopfen. Ausruf beim Anblick einer fehlerhaften Näharbeit: *wat hest du bloß werrer prüünt!* – 2. Wurstdärme mit einem *Prün* zustechen. – 3. den Mund spitzen: *sei prüünt de Lippen; mak man nich son Prünmul* zieh nicht solchen Flunsch.

prünig Adj. unordentlich genäht.

Prünkram m. schlechte Näharbeit, Pfuscharbeit.

pruuschen, pruusten niesen: *de Zikken (auch Katten) pruuschen; morgen gifft' got Wärer* sagt man, wenn Frauen niesen.

Puckel m. Buckel, Rücken: *di jöökt woll de Puckel* du willst wohl Prügel erhalten; *mi kannst du langsten denn Puckel runnerrutschen* du bist mir seit langem gleichgültig; *dat krüppt mi up'n Puckel, œwer hackt mi nich an* das Geschehen berührt mich nicht ernstlich; *dei lütt Mann möt ümmer 'n Puckel henhollen.*

puckern ständig klopfen, vom Herzen, aufgeregt klopfen: *em puckert dat Hart bet in'n Hals.*

Puddel n. kleines Kind im Krabbelalter: *mien kleen' Puddel.*

Püddik, Pürrik m. Made, Wurm, besonders im Obst, auch in Käse und Speck, daher die Ra.: *hei lääft as de Pürrik in'n Speck*; Dim. *Püdding. Pürriks in'n Kopp hemm'* eingebildet oder etwas verrückt sein.

Puden m. Beule, Geschwür, Knoten. Scherzhafte Anfrage an ein überaus schlankes Mädchen: *Brett, wo is dien Puden?*

Püjama n., wie hd., Pyjama.

pük, piek Adj., vorwiegend liter., sauber, ordentlich, hübsch.

Pukels n., auf Rügen *Puklis*, im Südosten des Sprachraums *Puksel*, das Gepellte, die Schale von Pellkartoffeln: *dat Pukels bring man dei Häuhner rut.*

puken 1. pellen, zupfen, die Schale gekochter Kartoffeln abziehen, auch: *Bohnen puken, Unkrut puken, inne Näs puken.* – 2. schlagen: *hei hett em 'n por puukt; dat Schap puken* ein dick gefressenes Schaf mit den Fäusten bearbeiten, damit die Verdauung in Gang kommt. – 3. kakken, zum Abort müssen: *Mudding, ik möt eis puken.*

Pükerarbeit f. Kleinarbeit, mühsame Arbeit.

pükerig Adj. 1. mühselig, viel Aufmerksamkeit erfordernd. – 2. pedantisch, kleinlich: *hei is so pükerig in siene Arbeit.*

Pükerkram m. Kleinkram.

pükern stochern, bohren: *hei pükert sich inne Tähnen; püker di nich ümmer in dei Näs!; Unkrut pükern* Unkraut jäten; vom Geflügel, das sich mit den Schnäbeln das Ungeziefer aus den Federn sucht: *dat Hauhn pükert sich mit'n Schnabel.*

pükfien Adj. sehr fein, besonders fein: *ein pükfienes Lokal.*

pukig Adj. klein, schwach, kümmerlich, knapp: *uns Taschengeld wir jüst bannig pukig.*

pulen, auch umg. weit verbreitet, stochern, etwas mit den Fingern ablösen, u. a. Fleisch vom Knochen, Rosinen aus dem Kuchen herausholen: *ji möten Knaken von gistern Meddach pulen; sich inne Näs pulen.*

Pullermann m., kinderspr., Penis. – Syn. Pipifax.

pullern, vorwiegend kinderspr., pinkeln, pissen.

pulsen, veralt., die Glocke in bestimmten Abständen läuten. Bei der Beerdigung eines Erwachsenen wurden die Glocken in drei Abschnitten geläutet.

Pulterabend m. Polterabend, Abend

vor der Hochzeit.

pultern poltern, lärmen.

Pülz m. Pilz, Pl. *Pülze.*

Pummel m. dicker, rundlicher Gegenstand. 1., veralt., süßes, weiches rund gewölbtes Weizengebäck; altes Fastnachtsgebäck wie *Heitweggen,* mit heißer Milch gegessen. – Syn. s. Weggen. – 2. kosend für kleines wohlgenährtes Kind: *mien lütt Pummel!* – 3. dicker Mensch: *'n schönen Pummel.*

pummelig Adj. rundlich, pummlig, dick.

Pump f. Pumpe. – Ra., wenn jmd. betonen will, daß die Entscheidung allein von ihm abhängt: *hier steiht de Pump un dor löppt dat Warer.* Von ärmlichen Verhältnissen: *dor is de Pump de Kauh* es gibt anstelle von Milch Wasser.

Pumpäsel m. 1. Rohrkolben, Typha latifolia L. – Syn. s. Bumskül. – 2. Pumpenschwengel.

Pümpel m. 1. Tümpel, Wasserloch, Ententeich. – 2., fischerspr., Schwimmer (Glaskugeln oder Holzscheite) an einer Leine zur Markierung ausgelegter Fischernetze. – 3. Stampfer, Stößel.

Pumpen n. Kinderspiel: bei einander zugewandten Rücken die Arme ineinander verschränken und versuchen, sich gegenseitig anzuheben.

pumpen, wie umg., borgen: *hei hett sich väl Geld pumpt.*

Pumpfaut m. 1. großes Schnapsglas mit schwerem Glasfuß. – 2., übertr., großer Schnaps.

Pundfatt n., hist., altes hölzernes Buttermaß, in der die selbstgemachte Landbutter früher abgewogen und geformt wurde. Das *Pundfatt* hatte die Gestalt eines großen Kelches, (s. Abb.). Doppelkelchige Gefäße dienten zum Abmessen von einem, bzw. einem halben Pfund Butter.

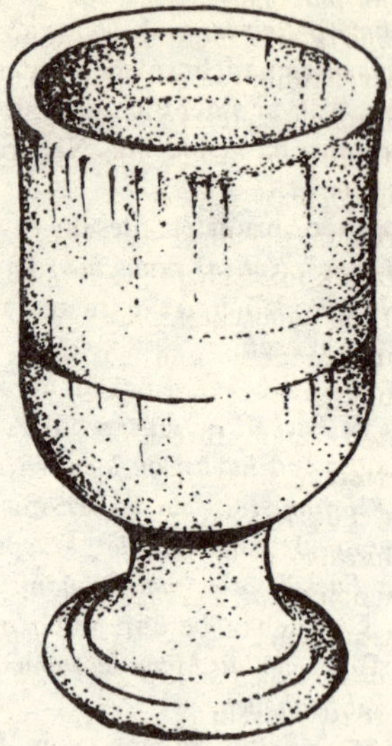

Pung, Pungel m., veralt., gefüllter Sack, ein Sack voll: *'n Pungel Tüffel, 'n Pungel Schrot.*

Pungenführer m., veralt., Müllerknecht, Kornfahrer.

Punner m. altes, schlecht schneidendes Messer, Pl. *Punners.*

Puns f. Vagina.

Puparsch m. 1. willensschwacher Mensch. – 2. schwaches, dünnes Bier. – Zu *pupen* Winde lassen, furzen.

Pupp f. s. Popp.

Purks m. allg. Kleinzeug, Minderwertiges, konkret: 1. schlechtes, kleines Obst. – 2. altes, stumpfes Messer. – 3. kleiner, untersetzter Mensch. – 4. Engerling.

Purksarbeit f. mühselige Arbeit.

purksen planlos rumwirtschaften, etwas arbeiten: *ik heff so'n bäten up'n Hoff un in'n Goorn purkst.*

purren 1. stoßen, stochern: *hei purrt mank dat Für; hei purrt 'n Loch inne Ier; wenn dien Piep keenen Toch hett, denn purr man 'n bäten dor in* wenn deine Pfeife nicht zieht, dann stocher ruhig ein bißchen drin herum. – 2. reizen, necken, ärgern: *sei purrt em so lang', bet em de Gall œwerlöppt.* – 3. wecken.

Pürrik m. s. Püddik.

Purrjack m., fachspr., veralt., 1. Mörtel aus gelöschtem Kalk und Sand zum Mauern und Putzen. – 2. Dung.

purten, veralt., furzen.

Purtrett n. s. Portrett.

Pus, Püs f. Vagina; Dim. *Püüschen, Püüsching.*

Püschologe m. Psychologe.

Puss m. Kuß. – Ra.: *'n Puss ahn Boort is as'n Fisch ahn Solt* ein Kuß ohne Bart ist wie ein Fisch ohne Salz; *de Buddel 'n Puss gäben* einen Schluck aus der Flasche nehmen; unter umgangssprachlichem Einfluß: *vör de Hochtiet gifft dat Püsse, na de Hochtiet gifft dat Schmisse.*

Pussel m., n., mit stimmhaften *ss*, kleines niedliches Kind.

Pusselarbeit f. leichte, aber mühsame, unproduktive Arbeit.

pusselig Adj. mühsam, knifflig.

pusseln herumwirtschaften, leichte Arbeit verrichten, sich beschäftigen, meist in Verbindung mit dem Präfix *rum* (s. d.).

püterig, pütrig Adj. 1. kleinlich, umständlich, schwierig: *sei is uk tau pütrig.* – 2. klein, schwächlich: *dat sünd ja sone pütrigen Dinger* (z. B. Küken). – 3. knifflig, kompliziert, mühselig: *'n pütrige Arbeit.*

pütern etwas langsam und umständlich betreiben: *wat püterst du dor wedder?*

Puting, Püting n. Kosename für ein kleines Kind: *mien lütt säut Püting!* Neben *put, put* auch Lockruf für das Federvieh.

Putscheneller m., veralt., 1. Kasperle, Hanswurst, Clown. Im Vers: *Ik will di wat vertellen von dei Putschenellen, von de poolsche Brut, un nu is dat Läuschen ut.* – 2., übertr., kleiner Mensch, Knirps. – Zu nl. *putjenella* aus dem Ital. *polichinello.*

pütscherig Adj. kleinlich, geizig, auch ängstlich, wunderlich.

Pütt[1] f. Pfütze, Wasserloch: *as dat abends so düüster wier, heff ik inne grot Pütt peert*; übertr.: *inne Pütt sitten* in Bedrängnis, in Not sein.

Pütt[2] m. Ziehbrunnen, nur im Südosten des mecklbg-vorpom. Sprachraumes, sonst gilt *Sod* (s. d.), vergl. auch Born.

Püttel m. Kopfteil des Hutes, Hut ohne Rand: *hei sett sik denn Püttel von'n Haut up.*

pütten gießen, einfüllen: *pütt di man noch 'ne Tass in* gieß dir man noch eine Tasse ein, *œwer pütt dei Tass nich so vull!*

Puttfarken n. 1. kleines Ferkel. – 2., übertr., kleines, schmutziges Kind.

Putthäuhneken n. Kosewort für Huhn.

Putting, Pütting f., seem., große Kette auf Segelschiffen zur Befestigung der Wanten am Schiffsrumpf.

Puttjoochen m., veralt., Laufbursche, Mädchen für alles. – Syn.: *Puttjung', Puttjohann, Puttköter.*

Pütz f., seem., Eimer. – Verhochdeutschte Form zu Pütt[1].

Putzbüdel m., scherzh., Friseur. – Syn. s. Balbier.

pützen, seem., Wasser aus dem Boot schöpfen. Verhochdeutschtes *pütten.*

Putzer m. 1. Person, die etwas reinigt. – 2. Kosename.

putzlustig Adj. sehr lustig, komisch. – Zss. mit *putzig, drollig, possierlich.*

Puuch, Puk f., n., veralt., Bett, Federbett, meist alt und schlecht: *inne Puuch gahn* zu Bett gehen; *hei licht all inne Puuch.*

Puuks m., veralt., 1. Hausgeist, Schreckgespenst für Kinder, vor allem im Süden des Sprachraums verbreitet. – 2. schlecht schneidendes Messer. – 3. kleiner, im Wuchs zurückgebliebener Junge.

Puurt f. Pforte, Tür: *mak de Puurt tau, dat de Häuhner nich in 'n Goren kamen.*

Puuschen, Püüschen f., Sg. und Pl., Filzpantoffel, Hausschuh: *dien Püüschen stahn in't Abenrühr.* – Syn. s. Tüffel[2].

Püüschenschlarben m., Sg. und Pl., Filzpantoffel. – Syn. s. Tüffel[2].

Puust f. Puste: *em geiht de Puust ut* er bekommt keine Luft mehr; *ik bün ganz ut'e Puust kamen* ich bin ganz außer Atem. Als Zwillingsformel *Puust un Aten*: *ut Puust un Aten sin*; *sik ut Puust un Aten lopen.* Übertr.: *holl dei Puust an!* übertreib nicht so!

Puust(e)blaum f. ›Pusteblume‹, kinderspr., Löwenzahn, Taraxacum officinale, dessen Fruchtstände von den Kindern abgeblasen werden, wobei sie zugleich bestimmte Orakel stellen.

puusten 1. blasen, u. a. um heißes Essen oder Getränk genießbar zu machen, Feuer im Ofen anzufachen, Kinderschmerzen zu lindern. – 2. außer Atem sein, keuchen. – 3. Krankheiten besprechen, stillen: *œwerall geef dat olle Frugens un uk Manns, dei puusten künn', dat hülp bi Minsch un Veih*; *dei kann puusten*; *sik wat puusten laten.* – Syn. püüstern.

Püüster m. 1. Gerät, das Wind ausstößt (Blasebalg, Heißlüfter). – 2. sanfter Wind oder Atemhauch.

püüstern 1. stark pusten, blasen. – 2. Krankheiten besprechen, auch *päustern*; ursprünglich wurde die kranke Stelle dabei angehaucht; *hei hett sich dat püüstern laten*; *de Ros möt püüstert warden* die Rose (Krankheit) muß besprochen werden.

Püüstersch f. weibliche Person, die Krankheiten bespricht.

Q

Q, q n. der Buchstabe q, der im Schriftbild nur in Verbindung mit u erscheint und den Lautwert -kw- besitzt. Diese Lautverbindung ist im Nd. alt, heute aber auch noch produktiv, und viele hd. Wörter, die mit qu- anlauten, stammen aus dem Nd. (z. B. *quackeln, quarren, quatschen*).

Quabb f. s. Quapp.

quabbelig Adj. schwammig, fett, weichlich-fleischig: *dei hett so'ne quabbligen Arms, 'n quabbligen Buk.* – Vgl. auch quubbelig.

quabbeln hin- und herwackeln von schwammigem, fetten Fleisch: *dei ehr Noors quabbelt orrig bi't gahn.*

Quack f. 1. Halsentzündung, Ziegenpeter; heute nur noch in Ra.: *sik dei Quack an'n Hals argern* sich sehr ärgern; *sich dei Quack anräden, anläsen, ansupen.* – 2. kleines, dummes, albernes Mädchen.

quackelig Adj. schwatzhaft, albern, unzuverlässig: *dei Ollsch is mi tau quackelig.* – Syn. *quaddelig.*

quackeln, wie umg., schwatzen, fortwährend Belangloses erzählen. – Vgl. auch quasseln, quosen.

quad Adj., veralt., schlimm, böse, zornig.

Quad f. Kleine, Jüngste; im Süden des mecklenburgischen Sprachraumes verbreitet sowie in der Uckermark, von dort aus verstreut nach Norden hin.

quaddeln Unsinn reden, quatschen, schwatzen.

Quadder, Quarrer m. auch *Quedder, Querrer* Bund, Einfassung an Kleidungsstücken, Pl. *Quadders; hei hett dei Hos vull bet an'n Quarrer* er hat Angst.

quaddern im Wasser panschen, mit nassen Dingen hantieren.

Quaducks f., auch *Qualducks* f., graue Kröte, Frosch; überwiegend im Schweriner Raum, sonst *Rietpoch* (im Osten), *Schottpoch* (im Osten), *Kullhücks* (im Süden); vgl. auch Kollducks. Wenn die Kröten aus ihren Löchern kriechen, soll es Regen geben.

Quäk f. Quecke, Unkraut mit langen Wurzeln auf Äckern und in Gärten, Agropyron repens (L.), Pl. *Quäken.* – Syn. Päd.

Quäkenpüker m., scherzh., Gärtner.

Quäkstart m. s. Queckstart.

Qualster m. dicker Schleim, Spucke, Speichel: *hei hett'n schönen Qualster hensett'.*

qualstern Schleim ausspucken.

quanswies, quantwies, quanwies Adv. beiläufig, gelegentlich, zufällig: *hei keem quantswies dorhen* er kam zufällig dahin.

Quapp, Quabb f. (Aal)quappe, Lota vulgaris, Pl. *Quabben.*

Quark m. 1. aus Milch gewonnener Weißkäse; urspr. nicht mundartlich. – 2. Unsinn. – 3. Kleinigkeit, Wertloses: *stäk di nich in jeden Quark*; *dat geiht di 'n Quark an* das geht dich gar nichts an. – Sprw.: *Holl dien Mul un dau dien Wark, stäk di nich in jeden Quark!*

quarken, quaken schreien von Tieren und Kleinkindern.

Quarkkram m. Kleinigkeit, Unbedeutendes.

quarren, quaren weinen, heulen, schreien von Menschen und Tieren: *de Lütt quaart denn ganzen Dach*; *wat quaart de Katt bloß!*

Quarrer m. Nörgler, Meckerer.

quarrig Adj. weinerlich, nörglig: *dat Gör is hüt so quarrig.*

Quarrkopp m. weinerlicher Mensch, auch *Quarrlies* und *Quarrpott.*

Quart n., auch *Quartier*, hist., der vierte Teil von etwas. 1. altes Raum- und bes. Flüssigkeitsmaß (ca. 1 Liter); für Milch und Branntwein noch vereinz. bis Anfang des 20. Jh.s gebräuchlich. – 2., seem., Quartier, vierstündige Wache an Bord. Literarisch Titel eines Werkes von R. Wossidlo: »Reise, Quartier, in Gottes Naam«; so lautete ein alter Weckruf auf den Segelschiffen, wobei Reise zu engl. *to rise* sich erheben, aufstehen gehört.

Quarterdeck n., seem., Achterdeck auf größeren Segelschiffen.

quasen 1. appetitlos essen, wählerisch sein: *dei quaast so in't Äten.* – 2. verschwenderisch mit etwas umgehen: *mit Eier un Gemüs ward hier up'n Lann' fürchterlich quaast*; *hei quaast mit Geld* er geht leichtfertig mit Geld um; *mit Brot quasen*, s. auch verquasen.

quasseln, wie umg., dummes Zeug reden. – Vgl. auch quackeln, quosen.

Quast m. 1. Bündel von Zweigen und Reisig. – 2. breiter bürstenartiger Pinsel der Maurer. – 3. Kornähre, Rispe. – 4. in Verbindung mit dem männl. PN Hans als Schelte für einen närrischen Menschen: *Hans Quast* Hanswurst.

quatsche-, quitschenatt Adj. sehr naß, total durchnäßt.

quautschen viel reden, schwatzen, auch nörgeln.

quebbig, quewwig Adj. sumpfig. – Zu nd. *Queww*, s. d.

Queckstart Quäkstart m. Weiße Bachstelze, Motacilla alba L. – Zu *queck, quick* lebendig, munter. Ebenso wie das Syn. *Wippstart* beziehen sich beide Namen auf ihren wackelnden Schwanz.

Quees f. 1. Hautblase, Pickel, Schwiele an der Hand, Pl. *Queesen: hei hett dat ganz Gesicht vull Queesen.* – Ra.: *Ungewohnt Arbeit maakt Queesen.* – 2. in übertr. Bedeutung, pluralisch auch: Dummheiten, deshalb die Ra.: *Dat gifft twei Oort Minschen, de ein'n hebben Queesen inne Hänn', de annern in'n Kopp.*

queesen 1. nörgeln, murren, jammern, quengeln. – 2., refl., sich quälen.

queesig Adj. unzufrieden, nörglig, mürrisch.

querbeet Adv., wie umg., querfeldein, mitten hindurch.

questen 1. herumlaufen, herumjagen. – 2. quälen, drängen.

Quett f. dünner Zweig, Baumtrieb bei Weiden *(Wiedenquett)*, Pl. *Quetten.*

Queww, Quebb f. moorige, sumpfige Stelle, mit Wasser gesättigter Boden; häufig in FLN und alten Straßennamen, so in Tribsees und Grimmen.

quick Adj. lebendig, lebhaft, munter, frisch: *sei is so quick as 'ne Katt.*

quienen kränkeln, leiden, im Wachstum zurückbleiben, stöhnen: *ehr beiden Gören quienen all por Daach, keiner weit, wat ehr fählt.*

quiet Adv. los, frei, egal, gleich: *quiet gahn, in de Quiet* gahn verlorengehen, entgehen. In unfesten Wortverbindungen meistens mit Vokalkürze als *quitt*: *mit denn' bün ik quitt.*

Quint f. Quinte, die E-Saite der Geige. – Ra.: *denn' brääkt dei Quint, denn' is de Quint platzt* er hat Stimmbruch; *dor kann einen ja dei Quint basten!* Ausruf bei großer Verärgerung.

Quitsch, Quitt f. Eberesche, Sorbus aucuparia L., Pl. *Quitschen*; sowohl für den Baum als auch für die Beeren der Eberesche.

quittengäl Adj. gelb wie eine Quitte; *quittengäl utseihn* gelbsüchtig aussehen.

quosen quatschen, dummes Zeug reden, viel reden. – Vgl. auch quakkeln, quasseln.

Quosfritz m. Quatschkopf; ebenso *Quoshann, Quoskopp, Quosmichel.*

quubbelig Adj. dick, mit Fettpolstern versehen. – Vgl. auch quabbelig.

quüchen keuchen, husten: *hei hett dei ganze Nacht quücht.*

quurren knurren; *mi quurrt dei Maach* es rumort im Magen.

quutschen platschen, lautmalend für das Geräusch, das entsteht, wenn man mit Schuhen geht, in denen Wasser steht: *mien Fäut sünd so natt, mi quutscht dat Warer inne Schauh.*

R

R, r n. der Konsonant. Die Aussprache des r ist abhängig von seiner Stellung im Wort. Im Anlaut und zwischen Vokalen wird es entweder mit der Zungenspitze gebildet oder als Zäpfchen-r realisiert. Im Auslaut, so z. B. in den Suffixen -er und -ern schwindet r fast völlig: *Dische*

Tischler, *Fische* Fischer, *muen* mauern, *luen* lauern. Wenn *r* im Inlaut nach kurzem Vokal steht, so wird es ebenfalls nicht ausgesprochen, sondern es bewirkt in der Aussprache eine Dehnung des vorangegangenen Vokals: *Hart* [ha:t] Herz, *schwart* [schwa:t] schwarz, *Harfst* [ha:fst] Herbst, wird [wi:ət] wird. Als auslautender Konsonant nach Vokal wird r zu einem e-ähnlichen Laut umgewandelt bzw. schwindet ganz: Bor [bo:$^{\varepsilon}$] Bär, Hor [ho:$^{\varepsilon}$] Haare.

Raasch f. Rage, Wut, Zorn: *hei wier hellschen inne Raasch* er war in großer Erregung; *denn' bring' ik in Raasch* den bringe ich in Aufregung.

raastern 1. ununterbrochen und schnell sprechen. – 2. prasseln, krachen.

Rabastel, Rabaster f. zänkische Frau, auch Schwätzerin.

Rabeit u. s. Rebeit.

Rack n. nur in der Wendung: *nich Rack un Schmack hemm'* von Speisen, die nach nichts schmecken: *dat Äten hett nich Rack un nich Schmack.*

rackeln rütteln, schütteln: *rackel nich so an de Dör!*

racken, rackern 1. schwer arbeiten: *se rackt denn ganzen Dach*; *rack man nich tau dull*; *se rackt as 'ne Kluck*; *up'n Fell' racken* schwere Arbeit verrichten. – 2. kratzen, scharren: *up'm Puckel racken* auf dem Rücken kratzen; *Tüffel racken* Kartoffeln aufnehmen. – 3. toben, lärmen.

Racker m. 1. tüchtiger Arbeiter. – 2. durchtriebener Bursche, Schlingel. – 3. mit Zusätzen Kosename für kleine Kinder: *'n säuten Racker.*

rackerig, rackig Adj. 1. arbeitswütig: *dei is so rackerig, dei günnt sik keine frie Stunn'.* – 2. aufgeregt, auffahrend, zornig.

Räd f. Rede:; *vergät dien Räd nich* Entschuldigung bei einer Gesprächsunterbrechung; *dor is kein Räd nich von* davon ist keine Rede, das kommt nicht in Frage.

Rad n. Rad, Pl. *Rœ'*, auch *Ra'*: jmd. *in't Rad fallen* jmd. aufhalten; *'n Knüppel in't Rad stäken* bremsen; *unner dei Rœ' kamen* auf die schiefe Ebene geraten; *dat föffte Rad an'n Wagen sin* überflüssig sein. Wer gar nicht aufhört mit dem Erzählen, *bi denn' is't Rad woll los* bei dem ist ein Rad los. – Sprw.: *Knarrende Rœ' gahn an'n längsten* Menschen, die viel stöhnen, leben am längsten, sind oft am gesündesten.

Radel, Ra' f. Kornrade, Agrostemma githago L., Unkraut im Kornfeld: *dei Radel hemm' wi früher mit'n Radelstäker utrott'.*

radeln brünstig sein, von der Katze.

Radels n. Rätsel. Das Wort ist selbst Gegenstand eines plattdeutschen Rätsels:

Ik heit, wat ik bün,
un bün, wat ik heit.
Weitst du nich, wat ik bün,
denn weitst du doch, wat ik heit.

räden reden: *tau Munn' räden* zum Munde reden; *singig räden* mit singendem Tonfall reden; *räden as 'n Afkat, as 'n Bauk* fließend und geschickt reden; *alles dot räden*; *'n Wuurt stillschwiegens räden* überhaupt nicht reden. Allg. Ra. bei verfahrenen Situationen: *nu räd du!; räd du mit de Kauh französ'sch!* Aufforderung zum Schweigen: *räd nich so väl mit'n Mund!* Abweisung bei Gesprächsunterbrechung: *mit di räd ik gor nich, mien Vadder wier Schauster!* Von einem Aufschneider: *hei räd von'n groten Christoffer un hett 'n lütten noch nich seihn.*

Radmaker, Ra'maker m., veralt., ›Rädermacher‹, Stellmacher.

Raf[1] f. Schorf, Kruste auf einer Wunde: *pul doch de Raf nich ümmer af, denn blött' ja werrer* kratze doch den Schorf nicht immer wieder ab, dann blutet es ja wieder; *dei Wunn' kricht all 'ne Raf.*

Raf[2] m. Rabe, Pl. *Raben; stählen as 'n Raf* stehlen wie ein Rabe. Jmd., dem es schlecht geht, *denn hemm' dei Raben ok all unner hatt.*

raf, raffer Adv., veralt., herab.

raffig Adj. gierig, habsüchtig.

Räfkau, Räfko f., m. Bezeichnung für verschiedene Krankheiten, bes. für Schmerzen unter dem Brustbein und den Rippen.

Rägel f., m., landw., Melkplatz für Kühe auf der Weide, meistens abgezäunt.

Rägen m. Regen. Viele alte bäuerliche Wetterregeln deuten aus dem Verhalten von Tieren oder anderen Vorzeichen das Eintreten oder die Dauer des Regens: Wenn die Hunde Gras fressen, gibt es Regen oder Unwetter; *wenn sich de Gös* (Gänse) *waschen, gifft' Rägen*; wenn die Enten recht munter sind, *is dei Rägen nich wiet*; *is dei Rägen nich wiet, fleigen dei Häuhner hoch*; suchen die Hühner beim Regen einen Unterschlupf, so hört es bald auf zu regnen. Wenn sie aber nicht unterkriechen, dauert der Regen an. – Ra.: *De Rägen is nich richtig, ik bruk em woll up mienen Akker, œwerst nich up miene Jopp.* Wichtig ist der richtige Zeitpunkt, deshalb heißt es: *Vör Johanni birr üm Rägen, na Johanni kümmt hei ungelägen* vor Johanni (24. Juni) bitte um Regen, nach Johanni kommt er ungelegen.

Rägen-: -bagen, -ban m. Regenbogen. Im Kindervers: *Rägenban, lat' œwergahn, lat de leiwe Sünn upgahn, ... dei Kinner will'n na Spälen gahn.* – **-druppen** m. Regentropfen: *Rägendruppen im Mai sünd Dukaten.* – **-klamotten**, nur Pl., wie umg., Regenbekleidung. – **-pieper** m. Sandregenpfeifer, Charadrius hiaticula (L.). – **-schwark** n. Regenwolke, Schauerwolke. – **-vagel** m. Gr. Brachvogel, Numenius arquata. – **-wäder** n. Regenwetter. – Ra.: *Wenn dat Rägenwäder is, kann keen Schneegestöwer sind* wo eins ist, kann nichts zweites sein.

rägen regnen: *dat ward rägen*; *dat rägent ümmer äbendrächtig* es regnet immerzu; *dat rägent Strippen* es regnet heftig; *dat rägent Rotten un Müs*; *dat rägent, as wenn't up'n Bur'n räg'nt* es regnet unaufhörlich; *dat rägent ut'n Osten, nu rägent dat drei Daach.* In übertr. Bedeutung: *'denn rägent' man so in'n Hals* er kommt schnell zu etwas. – Im Vers: *Wenn't rägent, is't natt, wenn't schniecht, is't glatt, denn führt de Bur mit Bodder to Stadt.*

Rak, Rack m., vereinz., Blauracke, Coracias garrulus (L.). Schrei der Krähe: *rak, rak, rak, in'n Winter kost 'n Pierdappel 'ne Mark.*

Räk f., n. s. Rick[1].

räkeln, refl., sich rekeln, wie hd.

räken rechnen, einschätzen, beachten: *dor heff ik nich up räkent* damit habe ich nicht gerechnet. – Ra.: *Wer falsch räkent, räkent tweimal.* Über die pommerschen Bauern urteilte man früher so: *räken un schrieben man wenig, œwerst bannig plietsch.*

raken 1. kratzen, scharren, zusammenraffen: *hei raakt alls tausamen, wat hei kriegen kann.* – Ra.: *Mit ein'n Faut raakt hei Asch, mit denn annern schleit hei Für.* – 2. betreffen, angehen: *dit kann em nich raken* dies kann ihn nicht treffen, angehen; *dat sünd Saken, de nich raken.* – 3., seem., auf Grund geraten; *dat Schipp hett raakt.*

Räkenschüwer m. Rechenschieber.

Räknung f. Rechnung.

rallen 1. faulenzen, sich ausruhen. – 2. wild, ausgelassen sein.

rallögen die Augen verdrehen, aus Schlafbedürfnis, aber auch allg. verwundert gucken: *wat sittst du dor un rallöóchst?*; *dat Gör licht in dei Weich un rallööcht.*

Ramat m., zweite Silbe betont, Maß, Maßhalten: *kein Ramat weiten* nicht Maß halten können; *kein Ramat hollen*; *dei kennen gor kein Ramat.*

ramdœsig, ramdüsig Adj., erste Silbe betont, verrückt, verwirrt, durcheinander: *mi is ganz ramdœsig in'n Kopp.*

Rämel n. Streifen Land, unbebaut, auch mit Gestrüpp bewachsen, meist am Waldrand.

Ramm m. Krampf, Muskelzerrung: *ik heff 'n Ramm in'n Bein.*

ramschen, wie umg., etwas an sich reißen, billig erwerben.

ran, ranner Adv. heran; zeitlich: *de Johren sünd ran* die Zeit ist gekommen; räumlich: *wi keemen werrer an Land ran.* Aufforderung zum Handeln: *ümmer ran an'n Speck! Alle Mann ran!* – Ra.: *Man fix ran, denn büst' fix von af.*

ran-, ranner-: **-drängen** sich herandrängen, sich einschmeicheln: *'n gaut Pierd drängt sich ran anne Krüff.* – **-faudern** heranfuttern, aufziehen: *sich bi lütten 'n dicken Buk ranfaudern.* – **-friegen** durch Heirat erwerben: *sich wat Schönes ranfriegen.* – **-gahn** rangehen, zupacken. – **-halen** anlokken. – **-hollen**, refl., sich beeilen: *holl di 'n bäten ran!* – **-kamen** herankommen. – **-kriegen** heranbekommen, veranlassen. – **-langen** erlangen, erreichen. – **-maken** 1. ›heranmachen‹, *de Dör ranmaken* die Tür zumachen. – 2., refl., sich an etwas oder jmd. heranmachen. – **-räden** ein Gerücht anhängen. – **-reiken** heranreichen. – **-scheiten** angrenzen: *sien Wisch schütt an mienen Akker ran.* – **-schutern**, refl., ›anhandeln‹, etwas durch Tausch erwerben: *wat hest du di wedder ranschutert?* – **-wassen** heranwachsen, groß werden; *dat ranwussen Kind.*: *'t wasst all's ran* alle erfahren letztlich das gleiche.

Randal m., zweite Silbe betont, Lärm, Skandal, Krach; – Kontaminierte Form aus hd. *Radau* und *Skandal.*

Räpel, Räp f., n., landw., veralt., Flachsriffel, hölzerner oder eiserner Kamm zum Durchziehen des Flachses.

Räpelbank f., hist., landw., Holzgestell auf dem eiserne Flachsriffel be-

festigt sind (s. Abb. S. 247). Die großen hölzernen *Räpen* waren meistens in einen waagerechten Balken eingelassen.

Räpeltähn m. 1. Zahn am Flachsriffel. – 2., übertr., altes Weib mit großen Zahnlücken.

räpeltähnsch Adj. lückenhaft, vom Zahngebiß.

rapen raffen.

Rapp m. Raps; heute auch schon vielfach wie hd. *Raps* auch in der mundartl. Rede.

rapp Adv. schnell, hurtig.

Rappel m. Laune, verrückter Einfall.

rappelig Adj. leicht erregt, nervös, unruhig.

rappelköppsch Adj. verrückt, toll, wütend.

rappeln, rawweln 1. abwickeln (Wolle), räufeln (Gestricktes). – 2. viel reden: *dei rappelt in ein'n weg.* – 3. sich beeilen: *rappel di man 'n bäten.* – 4. Ertrag bringen, lohnen: *dat hett œwer rappelt.* – 5. unpersönlich: verdreht, verrückt sein; *rappelt dat bi di?*

Rapphauhn n. Rebhuhn, Perdix perdix (L.).

Raptus m. Koller, verrückte Laune: *hei hett hüt wedder sien'n Raptus.*

Rasch m., hist., leichtes, lockeres Wollgewebe.

raschen gären, aufgehen, vom Teig: *de Deich rascht all.*

Rasmus, seem., Bezeichnung für den Herrn des Meeres, den Wind. Einen über Bord gespülten Seemann *hett Rasmus haalt.*

Rassel f. Kartoffelkiepe aus Holz.

Rat m. Rat, Ratschlag, Hilfe: *'n Rat gäbm, weiten*; *dor kann Rat warden* das läßt sich ändern; *tau Rat hollen* sparsam sein; *Rat schaffen* Not abwenden. – Sprw.: *'n gauden Rat kümmt nie tau lat* ein guter Rat kommt nie zu spät. *Kümmt Tiet, kümmt Rat!*, auch mit dem Zusatz: *kümmt dat Frühjohr, kümmt de Saat!*

Ratschon f. Ration.

ratschonell Adj. rationell.

ratzenkahl Adv. radikal.

Rauder, Roder n. 1. Ruder zum Steuern am Heck größerer Schiffe. – 2. Stange, die zum Fortbewegen eines Ruderbootes dient.

raudern, räudern rudern.

Räuf f. Rübe, Pl. *Räuben.*

raugen, rauhen ruhen: *hier lat uns gaut sin, hier is gaut raugen.*

Rauh, Roh f. Ruhe, Stille: *to Rauh setten* sich zur Ruhe setzen; *ümmer mit de Rauh*! *He hett de Rauh wech* er läßt sich nicht aus der Ruhe bringen; *nu giff di man tau Rauh* beruhige dich bloß. Im Sagw.: *Nu heff ik endlich mien Rauh, säd de Schnieder, don harr em sien Fru ut' Hus schmäten un dei Dör achter em tauschlaten.*

Räuk, Rök f., m., veralt., Pflege, Wartung: *dor hett dei Oll siene richtige Räuk.*

räuken, veralt., pflegen, in Ordnung halten: *Heu räuken* Heu ausbreiten, es pfleglich behandeln; *Veih will räukt warden*; *denn Goren räuken* den Garten in Ordnung halten.

Raup m. Ruf: *Raup kriegen* gerufen werden.

raupen, ropen rufen. Präs. Sg. 1. *raup*, 2. *röppst*, 3. *röppt*, Pl. *raupen*; Prät. *reep, röp*; Part. *raupen, ropen.* – Sprw.: *So, as'n in't Holt röppt, kricht 'n Antwurt* so, wie man in den Wald ruft, schallt es heraus.

Räuster, Rööster f. Ulme, Ulmus L.

Raut[1], **Rot** f. Rute.

Raut[2], **Rautz** m. Ruß: *de Raut möt utbrennt warden.* Wetterprognose: *dei Raut rükt so* das Wetter schlägt um, der Ruß im Schornstein riecht so.

Rawaasch f., zweite Silbe betont, 1. Durcheinander, Lärm, Aufregung: *mak bloß nich so'n Rawaasch dorvon.* – 2. Umstände, Arbeit: *dat maakt so väl Rawaasch.* – Zu frz. *ravage.*

rawweln s. rappeln.

Rebeit, Rabeit n., veralt., Gebiet, Revier, Ort, Stelle.

Reck f., n. s. Rick[1].

reckig Adj. müde, abgespannt: *mi is so reckig un so streckig un so treckig* ich bin müde und unlustig und möchte mich nur strecken.

Reed f., n. s. Reid.

Reep n. s. Reip.

Reeperbahn f. s. Reiperbahn.

Reff[1] n. flache Sandbank oder Fels in der See.

Reff[2] n. Schimpfwort für langen Menschen, bes. eine Frau: *dat olle Reff is to nicks nütt.*

Regelater m. Pendeluhr, Regulator.

Reich, Reech f. Reihe: *Reich bi Reich* der Reihe nach; *hei is nu wedder inne Reich* er ist nun wieder gesund und arbeitsfähig; *inne Reich bringen* etwas in Ordnung bringen: *ik heff dat inne Reich bröcht.*

Reid[1], **Reed** f. Reede: *de Schipp liggen up'e Reiden* die Schiffe ankern vor der Küste. – Zu *reid, reed* bereit, fertig.

Reid[2], **Reed** n. Schilfrohr, Ried: *de ganze Wisch stünn vull Reid.*

reiden s. rein.

reidenweg Adv. ›reinweg‹, ganz und gar. – Zu rein.

reigen 1. reihen, in eine Reihe bringen. Im Sagw.: *Reit juuch, säd de Bur, don harr hei blot ein Kauh im Stall.* – 2. in Ordnung kommen: *dat ward sik all reigen.*

reigen s. rein.

reiken, reeken reichen, ausreichen: *dat reikt nich hen un nich her* es reicht absolut nicht. Übertr.: *dat hett mi reikent* es hat mir gelangt, ausgereicht, es ist genug.

rein, reigen, reiden 1. Adj. rein, sauber: *rein' Disch maken* aufräumen, etwas Unangenehmes aus der Welt schaffen; jmd. *de Maach rein maken* jmd. die Meinung sagen; *dei is nich rein an de Graden* sie hat etwas auf dem Gewissen. – Ra.: *Rein Schipp un klor Kimming* alles in Ordnung. – 2. Adv. gänzlich, wirklich, tatsächlich: *dat's rein tau dull*; *rein stillschwiegen* absolut still sein; *rein nicks kriegen*; *se vergett rein alles.*; *Rein Gotts Wuurt* reiner Kornschnaps.

reinhollen sauberhalten.

reinmaken saubermachen, reinigen.

Reinmakerfru f. ›Reinmachefrau‹, Reinigungskraft.

Reip, Reep n. Strick, Seil, Tau.

Reiper, Reeper m. Seiler, Reifschläger, vereinz. auch *Reipschläger.*

Reiperbahn, Reeperbahn f. Arbeitsplatz des *Reepschlägers,* d. h. eine schmale, bis zu 220 m lange Bahn, auf der die Fäden gesponnen und Seile zusammengeschlagen wurden. In größeren Städten lagen die Bahnen der *Reepschläger* oft nebeneinander. Sie wurden später häufig in Straßen umgewandelt, die dann den Namen *Reiperbahn* oder *Reeperbahn* beibehielten.

reisig Adj., veralt., rüstig, forsch: *ümmer reisig dörch* immer vorwärts.

Reis'kuffert m. Reisekoffer.

Reißmatismus m., scherzh., Rheumatismus.

Reister, Reester, Riester m. Flicken auf dem Oberleder des Schuhs.

Rekter m. Rektor.

Rell im Rätsel Bezeichnung für das Rad: *Vier rawe Rell, vier ruge Fell, ein*

Jöljapp, ein Klipp-klapp. = Das Fuhrwerk.

Remedur f., letzte Silbe betont, veralt., Ordnung, Abhilfe: *dat ward allerhöchste Tiet, dat hier eis Remedur schafft ward.* – Zu frz. *remède.*

rementen, rementern, veralt., toben, laut herumwirtschaften.

Rems f. Prügel, Schläge: *hei hett Rems krägen.*

rendlich, rennlich Adj. reinlich, sauber, auch vom Wetter: *rendlich Frostwäder* Frostwetter ohne Schmutz.

Rendlichkeit f. Reinlichkeit, Sauberkeit. Häufig in Sagw.: *Rendlichkeit erhöllt dei Wilt, secht dei Fru un fäächt dei Häuhnerschiet von'n Disch*; oder: *nicks geiht œwer de Rendlichkeit, sä' dat oll Minsch un kihrt sünnabends dat Hemd üm.*

reppen wiederholen, erneuern, erwähnen: *sei reppt dat ümmer noch* sie bringt es immer wieder vor.

Resong f. Vernunft, Verstand: jmd. *tau Resong bringen.* – Zu frz. *raison.*

Ress n. s. Risch.

reterieren sich zurückziehen, weglaufen: *hei is trüüchoorsch reteriert* er ist rückwärts fortgelaufen, hat es mit der Angst bekommen. – Zu frz. *retiré.*

retur, zweite Silbe betont, zurück, rückwärts: *noch 'n bäten retur*; *wennihr kümmt hei retur*? – Zu frz. *retour.*

Reuter m., landw., Gestell zum Heutrocknen auf dem Acker, Pl. *Reuters*: *bi dit Rägenwäder möten dei Reuters up dei Wisch.*

Ribbenbraden m. gefüllter Rippenbraten. Die Füllung besteht aus Backpflaumen, Zitrone, Zimt, geriebenen Semmeln und Zucker. – Zu nd. *Riff* f.

Riching Koseform des männl. PN Richard.

Richtfest n., wie hd., Feier beim Hausbau, wenn der Dachstuhl aufgerichtet worden ist. Vorher wird *de Richtkron* am Firstbalken aufgehängt. – Syn.: *Richtklaatsch* und *Richtköst.*

Rick[1] n., f., auch *Räk* u. *Reck* 1. lange, dünne Stange. – 2. Zaun aus langen Latten, Koppelzaun: *üm dei Koppel is 'ne Räk.* – 3. Stange, auf der die Hühner sitzen. – 4. behelfsmäßiger Abort: *œwer't Rick schieten.* – 5., übertr., langer, dünner Mensch, bes. eine Frau: *dat oll Rick.*

Rick[2] n. nur in der Ra.: *Rick un Schick hemm'* in Ordnung sein; *dor is Rick un Schick in.*

Rie, Ried, Riej f., daneben auch *Rü'* kleiner Wasserlauf, Wasserloch, mooriges Gelände, Pl. *Riegen, Rügen*: *de Käuh supen ut'e Riegen*; häufig in FLN.

rieben, riewen reiben. Präs. Sg. 1. *rief,* 2. *riffst,* 3. *rifft,* Pl. *rieben*; Prät. *reef*; Part. *räben, räwen*: *räwen Brot* geriebenes Brot.

rieden reiten. Präs. Sg. 1. *ried,* 2. *rittst,* 3. *ritt,* Pl. *rieden*; Prät. *reet*; Part. *räden.* Auf einem stumpfen Messer *kann man na Berlin rieden*; *denn ritt de Düwel, hett de Düwel räden* von einem jähzornigen Menschen. – Ra.: *Dat kümmt dorvon, wenn einer rieden will un hett kein Pierd* es kommt nichts dabei heraus, wenn man hoch hinaus will, ohne die Mittel zu haben. Im Sagw.: *Dat geht sehr, secht de Jung' un ritt up de Katt* alles läßt sich machen.

Riedgras n., wie hd., grasähnliche Pflanze mit festem Stengel, auf feuchtem Boden, Carex L.

Riedwand f. s. Riewand.

Rief f. Reibe: *'n Gesicht as 'ne Rief* ein narbiges Gesicht.

rief, riew 1. Adj. üppig, reichlich, verschwenderisch: *de is ut'n riewen Lann'* er geht verschwenderisch mit seinem Besitz um; *dat geiht ut'n riewen Hus* dort wird nicht gespart. – 2. Adv. schnell, verschwenderisch: *dat nimmt rief af* das nimmt schnell ab; *gah dor nich so rief mit üm*; *dei is dat Läbm rief anworn* er ist ein flottes Leben gewöhnt.

Riefkauken m. ›Reibkuchen‹, Kartoffelpuffer aus geriebenen Kartoffeln.

Riefkül f. ›Reibkeule‹, Stampfkeule aus Holz.

Riefsatt f. Schüssel aus Steingut zum Kuchenanrühren.

Riefschöttel f. wie Riefsatt, s. d.

riegig Adj. locker gewebt, nicht haltbar: *de Stoff is so riegig*; *dat is so'n riegigen Stoff*; auch von zu losem Strikken.

riehen, riegen, rieden reihen, aufreihen.

riek Adj. reich, vermögend: *horige Lü' warden riek* Leute mit viel Haaren werden reich. – Ra., Sprw.: *Wenn wi alle gliek riek wiern, wer wull denn woll denn Buern de Schwien häuden? Arm oder riek, dat is gliek, œwer in de Welt bruukt man ümmer Geld.*

rieklich Adv. reichlich: *dat is rieklich nauch.*

Riemels n., Sg. u. Pl., Gedicht, gereimte Verse.

Riep m. Rauhreif.

riep Adj. reif, zum Ernten geeignet, ausgewachsen. Der Bauer unterscheidet – besonders beim Getreide, aber auch bei anderen Pflanzen – verschiedene Reifegrade, u. a.: *half riep, gräunriep* noch nicht reif, *schnittriep* schnittreif, *dodenriep, klœterriep* überreif. Reife Kartoffeln *sünd riep, ierstlich ward dat Krut riep.* Auch das Gras *ist riep* mähreif. In bezug auf Mensch und Tier bedeutet *riep sin* 1. geschlechtsreif, erwachsen sein: *de Diern is riep*; *du kannst räden, wenn du riep achter dei Uhren büst.* – 2. dem Tode nahe sein: *dei is uk bald riep* sie wird bald sterben.

Ries[1] m. Reis; früher ein beliebtes Gericht, das oft an Festtagen zu Fleisch gegessen wurde. *Ries un Braden is Hochtietsäten.* Darauf nimmt die Ra. Bezug: *dat kann nich alle Daach Ries un Braden gäben*; *dicken Ries un Plummen, dicken Ries mit Bruuns, mit Kaneil, mit'n bäten Raut ut'n Schostein*, mit *Zägenmess* dicker Reis mit Zimt und Zucker sind allgemein beliebte Gerichte, früher besonders während der Erntezeit. Scherzhafte Antwort auf die Frage: *Wat gifft' to äten? Schiet mit Ries.*

Ries[2] n. Reis, Reisig, Schößling, Pl. *Riesers* .

Riesbessen m. Reisigbesen, meist aus Birkenreisern.

riesen, fachspr., veredeln, von Obstbäumen, Reiser setzen.

Riesholt n. Strauchholz, Reisig.

Rieskees m., veralt., ›Reiskäse‹. Grießpudding, früher aus Reismehl hergestellter Pudding, bes. in der Erntezeit gegessen, mit Fruchtsoße.

rieten reißen. Präs. Sg. 1. *riet*, 2. *rittst*, 3. *ritt*, Pl. *rieten*; Prät. *reeten*; Part. *räten. Feddern rieten* Federn schleißen, d. h. Flaum und Kiel der Federn trennen; *Böm ut'e Ier rieten* Bäume aus der Erde reißen. *Mi ritt dat inne Knaken*; *ik heff so'n Rieten* Rheumatismus. – Ra.: *Dor is 'n Rieten üm as Wihnachten ümme Strohöd'* (Strohhüte). Sehr verbreiteter Ausruf des Erstaunens: *nu ward' rieten!*

Rietendal m. wilder Junge, Scheltwort für ungeschickten, groben Menschen.

Rietholt n. Streichholz, Pl. *Riethölter.* – Syn.: Rietsticken, Schwäwelsticken, Striekholt.

Rietpoch, Rierpoch, Rie'poch f. 1. Maulwurfsgrille, Gryllotalpa vulgaris L. – 2. Kröte, die die Erde aufwirft. – Syn.: Hücks, Ierpoch, Rietworm, Schottpoch, Quaducks.

Rietsticken m., Sg. u. Pl., Streichholz; ebenso wie *Schwäwelsticken* allmählich im Sprachgebrauch veraltend. Dafür gilt heute überwiegend das aus dem Hd. entlehnte *Striekholt.*

Rietut m. ›Reißaus‹; nur in der Verbindung *Rietut nähmen* weglaufen.

Rietworm m. Maulwurfsgrille, Gryllotalpa vulgaris L., aber auch für andere Tiere, die die Erde umwühlen und aufwerfen, wie Maulwurf, Wühlmaus, Kröte. – Syn. s. Rietpoch.

riew s. rief.

Riewand, Rüwand f. halbhohe Trennwand in der Scheune. – Syn. *Forkwand.*

Riewelsupp f. Suppe aus geriebenen rohen Kartoffeln.

riewen s. rieben.

Riff f. Rippe, Pl. *Ribben, Rimmen.* Ein sehr korpulenter Mensch, *de hett orrig wat up'e Ribben.* Scherzhaft wird zu große Faulheit auf eine *ful Ribb* oder zu langes Körpermaß auf eine *Ribb tauväl* zurückgeführt. Was man total vergessen hat, *dat hett man dörch de Ribben schweit.* Und was man nicht auftreiben kann, *dat kann man sich uk nich ut'e Ribben schnieden.*

rin Adv. hinein, herein; die erweiterte Form *rinner* tritt selten auf: *rin un rut* rein und raus; *kumm rin*; *kumm eis rinner!*

rin-, rinner-: **-bängen,** refl., sich hineinzwängen. – **-basten** viel essen. – **-bieten** reinbeißen: *in denn suren Appel rinbieten* Unangenehmes auf sich nehmen. – **-bören** hineintragen. – **-bösten** hineinlaufen. – **-bottern,** refl., sich festfahren, zugrundewirtschaften. – **-daksen** drein-, zuschlagen. – **-dragen** hineintragen. – **-driewen** reintreiben: *de Hunger drifft' rin, un wenn't Schwiensbraden is.* – **-finnen** hineinfinden, sich mit abfinden. – **-fleigen** hineinfliegen; in einen offen stehenden Mund: *lat man kein Fleich rinfleigen.* – **-friegen** einheiraten: *se hett dor rinfriecht.* – **-gahn** hineingehen, hineinpassen. Im Rätsel: *Wat is noch lütter as dat lüttst Loch? Dat, wat ringeiht.* – **-geiten** hineingießen. – **-haugen** 1. reinhauen. – 2., übertr., beim Essen kräftig zulangen: *Hau rin!* Lang kräftig zu! – **-helpen** reinhelfen; refl.: sich betrinken: *hei hett sich einen rinholpen.* – **-huschen** schnell hineinschlüpfen. – **-jumpen** hineinspringen. – **-kieken** hineinsehen, besuchen: *wi will'n bloß 'n bäten rinkieken.* – **-klappern** reinlaufen: *rin- un rutklappern* dauernd rein- und rauslaufen. – **-klarren** hineinschmieren. – **-krupen** hineinkriechen. – **-laatschen** hineintreten. – **-lœpeln** hineinlöffeln, vom Essen: *wie lœpelten uns 'n Deil rin.* – **-mengelieren,** refl., sich einmischen: *ik will mi nich rinmengelieren.* – **-möten** hinein müssen: *rin möt hei, un wenn hei uk nich will,* vom Nagel. – **-nödigen** jmd. zum Eintreten nötigen. – **-packen** 1. hineinpacken. – 2., übertr., viel essen: *Jung', ät langsam, du glööfst nich, wat sik denn all's rinpacken lett!* – **-pedden, -peeren** reintreten. – **-pœseln** hineinwürgen. – **-premmen, -premsen** hineinzwängen, mit

Gewalt hineindrücken. – **-pütten** eingießen. – **-rönnen** hineinlaufen. – **-rüken** die Nase in etwas hineinstecken. – **-schlappen, -schlappern** hineinschlürfen, vom Hund. – **-schliddern,** übertr., reinfallen: *hei is mit de Heurat bannig rinschliddert.* – **-schmieten** hineinwerfen. – **-schniegen** 1. hineinschneien. – 2., übertr., überraschend zu Besuch kommen. – **-spälen** 1., refl., sich einspielen, einarbeiten, viel essen: *spöält juch gaut wat rin!* – **-stäken** hineinstecken; allg. Ra.: *stäk man wat rin, denn kannst uk wat ruthalen,* vielfach bezogen auf zu bearbeitenden Acker. – **-trecken** hineinziehen. – **-waden** hineinwaten, mit den Füßen ins Wasser gehen. – **-wassen** hineinwachsen. – **-wörgen** mit Gewalt hinunterwürgen, speziell Essen. – **-wutschen** hineinschlüpfen.

Rinderapenstall m. Rinderoffenstall.

Ringelpietz m., veralt., Tanzvergnügen, auch: *Ringelpietz mit Anfaten.*

rippeln, refl., sich beeilen, bewegen: *wenn du to rechte Tiet up de Bahn sin wist, möößt du di rippeln.*

Rips f. Kornähre des Hafers, Pl. *Rippsen.*

Risch, Riss, Ress n. auf dem Felde liegengebliebene Kornhalme: *dat Risch möt noch wegführt wardn.* – Syn.: *Los, Schütt.*

Rist f., landw., Menge Flachs, die man mit einer Hand fassen kann; 40–60 Risten wurden zu einem *Topp* zusammengebunden.

Roe' Pl. s. Rad.

Rober, Röbber Koseform des männl. PN Robert.

Roch m. s. Roggen.

Rock m. 1. Rock für Frauen. – 2. Jacke für Männer. – Ra.: *Weck'n dei Rock tauhürt, dei treckt em sich an*; *em is dat Hemd neeger as dei Rock* er denkt zuerst an sich. Eine flinke Frau *geiht, dat ehr dei Röck so fleigen.* Frage: *Wo is Mudding? ...: in'n Rock, ... dicht bi'n Hemd.* Der zuletzt bei einem Vergnügen bleibt, *will seihn, wat dei Letzt fünn Rock anhett.*

Rocklur m., zweite Silbe betont, hist., großer Reisemantel ohne Kragen, Gehrock, Talar.

rod s. rot.

Roder n. s. Rauder.

Rodump f., zweite Silbe betont, Rohrdommel, Botaurus stellaris (L.), auch *Ruhrdump.* – Syn. Wadeross.

Rof n., seem., Unterkunftsraum auf dem Hinterschiff, diente als Schlaf- bzw. Essenraum u. ä.

Rœgen m. Fischrogen, übertr.: *de hett Rœgen inne Bost* er ist stark und kräftig.

rögen regen, rühren: *dor röócht sich wat*; *hei röócht sich nich mihr*; *dei mach sich nich rögen* sie arbeitet nicht gern.

Roggen m. Roggen, älter *Roch,* das aber heute ungebräuchlich ist; Roggen gesprochen als *Rong(en)*; *Roggen will denn Himmel seihn* Roggen darf nur flach gesät werden. Der Roggen muß so wachsen, daß sich *an'n iersten Mai 'ne Kreih in'n Roggen verstäken kann un an'n iersten Juni 'n Reh, süss gifft dat 'n schlichten Rongnaust.*

Roggen-: -aust m. Roggenernte. – **-blaum** f. Kornblume, Centaurea cyanus L. – **-ohr** f. Roggenähre. – **-schäpel** m., veralt., Roggenscheffel, Kornmaß. – **-stuten** m., veralt., Brot aus Roggenmehl. – **-wulf** m., veralt., Schreckgespenst für Kinder, Erntedämon, der sich im Roggenfeld aufhalten sollte.

Roh f. s. Rauh.

Rohm m. Rahm, Sahne, Fettschicht

auf der gekochten Milch. – Im alten bäuerlichen Haushalt wurde der *Rohm* zum Buttern in einem *Rohmpott* aus Steingut gesammelt. Von der aufgestellten Milch wurde er mit einer *Rohmkell* abgeschöpft. Im Sommer mußte der *Rohmpott* kühl, im Winter an wärmerem Ort aufbewahrt werden, *süss bottert dat nich.* – Ra.: *Dor is de Rohm uk all von af* das Beste ist weg. Im Sprw.: *Wenn de Katt bi 'n Rohm is, is de Kœksch nich wiet* Unglück schläft nicht.

Rok m. Rauch; *Wust, Speck un Schinken wardn in'n Rok hängt.* – Ra.: *Dat häng' di man in'n Rok* das kannst du abschreiben, dass.: *dat schrief man gliek in'n Rok*; *väl Rok maken üm jeden Quark* viel Aufsehen um jede Sache machen; *Rok dor achter maken* Dampf hinter etwas machen. – Sprw.: *Wur Rok is, is uk Für.* – Wetterregel: Steigt Rauch aus dem Schornstein gerade in die Höhe, gibt es gutes Wetter, schlägt er zur Erde, gibt es Regen.

Rökels Pl. Sägespäne, kleine Holzabfälle zum Räuchern.

roken rauchen: *solang de Minsch rookt, solang lääft he*; *dat rookt hinner di* du hast gelogen.

rökerig Adj. mit Rauch angefüllt.

Rökerklas m., scherzh., Schornstein.

rökern räuchern.

Rönn f. Rinne, Dachrinne.

rönnen schnell laufen, sich beeilen: *de rönnt, as har hei 'ne Hummel in'n Hinnelsten.*

Rönnstein m. Rinnstein.

Rönnsteinfohrt f., scherzh., Küstenschiffahrt.

Röölk[1] m. Schafgarbe, Achillea millefolium L., beliebtes volksmedizinisches Heilmittel. – Syn. Dusendblatt.

Röölk[2] m. Kammolch, Triturus cristatus, Pl. *Röölken.*

Röp f. Raufe für Heu und Stroh: *de Schap hemm' 'ne Röp.*

ropen s. raupen.

röpen 1. sich raufen, zanken. – 2., landw., abstreifen: *Flass röpen* die Samenkapseln des Flachses von den Halmen abstreifen.

ror Adj. rar, selten, als Adv. auch: sehr gut; *sei geiht mit all'ns ror üm* sie geht mit allem sparsam um; *dat schmeckt so ror* es schmeckt sehr gut; *wat Roors* etwas Seltenes, Rares.

roren laut weinen, heulen: *hei nehm ehr de Pupp weg, dunn hett se œwer roort!* Zum Trost sagt man kleinen Kindern diesen Vers auf: *Ror man nich, ror man nich! In de Rühr stahn noch Klüt, dat weetst du man nich!* Ist etwas geschehen, was nicht mehr zu ändern ist, heißt es: *gah hen un ror!* – Auch von Gegenständen kann man sagen, daß sie *roren*: *de Bodder roort* wenn sie ungenügend ausgeknetet ist, viel Wasser hat; *de Piep roort* die Pfeife schmurgelt, ist unsauber; *dei Kalk roort* wenn er sich abgesetzt hat und das Wasser oben steht; *de See roort* das Meer rauscht; *de Nurdoost roort* der Nordostwind heult.

rösch Adj. knusperig, sehr frisch, von Brot und Gebäck.

rœsen, rœseln schütteln, rütteln: *dat rœst mi dœrch alle Knaken.*

rossen brünstig sein, von der Stute: *sei rosst.*

rossig Adj. brünstig, von der Stute; übertr. auf Frauen mannstoll: *de Diern is rossig.*

rösten 1. braten, kochen, dörren. – 2. leicht überfrieren: *dat hett œwer Nacht röst'.*

Röstkauken m., veralt., in der Pfanne

gebackener Brotteig, oft mit Speck.

Rot f. s. Raut[1].

rot, rod, ror, ro' Adj. rot: *rore Strümp*; *sich rot anstrieken* erröten; *se hett de rode Fahn rutstäken* sie hat die Regel; *ro' Beit* rote Bete; *ro' Grütt* rote Grütze; *Roden Sür* Kleiner Ampfer, Rumex acetosella L.

rot-, Rot-: -bläustrig Adj. rotglühend, sehr rot im Gesicht. – **-böster, -bösting** m. 1. Rotkehlchen, Erithacus rubecula (L.). – 2. andere Vögel mit roter Brust. – **-jackt** Adj. mit roter Jacke; *de Rotjack* der Teufel. – **-kopp** m. Mensch mit rotem Haar, Säufer. – **-ooch** n. Rotfeder, der Fisch Scardinius erythrophthalmus, Fisch mit vielen Gräten: *inne Not is Rotooch uk 'n Fisch.* – **-stein** m. Rotstein. – Ra.: *Dat geiht œwer Kried un Rotstein* das ist unglaublich.

rœteln, rœtern 1. rütteln, klappern, rasseln. – 2. viel reden. – 3. unpers.: ungeduldig sein: *juuch rœtelt dat woll schon.*

Rott f. Ratte, Pl. *Rotten*: *he schlöppt as 'ne Rott* er schläft sehr fest; *hei passt up'e Rott* er paßt sehr genau auf, ihm entgeht nichts; *hei hett Rotten up'n Bœn* er ist eingebildet; *hei hett Rotten inne Dackrönn* er ist nicht ganz normal.

rottenkahl Adj. ratzekahl, absolut leer. – Entstellt aus hd. *radikal.*

Rotz m. Nasenschleim; Aufforderung, die Nase zu säubern: *Rotz von de Backen, süss denkt de Bur, dat is glasiert.* – Syn.: Schnodder, Licht, Küken.

Rotz-: -bengel m. ungezogener, frecher Junge. – **-bremse** f., scherzh., Schnurrbart. – **-dauk** n. Taschentuch. – **-haken** m., derb, Nase. – **-kolben** m., derb, Nase. – **-lappen** m. Taschentuch. – **-näs** f. 1. schmutzige Nase. – 2., übertr., frecher Junge. – **-näsig** Adj. frech.

rœwer Adv. rüber, hinüber, herüber.

rœwer-: -drägen rübertragen. – **-fleigen** rüberfliegen: *mit dat Metz œwer't Brot rœwerfleigen* eine Schnitte dünn bestreichen. – **-gahn** rübergehen. – **-kamen** rüberkommen, bezahlen: *nu kam man ierst rœwer.* – **-laatschen** über etwas sorglos hinwegtreten. – **-schmieten** rüberschmeißen: *denn Anker rœwerschmieten* den Anker hinunterlassen. – **-trecken** rüberziehen.

rubbeln, ruwweln reiben, auch trokkenreiben: *de Wäsch rubbeln* Wäsche auf dem Waschbrett reiben; *rubbel man 'n bäten* reibe ein bißchen.

rüchlings Adv. rücklings, auch rückwärts: *hei füll rücklings strikt up'm Rüggen.* – Syn.: *rüchœwer, rüchwarts.*

Rück m. s. Rüggen.

Ruck, Rucks m. 1. kurzer Augenblick. – 2. schnelle Bewegung, Schwung; *dat geef 'n Ruck.* – Ra.: *Man ümmer sacht un denn mit 'n Ruck, denn ward dat uk noch 'n Zägenbuck*; *dat is nich Ruck un nich Zuck* das ist nichts Vernünftiges.

ruckeln wackeln, rütteln: *de Stauhl ruckelt so*; *du sast nich so anne Dör ruckeln.*

ruden s. ruhen.

rüfeln lohnen, schaffen, wenn etwas einen großen Haufen ergibt: *dei Tüffel rüfeln*; Obstpflücken *rüfelt gaut*; *dei Äppel rüfeln œwer.*

Ruffelbrett n. mit Rillen versehenes Waschbrett, auch nur *Ruffel.*

rugenieren, rungenieren ruinieren: *de hemm' all's rugeniert.*

Rüggen, Rüngen, auch **Rück** m. 1. Rücken des Menschen: *denn Rüggen anne Wand hemm'* seinen Vorteil suchen; *up'n Rüggen liggen gahn* faulenzen; *he hett sich upm Rüggen lecht* er ist gestorben. Frage an einen jungen Menschen, der über Rückenschmerzen klagt: *hett dei Müch ok all 'n Rüch?* Hat die Mücke schon einen Rücken? – 2. erhöhte Ackerstellen zwischen den Furchen: *in Zingst planten wi dei Tüffel up Rüngen.*

ruhen, rugen, ruden rauh machen, rauh werden, auch mausern: *de Häuhner rugen*; *dat Hohn ruht.*

Rühr n., f. 1. Ofenröhre, in dem Kachelofen eingebauter Raum, der zum Warmhalten von Speisen und zum Erwärmen von Wasser dient: *dat Äten steiht in't Rühr, un de Waderpott ok.* Zu jmd., der ständig friert, sagt man scherzh.: *treck di'n Fautsack an un sett di in't Rühr* zieh dir einen Fußsack an und setz dich in die Röhre. – 2. Röhre allg.; übertr.: *in't Rühr kieken* leer ausgehen, das Nachsehen haben. – 3. Fernsehapparat: *in'e Rühr kieken* vor dem Fernseher sitzen.

Ruhr n. Rohr, Schilfrohr; im Vergleich: *dat Kuurn steiht as Ruhr* das Getreide steht hoch und aufrecht.

Ruhr-: -dump, -dumm f. Rohrdommel, Botaurus stellaris L., auch *Rodump.* – **-kolben** m. Rohrkolben, Typha latifolia L. – **-plagen** Pl. mit Rohr bewachsene Uferzone. – **-schnieder** m., fachspr., Gerät zum Schneiden des Dachrohres. – **-sparling** m. 1. Rohrammer, Emberiza schœniclus (L.). – 2. andere kleine Wasservögel. – **-wisch** f. morastige Weide, mit Riedgras bestanden.

Rührbrägen m. unartiges Kind: *sitt doch eis still, wat büst du bloß för'n Rührbrägen.*

Rük n. Geruch.

Rükels n. das, was riecht. 1. Parfüm: *o, dat's œwer 'n feines Rükels*; *mit Rükels bedrüppeln*; *wat hett sei sich för Rükels anmaakt?* – 2. Blumenstrauß.

rüken riechen. Präs. Sg. 1. *rük*, 2. *rückst*, 3. *rückt*, Pl. *rüken*; Prät. *rok, rök*; Part. *roken.* Zwei Menschen, die nicht miteinander auskommen, *dei kœnen sich nich rüken.* Aber der Überschlaue, der *kann Kattenschiet in'n Düüstern rüken.* Und wenn man sich etwas aus dem Kopf schlagen soll, heißt es: *dor rük an!*

Rüker m. Riecher. 1. Spürsinn: *du hest 'n fienen Rüker.* – 2. Nase.

rullen rollen; von der See bei starkem Seegang: *de See rullt* die Wellen rollen heran.

rum Adj., Adv., mit langem u. gesprochen, geräumig, weit, reichlich: *nich rum hemm'* etwas nicht reichlich haben, daher das Sprw.: *Is't uk nich rum, so is't doch kum* ist es auch nicht viel, so ist es doch ausreichend. In einem alten Fastelabendspruch heißt es in bezug auf die Wurst, die erbeten wird: *Fru, schnieden S' rum, schnieden S' sich nich in'n Dum'* Frau, schneiden Sie reichlich, schneiden Sie sich nicht in den Daumen.

rüm, rümmer Adv. rum, herum, umher. Die erweiterte Form *rümmer* wird überwiegend bei Getrenntstellung von Präfix und Verb gebraucht, z. B. *hei stried' sich mit dei Lüd rümmer.*

rüm-, rümmer-, Rum-: -ackern angestrengt arbeiten. **-apen** herumgaffen. – **-argern,** refl., sich über etwas, jmd. ärgern. – **-bammeln** herumhängen. – **-biestern** umherirren. – **-bollwarken** umherwirtschaften. – **-bösten** umherlaufen. – **-bräker** Pl., veralt., vermummte Gestalten, die am Heiligabend und Silvester von Haus zu Haus zogen, bes. in Vorpommern., s. Ruuchklas. – **-bullern** umherpoltern, schimpfen. – **-burren** herumschwirren, umherfliegen. – **-daddeln** herumalbern, herumspielen. – Syn.: *rumdallern, rumdammeln.* – **-deikern** viel Gewese machen, verwöhnen, mit kleinen Kindern rumhantieren. – **-doktern** Heilversuche machen. – **-dösen, -düsen** planlos umherlaufen. – **-drägen** herumtragen, -klatschen: *dei Lü' rümdrägen* über die Leute herziehen. – **-dremmeln** anhaltend bitten. – **-driewen** herumtreiben. – **-driewer(sch)** m., f. Mann (Frau), der (die) sich viel herumtreibt. – **-drucksen**, auch umg., nicht mit der Sprache herauswollen, zögern. – **-dwallen** umhertoben. – **-faseln** dummes Zeug reden. – **-fingerieren** herumtasten. – **-fladdern, -fluddern** umherflattern, sich rumtreiben. – **-fläuten** ausgehen, sich rumtreiben. – **-flöckern** herumschwirren, sich rumtreiben. – **-flödern** herumrudern, gestikulieren. – **-fösten** herumjagen, toben. – **-frünnen** flirten, flanieren. – **-fuchteln** rumhantieren. – **-fummeln**, wie umg., überall anfassen, mit etwas spielen. – **-fuhrwarken** rumwirtschaften, laut etwas betreiben. – **-gahn** herumgehen. – **-häuden** etwas hüten, behüten. – **-halen** herumholen, umdrehen. – **-jachten, -jachtern** umherlaufen, rumjagen. – **-jökern** rumalbern, Spaß treiben. – **-jumpen** herumspringen. – **-kampieren**, auch umg., wegen Krankheit untätig sein. – **-karjolen** umherfahren. – **-katern** klatschen, tratschen. – **-keesen** herumsuchen, im Essen stochern. – **-klamüsern**, auch umg., rumwirtschaften. – **-klaren** 1. rumschmieren, hantieren. – 2. anfassen, streicheln: *wat klaarst du ümmertau an mi rüm?* – 3. mit einer Arbeit nicht fertig werden. – **-kleigen** herumrühren. – **-krakeelen** rumstreiten. – **-kröpeln** stümperig gehen. – **-krupen** rumkriechen, sich rumtreiben. – **-kullern** rumdrehen. – Sprw.: *De Stein, wecker man oft rümkullert, bemoost nich* der Mensch, der sich regt und bewegt, wird nicht so schnell alt und dick. – **-küseln** rumdrehen, tanzen. – **-kütern** im Dreck wühlen, im Essen rumstochern. – **-laatschen** ziellos umherlaufen. – **-liggen, -lingen** herumliegen, faulenzen. – **-lungern** sich rumtreiben, faulenzen. – **-maddeln, -maddern** unnötig betatschen, rumspielen. – **-mallen** albern: *mit de Dierns rümmallen.* – **-marachen** rumhantieren, arbeiten. – **-meeren** trödeln. – **-moddern, -morrern** im Dreck rumwühlen. – **-mölen** rumkramen. – **-murksen** langsam an etwas arbeiten. – **-muschen** oberflächlich, unordentlich arbeiten. – **-musen** unlustig essen. – **-nuddeln** rumtrödeln. – **-nüschen** rumschnüffeln, rumwühlen. – **-pedden, -peän** herumtreten: *up einen rümpeän* jmd. schikanieren. – **-peesen** wild rumlaufen. – **-pöttern** kleine Aushilfsarbeiten verrichten. – **-prusseln** rumwirtschaften. – **-puddeln** rumhantieren. – **-pükern** rumstochern, pulen. – **-pusseln**, wie umg., leichte Arbeit verrichten. – **-queesen** rumnörgeln. – **-quienen** fortwährend kränkeln. – **-racken** rumtoben. – **-ramentern** lärmen, toben. – **-runksen**, refl., sich räkeln, rumlümmeln. – **-salken** rumschmieren. – **-scharwenzeln**, wie umg., sich einschmeicheln. – **-scharwucken, -schefutten** umherlaufen, mit Mühe. – **-schechten** umherlaufen. – **-schladdern** Neuigkeiten, Tratsch verbreiten: *huswies rümschladdern.* – **-schnökern, -schnückern** rumschnüffeln, rumstöbern. – **-schnuben, -schnuwen** rumspionieren: *wat schnüfft hei hier rüm?* – **-schorwarken** nach Feierabend noch arbeiten. – **-schwitisieren** sich herumtreiben: *wo hest du wedder rümschwitisiert?* – **-simmelieren** unentschlossen sein. – **-sœlen** im Dreck wühlen. – **-späuken, -spöken** rumspuken. – **-spijöken** sich rumtreiben: *du spijöökst ja denn ganzen Dach up dei* Straten rümmer. – **-stäweln** rumspazieren: *hei is denn ganzen Dach rümstäwelt.* – **-stökern** mühsam gehen. – **-strieden** rumstreiten, zanken. – **-ströpen** rumstrolchen. – **-toddern** ständig Vorhaltungen machen: *mien Mudders toddert so väl rüm.* – **-torren** herumziehen, -zerren. – **-traatschen** herumerzählen, klatschen. – **-trampsen** umhertrampeln. – **-trecken** rumziehen. – **-tüdern** etwas umbinden: *tüder di doch 'n Bändsel rüm.* – **-tünen** rumziehen. – **-tüteln, -tütern** übereifrig betreuen. – **-wöltern,** refl., sich wälzen. – **-wurachen** ohne Pause, ständig schwer arbeiten. – **-wutschen, -swutschen** rumlaufen, sich rumtreiben. – **-zapperellen** ständig schimpfen.

rümen räumen, ausräumen, aufräumen.

rümlich Adj. geräumig, groß: *de Kneistäwel wiern wat rümlich.*

Rummel m., f. 1. m. Lärm, Gerassel. – 2. m. Volksbelustigung mit Schaustellern, Jahrmarkt. – 3. f., veralt., Kornreinigungsmaschine. – 4. f. Kartoffelsortiermaschine.

Rummelie f. großer, ungeordneter Haufen, große Menge, alles zusammen: *de ganze Rummelie.*

rummeln 1. grummeln, poltern, leise donnern. – 2. mit der Kornreinigungs- bzw. Kartoffelsortiermaschine arbeiten, s. Rummel.

rumssen donnern, knallen.

rund Adj. rund, Komp. *runner*, Superl. *an'n runnsten. Rund üm dei Klock* 24 Stunden; scherzhafter Gutenachtwunsch: *schlap rund, dat du nich eckig warst;* mit etwas auskommen, ausreichen: *mit wat rundkamen.* – Rätsel: *Wat geiht rund üm'n Bom un kann nich rinkamen?* – Der Schatten.

rund-, Rund-: -eggen in Kreisform eggen. – **-fisch** m., veralt., zum Verkauf ausgenommener Fisch, ohne Kopf, meist Plötz oder Kabeljau. – **-gahn** 1. die Runde machen. – 2. schwindlig sein: *dat geiht mit em rund.* – **-um** Adv. rundum. – **-wörgen** appetitlos essen.

Runks f. Runzel, Pl. *Runksen*: *deipe Runksen in't Gesicht hemm'.*

runksen sich räkeln, hin- und herwälzen.

runner, run Adv. herunter, hinunter. Beide Formen werden nebeneinander gebraucht, auch bei allen verbalen Zusammensetzungen. Da der Gebrauch von *runner*, vor allem bei Getrenntstellung, etwas häufiger zu sein scheint, haben wir es vorangestellt.

runner-, run-: -dragen runtertragen. – Sprw.: *Dei Fru kann in dei Schört mihr von'n Hoff rundrägen, as dei Mann mit vier Pier rupführen kann* eine liederliche Frau kann den Hof ruinieren. – **-drüppen** runtertropfen. – **-fallen** runterfallen. – **-fieren,** seem., herunterlassen. – **-gahn** runtergehen. – **-haugen** runterhauen, Ohrfeige austeilen. – **-kamen** 1. runterkommen. – 2., übertr., sich ruinieren: *hei is ganz runnerkamen.* – **-laten** runterlassen. – **-liggen** runterliegen, bettlägerig sein: *se licht fast runner.* – **-maken** 1. heruntermachen: *denn Dreck von'n Disch runnermaken.* – 2. abkanzeln, ausschimpfen. – **-pedden, -perren, -peern** festtreten: *all's in'n Goorn runnerpeern.* – **-putzen** ausschimpfen. – **-racken** runterkratzen. – **-räden** runterreden: *sich all't vonne Läwer runnerräden.* – **-rieten** 1. herunterreißen. – 2. eine Sache schnell erledigen, z. B. ein Musikstück schnell spielen. – **-rutschen** runterrutschen: *rutsch mi denn Puckel runner, un wenn du unner büst, kannst' klingeln* du kannst mir gestohlen bleiben. – **-scheiten** herunterschießen, runterfallen, hier meistens *runscheiten.* – **-schlan** runterschlagen, vom Rauch: *de Rok schleit runner, dat gifft Rägen; de Näwel schleit runner.* – **-setten** runtersetzen. – **-späulen** runterspülen: *Arger runnerspäulen.* – **-trünneln** runterrollen. – **-wörgen** runterwürgen.

runschen 1. rauschen: *dat Schilp runscht, de Seiss runscht.* – 2. wühlen.

Rup f. Raupe, Pl. *Rupen*: *de Rupen sünd in'n Kohl; sett di kein Rupen in'n Kopp* mach dir keine Illusionen.

rup, rupper Adv. herauf, hinauf, beide Formen nebeneinander gebräuchlich, auch in den Zss. – Ra.: *dat's all rup as run* es ist alles einerlei.

rup-, rupper-: **-ampeln**, refl., sich hocharbeiten. – **-backen** aufkleben. – **-bratschen** draufschlagen. – **-dragen** rauftragen. – **-kamen** raufkommen, aufziehen, vom Gewitter: *dat kümmt düüster, dick rup.* – **-kladdern** hinaufklettern. – **-krœpeln** mühsam hinaufkriechen: *de Trepp rupkrœpeln.* – **-langen** rauflangen, hinaufreichen. – **-neigen** aufnähen. – **-schulen** hinterhältig, von unten heraufsehen. – **-torren, -torn** hinaufzerren. – **-trecken** aufziehen, bes. von Gewitter: *dor treckt wat up.* – **-triezen** heraufziehen.

Rupenschieter m. Großer Kohlweißling, Pieris brassicae L.

ruppen 1. rupfen. – 2., übertr., schädigen, übervorteilen: *denn hemm's schön ruppt.*

Ruppsack m. 1. Rucksack. – 2., scherzh., unordentlicher, gemeiner Mensch: *in miene Ogen büst du'n groden Ruppsack.*

Rurmantik f. Romantik.

Rüs' f. Reuse, Pl. *Rüsen.* Beim Fischfang unterscheidet man verschiedene Arten von Reusen, z. B. korbähnliche oder Garnreusen. Ihr Einsatz ist abhängig von der Fischart, die gefangen werden soll.

Rusch m., n. Binsendickicht, Schilfdickicht; in der Zwillingsformel *Rusch un Busch* allg. für wild bewachsenen Acker, Gestrüpp, Gebüsch, auch Unordnung: *dor is Rusch un Busch.*

rusig Adj. rauh, stürmisch, regnerisch: *is rusiges Wärer hüt; 'n rusigen Nuurdoost.*

russeln, rusteln rasseln, rieseln, rascheln: *dat dröge Loff russelt* das trokkene Laub raschelt; *dei Kalk russelt vonne Wand; dat russelt in't Stroh.*

Rüst f. Ruhe: *dei Sünn geiht tau Rüst; dat Johr güng tau Rüst.*

Rust m. Rost.

rusten, rustern rosten.

Rustfarf f. Rostschutzfarbe.

Rustplacken m. 1. Rostfleck. Pl. *Rustplackens*: *wenn die Waschkätel afschlagen is, gifft dat Rustplackens.* –

2., übertr., Sommersprossen: *dei sitt ganz un gor vull Rustplackens.*

Rut f. 1., veralt., Fensterrahmen, Fensterscheibe; scherzhafter Ausspruch beim Kartenspiel: *Ruten rut, secht dei Glaser un fohrt mit beide Beinen dörch't Finster.* – 2. Karokarte beim Kartenspiel.

rut, ruter Adv. raus, hinaus, heraus. Kurz- und Langformen werden nebeneinander gebraucht: *wenn ik em raup, kümmt hei ruter; büst du noch nich rut?; dat is noch lang nich rut*; aber: *all's is ruter* alles ist leer. Bei Aufforderung überwiegt die Kurzform: *kumm rut!; gah rut!*

rut-, Rut-: -ampeln sich mit den Armen und Beinen losstrampeln. – **-bäkern** herausfüttern. – **-baldowern**, wie umg., etwas austüfteln. – **-bösten** rausbürsten. – **-braden** 1. ausbraten. – 2., übertr., als Ergebnis entstehen, zeitigen: *wat dor woll rutbrött? dor brött nicks Gauds rut.* – **-dragen** raustragen. – **-drüppen, -drüppeln** raustropfen. – **-faudern** rausfuttern, gut ernähren. – **-finnen** rausfinden: *nich mit'n Nors ut'n Bär rutfinnen.* – **-fläuten** herausfischen. – **-föddern** herausfordern, auffordern. – **-fummeln** herausfinden. – **-grabbeln, grawweln**, auch umg., mit den Händen heraussuchen. – **-grugen** vergraulen. – **-hemm'** verstehen, können: *wer dat nich rut-hett, sall dorvon afbliebm.* – **-kamen** rauskommen, schlüpfen: *de Küken sünd tau'n Rutkamen.* – **-kieken** hinaussehen; Aufforderung zum Eintreten: *kumm rin, kannst rutkieken.* – **-klennern** im Kalender aufsuchen. – **-klœtern** mit Geräusch herausfallen. – **-krœpeln**, refl., sich mühsam herausarbeiten. – **-laten** herauslassen. – **-leigen**, refl., sich herauslügen. – **-lüchten** hinauswerfen: *di war'k rutlüchten.* – **-lüften** 1. anheben, – 2., übertr., rauswerfen. – **-maken** rausmachen, sich erholen. – **-muntern**, auch *-munstern*, sich herausmachen, erholen. – **-päpeln, -päpern** rausfuttern, pflegen. – **-pöllen** rauspellen, raussammeln. – **-pröddeln** herausbraten. – **-pükern** rauspulen. – **-pruusten** herausschnauben, rausplatzen. – **-puusten** rausblasen. – **-rappeln**, refl., sich herausarbeiten, gesund werden: *hei hett sich noch eis werrer rutrappelt.* – **-rieten** 1. ausreißen. – 2., übertr., weglaufen. – **-rücken** herausrücken, herausgeben: *nu rück man wat rut!* – **-rutschen** rausrutschen. – **-säuken, -söken** raussuchen. – **-schaustern** ›rausschustern‹, aufmöbeln. – **-scheiten** ›rausschießen‹, vorstehen: *dat Hus schütt 'n End ruter.* – **-schmieten** rausschmeißen: *de Angel rutschmieten.* – **-schmieter** m. ›Rausschmeißer‹. 1. Mann, der für Ordnung sorgt. – 2. letzter Tanz beim Tanzvergnügen. – **-schnacken** sich herausreden. – **-schulen** heimlich rausgucken: *sei schuult achter dei Gardinen rut.* – **-setten** hinaussetzen, hinauswerfen. – **-sin** klar sein: *dat's œwer noch nich rut* das glaube ich noch nicht. – **-spaddeln**, refl., sich mit Mühe herausarbeiten. – **-stäken** herausstecken. – **-stöben, -stöwern** herausjagen. – **-stœkern** herausstochern. – **-störten** rausstürzen. – -**trecken** rausziehen. – **-tüfteln** herausfinden. – **-wassen** rauswachsen. – **-witschen, -wutschen** hinausschlüpfen, entwischen.

Rüter m. würfelförmig geschnittenes Stück, von Brot, Fleisch und Speck (*Speckrüter*), Pl. *Rüters.*

Rutsch 1. m. kurze Dauer: *mit einen*

Rutsch; dat wier 'n Rutsch; up'n Rutsch. – 2. Als Wunsch für eine Reise und den Übergang ins neue Jahr: *goden Rutsch!* – 3. f. Schemel, Fußbank. – 4. f. Eisbahn, Schlitterbahn.

rutschig Adj. glatt zum Ausrutschen: *de Strat is hüt so rutschig.*

ruuch Adj. rauh, behaart: *hei is so ruuch üm't Mul* er ist schlecht rasiert. Auch die Haut des Menschen kann *ruuch sin as'n Stachelschwien* rauh sein wie ein Stachelschwein. Sprichwörtl. in übertr. Sinn: *De ruuchsten Fahlen warden de glattsten Pierd*; oder ebenso: *Dei ruuchsten Dierns warn dei besten Frugens.* – Pellkartoffeln werden wegen ihrer Schale scherzhaft auch *ruuch Jungs* genannt. In bezug auf das Wetter bedeutet *ruuch* rauh, unfreundlich: *'n rugen Wind, de Himmel ward so ruuch utseihn; 'n ruuch See* Meer mit stürmischem Seegang und hohen Wellen.

Ruuchbeer f. Stachelbeere. – Syn. Stickelbeer.

Ruuchbein n. Rauhbein, ungehobelter Mensch.

Ruuchklas m., hist., alte Bezeichnung für die zur Weihnachtszeit, meistens am Heiligabend, herumziehende maskierte und verkleidete Nikolausgestalt. Diese Umzüge waren früher in Mecklenburg und Vorpommern, besonders auf dem Land, recht verbreitet, heute noch üblich in Buchholz/Müritz, s. Knieperdacks. Außer dem *Ruuchklas* oder *Klingklas* gab es noch weitere Gestalten, die in Bettlaken gehüllt als Ziegenböcke und Schimmel oder Bären von Haus zu Haus zogen, um die Kinder zu erschrecken und zu beschenken. Vom Darß ist der Brauch des *Bullkaters* überliefert, eine Gestalt mit Bockshörnern und mit Ruß verschmiertem Gesicht. Vgl. auch Kinnjees.

Rüüsch n. 1. Eingeweide der geschlachteten Tiere und das Gericht daraus: gehackter Magen, Leber, etwas Mettfleisch, das Ganze süßsauer gekocht. – 2. Magen, Bauch des Menschen, auch Genitalien: *di jöökt woll't Rüüsch?* hast du Hunger?, auch: willst du Prügel haben?

ruwweln s. rubbeln.

S

S, s n. der Konsonant. s tritt in Abhängigkeit von seiner lautlichen Umgebung als stimmhafter (*seggen, säut, Pœsel, quosen*) und stimmloser Reibelaut (*Röst, Rieskees, Gasten*) auf. In manchen Fällen, besonders anlautend bei Fremdwörtern, wird s häufig zu z (*Zekretär, Zirop*). Im Anlaut vor p u. t wird s wie im Hd. in ungezwungener Rede überwiegend als sch ausgesprochen (*Stäwel* – gespr. *Schtäwel*; *Spann* – gespr. *Schpann*). Auch die anderen alten nd. Lautverbindungen sl-, sm-, sn-, sw- sind weitgehend durch schl- (*schlachten*), schm- (*schmieten*), schn- (*schnacken*), schw- (*Schwien*) ersetzt worden. Dieser Prozeß ist im meckl. – vorpom. Sprachgebiet noch nicht überall restlos abgeschlossen, doch dominiert diese Aussprache im spontanen Gespräch. In Reliktlagen (Westmecklbg, Darß, Hiddensee, Südostrügen) sind vor allem die Lautverbindungen sw- (*Swiensbraden, swemmen, Swartsur*) und sm- (*Smolt, smeckt*), mitunter auch st- (*strichen, Schotstein, straken*) noch relativ fest. Auf den schon älteren Gegensatz zwischen der sw-Aussprache im alten Mecklbg-Schwerin und dem schw- in Mecklbg-Strelitz wird in folgendem Schnellsprechreim hingewiesen: *Mien Swager in Swerin hett'n swart Swien.* Heute wird die s-Aussprache vor Konsonanten (außer vor r) vor allem durch den künstlerischen Vortrag (Rezitation, Theater, Prosalesung) gestützt.

Saach f. Säge, Pl. *Sagen*; *de Saach schrinken* die Säge schränken.

Saachbuck m. Sägebock.

Saachspon m. Sägespäne, Pl. *Saachspön.* – Syn. Sagels.

Sabbel, Sappel m., wie umg., ausfließender Speichel, meistens übertr. auf den Mund, derb: *holl dienen Sabbel!* sei still!

Sabbeljoochen m. Schimpfwort für schwatzhaften Menschen.

sabbeln, sawwern 1. Speichel aus dem Mund fließen lassen. – 2. aufgeregt, lange reden, schimpfen: *de beiden Frugens sabbbeln in einen wech.* – Syn. s. zackerellen.

Sabbeltrien f. schwatzhafte Frau: *dat's 'ne grode Sabbeltrien, maakt ut'n Furz 'nen Dunnerschlach.*

sacht, sachten, sachting Adj., Adv. 1. sanft, leise, zart: *hei is sachten inschlapen; mi is recht sacht* mir ist recht gemütlich, wohl; *dat deit em sacht* das tut ihm wohl. – 2. langsam: *hei lett dat sachten angahn; dei Wind ward sachter* der Wind nimmt ab. – Ra.: *Ümmer sachte mit dei Brut tau Bär* immer mit der Ruhe! *Prahl sacht, secht Schacht* Antwort für einen Aufschneider. Von schlechtem Essen: *dat's uk so väl, dor liehrt'n sacht na gahn un wiet na kieken.* – 3. vielleicht, wohl: *ik här dat sachten uk wüßt; dat kann sacht wat warn; dat hett hei sacht vergäten.*

sachtmäudig Adj., veralt., sanftmütig.

Sack m. Sack, Pl. *Säck; hei sitt up sien' Sack, hei höllt'n Dumen up'n Sack; düüster as in'n Sack* sehr dunkel, grauer Himmel; *de Rock sitt as'n Sack* der Rock sitzt schlecht. – Ra.: *hei steckt em in'n Sack* er ist ihm überlegen; *hei verköfft em in' un ut'n Sack* er übervorteilt ihn beim Kauf; *de Katt in'n Sack köpen* etwas ohne zu prüfen kaufen; *in'n Sack haugen* die Arbeit aufgeben; *'n Sack vull Küll* viel Kälte: *dor kümmt 'n Sack vull Küll rin* bei offen stehender Tür.

Sack-: -dauk, -dok n. Taschentuch. – **-kor** f. Karre, mit der volle Säcke transportiert werden. – **-linnen** n. Sackleinwand, Sacktuch. – **-mess** m. Mineraldünger.

sacken 1. in Säcke füllen, einsacken. – 2. sinken, sich senken, fallen: *dei Deich sackt* der Teig fällt, geht nicht; *dat Meddach möt sacken; hei is inne Huk sackt; inne Knei sacken.*

Sacksband n. Bindfaden.

Sadel, Saddel m. Sattel.

Sadelpierd n. Sattelpferd, es geht im Vierergespann links hinten, vorne links *dat Lienpierd*, vorne rechts *dat Vörbiepierd*, hinten rechts *Handpierd.*

Sädel f. s. Sälen.

Sadrach m. 1. böse, zänkische Frau. – 2. Teufel.

Säf n. Sieb, Pl. *Sääft, Säwen*; übertr.: *dei is mit alle Säben siecht* er ist sehr gerissen, mit allen Sieben geseiht.

Sägel n. Segel. Es werden am Segelboot verschiedene Arten unterschieden, in Abhängigkeit vom Mast, z. B. am *Vörmast*: *Fock, Unnermoors, Babenmoors, Unner- un Babenbramsägel*; am *Grotmast*: *Grot-, Unner- un Babenmoors, Unner- un Babenbramsägel*; am 3. oder 4. Mast: *Besansägel*

Untersegel. – Ra.: *dei Sägel schmieten* klein beigeben; jmd. *denn Wind ut'e Sägel nähmen; alle Sägel upspannen* mächtig prahlen; *up vulle Sägel lopen* vom Schiff, das volle Segel gesetzt hat; *alle Sägel setten*: 1. mit Schwung an etwas herangehen. – 2. viel trinken.

sägeln segeln. – Ra.: *dat sägelt all gliek hoch* es kommt auf dasselbe hinaus; *up Backbuurd sägeln* betrunken sein; *œwer Oors sägeln* mit achterlichem Wind segeln; *dat sägelt noch dicht* es geht noch gut.

Sagels n., mit offenem *o* ausgesprochen, auf Rügen *Saachlis, Saglitz*, Sägespäne. Sie werden zum Räuchern von Fischen und Wurst benutzt, am besten eignen sich dazu *Eikensagels* Sägespäne von Eichenholz. – Syn. Saachspon.

Sägen m. Segen: *mien' Sägen hett hei; dat's 'n wohren Sägen, dat du kümmst, ik wüßt nich ut noch een; dor nimmt Gott's Sägen œwerhand*, wenn sehr viele Kinder in einer Familie geboren werden; übertr.: *dor licht de ganze Sägen* da liegt alles, z. B. zerbrochenes Geschirr.

sagen, mit dumpfem langem a gesprochen, 1. sägen: *dei saacht Holt.* – 2., übertr., schnarchen: *dei saacht un sitt vör'n Knast* von jmd., der sehr laut schnarcht.

Sahnmaschin f. Zentrifuge.

Sak f. die Sache, Angelegenheit; *dat Saken* als Sammelbezeichnung für allerhand Kram, unwertes Zeug; im Singular oft mit Zusätzen: *dumme Sak, krumme Sak, grot Sak, eigen Sak, mien Sak. Sak* steht auch für alles Gegenständliche und Allgemeine: *ümme Sak rümräden* um etwas herumreden, Ausflüchte machen; *gor nich bi de Sak sin* nicht aufpassen; wenn aber jmd. *gaut bi Sak is*, ist er wohlbeleibt und kräftig. Ungewisses Zögern drückt die Redefloskel: *dat's so'n Sak* aus, und der Volksmund hat sie erweitert: *dat's so'n Sak, secht Knak un kettelt sien Fru mit 'ne Messfork.* Weiter im Sagw.: *Dei Sak hett'n Haken, säd dei Heckt, don satt hei an de Angel fast.* – Ra.: *As wi't maken, so stahn dei Saken* jeder ist seines Glükkes Schmied.

Säkel f., veralt., Sichel, heute überwiegend in hd. Lautform sprachüblich.

Säkels n. Aloeblättrige Krebsschere oder Wasseraloe, Stratiotes L.; verkürzt aus *Säkelkrut*, Pflanze mit sichelförmigen Blättern.

säker sicher, heute in hd. Lautform üblicher: *sicher is sicher; dor is'n sich sienes Läbens nich sicher.*

Sälen f., eigtl. Plural, Sielengeschirr, auch *Sädel* m., n.: *de Mann licht ümmer inne Sälen* der Mann ist fortwährend tätig; *hei passt in jeden Sälen rin* er kann sich überall hineinfinden; *hei is noch nich wedder inne Sälen* er ist noch nicht wieder ganz hergestellt.

Salhund m. Seehund. Altes Fischerlied an der Küste und Tanzreim: *Hal mi denn Salhund ut'n Stranne to Lanne. He hett mi all de Fisch upfräten, he hett mi't ganz Nett terräten, hal mi denn' Salhund ut'n Stranne to Lanne.*

Salm m., wie umg., Gerede, Geschwätz, langweilige Rede. – Zu hd. *Psalm.*

Sammelholt n. zusammengesammeltes Kleinholz. – Ra.: *Sammelholt brennt uk* Kleinigkeiten zählen auch.

Sand n., m. Sand: *dat Sand, de Sand.*

sanft Adj. sanft, in Verbindung mit Personennamen und Substantiven für verschiedene Mehlsuppen: *Sanfte Liebe* oder *Sanfte Liese* Milchsuppe mit Mehl. *Sanfter Heinrich* 1. süße Milchsuppe aus Mehl oder Grieß mit Fruchtsaft. – 2. Likör.

Sannat, Zannat m. Zander, Lucioperca lucioperca (L.).

Sappel m. s. Sabbel.

sarp Adj. streng, sauer, herb, auch stumpf von Zähnen: *mi sünd de Tähnen so sarp.*

Satt f. flache, ursprünglich irdene, heute gläserne Milchschüssel, in der Milch zum Dickwerden aufgestellt wird. Die alten irdenen Schüsseln waren sehr viel größer (3–4 Liter), der abgeschöpfte Rahm wurde im *Rohmpott* zum Buttern gesammelt. *De Melksatten stünn' in't Melkschapp* die Milchsatten standen im Milchschrank.

Sau f., wie hd., 1. weibliches Schwein, gilt in dieser Bedeutung hauptsächlich für Wildschweine, sonst allg. nd. *Sœch* (s. d.). – 2., übertr., Schimpfwort für liederlichen und schmutzigen Menschen. – Ra.: *he maakt em to 'ne Sau* er schimpft ihn tüchtig aus. Schimpfwörter: *Sauarsch* m., *Saubessen* m., *Saubüdel* m.

Sauarbeit f., wie umg., schwere Arbeit.

säuken, söken suchen. Präs. Sg. *säuk*, 2. *söchst*, 3. *söcht*; Prät. Part. *söcht.* In Redensarten oft für sinnloses Suchen: *hei söcht siene Brill und hett s' up'e Näs; hei söcht denn drüdden Dach inne Woch* er sucht den dritten Tag in der Woche (weil Mittwoch = 3. Tag nicht das Wort *-tag* enthält); *hei söcht' Pierd un sitt dorup* er sucht das Pferd, auf dem er sitzt.

Säuker, Söker m. 1. ›Sucher‹, jmd., der sucht: *Säuker spälen* Versteck spielen. – 2., fischerspr., Suchhaken bei der Eisfischerei; kleiner Quirl, beschwert mit einem Stein oder einem Stück Eisen, an langer Leine, mit dem die auf dem Grund liegenden Angelleinen gesucht und aufgenommen werden.

Sauß f. Soße.

Saußenkann f. Sauciere, Soßenschüssel, auch *Saußenpott.*

säut, söt Adj. süß: *de lütt Diern süht ganz säut ut* das kleine Mädchen sieht sehr niedlich aus; aber auch zu einem Kind, das sich sehr schmutzig gemacht hat, kann man ironisch sagen: *du sühst ja säut ut. Säutes Länneken* Hiddensee. Substantiviert ist *'n Säuten* ein Küßchen: *giff mi eis 'n Säuten! Mien Säuting* ist Kosewort für ein kleines Kind. *Wat Säut's* ein bißchen Süßes kann eine Nachspeise, aber auch Pralinen oder Bonbons sein.

säut-, Säut-: -kauken m., veralt., Pfefferkuchen. – **-kram** m. Süßigkeiten. – Syn. *Säutwark.* – **-melk** f. ›Süßmilch‹, d. h. frische Vollmilch. – **-mülig** Adj. Appetit auf Süßes habend. – **-sur** Adj. süßsauer.

säuten süßen, süß machen.

Säwersaat f. Zitwersamen, altes Heilmittel gegen Würmer aus Artemisien (verschiedene Beifußarten).

sawwern s. sabbern.

schääfsch Adj. ›schäbig‹, niederträchtig, gemein, gehässig.

Schabrack f., n., letzte Silbe betont, 1., veralt., Rock, Jacke, Decke unter dem Pferdesattel. – 2. alte Sachen, z. B. altes Haus, alter Hut; auch altes Pferd. – 3. Schimpfwort für alte Frau.

Schacht m. 1. Stange, Stock, Knüppel: *hei kricht wat mit'n Schacht*; vor allem dünne Stöcke (z. B. *Angelschacht, Deckelschächt*). – 2. f. Prügel, Hiebe: *du maakst so lang', bet' ierst werrer Schacht gifft; Jung', wettste keen Uträd', krist' Schacht.* – 3. ein Stück Kuchen, Stück Brot: *de Jung' ät 'n Schacht Brot.* – 4. Oberteil vom Stiefel oder Strumpf. – Zu hd. *Schaft.*

schachten schlagen, prügeln, hauen.

Schacker m. 1. Wacholderdrossel, Turdus pilaris L., nach ihrem Ruf (*schack, schack*) benannt. – 2. Misteldrossel, Turdus viscivorus L.

schaden 1. schädlich sein: *dat schad di gor nicks* das schadet dir gar nichts. – Ra. über wirkungsloses Tun: *Schad' dat nich, denn helpt dat nich, un helpt dat nich, denn schad' dat ok nich.* Im Sagw.: *Dat schad' mien'n Vadder gor nicks, dat mi dei Fingern frieren, worüm köfft hei mi kein Hanschen.* – 2. mangeln, fehlen. – Ra.: *wat schad' di denn?* was fehlt dir?; *Wat schad' di hüt?* warum bist du heute so mürrisch?

Schäf, Schäw f. 1., landw., Abfall von Flachs und Hanf beim *Braken.* – 2., übertr., Schabernack: *'n Schäf rieten, 'n Schäwen stäken* Schabernack treiben, einen Streich spielen.

schaffen 1., seem., essen. – 2., allg., tüchtig arbeiten, vorwärtskommen. – 3. mit Akk. der Pers. jmd. entkräften, die Nerven rauben: *Junge, Junge, de schafft mi noch! Du schaffst mi!*

schafflig Adj. gut lohnend; *dat geiht em schafflig vonne Hand; de Arbeit geiht schafflig.*

Schak f. Kettenglied.

Schäkel m., seem., Glied der Ankerkette; Dim. zu Schak.

Schakett n. Jakett.

schakig Adj. ängstlich, elend, schlecht: *mi is so schakig.*

Schal[1] f. 1. Messergriff, vereinzelt *Schoel.* – 2., selt., Schale, Hülse. – Syn. Schell[1].

Schal[2] f. Schale zum Trinken.

schalig Adj. abgestanden, schal.

Schämel m. Schemel, Fußbank. – Syn. Hüker.

schämern schimmern, glänzen.

schamfieren verunzieren: *dat Hus schamfiert dei ganze Strat.*

Schampienjong m. Champignon.

Schän f. 1. Schiene, Pl. *Schänen.* Untergestell eines Schlittens. – 2. Holzspäne, gespaltene Weidenstöcke.

Schandar m., letzte Silbe betont, veralt., Gendarm.

Schandudel m., zweite Silbe betont, durchtriebenes Mädchen, häßliche Frau.

Schangs f. Chance, Möglichkeit, Pl. *Schangsen.*

Schanie n. s. Schenie.

schanieren, schenieren, refl., sich genieren, zieren, peinlich sein: *du bruukst di för dien Öllern nich tau schenieren; dat scheniert 'n groden Geist nich* das kommt mir sehr gelegen; mit Zusatz: *dat scheniert keinen groden Geist, un 'n lütten hemm' wi nich.*

Schäning f. minderwertige, kleine Scholle, Pl. *Schänings.*

Schäp n. s. Schipp.

Schap n. 1. Schaf, auch Lockruf, Pl. *Schœp, Schap*; Dim. *Schœping.* Die Schafhaltung spielte in Mecklenburg seit dem 16. Jh. eine große Rolle, weil die Schafe, verglichen mit dem Rindvieh, anspruchslos sind und dennoch vielseitig nutzbar. An erster Stelle stand die Wollgewinnung, aber auch Milch- und Käseerzeugung sowie das Fleisch waren sehr wichtig; für die Düngung besonders wertvoll war der Schafskot. Nur einmal im Jahr, wenn die Schafe auf die Weide kamen, wurde der Stall ausgemistet, so daß die Schafe im Laufe des Winters immer höher standen und die Ställe immer niedriger wurden. Seit einigen Jahren hat die Schafhaltung erneut an Bedeutung gewonnen, die Produktion von Schafkäse ist allerdings stark zurückgegangen. – Vergl., Ra., Sprw.: *hei süht ut, as wenn em de Schap wechlopen sünd; hei steiht dor as'n dummes Schap* von jmd., der leicht verstört und abwesend ist. Abwehrend deshalb: *ik war mi doch nich von't Schap bieten laten!* Und das Sprw. mahnt: *Wer sik to'm Schap maakt, denn frett de Wulf.* Ähnlich im Inhalt, kürzer im Ausdruck: *So'n Schap, so'n Schur* wie man sich gibt, wird man behandelt. Der Tüchtige aber *weet sien Schap to scheren*, und *hei ward uk sien Schap in't Drööch hebben* er wird seinen Gewinn schon bekommen haben. Als Trost bei Mißerfolg heißt es: *Lat' Schap man schieten, de Wull wasst lieker* laß das Schaf ruhig scheißen, die Wolle wächst trotzdem, Nebensächlichkeiten soll man nicht so wichtig nehmen, es kommt auf das Wesentliche an. – 2., übertr., Tannen- und Fichtenzapfen, dafür auch das Dim. *Schœping.*

Schap(s)-, schap(s)-: -dœmlich Adj. sehr dumm. – **-drift** f. Schafweide. – **-garf** f. Schafgarbe, Achillea millefolium L. – **-kees** m. Käse aus Schafsmilch, Kümmelkäse. – **-kopp** m. Schimpfwort. – Syn. *Schapsmichel, Schapsnoors* m. – **-kœtel** m. Schafskot. – **-lamm** n. weibliches Schaflamm. – **-ledder** *n.* Leder aus Schafhaut. – **-mess** m. Schafdung, gilt als sehr gut, deshalb: *wo't Schap henpisst, kann 'ne Kauh henschieten.* – **-pauhl** m. Teich, in dem die Schafe gewaschen werden. – **-rosinen** Pl. Schafsmist.

Schäpel m. Scheffel. 1. altes Holzmaß von unterschiedlicher Größe (s. Abb.), vornehmlich für Getreide, etwa bis Mitte des vorigen Jahrhunderts noch im Gebrauch. Man unterschied im wesentlichen den *groten* (80–90 Pfund) vom *lütten Schäpel* (60 Pfund). – 2. die mit dem Scheffel gemessene Menge, auch übertr. auf die Fläche, die mit einem Scheffel besät werden konnte. In Redensarten steht der Schäpel vor allem als Meßgerät für Geld: *Geld mit Schäpeln mäten* sehr reich sein. Ganz entfernte Verwandtschaft *is nich mit'n Schäpel Arften aftoseigen* kann man nicht mit einem Scheffel Erbsen ›absäen‹, und deshalb verkürzt: *wi sünd dörch'n Schäpel Arften verwandt* sehr entfernt verwandt.

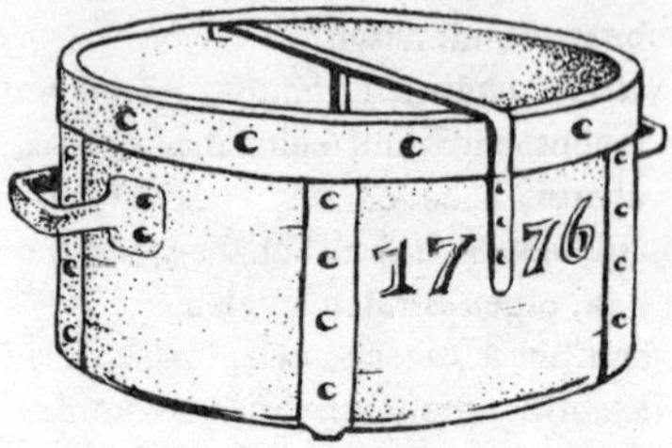

schäpeln scheffeln, sammeln, Ertrag einbringen: *dat schäpelt gaut.*

Schäper m. Schiffer, Pl. *Schäpers.*

Schapoklapp m. zusammenklappbarer Zylinderhut. – Aus frz. *chapeau claque.*

Schapp n. Schrank, Pl. *Schapps.* Je nach seiner Bestimmung heißt er *Ätelschapp* zum Aufbewahren von Eßwaren, *Fleigenschapp* Schrank mit Gazefenster zum Schutz gegen Fliegen, *Kleederschapp* Kleiderschrank, *Kœkenschapp* Küchenschrank, *Mel-*

kenschapp, veralt., Milchschrank, in dem oben die gefüllten Milchsatten aufgestellt wurden und unten der *Rohmpott* seinen Platz hatte. – Ra. über jmd., der von zu Hause nicht fort war: *de is nich achter Vadder sien Schapp rutwääst.*

Schappwand f. Anbauwand: *'ne niege Schappwand köpen.*

Scharnbull m. s. Scharnwäwer.

Scharnwäwer m. Mistkäfer, auch *Scharpenwäwer* Familie Scarabaeidae, im Westen Mecklenburgs *Scharpenbull, Scharnbull, Schaarnbull*; weitere allg. Synonyme: *Aaskäwer*, Burrkäwer, Busskäwer, Messkäwer, Pierdknieper, *Schietkäwer* u. m. – Wetterregel: *Wenn dei Scharnwäwer burrt, gifft' morgen gaut Wärer.*

scharp Adj. scharf, schneidend: *dat Metz scharp maken; de Görn sünd dor scharp na* die Kinder sind sehr darauf aus.

schassen, wie umg., wegjagen wegen eines Vergehens. – Zu frz. *chasser.*

Schaßmien m., letzte Silbe betont, Jasmin.

Schät m. ›Schiß‹. 1. Kot, Stuhlgang. – 2., übertr., Minderwertiges: *dat's för'n Schät* das ist soviel wie nichts; *dat geiht di'n Schät wat an* es geht dich nichts an; *Schiet un Schät* jede Kleinigkeit; *de maakt ut'n Schät 'n Dunnerschlag* er übertreibt, macht aus der Mücke einen Elefanten; *ik war em 'n Schät helpen.* – Syn. Schiet.

Schauf, Schof f. Schar, Schwarm, eine Menge Gleichartiges: Vögel, Federvieh, Menschen: *'ne Schauf Vögel, 'ne Schauf Minschen.*

Schauh, Schoh m. Schuh; Dim. *Schäuhking.* Wenn neue Schuhe beim Gehen knarren, heißt es: *dei Schauh sünd noch nich betaalt* die Schuhe sind noch nicht bezahlt. Ein anderer Aberglaube warnt die zukünftige Braut: *lat di kein Schauh von dienen Mann schenken, denn blifft hei nich tru* laß dir keine Schuhe von deinem Mann schenken, sonst bleibt er nicht treu. Scherzhaft fragt man Kinder mit schmutzigen Füßen: *kannst du de Schauh noch taukriegen?* Etwas, das absolut nicht zusammenpaßt, *dat sünd pommersch Fäut un Pariser Schauh* pommersche Füße und Schuhe aus Paris. Vertritt man eine gegenteilige Meinung, heißt es: *ümgekihrt ward 'n Schauh ut.*

schauhbahnigen, erste Silbe betont, veralt., auf Schnee und Eis rutschen, heute *schliddern.*

Schauhbahning f., veralt., Schlitterbahn.

Schaul, Schol f. Schule: *tau Schaul gahn* zur Schule gehen; *ut'e Schaul schnacken* Geheimnisse verraten. Aus der Sicht der Kinder wird die Schule nicht immer freundlich beurteilt, so etwa: *mit dei Schaul ward dei best Tiet von'n Läben verträdelt*; oder noch schärfer im Sagw.: *Wat nutzt' mi, dat de Schaul afbrennt is, sär de Jung', wenn de Schaulmeister nich mit verbrennt is!* Und schließlich resignierend: *man kümmt ut'e Angst nich rut: in'n Sommer de Gewitters un in'n Winter de Schaul.*

Schaul-: -fründ m. Schulfreund. – **-johr** n. Schuljahr. – **-lihrer** m. Lehrer. – **-meister** m. Lehrer. – **-stunn'** f. Schulstunde.

Schäuler, Schöler m. Schüler.

Schauster, Schooster m. Schuster, auch Spottname für Unfähige in anderen Handwerksberufen. Der Schuster selbst wird häufig als *Pickhingst* ›Pechhengst‹ oder *Pickdraht* verspottet, auch in folgenden Neckreimen:

Schooster Pickdraht wohnt anne Landstrat; alle Lü' kieken em an, wur hei schoosterieren kann. Oder: *Schauster Pickdraht löppt dörch dei Langenstrat, Langenstrat fängt an tau brennen, oh, wur kann die Schauster rönnen.*

Schauster-: **-bodder** f. Rührei mit Mehl gestreckt als Brotaufstrich. – **-buck** m. Schemel des Schusters, auch *Schausterhüker* m. – **-jung'** m. 1. Schusterlehrling. – 2. Salzkuchen. – **-karpen** m., scherzh., Hering, Salzhering. – **-kugel** f., veralt., 1. wassergefüllte Glaskugel, die am Arbeitsplatz des Schusters an einem Lederriemen am *Schaustergalgen* aufgehängt wurde und das Licht der Lampe auf den Schuh konzentrierte. – 2., scherzh., steifer, schwarzer Hut. – **-stipp** f. ›Schustersoße‹ aus gebratenen Speckwürfeln, Zwiebeln und Mehl, die zu Pellkartoffeln gegessen wird.

schaustern schustern. 1. Schusterarbeit verrichten. – 2., übertr., schlecht arbeiten.

Schäwelheid f. grobe und schlechte Hede, Abfallflachs.

schawwig Adj. schäbig, frech: *'n schawwigen Kierl.*

schechten, wie umg., sich beeilen, schnell laufen.

scheef s. scheif.

Scheeper m. Schäfer. Dem Schäfer wurden in bezug auf Wetterprognosen und die Behandlung von Krankheiten prophetische Gaben zugesprochen: *de Scheeper wüsst mit'n Wärer god Bescheid; de Scheeper künn püüstern*; wenn er seine Herde hütete, *knütt' hei Hanschen orrer Strümp* strickte er Handschuhe oder Strümpfe. *Lichtmess süht dei Scheeper leiwer 'n Wulf in'n Stall as de Sünn* im Februar (2. 2.) sollte noch so viel Futter im Stall sein, daß keine Sonne durch die Fenster scheinen kann. In Ra., Vergleichen und Sprw. wird der Schäfer oft verspottet: *dei Scheeper un dei Schinner sünd bei' por Schwesterkinner*; von einem bunten Kleid: *dat is so bunt as kein Scheeper fläuten kann; 'n gauden Scheeper kricht 'n Hals nich vull* … kann nicht genug Weidefläche bekommen. Wenn ein Brötchen hohl ist, heißt es: *dor kann dei Scheeper mit sien Schap rintrecken.*

Scheeperbüx f. 1. Schäferhose. – 2., übertr., Fettschicht auf der gekochten Milch.

Scheeperhaut m. Schäferhut.

Scheeperstock m. Schäferstock mit Haken an einem Ende, um einzelne Schafe aus der Herde herausholen zu können.

scheesen, wie umg., schnell, eilig laufen, rennen: *kann de Diern œwer scheesen, dat stööft man so* kann das Mädchen laufen, das staubt nur so; *hei scheest de Strat lang* er rennt die Straße lang.

Scheid f. 1. Grenze: *up de Scheid steiht ein Scheidstein; œwer de Scheid gahn* über die Grenze gehen. – 2. schmales Brett der Leiter: *inne Austlerrer sünd fief Scheiden un dormank sitten de Tramen orrer Spraten*; auch für andere Hölzer.

scheif, scheef Adj., Adv. 1. schief, krumm, ungerade, in konkreter und übertragener Bedeutung, häufig auch in Ra. und Vergleichen: *de Sak kann noch scheif gahn* die Sache kann noch ein böses Ende nehmen. Jemand, der zu viel getrunken hat, *de hett scheif lad't*; jmd., dessen Auffassung man nicht teilt, findet man schnell ab mit der drastischen Bemerkung: *du büst ja scheif wickelt.*

Sehr viel versöhnlicher die Ra.: *'n bäten scheif is liekers leif, alltau grad is jammerschad* ein bißchen schief ist ganz nett, wo alles genau stimmt, wird es langweilig. Das gleiche gälte, so meint das Sprw., auch für den Menschen: *Dor is kein Pott so scheif, hei find't sien Deckel*; und ganz allgemein: *je scheewer, je leewer* je absonderlicher, desto besser. – 2. böse, falsch: *hei hett mi scheif ankäken* er hat mich böse angesehen. Für den Seemann ist *scheiwen Wind* ungünstiger Wind.

scheifbeinig Ajd. krummbeinig.

scheifhängen schief hängen: *mi hängt de Maach scheif* ich habe Hunger.

scheiflachen, refl. sich schief lachen.

Scheit, Scheet f. Gewehr, etwas zum Schießen: *de Jung' geiht mit siene Scheit in'n Goren*; kinderspr.: *Scheitepuh.*

scheiten schießen. Präs. Sg. 1. *scheit*, 2. *schüttst*, 3. *schütt*; Prät. *schot*; Part. Prät. *schaten. In'n Wind scheiten* Beidrehen von Segelschiffen; *inne Hööch scheiten* schnell wachsen; *inne Knei scheiten, inne Glieder scheiten* einen Schreck bekommen; *Tranen scheiten em ut de Ogen* er fängt an zu weinen; derb: *hei schütt sich de Lüs von'n Büdel* wenn jmd. auf dem Abort laut hörbar Winde läßt. Im Sagw.: *Ik scheit uk, säd dei Has, as dei Jäger em drapen har, dor schütt hei Kobolt.*

Scheithund m. Schießhund. – Ra.: *uppassen as'n Scheithund* sehr scharf aufpassen, alles bemerken.

Schell[1] f., auch *Schellsel*, Schale: *dei Schellen warden för dei Schwien kaakt.* Syn. Schal[1].

Schell[2], **Schill** f. Schelte, Vorhaltungen: *hei hett Schell krägen* er ist ausgeschimpft worden.

Schell[3] f. 1. kleine Glocke. – 2. herabhängende Fleischläppchen bei Hahn und Hühnern unterhalb des Kammes.

schellen[1], **schillen** 1. schelten, schimpfen. Präs. Sg. 1. *schell*, 2. *schellst*, 3. *schellt*; *Prät. schüll*; Part. Prät. *schullen. Se schellt denn ganzen Dach; dor kann man schellen un schellen, helpen deit dat doch nich.* Im Sprw.: *'n Hund, de nich bellt, un 'ne Fru, de nich schellt, dei dögen nicks;* ähnlich: *lat de Fru man schellen, dat möt se hemm', dat höllt se frisch.* – 2. sich erklären, nennen: *hei schellt sich Dokter un is dat gor nich. Kölpin, ja, so schellt hei sik* Kölpin, ja, so heißt er.

schellen[2] schälen, Haut entfernen. Präs. Sg. 1. *schell*, 2. *schellst*, 3. *schellt*; Part., Prät. *schellt*; *Tüffel, Äppel schellen.*

Schellhiering m., veralt., abgezogener gesalzener Hering: *dat gifft nicks Bäteres as niege Tüften un Schellhiering.*

Schemisett n., letzte Silbe betont, veralt., Chemisett, Vorhemd; üblich noch in Ra.: *eenen achter't Schemisett geiten* Alkohol trinken; Androhung von Prügel: *di is woll lang' kein Ooch œwer't Schemisett rullt!* – Syn. Vörhemd.

schenant Adj., letzte Silbe betont, unangenehm, genierlich: *nahst is se dat schenant.* – Zu frz. *gênant.*

Schenie, Schanie n., letzte Silbe betont, 1., veralt., Schamgefühl: *se hett uk nich 'n bäten Schanie.* – 2. Genie, genialer Mensch: *versapen Genie* Saufbold.

schenieren s. schanieren.

schenierlich Adj. peinlich, unangenehm.

Schentelmen m. Gentleman, feiner Herr.

schetterig, schitterig Adj. bleich, blaß, elend, mager: *he süht hüt wedder so schetterig ut.*

Schichttähn m. Schichtzahn, Milchzahn, Pl. *Schichttähnen.*

Schick m. gutes Aussehen, Beschaffenheit, rechte Ordnung: *hei hett sienen Schick nich* er ist nicht ganz normal; *dat möt all sien' richtigen Schick hemm'* das muß alles seine Ordnung haben; *nich tau Schick kamen* nicht zustande kommen; *wat tau Schick hemm'* etwas fertig, in Ordnung haben. Oft wird *Schick* in formelhafter Verwendung mit *Rick* gebraucht: *dat möt allens in Rick un Schick sin.*

Schiebenkleister m. 1. dickflüssige Speise, Brei, früher auch als Fensterkitt benutzt. – 2. Im Ausruf als Ausdruck der Enttäuschung: *so'n Schiebenkleister!*

Schiebenscheiten n., veralt., Scheibenschießen, d. i. das Schießen nach der Scheibe beim Schützenfest. Die höchste Ringzahl brachte die ›Königswürde‹.

Schiebenschuß m., veralt., Schützenfest: *hüt gahn wi na'n Schiebenschuß.*

Schief f. Scheibe, Pl. *Schieben, Schiebm; 'ne Schief Brot, 'ne Schief Speck.*

Schien m. 1. Schein, Licht, Anschein: *de Schien drücht* der Anschein trügt; *tau'n Schien daun.* – 2. Papiere, Bescheinigung, Geld: *hei hett 'n Schien krägen* er ist entlohnt worden.

schienen scheinen.

Schier f. Schere, Pl. *Schieren.*

schier Adj. unvermischt, rein, glatt, ebenmäßig. In bezug auf Sachen und Gegenstände: *schieren Speck* fetter Speck; *schieres Fleisch* Fleisch ohne Knochen; *de Eier sünd schier* die Eier sind nicht befruchtet; *dat Stroh licht nich schier* das Stroh liegt nicht gerade. Von Personen: *dat's 'n schieren Jung'* das ist ein hübscher Junge; *hei is so schier up'n Lief* er ist wohlgenährt; *wat schier maken* etwas wieder einrenken, wieder gut machen: *ik heff dat wedder schier maakt.*

Schierenschlieper m. Scherenschleifer.

Schiet m., f., n. Scheiße, Exkrement. Dieses in seiner hochdeutschen Form vulgäre Wort ist im Plattdeutschen in seiner übertragenen Bedeutung Dreck, Schmutz, auch wertlose, minderwertige Dinge durchaus sprachüblich. Es wird auch in der hochdeutschen norddeutschen Umg. bedenkenlos gebraucht und darüber hinaus immer als Beispiel dafür angeführt, daß man im Plattdeutschen manches sagen könne, was im Hd. nicht möglich sei; *so'n Schiet* als Ausdruck der Enttäuschung klingt eben sehr viel freundlicher als die hd. Entsprechung. Dabei ist zu beachten, daß *Schiet* in übertr. Bedeutung entweder als Maskulinum oder Neutrum gebraucht wird: *dat Schiet kannst alleen maken!* das kannst du alleine machen; *ik war em denn Schiet vör de Beinen schmieten; dat geiht di'n Schiet an* das geht dich gar nichts an; *dor hest dien Schiet* da hast du deine Sachen; *tau Schiet maken* jmd. ausschimpfen. In den Zss. tritt oftmals die eigentliche Bedeutung des Bestimmungswortes zurück, dagegen wird eine Verstärkung der Aussage bewirkt:

Schiet-, schiet-: -büx m. Angsthase. – **-egal** Adv. ganz egal: *dat is mi schietegal*, auch mit dem Zusatz: *schietegal, Speck orrer Aal.* – **-fründlich** Adj. übertrieben freundlich, verlogen. – **-gäl** Adj. hellgelb. – **-hus** n.

Klosett, Abort. – **-käwer** m. Mistkäfer. – Syn. s. Scharnwäwer. – **-kierl** m. Nichtskönner. – **-kolt** Adj. naßkalt. – **-kram** m. Überflüssiges, Altes, Wertloses, auch Unangenehmes, Ärgerliches: *dat's all so'n Schietkram.* – **-kramtüüchs** n. unbekannte Ware, wie *Schietkram.* – **-wärer** n. unfreundliches Wetter.

schieten scheißen, Notdurft verrichten, zur Verwendung des Wortes vgl. Schiet. Präs. Sg. 1. *schiet*, 2. *schittst*, 3. *schitt*; Pl. *schieten*; Prät. *scheet*, Part. Prät. *schäten.* Antwort, wenn ein Kind ständig Geld haben möchte: *ik glöf, du denkst, ik kann Geld schieten; ät man Fleisch, denn schittst kein Knaken; schiet di nich inne Büx* sei nicht so ängstlich. Allgemein als Ablehnung: *ik war di wat schieten, ik schiet di wat; de Paster von Ziethen ward juuch Anklamiten wat schieten; dor schiet ik in* daraus wird nichts; *ik schiet up denn ganzen Kram* ich will mit der Angelegenheit nichts zu tun haben. Scherzfrage: *Wat maken wi nu? Schieten up e Däl (vör de Dör) un lopen wech.* – Ra. *u.* Sprw.: *Lat' Schap schieten, de Wull wasst liekers. De Düwel schitt ümmer up denn gröttsten Hupen* wo viel ist, kommt immer noch mehr hinzu. Wenn einer *lang' lääft, ward hei olt, wenn hei lang' schitt, ward em dei Noors kolt; wenn'e Hund schitt, kann'e nich bieten* eine Sache kann man bloß machen. Als Antwort, wenn jmd. immerzu ›wenn‹ sagt: *har de Hund nich schäten, har hei 'n Hasen gräpen.*

Schieter m., Dim. *Schieting.* 1. Kosewort für ein kleines Kind: *wat wist, mien Schieter?; lütt Schieter.* – 2. ›Scheißer‹, übler Mensch.

Schieterie f. Durchfall. – Syn. s. Dörchfall.

schietig Adj. dreckig, schmutzig: *hei hett sich so schietig maakt.*

schiften, seem., wechseln, umspringen: *de Wind schift* der Wind dreht sich.

Schillerbuck m. Libelle.

schilpen, schülpen piepsen, zwitschern, besonders von Spatzen.

schilpern s. schülpern.

Schilweries n. leicht übergefrorene Eisdecke.

schilwern in kleine Stücke schneiden: *du schilwerst ja so fiening; hei schilwert de Wust man blot af.*

Schimmelreiter m. als Schimmel (mit Pferdekopf, Leib und Schwanz) verkleidete maskierte Gestalt aus den Weihnachtsumzügen, s. Wihnachten.

schineesch Adj., zweite Silbe betont, chinesisch.

Schinken m. Schenkel beim Menschen und bei Tieren: *sei hett 'n por schöne Schinken!* Wenn jmd. *mit'n Schinken na de Wust schmitt*, so macht er einen schlechten Tausch, wohl aber verspricht er sich etwas, wenn er mit *de Wust na'n Schinken schmitt.* Wenn man jedoch noch einen *Schinken in't Solt hett*, bedeutet das die Verpflichtung zur Wiedergutmachung. – Zwei alte Kinderspiele sind *Schinkenkloppen* und *Schinkenschnieden*; zu dem letzteren sprach man folgenden Vers, wenn man außen um den Kreis sitzender Mitspieler herumging: *ik stah un schnied Schinken, denn ik leef, war ik winken* ich stehe und schneide Schinken, den ich liebe, dem werde ich winken.

Schinkenbüdel m. 1. Gazebeutel, in dem Schinken aufbewahrt wird. – 2., scherzh., Frauenschlüpfer.

schinnen, refl., sich schinden, abmühen, schwer arbeiten.

Schinner m., veralt., 1. Schinder, Abdecker. In Ausrufen noch gebräuchlich: *hal di de Schinner!; dat di de Schinner haalt!* – 2., übertr., jmd., der Leute quält oder hart arbeiten läßt. – 3. altes, klappriges Pferd.

Schinnerduf f. Krähe, Nebelkrähe. – Zusammengezogen aus: *denn Schinner sien Duben.*

Schipp, Schäp n. Schiff, Pl. *Schäpen. Dat Schipp is dalgahn mit Mann un Mus* das Schiff ist mit der ganzen Besatzung untergegangen; *dei Schäpen legen tau Anker.* Scherzh. Ausruf bei stürmischem Wetter: *Nu up See un denn kein Schipp unn're Beinen!* Zur Tat auffordernde Ra.: *rein Schipp un klor Kimming!*

Schipper m. Schiffer, Kapitän eines Schiffes, früher oft zugleich Eigentümer oder Mitbesitzer des Segelschiffes. Wossidlo berichtet den Ausspruch eines Seemanns: *Wi seggen de Schipper oder de Oll, un wenn wi em anräden deden, säden wi Käppen* (Wossidlo, Reise 68).– Ra.: *Wat gaut geiht, deit de Schipper allein, un de Bur ok.* Im Sagw.: *Alle Frachten lichten, säd de Schipper, don schmeet he sien Fru œwer Buurd. Dörch de Kähl geiht väl, hett de Schipper secht, hett'n Dreemastschipp versapen. Eenen Fulen kann dat Schipp bestahn, dat bün ik sülben, hett de Schipper secht* (Wossidlo, Reise 262).

schippern ›schiffen‹, mit dem Boot auf dem Wasser fahren, meist auf Binnengewässern; auch auf Eisschollen fahren: *wi schipperten up de Iesschollen.*

Schiß m., wie umg., Angst: *Schiß hemm'* Angst haben.

Schißbüx f. Angsthase.

Schisselong f. Chaiselongue, Sofa.

Schittreiger m., auch *Schüttreiher, Schüttenreiher* Fischreiher, Graureiher, Ardea cinerea L.

Schlaaks m. großer, dünner ungelenker Mensch. – Zu hd. *Schlaks.*

schlabbern, slabbern, slawwern 1. ungeschickt, unsauber essen, klekkern. – 2. schwatzen, erzählen.

Schlaben m. s. Schlarben.

Schlach, Slach m. Schlag in vielfacher Bedeutung, Pl. *Schlääch. Du hest hüt noch keinen Schlach dan* du hast heute noch nichts getan. – Ra.: *dat wier'n Schlach in't Krüz, … 'n Schlach in't Kontor; üm Schlach twölf büst du wedder dor* mit dem Glockenschlag zwölf; *mi sall de Slach rühren; dor kann einer'n Schlach kriegen* einen Schlaganfall bekommen. – *Schlach* auch als Einteilungsmaß des Ackers. Ausruf des Erstaunens: *Schlach un Wärer!*

schlachten[1], **slachten** 1. schlachten. Für das Hausschlachten wurde die Zeit zwischen November und Februar als günstigste angesehen, frühester Termin war in Mecklenburg Gallen (16. 10.). – Ra.: *Man möt nich mihr schlachten as'n solten kann.* – 2., übertr., verbrauchen, anschneiden: *de Wust schlachten, de Schokolor schlachten.*

schlachten[2], **slachten** ähneln, gleich sein, arten nach: *hei schlacht ganz na Vaddern,* auch: *up Vaddern; hei schlacht nich na ehr und nich na em* er ist aus der Art geschlagen.

Schlachter, Slachter m. Schlächter, Fleischer, Pl. *Schlachters*: *gah na'n Schlachter un hal uns Wust!* – Wenn man zwischen zwei Dingen wählen soll, die sich kaum voneinander unterscheiden, meint man: *dat's all von ein'n Schlachter* es ist alles das gleiche. Wenn der große Zeh durch das Strumpfloch guckte, hieß es scherzhaft: *de Schlachter kickt ut't Finster, dat Fleisch ward billiger.*

Schlachtledder f. Leiter, an der das geschlachtete Schwein aufgehängt wird. – Syn. Schwienledder.

Schlackerdarf m., scherzh., langer, dürrer Mensch: *dat's ok so'n Schlackerdarf.*

schlackerig Adj. schlotternd, schlaff, zu weit, lose: *de Büx is so schlackerig.*

Schlackermaschü n., letzte Silbe betont, wackelnde, wabblige Speise, Götterspeise, Rote Grütze, auch Schlagsahne: *von dat Schlackermaschü ät ik noch 'n bäten.*

schlackern, slackern schlenkern, schütteln, wanken: *hei schlackert all'n bäten; mi schlackern de Beenen unner't Lief.*

schladdern, schlarrern, sladdern 1. viel reden, schwatzen, quatschen. – 2. schlendern.

Schladderfieken f. Quatschliese. – Syn. *Schladderjett, Schladderlieschen, Schladderlott, Schladdertasch, Schladderwief.*

Schläden, Släden m. Schlitten; mit jmd. *Schläden führen* mit jmd. ein ernstes Wort reden.

Schlafittchen n. Rockschoß, nur in der Ra.: jmd. *bi't Schlafittchen kriegen* jmd. an den Rockschößen festhalten.

schlampampen, wie umg., viel essen, schlemmen, verschwenden.

Schlamperigkeit f. Schlamperei, Vergeudung.

schlan, slan schlagen. Präs. Sg. 1. *schla*, 2. *schleist*, 3. *schleit*, Pl. *schlan*; Prät. Sg. 1. *schlööch*, 2. *schlööchst*, 3. *schlööch*, Pl. *schlögen*; Part. Prät. *schlan*; daneben auch im Infinitiv wie hd. *schlagen. Dat schla di man ut'n Kopp; dei Jungs schlagen sich; dei Böm warn in'n Winter schlagen*; feste Verbindungen: *Vörpahl schlan* vorbeugen, Vorsorge treffen: *du möst tiedig Vörpahl schlan, wenn dei Gören di nich to driest waren sall'n; tau Bost slan* sich etwas zu Gemüte führen: *gistern wier ik up de Hochtiet, dor heff ik mi düchtig wat tau Bost slan; tau Bauk schlan* viel ausmachen. – Ra. über einen Beleidigten: *nu is de Katt werrer in't Ooch schlan* nun ist sie beleidigt.

schlank Adj. schlank, dünn. – Veralt. Ra.: *Dünn un schlank is Herrn Verlang', kort un dick is't Burn Geschick* Herren wünschen sich dünne, schlanke, Mädchen, aber kurz und dick sind die Bauerntöchter.

Schlap, Slap m. Schlaf: *tau Schlap gahn, sik tau Schlap leggen* schlafen gehen. Leichte Arbeit, *de kann man in'n Schlap maken.* Und manch einer *verdeint sogar sien Brot in'n Schlap.* Man kann aber auch so dumm sein, *dat man vör Dummheit nich in'n Schlap kümmt.* Und schließlich meint der Müller im Sagw.: *Dei Schlap vör Middernacht is de best un kümmt fief Minuten vör twölben na Hus.*

Schlapbänk, Slapbänk f., veralt., sofaähnliche Sitzgelegenheit aus Holz (mit schwarzem Wachstuch bezogen und *witte Potzelanknöp baben anne Lähn*), in der die Betten aufbewahrt wurden und die zur Nacht ausgezogen (oder aufgeklappt) werden konnte, wodurch eine Schlafstätte für zwei Personen entstand.

schlapen, slapen schlafen. Präs. Sg. 1. *schlap*, 2. *schlöppst*, 3. *schlöppt*; Prät. *schlöp*; Part. Prät. *schlapen. Du hest woll nich orndlich schlapen?* du bist so schlecht gelaunt; *ik schlap,* *dat dat een Ooch dat anner nich süht* ich schlafe ganz fest; *hüt schlapen wi ungeweicht* wir schlafen heute ungewiegt; *denn Dach rundschlapen* 24 Stunden lang schlafen. Gute-Nacht-Wünsche: *schlap säut!; dröm säut, schlap woll!; schlap di rund, dat du nich eckig warst!*. Scherzfrage: *Nawersch, schlöppst du all? Nee! Leih mi'n Brot. Nee, ik schlap all!* – Sprw.: *Wer lang schlöppt und flink (drell, grad) löppt, kümmt ok taurecht (tau Stadt).* Ausspruch, wenn man sehr müde ist: *ierst 'ne Stunn' schlapen un denn tau Bär gahn.* – Allg. Sprw.: *Unglück schlöppt nich, un wenn't nachts bi de Fru in't Bär is.* – Plattdt. Schlaf- u. Wiegenlieder s. Nd. Liederbuch 7ff.

schläpen, släpen schleppen.

Schlapenstiet f. Schlafenszeit.

Schlapkist f., scherzh., Bett.

Schlapkrut n. Schwarzes Bilsenkraut, Hyoscyamus niger L. – Syn. Dullkrut.

schlapp Adj. schlaff, müde, haltlos: *hei höllt de Lien so schlapp* er hält die Leine so locker; *nu is dien Büdel woll schlapp* nun hast du wohl kein Geld mehr.

Schlappuhr, Slappuhr n. Schlappohr, herabhängendes Ohr: *Farken, dei Schlappuhrn hemm', sünd dei besten.*

Schlaps, Slaps m. 1. unbeholfener, flegelhafter Mensch, großer Junge. – 2., veralt., Fettschicht auf der Milch.

Schlapsofa n., veralt., sofaähnliche Sitzgelegenheit aus Holz, wie *Schlapbänk*, aber auch Bett mit übergedeckter Tischplatte.

Schlar f. Riß, Schramme: *dat Kleed hett 'ne grote Schlar krägen* das Kleid hat einen großen Riß bekommen; *du hest di 'ne schöne Schlar räten* du hast dir eine ganz schöne Schramme gerissen.

Schlarben, Schlaben, Schlaarn, Slarn m., Sg. u. Pl., Filzpantoffeln, Holzpantoffeln; übertr. Ra.: jmd. *up dei Schlarben bringen* jmd. in Bewegung setzen, antreiben; *de Schlarben vull hemm'* betrunken sein. – Syn. s. Tüffel[2].

schlarben, schlarpen schlürfend gehen: *hei schlarpt dörch dei Stuf; schlarp nich so!*

Schlarbenball m., veralt., Tanzvergnügen für die Dorfbewohner.

Schlatsch, Slatsch m., f. 1. Schneematsch: *is dat buten 'ne Slatsch!* – 2. unordentliche Frau.

Schlawiner m., letzte Silbe betont, wie hd., durchtriebener Mensch, auch Faulenzer.

Schlees, Slees f. Schneise: *dat Faurer up'e Schlees is verpacht'* das Futter auf der Schneise ist verpachtet.

Schleif, Sleef m., veralt., 1. großer Küchenlöffel. – 2. ungelenker Junge: *dat lange Schleef kann ut'e Dackrönn supen.*

Schleit, Schleet, Sleit n. dünne, lange Holzstange, aufgespalten verwendet zu Zäunen, auch zur Überbrückung eines Grabens oder als Bodenlage in Scheunen und Ställen, Pl. *Schleiten.*

Schleuf f. gebundene Schleife, Haarschleife: *früher harn de lütten Dierns 'ne Schleuf in't Hor.*

schlicht, slicht Adj. schlecht, im Westen Mecklbgs auch *slecht*; *schlicht schrieben* schlecht schreiben; *in'n slicht Licht stahn* schlecht angesehen sein; *schlicht antreckt* schlecht angezogen; *dat schlicht Läben hett nu 'n Enn'; dor kann einen ja schlicht bi warn.*

Schlick, Slick m. Schlamm.

Schlickaal m. Schlammaal.

Schlickup m. s. Schluckup.

Schlidderbahn f. Eisbahn zum Schlittern.

schliddern auf dem Eis oder auf vereistem Schnee mit den Schuhen rutschen. – Syn.: *schlitschen*, schlirrigen.

schlieken, slieken schleichen. Präs. Sg. 1. *schliek*, 2. *schliekst*, 3. *schliekt*, Pl. *schlieken*; Prät. *schleek*; Part. Prät. *schläken.*

Schlieker, Slieker m. Schleicher, jmd., der herumschnüffelt.

Schliem, Sliem m. Schleim; Aufforderung zum Essen: *ät man, dat gifft Schliem inne Pietsch.*

Schliemschieter m. ›Schleimscheißer‹, Schimpfwort für einen Schmeichler.

Schliep, Sliep m. 1. Schleife, Schlinge. – 2. Schleifstein; auch *Schliepstein.* – 3. Wasserstreifen im Brot: *dat is Schliepbrot.*

schliep, sliep Adj; auch *schliepig.* 1. klitschig, ungar vom Teig von Brot und Kuchen. – 2. schmierig, naß: *de Acker is so schliepig, wie kœnen em noch nich bestellen.*

schliepen, sliepen schleifen. – Ra.: *hei schliept nich ahn Wor* er tut nichts ohne Gegenleistung; *hei lött allens schliepen* er kümmert sich um nichts.

Schliepstein m. Schleifstein. Im Vergleich: *hei sitt tau Pierd as'n Ap up'n Schliepstein.*

Schliepstriepen m. Wasserstreifen in Brot oder Kuchen.

Schlietsch m., veralt., Salzhering: *dat gifft hüt Bräuchten un Schlietsch.* – Lehnwort aus dem Slawischen, zu poln. *śledź.*

schlinkfiestern, veralt., heimlich auskundschaften, sich herumtreiben.

Schlipp[1], **Slipp** f. Zipfel, Pl. *Schlippen*, Rockschöße. Allg. Ra.: *wat up'e Schlipp(en) hemm'* etwas beabsichtigen, vorhaben; *gah mi von 'ne Schlipp* bleib' mir vom Leibe; jmd. *up'e Schlipp sitten, hängen* jmd. fortwährend belästigen.

Schlipp[2], **Slipp** m., f., seem., schiefe Gleitbahn für Schiffe.

schlippen, slippen gleiten: *schlippen laten* nachlassen, nachgeben: *bind dat Tau fast, lat dat nich schlippen; man dörf eine Arbeit nich schlippen laten.*

Schlippenkittel m. Gehrock, auch *Schlippenrock.*

Schlippenmelk f. saure, dicke Milch mit Zucker bestreut.

schlirrigen, schliddigen, veralt., schlittern auf Eis oder hart gefrorenem Schnee, s. schliddern.

schloddern, auch umg., vor Angst zittern: *mi schloddern de Knei.* Hd. schlottern.

Schlœdel m. s. Schlœtel.

Schlœk, Slœk f. 1. Schlund, Kehle, Luftröhre der Gans: *hei kann dei Schlœk nich vull nauch kriegen* er kann nicht genug bekommen; jmd. *bi de Schlœk kriegen* jmd. zu fassen kriegen. – Syn. Schlunk. – 2. Hunger, auch *Schlœker* und *Schlöker.*

schlœkerig Adj. hungrig, gierig, Verlangen, Appetit haben.

Schlœks m. langer, großer Mensch, oft als Schimpfwort gebraucht.

Schlöp, Slöp f. Schleife (Haarschleife s. Schleuf). 1., landw., Ackerschleppe, schlittenartiges Gerät zum Transport von Ackergeräten, Dung u. a. – 2., landw., veralt., schweres, breites Brett, mit Steinen beschwert, das zum Glätten des Ackers benutzt wurde. – 3. einfacher Kinderschlitten.

schlöpen, slöpen 1. schleifen: *dat Rad schlööpt.* – 2. mit der *Schlöp* arbeiten: *de Acker ward schlööpt.*

Schlöpendriewer m. Herumtreiber, Nichtsnutz, Mensch mit unordentlicher Kleidung; nicht immer als tadelndes Schimpfwort, mitunter auch wohlmeinend.

Schlopp n. Durchschlupf, Zugang zur eingefriedeten Weide, Koppel, nur im Südosten Mecklbgs und in Vorpom. verbreitet.

Schlopp-pahl m., landw., Pfahl mit eingeschlagenen Hufeisen am Eingang der Koppel in die die Türschleite hineingeschoben werden.

Schlopprick n., landw., Stangen, die den Koppelzugang verschließen.

Schlœtel, Slœtel m. Schlüssel, meistens *Schlœdel* ausgesprochen: *dei Schlœdel paßt nich.* – Im Rästel: *Wekker Boort ward nich schnäden und ward doch nich länger?* Welcher Bart wird nicht geschnitten und wird doch nicht länger? – *De Schlœdelboort.*

Schlœtelblaum f. Schlüsselblume, Primel.

Schlœtelbüss f., hist., 1. ein mit Schießpulver gefüllter Schlüssel. – 2. Trommelrevolver.

Schlœtelühr n. ringförmiger oberer Teil des Schlüssels.

Schlott, Slott n. Schloß, Türschloß, Pl. *Schlä', Slœ': hinner Schlott un Riegel sitten; 'n Schlott vör't Mul hängen.*

schlottfast Adj., veralt., verschließbar: *dat möten wie allens schlottfast maken.*

Schlu, Slu f., vereinzelt auch *Sluf, Schluf* Hülse, Haut (auf der Milch), Pelle, Schale.

Schluck, Sluck m. Schluck, ein Mund voll, meistens von Branntwein: *he is hen un drinkt 'n Schluck; 'n Schluck nähmen* einen Schluck aus der Flasche nehmen; von einem starken Trinker: *he drinkt am leifsten so'n Schluck, wur 'ne Ent up schwemmen kann.*

Schlucker m., wie umg., mittelloser, bedauernswerter Mensch, vorwiegend in der Verbindung *armer Schlucker.*

Schluckraf m. Schluckrabe, Vielfraß, Schnellesser.

Schluckup m., letzte Silbe betont, daneben auch *Schlickup,* Schluckauf; Vers zur Behebung des Schluckens: *Schluckup lenk di, Schluckup senk di, mien Schatz denkt an mi.* – Syn. Hikker.

schludderig, sludderig, schluderig Adj. liederlich, unordentlich, schlotterig, zu weit von Kleidungsstücken.

schludern 1. nachlässig arbeiten. – 2. schwatzen, klatschen.

Schlump, Slump m., nur in der Wendung: *up'n Schlump* auf einmal, plötzlich; *up een Schlump kann ik di dat Geld nich werrergäben* auf einmal kann ich dir das Geld nicht wiedergeben; *up'n Schlump köpen* aufs Geratewohl kaufen.

schlumpsig Adj. unordentlich, schlampig, liederlich.

Schlüngel m. Schlingel, Lausbube.

Schlunk, Slunk m. Schlund, Hals, Kehle. – Ra.: *hei kann denn Schlunk nich vullkriegen* er kann nicht genug bekommen, ist habgierig; auch konkret aufs Trinken bezogen: *hei hett 'n Schlunk vull* er ist betrunken. – 2. Gänseluftröhre. – Syn. Schlœk.

Schlunz, Slunz f. unordentliche, liederliche Frau: *'ne olle Schlunz.*

Schlup[1] f. Schaluppe, kleines Segelschiff, Ruderboot.

Schlup[2]**, Slup** f. Schleife, Öse: *du hest dei Schlup tau grot maakt.*

schluppen, sluppen ›schlüpfen‹, von zu großen Schuhen: *dei Schauh* *schluppen so, dor kann'n von't Bär ut rinspringen.*

schlurpen, slurpen schlürfen, schlurfen, geräuschvoll essen oder gehen.

Schlurr, Slurr f. 1. Pantoffel aus Holz und Filz, Pl. *Schlurren: de Schlurren vull hemm'* betrunken sein. – 2. alter Schuh.

Schlus, Slus f. 1. Schale, Haut, Pelle, Hülse, Pl. *Schlusen.* – 2. unordentliche Frau, langsamer Mensch.

schlusen, slusen schleichen, heimlich, langsam gehen, schlendern.

schlusig, slusig Adj. nachlässig, unordentlich, flüchtig: *hei hett so'n schlusigen Gang; de Diern is so schlusig mit ehre Saken.*

Schlusmichel m. vergeßlicher, langsamer, träger Mensch.

Schlusuhr, Slusuhr n. ›Schlusohr‹, gewitzter, gerissener, auch heimtükkischer, durchtriebener Mensch: *dat's so'n Schlusuhr, mit denn' lat di nich in!* – Syn. *Schluskopp.*

schluten, sluten schließen. Präs. Sg. 1. *schlut*, 2. *schlüttst*, 3. *schlütt*; Prät. *schlöt*; Part. *schlaten.*

Schmacht, Smacht m. 1. Hunger, Durst: *hest nich 'n bäten för'n Schmacht?* gegen den Durst; *ik heff so'n Schmacht na'n Glas Warer.* – 2. unausgereiftes Getreidekorn.

Schmachtkuurn n. unausgereiftes Korn, aber auch nur *Schmacht* n.

Schmachtlappen m. schmächtiger, schwächlicher Mensch.

Schmachtreimen m. Leibriemen.

Schmack, Smack m. Geschmack; auch in der Wendung *Rack un Schmack* von geschmacklosem Essen: *dor is nich Rack un Schmack in.*

Schmackedaus m., veralt., Kuß; Dim. *Schmackedäussing.*

Schmäd, Schmä', Smäd f. Schmiede. – Vgl. auch Schmitt.

schmadderig, smadderig Adj. schmutzig, modderig.

schmal, smal Adj. klein, dünn, mager.

Schmalback f. dünner Mensch.

Schmaldiert n. 1. junges Reh. – 2. schlankes Mädchen.

schmalitzig Adj. schmächtig, zart; *schmalitzig utseihn* elend aussehen.

Schmaschen, Smaschen, Schmatsch Pl., nur noch fachsprachl., allg. veralt., 1. Felle neugeborener Lämmer. – 2. magere Lämmer.

Schmeer, Smeer f. 1. Schmiere, Schmierfett. – 2., übertr., Prügel: *dat gifft Schmeer.* – 3. schlechte Schrift: *dien Schmeer kann keiner läsen.*

Schmeer-: -büdel m. unsauberer Mensch. – **-buk** m. Fettwanst, dikker Mensch. – **-büss** f. Schmierbüchse. – **-fink** m. Schmutzfink. – **-geld** n. Schmiergeld, d. h. urspr. Geld für das Schmieren der Wagenräder. – **-kram** m. Schmutz. – **-lappen** m. Schmutzlappen, auch übertr. auf einen Menschen. – **-pott** m. schmutzige Person. – **-stäwel** m. Stiefel, der nur eingefettet, nicht blank geputzt wird, z. B. Fischerstiefel.

Schmeerels n., auf Rügen *Schmeerlis,* Aufstrich, etwas zum Aufschmieren, auch Salbe.

Schmick, Smick f. untere geflochtene Bindfäden an der Peitsche, mit denen der Knall erzeugt wird.

Schmiech, Smiech f., fachspr., 1. Krümmung: *de Well mütt schräch liggen, üm dei Schmiech ruttokriegen.* – 2. Schmiege, Werkzeug des Tischlers.

schmieten schmeißen, werfen. Präs. Sg. 1. *schmiet*, 2. *schmittst*, 3. *schmitt*, Pl. *schmieten*; Prät. *schmeet, schmeeten*; Part. Prät. *schmäten.* In Verbindung mit bestimmten Tätigkeiten: *Heu* oder *Mess schmieten* Heu oder Mist ausbreiten. In übertr. Bedeutung: etwas *œwer Buurd schmieten* einen Vorsatz aufgeben, ähnlich: *alles œwern Hopen schmieten* alles übern Haufen werfen. Jmd., der nicht sparen kann, *dei schmitt dat Geld ut't Finster* der wirft das Geld aus dem Fenster und man rät ihm scherzhaft: *schmiet't in't Wader, denn hüürst' dat noch plumpsen* wirf das Geld ins Wasser, dann hörst du es wenigstens noch plumpsen. Ein tüchtiger Mensch aber, *de schmitt sik inne Bost as't Schwien inne Schiet* der wirft sich in die Brust wie ein Schwein in den Dreck, d. h. er arbeitet wie besessen.

Schmitt, Smitt m. Schmied. Die früher sehr differenzierten Arbeitsbereiche des Schmiedes sind noch heute an den alten Berufsbezeichnungen ablesbar. Nach den zu bearbeitenden Metallen unterschied man den *Gold-, Kopper-* und *Bleckschmitt* vom *Schmitt*, der Eisenarbeiten ausführte, dem *Groffschmitt*, dem *Kleinschmitt*, dem *Metzerschmitt*, dem *Nagelschmitt* u. a. m. Der *Schmitt* auf dem Lande betrieb meistens auch Landwirtschaft und besaß vielfach das Schankrecht im Dorf. Er schmiedete Hufeisen *(Haufiesen)* und beschlug die Pferde: *Schmitt, man to, Schmitt, man to, dat Pierd kricht hüt 'n niegen Schoh.* Auch im Abzählvers: *Wull een Schmitt een Pierd beschlagen, wurväl Nägel müsst he halen? Twee, dre, vier, Jung' hal Bier, Knecht schenk in, Herr drink ut, du büst rut.* Der Schmied stellte auch die eisernen Reifen für die hölzernen Wagenräder her und zog sie auf: *de Schmitt is dem Stellmaker sien Halfbrauder*, oder *de Brorer von'n Stellmaker.* Ein Schmied, der viel arbeitet, kommt zu Wohlstand: *je schwarter de Schmitt, je blanker dat Geld.* Der Schmied ist auch Zielscheibe des Spottes: *Korl Schmitt mit'n iesern Titt. Wist mit na'n Schmitt, wo dei Hund henschitt?* Ein tüchtiger Esser *haucht rin as'n Schmitt.* – Text eines bekannten Volkstanzliedes: *Herr Schmitt, Herr Schmitt, wat kricht de Jule mit? Een Schleier un een Fedderhot, dat steht de Jule gor to got.*

Schmok, Smok m. 1. Rauch. – 2. Material zum Räuchern, wie Sägespäne und Sägemehl.

schmoken, schmöken, *smoken smöken* 1. rauchen. – 2. Pfeife, Zigarren, Zigaretten rauchen. – 3. blaken, rußen. – Syn. *schmölen.*

schmökern, smökern 1. räuchern. – 2. viel lesen.

schmölen, smölen 1. rauchen, qualmen vom Feuer. – 2. Tabak rauchen. – Syn. schmoken.

Schmollis drinken Brüderschaft trinken.

Schmolt, Smolt, Schmult n. Schmalz: *se deet em Schmolt up't Brot.*

Schmoltappel m. Schmalzapfel.

Schmolt(en)botting n. 1. Schmalzschnitte. – 2., scherzh., Chemisett.

Schmoltkauken m. Schmalzkuchen, Pfannkuchen.

Schmu m., wie umg., ein unehrlich erworbener Vorteil, kleiner Betrug: *Schmu maken.*

schmucksch Adj. hübsch, stattlich, schmuck.

schmuddelig, smuddelig Adj. schmutzig, unsauber: *smuddelig utseihn.*

schmuddeln, smuddeln 1. schmutzig werden. – 2. nieseln, fein regnen. –

3. brutzeln, braten, kochen.

Schmult n. s. Schmolt.

schmunstern, smunstern schmunzeln, lächeln.

schmurgeln, smurgeln kochen, braten, sich in der Küche betätigen.

schmüüstern, smüüstern 1. schmunzeln. – 2. liebkosen, schmusen. – Ra.: *In'n Düüstern is gaut schmüüstern, œwer kein gaut Flöhgriepen.*

schnaaksch, snaaksch Adj. eigenartig, komisch, sonderbar: *uns' niegen Lihrer is 'n schnaakschen Kierl.*

schnabbelieren essen, fressen: *wat schnabbelierst du dor all wedder?*

schnabbeln, schnawweln viel reden, schwatzen, schnattern.

Schnabbelstein, Schnappstein m., veralt., Spiel mit Kiesel- oder anderen Steinen, wie das Murmelspiel; die Bezeichnung *Schnabbelstein* wird auf Murmeln aus Ton und Glas übertragen.

Schnack, Snack m. Rede, Schwätzchen, Gerede, Witz, Anekdote: *dat's 'n dummen Schnack, 'n dwatschen Schnack* das ist dummes albernes Gerede. Wenn jmd. fragt: *hest Tiet, will'n wi 'n lütten Schnack maken?* dann möchte man sich einfach unterhalten. Wenn aber das Erzählte nicht wahr und gänzlich unwahrscheinlich ist, greift man zu drastischen Vergleichen: *dat's 'n Schnack as 'n Bein dick, 'n Schnack as 'n Dumen dick* so dick wie ein Daumen; *... as 'n Stück Melksupp.* Besonders die beiden letzten Vergleiche sollen deutlich machen, daß der erzählte Schnack ebensolch ein Unsinn ist, wie der gewählte Vergleich. – Ganz allgemein und bei jeder Verbesserung einer Situation kann man sagen: *dat's 'n annern Schnack* das kann sich sehen lassen.

schnacken, snacken sprechen, reden, erzählen: *hei schnackt platt; schnakken* bezeichnet oft viel und flüssig reden: *hei kann schnacken!* – Ra.: *Dau, wat du wist, de Lüd schnacken doch.* Wenn Kartoffeln weich kochen: *de Tüffel warn gor, se fangen an to schnacken* die Kartoffeln werden gar, sie fangen an zu erzählen. Im Sprw. werden das Essen und das Reden scherzh. als die positivsten Seiten der Arbeit bezeichnet: *Dat Schnacken un dat Äten is dat Best bi de Arbeit.* – In Verbindung mit Adverbien: *klauk schnacken* alles am besten wissen, sehr klug daherreden; *säut schnacken* schmeicheln, *glatt schnacken* schmeicheln; schön tun: *glatt schnacken kann mien Katt uk.* Die Syn. *räden, seggen, schnacken* unterscheiden sich durch Bedeutungsnuancen und können in der Sprachverwendung nicht beliebig ausgetauscht werden.

Schnäd, Snäd f. Schnitte, Brotscheibe: *dat is 'ne schöne Schnäd.*

schnaddern, snaddern schnattern, klatschen.

Schnak, Snak m. 1. Schlange allg., speziell Ringelnatter, aber auch Kreuzotter, Pl. *Schnaken.* – 2. große Mücke: *de Schnaken bieten hüt.*

Schnakenkrut n. Gemeiner Wurmfarn, Aspidium filix-mas (L.).

Schnapp, Snapp f., veralt., Nasenschleim.

Schnappenlicker m. Rotznase, Kind, das die Tropfen aus der Nase ableckt.

schnappig, snappig Adj. wässerig, weich, schmierig: *de iersten Tüften sünd noch so schnappig; hei hett 'ne schnappig Näs.*

Schnappnäs f. Schnupfnase.

Schnappschnut f. Schnupfnase.

Schnärbüx f. eine enge Hose: *dat schnäärt sik üm de Beinen.*

schnären eine Schlinge machen, schnüren.

schnärig Adj. 1. stumpf, von den Zähnen, wenn man unreifes Obst gegessen hat. – Syn. s. ääch. – 2. eng, stramm, von Kleidungsstücken.

Schnartendart m. Wachtelkönig oder Wiesenralle, Crex crex (L).

schnatern, snatern 1. schnattern, von Gänsen und Enten. – 2., übertr., schwatzen von Menschen.

schnauzig Adj. 1. frech, bissig: *hei räd so schnauzig.* – 2. fein, vornehm, flott: *hei geiht ümmer so schnauzig.*

Schnawel, Snawel, Schnabel m. Schnabel, Pl. *Schnawels: dat gifft dor gaut wat för'n Schnabel* es gibt was Gutes zu essen; *du mööst mi ümmer œwern Schnabel haugen* du mußt immer gegenanreden.

Schnei, Schnee, Snei, Snee m. Schnee. Zahlreich überliefert sind gereimte Wetterregeln, die sich meistens auf den ersten Schneefall oder auf bestimmte Monate im Verlauf des Winters beziehen. *Föllt de ierst Schnei in'n Dreck, is de halwe Winter weg* fällt der erste Schnee in den Dreck, ist der halbe Winter weg, d.h., es gibt keinen »richtigen« Winter mehr. Im allg. ist ein Winter mit Frost und Schnee in der Landwirtschaft durchaus erwünscht: *düchtig Schnei un hartlich Küll, dat is't, wat de Bur will, œwerst wasst dat Gras in'n Januar, gifft' keen godes Foderjohr* tüchtig viel Schnee und strenge Kälte, das ist es, was der Bauer will; wächst dagegen bereits im Januar das Gras, gibt es kein gutes Futterjahr. Auch im März muß Schnee noch kein Unglück bedeuten: *licht in'n März de Schnei noch lang', wäs üm Heu un Stroh nich bang!* Anders wird dieser Schnee in der bekannten hochdeutschen Wetterregel »Märzenschnee tut den Saaten weh« beurteilt. Gerade bei Wetterregeln findet man häufig sich widersprechende Beurteilungen. – Allgemeine Redensarten über den Schnee beziehen sich vorwiegend auf seine Vergänglichkeit im Anblick der Sonne: *hei vergeiht as de Schnee inne Sünn*; oder: *wat de Schnei taudeckt hett, bringt de Sünn wedder an'n Dach.*

Schneidräwel m. Schneetreiben.

Schnick, Schneck, Snick, Sneck f. 1. Schnecke, Pl. *Schnicken: de schwart Schnick* ist die schwarze Wegschnecke ohne Haus, die in der Volksmedizin eine Rolle spielte; ihr Schleim sollte Warzen vertreiben und Keuchhusten heilen können. – In den bekannten Kinderversen, mit denen die Schnecke aus ihrem Haus gelockt werden soll, wird die Schnecke meistens zärtlich als *Schnickermus* bezeichnet, so etwa: *Schnickermus, kumm herut, stäk dien lütten Fäuhlers rut* stecke deine kleinen Fühler heraus, oder … *stäk dien vier, fief Hüürnings rut* stecke deine vier, fünf Hörnchen heraus; *Schnicke-schnacke, kumm herut, ik gäf di Melk un Brot, un wenn du nich heruterkümmst, denn hauch'k di upm Stein, denn büst du kort un klein.* – 2. süßes Zuckergebäck aus Teigstreifen, wie ein Schneckenhaus gerollt.

schnickenfett Adj. sehr fett, eigentlich: so fett wie eine Schnecke; *dat Schwien, dat wie schlacht harn, wier schnickenfett* das Schwein, das wir geschlachtet haben, war überaus fett.

Schnickermus f. Schnecke, s. Schnick.

schnickern schnitzen: *'ne grote schnikkerte Holtkell.*

Schnickschnack m., auch umg., dummes Gerede, leeres Geschwätz.

schnieden, snieden schneiden. Präs. 1. *schnie'*, 2. *schnittst*, 3. *schnitt*; Pl. *schnieden*; Prät. 1. *schneer*, Pl. *schneeden*; Part. Prät. *schnäden.* – Ra.: *sik in'n Dumen schnieden* sich verrechnen; *sik wat ut'n Lief schnieden; hei is em ut'n Lief schnäden* er ähnelt ihm sehr. *Schnieden Wader* schneidendes Wasser, eine Blasenkrankheit.

Schnieder, Snieder, Schnierer m. Schneider, Pl. *Schnieders.* Vergleiche, Reime, Sprüche und Sagwörter beziehen sich auf den armen, schwachen und betrügerischen Schneider: *de möt Schnieder warn* von einem schmächtigen Menschen; *du lüchst düller wie'n Schnieder* du lügst mehr als ein Schneider. Spottvers: *Un wenn de Schnieder rieden will un hett denn keen Pierd, denn sett he sik up'n Zägenbuck un ritt verkihrt; un wat'n rechten Schnieder is, möt wägen sœben Pund, un wenn he dat nich wägen deet, denn is he nich gesund; schnieder, Schnieder wupp, wupp, wupp, alle Daach gifft Tüftensupp.* Im Sagw.: *Alles mit Maten, säd de Schnieder un schlööch sien Fru mit de Äl. Nu heffk endlich mien Rauh, säd de Schnieder, don har em sien Fru ut't Hus schmäten un dei Dör achter em tauschlaten.*

Schniederschier f. Schneiderschere; im Schnellsprechvers: *Schniederschier schnitt scharp, scharp schnitt Schniederschier.*

Schniedlad f., landw., Gerät zum Schneiden von Häcksel und Grünfutter. – Syn. Hackelslad, s. dort Abb.

schnien, schniegen, schnieden schneien. Alle drei angeführten Lautformen kommen im meklbg-vorpom. Sprachraum vor, wobei *schnien, schniegen* in Vorpom. gilt, *schnieden* in Mecklbg. – Ausruf des Erstaunens: *nu ward' schniegen warn* es wird schneien, d. h., es ist ja unglaublich.

Schniepel, Sniepel m., hist., Frack. – Zu nd. *Snipp* Zipfel.

schnippeln, schnipseln, auch umg., 1. in kleine Stücke schneiden: *Bohnen schnippeln.* – 2. an etwas herumschneiden.

Schnirrhitt f. große, sengende Hitze, die u. a. beim Verbrennen von trokkenem Reisig oder im zu heißen Backofen entsteht.

schnirtendun Adj. volltrunken: *hei keem schnirtendun tau Hus.* – Zu nd. *schnirten* spritzen, sausen, auch trinken, saufen.

schnirtenfett Adj. sehr fett: *'ne schnirtenfette Gaus.*

schnirzen mit dünnem Strahl spritzen.

Schnodder, Schnorrer, Snorrer m. Nasenschleim: *wisch di man ierst denn Schnodder vonne Näs, süss hest du denn ganzen Dach 'ne Schnoddernäs;* auch übertragen auf anderes sehr Dünnflüssiges: *dat is hüt kein Borrer, dat is Schnorrer* von sehr weicher Butter bei großer Hitze. – Syn. s. Rotz.

schnodderig Adj. zu Schnodder, übertr.: vorlaut, flegelhaft, rüpelig: *schnodderige Bengels, schnodderige Räden.*

Schnœf m., f., veralt., 1. m. Schnupfen; heute dafür *Schnuppen* m. – 2. das Schnupfen, das Hochziehen. – 3. f. Nase.

schnökern, schnückern schnüffeln, heimlich etwas durchsehen, herumsuchen: *sei hett werrer bi mi schnökert;*

sei schnückert werrer bi mi inne Kœk; wat schnückerst du in mien Schapp?

schnorken, snorken schnarchen.

Schnœsel, Snœsel m. dreister, junger Mann, Grünschnabel, Flegel. Bei der Unterhaltung zwischen Erwachsenen wird seine Meinung oft zurückgewiesen: *du Schnœsel kannst dor noch gor nich miträden!* Oder empört: *so'n Schnœsel will mi Bescheid seggen?* von so einem jungen, unerfahrenen Mann soll ich mir etwas sagen lassen?

schnuben, schnuwen 1. schnauben, schnäuzen: *schnuf dien Näs ut* putze dir die Nase; *as dat Pierd anfüng tau schnuben, don kreech ik Angst* als das Pferd zu schnauben anfing, da bekam ich Angst. – 2. schnupfen, eine Prise Tabak nehmen. – 3. trinken, saufen: *einen schnuben; hei hett einen schnaben* er ist betrunken.

schnuckelig Adj. nett, ansehnlich: *'ne schnuckelige Diern.*

schnucken schluchzen, leise weinen: *se schnuckt ümmer noch'n bäten.*

Schnucker m. Substantiv zum Verb *schnucken*, wird häufig als Koseform verwendet, oft auch noch in der Diminutivform *Schnucking: mien lütt Schnucking, kumm eis her!*

schnückern s. schnökern.

Schnuppdauk n. Schnupftuch, Taschentuch.

Schnuppen, Snuppen m. Schnupfen, s. Schnœf.

schnüren, schnören, im Westen Mecklbgs auch *snäuren* schnüren. Alter Brauch bei der Ernte: Leute, die an Erntearbeiten vorbeikommen, festhalten, mit Strohseilen binden, ihnen den Weg versperren, erst nach Zahlung eines Lösegeldes wurden sie freigelassen.

Schnürlief n. Leibchen, Mieder, Korsett.

schnurren, snurren 1. wie hd. surren, schnurren. – 2. betteln: *schnurren gahn.*

Schnurrer, Snurrer m., veralt., 1. Bettler, Pl. *Schnurrers: Schnurrers un Prachers* (s.d.). – 2. Kinderspielzeug, s. Burrknaken.

schnurzpiepenegal Adj., wie umg., gleichgültig, ganz egal: *dat is mi schnurzpiepenegal.*

Schnut, Snut f. 1. Schnauze, Mund, häufig auch Nase. Mit der Koseform *Schnuting*, auch *Schnüter*, redet man kleinere Mädchen an, wie etwa: *mien lütt Schnuting!* – Sehr viel roher geht es dort zu, wo einem angedroht wird, *du krist wek up' e Schnut*; oder: *ik hauch di inne Schnut.* Jemand, der viel und großspurig redet, *hett 'ne grote Schnut.* Zu vieles oder ungehöriges Reden verbittet man sich mit der drastischen Aufforderung: *holl dien Schnut!* Jemand, der beleidigt worden ist, *treckt, maakt 'ne Schnut* verzieht seine Miene. – Ein beliebtes Gericht waren *Schnuten un Poten.* In einem Vers, den es in vielen Varianten gibt, werden sie mit anderen Gerichten verglichen:

Schnuten un Poten, dat is'n schön Gericht.
Arften un Bohnen, wat Bädres gifft dat nich.
Spickaal un Klüten un 'n groten Kœm dortau,
Junge, wat'n Fräten, nu lang' man düchtig tau.

– 2., übertr., Schuhspitze sowie Tülle an Kannen und Töpfen: *dei Schnuten sünd ümmer dat ihrst, wat dei Bengel entwei kricht.*

Schnutenfäger m., scherzh., Friseur. – Syn. *Schnutenputzer.*

Schnüter m. Schnäuzchen, Kosewort

für kleines Kind, auch erweitert zu *Schnüter-Püter.*

schnuwen s. schnuben.

schnuwweln, snuwweln, veralt., vorwiegend liter., stolpern.

Schock[1] n. eine Anzahl von 60 Stück: *'n Schock gräunen Hiering sünd sösstig Stück, vier gifft dat tau, denn wier't 'n gaut Schock.* Früher wurden vor allem Eier, aber auch Wäscheklammern, Walnüsse und Jungpflanzen (Kohl, Wruken, Sellerie, Porree u. dgl.) *nach Schock* verkauft. Heute ist das Maß noch üblich beim Handel mit Rohr zum Dachdecken: *'n Schock Ruhr* = *sösstig Schöf* sind 60 Bund Rohr.

Schock[2] m. Schreck, Nervenerschütterung: *hei har 'n bannigen Schock krägen.*

Schockel f., veralt., Schaukel, heute vorwiegend *Schunkel* (s. d.); *wi will'n uns dei Schockel anmaken.* Im Sagw.: *Wur dei Welt up un dal geiht, sä' dei Diern, don seet sei inne Schockel.*

schockeln schaukeln.

Schockelor f. Schokolade.

Schockelreip n. Schaukelseil, auch für die Schaukel insgesamt.

Schockelstauhl m. Schaukelstuhl.

Schof n. ein Bund Rohr, Stroh, Pl. *Schöf.*

Schœgen n. s. Schœlken.

Schoh m. s. Schauh.

schœkerig Adj. 1. seltsam, ängstlich, unheimlich, übel: *mi is ganz schœkerig.* – 2. gering, mager: *dat Diert is man schœkerig* das Tier ist sehr mager.

Schœl f. s. Schal.

Schol f. s. Schaul.

schœlen 1. spülen (Wäsche, Geschirr): *de Töllers warden blot 'n bäten schœlt; de Wellen schœlen denn Sand von de Dünen weg.* – 2. stark regnen.

Schœlken n., gespr. *Schœgen*, veralt., Untertasse. – Dim. zu *Schal*[2].

Scholl f. s. Schull.

Scholwer m. Kormoran, Phalacrocorax carbo L.

schon, schoonst, schoonsten Adv. obgleich, obschon, schon: *hei keem liekers, schoonst ik em dat verboden har; dat war ik schoonst maken.*

schön Adj., Adv. schön. 1. angenehm, hübsch anzusehen: *dat süht schön ut; sich schön maken*; aber auch ironisch als derbe Abweisung: *du kannst mi mal, wur ik schön bün!* – 2. gut schmecken, riechen: *dat schmeckt, rüükt schön.* – 3. allg. angenehm sein: *dat wier gistern sihr schön bi em; 'ne schöne Kähl* eine gute Stimme; *schönen Wind* guter Wind zum Segeln; *wat Schönes* etwas Gutes zum Essen oder sich freuen; auch ironisch: *dat's 'ne schön Geschicht.* – 4., als Steigerung dienend, groß, sehr beträchtlich: *dat's 'n schön Stück Arbeit; wi hemm' schön wat vör uns; du büst schön dumm*; im Komparativ: *dat wier ja noch schöner!; nu ward ümmer schöner*, d. h. schlechter.

Schöndank m. Dankeschön, oft in Ra.: *von Schöndank kann ik nich läben; von Schöndank heff'k all 'n ganzen Boen vull; mit Schöndank hett de Köster sien Katt dotfaurert.*

Schœne Diminitivform zu dem PN Christian *Krischan*, auch zu Christiane. Weitere Koseformen: *Schœner, Schœning.*

Schönroggen n., hist., Brot aus feinstem Weizenmehl, die Vollform hieß: *Schönroggenbrot*, eine andere Abkürzung *Schönbrot.*

Schoort f. Scherbe, Pl. *Schör, Schören: dor gifft' Schör(en)* da gibt es Scherben, d.h. Krach. – Im Sagw.: *So hett' säten, sä' de oll Fru un höll de Schöörn* *von'n Pott tausamen.* – 2. Scharte: *dat Biel, dat Metz hett so väl Schör.*

Schooster m. s. Schauster.

Schœp Pl. s. Schap.

Schör f. s. Schoort.

Schor[1] n. 1. flache Strandzone des Meeres, die bei Niedrigwasser teilweise trocken liegt: *sei fischen hüt up't Schor.* – 2. Stelle, wo der flache Uferstreifen plötzlich zur Tiefe abfällt.

Schor[2] f. Pflugschar.

Schorfpoch f. Kröte, vereinzelt; s. Schottpoch.

schörig Adj. schartig, angeschlagen.

Schört, Schœt f. Schürze, Pl. *Schörten: 'ne Schört vull* ist soviel, wie man in der Sackschürze tragen kann; *dat Kind hängt Mudding ümmer an de Schört; wat unner dei Schört hemm'* schwanger sein; *sei is uk noch nich achter ehr Murrern ehr Schört wegwäst* sie ist noch nicht von zu Hause weggekommen; *einen 'ne Schört vörbinnen* jmd. täuschen, belügen. – Sprw.: *Een Fru kann inne Schört mihr ut't Hus rutdrägen, as de Mann mit'n Austwagen rinführen kann* eine verschwenderische Frau gibt mehr aus, als der Mann verdienen kann.

schörten schürzen.

Schörtkauken m. Schürzkuchen, in Schmalz gebackenes Hefegebäck, dessen Enden »geschürzt« sind.

schörwarken, schorwarken, erste Silbe betont, tüchtig arbeiten, handwerkliche Arbeiten verrichten: *hei hett sik mit sien Schörwarken all tau dull verzeddelt*; auch herumwirtschaften: *wat schorwarkst du in'n Goorn rüm?*

Schorwarker m., hist., Handwerker auf Gütern, oft ungelernt, besonders Stellmacher, aber auch Maurer und veralt. allg. für jmd., der handwerkliche Arbeiten ausführt.

Schosen Pl. Sachen, Geschichten, Streiche, Witze: *du vertellst mi schöne Schosen* du erzählst mir ja unglaubliche Geschichten; oder zu Kindern, die gerade Streiche verübt haben: *wat maakt ji bloß för Schosen!* – Zu frz. *la chose.*

Schossee f. Chaussee; ohne Artikel: *wi sünd Schossee rümführt; hei keem Schossee lang.* Im Lied des ehemaligen Postillions: *Ach du mien leiwer Gott, möt ik all werrer furt, up dei Schossee, ahn Kaffee. Heff ik kein Ferrerbett, schlap ik up Stroh, dor stääkt mi kein Ferrer in'n Orsch, dor bitt mi kein Floh!*

Schostein, Schotstein m. Schornstein. Schornsteine gab es in den alten Bauernhäusern Mecklenburgs und Vorpommerns ursprünglich nicht. Im niederdeutschen Hallenhaus zog der Rauch durch das Dach oder die Tür ab. Erst im 18. und 19. Jahrhundert wurden für die Häuser der kleinen Städte und auch für die Bauernhäuser Schornsteine vorgeschrieben. Sie wurden zunächst aus Lehmsteinen gemauert, später dann mit Mauersteinen. – In Redensarten gilt der Schornstein als Symbol der Heimat: *hei möt ümmer denn Schostein roken seihn* er mag nicht in die Fremde; von jmd., der nicht weit von zu Hause fort ist: *de kann noch ümmer Mudders Schostein seihn.* Ein rauchender Schornstein wird als Anzeichen für Reichtum und Besitz gedeutet: *bi denn rookt de Schostein* dem geht es gut, er ist vermögend. Anders sieht es schon aus, wenn mit Rauch und Wind alles aus dem Schornstein herausgeblasen wird, und so bedeutet *in'n Schostein schrieben* alle Hoffnung auf Wiedergutmachung aufgeben: *dat schrief man in'n Schostein.*

Schosteinfäger m., im Nordosten *Schotsenfäger*, Schornsteinfeger.

schotschen, wie umg., gehen, laufen, eilen.

Schotstein m. s. Schostein.

Schott n. 1. hölzerner oder eiserner Riegel zum Verschließen an Stall- und Haustüren: *hest du dat Schott vörmaakt?* – 2. vorderes und hinteres Querbrett am Kastenwagen: *hei hett dat Schott verluren*; diese Bretter hießen auch *Schottkell* (s. d.). – 3. allg. Verschlüsse, z. B. für Türen, Falltüren, vor allem für Querwände auf dem Schiff. Mit der Aufforderung: *mak de Schotten dicht* wird dann auch ganz allgemein das Schließen von Türen und Fenstern gewünscht. – 4. Klappe am Rauchabzug des Ofens.

Schottäch f., landw., schwere Ackeregge.

Schöttel f. Schüssel, meistens *Schöddel* ausgesprochen, Pl. *Schöddels, Schöddeln: de Schöddel is in'n Dutt* die Schüssel ist entzwei. Die Redensart: *dei Ierste anne Schöddel, dei Letzte an dei Arbeit* stammt aus der Zeit, wo gemeinsam aus einer Schüssel gegessen wurde; vereinzelt war dies noch bis Anfang des 20. Jahrhunderts üblich. Ganz allgemein verstanden und oft auch auf ein mittelloses, aber hübsches Mädchen bezogen wird folgende Ra.: *wat dau ik mit 'ne schiere Schöddel, wenn nicks in is!* Jemand, der viel Schulden hat, *bi denn fräten dei Schullen all ut dei Schöddel.*

Schött(e)ling f. Untertasse, dafür auch *Teeschött(e)ling.*

Schottfork f., landw., zweizinkige, kurzstielige Forke zum Heu- oder Strohaufladen.

Schottkell f., fachspr., 1. vorderes und hinteres Verschlußbret am Kastenwagen. – 2. Schräggitter am Frachtwagen zur Aufnahme zusätzlicher Gepäckstücke.

Schottpoch, Schorpoch f. 1. dicke, graubraune Kröte; vereinzelt auch *Schorfpoch.* – 2. Frosch; Hauptform neben *Schorf-, Schorre-, Schorpoch.*

Schottpoggenleik n., scherzh., Kartoffelgraupen.

Schottpoggenstauhl m. ›Krötenstuhl‹, allg. für Pilz.

Schraach f. Gestell aus schräg oder kreuzweise zueinander stehenden Holzfüßen, z. B. ein Sägebock oder eine Unterlage für die Waschbalge. Früher diente sie auch als zusammenklappbare Bettstelle für kleine Kinder, indem Leinwand zwischen die Holzteile gespannt wurde (s. Abb.).

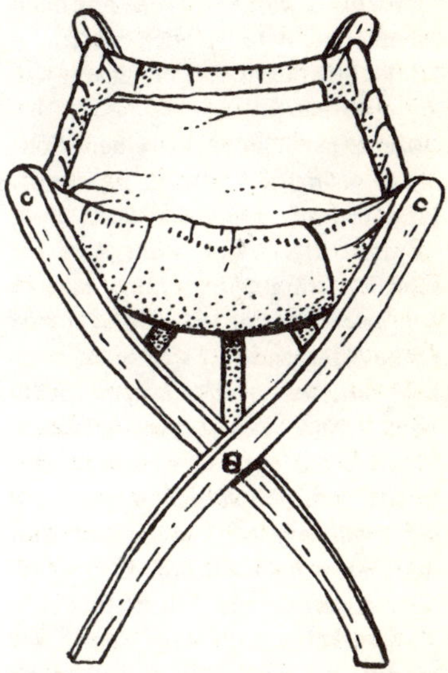

schraach Adj. 1. knapp, sparsam: *bi dei Lü' geiht' uk man schraach tau.* –

2. schräge.

schrägeln 1. gehen, indem man mit den Enkeln zusammenschlägt: *du mööst nich so schrägeln, dei Strümp warden so dreckig.* – 2. unsicher, wakkelig gehen.

Schrap f. 1. Kratzer, Gerät zum Abschaben, zum Rostabkratzen u. a. m. – 2. Striegel zum Pferdeputzen.

Schrapels n. Abgeschabtes, auf Rügen *Schraplis, Schraaplitz,* auf Usedom *Schraapsel.*

schrapen abkratzen, schaben.

schrat Adj. schräge, quer: *schrat gegenœwer; de Ledder schrat gegen dat Hus stellen; schrat gahn* schief, daneben gehen.

schrawwelig, schrawlig Adj. 1. unansehnlich, wenig wertvoll, kümmerlich. – 2. uneben, rauh.

schrawweln 1. torkeln: *hei schrawwelt œwer dei Strat; hei geiht wie son Schrawwel achteigen* er geht mit nach innen gerichteten Zehenspitzen. – 2. flüchtig arbeiten: *hei schrawwelt dor œwer hen.*

schrieben, schriewen schreiben. Präs. Sg. 1. *schrief,* 2. *schriffst,* 3. *schrifft*; Prät. *schreef, schreeben*; Part. Prät. *schräben. Hei schrifft wie'n Afkat* er schreibt sehr gut; *hei schrifft, as wenn hei betahlt kricht* er schreibt sehr schnell. Jemand, der sich etwas merken soll, *sall sik dat achter't Gehür* oder *achter dei Uhren schrieben.* Wenn etwas aufgeschrieben ist, gilt es als verbindlich und abgemacht: *dat steiht schräben, dat is schriftlich schräben. Schräben Schrift* ist deshalb ganz allgemein ein Schriftstück, ein Vertrag, eine Quittung. Und: *wer schrifft, dei blifft* wer schreibt, der bleibt.

Schriefdisch m. Schreibtisch.

Schriefmaschinenminsch m., scherzh., Schriftsteller.

Schrieftüüch n. Schreibzeug.

schrien, schriegen, schrieden schreien. Präs. Sg. 1. *schriech,* 2. *schrichst,* 3. *schricht*; Prät. *schreech, schreegen*; Part. Prät. *schrägen. Schriech nich so lut* schreie nicht so laut, ruft man einem Kind zu, denn mitunter *schriegen se, as wenn'n Schwien stäken ward*; oder … *as wenn se up'n Spiess stäken daun* … als wenn sie auf einem Spieß stecken. Es schreien aber nicht nur Kinder, auch *de Dör schriecht* die Tür ›schreit‹, wenn sie nicht geölt wurde; *dei Darm schriegen* die Därme schreien; vor Hunger *schriegen uk de Farken.* Und in bezug auf einen dummen Menschen heißt es: *wenn Dömlichkeit weih deed, schreech hei denn ganzen Dach.*

schrienen brennen, schmerzen, bei leichten Hautverletzungen: *de Hut schrient so* die Haut brennt so; häufiger in der Wendung: *mi schrient dat so,* auch z. B. bei schlecht sitzenden Schuhen: *mi schrient de Hacken so.*

schriewen s. schrieben.

Schrittschauh m., veralt., Schlittschuhe.

schruben, schruwen schrauben. Präs. Sg. 1. *schruf,* 2. *schrüffst,* 3. *schrüfft*; Prät. *schröf*; Part. Prät. *schraben; 'ne Mudder up'n Bolten schruben.*

Schruck f. altes Tier, alte Frau, Pl. *Schrucken.*

schrucken schlecht, unbeholfen, schwerfällig gehen, hinken.

Schruf f. Schraube, Pl. *Schruben; oll Schruf* Schimpfwort für alte Frau: *so 'ne olle Schruf hett hei sich friecht.* – Ra.: *em is woll 'ne Schruf los* er ist wohl nicht ganz bei Trost.

schu, schuuch Adj. scheu: *sei keek em*

schuuch an; hei dee' so schu er tat so schüchtern; *schuge Pier* durchgehende Pferde; *schuuch, schuuch* Ruf beim Vertreiben von Federvieh.

Schubbstunn', Schuppstunn' f. Dämmerstunde: *wi sitten noch'n bäten inne Schubbstunn'; wi hollen noch 'n bäten Schuppstunn'.*

schuben, schuwen schieben.

schubsen s. schupsen.

schüchten 1. scheuchen. – 2., refl., sich scheuen, fürchten.

Schüddel-de-Büx alter Mönchguter Volkstanz, zum Text s. Biel, Kinderlieder 61.

schüddelköppen, schüdd-, schürrköppen mit dem Kopf schütteln als Zeichen der Ablehnung; vor allem in nd. Literatur gebraucht.

schüdden, schürren 1. schütten: *schütt't gaut?* lohnt es? – 2. schütteln: *dat schür ik mi ut't Handgelenk; denn Kopp schürren* den Kopf schütteln.

Schudder m. Schauder: *mi leep son Schudder œwer.*

schudderig Adj. frostig, fröstelnd: *mi is so schudderig* ich friere so; *dat is hüt so'n schuddriges Wäder* es ist heute ungemütlich kaltes Wetter; *mi is so schudderig inne Magengegend* ich habe Hunger.

schuddern, schurrern schaudern, zittern vor Furcht oder Kälte: *mi schuddert so; dat schuddert mi so œwer* es rieselt mir kalt über den Rücken. – Ra.: *hu, wo schurrert mi vör't Friegen* ich habe Angst vor dem Heiraten.

Schüddgaffel, Schürrgaffel f., landw., veralt., hölzerne Gabel zum Auflockern und Wenden des Kornes beim Dreschen.

Schuf f., m. Schieblade, Schubkasten: *mak de Schuf tau!; treck denn Schuf up.*

Schüffel f. Schaufel, Pl. *Schüffeln.* – Hd. -nd. Mischform, s. Schüpp.

Schufkor f. Schiebkare, einrädrige Karre. In der Redensart: *Wat tausamenkamen sall, kümmt doch tausamen, un wenn't de Düwel mit de Schufkor tausamenbringen sall* was zusammen gehört, kommt endlich auch zusammen, und wenn es der Teufel mit der Schiebkarre zusammenkarren muß.

Schufot, Schufut m., veralt., 1. Uhu. – Syn. Schuhuu. – 2., übertr., Schimpfwort für liederliche Frau.

Schuf-vör'n-Dumen m., scherzh., Geld: *de hett Schuf-vör'n-Dumen.*

Schugels n. Vogelscheuche, im Süden Mecklbgs auch *Schugsel, Schüggsel* und auf Rügen *Schuglitz.*

schugen scheuen, scheuchen: *de Pier schuuchten vör'n Wagen.*

Schuhuu, Schuhut m., lautnachahmend, 1. Uhu. – 2. Eule. – Syn. Schufot.

schulen 1. verstohlen, von unten herauf sehen, lauernd blicken: *hei schuult so üm dei Eck.* – 2. sich verbergen, verstecken, in Verbindung mit *gahn* und *lopen* Schule schwänzen: *schulen gahn; de is all werrer schulen gahn.*

Schuling, Schulung f. windgeschützte Stelle: *kumm, wi gahn 'n bäten inne Schuling; in de Schuling von dat Hööft.*

Schull, Scholl f. Scholle, Pleuronectes platessa L.

Schuller f. Schulter, Pl. *Schullern: breide Schullern hemm'* viel ertragen können; mit *de Schullern trecken* mit den Achseln zucken; *de kolle Schuller wiesen* etwas ablehnen; jmd. *œwer de Schuller ankieken* jmd. herablassend behandeln; *väl Flicken upe Schuller hemm'* viel auf dem Kerbholz haben.

schüllig Adj. schuldig. 1. zum Zahlen verpflichtet, etwas schulden: *wat bün ik schüllig? Du büst nicks schüllig.* – 2. Schuld tragen: *du büst schüllig.*

schülpen s. schilpen.

schülpern, schilpern Flüssigkeiten in Gefäßen durch Bewegen zum Überfließen bringen: *bi't Drägen schülpert dat Wader in't Spann, denn warden Schülperbrä'* (Bretter auf dem Eimer, die das Überschwappen verhindern sollen) *uplecht.*

schümen schäumen: *de Melk schüümt; hei frett, dat em dat Mul schüümt* er ißt viel und mit Genuß.

Schumpusen Pl. Gewitterwürmer, Insekten der Ordnung Thysanoptera L.

Schün f. Scheune, Pl. *Schüüns, Schünen.* Zu Formen und Arten der Scheunen in Mecklbg. s. Baumgarten, Scheune u. Bauernhaus. Die auch im Hochdeutschen bekannte Wetterregel heißt auf Platt: *Mai käuhl un natt, füllt denn Bur'n Schün un Fatt.* Wenn jemand nach Hause aufbrechen will, wird erwidert: *täuf ma'n bäten, dit is ja ok keen Schün* warte noch ein Weilchen, dies hier ist ja auch keine Scheune. In übertragener Bedeutung meint ein Sprichwort: *dei oll'n Schün' brennen am hellsten* alte Liebesleute sind am leidenschaftlichsten. An die schwere Arbeit des Kornausdreschens erinnert noch die weit verbreitete Redensart: *hei ät* oder *frät as'n Schünendöscher* er ißt mit großem Appetit (sehr viel) wie ein Scheunendrescher, d. h. jmd., der in der Scheune drosch. Eine große dicke Schnitte ist deshalb eine *Schün'döscherschnäd.*

Schünen-: -bœn m. Boden der Scheune. – **-däl** f. Scheunendiele. – **-dör** f. 1. Scheunentür. – 2., übertr., große Ohren, großer Mund. – **-döscher** m., hist., Scheunendrescher, Ra. s. Schün. – **-fack** n. Scheunenfach.

Schunkel f. Schaukel der Kinder, aus zwei Seilen und einem Sitzbrett. – Syn. Schockel.

schünschen, seem., handeln, schachern, tauschen, vortäuschen. – Zu engl. *change.* – Syn. schutern.

Schüpp f. 1. Schaufel, Schippe, auch Müllschaufel; Dim. *Schüpping.* In Redensarten symbolisiert *de Schüpp* oftmals körperliche Arbeit schlechthin: *hei kann sich uk ruhig 'ne Schüpp köpen* heißt, er kann auch ruhig einmal richtig arbeiten. Und wer ordentlich zupacken kann, *de hett de Schüpp inne Hand nahmen.* Bildhaft umschrieben heißt kündigen, eine Arbeit beenden wollen *de Schüpp vör de Dör stellen.* – 2. herabhängende Unterlippe, Schmollmund: *mak nich so'n Schüpp!* Oder im Vergleich: *du maakst 'ne Schüpp, dor kann'n Schock Duwen up sitten* du läßt deine Unterlippe so herabhängen, daß 60 Tauben darauf sitzen können. Zu Kindern auch in der Verkleinerungsform *Schüpping* gebraucht: *maakt mien Püpping ein Schüpping?*

schüppen schippen.

Schups m., wie umg., Stoß.

schupsen, wie umg., stoßen, schieben, drängeln.

Schur[1] n. 1. Regenschauer: *dor keemen ümmer son Schuurn.* – 2., übertr., böse Miene, Stirnrunzeln: *wat treckst du vör Schuurn vör'n Kopp?*

Schur[2] n. 1. offener Schuppen, in dem handwerkliche Arbeiten verrichtet wurden, vor allem Stellmacherarbeiten. – 2. Schuppen zur Unterbringung von Wagen: *Wagenschur.*

Schürdauk n. Scheuertuch, Aufwischlappen.

schürrköppen s. schüddelköppen.

Schurrmurr n., m., wie umg., Gerümpel, Kram, unbrauchbare Sachen: *dat Schurrmurr, dat schmiet man up'n Müllbarch* den alten Kram wirf bloß auf den Müllberg.

Schürwiepen, -wiem m., f., veralt., Topfquast aus Stroh.

schüs s. tschüs u. adschüs.

Schuß in'n Aben Adv. sinnlos, umsonst, wertlos: *dien Reis* (Reise) *wier'n glatten Schuß in'n Aben.*

schutern schachern, tauschen, feilschen: *de Jungs schutern mit alls; wecker schutert, will bedreigen* wer tauscht, will betrügen. – Syn. schünschen.

schuulsch Adj. hinterhältig, heimtückisch, falsch: *schuulsch sin, schuulsch kieken; 'n schuulschen Blick hemm'* niemand gerade ansehen können; *'n schuulsches Wäsen hemm'* ein wenig vertrauenerweckendes Wesen haben. Auch im Schimpfwort gebraucht: *'n schuulschen Hund* ein falscher, gemeiner Mensch. In der Verbindung mit *dœmlich* verliert *schuulsch* seine negative Bedeutung: *sik schuulsch un dœmlich fräten* sich dick und dämlich fressen, ebenso: *sik schuulsch un dœmlich lachen* sich totlachen.

schuwen s. schuben.

Schüwer m. Schieber. 1., veralt., langes schmales Brett zum Einschieben des Brotes in den Backofen. – 2. Riegel als Verschluß an Türen.

schwäben schweben: *mi hett't up'e Tung' schwääft* ich wollte es sagen, kam aber nicht darauf.

schwack, swack Adj. schwach, hinfällig: *mi is schwack in de Knei.*

Schwad, Schwor f., *Swadd, Schwatt* n., landw., Schwade, Gras oder früher auch Getreide, das mit einem Sensenschnitt abgemäht wurde, auch eine Reihe abgemähtes Gras, Pl. *Schwaden.*

Schwäfmaschin f., scherzh., Fahrstuhl: *ik mein denn Bullerkasten von Schwäfmaschin.*

Schwäging f. Dim. zu Schwager.

schwäken, veralt., ›schwächen‹, taumeln, schwanken: *hei schwääkte man so.*

Schwäkspon m. 1. Schwächling. – 2., fachspr., Teil am Ackerwagen, das die drehbare Verbindung zwischen Vorder- und Hintergestell herstellt; urspr. Bedeutung ›Schwankspon‹.

Schwalf, Swalf f. Schwalbe, Pl. *Schwalben*, s. Schwœlk.

Schwäp, Swäp f., veralt., Peitsche, Peitschenschnur: *hei kreech wat mit'e Schwäp; täuf, ik war di bald eis vör dei Schwäp kriegen!* Übertr.: *Swäpen maken* Umschweife, Ausflüchte machen. – Syn. Pietsch.

Schwark, Swark, Swack f. dunkle Gewitterwolken: *dor treckt 'ne Schwark up; dor steht ein Schwark.*

schwart, schwatt Adj. 1. schwarz, sehr dunkel, fast schwarz: *schwart Schauh* schwarze Schuhe; *schwart Kœk* schwarze Küche, die alte Küche mit offenem Herd; *schwart Aust* Tabaksernte (südöstl. Vorpom.); *schwarten Mann* Kinderschreck; *dei Fru geiht schwart* die Frau hat Trauer. – Wenn jmd. auf eine Sache sehr lange warten muß, *möt hei luren, bet hei schwart ward.* Aber auch »vor den Augen« kann einem schwarz werden: *mi is ganz schwart vör de Ogen* mir ist schwindlig. Von jmd., der in den Augen seiner Mitmenschen nichts taugt, heißt es: *hei is nich dat Schwart unner'n Nagel wiert.* Auch der Geizige *günnt mi nich dat*

Schwart unner'n Nagel gönnt mir nicht das Schwarze unter dem Fingernagel. – In Redensarten spielt oft auch der Gegensatz schwarz/weiß eine Rolle: *nich schwart un nich witt seggen* keinen Ton von sich geben; *ut witt schwart maken* etwas ins Gegenteil verdrehen; *schwart up witt wies ik di dat* schwarz auf weiß kann ich es dir zeigen. Scherzhaft heißt es von jmd., der Schwierigkeiten beim Lesen hat: *wenn hei läsen sall, is em dat Schwart up dat witt Poppier ümmer in'n Weg.* – Das Subst. *de Schwart* m. wird zur Bezeichnung des Schornsteinfegers, des Pastors, des Schmieds, auch des Teufels gebraucht. *Dei Schwart* ist eine feurige, schwarzhaarige Frau, aber auch die Lokomotive, früher auch die Lokomobile. – 2. schmutzig: *schwart Tüüch* schmutzige Wäsche. – 3. schlimm, böse, unheilbringend: *hei har hüt'n schwarten Dach; 'n schwartes Hart; de schwart Mann.* – 4. unerlaubt, heimlich: *de Garaasch wull hei schwart bugen.*

Schwartsur n. Schwarzsauer, Gericht aus dem gesäuerten Blut geschlachteter Gänse, Enten, auch Schweine. Weitere Bestandteile der Suppe sind Fleischstücke, oft *Schnuten un Poten*, Backobst, Gewürze, Mehl- oder Grießklöße; ein beliebtes Gericht beim Schlachten. – Vgl. Wittsur.

Schwatt n. s. Schwad.

schwatt s. schwart.

schwäugen, schwögen weitschweifend erzählen, salbadern.

schwäul, schwöl, swäul Adj. 1. schwül, drückend heiß, feuchtwarm: *dat is so schwäul, dat gifft noch wat.* – 2., übertr., ängstlich, beklommen: *em wier so schwäul taumaud as hei inne Schaul güng.*

Schwäwelsticken, Swäwelsticken m., veralt., Schwefelholz, Streichholz, Plural gleichlautend. – Syn. s. Rietholt.

schwedsch Adj. schwedisch. Das Gebiet des ehemaligen Pommern, das bis 1815 zu Schweden gehörte, nannte man *Schwedsch Pommern* oder auch einfach dat *Schwedsch: hei wohnt in't Schwedsch* er wohnt im Schwedischen. – *De Schwedsch Kadrillj* die schwedische Quadrille aber wurde nicht nur in Vorpommern getanzt, sie ist auch in Mecklenburg bekannt. Es ist eine dem Kegel sehr ähnliche Tanzweise. Vereinzelt wurden auch Texte dazu gesungen. Noch heute bekannt ist der Vers zu einer Polka, der sich auf den *schwedschen Hiering* bezieht. Dieser große Hochseehering wurde nicht sehr geschätzt, weil er oft schon mit *rode Köpp,* d. h. alt, zum Verkauf angeboten wurde, während der einheimische Küstenhering ganz frisch auf den Markt kam. Und so hieß es denn:

Wiede wiede witt, denn schwedschen Hiering,
wiede wiede witt, denn mach ik nich.
Wiede wiede witt, denn sast du äten,
wiede wiede witt, dat dau ik nich.

schweepen, sweepen fegen, reinigen.

Schweer f., n., veralt., Schwäre, Geschwür, Pl. *Schweern, Schweeren: hei hett so väle Schweeren.*

Schweit, Sweit m. Schweiß: *bi de Arbeit möt man in Schweit kamen* bei der Arbeit muß man ins Schwitzen kommen. Aber es gibt eben auch Menschen, *de sünd so ful, de mægen ehrn eigen Schweit nich rüken* die sind so faul, die mögen ihren eigenen Schweiß nicht riechen. Was viele Mühe kostet, *hett mihrstendeils uk väl*

Schweit kost't. Jemand, den man auf Trab bringen will, kann man auch *up'n Schweit* bringen.

schweiten, sweiten, schweeten schwitzen, Schweiß absondern: *mi schweit', dat mi dat Warer denn Puckel run'löppt*; wer nur von der Arbeit redet, *de schweit' blot unner de Tung'*; wer faul ist, *de schweit' bi't Äten un früsst bi dei Arbeit.* Man sollte nicht *äten, dat ein' schweit' un arbeiden, dat ein' friert.*

schweitig Adj. schweißig, schwitzig.

schwemmen, swemmen schwimmen. Präs. Sg. 1. *schwemm*, 2. *schwemmst*, 3. *schwemmt, schwimmt*; Prät. *schwomm, schwemmte*; Part. *schwommen, schwummen.*

Schwesting f. Dim. zu Schwester.

Schwetsch f. 1. Zwetsche, späte blaue Pflaume; ein beliebtes Gericht daraus sind: *Schwetschen un Klüt* Pflaumen und Klöße. – 2. Ohrfeige: *du kannst gliek 'ne Schwetsch mit fief Stengeln kriegen* du kannst gleich eine Ohrfeige mit fünf Stengeln (das sind fünf Finger) bekommen.

schwetschen eine Ohrfeige hauen: *ik war di gliek eine schwetschen.*

schwiegen, swiegen 1. schweigen. Präs. Sg. 1. *schwiech*, 2. *schwichst*, 3. *schwicht*, Pl. *schwiegen*; Prät. *schweech*; Part. *schwägen; dei kann nich schwiegen; schwiech man still!* Aufforderung, nicht viel zu erzählen. – 2. verschweigen: *hei sall dat woll schwiegen.*

schwiemelig schwindlig, taumelig; Adjektiv zum veralt. Substantiv *Schwiem* m., *Schwiemel* m. Ohnmacht. *Mi ward ganz schwiemelig, giff mi fix 'n Glas Warer.* Nach durchzechter Nacht kann man *uk bannig schwiemelig utseihn* sehr verkatert aussehen. Und wenn einem eine Sache nicht ganz geheuer ist, meint man: *dei Sak süht œwer tämlich schwiemelig ut.*

Schwiemnis f., veralt., Ohnmacht.

Schwien, Swien n. 1. Schwein; häufig in Redensarten und Vergleichen, die sich meistens auf seine Eigenschaften und sein schmutziges Aussehen beziehen: *hei is dick as'n Schwien, besapen as'n Schwien.* Wer aber *Schwien hatt hett*, der hat Glück gehabt. Wenn er allerdings *fief Schwien in sœwen Buchten hett*, dann zweifelt man mit Recht an seinem Verstand. Will man mit jemand nichts zu tun haben und sich auch nicht duzen lassen, fragt man empört: *in wecker Eck hemm' wi tausamen Schwien hött* wo haben wir zusammen Schweine gehütet? Diese Tätigkeit gehörte zu den am wenigsten angenehmen. Kinder verulkt man, indem man ihnen verspricht: *du sast mit na Schwienbaden un dei Seep drägen* du darfst mitkommen zum Schweinebaden und die Seife tragen. Auch auf Menschen übertragen heißt es: *wat'n gaut Schwien is, dat frett allens* ein gutes Schwein frißt alles; aber: *väl Schwien maken dünnen Drank* wo viele Esser sind, da wird das Essen verdünnt. – 2., übertr., schmutziger Mensch, auch als Schimpfwort: *du büst 'n Schwien!*

Schwien(s)-, schwien(s)-: -ägel m. 1. Igel. Im Sagw.: *Ik pruust di wat, sä' de Schwienägel to'n Hund, dunn rullt he sik up.* – 2., übertr., Bezeichnung für verschiedene Geräte (Fußabtreter mit Borsten, kleine Hungerharke u. a.). – 3. liederlicher, schmutziger Mensch, kleiner Schmutzfink. – **-ägeln** unanständige Reden führen. – **-ägelwitz** m. unanständiger Witz. – **-bohn** f. Schweinsbohne,

Hyoscyamus niger L. – **-braden** m. Schweinebraten: *Schwiensbraden mit Musik.* 1. Schweinebraten mit knusperiger Schwarte und fetter Sauce. – 2., übertr., etwas Gutes. – **-diern** f., veralt., Mädchen, das die Schweine versorgt. – **-diessel** f. ›Schweinedistel‹, Gattung Sonchus. Futter für die Schweine. – **-driewer** m. Schweinehirt. – **-düwel** m., landw., Hungerharke. Vgl. Köter. – **-faudertiet** f. Zeit zum Füttern der Schweine. – **-fraats, -fraß** m. schlechtes Essen. – **-gros** n. Knöterich, Polygonum L. – **-häuden, -hod** n., f. 1. Schweinehüten, -hütung. – 2., veralt., Ohnmacht: *sei hett' Schwienhäuden krägen.* – **-häuder** m. Schweinehirte. – **-kaben** m. Schweinekoben, -bucht: *up wecken Schwienskaben hemm' wi Bräuderschaft makt?* Frage, wenn man unberechtigt geduzt wird. – **-kopp** m. Schweinekopf: *morgen gifft' Schwienkopp, hei is all up'e Röst* Redensart, wenn ein Kind den Kopf mit beiden Armen stützt. – **-kœtel** m. 1. Schweinekot. – 2., übertr., Minderwertiges. – **-krut** n. 1. Komfrey, Symphytum asperum. – 2. Beinwell, Symphytum officinale L. – **-ledder** f. 1. Schweinsleder. – 2. Leiter zum Aufhängen der geschlachteten Schweine. – Syn. Schlachtledder. – **-majur** m., scherzh., Schweinepfleger. – **-mastanlach** f. Schweinemastanlage. – **-mess** m. Schweinedung. – **-plietsch** Adj. gerissen, schlau, pfiffig: *dat's 'n ganz Schwienplietschen, dei lött sich nich œwer't Uhr haugen* ein pfiffiger, gerissener Mensch, der sich nicht übers Ohr hauen läßt. In der Redensart heißt es: *klok bruukt de Bur nich to sin, œwer schwienplietsch* ein Bauer braucht nicht schlau zu sein, aber pfiffig. Und im Vergleich: *hei is schwienplietsch as Bartels, dei wull Schnei in'n Aben drögen un nahst as Solt verköpen* er ist schlau wie Bartels, der den Schnee im Ofen trocknen und anschließend als Salz verkaufen wollte. – Vgl. auch plietsch. – **-plietschigkeit** f. Gerissenheit, Schlauheit. – **-pot** f. Schweinepfote, Spitzbein. – **-preister** m., scherzh., Schweinepfleger. – **-stiert** m. Schweineschwanz. – **-tran** f. dicke Träne: *sei rort Schwienstran'.* – **-tüffeln** Pl. Schweinekartoffeln, d. h. kleine, schlechte Kartoffeln. – **-uhr** n. 1. Schweineohr. – 2., übertr., flaches Blätterteiggebäck.

Schwieten, Swieten, nur Pl., dumme Streiche, Unsinn: *Schwieten maken* Dummheiten machen. – Zu hd. *Suite.*

Schwimmingspuhl m. Swimmingpool, Schwimmbecken.

schwipp, swipp Adj. 1. vorlaut, voreilig: *schwip mit' Mul sin.* – 2. flink.

schwögen s. schwäugen.

Schwœgennest n. Schwalbennest: *Schwœgennester bringen Glück in't Hus, Schwœgenschiet noch väl mihr.*

Schwœgenschwanz m. 1. Schwalbenschwanz. – 2., scherzh., Frack.

schwöl s. schwäul.

Schwœlk f. Schwalbe, Pl. *Schwœlken, Schwœgen.* Dieses nd. Wort veraltet im Sprachgebrauch und wird verdrängt durch verniederdeutschtes *Schwalf*, Übergangsform *Schwœch.* Vor allem noch in Ra. und gebräuchlichen Zusammensetzungen geläufig: *dei Schwœlken betahlen ehr Maid mit Mess.* Wenn jmd. mit offenem Mund dasitzt, heißt es: *lat di nich vonne Schwœlk in't Mul schieten.* – Die Schwalben kündigen

Wetterveränderungen an: *wenn de Schwœlken scheiten, gifft dat Rägen.* Sie bringen Glück: *wur dei Schwœlk ehr Nest buucht, schleit dei Blitz nich in.* – Der Gesang der Schwalben wird in Worte umgesetzt, und es gibt viele Varianten solcher Verse, die sich meistens auf das Wegziehen und die Wiederkehr der Vögel beziehen:

As ik ut dei Schün flog, wier dei Schün voll Heu,
as ik werrer rinflog, wier all's utfräten, utschäten;
lütte Mätens, grote Mätens, schwarte Mätens,
Borrermätens, schlirr, schlarr, schlirr.

schwönner, veralt., schwerer, Komparativ zu *schwor* schwer.

schwor Adj., veralt., schwer, heute meistens schwer. Scherzhafte Ra.: *de Sak is schwer, möt haben warn* die Sache ist schwer, sie muß ›gehoben‹ werden.

Schwor, Schwort f. 1. Schwarte, dicke, feste Haut von Tier und Mensch: *dat Schwien hett 'ne dicke Schwor; Schwoorn kamen inne Arftensupp* Schwarten kommen in die Erbsensuppe. Jemand, der Prügel bezieht, *kricht wek up'e Schwor*, und bei allzu großem Hunger können *uk de Schworen knacken.* – 2. Schalbrett.

Schwulität f., wie umg., Schwierigkeit, Verlegenheit: *hei is bannig in Schwulitäten kamen.*

schwulken, swulken Zusammenziehen von Wolken zu Gewitter: *dat schwulkt so.*

schwummelig, schwummerig Adj. schwindlig, ängstlich, ungewiß: *mi ward so schwummelig vör de Ogen.*

schwups lautmalendes Wort, das meist zu Beginn eines Satzes oder Ausrufes steht und auf ein plötzliches Ereignis hindeutet: *schwups, föl hei dal* plötzlich fiel er hin; *schwups, wier hei verschwunnen; schwups, wier hei buten* plötzlich war er draußen; *hei schmeet em, schwups, dei Dör vör dei Näs tau* er warf ihm plötzlich und unerwartet die Tür vor der Nase zu. Das Wort tritt auch als Substantiv auf.

Schwups, Schwupp m., f. 1. rasche Bewegung. – 2. eine bestimmte Menge: *dor harn wi 'ne ganze Schwupp von.*

Sechser m., wie umg., Fünfpfennigstück. – Ra.: *Dat's licht secht för'n Sechser Kees* es ist nicht so leicht, wie es aussieht; diese Ra. wird oft durch Zusätze erweitert: *dat's licht secht för'n Sechser Kees, œwer wat för wecken, … un denn mit Maden*; als Abweisung: *du kannst mi mal för'n Sechser, weil wi uns bei' kennen, mit blank gepuzten Stäwel denn Puckel runnerrönn'.*

Sechserkees m. Harzer Käse.

See 1. m. der See. – 2. f. die See; die Ostsee wird oft als *grot See* bezeichnet; bei starkem Wind scherzh.: *un nu tau See un denn kein Schipp!; de Bö' tau See bringen* die Boote ins Wasser lassen; *tau See gahn* Seemann werden.

See-, see-: -dun Adj. seekrank, schwankend. – **-flamm** f. Qualle. – **-hahn** m. 1. Haubentaucher, Podiceps cristatus (L.). – 2. Knurrhahn, Fisch der Familie Triglidae. – **-has** m. Fisch, Cyclopterus lumpus L. – **-kohl** m. Meerkohl, Crambe maritima L. – **-lüd** Pl. Seeleute. – **-pock** f. Seepocke, Gattung Balanus, Pl. *Seepocken*, bewachsen Schiffswände. – **-törn** m. Seereise, Pl. *Seetörns.*

Seelenverköper m. ›Seelenverkäufer‹. 1., veralt., Stellenvermittler, gewissenloser Mensch. – 2. altes Schiff, seeuntüchtiges Boot.

Seelenwarmer m. ›Seelenwärmer‹. 1., veralt., Unterziehmieder. – 2. Schnaps.

Seep f. Seife: *gräun Seep*, veralt., Schmierseife; *hei gifft an as'n Pund gräun Seep.* Scherzfrage an ein Kind, das nur Süßes essen will: *Lickertähn, machst uk gräun Seep?* Häufig auch in Antworten auf die Kinderfrage: *Wat gifft 't to äten? Afbraken Neihnadels un gräun Seep.*

seggen, sengen sagen, reden, sprechen. Präs. Sg. 1. *sech*, 2. *sechst*, 3. *secht*, Pl. *seggen*; Prät. *säd. Dor kann'k nicks tau sengen* das kann ich nicht beurteilen; *ik har bald wat secht* ich hätte beinahe etwas (Unvorsichtiges) gesagt. Eine Rede, ein Bericht werden häufig eingeleitet: *wat ik man noch seggen wull.* Etwas bedrohlicher schon klingt es so: *dat wi'k di seggen* das will ich dir sagen. Und zur Bekräftigung des Gesagten wiederholt man: *dat kann'k di sengen*, so wie man überhaupt beim Erzählen häufig *sech ik* einflicht, z. B.: *ik sech, ›Korl‹, sech ik, ›wat meinst du‹. Dat Seggen hemm'* die Leitung haben: *dat Seggen hett meist de Fru* das Sagen, das Regiment hat die Frau; aber *so'n Seggen* bedeutet unbestimmbares Gerede. Auch redensartl.: *dat is so'n Seggen vonne Lüd.*

sei, se Pers. Pron. 3, Pers. sg. f. u. 3. Pers. Pl. sie; *sei* und *se* bezeichnen die weiblichen Tiere bei Kaninchen, Gänsen u. anderen Kleintieren. Scherzh. Antwort auf die Frage: *Wecker hett dat secht? Hei? Ne, ›Hei‹ is'n Kaninkenbuck un ›Sei‹ is sien Fru.* – Im Dativ Plural stehen *sei, se* für *en*: *ik kann Sei seggen; is dat Sei ehr Jung'?; heff ik Sei dat nich secht?; ik wull eis mit Sei räden.*

seichen urinieren: *jung' Hunn' seichen sihr väl.*

seien, seigen, seiden säen. Wetterregel: *Wer in'n März tau früh deit seien, hett oft nahstens nicks tau meihen.* Tadelnd über ungewaschene Ohren: *dor kann man ja Peiterzilch up seigen* da kann man Petersilie drin säen.

Seiger m., veralt., Uhr, urspr. Uhrzeiger der Kirchturmuhr.

seihn, sehn sehen. Präs. Sg. 1. *seih*, 2. *sühst*, 3. *süht*; Prät. *seech, seegen*; Part. Prät. *seihn.* Auch im Sinne von ›etwas Besonderes sehen‹ gebraucht: *hei süht wat* er kann hellsehen, hat das ›zweite Gesicht‹. *Seihn* bedeutet auch etwas durchschauen, erkennen, treffend formuliert in der Aussage: *wenn man dat so süht, denn kann man dat so richtig seihn.* Sonst vielfach in festen Wendungen und Bedeutungen: *hest du nich seihn* im Handumdrehen; *dat warn wi schon seihn, wu't kümmt* wir werden schon erfahren, wie es wird; *so sühst du ut!* das könnte dir so passen; *dat süht nich gaut ut* es sieht schlecht aus; *dat süht em ähnlich* das entspricht seinem Wesen. Und wer ein schlechtes Gewissen hat, *dei mach sich nich seihn laten* der mag sich nicht blicken lassen. Der Fuchs allerdings ist optimistisch und resümiert gegenüber dem Wolf: *wi seihn uns werrer, un wenn nich ihrer, denn bi'n Pelzmaker up de Stang'* wir sehen uns wieder, und sei es spätestens beim Pelzmacher auf der Stange.

Seiss f. Sense; neben *Seiss* vor allem im Südwesten Mecklenburgs (um Hagenow, Ludwigslust) *Seissel. Dei niech Seiss möt noch an'n Bom (Seissenbom) fastmaakt warden* das neue Sensenblatt (*Seissenblatt*) muß noch am Stiel festgemacht werden. Die *Heuseiss* hatte meistens einen *Bœgel*, einen Bügel. Die Sense mußte gut schneiden. Im Sprichwort heißt es: *Fläuten Frugenslüd un klingen Seissen dögen nich* Frauen, die pfeifen, und Sensen, die klingen, taugen nicht. In übertragenem Sinne gemeint ist die Frage: *dien Seiss schnitt woll nich?* du bist wohl nicht ganz ordentlich? Und dazu die wohlmeinende Aufforderung: *lat dien Seiss mal horen*, konkret: laß deine Sense schärfen.

Seiwer, Seewer m. Speichel.

Seiwerlappen m. Kinderlätzchen.

seiwern Speichel aus dem Mund fließen lassen.

Sekretärsch f. Sekretärin.

Sell m. 1. junger Mann. – 2. übertr., Luftikus, Spaßmacher: *is de Sell œwerschnappt?* – Zu Gesell.

Sellerwief n., veralt., Marktfrau, umherziehende Händlerin. – Zu nd. *sellen* verkaufen, veralt.

Selling f., veralt., Dim. zu Mamsell: *Selling ward uns woll wat Gauts halen.*

Semp m. Senf, Mostrich. – Ra.: *mak dor keinen Semp von* kein langes Gerede; *hei möt ümmer sienen Semp dortau gäben* er muß immer seine (unerwünschten) Ratschläge dazugeben.

Serwiel n., zweite Silbe betont, Zivil: *hei hett hüt Serwiel antreckt*, auch *Zerwiel.*

setten setzen, hinsetzen, absetzen: *'ne Gluck setten* eine Glucke zum Brüten setzen; *Rüsen setten* Reusen setzen. Eine derbe Aufforderung zum Platznehmen: *dor, setten S' sik up Ehr vier Baukstaben!* Vielfach in Ra. mit übertr. Bedeutung: *einen up'n Proppen setten* jmd. im Stich lassen; *sett di man nich tau hoch up't Pierd* übernimm keinen zu hohen Posten, werde nicht übermütig. *Man kann sich leicht wat in'n Kopp setten* etwas in den Kopf setzen, aber sich auch *in de Netteln setten.* Ungezogenen Kindern wird gedroht: *dat sett't gliek wat!* es gibt gleich Schläge. Jmd., der sich auf etwas versteift, *dei sett sik dor up: mien Varrer harr sich dor up sett't, un dor güng hei nich von af* mein Vater hatte sich das in den Kopf gesetzt, und dabei blieb er.

Setter m. ›Setzer‹, Pl. *Setters.* 1. Bezeichnung für Menschen, die bestimmte Tätigkeiten des Setzens ausüben (Torf, Steine usw. setzen). – 2. kleiner, strammer Junge: *'n lütten Setter; 'n fixen Setter.*

sied Adj. niedrig, flach; Komp. sieder, Superl. *an'n, tom siedsten. Dei Acker licht 'n bäten sied.* – Ra.: *Wur de Tun an'n siedsten is, ward œwerstägen* wo am wenigsten Widerstand zu vermuten ist, wird angesetzt.

Siedel m. Wasserdampf.

sieden Adj. seiden: *'n sieden Band.*

Siedler m., Pl. *Siedlers*, auch umg. u. hd., Abkürzung der Bezeichnung ›Neusiedler‹ für einen Neubauern, der nach 1945 durch die Bodenreform Land erhielt. Heute ist *Siedler* in dieser Form im Sprachgebrauch veraltend. – Syn. Niebur.

siehen, siegen, sieden seihen: *hest du de Melk all siecht, upsiecht, dörchsiecht?*

sien Poss. Pron. 3. Pers. Sg. m., n. sein. Umschreibung des Genitivs: *denn Burn sien Sœhn; wän sien?* wessen?; *mien sien Haut* mein Hut; *dat is mien sien* das gehört mir.

siendaach Adv. alle Tage, schon immer; dient allgemein zur Verstärkung der Aussage: *de ward siendaach nich vernünftig; dor hett hei sich allsiendaach œwer argert; de hett sien-*

daach nicks dan er hat schon immer nichts getan.

sienläder Adv. sein Lebtag, nie.

siepen, siepern sickern, tröpfeln, Flüssigkeit absondern, bei Wunden: *dei Wunn' siepert so.*

Siet f. Seite, Pl. *Sieden.* Sich etwas auf die Seite legen, beiseite schaffen heißt: *wat anne Siet bringen, wat up'e Siet bringen, bi de Siet bringen.* In Verbindung mit verschiedenen Adjektiven: *up'e ful Siet liggen* faulenzen, ebenso auch *up'e breit Siet liggen; up'e krumme Siet gahn* hinken, lahmen. Von einem Prahlhans wird gesagt: *dei hett man ein rechte Siet, un wenn hei dorup licht, hett hei gor kein.* Jemand, der nicht von einem weicht, *geiht mi nich vonne Siet.* In übertr. Bedeutung von einem Toten: *hei's nu uk up'e anne Siet*, und von einem Mann, der zum zweiten Mal heiratet, heißt es iron.: *een Fru hett he all œwer Siet.* Das Sprichwort *Glück un Schiet wahnt Siet an Siet* entspricht inhaltlich dem bekannten hochdeutschen Wort vom Nebeneinanderbestehen von Freud und Leid.

Sigi, Siging m. Koseform u. Dim. des männl. PN Siegfried.

sihr Adv. sehr: *hei is all sihr olt; dat's sihr schön; dat deet mi sihr leed.* Urspr. ist *sihr* als verstärkendes Adv. nicht üblich, dafür *bannig, dull* u. a., heute unter hd. Einfluß aber überall gebräuchlich.

sik sich, im südöstl. u. östl. Sprachraum (einschließlich Vorpommerns) herrscht schon länger das hd. *sich.* Im Nd. steht reflexives ›sich‹ häufiger als im Hd., u. a. bei folgenden Verben: *sik wagen, sik lihren, sik lachen, sik fallen.*

Simm, Säm n., fischerspr., 1. Einfassung des Fischernetzes mit Schnur. – 2. Angelschnur.

simmelieren nachdenken, grübeln: *dör möt ik ierst lang' œwer simmelieren.* Auch derjenige, der Schabernack treiben will, *möt simmelieren, wurans dat woll am besten geiht.* – Eine volksetymologische Verschmelzung von hd. *sinnieren* und *simulieren.*

simmen sausen, summen: *kakend Wader simmt.*

sin sein. Präs. Sg. 1. bün, 2. *büst*, 3. *is*, Pl. *sünd*; Prät. Sg. *wier, was*, Pl. *wiern, weeren*; Part. Prät. *wäst.* Der ältere Infinitiv des Verbs *wäsen*, wird schon im 18. Jh. von *sin*, das mit dem hd. *sein* korrespondiert, verdrängt, *wäsen* begegnet man heute noch im Imperativ: *wäs still!; wäs nich so lut!* und im Infinitiv und Partizip des Präteritums: *hei is krank wäst; dor bün ik gra' wäst.* – Ra.: *dat is so, as dat is; dat's all, as dat is; dat ward nu woll so sin*; aber auch ganz unbestimmt: *kann sin, kann ok nich sin, kann œwer ok doch sin.* Dagegen unausweichlich: *wat sin mütt, mütt sin.*

Singeklöne f., liter., vornehmlich in den Massenmedien, Liederfestival: Mecklenburger Singeklöne.

sinnen nachdenken, überlegen. Prät. 1. *sunn*; Part. *sunnen.*

Sitschen f. s. Zitsch.

Sittels n. Anzahl von Eiern, die auf einmal von einer Glucke ausgebrütet werden können, bis zu 15 Eiern: *ein Sittels för de Kluck besorgen; dei Kluck hett ehr Sittels all rut.*

sitten sitzen. Präs. Sg. 1. *sitt*, 2. *sittst*, 3. *sitt*; Prät. *seet, seeten*; Part. Prät. *säten.* In Verbindung mit *gahn* sich setzen: *sei güng sitten* sie setzte sich; *ik gah sitten* ich setze mich. Im Sagw.: *Ik möt nu gahn, secht Stine*

Witten, steiht up un geiht gliek werrer sitten zur Charakterisierung schwatzhafter Frauen. *Sitten blieben* sitzen bleiben, etwas nicht loswerden: *dor blieben s' mit sitten; dei Diern is sittenbläben:* 1. in der Schule sitzengeblieben. – 2. hat keinen Mann bekommen; *sittenlaten* im Stich lassen: *hei hett ehr sittenlaten; einen sitten hemm'* angetrunken sein; *kein'n sitten Noors hemm'* kein Sitzfleisch haben.

sl- s. schl-.

sm- s. schm-.

sn- s. schn-.

soans Adv. auf solche Weise, insofern: *soans hett he recht.*

sœben, sœwen, sœbm sieben: *de Sœbm* Sieben im Kartenspiel; *ik späl de Sœbm ut* ich spiele die Sieben aus; *de bös' Sœbm* übertr. für klatschhafte, zänkische Frau, auch Schwiegermutter. Alle Habseligkeiten zusammen sind nur *sœben* Sachen. *Sœbm* wird oft in Vergleichen als unbestimmte große Zahl gebraucht: *du ätst jo, as wenn du in sœben Daach nicks krägen hest* du ißt ja, als hättest du sieben Tage lang nichts zu essen bekommen. Wenn etwas sehr lange dauert, heißt es: *Dat kümmt so langsam as bi'n Ossen de Melk, all' sœbm Johr 'n Druppen.* – Die Zahl sieben spielt in Märchen und Sagen und im Aberglauben eine große Rolle, so z. B. *möt dat Mäten sœben Johr täuben* sieben Jahre auf einen Mann warten, wenn sie beim Essen an der Tischecke sitzt oder wenn sie sich als erste Speise auffüllt.

sœbenklauk Adj. schlau, gerissen, vorwitzig, auch altklug, von Kindern.

Sœbenrand m., f. zänkisches Weib.

sœbenzig, sœmzig siebzig.

Sœch *f.* Sau, weibliches Schwein. Wegen ihrer Gestalt und des Schmutzes, in dem sie sich wohl fühlt, wird *de Sœch* oft zu sprachlichen Vergleichen herangezogen: *hei fäuhlt sich woll as de Sœch up'n Mess* er ist rundum zufrieden; *du sühst ut as de Sœch bi'n Noors* du siehst sehr schmutzig aus; *hei sitt up'n Stauhl as de Sœch up'e Knieptang'* er sitzt sehr krumm und gebückt auf dem Stuhl.

Söcken, Socken m., f. Socken, kurze Strümpfe: *up Söcken gahn* auf Strümpfen gehen; *hei geiht up Sökken* er geht auf Socken; *dor büst vonne Socken!* Ausruf des Erstaunens; jmd. *up'e Söcken bringen* zur Arbeit antreiben, auf Trab bringen.

Söckling m. Füßling, kurze Socke (oft abgeschnittener Strumpf) zum Überziehen über die Strümpfe in Stiefeln.

Sod m. Brunnen, Ziehbrunnen. – Ra.: *Wenn dat Kind dot is, ward dei Sod tauschürt* erst wenn es zu spät ist, wird etwas geändert; *du hest dienen Willen as dei Hund in'n Sod* du kannst machen, was du willst. Vor einer unsinnigen Geldausgabe warnt man scherzend: *denn kannst't man leiwer in'n Sod schüdden, denn hüürst du't noch plumpsen.* – s. auch Born u. Pütt[2].

Sodemmer m. Schöpfeimer am Ziehbrunnen.

Sodhaken m. Stange mit Haken (auch Haken alleine) zum Anhängen des Wassereimers.

Sodstang f. Brunnenstange.

Sœgenkohl m. ›Saukohl‹. 1. Kohlgänsedistel, Sonchus oleraceus L. – 2. Kohlkratzdistel, Cirsium oleraceum (L.)

Sœhn Sohn, Pl. *Sœhns*; Dim. *Sœhning*, auch *Sœhner.* Allg. Ra.: *dat is nicks för mienen Vadder sien Sœhn* das ist nichts für mich.

Sœhnfru f. Schwiegertochter.

söken s. säuken.

soking, söking Dim. zu *so*; in vertraulicher Rede oft als Satzeinleitung: *soking, ik gah nu.*

sœlen[1]**, sallen** sollen. Präs. Sg. 1. *sall*, 2. *sast*, 3. *sall*, Pl. *sallen, sœlen*; Prät. Sg. 1. *süll, sull, söll*, 2. *süst*, Pl. *süllen, sullen. Sall ik* wird beim Sprechen häufig zusammengezogen zu *sall'k* oder *sack*, ebenso *sœlen wi* zu *sœ'w: hei sall inne Klinik; hei süll na Stralsund; wat sack seggen* kurz und gut; *dat kümmt all so as't sall; hei sall hüt noch kamen; dat sack woll schwiegen* ich kann nicht darüber sprechen, weiß ich nicht.

sœlen[2], refl., sich im Schmutz wälzen.

Solt, Sult n. Salz: *dor möt noch Solt an.* – Ra.: *se hemm' nich dat Solt up't Brot, ... nich dat Solt to de Tüften* sie sind sehr arm; *hei hett noch 'n Schinken bi mi in't Solt* ich muß noch mit ihm abrechnen. Scherzhaft empfiehlt man Kindern: *du mööst denn Hasen Solt up'n Schwanz streugen, denn lött hei sich griepen!* – Salz spielte wegen seiner Bedeutung für die menschliche Nahrung im Brauchtum eine besondere Rolle. Salz verstreuen bedeutet Tränen: *soväl Küürn Solt man verstreut, soväl Tranen möt'n vergeiten*, oder: *soväl Daach möt'n vör de Himmelsdör stahn.* Salz sollte als erstes in eine neue Wohnung kommen, wenn man *in'n nieges Hus intreckt wier, denn kreech man Solt un Brot, meistendeils von'n Nawer; Solt un Brot geef dat uk bi de Hochtiet, wenn de jungen Lüd in't Hus rinnegahn.*

solten Adj. salzig, gesalzen: *solten Hiering* Salzhering; *solten Hiering gifft dat tau Pelltüften un Borrer.*

Soltkaten m. Schuppen, Katen am Strand, der zum Einsalzen von Fischen genutzt wurde.

Soltkauken m. Salzkuchen, dreigeteilte, mit Salz bestreute Semmel.

Soltkuurn n. Salzkorn: *soväl Soltküürn man verschürt, soväl Tranen möt man roren.*

Soltnapp n. Salznapf.

Som m. Saum, Pl. *Söm.*

sœmzig s. sœbenzig.

sonn, so'n, auch umg., so ein, solch: *sonn Wärer!; up so'ne Oort* auf solche Weise; *sonn Ball mücht ik uk hemm'!* – Ra.: *So'n Pott, so'n Stülp* wie der Herr, so das Gescherr; *dat gifft sonne un so'ne, œwer so'ne sünd de mihrsten.*

sörre, veralt., 1. Präp. seit: *sörre dei Tiet is nicks mit em los; sörre Wihnachten.* – 2. Konj. seitdem: *sörre dat hei krank wäst is.*

söss sechs: *Klock söss* sechs Uhr; *half söss* halb sechs; *de sösste* der sechste; *hei geiht in't sösste Johr* er ist fünf Jahre alt.

sössbeinig Adj. sechsbeinig, substantiviert für Läuse, auch Wanzen: *de hett Sössbeinige.*

Sösslingsmetz n., veralt., 1. billiges Taschenmesser. – 2. schlechtes Rasiermesser: *hei hett di woll mit dat Sösslingsmetz rasiert* wenn jmd. schlecht rasiert ist oder mehrfach geschnitten wurde. – Zu *Sössling* alte Silbermünze im Wert von sechs Pfennigen.

söt s. säut.

sœwen s. sœben.

spack, spak Adj. 1. leck, ausgetrocknet, undicht, von Holzgefäßen: *dei Waschbalj is spack, du möötst sei vull Warer füllen, dat sei werrer tausamentreckt* die Waschwanne ist undicht, du mußt sie voll Wasser füllen, damit sie sich wieder zusammenzieht. – 2. matt, schwächlich, elend, müde: *hei süht so spack ut.*

spaddeln zappeln, mit Armen und Beinen schlenkernde Bewegungen machen, ungeschickt schwimmen: *wenn de Fisch ut de Netten in de Bö' schürrt waren, denn spaddeln se as de Willen.*

späderhen Adv. späterhin, später.

spak s. spack.

spakig Adj. morsch, verfault, schimmlig.

Späl n. Spiel, verdrängt heute zunehmend älteres *Spill.*

Spälbas m. Spielleiter.

Späldäl f. ›Spieldiele‹. *Plattdütsch Späldäl* Name der Niederdeutschen Laienbühne in Stralsund.

spälen spielen: *de Mücken spälen œwern Diek, morgen ward't schön* die Mücken spielen überm Teich, morgen wird es schön; *mit Für sast du nich spälen! Oll Lü' späl nich up'e Näs* alten Leuten soll man nicht auf der Nase herumtanzen. Wenn jemand fragt, was er tun soll, bekommt er zur Antwort: *späl di 'n bäten anne Knee*, oder: *späl di man mit de Hand anne Fingern!* Ungewöhnliches Verhalten eines Menschen wird scherzhaft so gedeutet: *mi di spälen se woll* oder: *bi di spälen woll de kleenen Männer.* Im Rätsel: *Vier Mann spälen de ganze Nacht, un keiner verliert. Wo geiht dat an?* – Vier Musikanten.

spallern Holz spalten, splittern: *Keen spallern* Kien spalten.

Spälschaul f. Spielschule, veralt. für Kindergarten.

Spann n., veralt., Eimer aus Holz, auch aus Metall; vorpomm.-ostmecklb. Wort aus dem Skandinavischen; sonst gilt allgemein *Emmer*, das heute auch *Spann* verdrängt; Pl. *Spannen*: *Waterspannen* Wassereimer, *Melkspannen* Milcheimer, auch *Schwienspannen* zum Füttern der Schweine. Aufforderung: *hal eis 'n Spann vull Warer.* Im Sagw.: *Wecker kann allens in'n Kopp hemm', sä' dei Diern, don wull sei Warer pumpen un har't Spann vergäten.* Vom heftigen Regen: *dat gütt mit Spannen.* Was besonders gut zusammenpaßt, *dat paßt wie de Noors up't Spann.*

Spanndeinst m., hist., pflichtmäßiger bäuerlicher Hof- und Gemeindedienst mit einem Gespann.

Sparling m. Sperling, Spatz, vielfach in Ra., Vergleichen u. Sprw.: *hei is uk man bloß so'n Sparling* ein schmächtiger Mensch. Wer wenig ißt, *de ett bloß as'n Sparling.* Wo es armselig zugeht, *dor seggen sich de Sparlings Gunnacht* da sagen sich die Sperlinge Gute Nacht. *Beenen hett de Sparling woll, man keen Waden. Dau mi nicks, ik dau di uk nicks, säd de Sparling tau de Katt* wenn du mir nichts tust, tue ich dir auch nichts, sagte der Sperling zur Katze. Wer beim Grüßen den Hut nicht abnimmt, *de hett Sparlings unnern Haut.* Mit der Frage: *hest du'n Sparling?* erkundigt man sich nach der Zurechnungsfähigkeit seines Gesprächspartners. Ein mürrischer Mensch, *de lett't Mul hängen, dor kann 'n Schock Sparlings up sitten.* Wegen der Dreistigkeit der Sperlinge dient ihr Name auch als *Ökelnam* für die Einwohner bestimmter Dörfer, so z. B. für die Darßer.

Spars m. Spargel. – Verkürzt aus *Aspars* s. d.

Sparr f. s. Spor.

sparwiet, sparrwiet Adv. sperrangelweit: *lat de Dör nich ümmer sparrwiet* *apen stahn!*

Spauk, Späuk, Spök m. Spuk, Gespenst, daneben auch *Späukels* n. als Oberbegriff für alles Gespenstige: *em is'n Späuk begegnet, œwer hei glööft nich an Späukels.* Ein stark abgemagerter Mensch *is de reine Späuk.*

späuken, spöken spuken, lärmen, rumoren, umgehen.

späukendüüster Adj. sehr dunkel, zum Fürchten dunkel.

Späukenkieker, Spökenkieker m. Mensch mit ›zweitem Gesicht‹, Hellseher: *dei oll Scheeper wier'n Späukenkieker, dei künn wat seihn.* Fast immer waren es Männer, denen diese Gabe nachgesagt wurde, aber auch die Wahrsagerin, die Kartenlegerin nannte man vereinzelt *Späukenkiekersch* f.

Späukenstunn' f. Gespenster-, Dämmerstunde.

spaulen, spolen aufspulen.

späulen, spölen 1. spülen: *Wäsch späulen*; beim Schlachten *de Darm späulen.* – Ra. beim Skat: *Skat spälen un Flaschen späulen is tweierlei.* – 2. Alkohol trinken: *he hett hüt düchtig späult.*

Speck n. Speck. Im Gegensatz zum Hd. heißt es im Plattdeutschen *dat Speck.* Man unterscheidet: *fetten Speck, gräunen Speck* ungeräucherten Speck und *dörchwussen Speck* durchwachsenen Speck. Jmd., der gut beleibt ist, *dei hett Speck up'n Lief.* Und eine fetthaltige Ernährung bleibt nicht ohne Folgen, denn: *Speck sett werrer Speck.* Wo es besonders üppig zugeht: *dor ward Speck in Bodder brad't un denn mit'n Lœpel äten; se läben as de Mad in't Speck.* Einfache Kost aber ist am gesündesten: *Speck un Brot verdrifft denn Dot.* Ermunternder Zuruf: *ümmer ran an'n Speck!*; scherzhaft für den Hering: *Speck mit Ogen.*

Speck-: -arften Pl. Erbsen mit Speck, Eintopf. – **-bohnen** Pl. Gericht aus Saubohnen. – **-deckel** m., scherzh., durchgefettete Männermütze. – **-greeben** Pl. ausgebratene Speckwürfel. – **-haken** m. s-förmig gebogener Haken zum Aufhängen von Fleisch und Schinken. – **-jäger** m. Bettler, schmutziger Mensch, Vielfraß. – **-meis'** f. Kohlmeise. – **-rüter** m. ausgebratener Speckwürfel. – **-stippels** n. Specksoße. – **-schwor** – -f. Speckschwarte. – **-siet** – -f. Speckseite. – **-wiem** m. Rauchfang, in dem Speck, Wurst und Schinken geräuchert wurde.

Speigel m. 1. Spiegel: *holl di man 'n Speigel vör't Gesicht* rät man demjenigen, der glaubt, er sei in allem besser als seine Mitmenschen. Wenn aber *'ne Gaus in 'n Speigel kiekt, süht sei 'n Schwan.* Im Rätsel: *Wecker is de schnellste Maler? – De Speigel.* Der Spiegel spielte im Brauchtum und Aberglauben eine große Rolle, und manches hat sich davon bis heute erhalten: *haucht man ein' Speigel kaputt, hett man sœben Johr Unglück.* Sehr unterschiedlich wurde das Hineinsehen in den Spiegel beurteilt, bes. bei Kindern. *Wenn lütt Kinner in'n Speigel kieken, warn s' gruglich, ... blieben sei gesund.* Ganz kleine Kinder aber sollte man davon zurückhalten, sie würden nicht sprechen lernen oder später stottern. Anders ist es mit Katzen: *Wecker sich 'ne lütt Katt gäwen lött, möt sei vör'n Speigel hollen, denn blifft sei an'n Hus.* Bei Todesfällen im Haus wurde der Spiegel verhängt. Man glaubte, der Tote würde keine Ruhe haben, *wenn hei sik speigelt.* – 2., übertr., Hinterteil, Gesäß. – 3., seem., Plattheck am Schiff.

Spenn f. 1. Spinne, Pl. *Spennen, Spenn'.* Jmd., der mürrisch aussieht, *maakt 'n Gesicht, as wenn hei up 'ne Spenn bäten har* als wenn er auf eine Spinne gebissen hätte. Eine grundlose Verstimmung wird verglichen mit dem ›Zähneknirschen‹ der Spinne: *hei gnurscht up'e Tähnen as 'ne Spenn. Wo de Spennen de Gardinen wäwen, dor is Geld* wo Unsauberkeit herrscht, wird das meiste Geld vermutet. Abergläubische Vorstellungen messen dem Anblick von Spinnen zu verschiedenen Tageszeiten Bedeutung bei:

Spenn' an'n Morgen
bringt Kummer un Sorgen,
Spenn' an'n Aben
is ümmer tau laben.

Auch als Wetterprophet gilt die Spinne: wenn die Spinne abends an ihrem Netz baut oder wenn sie sich in dessen Mitte aufhält, gibt es schönes Wetter. Reißt die Spinne ihr Netz entzwei oder fällt heraus, so wird Regen erwartet. – 2., übertr., alte unfreundliche Frau: *dat's 'ne olle Spenn.*

Spennwäf, Spenngewäf n. Spinngewebe: *dat Spennwäf anne Stubendeck bedüüd't 'n Brutmann.*

Spermang n., veralt., Widerspruch, Widerrede, Zank, Streit, nur in Verbindung mit *maken: mak nich so'n Spermang, fat an un help mi!*

Spett n. s. Spitt.

Spickaal m. geräucherter Aal, auch früher eine Delikatesse. Auf dem Stralsunder Johannimarkt wurden *Stuten un Spickaal* Weizenbrötchen und Räucheraal angeboten. Auch der Ausruf des Erstaunens: *nu sech bloß noch Spickaal*, wenn jmd. sehr prahlt, zeugt von der Wertschätzung des Gerichtes. – *Spick-* gehört nicht zu Speck, sondern zum Verb *spicken* räuchern, das aus dem Schwedischen ins Plattdeutssche entlehnt und heute ausgestorben, aber noch in weiteren Bezeichnungen für geräucherte Lebensmittel erhalten ist.

Spick-: -bost f. geräucherte Gänsebrust. – **-flunner** f. geräucherte Flunder. – **-gaus** f. geräucherte Gans, meist zu Weihnachten gegessen. – **-hiering** m. Räucherhering, Bückling.

Spieker m. 1. Nagel aus Holz oder Eisen. – 2., fachspr., runder Eisenstab mit einem zugespitzten Ende zum Spleißen von Tauwerk. – Pl. *Spiekers.*

Spiel f., Pl. *Spielen.* 1. kleine, unmittelbar in der Haut sitzende nicht ausgewachsene Federn, besonders bei Gans und Ente. – 2. Federkiel. – 3. Holzpflock mit sehr verschiedener Verwendung (zum Wurstverschluß, zum Befestigen von Schuhsohlen u. a. m.).

spien, spiegen, spieden speien, spukken. Präs. Sg. 1. *spiech*, 2. *spiechst*, 3. *spiecht*, Pl. *spiegen*; Prät. *speech*; Part. Prät. *spägen; sich spiegen* sich übergeben: *ik möt mi spiegen.*

Spier n., f. 1. Kleinigkeit, ein bißchen, kleine Menge; Dim. *Spierken*: *'ne Spier Solt* ein bißchen Salz; *'n Spierken geiht noch rin in't Glas; dat kümmert mi nich 'ne Spier.* – 2. Grashalm und andere spitze, dünne Gegenstände; Pl. *Spieren*, seem., Reservehölzer für Masten und Rahen.

Spierfix, Spirrfix m. schwächlicher, dünner Mensch.

spierig Adj. spärlich, dünn: *dat Kuurn steiht spierig; de Hor sünd man spierig.* – Vgl. spillerig.

Spies f. Speise, heute vor allem Nachspeise, Süßspeise, Pudding, Grießpudding: *as Spies geef dat witten Klumpatsch mit rode Soß un roden Klumpatsch mit witte Soß.* Jmd., der schnell dick wird, *bi denn' schleit de Spies gaut an.*

Spijök m., n., zweite Silbe betont, Spaß, Jux, Spott: *du hest bloß Spijök in'n Kopp*, sagt man zu einem Kind, das viel Dummheiten macht; *mit oll Lü' dörf man keinen Spijök driewen* alte Leute darf man nicht verspotten; *'n oll Spijök* m. kann auch ein Mensch sein, der verspottet wird wegen seiner Kleidung oder wegen seines Gehabes. – Zu nd. *Spei* Spott und *jökeln* spaßen.

Spill n. s. Späl.

spillerig Adj. mager, dürr, bezogen auf Menschen: *de lütt Diern is so spillerig*; und auf Gegenstände: *dat Kuurn steiht so spillerig; de Hor sünd bi em so spillerig.* – Vgl. spierig.

Spillings, Spillinge Pl. kleine, süße gelbe Augustpflaume: *wi kaken de Spillings uk to Marmela'.*

Spind n. Schrank, wird als hd. ›vornehmer‹ Ausdruck empfunden, s. Schapp.

spinnen 1. spinnen. Präs. Sg. 1. *spinn*; Part. Prät. *spunnen.* Flachs und Wolle wurden früher auf dem Lande mit dem Spinnrad gesponnen. Während das Flachsspinnen schon um 1910 allgemein zurückging und um 1930 gänzlich aufhörte (vgl. auch Meckl. Wb. 6, 626), lebte das Spinnen von Wolle nach 1945 noch einmal wieder neu auf. – Ra.: *Mit Spinnen verdeint man nich dat Solt up't Brot.* – 2., übertr., phantasieren, flunkern, wie umg.; *du spinnst woll* du bist wohl verdreht. – 3. schnurren: *de Katt spinnt.*

spinnig Adj. albern: *spinnig Mätens.*

Spitt, Spett n. lange, dünne Stange aus Holz oder Eisen, auf die Würste, Fleisch, Speck oder auch Fische zum Räuchern gehängt werden, Pl. *Spät*: *häng' de Wust man up'e Spät.* Anknüpfend an die eigentliche Wortbedeutung, nämlich ›Spieß‹, heißt es redensartlich: *wenn du'n Spät ümdreigen wist, denn nimm wenigstens 'n Rokspät mit'n Enn Wust up* wenn du den Spieß umdrehen willst, dann nimm wenigstens einen Rauchspieß mit einem Stückchen Wurst. Heringe, Aale, auch Dorsche wurden zum Räuchern in Tonnen meistens auf solche dünnen eisernen Stangen aufgereiht.

spitzkriegen, wie umg., merken: *wenn ik spitzkriegen dau, dat du ein Randewu mit 'ne Fru hest, lat ik mi scheiden.*

spitzmulig Adj. vorlaut, verletzend, boshaft.

splaren sich spreizen, sperren: *splar di man nich so* mache dich nicht so breit.

Splett, Splitt, Spät m., f., n. 1. Abgespaltenes, Splitter. – 2. Spalte.

Splien m. Schrulle, Verschrobenheit, Stich. – Zu hd. *Spleen.*

splieten, veralt., reißen, spalten: vor allem noch in der Verbindung *Feddern splieten* Federn reißen.

Splint[1] m. Stift, Keil, Span zum Vorstechen, Pl. *Splinten.*

Splint[2] m. weiches Holz zwischen Kern und Borke des Baumes.

spöken s. spauken.

spölen s. späulen.

spöltern sprengen, leicht spülen: *dat Warer spöltert an'n Strand* die kleinen Wellen spülen an den Strand; *sei spöltert dat Tüüch* sie spült das Zeug.

Spon m. Span, Abfallholz, Pl. *Spön,*

Spœn. – Ra.: *dat's för'n Spœn* das taugt nicht; *Spön maken* Ärger bereiten, Schwierigkeiten machen; *Spön vörmaken* jmd. täuschen.

Spor, Sparr f. Sparre, Dachsparre, Pl. *Sporen, Spaarn.*

Sporbüss f. Sparbüchse.

Sporei n. ›Sparei‹, walnußgroßes Hühnerei ohne Dotter. Abergläubische Vorstellungen spielten bei seiner Verwendung eine Rolle: man sollte es nicht essen, sondern rückwärts übers Hausdach werfen, um sich vor Hexen und Unglück zu schützen.

spotten, wie hd. – Ra.: *Spott nich mit'e Uhl, is uk'n Vagel* rede nicht über Dinge, die sich nicht ändern lassen, auch als Antwort auf spöttische Äußerungen allgem.

sprääksch, spraaksch Adj. gesprächig: *hei is nich gaut spraaksch* er ist schlecht gelaunt.

Sprak f. Sprache, Sprechen, Sprechweise: *de plattdüütsche Sprak, de englische Sprak, hei hett 'ne gaude Sprak, hei will nich mit de Sprak rut; em is de Sprak verschlan.*

spräken sprechen, sagen. Präs. Sg. 1. *spräk*, 2. *sprääkst*, 3. *spräkt, sprääkt*, Pl. *spräken*; Prät. *sprök*; Part. Prät. *spraken.* Neben *spräken* werden im Plattdeutschen häufiger die Verben *seggen, räden* und für viel reden auch *schnacken* gebraucht. Wer hochdeutsch spricht, *de spräkt hoch.*

Spräktiet f. Sprechzeit.

sprangwies Adv. stellenweise, vereinzelt: *sprangwies hett dat rägent.*

Sprat f. Sprosse, Leitersprosse. – Syn. Tram.

Sprei, Spree m. Star, auch *Spreink*, auf Rügen *Spreenk*, Pl. *Spreigen, Spreegen, Sprein(en): in'n Hollunner sitten de Sprein un beklackern sik de Bost mit roden Saft.*

Spreit, Spreet n., fachspr., Stange, vielfach an einem Ende gegabelt; auf Fischerbooten wird *dat Spreitsägel* Sprietsegel durch das *Spreit* diagonal gespannt.

sprickern Adj. mager, dürr. – Ra.: *dei süht ut as'n sprickern Herrgott.*

Spritkopp m. Säufer.

Sprock n. trockenes, kurzes Reisig: *stäk man noch 'n bäten Sprock na in'n Aben.*

Sprockeemk, Sprockeink, Sprockeining f. Rote Waldameise, Fornica rufa. – Syn. s. Eemk.

Sprœgel, Sprœkel m. 1. dünne Weidenrute (zum Korbflechten). – 2. runde, dünne Äste für Zäune; früher für den Lehmfachwerkbau. – 3. hölzerner Bügel. – 4. Kleinholz, Abfall. – Sprw.: *Väl Sprœkels brennt uk.*

Sprütt f. Spritze, daneben auch in den verhochdeutschten Formen *Sprütz* und *Spritz* gebräuchlich: *de ierst Mann anne Sprütt sin* der erste an der Spritze, immer vorn sein wollen. Einschränkend meint das Sagw.: *Hei is 'n fixen Kierl an de Sprütt, wenn't Für ut is, säd Bur Thoms.*

spunnen, fachspr., spunden. 1. mit einem Spund versehen, verschließen, Bretter mit einem Falz und Feder herrichten *(Spundbrä').* – 2. einsperren, häufiger mit Präposition, wie *inspunnen.*

staats Präp. statt, anstatt: *staats Bier kamen sei mit Kaffee; nimm man staats 'n Korf 'ne Kiep.*

staatsch Adj. stattlich, ansehnlich: *dat lött em staatsch* das steht ihm ausgezeichnet, macht was her; *denn Goorn kriegen wi wedder staatsch.*

Stäben, Stäwen m., seem., Steven,

Balken an Bug und Heck des Schiffsrumpfes, an denen die Planken befestigt sind, Pl. *Stäbens, Stäwen(s). Stäben waren richt't; 'n düütscher Stäben* konkav eingezogener Steven.

Stach n., seem., Stag, Drahtseil, starkes Tau zur seitlichen Verspannung des Mastes, Pl. *Stagen*: *œwer Stach gahn* 1. das Schiff in den Wind drehen, kreuzen, wenden. – 2., übertr., torkeln, schwanken wegen zu starken Alkoholgenusses.

stackerig Adj. unsicher, unbeholfen, steif, vor allem auf das Gehen des älteren und kranken Menschen bezogen: *hei geiht uk all so stackerig* oder: *hei is so stackerig up de Beinen.* – Syn. stöckerig, pötterig.

Städ, Stä' f. 1. Stelle, Ort: *tau Stä' sin* zur Stelle sein; *up Städen* hier und da; wenn man es eilig hat: *mi ward de Stä' brennen*; dagegen der Langsame *kümmt nich ut'e Stä'.* – 2., landw., Nachgeburt der Kuh, auch des Pferdes: *sei is dei Stä' noch nich los; Immergräun ward dei Kauh gäwen, wenn die Stä' nich afgahn will.*

stadtbinnenwarts Adv. stadteinwärts.

Staff m., n. Stab, Pl. *Stäf, Stäben.* 1. Faßdaube: *de Bütt is in Stäben follen* die Wanne ist zusammengefallen. – 2. Stab, Stock, Stiel mit unterschiedlichen Funktionen, u. a. der Stampfer beim Stampfbutterfaß. – 3. Stampfbutterfaß: *na '45 hemm' wi noch mit't Staff bottert.*

staff Adj. betrunken, besoffen: *hei is bannig staff.*

Staffbotterfatt n., veralt., hölzernes Butterfaß, in dem mit einem Staff gebuttert wurde (s. Abb.).

stahn stehen, Bedeutungen wie im Hd., auch wie dort: *dat Probläm, dei Fraach steiht.* – Präs. Sg. 1. *stah*,

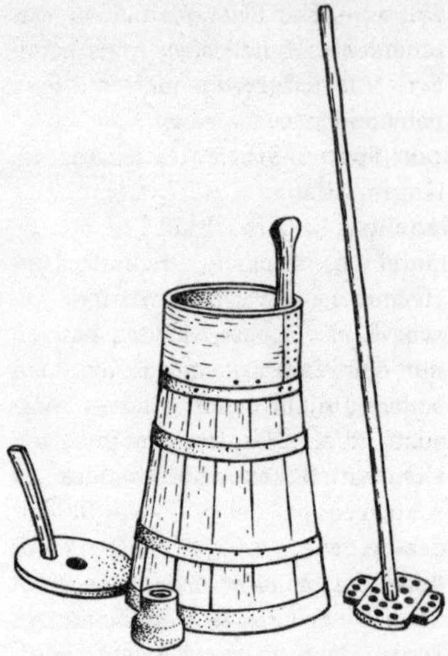

2. *steihst*, 3. *steiht*, Pl. *stahn*; Prät. *stünn*; Part. Prät. *stahn.* In Vergleichen: *hei steiht dor as'n Pahl, stief as'n Pahl, as Borrer anne Sünn, as'n Oss vör't niech Dur, as de Oss vör'n Barch.* In festen Wendungen: *sich de Beinen in'n Lief stahn* zu lange stehen; *sich gaut stahn* gut situiert sein; *sienen Mann stahn* sich auf einer Stelle behaupten; *up etwas, jmd. stahn* Vorliebe für etwas, jmd. haben: *wat mien Fru is, de steiht mihr up'n Auto.* Leute, die sich nicht vertragen können, *de stahn sich nich.* Was mir Sorge macht, *dat steiht mi vör Ogen.* Wenn die Geduld zu Ende ist, *steiht em dat bät hier.* Jmd., der gerne Alkohol trinkt, *kann keinen stahn seihn.* Essen, das nicht bekommt, *will nich stahn* oder *blifft vör'n Magen stahn.* Oft wird *stahn* zusammen mit *gahn* gebraucht: *sei mach nich stahn noch gahn; sei bieten sich* (zanken sich), *wo sei gahn un stahn.*

Stah-up-un-gah imperativische

volkstümliche Bezeichnung für verschiedene Heilpflanzen, insbesondere für Lungenenzian, Gentiana pneumonanthe L.

Stakelfork f. Heuforke, Forke mit langem Stiel zum Hochstaken.

stäkelig Adj. hochhackig.

stäken 1. stechen: *Hääkt stäken* Hechte stechen; *Diestel stäken*; *ik stök mi mit de Nadel* ich stach mich mit der Nadel; *de Sünn steckt hüt bannig* die Sonne sticht heute sehr; auch im Kartenspiel: *Krüzen stäken* Kreuz sticht, Kreuz ist Trumpf. – 2. stecken; bei den Ra. sind die beiden Bedeutungen von *stäken* nicht deutlich voneinander zu trennen; *hei will sien Bein' unner Muddern ehren Disch stäken* er will zu Hause sein. In der Wendung *einen wat stäken* jmd. etwas zutragen, heimlich mitteilen: *ik will em dat noch eis stäken* oder: *ik heff em dat stäken.*

staken staken. 1. Getreide mit einer langen Forke auf- oder abladen. – 2. ein Boot mit einer langen Holzstange vorwärts bewegen. – 3. mit steifen Schritten gehen.

Stäl m. Stiel an Geräten, an Pflanzen usw. In Ra. werden Menschen mit Fehlern verglichen mit schlecht befestigten Stielen: *hei is 'n bäten los up'n Stäl* er ist nicht ganz normal; ähnlich: … *nich ornlich up'n Stäl,* … *nich grad up'n Stäl.*

Stallsticken m. 1. Pflock zum Verschließen der Stalltür. – 2., scherzh., trockener, dünner Salzhering oder Bückling: *köp bloß nich denn tagen Stallsticken.*

Stamelbuck, Stamerbuck m. Stotterer, Stammler. Im Kindervers: *Stamelbuck, frett 'n Hamel up.* – Syn. *Stamerbüx.*

stamern 1. stottern. – 2. stammeln.

Stamper m. 1. Gerät zum Stampfen, zum Zerkleinern (bes. von Kartoffeln und Rüben); veralt. Stößel im Butterfaß, d. h. eine Stange mit durchlöcherter Platte. – 2., übertr., Mensch, der etwas stampft. – 3., übertr., dicke Beine: *dei hett schöne Stampers.* – 4. großes, dickglasiges Schnapsglas.

Stamppantüffel, Stamptüffel, Stamptüften Pl. Stampfkartoffeln. Beliebtes Gericht: *Stamppantüffel mit œwerbraden Speck.*

standepeh, letzte Silbe betont, stehenden Fußes, sofort. – Zu umg. *stante pede.*

stangeln mit den Füßen nach etwas stoßen, strampeln.

Stangenpierd n. Pferd an der Deichsel.

Stänner m. Ständer, Pfeiler. 1., veralt., senkrecht stehender Balken auf der Diele und in den Außenwänden beim bäuerlichen Fachwerkhaus. – 2. moderner Garderobenständer: *häng' dien Mütz up'm Stänner.*

starben, starwen sterben. Präs. Sg. 1. *starf,* 2. *starfst,* 3. *starft,* Pl. *starben*; Prät. Sg. *stürf,* Pl. *stürben*; Part. Prät. *storben.* – Ra. u. Sprw.: *dor starf ik woll œwer wech* wenn etwas sehr lange dauert; *einen starwen laten* furzen; dumme Leute *sünd taun Starben tau dœmlich*; unzureichendes Einkommen *is taun Starben tauväl un taun Läben nich nauch.* Wenn ein als geizig bekannter Mensch plötzlich großzügig wird, *denn starft hei bald.* Allgemein gilt: *dei Ollen möten starben un dei Jungen kœn'* oder: *wer starft, ward looft, un wer friecht, ward lästert.* Ironisch heißt es: *hei is bi'n Starben tau Dot kamen.* Verschiedene Berufsgruppen profitieren am Sterben: *Starwen is mien Gewinn, säd de Paster,* *un mien Schaden is't uk nich, säd de Köster*; ebenso *de Discher un de Liekenkutscher,* deshalb wird ihnen auch der folgende Ausspruch in den Mund gelegt: *starben don de Lüd, dat s' sich schämen möten* was heißen soll, es sterben zu wenig. Auch dem Bauern wird nachgesagt, daß ihm der Tod seiner Frau Gewinn brächte: *Wenn de Schap got stahn un de Immen got schwarmen un de Frugens got starwen, denn kann de Bur nich verdarwen.* Denn: *Wenn dei Fru starft, kümmt dei Mann ein Koppküssen höger tau liggen.* Der Junge beklagt im Sagw.: *Dat sall nich wedder passieren, sä' de Jung, dat mien Mudder starft un ik nich dorbi bün.* Und die Frau redet ihrem sterbenden Mann gut zu: *Starf man noch nich, Mann, säd de Fru, dei Klüten sünd glieks gor.* – Viel Brauchtum und Volksglauben sind um das Sterben entstanden und z. T. noch heute bekannt, so das Anhalten der Uhr bei Todesfällen, das Verdecken des Spiegels, das Öffnen des Fensters. Aus bestimmten Ereignissen wird nahender Tod eines Verwandten gedeutet: wenn die Uhr plötzlich stehenbleibt, wenn eine Zimmerlinde eingeht, wenn eine Weißdornhecke von Mehltau befallen wird, wenn sich die Katzen in der Nacht beißen, wenn das Käuzchen schreit u. vieles mehr.

Starri m. alter Mann. – Zu poln. *stary* alt.

Stark f. Sterke; die junge Kuh, die noch nicht gekalbt hat, aber kalben soll: *wenn de lütt Stark düchtig in dat Üder geiht, denn kann se bullen.* – Syn. *Starkenkalf.*

Start m. s. Stiert.

Statschon f., zweite Silbe betont, Station.

Stauhl, Stohl m. Stuhl, Pl. *Stäuhl, Stöhl.* Die Ra.: *nich tau Stauhl kamen* mit etwas nicht zu Rande kommen geht zurück auf die erfolglose Benutzung des Aborts; *sich twischen de Stöhl setten* eine falsche Wahl getroffen haben; jmd. *denn Stauhl vör dei Dör setten* jmd. hinauswerfen, auch aus einer Stellung oder Arbeit entlassen. – Abergläub. Vorstellungen: Wenn man beim Kartenspielen kein Glück hat, gibt man häufig dem Stuhl, auf dem man sitzt, die Schuld. Deshalb wechselt man den Stuhl oder dreht ihn einmal um sich selbst. Töpfe und Geschirr auf Stühle gesetzt, soll Streit im Hause verursachen.

Stauhlmaker m., veralt., Stuhlmacher, Handwerker, der Sitzmöbel herstellt.

Staut, Stot f. 1. Stute. – 2. Gestüt.

Stäwel m. Stiefel, Pl. *Stäwels.* – Ra.: *dat ward kein Stäwel* es gelingt nicht; *dat Räden hett de, de de längsten Stäwel anhett* langschäftige Stiefel verhelfen ihrem Besitzer zu Ansehen und Respekt. Wer viel Alkohol trinkt, *de kann'n Stäwel vull verdragen* oder *uk de Stäwel vull hemm'.* Im Rätsel:

Nachts steiht dat apen,
bi Dach drächt dat Knaken. – *De Stäwel.*

Stäwen m. s. Stäben.

steetsch Adj. störrisch, widerspenstig, eigensinnig, bes. von Tieren: *de Kauh, dat Pierd is steetsch.*

steidel, steidl Adj. steil, gerade aufgerichtet: *fall de Trepp nich dal, sei is 'n bäten steidel*; *ik richt' mi steidel up*; *hei fohrt steidel in de Hööcht.*

Stein, Steen m. Stein, Pl. *Stein, Steins, Steiner.* – Ra.: *Hei hett 'n Stein bi em* *in't Brett* er ist gut bei ihm angeschrieben; *hei stöhnt Stein un Bein* er stöhnt sehr; *'n Stein in'n Weg schmieten* Schwierigkeiten bereiten. Als scherzhafte Antwort, wenn sich jemand für eine erwiesene Aufmerksamkeit bedankt: *ik schmiet di uk eis werrer 'n Stein in'n Weg.*

Stein-: -bicker m. 1. Steinhauer. – 2. verschiedene Vögel. – **-dur** n. Steintor. – **-huwel** m. ›Steinhobel‹, erfundenes Werkzeug, das zu holen der Maurerlehrling im Scherz ausgeschickt wird: *hal man 'n Steinhuwel!* – **-klopper** m. Steinschläger. – **-krut** n. Blasentang, Fucus vesiculosus L.

steinpöttig, -pöttsch Adj. hartnäckig, eigensinnig: *nu war man nich steinpöttsch!*

Stellmaker m. Stellmacher, Handwerker, der die Bauernwagen, bes. die Räder anfertigte. Im Westen Mecklenburgs dafür überwiegend *Radmaker.* Da der Beruf des Radmachers im Aussterben ist, veralten auch beide Bezeichnungen im Sprachgebrauch.

Stellplauch m. Karrenpflug; Pflug, den man hoch oder tief stellen kann.

Stert m. s. Stiert.

steuersch Adj. aufrecht, stolz, kerzengrade: *hei geiht so steuersch*; *'n steuerschen Kierl.*

Stick n., f. das Ersticken, in der Ra.: *ut Stick un Aten sin* atemlos, außer Atem; *ik heff mi ut Stick un Aten lopen.*

Stickelatschen Pl. s. Stickelbeer.

Stickelbeer f. Stachelbeere: *Stickelbeern afpuken* Stiel und Blüte von Stachelbeeren entfernen. Neben *Stickelbeer* (Leitform) sind auch die Bezeichnungen *Stickelatschen, Stikkelautschen* oder *Stickelitschen* (alle Plural) verbreitet. – Syn. Ruuchbeer.

Stickelitsch m. s. Stieglitsch.

Stickels n. etwas ›Gestecktes‹, wie Köder an Angelschnüren u. a.

Sticken m. Stock, spitzer Stab, in vielfacher Verwendung, auch Stricknadel, Pl. *Stickens.* – Ra.: jmd. *einen Sticken stäken* jmd. einen Streich spielen, jmd. ärgern: *hei kann nich anners, hei möt einen ümmer 'n Sticken gäben*; *'n Sticken vörstäken* Einhalt gebieten; *hei har grote Rosinen in'n Sack, ik heff em œwer 'n Sticken vörstäken.* In Zss. mit Adj. dient *sticken-* zur Bedeutungsverstärkung, so *stikkenblind, stickendun,* s. stickendüüster.

sticken[1] stecken, stechen: *'ne Zigar in't Gesicht sticken,* neben *stäken.*

sticken[2] ersticken: *binah wier dei Lütt stickt.* Scherzhafte Aufforderung zum Essen: *schmeer di man gaut up, an Bodder is noch keiner stickt.*

stickendüüster Adv. stockfinster, sehr dunkel: *buten wier dat hüt nacht stickendüüster.* Noch mehr gesteigert wird die Aussage durch weitere Zusätze: *stickenbalkendüüster, stiernstikkenbalkendüüster.*

Stickhausten m. starker Keuchhusten: *de Lütt hett'n Stickhausten.*

Stiech[1] m. Steig, Pfad, schmaler Weg: *'n Stiech pedden* zwischen Gemüsebeeten einen Weg treten; *sich sienen Stiech pedden* seinen Weg gehen, sich davonmachen. – Ra.: *jeder Has geiht sienen Stiech* von zwei Eheleuten gesagt, von denen jeder seinen eigenen Weg geht.

Stiech[2] f., veralt., 1. dachförmig aneinandergelehnte Korngarben, zum Trocknen auf dem Feld aufgestellt, vgl. *Hock,* meistens 20 Stück. – 2. Maßeinheit von 20 Stück (Fische, Eier, Gänse usw.): *'n Stiech Eier.*

stieden 1. dick werden, quellen: *dat will gor nich stieden*; *de Grieß stied't nich*; *dei Deich möt noch stieden* der Teig muß noch fester werden. – 2. satt machen: *dat Äten stied't nich.*

stief Adj. 1. steif, unbeweglich, in den flektierten Formen *stieben, stiewen*: *'n stieben Buck* ein steifer, unsportlicher Mensch; *'n Stieben* ein schwarzer, steifer Hut, Melone: *hei sett' sienen Stieben up.* Im Abschiedsgruß: *holl di stief!* mach's gut! vollständiger: *holl de Uhren stief!* – 2., übertr., stark, kräftig: *'n stiewen Kaffe, 'n stiewen Grog.* – Ra.: *dat kümmt noch stiewer as stief* es wird noch schlimmer.

Stieflis n. s. Stiewels.

Stieglitsch, Stickelitsch m. Stieglitz: *bunt as'n Stieglitsch* von geschmackloser Kleidung. Neckreim auf den männl. PN Fritz: *Fritz, Stieglitsch, fängt Vögel inne Mütz*; *Fritz, Stieglitsch, kiek dörch'e Ritz.*

stiemen stieben, heftig schneien, so daß es zu Verwehungen kommt.

stiepen s. stüpen.

Stieper m. 1. Ständer, Stütze, Pfosten. – 2., übertr., Bein, auch kleiner Junge: *so'n lütten Stieper*, Pl. *Stiepers.*

Stiern[1] m., n. Stern, Pl. *Stierns*: *ik will eis inne Stierns kieken* abends aus dem Hause gehen, auch auf den Abort gehen.

Stiern[2] f. Stirn, Blesse beim Pferd.

Stiert, Start, Stert m. 1. Schwanz der Tiere, beim Menschen Hinterteil. Syn. zu Noors. Im Sagw.: *Einfach nüdlich, sä' de Düwel un streek sienen Start grön an*; *hei kann sienen Start wedder rögen* er ist wieder munter; sehr wenig *kann de Katt up'n Stiert wegdrägen.* – 2. Teil von Gegenständen, u. a. hinterster Teil der Fischreuse, hölzerner Handgriff.

Stiewels n., auf Rügen *Stiewelitz, Stieflis*, Wäschestärke.

Stillde f., veralt., Stille.

stillen 1. einen Säugling an der Brust nähren. – 2. still machen, beruhigen, besänftigen: *hei wier so upgeräächt, ik müßt em man 'n bäten stillen.* – 3. heilen, besprechen: *hei kann stillen*; *de Ros stillen.*

Stillenfriedach, Stillfriedach m. Karfreitag, kirchlicher Feiertag. An diesem Tag ging es früher ›still‹ zu, es wurde nicht gearbeitet. Auch durften die Frauen nicht nähen. Fleisch kam nicht auf den Tisch: *Stillfriedach ward kein Fleisch äten, denn ward Pannkauken backt, uk würn Eiger orrer Fisch äten.* – Syn. Korfriedach.

stillschwiegen stillschweigen, aufhören zu sprechen: *nu schwiech man still!*; sich nicht äußern: *Stillschwiegen is uk 'ne Antwuurt.*

Stine Kurz- und Koseform des weibl. PN Christine.

Stint m. kleiner lachsartiger Fisch. In Vergleichen: *sik freugen as'n Stint, verleift sin as'n Stint, vergnäucht sin as'n Stint.*

Stipp f. Soße, Tunke; auch *Stippels* n. überwiegend Specksoße, in die Pellkartoffeln *gestippt* wurden; *Stippels* auch für etwas, das eingetunkt wird, wie z. B. Brot oder Kuchen in Kaffee oder Milch.

Stippel m., veralt., hölzernes Gefäß, ca. 5 Liter fassend, mit verlängerter Daube zum Anfassen.

stippen 1. eintauchen, eintunken: *du möötst dien Tüften in't Solt stippen.* – 2. angeln.

Stippmelk f., veralt., 1. abgelaufene, saure Milch, die mit Milch, Sirup oder Zucker angerührt als Brotaufstrich gegessen wurde. – Syn. *Stippkees.* – 2. saure, dick gewordene Milch. – Syn. Dickmelk.

stöben, stöwen stauben, fein regnen. Präs. Sg. 1. *stöf*, 2. *stööfst*, 3. *stööft*; Prät. *stööfte*; Part. Prät. *stööft.*; *Se danzt, dat't man so stööft*; *dat rägent, dat't so stööft* sehr stark, sehr. Wenn jmd. sehr aufschneidet: *bi di stööft dat woll; achter em stööft dat.* Wenn jmd. etwas zu trinken (Alkohol) haben möchte, begründet er es umschreibend so: *dat stööft so!*

Stock m. Stock, Holzstange, Pl. *Stökker, Stöck*; Dim. *Stöcking.* In Vergleichen: *stief as'n Stock, grad' as'n Stock.* – Ra.: *Klauk schnacken un up'n Stock fiedeln kann jeder.* Veralt. Ra. für ›pleite sein‹: *mit'n Stock von'n Hoff gahn*; *mit'n witten Stock losgahn.*

stockdüüster Adj. stockfinster.

stöckerig, stökerig Adj. stoßweise, gebrechlich, unbeholfen, steif: *hei geiht so stöckerig.* – Syn. stackerig, pötterig.

stöckern 1. stochern, mit einem Stock stoßen. – 2. stottern. – 3. unbeholfen gehen.

Stoff m. Staub: *Stoff afnähmen* Staub wischen; *sich ut'n Stoff maken* ausreißen, weglaufen; *Stoff kriegen* Prügel beziehen.

Stoffel, Stoffer m. 1. männl. PN Christoph. – 2. unfreundlicher, sturer Mensch: *hei is'n richtigen Stoffel.*

stoffelig Adj. unhöflich, grob, unfreundlich, mürrisch.

Stoffpilz m. Kartoffelbovist, Scleroderma vulgara. – Syn. *Puffpilz.*

Stohl m. s. Stauhl.

Stöhner m. Mensch, der viel stöhnt und klagt. – in den Ra.: *Wenn de Stöhner nicks hett, hett de Prahler all langen nicks. Dei Stöhners hemm' mihr as de Verdeiners.*

stœkern, stöckern stochern, wiederholt mit einem Stock stoßen; meistens in Verbindung mit *rüm*: *stœker doch nich soväl in't Äten rüm.*

Stolten Hinrich m. stolzer Heinrich. 1. süßer Blutkuchenkloß mit Rosinen, Pl. *Stolten Hinrichs, Stollhinrichs.* – Syn.: Tollatsch, Klas. – 2. Schmalblättriges Weidenröschen, Epilobium angustifolium L.

Stom m. Staub: *holl di wat vör't Gesicht, süss krichst' denn ganzen Stom in dei Ogen.* – Ra.: *sich ut'n Stom maken* verschwinden, sterben: *hei hett sich ut'n Stom maakt.*

stoofte s. stowen.

Stoppelgaus f. Gans, die auf den abgeernteten Getreidefeldern grast.

Stoppelhoppser m., scherzhafte Bezeichnung für Bauer und Infanterist.

stöpseln auf abgeerntetem Feld Kartoffeln nachsammeln: *stöpseln gahn.* – Syn. *stoppeln.*

storblind Adj. starblind.

störten, auch *störken* stürzen, hinfallen, umdrehen. Mit Präpositionen: *in'n för'n, för't Störten arbeiden* schwer arbeiten; *dat güng bi em för Störten* es ging sehr schnell; *se löppt för'n Störten* sie läuft, als ob sie gehetzt würde; *tau'n Störten arbeiden* sich überstürzen; *up'n Stört geiht dat nich* so plötzlich, auf einmal geht das nicht.

Störtkor f. ›Stürzkarre‹. 1. Schiebkarre. – 2. einspännige, zweirädrige Karre, die nach hinten übergekippt werden kann.

Stœsel m. Schimpfwort für alten, unfreundlichen Mann.

Stot m. Stoß, daneben – und oft nur – das hd. Wort *Stoß* gebräuchlich.

Stot f. s. Staut.

Stötbotterfatt n., veralt., Butterfaß zum Stampfen.

stöten, stötten stoßen. Präs. Sg. 1. *stöt*, 2. *stöttst*, 3. *stött*, Pl. *stöten*;

Prät. *stött, störr*; Part. Prät. *stött. Stöt di nich 'n Kopp! Wi will'n dei Küürn in'n Meuser stöten* wir wollen die Körner im Mörser zerstoßen; *dei Bä'klock stöten* die Betglocke anstoßen, s. beiern. Jmd. auf etwas aufmerksam machen: *einen mit de Näs dorup stöten*; jmd. *vör de Bost stöten* Anstoß erregen; *em stött de Buck:* 1. er ist übermütig. – 2. er hat Schlucken.

Stötiesen n. Stoßeisen, Gerät zum Zerstoßen und Zerkleinern.

stowen dämpfen, dünsten: *stoofte Tüffel* suppig gekochte Kartoffeln mit Butter, Pfeffer und Petersilie.

stöwen s. stöben.

stöwig Adj. staubig: *de ganze Strat is stöwig.*

Stöwten, Stöweken n., hist., ›Stübchen‹, Maß für Bier u. Wein. – Syn. *Stop.*

strack Adj. steif, hoch aufgerichtet, stattlich.

Sträf f. Strebe, Stütze, Pflock, Pl. *Sträben; sich tau Sträf setten, in dei Sträf schmieten* sich widersetzen.

Sträfkatt f. eine sich sträubende Katze; in verbalen Verbindungen: *Sträfkatt trecken, maken, spälen* 1. Tauziehen in verschiedenen Spielausführungen (mit Seil zwischen den Zähnen, Röcken zwischen den Beinen, mit Tüchern). – 2., übertr., sich widersetzen, widerstreben, dagegen sein: *hei maakt ümmertau Sträfkatt.*

Sträk n., f. Streichbrett zum Schärfen der Sense.

strakeln, straken streicheln: *kiek, wur dei Katt sich an mienen Rock straakt; hei straakt ehr œwer dat Hor.*

Stralsunner m. 1. Stralsunder, Einwohner von Stralsund. Im Sagw.: *Wat is't 'n Wunner, secht de Stralsunner, dat Schipp is leck un geiht nich unner.* Neckname für den Stralsunder: *Stralsunner Flunner.* – 2. größere, nicht sehr begehrte Heringe.

Strämel m. Streifen. 1. ein schmales Stück Land. – 2. unteres ungenießbares Ende am Kohl: *dei Strämels von'n Gräunkohl schmiet man weg.* – 3. kurze Wegstrecke: *hei geiht sienen Strämel jeden Dach; wi willen di noch 'n Strämel bringen.* – 4. Zeitabschnitt: *blief doch noch'n Strämel! Wat dusend, säd dei Burmeister, denn heff ik orrich 'n Strämel schlapen!* – 5. kurzer Plausch, kleine Unterhaltung: *sei hemm' uns 'n Strämel vertellt; jugen Strämel kennen wi all utwennig.*

Strand, Strann' m. 1. Meeresufer: *wi gahn na'n Strand; hei wohnt an'n Strann'; dat Schipp is up'n Strann' sett' worden.* – 2. die See, das Wasser: *wo is Vadder? up'm Strann'* zum Fischen auf dem Wasser; *de Jung' is in'n Strann' follen* ins Wasser gefallen.

Strandhiering m. grüner frischer Hering.

Strandlöper m. 1. verschiedene Seevögel (Strandläufer, Schnepfenvogel). – 2., scherzh., Mensch, der am Strand entlangläuft.

strannen 1. stranden, auf Grund laufen: *dat Schipp strand't.* – 2., übertr., einkehren in eine Gaststätte: *de Schipper is strand't* der Schiffer ist an Land in eine Gaststätte gegangen.

strapzieren strapazieren, anstrengen, abnutzen: *hei hett sien niegen Stäwel all so strapziert, dor is bald 't Best von af.*

Strat f. Straße, Pl. *Straten. Dat hest' woll up'e Strat funnen.* – Ra.: *em hüürte dei ganze Strat; nu will'n wi dei Strat man unner dei Bein' nähmen* wir wollen losgehen; *dat ward Tiet, dat hei vonne Strat kümmt* es wird Zeit, daß er heiratet; *hei bruukt de Strat för sich allein* er ist betrunken.

Straten-: -bahnfohrerin f. Straßenbahnfahrerin. – **-damper** m., scherzh., Auto. – **-diern** f. Mädchen, das sich herumtreibt. – **-fäger** m. 1., veralt., Straßenfeger. – 2., scherzh., langer Frauenrock. – **-wanz** f., scherzh., Fußgänger.

sträwig Adj. kräftig, stämmig.

streff Adv. gespannt, straff, stramm. – Ra.: *sich vör Streff setten* sich zur Wehr setzen.

Stretsch m., liter. Neubildung, Streß, Überanstrengung: *wi kamen ut'n Stretsch nich mihr rut.*

streuen, streugen, streuden streuen, ausbreiten: *Mess streugen* Dung streuen; *na'n Streugen gahn* gehen, um das Heu auf der Wiese auszubreiten.

Streuer m., fischerspr., kleines Fischschleppnetz, das aus einem Netzsack mit Kehle besteht und an zwei langen Leinen von zwei Booten gezogen wird.

streuern, streun, streugen, fischerspr., mit einem Fischschleppnetz fischen. – Vgl. zeesen[2].

Streugels, Streugsel n. das Gestreute, Verstreute, Stroh zum Streuen.

Strich m., f. Strickzeug, Strickerei: *dei Strich seggen wi hüt, früher de Knütt.*

Strichbüdel m. Beutel für das Strickzeug.

Strichelhos f. Strickhose.

Strichelsticken m. Stricknadel.

strichen stricken: *Größing sitt denn ganzen Dach un stricht Strümp.*

Striddik, Strirrik m. dreibeiniges Holzgestell für Waschbalgen u. ä.: *de Striddik hett'n Bein braken.*

strieden 1. streiten. Präs. Sg. 1. *stried,* 2. *strittst,* 3. *stritt*; Prät. *streed, stried*; Part. Präs. *sträden. Dat will ik nich strieden* das will ich nicht bestreiten; wenn *sei sich strieden, schlan sei sich ümmer gliek.* – 2. weit ausschreiten.

Striekböst f. Streichbürste.

Striekelbier, Strickelbier n., veralt., Fest zu Beginn oder während der Getreideernte. – Zu *strieken* Sense streichen, schärfen.

strieken streichen, streicheln. Präs. Sg. 1. *striek,* 2. *striekst,* 3. *striekt*; Prät. *streek, streik*; Part. Prät. *sträken. Hei lett de Kœk strieken*; *hei streek dat Sägel* er gab nach; *einen strieken laten* furzen; *dat Metz, de Seiß strieken* schärfen; *gah hen un lat di strieken* laß dir die Krankheit durch Besprechen heilen. – Ra.: *Je mihr man dei Katt strieken deit, je höger höllt sei denn Stiert.*

striekenvull, auch *sträkenvull* Adv. gestrichen voll.

Striekholt n. Streichholz. – Syn. s. Rietholt.

Striepen m. Streifen, vereinz., aber veralt., *Striep,* Pl. *Striepens,* auch *Striepen: dat Tüüch hett rode Striepen*; *Striepen graben*; *hei har'n Puckel vull Schacht krägen, dat dei Striepen tau seihn wiern.*

striepig Adj. 1. streifig, bunt gestreift: *dat Brot is so striepig* ... hat einen Wasserstreifen. – 2., übertr. schlimm, zuviel; *tau striepig warn* zu bunt werden: *mit dien Superie, dat ward mi bald tau striepig.*

Striet m. Streit, Zwist, Zank: *tau Striet lopen* um die Wette laufen; *tau Striet arbeiten* um die Wette arbeiten. – Ra.: *wecker Striet hemm' will, brääkt em von'n Tun.*

Strietbuck m. zänkischer Mensch. – Syn. *Striethamel.*

Strietschauh m., auch *Striekschauh,* Schlittschuh, heute verdrängt durch

Schlittschauh. Die älteren, u. a. auf dem Darß hergestellten Schlittschuhe hatten eine Holzsohle mit eisernen Kufen und wurden mit Lederriemen und Schnüren am Fuß befestigt (s. Abb.). – Zu *strieden* 2.

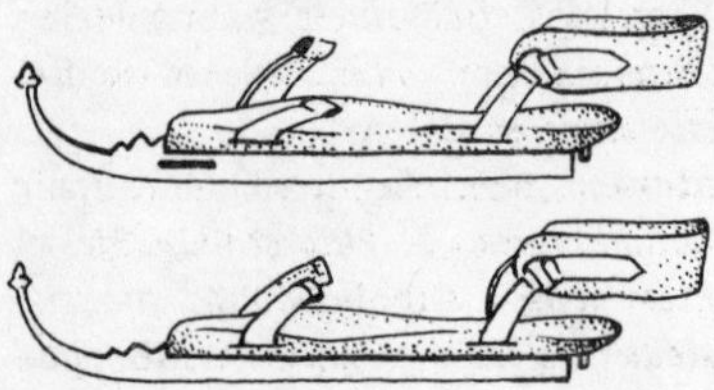

Striezel m. Mohnzopf: *ik heff'n ganzen Striezel äten.*

Stripp f. 1. Schnur, Bindfaden, Pl. *Strippen*: *dat rägent Strippen* es regnet Bindfäden, sehr stark. – 2. Schlaufe aus breitem Band oder Leder in den Stiefeln. – 3. dünner Aal.

strippen melken, mit den Fingern melken, im Unterschied zu *knœweln; nu stripp man fix tau!*

Strippentrecker m., scherzh., Elektriker.

Strips f., veralt., Prügel, Schläge: *dat gifft Strips.*

Strirrik m. s. Striddik.

Stroh n. Stroh. – Ra. u. sprachl. Wendungen: *Stroh in'n Kopp hemm'* dumm sein, auch verrückt; *Stroh in'n Schauh hemm'* nicht normal sein; *mit Stroh backen* dumm sein; etwas *ut't Stroh bringen* etwas erschwingen, möglich machen. Im Sprw.: *Stroh inne Schauh un Leif in'n Harten, dei kieken ümmer rut.* Im Kinderlied:
Eia süso, wat raschelt in't Stroh?
Dat sünd de lütten Gös, de hemm' kein Schoh; Schooster dei hett' Lerrer un keen Leesten dorto, eia süso!

Stroh-: -band n. Seil aus Stroh gedreht, zum Zusammenbinden von Strohballen. – **-bessen** m. Strohbesen. – **-blaum** f. Strohblume. 1. Sandstrohblume, Helichrysum arenarium (L.). – 2., übertr., auf alle getrockneten Blumen. – **-dack** n. Strohdach. – **-diemen** m. Strohhaufen, Strohmiete. – **-flak, -fläk** f. mit Stroh durchflochtenes Holzgestell (auch Matte) zum Schutz gegen Witterungsunbilden. – **-haut** m. Strohhut. Scherzhafter Vergleich bei Waren, die nicht abgesetzt werden können: *dor is 'n Rieten üm as Wihnachten üm'e Strohhäu'.* – **-katen** m. altes Haus mit Strohdach. – **-kopp** m. ›Strohkopf‹, Dummkopf. – **-reip, -reep** n Strohseil, dient zum Tragen von Stroh. – **-schauh** m., veralt., Strohschuh. – **-wiepen** m. kleines Bündel aus zusammengedrehtem Stroh, oft als Markierung (von Wegen, an Fischernetzen) benutzt. – Syn.: *Strohwäs, Strohwisch.*

Strom m., wie hd., Wasserlauf. – Ra.: *gägen denn Strom schwemmen.*

Stromtid f., veralt., die auf einem Gut als *Strom* (junger Wirtschafter, Landwirtschaftseleve) verbrachte Zeit. Titelwort des Romans von Fritz Reuter »Ut mine Stromtid«.

Ströp f. 1. Streife: *up de Ströp gahn* auf Brautsuche gehen. – 2. Sauerampfer, Rumex acetosa L., auch *Rode Ströp.* – 3. *Swarten Ströp* Breitwegerich, Plantago major L.

ströpen 1. streifen, umherstreifen, sich herumtreiben. – 2. abstreifen: *Feddern ströpen* Federn schleißen, im Südosten und Südwesten Mecklbgs, sonst *Feddern rieten*; *Wieden ströpen* Weiden abschälen.

Ströper m. 1. Rumtreiber. – 2. kurzer Regenschauer.

Ströpling m. Fingerschutz: *treck di man 'n Ströpling œwer denn Finger!*; *wecker fienschietig is, de treckt 'n*

Ströpling œwer bi't Häuhnerfäulen.

Stropp m., n., seem., 1. Schlinge von einem Stück Tau, dessen Enden zusammengespleißt sind. – 2. kurzes Tau. – 3. Tau mit angespleißter Öse.

strubbelig, struwwelig Adj., auch umg., unordentlich, struppig, zottlig. – Syn. strunzlig.

struf Adj. rauh, struppig, uneben, widerborstig, widerspenstig: *dat Holt is struf* Holz, das sich schwer hobeln läßt; *de Hänn' fäuhlen sich so struf an*; *struwe Hor* widerspenstige Haare, die sich nicht kämmen lassen; auch von den Zähnen nach dem Genuß von saurem Obst: *dei Tähnen sünd so struf.* – Syn. s. ääch.

Struk m. Strauch, auch Reisig, Strauchrest, Pl. *Strük, Strüker; Struk maken* Kleinholz machen.

Struk-: -bessen m. Strauchbesen, Reisigbesen. – **-holt** n. Reisig. – **-räuwer** m. ›Strauchräuber‹, wildes Kind: *Ji seihn ut as de reinen Strukräuwers.* – **-tun** m. Zaun aus Knüppelholz. – **-wark** n. niedriges Buschwerk.

Strün f. Schimpfwort bes. für sehr große Frauen.

strullen 1. in einem Strahl fließen: *de Melk strullt in'n Emmer.* – 2. pinkeln: *dei Lütt will strullen.*

Strump m. Strumpf, Pl. *Strümp*: *Strümp stoppen* Strümpfe stopfen. – Ra.: *gaut up de Strümp sin* wohlhabend, auch wohlgelaunt sein; jmd. *up'e Strümp bringen, up'e Strümp helpen* jmd. verjagen, forttreiben, ihm Beine machen, ihn antreiben; *sich up'e Strümp maken* weggehen; *de Strümp trecken Wader* die Strümpfe rutschen herunter; *denn Strump utwringen* austreten, urinieren. Jemand, der schwer hört, *hett woll twei Por Strümp an.*

Strump-: -band n. Band zur Befestigung der Strümpfe, früher sowohl für Frauen als auch für Männner. – **-hos** f. Strumpfhose. – **-schacht** m. 1. abgeschnittener oberer Strumpfteil, Pl. *Strumpschächt*; im Vergleich für einen Aufschneider: *Schnack as'n Bein dick, Kierl as'n Strumpschacht.*

strunzlig Adj. unordentlich, struppig (von Haaren). – Syn. strubbelig.

struwwelig s. strubbelig.

Struz m., auch umg., Strauß, Blumenstrauß.

Stubben, Stumm' m. 1. Baumstumpf: *Stubben raden* Stubben roden. Von jmd., der laut schnarcht: *de saacht Stubben* er sägt Stubben; wenn Jung und Alt sich verheiraten: *up'n ollen Stubben is gaut raugen.* – 2. Wurzel eines abgebrochenen Zahnes.

Stuben-: -aben m. Stubenofen. – **-bessen** m. Haarbesen. – **-diern** f., veralt., Stubenmädchen. – **-dör** f. Stubentür. – **-mäten** n., veralt., wie – **-diern.** – **-pisser** m., verächtl., Hund. – **-schieter** m., verächtl., Hund.

Stück n. Stück, Pl. *Stücken, Stücker.*

stuckerig, stukerig Adj. uneben, holperig: *de Strat is stukerig.*

stüern 1. steuern: *de Stürmann stüert dat Schipp.* – 2. hindern, wehren, beruhigen: *ik müßt em man 'n bäten stüern* ich mußte ihn beruhigen; *dat Unkrut stüern* gegen das Unkraut angehen; *stüer em eis*! halte ihn zurück; *süll ik di denn Grugel stüern*? soll ich dir die Angst nehmen?

Stuf f. Stube, Pl. *Stuben*; Dim. *Stüwing; gaude Stuf, Wahnstuf, Schlapstuf.* – Aus dem Hd. ins Nd. übernommen.

stuf Adj., veralt., stumpf, gerade: *an't stuf Enn' sall man dat Brot anschieden*;

Schinken stuf afhaugen.

Stuft f. 1. Stufe, Treppenstufe: *de Discher möt kamen un de Stuften von unse Trepp utbädern.* – 2. Zahnstummel.

Stukbütt f., veralt., Waschbalge, Waschwanne. – Syn. *Stuktien.*

stuken 1. stauchen, stoßen: *dat stuukt so.* – 2., übertr., jmd. ausschimpfen, ihm die Meinung sagen: *ik heff em œwer orrich stuukt.*

stukig Adj., auch umg., untersetzt, kräftig; von gutem Essen: *dat sett't 'n stukigen Kierl.*

Stülbenrahmen m. Gestell in der Küche zum Einstecken der Topfdeckel. – Zu *Stülp.*

Stull f., wie umg., Stulle, beschmierte Brotscheibe.

Stülp f. 1. Topfdeckel, Pl. *Stülpen, Stülben.* – 2., übertr., Kopfbedekkung, Hut, Mütze: *nimm dien Stülp von'n Brägen*; auch: große Nase. Sprw.: *Keen Pott is so schlicht, dor find't sich doch 'ne oll Stülp to.* Die verkürzte Form: *so'n Pott, so'n Stülp* präzisiert: jeder bekommt denjenigen, den er verdient.

Stüm m., f. 1. starker Wind, Sturm, Unwetter: *dat wier so'n Stüm, dat dei Fischers nich rutkünnen.* – 2. Rauch, Qualm, Hitze: *hier is 'ne schöne Stüm in.* – Ra.: *Stüm gäben* die Meinung sagen: *denn' heff ik œwer Stüm gäben!* – 3. Schwarm; *dei ierst Stüm Plötz* der erste Zug Plötze.

stümen 1. stürmen, vom Wind, mit oder ohne Schnee: *dat stüümt hüt bannig.* – 2. Hitze ausstrahlen: *dei Aben stüümt.*

stump Adj. stumpf, nicht scharf: *dat Metz is stump*; nicht leuchtend: *de Farf is stump.*

Stunk m., wie umg., Zank, Streiterei, Unfriede: *hei bringt di bloots Stunk in't Hus*; *hei maakt Stunk.*

Stunn' f. Stunde, Pl. *Stunnen. Stunn' hollen* pünktlich sein; *'ne Stunn' afstöten* eine Stunde erübrigen; *drei klocknige Stunnen heff ik up em luurt.* – Ra.: *Alle Stunn' sünd nich gliek, nachts Klock twölben gifft dat kein Meddach.* In präpositionalen Verbindungen: *von Stunn' af an*; *up Stunn'* zur Zeit, augenblicklich; *up Stunn' geiht't em bäder*; ebenso *upstunns*: *upstunns is gaut Wärer.*

Stunnenklock f., scherzh., Kirchturmuhr.

stüpen, stiepen ›stäupen‹. 1., veralt., mit der geputzten Osterrute aus Birkenreisern die Langschläfer am Ostermorgen aus den Betten holen. Dazu wurden Verse aufgesagt, die in vielen Varianten überliefert sind, u. a.: *Stiep, stiep Osterei, giffst du mi kein Osterei, stiep ik di dat Hemd (dat Kleed, denn Noors) entwei.* – 2., veralt., Gaben heischen durch Schlagen mit einer Rute zu Fastnacht.

Stups m. Schlag.

Stupsnäs f. kleine, kurze, dicke Nase.

Stür[1] f. die Steuer.

Stür[2] n. das Steuer, Steuerruder, Steuerung. In Verbindung mit Präpositionen und Verben: *œwer Stür* rückwärts; *œwer Stür gahn* 1. über Bord gehen, ertrinken. – 2. schief, verkehrt gehen; *œwer Stür hollen* Widerstand leisten; *œwer Stür kamen* von der Seite kommen.

stur Adj. 1. gerade, aufrecht, widerstandsfähig: *hei geiht so stur œwer de Strat*; *dien Hor is so stur* dein Haar ist so widerborstig, steht aufrecht; veralt. Ra.: *Wenn dei Soldat kein Geld inne Tasch hett, geiht hei an 'n stuursten.* – 2., übertr., starr, eigensinnig, stolz: *du krichst em doch nich dorhen, hei is tau stur.* – Vgl. sturr.

Stürbuurd n. Steuerbord, rechte

Schiffsseite, von hinten gesehen.

stüren stören: *dat stüürt mi gor nich.*

Stürlüd Pl. Steuerleute.

Stürmannsschaul f. Steuermannsschule.

sturr Adj. starr, steif, spröde: *na dat soltige Warer ward mien Hor so sturr.* Im Sprw.: *Sturre Hor un sturrer Sinn passen up dit Mäten hin.*

Sturz m. Sturz; in der Wendung *up'n Sturz* gleich, sofort.

Stuten m., veralt., Weizenbrot mit spitz auslaufenden Enden, aber auch süße Semmel, Gebäck in Schneckenform und auf dem Blech gebackener Hefekuchen. *'n Stuten afkieken* ein Kinderspiel, bei dem sich zwei einander gegenüberstehende Kinder so lange in die Augen sehen, bis eins anfängt zu lachen.

Stutenwochen Pl. Flitterwochen, eigentlich Woche, in der es *Stuten* zu essen gibt.

Stütt f. 1. Stütze, Pfosten, Pl. *Stütten. De Bom kreech 'ne Stütt*; *sall ik di Stütten unnersetten?* fragt man ein Kind, das seinen Kopf mit den Armen stützt. – 2. Unterstützung, Hilfe: *an denn Jungen hett dei Oll uk kein Stütt.*

stütten stützen.

Stüwing n. Dim. zu Stuf kleine Wohnstube, bewohnbare Kammer: *dat is uk man so'n lütt Stüwing.*

Stüz m. 1. kurzer Schwanz, Hinterteil des Geflügels. – 2., übertr., Gesäß: *ik bün up'n Stüz follen* ; *ik hefft in'n Stüz* ich habe es im Kreuz; jmd. *mit'n Stüz ankieken* jmd. links liegenlassen. – Ra.: *holl di man nich an'n Stüz* gib nicht so an.

Suborg m. verschnittenes, weibliches Schwein.

Sucht f., veralt., Krankheit, Pl. *Suchten: Suchten bräken*, magische Krankheitsbehandlung.

Süchter m., liter., Seufzer.

suddeln, suddern langsam kochen, schmoren.

Süder m. Bewohner von Neuendorf/Hidd., so genannt, weil die *Süder* im Süden der Insel wohnen.

süern säuern, sauer machen, sauer werden.

süfzen seufzen, verdrängt älteres *süften*, auch hd. *seufzen* ist sprachüblich. Im Sprw.: *De Leif fängt mit Süfzen an un hüürt mit Hujahnen up.*

Sugel m., fachspr., Schusterpfriem, in mehreren Lautvarianten verbreitet: *Sügel, Süffel, Süwwel, Sul.*

sugen saugen. Präs. Sg. 1. *suuch*, 2. *suuchst*, 3. *suucht*; Prät. *sööch, säuch*; Part. Prät. *sagen.*

Suger m. Sauger 1. Schnuller, Nukkel. – 2. Jungvieh, das noch gesäugt wird (Fohlen, Lamm).

Sük f. Seuche, Krankheit, Grippe, auch Tierkrankheiten, z. B. der Schweine: *dat's 'ne Sük to'n Dot* das ist eine Krankheit, die zum Tode führen kann.

Sul m. s. Sugel.

sülben, sülm, sülfst, sülwen Pron. selbst, selber: *dat hett hei sülfst maakt*; *hei is sich sülben nich gaut*; *dat hett hei all ut sich sülfst*; *hei keem sülfst*; *wi hemm' sülm nauch.*

sülfanner Adv. selbander, zu zweit.

sülfdrütt Adv. selbdritt, zu dritt.

Sülfstvertrugen m. Selbstvertrauen.

Süll m. Türschwelle, Pl. *Süllen*: *bet an'n Süll kamen* nicht ins Haus kommen; *gliek œwern Süll kamen* gleich mit der Tür ins Haus fallen.

Sult n. s. Solt.

Sülwer n. Silber.

sülwig, selbig Pron. derselbe: *dat wier don de sülwig Sak; denn sülwigen Dach bün ik kamen.*

sümen säumen, zögern: *dat süümt* es hält auf, versäumt; *hei süümte nich* er zögerte nicht.

sumpig Adj. sumpfig.

Sums m., wie umg., Wortschwall, weitschweifige Reden: *väl Sums maken* viel Aufhebens machen.

sunder, hist., 1. Präp. ohne, außer. – 2. Adv. sonderlich. – 3. Konj. aber.

sundisch Adj. stralsundisch: *de Sundischen* die Stralsunder.

Sünn f. Sonne: *dei Sünn geiht up, geiht unner, geiht tau Bär*; *de Sünn treckt Warer* die Sonne zieht Wasser, vor einem Gewitter. Übertr. Gebrauch: *nu geiht de Sünn up* nun klärt sich die Sache auf; *gah mi ut'e Sünn* ich will nichts mit dir zu tun haben; *du büst't nich wiert, dat di dei Sünn beschient* du taugst nichts. – Wetterregeln: *Schient de Sünn up'n natten Stein, gifft' bald werrer ein'* (einen Schauer); *schient de Sünn up'n natten Busch, gifft' bald werrer 'n Husch. Wenn dei Sünn rot unnergeiht, gifft' gaut Wärer, geiht sei rot up, gifft't Rägen.* Scherzh. plattdt. Umdichtung eines hd. Spruches: *Heff Sünn in'n Harten un Zipollen in'n Buk, denn kannst du gaut ulken un furzen kannst uk!* – Rätsel: *Wat geiht üm alle Ecken un kiekt in alle Löcher? – De Sünn.*

Sünnabend m. Sonnabend. – Rätsel: *Wecker Abend fängt all morgens an? – De Sünnabend.*

sünnabends Adv. sonnabends.

Sünndach m. 1. Sonntag: *de mökt denn Sünndach tom Alldach* wenn jmd. am Sonntag arbeitet; *bi denn' is alle Daach Sünndach* sie feiern jeden Tag. Wer nichts versteht und dumm ist, *de versteiht soväl dorvon as de Oss von'n Sünndach*. Als Wunsch formuliert: *ik mücht, dat all Daach Sünndach is, in de Woch ein Festdach, un de Sünnabend is ja bloots 'n Abend.* – 2. Giebelschmuck am Bauernhaus, befestigt an den Windbrettern. – Syn. Mulap.

sünndachs Adv. sonntags. – Ra.: *Wat man sünndachs upricht', stött man wochendachs mit'n Noors üm.*

sünndachsch Adj. sonntäglich: *de Frugens hemm' sich ok sünndachsch antreckt*; *wat in'n sünndachschen Hals kriegen* sich verschlucken.

Sünnen-: -blaum f. Sonnenblume. – **-bratpann** f., scherzh., Strandkorb. – **-drang** m. Blindschleiche, Anguis fragilis L. – **-kauh** f. Marienkäfer, Coccinella septempunctata L. – **-käwer** m. Marienkäfer, auch *Sünnenknicker* m. – **-küken** n. Marienkäfer. – **-pierd** n. Marienkäfer. – **-plakken** Pl. Sommersprossen. – **-rägen** m. Sonnenregen. – **-schiener, -schiening** m. Marienkäfer. Im Vers: *Sünnerschiener, fleich œwer't Hus, bring uns morgen got Wärer in't Hus.* – **-sproß** f. Sommersprosse. – **-wäder** n. Sonnenwetter. – **-wieser** m. Sonnenuhr. – **-worm** m. Marienkäfer.

sünnen, refl., sich sonnen: *hei licht an'n Strann' un sünnt sich.*

Sünnenvergäben n. Sündenvergeben, in der Ra.: *dat's all ein Sünnenvergäwen* alles ein Abmachen; *giff mi man dien por Stücken Holt her, dei sagen wi mit, dat is all ein Sünnenvergäwen.*

Sünner m. Sünder: *hei steiht dor as 'n armen Sünner.* Scherzh. Ortsspott auf die Stralsunder: *Dat gifft Sünner, dat gifft arge Sünner, un denn gifft dat noch Stralsünner.*

Supbütt f. Trinker, Säufer. – Syn.: *Supbrauder, Suphals,* Supjack, *Supknuust,* Supkopp, *Supkumpan, Supnäs, Supschwien, Suput.*

Supels n. Getränk, etwas zum Trinken: *hemm' ji ok orrich för Supels sorgt?*

supen saufen, von Tieren, übermäßiges Trinken der Menschen. Präs. Sg. 1. *sup*, 2. *süppst*, 3. *süppt*, Pl. *supen*; Prät. *söp*; Part. Prät. *sapen*. Ein großer Mensch kann *ut'e Dackrönn supen*; der Besserwisser *hett woll Zägenmelk sapen*. Sehr häufig in Vergleichen: *supen as'n Stint, as'n Lock, as 'ne Täk, as'n Iel, as'n Pommer*; *bäder supen as schriewen kœnen*; *sich von Rock un West un Hoff un Stock supen*. In Sprüchen: *De räden all von mienen Supen, œwer keiner räd't von mienen Döst. Supen maakt lustig, œwer schwach up'e Bein. Dat kümmt all so bi lütten, secht Fru Schütten un wennd' sich dat Supen an. Sup di dun un fröt di dick un holl dien Mul von Politik.*

Süpereck f. Säuferecke, Platz, an welchem sich die Trinker versammeln.

Supjack m. Säufer. – Syn. s. Supbütt.

Supkopp m. Säufer. – Syn. s. Supbütt.

Supp f. Suppe, flüssige Speise. – Ra wie im Hd.: *De Supp ward nich so heit äten as se kaakt ward*; *hei hett sich schön wat inne Supp brockt* sich auf etwas Schwieriges eingelassen, sich etwas zuschulden kommen lassen; *de Supp utäten, de man sich inbrockt hett*; *nicks in de Supp tau brocken hemm'*. Eine falsch gehende Uhr *geiht na're Supp.*

Suppäten n. Zusammengekochtes.

Suppschlarpen, -schlaben, -schlarm Pl., scherzh., Kartoffelsuppe.

Supptüffel, -tüften, -ketüffel f. Kartoffelsuppe.

sur Adj. 1. sauer: *sur Melk, pien sure Melk, sure Wisch* feuchte, sumpfige Wiese; *sur inkaken* etwas sauer einkochen. Derbe Abweisung: *dat kannst di sur inkaken, sur braden*; *sik wat sur warden laten* sich sehr abmühen; *sur afgahn* schwerfallen. *Sure Klüt* Mehlklöße mit saurer Soße; *Roden Sür* Sauerampfer, Rumex acetosa L. Im Sagw.: *Sur maakt lustig, säd Kasper, don schlööch hei sien Fru denn Essigpott up'n Kopp kaputt.* – 2., übertr., mürrisch, schlecht gelaunt.

sur-, Sur-: -blatt n. 1. Sauerampfer, Rumex acetosa L. – Syn.: *Surkrut, Roden Sur, Suramper.* – 2. eingesäuerte Futterpflanzen, Rübenblätter. – **-deich** m. Sauerteig. – Ra.: *hei geiht up as Surdeich.* – **-krut** n. 1. Sauerkraut, eingestampfter Weißkohl. – 2. wie Surblatt. – **-pott** m. 1. ›Sauertopf‹. – 2., übertr., mürrischer Mensch. – **-pöttig** Adj. sauertöpfisch.

surriken, veralt., langsam kochen: *dat surrikt un surrikt un ward nich gor.*

Sus' f. Kurzform des weibl. PN Susanne, meist aber verächtl. für unordentliches, langsames, einfältiges Mädchen. In der Form *Suse* häufig als Anfang von Kinderliedern, wie: *Suse, leiwe Suse …*

süss, süssen Adv. sonst, außerdem: *œwer, awer süssen* aber sonst; *mientwägen kann he süss wat daun*; *se hett sich doch süss nich so*; *wist du süss noch wat?*

süssjohrs Adv. in den vergangenen Jahren, sonst: *süssjohrs wier dat ganz anners.*

Süster f., veralt., Schwester; Dim. *Süsting.*

Süstermann m. Schwager.

Suuchnücken Pl., scherzh., Heimweh: *sei hett Suuchnücken.*

Süwwel m. s. Sugel

sw- s. schw-.

Swiebel f. Zwiebel, s. auch Zipoll.

Sympethie f. s. Zimpatie.

T

T, t n. der Konsonant. t wird im An- und Auslaut als stimmloser, behauchter Verschlußlaut ausgesprochen (*T^{h}än, t^{h}au, wiet^{h} Siet^{h}*). Im Inlaut dagegen wird t kaum behaucht und zwischen Vokalen sehr häufig sogar zu d, bzw. r geschwächt: *Botter* > *Bodder* > *Borrer; Kater* > Kader > *Karer; Water* > *Wader* > *Warer.* Vor der Infinitivendung *-en* unterbleibt diese Entwicklung (*schieten, rieten).* In der Lautverbindung st wird t ebenfalls stark geschwächt, weniger behaucht, und mitunter sogar als d ausgesprochen (*Strat* > *Schdrat; strieden* > *schdrieden).*

't 1. verkürztes Pers. Pron. *et* es; das e wird ausgestoßen – wenn: das vorausgehende Wort auf einen Vokal endet: *hest du't seihn?* hast du es gesehen?; *hemm' wi't secht?* haben wir es gesagt? – wenn: *et* auf ein Wort mit t-Auslaut folgt und unbetont ist: *du schriffst't em* du schreibst es ihm. – **2.** verkürztes Demonstr. Pron. *dat,* oft in den deklinierten Formen: *bi't Äten* beim Essen; *an't Finster kloppen; dörch't Hus gahn.*

taach Adj. zäh: *dat Fleisch is taach; taach Eschen* hartes Eschenholz, auch *Taachesch* f.,; *taach as Klabatschenlerrer* zäh wie das Leder einer Peitsche; *hei is'n Tagen* er ist ein widerstandsfähiger Mensch. Wenn jmd. als *bannig taach* bezeichnet wird, so hält man ihn für geizig.

Taalk f., veralt., Dohle, Coleus monedula (L.). Pl. *Taalken.*

Tääms f., m., veralt., Haarsieb mit Holzrand.

täämsen, überwiegend liter., zähmen, bändigen, sich bezwingen: *lat di täämsen un blief bi uns; tääms di'n bäten; dat Fahlen möt täämst warden.*

Tachel m. Stachel, Pl. *Tacheln; mi hett 'ne Imm stäken, dei Tachel sitt noch in.*

Tachelschwien n. Igel. – Syn. *Schwienägel.*

tachentig, veralt., achtzig.

tachlig Adj. stachlig.

Tachtel f., veralt., Ohrfeige: *du kannst 'ne Tachtel kriegen.*

Tacken m.1. Zacke, Stück vom Ganzen (Zweig, Ast), Zinke, Pl. *Takken(s). De Tacken an dien Hark sünd los.* Redensartlich in übertragenem Gebrauch: *'n Tacken tau väl hemm'* beschränkt sein; *sich 'n Tacken ut'e Kron bräken* sich zieren. – 2., übertr., Nase: *du krichst glieks eine an'n Tacken.*

tackig Adj. zackig.

tadderig Adj. zitterig, tatterig, auch substantivisch: *'n Tadderig hemm'* das Zittern haben.

Täf f. 1. Hündin, Pl. *Täben, Täwen,* vereinz. auch *Tiff; de Täf is lööpsch.* – Ra. von einem Pfiffikus: *Dei is mit alle Hunn' hitzt un mit'n Schulten sien Täf tweimal.* – 2. Schimpfwort für Frau. – Syn.: Zul, Töl.

Tagebauk, -bok n. Tagebuch.

Tagel m. 1. Gerät zum Schlagen (Tauende, Stock, Knüppel, Peitsche): *nimm' di man 'n Tagel mit.* – 2. Prügel, Schläge: *de Göörn müßten ruhig öfters eis Tagel kriegen, denn würns' woll hüürn* die Kinder müßten ruhig öfter mal Prügel beziehen, dann würden sie besser gehorchen.

Tagelie f. Prügelei, Schlägerei: *hier wier 'ne grot Tagelie in'n Gang.*

tageln prügeln, verhauen: *hei tagelt siene Göörn, dat't man so knallt.*

Tahl f. s. Tall.

tahlen zahlen, wenig gebräuchlich,

nur in den präfigierten Formen af-, be-, uttahlen s. d.

Tähn m., f. Zahn, Pl. *Tähnen*; Dim. *Tähning, Tähnings.* In Ra.: *denn Tähn lat di man trecken* daraus wird nichts; *wies em dei Tähnen* laß dir nichts gefallen, nimm dich zusammen; *Hor up'e Tähnen hemm'* nicht unterzukriegen sein; *ein'n upn Tähn fäuhlen* jmd. aushorchen, ausfragen. Etwas, was absolut nicht ausreicht, *dat is so väl as in'n hollen Tähn.* Umschreibend für Hunger haben: *ik heff hüt noch nicks twischen dei Tähnen krägen. Mit lange Tähnen äten, kaugen, lange Tähnen hemm', maken* lustlos essen. – Sagw.: *Bäten lange Tähnen, säd de Bur, don kämmt hei sich mit de Messfork.* Jmd., der gestorben ist, *denn' don de Tähnen nich mihr weih.* Scherzhafte Rede gegenüber dem Prahlhans: *kein Tähnen in'n Moors un denn Nöt knacken!* – Im alten Aberglauben spielten Zahnausfall und Stand der Zähne eine besondere Rolle: *Dei Tähn, dei dei Kinner bi't Schichten rutgeiht, möt unner't Bär schmäten warn. Dorbi möt secht warn: Mus, ik gäf di'n hültern Tähn, giff mi'n knœkern werrer. Stahn de beiden vöddelsten Tähnen wiet utenanner, so kümmt de Minsch noch wiet in sienen Läben, stahn se dicht bieinanner, so blifft hei, wo hei is.* Die ersten Zähne beim Kind sollen zuerst im Unterkiefer wachsen, kommen sie zuerst oben, muß das Kind sterben. Träumt man von Zähnen, so muß man sterben.

Tähn(en)-: -band n., hist., ›Zahnband‹, ein Samtband mit Zahnring oder Feigwurz, das man den Kleinkindern umband, um ihnen das Zahnen zu erleichtern. – **-bräker** m., scherzh., Zahnarzt. – **-dokter** m. Zahnarzt. – Syn.: *Tähnpüker, Tähnpurrer.* – **-weihdaach** f. Zahnschmerzen.

Tai f., veralt., weibliches Schaf: *dat is 'ne grot Tai.*

Täk f. Zecke. 1. Holzbock, Ixodes ricinus L. – 2. Schaflausfliege, Melophagus ovinus L., Pl. *Täken.* In Vergleichen: *besapen aas 'ne Täk, supen as 'ne Täk, hungrig sin as 'ne Täk.*

Takel n. 1., seem., Takelage, Schiffsausrüstung, Zubehör. – 2., übertr., schlechte Gesellschaft, Ansammlung von Kindern u. ä., s. Takeltüüch (s).

Takelaasch f. 1., seem., die gesamte Segelausrüstung eines Schiffes. – 2., übertr., Wirtschaftsgeräte im Haus, Siebensachen, altes Gerümpel.

Takeltüüch(s) n. 1., wie Takelaasch. – 2. abwert., ein Haufen Ungeordnetes, unangenehme Leute, schlechte Gesellschaft, ungezogene Kinder, Frauen.

Talch f. Taille: *per Talch gahn* ohne Mantel gehen.

talksen in Schmutz, im Dreck wühlen.

Tall f., veralt., Zahl. Gebräuchlich heute die dem Hd. angenäherte Form *Tahl* oder wie hd. *Zahl.*

Talps m. ungezogener Junge, Tolpatsch, Flegel.

Talter m. Fetzen, Pl. *Talters, Taltern: dei hängen dei Taltern von'n Rock up denn Tun; dat Fleisch hett so väl Taltern.*

tämen, veralt., 1., unpers., geziemen. – 2., refl., sich beherrschen, sich etwas gönnen: *hei kann sich nich tämen; de tämen sich uk gor nicks.*

tamm, tam Adj. zahm. – Ra.: *Dull Kierls warn uk tamm*; ebenso: *dull Hunn' warn uk tam* aus Draufgängern werden mit der Zeit friedliche Menschen.

Tampen, Tamp m., seem., dickes Tauende: *schmiet man 'n Tampen her; wat mit'n Tampen kriegen* Prügel beziehen.

tanken 1. einen Tank füllen. – 2., übertr., trinken. – 3., Neubedeutung, Milch in den Milchtank abgeben, von Kühen: *de Käuh hemm' hüt orrig tankt.*

Tanten f. Tante: *oll Tanten* alte Kuh; *Tanten Meier* Abort: *ik möt na Tanten Meiern.*

Tapet, zweite Silbe betont, nur in Ra. wie umg. etwas *up't Tapet bringen* zur Sprache bringen.

Tappen m., Zapfen, aus Holz oder Eisen: *'n Tappen vörstäken, vörschlan.*

tapsig Adj., auch umg., ungeschickt, unbeholfen, täppisch.

Tar, Tart f. altes Schaf: *schnied' de oll Tar denn Hals af, ihrer se dotblifft.*

tarig Adj. 1. langsam, zögernd, langweilig: *weck Lü' räden so tarig.* – 2. albern: *wat hett sei sik tarig!* – 3. zäh, sehnig, vom Fleisch.

tarren, tarn, tan 1. ziehen, zerren: *hei tart mit dei Gäus na't Warer*; in adverbialen Zss. auch *-torren, -torn* wie *rümtorren, tauhoptorren.* – 2. necken, foppen, ärgern: *worüm hest du denn Hund tart?; hei tart em so lang', bet hei arg wür.*

tasen, mit langem offenem o gesprochen. 1. gewaltsam ziehen, zerren, reißen: *de Wind taast anne Finsterladen.* – 2., übertr., umherziehen, schleppen: *hei taast sik mit dei Diern* er befaßt sich sehr mit dem Mädchen; auch mit Präfixen: *denn ganzen Dach möt ik mi mit denn Jungen aftasen.*

Tass n. Fach in der Scheune, nur im Südosten von Mecklbg und dem hist. Vorpom., sonst allg. Fack (s.d.).

Tassenkopp m. Tasse, ohne Untertasse.

Tater m., veralt., Zigeuner, Pl. *Taters, Tarers; hei süht brun ut as'n Tater.*

Tatersch f., veralt., Zigeunerin.

Tau, Täu, Tööch, Tauch m., veralt., Webstuhl, auch Bezeichnung für andere Geräte.

tau, to zu. **1.** Präp.: *tau Bär* zu Bett; *tau Bœn stiegen; tau Johren kamen; tau Hus kamen; tau Stadt gahn; tau Munn' räden; sich wat tau Kopp setten* schwermütig sein; *tau Kihr gahn* ungeduldig umherlaufen, stöhnen, klagen: *wat is dat vör'n Taukihrgahn mit di?; nich tau Pott kamen* etwas nicht schaffen können. – **2.** Adv.: *gah'n bäten tau* geh ein bißchen zu, d. h. schneller; *wäs nich so tau* sei nicht so gierig; *in einen tau* fortwährend, ebenso *ümmer äben tau; so wiet tau sin* am Ende sein; *von Morgen tau* von früh an; *na Nuurden tau; von achtern tau; af un tau; man tau!* nur weiter!; *mak man'n bäten tau!* beeile dich; *hei führt los, noch tau, wur dat Wärer so schlicht wier.* – **3.** Adj.: *tau sin* geschlossen sein; *bi taue Finstern sitten; bi taue Dören; 'ne taue Tasch* eine geschlossene Tasche. – **4.** Partikel, u.a. vor Verben im Infinitiv: *se kümmt bald tau liggen* sie wird bald niederkommen; *tau stahn kamen* stehen bleiben; etwas *tau faten kriegen* erwischen, bekommen; *hei keem dor an tau lopen* er kam angelaufen; *ik heff noch so'n ollen Pott tau stahn; dor kann man ja Lüd mit tau grugen maken; dat kannst du mi tauglöben* das kannst du mi glauben; *dat lett hüt all tau hopen na.*

tau-, Tau-: -äten 1. etwas dazuessen. – 2. sich beim Essen beeilen. – **-backen** 1. zusetzen. – 2. zukleben. – **-ballern** mit Krach eine Tür zuwerfen. – **-bieten** 1. zubeißen, zuschnappen. – 2. dazuessen. – **-binnen** zubinden. – **-boddern** 1. ›zubuttern‹, Geld zuzahlen. – 2., refl., sich ruinieren. – **-bögen** ›zubiegen‹ 1. zufügen, heimlich zustecken. – 2. jmd. zusetzen, quälen: *sei hemm' em tauväl tauböcht.* – **-bröcht** Part. Prät. zu *-bringen: taubröcht Kinner* mit in die Ehe gebrachte Kinder. – **-brot** n. Belag (Wurst, Käse, Schinken) für das Brot. – Syn. Taukost. – **-dat** f. Zutat: *hest du alle Taudaten anmaakt?* – **-daulich** Adj. zugetan, geneigt. – **-dräglich** Adj. zuträglich, einträglich, lohnend. – **-ecken** zukleben, von den Augen, durch den Schlaf in den Ecken. – **-faten** zufassen, zupacken. – **-fautgänger** m. Fußgänger. – **-feddern** ›zufedern‹: *de Küken ferrern all tau.* – **-fleigen** zufliegen: *wo Duwen sünd, fleigen Duwen tau.* – **-flüchten** 1. ›zufedern‹. – 2., übertr., erwachsen werden, vgl. taufeddern. – **-föddern, -förrern** ›zufordern‹, Anspruch erheben: *hei förrert noch teigen Mark tau.* – **-födderst** Adv., veralt., zunächst. – **-fräden** Adj. zufrieden. – **-frädenheit** f. Zufriedenheit. – **-fräten** ›zufressen‹ 1. zusätzliche Nahrung zu sich nehmen. – 2. schnell fressen. – **-gäben, -gäwen** 1. zugeben, überlassen: *dat is einer to'n Taugäben.* – 2. eingestehen: *nu giff dat man tau.* – **-gaf** f. Zugabe. – **-gahn** zugehen. 1. geschehen: *wurans kann dat taugahn!; dat geiht mit'n Düwel tau.* – 2. sich beeilen, schnell gehen: *gah man'n bäten tau.* – 3. sich schließen: *dei Dör geiht nich tau.* – 4., veralt., Antreten der Dienstmädchen. – **-geiten** zugießen. – **-gliek(s)** Adv. zugleich. – **-grapsen, -grapschen** schnell zugreifen. – **-griepen** zugreifen. – **-hacken** 1. zuhacken: *de Vagel hackt glieks tau.* – 2. zuhaken, mit einem Haken verschließen. – **-haugen** zuhauen, auf etwas losschlagen, etwas zurechtschlagen (Holz, Fleisch). – **-hööcht, -hööchten** Adv. in die Höhe: *ik kann nich tauhööcht kamen* kann nicht aufstehen. – **-hop(en), -hop, top** Adv. zusammen: *dat treckt sich tauhop* es zieht sich zusammen, von einem Geschwür oder ein Gewitter; *tauhop* in vielen trennbaren verbalen Zss., die hier nicht aufgeführt werden können. – **-hos** f., veralt., im Schritt geschlossene Frauenhose, im Gegensatz zur *apen Hos.* – **-hüren** 1. zuhören. – 2. zugehören: *ik hür ehr tau* ich gehöre zu ihr; *secht bloß nich, wem ji taugehüren.* – Sprw.: *Wecken dei Kauh tauhüürt, dei fött sei an'n Start* wem die Jacke paßt, der zieht sie sich an; oder: wenn man an einer Sache innerlich beteiligt ist, setzt man sich auch für sie ein. – **-hürer** m. Zuhörer, Pl. *Tauhürers.* – **-hus** n. Zuhause: *hei kann nich tau Hus finnen; di wa'k tau Hus bringen* dir werde ich es heimzahlen. – **-ierst** Adv. zuerst. – Ra.: *Wer tauierst kümmt, mahlt tauierst.* Im Sprw.: *Dat Nödigst tauierst, sä' de Bur, don prügelt he de Fru un leet dat Pierd in'n Graben liggen.* – **-kamen** zukommen. 1. hinkommen, hingelangen: *wo wat is, kümmt wat tau; wo Mess is, kümmt Mess tau* wo Geld ist, kommt immer mehr dazu. – 2. geschehen: *wer weit, wat up di noch taukümmt; hei lött de Arbeit up sich taukamen.* – 3. Recht oder Verpflichtung haben: *dat kümmt mi tau; hei hett all's krägen, wat em taukümmt; hei lött em nicks taukamen.* – 4. als Part. Präs. in adjektivischer Verwendung zukünftig: *taukamen Johr* im kommenden Jahr;

taukamen Harfst; taukamen Brut zukünftige Braut. – **-kieken** zusehen. – Ra.: *Von't Taukieken ward man nich fett.* – **-kieker** m. Zuschauer. – **-klaren** eine Arbeit schnell verrichten: *klar'n bäten tau!* – **-kliestern** zukleistern. – **-kniepen** zukneifen: *denn Nors taukniepen* sterben. – **-knöpen** zuknöpfen; übertr.: *hei is so tauknöpt* er ist sehr zurückhaltend. – **-knüppe(r)n** zuknoten, zubinden. – **-köpen** zukaufen. – **-kost** f. Brotaufstrich; im Sprw.: *'n fründlich Gesicht is halwe Taukost.* – Syn. Taubrot. – **-kram** m. Zutaten zum Essen. – **-kriegen** 1. zusätzlich bekommen. – 2. schließen: *ik kann de Dör nich taukriegen.* – **-langen** 1. zulangen, Aufforderung zum Essen: *nu lang' tau!* Scherzh. Ra.: *Lang' tau, œwer nich in dei Hor.* – 2. etwas zureichen: *lang' mi mal dat Biel tau.* – **-läppern**, refl., allmählich zusammenkommen, mehr werden: *dat läppert sich in einen tau.* – **-laten** 1. zulassen, erlauben. – 2., landw., Milch geben: *de Kauh lött nich mihr tau; dei Ollsch lött noch tau* in der Kaffeekanne ist noch etwas drin. – 3. geschlossen halten. – **-leggen** (hin)zulegen, hinzufügen. – **-lihren** hinzulernen. – **-lopen** 1. zulaufen. – 2. schnell laufen. – Sprw.: *Wer lang schlöppt un fix taulöppt, dei kümmt lieker noch mit.* – **-lüden** zuläuten: *dat Graff ward taulüd't* beim Schließen des Grabes werden die Glocken geläutet. – **-maken** 1. zumachen, schließen: *dat Bauk, de Dör taumaken.* – 2. sich beeilen: *mak 'n bäten tau!* – **-mal** Konj. zumal, obgleich: *hei geiht nich hen taumal hei Tiet hett.* – **-mauden** zumuten. – **-minnest** Adv. wenigstens. – **-mölen**, refl., hoffnungslose Unordnung verursachen. – **-muddeln** wie *-mölen.* – **-näben** Konj. nebeneinander. – **-nähmen** 1. zunehmen an Gewicht. – 2. Maschen beim Stricken aufnehmen. – **-nicht** Adv. zunichte, auch in verbalen Zss. wie *-schlan, -kamen.* – **-paß** Adv. zupaß, gerade recht; vor allem in Verbindung mit *kamen: taupaß kamen* gelegen kommen. – **-pedden** zutreten, sich beeilen. – **-plägen**, fachspr., Handlangerdienste tun: *ik heff denn Murer taupläächt* – **-planten** zupflanzen, bepflanzen, fertig pflanzen. – **-proppen** zukorken, verschließen: *de Buddel tauproppen.* – **-prünen** oberflächlich zunähen. – **-racken** 1. sich schmutzig machen: *wat hest du di wedder taurackt.* – 2. etwas um sich herum auftürmen. – **-recht** Adv. zurecht, oft verkürzt zu *trecht,* vielfach auch in verbalen Zss. – **-reiken** zureichen, ausreichen: *dat hett mi taureikt* das hat mir gereicht. – **-rüch** s. trüch. – **-schanzen** etwas zuschieben, zustecken. – **-schaustern** zuschustern, Geld zusetzen. – **-scheiten** 1. zuschießen, Zuschuß geben. – 2., landw., anschwellen, vom Kuheuter: *de Melk is all dull tauschaten.* – **-schlüsen** 1. zuschütten, verschließen. – 2. verschleimen, verkleben: *dat Loch is tauschlüüst.* – **-schluten** zuschließen: *schlut'e Dör tau.* – **-schmieten** zuwerfen. – **-schnieden** zuschneiden. – **-schotten** zuriegeln: *nu schott man tau!* – **-schüppen** zuschaufeln. – **-seggen** 1. auf den Kopf zusagen, Zustimmung geben: *ik will blot noch bi Möllern tauseggen.* – 2. versprechen: *hei hett mi dat tausecht.* – 3. gefallen: *dat Middach secht mi nich tau.* – **-seggersch** f. Souffleuse. – **-seien** zusäen. – **-seihn** 1. zusehen. – 2.

nachsehen. – 3. sich bemühen: *hei möt tauseihn, dat hei mitkümmt.* – **-setten** 1. zusetzen, ergänzen. – 2. peinigen, quälen: *hei sett ehr väl tau.* – 3. einbüßen, verlieren: *bi dat Hus hett hei schön tausett!* – **-spiekern** zunageln: *de Kist ward tauspiekert*; Part. Prät. *tauspiekert* zugeknöpft, verschlossen. – **-sprak** f. 1., hist., Forderung, Klage. – 2. Zulauf, Zusprache: *he hett gode Tausprak.* – **-spräken** zusprechen, überreden. – **-stahn** 1. zustehen, zukommen. – 2. eingestehen, einwilligen: *ik kann em nich taustahn, dat hei œwer mien Wisch führt.* – 3. sich schicken, gehören: *so'n Rädensarten stahn di nich tau.* – **-stählen** hinzustehlen. Scherzh. Ra.: *Wer ihrlich dörch de Welt kamen will, möt sich 'n bäten taustählen.* – **-sticken** einen Überwurf mit einem Holz- oder Eisenstück verschließen. – **-stoppen** zustopfen. – **-stöpseln** zukorken: *'ne Buddel taustöpseln.* – **-stöten** 1. zustoßen, passieren: *wer weit, wat di noch taustött.* – 2. einen Stoß geben. – 3. zunähen: *dat Lock möt taustött warn.* – **-stüern** 1. zusteuern, beisteuern. – 2. direkt drauflosgehen, direkten Kurs nehmen. – **-stülpen** mit einem Deckel verschließen. – **-stütten** unterstützen. – **-teihn** 1. zuziehen: *se sünd hier tautagen* sie sind hier zugezogen. – 2. etwas auf sich beziehen: *dat hest du di gliek werrer tautagen.* – 3. unruhig sein infolge von Schmerzen: *ik heff disse Nacht uk dull tautagen.* – **-tœgsch** Adj. selbstsüchtig, auf eigenen Vorteil bedacht. – **-trecken** 1. zuziehen, in eine neue Wohnung. – 2. etwas auf sich beziehen: *dat treck ik mi nich tau.* – 3. beteiligt werden: *dorbi ward hei nich tautreckt.* – 4. das Zusammenziehen von Wolken: *dat treckt sich so tau* es gibt Regen. – **-trugen** zutrauen, zumuten. – **-tüffeln** schnell gehen. – **-verlat** m., veralt., Zutrauen, Verlaß. – **-verlaten** Adj. zuverlässig. – **-versicht** f. Zuversicht. – **-vertrugen** n. Zutrauen, Vertrauen: *sei hett kein Tauvertrugen tau mi.* – **-vör** Adv. zuvor. – **-wääch** Adv. zuwege, wohl, gesund sein: *hei is gaud tauwääch; tauwääch kamen, bringen* etwas fertigbekommen: *du bringst dat tauwääch; lat mi tauwääch* laß mich in Ruhe. – **-wass** m. Zuwachs, Nachwuchs: *denn Rock up Tauwass maken* zu groß machen; *se kricht Tauwass* ein Kind. – **-wassen** zuwachsen, nachwachsen. – **-wedder** Adv. zuwider: *tauwedder sin.* – **-wielen** Adv. zuweilen.

täuben, täuwen, töwen 1. warten, abwarten. Präs. Sg. 1. *täuf*, 2. *täufst*, 3. *täuft*; Prät. *täufte*; Part. Prät. *täuft.* Man bittet jmd., ein wenig zu warten: *täuf 'n lütt Ogenblick, täuf man 'n bäten!* Als Drohung ausgesprochen verheißt es nichts Gutes: *täuf man, di wa'k kriegen!; täuf man, die wa'k gliek helpen*, auch nur: *täuf!* Im Sprw.: *Wer täuben kann, kricht uk 'n Mann.* – 2. bleiben, verweilen, wegbleiben: *täuf nich so lang'* bleib nicht so lange fort. Jmd., der oft seine Arbeit wechselt, *de tööft up keene Stell.* Und bei einem Verschwender: *bi denn tööft dat Geld nich.*

tauig, toig Adj. geschlossen, zu: *he leech dor mit toichte Ogen; de Blaum is noch ganz tauig.*

tausamen Adv. zusammen, insgesamt.

Täuwerie, Töwerie f. Warterei.

Teder, Tede, Terer Kurzform des männl. PN Theodor.

Teeken n. s. Teiken.

Teekopp m., Tassenkopf, Tasse: *Teekopp mit Unnerschal* Tasse mit Untertasse.

Teeks f., fachspr., kleiner hölzerner oder metallener Stift zum Befestigen der Schuhsohlen, Pl. *Teeksen.*

Teerbodding n. Pflaumenmusschnitte; in der Ra.: *sich 'n Teerbodding holen, verdeinen* kleine Zuträgerdienste leisten, auch sich eine Abfuhr holen. Dabei bleibt der Bezug des Bestimmungswortes *Teer-* bewußt offen; ursprünglich vermutlich aber zu *tehren* zehren, also ›Verzehrbrot‹.

Teerbütt f. 1. Teertopf, Teerfaß. – 2., veralt., Eimer oder Büchse mit Wagenschmiere (urspr. Teer), die an einem Haken an der Hinterachse des alten Bauernwagens hing. Zuruf an den Kutscher: *verlier man nich de Teerbütt!* – Ra.: *'ne Fru in'n Hus is as 'ne Teerbütt an'n Wagen,* d. h. unentbehrlich.

Teeschöttel, Teeschötteling f., veralt., Untertasse.

Tehn m. Zehe, Pl. *Tehnen,* so vereinzelt auch im Singular gebräuchlich: *de grot, de lütt Tehn.* Wenn der Strumpf vorn ein Loch hat: *denn' kiekt de grot Tehn ut't Finster, de grot Tehn is nieglich, dei grot Tehn hett Hunger, in Tehndörp is Für.* Einem Beschäftigungslosen rät man: *lutsch di'n bäten up'n groten Tehn.* Einen Gekränkten fragt man: *wer hett di up'n Tehn pedd't?*

tehn s. teihn.

tehren zehren: *dat tehrt an em.*

Teigel m. Ziegelstein.

Teigel-: -aben m. Ofen, in dem Ziegel gebrannt werden. – **-dack** n. mit Ziegeln gedecktes Dach. – **-decker** m. Ziegeldachdecker. – **-stein** m. Ziegel-, Mauerstein.

teihn, teigen, teiden zehn: *üm Klock teigen; hei sall üm half teigen dor sin; teihn Johr achtern Maand* weit weg; *alle Teigen, alle Teihn* alle Zehnen; *dor trecken mi kein teigen Pier hen* ich gehe nicht. Der Zehnte heißt *dei Teicht, Täächt* oder *Teigen(s)t,* vereinzelt *dei Teint.*

teihn, tehn, veralt., ziehen, aufziehen, erziehen. Präs. Sg. 1. *teih,* 2. *tühst,* 3. *tüht,* Pl. *teihn*; Prät. *tooch, tööch*; Part. Prät. *tagen.* Nur noch in formelhaften Wendungen und festen Ra.: *ik heff di burn un tagen* ich habe dich geboren und aufgezogen; *ik weit nich, wo hei tagen un flagen is; 'n gaut Pierd tüht tweimal* ein gutes Pferd zieht zweimal an, als Aufmunterung gesagt. Von älteren Sprechern auch noch von der Zugluft: *dat tüht, mak dei Dör tau.* Dafür aber heute allg. sprachüblich *dat tocht* oder sogar verhochdeutscht *dat zucht.* Wenn jmd. beim Gähnen den Mund aufsperrt: *mak't Mul tau, dat zucht.*

Teiken, Teeken n. Zeichen, Anzeichen, Merkmal, Pl. *Teikens: mak di'n Teiken in dat Bauk; dor möt ik mi 'n Teiken maken.*

teiken, teeken zeichnen.

Teikenbrett n. Zeichenbrett.

Teikendauk, Teikeldauk n., veralt., Stickmustertuch, ursprgl. aus Leinen, später aus Stramin. – Syn. *Namdauk, Stickdauk.*

Teiknung f. Zeichnung.

Telch, Telgen m. 1. Zweig, Ast, meist armdick; Pl. *Telgen,* auch *Telgens,* oft sogar *Telken,* auch im Nominativ. – 2. Pl. *Telgen* Haare: *wur sühst du werrer wild ut, ik wull di recht dei Telgen noch kämmen.* – 3. übertr. auf Körperteile, Schiffsmast u. ä.

Tell f. Zählung, Rechnung, Berücksichtigung: *up de Tell stahn, hemm'* mit etwas rechnen.

tellen 1. zählen, abzählen: *hei tellt ehr jeden Happen in'n Mund* er mißgönnt ihr das Essen; *dat heff ik em inne Hand tellt; hei tellt dei Daach,* d.h., er wartet auf das Ende einer Zeitspanne. Wer aber wenig Haare hat, *de kann uk all 't Hor upm Kopp tellen.* Der Verlierer beim Kartenspiel muß die Augen zählen, denn: *arm Lüd tellen.* Will man ein Kind wegschicken, sagt man: *gah na Hus, dien Murrer will dei Kinner tellen.* Im Sprw.: *Tellt Schap frett de Wulf uk;* oder: *tellt Gäus bitt de Voß uk.* Jemand, der sich dumm anstellt, *deet so, as wenn he nich bet drei (fief) tellen kann.* – 2. geachtet werden, etwas gelten: *dat tellt hüt gor nich mihr; up denn' ward nich mihr tellt.*

Teller, Töller m. Teller, Pl. *Telles, Tölles. Ät'n Teller vull mit!* Aufforderung zum Essen. Scherzhafte Frage an einen Hungrigen: *ik hür ümmer Teller, Teller, du hest doch woll keinen Hunger?* Zurechtweisung eines dreisten Menschen: *sech du man Teller, denn schitt de Hund Bratwust.* – Rätsel: *Geiht œwern Hoff un lett'n gräunen Teller fallen.* – Die Kuh. – Im Kinderspiel *Teller schmieten* flache Steine auf der Wasseroberfläche hüpfen lassen, wie *Bodderbrot schmieten.*

Teng, Tenk m., n., seem., Wassertank, Pl. *Tengen.*

tens, tenst, tinst, veralt., am Ende, an der Schmalseite, daneben, hinter, zwischen; entstanden aus der präpositionalen Fügung *tau, to Enn'(s).* – **1.** Adv.: *späl tenst dat Hus* spiele an der Giebelseite des Hauses; *gah tensten spälen; stäk dat tinst bi* stecke es von der Seite hinein; *häng' man dor tinst dei Seihdäuker up.* – **2.** Präp.: *tens'n Kopp* Kopfende des Bettes; *tenst 'n Fäuten* Fußende des Bettes, zusammen gezogen zu *Tenstfäuten* Fußende, auch *Tenstenn',* beides veralt.; *tenst 'n Hus* an der anderen Seite des Hauses.

terbräken zerbrechen.

termautbasten, refl., sich anstrengen, sich abquälen, den Kopf zerbrechen; in vielen Lautvarianten: *termautbarsten, vermautbasten, tomautbarsten, taumautbasten; hei hett sich denn Kopp termautbast; wat heff ik mi tomautbarst!*

terrieten zerreißen: *ik heff mi in'n Busch denn ganzen Strump terräten.*

Testament n. 1. letztwillige Verfügung, Vermächtnis. – 2. Füllung der Bratgans oder des Rippenbratens, in der Gegend um Demmin, Greifswald und Anklam.

teutfägen, vorw. liter., schlecht umgehen mit etwas, jmd. schlecht behandeln.

Tick n., auch umg. – 1. Stelle, an der man sich beim Versteckspielen freischlagen kann. – 2. Schrulle.

ticken anstoßen, berühren; beim Greifspiel: *ik heff di tickt, du büst!*

Ticke(r)ei n. Ei, besonders im Gespräch mit kleinen Kindern und von diesen selbst gebraucht.

Tickhäuhning, Tickehöhning n., kindersp r., Huhn, auch im Kinderlied.

Ticking n. 1. Hühnchen, Pl. *Tikkings.* – 2. Lockruf für Hühner: *tikking, ticking.*

tiedig, tierig Adj. zeitig, frühzeitig, frühreif: *de steiht morgens all tiedig up; tierig öllern* frühzeitig altern; *dat tiedige Aaft ward gaut betahlt.*

Tieding, Tiedung f., veralt., Nachricht, Zeitung.

tiegen, veralt., zeihen, verdächtigen;

nur in der Redewendung: *ik tiech dat up em* ich verdächtige ihn.

Tien f., veralt., Holzkübel, Holzzuber, Waschwanne. Diente früher auch zur Aufbewahrung von Milch und Rahm und zum Transport von Heringen. – Syn. Bütt.

Tiene f. Kurzform des weibl. PN Christine.

Tierpläger m. Viehpfleger.

Ties m. Kurzform des männl. PN Matthias oder Matthies.

Tiet[1] f. Zeit, Zeitpunkt, Zeitspanne: *dat duurt sien Tiet; man weit nich, wo dei Tieden warn; ward Tiet!* es wird höchste Zeit. – Frage nach der Uhrzeit: *wurans is de Tiet? Woväl ist't anne Tiet?* Jemand grüßen: *einen de Tiet beiden.* – In Verbindung mit Präp.: *hoch anne Tiet sin* sehr spät sein; *bi Tieden* rechtzeitig: *hei keem all bi Tieden; na Tiedens ward mi uk dei Geduld all* mit der Zeit verliere ich auch die Geduld; *sörre de Tiet* seitdem; *tau Tiet, tau Tieden* zur Zeit, zur rechten Zeit: *wi mütten tau Tiet upstahn; œwer de Tiet* über die Zeit, zu spät; *unner dei Tiet* während der Zeit, in der Zeit: *unner dei Kirchtiet dörft früher nich aust' warn; up Tiedens* zur Zeit, jetzt: *up Tiedens schient de Sünn.* In Verbindung mit Adj.: *hochbeinte Tieden* knappe, teure Zeit; *verläden Tieden* vergangene Zeit, bis jetzt; *nachtschlapen Tiet* nachts, sehr früh am Morgen; *ut olle Tieden* aus früheren Zeiten. In Verbindung mit Namen: *tau Adams Tieden, tau Grössings Tieden; tau dei Tiet as de oll Fritz noch Gefreiter wier.* In formelhafter Verbindung mit anderen Substantiven: *Tiet un Stunn'* Zeit und Stunde: *all Tiet un Stunn' sünd nich gliek; up Tiet un Stunn'* zu bestimmter Zeit; *sien Tiet un Stunn' wier üm. Tiet un Wiel* Zeit und Weile: *kein Tiet un Wiel hemm'; Tiet un Wiel ward einen lang.* – Ra. u. Sprw. mahnen (oft scherzhaft) zur Muße: *Tau't Äten un tau't Starwen möt'n sich Tiet laten. Hett all sien Tiet, blot dat Flöhfangen nich. Lat di man Tiet, dat ward sich all reigen. Ümmer Tiet laten, an'n nägensten Dach kriegen jungen Hunnen uk Ogen. Lat di Tiet, hork an't Enn', sä Kotelmann, dunn lääft hei noch.* – Das auch im Hd. bekannte Sprichwort: Kommt Zeit, kommt Rat erfährt im Nd. bildhafte Erweiterungen: *Kümmt Tiet, kümmt Rat, kamen Jungs, kamen Büxen, ... kümmt 't Frühjohr, kümmt Saat, kümmt Harfst, kümmt Vorrat.* – Die Kartenspieler beklagen sich: *Tiet vergeiht, Licht verbrennt un dan ward nicks,* auch als Aufforderung zur Arbeit gebräuchlich. Jemand, der sich beklagt: *ik heff kein Tiet,* erhält zur Antwort: *wenn du kein Tüt* (Tüte) *hest, denn nimm di'n Korf.* Und die Klage: *mi ward de Tiet lang'* wird scherzhaft abgewiesen: *nimm se duwwelt!*

Tiet[2] m. Austernfischer, Haematopus ostralegus L., Pl. *Tieten.*

Tietschap n. weibliches Schaf im zweiten Jahr, Schaf, das zum ersten Mal lammt.

Tiff n. s. Täf.

tillern wedeln, wackeln.

tillfäuten, tillföten, veralt., mit den Füßen zucken, zappeln: *dei Käwer leech upm Rüng'n un tillfäut' mit de Beinen ümher; holl dei Fäut still, wat tillfäutst du umher!*

Tilling Koseform des weibl. PN Mathilde.

Timm m. nur in der Wendung: *up'n nauen Timm* beinahe. – Zu schwed. *timme* f. Stunde.

Timmer n. Zimmer, Pl. *Timmers.*

Timmermann m. Zimmermann, Pl. *Timmerlüd.* – Ra. wie im Hd.: *dor hett de Timmermann dat Loch laten!* mach, daß du rauskommst! *Een Anschlag is keen Dodschlag, säd de Timmermann un schlööch fix 'n por Prozent up.*

Timpen m. Zipfel, Ecke, Sackecke, Pl. *Timpen, Timpens.* – Syn. *Timpel.*

Timpenbrot n., veralt., Brot mit besonders ausgeformten Ecken.

timpig Adj. zipflig: *'n timpig'n Pudel* eine Mütze mit zwei Ecken.

Tink f. Zinke, Pl. *Tingen: dei Tingen vonne Hark stahn tau stolt.* – Syn. Tinn.

Tinn f. Zinke an Harken und Eggen, Pl. *Tinnen; ein Tinn ägen* einmal mit der Egge überziehen.

tinnen Adj. aus Zinn, zinnern: *'ne tinnen Kann* eine Zinnkanne.

Tinntüüch n. Zinnzeug, Zinngeschirr.

tinst s. tens.

Tipp n., f. Ausgußtülle an Topf oder Kanne: *seih di vör un stöt nich de Tipp af.* – Syn. Nipp.

titschen, titschern flache Steine so übers Wasser werfen, daß sie mehrmals aufspringen.

Titt f. 1. Zitze, Brustwarze, Pl. *Titten*; Dim. *Tidding. Hei hett to wenig Titt krägen* er ist klein und schwächlich. Im Vers: *Fritz, Franz, Friedrich, warum büst du so niedrig? Mien Mudding hett mi kein Tidding gäben, darüm bün'k so niedrig bläben.* – Im Sagw.: *So bi lütten, secht Fru Schütten, kricht mien Döchting uk all Titten.* Jemand, der immer zu Hause bleibt, *is von Murrern ehr Titt noch nich wech wäägst*; etwas, das sehr gut schmeckt, *schmeckt as Titt.* – 2. Gummilutscher für ein Kleinkind. – 3., übertr., Scharten in der Sense: *Titten kloppen.*

Titten-: -angst f. Heimweh. – **-buddel** f. Babyflasche. – **-büdel** m., scherzh., Büstenhalter. – **-gör** n. Säugling, kleines Kind. – **-lamm** n. saugendes Schaflamm.

Tittelatur f., scherzh., starke Frauenbrust; volksetymologische Umdeutung von hd. *Titulatur*, mit Bezug auf Titt (s. d.).

Thooms Vorname und Familienname Thomas. Redensartlich in verschiedenen Bezügen. Wenn jmd. sehr auf eine Sache erpicht ist, heißt es: *hei is dor achter (hinner) as Thooms achter dei Hamel.* Wer schwer von Begriff ist, *kümmt dor achter as Thooms achter dei Hamel.* Wer Schwierigkeiten hat und etwas nicht loswerden kann, *de sitt dor mit an as Thooms mit dei Hamel.*

toben, towen toben, schwer arbeiten: *tof man nich so dull!; wur hemm' dei Hunn' œwer Nacht tooft!; wat tooft dei Wind hüt mit dei Laden!*

Toch m. Zug, in vielfacher Bedeutung: 1., fischerspr., Fischzug, ein Zug mit dem großen Netz: *de Fischer hemm' einen Toch maakt.* – 2. großer Schluck beim Trinken: *dei hett'n gauden Toch* (auch *Zuch*) *an't Lief.* – 3. Zugluft: *mak dat Finster tau, dei Toch kümmt mi grad in't Gnick.* – 4. Eisenbahn: *dei Toch is grad afführt.* – 5. allg.: Gegenstände, die gezogen werden, Menschen, die sich geordnet fortbewegen usw. – Allg. Ra.: jmd. *up'n Toch bringen; hei is nich up'n Toch* es geht ihm nicht gut; *denn Minschen heff ik up'n Toch* dem traue ich nicht.

Toch-, toch-: -bänk f., fachspr., veralt., Zugbank, Gerät der holzverarbeitenden Handwerker, auf dem man rittlings sitzt und das zu bearbeitende Werkstück vor sich einklemmt (s. Abb.). – **-brüch** f. Zugbrücke. – **-fast** Adj. zugfest. – **-metz** n. Zugmesser mit zwei Handgriffen. – **-vagel** m. Zugvogel.

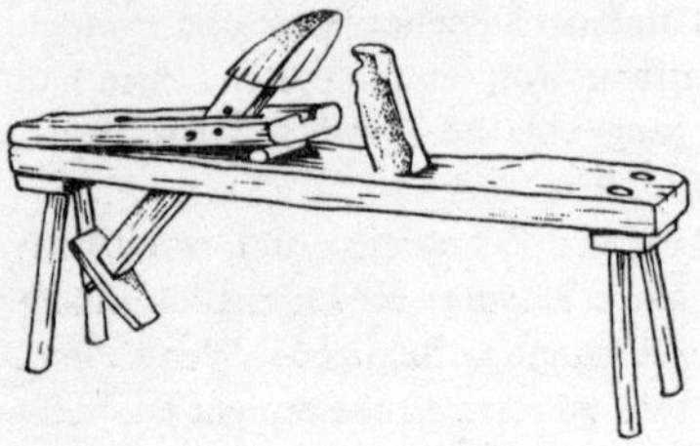

tochen ziehen, besonders von Zugluft: *dat tocht so, mak dat Finster tau.* vgl. teihn.

tochig Adj. zugig.

toddern schimpfen, schelten, nörgeln: *nu todder man nich so väl; hei toddert ümmer äbentau.*

Tœgel m. Zügel: *hei hett denn Tœgel inne Hand* er regiert; jmd. *in'n Tœgel fallen* jmd. an etwas hindern.

tœgerig Adj., vorw. liter., langsam, zögernd.

toig s. tauig.

Töl f. 1. Hündin, Pl. *Tölen,* auch übertr. auf Mädchen, das sich herumtreibt. – Syn.: Täf, Zul. – 2. Hund, besonders großer und häßlicher; auch Schimpfwort und abfällige Bezeichnung für Hund.

Toll m. Zoll.

Tollatsch m. 1. Klöße aus Mehl, Blut, Schmalz, Zucker, Rosinen und Gewürzen (Nelken, Thymian, Majoran, Zimt), die in Brühe langsam gargekocht und nach dem Erkalten – in Scheiben geschnitten – in der Pfanne aufgebraten werden; ein Gericht beim Schlachten; *Tollatschen* werden auch beim Schlächter verkauft. – 2., im 18. Jh. und bis ins 20. Jh. für Rügen bezeugt, rundes Weizenbrot, zu Festtagen gebacken, auch *›Eine Art von gefülltem Meel-Gebackenen‹* so J. C. Dähnert, Wörterbuch 490. Dazu 1782 eine scherzhafte Worterklärung: Dicitur a tollo, Tollatsch, Rugiana Placenta, Rusticus hanc tollens, tollit ab ore famen. – Zu slaw. *kołacz* runder Kuchen, das über polab. **tollatz* ins Pommersche gelangte. – Syn.: Hindrich, Klas.

Töller m. s. Teller.

Tom m. Zaum, Kopfteil des Pferdegeschirrs, Pl. *Töm*; übertr. in Ra.: *Hei höllt sien Mäken in Tom* er hält sein Mädchen sehr streng; *ik weit, wur de Töm hängen* ich weiß Bescheid, kenne den Fortgang.

tomautbarsten s. termautbasten.

Toobs m. Tobiasfisch, kleiner Sandaal, Ammodytes tobianus L. Pl. *Toobse,* beliebter Angelköder.

top zusammen, verkürzt aus tauhop s. d.; *top* tritt in vielen Zusammensetzungen mit Verben auf.

Topp[1] m. höchste Spitze, Pl. *Töpp.* 1. Krone, Spitze des Baumes. – 2., seem., Mastspitze, Mast. – 3. Haarschopf, vielfach verhochdeutscht *Zopp.* – 4., landw., Flachsbündel, es enthielt etwa 40–60 *Risten* (s. Rist) ungebrochenen Flachses.

Topp[2] m. Topf.

Töppel m. 1. Federhaube der Vögel: *de Lerch hett'n Töppel.* – 2. Kopfteil des Hutes.

Töppellewark m. Haubenlerche, Galerida cristata (L.) Sie ruft im Winter: *Bur, lieh mi dien Schün, lieh mi dien Schün,* und im Sommer: *Bur, lick, wat ik schiet, lick, wat ik schiet!*

Töppelmeis f. Haubenmeise, Parus cristatus L.

Töppels Pl., fischerspr., kurze an die Langschnur geknüpfte Schnüre mit Angelhaken, auf Rügen *Töpplis.*

Töpper m. Töpfer, häufiger *Pötter* (s. d.).

Töppermarkt m. Töpfermarkt.

Törf, Torf m. 1. Torf. – Ra.: *Wer denn Torf nich kennt, dei kricht kein Für an* man muß den Pfiff raushaben. – 2., scherzh., getrockneter Nasenschleim; wer in der Nase bohrt, *dei stääkt Torf.*

Torfkopp m. Schimpfwort für einen Menschen, der etwas Dummes angestellt hat.

Torm m. Turm, Pl. *Törm, Turms.*

Törn m., Pl. Törns. 1. Turnus, regelmäßige Wiederkehr einer Arbeit oder einer bestimmten Tätigkeit, Zeit, Strecke: *wi arbeiden in vier Törns ...* in vier Schichten; *will'n man ierst 'n Törn arbeiden; man kümmt ganz ut'n Törn* man kommt ganz aus dem Rhythmus; ununterbrochen: *dat güng in einen Törn; an'n Törn kamen* an die Reihe kommen; *dat geiht all's sien Törn* es geht alles seinen Gang. *Ik heff'n lütten Törn maakt* kann bedeuten ich habe ein kleines Schläfchen oder eine kleine Bootsfahrt gemacht (s. 4.). – 2., seem., Verknotung in einem Tau, einer Leine oder einem Netz. – 3. schlechte Laune: *hei hett hüt wedder sienen Törn.* – 4. Fahrt mit einem Boot: *ein'n Törn kœn' wi woll noch maken.*

törnen[1], seem., umdrehen.

törnen[2], refl., sich zähmen, zügeln, im Zaum halten: *törn dien Mul; ik war em schon törnen; törn di!* verschwinde, hau ab.

torren s. tarren.

Tœt f. 1. Stute, die bereits gefohlt hat, Pl. *Tœten.* – 2. allg. für alte Muttertiere. – 3. Geschlechtsteil von weiblichen Tieren. – 4., übertr., dummes Mädchen, schwatzhafte Frau.

töwen s. täuben.

Tœwer m. Zuber, Kübel, Holzbottich: *lütten Tœwer* kleines Holzfaß.

Töwerie f. s. Täuwerie.

traach Adj., mit langem offenem o gesprochen, träge, faul, langsam.

Trääms f. Kornblume, Centaurea cyanus L., Pl. *Träämsen*; geschrieben auch *Trems, Tremsen*; im Vergleich: *blaach as 'ne Trääms.* – Syn. Kuurnblaum.

Trad f. 1. Wagenspur, Geleise, Spur, Pl. *Traden: du kannst sien Traden noch seihn.* – Syn. Läus. – 2. Leitersprosse, vgl. Tram.

Trädels n. 1., veralt., Trittbrett am Spinnrad. – 2. Hahnentritt im Hühnerei.

träden 1. treten. Präs. Sg. 1. *träd,* 2. *trädst,* 3. *träd, trett*; Prät. *träd'te, treed*; Part. Prät. *träden.* – 2. begatten, von Vögeln: *Irren is menschlich, sä' dei Hahn un träd' 'n Kader.*

tradischonell Adj. traditionell.

Trädup m., veralt., Stellvertreter, besonders der Ehemann als Vertreter der Frau auf dem Gericht. Dazu der im hist. Vorpommern sehr geläufige Familienname *Tredup.*

Tralgen Pl. s. Tralling.

trallig Adj. albern, töricht, besonders von Kindern: *heff di nich so trallig.*

Tralling f. 1. Gitterstab aus Holz oder Eisen, an Geländern, vor Fenstern, im Zaun, Pl. *Trallingen, Trallings,* daneben auch *Tralgen* als Plural zu *Tralg.* Übertr. Ra.: *hei kiekt dörch'e Tralgen* er sitzt im Gefängnis, oder: *hei sitt achter dei Trallings.* – 2. Geländer; übertr.: *nu kœnen s' werrer œwer de Trallingen scheiten* Turnübungen am Geländer machen.

Tram f., mit langem offenem o gesprochen, runde Leitersprosse, Pl. *Tram(en).* – Syn. Sprat, Trad 2.

trampsen heftig und laut auftreten, trampeln. – Syn. trapsen.

Tran f. Träne, Pl. *Tranen: ierst geef dat Tranen, nahst hett de Diern nich mihr rort.*

Tranendruppen m. Tränentropfen, Pl. *Tranendruppens.*

Tranpott m. 1. Fettopf, Schmiertopf. – 2., übertr., langweiliger, schwerfälliger Mensch.

transusig Adj. langweilig, trödelig.

Trantüt f. Klatschbase, langweiliger, temperamentloser Mensch.

trantutig Adj. langsam, langweilig: *'n trantutigen Mäkelbörger.*

trapsen, wie umg., stampfen, trampeln. – Syn. trampsen.

trasig Adj. langsam, langweilig, träge: *mit so'n trasigen Minschen is nicks to maken.*

trecht Adv. zurecht, fertig; zusammengezogen aus *tau/to* und *-recht: ik finn' mi allein trecht; mit denn' bün ik trecht* mit dem will ich nichts zu tun haben; *trecht* wird als unfeste Zusammensetzung bei vielen Verben gebraucht.

Trechter m. Trichter: *dat mööst du dörch'n Trechter geiten.*

trechtern trichtern.

Treckbüdel m. Ziehharmonika, Handharmonika: *hest dien' Treckbüdel uk mitbröcht?* – Syn. Treckfiedel.

Treckels n., vereinzelt, kleines Fuder Heu oder Stroh, kleine Fuhre.

Treckel(s)dach m., hist., Tag, an dem die Dienstboten und Tagelöhner ab- oder zuzogen (wechselten): 24. Juni, 24. Oktober, örtlich aber unterschiedlich.

Treckelstiet f., veralt., Umzugszeit.

trecken ziehen, anziehen, herausziehen, aufziehen, sich hinziehen. Präs. Sg. 1. *treck,* 2. *treckst,* 3. *treckt;* Prät. *tröck, treckte;* Part. Prät. *trocken. 'ne Flunsch trecken, de Näs trecken* maulig sein; *Holt trecken* Holz sammeln; *'n Tun trecken* einen Zaun machen; *mit grot Tüüch trecken* mit dem Schleppnetz fischen; *hei is treckt worn* er ist eingezogen worden zum Militärdienst; *einen trecken laten* furzen; *de Sünn treckt Warer* die Sonne zieht Wasser, es regnet gleich; *dat treckt* es zieht, ist Zugluft. In Vergleichen und Ra.: *dörch 'n Kakau, dörch't Schiet trecken* aufziehen, ärgern, necken; *dat Fell œwer dei Uhren trecken* jmd. übervorteilen, schädigen; *an einen Strang trecken* zusammenhalten; *dat treckt em in'n groten Tehn* darauf bildet er sich etwas ein; *dor trecken mi kein teihn Pier na hen; Lien,* auch *Pahl trecken* verschwinden: *treck Lien!; mit wat üm'n Barch trecken* etwas verheimlichen, verschweigen. Und allgemein tröstend: *dat treckt sich allens na'n Lief* es kommt alles wieder in Ordnung. Auch im Sagw.: *Treckt sich allens na'n Lief, sä' de Schnieder un sett denn Arm verkihrt in, … un neicht de Tasch in't Ärmelfauder fast.*

Trecker m. ›Zieher‹, motorisierte Zugmaschine, Traktor, Pl. *Treckers: hüt sünd de Treckers inne Landwirtschaft tau Hus.*

Treckerie f. Zieherei, Bekanntschaft ohne Eheschließung: *mak nich so'n lang Treckerie, heurat!*

Treckfiedel f. Ziehharmonika, s. Treckbüdel.

Treckwagen m. Ziehwagen, Handwagen.

Trems f. s. Trääms.

Trent m., veralt., Horizont, Grenze,

in Verbindung mit Präp.: *üm'n Trent* ungefähr; *he wohnt in denn' Trent* in diesem Stadtteil.

Trichinenkieker m., scherzh., Fleischbeschauer.

Trien f. Kurzform des weibl. PN Katharina. 1. Schimpfwort für dummes, leichtsinniges, faules Mädchen. – 2., übertr., Kaffeekanne, auch Schnapsflasche. Als Grundwort in vielen Zusammensetzungen wie *Brabbel-, Fladder-, Flöker-, Murkel-, Nuschel-, Schladder-, Schlustrien.*

Triesel m., vereinz., Kreisel: *'n Triesel hemm'* nicht ganz normal sein.

Triez f., fachspr., 1. Block mit Rolle als Teil eines Flaschenzuges, mit dem Lasten hochgewunden werden. – 2. kleines Rad am Spinnrad, um das sich der Faden legt. – 3. *Triß*, fischerspr., eine Reihe von meist sechs Heringsnetzen, Schleppnetz, Pl. *Trißе(n).*

triezen 1. hochwinden, -ziehen. – 2., übertr., jmd. schikanieren, quälen, zusetzen.

Trimming f. kleine gehäkelte Spitze, oft aus Zwirn, meist an Wäschestükken, Pl. *Trimmings.*

Trödel m. 1., wie hd., wertloser Kram, minderwertige Sachen. – 2. Monatsregel.

Trödelpott m. Scheltwort für einen trödligen Menschen.

Trödeltüüch n. wie Trödel 1.

trüch, tröch Adv. zurück, oft auch mit langem Vokal gesprochen *(trüüch, trööch)*, entstanden als zusammengezogene Form von *taurüch* zurück, wird auch verkürzt zu *trü* bzw. *trö: dei is noch wiet trüch* er ist weit zurück (konkret u. im übertr. Gebrauch); *trüch räden* abraten, zurückhalten.

trüch-, Trüch-: -beiden einen Gruß erwidern. – **-blieben** zurückbleiben: *dat Kind is för sien Öller sihr trööchbläben.* – **-fläuten** zurückpfeifen, von etwas abhalten. – **-gahn** zurückgehen. – **-hollen** zurückhalten, abhalten. – **-kamen** zurückkommen. – **-kanzeln**, veralt., von der Kanzel widerrufen, bei Eheaufgeboten. – **-kieken** zurückschauen. – **-lings** Adv. rücklings. – **-meigen** stehengebliebene Halme abmähen. – **-oors** Adv. rückwärts: *hei föll trööchoors von'n Wagen runner; sei gahn bi dei Arbeit ümmer trüchoors* sie arbeiten nicht gerne. – **-œwer** Adv. nach hinten, hintenüber. – **-schrieben** zurückschreiben, antworten. – **-setten** zurücksetzen, refl.: *hei hett sich trüchsetten laten.* – **-stäken** zurückstekken, nachgeben: *wenn de ein 'n bäten tröchsteckt un dei anner 'n bäten taugifft, denn müßt dat woll gahn.* – **-ut** Adv. rückwärts. – **-warts** Adv. rückwärts: *hei geiht trüwarts.* – **-wech** m. Rückweg. – **-zoppen, -zuppen** 1. zurückziehen, z. B. Pferde. – 2., übertr., seine Meinung ändern: *hei zoppte trüch.*

truern trauern, traurig machen: *sei hett nich lang üm em truert; he truert mächtig.*

trüf Adj. trübe, unrein: *mi sünd de Ogen so trüf; dat Warer is trüf.* – Junge Übersetzung aus dem Hd.

trugen 1. trauen, getrauen, vertrauen: *denn Kierl truuch ik nich œwern Wech;* Sprw.: *Een ollen Voß kann'n nich ihrer trugen, bet em dat Fell aftagen is.* – 2. trauen, heiraten: *se hemm' sich trugen laten* sie haben geheiratet.

trulich Adj. treulich, zutraulich, gemütlich.

Trummel f. Trommel, äußere Gehäuse, Pl. *Trummels.*

Trünnel, Tründel m. 1., veralt., runde

Holzscheibe von einem Baumstamm oder großer dünner Holzreifen, als Kinderspielzeug dienend. – 2. allg. Scheibe, Kugelförmiges. – 3. eine Scheibe, ein Endchen Wurst. – Syn. *Trüsel.*

trünneln rollen, rollen lassen, kullern.

trurig Adj. traurig.

tschüs, schüs auf Wiedersehen, Abschiedsgruß, Kurzform zu *adschüs* s. d.; Dim. *tschüssing, schüssing.* Auch im Hd. allg. übliche Abschiedsformel zwischen vertrauten Personen.

Tubben m. aus Dauben gefugtes Holzgefäß, Zuber, Pl. *Tubbens.*

tuchten, tüchten züchten, aufziehen, hauptsächlich vom Vieh gesagt: *dei Sœch sall liggen blieben, dor will hei mit tüchten.*

Tuck m. 1. Ruck, Zuck, Stoß; in der Verbindung *Tuck hollen* festhalten, standhalten, gehorchen: *so lang' du Lihrling büst, mööst du Tuck hollen.* – 2., fischerspr., Schleppnetz zum Flundern- und Heringsfang, das Netz wird von *Schörbrä'* (Scherbrettern) offen gehalten und von zwei Booten gezogen, diese Fangtechnik heißt *tucken.*

tuck lautmalendes Wort: *tuck, tuck* Lockruf für Hühner, Ruf der Henne, die ein Ei gelegt hat.

tucken, tuckern 1. zucken, zerren, ziehen: *dat tuckt em so üm'n Mund* er kann sich das Lachen nicht verbeißen. – 2. stoßartig schmerzen: *dat tuckt, tuckert mi so in mien' Finger, in mien' Tähn.* – 3. tuckern, langsam fahren, z. B. mit kleinem Fischerboot. – 4., fischerspr., Fangtechnik, s. Tuck.

tücksch Adj. tückisch, hinterhältig, falsch, bösartig: *dat's 'n tücksches Diert* ein nachtragendes Geschöpf.

tuckschullern, liter., mit den Schultern zucken.

Tüddel m. s. Tüttel.

tüdelig, tüdlig Adj. wunderlich, seltsam, umständlich: *ik war bi lütten uk all bannig tüdlig.* – Vgl. tüderig.

tüdelüt, letzte Silbe betont, verrückt, nicht ganz normal: *hei is'n bäten tüdelüt.* Lautmalendes Wort zur Bezeichnung von Vögeln und deren Ruf, vor allem des Regenpfeifers = *tülüt, tüdelüt.* Die Bedeutung von *tüdelüt* entwickelt sich aus dem Satz: *du hest woll'n Tüdelüt?* Du hast wohl einen Vogel.

Tüder m. Strick (oder Kette), mit welchem das weidende Vieh festgemacht wird: *de Käuh stahn in'n Tüder; wi hemm' vier Käuh in'n Tüder gahn.*

Tüderie f., auch *Tüdelie,* Durcheinander, Wirrwarr, bes. von Wolle und Fäden.

tüderig, tüterig Adj. 1. durcheinander, verworren, von Fäden. – 2. wunderlich, vergeßlich, verwirrt: *dei Ollsch is all'n bäten tüderig.* – Vgl. tüdelig.

Tüderkram m. Durcheinander, unordentliche Sachen.

tüdern 1. Vieh auf der Weide anpflocken: *dei Käuh warn tüdert.* – 2. binden, unordentlich verschnüren. – 3. sich verwirren: *de Band is tüdert.* – 4. Unwahrheiten erzählen, schwindeln.

Tüderpahl m. in die Erde gerammter Pfahl, an dem die *Tüderkäd'* festgemacht wird.

Tüderwark n. 1. Unentwirrbares. – 2., übertr., wirre, unklare Reden.

Tüffel[1], **Tüft** f. Kartoffel, Pl. *Tüffel, Tüften. Tüffel* ist Leitform im Zentralgebiet Mecklbgs, der Pl. *Tüften* herrscht im Süd- und Nordosten. Im Raum Wismar, Schwerin, Hagenow gilt *Ketüffel*, dazu Varianten wie *Getüffel, Kötüffel* u. ä. Auf Rügen verbreitet und im hist. Vorpom. verstreut neben *Tüffel* und *Tüften* auch *Petüffel* und *Pentüffel.* – Syn. s. auch Katüffel.

Tüffel[1]-, Tüft(en)-: -aust m. Kartoffelernte. – **-beer** f. Frucht der Kartoffelstaude aus der Blüte, auch *-bummel* f. – **-buk** m. dicker Bauch. – **-bült** f. Kartoffelstaude. – **-gruben** Pl. Kartoffelgraupen. – **-kamm** m. angehäufelte Erde um die Kartoffelstaude. – **-kauken** m. Kartoffelpuffer, flache, in der Pfanne gebratene Plinsen aus geriebenen Kartoffeln. – **-klut** m. Kartoffelkloß, Pl. *-klüt.* – **-kratzer** m. Kartoffelhacke mit drei oder vier Zinken zum Kartoffelaufnehmen. – **-krut** n. Kartoffelkraut. – **-lochmaschin** f., landw., Kartoffelpflanzmaschine. – **-mähl** n. Kartoffelmehl. – **-maus** n. Kartoffelmus. – **-mäuser** m. hölzerner Kartoffelstampfer. – **-pannkauken** m. Kartoffelpuffer. – **-plauch** m., landw., Kartoffelpflug, zum Anhäufeln der Kartoffeln. – **-pukels, -puklis** n. Pelle von gekochten Kartoffeln. – **-rief** f. Kartoffelreibe. – **-rummel** f., landw., Kartoffelsortiermaschine. – **-schell** f. Kartoffelschale. – **-schrapels** n. abgeschabte Kartoffelschalen. – **-stamper** m. Kartoffelstampfer. – **-struk** m. Kartoffelkraut. – **-supp** f. Kartoffelsuppe.

Tüffel[2] m. Pantoffel, Pl. *Tüffel(n).* Man unterscheidet *hœltn Tüffel* Holzpantoffeln von Filzpantoffeln und *Puutschentüffel* Pantoffeln mit Filzsohle und Stoffoberteil. – Ra.: *Hei is unnern Tüffel kamen* die Frau hat die Oberhand; *hei is nich gaut an'n Tüffel* er hat schlechte Laune, ebenso: *hei is nich orrig an'n Tüffel.* Als grobe Abweisung: *leck mi an'n Tüffel!; kannst mi an'n Tüffel tuten!; ach, schiet an'n Tüffel*; jmd. *ut de Tüffel haugen* in Erstaunen versetzen. – Syn.: Laatsch, Pampuuschen, Pantüffel[1], Puuschen, Püüschenschlarben, Schlarben.

tüffeln schwerfällig, unbeholfen gehen, mit Pantoffeln laufen.

Tüffelschaul f., scherzh., alte Volksschule. – Zu Tüffel[2].

Tüft f. s. Tüffel[1].

tügen 1., veralt., zeugen, bezeugen. – 2. leisten, anschaffen: *hei kann sich wat tügen* er lebt in guten Verhältnissen, kann sich etwas leisten; *hei kann sich 'n Auto tügen; dei tüücht sich gor nicks.*

tulen zerren, zausen, reißen: *hei tuult em inne Hor* er zerzaust ihm das Haar; *se hemm' sich düchtig inne Hor tuult* sie haben sich sehr gestritten.

tummelig Adj. taumelig, schwankend.

tummeln 1. taumeln, unsicher gehen: *hei tummelt œwer de Strat.* – 2. sich beeilen, schnell bewegen.

Tun m. Zaun, Pl. *Tuuns, Tün: 'n hogen Tun bugen*; ein schlecht gebauter Zaun *is wat för lahm Gäus un blinn' Häuhner.* – Ra.: *wat achtern Tun finnen* als Ausrede für unbestimmte Herkunft; *hei is nich von'n Tun follen* er stammt aus einer ›guten‹ Familie; *achtern Tun wohnen uk Lüd'* überall gibt es ordentliche Leute; *œwer Tun un Hakelwark gahn* durch dick und dünn gehen; *holl di an'n Tun, de Häben is hoch* sei zufrieden mit dem, was du hast; *wo de Tun an'n siedsten is, dor ward œwerstägen* wo man am wenigsten Widerstand erwartet, versucht man durchzukommen.

tünen 1. zäunen, umzäunen, einen Zaun setzen. – 2. flechten mit Strauchwerk und Weiden: *Körf tünen* Weidenkörbe flechten. – 3. flunkern, lügen, aufschneiden: *hei tüünt ahn Strük* er lügt; *tünen kann hei as'n Schipper; hei tüünt wedder.*

Tung' f. Zunge, Pl. Tungen. *'ne schwer, swer, swor Tung' hemm'* eine undeutliche Aussprache haben: *mit twei Tung' räden* sich widersprüchlich äußern. Wem es sehr gut schmeckt, *de schleit sich de Tung' üm't Mul.* Etwas, auf das man sich nicht sofort besinnen kann, *dat schwääft einen up'e Tung'*; bei vornehmer Redeweise *kann'n sich licht de Tung' afbräken; œwer de Tung' schieten* sich erbrechen; *de Tung' grad' tau hollen* soll helfen, Stoff gerade abzuschneiden und Flüssigkeiten nicht überzuschütten.

Tünkram m. Unsinn, dummes Gerede, überflüssige Sachen: *räd nich so'n Tünkram, dat glöben wi doch nich.*

Tunkrüper m. Zaunkönig, auch *Tunkönig,* Troglodytes troglodytes (L.)

Tunn f. 1. Tonne, Pl. *Tunnen.* Die Tonne diente im Mittelalter zur Aufnahme von Flüssigkeiten und zum Transport von Heringen, Butter, Käse, Salz, Korn u. ä., und sie war zugleich Meßeinheit für diese Waren. In sprachl. Vergleichen: *vull sin as 'ne Tunn* betrunken sein; *dick sin as 'ne Tunn* sehr dick sein. Ein dummer Mensch *is inne Tunn grot maakt*; der O-Beinige *hett up'e Tunn räden, sien Büxen œwer de Tunn plätt'*; *inne Tunn gahn lihrt.* – 2., seem., Seezeichen. – 3., scherzh., Kanzel in der Kirche. Ausruf: *O Mann Gottes inne Tunn!* – 4., scherzh., dicke Frau.

Tunnen-: -afschlagen n. auf dem Fischland und in Gingst (Rügen), Klockenhagen, Trinwillershagen und Langendamm Volksfest zu Pfingsten, bei dem eine aufgehängte Tonne im Vorbeireiten zerschlagen werden muß. Wer den letzten Rest heruntergehauen hat, ist *Bodden-, Stäben-* oder *Tunnenkönig,* (s. Pötschke, Tonnenabschlagen). – **-bein** n., scherzh., O-Bein. – **-bœgel** m. Tonnenbügel, Tonnenreifen: *Tunnenbœgel spälen,* veralt. – **-bœgelbom** m., hist., Weihnachtspyramide von Hiddensee, ein drehbares Holzgestell, das mit buntem Papier, Goldflitter, Nüssen und figürlichem Gebäck geschmückt war, s. auch Bœgelbom. – **-hiering** m. Salzhering. – **-könig** m. Sieger beim Tonnenabschlagen. – **-maker** m. Böttcher. – **-rieden** n. Tonnenreiten, dass. wie *Tunnenafschlagen.* – **-speck** m., scherzh., Salzhering.

tunnerig Adj. wunderlich, besonders von alten Leuten. – 2. geschmacklos, welk: *dei Appelsin' dörben nich tau lang' liggen, süss warden sei dröööch un tunnerig.*

tunnern fortwährend schimpfen: *tunner nich so väl.*

Tunpahl m. 1. Zaunpfahl, in der Ra. wie im Hd. – 2., scherzh., großer Mensch.

tuntig Adj. wunderlich, altjüngferlich, zimperlich: *ik weit nich, so bi lütten ward mien Schwester uk all tuntig.*

tuntlig, tüntlig Adj. langsam, trödelig.

Tunul f. Steinkauz, Athene noctua.

tüppen zapfen, schöpfen: *Warer tüppen*; *Bier tüppen.*

tür, veralt., wählerisch im Essen. – Syn. s. krüüdsch.

tur(en)wies Adv. zeitweise, von Zeit

zu Zeit: *turenwies grippt hei na de Buddel*; *turwies schient de Sünn.*

Turnips m., hist., Runkelrübe, Beta vulgaris (L.)

Tüs u. s. Tüüch.

Tüsch f., veralt., schmaler Gang zwischen zwei Häusern in der Stadt, Pl. *Tüschen.*

tüschen 1. beruhigen, besänftigen: *tüsch em man 'n bäten, dat he werrer to sich sülwst kümmt.* – 2. tuscheln, flüstern.

tüschen s. twischen.

Tüssing n., kinderspr., Küßchen.

tüssing Dim. zu tschüs, s. d.

Tut m., f. 1. Laut: *hei secht keinen Tut.* – 2. einfaches Blasinstrument: *hei hett sich 'ne Tut maakt.*

Tütebeer f., vereinz., Preiselbeere, Vaccinium vitis-idaea L.

tüteln 1. dummes Zeug reden, schimpfen. – 2. etwas unordentlich schnüren, binden.

tüterig s. tüderig.

tutschen 1. saugen, lutschen, trinken, bes. von kleinen Kindern und Jungvieh: *de Lütt tutscht de ganze Buddel lerrig.* – 2., übertr., Alkohol trinken: *einen tutschen.*

Tüttel, Tüddel m. 1. Pünktchen. – 2., übertr., ein bißchen, Kleinigkeit: *se geef mi nich 'n Tüttel af.*

Tüüch, Tüüchs, Tüs n. Zeug. 1. Werkzeug, Geräte. – 2. Stoff, Kleidung: *Tüüch köpen*; von einem Stoff, der schon schlecht und dünn ist: *dat Tüüch höllt nich mihr de Nadel*; *so'n kakelbunt Tüüch treck ik nich mihr an*; *schwart Tüüch* Trauerkleidung; *mi föllt dat Tüüch von'n Lief* ich bin abgemagert; *em hackt kein Tüüch up'n Lief*; *de hett soväl Tüüch up'n Lief*; *in korten Tüüch gahn* ohne Mantel gehen. – 3. gewaschene Wäsche. – 4. Dinge, die nicht näher bezeichnet werden, oft abwertend, auch in Verbindung mit Adjektiven: *dumm Tüüch, dœmlich Tüüch* Unsinn, Albernheiten, dumme Ausreden; *langhorig Tüüch* Schimpfwort für Frauen; *schmiet dat Tüüch weg* ; *wat ätst du dor för'n Tüüch?* – Häufig in Rw.: *sich in't Tüüch leggen* sich anstrengen, sich für eine Sache einsetzen; *dat Tüüch dortau hemm'* einer Sache gewachsen sein; *wat dat Tüüch höllt* mit großer Anstrengung; *an't Tüüch flicken* böse Nachrede führen.

Tüüch-: -klammer f. Wäscheklammer. – **-lien** f. Wäscheleine. – Syn. Waschlien. – **-sack** m. kleiner Sack der Matrosen. – **-schapp** n. Kleiderschrank. – **-stütt** f. Wäschestütze.

Tüüchnis n. Zeugnis.

Tüürs m. grüne, untergetauchte Wasserpflanze in Seen und Flüssen, Laichkraut, Potamogeton L.; wird meterhoch; sie wurde vom Boot aus geerntet, mit dem Ruder oder einem Haken zusammengedreht *(Tüürs dreigen)*; diente zur Düngung sandigen Bodens.

tuuschen tauschen.

Twääschen m., veralt., Zwilling, Pl. *Twääschens.* Heute allg. nur noch *Twilling.* – Sagw.: *Dat gifft Luft, säd dei Fru, don kreech sei Twääschen.*

Twäl f. Astgabel, Pl. *Twälen*; in vielfältiger Verwendung, u. a. als *Tüüchstütt* Wäschestütze.

twälen sich gabeln, teilen, zweigen: *wo sich de Twiech twäält, sitt 'n Vagelnest.*

twallig Adj. albern, dumm: *'n twallige Diern.*

Twälstiert m. Rotmilan, Milvus milvus (L.)

twatsch s. dwatsch.

Tweern n. s. Twiern.

twei, twee zwei: *twei is mihr as ein*; *du*

hest woll twei Por Strümp an kannst schwer hören. – Sprw.: *Twee harte Stein mahlen nich gaut* zwei Dickköpfe vertragen sich schlecht.

twei-, Twei-: -back m., veralt., Zwieback. – **-bein** n., scherzh., Mensch; im Rätsel: *Tweibein sitt up Dreibein un melkt Vierbein.* – Melker auf Melkschemel; weitere ähnl. Rätsel s. Wossidlo, Meckl. Volksüberl. 1,15. – **-draatsch** Adj. zweidrähtig: *tweedraatschn Kaffee* schwacher, dünner Kaffee. – **-düdig** Adj. zweideutig. – **-faut** m. Zweifuß. – **-hieschig** Adj. Haus (Katen) mit zwei Wohnungen. – **-klürig** Adj. zweifarbig. – **-lang** in der Wendung *twei lang – twei breit* ausgiebig, ausführlich. – **-pott** m., scherzh., veralt., Zweifamilienhaus. – **-sprak** f., veralt., Zwiesprache. – **-stöckiger** m., doppelter, großer Schnaps. – **-tingig, -tinkig, -tinnig** Adj. zweizinkig. – **-titt** f. Kuh mit nur zwei Milch gebenden Zitzen. – **-ührig** Adj. zweiohrig, mit zwei Henkeln.

tweiig, tweirig, tweisig Adj. entzwei, zerbrochen, zerrissen: *hei mit sien tweiig Büx*; *sei hett tweiige Strümp an.* – Ra.: *Tweiichte Pött gifft' œwerall.*

tweisig s. tweiig.

tweit der zweite.

twi Interjektion, pfui: *twi Deubel* pfui Teufel.

Twiech m. Zweig, Ast, Pl. *Twiech, Twiegen*; Aussprache des anlautenden tw bilabial; *de Storm hett väl Twiech afräten*; *hei kümmt nich mihr up'n gräunen Twiech.*

Twiefel m., veralt., Zweifel: *ik bün in'n Twiefel*; meistens wird auch im Nd. das hd. Wort Zweifel gebraucht.

Twiern, Tweern n. 1. Zwirn. – 2. männl. Samen: *em is dei Twiern utgahn* er ist zeugungsunfähig. – 3., übertr., *blagen Twiern* schlechter Branntwein.

Twiernsfaden m. Zwirnsfaden: *hei süht ut as'n fettmaakten Twiernsfaden* oder *Zwirnsfaden.*

Twiern(s)kram m. Unsinn.

Twilling m. Zwilling, Pl. *Twillings*, auch *Zwillings*; allgemein auch für zusammengewachsenes Obst und für zusammengebackene Gebäckstücke. – Syn. Twääschen.

twintig, twindig zwanzig: *vör twindig Johr.* Die Ordnungszahl heißt *twindigst.*

twischen, twüschen Präp., Adv. zwischen; die ältere, heute aber veraltete Form ist *tüschen.*

twölf, twölben zwölf: *Klock twölf*; *dat duurt von twölf bet Meddach* es geht ganz schnell; *dat höllt von twölben bet Meddach* es hält überhaupt nicht. Wenn es *fief Minuten vör twölf ist*, dann ist es höchste Zeit.

Twölften Pl. die zwölf Nächte zwischen dem 25. Dezember und dem 6. Januar, die im Brauchtum als besondere Festzeit aus dem Rhythmus des Jahres herausgehoben wurden. Die Zwölften galten in der Volksüberlieferung vor allem als Spukzeit: *Fru Gaud* jagte in den zwölf Nächten mit ihren Hunden lärmend durch die Luft; beim Wasserholen wurden die bösen Wassergeister, *de Waderkierls* und *Waderfrugens*, mit glühenden Kohlenstücken vertrieben. Vielerlei Arbeit und häusliche Tätigkeit war in den Zwölften verboten, um nicht Mißernten, Krankheiten oder Tod im neuen Jahr heraufzubeschwören: *in de Twölften würd nich spunnen, nich strickt, dörf man nich utmessen, œwerhaupt nich fägen.* Wäsche sollte nicht gewaschen, keinesfalls aber außerhalb des Hauses auf der Leine oder am Zaun getrocknet werden. Die bäuerlichen Arbeitsgeräte sollten fest verschlossen bleiben, Mieten auf dem Feld nicht geöffnet werden. Kinder, die in den Zwölften geboren wurden, sollten *mihr seihn* das ›zweite Gesicht‹ haben. Die Träume in den Zwölften wurden als Vorausschau auf die kommenden zwölf Monate gedeutet. Auch das Wetter jener Tage kündigte den Witterungsverlauf für jeden Monat des kommenden Jahres an: *de Daach in de Twölften seggen vörut, woans de Maande warden.* Wer *in de Twölften* stirbt, zieht, so fürchtete man, zwölf Angehörige oder Nachbarn mit ins Grab.

twors, tworst, tworsten Konj. zwar, obgleich: *wi hemm' uns twors noch nich seihn, œwer wi kennen uns liekers.*

twüschen s. twischen.

twüschenminschlig Adj. zwischenmenschlich.

U

U, u n. 1. der Vokal. u tritt als kurzer, offener Vokal auf in Wörtern wie *rup, rum, vull.* In offenen Tonsilben *(supen, krupen, Stuten)* und in geschlossenen Silben (*Dur* Tor, *Schum* Schaum, *brun* braun) ist u lang und geschlossen. Dieses u wird vor Doppelkonsonanz (*bruukst* brauchst, *fuurts* sofort), auch vor sch, ch, st (*tuuschen* tauschen, *buucht* gebaut, *duuster* dunkel) orthographisch durch zwei u wiedergegeben. Die Umlaute von u sind kurzes, offenes ü in Wörtern wie *Küll* Kälte, *Pütz* Eimer und langes, offenes ü in *Tüüch* Zeug, *püüstern* blasen, *Sük* Seuche. – 2. Ausruf des Unmuts, der Angst.

Uckermärker m. 1. Bewohner der Uckermark. – 2. schlechter, starker Tabak: *du rookst woll Uckermärker.*

ückerwennsch Adj. sonderbar, verkehrt, fremdartig, unverständlich: *hei räd so ückerwennsch, wo mach dei to Hus sin?* (bezogen auf die ›unverständliche‹ Sprache in der Uckermark). *Hüt geiht dat ganz ückerwennsch tau* es geht alles verkehrt.

Üder, Ürer n. 1. Euter, Nebenformen sind *Jidder* (überwiegend im Westen Mecklenburgs) und *Üter,* das vereinzelt auftritt. – 2., übertr., Frauenbrust: *se hett'n dulles Üder.*

üdern, ürern ein starkes Euter bekommen: *de Stark üdert all.*

Ühr n. 1. Nadelöhr. – 2. Henkel an Tontöpfen und Tassen. – 3. Öse.

Uhr n. Ohr, Pl. *Uhren*; Dim. *Ührken.* In vielen Wendungen und Ra., vielfach wie im Hd.: *de Uhren hängen laten* traurig, mutlos sein; *de Uhren stief hollen,* meistens als Aufforderung: *holl de Uhren stief!* Jmd., der nicht hören will, *de sitt up siene Uhren*; oder: *hei kann up ein Uhr nich hüren*; *tau Uhren kamen* etwas erfahren, hören; *œwer de Uhren haugen* betrügen; *sich wat achter de Uhren schrieben* sich etwas nachdrücklich merken; als Drohung: *schrief di dat achter de Uhren!; weck achter de Uhren kriegen* Prügel beziehen; *de Uhren schüern,* jmd. *bi de Uhren kriegen, eins achter de Uhren gäben* Prügel austeilen. Wer noch unerfahren ist und allzu jung, *de is noch nich drööch achter dei Uhren*; der Gerissene *hett dat dick, fuustdick achter dei Uhren*; der Törichte *hett'n lütten Mann in't Uhr*; *einen mit wat in de Uhren liggen* ihn ständig bitten; *sich 'n bäten up't Uhr leggen* ein bißchen schlafen; wer abstehende Ohren hat, *dei gifft denn Wind 'ne anner Richtung.*

Uhr(en)-: -bummel m. Ohrring, Pl. *-bummels.* – **-klappen** Pl. Ohrenschützer. – **-klingen** n. klingendes Geräusch im Ohr, das nach abergläubischer Vorstellung immer dann auftreten soll, wenn über den Betroffenen von anderen geredet wird. – **-knieper** m. Gemeiner Ohrwurm, Forficula auricularia L. – Syn. Pierdknieper 2. – **-lappen** m. 1., scherzh., Ohr. – 2. weißer Fleischlappen am Kopf des Hahnes. – **-mark** f. ›Ohrenmarke‹, die man dem Vieh ins Ohr macht. – **-rieten** n. Ohrenreißen. – **-stauhl** m. Ohrenstuhl. – **-weihdaach** n. Ohrenschmerzen. – **-zippel** m. Ohrläppchen.

uk s. ok.

Üklei m., Betonung auf der ersten Silbe, Ukelei, karpfenartiger Fisch, Alburnus alburnus L.; Lehnwort aus dem Slawischen. – Zu poln. *uklej.*

Ükleischnarzer m. Bummler, Herumtreiber. – Syn. *Ükleispucker.*

Ul f. 1. Eule, Pl. *Ulen.* In vielen Vergleichen, Ra. und Sprw.: *hei sitt dor as dei Ul mank dei Kreigen* er paßt nicht in diese Gesellschaft; von einem Faulen: *morgens as dei Fulen, abends as dei Ulen.* Wenn etwas mißglückt ist: *dor har 'ne Ul säten.* Antwort auf ungerechten Spott: *spaß nich mit dei Ul, is uk'n Vagel.* Sehr bekanntes und auch im hd. Text auftretendes Sprw.: *Wat denn einen sien Ul, is denn annern sien Nachtigall* was dem einen mißfällt, gefällt dem anderen. *Ulen bräuden Ulen ut* die Kinder werden so wie die Eltern. Übertr.: *Ulen un Apen* unleserliche Buchstaben. – Im Aberglauben gehört die Eule zu den Vögeln, die den Tod ankündigen: *wenn de Ul schriecht* oder *œwer't Hus flücht, denn starft wer.* – 2. Nachtschmetterling, große Motte. – 3. Federwisch, Besen an langer Stange zur Beseitigung von Spinnweben; *Handul* Handfeger. – 4. Raum dicht unter dem Dach, oberhalb des Hahnenbalkens.

Ulen-: -fast m. ›Eulenfirst‹, Loch unter den gekreuzten Windbrettern am alten Bauernhaus und an Scheunen. – **-flucht** f. Eulenflug, kurze Zeitspanne: *inne Ulenflucht kamen* auf einen Sprung kommen. – **-krauch** m. ›Eulenkrug‹, Wirtshausname. – **-lock** n. ›Eulenloch‹, wie *Ulenfast,* s. d., auch Schalloch im Glokkenturm, ausgebaute Dachstube. – **-saat** f. Unglückssaat. – Ra.: *mit Ulensaat beseicht sin* Mißerfolg haben. – **-speigel** m. Till Eulenspiegel; in vielen Ra.: *sik to'n Ulenspeigel maken* sich zum Gespött machen, lächerlich machen; jmd., der eine Glatze hat, *is bi Ulenspeigel tau Hochtiet wäst, dor hemm' s' em up'n Kopp danzt*; wer alles falsch macht, *denn' geiht' as Ulenspeigel, wischt ierst 'n Noors un geiht don tau Pott.*

Ülepüle m. 1. Schmetterling: *dat's 'n hübschn Ülepüle.* – 2. Nachtmotte.

üm um. 1. Präp. um, gegen, wegen: *dat wier üm Wihnachten*; *einen üm'n annern Dach* jeden zweiten Tag; *ik trur nich üm em* ich weine ihm keine Träne nach; *üm mien Süster bün ik tau Hus bläben* wegen meiner Schwester bin ich zu Hause geblieben; *ik bün da nich bös üm*; *hei hett väl üm sich*; *heff di doch nich üm de por Mark*; *dor bruken wi uns nich lang üm strieden.* – 2. Adv. um, vorbei: *dat Johr, dei Tiet is üm.* In der Formel *üm un düm* ringsherum, durcheinander; *hei ritt all's üm un düm* er bringt alles in Unordnung; *sei hemm' all's üm un* *düm kihrt* das Unterste nach oben gekehrt; *sik üm hebben* sich um etwas kümmern; als Ergebnis der Getrenntstellung von *dorüm*: *dor heff ik mi nich üm hatt.*

üm-, Üm-: -bammeln sich etwas unordentlich umhängen. – **-bätern** verbessern durch Umarbeit. – **-bögen** umbiegen. – **-braden** umbraten: *Schmolt ümbraden*, d. h. erhitzen und Zutaten hinzutun. – **-bringer** m. Mörder. – **-bucken** brünstig sein nach erfolglosem Decken, auch *-bullen.* – **-daun** , refl., sich umsehen, kümmern. – **-dreigen** 1. umdrehen, wenden. – 2., refl., schlafen: *hei dreicht sich noch eis üm.* – **-faten** umfassen, umarmen: *lat di eis ümfaten!* – **-fohrt** f. ›Umfahrt‹, Rundfahrt, Ausflug. – **-funkschonieren** umfunktionieren, in anderer Funktion benutzen. – **-gahn** 1. umgehen, herum-, umhergehen. – 2. vergehen, ablaufen: *de Tiet geiht nich üm.* – 3. in Verbindung mit der Präp. mit: umgehen, behandeln: *hei weit mit denn Trecker nich ümtogahn*; *hei geiht mit Geld üm, as wenn man dat up'e Strat find't.* – **-gängnis** f. 1. Umgang. – 2. Umlauf. – **-geiten** umgießen. – **-halen** herumholen, -drehen, vom Wind. – **-hand** Adv. entgegengesetzt der Richtung des Windes. – **-hängels, -hängsel** n. Umhang, was man umhängt. – **-hebben** etwas umhaben, anziehen. – **-hen** Adv. umhin: *dor kümmst du nich ümhen.* – **-her** Adv. ringsum, herum; in vielen verbalen Zss. – **-hümpeln** Heu- oder Torfhaufen umsetzen, auch *ümhöpen.* – **-hüren** 1., refl., sich umhören, umhorchen. – 2. gehorchen: *kannst du nich umhüürn?* – **-kamen** 1. herumkommen. – 2. umhinkommen. – 3. umkommen, verderben, sterben. – **-kappen** 1. umkippen, umstürzen: *de Wagen is ümkappt.* – 2. eine Frühgeburt haben. – **-katern** umräumen, das Unterste zuoberst kehren. – **-kieken,** refl., sich umsehen, herum-, umhergucken, sich wundern: *hei ward sich noch schön ümkieken!* – **-kihren** umkehren, umwenden, sich umdrehen: *jeden Gröschen dreimal ümkihren* sehr sparsam sein. – **-kleeden,** refl., sich umziehen. – **-klööstern,** refl., sich umziehen. – **-knüppelsdauk** n., veralt., Umschlagtuch. – **-knüppen, -knüppern** umbinden. – **-krempeln** umschlagen, umdrehen. – **-küseln,** refl., sich herumdrehen, wirbeln. – **-langs** Adv., veralt., umliegend, in der Gegend. – **-leggen** umlegen: *Böm ümleggen* Bäume fällen; *hei hett sei ümlecht* geschlechtlich mit ihr verkehrt; jmd. *ümleggen* töten. – **-lihren** umlernen, umsatteln. – **-lop** m. Umlauf 1., fischerspr., Reusenkammer. – 2. Vereiterung am Fingernagel. – 3., veralt., Rundgang beim Göpel. – **-meigen** ummähen, jmd. beim Mähen überholen. – **-modeln,** wie umg., umändern. – **-mölen** Unordnung schaffen. – **-neihen, -neigen, -neiden** umnähen, umsäumen. – **-planten** umpflanzen. – **-pläugen** umpflügen. – **-pütten** umgießen, verschütten: *Melk ümpütten.* – **-puusten** umblasen. – **-ringeln** 1. einkreisen. – 2., fachspr., die zum Trocknen aufgestellten Torfhaufen umschichten und umsetzen. – **-rieten** umreißen, umpflügen: *denn Akker ümrieten.* – **-rühren** umrühren; im Kinderspiel in übertr. Gebrauch: *Rühr üm, rühr üm, de Grütt brennt an, de Schierenschlieper schlöppt so lang'* und weitere Varianten. – **-rüm** Adv. drum herum. – **-rümräden** um etwas herumreden. – **-sägeln,** refl., untergehen, ertrinken: *se hemm' sich ümsägelt.* – **-säuken** überall suchen. – **-schellen** flach umpflügen. – **-schlag(el)dauk** n. Umschlagtuch. – **-schlan** umschlagen, umkrempeln: *dei Büxen ümschlan.* – **-schmieten** umschmeißen, umwerfen, eine Fehlgeburt haben: *se hett ümschmäten.* – **-schrieben** umschreiben, neu schreiben: *sich ümschrieben laten* heiraten. – **-seihn** umsehen: *sich 'n bäten ümseihn.* – **-sich sin** tüchtig sein. – **-stahn** 'umstehen': *lihr man ierst ümstahn* lerne erst einmal, dich zu benehmen. – **-störten** umstürzen. – **-stöten** umstoßen. – **-stüern** überreden, Einhalt gebieten: *stür denn Bengel doch eis üm.* – **-stülpen** umstürzen. – **-sünst, -süss, -süst** Adv. umsonst, kostenlos, vergebens: *för ümsüss* vergeblich: *ik stah doch hier nich för ümsüss.* – **-toch** m. Umzug. – **-trecken** umziehen: *dreimal ümtrecken is so gaut as einmal afbrennen.* – **-tüdern, -türern** 1. sich etwas unordentlich umbinden. – 2., landw., Vieh auf der Weide umpflocken. – **-wäuhlen** umwühlen. – **-weiten** Bescheid wissen: *hei weit dor nich mit üm.* – **-weltschutz** m. Umweltschutz. – **-wennen** umwenden, umkehren. – **-wesseln** umwechseln. – **-wöltern** herumwälzen, herumdrehen. – **-wräuschen** 1. unordentlich umbinden. – 2. schlecht umgraben. – **-wricken** das Fußgelenk bei einem Fehltritt verrenken, umknicken. – **-wrümmeln** schlecht umbinden.

ümmer, ümmers Adv. immer; die Formen *jümmer* und *jümmers* sind heute im Sprachgebrauch veraltet.

ümmer-: -fuurt Adv. immerfort. – **-hen** Adv. immerhin. – **-los** Adv. fortwährend. – **-tau** Adv. immerzu.

un Konj. und: *af un an*; *up un dup*; *dat un dat*; *so un so väl*; *Schiet un Dreck*; *dick un dünn*; *heit un kolt*; *vör Dach un Dau.*

un- überwiegend negierende Vorsilbe in Verbindung mit Adjektiven, Partizipien und Substantiven.

un-, Un-: -äben Adj. 1. ungerade, ungleichmäßig, von einer Fläche, auch von Zahlen. – 2. mit Verneinung: *nich unäben* ordentlich, brauchbar, nicht übel: *hei is so unäben nich.* – **-akkurat** Adj. unordentlich. – **-bäden** Adj. ungebeten. – **-band** m. ausgelassenes, wildes Kind. – **-bännig** Adj. unbändig, sehr: *hei argert sich unbännig.* – **-bedächtlichkeit** f. Unbedachtsamkeit. – **-bedarfsam** Adj., veralt., unbedeutend: *sien Krankheit is man unbedarfsam.* – **-begäben,** veralt., unverheiratet. – **-bedüdent** Adj. unbedeutend. – **-benäumt** Adj., hist., unbenannt. – **-beseihn** Adv. unbesehen, o. Bedenken: *unbeseihn köpen.* – **-bruukt** Adj. ungebraucht, ungetragen. – **-dat** f. Untat. – **-diert** n. Untier, allg. Schimpfwort für unangenehmen Menschen, ungezogenes Kind. – **-dœch, -däch** m., f. ›Ungedeihen‹, Unfug, dumme Streiche: *du mökst wierer nicks as Undœch*; wenn jmd. Pickel hat: *dor kamen dei Undœch rut.* – **-dœgsch** Adj. ungezogen. – **-ducht** f. Untugend, Dummheit. – **-düütsch** Adj. ›nichtdeutsch‹, hist., nicht plattdeutsch. – **-fläämsch** Adj. 1. grob, flegelhaft. – 2. unmäßig: *unfläämsch äten.* – **-flœtsch** Adj. 1. unförmig. – 2. unhöflich, frech, unverschämt. – **-ganz** Adj. unfertig, halb: *unganz Arbeit is för de Katt, för'n Noors.* – **-gaut** Adj. böse: *nich för ungaut nähmen* nicht übelnehmen. – **-gedüm**

n. Ungetüm, Großes, Ungefüges. – **-gedür** f. Ungeduld. – **-gefihr** Adj. ungefähr: *so von ungefihr* zufällig; *dei is nich von ungefihr* nicht ungefährlich. – **-geschickt** Adj. 1. unförmig, plump. – 2. ungewandt: *Ungeschickt lett grüßen*, wie Hd. – **-getacht** Adj. 1. unerzogen. – 2. ungestalt, dick. – **-getagen** Adj. ungezogen: *'n ungetagen Gör.* – **-gewennt** Adj. ungewohnt. – **-glööfsch** Adj. ungläubig. – **-glück** n. wie hd. Im Sprw.: *Wenn't Unglück sin sall, bräkt'n sich 'n Finger inne Näs (in'n Noors, in't Appelmaus) af.* – **-grad** Adj. 1. ungerade. – 2. unpassend, ungelegen: *ungrad liggen, ungrad Wochen hemm'* eine Fehlgeburt haben. – **-günnt** Adj. ungegönnt. – Ra.: *ungünnt Brot ward uk äten, schmeckt säut* u. ä. – **-hannig** Adj. 1. unhandlich, sperrig. – 2. unfreundlich, rauh, vom Wetter: *unhannig Wärer.* – **-ihrlich** Adj. unehrlich, ehrlos. – **-klauk** Adj. unklug, unsinnig, verrückt: *dei deit as unklauk* er führt sich wie ein Verrückter auf; *hei hett sien' unklaukn Dach* er hat seinen launischen Tag. – **-krut** n. Unkraut. – Sprw.: *Unkrut vergeiht nich, so kolt is kein Winter.* – **-künnig** Adj. unkundig, unwissend. – **-land** n. unfruchtbares Land, Ödland. – **-lannig** Adj. 1. schwer zu bearbeiten (Acker, Boden). – 2., übertr. auf Tiere und Menschen: unbändig, wild: *de Kauh, dat Pierd is unlannig*; *de Jung' is so unlannig.* – **-mier** Adj. 1. unlieb, nicht recht, zuwider: *dat is sei woll unmier.* – 2. verdächtig, unverständlich: *de Sak keem mi ganz unmier vör.* – **-minsch** m. Unmensch. – **-mœglich** Adj. unmöglich. – **-moodsch** Adj. altmodisch, unmodern. – **-naasch, -naaschig** Adj., veralt., ungepflegt, unsauber. – **-nod, -no'** Adj. 1. ungern: *dat dau ik unnod.* – 2. unpassend: *tau unnod Tiet.* – **-nödig** Adj. unnötig. – **-nosel, -nœsel, -nausel, -nussel** m. Schimpfwort für ungeschickten Menschen, ungezogenes Kind. – **-nütt, -nütz** Adj. unnütz, nichtsnutzig, ungezogen: *de unnützen Gören.* – **-orrig** Adj. unartig. – **-propper** Adj. unsauber. – **-rack** n. Unkraut, Unrat: *mank uns Tüften steiht so väl Unrack.* – **-rauh** f. Unruhe: *Unrauh bedriewen* nicht stillsitzen. – **-rendlich** Adj. unsauber. – **-rendlichkeit** f. Unsauberkeit. – **-riemsch** Adj. 1. gierig, unmäßig, unersättlich: *ät doch nich so unriemsch.* – 2. unverschämt, frech. – **-riep** Adj. unreif. – **-rüstig** Adj. 1. unordentlich: *dat is hier noch so unrüstig.* – 2. stürmisch, unfreundlich, vom Wetter. – **-sacht** Adj. 1. unsanft. – 2. unwohl, ängstlich: *mi is so unsacht to Mod.* – **-säker** Adj., veralt., unsicher, ungewiß. – **-schienlich** Adj. unscheinbar. – **-schier** Adj. uneben, nicht glatt, unordentlich: *dat Tüüch licht dor so unschier.* – **-stäädsch** Adj. unstetig, unbeständig: *unstäädsch Wäder.* – **-stand, -stann** m. schlechter Zustand: *dat Hus is in'n Unstann*; *de Klock is in'n Unstann* die Uhr geht nicht. – **-stür** Adj. auffahrend, ungestüm, wild: *hei deit ümmer glieks so unstür.* – **-taufräden** Adj. unzufrieden. – Sprw.: *Ein untaufräden Minsch ward nie nich satt.* – **-tiedig** Adj. ›unzeitig‹ 1. zu unrechter Zeit: *ik war di seggen, wenn ik to Hus bün, süss kümmst du untiedig.* – 2. aufdringlich, unverschämt: *schmiet dissen untierigen Kierl doch rut!* – 3. unmäßig: *hei is so untierig bi't Äten.* – **-tüüch(s)** n. 1. Unkraut. – 2. Ungeziefer.

– **-verdraten** Adj., veralt., unverdrossen. – **-verfallen** Adj. wohlgenährt: *hei süht würklich unverfollen ut* gesund und wohl. – **-verfriecht** Adj. unverheiratet. – **-vermauden(s)** Adv. unvermutet, plötzlich: *dit keem mi ganz unvermaudens*; *unvermaudens stünn hei vör mi.* – **-vermœgen** n. Unvermögen, Ohnmacht. – **-verraupen** Adv. unverrufen: ›*unverropen*‹, *secht man un kloppt dreimal unnern Disch.* – **-verschamtigkeit** f. Unverschämtheit. – **-verseihns** Adv. unversehens. – **-verträd** m. Vogelknöterich, Polygonum aviculare L. – **-verwann(s)** Adv. unverhofft, unvorhergesehen: *unverwann(s) schlööch hei tau.* – **-verwohr(en)s** Adv. unverhofft, unerwartet, plötzlich, unversehens: *unverwohrens haucht dor 'ne See œwer Deck un reet em œwer Buurd*; ebenso *unverwohrlings.* – **-wäder** n. Unwetter, schlechtes Wetter: *wenn dei Gäus väl schriegen, ward Unwäder.* – **-wennt** Adj. ungewohnt: *unwennt Arbeit maakt Queesen* Arbeit, die man nicht gewöhnt ist, verursacht Blasen. – **-wies** Adj. unklug, dumm. – **-will** m., veralt., Nichtwollen, Feindschaft, Streit, Haß. – **-wiss** Adv. 1. ungewiß, unsicher: *ob Tanten kümmt, is noch unwiss.* – 2. unglücklich, schlecht: *unwiss sitten* unbequem sitzen: *unwiss pedden* unglücklich treten, fehltreten. – **-wohrheit** f. Unwahrheit. – **-woll** Adj. unwohl: *sei is unwoll* hat die Periode.

Unkel m. 1. Onkel, Pl. *Unkels.* – 2., übertr., große Zehe, meist in festen sprachlichen Verbindungen: *dei grote Unkel kiekt ut't Finster*; *hei peert œwern groten Unkel* er geht mit nach innen gerichteten Fußspitzen. Auch: *de gäle Unkel*, veralt., der Rohrstock.

ünnelst, ünnerst Adj. unterst: *dat ünnelste Bär* das unterste Bett; *dat Ünnelste na baben kihren* das Unterste nach oben kehren.

ünnen, unnen Adv. unten: *dei Jungs spälen unnen up'e Strat*; *de Pott hett unnen 'n Loch.*

unner, ünner unter, unterhalb, zwischen, während. **1.** Präpos.: *wat unner de Schört hemm'* schwanger sein; *unner dei Hand köpen*; *unner sich maken* einnässen; *unner dei Kirch* während des Gottesdienstes; *unner Merrach* kurz vor Mittag. – **2.** Adv.: *dat Hauhn hett twölf Eier unner* sitzt auf zwölf Eiern. – Ra.: *dei unner licht, ward bäten* dem Schwachen geschieht Unrecht.

unner-, Unner-: **-ärmel** m. unterer Teil des Ärmels. – **-bäuten** unterheizen, Brennholz unterlegen. – **-bein** n. Unterschenkel. – **-blatt** n., fischerspr., Teil des Fischernetzes. – **-blieben** darunterbleiben. – **-büx** f. Unterhose. – **-dänig** Adj., veralt., untertänig, ehrerbietig. – **-des** Konj. unterdessen, inzwischen: *ik sett unnerdes dat Merrach up.* – **-dör** f., veralt., unterer Teil einer waagerecht geteilten Tür; dass. wie *-heck.* – **-dörch** Präp. untendurch: *unnerdörch sin* verachtet werden. – **-dörp** n. tiefer gelegener Teil des Dorfes. – **-duken, dükern** 1. untertauchen. – 2., übertr., verschwinden. – **-dümpeln** untertauchen: *denn' hemm's' orrig unnerdümpelt.* – **-fauder** n. 1. Gras oder Klee im Getreide. – 2. Futter in Kleidungsstücken. – **-gahn** 1. untergehen: *de Sünn, dat Schipp geiht unner.* – 2. hintergehen. – **-hacken** unterhacken. – **-haken** unterhaken, einärmeln. – **-hebben** in der Gewalt haben: *mi hemm's' unner.* – **-heck** n. untere Hälfte einer waagerecht geteilten Tür; wie *Unner-*

dör. – **-helpen,** refl., sich betrinken: *hei hett sich orndlich ein' unnerhulpen.* – **-hollen,** refl., sich unterhalten. – **-hollung** f. Unterhaltung. – **-holt** n. 1. Unterholz. – 2. Unterhalt. – **-ierdsch** Adj. unterirdisch: *de Unnerierdschen* Pl. Zwerge, Kröten; *'n Unnerierdschen* ein kleiner Mensch. – **-kamen** eine Bleibe finden. – **-kieken** daruntersehen. – **-knöpen** 1. unterknöpfen. – 2., übertr., sich betrinken: *sich einen unnerknöpen.* – **-köst** f. untere gebackene Brotseite. – **-kriegen** überwältigen, bezwingen: *ik lat mi nich unnerkriegen.* – **-krücken** unterhaken, einhaken. – **-krupen** unterkriechen, ins Bett gehen. – **-kulen** hineinwühlen. – **-küssen** n. Unterbett. – **-kütig** Adj. 1. eitrig. – 2. sumpfig, morastig, unergründlich. – **-kuppen** m., veralt., große Untertasse mit hohem Rand, aus der auch getrunken wurde. – **-lang** Adv. untereinander: *unnerlang vertellen*; auch bisweilen. – **-laten** unterlassen. – **-leggen** unterlegen: *lech di man leiwer wat unner* leg dir lieber etwas unter, warnend zu einem Kind, das Schläge zu erwarten hat. – **-lick** n., seem., unterer Segelsaum. – **-maatsch** Adj. ›untermaßig‹, zu klein, von Fischen, auch von Menschen: *'n Unnermaatschen* ein kleiner Mensch. – **-meider** m. Untermieter. – **-mölen** unordentlich weglegen. – **-mullen** einwühlen, zudecken. – **-muscheln** heimlich daruntermischen. – **-nähmen** n. Unternehmen. – **-näsig** Adj. 1. betrübt. – 2. verächtlich, von oben herab: *du behannelst mi so unnernäsig.* – **-ösen,** refl., sich unterhaken, sich einärmeln. – **-pahlen,** veralt., Lederstücke unter den Holzpantoffeln befestigen: *'n bäten Lerrer unnerpahlen.* – **-pläugen** unterpflügen. – **-saat** f. Untersaat. – **-säuken** untersuchen. – **-schal** f. Untertasse. – **-scheid** m. Unterschied: *'n hartlichen Unnerscheid* ein großer Unterschied. – **-scheiten** ›unterschießen‹, im Wasser untertauchen, von Gänsen, zu Bett gehen, von Menschen. – **-schœlken** n. Untertasse; Dim. zu *Unnerschal.* – **-schrieben** unterschreiben, sich verpflichten: *hei hett unnerschräben.* – **-settig** Adj. untersetzt. – **-spänning** n., landw. veralt., Wechsel zwischen Stall- und Feldarbeit ohne Pause: *in een Unnerspänning arbeiden.* – **-stahn** sich unterstehen, wagen: *unnerstah di nich!* – **-stümen** kräftig heizen. – **-stütten** unterstützen. – **-tähn** m. Unterzahn. – **-teihn** unterziehen. – **-tieden** Adv., hist., zuweilen. – **-tüüch** n. Unterzeug. – **-wägens** Adv., auch schon *unnerwägs,* unterwegs: *ik bün all unnerwägens to juuch*; *dat Kind wier unnerwägens* die Frau war schwanger. – **-warts** Adv. unten, unter. – **-wäuhlen** unterwühlen. – **-wielen** Konj., veralt., bisweilen. – **-wiesen** unterweisen.

ünnerst s. ünnelst.

unnütt, unnütz Adj. 1. unnütz, unnötig. – 2. ungezogen, unartig.

up auf. **1.** Präp., wobei es zu Verschmelzungen mit den Artikeln aus Akk. u. Dativ (Einheitskasus) kommt: *up'm, up'n Lann'* auf dem Lande; *up't Dörp*; *up'n Mal, up'n Pluz* plötzlich; *up't Letzt* zuletzt; *up'n Felln* auf dem Felde; *hei hett dat up'e Bost* er ist erkältet, hat eine Lungenentzündung; *du krist weck up'e Näs*; *hei geiht noch up't Schaul*; *ik gah up Hochtiet*; *de hett up sien Öller spoort*; *hei räd' up mi* er redet von mir; *up'n Abend* am Abend; *dat is all* *hoch up'n Dach* der Tag ist schon weit vorgeschritten; *up Pingsten will'n wi heuraden*; *dat hett wat up sich* es hat etwas zu bedeuten; *dat sünd up'e Kraft noch hunnert Mark* es sind gerade noch hundert Mark; *hei wahnt up'm Zingst, up'm Born*; *up'e Wisch*; *dicht up'e Dör* nebenan; *up'e Köst gäben* in Kost geben; *hei studiert up'n Dokter* will Arzt werden; *nu man up em* Aufforderung zur Arbeit. – **2.** Adv.: in Wortpaaren: *up un an* dann und wann; *up un af* auf und ab; *dat Wäder is up un af* unbeständig; *up un dal* auf und ab, hinauf und hinunter: *hei hett kein Angst, hei geiht up un dal*; *up un dup* oben und unten: *dei Pott is up un dup gliek dick*. *up af* darauf aus; *up af kœnen* sich auf etwas verlassen können: *dor kannst du up af*; *von lütt up an* von Jugend auf; *up eis* 1. plötzlich, auf einmal. – 2. dasselbe: *dat kümmt all up ei(n)s rut*; *hei is all up* schon aufgestanden; *hei hett sien Stull all up* schon aufgegessen; *hei is mächtig up sich* ist habgierig, geizig. Häufig gebrauchte iron. Ra., wenn etwas nicht eintrifft: *dor lur man up*! – 3. Adj. offen: *de uppe Dör*.

up, Up-: **-ampeln** sich emporarbeiten. – **-asten** sich schwer beladen. – **-äten** aufessen. – **-backen** 1. aufbacken, alt gewordenes Gebäck, vor allem Brötchen. – 2., seem., auftischen: *back up, wi will'n äten*! – **-bädern** aufbessern. – **-ballern** 1. aufdrehen, vom Wind. – 2. schimpfen. – 3. hart und laut auftreten. – **-bammeln** 1. aufhängen. – 2., refl., sich erhängen. – **-basten** aufplatzen. – **-bausen** hart auftreten. – **-behollen** aufbehalten. – **-beiden** 1. aufbieten, aufwenden: *hei müßt all sien Kräft upbeiden*. – 2., veralt., bekannt, öffentlich machen, z. B. eine beabsichtigte Eheschließung von der Kirchenkanzel verlesen: *sei sünd all letzten Sünndach upbaden*. – **-bewohren** aufbewahren, aufheben. – **-bichten** ›ausbeichten‹, erzählen. – **-bikken** aufhacken, aufschlagen mit der *Bick*, s. d. – **-binnen** aufbinden. – **-blänken** klar, hell werden, vom Wetter: *dat blänkt up*. – **-bläugen** 1. aufblühen. – 2. aufziehen, von Gewitterwolken: *dor kümmt 'n Wäder, dat bläucht so up*. – **-bläuschen** aufflackern, aufflammen: *dat Für bläuscht ümmer noch werrer up*. – **-blucken** 1. wieder aufflammen, aufleuchten: *kiek, wur dat achtern Busch upbluckt*. – 2. jähzornig auffahren. – **-bölken** 1. aufstoßen, rülpsen: *upbölken na't Äten is gaut*. – 2., übertr., sich nachhaltig ärgern: *dat bölkt em ümmer werrer up*. – 3. aufschreien: *as hei Schacht kreech, hett hei tauletzt luthals upbölkt*. – **-böhmen** 1., refl., sich widersetzen. – 2. Wäschestücke mit Hilfe einer Rolle glätten: *bi't Rullen ward de Wäsch upböömt*. – 3. auffliegen, von Hühnern auf die Sitzstange im Stall. – 4., veralt., Heu- und Getreidefuder mit *Wäsbom* zum Abfahren fertigmachen. – **-bören** 1. hochheben: *'n Deckel, 'n Stein upbören*; *de Bö' upbören* Boote hochheben, um sie an Land zu ziehen. – 2. aufbürden. – 3. ausschimpfen: *se böört em düchtig up*. – **-börnen** Jungvieh aufziehen, tränken: *dat Kalf upbörnen*. – **-bosten** aufgesprungen, aufgeplatzt: *de Hänn, de Pott sünd upbosten*. Part. Prät. zu *upbasten*. – **-braden** aufbraten. – **-bräuhen, -bräugen, -bräuden** aufbrühen. – **-bringen** ›aufbringen‹, 1. etwas auf den Tisch bringen, auftischen. – 2. auftragen, aufschütten (Sand, Erde u. ä.). – 3. etwas erfinden und weitererzählen. – **-brisen** Zunehmen des Windes: *dat brist up.* – **-brusen** sich erregen, aufbrausen. – **-bugen** aufbauen. – **-bülgen** sich aufwölken: *Wulken un Wellen bülgen up.* – **-bulstern** locker liegen, von Heu oder Bettfedern. – **-bumsen** laut auftreten. – **-bünzeln** 1. aufknoten, aufbinden. – 2. umziehen. – **-burren** auffliegen. – **-butten,** veralt., Milch in Satten aufstellen. – **-dal** Adv. drauflos: *updal gahn* drauflos gehen. – **-däugen, -dögen** auftauen. – **-daun, -don** aufmachen. 1. auffüllen: *de Supp updaun.* – 2. öffnen: *denn Mund, de Ogen, de Hand updaun.* – 3., refl., sich entwickeln, entfalten: *dor deit sich wat up*; *de Wind deit sich up.* – 4. etwas drauftun, -legen. – **-deilen** aufteilen. – **-dischen** auftischen. – **-drach** m. Auftrag. – **-drägen** auftragen. 1. Speisen auftragen, anrichten. – 2. dick machen: *dat Tüüch drächt up.* – 3. zu Ende tragen, völlig abnutzen: *hei dröcht denn Ollen sien Saken up.* – 4., veralt., Garben zu Hokken zusammentragen. – **-dreicht** Adj. aufgedreht, überdreht, ausgelassen; Part. Prät. zu *updreigen.* – **-dreigen** aufdrehen, aufziehen: *de Klock updreigen*; *de Wind dreicht up* nimmt zu. – **-drieben** auftreiben. 1. hochtreiben, nach oben treiben. – 2. etwas beschaffen: *dat möt sich doch updrieben laten.* – **-drögen** auftrocknen: *de Wääch sünd updröögcht* die Wege sind aufgetrocknet. – **-dükern, -duken** auftauchen. – **-dünen, -dunen** locker liegen, Raum einnehmen, aufbauschen. – **-dunnern** sich auffällig kleiden. – **-dunsen** aufblähen, aufquellen: *mi is de Buk, dat Gesicht updunst.* – **-düpen** flach werden. – **-faten** 1. an-, drauffassen. – 2. auffassen, verstehen: *dat heff ik ganz anners upfat'*; *wurans föttst du dat up*? – **-fäuden, föden** aufziehen, großfuttern: – **-feudeln** aufwischen. – **-fidummen,** refl., sich auffällig anziehen, sich herausputzen: *dei hett sich orrig upfidummt.* – **-fijolen,** veralt., sich auffällig herausputzen. – **-fischen** aus dem Wasser holen. – **-fleigen** 1. hoch auffliegen. – 2., übertr., entdeckt werden. – **-föddern** auffordern. – **-fohren** ›auffahren‹, hochfahren, zornig werden. – **-fräten** auffressen: *hei maakt 'n Gesicht, as wenn hei ein'n upfräten will.* – Sagw.: *Straf möt sin, sä' de Schaulmeister un frät de Jungs dei Bodderbrö' up.* – **-frieren** ›auffrieren‹: *de Finstern sünd hoch upfroren.* – **-füllen** auffüllen. – **-füller** m. Schöpflöffel, Suppenlöffel. – **-führung** f. Aufführung. – **-gäben** 1. aufgeben, zur Weiterbeförderung. – 2. von etwas Abstand nehmen. – 3. eine Aufgabe stellen. – **-gahn** aufgehen. 1. emporsteigen: *de Sünn geiht up.* – 2. sich öffnen: *de Dör geiht up.* – 3. keimen: *de Saat geiht up.* – 4., übertr., in Verbindung mit Subst., begreifen, verstehen: *'n Licht geiht up.* – **-gang** m. Aufgang. – **-garen** rülpsen, aufstoßen: *dat gaart mi up*; *dat ward di noch upgaren* es wird dich noch ärgern. – **-geiten** aufgießen. – **-geld** n. Aufgeld, Zulage: *Upgeld gäben* zusätzlich zahlen. – **-gerüümt** Adj. ›aufgeräumt‹, lustig, vergnügt. – **-gläugen** aufglühen. – **-gragen** Aufstrich so dünn auf eine Schnitte schmieren, daß das Brot grau hindurchscheint: *dei graacht dei Bodder man so up't Brot.* – Syn. *upgriesen.* – **-häben** 1. auf-, anheben. – 2. erheben. – 3. abschaffen. – 4. aufbewahren: *wist du di noch wat uphäben*? – **-häben** n. Aufheben, Aufsehen: *väl Uphäbens maken.* – **-hacken** 1. aufsitzen, aufhokken: *hack up*! steig auf; *lat di nicks uphacken* laß dir nichts anhängen, auch in übertr. Bedeutung. – 2. Erde auflockern: *Tüften uphacken* Kartoffeln ausgraben. – **-hägen** aufbewahren, aufsparen. – Ra.: *Häächup hett wat, Frät-up kricht wedder wat.* – **-halen** aufheben, hochziehen. – **-halsen** aufbürden: *dat hest du di allein uphalst.* – **-hänger** m. Bändchen oder Öse zum Aufhängen eines Kleidungsstückes. – **-hängsel** n. wie *Uphänger.* – **-hebben** ›aufhaben‹, 1. etwas auf dem Kopf haben: *se hett nicks up.* – 2. alles aufgegessen haben: *wie hemm' all's up.* – 3. Schularbeiten erledigen müssen: *wi hemm' hüt nicks up.* – **-helpen** 1. jmd. beim Aufstehen helfen. – 2. jmd. etwas vormachen, jmd. verulken: *hei hett uns schön ein' upholpen.* – **-hiewen,** seem., aufheben, hochziehen. – **-hocken**, landw., Garben zu Hokken zusammenstellen. – **-hollen** ›aufhalten‹ 1. offenhalten: *holl dei Dör eis apen*; übertr.: *dei höllt ümmer gliek dei Hand up* er ist habgierig. – 2. zurückhalten: *du mööst em uphollen.* – 3., refl., sich befinden: *hei höllt sich mihrstendeils in'n Goorn up.* – 4. aufhören: *holl'n ji up tau arbeiden*? – **-holler, -höller** m., fachspr., Halteriemen, Bügel oder Stift an der Wagendeichsel. – **-hucken, -huken** 1. Last auf die Schulter nehmen, aufladen: *huk di denn Sack up*! – 2. aufhocken, aufsitzen. – **-hüren** aufhören, beendigen. – Ra.: *Nu hüürt ja allens up*! – **-josen,** nur auf Rügen, aufschreien. – **-juuchen** aufschreien, aufjuchzen. – **-kakels** n. Aufgekochtes. – **-kamen** 1. hochkommen, aufgehen: *de Saat is upkamen*; *de Wind kümmt up.* – 2. bekanntwerden, von Gerüchten: *dat will s' nich upkamen laten* ; *dat kümmt all Daach wat Niechs up.* – 3. aufstehen, genesen: *hei kümmt nich wedder up* er wird nicht wieder gesund. – 4. sich öffnen: *de Pickel is noch nich upkamen.* – **-kellen** auffüllen. – **-kieken** aufsehen, aufblicken. – **-klaren** 1. sich aufklären. – 2. aufschmieren. – 3. oberflächlich aufwischen: *de Kœk upklaren.* – **-klawieren** sich auffällig anziehen, herausputzen. – **-kleigen** dick aufschmieren: *kleich nich so dick up.* – Syn. *upkleimen.* – **-kliestern** aufkleben. – **-knöpen** 1. aufknöpfen, aufmachen. – 2., refl., erhängen: *hei hett sich upknööpt.* – **-knüppen, -knüppern** 1. aufknüpfen, Bindfaden entknoten. – 2. erhängen. – **-köpen** aufkaufen. – **-kramen** aufräumen. – **-kratzt** Adj. vergnügt, lustig. – **-kriegen** 1. mit Mühe öffnen. – 2. aufessen. – 3. Aufgaben bekommen, z. B. Schularbeiten. – **-krüllen** 1. saure Milch erwärmen, damit sie krümelig wird. – 2. kräuseln. – **-krüzen** erscheinen, auftauchen. – **-künnigen** aufkündigen, beenden. – **-laach** f. Auflage, Verpflichtung. – **-lannig** Adj. auflandig, aufs Land zu wehend, vom Wind: *wi hemm' hüt uplannigen Wind.* – **-laten** 1. auflassen: *de Dör uplaten.* – 2., hist., überlassen. – **-läume(r)n, -löme(r)n** aufrühren, trübe machen. – **-leggen** 1. etwas drauflegen: *Holt upleggen.* – 2. auferlegen. – 3., refl., sich widersetzen, auflehnen. – 4. als Partizip: *gaut uplecht sin* in guter Stimmung sein; *se wiern gaut uplecht.* – **-löper** m., veralt., Gebäck aus Eierkuchenteig auf Jahrmärkten und Schützenfesten, Pl. *Uplöpers.* – **-lüchten**[1] aufheben, hochheben. – **-lüchten**[2] aufleuchten. – **-luern** jmd. auflauern, jmd. erwarten: *hei lurt em abends up.* – **-lüften** wie *uplüchten*[1]. – **-maken** 1. öffnen: *mak de Dör up*! – 2., refl., sich auf den Weg machen, sich verstärken, vom Wind: *hei maakt sich up.* – 3. zurechtmachen, bereitstellen. – **-mäten** aufmessen. – **-mengels, -mengsel** n. Gemenge, Kraftfutter fürs Vieh. – **-mucken** 1. aufbegehren, widersprechen. – 2. schimpfen, schelten. – **-mummeln** langsam aufessen. – **-mutern** aufputzen, auffrischen. – **-mutzen** 1. aufbauschen, herausstreichen: *du mööst dat nich ümmer so upmutzen.* – 2. auftrumpfen, tadeln, aufbegehren. – **-nacken,** refl., sich aufladen. – **-nähmen** 1. hochnehmen, hochheben, aufnehmen u. allg. wie hd.; *Tüften upnähmen* Kartoffeln ernten; *unner dat Schapp noch 'n bäten upnähmen* Staub wischen. – 2. auffassen, ansehen: *wi hemm' dat anners upnahmen.* – 3. anfangen: *niege Arbeit upnähmen.* – 4. sich messen können: *mit di kann ik dat ümmer upnähmen.* – 5., refl., sich erheben: *de Wind nähm sich up*; *de Häuhner nähmen sich up.* – 6., refl., zunehmen an Körpergewicht: *dei Farken hemm' sich gaut upnahmen.* – **-nödigen** aufnötigen. – **-päppeln** auffüttern, aufziehen. – **-pedden** 1. fest auftreten. – 2., übertr., angeben, prahlen: *hei peert orrig breit up.* – **-pläugen, -plögen** ›aufpflügen‹, auseinanderpflügen, Kartoffeln mit dem Pflug behäufeln. – **-plusen** 1. Haare auflokkern, Federn sträuben. – 2., refl., sich herausputzen. – 3., refl., übertr., sich aufblasen. – **-pluustern** wie upplusen, s. d. – **-pükern** mühevoll aufknoten. – **-putschen** aufhetzen, aufwiegeln. – **-puusten** 1. etwas aufblasen. – 2., refl., übertr., sich aufregen: *hei puust sich ümmer gliek up.* – **-racken** aufkratzen. 1. Kartoffeln mit der Hacke ernten. – 2. sich viel auf den Teller füllen: *hei hett sich 'n Barch Tüften upracki.* – 3. zum Tanz aufspielen: *einen upracken.* – 4., refl., sich aufputzen. – **-rappeln** 1., refl., sich erheben, mit Mühe wieder auf die Beine kommen. – 2. aufräufeln, ebenso *uprewweln.* – **-raup** m. Aufruf. – **-reigen** aufreihen, Reihen ziehen, Reihen harken. – **-riesen,** refl., 1., veralt., sich in die Höhe recken. – 2. Reiser aufpfropfen. – **-rieten** aufreißen, hochreißen, gewaltsam öffnen: *de Dör, de Ogen, dat Mul, denn Hals uprieten.* Scherzh.: *wenn dei dat Mul upritt, hebben de Uhren Besäuk* von jmd., der einen sehr großen Mund hat. – **-rugen** aufrauhen. – **-rümen** aufräumen. – **-satten** Milch in Satten aufstellen. – **-säuken** aufsuchen. 1. aufsammeln. – 2. besuchen. – **-scheiten** 1. aufschießen, groß werden. – 2., fachspr., Tauwerk ordnen, in Ringen übereinanderlegen. – **-schlan, -slan** 1. aufschlagen, öffnen: *de Ogen upschlan.* – 2. nacharten: *hei schleit up sienen Varrer.* – 3. aufnehmen, aufladen: *Mess upschlan*; *Maschen upschlan* Maschen aufnehmen. – **-schlaren** aufreißen: *dien Büx is upschlaart.* – **-schlippen, -slippen** 1., fachspr., hoch-, aufziehen: *Bö' upschlippen* Fischerboote auf den Strand ziehen. – 2. aufschneiden. – **-schluten, -sluten** aufschließen, öffnen. – **-schmeer** f. Aufstrich. – **-schmieten** 1. ›drauf schmeißen‹, aufwerfen. – 2., als Part. Prät. ratlos sein, im Stich gelassen werden: *ik wier upschmäten.* – **-schnacken, -snacken** aufreden: *dat kann mi kein' upschnacken* dazu kann mich keiner überreden. – **-schnappen** 1. auffangen. – 2., übertr., zufällig hören. – **-schnieden, -snieden** 1. aufschneiden, einschneiden. – 2., übertr., prahlen. – **-schörteln, -schörten,** veralt., den Rock, die Schürze hochbinden. – **-schörtels** n. Band zum Hochbinden der Röcke. – **-schötteln** auftragen, auftischen. – Sprw.: *Nicks ward so heit äten as dat upschöttelt ward.* – **-schrapen** dünn aufkratzen. – **-schrieben** aufschreiben. – **-schriegen** aufschreien. – **-schuben** aufschieben, hinauszögern. – Ra.: *upschaben is nich uphaben* aufgeschoben ist nicht aufgehoben. – **-schugen** aufscheuchen: *ik heff 'ne Hau' Sparlings upschuucht.* – **-schüllen,** seem., flacher werden: *dat schüllt up.* – **-schwänzen** den Schwanzriemen (bei Pferden) anlegen, den Rock hochschürzen. – **-schwarken, -swarken** aufziehen, von dunklen Gewitterwolken: *dat schwaarkt so up*; vgl. upschwulken. – **-schweiten, -sweiten** ›aufschwitzen‹: *de Finstern schweiten up* es bildet sich an den Fenstern Kondenswasser. – **-schwulken, -schwülken, -swulken** sich mit dunklen Wolken bedecken: *dat schwulkt so up*; vgl. upschwarken. – **-seggen** ›aufsagen‹, 1. auf-, hersagen. – 2. kündigen: *denn Deinst, de Fründschaft, sien Mäten upseggen.* – **-seihn** n. Aufsehen: *mak doch nich so'n Upseihn dorvon*! – **-setten** aufsetzen, aufrichten, aufstellen: *Melk upsetten* Milch zum Dickwerden aufsetzen; *Gäus upsetten* Gänse zum Nudeln in kleine Buchten sperren; *Heu upsetten* Heu auf Reuter aufsetzen; *Garben upsetten* Getreide zu Hocken aufstellen, ebenso *Flass upsetten*; *Äten upsetten* Essen auf den Herd setzen. – **-siehen, -siegen, -sieden** ›aufseihen‹, Milch durch ein Haarsieb oder durch ein Tuch gießen. – **-singen** bei der Arbeit singen. – **-sitten** 1. obenauf sitzen. – 2. aufbleiben: *wi möten dei ganze Nacht upsitten.* – 3. in Verbindung mit *laten* im Stich lassen: *ik heff em upsitten laten.* – **-späden,** fischerspr., Maschen eines Fischernetzes auf einen Faden ziehen (mit einer *Spätnadel*). – **-spälen** 1. aufspielen, Musik machen. – 2., refl., sich aufspielen, prahlen: *späl di man nich so up*! – **-spälig** Adj. angeberisch. – **-spräken** ›aufsprechen‹, durch Versprechen sichern, vorbestellen: *ik heff mi tau Wihnachten 'ne Gaus upspraken.* – **-städts, -städens** Adv. im Augenblick, jetzt, zur Zeit. – **-stahn** aufstehen, sich erheben. – **-staken** 1. mit einer Forke aufladen, meist Heu oder Stroh. – 2. auftreiben, aufgabeln. – **-stall** m. Viehlagerplatz, nur als Flurname. – **-stand** m. Aufstand, Aufsehen, Umstand. – **-stippen** mit Brot Saucenreste aufnehmen, mit feuchtem Finger Brotkrümel aufnehmen. – **-stöten** aufstoßen. 1. mit einem Stoß öffnen. – 2., übertr., *em stött dat ümmer wedder up* er ärgert sich immer wieder darüber. – 3., übertr., auffallen. – **-strippen** 1. weniger Milch geben. – 2. hochbinden. – **-ströpen** aufstreifen, aufkrempeln. – **-stülpen** nachlässig etwas auf den Kopf setzen. – **-stümen** auffrischen, vom Wind. – **-stunds, -stunns** Adv. jetzt, zur Zeit: *ik bün upstunns so kort von Gedanken.* – **-stütten** 1. auf-, hochstützen. – 2. aufschieben.

– **-takeln** 1. aufmontieren. – 2., refl., sich auffällig kleiden. – **-tau** Adv. darauf zu, drauflos: *hei keem grad' uptau.* – **-teihn** herausziehen, emporziehen, öffnen. – **-tellen** aufzählen. – **-toch** m. Aufzug, Aufmarsch. – **-tömen** 1. aufzäumen, Geschirr anlegen. – 2., refl., übertr., sich auffällig aufputzen. – **-trampen, -trampsen** hart, fest, wiederholt auftreten. – **-trecken** 1. aufziehen, aufreihen. – 2. hochziehen. – 3. herausziehen. – 4., übertr., etwas veranstalten: *dat wier nich gaut uptreckt.* – **-trecker** m. 1. jmd., der etwas aufzieht. – 2. lange Fischerstiefel mit Schaft, die *man bet an't Gatt trecken kann.* – **-üdern** ›aufeutern‹, Anwachsen des Euters. – **-wader** n. ›Aufwasser‹, Oberwasser: *Upwader kriegen.* – **-waken** 1. aufwachen. – 2. aufwecken. – **-warts** Adv. aufwärts. – **-wassen** aufwachsen, anwachsen. – **-wellen** aufwellen, hochkochen, überkochen. – **-wendsch** Adj. aufwendig, kostspielig. – **-wiesen** 1. aufweisen, vorzeigen: *hei hett nicks uptowiesen.* – 2. beweisen. – **-wischdauk** n. Aufwischtuch. – **-wohren** aufwarten, bewirten. – **-wohrfru** f., veralt., Aufwartefrau. – **-wohrstell** f., veralt., Aufwartestelle. – **-wörpeln** aufschütteln.

upsternaatsch s. obsternaatsch.

Urban m., hist., Tag, der 25. Mai, war von Bedeutung für landwirtschaftliche Arbeiten (Gerste u. Flachs säen, Gurken und Bohnen legen) und für Wetterprognosen.

Urden m. Orden, Pl. *Urdens.*

üren, ürten im Rasen herumwühlen und -stochern, bes. vom Vieh.

Ürer n. s. Üder.

urloots Adv., veralt., schnell.

Uröllern Pl. Urgroßeltern.

urolt Adj. uralt, sehr alt: *ut urolle Tieden* aus lange vergangener Zeit.

Ussel f. weibl. PN Ursula.

ut aus. **1.** Präpos.: aus, heraus; in Verbindung mit den Artikeln aus Akk. und Dat. (Einheitskasus) kommt es zu Verschmelzungen: *ut'e Stadt, ut'n Dörp, ut'e Wisch, ut'e Kirch, ut't Hus kamen.* Oft in festen Verbindungen: *ut Rand un Band, ut'e Tüt sin*; *ut'n Wech gahn*; *ut'e Hand spälen*; *nich ut'e Stell kamen*; *ut dei Ogen gahn*; *sich ut'n Stoff maken* sich verdrükken; *etwas ut sik* (betont) *maken* aus eigenem Antrieb; *ut wat hest du dat maakt*? woraus hast du das gemacht? – **2.** Adv.: 1. außen, draußen. – 2. zu Ende: *de Drom is ut* der Traum ist zu Ende; *de Schaul is ut*; *dat is nu ut mit em*; *de Schöttel is all ut* die Schüssel ist schon leer; *dei Fründschaft is ut*; *dat Für is ut.* – 3. auf etwas aus sein: *hei is dorup ut.* In festen Wortpaaren: *nich ut un in weiten* nicht aus und ein wissen, keinen Ausweg wissen; *ut un vörbi* aus und vorbei; *ut un to Enn* aus und zu Ende; *ut un dut* ganz und gar, fortwährend: *hei hett ut un dut tau daun*; *sien Ut un In hemm'* regelmäßig in einem Lokal verkehren; *na buten ut* nach draußen; *dat Finster geiht na buten ut.*

ut-, Ut-: **-äätschen** jmd. auslachen, verhöhnen, indem man über den ausgestreckten Zeigefinger streicht und *äätsch, äätsch* ruft. – **-äkeln** anschnauzen: *sien Ollsch hett em schön utäkelt.* – **-äseln** jmd. beschimpfen: *hei hett mi schön utäselt.* – **-äten** zu Ende essen, aufessen. – **-äuben** ausüben. – **-backen** fertigbacken. – **-baldowern** auskundschaften, ausspionieren, ausklügeln: *hei hett sich dat allein utbaldowert.* – **-bausen** aushöhlen: *baus doch nich de Wust so ut.* – **-beiden** ausbieten, feilbieten: *de Dochter, de Waren utbeiden.* – **-betahlen** 1. auszahlen: *hüt ward Lohn utbetahlt*; *hei hett de annern utbetahlt.* – 2., übertr., verprügeln. – **-bicken** 1. mit der *Bick* herausklopfen, aushöhlen: *'n Loch utbicken*; *de Häuhner hemm' dei Wruck utbickt.* – 2. weglaufen, ausreißen: *ik wull em noch wat seggen, œwer hei is utbickt.* – **-bieten** ausbeißen. – Ra.: *sich de Tähnen utbieten.* – **-bimsen** weglaufen. – **-blaren** ausposaunen. – **-blasen** 1. auspusten. – 2., übertr., weitererzählen, tratschen. – **-bläuhen, -bläugen, -bläuden** verblühen: *se hett all utbläucht* sie ist in den Wechseljahren. – **-blieben** ausbleiben, fernbleiben. – **-boddern,** veralt., zu Ende buttern. – **-boddert** Adj. 1. ausgeweitet, ausgeleiert: *de Schauh sünd utboddert*; *dat Rad is utboddert.* – 2. in Verbindung mit *hemm'*, übertr., ausgespielt haben: *bi mi hest utborrert* mit unserer Freundschaft ist es aus; *hei hett utborrert.* – **-bölken** laut herausschreien. – **-börriken** ausbrüten. – **-bösten** 1. ausbürsten. – 2., übertr., weglaufen: *hei is fix utböst.* – **-braden** ausbraten: *Schmolt utbraden.* – **-bräken** herausbrechen. – **-bräuden** ausbrüten, Böses aushecken. – **-breiden** ausbreiten: *Heu utbreiden.* – **-bringen** 1. hinausfahren: *Mess utbringen.* – 2. bezahlen. – 3. ausplaudern. – **-bruch** m. Ausbruch; in der Verbindung *tau'n Utbruch kamen* zum Vorschein kommen. – **-bruden,** refl., unpers., eine Liebschaft beenden: *dat hett sich utbrud't.* – **-bu** m. Ausbau, Einzelgehöft außerhalb des Dorfes: *up'm Utbu wahnen.* – **-buddeln** ausgraben: *Tüften utbuddeln.* – **-büdeln** 1. ausbeulen. – 2. den Geldbeutel leeren: *denn hemm's' orrig utbüdelt.* – **-bugen** ausbauen. – **-buken** einen Bauch bekommen, sich ausweiten: *dei Holtmiet buukt ut.* – **-bulen** ausbeulen: *dei Knei inne Büx sünd utbuult.* – **-bünzeln** auspakken, auswickeln. – **-büxen** 1. ein Kleinkind aus den Windeln nehmen, ausziehen. – 2., übertr., schnell fortlaufen, ausreißen: *as de Jung' sien Tracht Prügel krägen süll, is hei fix utbüxt.* – **-daun, -don** ›austun‹ 1. herausgeben, ausleihen: *ik heff Bäuker utdan.* – 2. ungültig machen. – 3. in Pflege geben: *sei hett dat Kind utdan.* – **-deilen** austeilen, verteilen. – **-deinen** ›ausdienen‹. 1. den Dienst beenden. – 2., übertr., sterben. – **-dichten**[1] 1. ausdenken. – 2. Gedicht, Schriftstück herstellen. – **-dichten**[2] dicht machen. – **-dividieren** sich ausdenken, ausklügeln: *wi hemm' uns de Sak genau utdividiert.* – **-döschen** 1. (aus)dreschen. – 2. verprügeln. – **-drägen** 1. heraustragen. – 2. zustellen, Neuigkeiten verbreiten. – 3. bis zur Geburt im Mutterleib tragen: *se dröcht dat Kind nich ut.* – 4. eine Leichenfeier abhalten: *wann ward Vadder Schult utdragen?* – **-drieben** 1. (her)austreiben, bes. vom Vieh auf die Weide. – 2. abgewöhnen. – **-drift** f. Viehaustrieb, gewöhnlich am 1. Mai. – **-drögen** austrocknen, trocken machen, trocken werden. – **-druck** m. Ausdruck. – **-düden** ›ausdeuten‹, klarmachen: *ik heff em dat utdüd't.* – **-dunen** nüchtern werden. – **-düpen,** fischerspr., auf den Grund des Wassers stoßen: *dat Nett düüpt ut.* – **-fäächsel, -fägels** n. Kehrricht, Zusammengefegtes. – **-fägen** ausfegen, auskehren. – **-fäger** m. letzter

Tanz bei Tanzveranstaltungen. – **-fahlen** ausbleichen, farblos werden. – **-farigen** ausfertigen, ausführen. – **-faseln, -fasern** ausfransen: *dat faselt all ut.* – **-feudeln** auswischen. – **-fauden, -faudern** durchfüttern, füttern. – **-fijolen,** refl., sich ausputzen. – **-fingerieren** ausdenken, ausklügeln. – **-finnig** Adj. ausfindig: *denn Wind utfinnig maken.* – **-fläuhen,** übertr., Geld abnehmen: *mi hemm's' gistern bi't Koordenspälen düchtig utflöht.* – **-fleddern** jmd. ausnehmen, jmd. Geld abnehmen. – **-fleigen** ausfliegen, Ausflüge machen. – **-fleiten** ausfließen. – **-fliegen** 1. ausräumen: *ik möt em ierst de Büxentasch utfliegen.* – 2. ausschimpfen: *sei hett mi dull utfliecht.* – **-flümen** 1. furzen. – 2. Betten lüften. – **-flunken** ausschimpfen. – **-fluuschen** ausfüttern: *utfluuscht Hanschen* ausgefütterte Handschuhe. – **-flüsen** ausfüttern, s. utfluuschen. – **-fränseln** ausfransen, übertr.: *denn fränselt hüt dat Mul noch ut* er redet sehr viel. – **-fräten** 1. ausfressen, ausessen. – 2. etwas anstellen, begehen. – **-frischen** Gesalzenes in Wasser legen. – **-fugen,** fachspr., Fugen verschmieren. – **-fusseln** ausfransen. – **-gäben** 1. ausgeben, verbrauchen, spendieren. – 2., refl., sich als etwas ausgeben: *wecker sich as Baron utgifft, möt uk as Baron betahlen.* – **-gaddern** jmd. beschimpfen, schlagen. – **-gahn** ausgehen, hinausgehen, ausfallen, aufhören. – **-gangs** Adv. am Ausgang, Ende: *utgangs Mai* in den letzten Maitagen; *hei is utgangs föftig.* – **-gäudern,** veralt., ausschimpfen. – **-gäwersch** f., hist., Gutsmamsell. – **-geding** n., veralt., Altenteil: *de Ollen kriegen ehr Utgeding.* – **-geiten** ausgießen. – **-gekaakter** m. ›Ausgekochter‹, durchtriebener Mensch. – **-gift** f., veralt., Ausgabe. – **-glasüren** 1. mit Glasur versehen. – 2., übertr., widerstandsfähig sein: *utglasüürt sin*; *'n utglasüürten Magen.* – **-glieden** ausgleiten. – **-glieken** ausgleichen. – **-glippen** ausgleiten, ausrutschen. – **-glipschen** wie *utglippen.* – **-göt** m. Ausguß. – **-graben** ausgraben. – **-graden** entgräten: *Hiering utgraden.* – **-gräunen** grün werden, frisch ausschlagen. – **-grusen** ausfallen, von Samenkörnern. – **-häkeln** ausschimpfen. – **-halen** jmd. ausfragen: *hei hett em orrig uthaalt.* – **-hang** m. Aushang. – **-haugen** 1. etwas herausschlagen. – 2. verprügeln. – **-hecken** etwas ausbrüten, planen. – **-hellen,** veralt., auslaufen lassen, abgießen. – **-helligen,** hist., austrocknen. – **-helpen** aushelfen: *man möt sich uthelpen.* – **-höhnen** jmd. demütigen, ausschimpfen. – **-hökern** Waren in kleinen Mengen verkaufen. – **-hölken, -hölkern** aushöhlen. – **-hollen** 1. aushalten, ertragen: *ik kann denn Larm nich uthollen.* – 2. andauern: *nu höllt de Rägen noch drei Daach ut.* – **-hunzen** ausschimpfen. – **-hüppen** ausreißen. – **-jacksen** verprügeln. – **-juppen** herausrutschen: *di is dei Blus utjuppt.* – **-kabeln,** veralt., Land, Arbeit auslosen. – **-kacken,** refl., 1. den Darm entleeren. – 2., übertr., sich aussprechen: *nu kack di ut.* – **-kalfaktern** etwas ausfindig machen, erkunden. – **-kalüren** passende Farben zusammenstellen: *de Aben is nich richtig utkalüürt.* – **-kamen** 1. herauskommen: *de kamen all ut* aus allen Eiern schlüpfen Küken. – 2. ausreichen: *dormit möst du utkamen.* – 3. verstehen, sich vertragen: *mit em is kein Ut-*

kamen. – **-kapiteln** die Meinung sagen. – **-käuhlen** auskühlen. – **-kiek** m. 1. Ausguck, Aussichtspunkt an erhöhter oder freier Stelle mit gutem Weitblick. Häufig in FLN; in Wieck bei Greifswald Name eines Lokals an der Mole. – 2., seem., Beobachtungsstand am vorderen Mast eines Segelschiffes. – **-kieken** 1. Ausschau halten. – 2. etwas aussuchen, auswählen: *ik heff mi wat utkäken.* – 3., in Verbindung mit *för* sorgen für, sich bemühen um: *sien Fru keek jo för allens ut.* – **-klabatschen** ausklopfen, verprügeln. – **-kläben** auskleben, tapezieren. – **-klabüüstern** austüfteln. – **-kladdern** 1. verschütten. – 2. oberflächlich waschen. – **-klamüsern, -klamüüstern** austüfteln, ausdenken: *hest du di dat nu utklamüsert?* – **-klarieren**, seem. Schiff zum Auslaufen vorbereiten. – **-klawieren** sich zurechtlegen. – **-kleiden**, refl., verkleiden: *sich utkleiden as Wihnachtsmann.* – **-kleimen** mit Lehm verschmieren. – **-kliestern** tapezieren. – **-klinken** jmd. aussperren, hinauswerfen. – **-klopper** m. Ausklopfer. – **-klœstern,** refl., 1. sich ausziehen. – 2. sich herausputzen. – **-klœtern** 1. herausfallen. – 2., refl., übertr., sich ausreden, schwatzen. – 3. Geld verschwenderisch ausgeben. – **-klugen, -kluwen,** refl., sich etwas ausdenken: *wer hett sich dat wedder utkluucht?* – **-klüüstern** ausgrübeln, ausdenken; verkürzte Form von *utklamüüstern.* – **-kniepen** ausreißen, weglaufen. – **-koddern** oberflächlich auswaschen. – **-konklusenieren,** liter., ausdenken. – **-kösten,** veralt., aus der Kost entlassen: *hei hett sienen Knecht utköst'.* – **-kœteln** 1., refl., sich vollständig entleeren. – 2., übertr., alles erzählen: *hest du di utkœtelt?* – **-kragen** hinausragen. – **-kreigen** 1. ›hinauskrähen‹, ausrufen. – Ra.: *De Herrgott maakt denn Dach, un de Hahn kreicht em ut.* – 2., übertr., schwatzen, klatschen. – **-küllen** kalt werden: *de Stuf wier bannig utküllt.* – **-kuranzen** ausschimpfen: *denn hemm's' schön utkuranzt.* – **-küseln** ausdrehen. – **-küten** Eingeweide entfernen. – **-kütern** 1. oberflächlich waschen. – 2. Eiter ausdrücken. – **-laken** auswässern. – **-land** n. Ausland. – **-langen** 1. herausnehmen. – 2. ausreichen. – 3. schnell gehen. – **-länner** m. Ausländer. – **-lat** m. Auslaß; veralt.: kleiner Ausbau an der Scheune. – **-laten** 1. ausbraten; *Fett utlaten.* – 2., refl., sich äußern: *nu lat di man ut!* – 3. verlängern: *denn Rock utlaten.* – **-leggen** 1. auslegen, deuten. – 2. ausleihen. – 3. kräftig werden: *dei Jung' hett dei letzte Tiet schön utlecht.* – **-leinen** ausleihen, verborgen. – **-liggen** ausliegen: *eine Krankheit utliggen.* – **-lihren** auslernen, die Lehrzeit beenden: *hei hett utlihrt.* – **-lop** m. Auslauf: *dat Veih hett'n groden Utlop.* – **-löper** m. 1. junger Austrieb von Pflanzen. – 2., veralt., Kinderballspiel. – **-lucht** f. Vorbau am vorderen Hausgiebel, übertr. auch kleine Stube unter dem Dach. – **-lüchten** 1. hinauswerfen: *ik war em schon utlüchten.* – 2. auslüften. – Syn. *utlüften.* – **-luern,** refl., auf etwas warten: *sei luert sich dei Ogen ut denn Kopp.* – **-lusen** ausnutzen. – **-maden** von Schlamm und Schlick befreien. – **-mäten** ausmessen. – **-meeren,** refl., etwas sehr langsam vollenden (erzählen, arbeiten): *hest du di nu utmeert?* – **-melken** 1. zu Ende melken. – 2., übertr., jmd. ausfragen. – **-messen** 1. ausmisten. – 2., übertr., ausschimpfen. – **-micheln** ausschimpfen: *dei wa'k œwer utmicheln*! – **-mulen** wieder freundlich sein: *hest' utmuult*? – **-neihen, -neigen, -neiden** ›ausnähen‹, nur übertr.: weglaufen, ausreißen: *wist du mi woll nich ümmer utneigen*? – **-nuddeln** ausleiern. – **-nüsseln** ausschlafen. – **-oren** ausarten: *dat dörf nich utoren*. – **-ösen** ausreißen, weglaufen. – **-palen** enthülsen: *Arften utpalen*. – **-pannen**, veralt., pfänden. – **-pedden** 1. austreten, bes. Schuhe: *dei Schauh sünd total utpeert*. – 2. gehen, wandern: *de Bein' utpedden*. – Ra.: *Wo sei utpedd', pedd' hei in* er folgt ihr bedingungslos. – **-peesen** weglaufen. – **-picheln** austrinken. – **-pinnen** fortlaufen, ausreißen. – **-plötern**, refl., sich verausgaben. – **-plusen** 1. Federn verlieren. – 2., übertr., Geld abnehmen: *mi hemm's' schön utpluust*. – **-pöllen** 1. aus der Schale lösen. – 2., refl., sich entkleiden. – **-powern** ausbeuten, ausnehmen. – **-quaddern** oberflächlich, schnell waschen. – **-quästen, -quasten** mit einem Quast reinigen. – **-quetschen** 1. ausdrücken. – 2., übertr., aushorchen: *hei will em richtig utquetschen*. – 3., refl., sich äußern: *quetsch di reigen ut*. – **-rabbeln** aufräufeln. – **-racken** 1. ausschimpfen: *hei hett mi utrackt, dat kein Hund mihr 'n Stück Brot von mi nähmen deit*. – 2. aus der Erde kratzen. – **-räd** f. Ausrede: *Worüm schlööch dei Düwel sien Großmurrer*? *Weil sei kein Uträd har*. – **-räden** ausreden, sich ausreden. – **-ranzen** Vorwürfe machen. – **-raugen** ausruhen: *rauch di ut*! – **-raupen, -ropen** ausrufen. – **-regieren** sich abreagieren. – **-reiken** ausreichen. – **-richtung** f., hist., Bewirtung, gastliche Aufnahme. – **-rieten** 1. herausreißen, einreißen. – 2. weglaufen, türmen. – **-ringen** auswringen. – **-ritschen** ausreißen: *de ritscht ehr Öllern ümmer ut, de is nich to hollen*. – **-rümen** ausräumen. – Ra.: *Minsch, wat lüchst du, rüm dien Taschen ierst ut*. – **-russeln** ausfallen, von überreifem Korn. – **-säuken** aussuchen. – **-schalen** von der Schale befreien: *Nœt utschalen*. – **-schechten** weglaufen, schnell ausschreiten. – **-scheiten** ›ausschießen‹, seitlich hinausgleiten: *dat Heu schütt ut* das Heu rutscht vom Wagen herunter. – **-schellen** ausschimpfen. – **-schettern** verschwenden, Geld leichtsinnig ausgeben. – **-schieren** unbefruchtete Geflügeleier aussondern. – **-schieten** 1. Notdurft verrichten. – 2., übertr., erfolglos sein; *utschäten utseihn* elend aussehen; als grobe Abweisung: *gah hen un schiet di ut*! – **-schlackert, -schluckert** Adj. ausgehungert. – **-schluppen** herausrutschen (aus zu weiten Schuhen). – **-schlusen** 1. auspellen. – 2., übertr., refl., sich ausziehen. – **-schmeeren** anführen, necken. – **-schmieten** herausschmeißen, hinausschmeißen, auseinanderbreiten, ausheben (Erde), auswerfen (Angel). – **-schmökern** ausräuchern. – **-schnieden** ausschneiden. – **-schnuben**, refl., ausschnauben: *schnuf di man ierst eis dei Näs ut*. – **-schœlen** ausspülen. – **-schott** m. 1. Ausschuß, Abfall. – 2. Austrieb an Bäumen und Pflanzen. – **-schrapels** n. ausgekratzte Reste. – **-schrapen** auskratzen: *ik heff dree Pött utschraapt, gifft't uk noch 'ne Mahltiet*? fragt ein starker Esser. – **-schriegen** ausrufen: *ut-*

schriecht Wor dröcht nich Ware, die zu sehr feilgeboten wird, taugt nicht. – **-schülpern** ausschütten. – **-schürn** ausschütten. – **-schutern** austauschen. – **-schüwer** m., fischerspr., loses Auslegerrundholz zum Verlängern des Klüverbaums bei Zeesenbooten. – **-schweiten** 1. ausschwitzen. – 2., übertr., vergessen: *dat ha'k utschweit'.* – **-seihn** aussehen: *utseihn as'n Gauskœtel up't witt Enn', 'n aflickt Hiering, 'n utschäten Mählklut, dat Leiden Christi* blaß aussehen. – Ra.: *as de ein heit, süht de anner ut* einer ist nicht besser als der andere. – **-setten** aussetzen, unterbrechen, beanstanden: *dei hett an all's wat uttausetten.* – **-sin** ›aus sein‹, zu Ende sein: *dat is dormit noch nich ut*; *mit uns beiden is dat ut.* – **-singen,** veralt., singend den Sarg begleiten (Trauergemeinde, Küster, Schüler) auf dem Weg vom Trauerhaus bis zur Gruft: *hei hett utsungen* er ist gestorben. – **-sitten** ausbrüten: *dei Kluck hett utsäten.* – **-spaddeln** ›auszappeln‹: *de Fisch hemm' utspaddelt.* – **-spälen** ausspielen. – **-späulen** ausspülen. – **-spiegen** ausspeien, ausspucken. – **-spielen** Federkiele aus dem Geflügel entfernen. – **-spräken** aussprechen. – **-spreiten** auseinanderbreiten. – **-stahn** ›ausstehen‹, dastehen, ertragen: *ik kann dat nich utstahn.* – **-stäken** ausstechen. – **-stäker** Pl. ›Ausstecher‹, Kuchenplätzchen, die mit Formen aus dünn ausgerolltem Kuchenteig ausgestochen werden. – **-stippen** austunken, auslecken. – **-stöben** 1. ausstauben. – 2. verprügeln, ausschelten: *denn hett hei schön utstööft.* – **-stöten** herausstoßen, verstoßen: *dei Oll hett em utstött.* – **-sträken** ausstrecken. – **-streugen** ausstreuen. – **-strieken** ›ausstreichen‹, herausstreichen, hervorheben. – **-ströpen** ›ausstreifen‹, Geld abnehmen: *Willem hemm's' orrig utströöpt.* – **-stür** f. Aussteuer. – **-süken** ›ausseuchen‹, gesund werden. – **-supen** aussaufen, austrinken. – **-tahlen** auszahlen. – **-tehrt** Adj. ausgezehrt, verhungert: *de süht so uttehrt ut.* – **-tehrung** f. Auszehrung, Schwindsucht: *mien Geldbüdel hett de Uttehrung* mein Geldbeutel ist leer. – **-teiken** auszeichnen, anzeichnen: *Böm utteiken.* – **-teiknung** f. Auszeichnung. – **-teihn** 1. herausziehen. – 2., refl., sich ausziehen, entkleiden. – **-telgen** auszweigen, Äste herausschneiden. – **-toch** m. Auszug. – **-traatschen** ausplaudern. – **-trecken** 1. herausziehen. – 2., refl., sich entkleiden. – 3. jmd. ausnutzen, ausbeuten: *denn hemm's' schön uttreckt.* – **-tüffeln, -tüfteln** ausdenken, aussinnen, ausklügeln. – **-verschaamt** 1. Adj. ›ausverschämt‹, frech. – 2. Adv. sehr groß, viel: *utverschaamt väl Glück.* – **-vertellen** zu Ende erzählen. – **-warken, -wirken,** fachspr., ›auswerken‹, die Hornteile des Pferdehufs zurückschneiden, mit dem *Utwarkmetz.* – **-warts** Adv. auswärts: *na utwarts* nach draußen. – **-wassen** herauswachsen, heranwachsen. – **-wennig** Adj. 1. außen. – 2. auswendig. – **-wichsen** ausreißen, weglaufen. – **-wieken** ausweichen, aus dem Weg gehen. – **-wies** m. Ausweis. – **-wiesen** ausweisen, erweisen. – **-witschen** entwischen, türmen. – **-witten** ausweißen: *de Stuf utwitten.* – **-wräusen** ausdrükken, ausquetschen. – **-wricken** ausrenken, verrenken. – **-wringen** ausdrücken, auspressen. – **-wuss** m. Auswuchs. – **-zoppen** Äste oder

Baumkronen beschneiden: *dei Böm an'n Wech möten utzoppt warn.*

uteinanner, utenanner Adv. auseinander: *nu hest du dat Rad utenanner.*

ütelst, üterst äußerst. 1. Adj. weit entfernt: *in dei ütelst Eck; de wahnt an't üterste Enn'.* – 2. Adv. genau, sehr: *dat möt üterst œwerlecht warden.*

utenanner-: -deilen teilen: *hei sall dei Arfschaft utenannerdeilen.* – **-gahn** sich trennen. – **-klamüsern** erklären. – **-schnacken** ›auseinanderreden‹, auseinanderbringen. – **-sin** getrennt sein: *wi sünd noch nich utenanner.* – **-spunnen** auseinandersperren. – **-tüdern** auseinanderziehen, entwirren. – **-tüfteln** zurechtgrübeln, überlegen. – **-tulen** entwirren, ordnen.

utenein, ut'nein Adv., letzte Silbe betont, auseinander: *se sünd utenein* sie leben getrennt. Auch in Verbindung mit Verben: *uteneingahn* entzweigehen: *de Steinpott is uteneingahn* der Steintopf ist entzweigegangen; *uteneinliggen* verstreut liegen; *uteneintrekken* auseinanderziehen.

uter Konj., Präp. außer: *uter sich sin* fassungslos, sprachlos sein; *uter dei Tiet* zu unpassender Zeit; *uter mi wier keiner dor; uter Aten* außer Atem.

uterdem Konj. außerdem.

uterhalf Adv. außerhalb, fremd.

uterlich Adj. äußerlich.

utermaßen Adv., veralt., außerordentlich: *wi hemm' 'n utermaßen schönen Dach.*

ütern 1. äußern, sprechen: *hei hett nicks dorvon ütert.* – 2., refl., sich äußern, zu erkennen geben.

Üterpüter m. Wildfang; gegenüber Kindern gebraucht: *mien' lütten Üterpüter!*

üterst s. ütelst.

Ütscher m. Kosewort für Schwein, substantivierter Lockruf: *ütsche, ütsche.*

Uurt[1] m. 1. Ort: *Stiller Uurt* Abort. – 2. Fläche: *'n hartlichen Uurt* eine ziemlich große Fläche. – *Uurt* steht häufig in Flurnamen.

Uurt[2] m. Pfriem, Werkzeug zum Durchstechen des Leders: *mi is dei Uurt afbraken.*

Uurtscheit n., f., fachspr., Schwengel, Zugholz zur Befestigung der Geschirrstränge.

uzen necken, foppen: *de uuzt mi ümmertau.*

V

V, v n. der Konsonant. v bezeichnet, wie im Hd., den gleichen Laut wie f. Es steht als stimmloser Reibelaut im An-, In- und Auslaut von Wörtern.

Vadder, Varrer m. 1. Vater, beim Sprechen oft verkürzt zu *Varre.* Die gelängte offene Aussprache *Våder, Fårer* ist veraltet und dient höchstens zur Bezeichnung des Großvaters; Diminutivformen sind *Vadding* und *Varring*; der Plural *Vadders* ist auch als Singular gebräuchlich, vgl. *Mudders.* Ein Sohn, der seinem Vater sehr ähnelt, *schleit na Vaddern, schleet up sienen Vadder, hett Vadder sienen Schauh antreckt, is ganz dei Vadder.* Gleichgeartete Menschen, *de hemm' all' een' Vadder.* Kleine Jungen werden scherzhaft gefragt: *Wecken sien Vadder büst du?* – Ra.: *Een Vadder kann twölf Kinner ernähren, œwer de twölf Kinner kœnen nich denn een' Vadder ernähren.* Als Abweisung: *Wat Vadder, wat Fründ, wer kein Geld hett, blief mi von'n Wagen!* Scherzh.: *Mit uns' Vaddern is wat los, ierst schlööch* *hei mi un denn mien Mudder.* – *Vadder Krus,* scherzh., Kothaufen; *Vadder Philipp,* veralt., Arrest, Gefängnis. – 2., veralt., Gevatter, Taufpate, Pl. *Vaddern*; üblicher heute *Pad*; die Patin hieß *Vaddersch*: *Vadder stahn* Pate stehen.

Vadder(s)-: -brauder m. Onkel. – **-braudersœhn** m. Vetter. – **-hus** n. Vaterhaus. – **-nam** m. Familienname. – **-schnack** m. Unterhaltung, Gerede: *mak keen' langen Vadderschnack!* – **-stadt** f. Vaterstadt. – **-unser** n. das Vaterunser, Gebet. – Ra. zu jmd., der sehr blaß und mager aussieht: *di kann man ja dat Vadderunser dörch de Backen läsen!*

Vagel m. Vogel, Pl. *Vagels, Vœgel.* Übertr.: *'n Vagel hemm'* verrückt sein, gesteigert: *dei hett nich bloß 'n Vagel, dat is all mihr 'ne Kreih, ... all mihr 'ne Aaskreih*; *'n lockern, 'n leichten Vagel* ein lebenslustiger, leichtsinniger Mensch. – Ra. u. Sprw.: *Denn Vagel kennt man an siene Feddern* am Äußeren erkennt man den Menschen. *De Vagel, de morgens tau tiedig singt, denn frett abends dei Katt. Hei deit' nich üm'n Vagel, hei deit't üm't Nest* er heiratet nicht wegen der Frau sondern wegen der zu erwartenden Familie. *Wer Vœgel fangen will, möt nich mit Knüppels schmieten* wer etwas erreichen will, muß höflich sein. – Ra. beim Rationieren von Essenportionen: *Jeder Mann 'n Vagel un denn Köster 'n Baukfink.* – *Vagel Bülow* m. der Pirol; *Vagelfleich-ut* Kinderspiel, bei dem Vogelstimmen imitiert werden; *Vagel Griep* Vogel Greif, z. B. im Rostokker und Greifswalder Stadtwappen.

Vagel-: -bunt m., scherzh., Vagabund, volksetymologische Anlehnung an *Vagel.* – **-buurken** n. Vogelbauer, Vogelkäfig. – **-mierken** n. Vogelsternmiere, Stellaria media (L.). – **-scheiten** n. Vogelschießen, altes Volksfest. – **-schu** f., **-schugels, -schuglis** n. Vogelscheuche. – **-wick** f. Vogelwicke, Vicia cracca L.

vaken Adv., veralt., oft.

väl Indef. Pron. viel, viele. **1.** adjektivischer Gebrauch: *väl Schwien maken denn Drank dünn* wo viele Schweine, auch Kinder, sind, muß das Essen verlängert werden; *wo väl Mess is, is uk väl Geld* wo gearbeitet wird, ist auch Wohlstand; ebenso: *wo väl Dreck is, is uk väl Speck*; *wat tauväl is, is tauväl*; *hei hett einen tauväl* er hat einen (Sinn) zuviel, ist geistig beschränkt; *wat de ein nich nauch hett, hett dei anner tauväl*; *väl führt de Bur up'm Wagen* als Antwort auf die Bitte um ›recht viel‹; *dat is väl un noch wat* das ist viel Lärm um nichts. – **2.** adverbialer Gebrauch: vielfach, häufig, oft; *dat hett man väl* das kommt oft vor; *dor büst du noch väl tau lütt tau* viel zu klein; *sei hett väl tau lopen, tau bedenken.*

Varrer m. s. Vadder.

Vedder, Verrer m. 1. Vetter. – Ra.: *Wat Vedder, wat Fründ, Jung', treck dei Büxen run* bei Geldangelegenheiten hört die Freundschaft auf. – 2., hist., Onkel; für Mönchgut belegt.

Veih, Veh n. Vieh; fast immer zur Bezeichnung des Großviehs, der Huftiere, die anderen Haustiere gehören zum *lütt Veih*; dazu das Sprw.: *Lütt Veih maakt uk Mess.* Weitere Ra.: *Denn Buern erkennt man an sien Veih.* Sagw.: *Wer Veih hett, hett uk Afgang, säd de oll Fru, hadd man een Gössel utkrägen un dat bleef ehr dot.* – *Mit Veih un Fohrt* mit ganzer Habe, mit lebendem und totem Inventar.

Veih-, Veh-: -dokter m. Tierarzt. – **-drift** f. Viehtrift. – **-knieper** m. Viehbremse. – **-stapel** m. Viehbestand: *'n groten Veihstapel.* – **-timmer** n. Viehstall. – **-tucht** f. Viehzucht. – **-tüchterin** f. Viehzüchterin. – **-tüffel** Pl. Viehkartoffeln.

veniensch s. feniensch.

ver- untrennbare Vorsilbe vor Verben, meistens schwachtonig, als ve-, va- (im Süden des Sprachraums) ausgesprochen.

ver-, Ver-: -afräden verabreden. – **-afsümen** verabsäumen. – **-akkordieren** eine Vereinbarung treffen, übereinkommen. – **-akschonieren,** veralt., versteigern. – **-akzisen,** veralt., versteuern. – **-alschen** verschwenden. – **-ännern** 1. verändern. – 2., refl., heiraten. – **-ännerung** f. Veränderung. – **-äppeln** zum Narren halten, verhöhnen. – **-arschen,** wie umg. salopp, verhöhnen, jmd. ärgern. – **-asen** verschwenden. – **-äuwen** verüben. – **-baast** Adj. verwirrt, erschreckt, verdutzt: *ik wier tauierst ganz verbaast; du büst 'n verbaasten Tüffel* ein hilfloser Mensch. – **-backäppeln** verulken, necken. – **-baden** verboten, Part. Prät. zu *verbeiden.* – **-bargen,** refl., sich verbergen, verstecken. – **-bäten** verbissen, grimmig, Part. Prät. zu *verbieten.* – **-bätern** verbessern. – **-bäuten** 1. verbüßen. – 2. verheizen. – **-beiden** verbieten. – **-bellen** verrenken: *ik heff mi denn Faut verbellt.* – **-bidden, -birren** verbitten. – **-biestern,** wie umg., 1., refl., sich verirren: *wi sünd in't Holt verbiestert.* – 2. verwirren. – **-bieten** verbeißen: *sich up wat verbieten* sich auf etwas versteifen. – **-bimsen** verprügeln, durchhauen. – **-bläuden** verbluten. – **-bläuhen** verblühen. – **-blieben** verbleiben, dauern. – **-boddern** ›verbuttern‹. 1. etwas falsch machen. – Ra.: *Wat verboddert is, dat is verboddert.* – 2. vergeuden, verschwenden. – **-bögen** verbiegen. – **-bollwarken** 1. verschanzen. – 2., seem., ein Schiff seefest machen, allg. befestigen. – 3. verprügeln, ruinieren. – **-bomen** verkommen, stokkig werden. – **-bören,** refl., sich verheben: *hei hett sich verböört.* – **-braden** verbraten. – **-bräken** 1. verbrechen; nur als Part.: *wat hett hei denn verbraken?* – 2., refl., sich verheben: : *ik heff mi gistern verbraken.* – **-bräken** n. Verbrechen. – **-braudern** verschwenden, durchbringen. – **-bräuderung** f. Verbrüderung. – **-bräuhen** verbrühen. – **-bringen** verschwenden, vergeuden. – **-bruddeln** 1. verpfuschen, verderben: *dei Sak hest du di sülben verbruddelt.* – 2. verschwenden. – **-brüden** verspotten. – **-bruken** verbrauchen. – **-bucken** ›verbocken‹, falsch machen. – **-bugen** verbauen: *kort verbuucht sin* auf kurzen Beinen stehend. – **-bubanzen** verbringen, verderben. – **-bumfideln** 1. verschwenden, leichtsinnig ausgeben. – 2. schwängern. – **-bummeln,** wie umg., 1. verlieren. – 2. Zeit verschwenden. – **-buren** ›verbauern‹, schlechte Manieren annehmen. – **-buschen,** wie umg., heimlich verstecken, verheimlichen. – **-büült** Adj. verbeult. – **-daaksen** verprügeln. – **-dammig** Adv. verflucht, sehr, mächtig: *dat deit verdammig weih.* – **-darben** verderben. – **-daren, -doren** sich erholen: *du hest di werrer schön verdaart.* – **-dattert, -daddert** Adj., wie umg., verwirrt, kopflos. – **-daugen** verdauen: *dat verdaucht mien Maach nich.* – **-daun** ›vertun‹. 1. verschwenden: *Geld ver-*

daun. – 2., refl., sich verrechnen, etwas verkehrt machen: *ik heff mi verdan.* – 3. sich entfernen: *verdau di nich so wiet.* – **-deffendieren,** refl., sich verteidigen: *ik heff mi gaut verdeffendiert.* – **-deinen** verdienen. – Sprw.: *Dat Pierd, dat denn Hawer verdeint hett, kricht em nich* den Lohn eigener Arbeit erhält ein anderer. – **-delschen** 1. Essen hinunterwürgen. – 2. etwas zertreten. – **-deuwelt, -düwelt** 1. Adj. sonderbar, komisch. – 2. Adv. sehr, äußerst: *verdeuwelt klauk.* – **-döben, -döwen** taub machen. – **-dolksen** verprügeln. – **-dœmeln** vergessen. – **-döschen** verprügeln. – **-dœsen, -dösen**, wie umg., verschlafen, verpassen, vergessen. – **-dösten** verdursten. – **-dräben** ›vertrieben‹, verkommen: *verdräben utseihn* übernächtigt aussehen. – **-drach** m. Vertrag. – **-dragen, -drägen** 1. wegtragen. – 2. tragen, ertragen: *dei kann'n Stäwel verdragen.* – 3., refl., sich vertragen: *dei verdragen sich as Katt un Hund.* – **-dreicht** Adj. verdreht, verrückt: *hüt is allens verdreicht*; *du büst woll verdreicht*! – **-dreiten** verdrießen; Präs. Sg. 3. *verdrütt*; Part. Prät. *verdraten* verdrossen. – **-dreitlich** Adj. verdrießlich. – **-driesten,** refl., sich erdreisten: *lat di dat nich verdriesten!* – **-drinken** ertrinken: *de Jung' is vör'n por Johrn verdrunken.* – **-drögen** vertrocknen. – Ra. über einen schlechten Menschen: *du büst't nich wiert, dat du an'n Bom verdrööchst.* – **-drœhnen** in Schwingung bringen, Part. Prät. *verdrœhnt* verstaucht. – **-drücken**, wie umg., 1. verzehren, aufessen. – 2., refl., sich unauffällig entfernen. – **-druß** m. 1. Ärger. – 2., scherzh., Buckel oder sonstiger körperlicher Fehler: *hei hett'n lütten Verdruß.* – **-duften,** wie umg., sich heimlich, schnell entfernen. – **-dull, -dullt** Adv., Adj. verrückt, sonderbar: *se löppt as verdull* sie läuft sehr schnell; *dat is 'n verdullt'n Kram.* – **-dummen** dumm machen, übervorteilen. – **-dunnern** ›verdonnern‹, verurteilen. – **-dünnisieren,** refl., wie umg., sich heimlich davonmachen. – **-duseln, -dusseln** verlieren, vergessen. – **-düsen** vergessen, verpassen. – **-dutzen** erschrecken, verblüffen. – **-düüstern** verdunkeln. – **-düütschen** verdeutschen, erklären, verständlich machen. – **-dwass** Adv. ›verquer‹, verkehrt: *allens geiht verdwass hüt*; *verdwass räden* widersprechen; *verdwass kieken* schielen; *sich verdwass stahn* sich schlecht verstehen. – **-fangen,** refl., zur Bezeichnung krankhafter Zustände bei Kühen, Schweinen und Pferden, oft durch zu reichlichen Genuß von nassem Grünfutter hervorgerufen: *de Kauh hett sich verfungen*; früher wurden oft abergläubische Mittel zur Heilung versucht. – **-farben,** refl., sich verfärben, vornehmlich rot werden. – **-fat** m. Verfassung, Zustand: *hei is nich in'n Verfat, dat mitantauhüürn.* – **-fieren** 1., refl., sich erschrecken: *ik heff mi bannig verfiert.* – 2. abschrecken: *de Eier verfieren* Eier nach dem Kochen mit kaltem Wasser abschrecken. – **-fipsen, -fipseln** verschneiden. – **-fitzeln** in kleine Stücke schneiden. – **-fitzt** Adj. verwirrt, durcheinander: *dat Goorn is so verfitzt.* – **-friegen**, refl., sich verheiraten. – **-fulen** verfaulen. – **-fumfeien** leichtsinnig verschwenden, verjubeln: *Hus un Hoff hett hei verfumfeit.* – **-gäben** vergeben, versprechen. – **-gahn** vergehen, verschwinden, zugrunde gehen.

– Sprw.: *Wenn de Dach is vergahn, härn de Fulen giern wat dan* wenn es zu spät ist, wollen Faule arbeiten; *hei vergeiht as Bodder an de Sünn* es geht zu Ende mit ihm. – **-gammeln,** wie umg., schlecht werden, verderben. – **-garwen** 1. gerben. – 2. verprügeln: *dat Fell vergarwen.* – **-gäten** vergessen. Präs. Sg. 1. *vergät,* 2. *vergettst,* 3. *vergett;* Prät. 1. *vergeet,* 2. *vergeetst,* 3. *vergeet;* Part. Prät. *vergäten.* – Ra.: *Wat gistern wier, kann hüt all vergäten sin* man weiß nicht, was morgen sein wird; *de Kauh vergett, dat se uk eis mal 'n Kalf wäst is* die Alten vergessen, daß sie auch mal jung waren; *dat Betahlen vergäten* heimlich mitnehmen, stehlen. – **-gätern** Adj. vergeßlich: *ik bün sihr vergätern.* – **-gattbödeln** verprügeln: *denn' hemm's' schön vergattbödelt.* – **-glœsen** verglimmen. – **-gnattert** Part. Prät. unzufrieden, übel gelaunt. – **-gnatzen** verärgern. – **-gnäugen** n. 1. Vergnügen. – 2. Tanzveranstaltung. – **-gnäuglich** Adj. vergnüglich. – **-gneddert, -gniddert** Adj. unzufrieden, mißgestimmt: *vergniddert utseihn.* – **-gnurren,** refl., sich erzürnen, zanken. – **-gœtern** vernieten, die Nagelspitze umhauen. – **-grellt** Adj. verärgert, zornig, wütend. – **-gretzt, -gritzt** Adj. erbost, grimmig. – **-griepen,** refl., sich vergreifen, verstauchen. – **-grusen** zu Grus zerfallen, zerbröckeln. – **-halen,** refl., 1. sich erholen, ausruhen, verpusten; dazu *Verhalung* f. Erholung. – 2. nachlassen, vom Wind. – 3., seem., ein Schiff an eine andere Stelle im Hafen bringen. – **-hau** m. Fehlschlag: *dat wier 'n grotn Verhau.* – **-häuden** ›verhüten‹, verlieren, verlegen: *ik heff mien Nadel verhött.* – **-heddern,** wie umg. 1. verwirren, durcheinanderbringen: *dat ganze Goorn ist verheddert.* – 2. sich versprechen, stekken bleiben: *hei verheddert sich ümmer bi't Upsengen.* – **-heuraden,** refl., sich verheiraten. – **-högen** erhöhen: *dat Graff möt verhööcht warden.* – **-hohnepiepeln,** wie umg., verhöhnen, verspotten. – **-hœkern, -hökern** in kleinen Mengen verkaufen. – **-hulwaakt,** veralt., Part. Prät. übernächtigt. – **-hunn'asen** ruinieren, verderben, verschmutzen. – **-hunzen,** wie umg., verderben, ruinieren. – **-hüren** 1. ›verhören‹, zu Ende hören: *de Bicht verhüren* übertr., Prügel austeilen. – 2. ›verheuern‹, verpachten, so auch seem. – **-ihren** verehren. – **-jacksen** verprügeln. – **-jagen,** refl., sich erschrecken: *ik heff mi bannig verjagt.* – **-jopen** verprügeln. – **-juchheien** durchbringen, leichtsinnig verschwenden. – **-kacheln** 1. verprügeln. – 2. schwängern. – **-kackeiern, -kackern,** wie umg. salopp, zum Narren halten. – **-kamen** verkommen. **-käuhlen** 1. abkühlen. – 2., refl., sich erkälten. – **-kieken** 1., refl., sich versehen, täuschen: *verkiek di nich in denn* unterschätze ihn nicht. – 2., refl., sich verlieben: *hei hett sich in dei Diern verkäken.* – **-kielen** 1. verkeilen. – 2. schwängern. – **-kihrt** Adj. verkehrt, unrecht. – **-klackern** verkleckern, verschütten. – **-kladdert** Adj. verfilzt, zerzaust, von Wolle, Haar. – **-klamen** von Kälte steif werden, erstarren: *mi sünd de Hänn' ganz verklaamt.* – **-klarren** 1. verschmieren. – 2. verschwenden. – **-kleimen** mit Lehm verschmieren. – **-klieren** verschreiben. – **-kliestern** verkleistern. – **-kloren** erklären: *verklor mi dat* *doch eis.* – **-klœtern** ›verkleckern‹, mit Kleinigkeiten Geld oder Zeit vertrödeln. – **-kluren** verschmieren. – **-knallt** Adj., wie umg., verliebt. – **-knüllen**, wie umg., zerdrücken, verknittern. – **-knüppen, -knüppern** verknüpfen, verknoten. – **-knusen** 1. essen, verdrücken, verdauen: *ik kann'n halwes Brot verknusen.* – 2., übertr., vertragen, ertragen, aushalten; meist negativ: *ik kann dat nich verknusen.* – **-knuutschen** verknautschen. – **-konsumieren**, wie umg., verbrauchen, viel essen. – **-kop** m. Verkauf. – **-köpen** verkaufen: *hei verköfft de Lüd mit Rock un Büx* er verkauft die Leute für dumm, macht ihnen etwas vor. – **-köpersch** f. Verkäuferin. – **-kopschlagen,** veralt., verkaufen. – **-kœteln** verfrieren: *hei verkœtelt noch eis!* – **-kräumeln** 1. verkrümeln. – 2., refl., sich heimlich entfernen. – **-krieschen** verjubeln, ausgeben: *hüt will'n wi noch 'n Daler verkrieschen.* – **-kruden** verkrauten, verunkrauten. – **-krumpeln**, wie umg., einschrumpfen, vertrocknen: *verkrumpelte Äppel.* – **-krünkeln** zerknittern. – **-krupen** verkriechen. – **-krutscht** Adj. ausgetreten, von Schuhen. – **-krüz** Adv. über Kreuz, verkehrt, quer. – **-küllen** 1. kalt machen. – 2., refl., sich erkälten. – **-küllung** f. Erkältung. – **-künnigen** verkündigen. – **-kütbüten** vertauschen: *de hett sien Klock verkütbüt'.* – **-kütern** zerschneiden. – **-laatschen,** wie umg., Schuhe austreten. – **-läden** Adj. vergangen, vorig: *verläden Johr* vergangenes Jahr, im vergangenen Jahr. – **-lahmen** erlahmen. – **-langs** Adv. 1. der Länge nach, längs: *verlangs unsen Tun.* – 2. an der Spitze. – **-lat** m. Verlaß: *up denn' is Verlat.* – **-laten** 1. verlassen, im Stich lassen: *ik verlat di nich*! Ra. über einen Unzuverlässigen: *Wer sich up di verlött un sien Bett verköfft, mütt ewig up Stroh schlapen.* Drohung: *du büst woll ganz un gor von Gott verlaten!* Part. Prät. *verlaten*: *ik lop so verlaten rüm* niemand kümmert sich um mich. – 2., refl., sich verlassen auf: *dor kannst di up verlaten.* – **-läwen** verleben, verbringen. – **-lawung** f. Verlobung. – **-leddern** verprügeln. – **-leiben, -leiwen,** refl., sich verlieben. – **-leift** Adj. verliebt. Iron. Ra.: *Verleift, verlaaft, verheurat' un Varre von drei Kinner.* – **-leinen** verleihen. – **-lichtern,** refl., erleichtern. – **-löben, -löwen,** veralt., erlauben. – **-loddern** verkommen. – **-löf** m., veralt., Erlaubnis, Urlaub. Ruf der Kinder beim Greifspiel: *Verlöf dreimal.* – **-löffnis** n., hist., Erlaubnis. – **-lohnen**, refl., wie hd.: *dat verlohnt sich nich.* – **-lopen** 1., refl., sich verlaufen, verirren. – 2. verstreichen, verlaufen. – **-lorsen** mit Kleidung unachtsam umgehen: *hei verlorst sien Schauhtüüch.* – **-löschung** f., veralt., Ruhezeit, Erholung, Freude: *hei lett mi kein Verlöschung.* – **-ludern** 1. verschwenden. – 2. liederlich wirtschaften. – **-lütten, -lüttern** verkleinern. – **-mackern**, fischerspr., sich zu gemeinsamer Fischerei zusammenschließen. – **-maddern** 1. verderben: *du vermadderst mi bloots allens.* – 2. verschwenden. – **-maken** 1. vermachen, vererben, überlassen. – 2. mit Umständen verknüpft sein. – Ra.: *dor is väl bi vermaakt*; *vermaakt is œwerall wat bi* Mängel gibt es überall. – **-marken** wahrnehmen, merken. – **-mascherieren,** überwiegend liter., veralt., sich verkleiden, unkenntlich machen. – **-masseln,** ss stimmhaft, auch hd. salopp, verderben, durchkreuzen. – **-mauden** vermuten, meinen, erwarten: *dat bün'k mi nich vermauden wääst* das habe ich mir nicht gedacht, auch refl. – **-mäuden** ermüden: *bi de Arbeit bün ik ganz vermäud't.* – **-meiden** vermieten. – **-mellen** vermelden, sagen. – **-mengelieren**, auch umg., vermischen, durcheinanderbringen. – **-mickern, -mückern** zurück-, kleinbleiben, vor allem von Tieren und Pflanzen. – **-misquiemen** verkümmern; gebräuchlich nur noch das Part. Prät. *vermisquiemt* verunstaltet, verkrüppelt, auch unglücklich, bekümmert. – **-mœgen** vermögen. 1. finanziell etwas leisten können. – 2. mögen, gern haben. – **-mölen** verlegen, verkramen. – **-mückern** s. vermickern. – **-münnern** 1. wecken. – 2. munter werden, aufwachen. – **-murksen**, wie umg., etwas schlecht machen, verderben. – **-muschen, -muscheln**, auch umg., etwas verbergen, verlegen, verstekken. – **-nähmen** verstehen, begreifen. – **-nähmlich** Adj. verständlich. – **-narren** necken. – **-nimm** Adv. klug, verständig: *süh mal, wur dei Lütt all vernimm kiekt*! – **-nœlen, -nölen** verlegen, verkramen. – **-nüchtern** sich stärken, essen, eine kleine Mahlzeit einnehmen: *ierst 'n bäten vernüchtern, dat 'n werrer Hollung inne Maach hett.* – **-nusseln** etwas verlegen. – **-nüüschen** verhauen, verprügeln. – **-öden** langweilen. – **-ökeln** zum Narren haben. – **-olmen** verfaulen, verrotten. – **-örgeln** sterben; *se deet, as wenns' verörgeln will.* – **-œwern** übrig behalten. – **-päppeln** verwöhnen, verzärteln. – **-pedden** 1. zertreten. – 2., refl., sich die Füße vertreten, spazierengehen. – 3. austreten, ausweiten: *de Schauh verpedden.* – **-pimpeln**, wie umg., verziehen, verwöhnen, verzärteln. – **-pissen,** refl., wie umg., derb, sich aus dem Staube machen: *verpiss di*! – **-plätten** verprügeln. – **-plürren** vergießen, verschütten. – **-plüüstert** Adj. zerzaust. – **-polken, -polksen** verprügeln. – **-posematuckeln** 1. viel essen. – 2. jmd. etwas erklären. – **-posementieren** 1. verspeisen. – 2., refl., sich herausputzen. – Entstellt aus hd., veralt., *verpassementieren.* – **-prünen** unordentlich nähen. – **-puken** ganz aufessen. – **-purren**, wie umg., verhindern: *hei will em dat verpurren; de Sak hemm' wi em verpurrt.* – **-pütten** vergießen, verschütten. – **-putzen**, wie hd., 1. Mauerwerk mit Mörtel verkleiden. – 2., übertr., Essen vertilgen, viel essen. – **-puusten,** refl., wie umg. sich erholen, verschnaufen. – **-quäkt** Adj. mit Quecken bedeckt. – **-quasen** vergeuden, verschwenden. – **-queddern** veraasen, verschwenden. – **-quer** Adv., wie umg., quer, schief; in Verbindung mit Verben: *hüt geiht' wedder alles verquer*; *di's woll 'n Furz verquergahn* zu jmd., der schlechte Laune hat; *sich verquerleggen* sich gegen etwas sperren, Widerstand leisten. – **-quienen** dahinsiechen, vergehen. – **-rägen** verregnen. – **-ratzt** Adj. verloren. – **-räuklosen,** hist., durch Nachlässigkeit verschulden. – **-raupen** in schlechten Ruf bringen; Part. Prät. verrufen, behext. – **-remsen** verprügeln. – **-rullen** ›verrollen‹, verprügeln. – **-rungenieren** ruinieren, beschmutzen: *du hest di denn ganzen Antoch verrungeniert.* – **-rusten** verrosten. – **-ruuchloost** Adj. veralt., verwahrlost. – **-sahlen** versohlen, verprügeln. – **-säkern** versichern. – **-saubüdeln** verderben, verkommen lassen. – **-säuken, -söken** versuchen. Präs. Sg. 1. *versäuk*, 2. *versäukst*, 3. *versöcht*; Prät. *versök*; Part. Prät. *versöcht*; refl.: *hei hett sich noch nicks versöcht* er ist noch unerfahren. – **-säuten, -söten** versüßen.– **-schamfieren** verschandeln, verunzieren, ebenso auch *verschimfieren.* – **-schäten** Part. Prät. ›verschissen‹, verspielt: *de hett bi mi verschäten* mit dem will ich nichts mehr zu tun haben. – **-scheif(t)** Adj. schräg, schief: *verscheif kieken.* – **-scheiten** ›verschießen‹, 1. verbleichen: *dat Kleed is all so verschaten* so verblichen. – 2. verziehen: *hei verschütt keine Mien.* – 3. in Verbindung mit *sin* verliebt sein; *dei is ganz verschaten in de Diern.* – 4. ausbleiben: *de Melk verschütt.* – **-schettern,** wie umg., unnütz ausgeben, verklekkern. – **-schladdern** etwas weitererzählen, ausplaudern. – **-schlagsam** Adj., veralt., vorhaltend. – **-schlapen** verschlafen. – **-schläpen, -schlöpen** verschleppen. 1. forttragen, verlegen. – 2. auftragen, von Kleidung: *Kledaasch verschläpen.* – **-schläten** Adj. verschlissen, abgenutzt. – **-schludern**, wie umg., verschleudern. – **-schluten** verschließen. – **-schmaden** verschmähen: *du warst mien' Änenbraden doch nich verschmaden!* – **-schmieten** wegwerfen. – **-schmölten** zerschmelzen. – **-schnacken** 1. sich versprechen. – 2. die Zeit mit Erzählen zubringen. – **-schnuf** f. Verschnaufpause. – **-schnuppen** ›verschnupfen‹, einschnappen. – **-schrat** Adv. schräge, schief, verquer. – **-schräugen** verbrühen, verbrennen. – **-schroden** ›verschroten‹, übertr.: tüchtig essen. – **-schüchtert** Adj., wie hd., eingeschüchtert. – **-schutern** vertauschen, verschachern. – **-schütt** Adv., auch umg., verloren: *verschütt gahn* verlorengehen. – **-schrieben** verschreiben. – **-schrumpeln,** wie umg., eintrocknen. – **-schweiten** ›verschwitzen‹, vergessen. – **-schwutschen** verschwenden. – **-seigen** versäen, verlegen, verbummeln. – **-seihn,** refl., ›sich versehen‹ 1. einen Fehler machen, etwas versäumen. – 2. sich mit etwas versorgen. – 3. sich erschrecken: *sei hett sich verseihn.* – 4. jmd. versorgen, besorgen. – **-sellen, -sellern**, veralt., 1. verkaufen. – 2. verlegen, verlieren. – **-setten** 1. versetzen, verpfänden. – 2. verkalben, abortieren. – **-simsen** verprügeln. – **-söpen** ertränken, ersäufen: *Katten versöpen.* – **-soren** vertrocknen. – **-spacken, -spaken,** austrocknen, leck werden: *de Tunn steiht inne pralle Sünn, se is ganz verspaakt.* – **-spälen** 1. beim Spiel verlieren. – 2. an Gewicht abnehmen. – 3. nachgehen, von der Uhr: *de Klock verspäält.* – **-spillen** vergeuden, verschütten. – **-spräken** 1. versprechen. – 2. ein Versprechen geben, sich verloben: *se is verspraken.* – **-stah** n. Verstehen, Bescheidwissen: *dorvon heff ik keinen Verstah.* – **-stahn** 1. verstehen, begreifen; häufige Floskel im Gespräch: *verstah mi recht!* – 2. einverstanden sein: *sik tau etwas verstahn.* – **-stäken** verstekken. Prät. *verstök*; Part. Prät. *verstaken.* – **-standskasten** m., scherzh. umg., Kopf: *dat geiht nich in mien' Verstandskasten rin.* – **-stännigen,** refl., sich verständigen. – **-stiepern** eine Stütze geben. – **-stiepert** Adj. kernig, stämmig: *kort verstiepert* kurzbeinig. – **-stiewen,** refl., sich zur Wehr setzen. – **-stöten** verstoßen. – **-stuken** verstauchen, verrenken. – **-suern** versauern, sauer werden, in der Formel: *versuern un verbuern* gleichgültig werden. – **-süken** verseuchen. – **-sümen** versäumen. – **-supen** 1. vertrinken. – Sagw.: *Dörch de Kähl kann väl, säd de Schipper, dunn har hei sienen Dreemaster versapen. Fell versupen* nach der Beerdigung einen Umtrunk machen. – 2. ertrinken: *hei versüppt in sienen Haut* der Hut ist ihm zu groß. – **-susen**, wie umg., vergessen: *dat heff ik ganz versuust.* – **-susengen** 1. verschwenden, durchbringen: *hei hett allens versusengt.* – 2. verlegen, verbummeln: *nu hest du dien Hanschen werrer versusengt.* – **-taren** verziehen. – **-teddermömmern**, veralt., verprügeln. – **-tehren** verzehren. – **-teihn** verziehen; Part. *vertagen.* – **-teiken** verzeichnen. – **-tellen** 1. erzählen, berichten: *hei vertellt Läuschen* er erzählt Geschichten; *mi kannst nicks vertellen* ich lasse mir nichts weismachen. Warnend: *mit denn' vertell di wat* mit dem wirst du nicht fertig. – In einem Vers, der in mehreren Varianten überliefert ist, wird angekündigt, was man alles ›*vertellen*‹ wird: *Ik will di wat vertellen von olle Kamellen, von olle Geschichten will ik di berichten*; dazu Varianten: *ik will di wat vertellen von dei Popernellen, von de Poperniten, dei Hund ward di wat schieten.* – 2., refl., falsch zählen: *hei hett sich vertellt,* beim Geldzählen. – **-teller** m. Erzählung, Pl. *Vertellers.* – **-tellerhus** n., liter., Telefonzelle. – **-telles** n., auf Rügen *Vertellis,* im Süden und Südosten des mecklbg-vorpom. Sprachraumes *Vertellsel,* Erzähltes, kurze Erzählung, Geschichte: *wi kamen in't Vertellis.* – **-timmern** verprügeln. – **-tobacken**, wie umg., verhauen, verprügeln. – **-toch** m. Verzug, Verweilen: *hei leet uns kein' Vertoch bi dei Arbeit.* – **-toddern** verwirren, in Unordnung bringen. – **-tögern** verzögern. – **-tollen** verzinsen. – **-töömt** Adj. verwirrt, verheddert. – **-toren, -torren** verziehen: *se hemm' denn Jung' œwer vertort.* – **-trecken** 1. verziehen, falsch erziehen. – 2. umziehen, weggehen: *dat Gewitter vertreckt sich noch eis.* – 3. Pflanzen vereinzeln: *Räuben vertrecken.* – **-trimmen, -trümmen** verprügeln. – **-trugen** vertrauen. – **-trünneln** verspielen, verschwenden. – **-tüdeln, -tüdern** 1. verwirren: *dat Goorn is vertüdert*; *dor is väl mit vertüdert* damit ist viel verbunden. – 2. verknoten. – **-türnen,** refl., sich erzürnen: *wi hemm' uns vertüürnt.* – **-tuuschen** vertauschen. – **-unasen,** veralt., verderben, verwüsten. – **-unnusseln** verderben, schlecht behandeln, vernachlässigen. – **-unwillen,** veralt., sich entzweien. – **-wachten** 1. erwarten. – 2. Dienst versehen: *sienen Posten verwachten.* – 3. beaufsichtigen. – **-walken** verprügeln. – **-wanschaben, -wanschamen,** veralt., verunstalten, Sachen unordentlich behandeln. – **-wassen** verwachsen; Part. Prät. *verwussen*: *hei is verwussen.* – **-weihen** verwehen; Part. Prät. *verweiht* verloren, verraten. – **-wesseln** verwechseln. – **-wogen** Adj. verwegen. – **-wohren** aufbewahren: *dat licht bi mi gaut verwohrt.* – **-wricken, -wrucken** verrenken, verdrehen. – **-wrieten** verunkrauten: *dei Goorn is so verwriet'.* – **-zoddeln** verwirren, zerzausen. – **-zunzelt** Adj. zerzaust, verwirrt. – **-zwutschen** alles durchbringen, verschwenden.

Verrer m. s. Vedder.

Vesper n., veralt., vorwiegend im Südwesten Mecklbgs. 1. Kaffeemahlzeit am Nachmittag gegen 16 Uhr: *to Vesper geef dat Borrerbrot (Vesperbrot) un Kaffe.* – Syn.: *lütt Abendbrot, Abendbrot.* – 2. Brot, das zur Vespermahlzeit gegessen wird: *nimm uk dat Vesper mit.* Im hist. Mittelpommern bezeichnete man als *grot Vesper* das zweite Frühstück am Vormittag.

vespern, veralt., Kaffee trinken am Nachmittag.

Viegling m., auch *Viechelchen*, meist in Verbindung mit *gäl*: *Gälen Viegling* Goldlack, Cheiranthus Cheiri L. – Zu nd. *Viol, Vijol* Veilchen.

vierdig vierzig: *de Verstand kümmt nich vör vierdig*; *hei is all in dei Vierdigen*; *hei's 'n gauden Vierdiger.*

vier(e)lang Adv. vierspännig: *se keemen vierelang* sie kamen mit vier Pferden vorgefahren; übertr.: *dat geiht vierelang her* es geht hoch her.

Vierkenbrot n., hist., Brot, das ein *Vierken* (mittelalterliche Münze im Wert von drei pom. Pfennigen) kostete.

Vierschäpelnoors m., scherzh., dikkes, großes Gesäß.

vierschurig Adj. 1. vierseitig, vierreihig, vom Korn: *vierschurigen Gasten* vierreihige Gerste, *de is bäder as tweischurigen Gasten.* – 2. kräftig, vierschrötig: *de Schipper wier een middelgroten, vierschurigen Mann.*

Viert n., hist., altes Maß von $^1/_4$ Scheffel = 13 $^3/_4$ Liter; bei Roggen 20 Pfund, bei Hafer 15 Pfund.

Viertel n. s. Vittel[1].

vierteigen vierzehn.

viertimpig Adj., veralt., vierzipflig.

vigelant s. figilant.

vigelett violett. Schnellsprechübung: *vigelett lett recht nett.*

Vigelien f., auch *Violien.* 1. Violine, Geige: *Vigelin spälen.* Im Sagw.: *Vigelien spälen kann ik uk, säd de Jung', bloots dat Fingerieren verstah ik nich. Up dei Vigelien is gaut spälen, secht dei Afkat, don kreech hei 'n Schinken.* Jemand, der sich hervortut, *spääIt dei ierst Vigelien*; derjenige, der anderen zuvorkommt, *spääIt 'ne anner Violien*, und wer *de Vigelien von 'n Nacken haalt*, bei dem sind die Tränen nicht weit weg. Wer *up de Richtenbarger Vigelien spääIt*, nimmt einen Korn zu sich. Die Violine steht in Sprw. u. Ra. bildhaft für einen gebildeten, kultivierten Menschen: *ut'n Backtroch ward nie 'ne Vigelien*; *wat tau'n Schwienstroch uthaucht is, ward in'n Läben kein Vigelien*; oder drastischer: *wat tau'n Äsel buurn is, dor ward kein Vigelien mihr ut.* – 2., übertr., fachspr., Gerät des Seilers: mit Löchern versehene Holzplatte, durch die die einzelnen Fäden gelegt werden.

vigeliensch s. figelant.

Vijöölken n. Veilchen, Dim. zu *Viol, Vijol* Veilchen.

villicht vielleicht; häufig zusammengezogen zu *vlicht.*

Visaasch f. Visage, Gesicht.

visentieren, veralt., visitieren, untersuchen, besichtigen. – Zu frz. *visiter.*

Visitatschon f. Visitation, Untersuchung, Besichtigung.

Vittel[1] n. ein Viertel, der vierte Teil von etwas: *de Man steiht in't ierst Vittel* es ist zunehmender Mond. – Wetterregel: *Wenn dei Bur bi't ierst Vittel sienen Tom un Pietsch nich uphängen kann, denn steiht de Man natt, kann hei't uphängen, steiht hei drööch.* – Uhrzeit: *de Klock ist vittel* eine Viertelstunde nach der vollen

Stunde.

Vittel[2] n. Stadtteil, Viertel: *hei wahnt in dissen Vittel.*

Vitteljohr n. Vierteljahr: *dat fett Vitteljohr* drei Monate nach dem Schweineschlachten; *dat dumm Vitteljohr* drei Monate nach der Geburt.

vläämsch Adj. ›flämisch‹, derb, grob.

vöddelst der, das Vorderste, entstanden aus *vörderste*, einem Superlativ aus *vor* und *der ›vörderste‹*, verkürzt *vörst*; *hei is ümmer dei Vöddelst* er ist immer voran, vorbildlich; *dat vöddelst Enn.*

von 1. Präp. von. Räumlich: *hei is von Berlin; 'ne Stunn' von hier; von'n Lann' stammen; hei kümmt von Stadt.* – Zeitlich: *von don an* von dem Zeitpunkt an, seitdem; *von don an kennen wi uns; von morgens an, von morgens tau, von morgens af an* zusammengezogen zu *vermorgens, vunmorgens, vermorrntau* diesen Morgen, heute morgen; ebenso *vonnacht* diese Nacht, heute Nacht; *vonabend* heute abend; *vondaach, vondaachs, vondagen* 1. heute: *vondaach blifft dat gaut Wärer.* – 2. früher: *dei wier vondaach all hier.* – Für den Genitiv: *de Fründ von mienen Brauder; in't Hus von miene Schwiegermudder.* – Partitiv: *dat Aas von Katt hett de Wust nahmen; so'n Dreck von Tüüch; 'n bäten von Boort is stahn bläben.* – In Verbindungen: *von baben dal* von oben herab, übertr.: flott drauflos; *von ein* voneinander, auseinander: *se sünd ganz von ein; nu ward dat woll nich wedder von ein gahn* nicht wieder auseinandergehen; *von ein rieten* auseinanderreißen; *von fuurts an* von vornherein, sofort; *von iersten* von ›erst‹: *dat weit ik noch von iersten* das weiß ich noch von vorhin; *von je ut her* schon immer: *von je ut her hemm' wi Silvester Blie gaten; von lütt up an, von kleen up an* von Kindheit an; *von mi ut* meinetwegen; *von'nanner* auseinander; *von nu af an, von nu up an* ab jetzt, sofort; *von so* von allein: *dat heilt von so.* – **2.** Adv.; bei Getrenntstellung der Adverbien *dorvon, hiervon, wovon*: *dor weit ik nicks von; dor lat ik de Fingern von; dor kann nicks von warden; hier heff ik nicks von.* – Substantiviert: *'n Von, 'ne Von* Personen adliger Herkunft; übertr. für etwas Vornehmes: *dor kann man ›von‹ tau seggen.*

vonwägen Präp. wegen, um willen, auf Grund, betreffs: *vonwägen de Ihrlichkeit; vonwägen dat fiene Urlaubswäder; vonwägen dat geiht mi nicks an, natürlich geiht mi dat wat an!* Iron.: *vonwägen Utlandsreisen un so!; vonwägen 'ne Kur!*

vör in unbetonter Stellung, vor allem in Zss., lautlich oft verkürzt zu *ver, va, ve, vö.* **1.** Präp. vor. Räumlich: *vör't Hus; vör'n Tun längs; vör de Dör;* – Ra.: *dat is buten so as vör de Dör* es ist alles gleich; *vör de Fäut kamen* um jmd. herum sein; *dat vör de Maach hemm'* Magenschmerzen haben; *kiek vör di, süss lichst' up'e Näs!; se is mi vör* sie ist mir überlegen. – Zeitlich: *vör drei Wochen; vör miene Tiet; vör Meddach* gegen Mittag; *vör Abend kam ik noch ran* gegen Abend komme ich noch. *Vör dei Hochtiet mööst du't wennen, na' dei Hochtiet hett' 'n Enn'* vor der Ehe sollte man bestimmte Dinge festlegen, danach ist es zu spät. – Allgemein: *vör Angst, vör luder Minschen, vör de Hand* einstweilen. In Verbindung mit Substantiven ohne Artikel: *vör Fuust schnieden* mit der Handsäge ein Brett aufschneiden; *vör Hand lihren* handwerkliche Arbeit mit der Hand ausführen; *vör öllers* von alters her; *vör Gewalt* grob. – **2.** Adv. vor, vorn, vorne; *von vör*, vereinz. auch *von vörn*: *de Wind kümmt von vör, lat di eis von vör bekieken; von vör up an* von vorne, von Anfang an; im Wortpaar mit *achter, hinnen: de hett vör nicks un achter nicks* sie ist sehr schlank; von einem Dummen: *dei weit nich, wat vör un achter is*; ein Gerissener *is vör un achter beschlagen*, der Schmeichler *will vör licken un achtern kratzen, hei is vör glatt un achtern natt.* Weitere Ra.: *Vör blifft vör un dei Moors hinnen;* oder: *dat's vör so as achtern* es bleibt alles beim alten; *vör blifft vör, un wenn de Sœch vör'n Wagen geiht* wer zuerst kommt, mahlt zuerst. – Sagw.: *Wer vör is, blifft vör, secht dei Bur, as de anner denn letzten Roggen inführt, führt hei denn letzten na de Mœhl.*

vör-, Vör-: -af Adv. vorab, voraus. – **-an** Adv. voran, auch in verbalen Zss. wie *vörangahn.* Im Sagw.: *Oll Lüd gahn vöran, säd de Düwel, don stör hei sien Großmudder von dei Trepp.* – **-aust** m. Vorernte, erster Heuschnitt, auch Zeit des Torfstechens. – **-behollen**, refl., vorbehalten. – **-bein** n. Vorderbein. – **-benomeden** Adj., hist., zuvor genannt, obengenannt. – **-bi** Adv. vorbei, vorüber. – Sagw.: *Is doch nich ganz vörbi, säd de Jung', schmeet na denn Hund un drop denn Köster.* Auch in vielen verbalen Zss. wie *vörbiflitschen, -gahn, -haugen, -kamen, -laten, -lopen, -meigen, -pütten, -scheiten, -schlieken, -witschen*; *einen vörbigahn* ihn verfehlen, nicht treffen. – **-blatt** n. Vorderschulter bei Pferden, Kühen, Schweinen. – **-bœgel** m., fischerspr., erster großer Bügel der Bügelreuse. – **-bœn** m. Vorboden. – **-dach** Adv., veralt., heute. – **-dal** Adv., veralt., vor sich hinunter: *hei steiht un kiekt vördal.* – **-däm** Adv. vordem, vor diesem, früher: *lang vördäm* lange vorher; *vördäm is dat anners wäst.* – **-deel** m. Vorteil. – **-dör** f. Vortür. – **-dreigen** vordrehen: *de Klock vördreigen* die Uhr vorstellen. – **-fäutsch** Adj. hintereinanderweg, geradezu, sofort: *dei arbeit' vörfäutsch weg; vörfäutsch taugahn; vörfäutsch platt räden.* – Entstanden aus: *vör* und *Fautes* (Genitiv zu *Faut* Fuß). – **-gahn** 1. vorgehen, vorausgehen. – 2. zu schnell gehen (von der Uhr). – 3. Vorrang haben. – **-gewend** n., landw., im Süden von Mecklbg-Vorpom., Pflugwende. – **-gistern** Adv. vorgestern. – **-gnœtern** ›vornörgeln‹, Vorwürfe machen. – **-hacht** f., veralt., Ruhe, Verweilen. – **-hemd** n., veralt., Chemisett. – **-hemm'**, etwas vorhaben, beabsichtigen: *wat hest du hüt vör?* – **-hen** Adv., zweite Silbe betont, vorhin: *vörhen särst du anners.* – **-her** Adv. vorher, früher: *hei kreech all vörher Bescheed.* – **-hollen** 1. vorhalten, vorwerfen: *höllst du mi dat immer noch vör?* – 2. anhalten, dauern: *dat Äten höllt noch vör.* – **-ierst** Adv. vorerst, fürs erste. – **-johr** n. ›Vorjahr, Frühjahr.‹ – **-jahrsch** Adj. vorjährig. – **-kamen** vorkommen. 1. erledigen, schaffen: *dat kann hei gor nich all vörkamen; ik kann dei Arbeit nich mihr vörkamen.* – 2. erscheinen, sich einbilden: *hei kümmt sich wat vör.* – 3. bekannt werden. – **-kaugen** 1. vorkauen. – 2., übertr., vorerzählen. – **-kesser** m. fachspr., vorderes Brett am Kastenwagen. – **-kieken** hervorsehen, vorstehen. – **-knecht** m., hist., Knecht, der die Arbeit der anderen leitete. – **-knöpen** ›vorknöpfen‹, übertr.:

jmd. zur Rede stellen, Vorhaltungen machen. – **-koopsrecht** n. Vorkaufsrecht. – **-kopp** m. Vorderkopf, Stirn. – **-kost** f. Vorspeise. – **-langs** Adv. der Länge nach, entlang: *hei keem de Strat vörlangs; vörlangs henfallen.* – **-leggen** vorlegen. 1. viel essen: *hei lecht gaut vör.* – 2., fachspr., etwas anschweißen. – **-leigen** vorlügen. – **-liggen** vorliegen: *de Immen liggen dicht vör* die Bienen liegen vor dem Flugloch. – **-lüden** vor Kirchenbeginn läuten. – **-lut** Adj. vorlaut. – **-mahd** f., landw., erster Grasschnitt. – **-mann** m. Vorgesetzter, Vorarbeiter. – **-meiger** m., veralt., landw., Vormäher. – **-middach** m. Vormittag. – **-nähmen** vornehmen. – **-nähmer** m. Müllschaufel. – **-nähmigkeit** f. Vornehmheit. – **-näsig** Adj. vorwitzig. – **-öllern** Pl., veralt., ›Voreltern‹, Großeltern. – **-œwer** Adv. vornüber. – **-pahl** m. Vorpfahl: *Vörpahl schlan* Vorkehrung treffen, etwas im voraus bedenken, beeinflussen: *kannst du nich bi Muddern Vörpahl schlan?* – **-plan** m. Land in Gehöftnähe. – **-preistern** vorreden, beschwatzen: *hei hett mi schön wat vörpreistert.* – **-räd** f. Vorrede: *Vörräd litt kein Striet* was vorher besprochen wurde, kann hinterher nicht zum Streit führen; *Vörräd ist bäder as Naräd.* – **-schämel** m., fachspr., Schemel auf der Vorderachse des Wagens. – **-schauh** m. vorderer Teil vom Schuh oder Stiefel. – **-schauhen, -schaugen**, veralt., fachspr., Schuhe mit einer Kappe versehen: *de Schauh vörschauhen laten.* – **-scheiten 1.** vorschießen, im voraus geben. – 2. vorstellen, vorragen; *dat Hus schütt vör.* – **-schinken** m. Vorderschinken. – **-schipp** n. Vorderschiff. – **-schmack** m. Vorgeschmack. – **-schmieten** 1. vorwerfen. – 2. Vorwürfe machen. – **-schnitt** m., landw., erster Schnitt bei der Heuernte. – **-schott** n. fachspr., 1. vorderer Verschluß am Kastenwagen. – 2. unteres Teil einer zweigeteilten Stalltür. – **-schotten** verriegeln. – **-schuft** f. Vorderschulter bei Schweinen, Kühen, Pferden. – **-schuwen** vorschieben: *Riegel vörschuwen.* – **-seihn** vorsehen. 1. sich in acht nehmen, aufpassen. – 2. planen, beabsichtigen. – 3. vorsorgen, sich mit etwas versehen: *hei hett vör sien Öller gaut vörseihn.* – **-sitter** m. Vorsitzender. – **-spang** f., hist., Spange, Schmuck. – **-spann** n. ein Gespann Pferde. – **-sprak** f. Fürsprache, Empfehlung: *'n bäten Vörsprak hollen; mit 'n bäten Vörsprak kümmt man lichter tau wat.* – **-stahn** 1. an der Spitze stehen. – 2. versehen, beistehen: *dat kann ik nich mihr vörstahn.* – 3. unangenehm bevorstehen: *dat steiht mi vör.* – **-streff** in der Ra. *sich vörstreff, vörsträf setten* sich widersetzen, weigern: *hei wull sich noch lang vörstreff seiten.* – **-stuf** f., veralt., Vorstube, ›gute Stube‹, meist an der Vorderfront des Hauses. – **-tähn** m. Vorderzahn. – **-tau** Adv. 1. nach vorne zu: *gah man vörtau, wi kamen gliek.* – 2. vornean: *hei wahnt in de Strat gliek vörtau.* – **-tieden** Adv. vorzeiten, früher. – **-tünen** aufschneiden, schwindeln: *hei hett mi schön wat vörtüünt.* – Zu *Tun* Zaun. – **-unner** n., seem., Vorderverdeck, Laderaum oder Kajüte im Vorschiff. – **-up** Adv. vorauf, voraus: *gah man all vörup; von vör up an* von Anfang an. – **-ut** Adv. 1. voraus, bes. in Verbindung mit Verben: *vörutkamen, -gahn, -räken.* – 2. insbesondere, hauptsächlich, vorausgesetzt: *ik betal* *tau'n Iersten, vörut, dat ik Geld heff; ik war' di helpen, vörut, wenn du Wuurd höllst.* – **-vörrig** Adj. ›vorvorig‹: *vörvörrig Johr.* – **-wacht** f., fachspr., Zugvorrichtung an der Deichsel beim Fahren mit vier Pferden. – **-wech** Adv. vornweg, voraus: *nimm man 'n orrigen vörwech; mit'n Mund vörwech* naseweis.

vörnhen Adv., zweite Silbe betont, vorhin: *vörnhen güng hei hier vörbi.*

vörrig Adj. vorig, vorhergehend, letzt: *vörrig Johr.*

Voss m. 1. Fuchs, Pl. *Vöss.* In vielen Vergleichen, Ra., Sprw. u. Sagw.: *grienen as'n Voss* verschmitzt lachen; *dorsitten as'n Voss unner de Äch* verlegen sein; *di hett woll de Voss bäten* du bist wohl nicht ganz normal; *hier licht de Voss begraben* hier ist der Fehler, die Ursache zu suchen; *dat hett denn Voss in't Ooch schlan* das hat ihn beleidigt; *denn Voss tau'n Gaushäuder maken* den Bock zum Gärtner machen; *wat nakümmt, bitt de Voss* den letzten beißen die Hunde. In sehr einsamer Gegend *seggen sich Voss un Has gaude Nacht.* In inhaltlich oft ähnlichen Sprw. werden die dem Fuchs zugeschriebenen Eigenschaften verallgemeinert: *De Voss wesselt dat Hor, œwer nich denn Sinn; de Voss wesselt de Farf, œwer nich sien Gewarf; de Voss dröömt ümmer von'n Häuhnerstall; Voss blifft Voss, un wenn em dat Fell œwer de Uhren treckt ward.* Und doch *find't man denn Voss taueletzt bi'n Kürschner un denn Deif an'n Galgen* jeder erhält den Lohn, den er verdient: *Wi seihn uns werrer, secht de Voss to'm Wulf, un wenn nich ihrer, denn bi'n Pelzmaker up'e Stang'.* In unzählig vielen Sagw. wird die Schlauheit des Fuchses als Schlagfertigkeit ironisiert: *Se is mi to krumm, secht de Voss, don hüng de Wust baben an'n Balken, ... in'n Wiem; de is mi to olt, sä' de Voss, don flööch de Hahn up'n Appelbom; Zank un Striet möt'n ut'n Wech gahn, sä' de Voss, don seech hei dor twee Scheeperhunn' lopen; de is mi ok all lang to warm wäst, sä' de Voss, don schöt em de Jäger denn Stert af; dat's man 'n Oewergang, secht de Voss, don bet hei de Gaus denn Kopp af, ... treckt hei denn Hasen dat Fell af; verfihr di nich, sä' de Voss, don kreech hei denn Ganter tau faten; nu sünd wi säker, sär de Voss, don set hei achter 'n Marlhalm.* Bezeichnungen für ein Kindergreifspiel: *Voss un Has, Voss ut't Loch.* – 2. braunes, fuchsfarbenes Pferd. – 3. Pelzkragen aus Fuchsschwanz. – 4. rothaariger Mensch. – Ra. angesichts einer rothaarigen Frau: *all werrer 'n Voss un kein Gewehr.* – 5. gerissener, hinterlistiger, schlauer Mensch. – 6., hist., ein Goldstück im Wert von 20 bzw. 10 Mark: *'n lütt'n Voss wier'n fief Mark.* – 7. rote Flecke, die bei einem versotteten Schornstein im Mauerwerk durchschlagen. – 8. torfiger Acker.

Voss-: -andeil m. kleinerer Anteil bei Teilungen. – **-barch** m. häufiger FLN. – **-bu** m. Fuchsbau. – **-ierd** f. rote Erde, rötlicher Sand. – **-iesen** n. Fuchsfalle. – **-kopp** m. Mensch mit roten Haaren. – **-kuhl** f. FLN. – **-schwanz** m. 1. Gartenblume, Amarantus caudatus L. – 2. kurze Säge. – Ra.: *denn Vossschwanz strieken* jmd. schmeicheln, umgarnen. – **-stiech** m. schmaler, halb zugewachsener Steig, Weg.

vossig Adj. rotbraun, fuchsrot.

vull Adj. 1. voll, vollständig, ganz: *vull sin* satt sein, betrunken sein; *bet baben vull sin* verärgert sein; *vull*

Geld abgerundetes, glattes Geld: *mak dat Geld man vull; vull arbeiden* ganz(tägig) arbeiten; *vull arbeiden kann ik nich mihr; upm vullen Stein* einen ganzen Stein stark (mauern); *de Hosen bet baben vull hemm'* Angst haben; *'n Ooch vull, 'ne Näs vull* ein bißchen, ein wenig. – 2. füllig, üppig: *vulles Hor.* In Wortpaaren: *vull un ganz; vull un bi.* Substantiviert: *ut'n Vullen läben* im Überfluß leben.

vull-, Vull-: **-bord** f., hist., Vollmacht, Einverständnis. – **-brechtsnacht** f., veralt., Walpurgisnacht. – **-buuksabend** m., veralt., Heiligabend, Neujahrsabend, auch jeder Abend, an dem viel gegessen wird. – **-büxenabend** m. 1. Tag, an dem man die Tasche voll Geld hat. – 2. geeigneter Abend zum Kinderzeugen. – **-daaksen** durchprügeln. – **-hacken** dicht vollsitzen: *de Bom hackt vull as de Kladden.* – **-haugen** vollhauen: *de Jack, dat Fell, dat Lerrer.* – **-kamen** Adj. vollkommen, weit, groß: *de Jack is noch 'n bäten vullkamen.* – **-lappen** jmd. mit Reden langweilen. – **-maand** m. Vollmond. – **-maken** vollmachen 1. füllen. – 2. vollkommen machen. – 3. sich beschmutzen. – **-miegen** einnässen. – Ra.: *Klas Abendsägen hett't Bär vullmägen.* – **-pauen, -paugen** stöhnen, jammern: *de Uhrn vullpauen.* – **-pramsen, -premsen** vollstopfen: *de Sack is so vullpremst.* – Syn. *vullproppen.* – **-schlagen, -schlan** vollschlagen, viel essen: *sich dat Lief vullschlagen.* – **-stännig** Adj. vollständig. – **-supen** vollsaufen: *denn Buk vullsupen* übermäßig trinken. – **-teihn** vollziehen. – **-tuten** ständig etwas erzählen: *de Uhrn vulltuten.* – **-up** Adv. volllauf: *hei hett vullup sien Daun.* – **-wrœnen** jammern, klagen, stöhnen. – **-wrucken** vollstöhnen: *de Uhrn vullwrucken.*

vörst s. vöddelst.

W

W, w n. der Konsonant. w ist stimmhafter, labialer Reibelaut im Wort- und Silbenanlaut. Nach t wird w überwiegend bilabial als Halbvokal (dem englischen w vergleichbar) artikuliert, z. B. in Wörtern wie *Twäl, Twiech, twors.*

Waach[1] f. Waage, Pl. *Wagen.* – Ra.: *vör dei Waach, up dei Waach stahn* vor einer Entscheidung stehen; jmd. *de Waach hollen* jmd. beistehen.

Waach[2] m. s. Wagen.

Wääch m. s. Wech.

Waachlatt f., fachspr., Richtlatte, auf die die Wasserwaage gelegt wird, von Maurern und Zimmerleuten gebraucht.

Waachschal f. Waagschale, Waage; auch *Wachtschal.*

wabbelig Adj. 1. schwabbelig, gallertartig. – 2. ohne Geschmack, unangenehm weichlich: *dei Spies, dat Fleisch is mi tau wabbelig, dat ät ik nich.*

wabbeln wackeln, schwabbeln.

Wabbelnoors m. dickes schwabbelndes Hinterteil, bes. von Frauen.

wäben, wäwen weben. Präs. Sg. 1. *wäf*, 2. *wääfst*, 3. *wääft*; Prät. *wääfte*; Part. Prät. *waben, wääft. De Ollen hemm' früher noch allein wääft.*

Wachannel m. s. Wacholler.

Wacholler m. Wacholder, Juniperus L.; in älteren hist. vorpom. Quellen auch *Wachangel* und *Wachannel* als Mischform aus *Machannel* (s. Machandel) und *Wacholler.*

Wacht f., fachspr., das Zugholz am

Wagen und Pflug für zwei Pferde oder dessen langes Holz: *de Pier lengn sich scharp inne Wacht* die Pferde ziehen sehr gut; *dat Pierd lett sich inne Wacht schläpen.*

wacht Adj. lebhaft, munter, aufgeweckt: *dat is'n wacht'n Jung'; hei is wacht as 'ne Mus up't Kinnelbier.* Substantiviert: *se is so'ne lütte Wachte.*

wachten, veralt., 1. sich wahren, hüten vor, sich verbergen: *ik künn mi nich wachten vör em*; imperativisch: *wach di!* sieh dich vor! – 2. warten.

Wachtschal f. s. Waachschal

Wackelgaus f. 1. Gans, die wacklig geht. – 2., übertr., wacklig gehende Frau.

Wackelpopo m., scherzh., Gelee, Süßspeise. – Syn. *Wackelpeter.*

Wad[1] f., fischerspr., großes Zugnetz der Fischer, vornehmlich in flachen Gewässern, in Flüssen verwendet; es wird von zwei Booten oder vom Land aus gezogen: *dei Wa' trecken, mit dei Wad dörchtrecken; denn Diek mit dei Wad utfischen; mit dei Wad fischt man up de Flääacht* (im Flachen).

Wad[2] f. Wade, Pl. *Waden.* – Ra.: *mi is dat inne Waden schaten* ich habe mich erschrocken.

Waddeldach m. s. Wardeldach.

Waddik, Wadding, Warrik m. Molke, Flüssigkeit, die sich von geronnener Milch und Quark absetzt. In der Verbindung mit *Weihdaach*: *utseihn as Warrik un Weihdaach* blaß und elend aussehen.

Wadel m., veralt., Phase des ab- oder zunehmenden Mondes: *wat för'n Wadel is? Düüster orrer hell? In'n düüstern Wadel künn man bäder Aal fangen (Aalwadel).*

waden waten.

Wäder, Wärer n. 1. Wetter, Witterung. Die unterschiedliche Beschaffenheit des Wetters wird durch Adjektive charakterisiert: *drucksig Wärer* schwüles Wetter; *gruglich Wärer* sehr schlechtes Wetter; *lurich Wärer* unstabiles Wetter; *munkeliges Wärer* trübes, Regen verheißendes Wetter; *asig Wäder* unfreundliches, nasses Wetter; *natt Wärer* Regenwetter; *paßliches Wärer* passendes, angenehmes Wetter; *ruges, rusig Wärer* rauhes Wetter; *wasslig Wärer* Wetter, bei dem es gut wächst, d. h. regnerisch und warm; *weekes, weikes Wärer* Tauwetter. Wer nach dem Wetter sieht, der *kiekt in't Wärer.* Mehr Unzufriedenheit mit dem Wetter als Lob klingt aus vielen Ra.: *hüt is uk'n Wärer, dor kann'k twei ut maken; för so'n Wäder leiwer gor kein Wäder; dat's 'n Wäder wie im Sommer, bloß so warm is't nich; dat is'n Wäder, dor kœnen eenen de Lüs ut't Knoploch springen; dat's so'n Wärer: up'n Rüggen liggen un mit'n Noors Fleigen fangen* es ist sehr schönes Wetter; *dat's 'n Wärer, dat de Bur in'n Kauhstall schitt* sehr kaltes Wetter; *je ruger dat Wärer, je sanfter de Fru; is schön Wäder, secht hei, un dorbi rägent dat* zur Charakterisierung eines Lügners. – Wettervoraussagen sind in alten Bauernregeln festgehalten: *So as dat Wärer in de Kirschenbläucht, so is dat uk, wenn de Roggen bläucht. So'n Wärer as't in 'n Dezember is, sall't uk in'n Frühjohr sin.* Aus vielen Anzeichen deutete man Veränderungen im Wetter: *mi sitt dat Wärer inne Knaken, dat gifft anner Wäder; wenn Zicken pruuschen, gifft' gaut Wärer.* – 2. Unwetter, auch Gewitter *dor kümmt 'n Wäder up.*

Wäder-, wäder-: **-bläk** f. Unwetterzeichen am Himmel. – **-blaum** f. Akkergauchheil, Anagallis arvensis L.

– **-eck** f. Wetterecke. – **-fahn** f. Wetterfahne. – **-hahn** m. Wetterhahn, Windanzeiger auf dem Dach. – **-hex** f. zänkische Frau. – **-lock** n. Loch oben im Stallgiebel. – **-lüchten** n. Wetterleuchten. – **-rapport** m. Wetterbericht. – **-siet** – -f. Wetterseite, an Gebäuden die Nord- oder Westseite. – **-stang'** f. Blitzableiter. – **-wendsch** Adj. wetterwendisch, launisch.

Wader, Warer n. 1. Wasser: *sieden Wader* siedendes Wasser; *kaken Wader* kochendes Wasser. – Ra.: *Dat wascht em kein Wader af* das bleibt an ihm haften; *tau Wader gahn* mißlingen; *will Wader in'n Kopp hemm'* Streiche, dumme Gedanken im Kopf haben. Wer leicht und oft weint, *dei hett dicht an't Wader buucht*. Wenn die Sonne sehr sticht, *denn treckt se Warer*, d. h., es gibt ein Gewitter. In übertr. Gebrauch im Sprw.: *Still Warer hemm' deip Grünn'* ruhige Menschen haben es oft faustdick hinter den Ohren; *wur Wader is, kümmt ümmer wat wedder* wo Besitz ist, kommt immer wieder etwas hinzu; aber: *wer Pech hett, verliert't Warer ut de Kiep.* – 2. Gewässer, Meer, Fluten: *seicht Warer, lütt Warer* flaches Wasser, Niedrigwasser; *apen Warer* von Eis befreites Meer; *stahn Warer* stehendes Gewässer, im Gegensatz zum *lopen Warer; he is upm Warer grot worden* er stammt aus einer Fischerfamilie. – 3. Tränen: *dat Warer stünn em in de Ogen.* – 4. Urin: *de Supp schleit tau Warer* nach dem Genuß dieser Suppe muß man viel Wasser lassen; *hei kann nich Warer laten; dat Warer süht ganz dick ut; schnieden Warer* Blasenentzündung. – 5. Schweiß. Im Sagw.: *Allens unner Warer, säd de Voss, don schweit em vör Angst.*

Wader-, wader-: -back f., seem., Wasserbehälter. – **-bänk** f., veralt., Holzbank, auf der gewöhnlich zwei gefüllte Wassereimer standen: *Waderbänk mit Emmers un Füllpott.* – **-blas** f., veralt., im alten Küchenherd eingebauter Wasserbehälter mit Deckel. – **-bütt** f. kleiner Holzbottich mit Holzgriff zum Ausschöpfen von Wasser, auch größere Wassertonne. – **-dracht** f. Schultertrageholz für

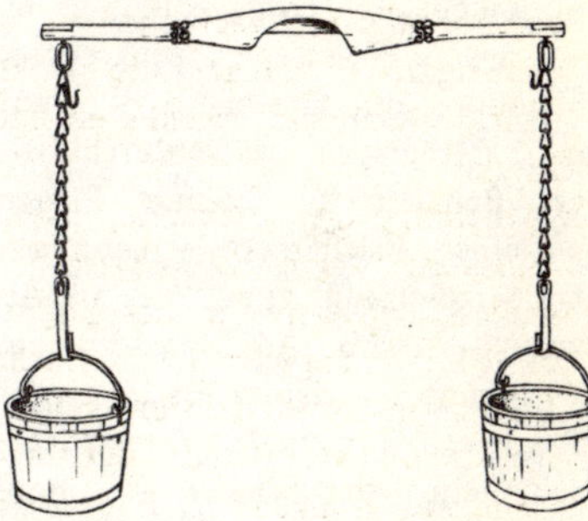

zwei Wassereimer. (s. Abb.). – **-drööch** Adj. halbtrocken: *de Wäsch, dat Holt is waderdrööch.* – **-emmer** m. Wassereimer. – **-for** f. ›Wasserfurche‹, Furche im feuchten Ackerland: *'ne Waderfor maken.* – **-fru** f. 1. Wassergeist. – 2. Libelle. – **-hauhn** n. Wasserhuhn. – **-jumfer** f. 1. Wasserjungfer, Nixe. – 2. Libelle. – Syn. Waderpierd. – **-kant** f. Wasserkante, Küste. – **-katt** f., scherzh., Matrose. – **-kell** f. Ruder. – **-kierl** m. Wassergeist. – **-klas** m., veralt., eiserner Behälter mit Deckel für Wasser auf großen Herden. – **-kringel** m. Hefekuchen, den man in Wasser gehen läßt. – **-kumm** m. 1. Trog zum Tränken des Viehs. – 2. große tiefe Schüssel. – **-lilj** f. 1. Gelbe Seerose, Nuphar lutea (L.).

– 2. Weiße Seerose, Nymphæa alba. – **-lins** f. 1. Kleine Wasserlinse, Lemna minor L. – Syn. Änenflott. – 2. Tauchflott, Lemna trisulca L. – **-mann** m. 1. Wassergeist. – 2. Seemann, Fischer. – **-mat** n. Wassermaß. – **-mäuhm** f. Wassermuhme, Wassergeist. – **-mœhl** f. Wassermühle. – **-oss** m. Große Rohrdommel, Botaurus stellaris (L.). – **-pass** m. 1. waagerechte Linie. – 2. Wasserwaage. – **-paul** m. Wasserloch. – Syn. *Waderpütt.* – **-pierd** n. Libelle. – Syn. Waderjumfer. – **-ries** n. Wasserreis, senkrechter Schößling am Obstbaum. – **-rum** m., fischerspr., wasserdurchlässiger Behälter für lebende Fische auf einem Fischerboot. – **-schnirz** f. Kinderspielzeug zum Wasserspritzen. – **-schu** Adj. wasserscheu. – **-schüpp** f. Schaufel aus Holz oder Blech mit kurzem Griff zum Ausschaufeln von Wasser im Boot (s. Abb. S. 220). – **-spann** n. Wassereimer: *hal dat Waderspann rin.* – **-striepen** m. Klitschstreifen im Brot oder Kuchen. – **-supp** f. Wassersuppe. – **-töwer** m. Wasserzuber. – **-tunn** f. Wassertonne. – **-vagel** m. Großer Brachvogel, Numenius arquata (L.). – **-warm** Adj. gewitterschwül, drückend heiß. – **-wief** n. Wasserhexe.

wädern[1] 1. wässern, Vieh tränken: *hest du de Käuh all wädert?; Hiering wädern* Salzhering in Wasser legen, um ihn zu entsalzen. – 2. Flüssigkeit absondern: *de Wunn' wädert noch.*

wädern[2], **wärern** wettern, gewittern, donnern und blitzen: *dat wädert hüt düchdig.*

Wädik m. männliche Ente, Erpel; bes. auf Rügen, vereinz. auch sonst im hist. Vorpom. *Wäding* und *Wäring. Wädik* wird heute zunehmend von *Arpel* verdrängt, das durch hd. *Erpel* gestützt wird.

wafeln, hist., sich über dem Wasser in der Luft spiegeln, von der versunkenen Stadt Vineta; so auch von Arkona: *Arkona wafelt.* – Vgl. Haas, Wafeln.

Wäffähler m. 1. Webfehler. – 2., übertr., *'n lütten Wäffähler hemm'* nicht ganz normal sein.

Waffeliesen n. Waffeleisen, in dem man Waffeln bäckt; früher hatte es

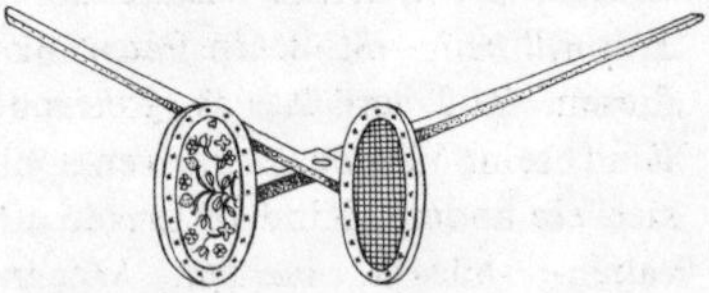

einen langen Stiel und wurde ins offene Feuer gehalten (s. Abb.).

Waffelkauken m. Waffel.

Wäfstauhl m. Webstuhl.

Wäftau n., vereinz., Webstuhl.

Wagen m. Wagen, Fahrzeug; verbreitet daneben auch die Form *Waach*, Pl. *Wagens.* Man unterschied in der Landwirtschaft früher: *'n korten Wagen*, den Dung- oder Ackerwagen, vom *langen Wagen*, dem Erntewagen. In die Scheune eingefahren wurde mit *stahend Wagen* mit stehendem Wagen, d. h. mit drei Wagen, einer fuhr, zwei wurden ent- bzw. beladen. – Ra. u. Rw.: *vör dissen Wagen treck ik nich* an dieser Sache beteilige ich mich nicht; von jmd., der sich nichts gefallen läßt, heißt es: *de lett sich nich an'n Wagen kamen, karen, pissen; unnern'n Wagen kamen* auf Abwege geraten; *knarren Wagens hollen am längsten* ständig über ihre Krankheiten klagende

Menschen leben oft am längsten. – Sprw.: *Dei Fru kann mihr mit de Schört ut'n Hus drägen as dei Mann mit'n Wagen rinführen kann* eine schlechte Hausfrau vergeudet mehr, als ihr Mann verdienen kann. – Beim Kinderspiel am Leiterwagen (*Wagenwulf*) gibt es einen Dialog zwischen dem Kind, das unter dem Wagen sitzt (*de Roggenwulf, de Minschenfräter, de Düwel*), und den Kindern, die auf dem Wagen stehen und sich greifen lassen: *Botter, botter* (*buller, buller*) *unner'n Wagen. – Wer is dor? – De Minschenfräter* (u. ä.). – *Wat will hei? – Minschen fräten.* Mit diesem Ruf verläßt das greifende Kind sein Versteck und versucht, sich ein anderes Kind zu fangen.

Wagen-: -büss f., fachspr., Wagenbuchse. – **-diestel** f. Wagendeichsel. – **-driewer** m., hist., Fuhrmann. – **-flak** n., landw., hohes Seitenbrett des Ackerwagens. – **-for** f. Wagenspur. – **-läus** f. Wagenspur: *gah man ümmer dei Läus na.* – **-ledder** n. Schutzleder für die Knie auf dem Vordersitz offener Kutschwagen. – **-meister** m., hist., Aufseher bei einer Posthalterei. – **-schier** f., fachspr., Gabeldeichsel beim Einspännerwagen. – **-schmeer** f. 1. Wagenschmiere. – 2., scherzh., Margarine. – **-schur** n. Wagenschuppen. – **-spinn** f., fachspr., Wagenbolzen. – **-trad, -tra'** f. Wagengeleise. – **-wulf** m. Bezeichnung eines Kinderspiels, s. Wagen.

wägen Präp. wegen, um willen: *wägen di künn ik dat nich köpen; von wägen!* das kommt nicht in Frage.

wägen-dat Konj. weil, damit.

wägen-dessen Konj. deswegen: *wägendessen bün ik hüt in de Stadt kamen; wägendessen sech ik dat nich.*

wägen-miener meinetwegen: *wägen miener man tau.*

wahnen wohnen: *sich tau wahnen setten* sich lange aufhalten: *gah hen, œwer sett di dor nich tau wahnen; hier kann'k mi nich tau wahnen setten* hier fühle ich mich nicht wohl; *hei wahnt an't bütelste Enn'* am äußersten Ende. – Ra.: *Achtern Barch wahnen uk Lüd.*

Wahngrupp f., Neolog., Wohngruppe, gesellschaftliche Organisation innerhalb eines Wohngebietes.

wahnschapen Adj., veralt., mißgestaltet, häßlich: *wahnschapen utseihn* unansehnlich aussehen; *wahnschapen sin* einfältig, albern, dumm sein.

Wahnung f. Wohnung.

Wak f. offene, dünne Stelle im Eis, Loch, Pl. *Waken.*

Wäk f., veralt., Woche, Pl. *Wäken*; jetzt von *Woch* verdrängt: *du büst woll in dei Woch verbiestert* du bist ja ganz durcheinander; am Mittwoch *ward de Woch deilt; in de Wochen kamen, liggen* dem Zeitpunkt der Entbindung und der nachgeburtlichen Zeit näherkommen. – Ra., wenn etwas ganz besonders gut schmeckt: *dat kann dei Mann äten, wenn dei Fru inne Wochen licht. De hett ungrad'* (unrichtige) *Wochen* hat eine Fehlgeburt gehabt.

waken wachen, aufwachen.

Wald m. Wald. *Wald* begegnet man vornehmlich in Ra., die aus dem Hd. in Nd. übernommen und lautlich umgesetzt worden sind: *hei süht denn Wald vör luter Böm nich* er kann nichts finden, selbst, wenn es sich unmittelbar vor ihm befindet; *dat sünd för mi böhmsche Wälder* das verstehe ich nicht. – Syn.: Busch, Heid[2], Holt.

Wald-: -äsel m. Waldesel, nur zur

Verstärkung in Vergleichen: *as'n Waldäsel liggen* faul auf dem Rücken liegen; *furzen as'n Waldäsel; schieten as'n Waldäsel.* – **-grewe** m., hist., Aufseher im Wald, Waldhüter. – **-hawer** m., hist., Abgabe als Gegenleistung für die Waldnutzung. – **-löper** m. Waldhüter, Waldaufseher.

Wäldaach Pl., veralt., gute Tage, Übermut, Fröhlichkeit: *hei weit vör Wäldaach nich, wat hei upstellen sall.* – Zu mnd. *wel* m. Wohlsein, Üppigkeit, Übermut.

wäldrööch Adj. halbtrocken, klamm, bes. von Heu. – Zu *wälen*, veralt., trocken werden, welken: *dat hett hüt gaut wäält.*

walen, refl., sich wälzen, sich recken, ausgelassen sein: *dat Pierd waalt sik; de Häuhner walen in'n Sand.*

wälig Adj. 1. übermütig, ausgelassen, von Menschen und Tieren: *du büst hüt so wälig, wenn dat dick Enn' man nich nakümmt.* – 2. kräftig, üppig: *hei wier 'n wäligen Kierl.*

Wall m., veralt., Zählmaß für Heringe, urspr. 84, dann 80 Stück: *'n Wall Hiering hett früher* (um 1890) *20 Penning kost, ein Wall wier'n 80 Stück.*

wallbalgen, -bargen, veralt., umhertoben, rumstrolchen.

Walnœt f. Walnuß, Frucht des Walnußbaumes: *œwer Johr gifft' väl Walnœt.* Rätsel:

Höger as een Hus,
Lütter as een Mus,
Bitter as Gall,
De Kinner mœgen't all.

– Walnußbaum und Walnuß.

Walter, im Spottvers auf den PN Walter: *Walter, wenn hei furzt, denn knallt er.*

wäm s. wem.

wämeln schwanken, torkeln: *hei is so besapen, dat hei wämelt.*

wämern flimmern: *dei Luft wämert, wenn dat heit is.*

wän, wen, veralt., Pron. 1. wer, jemand, irgendjemand. *Wän is dor?* Oder auch: *Is dor wän?* Ist dort jemand? *Murring, dor kümmt wän; süll hier wän wäst sin?;* war hier jemand? *Wän hett di wat dan?* Wer hat dir etwas getan? – Syn. *weckein.* – 2. wessen: *wän sien Kinner sünd dat?*

Wand[1] f. 1. allg. Wand, Pl. *Wänn'*: *mit denn kann man uk Wänn' inrönnen* von einem starrköpfigen, auch dummen Menschen. Derbe Abweisung: *Gah hen un schiet dei Wand lang!* – 2., übertr., dunkle Wolken am Horizont: *dor steiht 'ne hoge Wand.*

Wandschapp m. Wandschrank.

Wandspeigel m. Wandspiegel.

wannern wandern.

wann-ihr Inter. Pron. wann.

Wansch f. Wanze, Pl. *Wanschen.* – Sagw.: *Dat mœgen de Wanschen uk nich, säd de Bur, don har de Blitz in sien Hus inschlan.*

Wäpelduurn m. Heckenrose, Rosa dumetorum Thuill.

Wär f. Wette: *he leep mit em ümme, inne Wär.* – Syn. *Wärbahn lopen.* – Zu *Wedd* Wette, durch die Entwicklung von dd>rr mit Öffnung und Längung des Vokals.

Warbel, Wörbel m. Wirbel. 1. Haarwirbel auf dem Kopf. – 2. drehbarer Holzknebel zum Verschließen von Türen und Fenstern: *dreich denn Wörbel rüm!* – 3. drehbares mittleres Kettenglied.

Wardeldach, Waddeldach m., veralt., Werktag, Wochentag: *dei schoont nich Sünn- orrer Wardeldach* er arbeitet immerfort.

warden, warn, wan 1. werden, entstehen. Prät. Sg. 1. *wor, wur, wür, wör*, Part. *worden, worn. Wat nich is, kann noch wan* zum Trost gesagt; ängstlich dagegen: *wur dit woll ward* und drohend: *ik war di gliek!* Der Ausgeglichene meint: *lat warn, wat't ward;* und auf die Frage: *wo soll't warden?* heißt seine Antwort: *wi äten, wat wi hemm' un singen, wat wi weiten.* – 2. vorankommen, Erfolg haben: *de is wat worn in sien Läben.* – Ra.: *dor ward kein Büx ut* es wird nichts. Ausruf: *wat is ut di worn?; ut denn' ward nie wat.* – 3. gesund werden, sich bessern: *lütt bäten künnt' noch warden; hei ward noch werrer; sei is uk werrer worn.* Ausruf des Erschreckens und der Verwunderung: *ik war nich mihr!* – Allgemein drückt *warden* den Anfang einer Handlung aus: *nu ward' schniegen warden; dat ward' rägen warden; ik war schrieben; dat ward mi argern.* Im Ausruf der Verwunderung: *nu ward' rieten(d)* nun wird es zu toll, es reicht! – In Verbindung mit anderen Verben: *warden laten* anstellen, fertig werden, auch: *nicks warden laten; warden sallen* zuteil werden: *dat sall enn' warden.*

Warf n. Gewerbe, Beschäftigung, fingiertes Anliegen: *hei maakt sich 'n Warf* er täuscht ein Anliegen vor.

Warer n. s. Wader.

Wärer n. s. Wäder.

Warft f. Werft, Betrieb zum Bauen und Reparieren von Schiffen.

Warftarbeider m. Arbeiter auf der Werft.

Warftdur n. Werfttor, Eingang zur Werft.

Wäring m. s. Wädik.

Wark n. 1. Werk, Arbeit, Geschaffenes, Tat: *dat's mien Wark; dat's 'n Wark för denn, dei Varre un Murre dotschlagen hett* die Arbeit ist zu schwer. Allg. im Spruch: *Holl dien Mul un dau dien Wark, steck di nich in jeden Quark.* – 2. leere Bienenwabe. – 3., hist., liter. oft für *Warg*, gewebtes Tuch. – 4., landw., die Abfälle beim Hecheln des Flachses und Hanfes, Hede.

Wark-: -brauder m., hist., Zunftgenosse, Handwerksbruder. – **-dach, Warkeldach** m. Werktag. – **-kœk** f. Werkküche. – **-metz** n. Schnitzmesser. – **-rump** m., veralt., Bienenkorb aus gehecheltem Flachs. – **-städ** f. Werkstätte. – **-tüüch** n. Werkzeug.

warken arbeiten, werken: *hei möt schwer warken; hei warkt up'n Hoff.*

wärlopen wettlaufen, um die Wette laufen.

warm, wam Adj. warm; Dim. *warming: as so'n lütten Backaben, so warming büst du; warm to sitten kamen* eine gute Partie machen; *week un warm sitten* in guten Verhältnissen leben; *warm warden* sich mit etwas befreunden, sich interessieren: *mit dei Lü' kann man nich warm warden; nu ward hei warm; warm un drööch sitten; sich in't warme Nest setten; mit warmer Hand gäben* etwas vererben, solange man noch lebt: *wenn du ehr wat taudacht hest, denn giff ehr dat mit warmer Hand;* ein Haus *warm afrieten* es anzünden, um die Versicherungsprämie zu erhalten. Ausruf bei Hitze: *väl warm un wenig Bier.* – Rätsel: *Wur licht de Has am warmsten? – In dei Pann.*

Warmbier n. 1., veralt., Warmbier, gewürzt mit Rosinen und Korinthen, in Bauernhaushalten hergestellt und bei festlichen Anlässen, vor allem Hochzeiten, getrunken. – 2., veralt., Biersuppe aus Schwarz- oder Braunbier.

Warmbiersklock f., scherzh., große dreigehäusige Taschenuhr.

Warmkruk f. Wärmflasche, mit heißem Wasser gefüllte Steingutflasche oder ovales bzw. rechteckiges flaches Gefäß aus Metall oder Gummi zum Wärmen der Füße, auch des kalten Bettes: *'ne Warmkruk is för alle Krankheiten gaut.* – Syn. Fladrun.

Warmnis f. Wärme: *du möötst di dicht an denn Schostein ransetten von wägen de Warmnis.*

warn s. warden.

wärn, wern, wedden wetten: *will'n wi wärn?*

Warp[1] n. dicker, grober Stoff, Gewebe: *Warp is dat best för Schörten.*

Warp[2] n., seem., Tau zum Vertäuen eines Schiffes.

Warprock m. Rock aus grob gewebtem dickem Stoff.

Warpschört f. Arbeitsschürze.

Warptüüch n. selbstgewebte Kleidungsstücke.

Warrik m. s. Waddik.

was s. sin.

Wäsbom m., landw., im westl. Mecklbg auch *Bäsbom*, ›Wiesenbaum‹, langer, runder Balken oder Baumstamm, der oben auf ein vollgeladenes Heufuder oder den vollen Getreidewagen gelegt und vorn und hinten mit Stricken an den Leiterbäumen des Wagens befestigt wurde. In Ra. u. Vergleichen wird der *Wäsbom* zur Charakterisierung langer, dünner Menschen verwendet: *hei is so lang as'n Wäsbom.* Wenn jmd. beim Gehen mit dem *Achtern* wackelt, *dor is dat gaut, dat hei keinen Wäsbom in'n Hinnelsten hett.*

Wasch, Wäsch f. 1. das Waschen, Wäsche: *bi uns is hüt grot Wasch; up de Wasch gahn,* veralt., als Waschfrau arbeiten; *'ne lütt Wasch hemm',* dazu scherzh.: *du hest woll grode Wäsch in'n Düüstern.* Mit dem Waschen verbanden sich viele abergläubische Vorstellungen: *wenn de Fru Wasch hett un dat rägent, so heit dat, ehr Mann geiht up'e Dörper* ist untreu; *wenn bi de grode Wasch de Betüüch bi't Utwringen Blasen schmieten, secht man, dat gifft bald Kinnelbier.* In den *Twölften* (s. d.) sollte keine Wäsche gewaschen werden und *keen Wäsch upe Tüüchlien hängen, denn starft eener.* – 2. alle Textilien, die gewaschen werden. – 3. Unterbekleidung, Haushalts- und Bettwäsche. Redensartlich in übertr. Bedeutung: jmd. reine *Wäsch antrecken* ihm gehörig die Meinung sagen; keine *reigen Wäsch anhemm'* ein schlechtes Gewissen haben; *wat inne Wäsch hemm'* kräftig sein. Drohend in der Aufforderung: *blief mi vonne Wäsch!* Komm mir nicht zu nahe! – 4., veralt., Stelle, an der gewaschen wurde, am Fluß oder Bach, auch Teich: *na de Wasch gahn.* – 5., hist., breites Brettergestell, ca. 6 × 4 m, das am Ufer eines Flusses, Baches oder Teiches befestigt wurde und zum Spülen der Wäsche diente.

Wasch-: -balch f. hölzerne Waschwanne, stand gewöhnlich auf einem *Striddik*, s. d. – Syn.: *Waschbütt, Waschtien.* – **-brett** n. 1. geriffeltes Holzbrett zum Wäschewaschen. – 2., übertr., Falten auf der Stirn. – 3. Pl. *Waschbrä'*, übertr., große Hände. – **-dach** m. Waschtag. – Ra.: *Up'n Waschdach un bi't Backen sitt dei Fru de Düwel in'n Nacken.* – **-holt** n., veralt., Waschholz, kurzes, dickeres Brett aus Rotbuche mit Stiel, ca. 25 × 30 cm, mit dem die gespülte Wäsche geklopft wurde, um das Wasser aus ihr zu entfernen.

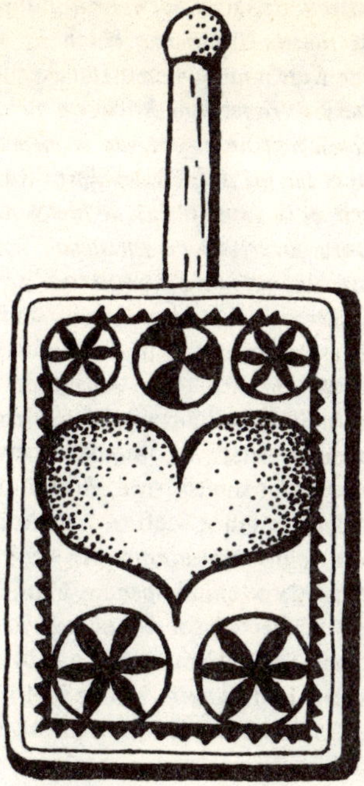

Verzierte Exemplare (s. Abb.) waren Hochzeitsgaben. – **-klämmer** f. Wäscheklammer. – **-kœk** f. Waschküche. – **-kumm** m., veralt., Holzkasten mit einer offenen Seite zum Waschen von Wäsche im Fluß. – **-lien** f. Wäscheleine. – Syn. Tüüchlien. – **-schöttel** f. Waschschüssel. – **-striddik** m. dreibeiniger Holzständer für die *Waschbütt.* – **-tubben** m. Waschfaß. – **-wief** n. 1. Waschfrau. – 2., übertr., Schwätzerin. Schnellsprechübung: *Wi Wolgaster Waschwiewer wullen witte Wäsch woll waschen, wenn wi wüßten, wur warmet, weiket Wader wier.*

waschen allg. wie im Hd. In Ra. u. Sprw.: *jmd. denn Kopp waschen* jmd. die (unangenehme) Wahrheit sagen; *wasch mi denn Pelz, œwer mak mi nich natt* bestrafe, tadle mich, aber tu mir nicht weh. Schlechte Spielkarten *sall man na 'n Paster schicken, dat dei se wascht.* Viele entschuldigende Ausreden gibt es für den, der sich nicht gerne wäscht: *väl Waschen is Fell verschüren* vieles Waschen ruiniert die Haut; *Schwien waschen sich uk nich un warn doch fett.* Und die Frage: *wecker wascht Hasen un Vöß? (dei sünd lieker reigen)* wird als scherzhafte Ausrede von einem wasserscheuen Menschen gebraucht. Ein sehr gerissener Mensch dagegen *is mit alle Warer wascht.*

Wäschen f., hist., Base, Cousine.

Wäsel, Wäsul n. Wiesel, auch *Wäsing*: *hei is fix as'n Wäsel.*

Wäselken n. Dim. zu Wäsel; *witt Wäselken* Frühlingshungerblümchen, Erophila verna. (L.).

Wäsen n. Wesen. 1. Gewese, Aufhebens: *mak nich so väl Wäsen von de Sak.* – Syn. Wäswark. – 2. Eigenheit, Besonderheit: *alles hett sien Wäsen; dat is so sien Wäsen.* – 3. Hauswesen, Anwesen.

wäsen sein, als Infinitiv veraltet, verdrängt durch *sin*; gebräuchlich vereinzelt noch im Imperativ: *wäs still!; wäs nich bös!; wäs eis so gaut un giff mi dat! wäs ruhig!* Auch als Part. Prät., aber nur in der neueren Form *wäst*: *wat wäst is, dorför gifft dei Bur nicks; dor bün ik all lang wäst; dei is för mi wäst* den kenne ich nicht mehr.

Wass n. Wachs.

Wassdauk n. Wachstuch.

wassen wachsen, größer werden. Präs. Sg. 1. *wass*, 2. *wasst*, 3. *wasst*, Pl. *wassen*; Prät. *wuss, wüss*; Part. *wossen, wussen. Dat wasst dit Johr gaut; dat is gaut wossen; dat Schwien is gaut in't Wassen* das Schwein nimmt gut zu; *inne Höcht wassen* sehr groß werden;

dei Deich wasst all der Kuchenteig geht schon; *dat Wader wasst* das Wasser steigt. – Antwort, wenn jmd. über Regen klagt: *dorvon wassen dien Hor.* Wer eine Glatze bekommt, *dei wasst all dörch dei Hor.* Zu viel Arbeit *wasst einen œwern Kopp*, aber deswegen sollte man sich keine *griesen Hor wassen laten.*

Wasser m. ›Beißer‹, Hundename für Hütehunde und Schäferhunde; Dim. *Wassi.* – Zu ahd. *(h)was* scharf, schneidend und dem dazugehörigen Verb *wassen* scharf oder spitz sein.

wassing Inter. Pron. was, wie bitte; Dim. zu *was; wassing* wird trotz seiner Ableitung von hd. was (nicht von nd. *wat!*) als plattdeutsches Wort empfunden, ist aber auch in norddt. Umgangssprache geläufig.

wasslig Adj. gut zum Wachsen, fruchtbar: *dat is wasslig Wärer.*

Wäswark n. 1. Aufsehen, Getue: *mak doch nich so väl Wäswark!* – Syn. Wäsen. – 2. Sache, nichtiger Gegenstand: *wat's dat för'n Wäswark?*

wat Pron. was **1.** Inter. Pron.: *Wat sall ik daun?* Viele Scherzantworten gibt es auf die wiederholte Frage: *wat?*: *ach wat, schwart Katt, wenn s' schitt, is s' werrer witt; wat? Katt schitt natt, Hund schitt gäl, di inne Kähl; wat? Katt schitt natt, har s' drööch schäten, har'k s' rutschmäten; wat? Watt'n sünd kein Bomwull; wat? wenn't rägent, is't natt.* – Einleitend bei allgemeinen Ausrufen: *wat 'ne Hitt!; wat'n Larm!; wat'n langen Kierl!; wat Fleigen!* wieviel Fliegen! – **2.** Relativpron.: *dat Hauhn, wat väl kakelt, lecht wenig Eier*; Karl Schmidt, *wat mien Vedder is*; Anna, *wat mien Dochter is; dat Bild, wat ik maalt heff; miene Bekannte, wat hier ümmer kümmt; wat 'n gauden Schwien is, frett allens; wat 'n richtigen Jung' is, hett kein Bangen; wat miene Nichte ehr Mann is; wat mien Käpt'n is.* – Sprw.: *Dat Pier, wat denn Hawer verdeint, kricht em nich.* – **3.** Indef. Pron. etwas: *wat is dormank* etwas ist an der Sache dran; *na, is doch wat!* nun, etwas ist es wenigstens; *bäder wat as gor nicks; ..., as inne Büx schäten.* Abweisend: *schiet di wat!* – Mit Präposition im Sprw.: *För wat is wat* wer gibt, dem wird gegeben. – Vor Substantiven: *wat Säuts* Süßigkeiten; *wat Lütts kriegen* ein Kind kriegen; *wat Sures* etwas Saures; *dat is nich recht wat von Stoff* es ist kein guter Stoff. – Vor Adjektiven: *dat is wat lang; sei is wat grot; hei wier wat unbeholpen.* – Vor Verben: *de Melksupp is hüt abend wat anbrennt.* – **4.** Konjunktion ob: *hei frööch denn Jungen, wat hei em woll seggen künn, wat sien Vadder tau Hus wier; will'n eis seihn, wat wi dat nich kriegen; kiek eis ut, wat dat noch rägent; kiek eis tau, wat dei Husdör all tau is; sei hett lang' œwerlecht, wat sei dat niege Kleid antrecken sall.*

Wäten Pl. Seefahrtszeichen, die die Fahrrinne markieren, gewöhnlich Stangen mit Buschwerk: *Wäten stahn, wo de Fischerbö' langs gahn.*

Wätenschaft f. Wissenschaft, älter u. liter., *Wätenschap.* – Ra.: *dat hett all sien Wätenschaft* jedes Ding hat seine Eigenart.

Water n. s. Wader.

wäterig, waterig Adj. wässerig: *de Tüften sünd dit Johr so wäterig.*

Wätering f., veralt., Tränke, kleiner Teich, Trog an der Pumpe. Heute vielfach noch in Flurnamen enthalten.

Waud, Waur, Wode m., hist., Wodan, Wilder Jäger, Spukgestalt.

Waufer, Waufi m., kinderspr., Hund.

wäuhlen 1. wühlen, sich wälzen. – 2. tüchtig arbeiten.

wäuhlig Adj. unruhig, bewegt, wühlerisch: *mi is so wäuhlig inne Maach* es rumort in meinem Bauch.

Wauker m. Jakobsgreiskraut, Senecio jacobæa L.; *dat Land steiht ganz vull Waukers.*

waukern 1. wuchern: *dat Tüüchs waukert dull in'n Goorn.* – 2. wühlen, schwer arbeiten: *hei waukert denn ganzen Dach.*

wautschen schwerfällig gehen: *dei wautscht œwern Damm.*

wäwen s. wäben.

Wäwer m. Weber. – Spottvers und Text zu einem Marsch: *Varrer Wäwer hett'n Käwer up'e Tung', up'e Lung', up'e Läwer.*

Wäwerdanz m., veralt., Webertanz; wurde auf Hochzeiten und Erntefesten getanzt, vor allem im hist. Vorpommern.

wäwern flirren, flimmern: *de Luft wäwert*, bei großer Hitze.

Wä'winn' f., erste Silbe betont, Akkerwinde, Convolvulus arvensis L. – Zu *Wech* und *Winn'*, s. d.

Wech m. Weg, Strecke. – Ra.: *denn Wech unner de Fäut nähmen* zu Fuß gehen; *sich ut'n Wech gahn* einander meiden; *dat licht mi ut'n Wech* es liegt nicht auf meinem Weg, jenseits meiner Interessen; *sich upn Wech maken* sterben; *de Arbeit ut'n Wech gahn* faul sein; *upm Wech liggen* die Absicht haben aufzubrechen: *ik heff all langen up'm Wech lägen.* In festen Verbindungen: *bi Wech (Wääch) lang* nebenbei, gelegentlich. Scherzhafte Ankündigung eines Freundschaftsbeweises: *ik lech di mal werrer 'n Stein in'n Wech.*

Wech-, Wääch-: -blatt n. Wegerich, Plantago L. – **-krüz** n. Wegweiser. – **-stang'** f. eiserne Stange, mit der ein Weg abgesperrt wird. – **-wiert** m. Wegerich, s. Wäächblatt, geläufiger heute *Wägerich.*

wech Adv. weg, fort; *gah wech!; hei is wech; sei bleef wech* sie wurde ohnmächtig; *wiet wech sin* fest eingeschlafen sein; *'n Lütten wech hemm'* einen Schwips haben; *ganz wech sin* verliebt, vernarrt sein in etwas: *hei is ganz wech in ehr; em is nicks wech* er entbehrt nichts; *wat is ehr denn wech?* was fehlt ihr denn?; *in einem, in eins wech* ohne Unterbrechung.

wech-: -amisieren ›wegamüsieren‹. Scherzh. Antwort eines Glatzköpfigen auf die Frage nach dem Verbleib seiner Haare: *allens wechamisiert!* – **-bieten** wegbeißen, jmd. vertreiben: *dat lütt Farken lett sich nich wechbieten.* – **-blasen**, wie umg., 1. wegpusten. – 2. durch Blasen eines Instrumentes ein Zeichen zum Aufbruch setzen. – **-blieben** 1. wegbleiben, fortbleiben. – 2. ohnmächtig werden. – **-burren** wegfliegen, von Tieren, fortgehen, von Menschen. – **-daun** wegtun, wegwerfen. – **-dreigen** wegdrehen. – **-fieren**, seem., ein Tau nachlassen, lose geben: *wenn de Schot* (Spannseil) *half wechfiert, denn sägeln wi rum; fier dei Lien wech!* – **-flitschen** wegschlüpfen. – **-fräten** wegfressen, vollständig aufessen: *de Schwien hemm' allens wechfräten.* Aufforderung zum Essen: *frät man ümmer wech, is man 'n lütt Enn', wur't gaut schmeckt.* – **-gahn** 1. weggehen, verschwinden. – 2. reißenden Absatz finden: *wechgahn as warme Semmel.* – **-glipschen**, wie umg., entgleiten, wegschlüpfen. – **-grapschen** schnell wegnehmen. – **-halen** 1. wegholen, ergreifen. – 2., refl., sich erkälten, eine Krankheit zuziehen: *sich wat weghalen.* – **-hapsen**, auch umg., mit einem Haps schnell aufessen. – **-hebben** etwas verstehen, begreifen, klug sein: *de hett wat wech*; mit Zusatz: *von'n letzten Frost.* – 2. etwas (erhalten) haben: *dat heff ik wech* die Zurechtweisung habe ich hinter mir. Wer sich nicht aus der Ruhe bringen läßt, *de hett de Rauh wech.* – 3. jmd., etwas entfernen wollen: *dat will ik hier wech hemm'.* – 4. schadhaft, fehlerhaft sein: *dat Fleisch hett 'n Lütten wech* es ist schon angegangen. – 5. betrunken sein: *de hett 'n Lütten wech.* – **-kamen** 1. sich entfernen: *mak, dat du wechkümmst!* – 2. verlorengehen, vergessen: *dat kümmt ein' all wech* man vergißt alles. – 3. über etwas hinwegkommen: *dor bün ik gaut œwer wechkamen, schlicht bi wechkamen.* – **-kessern** fortjagen. – **-knacken** viel essen: *dat knackt hei wech.* – **-laben** ›wegloben‹, jmd. loswerden wollen durch empfehlende Reden. – **-lachen**, refl., wie umg., sehr lachen: *ik lach mi wech.* – **-laten** weglassen. – **-leggen** 1. zurücklegen, aufbewahren. – 2. an eine andere Stelle legen: *ein von uns' Häuhner lecht wech* eines unserer Hühner legt seine Eier nicht ins Nest; auch von untreuen Ehemännern: *hei lecht wech.* – **-leigen** eine Tatsache verleugnen. – **-lopen** fortlaufen: *dat löppt nich wech* es eilt nicht. – Ra. von einem schwachen Menschen: *denn is de Katt mit dei Maach wechlopen.* – **-luern** wegholen: *dat hemm' wi uns gistern wechluert in dissen Rägen.* – **-mümmeln** mit zahnlosem Mund aufessen: *dei Lütt hett alls wechmümmelt.* – **-olmen** verfaulen: *de Tähnen sünd mi ganz wecholmt.* – **-putzen**, 1. Schmutz entfernen. – 2., auch umg., viel essen: *dei putzen œwer wat wech.* – **-rümen** wegräumen. – **-schieten** 1. ›wegscheißen‹. – 2., übertr., refl., vorübergehen: *dat schitt sich wech! Dat schitt sich allens wedder wech* es wird wieder besser. – **-schlieken** wegschleichen, sich heimlich davonmachen. – **-schmieten, -smieten** 1. wegwerfen: *schmiet dienen ollen Rock nich ihrer wech, as bet du 'n niegen hest.* – 2. gering achten: *dat schmiet man nich so wiet wech.* – 3., refl., sich Männern hingeben (von Frauen gesagt). – **-schugen** fortscheuchen. – **-stuken** verstauen, auch Essen und Getränke: *hei kann orrich wat wechstuken.* – **-supen** viel trinken. – **-trecken** wegziehen, umziehen. – Syn. *wechteihn.* – **-wohren** aus dem Wege gehen, sich vorsehen: *nu wohr di man 'n bäten wech!* Scherzh. im Sagw.: *Wohr di wech, secht dei Hahn tau'n Hingst, süss peer ik di.*

weck Pron. Sg. u. Pl. für m., f., n. welches; daneben im Sg. die flektierten Formen *wecker, wecken, wecke.* – **1.** Inter. Pron.: *weck wiern gistern besapen? wecker wier dat?; wecker sien Hus is dat?; wecker hett dat seihn?; wecken sien Jung' büst du?* Rätsel: *Wecke Krankheit herrscht up keinen Lann'? – De Seekrankheit.* – **2.** Indef. Pron.: *he hett weck krägen; wecker kein Sorgen hett, maakt sich weck.* – Ra.: *Weck Lü' sünd klauk, weck Lü' sünd dœsig un weck, de sünd wat œwernäsig.* – **3.** Relativpron.: *de, wecke gistern dor wiern.* – Sprw.: *Wecker de Kauh tauhüürt, fött s' an'n Schwanz* wer sich von einer Anspielung getroffen fühlt, reagiert.

Wecker m. Wecker. – Ra. wie umg.: jmd. *up'm Wecker fallen* lästig werden.

Wedd f. s. Wär.

wedden s. wärn.

Wedder n. s. Wäder.

wedder, werrer Adv. wieder, wiederum: *find't sich all wedder an* alles findet sich an; *all werrer eis un gistern ierst* schon wieder; *dei wiern wedder schön in'n Gang.*

wedderböstig Adj. ›widerbürstig‹, aufsässig, widerspenstig. – Syn. s. wedderdäänsch.

wedderdäänsch Adj. widerspenstig, aufsässig, störrisch: *dat's uk so'n wedderdäänsches Diert; dat Pierd har sich wedderdäänsch* das Pferd sträubte sich. – Zu *wedder* und *daun.* – Syn.: wedderböstig, wedderhorig.

wedderhorig Adj. widerspenstig, rauh, aufsässig. – Syn. s. wedderdäänsch.

wedderkamen wiederkommen, zurückkommen.

wedderkaugen wiederkäuen.

Wedderpart m. Widerpart, Gegenpartei: *Wedderpart hollen* das Gegengewicht halten: *bi de Auktion hett hei mi ümmer Werrerpart hollen.*

Wedderschlach m. Gegenschlag. Spielregel beim Greifspiel: *Wedderschlach gellt nich* ein soeben angeschlagener Spieler darf nicht sogleich zurückschlagen; oft auch in übertr. Gebrauch, wenn jemand sich für erlittenes Unrecht sofort rächt.

Wedderseihn n. das Wiedersehen: *dat Wedderseihn hett lang duurt; Wedderseihn maakt Freud.* – Ra.: *Wi seihn uns werrer, wenn nich anners, denn up'n Gützkowschen Piermarkt*; ähnlich auch mit Bezug auf andere beliebte Volksfeste. Vor allem aber in der Grußformel *up Wedderseihn*, verkürzt *Wedderseihn.*

Wedderwuurt n. Widerwort, Gegenrede, Pl. *Wedderwür. Heff kein Wedderwür!* Widersprich nicht! – Syn. *Weddersprak.*

Weddik m. s. Waddik.

Wedem, Widem f., hist., Pfarrhaus, Pfarrwitwenhaus.

Weech f. s. Weich.

weeden s. weiden.

weegen s. weigen.

week s. weik.

weeten s. weiten.

weg s. wech.

wegen s. wägen.

Weggen m. Wecken, längliches oder kreuzförmiges Weizengebäck, altes Fastnachtsgebäck. – Syn.: Böller, Pummel, Heitweck.

weh s. weih.

Wehr[1] f. 1. Abwehr, Widerstand, Verteidigung: *sich tau Wehr setten.* – 2. Kraft, Vermögen, Besitz; so nur in der verbreiteten Ra.: *gau' inne Wehr sin* stark, kräftig, wohlhabend sein: *mien Sœhn hett sien gaudes Utkamen, hett 'ne gaude Fru, gesunne Kinner, hei is gaut inne Wehr.*

Wehr[2] n. 1. Vorrichtung zum Stauen eines fließenden Wassers. – 2., fischerspr., langes Absperrnetz bei den Reusen.

wehren 1. sich verteidigen, ringen: *will'n uns 'n bäten wehren.* Als Aufforderung: *wehrt juuch eis!* kämpft miteinander! – 2. verhindern, abwehren: *hei hett dat Unheil wehrt.*

wehrsam Adj. sättigend, lange vorhaltend: *hüt gäf't dick Arften un Schwienfleisch, dat is 'n wehrsam Äten; dor möt'n wehrsam mit ümgahn* damit muß man sparsam umgehen.

Weich, Weech f. Wiege, Pl. *Weigen.* Eine Wiege brachte die Bäuerin im 19. Jh. mit in die Ehe ein. Sie war meistens schmucklos. Ein auf vier Pfosten ruhender, mitunter ausgeschnittener Kasten stand auf zwei bogenförmigen Kufen (*Gängel*), an denen sich oftmals ein Band zum Schaukeln befand, denn: *wier Mudder in de Kœk un dat Kind schreech, denn würd fix an dat Band treckt un dat Kind wier taufräden.* Neben diesen sog. ›Querschwingern‹ gab es auch Standhängewiegen, die freischwingend in einem Brettergestell aufgehängt waren, oder Wiegen, die an Deckenbalken in der Stube hingen. – Ra.: *mit alle Weigen weicht sin* sehr gerissen sein; *dat is em in de Weich nich vörsungen* für so etwas war er nicht vorbestimmt. – Abergläubische Vorstellungen sehen böse Vorzeichen, wenn die Wiege bewegt wird, bevor ein Kind drin liegt. Wenn beim Auswringen großer Wäschestücke eine Blase entstand, deutete man sie als *'ne Weich.*

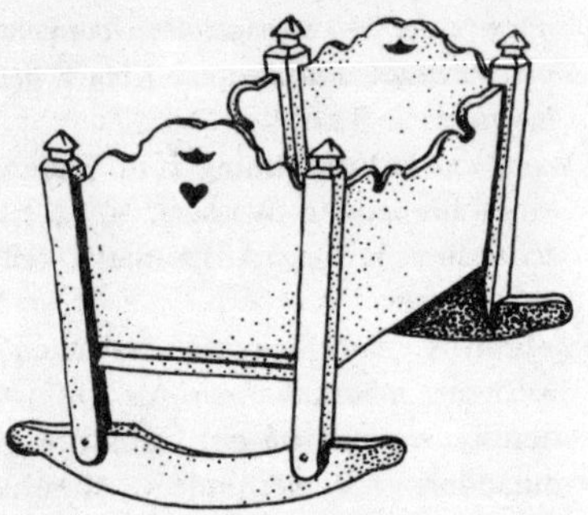

Wei(d) f. Weide: *de Käuh lopen up dei Wei'; ik heff eine Kauh up'e Wei'.*

weiden, weeden jäten, Unkraut aushacken; neben diesen beiden Leitformen gibt es weitere, verstreut auftretende Lautvarianten: durch Zerdehnung entstanden *weinen* und *weenen*, durch die Entwicklung von d>r *weiren* und *weeren.* Daneben bes. auf Rügen und Usedom *wieten* und *wieden*. – Zu nl. *wieden.*

weigen, weegen 1. wiegen. Präs. Sg. 1. *weich,* 2. *weichst,* 3. *weicht*; Part. *weicht. Kumm, kannst uns' Jöching 'n bäten weigen.* Scherzh. Rede: *Bi't Weigen kann man sœbenerlei daun: stricken un neigen, furzen un leigen, sitten un drinken un ut't Finster kieken.* – 2. sich mit wiegendem Gang fortbewegen, schwanken: *hei weicht man so.*

Weigenlied n. Wiegenlied.

Weigenschiet m., f. 1. ›Wiegendreck‹, Kleinkinderkot. – 2., übertr., dumme Streiche, dumme Gedanken, Illusionen: *dei hett Weigenschiet in'n Kopp.*

Weigenstroh n., veralt., Wiegenstroh: *noch Weigenstroh achter dei Uhren hemm'* noch unerfahren sein.

weih, weh Adj. weh: *mi daun alle Knaken in'n Lief weih.* – Ra.: *De ierst Küll deit an'n weihsten.* – Im Kinderreim: *Wat deet di weh? Dat linke Knee. Ween hett dat dan? De Kullerhahn. Künnst em nich schlagen? He wull ja nich stahn.* – Auf den Klageruf: *mi deit de Knei so weih* erhält man zur Antwort: *dau em werrer weih!*

weiharmen mit den Armen erregt gestikulieren.

Weihdaach, Wehdaach f. Schmerz, Weh, Sorge: *ik heff so'ne Weihdaach, dat mi de Kopp platzt; ik künn dat för Weihdaach nich uthollen;* übertr.: *dei Weihdaach kümmt hinnerher* die üblen Folgen stellen sich erst später ein. Im Sagw.: *De Weihdaach heff ik mi sülfst maakt, sär de Oss, dor müßt he sienen eegen Mess na'n Acker trekken.* In der Formel *Waddik un Weihdaach* verstärkt für elendes Aussehen und Befinden: *se wier ganz Waddik un Weihdaach; utseihn as Waddik un Weihdaach* blaß aussehen.

weihdaun weh tun, schmerzen: *mi daun alle Knaken weih* ich habe Gliederschmerzen; *mi deit all de Maach weih* ich habe Hunger; *denn' deit de Kopp nich mihr weih* er ist tot.

weihen, weigen, weiden wehen. Präs. Sg. 1. *weich,* 2. *weichst,* 3. *weicht*; Prät. *weichte*; Part. *weicht. Dat Tüüch weicht hüt nich* die Wäsche auf der Leine bewegt sich nicht. Im Kindervers.: *De Wind, de weicht, de Hahn, de kreicht, de Bäcker, de backt, de Stuten, de knackt.*

Weihmäudigkeit f. Wehmütigkeit, Wehmut.

weik, week Adj. weich; Dim. *weiking.* Kompar. *weiker,* Superl. *an'n weiksten.* 1. weich: *de Kees is weik; weike Eier; de Häuhner fäuhlen sich so weik an* wenn sie anfangen wollen zu legen. – 2. mild, warm, vom Wetter: *weikes Wäder; weiker Wind.* – 3., übertr., empfindsam: *hei is weik*; jmd. *anne weike Siet faten* jemandes Gutmütigkeit ausnutzen, ebenso: *de weeke Siet afgewinnen, aflopen; 'n weeken Kees hemm'* nicht normal sein.

Weikbütt, Weekbütt f. 1. Gefäß zum Einweichen von Wäsche u. a. – 2., übertr., Bett: *hei licht inne Weikbütt,* vor allem von einem Betrunkenen, der seinen Rausch ausschläft. Auch für das Wochenbett: *se licht inne Weekbütt.*

weiklich Adj. weichlich, empfindsam, nicht energisch: *wat is de Jung' doch weiklich!*

weimern, veralt., verstreut auch *wämern:* 1. wimmern, jammern; *wer Tähnweihdaach hett, weimert.* – 2. schwanken: *hei wämert na Hus.*

Weiten m. Weizen. – Ra.: *sien Weiten bläucht nu werrer* seine Erfolgsaussichten sind jetzt wieder gut. Im Sagw.: *De Weiten is nich ihrer säker, as bet hei inne Maach is, säd de Bur, don har sien Fru denn Kauken inne Asch fallen laten.*

weiten, weeten wissen, kennen, können. Präs. Sg. 1. *weit,* 2. *weitst, wätst,* 3. *weit*; Prät. Sg. *wüßt,* Pl. *wüßten*; Part. *wüßt. Dat har ik giern wüßt!; wüßt hest du dat* gewußt hast du es; *nich, dat ik wüßt* nicht, daß ich wüßte; *wer weet wur wat!* wer weiß was alles!; *wat weet ik!* was weiß ich! Ra. über den Unwissenden, Dummen: *hei weit nich von Hüll orrer Düll; dei weit uk rein gor nicks; dei weit väl von wat, weit nicks von af; dei weit von Tuten un Blasen nicks; he weet so väl wie dat Schwart unnern Nagel; dei weit von Gott un dei Welt nicks; dei weit von'n hellichten Dach kein Düüsterwarden; dei weit nich von Himmel un Höll.* – Dagegen der Schlaue, der Gerissene: *hei weit, woher Lux dat Bier haalt; hei weit, wat de Klocken lüren; hei weit ümmer, wecker hei is; hei weit uk, wo Bartel denn Most haalt; hei weit dorup tau lopen.* Wer in großen Schwierigkeiten ist, *de weit nich ein un nich ut.* – Sprüche u. Sprw.: *Wer weit, wie dat noch kamen kann, wer weit, wur dat noch kümmt. Wenig Lüd weiten, wur väl man weiten möt, üm tau weiten, wur wenig 'n weit. Wat ik nich weit, maakt mi nich heit un bringt mi nich in Schweit. Wat de ein nich weit, weit de anner. Wi äten, wat wi hemm' un singen, wat wi weiten* wir sind mit allem zufrieden. – Sagw.: *De Fru hett ümmer recht, secht Bandemer, œwer se dörf dat nich weiten. Wer kann weiten, wo de Has löppt, secht de Bur, don stellt hei de Fall up't Schündack.* – Scherzhafte Antworten auf die Frage: *weißt wat? wenn't rägent, is't natt; … de Hund schitt mihr as de Katt.* – In der Verbindung mit Pron.

u. Präp.: *einen wat weeten* üble Nachrede führen, klatschen: *hei weet all Lüd wat; dei Fru mag ik nich, dei weit jeden wat; up wat weeten* sich etwas einbilden; *nicks dorvon afweiten* nichts wissen: *dei weit nicks dorvon af.*

Weitenmähl n. Weizenmehl.

wellen, veralt., wallen, wogen, bes. vom Korn, wenn es blüht: *dat Kuurn, de Rong' wellt; dat Warer wellt bet upm Damm* das Wasser wogt bis auf den Damm; *dat Ies wellt* das dünne Eis biegt sich, wenn man es betritt.

Wellfleisch n. frisches Schweinefleisch von *Stäk* (Stelle, wo das Schwein gestochen wurde) und *Wamm* (Wamme), das in gewürztem Wasser im Kessel gekocht und am Abend des Schlachtetages warm zu Brot mit Salz, Pfeffer und Mostrich gegessen wird *(Wellfleischäten).* Ein anderer Teil des Wellfleisches wird bei Leberwurst und Preßkopf mitverarbeitet.

Welt f., wie hd., Welt, Erde, Menschheit. – Ra.: *dat licht ganz ut'e Welt* es liegt sehr weit ab; *wi will'n man ümmer inne Welt blieben* den Mittelweg gehen, zufrieden sein, ebenso: *freuch di, dat du up'e Welt büst un nich runnerfallen kannst; hei is so mirren inne Welt* er ist mit allem zufrieden. Wer nicht sterben kann, *de kann nich vonne Welt kamen; inne anner Welt* im Himmel; was nicht sehr teuer ist, *is uk nich alle Welt, kann de Welt nich kosten.* Dem Reichen *gehüürt dei halwe Welt*; der Weitgereiste *hett sich dei Welt üm dei Uhren hau'cht, hei kennt de ganze Welt un noch sœben Dörper.* – Daran, daß man sich die Hacken schief läuft, *kann man seihn, dat de Welt rund is.* – Sprw. u. Sprüche: *So is dat inne Welt: de ein hett'n Büdel, de anner dat Geld.* Anschließende Frage: *womit höllst du dat?* Antwort: *mit de Hand! Wer de Welt nich vermihrt, is denn Himmel nich wiert. Schick di in de Welt orrer scheer di rut! De Welt ward ümmer vullkamener, je mihr Bildung, je mihr Seep.* – Sagw.: *Wat is de Welt doch grot, sär de lütt Jung', dor seet hei achtern Kohlkopp; ... dor seet he up Vaddern sien Schündack. Wenn de Welt unnergahn sall, denn lat ehr, sär de Jung, wenn ik man nich dorbi bün. Bäder inne wiede Welt as in'n engen Buk, sär de Diern un lött eenen fohren.* – Ausspruch angesichts drohender Unannehmlichkeit: *Allens inne Welt, bloß kein' höltern Backaben un denn' mit Mursteinen inböten!*

wem, wäm Dat. u. Akk. Sg. vom Inter. Pron. wer. 1. als Nominativ gebraucht: *wem is dor?; wem is dat?; wäm sär dat?* wer sagte das? – 2. anstelle des Genitivs: *wem sien Schauh sünd dat?; wem siens is dat?* wessen ist das, wem gehört es? Daneben auch *wän*, s. d., und *wecker*, s. weck.

wenn 1. Konj. dann, wann, jedesmal wenn: *wenn uk* wenn auch; *wenn't kümmt, kümm't in Hupen; wenn dor baben de Sünn nich wier, denn wier dat düüster up dei Ier.* Zahlreich sind die abweisenden Antworten auf einen mit *wenn* eingeleiteten Satz: Ja, *wenn dei Hund nich schäten har, har hei denn Hasen krägen; wenn mien Großmudder Rœ'* (Räder) *har, denn wier s' 'n Rullwagen, ... Omnibus*; ja, *wenn Hunn'schiet gräun Seep wier! Wenn ik di seih, fählen mi fief Gröschen an'n Daler.* – **2.** Adv. wann: *wenn sall ik arbeiten, secht de Ful – im Frühjohr is väl Wader, in'n Harfst is väl Dreck, in'n Sommer is't tau heit un in'n Winter is't tau kolt.* – Rätsel:

Wenn pläucht de Bur nich? Wennt (wendet) *de Bur, denn pläucht hei nich.* Wortpaar: *denn un wenn* ab und zu.

Wenn' f., landw., Wende allg., Ackerstelle, an der der Pflug gewendet wird.

Wenn'acker m., landw., 1. Ackerstück nach dem ersten Pflügen. – 2. obere und untere Streifen des Akkers, die zum Umwenden des Pfluges dienen und zum Schluß quer gepflügt werden.

wennen[1] wenden, umdrehen; *Heu wennen; dat Kleed wennen.*

wennen[2], refl., sich gewöhnen, Part. Prät. *wennt, gewennt.*

Wenn'for f., landw., Furche in der Mitte des Ackers, an der die weiteren Pflugfurchen angepflügt (angeworfen) werden.

wennihr Adv. wann, zu welcher Zeit, wörtlich: ›wann eher‹; *wennihr sall ik kamen? wennihr sünd ji ankamen?* Sehr häufig als Eröffnung von Rätseln: *Wennihr fängen dei jungen Änen an tau schwemmen? – Wenn sei kein' Grund mihr unner sich hemm'. Wennihr löppt de Has œwer de mihrsten Löcher? – Wenn hei œwer de Stoppeln löppt. Wennihr is de Hund magerenn? – Wenn hei 'n Bein upböört bi't Pissen. Wennihr is de Gaus 'ne Gaus? – Wenn s' allein is, wenn's mihr sünd, sünd's Gäus. Wennihr licht de Has up'm Bomstamm? – Wenn'e Bom afhaucht is.*

Wenn'schämel m., fachspr., Drehschemel am vorderen Teil des Akkerwagens, in dem die Rungen stekken.

Wennung f. Wendung, andere Richtung.

wennt, gewennt Adj. gewöhnt. – Zu *wennen*[2].

werig Adj., veralt., kräftig; Kompar. *weriger* noch gebräuchlich: *'n bäten weriger.*

wern s. wärn.

werrer s. wedder.

Wessel m. 1. Wechsel: *in'n Wessel arbeiten* umschichtig arbeiten. – 2., hist., Gesindewechsel am 24. Juni und 24. Oktober. – 3. Schuldschein. – 4. Wildwechsel.

wesseln wechseln, auswechseln: *de Rüsen warn alle vierteihn Daach wesselt;* in Bezug auf Geld: *wenn man denn Schien ierst wesselt hett, is hei uk bald all.*

Wett f. s. Wär.

wetten wetzen; *dat Metzer wetten* das Messer schärfen.

Wetter n. s. Wäder.

wi[1] Pers. Pron. wir.

wi[2] lautmalende Interjektion, oft als Anfang und Ende von Wiegenliedern, z.B.: *wi, wi, wi, wer schlöppt hüt nacht bi mi? Dat sall mien lütt Liesing daun, dat is mien lütt Zuckerhauhn, wi, wi, wi.*

Wicht n., hist., Gewicht.

Wick f. Wicke, Pl. *Wicken.* In der Ra. *inne Wicken gahn* verlorengehen: *de Arfschaft is inne Wicken gahn.*

Wickel m. 1. feuchter Umschlag. – 2. etwas Gewickeltes. – 3. wie umg. in der Ra. jmd. *bi'n Wickel hemm'.*

Wickelfäut, -föt Pl. mit Därmen umwickelte Beine von Gänsen oder Enten als Beigabe zum *Schwartsur* oder als Sauerfleisch gekocht. – Syn. *Wikkelpot.*

Wickelfläut f. Flöte aus einem Weidenstock. – Syn. Wiedenfläut.

Wickels n. Gewickeltes. 1. eine Lage Wäsche, die auf einmal auf der Wäscherolle gerollt werden kann. – 2. Tuch der Wäscherolle.

Wicks Pl. 1. Prügel, Schläge: *Wicks kriegen.* – 2. Schuhcreme. – Zu hd.

Wichs.

wicksen 1. etwas blank putzen, wienern: *Schauh wicksen.* – 2. eine Ohrfeige geben: *hei hett mi 'n por wickst.* – Zu hd. umg. *wichsen.*

Widem f. s. Wedem.

wieans Inter. Pron. wie, auf welche Weise: *wieans maakst du dat?; wieans un wieso hest du dat maakt?*

Wied, Wie' f. Weide. Verschiedene Arten: *Katten-, Sal-, Koppwieden.* Zum Körbeflechten benötigt man *aftrennt Wieden* aufgespaltene Weidenruten, vereinz. *Wänen* Pl. – In vielen Bastlösereimen: *Wieden, Wieden, Waderjan, lat de Fläut tau Piepen gahn, lat sei nich verdarwen, lat sei werrer warn.* – Übertr. Ra.: *dat licht noch inne Wieden* es ist noch nicht spruchreif.

wiede, wiede, witt Einleitungsworte des Textes zur schwedischen Quadrille: *Wiede, wiede, witt, denn schwedschen Hiering, wiede, wiede, witt, denn' mag ik nich,* s. Hiering, Kadrilch, Kägel, schwedsch.

Wieden-: -fläut f. Weidenflöte. – Syn. Wickelfläut. – **-katt** f. Weidenkätzchen, meist Pl. *Wiedenkatten* Kätzchen am Weiden- oder Haselstrauch. – **-quett** f. dünne Weidenrute. – **-schän** f., Pl. *(Wieden)schänen,* gespaltene Weidenruten zum Flechten.

wieden Adj. aus Weidenholz.

wieden s. weiden.

Wief n. Weib, Frau, Ehefrau; meist in abwertendem Sinn, wenn es im Pl. gebraucht wird: *de Wiewer, de Wiewers.* In der Bedeutung Ehefrau ohne negative Nebenbedeutung: *mien Wief is nich tu Hus.* In Sprw. u. Ra. werden allg. Eigenschaften und Verhaltensweisen von Frauen aufs Korn genommen: *Gaude Wiewer un gaude Gäus kamen bi Tieden na Hus; wenn de Wiewer waschen un backen, hebben s' all den Düwel in'n Nacken; an olle Wiewer un an olle Hüser is ümmer wat to flicken; wenn de ollen Wiewer anfangen to danzen, hollen se so bald nich wedder up; een bös Wief is as een Johr Rägenwäder; twee Wiewer up een Däl sünd annerthalf tau väl; twee Wiewer un een Gos maken 'n Markdach.* Wenn es aufhört zu regnen, heißt es: *nu hemm' dei ollen Wiewer denn Kaffe utdrunken.* – *De witten Wiewer* ist eine weitverbreitete Bezeichnung für Hexen und Wahrsagerinnen und auch für Spukgestalten (so auf Rügen).

Wiefstück n., abfällig, Frau.

Wieh, Wiech f. Weihe, Gabelweihe, Rohrweihe, Circus aeruginosus (L.), fälschlich auch für Hühnerhabicht: *de Wieh hett uns all söss Küken nahmen.*

Wiek f. 1. kleine, offene Meeresbucht der Ostseeküste, z. B. Prorer Wiek, Tromper Wiek (Rügen), Dänische Wiek (Greifsw. Bodden). – 2. Ortsname (Rügen, bei Greifswald: Wieck, bei Gützkow u. ö.) und Flurname.

wieken weichen, ausweichen.

Wiekhus n., hist., ein in der Stadtmauer gelegenes Haus, hausähnlicher Teil einer Befestigung.

Wiel f. Weile, Zeit: *'ne lütt Wiel* eine kurze Zeit, ein kleines Weilchen; *dat hett lang' Wiel* das dauert noch sehr lange. So im Sprw.: *Gaut Ding will Wiel hemm'.* Als Zwillingsformel: *dor ward einen Tiet un Wiel lang* es dauert sehr lange. Mit Präp.: *mit de Wiel* inzwischen, unterdessen: *mit de Wiel kümmt he dor achter.*

wieldäm Konj. während: *wieldäm dat ehr Vadder schlapen har, wier sei mit fixe Finger un flinke Schier bi sien Büx* *wäst.*

wieldat Konj. weil: *hei künn nich kamen, wieldat hei all lang' krank is; ik leet de Supp stahn, wieldat ik dei nich mach.*

wieldes Konj. währenddessen, während, unterdessen, inzwischen: *ik gah wieldes hen un faure dei Schwien; ik gah na'n Markt, wieldes kannst du Tüften schellen.*

wiele wiele Lockruf für Gänse, übertragen auf junge Gänse selbst: *Wielegaus, Wielegäußing.*

Wiemen, Wiem m. 1. Stangengerüst, das zum Aufhängen von Speck, Schinken und Würsten diente und im offenen Schornstein, in der Räucherkammer oder in der Glocke über dem offenen Herd hing; übertr. auch auf den Rauchfang, den unteren Teil des Schornsteins oder die Räucherkammer selbst: *de Wust hängt in'n Wiem.* – 2. Sitzstangen der Hühner im Hühnerstall: *de Häuhner sünd all upm Wiem.* Übertr. auch auf das Zubettgehen der Menschen: *nu will'n w' man tau Wiem gahn.* – 3. Stangen im Trockenraum der Scheune, an denen der Tabak zum Trocknen aufgehängt wird, auch der Raum selbst und die einzelnen Trockenschichten.

Wien m. Wein, das Getränk, die Traube und der Weinstock. – Ra.: *Wien in'n Mann, is de Verstand in dei Kann; wenn de Wien ut dei Kann is, denn is hei in'n Kopp.* Jmd., dem man die Wahrheit gesagt hat, *denn hett'n reinen Wien inschenkt.*

Wien-: -beer f. 1. Weinbeere. – 2. Johannisbeere. – **-druf** f. Weintraube. – **-fatt** n. Weinfaß. – **-kop** m., veralt., ›Weinkauf‹, Trunk nach abgeschlossenem Geschäft: *kumm, wi will'n 'n Wienkop drinken.* – **-supp** f. Weinsuppe.

Wiepen m. 1. Strohwisch, eine Handvoll kurzes Stroh, früher zum Scheuern der Töpfe *(Scheuerwiepen)* benutzt. – 2. an einer Stange befestigter Strohwisch oder Lappen, diente zum Reinigen des Backofens oder als Richtungs- und Warnzeichen.

wier s. sin.

wiert Adj. wert, lohnend: *dei is nich wiert, dat em Sünn orrer Man beschient* er ist ein schlechter Mensch; *bi uns is gor nich wiert, dat kaakt ward* es lohnt sich nicht zu kochen.

wies Adj. weise, klug.

Wies f. Weise, Art: *up dees Wies kümmst du tau nicks.*

Wiese f. Kurzform des weibl. PN Luise; Dim. auch *Wiesing, Wieschen* und *Wiessing.*

wiesen weisen, zeigen. Präs. Sg. 1. *wies,* 2. *wiest,* 3. *wiest*; Prät. Sg. *wees,* Pl. *weesen*; Part. Prät. *wiest, wäsen. Denn warden wi eins wiesen, wat 'ne Hark is; ... wo 't langgeiht; ... wo denn Buck de Hüürn sitten* wir werden ihm die Meinung sagen; *de Hacken wiesen* weglaufen, ausreißen; *wies eis!;* zeige mal! *de Dör wiesen* jmd. hinauswerfen.

Wieser[1] m. 1. Zeiger der Uhr: *dei Wieser hett sich fastklemmt.* – 2. Zeigefinger.

Wieser[2] m, f. Bienenkönigin.

Wiesfinger m. Zeigefinger.

wiesmaken weismachen, etwas vormachen, erklären.

wiesnäs, -näsig Adj. naseweis: *wäs man nich so wiesnäs!* Auch als Substantiv: *dat's 'n Wiesnäs* ein vorlauter Mensch. – Syn. *wiesschnutig.*

Wiespahl m., veralt., Wegweiser.

wieswarden gewahr werden, bemerken: *dat bün ik gor nich wiesworden* das habe ich nicht bemerkt; *wenn ji* *dat noch nich wiesworn sünd* wenn ihr es noch nicht wissen solltet! – Zu *wies*.

wiet Adj. weit: *de Wech is nich mihr wiet; dat geiht mi tau wiet* das geht mir zu weit. In Verbindung mit Präpositionen und Adjektiven: *wiet wech sin* geistig abwesend sein, schlafen; etwas *wiet wechschmieten* etwas bestreiten; *von wiet her* aus weiter Ferne; *nich wiet her sin* nichts taugen; *wiet vör sin* frühreif, aufgeweckt sein; *wiet af sin* weit entfernt von etwas sein: *hei wahnt so wiet af; dat's noch wiet af* es ist noch nicht entschieden; *von wiet un siet* von weit und breit.

wieten s. weiden.

Wieting, Wieding m. Ukelei, kleiner Weißfisch, Alburnus alburnus (L.): *de reinen Wietings, secht de Fru, wenn de Boors orrer Plötzen man lütt sünd.*

wietlüftig Adj. weit auseinander, weitläufig: *dat is so wietlüftig knütt'* es ist so weitmaschig gestrickt; *de Tähn, de Tüften stahn so wietlüftig; mit denn bün ik noch wietlüftig in de Fründschaft* mit dem bin ich noch weitläufig verwandt.

wiewaken, wiewaggen, erste Silbe betont, 1., veralt., schaukeln, zu *Wiewak* f. Schaukel. – 2., übertr., schwanken, torkeln, unsicher gehen: *se keemen ut denn Krauch un wiewaakten dei Strat lang.*

Wiewerkram m. Weiberkram, Angelegenheit von Frauen.

Wiewerschnack m. Weibergeschwätz.

Wihnachten n. 1. Weihnachten, ein Fest, das mit besonderem Brauchtum verbunden ist. Seit dem 18. Jh. stellte man einen Weihnachtsbaum im Hause auf, daneben auch in unserem Raum Pyramiden, wie den *Tunnenbœgelbom* von Hiddensee. Es war früher auch üblich, um den Weihnachtsbaum, der in der Mitte der Stube stand, herumzutanzen und dabei Weihnachtslieder zu singen. Am Weihnachtsabend gab es allerhand närrisches Treiben, so zogen als Tiere verkleidete Gestalten (in Bettlaken gehüllte Ziegenböcke und Schimmel oder mit Erbsstroh umwickelte Bären) von Haus zu Haus, um die Kinder zu erschrecken und zu beschenken *(Bullkater, Julbuck, Pelzbuck).* Manchmal kündigten sie ihr Kommen auch durch lärmendes Klappern an *(Klapperbuck).* Weihnachtsumzüge mit verkleideten Gestalten *(Knieperdacks, Wihnachtsmann, Zägenbuck, Zägenbuckführer, Pietschenknaller, Schimmelreiter)* sind noch heute am 24. 12. üblich in Buchholz/Müritz. – Aus dem frühen 19. Jh. ist durch Ernst Moritz Arndt und Arnold Ruge der Brauch des *Julklapp* für das historische Neuvorpommern und Mecklenburg bezeugt, s. Julklapp, der aber nicht Eingang in jedes Haus gefunden hat und den Weihnachtsmann oder Nikolaus, (*Ruuchklas* oder *Klingklas*) nicht verdrängen konnte. – Weihnachtsgans und -karpfen waren früher überwiegend in den Städten verbreitet, auf dem Lande aß man zu Weihnachten vor allem Schweinefleisch und vorzugsweise den Rippenbraten mit *Gefüllsels* oder *Geflüsels*, vereinzelt *Gräunkohl* Grünkohl. – Wetterregeln: *Gräune Wihnachten – witte Ostern. Wihnachten in'n Kleewer, Ostern in'n Schneigestöwer.* – Ra.: *Wihnachten is de Koplü' ehr Aust* zu Weihnachten ›ernten‹ die Kaufleute; *dat is noch lang' hen bet Wihnachten* wenn etwas sehr lange dauert. Wer sich vernachlässigt fühlt, erklärt: *üm mi is'n Rieten as Wihnachten üm de Strohhäu'* (Strohhüte). – 2. Weihnachtsgeschenk: *ik heff'n schönes Wihnachten krägen.*

Wihnachts-: -abend m. Heiligabend, 24. Dezember. Im Kinderreim: *Wihnachtsabend, denn geiht dat von baben, denn klingen dei Klocken, denn danzen dei Poppen, denn piepen dei Müs in all Lüd ehr Hüs.* – **-appel** m. Weihnachtsapfel. – **-bom** m. Weihnachtsbaum. – **-disch** m. Geschenktisch zu Weihnachten. – **-mann** m. Weihnachtsmann; mit Larve, knielangem Schaffellmantel, spitzer roter Mütze, mit Rute und Glocke gehört er auch zu den Weihnachtsumzügen am 24.12., s. Wihnachten. – Im Kindergebet vor dem Weihnachtsmann: *Wihnachtsmann, ik bä' di an, lütt'n Krüper bün ik man, väl bäden kann ik nich, Wihnachtsmann, vergät mi nich.* Oder: *Wihnachtsmann, kennst du mi? Ik bün gor nich bang' för di. Mudder secht, du eist mi, Vader secht, du schleist mi. Ik glöf leiwer, wat Mudder secht, Wihnachtsmann, du büst 'n gauden Knecht.* – **-popp** f. Weihnachtspuppe. – **-schenker** m. Weihnachtsmann. – **-tiet** f. Weihnachtszeit.

Will m. Wille, Wunsch; *mit Willen* reichlich: *de hett mit Willen gäbm* er hat reichlich gegeben; *dat Rad hett Willen* das Rad hat Spielraum auf der Achse, sitzt nicht fest; *mit Willen daun* absichtlich tun: *du büst mit Willen tau lat kamen; ik bün mit Willen nich ringahn.*

will, wild Adj. wild.

will Adv. willig, fast nur noch in der stabenden Formel *will un woll* einträchtig, zufrieden, wohlauf gebräuchlich: *hei süht ganz will un woll ut* sieht zufrieden aus; *se harn sich düchtig vertüürnt, œwer nu is't werrer all's will un woll.* Als Antwort auf die Frage: *wur geiht di dat? Mi is will un woll!*

Willem, Willer m. 1. männl. PN Wilhelm: *'n dicken Willem spälen, maken, markieren* sich großtun, prahlen. – 2. falscher Zopf: *dei hett sich'n falschen Willem anbackt.* – 3., übertr., hinterlistiger, falscher Mensch.

willen, wollen wollen. Präs. Sg. 1. *will*, 2. *wisst*, 3. *will*, Pl. *willen*; Prät. 1. *wull*, 2. *wusst*, 3. *wull*; Pl. *wullen*; Part. *wullt. Lat s' maken, wat sei willen, mi is't ganz egal; wisst du wat?* willst du etwas?; *du wusst doch nich!* du wolltest doch nicht. In Verbindung mit den Pers. Pron. kommt es häufig zu Verschmelzungen: *dat wi'k, wu'k di seggen* das will, wollte ich dir sagen. – Ra.: *Dei di dat will, find' 'n Knüppel* wer dir übel gesonnen ist, findet auch einen Anlaß, dir zu schaden.

Willgär f. Erregung, Aufregung, Hast: *du büst wedder so inne Willgär.*

willgäwig Adj. freigiebig, großzügig.

Willwader n. ›wildes Wasser‹, übertr. in der Ra.: *Willwader in'n Kopp hemm'* dumme Streiche im Kopf haben.

Willzeddel m., veralt., Erlaubnisschein, schriftliche Genehmigung.

Wimmerschinken m., wie umg., Mandoline.

Wimmertrien f. weinerlicher Mensch.

Wind m. 1. Wind, starke Luftbewegung. In Ra.: *hei dreicht sich as de Wind* er paßt sich allem an; *hei möt sich ierst Wind üm dei Uhren weihen laten* Erfahrungen sammeln; *väl Wind maken* viel Aufsehen erregen; *väl Wind un nicks dor achter* viel Lärm um nichts; *bei hett Wind dorvon krägen* etwas davon erfahren; *dor* *weicht jetzt 'n anner Wind* da wird jetzt streng durchgegriffen; *etwas in'n Wind schlan* nicht auf wohlgemeinte Ratschläge hören; seem., *vör Wind liggen* mit dem Wind segeln. – 2. Furz.

Wind-, wind-: -aben m. Kamin. – **-böm** Pl. ›Windbäume‹ sich vom Horizont aus baumartig hinziehende Wolken, die auf eine Veränderung der Windrichtung und einen Wetterwechsel hindeuten. – **-brett** n. 1., fachspr., herausnehmbares Brett am Windmühlenflügel. – 2. Pl., *Windbrä'*, gekreuzte, oft als Pferdeköpfe u. ä. verzierte Latten am Giebel des Strohdaches, die das Dach von der Seite und von unten gegen den Wind schützen. – **-drööch** Adj. vom Wind getrocknet. – **-flœgel** m. Wetterfahne. – **-jammer** m., seem., großes Segelschiff. – **-küsel** m. Windwirbel. – **-mœhl** f. Windmühle. – **-möller** m. Windmüller. – **-scheif** Adj. windschief. – **-siet** f. Windseite. – **-stot** m. Windstoß. – **-wak** f. offene Stelle im Eis, die durch Einwirkung des Windes nicht zufriert, Pl. *Windwaken*.

Winn' f. Winde.

Winnelbœn m., veralt., Zimmerdecke aus Holzscheiten, die mit Stroh umwickelt waren und von oben und unten mit Lehm beworfen wurden.

Winnelbüx f. Windelhose der Kleinkinder.

winnelweik Adj. 1. nachgiebig, weichherzig. – 2. in der Ra.: jmd. *winnelweik haugen* kräftig verprügeln.

winnen[1] gewinnen, erlangen. Präs. Sg. 1. *winn*, Pl. *winnen*; Prät. *wunn, wünn*; Part. *wunnen: hei hett väl Geld wunnen.*

winnen[2] winden, (auf)drehen: *ik heff 'n Kranz wunnen; hei winnt sich as'n Worm* er windet sich vor Schmerzen, übertr., will nicht mit der Sprache heraus.

winnig Adj. windig.

Winter m. die Jahreszeit, oft mit Einschluß des Herbstes: *wenn dei Winter kümmt, is an de Daach nicks mihr an* die Tageszeit ist kurz. Scherzhafte Ra.: *Dei Winter is'n harden Wicht, hei schont uk uns Immen nich.* Allgemein gilt: *'n gauden Winter bringt 'n gauden Sommer* ein kalter Winter verursacht einen warmen Sommer. Aber *föllt de ierste Schnei in'n Dreck, is de ganze Winter weg* wenn der erste Schnee auf regennassen Boden fällt, gibt es keinen strengen Winter. Die einzelnen zwischen Tauwetter liegenden Frostperioden bezeichnet man auch als »einen Winter«, wovon der gesamte Winter neun haben soll. Reiche Eichel-, Nuß- und Kastanienernte im Herbst soll auf einen strengen Winter hindeuten. Von einem wohlgenährten Menschen heißt es: *de is gaut dörch'n Winter kamen.*

Winterdach m. Wintertag, Winter: *bi Winterdach leep se ahn Strümp.*

Winterküll f. Winterkälte.

Winterkuurn n. Getreide, das im Herbst gesät wird und überwintert.

Wipp f. Schaukel,Wippe: *up'e Wipp liggen* auf der Kante, Kippe liegen; *up'e Wipp stahn* wacklig stehen, auch übertr. ungewiß sein.

Wippoors m. unruhiger, zappliger Mensch, der nicht stillsitzen kann, besonders von Kindern.

Wippstart m. 1. Weiße Bachstelze, Motacilla alba L. – 2., übertr., lebhaftes, unruhiges Kind. – Syn. Queckstart.

Wippwapp f. Schaukelbrett mit Kindersitzen, das in der Mitte auf einem Pfahl ruht.

wippwappen schaukeln.

wirrig Adj. wirr, durcheinander, verwirrt: *ik war noch wirrig von dissen Larm.*

Wisch f. Wiese, Pl. *Wischen: na de Wisch gahn* zur Wiese gehen. Den sofortigen Gang von der Mahlzeit zur Toilette kommentiert man knapp: *von'n Disch na're Wisch.* Was verlorengegangen ist, *is inne Wischen gahn.* Der Reiche *lääft as de Bull inne Wisch.* – *Wisch* tritt häufig in Zusammensetzungen oder mit Zusätzen als Flurnamen auf.

Wischdauk n. Wischtuch, Lappen in der Küche, auch Scheuertuch.

Wispel[1] f. Wespe.

Wispel[2] m., hist., Getreidehohlmaß.

wiß Adv., Adj. 1. gewiß, sicher, sicherlich; Dim. *wissing; is dat uk wiß?* stimmt das auch? *ja, dat's wiß un wohr; dat's wiß un wohrhaftig* es ist die ganze Wahrheit. – 2. fest: *dor sett hei sich wiß* da setzte er sich fest; *wur hei sitt, dor sitt hei wiß, un wenn't in'n Krauch is.* Frage an ein auf dem Stuhl hin- und herrutschendes Kind: *kannst du nich wiß sitten?; wiß ankieken* fest in die Augen sehen: *nu kiek mi man eins wiß inne Ogen, wenn ik di wat fragen dau; wiß un wohrhaftig* gewiß, wirklich.

wißhollen 1. festhalten, standhalten, zu *wiß*, s. d. Vor allem im Imperativ: *holl wiß!* halte fest! Als aufmunternder Zuruf beim Abschied: *holl di wiß!* mach's gut!; auch mit Zusätzen: *läf wohl un holl di wiß!* Als Lebensregel: *Holl wiß, wat du hest, un nimm, wat du krist.* – Sagw.: *Hans, holl dei Lerrer wiß, Varrer is schwindlich, sä' de Jung', don föll dei Oll ut'n Äppelbom.* – 2. vorhalten, sättigen: *dat Äten höllt nich wiß.*

wißlich Adv. gewiß: *dat's wißlich wohr* es ist ganz gewiß wahr.

wißwohrhaftig Adj. gewiß, wahrhaftig. Zusammenziehung aus *wiß un wohrhaftig.*

Witfru f. Witwe.

Witmann m. Witwer.

witschen schnell laufen, entwischen. Syn. wutschen.

witt Adj. weiß, vom Ansehen blaß, rein, sauber: *witt Tüüch* weißer Stoff; *'ne witte Näs; 'ne witte Schört* eine saubere Schürze. Als Substantiv: *dat Witt in't Ooch* das Weiße im Auge; *dat Witt bi't Schwien* Flomen und Fett beim Schwein; *dat Witt von't Ei; dat Witt up'n Nagel; 'n Witten* ein klarer Schnaps. – Sprw.: *'n witt Pierd blifft witt* was wahr ist, bleibt wahr; *mit'n witt'n Stock von'n Hof gahn* bankrott sein.

witt-, Witt-: -bäuk f. Weißbuche, Carpinus betulus L. – **-brot** n. Weißbrot. – **-buuksdüker** m., auch *Wittbüker* m. Schellente, Bucephala clangula (L.). – **-duurn** m. Weißdorn Cratægus L. – **-ei** m. Eiweiß. – **-geistlich** Adj. blaß, elend, angegriffen. – **-horig** Adj. weißhaarig. – **-kopp** m. Mensch mit hellblondem Haar – **-näsig** Adj. 1. naseweis. – 2. weißnäsig, käsig, blaß. – **-ööschen** n. Anemone. – **-sur** n. Weißsauer, Sülzgericht aus Schweine- oder Gänsefleisch, vgl. Schwartsur.

Wittelquast m. Quast am langen Stiel zum Weißen der Wände.

witten weiß machen, ausweißen: *tau Pingsten warn dei Stuben frisch witt't.*

wo, wur Adv., Konj. *wo* verdrängt heute zunehmend älteres *wur*, veraltendes *wonäm* und *wurtaunäben* (s. d.). 1. wo: *wo blifft hei?; wo büst du?; ik weit nich, wo dat wäst is?* In

Verbindung mit Präp.: *wuran* woran, *wurhen* wohin, *wurher* woher, *wurin* worin, *wurmit* womit, *wurtau* wozu, *worüm* warum, *wurväl* wieviel, *wurvon* wovon. Im Satz werden diese Adverbien häufig getrennt, z.B.: *wur hest du dat in schräben?* – 2. wie: *wo geiht di dat?; wo kümmt dat?; wo sühst du ut?; wo olt büst du?*

woanners Adv. woanders, an einem anderen Ort.

woans, wurans Adv. wie, auf welche Weise: *woans wier dat noch?; wurans is dat mœglich?; woans hest du dat maakt? Kiek eis, woans sei mit denn Kuffert schleppt.*

Woch f. s. Wäk.

Wöddel f. s. Wördel.

Wode m. s. Waud.

Wodendunk m. Giftwasserschierling, Cicuta virosa L.

wohlen, refl., sich wohl fühlen: *dat Pierd wohlt sich* wirft sich auf dem Rücken liegend hin und her.

Wöhnung f. s. Wahnung.

wohr Adj. wahr, richtig: *'n wohres Wunner; dat's wohr* das ist richtig, als Bekräftigung einer Aussage, ebenso: *dat's richtig wohr.* Alles, *wat wohr is* alles, was recht ist. Den Wahrheitsgehalt einer unglaubwürdigen Behauptung unterstreicht man durch weitere Zusätze: *ik will up de Stell in de Ier sacken, wenn dat nich wohr is; ik frät 'n Bessen, wenn dat nich wohr is.*

wohraftig Adv., zweite Silbe betont, wahrhaftig: *dat is wohraftig wohr!* In der Formel *wiß un wohraftig* ganz gewiß, bestimmt.

Wohrappel m. Dauerapfel.

wohren[1] warten, aufpassen: *dei Kinner, dei Lütten wohren* auf die Kinder aufpassen; *wohr dien Häuhner un Gäus!* paß auf deine Hühner und Gänse auf!

wohren[2] gewahr werden, achten auf etwas, sich hüten: *wohr di!* hüte dich!; *wohrt juuch!* hütet euch! *Dor har'k mi nich vör wohrt* da habe ich nicht drauf geachtet; aber: *vör Fleegen kann man sich nich wohren* vor Fliegen kann man sich nicht in acht nehmen. Scherzhafter Ausspruch vor Genuß eines Schnapses: *Seel, wohr di, nu kümmt 'n Platzrägen!*

wohren[3] 1. währen, dauern: *dat hett œwer lang' wohrt; dat wohrt nich lang'; dat wohrt mi tau lang'.* – 2. etwas bewahren, aufheben: *ik kann dormit wohren.*

wohrlich Adv. wahrlich, wahrhaftig.

wohrschugen, veralt., wahrnehmen, beobachten, sich hüten, warnen: *ik müßt ehr man wohrschugen; ik heff juuch nauch wohrschuucht.*

Wohrseggersch f. Wahrsagerin.

Wohrteiken n. Wahrzeichen.

wohrwarden gewahr werden, wahrnehmen.

woll Adv. 1. wohl, wohlauf, zufrieden: *mi is so woll.* – Ra.: *Wenn 'n Äsel to woll is, geiht hei up't Ies.* Jemand, der nach schwerem Leiden stirbt, *dei is woll an. Woll tau seihn* ich freue mich, dich wohlauf zu sehen hieß eine alte seem. Begrüßungsformel, die heute jedoch veraltet ist. – 2. wahrscheinlich, vermutlich: *du kümmst woll hen; dat ward woll so sin.*

wollen s. willen.

wollmœglich Adv. womöglich, vielleicht, wahrscheinlich.

Wollschmack m. Wohlgeschmack. In der Ra.: *Wollschmack bringt Bettelsack.*

wöltern, refl., wälzen, sich wälzen: *de Schwien wöltern sik inne Morr* die Schweine wälzen sich im Morast.

wonäft Adv., veralt., wieso, warum. *Hest du Grund dortau? Wonäft denn?*

wonäm s. wo.

Wopp, Woppen f. Ähre, Rispe, vor allem des Hafers: *de Hawern hett vulle Woppen.*

Wörbel m. s. Warbel.

Wördel, Wöddel f. Wurzel, Mohrrübe, Pl. *Wöddeln*; man unterscheidet *de gäl Wöddeln* große, gelbe Mohrrüben von den *rod' Wöddeln* roten Mohrrüben. Die Ra.: *sei döcht anne Wöddel nich* sie ist von Grund auf verdorben knüpft an die eigentliche Bedeutung Wurzel, Baumwurzel an.

Worm m. Wurm, Insekt, Pl. *Wörm, Wœms,* auch schon *Wörmer* und *Wörmers*; Dim. *Wörming; in denn Pelz sitt de Worm* in dem Pelz sitzen die Motten. – Ra.: *du hest woll 'n Worm* du bist wohl verrückt!; *ik heff mi quält as'n Worm in'n Noors* ich habe mich sehr gequält; *dor is 'n Worm in* an der Sache ist ein Haken; *Wörm ut'e Näs trecken* jmd. aushorchen.

wörmig Adj. wurmstichig.

Wörmkrut n. ›Wurmkraut‹, Gemeiner Rainfarn, Tanacetum vulgare L.

Wörmt m. Wermut.

Worp m., veralt., Wurf, unbestimmte Zahl: *'n Worp Hunn', 'n Worp Farken, 'n Worp Hiering* (meistens vier), *'n Worp Kuurn* eine Handvoll Korn.

Wörpel m. Würfel.

Worpschüpp, -schüffel f., landw., große hölzerne Wurfschaufel, mit der vor allem Korn geschaufelt, früher auch zum Reinigen gegen den Wind geworfen wurde. Im Vergleich: *hei hett Hänn' as'n por Worpschüffel.* Wer einen sehr großen Mund hat, *dei's mit dei Worpschüpp upfött'.* – Zu *Worp,* s. d.

worüm Adv. warum, wie hd. Gebrauch. Häufig als Beginn eines Rätsels, wie etwa: *worüm steiht man morgens up?* Weil man sich *abends henlecht hett.*

woso, wurso Adv. wie, wieso, weshalb: *woso meinst du dat?*

wotau Adv. wozu.

woväl Adv. wieviel.

wrackeln 1. wackeln, nicht festsitzen: *de Disch wrackelt so; hei wrackelt all wedder.* – 2. zerren, rütteln: *he wrakkelt anne Dör.*

wracklig Adj. lose, locker, nicht fest, unsicher: *hei is all wracklig up dei Beinen.*

Wracksiet f. nur in der Ra. jmd. *up'e Wracksiet sitten, liggen* lästig werden, jmd. ärgern, schikanieren.

wraken 1., seem., auf- und niedergehen, vom Schiff bei starkem Seegang. – 2. schwankend gehen, hin- und hergehen: *wat wraakst du ümmertau?* – 3. schwer arbeiten.

Wramp m. saurer Apfel, Pl. *Wrampen: dei ollen Wrampen kannst' behollen, dei sünd mi tau sur.*

wrampig Adj., veralt., 1. dick, ungefüge. – 2., übertr., knurrig, verdrießlich: *denn wrampigen Kierl hemm' ji taun Vörstand wählt, nu ward't verrückt!*

Wrang' f. Kurbel, Handgriff zum Drehen an Geräten.

wrangeln, wrangen 1., refl., miteinander ringen, sich balgen, die Kräfte messen. – 2. unruhig sitzen: *dat Gör wrangelt denn ganzen Dach up denn Stauhl.* – 3. nur *wrangen* sich anstrengen, Mühe haben: *hei wrangt mit denn schweren Stein; hei wrangt sich denn Schlips üm; wrangeln* ist Intensivform zu wrangen.

Wrangelpott m. mürrischer, unzufriedener Mensch.

Wrasen m. Wasserdampf.

Wratt f. Warze, Pl. *Wratten.* 1. Brustwarze. – 2. Warze auf der Hand. Zur Beseitigung dieser Warzen gab es im

Aberglauben eine Vielzahl von Mitteln: bestreichen mit einer Totenhand; bei Regenwetter auf den Friedhof gehen und die Warze mit Regentropfen eines Grabsteins beträufeln; über die Warze eine schwarze Waldschnecke laufen lassen; Warze abbinden und den Faden anschließend vernichten; bei zunehmendem Mond die Warzen mit einem Tuch bestreichen, den Mond ansehen, dabei folgenden Vers murmeln: *Wat ik bestrieken dau, sall vergahn, wat ik ankieken dau, sall bestahn* und die Warze anschließend bespeien.

Wrattenbieter m. große Heuschrecke, auch ein weißer Schmetterling.

Wrattenkrut n. Großes Schöllkraut, Chelidonium majus L.

Wraus, Wros f. ausgestochenes Rasenstück, auch Grasbüschel mit Wurzeln, Pl. *Wrausen, Wrosen.*

Wräusch n. unruhiges Kind. – Zu *wräuschen.*

wräuschen, wrööschen 1. miteinander ringen, sich balgen: *lat dat Wräuschen sin.* – 2. zusammenknautschen, knüllen: *wräusch de Wäsch nich so, lech se hübsch glatt in't Schapp.*

wrautschen schwerfällig, unbeholfen gehen: *sei wrautscht as 'ne oll Kauh.*

Wribbel m. 1. unruhiges Kind. – 2. Unruhe: *hest du'n Wribbel in'n Noors?* Frage an jmd., der nicht stillsitzen kann. – 3. Pl. *Wribbels*; Mehlklößchen in der Milchsuppe, wie das folgende *Wribbelklüt.*

Wribbelklüt Pl. kleine, in die (Milch)suppe eingestreute Klöße aus Weizen- oder Roggenmehl: *hüt abend gifft' Warersupp mit Wribbelklüt un anbraden Speckhappen.*

wribbeln, wriwweln 1. etwas zwischen den Fingern reiben, hin- und herbewegen, drehen: *lat doch dat Wribbeln sin, wat büst du bloß nervös!* – 2. unruhig sitzen: *hei wribbelt wat rüm, as wenn hei 'ne Hummel in'n Moors hett.* – 3. einen Faden ineinanderdrehen.

wricken 1., seem., ein Boot durch drehende Bewegung eines am Heck befindlichen Ruders (Riemens) vorwärtstreiben. – 2. hin- und herdrehen, umdrehen, verdrehen.

Wriet f. 1. dichtes Wurzelwerk, miteinander verwachsene Pflanzen, Pl. *Wrieten; dat is ein Wriet* es ist völlig verkrautet; *de Ierbeern sünd eine Wriet worn.* – 2., veralt., Weiden- oder Birkenrute zum Festbinden der *Schöf* auf dem Rohrdach.

wrimmeln s. wrümmeln.

wriwweln s. wribbeln.

Wrœgel m., n. 1. unzufriedener Mensch, Nörgler: *lat di mit dat Wroegel nich in, dor kümmst du nich mit taurecht.* – 2. ungezogenes Kind.

wrœgeln 1. ungeschickt, wacklig gehen: *hei wrœgelt œwer dei Strat as 'ne Ent.* – 2. unruhig sitzen: *wat wrœgelst du ümmer hen un her up denn Stauhl.*

wrœglich Adj. verdrießlich, mürrisch, verdrossen.

wrœnen nörgeln, murren, stöhnen, jammern: *hei wrœnt denn ganzen Dach.*

wrœnsch Adj. unzufrieden, leicht erregbar: *hei wier wrœnsch, dat hei keinen Kauken afkreech.*

Wros f. s. Wraus.

Wruck n. 1. schlechtes, stumpfes Messer. – 2. kleiner, untersetzter Mensch: *dat Wruck will sich noch upprägen?*

wrucken 1. ungeschickt schneiden. – 2. schwer arbeiten. – 3. hin- und herwackeln.

Wruk f. Kohlrübe, Pl. *Wruken.*

Wrümmel, Wrummel m. 1. kleine, dicke Person, Kind. – 2. sehr kleine Teile von etwas (vom Radieren, Krümel usw.).

wrümmeln, wrimmeln 1. kleine Teile zusammendrücken, auch Wäsche unordentlich zusammenlegen: *lech dat doch 'n bäten schier tauhop un wrümmel dat nich so!* – 2. etwas zwischen den Fingern schnell reiben. – 3. unruhig sein.

wrumpsig Adj. unförmig, dickbauschig: *dat Kleed sitt so wrumpsig; dat Halsdauk hett hei sik wrumpsig ümbunden.*

Wucht f., wie umg., 1. Prügel, Schläge: *krist noch 'ne Wucht.* – 2. größere Menge: *'ne Wucht Tüffeln upfüllen.* – 3. große Gewalt, Kraft: *hei führt mit voller Wucht dorgägen.*

wuchten, wie umg., 1. etwas mit Anstrengung heben. – 2. schwer, angestrengt arbeiten.

wule, wule Lockruf für Gänse und auch Enten.

Wulf m. 1. Wolf, Pl. *Wülf.* – Ra. und Sprw.: *Wat nakümmt, bitt de Wulf* Versprechungen für die Zukunft sind nichts wert. Wenn man mit jmd. einen Schnaps zusammen trinkt, warnt man: *sup as'n Wulf, œwer verfäng' di nich! Wecker sik tau'n Schap maakt, denn' frett de Wulf* wer sich als hilflos und dumm ausgibt, der wird auch dementsprechend behandelt; *de Wulf ännert woll sienen Pelz, liekers blifft hei, wat hei is* auch wenn der Böse seine Methoden ändert, bleibt er doch, was er ist. – 2., veralt., die letzte Garbe, die vom Feld eingefahren wurde: *paß up, nu kümmt dei Wulf,* sagte man schon beim Mähen oder Binden der letzten Garbe. Wer diese band, *denn bitt de Wulf.* Der *Wulf,* den man für einen Korndämon hielt, mußte aus dem Feld vertrieben werden: *dei Wulf möt rut!* – 3. Hautkrankheit: *du hest di woll 'n Wulf lopen,* vermutet man, wenn jmd. breitbeinig geht. – 4. Fleischwolf.

Wuling f. Durcheinander: *dat wier 'ne grode Wuling* von einer Versammlung, auf der viel durcheinander geredet wurde, von einem Haufen Taue, die in Unordnung sind.

Wulk f. Wolke, Pl. *Wulken: abms dörben kein Wulken sin.*

Wulkenschap n. Schäfchenwolke, Pl. *Wulkenschœp.*

Wulkenschüwer m., scherzh., breitrandiger Frauensommerhut.

wull s. willen.

Wull f. Wolle, Tierhaar, auch Menschenhaar: *hett de Jung' 'ne Wull up'm Kopp!* – Ra.: sich *inne Wull kriegen* streiten; *dei hemm' sik all wedder inne Wull.*

Wull-: -klugen, -klungen, -klucken n. 1. Wollknäuel. – 2., übertr., kleiner langhaariger Hund. – **-kratzer** m. Kratzer zur Auflockerung der Wolle vor dem Spinnen. – **-wäwer** m., hist., Wollweber, heute noch Straßenname: Wollweberstraße.

Wunn' f. Wunde, Pl. Wunnen.

Wunner n. Wunder: *wenn dat gaut geiht, is't 'n Wunner; dat's 'n Wunner, dat du dat farig krägen hest; sich wunner wat vörkamen* sich etwas einbilden; *Wunner mit etwas hemm'* Schwierigkeiten haben.

wunnerköppen seiner Verwunderung durch Wiegen des Kopfes Ausdruck verleihen.

wunnern 1., refl., sich wundern: *wunnert di dat?* hast du etwas anderes vermutet?; *dat sall mi wunnern!* Ausspruch, wenn man an dem Zustandekommen einer Sache zweifelt. – 2. nörgeln, unzufrieden sein, jammern, klagen: *du hest uk ümmer œwer all's wat tau wunnern.*

wunnerwarken 1. staunen, sich sehr wundern. – 2. jammern, stöhnen: *nu hest du lang' nauch wunnerwarkt, nu hür man eis up dormit; hei wunnerwarkt denn ganzen Dach.*

wünnig Adj. wunderlich, kauzig: *de Oll is all recht wünnig.*

wupp, wupps Adv. plötzlich, schnell: *wupps wier hei wech.* Substantiviert: schneller Sprung: *mit ein'n Wupp wier hei unnen.*

Wuppdi m. 1. plötzlicher Ruck, schnelle Bewegung: *mit'n Wuppdi sprüng hei up denn Disch; in'n Wuppdi wier hei dormit farig.* – 2. Glas Schnaps, das man in einem Zug austrinkt: *will'w man 'n Wuppdi nähmen.*

wuppen wippen.

wur s. wo.

wurachen, wie umg., schwer, angestrengt arbeiten. – Aus dem Slaw. entlehnt.

wurans Adv. 1. woran: *wurans kennst du dat?* – 2. wie: *wurans meinst du dat?* Vgl. woans.

Würderbauk n. Wörterbuch.

würklich wirklich; zur Verstärkung einer Aussage: *dat's würklich wohr, würklich gaut*; ja, *würklich!*

Wurt f. höher gelegenes Land, häufig in Flur- und Ortsnamen.

wurtaunäben Adv., veralt., wo: *wurtaunäben is dat? gistern wierst du nich tau Hus, wurtaunäben büst du wäst?*

wuschig Adj. benommen, verwirrt, nervös: *ik war noch wuschig von dissen Larm.*

wusch(e)lig Adj. zottlig, unordentlich, besonders von Haaren.

wüßt s. weiten.

Wust f. 1. Wurst, Pl. *Wüst.* Man unterscheidet vielerlei Arten, darunter *Blaut-, Läwer-, Mett-, Lungwust.* Die frische ungeräucherte Wurst heißt *gräun Wust; de Wust am Stengel* ist der Mais. – Ra.: *Dat geiht ümme Wust* es geht ums Ganze; jedes Ding *hett 'n Enn', de Wust hett twei; Wust wedder Wust* wie du mir, so ich dir; *mit de Wust na'n Schinken schmieten* mit geringem Entgegenkommen viel erreichen wollen. – Sprw.: *In de allergröttste Not schmeckt de Wust uk ahn Brot.* – 2., übertr., wurstähnliche Gegenstände: zusammengebundene Taue, die an der äußeren Schiffsbordwand hängen, um sie gegen Stöße zu schützen; die gepolsterte Wagenbank.

Wust-: -huurn n., veralt., Trichter aus Kuhhorn zum Aufspannen der Därme beim Einfüllen des Wurstteiges. – **-krut** n. Majoran, Thymian, Bohnenkraut. – **-präkel** m. kleines Holzstäbchen zum Verschließen der Würste. – Syn. *Wustpricken.* – **-schlu, -slu** f., auch *-schluus, -sluus* Wurstpelle. – **-spitt** m. Stange in der Räucherkammer (Räucherboden), an der die zu räuchernde Wurst aufgehängt wird, Pl. *-spät.* – **-supp** f. Wurstsuppe.

wutschen, wie umg., huschen, entschlüpfen, schnell davonlaufen: *hei wutscht gra' üm dei Eck.* Im Ablaut dazu auch die Form *witschen* mit gleicher Bedeutung.

Wuurd n. Wort, Pl. Wür. Wer viel redet, ohne wirklich etwas zu sagen, *de hett dat bloß inne Wür* oder *hei hett dat inne Wür as de Katteiker in'n Start.* Im allgemeinen hat man aber mit guten Worten durchaus Erfolg: *'n gaut Wuurd un 'n gauden Pott höllt denn Mann tau Hus* freundliche Behandlung und gutes Essen binden

den Mann ans Haus; *'n gaudes Wuurd* ist eine Sache, auf die man sich verlassen kann, ein guter Vorschlag. *Mit Wür kann man uk keinen dotschlan* mit Worten kann man zwar jmd. beleidigen, aber nicht totschlagen. Und nicht immer geht es so vehement her wie im folgenden Sagwort: *Ik straf mien Fru mit gaude Wür, sä' de Bur, don schmeet he ehr de Bibel an'n Kopp.*

X

X, x n., f. der Buchstabe. x wird in der nd. Orthographie selten gebraucht und tritt selbständig nur in einigen Wendungen auf: *hei lött sich kein X vör'n U maken* er läßt sich nicht täuschen; *hei geiht as 'ne römische X in'n Manschien* von einem seltsam gekleideten und eingebildeten Menschen. Im Abzählreim:

icks, acks u
af büst du.
icks acks u
eene meene mu
use bruse backe dich
af büst du.

Z

Z, z n. letzter Buchstabe des Alphabets. Er ist dem Niederdeutschen ursprünglich fremd, doch sind schon in mittelniederdeutscher Zeit Wörter mit anlautendem z aus dem Hochdeutschen ins Plattdeutsche entlehnt worden, und ihre Anzahl ist bis heute immer größer geworden. Ausgesprochen aber wird dieses z (unabhängig von seiner Stellung im Wort) von vielen, besonders älteren Mundartsprechern immer noch als ß, also als stimmloser Reibelaut anstelle der Affrikate (ts): *ßucker* Zucker, *ßigar* Zigarre, *siebßig* siebzig, *Funkßion* Funktion. Auch in der hd. Umgangssprache ist diese Aussprache des z noch vielfach üblich.

Zääch f. 1. Ziege, Pl. *Zägen: de Zääch is denn lütten Mann sien Kauh*, d. h., sie lieferte demjenigen, der sich keine Kuh leisten konnte, die notwendige Milch. Ziegen richteten vielfach Schaden an, deshalb heißt es tadelnd: *Pasters un Zägen, de rungenieren allerwägens.* – 2., übertr., Frau, Mädchen, Schimpfwort. Verspottet wird die Frau wegen ihrer ständigen Bereitschaft zur Liebe: *Keen Zääch is to olt, se lieckt so giern Solt.* Wenn eine Frau niest, heißt es: *wenn Zägen pruusten, gifft dat Rägen.* Übel gelaunte, maulige Menschen werden scherzhaft ermahnt: *so'n Mul mak man, denn ward dei Zääch woll bucken.*

zabbern, zawwern viel reden, schwatzen. – Nebenform zu *sabbeln, sawwern*, s. d. – Syn. s. zackerellen.

zach Adj. zaghaft, zurückhaltend, schüchtern, ängstlich: *hei is man zach.*

Zachlinner m. Zylinder.

zack Adv. schnell, zügig. In der Aufforderung verdoppelt: *dat möt zack zack gahn* schnell gehen; *up zack sin* auf Draht sein; *sei hett ehr Kinner up zack* gut erzogen.

zackerellen viel, unaufhörlich reden: *uns' Nawersch zackerellt all wedder denn ganzen Morgen.* – *Syn.:* brabbeln, sabbeln, zabbern zamerellen, zapperellen, zanzeln, zasterieren, zaustern.

zackerieren schimpfen, schelten, sich streiten: *sei zackerierten 'ne halwe*

Stunn.

Zackermenter, Zackermentschen m. Schimpfwort für ungezogenen Jungen, Pl. *Zackermenters.* – Entstellt aus hd. *Sakrament.*

zadderig Adj. sehnig, faserig (vom Fleisch).

Zägen-: -boort m. 1. Ackerschachtelhalm, Equisetum arvense. L. – 2. eßbarer Pilz, Ziegenbart. – **-buck** m. 1. Ziegenbock; im Sagw.: *Dat blifft inne Fründschaft, sä' de Zägenbuck, dunn freet he denn Schnieder denn Kohl af.* – 2. Spottname für den Schneider. – 3. mit weißem Laken verkleidete Gestalt aus den Weihnachtsumzügen, mit Gehörn und gebückt gehend, vom *Zägenbuckführer* geführt, s. Wihnachten. – **-fauder** n. 1. Ziegenfutter. – 2., scherzh., Feldblumenstrauß. – **-kees** m. Ziegenkäse. – **-melk** f. Ziegenmilch; ein Neumalkluger *hett Zägenmelk sapen.*

zamerellen ohne Unterbrechung reden, viel schwatzen: *dei zamerellen einen denn ganzen Abend dei Uhren vull.* – Syn. s. zackerellen.

Zannat m. s. Sannat.

Zanzel f. Schimpfwort für unordentliche, auch zänkische Frau.

zanzeln fortwährend reden, klatschen, schwatzen. – Syn. s. zackerellen.

Zapp f. Bläßhuhn, Fulica atra L., Pl. *Zappen* – Syn. Bleßnörks.

zappendüüster Adj. stockdunkel; übertr.: *bi em is't zappendüüster* bei ihm ist nichts zu holen.

zapperellen pausenlos reden, schwatzen, schimpfen. – Syn. s. zackerellen.

Zart f. Zährte, Vimba vimba (L.), auch für kleinen Blei und Plötz. Pl. *Zarten.*

zasterieren schimpfen, viel und laut reden. – Syn. s. zackerellen.

Zauster f. Schimpfwort für zänkische schwatzhafte Frau. – Auch als Bestimmungswort von PN in gleicher Bedeutung: *Zausterfieken, Zausterkarlien, Zausterlies.*

zaustern viel reden, schelten, zanken. – Syn. s. zackerellen.

Zeddel m. Zettel, Pl. *Zeddels.*

Zees f. Zeese. 1. Schleppnetz der Zeesenfischer, das gewöhnlich von zwei Booten *(Zeesbö')* gezogen wird. – 2. Fischerboot mit gewöhnlich zwei Masten und hohem Bugspriet zum Schleppfischen. – Zu slaw. *cesa.*

zeesen[1] zischen, kochen, sprudeln: *dat Warer zeest* von kochendem Wasser; *dat zeest orrig* wenn ein Tropfen Wasser auf die heiße Herdplatte fällt; *dat Holt zeest so* wenn nasses Holz brennt.

zeesen[2], fischerspr., mit dem *Zeesboot* fischen. – Vgl. streuern.

Zeesener m., veralt., fischerspr., 1. Fischerboot mit gewöhnlich zwei Masten und hohem Bugspriet zum Schleppfischen. – 2. Fischer, der mit Zeesen seine Fischerei betreibt.

Zeising m., fachspr., Tauwerk, dünne Leine, auch dickerer Bindfaden zum Festmachen der Segel am Mast oder an den Rahen, Pl. *Zeisings.*

Zentrifuuch f. Zentrifuge, speziell Milchschleuder zum Entrahmen der Milch: *Melk zentrifugen.*

Zentrum-Worenhus n. Centrum-Warenhaus.

Zepadäus m. Penis. – Zu dem männl. Vornamen *Zebedäus.*

zertöppern, -pöttern, wie umg., zerschlagen, zerbrechen: *ji hemm' mi denn niegen Melkpott zertöppert.*

Zerwiel n. s. Serwiel.

Zichuurn m., veralt., Zichorie, wurde früher in den Hausgärten angebaut.

Zichuurnkaffe m., auch *Ziguurnkaffe,* mit Zichorie zubereiteter Kaffee.

Zick[1] f. Ziege, auch Lockruf für die Ziege: *zick, zick.* – Ra.: *nieglich sin as 'ne Zick* sehr neugierig sein. – 2., übertr., alte, unfreundliche Frau. – Syn. Zääch.

Zick[2] f., landw., Vordereisen am Pflug.

Zicker m., vereinzelt auch *Zieker* oder *Zigger,* Schimpfwort für Hund.

Zickerteer m. Sekretär, Schrank mit Schreibplatte.

ziepen, wie umg., jmd. an den Haaren, an der Haut kurz ziehen, so daß es schmerzt; unpersönlich: *bi't Kämmen ziept dat so* beim Kämmen der Haare tut es weh.

Zies m. Zeisig.

Zießchen n., veralt., kleine dünne Würstchen. – Zu frz. *saucisse.*

Ziff f. 1. Hündin; auch als Schimpfwort. – 2. weibliches Kaninchen.

Zigarett f. Zigarette. – Aus der Zeit, in der das Rauchen auf der Straße noch untersagt war, ist in mehreren Varianten folgender Vers überliefert: *Dat Beste, wat man hett, dat is 'ne Zigarett, mit Für un mit Damp gahn wi dei Strat entlang, un kümmt ein Polizist, un stäkt uns in dei Kist, un stäkt uns in dat Loch, œwer roken daun wi doch* (Barth).

Zigor f. Zigarre.

Zigot, Ziget m., erste Silbe betont, hist., selbstgewebter Stoff, der für die Arbeitskleidung verwendet wurde, grob und fest, noch zu Beginn des 20. Jhs. von Hiddensee bezeugt.

Zilinnerputzer m. 1. Rohrkolben, Typha latifolia L. – 2. Blütenstand des Wiesenknöterichs, Polygonum bistorta L.

Zimpatie, Zimpeltie f., auch *Sympethie* veralt., Sympathie, abergläubische Heilmittel wie Besprechen, Stillen, Suchtenbrechen: *de Buern kurierten sich am leifsten mit Husmiddel orrer dörch Zimpeltie; de Wratten lett man dörch Zimpatie afbäden* (abbeten).

zimplich, zimperlich Adj. empfindlich, leicht beleidigt, altjüngferlich.

Zing f., hist., Kinderbettstelle, Mönchgut um 1840.

Zinkhaken m., scherzh., große Nase, auch, wie umg., *Zinken.*

Zint f. Hyazinthe, Pl. *Zinten.*

Zipoll f., erste Silbe betont, 1. Zwiebel, Pl. *Zipollen: hal mi fix eis 'ne Zipoll ut'n Goorn.* – Ra., wenn jmd. so betrübt dasitzt: *dei verköfft Zipollen.* – 2., scherzh., Taschenuhr.

Zipollenhingst m., scherzh., Gärtner.

Zipp f. weibliches Kaninchen: *dei Zipp möt na'n Buck; uns Zipp hett Jungen.*

zipp nur in der Redewendung: *nich zipp seggen* keinen Laut von sich geben.

Zippel[1] m. Zipfel, Stückchen: *giff mi uk 'n Zippel Wust af.*

Zippel[2] f. Zuckerrübe.

Zippelmütz f. Zipfelmütze.

Zipplamm n. weibliches Lamm, auch *Zifflamm.*

Zirp f. Grille.

Zirpen Pl. dünne Haarsträhnen: *dat sünd uk so'ne ollen Zirpen, de willw' man afschnieden.*– Syn.: Pirt(en), Zwirsen.

zirsen, zissen zischen: *dat natte Holt zirst orrig in'n Aben.*

Zislaweng m., wie umg., letzte Silbe betont, Trick, Kniff, Schwung: *dor mütt noch 'n lütten Zislaweng an; du möötst de Dör mit 'n Zislaweng upmaken.* – Herkunft des Wortes ungeklärt, vermutlich aus dem Französ.

Zitsch f. Narzisse, Narcissus L., Pl. *Zitschen: in mienen Goorn süht dat gäl ut von all de Zitschen.* – Syn. Azitsch.

Zitterklump m. Götterspeise.

Zivil n. s. Serwiel.

Zoddel m. unordentlicher, nachlässiger Mensch.

Zoddelkopp m. Mensch mit unordentlichen Haaren.

zoddeln langsam gehen, langsam arbeiten.

Zoddelpeter m. langsamer, träger Mensch.

zommers Adv. im Sommer, zusammengezogen aus *ze Sommers.*

Zopp m. Zopf, Pl. *Zöpp.* 1. geflochtenes Haar, Federschopf der Vögel. – 2. geflochtenes längliches Weizengebäck. – 3. oberstes Ende eines Baumes, Krone, Spitze.

zoppen, zuppen 1. ruckartig ziehen, zupfen. – 2. Pferde im Gespann zurückziehen.

Zöre, Zur f. Pferd. – Vgl. Pierd

Zoss f. Schimpfwort für altes, lahmes Pferd, Pl. *Zossen.*

Zuckeldraff m. langsamer Trab beim Reiten oder Fahren: *wenn du in dissen Zuckeldraff bibliffst, kümmst du tau lat.* – Zu *zuckeln* langsam traben, fahren, gehen.

Zuckerkant, Zuckerkann' m. Kandiszucker.

Zuckerpierd n. nur in der Redewendung: *'n Zuckerpierd verspräken* große Versprechungen machen.

zuffen zurückschrecken: *zuffen möt man, wenn ein'n wat vör de Ogen vörbifohrte.*

zuft-zwei, veralt., beide zusammen: *zuft anner* zu zweit; *dei lopen zuft zwei up't Ies* mit angefaßten verschränkten Händen; *sei föten zuft zwei an* sie faßten beide zusammen an.

Zul f. 1. Hündin. – 2. mannstolle Frau: *wo 'ne Zul in't Hus is, gahn dei Kierls up't Heck.* – Syn. Täf, Töl.

Zunner m. Zunder: *Zunner gäwen* kräftig zuschlagen, jmd. die Wahrheit sagen, jmd. verprügeln.

Zunzel f. Schimpfwort für liederliche, unordentliche Frau.

zuppen s. zoppen.

zwarst Adv., auch *zwars*, zwar.

Zwetsch f. 1. Zwetsche, Pflaume; *Zwetschen un Klüt* ein beliebtes Gericht. – 2. Vulva, übertr., Herumtreiberin. – 3. Ohrfeige: *'ne Zwetsch gäben.*

Zwickmœhl f. Zwickmühle 1. Stellung im Mühlespiel (Doppelmühle). – 2., übertr., schwierige Situation.

Zwirsen, Zwissen Pl. dünne Haare, dünne Flechten: *ik heff doch man bloß noch 'n por Zwirsen; Großvarrer hett sik de Zwissen œwer sienen kahlen Kopp kämmt.* – Syn. s. Zirpen.

zwitschern 1., wie hd., wenig gebräuchlich. – 2., übertr., wie umg., Schnaps trinken: *wie hemm' düchtig ein' zwitschert.*

zwors s. zwarst u. twors.

Annerose und Jörg-Rüdiger Sieck

Die heilige Inquisition

Folter und Tod im Zeichen des Kreuzes

tosa

Alle Abbildungen stammen aus dem Bildarchiv der Autoren.

Umschlaggestaltung: Studio Höpfner-Thoma GraphicDesign,
Gräfelfing, unter Verwendung eines Bildes von Bridgeman
Druck: CPI Moravia Books GmbH

www.tosa-verlag.com

Inhalt

Einige Worte vorweg

Seien Sie doch ehrlich! Haben nicht auch Sie schon einmal insgeheim gedacht „Du alte Hexe“ oder es gar ausgesprochen, wenn Sie jemanden etwas Böses wünschten?

Natürlich weisen wir als aufgeklärte Menschen des Computer-Zeitalters die „Zeichen“ des Mittelalters – Glauben an schwarze Magie, Dämonen und Hexen – weit aus dem Gedankengut unseres Kulturkreises. Allenfalls in einem afrikanischen Gral oder unter den Eingeborenen zwischen den Kontinenten Asien und Australien vermuten wir noch diesen düsteren Glauben an Dämonen. Doch wie sieht die Realität aus?

Auch im 21. Jahrhundert feiert der Aberglauben fröhliche Urständ. Ertappen wir uns nicht dabei, auf unserem morgendlichen Arbeitsweg immer an derselben Stelle die Straßenseite zu wechseln, damit am Tag nichts schief geht? Und lassen wir uns nicht die Karten legen, wenn eine wichtige Entscheidung ansteht? Grenzen wir die Nachbarn nicht aus, nur weil sie andere Gepflogenheiten haben als wir selbst? In jeder Straße, in jedem Mietshaus gibt es Menschen, die wir meiden, weil sie anders sind als wir „Normalos“. Sündenböcke, die das Übel in unserer nächsten Umgebung an sich ziehen und die wir am liebsten für alle möglichen Missstände zur Verantwortung ziehen.

Dass derartige Hirngespinste noch immer in unseren Köpfen herumgeistern, ist großteils die Schuld von Kirchenmännern, die den Glauben des Volkes nährten, die Hexen seien in ein großes geheimes Komplott unter der Führung des Teufels verwickelt, um die Welt zu zerstören. Ohne die Theologie keine Hexe, ohne päpstliche Ketzerverfolgung keinen Inquisitionsprozess und keine systematische Folter. Die meisten Opfer dieses kirchlichen Komplotts sind jedoch in Vergessenheit geraten.

Der Glaube an Schadenszauber war weltweit verbreitet, die systematisch ausgedehnte Verfolgung von Ketzern, Zauberern und Hexen allerdings geographisch auf jenes Gebiet beschränkt, das vor der Reformation Martin Luthers der Autorität der römisch-katholischen Kirche unterstand.

Eines der Hauptziele der Inquisition war die Auslöschung aller Menschen und Bewegungen, die an das Gedankengut des Urchristentums anknüpften und damit von der offiziellen Lehrmeinung abwichen. Sie stellten eine Gefahr für Staat und Kirche dar. Noch heute betreiben Kirchen aller Couleur gern die Ausgrenzung Andersdenkender. Die Mittel, die sie anwenden, sind allerdings subtiler geworden. Es fällt einfach nicht mehr so auf. Auch die Glaubenskongregation ist in erster Linie ein Tribunal, das kritische Stimmen – wie einst im Mittelalter – verstummen lässt.

Das der heutigen Gerichtsbarkeit spottende US-amerikanische Folterlager Guantanamo, die „Hinrichtung" christlicher Journalisten in der Türkei oder der missionarische Eifer des Islam, wenn es um den Alleinanspruch in Glaubensfragen geht, sind nur einige wenige Beispiele, die auch in jüngster Zeit erschütternd unterlegen, dass Vernichtung und Verfolgung im Zeichen des Glaubens noch längst nicht dort gelandet sind, wo sie hingehören: auf den Friedhof geschichtlicher Irrtümer.

„Niemand darf der Folter oder grausamer, unmenschlicher oder erniedrigender Behandlung oder Strafe unterworfen werden."
(Art. 5 Allgemeine Erklärung der Menschenrechte, 10.12.1948)

Wie alles begann: Spurensuche in der Antike

Die Inquisition des Mittelalters und der frühen Neuzeit markiert eines der düsteren Kapitel unserer Menschheitsgeschichte. Als päpstliche Institution gegründet wurde sie im 13. Jahrhundert, doch Vorformen finden wir bereits im vierten Jahrhundert, schon kurz nachdem im Römischen Reich das Christentum zur Staatsreligion erhoben worden war und Häresie und Ketzertum folglich auch als gegen den Staat gerichtetes Verhalten gedeutet wurde. Strafen für Abweichler, die klar und eindeutig religiöse Stellung gegen das Dogma der Kirche bezogen oder politisch gegen den Staat arbeiteten, reichten je nach Schwere des Vergehens von der Aberkennung des Besitzes bis hin zur Todesstrafe.

Das Christentum wird Staatsreligion

In den ersten nachchristlichen Jahrhunderten waren Christen zunächst selbst – wenn auch in unregelmäßigen Abständen – Ziel von Repressionen und Verfolgungen, vor allem unter Kaiser Diokletian (236/245–313/316). Der christliche Schriftsteller Tertullian (150–230) brachte es auf den Punkt: „Den Christen wird die Schuld gegeben für jede öffentliche Katastrophe und jegliches Unglück, das die Menschen befällt. Wenn der Tiber Hochwasser hat, wenn der Nil nicht genügend Wasser führt, wenn es Erdbeben oder gar Hungersnot oder Seuchen gibt, sofort erschallt der Ruf „die Christen vor die Löwen". Erst unter Kaiser Konstantin dem Großen (272/85–337) wurde das Christentum 313 durch das so genannte Mailänder Toleranzedikt als gleichberechtigte Religion anerkannt. Unter Kaiser Theodosius I. (347–395) wurde es dann 380 alleinige Staatsreligion.

Die Regierungszeit Diokletians (284–305) gilt als eine der bedeutendsten Epochen der römischen Kaiserzeit. Sie war durch umfangreiche Reformen bestimmt. Die kaiserliche Verwaltungsreform etwa schuf die Grundlage für den spätrömischen Staat. In diese Phase der Stabilisierung fiel allerdings auch die letzte große Christenverfolgung. Zwei Jahre, bevor sich Diokletian vom Amt zurückzog, begann er 303 eine reichsweite Kampagne gegen die Anhänger des christlichen Glaubens. Sie zielte auf die endgültige Zerschlagung der Kirche und Ausrottung ihrer Mitglieder und sollte das von Unruhen erschütterte Reich wieder festigen. Diokletian erließ ein Verfolgungsedikt: Es verbot die christlichen Gottesdienste und ordnete die Zerstörung von Kirchen und die Verbrennung christlicher Schriften an. Von politischen Ämtern wurden Christen ausgeschlossen. Damit verloren sie entscheidende Bürgerrechte. Das Edikt ordnete zudem die Einkerkerung und Folterung aller Gemeindevorsteher, Bischöfe oder Priester an, um sie von ihrem Glauben abzubringen; vor allem aber verfügten Diokletian und seine Mitkaiser Galerius und Maximian die Todesstrafe für alle – auch die Laienchristen –, die weiterhin das offizielle Kaiseropfer verweigerten.

Zum besseren Verständnis: In der Kaiserzeit wurde der römische Kaiser als Gott verehrt. Die Teilnahme an den Feierlichkeiten der Staatsreligion war insofern für alle Bürger obligatorisch. Wer sie verweigerte, schloss sich aus der Gesellschaft aus. Christen galten wegen ihrer hartnäckigen Weigerung, am staatlichen Kaiserkult teilzunehmen, als subversiv. Sie gefährdeten den Staatsfrieden, die so genannte Pax Romana. Doch das erste Gebot der Bibel ließ den Christen keine andere Wahl: „Ich bin der Herr dein Gott. Du sollst keine anderen Götter neben mir haben." Eusebius, der spätere Bischof von Cäsarea, berichtet in seiner Kirchengeschichte über die letzten Christenverfolgungen unter Diokletian:

„Es war das 19. Jahr der Regierung des Diokletian, als allenthalben ein kaiserlicher Erlass veröffentlicht wurde, welcher befahl, die Kirchen bis auf den Grund niederzureißen und die Schriften zu verbrennen, und verfügte, dass Inhaber von Ehrenstellen ihre Würden, und Bedienstete, sofern sie im Bekenntnis des Christentums verharrten, die Freiheit verlieren sollten. So lautete das erste Edikt gegen uns. Bald darauf erschienen weitere Edikte, wonach alle Vorsteher der christlichen Gemeinden allerorts zuerst in Fesseln gelegt und dann auf jede Weise zum Opfern gezwungen werden sollten. Als sich bald darauf einige gegen die kaiserliche Herrschaft aufzulehnen versuchten, erging ein kaiserlicher Befehl, dass allenthalben Vorsteher der Kirchen in Gefängnisse und Fesseln geworfen werden sollten. Das Schauspiel dessen, was darauf folgte, übersteigt jede Beschreibung. Zahllose Scharen wurden an jeglichen Orten eingekerkert. Die Gefängnisse, ehedem bestimmt für Mörder und Grabschänder, waren nun überall angefüllt mit Bischöfen, Presbytern, Diakonen, sodass dort kein Platz mehr übrig blieb für jene, die wegen Verbrechen verurteilt waren.

Als dann auf den ersten Erlass ein zweiter folgte, welcher den Gefangenen, wenn sie opferten, die Freiheit gewährte, die Hartnäckigen aber mit unzähligen Foltern bedrohte, wer hätte da wiederum die Menge derer zählen können, welche in jeder Provinz, vor allem in Afrika, Mauretanien und in Ägypten den Zeugentod starben? Auch Leute, die aus letzterem Lande in fremde Städte und Provinzen sich begeben hatten, zeichneten sich durch ihre Martyrien aus."

Die „Konstantinische Wende"

Nach dem Tod von Kaiser Galerius im Jahr 311 – er war neben Diokletian einer der vier regierenden Herrscher der Tetrarchie (Regierungsform, bei der ein Herrschaftsgebiet in vier Bereiche aufgeteilt ist) und hatte kurz vor seinem Ende das Aus für die Christenverfolgung verfügt – brachen heftige Kämpfe um seine Nachfolge aus.

Konstantin I. marschierte mit rund 40.000 Soldaten durch Italien und gewann schließlich am 28. Oktober 312 die entscheidende Schlacht an der Milvischen Brücke, nachdem er einige Zeit zuvor am Himmel ein Flammenkreuz gesehen hatte, dazu Symbole mit der Bedeutung: In diesem Zeichen wirst du siegen. Er siegte gegen eine zwei- oder dreifache Übermacht und sein Konkurrent Maxentius ertrank im Tiber. Damit wurde Konstantin alleiniger Herrscher des Westens. Über seine Vision gibt es verschiedene Berichte. Die bekannteste Version gibt Eusebius von Caesarea in der „Vita Constantini" wieder. Danach hätten auf einem Marsch irgendwann vor der Schlacht Konstantin und sein Heer ein Kreuz aus Licht mit der Inschrift „in hoc signo vinces" (mit diesem Zeichen wirst du siegen) über der Sonne gesehen. Dieses Zeichen wäre Konstantin lange nicht verständlich gewesen, bis ihm in der Nacht vor der Schlacht Jesus mit dem Zeichen erschienen sei und seine Verwendung als Schutz- und Siegeszeichen angewiesen habe. Daraufhin sei das Labarum, ein mit Christogramm verziertes, kreuzförmiges Vexillum, angefertigt und verwendet worden. Das Symbol des Kreuzes – für Römer war es die äußerste unehrenhafte Strafe, Sklaven, Aufständische und Verbrecher ans Kreuz zu schlagen – wurde damit von Christen nun selbst zum Siegeszeichen des römischen Kaiserreichs umgedeutet.

Konstantin selbst wurde offenbar nicht von heute auf morgen gläubiger Christ, sondern zum Anhänger eines Gottes, der eine Art Mischung aus dem unbesiegbaren Sonnengott Sol invictus und Christus war. Der Sonnengott, 274 von Aurelian zum obersten Staatsgott anlässlich seines Sieges über Zenobia erhoben, blieb bis zur Einführung des Christentums unter Konstantin Staatsgott des römischen Imperiums. Der Geburtstag dieses Sonnengottes wurde am 25. Dezember gefeiert.

Bei einem Treffen in Mailand im Februar 313 vereinbarte Konstantin mit Licinius, dem Herrscher im Osten des Reiches, den Christen und allen anderen Religionsfreiheit zu gewähren. Im Mailänder Toleranzedikt heißt es unter anderem:

„Als wir uns, Konstantin Ausgustus sowie Licinius Augustus, glücklicherweise nahe Mailand trafen und alles betrachteten, was das allgemeine Wohl und die Sicherheit betraf, dachten wir, neben anderen Dingen, welche wir als gut für die Allgemeinheit ansahen, sollte zuerst eine Regelung bezüglich der Verehrung der Gottheit getroffen werden, damit wir den Christen und Anderen die Erlaubnis erteilen konnten, jene Religion zu beachten, die man bevorzugt, damit jede Gottheit, welcher Art auch immer, auf ihrem himmlischen Thron uns und jenen die unter unserer Herrschaft stehen gnädig und freundlich gesinnt sei. Aufgrund dieser gesunden Beratschlagung und der höchst ehrenwerten Fürsorge dachten wir, dass keinem, wem auch immer, die Möglichkeit verwehrt werden soll, sein Herz an den Kult des Christentums zu hängen oder jeder anderen Religion, von der er denkt, sie sei die beste für ihn. So das die oberste Gottheit, zu deren Anbetung wir von ganzem Herzen streben, uns in allen Dingen weiter Gunst und Wohlwollen erweist.

Weiters, zur Verehrung sei gesagt, dass es uns gefallen hat, alle Vorschriften, welche in voran gegangenen Edikten betreffs der Christen verfügt wurden, aufzuheben, auf dass sich nun jeder, der es wünscht, der christlichen Religion frei, öffentlich und ohne Behinderung folgen kann. Wir dachten, es sei angemessen diese Dinge euerer Obhut anzuempfehlen, auf das ihr wisst, dass wir den Christen die freie und uneingeschränkte Möglichkeit der religiösen Verehrung gewähren. Wenn ihr seht, dass wir dies den Christen gewähren, so wisst ebenfalls, dass wir, um des Friedens willen, auch anderen Religionen das Recht der öffentlichen und freien Ausübung ihres Kultes zugestehen, auf dass jeder, wie es ihm gefällt, die Möglichkeit zur freien Anbetung habe; diese von uns verfügte Regelung soll nicht den Anschein einer Schmälerung jeglicher Würde oder Religion erwecken.

Zusätzlich, zu den Christen, welche wir besonders hoch schätzen, ordnen wir an, das jeder, der aus dem Staatsbesitz oder von irgendjemand sonst, jene Orte, aufgrund einer gewissen Bestimmung, welche euch in einem Schreiben bekannt gemacht wurde, erwarb, an denen sich die Christen vormals gewöhnlich versammelten, soll diese den Christen ohne Bezahlung oder irgendeinen Anspruch auf Entschädigung und ohne jegliche Täuschung oder Betrug zurückgeben."

Konstantin selbst bezeichnete sich fortan als Bischof für alle Menschen: Er berief Synoden und förderte den Einfluss der Christen. Er gab den christlichen Bischöfen richterliche Befugnisse und setzte 321 den Sonntag als den wöchentlichen Feiertag fest – der judenfeindliche Kaiser wollte damit auch die Sabbatruhe bekämpfen. 325 wurde das Christentum der römischen Religion gleichgestellt, alle einschränkenden Gesetze und Verordnungen wurden aufgehoben, Kirchen und Friedhöfe zurückerstattet. Im selben Jahr berief Konstantin das Konzil von Nicäa ein, das wesentliche Weichenstellungen für das Christentum brachte.

Die „Konstantinische Wende" erlebten die Christen als Durchbruch und große Befreiung. Endlich besaßen sie Rechtssicherheit. Nun war es vorteilhaft für den sozialen Aufstieg, der christlichen Gemeinde anzugehören. In der Folgezeit wurden viele der höheren Staatsämter, von denen maßgeblich die Gestaltung des öffentlichen Lebens abhing, mit Christen besetzt. Konstantins Mitherrscher Licinius begann allerdings im Jahre 320 erneut mit Christenverfolgungen.

In Auseinandersetzungen um den Einfluss auf dem Balkan kam es 324 zum Krieg zwischen den beiden; Konstantin besiegte seinen Widersacher und ließ ihn töten, als Alleinherrscher förderte er nun zunehmend das Christentum und ließ viele Kirchen bauen. Auf ihn gehen die Gründung der früheren Peterskirche in Rom im Jahr 325, der Grabeskirche in Jerusalem, der Geburtskirche in Bethlehem und der nicht erhaltenen Sophienkirche in Trier sowie der Urbau der Apostelkirche in Konstantinopel zurück.

Auf dem Sterbebett 337 ließ Konstantin sich taufen. Seine Hinwendung zum Christentum geschah allerdings weniger als Zeichen einer Bekehrung. Entscheidend war vielmehr die Überlegung, mit der Anerkennung des im ganzen Reich schon weit verbreiteten und sich gegen alle Vernichtungsversuche resistent zeigenden Christentums wieder einen einheitlichen ideologischen Überbau zu schaffen. Seine Handlungen waren durchweg geleitet vom Ziel, die Macht auszubauen.

Während er selbst – der nach seinem Tod unter die Staatsgötter aufgenommen wurde – wohl kaum als „Christ" im engeren Sinne bezeichnet werden kann, hatte Konstantin sein Söhne christ-

Verfolgung von Juden

Schon früh geriet das jüdische Volk mit seiner strikt monotheistischen Religion in Konflikt mit expandierenden Nachbarvölkern, da es deren Götterwelt ebenso ablehnte wie das in der Antike verbreitete Gottkönigtum, das im römischen Kaiserkult seinen Ausdruck fand. Die Römer, deren Reich Judäa seit dem Jahr 63 v. Chr. angehörte, waren zunächst tolerant, doch in der Kaiserzeit kam es zu offenen Konflikten, die schließlich 70 n. Chr. zur Zerstörung des zweiten Tempels in Jerusalem führten. Die Zerstörung des Tempels bildete den Ausgangspunkt für die weltweite Zerstreuung der Juden (Diaspora). Als Flüchtlinge waren sie immer wieder brutaler Verfolgung ausgesetzt. Im Römischen Reich lieferten die Glaubensvorstellungen der Juden häufig einen Vorwand für ihre politische Diskriminierung. Der erste christliche Kaiser Konstantin und seine ebenfalls christlichen Nachfolger erließen eine Reihe von Gesetzen, welche die Juden zu Rechtlosen innerhalb des Römischen Imperiums werden ließen. Mit dem Aufstieg und der Herrschaft des Christentums verbreitete sich auch die These von der Schuld der Juden am Tod Jesu über das ganze Abendland und führte zu immer stärkerer Diskriminierung der jüdischen Bevölkerung.

lich erziehen lassen: Unter diesen führte besonders Constantius II. eine entschlossene Christianisierungspolitik durch.

Noch mehr, als das Römische Reich sich an die Christen anpasste, begann die Kirche, sich seinen politischen Interessen anzupassen. Das christliche Kreuzsymbol wurde auf Heeresstandarten und Staatsmünzen sichtbar. Bischöfe zogen mit in die Schlacht und segneten die gleichen Waffen, mit denen Christen früher ermordet wurden; nicht wenige erlagen den Verlockungen, welche die neu gewonnene Macht mit sich brachte. Immer mehr Kirchen wurden gebaut; die Gottesdienste darin wurden zu prunkvollen Zeremonien. Manch ein Christ kritisierte diese Veränderungen, doch waren sie nicht aufzuhalten. Die römischen Staatstempel dagegen waren dem Verfall preisgegeben.

Häretische Gruppen und Bewegungen

Der christliche Schriftsteller Tertullian

Die Abweichler vom „rechten Glauben“ nannte man in der Spätantike Häretiker (griechisch: Wahl, Neigung). Diese vertraten einen Glauben oder auch Meinungen, die mit denen der herrschenden Macht nicht überein stimmten. Sie galten deshalb als potenzielle Gefahr für das Gemeinwesen. Seit seinen Anfängen erhob das Christentum als monotheistische Offenbarungsreligion einen Anspruch auf Wahrheit und verteidigte diesen gegen Andersdenkende. Im Neuen Testament schreibt

Paulus an Titus: „Einen ketzerischen Menschen meide, wenn er einmal und noch einmal ermahnt ist, und wisse, dass ein solcher ganz verkehrt ist und sündigt und sich selbst damit das Urteil spricht." Obwohl die Herausbildung des christlichen Dogmas in den ersten Jahrhunderten des Christentums von heftigen Auseinandersetzungen begleitet war, kamen die Verantwortlichen schnell darin überein, Andersdenkende zu unterdrücken. Man begnügte sich anfangs damit, Querdenker auszuschließen, sozial zu isolieren, sie gelegentlich auch in Klosterhaft zu nehmen. Jeder, der von der orthodoxen Meinung der Kirche abwich, wurde zum Häretiker abgestempelt. Die religiösen Abweichler zeichneten sich in den Augen der Christen vor allem durch ihre Hartnäckigkeit aus, weil sie sturköpfig an ihrem „Irrglauben" festhielten.

Bereits seit dem zweiten Jahrhundert sind Auseinandersetzungen mit häretischen Menschen oder Strömungen bekannt. Schon Konstantin hatte vereinzelt Maßnahmen gegen „heidnische" Kulte verfügt; unter seinem Sohn Constantius II. (337–361) kam es gar zu Stürmen auf heidnische Tempel. Apologeten wie Irenäus von Lyon (135–202), Bischof in Gallien (Frankreich), und der christliche Schriftsteller Tertullian (150–230) versuchten rechtgläubige Positionen zu festigen. Ihnen allen voran bemühte sich jedoch Augustinus von Hippo (354–430) in seinen zahlreichen Werken darum.

Die Schriften des Augustinus

Die spätere Ketzerinquisition des Mittelalters bezog sich auf seine Schriften, die Augustinus aus der Erfahrung mit den Donatisten heraus verfasste. Der Donatismus war eine Glaubensrichtung, die sich im vierten Jahrhundert um den Gegenbischof Donatus von Karthago sammelte und bis ins siebente Jahrhundert hinein Bestand hatte. Die Donatisten vertraten die Meinung, dass etwa die Spendung der Sakramente nur von würdigen Geistlichen vorgenommen werden konnte, und nicht von solchen, die schon Sünden begangen hatten bzw. von solchen, die während der letzten

Im Jahr 387 wurde Augústinus von Ambrosius von Mailand getauft

Christenverfolgungen unter Diokletian aus Todesfurcht dem christlichen Glauben abgeschworen hatten. Donatisten galten als häretisch. War Augustinus anfangs bestrebt, die Häretiker zu überzeugen, empfahl er später „gemäßigte Strenge", schließlich Maßnahmen der weltlichen Macht wie Geißelung, Buße und Verbannung, in Extremfällen auch die Todesstrafe.

Die Inquisition griff insbesondere zwei Argumente von Augustinus heraus: Einem Abtrünnigen den rechten Weg zu zeigen, wenn er diesen nicht gehen wolle – auch unter Zwang – sei ein Akt christlicher Nächstenliebe. Häretiker seien verirrte Schafe, welche die kirchlichen Hirten notfalls mit Stock und Knüppel wie züchtigende Eltern gegenüber dem Kinde zur Herde zurückführen würden. Folter sei legitim, da sie nur das sündige Fleisch, nicht aber die Seele schädige. In der Konsequenz sei es besser, die Häretiker zu verbrennen, als „in den Verirrungen zu erstarren". Die Häretiker „töten die Seelen der Menschen, während die Obrigkeit nur ihre Leiber der Folter unterwirft; sie rufen ewigen Tod hervor, aber beklagen sich dann, wenn die Behörden sie dem zeitlichen Tod überantworten". Die Androhung der Folter stelle den Häretiker nachdrücklich vor die Entscheidung, entweder in seiner Verirrung zu verharren, beispielsweise, weil er die Verachtung seiner Genossen fürchtet, sowie den „Feuerofen der Qual" samt dem Verlust des Lebens in Kauf zu nehmen oder aber „klüger zu werden", um in den Schoß der Kirche zurückzukehren. Die Inquisition übersah allerdings Aussagen, die ihre Sicht in Frage stellten, wie etwa die von Augustinus „Wir möchten sie verbessert haben, nicht getötet; wir wünschen uns den Triumph der Kirchenzucht, nicht den Tod, den sie verdienen" oder die des christlichen Predigers Johannes Chrysostomos (344–407): „Einen Ketzer zum Tod verurteilen, ist ein Vergehen ohne mögliche Wiedergutmachung." Auch die energischen Proteste des Bischofs Ambrosius von Mailand (340–397) und Martin von Tours (316–397) gegen die Hinrichtung eines Häretikers durch den Kaiser gingen im allgemeinen Ruf nach der Bekämpfung der „Irrgläuber" unter.

Gesellschaftliche Randgruppen

Es gab zu allen Zeiten Randgruppen, welche die Ansicht vertraten, dass sie die einzigen wirklichen Christen seien, etwa die Montanisten, und ebenso gab es Bewegungen, die das Christentum mit anderen Religionen vermischten, etwa der Manichäismus. Der Montanismus wies nicht nur charismatische und exstatische Elemente auf, er räumte auch damals schon Frauen einen großen Einfluss ein, sie konnten sogar zu Priesterinnen geweiht werden.

Die Bewegung breitete sich rasch bis nach Rom und Karthago in Nordafrika aus und wurde von der Kirche als ketzerisch erklärt. Man warf ihren Anhängern vor, dem heidnischen Kybelekult (Muttergottheit) anzuhängen. Als die Kirche an gesellschaftlichem Einfluss gewann, wurden die Montanisten energisch verfolgt. Der Manichäismus war eine Glaubenslehre, die von Mani im vierten Jahrhundert in Persien begründet wurde und sich bis weit ins Mittelalter vor allem im Nahen Osten halten konnte. Der Manichäismus war eine dualistische Häresie, welche die Welt zwischen den Kräften des Guten und des Bösen, zwischen Geist und Materie aufgeteilt sah, und in der jedes lebendige Wesen Elemente beider Pole in sich vereinte. Die Bewegung offenbarte bereits sehr viele Merkmale, die im Hochmittelalter bei der Häresie der Katharer wieder auftauchten.

Bereits im zweiten und dritten Jahrhundert gab es einen gewissen Konsens im Christentum darüber, was die allgemeine christliche Lehre sei, was als Variante akzeptiert werden kann und was die Lehre einer Randgruppe ist. Ab dem vierten Jahrhundert, beginnend mit dem Konzil von Nicäa 325, konnten die Bischöfe der damaligen Welt zusammenkommen, um über Fragen der Lehre zu entscheiden. Solchen Entscheidungen gingen oft heftige Auseinandersetzungen voraus. Der erste große Streit, der verhandelt wurde, war die Stellung Jesu in der Trinität (Dreieinigkeit). Es war einhellige Meinung, dass Christus eine göttliche, aber auch von Gott-Vater verschiedene Person sei. Damit stellte sich aber die Frage, in welchem Verhältnis Vater und Sohn standen. In den östlichen Patriarchaten wurde gelehrt, der Sohn sei dem Vater untergeordnet (Subordinatianismus), während Rom die Wesensgleichheit (Homousios) zwischen Vater und Sohn vertrat.

Der Priester Arius aus Alexandrien (280–336) war ein herausragender Vertreter des Subordinatianismus. Die nach ihm benannte Bewegung des Arianismus, die auf den Konzilien von Nicäa (325) und Konstantinopel (381) als häretisch verdammt wurde, hielt sich bis ins sechste Jahrhundert. Arius vertrat die Auffassung, dass Jesus nicht gottgleich sei, sondern ein Gott untergeordneter Mittler zwischen Gott und Mensch. Der Arianismus stand damit im Gegensatz zur christlichen Trinitätslehre, welche die Einheit der drei Personen des göttlichen Wesens: Gott „Vater", Gott „Sohn" (Jesus Christus) und Gott „heiliger Geist" vertrat. Theodosius I., welcher der Religionsfreiheit ein Ende bereitete und alle Kulte außer dem Christentum verbot, erließ 383 nach einem gescheiterten Religionsgespräch ein Häretikergesetz, das Arianern, Donatisten und Manichäern mit Verbannung drohte. Das Häresieproblem bekam damit neue Dimensionen: Es wurde zur Gefahr für den Staat. Allerdings wurden viele scharfe Verlautbarungen des Theodosius, der selbst kein religiöser Eiferer war, in der Praxis eher milde oder gar nicht umgesetzt.

Strafen für Abweichler

Eine unmittelbare Folge dieser Entwicklung war, dass abweichende Glaubenslehren, wie etwa der Donatismus, Arianismus oder der Manichäismus nicht mehr nur auf kirchlicher Ebene, etwa durch Exkommunikation, das heißt Ausschluss aus der Gemeinschaft der Gläubigen bestraft wurde, sondern auch auf weltlicher Ebene durch die kaiserliche Gesetzgebung. Diese kaiserliche Ketzergesetzgebung enthielt bereits alle wesentlichen Strafelemente, die später im Hochmittelalter wieder gegen Ketzer zum Einsatz kommen sollten (Verlust der Bürgerrechte, Einzug des Besitzes bis hin zur Todesstrafe). Sie fand Eingang in den Codex Theodosianus und den Codex Iustinianus. Den Codex Theodosianus gab der oströmische Kaiser Theodosius II. (408–450) gemeinsam mit dem weströmischen Kaiser Valentinian III. (424–455) in Auftrag, um die römischen Gesetze und die kaiserlichen „Constitutiones" seit 312 zusammenzustellen. Nach achtjähriger Arbeit wurden im Jahr 438 16 Bände in lateinischer Sprache veröffentlicht. Das Reichsgesetzbuch verzeichnete bereits 80 Gesetze gegen Ketzer. Man verordnete die Beschlagnahme ihrer Kirchen, verbot ihnen den Bau von neuen Gotteshäusern sowie die Benutzung von Privatwohnungen zu kirchlichen Zwecken, man bedrohte sie mit Ausweisung, Verbannung und Konfiskation ihres Vermögens. Man sprach ihnen das Recht ab, sich Christen zu nennen, Testamente zu machen oder zu erben; zuweilen erklärte man sie sogar für unfähig, irgendwelche rechtsgültige Akte zu vollziehen. Und zuletzt hatte man auch die Todesstrafe für alle Abtrünnigen parat.

Der Codex Theodosianus wurde in Westeuropa auch nach dem Untergang des weströmischen Reichs 476 von den Westgoten weiter benutzt. Darüber hinaus bildete er die Grundlage für den Codex Iustinianus, den der oströmische Kaiser Justinian I. im Jahr 528 in Auftrag gab. Der Codex Iustinianus ist ein Bestandteil des Sammelwerkes, das später den Namen „Corpus Iuris Civilis" erhielt und neben dem Codex Iustinianus (der Sammlung der Kaiserkonstitutionen) noch die Digestae (Rechtsurteile), die Institutiones (ein Rechtslehrbuch) und die Novellae (später ergänzte Kaiserkonstitutionen) enthielt. Später im Hochmittelalter erlebten der Codex Iustinianus und die anderen Teile des Corpus eine Renaissance – und mit ihnen auch die antiken Ketzergesetze.

Im Zeichen religiöser Tradition

Doch nicht nur Donatisten, Arianer und Manichäier „bedrohten" die christliche Gesellschaft und wurden spätestens seit dem sechsten Jahrhundert rigoros verfolgt. Abweichler wie etwa die christlichen Montanisten wurden im gleichen Atemzuge zu Ketzern und

Häretikern erklärt. Ihr Gründer Montanus behauptete, Offenbarungen des Heiligen Geistes zu empfangen. Diese zielten inhaltlich auf eine unmittelbar bevorstehende Wiederkunft Jesu und daraus folgend eine Vervollkommnung des persönlichen und auch kirchlichen Lebens. Die Anhänger lebten askestisch, lehnten eine zweite Heirat nach dem Tod des Ehepartners ab und übten strenge Bußdisziplin. Anstoß in orthodox-kirchlichen Kreisen erregte, dass Frauen in Priester- und Bischofsämter zugelassen wurden. Eine montanistische Prophetin konnte sich Christus gar in weiblicher Gestalt vorstellen. Und die Urmutter Eva brachte nach montanistischem Verständnis Weisheit und Erkenntnisfähigkeit in die Welt. Das Hauptcharakteristikum der christlich prophetischen Bewegung war jedoch ihre ekstatische Weissagung, deren Form in den Religionen Kleinasien wurzelte. Die vorchristlichen Kulte – vor allem der Kult der großen anatolischen Muttergöttin Kybele und ihrer kastrierten Priester – kannten eine lange Tradition ekstatischer Prophezeiung. Der Montanismus stand in der Tradition der alten Religiosität und verband deren Elemente wirksam mit der neuen Lehre des Christentums. Die römische Staatskirche bezichtigte die Anhänger dieser Sekte als „Menschenfresser“. Dazu schreibt Augustinus: „Man sagte, sie hätten grauenvolle Sakramente. Sie sollen das Blut eines einjährigen Kindes sammeln, indem sie das Kind über und über mit kleinen Einschnitten versehen. Dann backen sie daraus Hostien, indem sie das Blut mit Mehl mischen und zu Broten formen. Stirbt der Knabe, wird er zum Märtyrer erklärt. Bleibt er am Leben, wird er zum Hohepriester.“

„Söhne des Satans“

Ähnlich schlecht erging es den Paulikianern, einer Sekte, die sich im siebten Jahrhundert in Armenien herausbildete. Auch ihnen dichtete man kannibalistische Neigungen an. Die kirchliche Obrigkeit stufte sie als Söhne Satans ein, weil sie sich nachts trafen, angeblich um Inzest mit der eigenen Mutter zu begehen. Entstand aus dieser Verbindung ein Kind, warfen sie es solange einander zu, bis das Kind starb. Der Mensch, in dessen Händen das Neugeborene sein Leben aushauchte, wurde zum Führer der Sekte bestimmt. Das Blut der Kinder wurde mit Mehl vermischt, um daraus Hostien zu backen. Die Paulikianer beteten angeblich den Teufel an, indem sie sich mit Schaum vor dem Mund vornüber beugten. Doch was glaubten sie wirklich? Die Paulikianer lehnten den Kult der Gottesmutter Maria ab. Sie waren der Auffassung, dass die Gottesmutter in Wahrheit das himmlische Jerusalem sei, aus dem Christus als das Wort Gottes zu den Menschen gesandt wurde. In Anlehnung an bestimmte Denkrichtungen scheinen die Paulikianer allerdings auch geglaubt zu haben, dass Christus nur scheinbar Mensch geworden sei und in Wirklichkeit nicht am Kreuz gelitten habe. Außerdem waren sie wohl zumindest zeitweise Anhänger eines Glaubens, den man als absoluten Dualismus bezeichnen könnte: Das Gute und das Böse sind zwei völlig getrennte Prinzipien, die seit Ewigkeit bestehen.

Die Paulikianer waren keine Pazifisten wie Jesus von Nazareth, sondern verteidigten sich militärisch gegen die zahlreichen Angriffe und Ausrottungsversuche, vor allem des byzantinischen Staates. Immer wieder wurden Tausende von Paulikianern gesteinigt, verbrannt, geköpft. Der byzantinische Feldherr Symeon soll Ende des siebten Jahrhunderts allerdings von der Standhaftigkeit der Besiegten so beeindruckt gewesen sein, dass er den Dienst quittierte, seinen Besitz veräußerte und in das Land der Paulikianer zog. Er sammelte die Reste der Bewegung und baute die Gemeinden neu auf.

Ruhe kehrt ein

Während das römische Ostreich mit der Hauptstadt Konstantinopel die Zeit der Völkerwanderung überstand, wurde das Westreich 476 endgültig von den Ostgoten erobert. In den ehemaligen Provinzen des Westreiches siedelten sich Westgoten, Franken und andere Volksstämme an. Die Ketzergesetze der Spätantike gerieten weitgehend in Vergessenheit. Zwar begannen die einzelnen

Stämme schon früh damit, ihr Recht in so genannten Volksrechten schriftlich zu fixieren, Ketzerbestimmungen spielten jedoch nur in einigen wenigen Aufzeichnungen überhaupt eine Rolle. So enthielten zwar die westgotischen Gesetze noch Ketzerbestimmungen, doch stammten diese Anordnungen aus dem römischen Recht. Selbst während der Blütezeit der Karolinger (achtes und neuntes Jahrhundert), in der die fränkischen Herrscher, besonders Karl der Große (748–814) zahlreiche Kapitularien erließen, finden sich kaum Spuren einer Ketzerverfolgung oder -gesetzgebung. Den Grund hierfür wird man sicher in den besonderen Gegebenheiten des Frühmittelalters suchen müssen. Man war viel zu sehr damit beschäftigt, sich äußerer Gegner zu erwehren und die in der Bevölkerung noch weit verbreiteten heidnische Bräuche durch Predigt und Mission auszutreiben, als dass man sich innerkirchlichen Streitigkeiten über den rechten Glauben hätte widmen können. Selbst wenn seltene Fälle von größeren Glaubensdisputen in den Quellen übermittelt sind (wie etwa im Fall des Adoptianismus – demnach war Jesus Christus nur ein Mensch, der von Gott gleichsam „adoptiert" wurde), blieben die Auseinandersetzungen auf den innerkirchlichen Bereich beschränkt und wurden auch mit rein kirchlichen Maßnahmen bekämpft.

Die Geburt der mittelalterlichen Inquisition

Zu Beginn des Hochmittelalters um das Jahr 1000 änderten sich die sozialen und politischen Lebensbedingungen. Es setzte ein wirtschaftlicher Aufschwung ein, das Städtewesen entwickelte sich rasant und im intellektuellen Bereich begann sich ein deutlicher Aufwind bemerkbar zu machen. Es kam zu einer Wiederbelebung des Handels, auch mit dem Orient. Dies hatte den Nachteil, dass damit nicht nur neue Waren, sondern auch neue und fremde Ideen, Glaubensideen, die den alleinigen Machtanspruch der Kirche bestritten, nach Europa gelangten. Doch es gab auch Hungersnöte und den Glauben an den Teufel: Um das Jahr 1000 lebten die Menschen in einer Welt voller Wunder und Zeichen, voller Befremdlichkeiten, von allerlei magischen und religiösen Vorstellungen bestimmt. So war etwa die Natur für sie von einer überwältigenden Macht, welcher der Mensch schutzlos ausgeliefert war. Die nahe Erwartung des Weltendes, wie es im Johannes-Evangelium mit der bevorstehenden Ankunft des Antichrist, also des Teufels, angekündigt wurde, war im Glauben der Menschen fest verankert.

Randgruppen lebten gefährlich

Sonderlinge und Grenzgänger bewegten sich in dieser Zeit auf unsicherem Parkett. Es gehörte nicht viel dazu, um als Ketzer verdammt zu werden. So erging es auch dem Bauern Leutard, der in der Nähe von Châlons (Frankreich) lebte. Der Benediktiner Rudolfus Glaber (980–1046) berichtet über dessen „ketzerisches“ Leben: „Um das Ende des tausendsten Jahres lebte in Gallien in einem Dorf namens Châlons ein Mann namens Leutard, den man, wie der Ausgang der Sache erwiesen hat, für einen Abgesandten Satans halten konnte. Sein hartnäckiger Wahnsinn brach folgendermaßen aus: Er hielt sich einmal allein auf dem Acker auf, um Feldarbeit zu tun. Von der Mühe ermüdet, schlief er ein, und es kam ihm so vor, als dringe durch die geheimen Öffnungen des Leibes ein großer Bienenschwarm in seinen Körper ein. Er brach mit großem Getöse durch seinen Mund wieder aus und beunruhigte ihn mit zahlreichen Stichen. Und als sie ihn lange sehr damit gequält hatten, schienen sie zu ihm zu sprechen und viel Menschenunmögliches vorzuschreiben, was er tun solle.

Endlich stand er zermürbt auf und kam nach Hause. Dort verließ er seine Frau und vollzog angeblich nach der Vorschrift des Evangeliums die Scheidung. Dann ging er hinaus, wie um zu beten, betrat die Kirche, packte das Kruzifix und zerschlug das Bild des Erlösers. Alle, die das sahen, wurden von Entsetzen gepackt und glaubten – was auch zutraf – er werde wahnsinnig. Er selbst aber brachte ihnen die Überzeugung bei – Bauern sind ja wankelmütig – dass er all dies aufgrund einer wunderbaren Offenbarung Gottes vollbringe. Er strömte nun über von allzu vielen Reden, die weder Nutzen noch Wahrheit enthielten; er wollte als Lehrer auftreten und ließ dabei vergessen, was der Meister gelehrt hat. Denn er sagte, den Zehnten zu geben, sei in jeder Hinsicht überflüssig und unnütz. Und wie sich andere Ketzereien, um möglichst behutsam zu täuschen, mit der Heiligen Schrift bemänteln, selbst wenn sie zu ihr im Widerspruch stehen, so behauptete auch dieser Mann, die Propheten hätten teils Nützliches, teils Unglaubliches erzählt. Er gewann damit das Ansehen eines vernünftigen und frommen Mannes und zog in kurzer Zeit eine beträchtliche Menge Volkes an sich.

Der greise Bischof Jebuin, ein grundgelehrter Mann, in dessen Bistum Leutard lebte, erfuhr von der Sache und ließ ihn herbeischaffen. Er fragte ihn nach allem, was er den Berichten zufolge gesagt oder getan hatte. Da begann Leutard, sein nichtsnutziges Gift zu verbergen, und wollte nicht merken lassen, dass er Belege aus der Heiligen Schrift heranzog. Doch der höchst scharfsinnige Bischof hörte heraus, dass das nicht zusammenstimmte, vielmehr schändlich und verdammenswert war. Er legte dar, dass der Mann zu einem wahnsinnigen Ketzer geworden war, brachte das zum Teil getäuschte Volk von dem Wahnsinn ab und festigte es noch gründlicher im katholischen Glauben. Jener aber sah sich besiegt und von der Volksgunst im Stich gelassen und ertränkte sich in einem Brunnen."

Was hatte der Bauer nun eigentlich Verdammenswertes gepredigt? Offensichtlich die sexuelle Enthaltsamkeit. Auch hielt er nichts vom Pomp der katholischen Kirche und wandte sich entschieden gegen die Zahlung des so genannten Zehnten (Steuer). Er zerschlug das Kruzifix mit dem Leib des Erlösers, da es ihm vielleicht missfiel, den Körper des toten Gottes zur Schau zu stellen. Er griff die Heilige Schrift an, in der er sich bestens auskannte. Rudolfus Schilderung der Ketzerei traf einen der Kernpunkte, wie ihn die Kirchenväter überliefert hatten und wie er in der Ketzerverfolgung eine große Rolle spielen sollte. Denn die Kenntnis der Bibel sprach nicht für einen besonders frommen Mann, sondern wies, entgegen aller Erwartung, auf einen Ketzer hin, der sich der Heiligen Schrift bediente, um seine Irrlehren besser verbergen zu können. Nur die Kirchenleute hatten aufgrund ihrer Bildung Zugang zum Wort Gottes. Die übrigen Gläubigen sollten auf die Priester hören.

Leutard, ein Einzelgänger, zählt zu den Vorläufern von Bewegungen, die ein Jahrhundert später die Lebenskreise der Geistlichen und Gebildeten veränderten: Er forderte die „Überwindung täglichen Schlendrians" und wollte ein christliches Leben wie die Apostel führen. Ein formales Christ-Sein lag ihm fern, und die sichtbare Kirche taugte in seinen Augen nicht viel. Was dem Chronisten im Fall des Bauern noch leicht fiel – als ungebildeter Bauer konnte er leicht ein Opfer teuflischer Eingebung werden – war bei gebildeten Theologen schon sehr viel schwerer zu erklären.

Ein anderes Beispiel früher „Ketzerei“ spielte sich in der königlichen Hofkapelle von Orléans ab, und zwar unter Theologen. Hier waren die beiden Kleriker Stephan und Lisoius tätig, „weltberühmt für ihre Weisheit, herausragend in ihrer Heiligkeit und sehr freigebig, wie Rudolfus schreibt. Ihre „teuflische Ketzerei“ verbargen sie „in der Süße der heiligen Schriften“.

Aréfast, ein normannischer Adliger, schlich sich nach Rücksprache mit seinen Herrn, dem Herzog der Normandie, in die Gruppe ein. Er gab sich als gelehriger Schüler aus und wurde bald in die geheimen Lehren eingeweiht. Sie erklärten ihm, dass er mit ihrer Hilfe aus dieser bösen Welt in ihre heilige Gemeinschaft genommen würde. Er zeigte sich so lange als wissbegieriger guter Schüler, „bis sie glaubten, sie hätten ihn zu ihrer Häresie bekehrt. Dann fühlten sie sich sicher und weihten ihn in die Tiefen ihrer Verruchtheit ein, die sie in Worten der heiligen Schriften verbargen. Sie sagten: Christus ist nicht von der Jungfrau Maria geboren worden, hat nicht wie ein Mensch gelitten, ist nicht wirklich in seinem Grab begraben worden und ist nicht auferstanden. Sie fügten hinzu: Die Taufe reinigt nicht von den Sünden noch das Sakrament des Leibes und Blutes Christi, das ein Priester zelebriert. Nichts kann mit Gebeten zu den heiligen Märtyrern und Bekennern gewonnen werden.“

Der Herzog erfuhr von diesen Lehren, und die Theologen wurden vor die Synode zitiert. Vor ihr und dem französischen König Robert II. fragte der Bischof von Beauvais die Gruppe, zu der auch der Beichtvater der Königin gehörte, ob sie seinen Glauben teilten, dass „Christus von der Jungfrau geboren sei ..., in menschlicher Gestalt für uns gelitten habe, den Tod besiegt habe und am dritten Tage wieder auferstanden sei ... Sie antworteten mit gespaltener Zunge: Wir waren nicht dabei. Deshalb können wir nicht glauben, dass diese Dinge wahr sind. Als der Bischof die Frage nach der Jungfrauengeburt wiederholte, antworteten sie: Was die

Natur verneint, ist nie im Einklang mit der Schöpfung." Man versuchte, die beiden von ihrem Irrtum abzubringen, aber sie blieben bei ihrer Meinung: „Sie widerstanden härter als Eisen ... Die Ketzer wurden vor die Stadtmauer gebracht. Ein großes Feuer wurde in einer Kate angezündet, und sie wurden alle ... verbrannt – außer einem Kleriker und einer Nonne, die reuig zu dem Willen Gottes zurückgekehrt waren." Die Todesstrafe sollte die Kraft und Macht des Königs unterstreichen und seine Legimitation bekräftigen. Der König war nach karolingischer Tradition auch der „Rector errantium", welcher der Kirche Schutz gewährte und die Irrenden wieder auf den rechten Pfad zurückzubringen hatte.

Reformbestrebungen

Die Empörung über das Verhalten der Kirche, deren Käuflichkeit und Lasterhaftigkeit, zeigte sich Mitte des elften Jahrhunderts auch in der Volksbewegung der Patarener in Mailand. Diese von der breiten Masse der Stadtbevölkerung getragene Bewegung war 1057 durch das Wirken zweier Geistlicher ausgelöst worden. Die Pataria verurteilten die Simonie (Kauf oder Verkauf von kirchlichen Ämtern, Pfründen, Sakramenten, Reliquien) sowie die Anhäufung von Reichtümern und Gütern durch die Kirche, und sie forderten die Ehelosigkeit des Klerus. Sie vertrieben den Erzbischof und schlossen die Kirchen. Anfangs unterstützte Papst Alexander II. (1010/1015–1073) sie, später wandte er sich ab. Der Diakon Arialdus, Begründer der Bewegung, wurde vom Klerus ergriffen und ermordet. Die Patarener wurden verfolgt und allesamt aus Mailand vertrieben (1075).

Die Reformbestrebungen wurden von einzelnen Klöstern und Äbten unterstützt, wie etwa von den Cluniazensern. Das Kloster Cluny in Burgund, das 908 durch Herzog Wilhelm III. von Aquitanien gestiftet wurde, war der Ausgangs- und Mittelpunkt einer großen kirchlichen Reformbewegung, die nach Unabhängigkeit der Kirche von weltlichen Mächten strebte. Angriffspunkt der Reformer war vor allem die Entartung des mittelalterlichen Eigenkirchenwesens. Man verurteilte die Simonie, welche die Kirche zu einer „Prostituierten im Dienste des Teufels“ machte. Die Cluniazenser prangerten die Verwilderung der Sitten und die Gier nach weltlichen Reichtümern bei den Klerikern und Mönchen an. Sie forderten eine Reform der Klöster auf der Grundlage einer strengen Regel, deren Unabhängigkeit von der weltlichen Feudalität und der lokalen Weltgeistlichkeit, die strenge Einhaltung der Ehelosigkeit der Mönche, Demut, Gehorsam und den Verzicht auf persönliches Eigentum. Die cluniazensische Reform wurde vom hohen Adel unterstützt, der seinerseits die ihr zugehörigen Klöster seinem Einfluss unterzuordnen suchte. So gerieten viele reformierte Klöster in Abhängigkeit von örtlichen Herren, die sie mit Boden- und Waldschenkungen bedachten.

Waren im elften Jahrhundert Häresien noch eher Einzelfälle, in der ersten Hälfte des zwölften Jahrhunderts wurden sie durch Wanderprediger sehr viel zahlreicher. Schließlich begannen sie in Gestalt der großen Ketzerbewegungen des Mittelalters, dem Katharismus und Waldensertum, zur ernsthaften Bedrohung für die katholische Kirche zu werden. Das zwölfte Jahrhundert war eine Zeit religiöser Aufbruchstimmung, die im päpstlichen Kampf gegen den Kaiser und im ersten Kreuzzug (1096) ihren Ausgangspunkt gefunden hatte. Vertreter dieser neuen Bewegungen waren die Wanderprediger, die überall auf der Bildfläche erschienen und die Norm des Evangeliums für alle – auch für die Kirchenleute – verbindlich machen wollten. Sie verstanden sich als fromme Christen, welche die Kirche nicht stürzen, sondern reformieren wollten. Der Kern des Christentums wurde von ihnen nicht in Dogma und Lehre gesehen, sondern in einer den Evangelien entsprechenden Lebensweise. Da im Neuen Testament Elemente des kirchlichen Lebens fehlten – weder gab es dort Fegefeuer noch Priesterweihe, weder Reliquienverehrung noch dogmatische Lehrsätze – , wandten sie sich gegen diese Kirche, die nicht dem Text der Evangelien entsprach. Wanderprediger sprachen in aller Öffentlichkeit darüber und verletzten dadurch die kirchliche Autorität: Denn predigen durfte nur, wer von der Kirche dazu ermächtigt war. Beim Volk fanden die Predigten allerdings regen Anklang.

Heinrich von Le Mans und Arnaldo da Brescia

Einer der Wanderprediger war Heinrich von Le Mans. Der streng asketisch lebende Mönch kam nach Le Mans und erhielt von Bischof Hildebert von Lavardin die Vollmacht zu predigen. Der Klerus von Le Mans untersagte ihm jedoch das Predigen unter Bedrohung mit dem Bann. Heinrich aber blieb und verließ die Diözese erst auf Befehl des nach längerer Abwesenheit zurückkehrenden Bischofs. Über Poitiers und Bordeaux ging der Mönch in die Provence. Nach der Verurteilung und Verbrennung des in Südfrankreich wirkenden Wanderpredigers Petrus von Bruis um 1126 übernahm Heinrich dessen Anhänger und sammelte eine Sekte um sich. Viele Jahre konnte er ungehindert arbeiten. Erst 1135 nahm ihn der Erzbischof von Arles in Haft. Er wurde vor das Konzil von Pisa gestellt, schwor ab und ging ins Kloster, entfloh aber und setzte seine Wanderpredigt in Südfrankreich fort, zuletzt in der Gegend von Albi und Toulouse.

Über Heinrich erfahren wir aus einem anonymen Bericht: „Etwa um diese Zeit erschien in der Umgebung der Stadt Le Mans ein bestimmter Scharlatan, dessen persönliches Verhalten, üble Gewohnheiten und abscheuliche Lehre bestätigten, dass er Prügel verdiente und die Bestrafung eines Mörders. Er verbarg den Wahnsinn eines räudigen Wolfes im Schafpelz ... kurz geschorenes Haar, ungeschnittener Bart, hoch von Gestalt, von schnellem Schritt ... gewandt im Umgang, mit Ehrfurcht gebietender Stimme, jung an Jahren, verächtlich gegenüber dem Kleid des Priesters. Was kann man noch sagen? Überall nämlich gewann er zunehmend an Ansehen wegen seiner erstaunlichen Heiligkeit und seiner Weisheit; aber nicht durch Verdienst, sondern durch Betrug; nicht durch Wahrheit, sondern durch seine Erscheinung; nicht durch Charakter, Lebensweise und Frömmigkeit, sondern nur durch umgehende Gerüchte.“ Ein charismatischer Mann, der Erfolg hatte. Wie sein Vorgänger Petrus von Bruis lehnte Heinrich die kirchlichen Sakramente, die Kindertaufe, die Verehrung des Kreuzes und das Alte Testament ab.

Auch der Italiener Arnaldo da Brescia (1100–1155) trat in seiner Heimat mit einer scharfen Kritik an der kirchlichen Hierarchie hervor, wofür ihn das Zweite Lateranische Konzil 1139 verurteilte und zur Flucht zwang. 1147 wirkte er wieder in Rom, als Prediger und Agitator gegen die Ausübung weltlicher Besitz- und Herrschaftsrechte durch die Kirche und forderte, dass dem Papst die weltliche Macht genommen und die Kirchengüter zugunsten der Kommune konfisziert werden sollten. Außerdem sollte das Episkopat (das Amt des Bischofs) abgeschafft und die Geistlichkeit enteignet werden. Von Kaiser Friedrich I. Barbarossa gefangen genommen, wurde er ausgeliefert und gehängt. Seine Leiche wurde verbrannt und die Asche im Tiber verstreut.

Gesetze gegen die Ketzerei

Anfangs war die Ketzerverfolgung noch Aufgabe von Bischöfen oder einberufenen Konzilien (Kirchenversammlungen). Die Bischöfe oder päpstlichen Legaten sollten dabei zunächst Fällen nachgehen, bei denen vermeintliche Ketzer bei den kirchlichen Autoritäten angezeigt worden. Die Verhandlung von Häresiefällen fand dann durch bischöfliche Sondergerichte oder auf Synoden statt, auf denen die Beschuldigten befragt wurden. Konnten sie der Häresie überführt werden, waren als Strafen vor allem kirchliche Bußen, Klosterhaft oder der Ausschluss aus der Gemeinschaft der Gläubigen (Exkommunikation) vorgesehen.

Es herrschte eine große Unsicherheit – nicht nur beim Vorgehen gegen die Ketzer, sondern vor allem auch bei der Bestrafung von hartnäckigen Häretikern. Dies äußerte sich zum einen in den so genannten Gottesurteilen zur Überführung von Ketzern, zum anderen auch in Lynchjustiz, wenn die ungeduldige Bevölkerung

Lynchjustiz

In Bucy-le-Long wurden 1114 die beiden Bauern Clementius und Ebrardus der Ketzerei bezichtigt und von Bischof Lisiardus von Soissons und Guibert von Nogent befragt. Da man die beiden nicht überführen konnte, unterzog man Clementius einem Gottesurteil, das ihn als Ketzer „überführte". Ebrardus bekannte sich daraufhin schuldig.

Beide wurden ins Gefängnis gesteckt. Guibert de Nogent berichtet: „Nachdem der andere (Ebrardus) sich schuldig bekannt hatte, aber nicht zur Buße bereit war, wurde er zusammen mit seinem überführten Bruder ins Gefängnis gesteckt. Auch zwei weitere bekannte Häretiker waren zum Prozess gekommen, und wurden ebenfalls inhaftiert. Die rechtgläubige Bevölkerung aber sah die milde kirchliche Behandlung, begab sich zum Verlies, holte sie (die Gefangenen) heraus und verbrannte sie allesamt außerhalb der Stadt ..."

Im Jahr 1172 wurde in Arras ein Kleriker namens Robert der Ketzerei beschuldigt. Beim Verhör durch den Erzbischof Heinrich von Reims wurde Robert nicht nur Häresie, sondern auch die Begünstigung und Verteidigung anderer Häretiker vorgeworfen. Um sich vom Verdacht zu reinigen, unterwarf sich der Kleriker der Feuerprobe. Die Annales Colonienses überliefern: „So offenkundig scheiterte er (Robert) beim Versuch, seinen Ruf vom Vorwurf der Häresie mittels Gottesurteil durch heißes Eisen zu reinigen, dass er nicht nur an der rechten Hand, in der er das Eisen hielt, sondern wundersamerweise auch an der linken Hand und an beiden Füßen und an den Seiten, der Brust und dem Bauch eine Verbrennung auftauchte; aus diesem Grund wurde er auf Befehl des Erzbischofs ins Feuer geworfen und verbrannt."

die Bestrafung von überführten Häretikern selbst in die Hand nahm und Ketzer kurzerhand mit oder ohne Zustimmung der geistlichen Autoritäten verbrannte. Gottesurteile waren im Frühmittelalter und bis weit ins Hochmittelalter hinein weit verbreitet. Sie galten als Beweismittel bei Prozessen, wenn auf anderem Wege keine Klarheit über Schuld oder Unschuld des Angeklagten gewonnen werden konnte, etwa durch Zeugen. Die Gottesurteile beruhten auf der Überzeugung, dass derjenige, der sich einem solchen zu unterziehen hatte, entweder von Gott beschützt wurde (wenn er unschuldig war) oder eben nicht (wodurch seine Schuld bewiesen war). Die gängigsten Arten des Gottesurteils waren die Wasser- und die Feuerprobe. Bei ersterer wurde der Beschuldigte gefesselt (oder gar mit Gewichten beschwert) ins Wasser geworfen. Blieb er an der Oberfläche, war seine Schuld bewiesen: Das reine Wasser nahm ihn nicht an. Die Feuerprobe bestand darin, glühende Gegenstände in der Hand zu halten: Zeigten sich nach einigen Tagen Brandblasen, war die Schuld offenbar.

Diese Praxis mag uns heutzutage grausam erscheinen, aber man muss sich vor Augen halten, dass im Mittelalter grundsätzlich niemand verurteilt werden durfte, wenn Zweifel an seiner Schuld bestanden. Da das Zeugenbeweisrecht, wie wir es heute kennen, kaum vorhanden war, behalf man sich mit Hilfsmitteln wie dem Gottesurteil. Übrigens unterband bereits das vierte Laterankonzil (1215) die Teilnahme von Geistlichen am Gottesurteil, wodurch es seine Autorität verlor und weitgehend aufgegeben wurde (bei den Hexenprozessen des Spätmittelalters und der Frühen Neuzeit wurde es allerdings weiterhin häufig angewendet). Als Lynchjustiz bezeichnet man die eigenmächtige illegale Exekution tatsächlicher oder vermeintlicher Verbrecher oder unliebsamer Personen ohne richterliches Verfahren.

Viele Wanderprediger zogen mit ihren Reden das Volk in den Bann. Auch so mancher Geistliche konnte den Prophezeiungen der charismatischen Prediger nicht widerstehen und wechselte die Seite. Die Kirche musste dem Treiben machtlos zusehen. Es begann eine Phase des Experimentierens, die in der zweiten Hälfte des zwölften Jahrhunderts schließlich in ein System zur Ketzerbekämpfung mündete. Gegen „religiöse Abweichler“ leitete die katholische Kirche quasi zum Selbstschutz die Inquisition ein.

1184: Geburtsjahr der Inquisition

Im Jahre 1184, das offiziell als das Geburtsjahr der Inquisition gilt, veröffentlichte Papst Lucius III. (1097–1185) einen Erlass, worin Bischöfe und Erzbischöfe aufgefordert wurden, jede Gemeinde ihres Bistums zweimal im Jahr zu besuchen, um zuverlässige Menschen ausfindig zu machen, die dabei helfen sollten, Ketzer zu entlarven und einem kirchlichen Prozess zuzuführen.

Die Angezeigten mussten sich durch einen Reinigungs-Eid vom Ketzereiverdacht befreien. Jeder Eides-Verweigerer galt unweigerlich als Ketzer. Natürlich gab es schon vorher Kirchengerichte, doch zum ersten Mal wurde eine solche Maßnahme von zentraler Stelle verordnet. Die Inquisition wurde als ständige Kommission gegründet, die Untersuchungen durchführen und die Verfolgung von Häretikern und Ketzern zur Reinhaltung des Glaubens betreiben sollte. Damit sollte die allgemeine Anerkennung der katholischen Lehre erzwungen werden. Auf der Synode von Verona 1184 beschlossen Kaiser Friedrich I. (1122–1190) und Papst Lucius III., dass Ketzer künftig exkommuniziert werden sollten.

Papst Innozenz III. (Fresko von 1219)

Die kirchliche Ketzerbekämpfung trat in eine neue Phase, als Innozenz III. (1161–1216) 1198 Papst wurde. Die Kurie wurde zu einer Zentralbehörde ausgebaut, das Kirchenrecht systematisiert und das Ketzerproblem mit Repression beantwortet. Es gelang ihm, einen Teil der Waldenser wieder in den Schoß der Kirche zurückzuholen; auch die Laienbewegung der Humilaten ließen sich reintegrieren. 1208 rief Innozenz zum Kreuzzug gegen die Albigenser in Südfrankreich auf. Davon später mehr.

1199 folgte die Ketzergesetzgebung des Papstes, die Dekretale „Vergentis in senium“. Sie ging davon aus, dass gegen Ketzer ebenso verfahren werden müsse wie gegen Majestätsverbrecher. Ketzerei wurde damit zu einem Verbrechen gegen die göttliche und weltliche Majestät, ein Umstand, dem konsequenterweise bald die Legitimation der Todesstrafe folgen musste. Richtungsweisend wurde die Ketzergesetzgebung Kaiser Friedrichs II., insbesondere die Bestimmung für die Lombardei aus dem Jahr 1224. Hatte man nicht reuigen Ketzern bis dahin damit gedroht, vom Begräbnis in geweihter Erde ausgeschlossen zu werden, wurde nun der Ketzerverbrennung Tür und Tor geöffnet. Dahinter stand, dass bereits die heidnischen Germanen Zauberei mit dem Feuertod bestraft hatten und die Ketzerei als schlimmer Zauber angesehen wurde. Kirchliche und weltliche Macht spielten sich in der Eskalation der Ketzerverfolgung gegenseitig die Bälle zu, auch die christliche Theologie wurde immer militanter.

Schließlich lieferte Papst Innozenz III. mit der Einrichtung des Inquisitions-Verfahrens das bedeutendste Charakteristikum der neuen kirchlichen Ketzerverfolgung, das 1215 als verbindlich etabliert wurde. 1229 wurden auf dem Konzil von Toulouse Verfahren und Strafmaß festgelegt; Suchtrupps, die aus Laien und Priestern bestanden, sollten danach sorgfältig nach Ketzern forschen und sie den kirchlichen Behörden anzeigen. Eigene Gerichtsvollmachen besaßen sie noch nicht. Das änderte sich erst mit Papst Gregor IX. ((1167–1241). 1231 übernahm er das Antiketzergesetz Friedrichs II. und verschaffte damit der Strafe des Feuertodes auch im kirchlichen Bereich Eingang. Gleichzeitig entzog Gregor den Bischöfen, die bislang für die Ketzer zuständig waren, weitgehend die Verantwortung, schuf eine dem Papst und der päpstlichen Gerichtsbarkeit unterstehende zentralisierte Behörde und besetzte diese mit Franziskanern und insbesondere Dominikanern. Er erteilte ihnen den Auftrag, gewissenhaft nach Ketzern zu suchen und diese nach päpstlichem Statut zu verhören.

Es war die Geburtstunde der Inquisitoren. Eine weitere wichtige Zäsur auf dem Weg in die Inquisition des Hochmittelalters war die am 15. Mai 1252 von Papst Innozenz IV. erlassene Bulle „Ad extirpanda", die bald europaweit Grundlage für die Inquisition werden sollte. Mit ihr genehmigte Innozenz IV. die Folter zur Wahrheitsfindung, die in der weltlichen Justiz der damaligen Zeit durchaus üblich war.

Ketzer und Bettelorden: Aufbruchbewegungen im Mittelalter

Im Gegensatz zu den antiken Religionsformen, die keine verbindliche Dogmen entwickelten, nahm das Christentum für sich in Anspruch, die einzig wahre Lehre zu verkünden. Das hatte zur Folge, dass man sich zunächst innerkirchlich über verbindliche Glaubensgrundsätze einigen musste. Je mehr aber Christen das „Wesen ihrer Religion" dogmatisch zu klären suchten, desto mehr verstrickten sie sich auch in innere Glaubenskämpfe. Um die gefährdete Einheit zu retten, berief man Konzilien ein, die über die wichtigsten theologischen Fragen entscheiden sollten. Die Verlierer dieser Auseinandersetzungen wurden als Abweichler der Häresie beschuldigt.

Häresie im Fokus des Staates

Mit der Einführung des Christentums als offizielle Religion des Römischen Reiches wurde die Häresie zur Staatsangelegenheit. Wer die Autorität der katholischen Kirche missachtete, wurde fortan, da er die Einheit des Staates gefährdete, genauso verfolgt wie die Christen unter den Kaisern des ersten Jahrhunderts. Mit dem Fall des Weströmischen Reiches verschwand auch die Ketzerei zunächst aus dem lateinischen Abendland, um dann mit der Ausbildung des Lehnswesens wieder vermehrt in den Blickpunkt zu treten. Bis zur Mitte des zwölften Jahrhunderts war das Problem der Ketzerei allerdings eher zweitrangig, wurde aber danach schnell zu einem der großen Themen der mittelalterlichen Theologie. Mit dem Ende des so genannten Investiturstreits hatte sich die Kirche zu einer die gesamte Gesellschaft umfassenden „Heilsanstalt“ mit absolutem Anspruch auf päpstlichen Gehorsam herausgebildet. Ungehorsam bedeutete fortan Ketzerei.

Jesus fernab von Pomp und Kloster

In den Jahrzehnten vor und nach Papst Innozenz III. (1161–1216) erschütterten neuartige Phänomene die Grundlagen der Kirche. Weder Abweichungen in der Lehre noch die Gründung neuer geistlicher Orden waren eigentlich etwas Besonderes, aber in dieser Zeit hatten sie einen völlig neuen Ursprung. Auf einmal waren es Laien, die am Reichtum der Kirche Anstoß nahmen und an der Aufrichtigkeit von Geistlichen zweifelten, die kostbare seidene Gewänder trugen und sich mit Pomp umgaben. Diese Gläubigen sehnten sich nach einem einfachen religiösen Leben. Sie waren der festen Überzeugung, man müsse nicht die Welt verlassen und in ein Kloster gehen, um ein guter Christ zu sein, man müsse auch nicht unbedingt versuchen, in der Welt wie ein Mönch oder wie eine Nonne zu leben. Der Jesus, den sie verehrten, führte ein heiliges Leben in der Welt, aber es war ein Leben in Einfachheit und Armut. Die Anziehungskraft solcher Ansichten auf die Menschen war groß. Obwohl noch andere Elemente dazu beitrugen, diese und ähnliche Bewegungen zu formen, zeigten sie im Grunde alle das Verlangen nach einer persönlicheren Form der Religion, die von Nebensächlichem und Überflüssigem befreit war und sich auf die Nachfolge Christi konzentrierte. Die Amtskirche begegnete den Verfechtern dieser Lehre mit Misstrauen, das gelegentlich zu Zustimmung, häufig jedoch zu offener Verdammung und sogar zu Blutvergießen führte.

Auffällig ist, dass es innerhalb eines relativ kurzen Zeitabschnitts – vom Ende des elften bis zur Mitte des zwölften Jahrhunderts – sukzessive zum Ausbruch der Kreuzzugsbewegung, zu den ersten massiven Judenverfolgungen und zu den ersten Ketzerverbrennungen kam. Heiden, Juden und Häretiker erklärte man in dieser Zeit zu Feinden der Christenheit.

Als Innozenz III. 1198 den Stuhl Petri bestieg, wurde die Kirche ernsthaft in Frage gestellt – durch starke unabhängige Bewegungen, die man heute allgemein auch „volkstümliche Häresien" nennt. Sie waren besonders in Frankreich und Italien verbreitet, aber nicht nur dort.

Krieg im Namen des Herrn: Die Kreuzzüge

Das Christentum ist eine auf das Zusammenleben der Menschen angelegte Religion – ohne Gewalt. So hatten Christen ursprünglich den Krieg abgelehnt, bis der heilige Augustinus von Hippo (354–430) drei Bedingungen festschrieb, nach denen sich Christen nicht nur gegen Gewalt wehren, sondern auch gewaltsam eine verlorene Ordnung wieder herstellen durften: einen gerechten Grund, eine gerechte Absicht und die richtige politische Autorität, um beides zu erklären und auszuführen.

Augustinus lehrte: „Krieg zu führen und durch Unterwerfung der Völker das Reich zu erweitern, erscheint den Bösen als Glück, den Guten als Zwang. Aber weil es schlimmer wäre, wenn die Ungerechten über die Gerechten herrschten, so nennt man nicht unpassend auch jenes ein Glück."

Diese Aussage wurde besonders wegen der weiten Interpretationsmöglichkeit zur Rechtfertigung von Kriegen verschiedener Art herangezogen. Eine Verschmelzung der Ideen der Wallfahrt, des heiligen Krieges und des christlichen Rittertums führte wohl zur Ausbildung des Kreuzzugsgedankens. Als Kreuzzug selbst bezeichnet man insbesondere Kriegszüge der westlichen Kirche zur Befreiung Jerusalems und des Heiligen Landes von der Herrschaft der „ungläubigen" Muslime, aber auch andere von der katholischen Kirche veranlasste Kriege gegen heidnische Völker und gegen Ketzer fanden unter dem Banner des Kreuzzuges statt.

Auf dem Streitross zum ewigen Frieden

Es begann am 27. November 1095, als Papst Urban II. (1042–1099) auf dem Konzil von Clermont-Ferrand eine Rede hielt, in der er die Verwüstungen der heiligen Stätten durch die türkischen Seldschuken beklagte und die europäische Ritterschaft aufrief, ihren christlichen Brüder im Osten zu helfen. Darin heißt es:

„Bewaffnet euch mit dem Eifer Gottes, liebe Brüder, gürtet eure Schwerter an eure Seiten, rüstet euch und seid Söhne des Gewaltigen! Besser ist es, im Kampfe zu sterben, als unser Volk und die Heiligen leiden zu sehen. Wer einen Eifer hat für das Gesetz Gottes, der schließe sich uns an. Wir wollen unsern Brüdern helfen. Ziehet aus, und der Herr wird mit euch sein. Wendet die Waffen, mit denen ihr in sträflicher Weise Bruderblut vergießt, gegen die Feinde des christlichen Namens und Glaubens. Die Diebe, Räuber, Brandstifter und Mörder werden das Reich Gottes nicht besitzen; erkauft euch mit wohlgefälligem Gehorsam die Gnade Gottes, dass er euch eure Sünden, mit denen ihr seinen Zorn erweckt habt, um solch frommer Werke und der vereinigten Fürbitten der Heiligen willen schnell vergebe. Wir aber erlassen durch die Barmherzigkeit Gottes und gestützt auf die heiligen Apostel Petrus und Paulus allen gläubigen Christen, die gegen die Heiden die Waffen nehmen und sich der Last dieses Pilgerzuges unterziehen, alle die

Die Vorgeschichte des 1. Kreuzzuges

Im elften Jahrhundert stoßen die Seldschuken, türkische Moslems, die ursprünglich in Mittelasien ansässig waren, nach Westen vor und erobern den Iran und Bagdad. Den ägyptischen Fatimiden nehmen sie 1055 Syrien und Jerusalem ab und besiegen 1071 in der Schlacht von Mantzikert im östlichen Kleinasien die Byzantiner, denen sie das Innere Kleinasiens entreißen. Dort errichtet sie das Sultanat von Ikonion, während Byzanz in Kleinasien auf die Küstengebiete beschränkt wird.

Strafen, welche die Kirche für ihre Sünden über sie verhängt hat. Und wenn einer dort in wahrer Buße fällt, so darf er fest glauben, dass ihm Vergebung seiner Sünden und die Frucht ewigen Lebens zuteil werden wird. Unterdessen aber betrachten wir diejenigen, welche im Glaubenseifer jenen Kampf auf sich nehmen wollen, als Kinder des wahren Gehorsams und stellen sie unter den Schutz der Kirche und der heiligen Apostel Petrus und Paulus; sie sollen vor jeder Beunruhigung ihres Eigentums oder ihrer Personen gesichert sein."

Gott will es!

Die päpstliche Rede fiel auf fruchtbaren Boden. Das Volk war außer sich vor Begeisterung. Es schrie: „Gott will es!" Mit dem Aufruf zum Kreuzzug beschloss Urban II. gleichzeitig einen Gottesfrieden, das heißt eine Einschränkung des Fehdewesens. Die Christenheit sollte nach innen befriedet und im Rahmen eines heiligen Krieges gegen einen äußeren Feind entsandt werden. Statt sich selbst zu bekämpfen, sollten die Adligen als „Streiter des Herrn" in den Orient ziehen. Die Stimmen derer, die an die Botschaft des Friedens erinnerten, gingen in dem lauten Kriegsgeschrei unter. Andere Stimmen, etwa die des heiligen Bernhard von Clairvaux (1090–1153), übertönten alles: „Wenn er den Übeltäter erschlägt, ist er gewiss kein Menschentöter, sondern, wie ich es nennen möchte, ein Übeltöter. Und er wird in jeder Hinsicht ein Rächer im Auftrag Christi."

Hinter dem Aufruf zum heiligen Kreuzzug steckte mehr als nur die Rückeroberung des heiligen Landes und Jerusalems. Er war ein geschickt initiiertes machtpolitisches Instrument in einem zersplitterten und von Machtkämpfen erschütterten Europa. Zum einen strebte Urban neben der Befreiung der im heiligen Land vorgeblich unterdrückten und unter Gräueltaten durch Muslime leidenden Christen eine Wiedervereinigung mit der byzantinisch geführten Ostkirche an. Andererseits konnte er die Kirche als Ordnungsmacht in Mitteleuropa etablieren, das nach dem Ende des karolingischen Reiches in sich befehdende adlige Einflussgebiete zerfiel. Häufig wurden dabei auch Kirchen und Kloster überfallen und geplündert. Der Aufruf des Papstes hatte weit reichende Folgen. Eine große Anzahl von Rittern schloss sich zusammen, um in den „Heiligen Krieg" zu ziehen.

Der Weg in eine Gesellschaft der Unterdrückung

Die so ausgelöste Euphorie schlug in gewaltige Ausschreitungen gegen Minderheiten um. Ein falsches Verständnis der Endzeitprophetie leistete solchem Fanatismus Vorschub – wusste man doch aus der Johannesapokalypse, dass es vor der Errichtung des Tausendjährigen Friedensreiches zur Unterwerfung nicht nur der Heidenvölker, sondern auch der Feinde Christi ganz allgemein kommen sollte. Die Verfolgung von Minderheiten ist das Ergebnis einer langen Entwicklung, an der gerade auch die führenden Schichten der Gesellschaft maßgeblichen Anteil hatten. So ist es kein Zufall, dass man erst, als die Regeln der Zugehörigkeit zur christlichen Gemeinschaft schon schriftlich fixiert waren, planmäßig damit begann, gegen Juden, Leprakranke, Homosexuelle und Prostituierte zu hetzen. Der Weg in eine Gesellschaft der Unterdrückung von Minderheiten zog sich vom Aufbau von Feinbildern bis hin zur systematischen Repression. So war es von der 1215 verhängten typisierenden Kennzeichnungspflicht für Juden (gelber Punkt und spitzer Hut) bis zu den Pogromen des 14. Jahrhunderts und von

Peter der Einsiedler weist Kreuzrittern den Weg (frz. Darstellung um 1270)

den polemischen Antiketzer-Traktaten des zwölften Jahrhunderts bis hin zur Inquisition nur ein winziger Schritt.

Zurück zum ersten Kreuzzug: Dem ersten „offiziellen" Kreuzzug voraus ging der „Kreuzzug der Armen". Umherziehende Prediger, allen voran der französische Mönch Peter von Amiens (auch Peter der Einsiedler), sammelten eine bunt zusammen gewürfelte, schlecht ausgerüstete Menge – Bauern, auch Frauen und Kinder, vor allem vom wirtschaftlich gebeutelten Niederrhein – und brachen dann Anfang 1096 in Richtung Jerusalem auf. Sie begannen ihren Kreuzzug gleich im eigenen Land mit Pogromen gegen Juden, die „Feinde Christi", den „Christusmördern" und „Hostienfrevlern" und zogen dann plündernd weiter Donau abwärts durch Ungarn bis nach Byzanz. Diejenigen, die Kleinasien überhaupt erreichten, wurden von den Türken vernichtend geschlagen. Es handelte sich um militärisch ungeübte Leute mit recht unterschiedlichen Motiven. Neben religiösen Absichten ging es meist darum, Armut und Schulden zu entfliehen, sich dem Herrendienst zu entziehen oder einer Strafe für Verbrechen zu entgehen. Oft handelte es sich schlichtweg um einfache Abenteurer.

Gottfried von Bouillon (mittelalterlicher Kupferstich)

Der Kreuzzug der Ritter

Der offizielle Ritterkreuzzug hingegen wurde professionell organisiert. Die Führer waren Gottfried von Bouillon (1060–1100), sein Bruder Balduin von Boulogne (dem zukünftigen Balduin I. von Jerusalem), Raimund von Toulouse, Robert von der Nor-

Belagerung Jerusalems durch die Kreuzfahrer

mandie und Bohemund von Tarent. Im Frühling 1096 brachen die Kreuzfahrer in vier Heeren unter Führung französischer Fürsten auf. Eilig marschierte die riesige Armee mit rund 600.000 Kämpfern gen Osten.

Erste Erfolge täuschten anfangs darüber hinweg, welche Strapazen die Kreuzfahrer hier erwarteten. In der mörderischen Hitze Kleinasiens „verdorrte", wie ein Chronist berichtete, den mitgereisten schwangeren Frauen „die Frucht ihres Leibes".

Mit List und Gewalt entrissen die Kreuzfahrer den Seldschuken die Städte Edessa und Antiochia. Etwa 100.000 Türken, darunter ungezählte „Weiber, zarte Kinder, Säuglinge“ ermordeten die Kreuzfahrer allein in Antiochia. Am 19. Juni 1097 eroberte das Heer schließlich Nicäa. Am 10. März 1098 gründete Balduin von Bouillon mit der Grafschaft Edessa (heutiges Urfa in der Türkei) den ersten von insgesamt vier Kreuzfahrerstaaten.

Drei Jahre nach ihrem Aufbruch erreichten die Kreuzfahrer im Juni 1099 Jerusalem, das dem mittelalterlichen Weltbild zufolge im Zentrum der Erde lag. Die von den Strapazen der langen Reise und von verlustreichen Kämpfen gezeichneten Ritter begannen mit der Planung einer langwierigen Belagerung, nachdem ihr erster Angriff im Pfeilhagel der Verteidiger ein jähes Ende gefunden hatte. Fünf Wochen dauerte der Druck auf die Stadt, dann drangen die Kreuzritter in Jerusalem ein. Im Juni 1099 kam es zur blutigen Eroberung der für drei Religionen heiligen Stadt. Die muslimischen Kämpfer, die sich in den Felsendom geflüchtet und dort ergeben hatten, wurden erschlagen. In den Straßen und Häusern wurde gemordet und geraubt. Die Juden wurden mit ihrer Synagoge angezündet. Am nächsten Morgen lebte kein Moslem und kein Jude mehr in der Stadt. Zum Schluss zogen sich die Eroberer weiße Leinenhemden über und dankten Gott in der Grabeskirche für ihren glänzenden Triumph.

Ein Chronist überliefert: „Die Kreuzfahrer rasten wie Besessene durch Straßen, Häuser und Moscheen und machten jedermann nieder, der ihnen in den Weg kam, Männer, Frauen und Kinder ohne Unterschied. Das Massenmorden währte den ganzen Nachmittag und die ganze folgende Nacht hindurch. Die Al-Aqsa-Moschee bot keinen Schutz. Früh am nächsten Morgen erzwang sich eine Rotte Kreuzfahrer Eintritt in die Moschee und erschlug die Geflüchteten samt und sonders. Als Raimund von Aguilers sich später an jenem Morgen zum Tempelviertel begab, musste er sich seinen Weg durch Leichen und Blutströme suchen, die ihm bis zum Knie reichten ... Die Juden Jerusalems hatten sich geschlossen in ihre Hauptsynagoge geflüchtet. Aber sie standen im Verdacht, den Mohammedanern geholfen zu haben; und so gab es kein Mitleid für sie. Das Gebäude wurde in Brand gesteckt, in seinem Inneren fanden sie alle den Feuertod. Das Blutbad in Jerusalem machte auf die ganze Welt einen tiefen Eindruck."

Das Ziel des Kreuzzuges war erreicht, Jerusalem in der Hand der Christen. Mehr als eine Million Menschen sollen bei diesem Gotteskrieg ihr Leben verloren haben. Der Urheber dieses Unternehmens freilich erfuhr nichts mehr von seinem zweifelhaften Triumph. Zwei Wochen nach der Eroberung der Heiligen Stadt ereilte Papst Urban II. der Tod.

Ein Ventil für Unzufriedenheit

Die Beweggründe der abendländischen Christen, sich den Strapazen des kostspieligen und ungewissen Abenteuers Kreuzzug zu unterziehen, waren vielschichtig. Das Grundmotiv bei allen Kreuzzügen war, wenn auch mit sehr unterschiedlicher Gewichtung, religiöser Natur: Zum einen lockte eine meist recht indifferente Hoffnung auf Erlösung in Jerusalem, der himmlischen Stadt. Zum anderen hatte Urban II. den Kreuzzugsteilnehmern die Tilgung ihrer Sündenschuld in Aussicht gestellt. Dazu kamen demographische und ökonomische Gründe: Bevölkerungszuwachs und Missernten hatten in Westeuropa das einfache Volk in großem Umfang verarmen lassen, die Aussichten, dass sich die wirtschaftliche Situation im eigenen Land entscheidend verbessern würde, waren gering, die Verlockungen des himmlischen und des materiellen Lohnes im Heiligen Land umso größer.

Ähnlich die Lage beim Adel: Hier hatte sich aus wirtschaftlichen Gründen die Primogenitur durchgesetzt, das heißt, die jüngeren Söhne wurden nicht mehr angemessen mit Gütern ausgestattet, und im relativ dicht besiedelten Westeuropa hatten sie kaum Möglichkeiten, Besitz zu erwerben. Die Kreuzzüge boten ihnen nun die Chance, sich nicht nur im Kampf zu bewähren, sondern auch materielle Güter zu erwerben oder sogar Herrschaften zu errichten. Eine willkommene und vom Papst und den abendländischen Herrschern bei ihren Kreuzzugsaufrufen einkalkulierte Begleiterscheinung war die Eindämmung des überhand nehmenden Fehdewesens im Westen: In den Kreuzzügen konnten die zu kurz gekommenen Adligen ein Ventil für ihre Ambitionen finden. Die Begegnung mit der Kultur des Islam und der Kultur von Byzanz führte schließlich zum kulturellen Aufschwung in Europa.

Geistliche Ritterorden – bewaffnete Krieger Christi

Im Gefolge der Kreuzzüge entstanden die geistlichen Ritterorden. Mönche, die ehemals ein Gelübde von Armut, Keuschheit und Gehorsam abgelegt hatten, mutierten zu bewaffneten Kriegern Christi und hatten plötzlich keinerlei Probleme damit, den christlichen Glauben gewaltsam unter die Menschen zu bringen. Im Jahr 1120 gründete der französische Adlige Hugo von Payens (1080–1136), der am ersten Kreuzzug gegen Jerusalem teil genommen hatte, mit acht weiteren Ordensbrüdern in der heiligen Stadt den ersten geistlichen Ritterorden. Man wollte die Pilger schützen, die nach Jerusalem reisten, um die heiligen Stätten zu besichtigen. König Balduin II. wies den Ordensrittern einen Flügel seines Palastes auf dem Tempelberg zu. Dieser stand auf den Grundmauern des salomonischen Tempels. Der Orden gab sich deshalb den Namen „Arme Ritter Christi und des Tempels von Salomon zu Jerusalem“, kurz: Templer.

Die militärische Ausrichtung, die den Orden von Beginn an bestimmte, unterschied ihn von den beiden anderen religiösen Rittergemeinschaften des zwölften Jahrhunderts, dem Johanniterorden und dem Deutschen Orden. Da die Templer regelmäßig Geld und Güter von Europa nach Palästina transferierten, entwickelten sie ein gut funktionierendes Bankensystem, das bald auch die europäischen Herrscher und Adelshäuser in Anspruch nahmen. Nachdem die letzten Kreuzzüge fehl geschlagen waren, zogen sich die Templer aus Palästina zurück und ließen sich vor allem in Südfrankreich nieder. Ihr enormer Reichtum und ihre Macht brachten sie jedoch bald in Opposition zu den weltlichen und kirchlichen Herrschern. 1307 begann auf Anweisung des Königs Philipp IV. (1268–1314) von Frankreich und von Papst Clemens V. (1250/86–1314) ihre Verfolgung durch die Inquisition, 1312 wurde der Orden von Clemens aufgehoben und sein Besitz offiziell dem rivalisierenden Johanniterorden zugewiesen, tatsächlich gelangte er jedoch großenteils in die Hände von König und Papst.

Kaufleute aus Amalfi gründeten zwischen 1048 und 1071 in Jerusalem ein Johannes dem Täufer geweihtes Hospital für arme und kranke Pilger. Eine Laienbruderschaft unter dem normannischen Vorsteher Gérard leitete es, christliche Ritter schlossen sich nach ihrem Einzug in Jerusalem 1099 an. Die Johanniter hießen in dieser Zeit auch Hospitalier oder Hospitalsritter. Aus der Bruderschaft wurde ein Orden, der sich eine Regel mit augustinischen und benediktinischen Elementen gab. Die Ordensmitglieder folgten dem Gelübde der Armut, der Ehelosigkeit und des Gehorsams und gaben das Versprechen, für „Tuitio Fidei et Obsequium Pauperum“ (Schutz des Glaubens und Hilfe den Bedürftigen) einzustehen. Herbergen mit Krankenstationen entstanden entlang der Pilgerwege und Kreuzfahrerrouten von Europa zum Heiligen Land. Die Brüder schworen, gemeinsam Jerusalem gegen die Muslime zu verteidigen.

Neben die karitativen Aufgaben traten militärische, es kam zu einer Symbiose von Kutte und Rüstung, von Mönchtum und Rittertum. Nach der Schlacht von Akko war 1291 auch die letzte Kreuzfahrerbastion gefallen war, die Johanniter verließen wie die Templer das Heilige Land und eroberten nach einem Zwischenaufenthalt auf Zypern 1309 die zu Byzanz gehörende Insel Rhodos. Dort errichtete der Orden sein Hauptquartier, schuf einen souveränen Territorialstaat mit dem Großmeister als Oberhaupt. Als der osmanische Herrscher Süleiman I. der Prächtige 1522 die Insel Rhodos eroberte, waren die Ritter heimatlos, bis Kaiser Karl V. sie 1530 mit der Insel Malta belehnte. Nun nannten sich diese Ordensmitglieder Malteserritter (Malteserorden).

Der Deutsche Orden, auch Deutschritterorden, Deutschherrenorden oder Kreuzritterorden genannt, wurde 1190 während der Belagerung von Akko von Bremer und Lübecker Kaufleuten gegründet. Neun Jahre später wandelte man den Krankenpflegeorden in einen geistlichen Ritterorden um. Neben den Templern und den Johannitern war der Deutsche Orden der dritte der großen mittelalterlichen Ritterorden, die sich während der Kreuzzüge bzw. danach formierten.

Das Zentrum der Aktivitäten verlagerte sich bereits im frühen 13. Jahrhundert vom Heiligen Land ins Baltikum: 1226 bat Herzog Konrad von Masowien (1187–1247) den Deutschen Orden unter seinem Hochmeister Hermann von Salza (1170/80–1239) um Hilfe gegen die heidnischen Preußen und überließ ihm dafür 1230 das Kulmer Land in Ostpreußen. Kaiser Friedrich II. ermächtigte den Orden 1226 in der Goldbulle von Rimini, das heidnische Gebiet im Norden zu erobern, die Bewohner zu bekehren und selbst die Herrschaft in dem eroberten Gebiet auszuüben. Damit war die Grundlage für den Deutschordensstaat geschaffen. Der Ordensstaat entwickelte sich zu einer bedeutenden Wirtschaftsmacht im Ostseeraum, und seine wichtigsten Städte, unter anderem Danzig, Thorn und Königsberg gehörten der Hanse an. Nach der Auflösung des Deutschen Ordens außerhalb des Kaisertums Österreich durch Napoleon (1809) erneuerte ihn Franz I. 1834 in Österreich als katholische Adelsgemeinschaft. 1929 wurde der Orden in einen geistlichen umgewandelt und seine Tätigkeit auf karitative und religiöse Aufgaben beschränkt.

Das Geheimnis der Katharer

Mit Einführung des Inquisitionsprozesses erlebte die Bekämpfung der Häretiker eine neue Phase. Gehörte diese zunächst zum Aufgabengebiet der Bischöfe, die sich ihr meist nur träge und zaghaft widmeten, riss das Papsttum sie in den späten 20er Jahren des zwölften Jahrhunderts an sich und machte sie zu einem seiner herausragenden Machtinstrumente. Päpstliche Beauftragte nutzten von nun an die Möglichkeit, Häresien selbst aufzuspüren und aburteilen zu lassen. Auch die weltliche Macht stellte sich in den Dienst dieser zentralisierten kirchlichen Verfahrensform. Wurden die Ketzer des zwölften Jahrhunderts vorwiegend aufgrund konkreter Abweichungen in theologischen Einzelfragen vor das Kirchengericht zitiert, ging es fortan darum, Gehorsam in allen Lebensfragen durchzusetzen.

Die wohl bedeutsamste häretische Bewegung des Hochmittelalters wurde von den Katharern geprägt, die sich im elften Jahrhundert rasch verbreiteten, vor allem in Südfrankreich (dort wurden sie auch Albigenser genannt) und Oberitalien.

Große Bedeutung gewannen auch die Waldenser, die den Namen nach Waldes, einem Kaufmann aus Lyon erhielten. Ihr Streben galt der Nachahmung des apostolischen Armutsideals. Sie waren anfangs bemüht, in der katholischen Kirche zu verbleiben – vergebens. 1184 wurden sie von Papst Lucius III. (1097–1185) zu Ketzern erklärt, exkommuniziert und fortan verfolgt. Wie die Katharer wurden die Waldenser zur Zielscheibe der Inquisition, die sie jedoch nie völlig ausrotten konnte. Aber auch die Templer, ein Orden, der im Zuge der Kreuzzüge Ansehen und Macht erlangte, fielen schließlich der Inquisition bzw. der königlichen Geldgier zum Opfer.

Die Quellen von Gut und Böse

Durch eine in der Tradition der ersten nachchristlichen Jahrhunderte verwurzelte Interpretation des Neuen Testaments deuteten die Menschen des Mittelalters den christlichen Glauben dualistisch. Sie waren davon überzeugt, Gott sei völlig unschuldig an der Existenz des Bösen in der Welt. Die Erschaffung der sichtbaren, materiellen, vergänglichen Welt, in der das Böse herrscht, wurde einem dem „wahren Gott“ entgegengesetzten „bösen Prinzip“ zugeschrieben. Infolgedessen unterschied man zwischen einer unsichtbaren, spirituellen und ewigen „guten“ Schöpfung, und einer dem Untergang geweihten „bösen“.

Die Vertreter dieser Glaubensrichtung hielten nichts von der Wassertaufe, lehnten das Abendmahl (Eucharistie) ab, leugneten die Hölle und das Jüngste Gericht und waren fest davon überzeugt, dass am Ende der Zeiten alle Seelen gerettet würden. Anders als die Vertreter der katholischen Kirche sprachen die katharischen Wanderprediger in der jeweiligen Landessprache zum Volk. Sie lieferten den Menschen eine Erklärung der Welt und einen Weg zur Erlösung, die sich nur auf die Botschaft des Evangeliums berief, mit dem offiziellen Christentum aber unvereinbar war. Deshalb erklärte man sie zu „Ketzern“. Demut, Bescheidenheit und Authentizität bestimmten ihr Leben und hielten den kirchlichen Vertretern einen Spiegel vor.

Auf dem christlichen Abendland lastete damals schamlose Willkür von Päpsten und weltlichen Herrschern. Der Kirche liefen die Gläubigen davon; was die Kirchenoberen auch sprachen, es wirkte unglaubhaft. Der Grund ist leicht einzusehen, liest man Berichte aus dieser Zeit: Bitter arm waren die meisten Bewohner Europas, nur Hoffnung auf ein besseres Jenseits hielt sie am Leben. Die Kirche aber ging den Weg zum irdischen Reichtum. Päpste, Kardinäle und mancher Bischof standen weltlichen Herrschern in punkto Glamour und Macht kaum nach.

Durch die Taufe zur Vollkommenheit

Gewöhnlich wird das Wort „Katharer“ vom griechischen „katharos“, das „rein“ bedeutet, abgeleitet. Eine weitere Ableitung aus dem lateinischen Wort „catus“ (Katze) und dem althochdeutschen Wort „Ketter“ (Ketzer) war im Mittelalter ebenfalls gebräuchlich. In der Tradition des Mittelalters symbolisierte die Katze sehr häufig den Teufel. Die Anhänger dieser Religion haben sich selbst jedoch nie so genannt. Sie nannten sich „Gläubige“, „Christen“, „gute Menschen“. Für die Katharer war es unvorstellbar, dass ein einziges Wesen sowohl das Reich des Lichtes als auch die vergängliche

Welt hervorgebracht haben konnte. Gott war für sie ausschließlich im Guten allmächtig, seine Allmacht war durch seine unendliche Güte begrenzt. Das unabhängige und gegensätzliche Schöpfungsprinzip für die Welt, in der das Böse waltet, wurde von dem Fürst der Finsternis vertreten.

Allein durch die Feuertaufe, die Christus seinen Aposteln gespendet hatte, erlangte man nach dem Ritus der Katharer das Heil durch Erkenntnis. Das Heil bestand darin, die Seele aus ihrem körperlichen Gefängnis zu befreien und ihr zu helfen, ihren Platz bei Gott einzunehmen, indem die ursprüngliche Einheit von Seele und Geist wiederhergestellt wurde, welche die Menschen durch Satans Herausforderung verloren hatten. Diese Wiedervereinigung war nur möglich, wenn die Seele Zugang zur Erkenntnis, die den Menschen von Christus offenbart wurde, bekam.

Die spirituelle Taufe – das so genannte Konsolamentum – wurde nur den Gläubigen gespendet, die dies wünschten und zwar nach einer dreijährigen Initiationszeit in einem Haus der Vollkommenen (Perfecti) oder kurz vor dem Tode. In beiden Fällen erlangte der Getaufte den Rang eines Vollkommenen. Diese Vollkommenen, egal welcher Herkunft oder Geschlecht, lebten in Arbeitsgemeinschaften. Die Männer zogen zu zweit durch die Gegend, um zu predigen.

Strenge Verhaltensregeln

Für die Anhänger dieser religiösen Bewegung gab es strenge Regeln, die unbedingt befolgt werden mussten, um das Seelenheil zu erlangen: So war es verboten, Menschen oder Tiere zu töten, da in ihrer Vorstellung jeder Körper eine Seele besaß. Sex sollte nicht praktiziert werden, da er durch das Fortführen der Schöpfung das Leiden auf der Erde nur verlängerte. Es durften keinerlei Schwüre geleistet oder Eide abgelegt werden. Zudem galten strenge Fastenregeln. Der einfache Gläubige war diesem strengen Regelwerk allerdings nicht unterworfen. Er musste nur den Glauben haben und sich auf die Erkenntnis vorbereiten, die er durch das Konsolamentum auf dem Totenbett erlangen würde. Es gab keine Gottesdienste, keinen Tempel und kein Kirchengebäude in der Kirche der Katharer. Sie war rein geistig. Es fanden lediglich einfache öffentliche Zeremonien in Privathäusern oder in freier Natur statt.

Die Kirche der Katharer war in Diözesen aufgeteilt, ein gemeinsames Oberhaupt gab es nicht. Fünf Diözesen bestanden allein in Südfrankreich, einem der größten Zentren der Katharer: Agen, Albi, Carcassonne, Toulouse und Razès. Jeder Diözese stand ein Bischof vor, der von einem Älteren und einem Jüngeren Bruder unterstützt wurde. In der Hierarchie folgten die Diakone, die für einen Teil der Diözese verantwortlich waren und danach die Gemeinschaften der Vollkommenen. Die Masse der Gläubigen bildete die Basis der Gesellschaft. Die Lehre besaß eine außergewöhnliche Anziehungs- und Überzeugungskraft. Für die Kirche erschreckend war, dass es dieser Gruppe gelang, im Geheimen zu wirken und eine Vielzahl von Anhängern zu gewinnen. Der unerschütterliche Glaube dieser Ketzer, die später den Scheiterhaufen erklommen und auch angesichts des drohenden Feuers nicht daran dachten abzuschwören, machte sie für die Kirche zu einer gefährlichen Gruppierung.

Der Ursprung der Katharer geht wohl auf die Glaubensgemeinschaften der Bogomilen zurück. Bereits Ende des 10. Jahrhunderts propagierte der bulgarische Priester Bogomil – der Name bedeutet der des göttlichen Erbarmens Würdige – eine Lehre, nach der die Welt böse, der Teufel der Herr der Materie und deshalb alles Materielle von Übel sei. Ein gutes und ein böses Prinzip standen sich bereits hier gegenüber.

Die Gemeinde Bogomils war schlicht, nannte sich nicht Kirche, betete als einziges Gebet das Vaterunser und hielt sich für die einzig wahre christliche Gemeinschaft. Sie bildete ein Gegenstück zur griechischen Orthodoxie, die stark mit dem beim Volk verhassten Byzanz verbunden war. Bogomil selbst lehrte Unterwerfung und Rückzug aus der Welt, nicht Aufstand und Widerstand. Seine Lehre verbreitete sich rasch.

Die Katharer trennten sich irgendwann in der zweiten Hälfte des 11. Jahrhunderts von ihnen und kamen wahrscheinlich mit den französischen Kreuzrittern aus Konstantinopel nach Frankreich. Von dort aus breiteten sie sich zwischen 1100 und 1170 in Slowenien, Bosnien, Dalmatien und dem Rheinland aus, sowie in Nord- und Südfrankreich, wo sie nach der Stadt Albi Albigenser genannt wurden. In Köln wurde die Bewegung zunächst ohne nachhaltige Wirkung unterdrückt. Nach 1160 tauchten katharische Wanderprediger auch in Bonn und Mainz auf, wo die Benediktinerin Hildegard von Bingen (1098–1179) auf sie aufmerksam wurde. Sie schrieb eine Predigt gegen die Katharer und schickte diese nach Mainz.

Über die „Apostel des Satans“

Von den „Armen Christi“ berichtet auch Probst Everwin:

„Hier in der Nähe von Köln sind kürzlich einige Häretiker entdeckt worden. Zwei von ihnen, ein Mann, den sie ihren Bischof

Hildegard von Bingen

Man nannte die wohl größte Mystikerin Deutschlands (1078–1179) ehrfurchtsvoll „Tischgenossin Gottes“. Hildegards seelsorgliche Arbeit galt vor allem dem Klerus, der damals zu verweltlichen drohte. Alle, die ein Vorsteheramt zu verwalten hatten, warnte sie vor Härte und empfahl Barmherzigkeit und Maßhaltung. In Köln sprach sie öffentlich zum Klerus, die Predigt ist erhalten: „Ihr seid eine Nacht, die Finsternis ausatmet, und wie ein Volk, das nicht arbeitet. Ihr liegt am Boden und seid kein Halt für die Kirche, sondern ihr flieht in die Höhle eurer Lust. Und wegen eures ekelhaften Reichtums und Geizes sowie anderer Eitelkeiten unterweist ihr eure Untergebenen nicht. Ihr solltet eine Feuersäule sein, den Menschen voraus ziehen und sie aufrufen, gute Werke zu tun.“

nannten, und sein Assistent, verteidigten ihre Ketzerei mit den Worten Christi und des Apostel Paulus ... Das ist die häretische Lehre dieser Menschen: Sie sagen, dass sie die Kirche seien, da nur sie Christus wirklich nachfolgten. Sie fahren fort, dass sie die wahren Nachfolger des apostolischen Lebens seien und nach nichts suchten, was die Welt bieten könne. Über sich selbst sagen sie: Wir, die Armen Christi, werden verfolgt wie die Apostel und die Märtyrer, obwohl wir ein äußerst strenges und heiliges Leben führen ... Wir erdulden dies, weil wir nicht von dieser Welt sind. Aber ihr, die ihr diese Welt liebt, lebt auch im Frieden mit ihr, weil ihr von dieser Welt seid ... Ihre Nahrungsvorschriften verbieten den Genuss jeder Art von Milch und von allem, was daraus hergestellt ist, und auch von allem, was aus Zeugung hervorgegangen ist ... Ihre Sakramente halten sie geheim ... Sie konsekrieren ihr Essen und Trinken durch das Vaterunser und verwandeln es dadurch in Leib und Blut Christi ... Sie taufen und sind getauft im Feuer und im Geist ... Wer von ihnen die Taufe empfangen hat, den nennen sie Erwählten, und sagen, dass er die Macht habe, andere zu taufen, die es wert sind, und den Leib und das Blut Christi bei Tisch zu konsekrieren. Durch die Handauflegung wird man aus dem Rang eines, den sie „auditor" nennen, in die Reihen der „Gläubigen" aufgenommen. So erhält man die Erlaubnis, an allen Predigten teilzunehmen, bis sie ihn für hinreichend erprobt halten, um aus ihm einen „Erwählten" zu machen ... Diejenigen von ihnen, die in den Schoß der Kirche zurückgekehrt sind, haben uns auch erzählt, dass eine große Zahl ihrer Anhänger über die ganze Welt verstreut sei, unter denen sich auch viele unserer Kleriker und Mönchen befänden. Die Verbrannten haben uns während des Verhörs auch berichtet, dass sich diese Häresie von den Tagen der Märtyrer bis heute verborgen gehalten und in Griechenland und in gewissen anderen Ländern fortbestanden habe ... Diese Apostolischen des Satans haben Frauen unter sich, die Enthaltsamkeit gelobt haben, wie sie sagen: Witwen, Jungfrauen und ihre Ehefrauen, einige von ihnen als Erwählte, andere als Gläubige ..."

Das Gebiet des Languedoc in Südfrankreich sollte der Boden werden, auf dem die Katharer besser gediehen als irgendwo sonst. Nach 1160 tauchten sie auch in der Lombardei auf, wo ein gewisser Markus, der Totengräber in Concorezzo bei Mailand, von einem Franzosen bekehrt wurde. In der Stadt Albi und in der unmittelbaren Umgebung waren die Katharer besonders zahlreich vertreten.

Der Kreuzzug gegen die Albigenser

Der Kreuzzug gegen die Katharer dauerte von 1209 bis 1229 und versetzte den französischen Süden in schreckliche Aufruhr. Die katholische Kirche hatte die Katharer vor 1170 weitgehend gewähren lassen. Man schickte Prediger ins Land, welche die Irrgläubigen wieder in den Schoß der katholischen Kirche zurückholen sollten, doch diese ließen sich nicht von ihrer Überzeugung abbringen. Nachdem die religiöse Bewegung sich zusehends als Dogmenkirche etablierte, entschloss man sich, drastischere Maßnahmen anzuwenden.

Im Süden Frankreichs hatten die Katharer fest gefügte Gemeinden, unterstützt vom regionalen Adel, der auf diese Weise seine Autonomie von Papst und Königtum demonstrierte. Vor allem die Lage des niederen Adels war schlecht. Durch Erbteilung schrumpften die Erbschaften derart, dass man davon nicht mehr leben konnte. Der Adel geriet in eine wirtschaftliche Dauerkrise. Witwen und Töchter, für die sich keine Mitgift mehr auftreiben ließ, fanden bei den Katharern oft Unterstützung und Hilfe. Auch der Hochadel hegte damit gewisse Sympathien für diese nicht römische Kirche.

Die Hinwendung vieler Adliger zum Katharismus entsprang jedoch häufig nicht innerer Überzeugung, sondern vor allem ihrem Widerwillen gegen die finanzielle und politische Macht des Klerus. Stützpunkte der Katharer waren die Burgen des niederen

Mittelalterliche Stadt Carassonne mit dem Pont vieux

Adels, die so genannten Castra. Hier fanden die Anhänger Schutz, hier konnten sie sich organisieren, hier hielten sie ihre Versammlungen ab. In Lombers südlich der Stadt Albi residierte sogar ein eigener Bischof. Bereits 1167 gab es Bistümer in Toulouse und Carcassonne.

Schlagt sie alle tot, Gott kennt schon die Seinen!

Mit der Jahrhundertwende, als Papst Innozenz III. das Amt übernahm und die römische Kirche zu einer straffen Herrschaft organisierte, setzte der Krieg gegen die Katharer ein, der als Kreuzzug ausgerufen wurde. Der eigentliche Kriegsgrund war nur vorgeschoben: Ein wichtigtuerischer Legat des Papstes, Peter von Castelnau, verlangte vom Grafen von Toulouse, er solle gegen seine eigenen Leute vorgehen und die Ketzer ausliefern. Graf Raimund versprach, die Häresie zu bekämpfen, beließ es aber beim Lippenbekenntnis. Der päpstliche Legat exkommunizierte daraufhin den Grafen und schmiedete Pläne, mit den Gegnern des Grafenhauses eine Koalition einzugehen. Aber dazu kam es nicht mehr. Peter wurde im Januar 1208 ermordet.

Es gab keinen Beweis dafür, dass der Graf an dem Mord mitschuldig war, aber dass er sich nicht bemühte, den Mörder ausfindig zu machen, lieferte dem Papst den Vorwand, den Kreuzzug auszurufen. Innozenz III. forderte den französischen König Philipp II. auf, ein Kreuzheer ins Languedoc zu schicken und die Häresie zu unterdrücken. Da Philipp gerade große Probleme mit König Johann I. von England und dem Welfen Otto IV. hatte, lehnte er ab. Der Papst ernannte daraufhin einen Legaten und versprach den Teilnehmern am Kreuzzug alle Vorteile der Kreuzfahrer, die ins Heilige Land zogen. Vorher ließ Graf Raimund nichts unversucht, den Krieg noch abzuwenden. Die Kirche verlangte von ihm, alle großen Burgen auszuliefern. Das tat er. Doch das reichte nicht: Der Graf musste sich in einem öffentlichen Unterwerfungsritual lächerlich machen. Nur mit einem Hemd bekleidet wurde Raimund vor das Kirchenportal geführt. Vor dem Legaten und mehr als 20 Erzbischöfen musste er auf den Leib Christi und auf die ausgestellten Heiligenreliquien schwören, den Befehlen der Heiligen Römischen Kirche zu gehorchen. In der Kirche selbst zog man dem Grafen auch noch das Hemd aus und zwang ihn, den in der Krypta als Märtyrer verehrten Peter von Castelnau, seinen allerschlimmsten Feind, anzubeten. Die Mühen des Grafen waren jedoch vergeblich. Der Kreuzzug nahm seinen Anfang.

Tausende Kreuzritter fielen in Südfrankreich ein und hinterließen eine Schneise des Schreckens und der Zerstörung. Mehr als 20.000 Einwohner metzelten die Eroberer beim Sturm auf die Stadt Bézier nieder. Jeden, den sie auf Straßen und Plätzen, in Häusern und Kirchen antrafen. So mancher Soldat mag sich gefragt haben, wie er denn Ketzer und Rechtgläubige unterscheiden könne. Der Chronist Heisterbach überliefert die Antwort eines Abtes: „Schlagt sie alle tot, Gott kennt schon die Seinen!"

Den Bewohnern von Toulouse blieb ein ähnliches Schicksal erspart, ihre Stadtmauern hielten den Massen im Namen von König und Papst stand. Stellvertretend fielen die umliegenden Dörfer und Weinberge der Verheerung zum Opfer. Zahlreiche

Katharer, die mit dem Leben davongekommen waren, flohen über die Grenze nach Katalonien oder in die Lombardei. Andere verschwanden im Untergrund. In die Felsenhöhlen der Pyrenäen, in die unwegsamen Wäldern der Cevennen, in Scheunen und Ställen befreundeter Gehöfte.

Die Katharer werden aus Carcassonne vertrieben

Das grosse Brennen

Mit dem Frieden von Paris 1229 verpflichtete sich der okzitanische Adel, die Katharer nicht mehr zu unterstützen. Damit hatten die Okzitanier ihre politische Macht verloren. Nicht jedoch die Katharer, die sich noch immer auf der Flucht befanden. Trotz aller Verfolgung hatte der Kreuzzug sein Ziel, die Ausrottung des südfranzösischen Katharismus zu erreichen, verfehlt.

Die Bewegung organisierte sich neu und fand eine letzte Zuflucht in der als uneinnehmbar geltenden Burg Montségur östlich von Tarascon im Departement Ariège. Hoch über dem Tal thront das massive Mauerwerk der Burgruine, und steil fallen in drei Richtungen die schroffen Felsen ab. Hier an diesem gut geschützten Ort hatten die Katharer eine Festung errichtet, eine letzte Zuflucht. Reichlich Vorräte an Lebensmitteln lagerten in den Magazinen, und randvoll füllte aufgefangenes Regenwasser die Zisterne. Günstige Voraussetzungen, um der militärischen Übermacht für geraume Zeit zu trotzen.

Die Sommermonate verstrichen, der Herbst nahte, ohne dass die Angreifer auch nur einen Schritt vorankamen. Im Winter jedoch wendete sich das Blatt. Einigen Söldnern war es bei Dunkelheit gelungen, unbemerkt den Gipfel zu erklimmen und sich in Schussweite zu verschanzen. Balken um Balken zogen sie an Seilen herauf und begannen, ein Katapult, eine wuchtige Schleudermaschine zu errichten. 50 Kilogramm schwere Steinkugeln prallten nun Stunde für Stunde gegen die Quader der Außenmauer, durchschlugen niederschmetternd die Ziegel gedeckten Dächer und töteten wahllos, wie es der Zufall wollte, Mensch und Tier. Ein Gedenkstein am Fuße des Südhangs erinnert jeden Wanderer an die „Champs des Cremats", an die Felder der Verbrannten.

Nach einjähriger Belagerung sturmreif geschossen, mussten die Verteidiger aufgeben. Zwei Wege standen ihnen zur Wahl: ihrem Irrglauben abschwören oder auf dem Scheiterhaufen verbrennen. 205 Katharer sollen den Weg ins Feuer gewählt haben. In lang aufgereihter Prozession schritten die Todgeweihten den Pfad hinunter. An der Spitze die Frauen, von weißen Tüchern umhüllt. Frauen und Männer, junge und alte bestiegen den Scheiterhaufen. Dicht aneinander gedrängt standen sie in Erwartung des Endes. Mehrere Tage soll es gedauert haben, bis die gewaltige Glut erloschen und der Rauch aus den Tälern abgezogen war.

Prozesse und Strafen

Um die Bewegung vollends zu unterdrücken, bedurfte es jedoch noch eines „juristischen" Feldzuges: Prozesse und Strafen. Die Päpste verwendeten ein im damaligen Strafrecht übliches Verfahren, um die Häresie auszurotten. Ein Vertreter des Papstes erhielt die Vollmacht, die Ketzer zu ermitteln und zu bestrafen. Dieses Verfahren stützte sich auf Ermittlungen, nicht auf Anklagen: die Inquisition. Papst Gregor IX. (1167–1241) schickte Mitglieder des von dem Prediger Dominikus begründeten Dominikanerordens 1233 mit beträchtlichen Befugnissen ins Languedoc. Drei dominikanische Inquisitoren kamen nach Toulouse. Bald erschienen weitere Inquisitoren in Albi, Moissac und Cahors; in diesen Städten wurden sogar tote Katharer exhumiert und nachträglich verbrannt. In Narbonne führte die Anwesenheit der Inquisitoren fast zu einem Aufstand, und aus Toulouse wurden sie sogar vertrieben. Besonders aktiv war die Inquisition nach 1240, und bis 1250 hatte sie das Rückgrat der religiösen Bewegung gebrochen.

Trafen die Inquisitoren in einer Pfarrgemeinde ein, riefen sie die ganze Gemeinde zusammen und forderten in einer Predigt die Anwesenden auf, bei der Ausrottung der Ketzerei zu helfen. Gewöhnlich wurde eine Gnadenfrist von einer Woche eingeräumt, während der Ketzer bekennen und bereuen konnte. Erst nach dieser Frist begann die Befragung der Gemeindemitglieder: „Hast du einen Ketzer gesehen? Hast du Predigten von Ketzern gehört? Bis du bei einem Konsolamentum gewesen? Hast du Ketzer unterstützt? Und so weiter. Gab es gegen eine Person genügend Beweismaterial, teilte der Inquisitor dem Angeklagten die Beschuldigungen mit, nannte aber nicht die Namen derjenigen, die sie vorgebracht hatten. War die Person überführt, wurde sie aufgefordert zu gestehen und zu bereuen. Die Strafe richtete sich danach, ob die beschuldigte Person geständig oder halsstarrig war.

Im Jahre 1321 wurde der letzte Parfait in die Falle der damals eigens für die Katharer erfundenen Inquisition gelockt und verbrannt. Trotz der Inquisition führte das Katharertum in Südfrankreich noch längere Zeit eine Untergrundexistenz. Doch ihre Schlagkraft ging verloren. Ein wichtiger Stein auf dem Wege ihres Niedergangs waren die in dieser Zeit entstehenden katholischen Bettelorden. Papst Innozenz III. gewährte den bisher verketzerten Armutsbewegungen Raum in seiner Kirche und förderte die Bettelorden der Dominikaner und Franziskaner. Diese zeichneten sich durch besondere Volksnähe aus und gruben so den im Verborgenen agierenden Katharern allmählich das Wasser ab. Die Frömmigkeit der Laien, die ihnen bis dahin ihren Erfolg gesicherte hatte, wurde nun Bestandteil der katholischen Kirche.

Wie die Apostel: Die Waldenser

Die enge Verbindung von kirchlicher und weltlicher Macht, wie sie sich im elften und zwölften Jahrhundert herausgebildet hatte, führte zu tief greifenden Veränderungen. Einige der vorreformatorischen Bewegungen, die sich nicht in die Hierarchie der großen Kirche einbinden ließen, verurteilte man abwertend als Ketzerei und verfolgte sie.

Dieter Hägermann bringt die damalige Situation auf den Punkt: „Regelrecht verdammt wurden die Laien, die forderten, die Bibel in ihrer eigenen Sprache zu lesen, auf ihre eigene Weise predigen zu dürfen, die die Hierarchie ablehnten, von Gut und Böse eine andere Auffassung hatten als die offizielle Kirche; aus ihrem Kreis ging die Bewegung der Waldenser und Katharer im Süden Frankreichs hervor. Die Kirche bekam es mit der Angst zu tun; und dieselben Dominikaner, die zuerst durch Predigen und Diskutieren zu überzeugen versuchten, waren es schließlich auch, die nun für den Scheiterhaufen oder das Gefängnis votierten. Die furchtbare Zeit der Inquisition brach an, eine Institution, die vor nichts zurückschreckte, um Geständnisse zu erzwingen und durch das Statuieren von Exempeln Angst einzujagen."

Dazu zählen auch die Lehren des Lyoner Kaufmannes Waldes, der sich von den biblischen Schriften inspirieren ließ, sein Leben konsequent am Vorbild Christi auszurichten. Waldes war von der Idee durchdrungen, dass eine Kirche nur dann glaubwürdig wird, wenn sie selbst ein Leben in der Nachfolge Christi führt. Dazu gehörte das Gebot der Armut. Ein Augenzeuge, der in Rom einigen Waldensern begegnet war, schrieb im Jahre 1202: „Diese Leute haben keinen festen Wohnsitz. Sie ziehen je zwei und zwei durchs Land, mit nackten Füßen und Wollkleidern. Sie haben keinen eigenen Besitz; denn sie haben alles gemeinsam nach dem Vorbild der Apostel. Sie folgen nackt dem Christus nach."

Die Waldenser, die sich selbst die „Armen Christi" nannten, wurden zu einer Gefahr für die mittelalterliche Kirche, die damals beim einfachen Volk alles andere als respektiert war – ein Leben in Saus und Braus, große Reichtümer und Macht des Klerus führten zu deren Missachtung. Der Kaufmann Waldes, dem bald der Beiname des Apostelführers Petrus (Pierre) gegeben wurde, war kirchlich gesehen ein Laie. Ähnlich wie der eine Generation jüngere Franz von Assisi war Waldes im Handel oder als Bankier tätig gewesen, gehörte zu den Vornehmen der Stadt, bevor er sich entschloss, sein Leben als Jünger Jesu zu verbringen. Schnell fanden sich andere Laien, die aus ähnlicher Besorgnis um die wahre Kirche eine Befreiung vom fehl geleiteten Klerus suchten. Sie schlossen sich Waldes an. Die Kirche antwortete im November 1184, indem sie die Waldenser zu Ketzern erklärte. Das Konzil von Verona verbannte die Abtrünnigen aus Kirche und Gesellschaft, weil sie die kirchliche Lehrautorität, Hierarchie und Tradition verwarfen und weil sie „Gottes Wort frei predigten".

Die Waldenser hatten keinen bischöflichen Auftrag für ihre Mission und ließen auch Frauen und Leute, die keine theologische Ausbildung hatten, das Wort Gottes predigen. Sie hielten ihre Gottesdienste überall, wo sie auf ihrer Wanderschaft hinkamen, aber nicht in kirchlichen Räumen; dabei thematisierten sie Worte und Taten Jesu und der Apostel. Außerdem sprachen sie in der jeweiligen Volkssprache und hielten einige katholische Lehren für unbiblisch: Die Waldenser drohten den Sündern nicht mit dem Fegefeuer, sie verehrten weder Bilder noch Heilige und Reliquien, und sie lehnten Ablass, Eid, Kriegsdienst und Todesstrafen ab. Außerdem weigerten sie sich, von römisch-katholischen Priestern die Sakramente zu empfangen und beteten die Hostie nicht an. Ihr Handeln maßen sie an einer strengen Ethik. Wie der Chiliast Joachim von Fiore, der um die erste Jahrtausendwende das Einbrechen des Zeitalters des Heiligen Geistes predigte, so vertrat auch Petrus Waldus einen unmittelbaren Glaubensbezug zu Gott, der keiner priesterlichen Vermittlung bedarf. In dieser Linie war es konsequent, dass der Lyoner Kaufmann Teile der Bibel in die Volkssprache übersetzen ließ – 350 Jahre vor den großen Reformatoren.

Propst Everwin von Steinfeld schreibt um 1140 an den Abt Bernhard von Clairvaux: „In neuerer Zeit haben sich bei uns in der Nähe von Köln gewisse Ketzer gezeigt, von denen einige gern in die Kirche zurückgekehrt sind. Einer aber, der ein Bischof unter ihnen war, widersprach in einer Versammlung, in welcher der

JOACHIM VON FIORE

Joachim wurde um 1130 in Celico in Kalabrien geboren und war Abt des Zisterzienserklosters Corazzo. Unzufrieden mit dem Zustand der Kirche, verließ er 1190 sein Kloster und gründete in der Wildnis bei Fiore den Orden der Florianzenser bzw. Florenser. Der Orden nahm raschen Aufschwung, bald gab es 35 Männer- und Frauenklöster in Süditalien. Seine Lehre beruhte auf einer ungewöhnlichen Methode der Bibelexegese, denn er glaubte aus den Angaben der Apokalypse herauslesen zu können, dass die dort angekündigte Herrschaft des „ewigen Evangeliums“ unmittelbar bevorstehe. Er nahm drei weltgeschichtliche Zeitalter an: Auf die alttestamentliche Zeit Gottvaters oder der Sklaverei folgte das Zeitalter des Sohnes und der bestehenden Kirche, das durch das kommende „Dritte Reich“ des Heiligen Geistes, durch eine neue Geistreligion mit einem Leben in Freiheit und Gerechtigkeit abgelöst werden wird. Joachims Ideen waren umstritten und teilweise wurden sie auf dem Vietren Laterankonzil 1215 verurteilt. In ernsthafte Konflikte mit der Kirche gerieten seine Anhänger jedoch nicht.

Erzbischof samt vielen Adeligen zugegen war, ganz offen und verteidigte seine Ketzerei mit den Worten Christi und seiner Apostel. Wie sie allein stehen mit ihrer Verachtung aller weltlichen Größe, ebenso streben sie danach, in der Nachfolge Christi und seiner Apostel allein dazustehen und also die einzige wahre Kirche Christi auf Erden zu sein. Indem sie sich eines fleckenlosen Wandels befleißigen, sich auf ihren Fleiß, ihre Mäßigkeit, auf die Einfachheit ihrer Gottesdienste berufen, vergleichen sie ihren Zustand mit dem der alten Märtyrer, welche von einer Stadt zur andern flohen, als Lämmer unter den Wölfen. Sie tadeln die Geistlichen als solche, die der Welt anhängen, als falsche Apostel, die das Wort Gottes verderben und der Heiligkeit ihres Berufs völlig entfremdet sind. Das

Fegefeuer betrachten sie als eine Fabel, die Anbetung der Heiligen verwerfen sie als Gotteslästerung und verweigern dem Papst den Gehorsam. Mit einem Wort, alles, was in der Kirche beobachtet wird, ohne von Christus selber oder seinen Aposteln eingerichtet zu sein, bezeichnen sie als Aberglauben."

Gewaltvolle Ausrottung

Die Vorstellung einer neuen Kirchengründung war der damaligen Zeit völlig fremd. Die große katholische Kirche konnte in diesen Basisbewegung nur eine Amtsanmaßung sehen. Zunächst waren die offiziellen Stellen noch bemüht, den sich ausbreitenden Vorstellungen auf geistigem Gebiet entgegenzutreten. Auf dem dritten Laterankonzil 1179 wurde zwischen Waldes und Papst Alexander III. sogar ein zeitweiliger Kompromiss erreicht. Der Papst umarmte den armen Mann aus Lyon und hieß sein Leben der Armut gut, erlaubte ihm und seinen Anhängern das Predigen jedoch nur, wenn die örtlichen Geistlichen zustimmten. Vor dem Papst bekannte sich Waldes zum rechten christlichen Glauben und erneuerte sein Armutsgelübde. Der Kompromiss erwies sich jedoch als untauglich, denn nur wenige Priester erlaubten den Waldenser die Mission: die in der Bibelkunde gut ausgebildeten Wanderprediger taten es weiter – auch ohne Erlaubnis. 1183 kam ein neuer Erzbischof nach Lyon, der sich weigerte, die Waldenser dort predigen zu lassen. Als sie das Verbot ignorierten, vertrieb und exkommunizierte er sie.

Es dauerte nicht lange, bis Gewalt folgte. Als von Papst Gregor IX. im Jahre 1231 die Inquisition offiziell eingerichtet wurde, begann endgültig die dunkle Zeit des Terrors für Randgruppen und Andersdenkende. Für Unbußfertige und Rückfällige wurde der Feuertod als Strafe bestimmt. Trotzdem konnten sich die Waldenser im Untergrund in Frankreich, Nordspanien, Italien, Schweiz, Österreich, Böhmen, Mähren und Ungarn ausbreiten. Die Begegnungen mit anderen Bewegungen, nämlich den Hussiten und den Böhmischen Brüdern, regte die Theologie der Wal-

Hussiten

Als Hussiten bezeichnet man die Anhänger von Johannes Hus (um 1370–1415), der als Ketzer auf dem Scheiterhaufen endete. Wie er waren sie bestrebt, die Lehre der Kirche auf die biblischen Grundlagen zurückführen. Wichtigstes Anliegen für das Gemeindeleben war der Empfang des Abendmahls, das freie Recht zur Predigt und das Ende des Pfründenwesens der Geistlichen. Diese Forderungen verbanden sich mit sozialen Anliegen und dem nationalen tschechischen Wunsch nach Befreiung von der deutschen Oberherrschaft. Kaiser Sigismund lehnte die Forderungen der Hussiten ab, 1420 begannen die Hussitenkriege: Die militärisch überlegenen Hussiten schlugen die Heere von Kaiser und Papst, Böhmen und die Nachbarländer Österreich, Ungarn, Bayern, Sachsen und Schlesien wurden verwüstet.

denser neu an, wobei sich zeitweise auch unter den Waldensern neue Gruppierungen bildeten. Als die Inquisition an Fahrt gewann, wurden viele Waldenser als Hexen verleumdet, verfolgt und gefoltert. Die Überlebenden wurden bis in die Cottischen Alpen zwischen Grenoble und Turin zurückgedrängt. In dieser unzugänglichen Bergwelt konnten sie sich besser verteidigen, wie folgendes Zitat belegt: „Solche Leute gibt es hier, in Piemont; schon fünf Inquisitoren sind dorthin gegangen, um diesen Fluch fortzuheben, und die wurden von diesen schlechten Leuten ermordet." Zugleich waren sie dort aber auch abgeschlossen; die Bewegung war gewissermaßen verkapselt und wurde geduldet, weil sie sich nicht weiter ausbreiten konnte. 1487 befahl Papst Innozenz III. den Kreuzzug gegen die Waldenser. Die Söldner der Inquisitoren durchsuchten auch die allerkleinsten Winkel des Landes – niemand war vor den Suchtrupps sicher. Im Jahre 1532 schloss sich die Glaubensgemeinschaft der Reformation an.

Die Templer: Im Visier des Königs

Der Templerorden, auch Templer, Tempelritter oder Tempelherren genannt, war nach dem Johanniterorden der zweite der geistlichen Ritterorden, der in Folge der Kreuzzüge gegründet wurde. Der Orden vereinte die Ideale des Adels (Ritter) mit denen der Mönche, zweier Stände, die bis dahin streng voneinander getrennt waren. Der Aufstieg begann mit den Kreuzzügen. Damals war Jerusalem ein Anziehungspunkt für Abenteurer aus aller Welt. Die Straßen von der Küste ins Landesinnere waren jedoch sehr unsicher und die zahlreichen Pilger zogen Räuber an. Der Großteil des Kreuzritter-Heeres war bereits nach Europa zurückgekehrt, weshalb kaum Schutz vor Überfällen bestand. Aller Wahrscheinlichkeit nach waren es Hugo von Pavens, Gottfried von Saint-Omer und sieben weitere französische Ritter, die deshalb einen Orden gründeten, dessen Aufgabe es sein sollte, die Straßen des heiligen Landes für die christlichen Reisenden sicher zu machen.

Das furchtlose Schutzkommando wuchs in wenigen Jahren zu einer schlagkräftigen Armee heran. Ihr Mut wurde zur Legende. Eher ließ sich ein Tempelritter töten, als dass er im Kampf gegen Türken und Sarazenen aufgab.

In der heiligen Stadt entstand das Verwaltungszentrum, hier war auch der Sitz des Großmeisters, der unbeschränkte Autorität genoss. Nur der Papst stand über ihm. Strenge Ordensregeln forderten blinde Gefolgschaft und unbedingten Gehorsam. Kein Untergebener wusste im Voraus, welchen Dienst er übernehmen, wann und an welchem Ort er eingesetzt wurde.

1125 erlebte der Orden den ersten Aufschwung durch den Beitritt des Grafen Hugo von der Champagne, der ein Freund des Abtes Bernhard von Clairvaux gewesen war. Bernhard war einer der wichtigsten Kleriker seiner Zeit. Nach anfänglicher Skepsis setzte er sich ab 1129 wortgewaltig für die Unterstützung des Templerordens und des zweiten Kreuzzuges ein. Ab 1127 sind zunehmend Schenkungen von Landbesitz an den Orden zu verzeichnen, insbesondere in Frankreich, doch auch in England, Spanien, Portugal und Italien. Ein nicht geringer Teil der Schenkungen wird auf den Einfluss von Bernhard zurückgeführt.

Wachsender Reichtum

Die Templer gründeten eigene Reedereien, übernahmen den Transport auch für christliche Pilger und gewährten ihnen sicheren Begleitschutz. Von Europas Westen bis an die Küsten Palästinas gründeten sie Stützpunkte.

In allen Wirtschaftszweigen waren die Ordensbrüder erfolgreich. Auf ihren Ländereien führten sie neue Anbaumethoden ein. So gelang ihnen die Produktion großer Überschüsse. Ein strenges Regelwerk ordnete den Arbeitstag, unterbrochen nur vom Kirchgang. Die militärische Hierarchie regierte. Allein in Frankreich wurden 1.200 Kommandanturen unterhalten, zu denen Gehöfte und Kirchen, ja sogar Städte gehörten.

Im Templerorden verbanden sich das weltliche Leben mit den geistlichen Ansprüchen der Zeit: die ritterlichen Eigenschaften der Krieger und die spirituelle Kraft der Mönche in einer Person. Das äußerst spartanische Leben in den Kasernen härtete die Berufskrieger ab. Schlafsäle für 30 Ritter waren keine Seltenheit. Wie viel jeder von ihnen an Kleidung und Waffen besitzen durfte, war genau festgeschrieben. Persönliches Eigentum musste dem Orden übergeben werden. Der Orden der Tempelritter war ein Armutsorden. Und dennoch war er so vermögend, dass ihm sein Reichtum zum Verhängnis wurde. Diesen Reichtum vor Augen, suchte Frankreichs Macht besessener und hoch verschuldeter König Philipp IV. nach Wegen, den Orden zu enteignen.

Sein Gegenspieler war Bonifaz VIII., Papst in Rom. Er stellte sich vor die Templer, wies den König ab und verstieß ihn schließlich aus der Kirche. Doch als Philipp die Nachricht von seiner Exkommunikation erhielt, reagierte er gelassen. Philipp IV., genannt der Schöne, entschied sich, den Machtkampf aufzunehmen. Er verleumdete den Papst als sittenlosen Ketzer. Dann ließ er ihm auflauern. Er schickte seinen Kanzler nach Italien, um die Angelegenheiten zu regeln. Wilhelm von Nogaret sollte den Beweis herbeischaffen, dass der Papst ein Ketzer war. Angeblich pflegte er den Umgang mit Geistern. Man wollte gesehen haben, wie der Papst einen Dämon in einer Wolke anbetete. Nogaret setzt einen Häscher auf den Papst an. Dann ließ er zuschlagen. Der Papst wurde, wie es heißt, mit einem eisernem Handschuh geschlagen, dann gepackt und getreten. Bonifaz, schwer gedemütigt, erholte sich von dieser Attacke nicht mehr und starb drei Wochen später. Das Attentat von Anagni, nach der päpstlichen Residenz in Italien benannt, machte den Weg frei für den Angriff auf die Templer.

DIE LAGE SPITZT SICH ZU

Die Situation für die Templer wurde zunehmend bedrohlich. Immer schrecklichere Gerüchte wurden über sie verbreitet. Was geschah wirklich bei der geheimnisvollen Aufnahmeprozedur, die noch Jahrhunderte später mit schwarzer Magie und Geisterbeschwörung in Verbindung gebracht wurde? Jeder Kandidat musste sich bestimmten Ritualen unterwerfen, Höhepunkt der Zeremonie war das Anlegen des Mantels, das Zeichen der Aufnahme in den Orden. Der Meister belehrte den Neuen über seine Pflichten. Es folgten der Kuss auf das Kreuz und der Bruderkuss. Im späteren Prozess wurden daraus obszöne Praktiken und Homosexualität gemacht. War etwa das Ordenssiegel der Templer, zwei Ritter auf einem Pferd, ein Zeichen gleichgeschlechtlicher Liebe? Auf Homosexualität stand der Tod. Gegen die ungeheuerlichen Anschuldigungen konnte jetzt nur noch einer helfen – der neue Papst. Mit Clemens V. (1250/65–1314) bestieg ein Franzose den Heiligen Stuhl.

Ein Anhänger des Templer-Ordens küsst einen Kleriker

1305 wurden die Mitglieder des Ordens schließlich der Ketzerei und der Sodomie – im Mittelalter verstand man darunter vor allem homosexuelle Handlungen – angeklagt. Der Papst war zu dieser Zeit vom französischen König abhängig, deshalb standen die Chancen des Ordens schlecht. Philipp IV. machte die Sache zur Staatsaffäre. Geschickt setzte er den aus Frankreich stammenden Papst Clemens V., der seinen Amtssitz nach Avignon verlegt hatte, unter Druck, und drohte unter dem Vorwand angeblich vorhandener Kinder des Papstes mit einem Ketzerprozess gegen dessen Vorgänger und Mentor Bonifatius VIII., der bis 1303 Papst gewesen war. Zudem werde die Kirche Frankreichs abgespalten, falls der Papst die Unterstützung der Templer nicht einstelle.

Der neue Papst geriet zwischen die Fronten. Wie sollte er auf die Anschuldigungen gegen die Tempelritter reagieren? Ein Denunziant versicherte glaubhaft, dass die Templer Ketzer waren. Den Bischöfen und Fürsten lag eine offizielle Anzeige von Ketzerei vor. In ganz Europa wurden die Autoritäten über das Ausmaß der Verbrechen informiert. In der Stadt Poitiers im Westen Frankreichs kamen daraufhin Papst und König zusammen, um die peinliche Situation zu beraten. Der König wusste genau: Die Kirche, die über großen Reichtum verfügte, würde er nicht enteignen können. Wohl aber den Templerorden, wenn er es geschickt anstellte. Der Papst zögerte. Sollte er die Templer ans Messer liefern, wie der König verlangte? „Sie beten einen Dämon an anstelle Gottes und huldigen einem Götzen." Der Papst geriet in eine ausweglose Lage. Stellte er sich schützend vor die Templer, wurde er selbst zum Ketzer.

Wie Wölfe im Schafspelz

Als genügend Anklagepunkte gesammelt waren, schrieb Nogaret an den König: „An Philipp, durch Gottes Gnaden König von Frankreich, uns ist zu Ohren gekommen, dass die Templer – wie Wölfe im Schafspelz – bei der Aufnahme in den Orden dreimal Jesus Christus verleugnen, und ganz nackt, den, der sie aufnimmt, aufs Gesäß, auf den Nabel und auf den Mund küssen." Eine solche Sünde konnte nur mit dem Tod bestraft werden, wie die anderen obszönen Praktiken, von der die Klageschrift sprach. Unter größter Geheimhaltung wurde die Verhaftung der Templer vorbereitet. Briefe wurden an alle Polizeipräfekturen des Landes verschickt, Haftbefehle, deren Siegel erst zu einem bestimmten Zeitpunkt gebrochen werden dürfen.

Obwohl die bevorstehende vom Papst angeordnete Verhaftung durchsickerte, wurde die Aktion ein voller Erfolg: An hunderten von Orten wurden die Ordensmitglieder am Freitag, den 13. Oktober 1307 gleichzeitig festgenommen und in die Kerker gesperrt. Bis zum Prozess vergingen Wochen. In der Hoffnung und im Vertrauen auf die Hilfe des Papstes, harrten die Templer in den Kerkern aus. Nicht selten waren sie Gefangene in ihren eigenen Festungen. Chinon war ein Gefängnis der Templer in einem meterdicken Turm. In diesem Kerker war der Großmeister Jacques de Molay (1244/50–1314) eingesperrt, von hier aus wurde er auch vor das Tribunal geführt. Das Unglaubliche geschah dann bereits zu Beginn des Verhörs: Großmeister Jaques de Molay gestand unter Folter, ein Ketzer zu sein, widerrief dies aber später wieder.

Jacques de Molay, der letzte Großmeister der Templer

Nur sehr wenige Templer blieben standhaft. Die Mehrheit der Gefangenen brachte die Kraft nicht auf, sich den zermürbenden Verhören und der Folter zu widersetzen. Viele überlebten die unerträglichen Haftbedingungen nicht. Sieben Jahre dauerte der Prozess gegen den Orden. Sieben Jahre in der einzigen Hoffnung, die Wahrheit möge siegen und der Papst sich in aller Öffentlichkeit zur Unschuld der Templer bekennen. Er war der einzige, der sie rehabilitieren und dadurch vor dem sicheren Tod retten konnte. Ein letztes Mal den Papst herausfordernd, widerriefen einige ihr Geständnis. Der antwortete mit einem kühlen Brief, in dem er die Templer endgültig fallen ließ. In Paris wurden 70 Templer, die widerrufen hatten, an einem Tag hingerichtet.

Erst als klar war, dass niemand den Ordenbrüdern zur Seite stand, bot einer der engste Vertrauten des Großmeisters dem Inquisitor die Stirn. Es war ein verzweifelter Versuch, das Verfahren als Schauprozess zu entlarven. Doch das Todesurteil war gesprochen. Nun erfuhr der König, dass auch Jacques de Molay widerrufen hatte. Noch bevor ein Richterspruch ihn daran hindern konnte, befahl er die Exekution.

Am 22. März 1312 löste Papst Clemens V. auf dem Konzil von Vienne (Frankreich) unter dem Druck von König Philipp IV. den Orden schließlich auf. Am 18. März 1314 wurde der letzte Großmeister des Templerordens, Jacques de Molay, zusammen mit Geoffroy de Charnay (1251/60–1314) in Paris auf einem Scheiterhaufen verbrannt.

Dazu Andreas Beck: „Philipp machte tatsächlich den kürzesten aller Prozesse. Er berief augenblicklich einen Staatsrat; die Kirche wurde nicht mehr gefragt. Der Bischof von Frankreich, nebenberuflich König, ließ sofort das Todesurteil fällen. Noch am Abend desselben Tages wurden die beiden Würdenträger auf einer kleinen Insel der Seine auf der Rückseite von Notre Dame verbrannt. Eine ungeheure Volksmenge kam, um das Schauspiel dieses Autodafés zu erleben. Molay bat zuletzt, man möge seine Fesseln etwas lockern, damit er die Hände zum Gebet falten könne."

Der Untergang des Templerordens war die Folge eines eingefädelten Komplotts, veranlasst von einem König, der nach Macht und Geld hungerte und in einem politischen Duell über den Papst triumphierte. Nach sieben Jahren Folter und Gefängnis wurden alle diejenigen freigelassen, die sich zu ihrer Schuld bekannt hatten. Viele zogen in Länder, in denen sie vor weiterer Verfolgung einigermaßen sicher waren.

Die Liebe zur Armut: Aufstieg der Bettelorden

Während sich das Papsttum dem Höhepunkt seiner weltlichen Macht näherte, suchten zahlreiche Gruppen in und außerhalb der Kirche nach einer Rückkehr zur apostolischen Einfachheit. Das Evangelium wurde individuell und wörtlich verstanden und erhielt dadurch einen neuen Bezug: Materieller Besitz wurde zum Hindernis auf dem Weg zum Heil, Armut wurde von der Not zur Tugend, die Prachtentfaltung der Kirche stieß auf Ablehnung und Kritik. In der Nachfolge Christi durchzogen Wanderprediger in freiwilliger Armut das Land. Sie fanden in den aufsteigenden Städten einen idealen Nährboden. So war schon die Pataria, eine revolutionäre Bewegung in Mailand und den meisten lombardischen Städten, in Wahrheit ein Kampf der Frommen gegen den höheren Klerus (vor allem bischöfliche Stadtherren) und den Adel.

An diese Unruhen in den oberitalienischen Städten konnte beispielsweise Arnold von Brescia (um 1155) mit seinen Anhängern, den Arnoldisten, anknüpfen, als er gegen die Verweltlichung der Geistlichkeit und für die apostolische Armut der Kirche, später gegen die weltliche Herrschaft des Papsttums predigte. Während viele Ansätze solcher Armutsbewegungen wie die Gegenkirchen der Katharer und Waldenser in der Häresie endeten, wurden die alternativen Ideen gerade auch innerkirchlich, vor allem im klösterlichen Bereich aufgenommen. Auch hier bestand das Bedürfnis nach Reform und Zurückdrängen der fortschreitenden Verweltlichung, was bereits im elften und zwölften Jahrhundert zu einer Vielzahl neuer Lebensformen, Strukturen und nicht zuletzt zu einer ganzen Reihe neuer Gründungen von Reformorden geführt hatte. Im 13. Jahrhundert kam es zu einer weiteren Gründungswelle.

Ora et labora!

Die Berufung der beiden herausragenden Gründergestalten Dominikus und Franziskus auf das Armutsideal war also nichts Neues, da dies doch bei allen religiösen Bewegungen eine Rolle gespielt hatte. Allerdings war Armut bislang niemals der zentrale Faktor gewesen, sondern immer nur ein Element von vielen. Die Regel des heiligen Benedikt von Nursia aus dem Jahr 540 – die Regula Benedicti – hatte primären Wert auf Gehorsam gelegt, nicht etwa auf Armut. Benedikts Klosterregeln stellten das Leben in der Gemeinschaft und körperliche Arbeit in den Mittelpunkt. Diese Regeln haben das gesamte abendländische Klosterleben organisiert und belebt.

Den Mönchen war jeglicher Besitz untersagt, die Mahlzeiten wurden gemeinsam eingenommen, unnötige Gespräche vermieden. Gebet und Arbeit – ora et labora, dazu der Gehorsam: das waren und das sind bis heute noch im von ihm gegründeten Benediktinerorden die tragenden Säulen des Zusammenlebens.

Das 13. Jahrhundert brachte gleich vier große Bettelorden hervor, die apostolische Armut als Richtschnur für ihre Gemeinschaft wählten: es waren die Dominikaner und Franziskaner sowie die Karmeliter und Augustiner-Eremiten.

Der ausgesprochen reiche Kaufmannssohn Giovanni Bernardone (1181/2–1226), genannt Francesco (Franz), aus Assisi, sagte sich nach ausschweifenden Jugendjahren in Luxus von seiner Vergangenheit los, um fortan ein Wanderleben in völliger Besitzlosigkeit und ausschließlich nach den Gesetzen des Evangeliums zu führen. Den Bruch mit der Welt vollzog Franz von Assisi 1207 in einer spektakulären Szene, als er sich vor dem Palast des Bischofs von Assisi in aller Öffentlichkeit nackt auszog und seinem Vater Kleider und Geld vor die Füße legte. Was ihn, den Sohn eines wohlhabenden Tuchhändlers, bewogen hat, das väterliche Geschäft und die Dolce Vita hinter sich zu lassen und alle irdischen Karrierechancen über Bord zu werfen, bleibt unklar. Anders als die als Häretiker verfolgten Waldenser, die sich in ihrer religiösen Ausrichtung nicht allzu sehr von Franz von Assisi unterschieden, betonte Letzterer stets seinen Gehorsam gegenüber dem Papsttum und der römischen Kirche. Papst Honorius III. (1160–1227) bestätigte 1223 den Orden der „minderen Brüder".

Franz von Assisi
Aus der Lebensbeschreibung des Franziskus von Thomas von Celano: „Als der heilige Franziskus hörte, dass die Jünger Christi nicht Gold noch Silber besitzen, noch Beutel, noch Reisetasche, noch Brot, noch einen Stab auf den Weg mitnehmen, noch Schuhe, noch zwei Röcke tragen dürfen, sondern nur das Reich Gottes und Buße predigen sollen, frohlockte er sogleich im Geiste Gottes und sprach: Das ist es, was ich will, das ist es, was ich suche, das verlange ich aus tiefstem Herzen."

Bis zum Ende des Jahrhunderts breitete sich der Orden über ganz Europa aus. Missionsreisen führten Franziskaner bis nach Ägypten und ins Heilige Land, nach Persien und in das Mongolenreich bis nach Peking. Um 1300 zählte der Orden etwa 30.000 Mitglieder. In jeder größeren europäischen Stadt gab es einen Franziskanerkonvent, bedeutende Franziskanerschulen entstanden in Paris, Oxford und Köln. Die Brüder überzeugten durch engagierte Seelsorge, insbesondere für die unteren Schichten und durch volksnahe Predigt, häufig in Konkurrenz zum Ortsklerus. Ihren Unterhalt bestritten sie mit Almosen. Der italienische Franziskaner Johannes von Capestrano predigte 1452 auf dem Magdeburger Markt so eindringlich, dass die Zuhörer erst gebannt seiner gut zweistündigen Predigt lauschten, dann noch einmal so lange der Übersetzung eines deutschen Mitbruders und schließlich, von spontaner Bußfertigkeit überwältigt, „alle Spielbretter, Brettspiele, Würfel, Kartenspiele, Narrensäcke und die Frauen ihre Bänder und ihr künstliches Haar, das sie sich einzuflechten pflegten, alle brachten und auf dem neuen Markt verbrannten".

Die Bettelorden brachten einen völlig neuen Mönchstyp hervor. Sie wirkten nicht in der Abgeschiedenheit von Klöstern, sondern als Wanderprediger unterwegs oder an den sozialen Brennpunkten der spätmittelalterlichen Städte. Ihre Aufgabe war nicht in erster Linie das stille Gebet, die Kontemplation, sondern der manchmal marktschreierische Aufruf der ganzen Welt zu Umkehr und Buße, und ihr Platz war neben den Schwächsten der Gesellschaft, denen sie sich wie Christus und die Apostel brüderlich verbanden, indem sie ihre „mindere“ Existenz bewusst und demonstrativ teilten.

DOMINIKANER ALS „HUNDE DES HERRN“

Dominikus (1170–1221), der Gründer des Dominikanerordens, machte es sich zur Aufgabe, die häretischen Katharer von ihrem religiösen Irrtum zu überzeugen. Er war davon überzeugt, dass er nur erfolgreich sein werde, wenn er selbst alle weltliche Habe ablege und sich dem Ideal der apostolischen Armut verschreibe. 1216 wurde der Orden vom Papst anerkannt. Während des Mittelalters und in der frühen Neuzeit übernahmen Dominikaner häufig im Rahmen der Inquisition die Prüfung von Ketzern. Die päpstliche Kurie beauftragte die Dominikaner 1231 mit der Leitung der Inquisition, die sich während des ausgehenden Mittelalters mehr und mehr zum Instrument der politischen Machtentfaltung der katholischen Kirche entwickelte. Zu dieser Zeit wurden die Dominikaner „domini canes“ genannt – Hunde des Herrn. Bemerkenswert ist, dass auch herausragende Dominikaner wie Giordano Bruno (1548–1600) und Girolamo Savonarola (1452–1498) als Ketzer der Inquisition zum Opfer fielen.

Inquisitoren, meist in der schlichten Kutte des Dominikus, schwärmten bald über die wichtigsten Länder Europas aus. Einer von ihnen war Robert le Bourge, 1233 zum Inquisitor ernannt. Er war zunächst Katharer und wechselte dann die Seite. Man nannte ihn den „Ketzerhammer“, denn sein Bestreben, Ketzer zu töten, soll unermesslich gewesen sein. Weil wegen seiner Grausamkeit Aufstände drohten, setzten ihn seine Oberen ab und verurteilten ihn zu lebenslanger Haft. Bernard Gui (1262–1331), auch er Dominikaner, war der Theoretiker der Inquisition und seit 1306 Inquisitor von Toulouse. Er schrieb ein Handbuch mit „Kunstgriffen", um Befragte zum Eingeständnis ihrer Schuld zu bringen.

Während die Dominikaner ihre Aktivitäten ganz auf die Ketzermission und Predigt konzentrierten und zum Aufbau der Inquisition beitrugen, lebten die Franziskaner stärker von der Faszination, die von ihrem Stifter ausging. Ganz abgesehen davon besaßen sie mehr Mitglieder, und Franziskus wurde als Heiliger viel populärer als Dominikus; Franziskus gehört zu den wenigen Gestalten, die durch Persönlichkeit, Geradlinigkeit und nicht zuletzt durch Gewaltlosigkeit, auch über Religions- und Konfessionsgrenzen hinweg, Beachtung fanden. Die beiden großen Bettelorden der Franziskaner und Dominikaner waren für zwei Jahrhunderte der Mittelpunkt alles religiösen und wissenschaftlichen Lebens. Aus ihnen sind die größten Theologen, Scholastiker wie Mystiker hervorgegangen, aber auch die schlimmsten „Spürhunde" der Inquisition.

Im Gegensatz zu Dominikanern und Franziskanern fehlte den beiden anderen Orden, den Karmelitern wie den Augustiner-Eremiten, die Gründergestalt. Die Karmeliter sahen ihre Priorität in der Kontemplation, dem alten Mönchsideal, und dem Interesse am Heiligen Land. Die von Berthold von Kalabrien (1195) gesammelte Gemeinschaft auf dem Berg Karmel verstand sich als Nachfolgerin der alten Prophetenschulen. Gegen Mitte des 13. Jahrhunderts fassten Kardinal Richard Annibaldi und Papst Alexander IV. ältere Eremitengruppen zwangsweise zu einem Bettelorden zusammen und gründeten so die Augustiner-Eremiten, die in allen größeren Städten in Europa Zentren von Seelsorgebrüdern einrichteten.

Instrumente der Verfolgung und Vernichtung

Die mittelalterliche Inquisition war die Antwort des Papsttums auf die großen Ketzerbewegungen, welche die Herrschaft der katholischen Kirche in ihren Grundfesten bedrohten. Immer mehr Menschen kehrten der Kirche den Rücken und unterstützten religiöse Abweichler, die sich wortgewaltig gegen Pomp und Gloria des Klerus wandten und im Sinne der Bibel predigten. Die Reaktion darauf blieb nicht aus: Kreuzzüge und eingefädelte Machenschaften beendeten das Aufbäumen gegen verkrustete Strukturen des Christentums. Auch Zauberei und Hexerei wurden spätestens seit dem 13. Jahrhundert mit Häresie gleich gesetzt: Die ersten Hexen endeten auf dem Scheiterhaufen. Und mit ihnen litten soziale Randgruppen und Minderheiten wie etwa die Juden, die brutal verfolgt wurden.

Der theoretische Grundstein

Die Heilige Inquisition rief Papst Gregor IX. in den Jahren 1231–1233 ins Leben. Sie sollte überall dort, wo der katholische Glauben durch Ketzerei, schwere Verfehlungen oder Majestätsbeleidigung gefährdet schien, Untersuchungen anstellen. Die enormen Mittel, über die sie verfügte, entsprachen der Schwere der Gotteslästerung und Kirchenbeleidigung. Die Inquisition trat als ständiges außerordentliches Gericht auf, das unmittelbar dem Heiligen Stuhl unterstellt war. Sie beschränkte sich geographisch auf Zentral- und Südeuropa – in den skandinavischen Ländern gab es die mittelalterliche Inquisition nicht und in England nur vereinzelte Fälle. Der bedeutende Theologe Thomas von Aquin (1225–1275) legte mit dem Satz „Accipere fidem est voluntatis sed tenere fidem iam acceptam est necessitatis“ (Die Annahme des Glaubens ist freiwillig, den angenommenen Glauben beizubehalten notwendig) den theoretischen Grundstein. Für hartnäckige Häretiker forderte er Exkommunikation und Todesstrafe. Thomas, 1323 heilig gesprochen, verglich das Vergehen der Ketzer mit dem von Falschmünzern, die damals dem Tode überliefert wurden. Unter Papst Innozenz III. wurde das Inquisitionsverfahren eingeführt, doch zunächst nicht als Instrument der Ketzerverfolgung. Man ging vornehmlich gegen kirchliche Würdenträger vor und löste das bis dahin gebräuchliche Akkusations- oder Infamationsverfahren ab. Wichtige Voraussetzung für das Akkusationsverfahren war eine offizielle Anklage gewesen. Der Ankläger trug auch die Beweislast. Gelang es nicht, dem Angeklagten die Schuld nachzuweisen, drohte dem Ankläger die gleiche Strafe, die sonst den Beschuldigten getroffen hätte. Das Infamationsverfahren leitete ein Bischof ein, erhielt eine Person aufgrund glaubwürdiger Berichte einen schlechten Ruf. Der Beschuldigte konnte sich durch einen Reinigungseid von der Anschuldigung befreien. Nur bei einem Geständnis oder Misslingen des Reinigungseides kam es zur Verurteilung.

Verteidigung des katholischen Glaubens

Das vierte Laterankonzil 1215 war das bedeutendste Konzil des Mittelalters. Es ragte allein schon durch die Anzahl der Teilnehmer heraus: Anwesend waren 71 Patriarchen und Metropoliten, einschließlich der Patriarchen von Jerusalem und Konstantinopel, 412 Bischöfe und 900 Äbte und Priores. Erklärte Ziele des Papstes Innozenz III. waren die Verteidigung des katholischen Glaubens vor der Bedrohung durch Häretiker, die Unterstützung der Kreuzfahrerstaaten in Palästina nach dem missglückten Kreuzzug 1204 und die Bestätigung der kirchlichen Freiheit im Investiturstreit.

Der Papst präsentierte dem Konzil 70 fertig formulierte Dekrete mit Dogmen, Disziplinarentscheidungen, Maßnahmen gegen Ketzer und den Bedingungen des nächsten Kreuzzuges. Das Konzil beschloss die Auslieferung der verurteilten Ketzer an die weltliche Gewalt. Überführte und verurteilte Ketzer waren danach nach einem Jahr Exkommunikation zwecks Bestrafung durch Gütereinzug und Verbannung der weltlichen Gewalt zu übergeben. Etwaige Beschützer konnte der Kirchenbann treffen. Nachdem Innozenz III. die ersten Schritte zur Systematisierung der Ketzerverfolgung unternommen hatte, stellte sich jedoch bald heraus, dass man mit dem traditionellen Vorgehen, das bis dahin weitgehend in der Hand der Bischöfe lag, nicht erfolgreich gegen die großen häretischen Bewegungen vorgehen konnte. Dennoch sollte es weitere 20 Jahre dauern, bis der entscheidende Schritt getan wurde.

Papst Gregor IX.: Vater der Inquisition

Es war Papst Gregor IX. (1167–1241), der zum eigentlichen Vater der Inquisition wurde. Gregor förderte die religiöse Armutsbewegung, solange sie sich im Rahmen der kirchlichen Lehre bewegte. Besonders die neu entstandenen Bettelorden, und hier speziell der Franziskanerorden, mit dessen Gründer er persönlich bekannt war, fanden in ihm einen engagierten Unterstützer. Auf der anderen Seite war er ein unnachsichtiger Verfolger des häretischen Zweiges der Armutsbewegung. Unter anderem trug er – indem die Vollstreckung des Urteils an die weltliche Justiz weitergereicht wurde – wesentlich dazu bei, dass sich die Verbrennung der Verurteilten als übliche Strafe für Ketzerei etablierte. Außerdem führte er das Amt des Inquisitors als eines von den lokalen Bischofsgerichten unabhängigen Sonderbeauftragten ein und übertrug diese Aufgabe besonders eifrigen Ketzerverfolgern wie dem in Deutschland in exzessiver Weise tätigen Konrad von Marburg. Das persönliche Interesse des Papstes an der Häresiebekämpfung lässt sich auch an der von ihm selbst 1231 in Rom durchgeführten Inquisition ablesen, die mit Kerkerstrafen und Todesurteilen endete. Bereits das Konzil von Toulouse (1229) am Ende des Albigenserkreuzzugs enthielt in seinen Beschlüssen einige Bestimmungen, die schon sehr stark an das spätere Vorgehen der Inquisitionstribunale erinnerten.

Doch die eigentliche Geburtsstunde des Inquisitionsverfahren ist nach heutiger Forschermeinung im Jahre 1231 zu suchen.

Gegen die häretische Verderbtheit

1231 rief Gregor IX. die „Inquisitio Haereticae Pravitatis" (Inquisition der häretischen Verderbtheit) ins Leben und beauftragte mit der so genannten Bulle „Ille humani generis" die Dominikaner in Regenburg mit der Ketzerverfolgung, in der es unter anderem heißt: „Wir ordnen an, dass ihr, nachdem ihr die kirchlichen Würdenträger, den Klerus und das Volk zusammengerufen habt, ihr eine allgemeine Predigt haltet mit Sorgfalt nach Häretikern und Verdächtigen forscht. Und wenn ihr Schuldige und Verdächtige findet, und sie nach der Untersuchung nicht bereit sind, dem Mandat der Kirche bedingungslos zu gehorchen, dann geht gegen sie gemäß den Statuten vor, die von uns kürzlich gegen Häretiker erlassen worden sind."

Begründet wurde der Schritt, Inquisitoren zu beauftragen, folgendermaßen: „Wir sehen euch Bischöfe verstrickt in einem Wirrwarr von Sorgen und kaum im Stande, unter dem Druck der überwältigenden Beunruhigungen zu atmen, wir halten es deshalb für gut, eure Lasten zu teilen, damit sie leichter getragen werden können. Wir haben daher beschlossen, Predigermönche gegen die Ketzer Frankreichs und der benachbarten Provinzen auszusenden, und wir bitten, warnen, ermahnen und befehlen euch, sie im Namen der Verehrung, die ihr für den heiligen Stuhl empfindet, freundlich aufzunehmen, sie gut zu behandeln und ihnen in diesem und allem anderen eure Gunst, euren Rat und eure Hilfe zuteil werden zu lassen, damit sie ihr Amt erfüllen können ..."

Bald folgten ähnliche Schreiben an andere Konvente, später auch an den Franziskanerorden. Dazu erhielten die päpstlichen Inquisitoren Sondervollmachten, die es ihnen ermöglichten, nicht nur nach Ketzern zu suchen, sondern ihnen auch die richterliche Gewalt übertrugen, um vermeintliche Häretiker zu überführen und zu verurteilen. Erstmals war also das Aufspüren, die gerichtliche Untersuchung und Verurteilung in einer Person vereinigt.

Hinzu kam, dass die Inquisitoren nun als dauerhafte Instanz zur Ketzerverfolgung eingesetzt wurden. Doch damit nicht genug. Aus einer weiteren Dekretale, die Gregor IX. zur Ketzerverfolgung in Rom erließ, geht erstmals hervor, dass die Kirche die Todesstrafe für hartnäckige Ketzer billigte. Die härteste Strafe, die Verbrennung der Verurteilten, begründete die Kirche unter anderem mit folgenden Worten aus dem Johannes-Evangelium: „Wer nicht in mir bleibt, der wird weggeworfen wie eine Rebe und verdorrt, und man sammelt sie und wirft sie in das Feuer, und sie muss brennen." Die Vollstreckung des Urteils – für das sich zu diesem Zeitpunkt bereits der Scheiterhaufen etabliert hatte – wurde allerdings den weltlichen Autoritäten überlassen, denn nach kanonischrechtlichen Grundsätzen durften Geistliche selbst keine „Blutstrafen" verhängen oder gar vollstrecken.

Foltermethoden à la carte

Den letzten entscheidenden Schritt hin zur Inquisition machte dann ein weiterer berühmter Papst des 13. Jahrhunderts. Innozenz IV. (1195–1254) sammelte die Ketzergesetzgebung der Zeit vor ihm und erließ zwei bedeutende Dekretalen, welche die Praxis der künftigen Ketzerbekämpfung bestimmen sollten. Die „Dekretale ad extirpanda" steckte den institutionellen und prozesstechnischen Rahmen ab. Von nun an war zur Wahrheitsfindung offiziell die Folter zugelassen. In der Praxis war Folter bereits vorher zur Anwendung gekommen und hatte im Verlauf des 13. Jahrhunderts auch Eingang ins weltliche Recht gefunden, im Kirchenrecht war diese Regelung jedoch neu: „Außerdem soll der Stadtherr oder städtische Amtsträger alle Häretiker, die er gefangen hat, ohne dass er ihnen jedoch bleibende körperliche Schäden zufügt oder sie dabei sterben, dazu zwingen, ihre Irrtümer ausdrücklich zu gestehen und andere Ketzer anzuklagen, die sie kennen.“ Für das mittelalterliche Recht war das Geständnis unabdingbar, um eine Verurteilung herbeizuführen, da der Indizienprozess kaum entwickelt war. Das Ziel des Verfahrens bestand also darin, den Verdächtigen durch Zureden, Überzeugung oder Gefängnishaft zum Geständnis seiner Schuld zu bewegen.

Zeigten diese Mittel keinen Erfolg, konnte man ab der Mitte des 13. Jahrhunderts auch auf die Folter zurückgreifen, um ein Geständnis zu erlangen.

Friedrich Spee über die Folter

„Was suchen wir so mühsam nach Zauberern? Hört auf mich, ihr Richter, ich will euch gleich zeigen, wo sie stecken. Auf, greift Kapuziner, Jesuiten, alle Ordenspersonen und foltert sie, und sie werden gestehen. Leugnen welche, so foltert sie drei-, viermal, sie werden schon bekennen. Bleiben sie noch immer verstockt, dann exorziert, schert ihnen die Haare vom Leib, sie schützen sich, der Teufel macht sie gefühllos. Fahrt nur fort, sie werden sich endlich doch ergeben müssen. Wollt ihr dann noch mehr, so packt Prälaten, Kanoniken, Kirchenlehrer, sie werden gestehen, denn wie sollen auch diese zarten, feinen Herren etwas aushalten können? Wollt ihr immer noch mehr, dann will ich euch selbst foltern lassen und ihr dann mich. Ich werde nicht in Abrede stellen, was ihr gestanden habt. So sind wir schließlich alle Zauberer.“

Im Laufe der Zeit entwickelte man die unterschiedlichsten Foltermethoden. Da gab es zum einen die Folter durch Fuß- oder Schienbeinschrauben, mit denen der Druck auf die Knochen durch Zudrehen langsam gesteigert wurde. Beliebt war auch die Folter über offenem Feuer, bei der die Füße oder Hände des Verdächtigen immer näher an eine Flamme herangezwungen wurden, bis die Hitze unerträglich wurde. Die wohl grausamste Folterart war jedoch die Streckfolter, bei der der vermeintliche Ketzer an den Händen mit Stricken aufgehängt und zum Teil noch mit Gewichten behängt wurde. Anschließend wurde er immer wieder kurz hochgezogen und dann wieder fallengelassen, bis die Gelenke und Sehnen rissen. Daneben gab es die Wasserfolter, bei der dem gefesselten Opfer durch einen Trichter Wasser eingefüllt wurde, bis er keine Luft mehr bekam ...

Die zweite wichtige Dekretale, „Adversus haereticam", erklärte die weltlichen Ketzergesetze des römisch-deutschen Kaisers Friedrich II. für gültig. Erstmals wurden die harten weltlichen Ketzergesetze, die Friedrich II. im Laufe seiner Amtszeit erlassen hatte, in ihrer Gesamtheit offiziell von kirchlicher Seite zur Kenntnis genommen und für das künftige Vorgehen gegen Ketzer für verbindlich erklärt. Mit Innozenz IV. erhielt die Ketzerinquisition also weitgehend ihre endgültige Form. Zwar wurden einzelne Detailfragen im prozessualen Ablauf von späteren Päpsten weiter modifiziert, aber die wesentlichen Elemente und Vorgehensweisen der Inquisition standen nun, um die Mitte des 13. Jahrhunderts, fest. Die Ketzerinquisition blieb nicht allein ein Instrument, mit dem

Bei Inquisitoren beliebt: Folter durch Hochziehen mit der Winde

die katholische Kirche gegen Glaubensabweichler vorging. Weltliche Machthaber erkannten bald, dass sich dieses Verfahren gut einsetzen ließ, um eigene politische Interessen zu verfolgen. Bereits 1231 hatte Friedrich II. in seinem Gesetzbuch für das Königreich Sizilien eine Ketzerinquisition vorgesehen, bei der zwar das eigentliche Verfahren in der Hand des lokalen Klerus verblieb, die Kontrolle aber von weltlichen Beamten des Königreichs ausgeübt wurde. Noch deutlicher wird die Instrumentalisierung der Inquisition in den Händen des französischen Königs, der im 14. Jahrhundert den berüchtigten Ketzerprozess gegen den Templerorden anstrengte und diesen am Ende völlig zerstörte. Beinahe schon als systematisch kann man das Vorgehen der spanischen Herrscher bezeichnen. Dort verlor der Papst schnell jeglichen Einfluss auf die Inquisition, die bald vollständig in den Händen des Königs ruhte, der sie einsetzte, um die Integration im Innern seines Landes gnadenlos voran zu treiben.

Wehe dem, der zaubert oder hext

Während im kirchlichen Recht Zauberei und Häresie bis weit ins 13. Jahrhundert hinein voneinander getrennt waren – noch Papst Alexander IV. wies die Inquisitoren ausdrücklich an, Zauberer nur in den Fällen vor ihr Gericht zu ziehen, wenn jenen häretische Vergehen nachzuweisen waren –, finden sich in den Rechtsbüchern des gleichen Zeitraums beide Vergehen schon oft gemeinsam abgehandelt. Im Laufe des 14. Jahrhunderts begannen die Grenzen zwischen Ketzerei und magischer Vergehen zu verblassen.

Schließlich wurde das Inquisitionsverfahren, wie es bis dahin für Ketzer üblich gewesen war, auch auf Zauberer übertragen. Allerdings setzte die systematische Verfolgung von Schadenszauberern und Hexen erst im 15. Jahrhundert ein – dann jedoch mit unglaublicher Brutalität. Mit dem „Malleus Maleficarum" (Hexenhammer) entstand ein Buch, dass ähnlich den Inqusitorenhandbüchern ganz der Verfolgung von Hexen gewidmet war. Doch davon später mehr.

INQUISITOREN: DIE UNERBITTLICHEN „HUNDE DES HERRN“

In der Anfangszeit der Inquisition kam es immer wieder zu Unsicherheiten bei der praktischen Umsetzung des neuen Verfahrens. Die Inquisitoren rekrutierten sich hauptsächlich aus den Bettelorden der Dominikaner und Franziskaner. Diese Mönche verfügten über ein großes Wissen. Aber auch Vertreter anderer Orden, Weltgeistliche und sogar Weltliche befanden sich darunter. In der Regel waren es energische, erbarmungslose und gelegentlich auch auf weltlichen Besitz versessene Fanatiker, die sich in den Dienst der Inquisition stellten. Doch an erster Stelle taten sich sicherlich die Dominikaner hervor.

War die Inquisition vom Ursprung her eine administrative Waffe gegen die antikirchliche Ketzerei, deren Methode das einfache Verhörgespräch war, so wurde sie mit der von späteren Päpsten legitimierten Anwendung von Folter zur einer grauenvollen Einrichtung. Kein Wunder also, dass die in der Bibel und im Glauben hervorragend ausgebildeten Predigerbrüder auch am besten als Untersuchungsrichter eingesetzt werden konnten. Hervorzuheben ist hier der Dominikaner Tomas de Torquemada (1420–1498), Großinquisitor Spaniens, der über 16.000 Menschen verbrennen ließ und mehr als 160.000 Juden aus Spanien gewaltsam vertrieb. Nicht minder grausam waren die Dominikaner Jakob Sprenger (1435–1495) und Heinrich Institoris bzw. Kramer (1430–1505), die 1489 das Hexenhandbuch, den „Hexenhammer“ veröffentlichten und damit in Europa unschuldige Menschen, hauptsächlich Frauen, auf schrecklichste Art zu Tode brachten. Auch sie waren unerbittliche „Hunde des Herrn“.

NICHT ALLE DOMINIKANER WAREN GRAUSAM

Doch es gab Dominikanermönche, die nicht in die Fußstapfen ihrer brutalen Ordensbrüder traten. Auch Giordano Bruno (1548–1600) war Dominikaner, ein Vordenker, der jedoch alle Vorschriften des Ordenslebens über Bord warf. Nach Glaubenskonflikten und anderen intellektuellen Reibereien innerhalb des Ordens und später mit der Kirche wurde er zum „Fürsten der Ketzer“ verteufelt. Neun Jahre lang saß Giordano im Kerker der Engelsburg und hielt trotz schwerer Folterungen diese Zeit standhaft durch. Er schwor nicht ab.

Was hatte dieser Ketzer alles behauptet? Dass die Erdkugel an den Polen abgeplattet sei, dass die Sterne selbst wieder Sonnen seien und um die Planeten kreisen, dass der Kosmos ein lebendiges Wesen voller Welten sei, dass es keine Dreifaltigkeit gäbe und dass Jesus Christus ein Mensch war, der als Mensch auch Sünden begangen hätte. Die Verbrennung Brunos am 17. Februar 1600 am römischen Blumenmarkt, dem campo de fiori, war ein „festlicher Auftakt“ des Heiligen Jahres 1600. Vielen kirchlichen Kreisen ist er bis heute ein provokantes Ärgernis.

Zu den Lichtgestalten des Dominikanerordens zählen auch Bartolomé de las Casas, Tomaso Campanella und Caterina da Siena, alle drei konnten der Inquisition entkommen. Bartolomé de las Casas (1584–1566), Bäckersohn aus Sevilla, der als junger Soldat in die Neue Welt kam, um gegen die Indianer zu kämpfen, wurde ihr Anwalt und Verteidiger. Zuerst selbst Grundherr auf dem heutigen Haiti und Ausbeuter der versklavten Ureinwohner, ließ er sich erst später zum Priester weihen. In den Dominikanerorden trat er ein, nachdem er alle seine Güter aufgegeben hatte. Dann folgte ein Leben im Kampf für die Indios. Seine allerschärfsten Gegner waren Mitglieder des eigenen Ordens.

Im Kampf für die Indios: Bartolomé de las Casas

27 Jahre lang saß der Philosoph Tommaso Campanella (1568–1639) als Rebell gegen die spanische Krone im Gefängnis. Der mehrfachen Folter konnte er sich jedes Mal entziehen, indem er ins Delirium fiel. Ob wirklich oder vorgetäuscht, ist bis heute unklar. In der Haft in Neapel schrieb Campanella sein Hauptwerk, den „Sonnenstaat". Über komplizierte diplomatische Umwege gelang es, ihn zu befreien und nach Frankreich zu bringen. Campanella beschloss sein Leben als geehrter und angesehener Mann in Paris. Er starb im Konvent St. Jacques, in dem die bedeutendsten Wissenschaftler der Dominikaner, Albertus Magnus (1200–1280), Thomas von Aquin (1225–1274) und der Mystiker Meister Eckhart (1260–1328) gelehrt hatten.

Die Färbertochter und Dominikanerin Caterina da Siena (1347–1380) war eine Mystikerin mit extrem asketischen Zügen und der Fähigkeit zu außergewöhnlichen Visionen. Die des Lesens und Schreibens unkundige und ungebildete Frau mischte sich unerschrocken in gefährliche Auseinandersetzungen zwischen den rivalisierenden Stadtstaaten Florenz und Siena ein, beschimpfte im Palast des Papstes zu Avignon die Kardinäle, die dort mit Konkubinen und Familien lebten und führte einen nimmermüden Kampf für die Rückkehr des Papstes nach Rom. Die Unbequeme wurde zur „Überprüfung" vor ein Generalkapitel des Ordens in Florenz gestellt. Sie hielt ohne zu zaudern auch den kritischsten Fragen der Inquisitoren mit ihren Antworten stand.

Die Reinerhaltung des christlichen Glaubens

Zurück zu den Inquisitoren: Als Inquisitor gegen die „verruchte und perverse Häresie der Katharer" setzte Papst Gregor IX. Geoffroy d`Ablis im südfranzösischen Carcassonne ein. Ihm zur Seite stand Bernhard Gui (1261/62–1331) in Toulouse. Der Schriftsteller Umberto Eco (* 1932) dichtete ihm in seinem Roman „Im Namen der Rose" bei der Verfolgung von Häretikern rigorosen Fanatismus an. Bernhard Gui ging in die Geschichte ein als ein „Theoretiker" der Inquisition, als Autor eines Handbuchs für Inquisitoren, in dem er empfahl, sich bei den Befragungen der Beschuldigten verschiedener Kunstgriffe zu bedienen, um sie zum Geständnis ihrer Schuld zu nötigen. Die „Practica inquisitionis heretice pravitatis“ enthält neben Protokollen auch Traktate über die dem Autor am gefährlichsten scheinenden Häresien (Waldenser, Apostoliker) sowie über Juden und Hexerei.

Mittels Fangfragen oder mit dem Hinweis auf innere oder äußere Widersprüche ihrer Aussagen gelang es den Inquisitoren, die Häftlinge zu Geständnis, Kooperation oder gar Kollaboration zu bewegen. Dabei hing das Schicksal des Häftlings nicht zuletzt von der persönlichen Einstellung des Inquisitors ab. Nach kanonischem Recht musste ein solcher mindestens 40 Jahre alt, rechtskundig und lebenserfahren sein. Zu seinen Zielen gehörte die Reinerhaltung des christlichen Glaubens ebenso wie die Rettung einzelner Häretiker vor der ewigen Verdammnis. Christliche Milde war den Ketzerverfolgern nicht fremd. Ebenso selbstverständlich aber konnten sie im Bewusstsein der heiligen Mission skrupellos und ohne Beachtung der Verfahrensregeln die Ausrottung der Ketzerei betreiben.

Die Inquisitoren sahen sich vor allem mit starkem Widerstand in der Bevölkerung, aber auch seitens des übrigen Klerus konfrontiert. Orthodoxe Christen nahmen am Tun der Inquisitoren Anstoß, wobei der Widerstand gegen diese selten möglich war. Organisierter Widerstand führte nur dann zum Erfolg, wenn er von weltlichen Machthabern und einflussreichen Geistlichen unterstützt wurde. Dieser „Gegenterror“ führte in manchen Städten in der Mitte des 13. Jahrhunderts zur einstweiligen Einstellung der Inquisition. Der Widerstand brach jedoch schnell zusammen, wenn die weltlichen Machthaber und Geistlichen ihre Hilfe entzogen, wie es sich in Albi und Caracassone gezeigt hatte. Die ersten Inquisitoren, wie Konrad von Marburg und Robert le Bougre, verdankten ihren berühmt berüchtigten Ruf nicht allein ihrem rigorosen Vorgehen und Verfolgungsgeifer, sondern vor allem auch dem Befremden, das das neue Verfahren in traditionellen Kreisen hervorrief. Robert zeichnete sich durch besondere Grausamkeit aus. Wegen der Massenhinrichtungen und Konfiskationen, die er veranlasste, nannte man ihn den „Ketzerhammer“.

Neben der Verfolgung durch vom Papst ernannte Inquisitoren blieb die Verurteilung von Ketzern in vielen Gebieten weiterhin in der Hand der bischöflichen Gerichte. Teilweise kam es auch zu Kompetenzstreitigkeiten zwischen der neu eingerichteten Ketzerinquisition und den traditionellen bischöflichen Gerichten. Die Kurie musste hier immer wieder schlichtend eingreifen. Als äußerst hilfreich für das praktische Vorgehen der Inquisition erwiesen sich bald die so genannten Handbücher, die sich am Ende des 13. und besonders im 14. Jahrhundert schnell verbreiteten. Während in Deutschland die Inquisition nach der Ermordung Konrads von Marburg praktisch eingestellt wurde, erwies sich die Inquisition in Südfrankreich und Norditalien als äußerst effektiv.

FANATISCHE SPÜRHUNDE

Konrad von Marburg (1180–1233), ein hochmittelalterlicher Priester und Magister, spürte seit 1227 Ketzern in Deutschland nach. 1231 erhielt er den päpstlichen Auftrag, als Inquisitor systematisch gegen Häretiker vorzugehen. Bei seinem Vorgehen nutzte Konrad die Möglichkeiten des neuen Verfahrens voll aus und erregte dadurch vor allem in traditionellen Kreisen Anstoß. Mit Hilfe der Folter erzielte er ab 1227 zahlreiche Geständnisse und übergab die Täter der weltlichen Justiz. Allein in Straßburg sollen auf diese Weise 80 Menschen umgekommen sein.

Konrad ging davon aus, dass jeder Verdächtigte auch schuldig war, und machte meist kurzen Prozess: keine weiteren Zeugenverhöre, keinerlei Bekehrungsversuche mehr. „Hundert Unschuldige wollen wir verbrennen, wenn nur ein Schuldiger dabei ist!“ Zu ihm waren zwei Männer gestoßen, die genauso dachten wie er, der Dominikaner Dorso und ein anderer Ketzerprediger, den man „Johannes den Einäugigen“ nannte. Schon bald loderten überall die Scheiterhaufen.

Problematisch wurde die Lage, als Konrad eine Art persönlichen Vernichtungsfeldzug gegen eine Sekte begann, der er den Namen Luziferianer gab. Zum Verhängnis wurde ihm, dass er seine eigene Macht überschätzte und sich auch mit mächtigen weltlichen Fürsten anlegte. Zum Verhängnis wurde ihm der Vorwurf gegen den Grafen von Sayn, dieser habe an einer Ketzerzusammenkunft teilgenommen und gräuliche Dinge gesagt und getan. Einige deutsche Fürsten und Bischöfe hatten bereits Beschwerde beim Papst in Rom eingereicht, als Konrad 1233 von treuen Gefolgsleuten des Grafen ermordet wurde. Die Persönlichkeit Konrads war schon unter seinen Zeitgenossen umstritten. Bezeichnete ihn Papst Gregor IX. als „Brautführer der Kirche“, „Diener des Lichtes“ und „Spürhund des Herrn“, betonten andere die Grausamkeit und Rechtsbrüche seiner Tätigkeit im Dienste der Inquisition.

Der Dominikaner Peter von Verona, seit 1232 Inquisitor Norditaliens, wurde 1252 erschlagen, nachdem er in den 20 Jahren seines Wütens tausende von Menschen hatte hinrichten lassen. Papst Gregor IX. sprach ihn schon ein knappes Jahr später heilig und Papst Sixtus V. nannte ihn im Jahre 1586 neben Dominikus das „zweite Haupt der Inquisition“ und ihren „ersten Märtyrer“. Nicolas Eymerich, Dominikaner und Spanier von Geburt, war in der zweiten Hälfte des 14. Jahrhunderts Inquisitor in Aragon. Er galt als eifriger Anhänger des Thomas von Aquin und schrieb 37 Traktate, darunter ebenfalls ein Handbuch, das „Directorium Inquisitorum“, das eine genaue Beschreibung aller möglichen Häresien enthält sowie praktische Ratschläge für seine Berufskollegen, die sich auf das Aufspüren sowie die Befragung, Folterung und Hinrichtung der Häretiker bezogen.

Thomas de Torquemada (1420–1498), erster spanischer Großinquisitor seit 1480, übertraf alle an Grausamkeit, indem er innerhalb von 18 Jahren über 100.000 Menschen richtete, sie verbrannte oder einem der insgesamt etwa 9.000 Autodafés unterzog. Autodafé bezeichnet die Vollstreckung eines Urteils der Inquisition oder eines Glaubensgerichts, beispielsweise die Verbrennung eines Ketzers oder Verbrennung ketzerischer Bücher. Im übertragenen Sinn wird der Begriff auch für die Verbrennung oder Zurschaustellung jeder Form von missliebigen Schriften verwendet. Torquemada gründete den Konvent Santo Tomás zu Ávila und führte das rassistische Prinzip der „Reinheit des Blutes“ (limpieza de sangre) in die Statuten ein. 1836 wurde Torquemadas Grab in Ávila aufgebrochen, die Grabräuber verbrannten seine Knochen und verstreuten diese in Anlehnung an das Schicksal seiner Opfer.

Die Inquisitoren des Mittelalters waren mit nahezu unbegrenzten Rechten und Vollmachten ausgestattet. Niemand außer dem Papst konnte sie wegen dienstlicher Vergehen aus der Kirche ausschließen; und selbst die päpstlichen Legaten wagten nicht, sie ohne besondere Erlaubnis zeitweilig vom Dienst zu suspendieren. Im Jahre 1245 übertrug Innozenz IV. den Inquisitoren das Recht, sich gegenseitig und ihren Untergebenen alle Sünden zu verzeihen, die mit ihrer Tätigkeit zusammenhingen. Sie waren vom Gehorsam ihren Ordensoberen gegenüber befreit und erhielten das Recht, nach ihrem eigenen Ermessen in Rom zu erscheinen und dem Papst Bericht zu erstatten.

Reue, Busse, Kerkerhaft, Scheiterhaufen

Neben dem Zusammenspiel von zermürbender Kerkerhaft und geschickter Verhörstrategie war es vor allem das Sanktionsinstrumentarium der Inquisition, das ihren Erfolg ausmachte. Auch hier ging es zunächst um Reue und Buße. Nur hartnäckige und rückfällige Ketzer sollten hingerichtet werden. Als flexibles Instrument der Strafzumessung stand wiederum das Gefängnis an erster Stelle. Die Länge der Haft und ihre Härte ließen sich je nach Fall dosieren. Dasselbe gilt für die vielfältigen privat und öffentlich zu leistenden Bußen. Zu den wichtigsten gehörte der Zwang zum Tragen von Bußgewändern mit aufgenähten gelben Kreuzen.

Das bereits 1244 festgelegte Verbot, die so stigmatisierten Büßer zu belästigen, deutet an, wie sehr sie der sozialen Kontrolle durch ihre Umwelt ausgesetzt waren. Das erschwerte einen Rückfall in alte häretische Gewohnheiten. Nicht selten schuf man sich damit eine zur Überanpassung bereite Gruppe von Kollaborateuren, die als „familiares" und Denunzianten der Inquisition nützliche Dienste leisteten. Todesurteile oder die Überstellung an den weltlichen Arm, die dann unweigerlich den Scheiterhaufen nach sich zog, waren ein wichtiges, aber kein vorherrschendes Strafmittel im Mittelalter. So entschied der berüchtigte Bernard Gui zwischen 1308 und 1323 – das bestätigen die Aufzeichnungen im Urteilsbuch – an 18 Gerichtstagen über insgesamt 930 Ketzer. 42 davon verurteilte er zum Tode, 307 zu dauernder Kerkerhaft. Rund einem weiteren Drittel der Delinquenten wurden öffentliche Bußleistungen oder die Stigmatisierung mit dem gelben Kreuz auferlegt. Das war eine vergleichsweise harte Urteilspraxis, auch wenn man bedenkt, dass vielleicht ein Drittel aller, die sich vor ihm zu verantworten hatten, freigesprochen wurden.

Etliche Kollegen von Gui urteilten milder. Bernard de Caux, auch er Inquisitor von Toulouse, hatte 1246 nachweislich 207 Urteilssprüche gefällt, darunter kein Todesurteil und lediglich 23 Gefängnisstrafen. Die Regelstrafe war das Tragen des Kreuzes. Auch Geoffrey d`Ablis, zwischen 1303 und 1316 Inquisitor in Carcassonne, scheint vornehmlich zeitlich begrenzte Haftstrafen ausgesprochen zu haben. Viele der Bestraften wurden später von Bischof Fournier erneut vor Gericht gezerrt. Natürlich gibt es auch Beispiele für massenhaft lodernde Scheiterhaufen. Nach dem Attentat von Avignonet und der Kapitulation der Ketzerfestung von Montségur wurden 200 Katharer dem Scheiterhaufen überantwortet, erinnert sei auch an die im Februar 1278 in der Arena von Verona verbrannten 166 Ketzer oder die Massenhinrichtungen in Südböhmen in den 1340er Jahren.

Das Inquisitionsverfahren

Das Inquisitionsverfahren, das unter Innozenz IV. seine spätere Ausformung erfuhr, folgte einem festen Ablauf, an den sich die Inquisitoren halten mussten und bei welchem man vier wesentliche

Schritte unterscheiden konnte. Der erste Schritt vor der Einleitung des eigentlichen Verfahrens bestand darin, die Bevölkerung des jeweiligen Ortes in der Kirche oder auf dem Marktplatz zu versammeln. Dort wurde dann die so genannte Ketzerpredigt gehalten. Den Gläubigen wurden nochmals die Strafen vor Augen gehalten, die Ketzer zu erwarten hatten, unter anderem im Jenseits, wo die ewige Verdammnis sie erwarte. Diese Predigt bereitete gleichsam den Boden für den nächsten Schritt. Die Gläubigen, die sich von Irrlehren hatten verleiten lassen, wurden dazu aufgerufen, freiwillig zum rechten Glauben und damit in den Schoß der katholischen Kirche zurückzukehren. Daran anschließend wurden Fristen genannt, in denen Ketzer sich selbst anzeigen konnten (das so genannte tempus gratiae – die Zeit der Gnade) und Denunzianten an den Inquisitor und seinen Stab herantreten und verdächtige Mitbürger melden konnten. Dabei kam erschwerend hinzu, dass diejenigen, die ihnen bekannte Ketzer nicht denunzierten, automatisch der Exkommunikation verfielen und sich gar der Unterstützung von Ketzern schuldig machten.

Bevor das eigentliche Inquisitionsverfahren als „Gerichtsverfahren“ eröffnet wurde, gingen der Inquisitor und seine Helfer daran, belastendes Material zu sammeln. Während dieser Zeit konnten sich die Ketzer noch selbst stellen. Zugleich wurden aber auch Denunzianten gehört, deren Aussagen aufgenommen und so im Laufe der Zeit eine Liste derjenigen Leute zusammengetragen, die von anderen der Ketzerei beschuldigt worden waren, sich aber nicht von allein gestellt hatten. Am Ende der Zeit der Gnade wurden die verdächtigen Leute vor das eigentliche Inquisitionstribunal geladen. Mit der „Inquisitio specialis“ begann der wirkliche Prozess. Alle Teilnehmer mussten schwören, die Wahrheit zu sagen, auch der Beschuldigte – ansonsten wurde er gleich als hartnäckiger Ketzer behandelt und verurteilt. Als Zeugen waren alle zugelassen, die diesen Eid schworen. Dabei konnten im Ketzerprozess sogar Personen aussagen, denen ansonsten bei anderen Verfahren gar nicht das Wort erteilt worden wäre, etwa Exkommunizierte und für damalige Zeiten höchst ungewöhnlich auch Frauen. Bestand etwa bei einem Verdächtigen oder Beschuldigten Fluchtgefahr, wurde er an einem geeigneten Ort (städtischer oder klösterlicher Kerker) in Haft genommen. Der Beschuldigte selbst besaß kaum Verteidigungsmittel. So war die rechtsanwaltliche Verteidigung des „Ketzers“ – zumindest in der frühen Zeit der Inquisition – nicht zugelassen.

Inquisitionsgericht unter dem Vorsitz des Heiligen Dominikus (Gemälde von Pedro Berruguete, 1475)

Um den Inquisitoren das Vorgehen zu erleichtern und auch eine gewisse Systematik beim Ablauf zu erreichen, wurden zahlreiche kirchliche Bestimmungen erlassen. Diese wurden bald zusammen mit den Mustervorlagen, praktischen Hinweisen und Tipps zur Überführung bestimmter Ketzergruppen von Privatleuten in den Inquisitorenhandbüchern gesammelt. Das Hauptziel des Verfahrens war das Geständnis. Es war zwar nicht zwingend erforderlich, galt aber als „regina probationum“, als Königin der Beweise, wie zeitgenössische Juristen immer wieder hervorhoben. Meist genügte erfahrenen Inquisitoren hierzu Überzeugungskraft. Ansonsten konnten auch Kerkerhaft und Essensentzug zum gewünschten Ergebnis führen. Ab 1254 war die Folter zugelassen, um ein Geständnis zu erreichen.

Während sich die eigentliche Untersuchung eines Beschuldigten hinter verschlossenen Türen abspielte, wurde das Urteil wieder öffentlich verkündet und die jeweilige Buße oder Strafe auch publikumswirksam zelebriert. Erwies sich der Angeklagte als unschuldig, wurde er vom Verdacht freigesprochen und erhielt die Absolution. In weniger schweren Fällen von Häresie, etwa Zuhören bei häretischen Kulthandlungen, musste der Beschuldigte öffentlich dem Irrglauben abschwören und erhielt eine kirchliche Buße auferlegt: Tragen von gelben Bußkreuzen oder Pilgerfahrten. Handelte es sich um schwerere Fälle von Häresie, hatte der Beschuldigte also selbst häretische Kulthandlungen vollzogen und der Ketzer war nur aus Furcht vor der Todesstrafe bereit, seinem Irrglauben abzuschwören, drohte meist ewige Kerkerhaft. Hartnäckige oder rückfällige Ketzer wurden aus der Kirche ausgestoßen und dem weltlichen Arm übergeben, der sie der „animadversio debita" – der angemessenen Strafe – zuzuführen hatte. Die hieß in der Regel Tod durch Verbrennen.

Berühmte Ketzer des Mittelalters

Viele tausende Menschen fielen den grausamen Methoden übereifriger und fanatischer Inquisitoren zum Opfer. Einige von ihnen hatten es schon zu Lebzeiten zu Berühmtheit gebracht.

John Wyclif und die Lollarden

John Wyclif (1330–1384) stammte aus einer kleinadligen Familie, brachte es bis zum Doktor der Theologie und unterrichtete an der Universität von Oxford. Das Misstrauen der Kurie zog er sich zu, weil er den Einzug des kirchlichen Besitzes forderte und die katholische Kirchenhierarchie öffentlich anprangerte. Anfangs konnte er seine Ansichten noch frei vertreten, da eine Reihe mächtiger weltlicher Herren hinter ihm standen, vor allem die antiklerikalen Kreise um John of Gaunt, der großen Einfluss am englischen Königshof besaß.

Als Wyclif jedoch dazu überging, seine Überzeugungen zu predigen, „poor priests" – arme Priester – aussandte, um seine Gedanken ins Volk zu tragen und die Transubstantationslehre angriff (der gesegnete Wein verwandelt sich in das Blut Christi), verlor er seinen Rückhalt. Schließlich wurde der Druck aus Rom zu groß: Eine Versammlung Oxforder Gelehrter verurteilte 1381 sein Tun und eine Kirchenversammlung verurteilte im gleichen Jahre 24 von Wyclifs Lehrsätzen als häretisch. Wyclif musste versprechen, nicht mehr selbst zu predigen und zog sich ins Privatleben zurück, arbeitete aber bis zu seinem Tod 1384 weiter. Das Konzil von Konstanz verhängte eine posthume Verurteilung: 1428 wurden Wyclifs Überreste ausgegraben und verbrannt.

Wyclifs Ideen lebten jedoch unter seinen Anhängern weiter. Diese so genannten „Lollarden" verbreiteten seine Lehren. Die Lollarden, auch Wiklifiten, waren eine politische und religiöse Bewegung in England. Ihre Hauptforderung war eine Reform der katholischen Kirche. Sie wurden zu Beginn des 15. Jahrhunderts zum Ziel königlicher Repressionen und viele landeten auf dem Scheiterhaufen. Nach einem erfolglosen Aufstand 1414 zogen sie sich in den Untergrund zurück.

Die „De ecclesia" des Jan Hus

Jan Hus (1370–1415) ist eine der bedeutendsten Figuren der tschechischen Geschichte. Er wurde 1402 Rektor der Prager Karls-Universität und übte ähnlich wie Wyclif, von dem er viele Gedanken übernahm, Kritik an den kirchlichen Missständen. Er forderte die Kirche auf, zum Idealbild einer in apostolischer Armut lebenden Urkirche zurückzukehren und sich ihren eigentlichen Aufgaben, der Predigt und Verkündigung der Heiligen Schrift, zu widmen.

Während Hus sich zunächst noch im Wesentlichen auf Reformforderungen beschränkte, wurden seine Angriffe gegen Papst und Kircheninstitutionen in der Folgezeit immer radikaler, um dann in seiner 1413 erschienenden Schrift „De ecclesia" (Von der Kirche) darin zu gipfeln, dass er der Kirchentradition jede Autorität, die nicht ausdrücklich durch die Heilige Schrift belegt war, absprach. Als Folge wurde er schließlich 1411 vom Papst exkommuniziert. Da seine Anhängerschaft inzwischen jedoch beachtlich angewachsen war, benötigte es die Androhung eines Kreuzzuges durch Papst und Kaiser, dass sich Jan Hus bereit erklärte, vor dem Konzil in Konstanz (1414–1418) auszusagen. Trotz der Zusicherung freien Geleits zum und vom Konzil wurde Hus auf dem Konzil verhaftet und gegen ihn ein Inquisitionsverfahren eröffnet. Da man seine Argumente – Hus berief sich vor allem auf die alleinige Autorität der Bibel – nicht gelten ließ und er zudem durch Zeugen belastet wurde, erklärte man ihn zum verstockten Ketzer. Es folgte die Verurteilung und Hinrichtung auf dem Scheiterhaufen am Rheinufer in Konstanz (1415). Mit ihm wurden auch seine Bücher verbrannt. Die Asche wurde in den Rhein geworfen. Vor seiner Verbrennung soll Hus gesagt haben: „Heute bratet ihr eine Gans (Hus heißt auf Deutsch Gans) – aber aus der Asche wird ein Schwan entstehen."

Der Tod von Hus führte zum Aufstand in Böhmen. Die deutschen Magistrate der Stadt wurden vertrieben. Der deutsche Kaiser Sigismund stellte daraufhin auf päpstliches Geheiß ein Kreuzheer auf, um die Häretiker in Böhmen zur Raison zu bringen. Unter der Führung ihres Feldherrn Jan Zizka konnten die hussitischen Bauernheere – angetrieben von religiösem Eifer – den katholischen Kreuzrittern erfolgreich Widerstand leisten, und 1436 mussten Kaiser und Papst auf dem Konzil von Basel einem Kompromiss zustimmen, der den Böhmen freie Ausübung ihrer Religion zusagte. Einer der wichtigsten Anhänger von Hus war Hieronymus von Prag (1360–1416). Hieronymus setzte sich auf dem Konstanzer Konzil öffentlich für Hus ein und wurde am 30.Mai 1416 in Konstanz verbrannt.

GIROLAMO SAVONAROLA: OBERHAUPT VON FLORENZ

Girolamo Savonarola (1452–1498) trat 1475 dem Dominikanerorden in Bologna bei. Der redegewandte Bußprediger prangerte in spektakulären Predigten den Sittenverfall der Herrschenden und die Verderbtheit der päpstlichen Kirche an. 1489 wurde er nach Florenz gesandt, lehrte ein Leben in Glauben, Liebe und Sitten-

Jan Hus (Fantasieporträt eines unbekannten Meisters)

strenge, forderte die politische Freiheit aller Völker als göttliches Recht und hatte großen Zulauf aus dem Volk, da er den Unmut der Armen und Unterdrückten formulierte. Nach der Vertreibung der Medici 1494 erhielt Florenz das Recht, seine Staatsform selbst zu wählen. Savonarola wurde vom Volk zum Oberhaupt gewählt, er errichtete er in Florenz einen theokratischen und republikanischen Staat als ein „neues Rom".

Als Papst Alexander VI., ein Borgia, Savonarola durch Verleihung der Kardinalswürde nicht zum Schweigen bringen konnte, verhängte er 1497 den Bann über ihn. Als sich ein Mönch 1498 erbot, zum Beweis für die Wahrheit von Savonarolas Lehren eine Feuerprobe zu bestehen, strömte eine unermessliche Menschenmenge in Erwartung eines Wunders zusammen. Doch als sich herausstellte, dass der Mönch eine Hostie mit ins Feuer nehmen wollte, was als Betrug galt, geriet Savonarola ins Zwielicht. Die Bevölkerung, aufgestachelt von Franziskanern, wandte sich gegen ihn. Wenig später wurde er von politischen Gegnern gefangen genommen, schwer gefoltert, zum Tod verurteilt und als Ketzer zusammen mit zwei Freunden erhängt, sein Leichnam wurde verbrannt.

Die heilige Johanna von Orléans

Um die Figur Johannas (1412–1431), der Jungfrau von Orléans, ranken sich zahllose Geschichten und Mythen, war sie doch eine Gestalt, die bis heute die Gemüter bewegt. Jeanne, Tochter des

Heute wird Jeanne d`Arc als Nationalheldin Frankreichs gefeiert

wohlhabenden Bauern und Bürgermeisters Jacques Tarc und dessen Frau Isabelle Romée, hörte im Alter von 13 Jahren im Garten ihres Elternhauses Stimmen, die sie beauftragten, ein gutes Leben zu führen und dazu Gott zu gehorchen.

Anfang des 15. Jahrhunderts, im hundertjährigen Krieg, gelang es den englischen Herrschern, umfangreiche Teile Frankreichs zu besetzen. Die Lage erschien aussichtslos. Orléans war eingekesselt, als plötzlich – wie ein Geschenk des Himmels – eine junge Frau von sich reden machte, die sich für berufen hielt, dem französischen König zu Hilfe zu eilen. Durch Vermittlung eines Verwandten wurde Jeanne von Robert de Baudricourt in Vaucouleurs empfangen, der ihr eine kleine Begleitmannschaft gab, mit der sie in Männerkleidung mitten durch Feindesland ritt, den Dauphin in der Stadt Chinon erreichte und ihm – im Namen des Himmels – die Rettung Frankreichs und seine Krönung in Reims zusagte. Jeanne überzeugte ihn durch ein geheimnisvolles „Zeichen“; drei Wochen lang ließ Karl VII. durch Kirchenmänner ihre Glaubwürdigkeit prüfen„ schließlich gab er ihr – wohl mehr aus Verzweiflung und Alternativlosigkeit denn aus Überzeugung – eine kleine militärische Einheit und den Auftrag, einen Proviantzug nach Orléans durchzubringen. Mit ihr an der Spitze schöpften die demoralisierten französischen

Truppen wieder Hoffnung und Mut: Es gelang ihnen, die englischen Heere erstmals wieder zurückzudrängen.

Dies war die Wende im Krieg. Beflügelt von dem plötzlich erwachten Enthusiasmus eines Teils seines Adels zog der Dauphin nach Reims und konnte am 17. Juli 1429 wie verheißen in der Kathedrale als Karl VII. gekrönt werden.

Jetzt brauchte Karl die Unterstützung von Jeanne nicht mehr. Sie setzte allein und recht erfolglos ihren Kampf gegen die Engländer fort. 1430 wurde sie von den englischen Verbündeten – den Burgundern – unter mysteriösen Umständen gefangen genommen und an die Engländer gegen eine Summe von 10.000 Franken übergeben. Die Engländer empfanden die „Berufene“ als bedrohliche Gefahr. Um den Mythos der jungfräulichen und von „Gott geleiteten“ Heldin zu zerstören, klagte man sie der Häresie an. Die übersinnlichen Stimmen, die ihr den Auftrag zur Befreiung Frankreich gegeben hatten, erklärte man für die des Teufels, ihre Vorhersehungen für böswillige Hexerei. Der Prozess selbst wurde durch den Druck, den die Engländer auf das kirchliche Gericht ausübten, zu einer Farce, der Ausgang stand von vornherein fest. 1431 endete Johanna als „verstockte Ketzerin“ auf dem Scheiterhaufen in Rouen. 1920 wurde sie nachträglich durch Papst Bonifaz XV. heilig gesprochen. Seit dem 19. Jahrhundert ist sie die französische Nationalheldin. Das alljährliche Fest zu ihrem Gedenken findet am 30. Mai, dem Tag ihrer Verbrennung statt.

Mother Shipton – Mythos oder Wahrheit?

Ihre Vorhersagen der Zukunft sind Legende. Ob sie wirklich gelebt hat, lässt sich bis heute nicht wirklich feststellen. Unter dem Namen Ursula Southeil soll die Hexe 1488 in einer Höhle in Knaresborough (Yorkshire, England) auf die Welt gekommen sein. Die Höhle am Ufer des Nidd ist heute ein von Touristen gern besuchter Ort. Man darf in der Höhle die Hand in ein kleines Sinterbecken mit Wasser halten und sich etwas wünschen. Ihre Mutter, welche die Macht besessen haben soll, Stürme heraufzubeschwören, Krankheiten zu heilen, die Zukunft vorherzusagen und sie auf magische Weise zu beeinflussen, starb bei der Geburt.

Ursula, die von einer Frau im Dorf aufgezogen wurde, hatte angeblich die Kräfte ihrer Mutter geerbt, denn um sie herum geschah Seltsames: Möbel bewegten sich wie von Geisterhand, Essen verschwand von den Tellern. Ursula litt an verschiedenen Missbildungen und schon als Kind war sie wegen der Kräfte, die man ihr zuschrieb, gefürchtet. Es waren viele Geschichten über seltsame Begebenheiten im Umlauf, die sich in ihrer unmittelbaren Nähe ereignet haben sollten, und bei denen Häuser von unsichtbarer Hand geplündert wurden und in regelmäßigen Abständen ein mysteriöser schwarzer Hund in ihrer Nähe erschienen sei. Jeder, der sie wegen ihrer Missbildungen verhöhnte, wurde mit einem Unglück oder einer Demütigung bestraft, was angeblich alles auf Ursulas Befehl geschah.

Die „Tochter des Teufels", wie Ursula genannt wurde, lieferte mit Buckel, ausgeprägtem Kinn und Höckernase das typische Bild der Hänsel-und-Gretel-Hexe. Sie wurde vor Gericht gebracht, weil sie eine Gruppe neugieriger Nachbarn verhext haben sollte. Die Nachbarn, die gerade festlich zusammen saßen, konnten einfach nicht mehr aufhören zu lachen. Sie liefen aus dem Haus und Kobolde verfolgten sie. Mother Shipton blieb von der Anklage unbeeindruckt und drohte dem Gericht, wenn sie verurteilt werde, werde sie noch schlimmere Dinge anstellen. Sprach`s und verschwand auf einem geflügelten Drachen.

Mother Shipton ist die wohl bekannteste englische Wahrsagerin. Sie gehört zu den berühmtesten Gestalten des englischen Hexenwesens. Bevor sie 1512 den Zimmermann Toby Shipton heiratete, mit Hilfe eines Liebestranks, wie böse Zeitgenossen meinten, hatte Ursula Southeil ihren Ruf als Wahrsagerin durch zahlreiche Voraussagen, die sie in Form von Rätseln und Reimen gab, schon gefestigt. Von weither kamen Menschen, um sie zu hören und sie über die Zukunft zu befragen. Man glaubte, dass sie jeden bestrafe, der mit unlauteren Absichten zu ihr käme. Als ein junger Erbe sie einmal fragte, wann sein Vater denn endlich sterben werde, verweigerte sie ihm die Antwort. Der junge Mann starb kurz darauf selbst und wurde in dem Grab beigesetzt, das er seinem Vater zugedacht hatte. Mother Shipton besaß einen seltsamen Humor, der sich in ihren Voraussagen wie der berühmt gewordenen Prophezeiung über den Kirchturm von York zeigte. Sie prophezeite einer Dame aus York, sie werde zu Pferde über den Kirchturm der Trinity Church reiten. Das Ereignis traf insofern ein, als ein Sturm den Turm zum Einsturz brachte. Die Steine aber wurden dazu benutzt, eine durch den stürzenden Turm beschädigte Brücke auszubessern.

In den Prophezeiungen, die sie hinterließ und die 1641 veröffentlicht wurden, warnte sie vor der großen Pestepidemie und dem großen Brand von London. Sie sah die Erfindung des Dampfers, die Errichtung des Kristallpalastes bei der Weltausstellung und den Ersten Weltkrieg, das Automobil und die moderne Nachrichtentechnik voraus.

„Die Wagen werden ohne Pferde laufen, die Unfälle aber den Menschen Tränen in die Augen treiben. Die Gedanken werden um die Erde fliegen, in weniger als einem Augenblick. Die Welt wird auf den Kopf gestellt, am Fuß eines Baumes findet sich Gold. Der Mensch wird durch Berge reiten und kein Pferd an seiner Seite haben. Unter Wasser werden die Menschen gehen, schlafen und reden. Auch in der Luft lassen sich Männer sehen, in weißen, schwarzen und grünen Gewändern. Eisen wird auf dem Wasser schaukeln wie ein hölzernes Boot. In einem Land, das jetzt noch niemand kennt, wird viel Gold gefunden. Feuer und Wasser werden Wunder wirken. England wird mindestens einen Feind haben. Und im Jahre 1991 wird die Welt an ihr Ende gelangen."

Mother Shipton blieb vor einer Verfolgung als Hexe sicher – wenn auch nur deshalb, weil sie in einer Zeit lebte, als der Hexenwahn in England noch nicht wirklich Fuß gefasst hatte. Sie starb, wie sie selbst vorausgesagt hatte, im Alter von 70 Jahren. Als ihr Todestag am 20. April im Jahre 1561 anbrach, sagte sie ihren

Freunden in der Frühe Lebewohl, kehrte dann in ihre Kellerwohnung zurück, legte sich dort auf ihrem Bett nieder und starb. Dieser Wohnkeller und ihr Grabstein sind noch heute zu besichtigen. Die Grabinschrift der weisen Frau von Knaresborough lautet: „Hier ruht sie, die niemals log, deren Rat so oft gefragt war. Ihre Prophezeiungen werden dauern und ihren Namen lebendig halten." Mother Shipton wurde außerhalb von York in ungeweihter Erde begraben.

AUS DER LETZTEN PROPHEZEIUNG:
„1926. Leichte Häuser gebaut aus Stroh und Stöcken. Dann werden mächtige Kriege geplant, Feuer und Schwert das Land ausfegen. Wenn Bilder zu leben scheinen in freier Bewegung, wenn Boote wie Fische schwimmen unter der See, wenn Menschen wie Vögel den Himmel durchjagen, dann wird die halbe Welt, tief in Blut getränkt, sterben. Die, die das Jahrhundert durchleben, werden das in Furcht und Zittern tun. Flieh in die Berge und in Nebel, in Sumpf und Wald und wildes Moor. Stürme toben und Ozeane brüllen, wenn Gabriel an See und Küste steht. Und als er in sein Horn bläst, sterben alte Welten, neue werden geboren. Ein feuriger Drachen wird den Himmel kreuzen. Sechsmal bevor diese Erde sterben wird. Die Menschheit wird zittern und sich fürchten, wegen des sechsten Boten dieser Vorherschau. Menschen fliehen die Fluten vor Entsetzen. Und töten und schänden und liegen in Blut. Und Blutvergießen durch Menschenhand wird viele Länder Beflecken. Und als der Drachenschweif vorbei ist, vergisst der Mensch und lacht und macht weiter wie bisher — zu spät, zu spät, weil die Menschheit sich ihr Verderben verdient hat.

Zauberer und weise Frauen werden zu Hexen

Der Glaube an Wesen, die wir heute als Hexen bezeichnen und die mit ihrem Zauber Gutes, aber auch Schaden anrichten können, zieht sich weltübergreifend durch alle Kulturkreise und Zeiten hindurch. Schon in den antiken Hochkulturen Ägyptens, Babyloniens aber auch Assyriens waren die Menschen von der Existenz so genannter Zwischenwesen – Dämonen – überzeugt. Das war auch im Mittelalter nicht anders. Abergläubische Praktiken und magische Handlungen waren Bestandteil des Alltags – zumindest im einfachen Volk. Waren der kirchlichen Inquisition zunächst vor allem die religiösen Häretiker ein Dorn im Auge, so rückten im Verlauf des 13. Jahrhunderts auch noch Zauberer und weise Frauen in den Brennpunkt der christlichen Verfolgungsstrategie. Magische Handlungen gerieten in den Verdacht, Böses zu bewirken und galten fortan als ketzerisch.

Ausbrüche von Hass gegen vermeintliche Hexen, die Verbrennung missliebiger Frauen, die Angst vor bösem Zauber, ausgelöst durch unerklärliche Krankheitsfälle oder Missernten, bestimmten fortan bis ins 18. Jahrhundert – wenn auch regional unterschiedlich – den Inquisitionsalltag. Der Teufel bzw. Satan und mit ihm seine Helferinnen, die Hexen, hatte die Bühne betreten. Das veränderte alles. Ein Menschenalter nach der großen Pest in Europa, angesichts einer entzweiten Kirche und einer wachsenden Verelendung der Massen, wuchsen Angst und Sehnsucht. Kirchliche Würdenträger meinten zu erkennen, dass der Satan, der Fürst der Hölle und Gebieter der Dämonen, von Tag zu Tag mehr an Macht gewann. Ihm zur Seite standen Hexen, Frauen und Männer, denen man ungewöhnliche Fähigkeiten zuschrieb: Sie konnten sich in Tiere verwandeln, auf Besen reiten, sich selbst zum Schaden anderer bereichern. Sie wurden als allmächtig angesehen und riefen bei den Menschen Furcht hervor. Aus diesem Grund wurden sie zum Sündenbock für all das erkoren, was in der menschlichen Gesellschaft Probleme bereitete. Das grässlichste Verbrechen der Hexe war die Gotteslästerung, wodurch sie, die sich mit dem Teufel verbündet und Gott abschworen hatte, zur Häretikerin wurde.

Magie und Zauber in der Frühzeit

Alle ursprünglichen Stämme verfügten über Menschen, die durch Anlage oder Ausbildung in Beziehung zu den Kräften der Natur standen. Sie wussten um Heilmittel und Gifte und kannten die Sagen der Ahnen, die voller Erfahrungen waren. In den klassischen Mythen der großen Kulturvölker hören wir verhältnismäßig wenig über die Menschen, die Quellen der volkstümlichen Weisheit waren. Doch das Dasein unzähliger Hexen und Medizinmänner wird als Hintergrund vorausgesetzt, da sie es sind, welche die Wege zu den Geheimnissen der Schöpfung kennen. Zu ihnen geht der strahlende Held, wenn er für einen Kampf eine Zauberwaffe braucht, von ihnen erhält er den entscheidenden Rat darüber, wie er sich verhalten soll. Sie sind es auch, die den verwundeten Helden mit all ihrem Wissen wieder gesund machen.

Ob magische Rituale, Zaubersprüche, schwarze oder weiße Magie, das Geheimnisvolle und Unerklärliche faszinierte die Menschen schon immer. Die Wurzeln für den Glauben an allmächtige Frauen und Männer und deren magische Handlungen reichen tief in die Geschichte der Menschheit zurück. Der Mensch der Frühzeit war davon überzeugt, dass die ganze Welt und mit ihr alle Tiere, Pflanzen und nicht lebendigen Dinge beseelt seien. Er begann diese ihn umgebenden und die Natur steuernden Kräfte zu personifizieren und in Form von Göttern zu verehren. Das Wirken der einzelnen Götter war sowohl positiv als auch negativ, Apollo etwa war der Verursacher von Seuchen, aber auch ein wichtiger Heilgott. Die Götter versuchte der Mensch durch festgelegte Praktiken zu beeinflussen: die Geburtsstunde der Zauberei und Magie.

VON DEN NYMPHEN ZU DEN GÖTTERN DES OLYMP

In der Antike findet man viele Belege für den Glauben an Zauberei und Hexenkunst. Wurden in Hellas anfangs nur Naturgottheiten wie Nymphen, Satyrn, Furien, Sibyllen oder Musen angebetet, entwickelte sich später das Pantheon der olympischen Götter mit Zeus und Hera an der Spitze. Magische Rituale spielten eine bedeutende Rolle im Leben der Menschen. Nur über die Orakel trat man mit den Göttern in Verbindung. Das bekannteste war wohl das Orakel von Delphi: Dorthin zogen die Menschen, wenn sie von der Pythia, der Priesterin des Apollo, Aussagen über ihre Zukunft erhalten wollten.

Zu Berühmtheit gelangten die drei griechischen „Göttinnenhexen“ Circe, Medea und Hekate. Diese magischen Frauen waren Herrscherinnen über Nacht und Dunkelheit und allmächtig: Sie konnten mit ihrem Gesang den Mond vom Himmel holen,

Die „Hexengöttin“ Circe (Gemälde von Edward Burne-Jones)

Wachsfiguren Leben einhauchen, die Geister der Toten rufen und starke Liebestränke brauen. Die griechische Göttin Hekate wurde als unheimliches Wesen eingestuft, dem zu magischen Zwecken Hunde geopfert wurden. Sie galt damit als Schutzpatronin von Zauberinnen wie Medea und erschien bei Nacht als Furcht erregende Göttin, von ihren Höllenhunden begleitet. Sie war das Urbild der Hexe schlechthin, später wurde sie als Göttin der Hexen angebetet. Vom einfachen Volk wurde sie sehr verehrt und ihr wurden Opfergaben an Kreuzwegen, Friedhöfen und Hauseingängen dargebracht. Am letzten Tag des Monats – der im athenischen Kalender auf den Neumond fiel – wurden Bannrituale durchgeführt und Hekate und den Verstorbenen wurden Opfergaben an den Kreuzwegen dargebracht. Zu Vollmond wurden der Göttin zu Ehren heilige Mahle durchgeführt, von den Resten dieser Mahle durften arme Menschen und Obdachlose essen. In Shakespeares „Macbeth“ steuern die Hexen, welche die griechische Mondgöttin Hekate anbeten, das Schicksal von Königen und Königreichen. Sie besitzen die Fähigkeit, Lebenskräfte zu wecken und zu steuern.

GUTER ZAUBER, SCHLECHTER ZAUBER

Die Kunst des Weissagens spielte auch im antiken Rom eine gewichtige Rolle. Zuständig waren hier die so genannten Auguren, die als Deuter göttlicher Zeichen auftraten. Dabei ging es nicht um die Voraussage von zukünftigen Ereignissen, sondern um die Zustimmung der Götter zu einer beabsichtigten Handlung. Im Falle fehlender Akzeptanz sollte man besser auf die Tat verzichten, denn ansonsten würde sie misslingen. Die wichtigen Handlungen des Staates durften nur mit Zustimmung der Götter vollzogen werden. Der zuständige Magistrat beauftragte dabei die Auguren mit der Befragung der Götter nach ihren Wünschen. Er brauchte sich bei seiner Entscheidung zwar nicht an den Rat der Priester halten, doch konnte es im Ernstfall zur Anfechtung seiner Handlung kommen. Um dem vorzubeugen, war etwa bei Wahlen immer ein Augur zur Stelle, der öffentlich die religiösen Zeichen bestätigte.

Aber auch an Zauberei und ihre möglicherweise verheerenden Wirkungen glaubte man in Rom. Schwarze Magie, also Schadenszauber, wurde mit Sanktionen belegt, bereits im Zwölftafelgesetz aus der frühen Republikzeit: „Es soll keiner nicht in seinem Besitz befindlichen Feldertrag heraussingen." Heraussingen bedeutet, mit Hilfe von Zaubersprüchen entwenden und sich aneignen. Plinius der Ältere (23–79) überliefert so einen Fall: C. Furius Cresimus zog Neid auf sich, da er von seinem kleinen Acker mehr erntete als die Nachbarn von ihrem Großgrundbesitz. Der Vorwurf lautete, er habe sich fremdes Gut mit Hilfe zauberischer Praktiken angeeignet. Die Sache kam vor Gericht. Die Kläger beriefen sich auf das Zwölftafelgesetz. Zu seiner Verteidigung brachte Cresimus seine Ackergeräte auf das Forum, alles in gutem Zustand, dazu seine Sklaven, gut gekleidet und wie die mitgeführten Ochsen, gut genährt als Beweis: „Das sind meine Zaubermittel, Mitbürger, denn meine durchwachten Nächte, die Arbeit bereits am frühen Morgen und meinen Schweiß kann ich ja nicht vorzeigen und auf das Forum bringen." Und so wurde er freigesprochen.

Die Römer kannten bereits die böse Hexe, die „strix" in Form einer Schleiereule, die in der Lage war, das Blut der Menschen zu trinken. Sie legte Eier, konnte aber ihre Jungen säugen. Die böse Hexe gab manchmal ihre vergiftete Milch den Menschenkindern zu trinken und wenn sie ein schutzloses Baby fand, zerriss sie es und fraß seine Innereien. Im „Goldenen Esel" des Apuleius, das magische Praktiken beschreibt, verwandelt sich Lucius in einen Esel, weil er versuchte, eine Hexe nachzuahmen. Er beschreibt, wie er sie durchs Schlüsselloch beobachtete und sah, wie sie sich in eine Eule verwandelte: „Zuerst zog Pamphilia sich ganz aus. Dann öffnete sie einen kleinen Schrank und entnahm ihm verschiedene Gefäße. Eines davon öffnete sie. Es enthielt eine Salbe, mit der sie sich sogleich von oben bis unten einrieb. Mit zarten Fingern ölte sie sich von den Sohlen bis zum Scheitel ganz ein. Dann sprach sie einen langen Zauberspruch zu ihrer Lampe hin und schüttelte sich: Während ich noch zusah, wuchsen ihr Federn auf den Glied-

Saul und die Hexe von Endor (Jacob Cornelisz van Oostanen, 1526)

maßen, ihre Arme wandelten sich zu kräftigen Schwingen, ihre Nase wurde krumm und hornig, ihre Nägel sahen mit einem Mal aus wie lange Klauen.

Bald konnte kein Zweifel mehr bestehen: Pamphilia hatte sich in eine Eule verwandelt. Sie stieß einen heiseren Schrei aus, hüpfte ein paar Mal auf und ab. Sobald sie sich ihrer Flügel sicher war, erhob sie sich in die Lüfte, hoch über alle Dächer."

So genannte Schadenszauberer wurden seit dem dritten Jahrhundert lebendig verbrannt, während wohltätige Zauberei und Wahrsagerei ungestraft blieb. Erst mit dem Erstarken der christlichen Religion im vierten Jahrhundert wurde auf jede Art der Zauberei die Todesstrafe verhängt. Erstaunlich dabei war, dass die frühen Christen an die Wirksamkeit der Zauberei gar nicht glaubten, den bloßen Versuch jedoch schon als teuflisch ansahen. Nach einer kaiserlichen Verordnung aus der Zeit Konstantins des Großen waren Schadenzauber sowie Erweckung sexueller Begierden mit Hilfe von Zauberei ebenfalls mit der Todesstrafe zu ahnden, während die Anwendung magischer Heilmittel als durchaus nützlich angesehen wurde.

Kaiser Constantius führte dann 357 generell die Exekution durch das Schwert für alle zauberischen Praktiken und für Wahrsagerei ein. In den Quellen werden Zauberer und Wahrsager meist allgemein als Malefici (male facere = Böses tun) bezeichnet.

Der große Kirchengelehrte Augustinus setzte sich in seinen Schriften als Erster ausführlich mit Magie und Zauberei auseinander. Seiner Ansicht nach waren magische Handlungen zwar prinzipiell wirkungslos, setzten aber einen stillschweigenden Pakt mit dem Teufel voraus. Eine Anleitung zur Bestrafung von Zauberern gab er jedoch nicht.

DIE HEXE VON ENDOR

Für die spätere christliche Diskussion war die Bibel ausschlaggebend. Hinsichtlich Totenbeschwörung und Magie bietet dabei die Begebenheit um Saul und die „Hexe von Endor" einen Anhaltspunkt: König Saul ist in Bedrängnis, weil ihm das Heer der Philister zusetzt und ihm Gott die Hilfe versagt. Sauls großer Ratgeber, der Prophet Samuel, ist gerade verstorben. So sucht er nach einer Möglichkeit, mit dem Toten in Verbindung zu treten, obwohl er selbst Geisterbeschwörung und Zeichendeuten verboten hatte. „Als Saul das Heer der Philister sah, fürchtete er sich. Und er befragte den Herrn, aber der Herr antwortete ihm nicht, weder durch Träume, noch durch das Los ... Da sprach Saul zu seinen Getreuen: Sucht mir ein Weib, das Tote beschwören kann, dass ich zu ihr gehe und diese befrage. Seine Männer sprachen zu ihm: Siehe, in Endor ist ein Weib, das kann Tote beschwören." Die Frau weigert sich zunächst, weil sie die Bestrafung fürchtet, lässt aber schließlich Samuel aus der Unterwelt aufsteigen. Dieser prophezeit Saul, er werde gegen die Philister die Schlacht und das Leben verlieren. Das ausgesprochene Verbot der Geisterbeschwörung hat seine Grundlage im 3. Buch Moses, wo es heißt: „Wenn ein Mann oder

HEXEN IN DER MYTHOLOGIE

Banshee, die Todesbotin, taucht in der keltischen Mythologie als schöne Frau mit schwarzen Haaren auf. Sie hat ein totenbleiches Gesicht mit dünnen Zügen und vom stetigen Weinen roten Augen. Banshee sucht Menschen aus, die ein schlechtes Gewissen haben. Vor ihnen erscheint sie in einem grünen Kleid mit grauem Umhang und beginnt zu schreien. Banshees Geschrei ruft bei Menschen unerträgliche seelische Leiden hervor, durch die sie auf der Stelle sterben. Auch germanische Volksagen berichten von einem weiblichen Wesen ohne Alter und ohne Gesicht: Drud, auch bekannt als Alp oder Nachtmahr. Drud schleicht sich nachts in die Schlafzimmer und haucht einem Schlafenden die Albträume ein. Dabei raubt sie dem Opfer den Lebensatem. Unsere Vorfahren entwickelten mehrere Rituale, um ruhig schlafen zu können – ohne Sorge, von der Drud umgebracht zu werden. So wurde etwa ein Messer mit nach oben gerichteter Klinke unter das Kissen gelegt. Das bekannteste Gegenmittel war allerdings der so genannte „Drudenfuß": ein mit Kreide um das Bett gezeichnetes Pentagramm, das die Hexe nicht überschreiten konnte. Die russische Hexe ist nicht ganz so gefährlich, wie sie aussieht. Baba Jaga wird als hässliches altes Weib beschrieben. Sie führt ein zurückgezogenes Leben im Waldesdickicht und unternimmt nur sehr selten Angst erregende Ausflüge in einem Mörser mit einem Besen in der Hand. Den Besen benutzt sie zum Verwischen der Spuren, damit niemand weiß, woher sie kommt und wohin sie fliegt. Baba Jaga wohnt in einem sehr merkwürdig konstruierten Haus. Es steht auf Hühnerbeinen und kann sich auf Befehl der Hexe in verschiedene Richtungen drehen. Wenn ein Wanderer im Wald zufällig das Haus der Hexe entdeckt, dann kann sie es entweder mit der Tür zum Wanderer drehen lassen, oder sie dreht es von ihm weg. Da Baba Jaga sehr launisch ist, bleibt unvorhersagbar, was den Wanderer erwartet. Im besten Fall kann er herzlich zum Abendbrot eingeladen werden, im schlimmsten Fall kann er auch selbst zum Abendbrot der Hexe werden.

eine Frau Geister beschwören oder Zeichen deuten kann, so sollen sie des Todes sterben; man soll sie steinigen; ihre Blutschuld komme über sie!“ Für die Geschichte der Hexenverfolgungen war aber die berühmte Stelle im 2. Buch Moses bedeutsamer: „Die Zauberinnen sollst du nicht leben lassen.“ Der Begriff im Originaltext, Meschaschepha, meint eindeutig Frauen. In der für die katholischen Kirche maßgeblichen lateinischen Übersetzung aus der Spätantike, der „Vulgata“, steht dagegen: „Die Zauberer sollst du nicht leben lassen.“ Im neuen Testament werden Frauen nicht mit Magie in Verbindung gebracht. Dem neu geborenen Jesus huldigen männliche Magier, die weisen Sterndeuter aus dem Osten, die später zu den heiligen Drei Königen umgedeutet wurden.

Von Hexen, die Männer verspeisen ...

Die Völkerwanderung beendete das Römische Imperium. Auf dem Boden des weströmischen Reiches entstanden germanische Königtümer. Die neuen Herren übernahmen das Christentum und mit ihm Latein als Sprache der Kirche und der Gelehrten. Das bisher mündlich überlieferte Recht wurde in den so genannten Volksrechten schriftlich fixiert. Die älteste, die Lex Salica des fränkischen Königs Chlodwig, stellte unter Strafe „wenn eine Hexe einen Mann isst und es ihr nachgewiesen werden kann“. Schon bei den Römern gab es den Volksaberglauben, Frauen könnten sich in Tiere, vor allem in Katzen verwandeln und würden in dieser Gestalt Menschen anfallen und ihnen das Blut aussaugen. Alle germanischen Völker glaubten an die besonderen Wahrsagekräfte von Frauen. Der Glauben an menschenfressende Frauen war ebenfalls weit verbreitet.

Die christliche Kirche bezog hierzu im Jahr 643 allerdings eindeutig Stellung: „Niemand soll es wagen, eine fremde Magd oder Sklavin als Hexe zu töten, denn weder ist es möglich noch soll man in christlicher Gesinnung glauben, dass eine Frau einen Mann lebend essen kann.“ Der Volksglaube war bei den Germanen fest verwurzelt, denn noch im neunten Jahrhundert ging Karl der Große mit einem Gesetz dagegen vor: „Wenn jemand, nach Art der

Heiden, getäuscht durch den Teufel, glauben würde, dass irgendein Mann oder eine Frau eine Hexe sei und Menschen verzehre, und sie deswegen verbrenne oder deren Fleisch zum Essen gibt oder sie selbst isst, wird er mit der Todesstrafe bestraft werden ... Wenn einer einen Menschen dem Teufel geopfert und nach Heidenart den Dämonen angeboten hat, der möge des Todes sterben.“

Übergriffe auf Frauen

Wenn auch in den folgenden Jahrhunderten die nordeuropäischen Völker freiwillig den christlichen Glauben annahmen, die magischen Vorstellungen blieben bis ins Mittelalter bestehen. Eine Bedrohung für die Kirche waren sie zum damaligen Zeitpunkt nicht. Das macht ein Brief Papst Gregors VII. an den dänischen König Harald aus dem Jahr 1080 deutlich: „Außerdem glaubt nicht, Ihr dürftet Euch gegen die Frauen versündigen, die aus dem gleichen Grund mit eben solcher Unmenschlichkeit nach einem barbarischen Brauch abgeurteilt werden. Sondern lernt vielmehr, durch Buße das göttliche Strafurteil, dass Ihr verdient habt, abzuwenden, anstatt den Zorn Gottes noch mehr herbeizurufen, indem Ihr über jene unschuldigen Frauen Verderben bringt.“ Entgegen heute populären Vorstellungen verfolgte hier nicht der Vertreter der Geistlichkeit das schwache Geschlecht, sondern umgekehrt nahm der Papst Frauen in Schutz gegen einen Rückfall in unchristliche Diskriminierung. Aber nicht nur in Dänemark, auch in Deutschland waren solchen Übergriffe möglich. 1074 wurde in Köln eine Frau durch den Sturz von der Stadtmauer umgebracht, weil man sie beschuldigte, bei mehreren Menschen Wahnsinn durch magische Künste erzeugt zu haben.

Erschütternd ist die Aufzeichnung des Benediktinerklosters Weihenstephan bei Freising in Bayern aus dem Jahr 1090. Der Chronist berichtet: „Da wurden die Einwohner von Vötting von Neid aufgereizt zu teuflischer Wut entflammt gegen drei arme

Weiber, als seien sie Giftmischerinnen und Verderberinnen von Menschen und Frucht. Sie griffen dieselben früh, als sie noch im Bett lagen, unterzogen sie der Wasserprobe, fanden aber keine Schuld an ihnen; da geißelten sie dieselben grausam und wollten ihnen ein Geständnis von einigen Dingen, die sie ihnen lügenhaft vorwarfen, erpressen, aber sie konnten es nicht. Darauf gingen einige von ihnen zu dem Volke von Freising und bewogen den Rudolf und den Konrad, dass sie Haufen Volkes zusammenbrachten. Und sie kamen über die Weiber, ergriffen sie und führten sie nach Freising. Und wiederum geißelten sie dieselben, konnten aber kein Geständnis der Giftmischerei von ihnen erpressen. Da führten sie dieselben an das Ufer des Isarflusses und verbrannten sie alle drei zusammen; eine von ihnen ging mit einem lebenden Kind schwanger. Und so erlitten sie im Feuer den Märtyrertod am 18. Juni und wurden von einem Blutsverwandten an dem Ufer begraben. Später trugen sie ein Priester und zwei Mönche hinweg und begruben sie im Vorhof von Weihenstephan in der Hoffnung, dass sie in Wahrheit der christlichen Gemeinschaft würdig seien." Die Elemente des Zauberglaubens sind gut erkennbar: der Vorwurf der geheimen Schädigung von Menschen und Sachen, insbesondere durch Gift, die Folter zur Erpressung eines Geständnisses, der Feuertod. Die Wasserprobe ist mit den christlichen Gottesurteilen vergleichbar. Wenn die Frauen mit Dämonen im Bunde sind und fliegen können, werden sie von dem natürlichen Element, dem Wasser, abgestoßen und schwimmen sogar gefesselt an der Oberfläche.

Hexen schwimmen auf dem Wasser ...

Die Wasserprobe ist nur eine der vielen Hexenproben. Üblicherweise wurden die Angeklagten hierbei überkreuz gebunden in ein Gewässer, meist See oder auch Fluss geworfen. Gingen sie anschließend unter, galten sie als unschuldig, schwammen sie oben, so galt dies als starker Hinweis auf ihre Schuld. Bereits auf dem vierten Lateran-Konzil im Jahre 1215 war die Mitwirkung von

Hexenflug auf dem Besen (Darstellung von 1451)

Geistlichen bei der Durchführung von Gottesurteilen von der katholischen Kirche untersagt worden und auch die Durchführung von weltlichen Gesetzen wurde seit dem Spätmittelalter immer häufiger verboten. Deshalb wurde seit dem 13. Jahrhundert vermehrt die Folter als Hilfsmittel zur Erlangung eines Geständnisses gebraucht. Doch auch das Gottesurteil der Kalt-Wasser-Probe tauchte in der Frühen Neuzeit im Zusammenhang mit der Hexenverfolgung als so genanntes Hexenbad wieder auf. Allerdings wurde das Hexenbad weiterhin von den meisten Juristen als Indiz für den Vorwurf der Hexerei abgelehnt. Dennoch führte gerade der Volksglaube häufig dazu, dass vermeintliche Angeklagte darum baten, sich der Wasserprobe unterwerfen zu dürfen, da sie darin eine gute Chance sahen, ihre Unschuld zu beweisen, ohne dass sie der Folter unterworfen wurden.

Die Lehren des Augustinus beeinflussten im gesamten Früh- und Hochmittelalter maßgeblich den Umgang mit Zauberern und Hexen. Zwar kam es zu vereinzelten Prozessen wegen Zauberei, die im schlimmsten Falle auch mit dem Tod enden konnten, doch von gezielten Verfolgungen konnte man dabei noch nicht sprechen. Die Kirche wandte sich zunächst sogar ausdrücklich gegen Lynchjustiz und Pogrome, die von Teilen der Bevölkerung manchmal verübt werden. Die Menschen glaubten zwar an Magie, lebten aber im Großen und Ganzen in friedlicher Koexistenz mit den vermeintlichen Zauberern. Verurteilungen gab es nur sehr selten. Die Geschädigten waren in der Regel lediglich darauf erpicht, dass der Zauber wieder aufgehoben wurde.

Auf dem Hexenbesen um die Welt

Die Kirche hatte in diesem Zeitraum kein besonderes Interesse an der Verfolgung und Bestrafung von Zauberern. Im „Canon episcopi“, einer kirchenrechtlichen Vorschrift aus dem Jahre 906, wurden Frauen beschrieben, die während ihrer nächtlichen ekstatischen Flüge einen Pakt mit dem Teufel schlossen. „Bestimmte niederträchtige Weiber stellen sich hinter den Satan und, irrege-

Flug mit Diana

In jedem europäischen Land gibt es Orte, die man mit Hexen in Verbindung bringt. Neben den bekannten Bergen wie Blocksberg (Deutschland) und Blakulla (Schweden) waren es vielfach auch unheimliche versteckte Orte wie Friedhöfe, Ruinen und abgelegene Wiesen. Man nahm an, dass die Hexen zu ihren Treffpunkten flögen. Dazu sollen sie Besen, Ofengabeln, Stöcke oder auch Tiere benutzt haben. Diese Gegenstände weisen darauf hin, dass man hauptsächlich Frauen solche Flüge zutraute – es handelte sich meist um hauswirtschaftliche Geräte, andererseits weisen sie auf alte Fruchtbarkeitsriten hin, in denen Frauen mit einem dem männlichen Glied ähnlichen kultischen Gegenstand eine Vereinigung vollzogen, um so Fruchtbarkeit von Mensch, Tier und Pflanze zu bewirken. Im frühen Mittelalter wurde der Flug mit Diana oder anderen heidnischen Göttinnen, den Schutzpatroninnen der „Hexen" und „Zauberinnen", für eine Vorspiegelung des Teufels gehalten, der so die Frauen dem christlichen Glauben abtrünnig machen wollte. Während der Verfolgung im 13. Jahrhundert tauchte der Vorwurf auf, die Ketzer seien zum Ketzersabbat geflogen. Und am Ende des 15. Jahrhunderts – zu Beginn der Neuzeit – hatte die Kirche durch die Inquisition dem Volk den Gedanken zu eigen gemacht, dass Hexen ganz real zum Sabbat flögen.

führt durch Halluzinationen und reine Erfindungen, die ihnen von bösen Geistern eingegeben werden, glauben sie und beharren auf diesem Glauben, dass sie während der Nachtstunden auf bestimmten Tieren mit Diana, einer heidnischen Göttin, oder mit der Herodias und einer unübersehbaren Frauenschar umherreiten und in der Stille der Nacht zahlreiche Gebiete der Erde durchqueren; dass sie ihren Befehlen gehorchen, als sei sie ihre Gebieterin, und in besonderen Nächten in ihren Dienst gerufen werden."

Aus Sicht der Kirche waren die Flüge jedoch lediglich Wahnvorstellungen der Frauen. Man hielt sie für Leute, die einem irrtümlichen Glauben anhingen und deshalb mit Bußen belegt werden mussten. Bischof Burkhard von Worms beispielsweise verordnete in solchen Fällen eine Buße von 40 Tagen bei Wasser und Brot. Im schlimmsten Fall bedeutete dies für die Frauen den Ausschluss aus der Gemeinde, was einer sozialen Ächtung gleichkam. Der Dominikaner Jirdanes von Bergamo führte medizinische Gründe in die Debatte ein. Um 1460 gab er seine Ansicht kund, dass böse Geister auf die Gemütsverfassung der Hexen einwirkten und diese so aufwühlten, dass sie ins Gehirn stieg und dort jede Art von Gaukelbildern hervorrief, die die Hexe glauben ließen, er oder sie habe die Macht, alle Arten der Magie zu wirken, von einem Ort zum andern gebracht zu werden und den Sabbat zu besuchen, wo er oder sie dem Teufel huldigen sollte.

Durch das ganze Mittelalter, lange bevor die blutigen Verfolgungen gegen die Hexen ausbrachen, wetterte die Kirche gegen die Frauen, die regelmäßig mit der schönen Mondgöttin Diana durch die Wälder zogen. Diese Liebe zur Göttin der Jagd und der Fruchtbarkeit kann erklären, dass man den Hexen häufig eine übertriebene Tierliebe und die ketzerische Auffassung vorwarf, auch die Wesen in Wald und Feld seien von der schöpferischen Urkraft mit einer Seele ausgestattet worden.

Eine Zauberin sollst du nicht leben lassen

Bestimmungen gegen Schadenzauber existierten ebenfalls in den Volksrechten und Rechtssammlungen des Mittelalters, die eine Komposition (Schadensausgleich durch Sühnegeld) und in Fällen von Nichtleistung des Ausgleichs den Feuertod vorsahen. Für die Hinrichtung von Zauberern und Zauberinnen, mitunter auch für Fälle von Lynchjustiz, gibt es das gesamte Mittelalter hindurch einzelne Beispiele. Aber die Verurteilung erfolgte nur wegen Schadenszauber. Dämonen spielten in der magischen Volkskultur des Mittelalters zunächst offenbar keine Rolle. Damit aus einer Zauberin eine Hexe wurden, bedurfte es noch der Durchsetzung der Positionen einflussreicher geistlicher Autoren.

Mit der immer wieder zitierten Schlüsselstelle aus dem Bundesbuch im Alten Testament „Eine Zauberin sollst du nicht leben lassen“ erhielt die Verfolgung solcher Menschen gewissermaßen göttliche Autorität und Auftrag. Gemeint waren hier Personen, die heidnische Praktiken betrieben wie Astrologie, Totenbeschwörung und Magie, um deren Bekämpfung sich das Christentum von Anfang an bemühte. Die Kirche sah im Schadenszauber, den sie für durchaus real hielt, einen Beweis für den Götzendienst der Zauberer und Zauberinnen. Auf diesen Grundlagen entwickelte Augustinus seine verhängnisvolle Theorie des Teufelspaktes. Seiner Ansicht nach bereitete es dem Teufel regelrechte Freude, mit seinen Gehilfen, den Dämonen, Menschen zu Übeltaten zu verleiten. Dazu schlichen sich die Dämonen mittels ihrer luftigen Körper in Schlafende; lüsterne Nachtdämonen stellten Frauen nach. Durch den Pakt mit dem Dämon erhielten Menschen die Möglichkeit, sich in Tiere zu verwandeln oder Wetterzauber und anderen Schadenszauber zu betreiben.

VON VAMPIREN UND KOBOLDEN

Dämonische Wesen spielten und spielen bei wohl allen Völkern eine Rolle. Bekannt aus Sagen sind etwa Rübezahl oder der Wilde Jäger und die Kobolde. Die Riesen der nordischen Sage tragen dämonische Züge, der Orientale kennt die Djinns und auch die biblische Überlieferung weiß von Dämonen zu berichten, etwa von dem Asasel, Asmodi oder der Lilith. Literarisch berühmt gewordene Dämonen sind die Vampire. Viele dieser Dämonen tragen Züge älterer Gottheiten, die von der jeweils herrschenden Anschauung in den religiösen Untergrund abgedrängt wurden.

Obgleich Dämonen dem Menschen gegenüber gleichviel gut oder böse sein können und den ungezügelten Naturmächten gleichen, die ohne Ansehen der Person Schaden wie Segen bringen, entwickelten nachbiblisches Judentum und Christentum eine Dämonologie, in der alle diese dämonischen Mächte als Gefolgschaft des Satan bzw. des Teufels in der Hölle angesehen werden. Als personalisierte Geschöpfe und Nachfahren ungehorsamer Engel, die sich mit Menschen verbanden, sind sie, als ein Kehrbild zu den sieben Erzengeln Gottes, wegen ihrer Bosheit verdammt und neben der dem Menschen innewohnenden Erbsünde Quelle allerlei Übels.

Das Vorgehen der Kirche gegen heidnische Vorstellungen im Früh- und Hochmittelalter war allerdings noch wenig beeinflusst von den dämonologischen Vorstellungen des Augustinus. Zwar wurde die Existenz eines teuflischen Zauberwesens nicht prinzipiell in Frage gestellt, der Glaube daran aber doch weitgehend als Aberglaube verurteilt, der durch Kirchenstrafen wie Bußen oder – in schweren Fällen – durch Ausschluss aus der Gemeinschaft geahndet werden sollte.

Am deutlichsten bringt diese Position der „Canon Episcopi", eine Zusammenstellung des Synodal- und Kapitularienrechtes, zum Ausdruck, den Regino von Prüm im Jahre 906 für den Trierer Erzbischof Ratbod zusammengetragen hatte. Darin wird unmissverständlich der Glaube an Zauberei und Nachtfahrten der Göttin Diana mit ihrem Gefolge als heidnische Irrlehre und Einbildung verurteilt. Über Burkhard von Worms und Ivo von Chartres fand dies Aufnahme in die kanonische Rechtssammlung des Gratian und blieb bis zum 13. Jahrhundert herrschende Auffassung.

Die Inquisition kommt ins Spiel

Wurden Hexerei und Ketzerei im zwölften Jahrhundert noch als voneinander unabhängige Delikte angesehen, verschmolzen sie im 13. Jahrhundert zu einem Tatbestand. Die erste Frau, die der Unzucht mit dem Teufel beschuldigt wurde, war die 56-jährige Angela, Herrin auf Labarehlte, die der Inquisitor Hugo von Beniol zur Strecke brachte. Sie starb in den Flammen des großen Autodafés in Toulouse im Jahre 1275, denn sie gestand, allnächtlich sexuellen Umgang mit dem Satan gehabt zu haben. Als Hexe oder Hexenmann galten zunächst Zauber- und Heilkundige, die jenseits der Naturgesetze mittels magischer Kulthandlungen und Verabreichungen Einfluss auf die psychische oder physische Welt nahmen. Die Verquickung von Magie und Ketzerei hatte verheerende Folgen: Bereits im 14. Jahrhundert kam es zu ersten großen Hexenverfolgungen. Die heidnische Magie des Hochmittelalters, die im einfachen Volk fest verwurzelt war, war Sache der Bischöfe und Pfarrer gewesen. Seit dem 13. Jahrhundert gab es dafür die Inquisition. Statt Gottesurteile und damit scheinbar göttlicher Zeichen konnte die Folter eingesetzt werden, um Geständnisse zu erpressen. Folter galt als Teil der Beweisführung, nicht als Marter.

Allerdings kannte die Inquisition damals noch keine Hexensekte. Aber Ansätze bestanden durchaus: Zum einen durch das Vorbild der Verfolgung der Juden, die aufgrund der Pestwellen seit 1348 als Sündenböcke und Brunnenvergifter herhalten mussten. Zum anderen durch die Verfolgung der Katharer und Waldenser. Ihnen wurde die Verehrung des Satans unterstellt: „Katharer nennt man sie nach dem Kater, weil, wie man sagt, sie das Hinterteil des Katers küssen, in dessen Gestalt, wie sie behaupten, ihnen Luzifer erscheint.“ Die geheimen Treffen vereinzelter Ketzer beflügelten solche Fantasien. Auch in Italien spukten zu dieser Zeit ältere Vorstellungen von nächtlichen Flügen und Treffen mit einer geheimnisvollen Göttin in den Köpfen herum.

Frauen im Bund mit dem Teufel

In den Augen der Inquisition gewann dieser heidnische Aberglaube eine völlig neue Bedeutung, wie sich bei Prozessen in Mailand 1384 und 1390 zeigte: Die beiden angeklagten Frauen, Sibillia Zanini und Pierina de Bugatis, gestanden, sich regelmäßig in der Nacht auf den Freitag mit Oriente und ihrer Gesellschaft getroffen zu haben. Männer nähmen nicht daran teil, nur Frauen, auch verstorbene. Auch Tiere aller Arten kämen hinzu ... Beim Mahl würden die Tiere geschlachtet und gegessen, Oriente machte sie wieder lebendig, indem sie die in die Felle gehüllten Knochen mit dem Knauf ihres Stocks berühre. ... Oriente antworte auf alle Fragen, weissage auch die Zukunft. Und sie lehre den Frauen Kräuterkunde, die Behandlung von Krankheiten, das Auffinden gestohlener Sachen und Verwünschungen. Diese Antworten hätten die Angeklagten an andere Personen weitergegeben, ohne das Gefühl, durch ihre Teilnahme an den geheimnisvollen Treffen zu sündigen. Das Wort Gott sei dort nie gefallen.

Das Urteil, das der Inquisitor Ruggero da Casate fällte, fiel hart aus. Die Frauen mussten ihrem Irrglauben abschwören und auf Dauer in der Öffentlichkeit zwei gelbe Kreuze auf ihrer Kleidung tragen. Jeden zweiten Sonntag des Monats hatten sie vor der Kirche St. Francesco, am dritten und vierten Sonntag desgleichen vor zwei anderen Kirchen zu erscheinen und während der Messe draußen am Hauptportal zu stehen. Außerdem wurde eine Geldstrafe von je zehn Goldgulden verhängt. Die Bestrafung „de vehementi" schloss ein, dass bei einer Wiederholung die Todesstrafe ausgesprochen werden konnte. Tatsächlich wurden beide Frauen rückfällig. Pierina sprach jetzt von einem Geist mit dem Namen Lucifello, der in Menschengestalt sie zu den Treffen geführt habe. Mit ihm habe sie einen Bund geschlossen und ihn mit einem Bluts-

Darstellung des Hexensabbats aus der Chronik des Johann Jakob Wick

tropfen besiegelt. Als Wiederholungstäter wurden sie zum Tode verurteilt und hingerichtet. Der Inquistor dieses Prozesses, Beltramino da Cernuscullo, ging von der Realität der rituellen Treffen aus und rückte damit erstmals von der Skepsis des „Canon Episcopi" ab, die in den Dämonenversammlungen irreale Vorspiegelungen sah.

Die „teuflische Gegenkirche"

Die Kirche fühlte sich von Glaubensabweichlern und religiösen Geheimgesellschaften umgeben und reagierte mit einem deutlich schärferen Ton gegenüber vermeintlichen Hexen. Das, was vorher als Produkt der Einbildung belächelt wurde, war plötzlich Wahrheit. War das Malefizium, der Schadenszauber, seit Menschengedenken bekannt, so kam jetzt die Idee vom Hexensabbat, einem nächtlichen konspirativen Treffen von Teufelsanhängern auf. Nach den Vorstellungen der Hexenverfolger sammelten sich die Hexen mehrmals im Jahr zu groß angelegten Festlichkeiten, bei denen sie dem Teufel ihre Treue bewiesen, sich schwelgendem Essen, ekstatischem Tanz und sexuellen Ausschweifungen hingaben, wobei die Vereinigung mit dem Leibhaftigen Höhepunkt des Festes gewesen sein soll. Dem Anlass angemessen war bereits die Anreise absonderlich. Auf Hexenbesen, Tieren, ihren Hausgeistern oder behexten Menschen flogen die Hexen des Nachts über weite Entfernungen hin zum Ort der Versammlung, meist abgelegene Stellen, Bergeshöhen, Kreuzwege oder heidnische Steinkreise.

Gelehrte wie Thomas von Aquin brachten den althergebrachten Zauberglauben mit der spätantiken Dämonenlehre in Zusammenhang. Anknüpfend an die Teufelspakttheorie des Augustinus und unter Berufung auf mehrere Bibelstellen über die Gefährlichkeit der Zauberer entwickelte er die Vorstellung von einer teuflischen Gegenkirche, die rigoros bekämpft werden müsse. Demnach herrsche der Teufel als gefallener Engel mit Duldung Gottes über einen Dämonenstaat. Seinen Anhängern unter den Menschen, den von Gott abgefallenen Zauberern und Wahrsagern,

Hausgeister

Hexen hatten angeblich immer ihre Helfergeister bei sich, meist in Form von Tieren. Insbesondere Amsel, Hase, Hund, Igel, Katze, Krähe, Kröte oder Wiesel, auch Frettchen, Maulwurf, Maus, Ratte oder ein größeres Insekt (Biene, Heuschrecke), gern auch verstümmelt oder auf andere Art absonderlich traten sie in Erscheinung. Sie unterstützten die Hexe und verlangten im Gegenzug Milch oder manchmal auch das Blut der Hexe. Kundige Hexenriecher suchten darum stets nach besonderen Narben, die als Hexenmale manche unschuldige „überführten". Der Ursprung dieser Gestalten ist vermutlich im Glauben an die Naturgeister zu suchen – Zwerge, Elfen, Feen, Trolle und Kobolde.

verleihe der Teufel übernatürliche Kräfte, mit deren Hilfe diese ihre Mitmenschen schädigen konnten. Der Pakt werde durch Geschlechtsverkehr der Zauberer und Zauberinnen mit männlichen und weiblichen Nachtdämonen bekräftigt, aus dem sogar Teufelskinder hervorgehen könnten. Mit ihrem Abfall vom christlichen Glauben und dem Pakt mit dem Teufel machten sich die Zauberer der schwersten Untat schuldig: des Verbrechens gegen die göttliche Majestät.

Thomas von Aquin ging in seinen Schriften davon aus, dass Hexentaten mit Hilfe des Teufels tatsächlich ausgeführt werden konnten. Er gab zudem detaillierte Beschreibungen der magischen Praktiken durch Hexen, zum Beispiel den Pakt mit dem Teufel, die Hexenluftfahrt, die Tierverwandlung oder das Wettermachen. In seinen Augen waren Hexen Unheil bringende Weiber. Als renommierter Denker legte er damit den theoretischen Grundstein für die späteren massenhaften Hexenverbrennungen. Kritischen Einwänden, es handele sich dabei um Hysterie-Phänomene, Angst oder Fantasieprodukte, hielt er entgegen: „Einige behaupten, dass es in der Welt keine Zauberei gäbe, dass diese lediglich in den Vorstellungen der Menschen existiere, die sie mit Naturerscheinungen in Verbindung bringen, deren Ursachen ihnen unerklärlich sind. Jene Menschen glauben nicht, dass die Teufel jemals anders existierten als in der Einbildung des Volkes.

Sie erklären die Existenz der Teufel damit, dass der Mensch die Ängste, die seinem eigenen Hirn entstammen, mit dem Teufel in Verbindung bringe; und da bei starker Erregung der Fantasie in den Vorstellungen des Menschen jene Bilder erscheinen, an die er denkt, so scheint es dem Menschen in einem solchen Zustand bisweilen, als ob er den Teufel wirklich sähe. Aber der wahre Glaube lehnt das ab, und wir, die ihm folgen, glauben, dass die Dämonen vom Himmel verstoßene Engel sind, dass sie infolge der Feinheit ihrer Natur vieles tun können, was wir nicht vermögen und dass es Leute gibt, die veranlassen, das zu tun und die deshalb auch Schädlinge genannt werden."

Der Satan in einem Stich von Gustave Doré

Man unterstellte den Hexen magische Praktiken, Teufelsanbetung, Opferung von Neugeborenen und wollüstige Ausschweifungen. Die Zauberei wurde zu einem Sonderfall der Ketzerei. Da war es nur folgerichtig, dass man auch den Zauberern vorwarf, ihre Praktiken nächtens nach Art einer „organisierten Untergrund-Sekte“ zu betreiben. Allmählich kristallisierte sich mit Schadenszauber, Teufelspakt, Teufelsbuhlschaft und geheimen Versammlungen ein ganz neuer Verbrechenstatbestand heraus: das crimen magiae (Verbrechen der Zauberei), das als crimen exceptum (außerordentliches Verbrechen) geradezu die Aufmerksamkeit der Ketzerinquisitoren verlangte. Ein weiteres Mosaiksteinchen in dieser Entwicklung fügte Papst Johannes XXII. († 1334) hinzu. In seiner aus dem Jahr 1326 stammenden Bulle „Super illius specula“ ordnete er an, dass Schadenszauber nach den Strafbestimmungen für Ketzer zu ahnden sei. Im Verlauf des 14. Jahrhunderts gewann die Vorstellung einer Zauberersekte immer mehr an Boden. Ein Mann der Praxis, der Dominikaner und Inquisitor Nicolaus Eymericus, fasste in seiner Schrift „Directorium Inquisitorum“, einem Handbuch für Kollegen, systematisch die den Zauberern zur Last gelegten Verbrechen zusammen.

Erste Verfolgungen

Zu großen Verfolgungen von Zauberern und Hexen durch die Inquisition kam es erstmals zwischen 1320 und 1350 in Südfrankreich. Seit der Wende zum 15. Jahrhundert folgten Prozesse gegen Teufelsbündler und Hexensekten in der Schweiz, wiederum in Südfrankreich, Nordostspanien, den französischen Alpen, der Dauphiné, Savoyen und Burgund; um die Mitte des Jahrhunderts fanden auch vereinzelte Verfolgungen in Lothringen und der Erzdiözese Trier statt. In der Entwicklung des neuen, rechtlich und theologisch begründeten Hexenbegriffs gilt die Spanne von 1435 bis 1500 als entscheidendes Stadium, wobei die Erfindung des Buchdrucks eine nicht zu unterschätzende Rolle in der Verbreitung dieses Gedankengutes spielte. Die in diesem Zeitraum entstandenen Traktate des Wiener Theologieprofessors und Dominikaners Johannes Nider (1380–1438), des französischen Inquisitors Nicolas Jacquier († 1472) oder des deutschen Arztes Johannes Hartlieb (1400–1468) trugen zur Festigung dieses Konstrukts bei. Der entscheidende Durchbruch der Hexenlehre sollte aber dem berüchtigten „Hexenhammer" (Malleus Maleficarum) aus dem Jahre 1487 vorbehalten bleiben.

Die Männer der Kirche nährten den Glauben des Volkes, die Hexen seien in ein großes geheimes Komplott unter der Führung des Teufels verwickelt, mit dem das Königreich Gottes auf Erden gestürzt werden sollte. 1409 tauchte in einem päpstlichen Dekret erstmals der Begriff „nova secta" dafür auf. Sie prägten die Vorstellungen der schwarzen Messe, schmückten sie aus und redeten den Laien ein, dass solche Messen häufig stattfanden. Die Inquisition brauchte diese allgemeine Wahnvorstellungen, weil ihre eigentlich Aufgabe mit der Vernichtung der Albigenser, der Waldenser und anderer südfranzösischer Ketzergruppen endgültig erledigt war.

Um ihre einträgliche Existenz fortzuführen, war die Inquisition auf neue Opfer angewiesen: Der Hexenwahn war die Lösung. Welcher weltlichen Vergehen man auch immer die Hexen bezichtigte – das Verbrechen, um dessentwillen sie allesamt auf den Scheiterhaufen geschickt wurden, war eines, dessen sie allesamt völlig unschuldig waren, weil sie es gar nicht begangen haben konnten: Das Verbrechen des Paktes mit einem wirklichen Teufel.

Weise Frauen und die Magie

Der Hexenwahn traf auch die so genannten weisen Frauen. In der mittelalterlichen Heilkunde waren Frauen Wundärztinnen und Heilkundige. Sie kannten sich in der Geburtshilfe aus, einschließlich der Schmerzmittel, der Abtreibungs- und Verhütungsmittel, der Beobachtungen von Zyklusstörungen, der Diagnose schwieriger Kindslagen im Mutterleib und deren Behebung durch verschiedene kleine Operationen wie den Dammschnitt. Auch der

Darstellung einer Fee (Sophie Anderson)

Kaiserschnitt fand bereits Anwendung. Das Heilwissen bestand aus der überlieferten Volksmedizin, die durch Erfahrung und Experiment weiterentwickelt wurde und dem natürlichen Umgang mit magischen Kräften in der Natur. Dieses Wissen umfasste Körperbau, Kräuter und Drogen, Herstellung von Arzneien und schließlich die Magie. Heilkundige Frauen, weise Frauen und Hebammen standen bei der Bevölkerung in hohem Ansehen. Die weise Frau erschien als Fee oder als Kräuterkundige, die um Heilkräuter oder allerlei Zaubersprüche gebeten wurde. Im 14. Jahrhundert erklärte die katholische Kirche, dass eine Frau, die sich anmaße, zu heilen, ohne studiert zu haben, eine Hexe sei und darum sterben müsse. Die damalige Kirchendoktrin besagte, dass Heilen generell von Übel sei und also nur vom Teufel kommen könne, es sei denn, die Kirche heile selbst, oder die männlichen Ärzte heilten unter den wachsamen Augen der Kirche. Wenn also ein männlicher Arzt einen Patienten nicht heilen konnte, eine heilkundige Frau jedoch helfen konnte, so wurden die Frau der Ketzerei angeklagt, weil sie sich der Magie bediente.

Die „Hexe" Alice Kyteler

Einer der ersten Prozesse der Inquisition war der gegen Lady Alice Kyteler in Irland in den Jahren 1326–1327. Dieser Prozess kann als Musterprozess vieler späterer Verhandlungen gelten, da sich in ihm schon alle üblichen Anschuldigungen finden, die später zum Standardrepertoire der Anschuldigungen gehörten: Böse Magie, Satansanbetung, Geschlechtsverkehr mit Dämonen und eine organisierte Hexenverschwörung. Alice war der erste Mensch, der in Irland wegen Hexerei und Ketzertum angeklagt wurde. Die irische Aristokratin aus Kilkenny in Südostirland war reich, hatte gute gesellschaftliche Verbindungen und entstammte einer angesehenen Familie. Sie geriet im Jahre 1324 unter den Verdacht der Hexerei, als Sir John le Poer, ihr vierter Ehemann, zu der Überzeugung gelangte, seine Ehefrau sei die eigentliche Ursache seines schlechten Gesundheitszustandes.

Sir Johns Argwohn wurde durch die Andeutung eines Dienstmädchens aus seinem Hause geweckt, und er verstärkte sich, als er unter den Sachen seiner Frau eine mit dem Namen des Teufels versehene Oblate vom heiligen Brot und verschiedene Zauberpulver entdeckte. John berichtete dem Franziskanerbischof von Ossory von seinem Fund.

Der Bischof, der Sir John ohne langes Zögern beipflichtete, dass die Wurzel der Krankheit Hexerei sein müsse, ordnete eine gründliche Untersuchung an. Es wurden weitere Anschuldigungen zusammengetragen, denen zufolge Alice Kyteler Gott geleugnet, dem Teufel Opfer gebracht, mit einem Dämon gebuhlt, mit Hilfe von Teufeln die Zukunft ergründet, sakrilegische Gottesdienste abgehalten und mittels Zauberei Feinden und deren Viehbestand geschadet hatte. Einige dieser Beschuldigungen stammten auch von den Kindern ihrer ersten drei Ehemänner, die verständlicherweise großen Groll empfanden, nachdem sie erfahren hatten, dass sie zugunsten von William Outlawe, dem ältesten Sohn von Lady Alice, enteignet worden waren.

Alice Kyteler und zehn weitere Teufelsanbeter des Ortes, so behauptete man, trafen sich insgeheim an gewissen Kreuzwegen, um ihren dämonischen Meistern Hähne und andere lebende Tiere zu opfern, wobei sie die Geschöpfe Stück für Stück zerrissen und Teile der toten Körper für ihre Zaubereien verwendeten. Im Schädel eines enthaupteten Räubers brauten sie über einem Feuer aus Eichenkloben Tränke aller Art zusammen. Weitere Zutaten, die Mitglieder des Hexenzirkels für ihre Zaubereien verwendeten, sollten Kräuter, Spinnen, schwarze Würmer, das Fleisch von Schlangen, Haare und Nägel von Leichen, sogar die Gehirne ungetaufter Kinder gewesen sein.

Wie auch immer die Wahrheit hinter diesen Anschuldigungen ausgesehen haben mag, Alice Kyteler erhielt von ihren Mitbürgern große Unterstützung, als sie sich gegen die Vorwürfe wehrte. Nachdem der Bischof ihren Sohn aus vierter Ehe vor sein Gericht gerufen hatte, damit er sich gegen eine Anklage wegen Häresie verteidige, kam er selbst ins Gefängnis. Am Ende erhielt er jedoch von den leitenden kirchlichen Autoritäten in Dublin angemessene Unterstützung, und der Druck auf Alice Kyteler wurde schließlich zu groß. Lady Alice floh nach England und überließ es dem Gericht in Kilkenny, sie in ihrer Abwesenheit der Hexerei schuldig zu sprechen. Obwohl der Bischof sie wegen ihrer angeblichen Missetaten exkommunizierte und ihr in Irland verbliebenes Vermögen einziehen ließ, scheint Alice Kyteler nie eine Strafe für ihre Verbrechen verbüßt zu haben. Den Rest ihres Lebens soll sie in Frieden in England verbracht haben.

Die Komplizen traf es schlimm

Einige von Alice Kytelers „Komplizen" hatten weniger Glück. Ihre Kammerzofe Petronilla de Midia und andere traf ein schlimmeres Schicksal. Petronilla wurde sechsmal hintereinander bis zur Bewusstlosigkeit geschlagen, bis sie zugab, dass jeder Vorwurf gegen die Angeklagte der Wahrheit entsprach, und obendrein hinzufügte, dass sie all ihre Kenntnisse der schwarzen Künste von Alice Kyteler persönlich habe. Die dem Untergang geweihte Frau wurde exkommuniziert, ehe man sie, die den Bischof bis zuletzt beschimpfte, am 3. November 1324 auf dem Marktplatz von Kilkenny bei lebendigem Leib verbrannte. Petronilla de Midia war der erste Mensch in der irischen Geschichte, der als Hexe hingerichtet wurde. Die anderen wurden zu verschiedenen Strafen verurteilt, die von Prügel und Verbannung bis zur Verbrennung auf dem Scheiterhaufen reichten.

Ermutigt durch seinen Erfolg, beschloss Bischof de Landrede, William Outlawe noch einmal vor Gericht zu stellen, damit er sich für seine Vergehen verantworte. Er überredete schließlich den obersten Richter von Irland, den Kanzler, den Schatzmeister von Irland und den Königlichen Rat, nach Kilkenny zu kommen, um über den Angeklagten, der zur Zusammenarbeit mit ihnen verpflichtet war, zu Gericht zu sitzen. Outlawe gab gehorsam zu, er sei einem Irrtum verfallen gewesen. Man befahl ihm, zur Wiedergutmachung ein Jahr lang täglich dreimal zur Messe zu gehen, die Armen der Stadt mit Nahrung zu versorgen und die Kosten für ein neues Kathedralendach zu übernehmen. Alice Kytelers Sohn erklärte sich ruhig und gelassen damit einverstanden und vergaß alles, sobald er das Gericht verlassen hatte.

Schreckensterror der spanischen Inquisition

Kreuz, Olivenzweig und Schwert schmückten das allgegenwärtige Wappen der spanischen Inquisition. Während die letzten beiden Attribute das Gleichgewicht zwischen Gnade und gerechter Strafe symbolisierten, stand das Kreuz für den geistlichen Charakter inquisitorischer Gerichtsbarkeit. Das entsprach dem Selbstverständnis, aber nur zum Teil der realen Machtverteilung. Die spanische Inquisition war zwar ein kirchlich legitimiertes Gericht, stand aber unter der vollen Kontrolle der Krone. Die Inquisitoren wurden vom König ernannt und waren von seiner Unterstützung abhängig. Das sollte sich auch in ihrem Gebaren zeigen. Sehr schnell entwickelte sich die Inquisition zu einer Behörde mit hierarchischem Aufbau und flächendeckender Ausbreitung im gesamten Herrschaftsgebiet der spanischen Krone.

Die Inquisition auf der iberischen Halbinsel ist deshalb so interessant, weil hier die Brücke zwischen dem inquisitorischen Beichtverfahren, das seit 1215 für jeden gläubigen Katholiken obligatorisch war, und dem kirchlich-weltlichen Strafprozess im „modernen“ Territorialstaat geschlagen wurde.

Im Spanien des 16. Jahrhunderts wurde aber nicht nur der für jahrhunderte gültige Inquisitionsprozess eingeschliffen, sondern auch der „moderne“ Begriff der Strafe geprägt, der einen sittlichen Vorwurf an den Straftäter beinhaltet. Dieses Verständnis der Strafe wurde zum Vorbild für die 1542 eingerichtete römische Inquisition, das Sanctum Officium.

Das Ende der Reconquista

In Spanien war die Reconquista – die Rückeroberung Spaniens von den Arabern – seit dem elften Jahrhundert das alles bestimmende Element gewesen. Während dieser Zeit zeichnete sich die iberische Halbinsel durch eine relative Toleranz gegenüber Nichtchristen aus. Die weitgehende friedliche Koexistenz der unterschiedlichen Religionsgruppen – Juden, Moslems und Christen – schloss Konflikte jedoch nicht aus. Sie äußerten sich etwa in den Kämpfen zwischen den Muslimen, die sich im andalusischen Königreich von Granada konzentrierten, und den Christen, die im Rahmen der Reconquista nach der völligen Christianisierung Spaniens strebten. Auch war das Zusammenleben nicht von Gleichberechtigung geprägt: Unter christlicher Herrschaft waren sowohl die Muslime als auch die Juden in vielerlei Hinsicht diskriminiert. Aber es gab doch ein pragmatisches Zusammenleben.

Nach der endgültigen Vertreibung der Araber aus Spanien am Ende des 15. Jahrhunderts aber endete diese Zeit der Toleranz schlagartig. Vor allem Juden und Moslems gerieten in das Schussfeld des katholischen Königspaars. Die Inquisition in Spanien lag zu diesem Zeitpunkt bereits vollständig in der Hand der Monarchen und die Kurie in Rom übte praktisch keinerlei Einfluss darauf aus. Die weltlichen Herrscher bedienten sich nun konsequent der Inquisition. Man stellte Juden und Moslems vor die Wahl: Konversion zum katholischen Glauben oder Verfolgung. Viele flohen daraufhin, andere ließen sich taufen. Die vom König geleitete spanische Inquisition verfolgte Abweichler vom katholischen Glauben mit einer Härte, welche die ursprüngliche Ketzerinquisition weit in den Schatten stellte. Die Bilder von Massenhinrichtungen auf dem Scheiterhaufen, die wir mit der Inquisition verbinden, gehen zum größten Teil auf die Auswüchse unter den katholischen Königen in Spanien zurück.

Mit dem Ende der Reconquista sollten sich die Rahmenbedingungen für Juden und Muslime, die in Spanien lebten, also entscheidend ändern. Zuerst waren Juden und Christen jüdischer Herkunft, die konvertierten Juden, von Repressionen betroffen. In ganz Europa existierte bereits seit dem zwölften Jahrhundert eine wachsende Judenfeindlichkeit. Sie gipfelte 1290 in der Vertreibung aller Juden aus England; Frankreich folgte 1306. In Spanien steigerte sich der Hass auf Juden seit Mitte des 14. Jahrhunderts, von Predigern der Bettelorden aufgeheizt. Vielfach wurden ihre Rechte beschnitten, etwa durch Berufsverbote oder Kleidervorschriften. 1391 erlebten Städte wie Sevilla und Barcelona schwere Judenpogrome. Wer nicht vertrieben oder ermordet wurde, den zwang man, zum christlichen Glauben überzutreten. Conversos nannte man die Neuchristen, denen es in vielen Fällen rasch gelang, sozial aufzusteigen und kirchliche und staatliche Führungsstellen zu übernehmen. Das stete Eindringen von Juden und auch Muslimen bis in die allerhöchsten Kreise setzte, gleichsam als Gegenreaktion, einen verhängnisvollen Diskurs über die „Reinheit des Blutes“ (limpieza de sangre) in Gang.

Die „Reinheit des Blutes“

Spätestens mit der Verabschiedung eines Statutes in Toledo 1449, nach dessen Bestimmungen kein Converso irgendein öffentliches Amt in der Stadt einnehmen durfte, stand die Tür für diskriminierende Maßnahmen gegenüber Neuchristen offen. Durch ihren gesellschaftlichen Aufstieg erweckten sie vielfach Neid. Nachdem noch die Gerüchte verbreitet wurden, sie hingen insgeheim noch den jüdischen Bräuchen an und übten sie auch aus, kam es bald zu Volksaufständen gegen sie. Stadträte, Universitäten und Mönchsorden verweigerten den Neuchristen wegen mangelnder „Reinheit des Blutes“ den Zugang. Diese Ansicht wurde freilich von der Krone, die aus den Privilegien der Conversos erhebliche Einkünfte bezog, nicht geteilt. Dennoch bewirkten die Statuten, dass fähige und loyale Untertanen aus den öffentlichen Ämtern ausgeschlossen wurde, was später als Grund für den wirtschaftlichen und kulturellen Niedergang Spaniens angeführt wurde.

Bereits 1461 hatte eine Gruppe von Franziskanern, geführt von Alonso de Espina, unter Verweis auf das französische Vorbild die Einführung einer Inquisition gegen Häretiker gefordert. Allmählich verdichteten sich die Stimmen für ein systematisches Vorgehen gegen die Neuchristen. Auch weite Teile des Volkes war antijüdisch eingestellt. 1478 bzw. 1481 schließlich erreichten die fanatischen franziskanischen Verfechter ihr Ziel. Angehörige der Bettelorden spielten bei der Einführung der Inquisition eine entscheidende Rolle, was aber waren die Motive der katholischen Könige? Ferdinand und Isabella sahen sich mit inneren Unruhen ebenso konfrontiert wie mit dem langen und teuren Krieg gegen das muslimische Königreich von Granada. Vor diesem Hintergrund lässt sich die Inquisition als eine Maßnahme zur inneren und äußeren Konsolidierung verstehen. Doch die Umsetzung stieß vor allem in Aragon auf Widerstand. Aufgrund der tief verwurzelten Gewohnheitsrechte empfanden die Stände die Neuformierung der Inquisition als Übergriff einer fremden, kastilisch geprägten Einrichtung. Namentlich die Ernennung des bereits in Kastilien tätigen Torquemado zum Generalinquisitor von Aragon, Katalonien und Valencia durch König Ferdinand am 17. Oktober 1483 stieß an vielen Orten auf erbitterte Gegenwehr. Dieser Widerstand gipfelte im September 1485 in der Ermordung des Inquisitors Pedro Arbues; trotz Kettenhemd und Stahlhaube unter der Kutte wurde der Dominikaner vor dem Hochaltar der Kathedrale von Saragossa getötet.

Generalinquisitor Torquemada

Der spanische Großinquisitor

Thomas de Torquemada, geboren im Jahr 1420 in Valladolid, war Dominikanermönch und Theologe. Seinen ersten Karrieresprung schaffte er, als ihn die katholischen Könige Isabella I. (1451–1504) und Ferdinand II. (1452–1516) zu ihrem Beichtvater machten. In unmittelbarer Nähe der königlichen Macht konnte er mit seinem ideologischen Dogmatismus großen Einfluss auf das spanische Monarchenpaar ausüben. Mit blindem Glaubenseifer und brutalen Maßnahmen gingen Isabella und Ferdinand bald daran, die Stellung und Macht ihres Glaubens und der Krone zu festigen. Neben dem katholischen Christentum sollte keine andere Religion in Spanien Bestand haben.

Torquemada war zur Durchsetzung dieser Ideologie ein geeignetes Instrument. Mit Duldung, ja Förderung durch die Königin ging der Großinquisitor gegen jeden vor, der im Verdacht stand, ein Abtrünniger oder Glaubensfeind zu sein. Im Lauf der Jahre gelang es ihm, die Inquisition mit immer größeren Vollmachten auszustatten. Der spanische Großinquisitor war kein Schreibtischtäter, der das schmutzige Foltergeschäft seinen Untergebenen überließ, sondern ging eigenhändig daran, Ketzer ausfindig zu machen und sie ihrer Bestrafung zuzuführen. Er durchzog auf der Jagd nach Ketzern mit pompösem Gefolge das Land, eskortiert von mehreren hundert Bewaffneten, deren kriegerisches Auftreten jeglichen Widerstandswillen schon im Keim ersticken sollte.

Sein Vorgehen folgte immer dem gleichen Muster. Um die Einheitlichkeit des Verfahrens zu gewährleisten, hatte der Großinquisitor ein Statut erlassen, in dem genau aufgelistet war, wie man den Kampf gegen die Ketzerei zu führen hatte. Ein wesentliches Merkmal dieses Statuts war die Aufforderung zur anonymen Denunziation, wodurch der Willkür Tür und Tor geöffnet waren und massenhaft Menschen in die Mühlen der Inquisition gerieten. Natürlich wusste Torquemada, dass von manchen Zeitgenossen ein Nachbarschaftsstreit gelöst wurde, indem einer der beiden Streithähne den anderen denunzierte. Deshalb versuchte er, mit einer Mischung aus Drohungen und Versprechungen die vermeintliche Spreu vom Weizen zu trennen. Ein Versprechen etwa bestand darin, dass man von Strafe verschont bleiben konnte, wenn man sich schuldig bekannte. Die Drohung bestand darin, dass man sich nur auf Kosten Dritter freikaufen konnte: indem man nämlich weitere vermeintliche Ketzer benannte. Diese Auswege standen den Beschuldigten immer offen, ganz gleich, ob sie sich noch im Stadium des Verhörs befanden oder schon auf der Streckbank lagen.

Torquemada blieb bis an sein Lebensende im Jahr 1498 ein überzeugter und fanatischer Verfolger der Ketzer in seinem Land. Er starb in dem von ihm selbst gegründeten Kloster von Ávila. Dort führte er selbst noch das Prinzip der „Reinheit des Blutes" in die Klostersatzung ein.

GRAUSAME VERTREIBUNG UND VERNICHTUNG

Die wichtigste Zielgruppe der Inquisition waren anfangs die Conversos, die nach allgemeiner Einschätzung ein Geheimjudentum praktizierten. Der Papst hatte ihrer Verfolgung zunächst seinen Segen gegeben, entzog aber bald schon seine Billigung, als sich massive Übertretungen häuften.

Die Inquisitoren, vielfach gut ausgebildete Juristen im Gewand der Dominikaner, hielten sich nicht an die strengen Regeln des päpstlichen Verhörs und fühlten sich an die Autorität des heiligen Vaters nicht gebunden. Die Verfolgungen wurden fortgesetzt und von König Ferdinand und Königin Isabella noch gefördert. Ihr Ziel war es, die Neuchristen vollständig aus dem öffentlichen Leben verschwinden zu lassen.

Häufig bekannten sich die Conversos ohne direkten Zwang zu ihrer Sünde; wenn das Edikt der Gnade verkündet wurde, hatten die Betroffen 30 bis 40 Tage Zeit, sich selbst zu beschuldigen und nach einer leichten Buße von der Kirche wieder aufgenommen zu werden. So füllten tausende von bußwilligen Conversos die Gefängnisse. Nach 1492 jedoch erlangte die Inquisition eine neue Qualität. Aus diesem Jahr datiert der Beschluss der spanischen Monarchen, sämtliche Juden aus dem Herrschaftsgebiet auszuweisen, die sich nicht der Taufe unterwarfen. In Spanien stellten die Juden – anders als in anderen Ländern, in denen Juden eher eine Minderheit bildeten – trotz der Aderlässe voran gegangener Pogrome mindestens 80.000 Menschen aller Bevölkerungsschichten, vom reichen Kaufmann über Beamte und Ärzte bis hin zu Handwerkern und Bauern. Der Ausweisungsbeschluss stellte die Betroffenen vor schier unlösbare Probleme. Wo sollten sie hin?

Die Dramatisierung der Converso-Gefahr erhöhte die Radikalität der Verfolgungsmaßnahmen. Mit Vertreibungsbeschluss und massenhaften Zwangstaufen gelangten immer mehr Neuchristen ins Fadenkreuz. Bis 1530 wurden rund 50.000 Menschen Opfer der Inquisition, die überwiegende Mehrzahl Conversos.

Neuchristen rekrutierten sich in Spanien nicht nur aus den Reihen der ehemaligen jüdischen Bevölkerung, auch zahlreiche Muslime waren im Zuge der Reconquista unter christliche Herrschaft geraten. Eine Reihe von Vereinbarungen garantierte den Muslimen unter christlicher Herrschaft zunächst die Beibehaltung des islamischen Kultus und der eigenen Gerichtsbarkeit. Trotzdem gab es von Anfang an eine rigorose Christianisierungspolitik. 1502, zehn Jahre nach der Vertreibung der Juden, wurden alle Muslime Kastiliens vor die Alternative gestellt, sich taufen zu lassen oder auszuwandern. Etliche gebildete und begüterte Vertreter verließen das Land in Richtung Nordafrika, die Mehrheit blieb und ließ sich taufen. Aus den Muslimen waren Moriscos, Christen maurischer Herkunft, geworden.

Anfang des 17. Jahrhunderts wurde auch ihre Vertreibung beschlossen. Alles in allem vertrieb man rund 300.000 Moriscos ins Exil, eine Minderheit von etwa 20.000 Menschen konnte mit Sondererlaubnissen als besonders priviligierte Gruppe oder als Sklaven bleiben.

Die Inquisition entwickelt Eigendynamik

Die Reformationsgeschichte in Spanien ist kurz. Seit den 1520er Jahren wurde auch die iberische Halbinsel von den Glaubenskontroversen erfasst, die Mitteleuropa zu jener Zeit erschütterten und für die der Name Martin Luther stand. Theologen und Gelehrte befürworteten eine Kirchenreform. Viele von ihnen waren begeisterte Anhänger des Humanisten Erasmus von Rotterdam und brachten sich damit in die Gefahr, als Sympathisanten Luthers und damit als Ketzer zu gelten. Die rigorose spanische Inquisition erstickte jedoch alle von der katholischen Orthodoxie abweichenden Bewegungen im Keim und schuf eine uniforme religiöse Gesellschaft wie kaum anderswo in Europa.

Als Judenchristen und Morisken aus Spanien vertrieben waren, entwickelte die Inquisition eine Eigendynamik und suchte nach weiteren Betätigungsfeldern, um ihre Existenz zu rechtfertigen. So gerieten bald auch die „Altchristen" ins Visier der Inquisitoren, erst die Lutheraner, später Skeptiker und Atheisten und schließlich jede aufklärerische Philosophie schlechthin.

Zunächst aber rückten kleinere Gruppierungen in das Interesse des Großinquisitors, etwa die Illuministen: Sie strebten nach dem völligen Sich-Versenken in Gott. Seit 1520 wurden diese Il-

Autodafé auf der Playa Mayor in Madrid

luministen von Inquisitoren verfolgt und abgestraft. Auch die Beatas, weibliche Mystikerinnen, die nicht im Schutz von Klostermauern wirkten, waren immer wieder vom Häresieverdacht bedroht. Bald gerieten auch die Gedanken, Werke und Anhänger des Erasmus in Spanien in den Ruch der Ketzerei, und zwar bereits in einer Zeit, als sie in anderen Teilen des katholischen Europa noch als Gipfel rechtgläubiger Gelehrsamkeit erschienen. 1558/59 wurden in Sevilla und Valladolid die ersten Protestantengemeinden ausgehoben. Es kam zu einer relativ harten Verfolgung, zu einer Reihe von Aufsehen erregenden öffentlichen Glaubensakten und etlichen Dutzend Hinrichtungen.

Die spanische Inquisition hatte zahlreiche Helfer, die so genannten familiares, die „vertrauten Laien“. Nirgends blühte das System so wie auf der iberischen Halbinsel. Die Laien leisteten umfassende Hilfsdienst für die Inquisition, indem sie beispielsweise nach Entflohenen fahndeten und Verdächtige festnahmen. Für die Erfüllung dieser Spitzeldienste genossen sie zahlreiche Privilegien: teilweise Steuerbefreiung, das Recht, Waffen zu tragen, und dasjenige, nur von der Inquisition verurteilt zu werden. Die meisten Laien waren einfache Leute, Bauern und Handwerker.

Die von der normalen Gerichtsbarkeit ausgenommen Spitzel und Denunzianten erweckten vielerorts Bedenken, zumal die Waffenträger für viele gewaltsame Exzesse verantwortlich waren, die kaum jemals geahndet wurden.

Im Zweifel gegen den Angeklagten

Die Inquisition hatte nichts von einem rechtsstaatlichen Verfahren an sich. Die Ankläger mussten nicht die Schuld des Angeklagten beweisen, sondern dieser seine Unschuld. Da dies faktisch gar nicht möglich war, lief das ganze Verfahren darauf hinaus, den Beschuldigten ein Geständnis zu entlocken beziehungsweise abzupressen. Zu diesem Zweck wurden neben psychischem Druck auch die physische Folter angewandt. Die spanische Inquisition stellte bereits 1484 eigene Verfahrensregeln auf, die nach und nach ergänzt wurden. Eine ausführliche Instruktion folgte erst 1561 unter der Ägide des Generalinquisitors Fernando de Valdés. Anfangs wurden die Verfahren durch das Edikt des Glaubens eröffnet. Alle Anwesenden wurden zu Denunziationen aufgefordert – eine Aufforderung, die sich als sehr erfolgreich erwies. Trotz des Einsatzes von Spitzeln kamen die meisten Bezichtigungen allerdings aus dem sozialen Umfeld der Verdächtigten und hatten ihre Ursache in alltäglichen Nachbarschaftskonflikten.

Seit 1630 wurden dann die Inquisitionsverfahren mit dem so genannten Gnadenedikt eröffnet, das alle Sünder einlud, ihr Gewissen zu erleichtern und sich während der Gnadenfrist – meist 30 bis 40 Tage – zu bezichtigen. Denunzianten und Zeugen waren überaus gut geschützt, denn ihre Namen wurden dem Beschuldigten nicht mitgeteilt. Man befürchtete – zu Recht – Racheakte. Eine wichtige Rolle in der Geheimhaltung spielte das Gefängnis. In der Regel wurden die Beschuldigten in den eigenen Kerkern der Inquisition untergebracht, die schlechten Haftbedingungen führten nicht selten zum Tode des Inhaftierten. Viel schlimmer für die Betroffenen muss gewesen sein, dass ihnen die Gründe für ihre Verhaftung verheimlicht wurden. So saßen sie Tage, Wochen oder Monate ohne konkrete Anklage ein. Wurde diese endlich vorgetragen, musste der Beschuldigte sofort Stellung beziehen. Beim eigentlichen Gerichtsverfahren konnte er sich durch einen Verteidiger vertreten lassen.

Um ein Geständnis zu erzwingen, folterte man. Die Foltermethoden – vor allem das „Aufziehen" des Verdächtigen, dessen Füße mit Gewichten beschwert waren, mit einem Seilzug und die Streckbank – waren schon im mittelalterlichen Ketzerverfahren bekannt. Ausgeführt wurde die Tortur von einem weltlichen Scharfrichter in Anwesenheit der Inquisitoren, eines bischöflichen Vertreters, eines Protokoll führenden Sekretärs und meist eines Arztes für Notfälle. Dauerhafte Schäden wollte man vermeiden.

Während die Folter anfangs eher selten eingesetzt wurde, praktizierte man sie nach 1530 vermehrt, um der „Untergrundtätigkeit“ möglicher „Judaisierer“ auf die Schliche zu kommen.

Der Strafenkatalog

Manchmal zogen sich die Verfahren über Jahre hin. Die Hauptstrafen der spanischen Inquisition waren Abschwörung, Wiederversöhnung und die Überstellung an den weltlichen Arm der Justiz. Am mildesten war die Abschwörung. Dabei hatten die Betroffenen ihren „Irrtümern“ abzuschwören und ein Treuebekenntnis zur Kirche abzulegen. Neben geistlichen Bußen kamen für sie aber noch eine ganze Reihe Nebenstrafen in Betracht, zum Beispiel Geldbußen, die der Inquisition zu Gute kamen. Das Tragen des Büßergewandes, ein geweihter Kittel mit dem roten Andreaskreuz, konnte eine weitere Strafe sein, Verbannungen im Rahmen der Abschwörung ausgesprochen werden.

Die Wiederversöhnung war bereits härter. Sie betraf Menschen, die einer offenkundigen Ketzerei für schuldig befunden wurden, aber Reue zeigten. Natürlich mussten sie der Häresie abschwören, doch damit nicht genug. Sie mussten sühnen, etwa durch eine öffentliche Prügelstrafe, Haft oder Dienst auf der Galeere. Auch Besitz und Güter konnten von der Inquisition eingezogen werden. Mit der Hinrichtung waren zwei Gruppen bedroht: die Unbußwilligen und die Rückfälligen. Sie konnte auf zweierlei Weise erfolgen. Reuige wurden vor dem Verbrennen – quasi als Gnadenakt – erwürgt, andere unbarmherzig bei lebendigem Leibe verbrannt. „Während der Häretiker, je nach Windrichtung, erstickte oder langsam verbrannte, sangen die versammelten Katholiken das Lied Großer Gott, wir loben dich“, schreibt Karlheinz Deschner in „Abermals krähte der Hahn“.

Am Schluss des Verfahrens stand der Akt des Glaubens (Auto defé). Die öffentlichen Autodafés wurden zum signifikanten Merkmal der spanischen Inquisition. Als schlagkräftiges Propagandainstrument für die Rechtgläubigkeit verkörperten sie den Sieg

Spanisches Inquisitionsgericht

über die Ketzer. Ein Autodafé wurde wie ein Spektakel sorgfältig vorbereitet, meist kamen hier Verurteilte aus mehreren Prozessen zusammen. Von überallher strömten Besucher heran, auch hohe kirchliche Würdenträger gesellten sich dazu.

Im Rahmen der Protestantenverfolgung nahm diese Zeremonie den Charakter eines Volksfestes an. 200.000 Besucher wurden zum Beispiel 1559 in Valladolid gezählt. Die Autodafés begannen mit einer feierlichen Prozession, zuerst die Rechtgläubigen, dann die Verurteilten im Büßergewand und schließlich die Inquisitoren zogen zur Kirche oder zum zentralen Platz des Ortes. Messe, Predigt und Treueeid auf die Inquisition folgten. Kern der Veranstaltung war die Verlesung der Urteile, die im Einzelfall Vergehen und Strafe enthielten. Schließlich folgte die Abschwörung, und die Büßer wurden wieder in die christliche Gemeinschaft aufgenommen. Die zum Tode verurteilten wurden der weltlichen Obrigkeit für die Hinrichtung übergeben.

Nach dem Höhepunkt ihrer Tätigkeit im 16. Jahrhundert bestand die spanische Inquisition offiziell noch bis zum Ende des 18. Jahrhunderts fort. Charakteristisch für die spanische und auch die portugiesische Inquisition waren die Autodafés, denen in Spanien zwischen 1481 und 1808 rund 31.000 Menschen zum Opfer fielen. 270.000 wurden in dieser Zeit zu Kerkerhaft und Vermögensentzug verurteilt.

Die spanische Inquisition ist ein besonders furchtbares Kapitel der europäischen Geschichte. Papst Johannes Paul II. hat sich für ihre Verbrechen entschuldigt – dennoch bleibt sie „Vergangenheit, die nie vergeht". Im Jahre 1808 durchsuchten die Soldaten Napoleons ein Dominikanerkloster bei Madrid, sie fanden Folterkammern und Gefangene. Die französischen Truppen jagten daraufhin das Kloster in die Luft. Unter Napoleon verlor die spanische Inquisition ihre Macht.

Reformation und Gegenreformation

Vor dem bedrohlichen Hintergrund der Reformation wurden im 16. Jahrhundert auch die Strukturen an der Kurie in Rom neu organisiert. Die „Heilige Kongregation der römischen und allgemeinen Inquisition“ – die römische Inquisition – entstand. Dieses Gremium war kaum noch mit der mittelalterlichen Ketzerinquisition vergleichbar, die vor allem zur Verfolgung von den Häretikern ins Leben gerufen worden war. Die römische Inquisition sollte vor allem den römisch-katholischen Glauben, insbesondere gegenüber dem Protestantismus bewahren und falsche Lehren bzw. Glaubensirrtümer bekämpfen. Sie bestand bis ins 20. Jahrhundert, widmete sich in späteren Jahren allerdings eher der Wahrung katholischer Glaubensgrundsätze und der Zensur nicht katholischer Schriften. 1966 trat an ihre Stelle die Kongregation für Glaubenslehre.

Martin Luther und die Reformation in Deutschland

Kirchliche Missstände, soziale Veränderungen und die Rückbesinnung auf die Werte der Antike lösten eine der größten Bewegungen der Kirche in der frühen Neuzeit aus: die Reformation. Das Ansehen des Klerus hatte im 15. Jahrhundert erheblich gelitten. Kirchenabspaltungen, die Zuwendung der kirchlichen Vertreter zu weltlichen Freuden und Genüssen, Korruption und Machtanreicherung schmälerten die Glaubwürdigkeit der christlichen Lehre und der Predigt nach Nächstenliebe und Bescheidenheit. Kirchliche Ämter wurden gekauft, weil man mit ihnen sehr viel Geld verdienen konnte. Die Ausbildung der Priester war schlecht, entsprechend selten wurde die Botschaft der Bibel verkündet. Die Päpste in Rom zeigten nur wenig Interesse an der Kirche, sie verstanden sich als Fürsten des Kirchenstaates, des Vatikans. Doch die Reformation ließ sich nicht aufhalten und beendete schließlich die Vorherrschaft des Papstes in der westlichen Kirche. Die protestantische Kirche wurde gegründet.

Wegbereiter für die kirchliche Erneuerung waren Humanismus und Renaissance, Bewegungen, die in der zweiten Hälfte des 14. Jahrhunderts in Italien, dem damals kulturell und wirtschaftlich höchst entwickelten Land Europas, entstanden. Dort setzte eine Rückbesinnung auf die Antike ein: Diese „Wiedergeburt" (= Renaissance) antiker Traditionen wandte sich vor allem gegen die von der Scholastik (christliche Philosophie des Mittelalters) geprägte Dogmatik der mittelalterlichen Kirche. Trotz aller Kritik blieben die meisten Humanisten der christlichen Lehre verpflichtet.

Die Erneuerungsbewegung nahm ihren Anfang in Deutschland und ist in erster Linie mit der Person Martin Luthers (1483–1546) verbunden, der mit seinen 95 Thesen im Jahr 1517 gegen den Ablasshandel zu Felde zog. Luther wurde in eine Welt hineingeboren, die reich an Spannungen und Konflikten war. Diese Zeit markierte den Übergang vom Mittelalter zur Neuzeit. Noch lebten die Gepflogenheiten der alten Zeit, doch das Neue drang unaufhaltsam in alle Lebensbereiche ein. Derweil stand die Gesellschaft vor großen Problemen. Der starke Anstieg der Bevölkerung im 15. Jahrhundert sowie die Flucht vieler Menschen vom Land in die Städte sorgten für Nahrungsmittel- und Arbeitsplatzknappheit. Bedrohungen durch Kriege und die wiederkehrenden Pestepidemien sorgten zusätzlich für Ängste und Unruhe. Technische Erfindungen, wie der Kompass oder der Buchdruck revolutionierten die Welt. Geografische Entdeckungen, wie Kolumbus Reise nach Amerika im Jahre 1492, neun Jahre nach Luthers Geburt, veränderten ein ganzes Weltbild.

DER FÜRST DER HUMANISTEN

Erasmus von Rotterdam (1469–1536) war einer der einflussreichsten europäischen Humanisten, ein Universalgelehrter, der mit allen Intellektuellen seiner Zeit in Kontakt stand. Der niederländische Theologe ließ sich 1492 zum Priester weihen und studierte 1495–1499 in Paris, dann in England und Italien, wo er 1506 zum Doktor der Theologie promovierte. Bereits 1511 schrieb er die berühmte Satire „Encomion Moriae" (Lob der Torheit), eine ironische Lobrede auf die Engstirnigkeit der Scholastik und die kirchlichen Missstände. Durch seine Kritik an der Kirche und der scholastischen Theologie war der Humanist ein Wegbereiter der Reformation, blieb aber stets auf Distanz und sah sich in einer vermittelnden Position. Erasmus wollte das Christentum und die Antike in einer Synthese vereinen, indem er das „reine Evangelium" im Sinne eines theologischen Rationalismus zu erfassen suchte. Zum Bruch mit Luther kam es durch sein Festhalten an der menschlichen Willensfreiheit.

KRITIKPUNKT: DER ABLASSHANDEL

Seit 1514 war Luther nicht nur Mönch und Universitätsprofessor, sondern auch Prediger an der Wittenberger Stadtkirche. Im Frühjahr 1517 erlebte er es immer häufiger, dass die Gemeindemitglieder der Beichte fern blieben und stattdessen in die auf brandenburgischem oder anhaltinischem Gebiet liegenden Städte Jüterbog und Zerbst strömten, um sich sowohl von ihren Sündenstrafen als auch von den Sünden selbst durch den Erwerb von Ablasszetteln freizukaufen. Der Ablass hatte sich in einem Jahrhunderte langen Prozess im Zusammenhang mit dem Bußsakrament herausgebildet. Der Sünder musste bereuen, dies durch die Beichte vor dem Priester kundtun, um von diesem die Absolution und eine auferlegte Buße, das heißt Sündenstrafe zu erhalten. Diese Strafe konnte man nun durch eine Ablasszahlung tilgen. Dem lag die alte Vorstellung zugrunde, dass die Kirche durch Christi und der Heiligen Leiden einen unendlichen „Schatz" angehäuft habe, den die Bischöfe und Priester wiederum an die Sünder austeilen konnten.

Martin Luther als Augustinermönch mit Tonsur

Bis Ende des 15. Jahrhunderts war der Ablasshandel streng geregelt, nur bestimmte Sündenstrafen konnten durch Geld erlassen werden. Als Rom jedoch immer mehr Geld für den Bau des berühmten Petersdomes benötigte, wurden diese Regeln allmählich gelockert. Auch ohne Beichte vor einem Priester konnte der Sünder die Strafe durch Kauf eines Ablassbriefes tilgen.

In den magdeburgischen und brandenburgischen Gebieten nördlich von Wittenberg zog 1517 der berüchtigte Dominikaner Johann Tetzel (1495–1519) durch Städte und Dörfer und pries marktschreierisch mit den Worten „Sobald das Geld im Kasten klingt, die Seele aus dem Fegefeuer in den Himmel springt!" Ablass feil. Bald waren Gerüchte über ihn im Umlauf. Es hieß, man könne bei ihm auch Ablass für die Sünden schon Verstorbener erlangen. Und wer wollte schon verstorbene Verwandte oder Bekannte im Fegefeuer schmoren lassen, wenn man ihnen mit der Zahlung einer bestimmten Summe den Weg ins Paradies öffnen konnte? Auch hieß es, Tetzel verkaufe Ablass für Sünden, die man erst in der Zukunft begehen würde. War das nicht die beste Lebensversicherung, die man sich vorstellen konnte? Ja, in blasphemischer Weise hieß es sogar, Tetzel könne, wäre dies möglich, die schwere Sünde der Vergewaltigung der Gottesmutter Maria durch Ablass vergeben.

Die Praxis des Ablasskaufs, welche die Beichte quasi ersetzte, und mit der man sich sein Seelenheil erkaufen konnte, war Luthers Überzeugung völlig zuwider. Glaubte er doch fest daran, dass jeder sich ein Leben lang in Demut der Gnade Gottes anvertrauen müsse. Schon gelegentlich hatte sich Luther gegen den Ablassmissbrauch geäußert. Vor allem in Predigten hatte er wiederholt eingeschärft, dass man Gottes Ehre Abbruch tue, wenn man Ablässe ohne wahrhafte innere Reue und Buße erwerbe. Die für ihn entscheidende religiöse Erleuchtung soll er beim intensiven Studium des Römerbriefes erlangt haben: „Der Mensch erlange Gerechtigkeit allein durch die Gnade Gottes, nicht durch gute Werke." Nun jedoch galt es, sich an die Verantwortlichen zu wenden, um das schändliche Wirken der Ablassprediger einzustellen. Das tat Luther.

Luthers 95 Thesen

Am 31. Oktober 1517 wandte sich Luther in Briefen an seine kirchlichen Vorgesetzten, den Bischof Hieronymus Schulze von Brandenburg und den Erzbischof Albrecht von Magdeburg. Dem Brief an Kardinal Albrecht legte Luther seine 95 Thesen bei. Dass Luther an besagtem Tag seine Thesen mit lauten Hammerschlägen an die Tür der Schlosskirche zu Wittenberg genagelt haben soll, gehört wohl in das Reich der Legenden. Die Thesen stellten bohrende und kritische Fragen an die herrschende Praxis des Ablasshandels, ohne den Ablass insgesamt oder gar die Kirche und ihre Repräsentanten als Vermittler des Heils in Frage zu stellen. „Warum räumt der Papst nicht das Fegefeuer aus, um der heiligsten Liebe und höchsten Not der Seelen willen – als aus einem wirklich triftigen Grund –, da er doch unzählige Seelen loskauft um des unheilvollen Geldes zum Bau einer Kirche willen als aus einem sehr fadenscheinigen Grund?"

„Warum baut der Papst, der heute reicher ist als der reichste Crassus, nicht wenigstens die eine Kirche St. Peter lieber von seinem eigenen Geld als dem der armen Gläubigen?“

Luther hatte die Thesen daneben noch einigen Freunden geschickt und erwartete eigentlich keine schnelle Reaktion. Doch bereits Ende 1517 waren Drucke der Thesen in Leipzig, Nürnberg und Basel im Umlauf. Es gab sowohl stürmische Zustimmung seitens einiger humanistischer Gelehrter und auch einiger Fürsten, als auch völlige Ablehnung aus vielen Teilen der römischen Kirche. So vor allem von dem am meisten kritisierten Ablassprediger Tetzel, der sogar Todesdrohungen gegen Luther ausgesprochen haben soll und ihn schon „in der Nachfolge“ des zum Ketzer verurteilten Jan Hus auf den Scheiterhaufen wünschte. Die Bischöfe reagierten jedoch vorerst noch nicht drastisch. Sie berichteten dem Papst über den „Rebellen“ in den eigenen Reihen und wiesen Luthers Vorgesetzte an, mäßigend auf den Aufmüpfigen einzuwirken. Die von Luther angeprangerten Fehler erkennend, begrüßten einige Bischöfe sogar anfangs die Reformvorschläge.

Doch bald sah sich Luther dem wachsenden Druck ausgesetzt, seine Thesen näher zu erläutern. Er selbst äußerte sich 1518 dahingehend, dass er mit den Thesen ja lediglich einen Missstand zu beseitigen und nicht das ganze Papsttum aus den Angeln zu heben trachte. Die Lawine war jedoch nicht mehr aufzuhalten. Kardinal Albrecht zeigte Luther in Rom an, Tetzel reagierte mit Gegenthesen. Die Unfähigkeit der Kurie, das berechtigte religiöse Anliegen Luthers wahrzunehmen, führte statt zum Gespräch zur Repression. Im März 1518 wurde der „Rebell“ von dem Ingolstädter Theologen Johann Eck (1486–1553), bis dahin ein Sympathisant des Wittenberger Mönchs, erstmals als Häretiker bezeichnet. Daran anknüpfend veröffentlichte Tetzel eine Schrift, in der er Luther als in der Tradition Wyclifs und Hus stehenden Ketzer darstellte. Luthers gedruckte Antworten auf diese Vorwürfe wurden nun ihrerseits polemisch. In diesem Konflikt waren schon im Ansatz alle späteren Streitpunkte, wie das Vermögen des freien

Willens, die Sakramente, die Vergebungsgewalt des Papstes und die priesterliche Vollmacht angelegt. Es deutete sich ein grundsätzlicher Autoritätskonflikt an, obwohl Luther immer noch die Hoffnung hegte, der Papst werde ihn verteidigen.

Die Kurie jedoch reagierte auf den vermeintlichen Ketzer drastisch: 1518 wurde in Rom der Ketzerprozess eröffnet. Dieser ruhte jedoch 1519, da das Land mit der Regelung der Nachfolge des verstorbenen Kaisers Maximilian beschäftigt war. Nach der Wahl Karls V. zum Kaiser wurde der Kampf gegen Luther und seine Anhänger jedoch weitergeführt.

Der römische Prozess

Im Juni 1518 wurde Luther nach Rom geladen, um die Gefahr der Ketzerei in einem Verfahren zu untersuchen. Noch vor dem Termin wurde die Anklage auf notorische Ketzerei geändert: Spitzel in Luthers Wittenberger Vorlesungen hatten ihn mit gefälschten Thesen denunziert. Aus gesundheitlichen Gründen bat Luther um eine Anhörung auf deutschem Gebiet, der sächsische Kurfürst Friedrich der Weise, der ihn ausliefern sollte, unterstützte ihn dabei. Damit wurde Luthers Prozess in politische Interessen verwickelt: Papst Leo X. brauchte den Kurfürsten für die anstehende Kaiserwahl und gab seinem Einwand im August 1518 deshalb statt. Kardinal Thomas Cajetan sollte Luther beim Reichstag zu Augsburg verhören. Vom 12. bis 14. Oktober 1518 sprach Luther dort vor. Er weigerte sich zu widerrufen, wenn er nicht aus der Bibel heraus widerlegt würde. Für Cajetan war er damit als Ketzer überführt und hätte ausgeliefert werden müssen. Doch Friedrich lehnte die Auslieferung weiterhin ab. Luther entzog sich der drohenden Verhaftung in der Nacht vom 20. zum 21. Oktober 1518 durch Flucht aus Augsburg.

Während der Verfahrenspause stellte Eck Thesen für ein Streitgespräch mit Luthers Wittenberger Dozentenkollegen Andreas Bodenstein auf, welche sich so klar gegen Luther richteten, dass dieser sein Schweigen brach und 1519 persönlich an der Leipziger

Disputation teilnahm. Dort spitzte Eck den Konflikt auf die Frage der Papstautorität zu; Luther wagte nun die These, der Papst sei de iure erst seit 400 Jahren Führer der Christenheit. Eck versuchte Luther dann als Anhänger des 100 Jahre zuvor als Ketzer verbrannten Jan Hus zu überführen; Luther warf Rom im Gegenzug die Abspaltung der Orthodoxie vor. Er ordnete nun auch das Konzil von Konstanz der Autorität der Heiligen Schrift unter. Dieses hatte das Nebeneinander von drei Päpsten zwar beendet, aber die Autoritätsfrage – Konzil oder Papst – nicht geklärt. In diesem Kontext fiel Luthers Satz: „Auch Konzile können irren."

Damit stellte er die individuelle Gewissensfreiheit im Hören auf die Bibel auch über autoritative Konsensentscheidungen der Bischöfe. Dies war allerdings gleichsam der endgültige Bruch mit der katholischen Kirche.

Nach einem weiteren ergebnislosen Verhör vor Cajetan erließ der Papst am 15. Juni 1520 die Bannbulle „Exsurge Domine". Sie verdammte 41 aus dem Zusammenhang gerissene und teilweise verdrehte Sätze Luthers ohne Begründung und Widerlegung, setzte ihm eine Frist von 60 Tagen zur Unterwerfung und drohte ihm den Kirchenbann (Ausschluss) an. Im Dezember vollzog Luther den unwiderruflichen Bruch, indem er auf Verbrennungen seiner Bücher mit der Verbrennung der Bulle sowie einiger Schriften der Scholastik und des kanonischen Rechts vor dem Wittenberger Elstertor antwortete. Daraufhin wurde er am 3. Januar 1521 mit der Bannbulle „Decet Romanum Pontificem" exkommuniziert.

Der Reichstag zu Worms

Der Bann und seine reformatorischen Hauptschriften machten Luther im ganzen Reich bekannt. Der Buchdruck, die allgemeine soziale Unzufriedenheit und politische Reformbereitschaft verhalfen ihm zu einem außergewöhnlichen publizistischen Erfolg: Bis zum Jahresende waren bereits 81 Einzelschriften und Schriftsammlungen von ihm erschienen, vielfach in andere Sprachen übersetzt, in insgesamt 653 Auflagen. In vielen Ländern regten sich ähnliche Reformbestrebungen, die nun sehr stark von den politischen Spannungen zwischen Fürstentümern und Zentralmächten bestimmt wurden.

Kurfürst Friedrich der Weise von Sachsen erreichte durch zähes Verhandeln, dass Luther seine Position vor dem Reichstag nochmals erläutern und verteidigen durfte.

Am 17. April 1521 wurde Luther vor den versammelten Fürsten und Reichsständen verhört und letztmals zum Widerruf aufgefordert. Nach einem Tag Bedenkzeit und im Wissen, dass dies sein Tod sein konnte, lehnte er mit folgender Begründung ab: „Wenn ich nicht durch Zeugnisse der Schrift und klare Vernunftgründe überzeugt werde – denn weder dem Papst noch den Konzilien allein glaube ich, da es feststeht, dass sie öfter geirrt und sich selbst widersprochen haben – so bin ich durch die Stellen der heiligen Schrift, die ich angeführt habe, überwunden in meinem Gewissen und gefangen in dem Worte Gottes. Da mein Gewissen in den Worten Gottes gefangen ist, ich kann und will nichts widerrufen, weil es gefährlich und unmöglich ist, etwas gegen das Gewissen zu tun. Gott helfe mir. Amen."

Das war zuviel. Der Reichstag verhängte am 26. Mai 1521 das auf den 8. Mai rückdatierte, vom Kaiser gezeichnete Wormser Edikt über ihn: Es verbot unter Berufung auf die Bannbulle des Papstes im gesamten Reich, Luther zu unterstützen oder zu beherbergen, seine Schriften zu lesen oder zu drucken, und gebot ihn festzusetzen und dem Kaiser zu überstellen. Die Reichsacht wurde den Ständen jedoch erst nach dem offiziellen Reichstag mitgeteilt, so dass ihre Rechtsgültigkeit vielfach bestritten wurde. Auch so hätte jeder Luther töten können, ohne dafür belangt zu werden: Er war nun „vogelfrei". Gemäß der Zusage an seinen Kurfürsten erhielt er aber freies Geleit.

Auf der Rückreise ließ Kurfürst Friedrich Martin Luther „entführen" – dieser hatte zuvor davon Kenntnis erhalten. Das geschah einerseits, um Luthers Sicherheit zu garantieren, andererseits, um ihn kurzzeitig von der Bildfläche verschwinden zu lassen – sogar das Gerücht von seinem Tode grassierte. Auch diente diese Aktion dem Kurfürsten vor allem dazu, sich selbst nicht zu gefährden, da der Fürst ja einem Geächteten und Ketzer Unterschlupf gewährte. Grund genug also für eine Anklage.

Luther wurde auf die abgeschiedene Wartburg gebracht und die reformatorische Bewegung hatte Zeit, sich zu festigen. Auf der Wartburg übersetzte Luther in nur elf Wochen das Neue Testament ins Deutsche. 1534 übersetzte er auch das Alte Testament.

Unruhen in Wittenberg

In Wittenberg predigte Andres Bodenstein von Karlstadt (1482–1541) inzwischen für weit reichende Gottesdienstreformen: gegen Klöster, Opfergebete, Bilder in Kirchen und für das Abendmahl mit dem Laienkelch. Ab 1522 setzte der Stadtrat die Neuerungen um und beschloss auch Maßnahmen gegen Armut und Unzucht, wie sie Luther in seinen Schriften von 1520 vorgeschlagen hatte. Doch die Tumulte nahmen kein Ende: Viele Nonnen und Mönche verließen die Klöster in Sachsen. Die „Zwickauer Propheten", die unter dem Visionär Nikolaus Storch und dem Lutherschüler Thomas Müntzer (1489–1525) gegen die Kindertaufe vorgingen und deshalb aus Zwickau ausgewiesen worden waren, verschärften die Unruhe noch.

Nach dem ersten „Bildersturm" in Wittenberg kehrte Luther im März in seine Gemeinde zurück. Mit täglichen Predigten überzeugte er die Bürger binnen einer Woche von maßvolleren Reformen. Die Liebe, nicht äußere Dinge seien entscheidend; Bilderbeseitigung sei unnötig, da Bilder nicht schadeten. Bis auf die Opfergebete ließ er die römische Messordnung unverändert, führte aber daneben das evangelische Abendmahl ein. Damit kehrte Ruhe ein, und Karlstadt kehrte der Stadt den Rücken. Mit Luthers Abgrenzung von den „Schwärmern" fiel eine Vorentscheidung für den weiteren Verlauf der Reformation: Der radikale Bruch mit katholischen Gottesdienstformen blieb ebenso aus wie gleichzeitige tief greifende Sozialreformen. Die Bewegung spaltete sich.

DER DEUTSCHE BAUERNKRIEG

Bald erwuchs der Reformation neue Gegnerschaft. Diesmal waren es die radikalen Kräfte aus den eigenen Reihen, von Luther Schwärmer und „Rottengeister" genannt. Thomas Müntzer, Priester und ehemaliger Anhänger Luthers, wurde 1525 zum Führer der Bauernerhebungen in Mitteldeutschland, die bereits 1524 im Südwesten aufgeflammt waren. Diese, sich auf die lutherischen Lehren berufenden Kräfte, forderten gerechtere wirtschaftliche Verhältnisse, auch durch den Sturz der Obrigkeiten.

Wegen seiner radikalen sozialrevolutionären Bestrebungen und seiner spiritualistischen Theologie, welche sich in vielen kämpferischen Texten und Predigten niederschlugen, distanzierte sich Luther zu Beginn des Bauernkrieges von Müntzer, der 1521 nach Böhmen floh und dort das „Prager Manifest" veröffentlichte.

Müntzer besaß das Charisma eines Volksführers

Nach mehreren Zwischenstationen erhielt er 1523 eine Pfarrstelle in Allstedt. Hier arbeitete er seine Reformationstheologie aus und führte eine deutsche Liturgie ein. Müntzers Gottesdienst in deutscher Sprache war eine Sensation und zog scharenweise Besucher an. Seine Anhänger wurden jedoch unruhig und suchten nach Wegen, die Reformation auf eine gewaltsame Weise voranzutreiben. Er sprach sich zwar gegen einen Aufruhr aus, gleichzeitig aber kündigte er unter der Hand eine Revolution an. Der schwelende Konflikt zu den Wittenberger Reformatoren um Martin Luther auf der einen und der fürstlichen Obrigkeit auf der anderen Seite wurde immer größer. 1524 sorgte Luther dafür, dass Müntzer entlassen wurde und fliehen musste. Der Bruch zwischen beiden war damit endgültig. Das wurde offensichtlich, als Müntzer sich im Bauernkrieg auf die Seite der Bauern schlug.

Am 12. Mai 1525 traf Müntzer mit seiner Heerschar in Frankenhausen ein, um sich mit dem Bauernheer zu vereinigen. Er setzte sich sogleich an die Spitze der 7.000 Aufständischen. Gegen die Truppen Philipps von Hessen waren sie in der Schlacht vom 15. Mai jedoch chancenlos. Über 6.000 Aufständische wurden getötet. Müntzer konnte fliehen und in der Stadt Unterschlupf finden. Bald jedoch wurde er gefasst, verhört und gefoltert. Angesichts des bevorstehenden Todes und sicher auch unter dem Eindruck der Folter entsagte er der Utopie, der er nachgejagt war. Er ermahnte seine Anhänger in einem Abschiedsbrief, von Aufruhr und Blutvergießen abzulassen. Am 27. Mai wurde Thomas Müntzer enthauptet.

Martin Luther hatte für ihn kein gnädiges Wort: „Wer den Müntzer gesehen, der kann sagen, er habe den Teufel gesehen in seinem höchsten Grimm." Luther, der anfangs das berechtigte Anliegen der Bauern unterstützte, sah in der Radikalisierung der Bewegung bald eine Gefahr für das weltliche Regiment. In seinem scharfen Pamphlet „Wider die räuberischen und mörderischen Rotten der Bauern" nahm er eindeutig Partei gegen die Bauern, welche die Aufhebung der Leibeigenschaft forderten.

Die Reformation in der Schweiz und in Frankreich

Das bedeutendste Zentrum der Reformation neben Wittenberg wurde zunächst Zürich, wo Ulrich Zwingli (1484–1531) ab 1523 nicht nur die Kirchenordnung, sondern auch das gesamte Gemeindewesen umgestaltete. Ab Weihnachten 1523 begann in Zürich der Zusammenbruch des alten Kultes. Prozessionen und Wallfahrten hörten auf, das Fasten wurde nicht mehr eingehalten. Nach Pfingsten 1524 wurden alle Bilder aus den Kirchen entfernt. Im April 1525 legten Zwingli und seine Freunde dem Rat der Stadt eine neue Abendmahlsliturgie vor und verlangen die endgültige Abschaffung der Messe. Schon Gründonnerstag 1525 wurde in Zürich das erste reformierte Abendmahl gefeiert.

Die folgenden Jahre brachten der Reformation in der Schweiz großen Zuwachs. Während Luther Missstände in der Kirche, die seinem Verständnis der Bibel widersprachen, entfernen wollte, akzeptierte Zwingli in der Kirche nur das, was ausdrücklich in der Bibel stand.

Die weltweite Ausbreitung der schweizerischen Reformation bis nach Frankreich, den Niederlanden, Schottland und Ungarn nahm jedoch erst später von Genf aus ihren Lauf. Nach Zwinglis Tod wurde ab 1536 Genf unter Johannes Calvin (1509–1564) zum protestantischen Musterstaat. Calvin begann in kurzer Zeit mit der reformatorischen Durchgestaltung des ganzen öffentlichen und privaten Lebens der Stadt, wobei er mit einer gehörigen Portion Strenge und Unerbittlichkeit vorging. Seine strenge Kirchenzucht blieb nicht ohne Widerstand. Das verwickelte den Reformator in zahlreiche Prozesse, als deren Höhepunkt die Ketzerverbrennung des mit Calvin bekannten Michel Servet, eines Gegners der Trinitätslehre, 1553 in Genf gilt. Seine Prädestinationslehre, die Auffassung, dass Gott die Menschen nach seinem souveränen, unerforschlichen Ratschluss zum ewigen Leben oder aber zur ewigen Verdammnis bestimmt habe, wurde von Lutheranern nicht geteilt.

Calvin versus Luther

Der Streitpunkt, an dem es schließlich zum Bruch zwischen den beiden Richtungen kam, war allerdings die Abendmahlslehre, in der sich Calvin den Zwinglianern angenähert hatte. Die tief gehende Entfremdung führte dazu, dass die Anhänger Calvins im Augsburger Religionsfrieden nicht anerkannt wurden. Außerhalb

Calvin über die Hexen

Genau wie Luther befürwortete Calvin vehement die Verfolgung der Hexen und deren Hinrichtung. Johannes Calvin rief in wörtlicher Befolgung alttestamentlicher Aussagen dazu auf, „Hexen" aufzuspüren und gnadenlos „auszurotten". Er forderte die unerbittliche Verfolgung und Vernichtung von Feinden Gottes, damit auch der Hexen. Unter Berufung auf die Bibelstelle Exodus 22, 17 erklärte Calvin, Gott selbst habe die Todesstrafe für Hexen festgesetzt. In seinen Predigten über das erste Buch Samuel tadelte er darum jene, welche die Verbrennung der Hexen ablehnten, und wollte sie als Verächter des göttlichen Wortes aus der Gesellschaft ausstoßen. Wer sich gegen die Hinrichtung der Hexen auszusprechen wagte, setzte sich der Gefahr schwerster Verfolgungen, des Bannes oder Todes aus. Calvin glaubte, dass drei Jahre lang Männer und Frauen in Genf durch Zauberkünste die Pest ausgebreitet hatten und hielt alle ihnen durch die Folter abgepressten Selbstanschuldigungen für wahr, nachträglichen Widerruf für unwahr. 1545 wurden innerhalb weniger Monate 34 Unglückliche nach entsetzlichen Martern vor allen Häusern, die sie angeblich mit Pest behext hatten, verbrannt.

Deutschlands jedoch beeinflusste Calvin den Protestantismus entscheidend. Weit über seinen Tod am 27. Mai 1564 hinaus gab seine Lehre dem Widerstand der französischen Hugenotten und der protestantischen Niederländer Rückhalt gegen ihre Unterdrückung. Von Genf aus fasste die Bewegung des Calvinismus in Frankreich Fuß (Hugenotten) und verdrängte in den Niederlanden Lutheraner und Täufer.

Infolge der kolonialen Expansion Englands und der Niederlande wurde der Calvinismus im 17. Jahrhundert zu einer weltweiten Konfession, getragen hauptsächlich von Kaufleuten und

Industriellen, die in Calvins positiver Einstellung zu Arbeit und Gelderwerb ihre religiöse Legitimierung fanden. In Deutschland verbreitete sich der Calvinismus am Rhein, vornehmlich in der Pfalz. Doch trat auch der brandenburgische Kurfürst Johann Sigismund 1613 zum Calvinismus über, während sein Land, entgegen den Bestimmungen des Augsburger Religionsfriedens, lutherisch blieb. Die brandenburgischen Herrscher gewährten den von der Gegenreformation verfolgten Calvinisten Zuflucht (Potsdamer Edikt von 1685). Der von seinen Vorgängern auch schon unternommene Versuch, Calvinismus und Luthertum zu vereinen, gelang erst Friedrich Wilhelm III. von Preußen und führte 1817 bzw. 1834 zur Bildung der Altpreußischen Union.

Die Hugenotten

Hugenotten – aus dem Wort „Eidgenossen" entstanden, weil sie sich zur Lehre des in Genf wirkenden Reformators Johannes Calvin bekannten –, ist die Bezeichnung für die französischen Protestanten. Der Protestantismus hielt zwischen 1520 und 1523 in Frankreich Einzug und wurde vor allem vom Hochadel, intellektuellen Kreisen und der Mittelschicht angenommen.

Diese neue Glaubensgemeinschaft genoss zunächst den Schutz des Königshauses. Doch rasch löste die Ausbreitung des Protestantismus unter den Katholiken Frankreichs Beunruhigung und Hass aus und der König sah sich gezwungen, die Anhänger der neuen Religion unter Druck zu setzen. Schließlich kam es sogar zum offenen Bürgerkrieg: Zwischen 1562 und 1598 tobten zwischen den Katholiken und den Protestanten in Frankreich insgesamt acht Kriege.

Die Hugenotten erhielten Unterstützung aus England, Deutschland und der Schweiz, die Katholiken aus Spanien. Die Friedensverträge am Ende eines jeden Krieges gewährten den Hugenotten ein gewisses Maß an religiöser und politischer Duldung.

Da diese Verträge vom König und anderen einflussreichen Kräften jedoch vielfach ignoriert oder einfach außer Kraft gesetzt wurden, lebten die Kämpfe immer wieder auf.

PARISER BLUTHOCHZEIT

In der Nacht zum 24. August 1572 wurden auf Anordnung Katharinas von Medici und mit Zustimmung Karls in der berüchtigten Bartholomäusnacht in Paris tausende Hugenotten ermordet. Dort hatten sie sich aus Anlass der Hochzeit von Heinrich von Navarra mit Margarete, der Tochter Katharinas, versammelt. Die Heirat war arrangiert worden, um die beiden Religionsparteien zu versöhnen.

Unter den Opfern des Massakers waren viele ortsfremde Hugenotten, sie starben bei der „Pariser Bluthochzeit“ und an den drei darauf folgenden Tagen, an denen der Blutrausch andauerte. Insgesamt sind bei diesem Pogrom etwa 30.000 Menschen ums Leben gekommen.

Von August bis Oktober fanden ähnliche Massaker in anderen Städten statt, zum Beispiel in Toulouse, Bordeaux, Lyon, Bourges, Rouen und Orléans, wobei zwischen 5.000 und 100.000 Menschen umkamen.

Auch die nächsten Kriege brachten keine militärische Entscheidung, dafür aber eine Bestätigung der politischen und religiösen Forderungen der Hugenotten. Im achten Hugenottenkrieg schließlich standen sich die Hugenotten unter Heinrich von Navarra (1553–1610) und die katholische Liga unter Henri de Guise (1550–1588) gegenüber. 1598 garantierte Heinrich den Hugenotten im Edikt von Nantes Gewissensfreiheit, die Bürgerrechte und örtlich begrenzte freie Religionsausübung. Es sollte ewige Gültigkeit haben, die Hugenottenkriege dauerhaft beenden und den inneren Frieden in Frankreich wieder herstellen. Das Edikt war der schriftliche Ausdruck eines Kompromisses zwischen der katholischen Staatsreligion und der Konfession einer bedeutenden Minderheit in der Bevölkerung.

Die „Pariser Bluthochzeit" (Gemälde von François Dubois)

95 Artikel sicherten den Hugenotten die reformierte Religionsausübung im privaten Bereich und öffentlich in den von ihnen militärisch beherrschten Städten zu. Eine Amnestie für vergangene Unrechtstaten wurde ebenfalls ausgesprochen. Die Protestanten wurden zu Staatsämtern zugelassen. Für die Ausbildung reformierter Prediger durften Akademien eingerichtet wer-

den. In katholischen Gebieten, am königlichen Hof und in der Hauptstadt Paris, durfte der reformierte Gottesdienst dagegen nicht ausgeübt werden.

Das Edikt von Nantes hatte keinen dauerhaften Bestand. Nach dem Tod Heinrichs IV. (1610) und dem Fall der protestantischen Seefestung La Rochelle 1628 unter Ludwig XIII. (1601-1643) gerieten die Hugenotten, die einen Staat im Staate gebildet hatten, immer stärker in Bedrängnis. Die Zahl der Verbote für Beruf, Gottesdienst, öffentliches Wirken und Familienrecht nahm zu.

DIE HUGENOTTEN VERLASSEN FRANKREICH

1661 übernahm der „Sonnenkönig" Ludwig XIV. die Regierungsgeschäfte und leitete eine groß angelegte mit Bekehrungsaktionen verbundene systematische Verfolgung der Protestanten ein. Er verband die einsetzenden Flüchtlingswellen 1669 mit einem Emigrationsverbot, die schließlich in den berüchtigten Strafmaßnahmen, den Dragonaden, 1681 ihren Höhepunkt fanden. Trotz Verbotes verließen im Laufe von etwa 50 Jahren rund 200.000 Flüchtlinge ihre Heimat. Das faktische Verbot der Religionsausübung sowie die ständige Bedrohung seitens der Staatsmacht zwang hunderttausende Hugenotten zur Emigration nach England, Deutschland, in die Niederlande, die Schweiz und die englischen Kolonien in Nordamerika. Besonders Brandenburg-Preußen förderte die Ansiedlung der Hugenotten, um 1700 stellten die Hugenotten ein Drittel der Berliner Bevölkerung.

Im Edikt von Fontainebleau 1685 widerrief Ludwig XIV. das Edikt von Nantes. Wer nunmehr als Protestant erkennbar war, wurde mit Haft oder Galeerenstrafe belegt. Daraufhin begaben sich viele in eine Untergrundkirche und leisteten teilweise in den Cevennen Widerstand (Camisarden). Dort kam es in den Jahren 1703 bis 1706 zum Bürgerkrieg, worauf Ludwig XIV. über 400 Dörfer dem Erdboden gleich machen ließ. Das Psalmensingen und Bibellesen wurde mit hohen Strafen belegt. Viele Menschen traten zwangsweise zum Katholizismus über, auch um den gefürchteten

Sitzung des Konzils von Trient 1563

Dragonaden zu entgehen. Aber der Protestantismus ließ sich nicht ausrotten, weil die verfolgten und bestraften Protestanten als Märtyrer verehrt wurden. Im Laufe des 18. Jahrhunderts, im Zuge der Aufklärung, erhielten die französischen Protestanten nach und nach viele ihrer Rechte zurück. Im Code Napoléon von 1804 erhielten sie die volle Gleichberechtigung.

Reaktion der Kirche: Die Gegenreformation

Die katholische Kirche fühlte sich vom Protestantismus ernsthaft bedroht und ging zum Gegenangriff über. Der Zeitraum vom Augsburger Religionsfrieden 1555, der den Landesherren die Entscheidung über das Bekenntnis seiner Untertanen übertrug, bis zum Westfälischen Frieden 1648 wird von Historikern als das Zeitalter der Gegenreformation bezeichnet. Kennzeichen dieser Zeit war der gewaltsame Versuch, protestantisch gewordene Gebiete

Nicht zimperlich: die Jesuiten

Der Jesuitenorden, die „Gesellschaft Jesu“ entstand in Paris aus einer Gruppe von sechs jungen Leuten, die an der Sorbonne Theologie studierten. Als Ältester gab Ignatius von Loyola (1491–1556) jedem von ihnen „Exerzitien“, geistliche Übungen, in denen sie sich dazu entschieden, ihr Leben ganz und gar in den Dienst Gottes zu stellen. Auf dem Montmartre in Paris legten sie als Freundeskreis 1534 die Gelübde der Armut und der Keuschheit ab, zudem versprachen sie in einem dritten Gelübde eine Pilgerfahrt ins Heilige Land, um dort die Muslime zu bekehren; falls dies nicht gelänge, wollten sie sich dem Papst in Rom zur Verfügung stellen. Da sich die Überfahrt zur Mission als undurchführbar herausstellte, zogen die Gefährten also nach Rom und wandten sich an den Papst. Schon 1540 wurde die Gemeinschaft von Papst Paul III. als Orden anerkannt und die Erlaubnis erteilt, Missionsreisen in seinem Auftrag übernehmen. Zu den Gelübden der Armut und Keuschheit kamen das Versprechen von Gehorsam gegenüber dem Generaloberen und das so genannte Papstgelübde. Die Jesuiten waren nicht zimperlich in der Wahl ihrer Mittel. Sie vertraten die Ansicht: „Wir heiligen selbst sündhafte Mittel durch den reinen Zweck. Auf diese Weise haben unsere Patres Wege gefunden, die Gewalttätigkeiten zu erlauben, die man bei der Verteidigung seiner Ehre anwendet. Man braucht nur seine Absicht von dem Wunsch nach Rache, der sündhaft ist, abzuwenden und sie auf den Wunsch, seine Ehre zu verteidigen, hinzulenken, denn das ist nach unseren Patres erlaubt.“

wieder in den Schoß der katholischen Kirche zurückzuführen. Ihren Ausdruck fand die Reformbewegung im Konzil von Trient (1545–1563), das den Katholizismus der Neuzeit entscheidend prägte. Es verabschiedete eine Reihe von Dekreten, die in den seit der Reformation umstrittenen theologischen Fragen die katholische Lehre verbindlich formulierten und damit den Gegensatz zum Protestantismus festschrieben. Die Lehrdekrete gaben der Inquisition eine verbesserte Handhabe zum Vorgehen gegen Ketzer, wozu grundsätzlich auch die Protestanten zählten.

Zu den Anfängen der innerkatholischen Reformbewegungen gehörten die Orden des frühen 16. Jahrhunderts, die Kapuziner, Theatiner, Barnabiter und die Jesuiten. Die Kapuziner, ein selbstständiger Zweig des Franziskanerordens, entstanden als Reformgruppe und wurden 1528 durch Papst Clemens VII. anerkannt. Die Mitglieder verpflichteten sich zu noch radikalerer Armut als die Franziskaner. Im Jahr 1524 gründeten Kajetan von Thiene (1480–1547) und Gian Pietro Caraffa, der später zu Papst Paul IV. wurde, in Rom die Theatiner. Der Orden nannte sich nach dem lateinischen Namen der Stadt Chieti – Theate. Die Idee der Gründung war es, der Kirchenhierarchie neue Vitalität zu geben. Es gab weit reichende Armutsgelübde und strenge Ordensregeln.

Der Orden breitete sich in Italien, Spanien, Frankreich und Portugal schnell aus und sandte Missionare nach Peru, Borneo und Sumatra. Zur gleichen Zeit entstand der Orden der Barnabiter, um die Erziehung und missionarische Arbeit zu unterstützen. Es ging ebenfalls darum, das Sakrament der Eucharistie, welches von protestantischer Seite nicht akzeptiert wurde, zu stützen. Die Feier des Abendmahls wurde von der katholischen Kirche mit großem Ritus öffentlich gefeiert und war sehr populär. Den größten Einfluss unter den neuen Orden hatten die Jesuiten oder, wie sie zunächst genannt wurden, die Gesellschaft Jesu.

Das Sanctum Officium

Als die reformatorischen Glaubenserneuerer im 16. Jahrhundert auch in Italien begannen, die Orthodoxie zu gefährden, gründete Papst Paul III. am 21. Juli 1542 die Kardinalskongregation der Inquisition, die später in Heiliges Offizium umbenannt wurde. Mit der Bulle „Licet ab initio“ gewann die Inquisition Gestalt. Die oberste Entscheidungsgewalt lag in den Händen des Papstes, der die Inquisition persönlich leitete. Kardinal Giovanni Pietro Caraffa, einen Fanatiker in Glaubens- und Machtfragen der Kirche, ernannte er als seinen Stellvertreter zum Obersten Inquisitor. Ihm zur Seite standen fünf weitere Kardinäle als Inquisitoren. Alle sieben zusammen bildeten das Richterkollegium des höchsten Tribunals der katholischen Kirche. Ihre Aufgabe: Reinerhaltung des Glaubens, Untersuchung und Bestrafung aller Glaubensvergehen.

Von Kardinal Giovanni Pietro Carafa (1476–1559), dem späteren Paul IV., konnte kein Ketzer Mitleid erwarten: „Kein Mensch darf sich dadurch erniedrigen, dass er Ketzer duldet“, war sein Motto. Ein anderer ihm zugeschriebener Ausspruch lautete: „Wäre mein eigener Vater ein Ketzer, ich würde persönlich das Holz sammeln, ihn zu verbrennen.“ Carafa führte nicht nur den Index verbotener Bücher ein, er untersagte den Bewohnern Roms die Tavernen und den Frauen, den Vatikan zu betreten. Die zweite Hälfte seines Pontifikats ging als Schreckensregiment in die Geschichte ein: Zuständigkeiten und Aktivitäten der Inquisition erweiterten sich explosionsartig, harte Strafen waren an der Tagesordnung. Als Antireformator ließ Carafa die beiden angesehenen Kardinäle Reginald Pole und Giovanni Morone als verdächtige Ketzer verfolgen. Für Paul IV. galt der Grundsatz: Im Kampf für das, was man als Wahrheit betrachtet, gegen das, was man als aufrührerische Abfallbewegung ansieht, heiligt der Zweck die Mittel.

Die Ketzerei war heimtückisch: Jeder konnte in Verdacht geraten, auch Erzbischöfe, Kardinäle und Prälaten. Selbst angehende Päpste wurden mitunter zensiert, wie etwa Enea Silvio Piccolomini (1405–1464), der als Pius II. den Heiligen Stuhl bestieg, aber zuvor als Lebemann und Kritiker der päpstlichen Autorität von sich reden gemacht hatte.

Nach dem Tod Pauls IV. entlud sich der Hass der römischen Bevölkerung in Gewaltakten gegen die Inquisition und deren Repräsentanten. Man stürmte das Gebäude des Heiligen Offiziums, befreite Gefangene, vernichtete alle Unterlagen und steckte zum Schluss das Gebäude in Brand.

Pauls Nachfolger Pius IV. (1499–1565) widmete sich verstärkt der Kirchenreform, doch der folgende Papst Pius V. (1504–1572) war wiederum eng mit dem Heiligen Offizium verknüpft. Er ließ den Palast und das Archiv der Inquisition am Campo Santo neu errichten. Seit 1566 wurden in Rom feierliche Autodafés veranstaltet, eine Praxis, die auch Pius Nachfolger fortführte. Zwischen 1573 und 1583 kam es in Rom zu öffentlichen Glaubensakten mit insgesamt 58 Verurteilten. Unter Papst Sixtus V. (1521–1590) fand der Ausbau der inquisitorischen Einrichtungen einen Abschluss.

Der Römische Index

Kurz nach der Gründung – 1543 – beschäftigte sich die Inquisition mit dem Problem der Bücherzensur. Schon wenige Jahre später, im Jahre 1559, wurde der erste „Index librorum prohibitorum", ein Verzeichnis der vom Heiligen Stuhl ausdrücklich verbotenen Bücher, durch dessen Nachfolger Paul IV. publiziert. Ab 1572 fiel die ständige Neuauflage dieses Verzeichnisses in die Verantwortung einer eigenen Kongregation, der Indexkongregation, die stets aufs engste mit dem Heiligen Offizium zusammenarbeitete und 1917 mit diesem wieder vereinigt wurde. Ein erstes Edikt verbot allen Buchhandlungen bzw. Druckereien die Herstellung und Verbreitung häretischer Literatur. Papst Paul IV. führte 1559 den „Index der verbotenen Bücher" ein. Schon das fünfte Laterankonzil im Jahr 1515 hatte sich sehr besorgt über das damals neue Medium Buchdruck geäußert. Schließlich ließen sich mit Gutenbergs Erfindung nicht nur Psalter drucken, sondern auch häretische Schriften und reformatorische Flugblätter. Über vier Jahrhunderte war die Zensurbehörde, die Indexkongregation, ein Instrument kirchlicher Wissens- und Kommunikationskontrolle, und verdammte zwischen 1559 und 1966 zahllose Bücher als „häretisch", „unmoralisch", „irrig" oder „anstößig für fromme Ohren".

Dabei teilten die Zensoren die Welt der Literatur und der Wissenschaft in zwei Klassen ein. Alle Autoren und Bücher, die verboten waren, schmachteten nach ihrer Vorstellung „in der Hölle“. Im Fegefeuer befanden sich jene, die zunächst verboten waren, nach erfolgter Korrektur jedoch wieder gelesen werden durften.

Opfer der römischen Inquisition

Wie bereits im Mittelalter rekrutierten sich auch die Inquisitoren der Neuzeit fast ausschließlich aus den Reihen der Dominikaner und Franziskaner. Wer dieses Amt ausüben wollte, musste mindestens 40 Jahre alt sein und Kenntnisse im kanonischen Recht besitzen. Römische Inquisitoren unterstanden unmittelbar dem Sanctum Officium. Zu ihren Aufgaben gehörte neben der direkten Untersuchung von Häresien die Finanzverwaltung, die Überwachung von Fremden und die Korrespondenz. Zwischen Rom und den Inquisitoren in den Regionen bestand ständig reger Austausch. Auch was das Verfahren betraf, bestanden Kontinuitäten zur mittelalterlichen und spanischen Inquisition.

Ratgeber für die inquisitorische Praxis, Abhandlungen über das Verbrechen der Ketzerei und Traktate über das Heilige Offizium fanden im Rom der Gegenreformation rasche Verbreitung. Noch immer griff man auf die mittelalterlichen Inquisitionshandbücher zurück. Eines der umfassendsten, das Kompendium des aragonesischen Ketzerrichters Eymerich, wurde 1578 vom spanischen Juristen Francisco Pena (1540–1612) neu herausgegeben, einem Mann, der hohe Ämter an der römischen Kurie ausübte und als Berater des Großinquisitors Giulio Antonio Santorini (1532–1602) wirkte. Als der Spanier seine kommentierte Neuausgabe herausbrachte, verriet er keines der Geheimnisse der römischen Inquisition an die Öffentlichkeit, denn sie war außer Stande, sein Werk zu lesen. Das Buch wandte sich an eine Elite. Diese Elite verstand sich als Hüterin der Wahrheit, der von ihren Mitgliedern gedeuteten Wahrheit. Priester und Mönche – Dominikaner, Franziskaner, Jesuiten oder andere – waren ausnahmslos überzeugt, den Laien weit überlegen zu sein. Die Laien mussten von ihnen angeleitet, geführt und korrigiert werden, und zwar nicht allein in religiösen Fragen. Dass Ungebildete selbst die Bibel lasen, war für die römische Kirche unvorstellbar. Fehldeutungen der Heiligen Schrift galten als Wurzel aller Ketzerei. Vermeiden ließen sich diese Irrtümer durch strikten Gehorsam gegenüber einer Elite, die nicht nur in der Inquisition, sondern auch in der Kongregation für den Index verbotener Bücher tätig war. Die Geistlichkeit wachte eifersüchtig über ihr Bibelmonopol.

Die „Familie“ der Denunzianten

Anonyme Denunzianten wurden von der Inquisition meist zurückgewiesen und alle anderen, dem Inquisitor persönlich vorgetragenen Anzeigen genauestens überprüft. Auch die Inquisitoren selbst wurden kontrolliert. Sie operierten von Klöstern in den italienischen Städten und Dörfern aus und stützten sich dabei auf ein Netz von Informanten, Gefolgsleuten und Gehilfen, die „Familie“. Die Arbeit für das Heilige Offizium brachte eine Reihe von Vorteilen mit sich, darunter Steuererlasse und das Recht, Waffen zu tragen.

Ein solches System war allerdings anfällig für Missbrauch – die Denunziation von Unschuldigen etwa, das wussten auch die Kardinal-Inquisitoren in Rom. Deshalb wurden die Vertreter in den Provinzen strengstens beäugt. Was die Behörden in Rom mit dieser allseitigen Kontrolle sichern wollten, war ein korrektes und einheitliches Verfahren. Penas Leitfaden beschreibt genau, wie eine Denunziation zu erfolgen hat. Unter gar keinen Umständen dürfe der Verdächtige gewarnt werden. Denn Ketzer, so Penas Worte, seien gerissen und arglistig. „Sie wechseln die Farbe wie ein Chamäleon, sie täuschen Reue vor, während sie insgeheim weiter sündigen.“ Deshalb dürfe man diese Arbeit nicht unerfahrenen Spitzeln erlauben. Erforderlich sei große Behutsamkeit – gepaart mit tiefer Verschwiegenheit. Keine Denunziation dürfe angenommen werden, wenn nicht Zeit und Ort des Verbrechens genau angegeben werden könnten. Auch die schriftliche Form müsse eingehalten werden. Erst wenn die Aufrichtigkeit eines Denunzianten als gesichert galt, konnte – so Penas Leitfaden – eine Ermittlung und Strafverfolgung aufgenommen werden.

In den Gefängnissen hatten die Angeklagten Anspruch auf ein Bett, zweimal pro Woche neue Bettwäsche sowie Verpflegung. Das geht zumindest aus den Quellen hervor. Die häufigste Strafe war die Kirchenbuße, die öffentlich in der Sonntagsmesse verlesen wurde. Gefängnisstrafen reichten von drei Jahren bis zu lebenslänglich, meist in Klöstern. Schlimmer war da schon die Galeerenstrafe, die notorische Häretiker traf. Todesstrafen waren den hartnäckigen und den Rückfälligen vorbehalten. Die römische Inquisition verhängte in 400 Jahren „nur" 133 Todesurteile, die spanische dagegen zehntausende.

Die von der römischen Inquisition durchgeführten Prozesse wegen Ketzerei und ähnlicher Vergehen fanden im Allgemeinen mit einem Rechtsbeistand für die Betroffenen statt. Besaß der Angeklagte nicht die Mittel dafür, zahlte das Heilige Offizium. War der Verteidiger von der Schuld seines Mandanten überzeugt, musste er allerdings sein Mandat niederlegen. Doch jener besaß auch Rechte. So musste ihm eine Kopie der Anklageschrift in der Volkssprache zugänglich gemacht werden. Er konnte Entlastungszeugen benennen und Fragen an die Belastungszeugen formulieren. Gefoltert werden durfte, wenn der Angeklagte trotz hinreichender schwerwiegender Indizien nicht gestehen wollte.

Heimtückische Zeugen und missgünstige Denunzianten

Einer psychischen Folter, dem Verhör, wurde jeder Angeklagte unterzogen. So ein Verhör war eine recht einseitige Angelegenheit. Die kirchliche Prozedur räumte dem Angeschuldigten immerhin das Recht ein, seine Feinde zu benennen. Stellte sich heraus, dass diese mit den Denunzianten und Zeugen identisch waren, wurde die Anklage niedergeschlagen. Es kam nicht selten vor, dass missgünstige Denunzianten für ihr falsches Zeugnis bestraft wurden. Im Übrigen blieben Spitzel ebenso geheim wie Zeugen. Beide betrachtete der Inquisitor mit Argwohn, er hielt sowohl Denunzianten bzw. Zeugen für potenzielle Lügner, die dazu neigen, ihre Geschichte ganz nach Belieben bald auf diese Weise, bald auf jene zu erzählen. Taten sie das nach zweimaliger Prüfung ihrer Aussage in den Augen ihrer Richter immer noch, so konnten sie gefoltert werden, um die Wahrheit festzustellen.

Der Verdächtige, so Pena, sollte besser geschützt sein als der „heimtückische Zeuge". Mit Angeklagten sollte man verständnisvoll umgehen, vor allem mit einfachen Leuten und Anaalphabeten. Was er damit meinte, macht eines seiner Schreiben an einen Kollegen deutlich: „Behandele den Angeklagten während der Vernehmung mit Rücksicht. Die Glaubensrichter müssen daran denken, dass auch sie Menschen sind, die, wäre nicht Gott ihnen gnädig, dieselben Irrtümer begehen könnten. Damit die Beschuldigten ganz genau und in Ruhe verfolgen können, was mit ihnen passiert, wenn sie vor Gericht erscheinen und befragt werden, gib ihnen die Möglichkeit, Platz zu nehmen , selbst wenn sie von niedriger und gemeiner Herkunft sind.

Kein Inquisitor darf den Versuch machen, ihnen die Worte in den Mund zu legen. Kein Inquisitor darf Versprechungen oder Drohungen äußern in der Hoffnung, damit ein Geständnis zu erhalten. Du darfst nicht nur die Beweismittel aufzählen, die den Angeklagten belasten, sondern musst auch die erwähnen, die für ihn sprechen ... Unterbrich einen Beschuldigten nie, wenn er seine Version der Wahrheit vorträgt, auch wenn es spät ist und du längst zu Bett gehen wolltest. Denk daran, dass es während eines Verhörs oft zu Gefühlsausbrüchen kommen kann. Der Angeklagte kann zu weinen anfangen, auf die Knie fallen, die Hände ringen, um Gnade betteln. Achte auf alle Reaktionen und halte sie schriftlich fest. Sie müssen zu seinen Gunsten verwendet werden. Der Angeklagte muss deine Fragen verstehen können. Du stellst sie auf Lateinisch. Kann er kein Latein, so müssen sie übersetzt werden, und versteht er kein Italienisch, so muss ein Dolmetscher hinzugezogen werden ..."

Ein Verhör konnte unterschiedliche Formen annehmen, das hing von der Beschuldigung ab. Pena listet in seinem Leitfaden jede Menge Fragen auf, die im Zuge der Ermittlung gestellt werden sollten. Jeder Angeklagte, ob schuldig oder nicht, musste eine Unzahl von Fragen, die auf ihn niederprasselten, so gut es ging, beantworten. Viele Menschen waren damit überfordert und hatten überhaupt keine Chance, den Anschuldigen irgendetwas Entlastendes entgegen zu stellen.

Die Inquisitoren waren an einen Kodex gebunden, der sie verpflichtete, die Wahrheit zu suchen. Was man von den Angeklagten erwartete, war Aufrichtigkeit und Klarheit, und nur wenn sie diese Erwartungen nicht erfüllten, Beweismittel zurückhielten oder ausweichend antworteten, kam die Folter zum Einsatz. Sie galt in der römischen Inquisition allerdings als allerletzte Möglichkeit der Wahrheitsfindung.

„Hauptziel des Prozesses und der Urteilsvollstreckung ist nicht, die Seele des Beschuldigten zu retten, sondern für das öffentliche Wohl zu sorgen und andere abzuschrecken", schrieb Pena in seinem Kommentar zum „Handbuch der Inquisition".

Anfangs ging die römische Inquisition vor allem gegen Protestanten vor und gegen Menschen, die man dafür hielt. Der Humanist Erasmus von Rotterdam und seine Anhänger standen hierbei im besonderen Interesse der Inquisitoren. Seine Bücher wurden verboten, er selbst mit Luther und Philipp Melanchton auf eine Stufe gestellt, seine Anhängern zu Ketzern abgestempelt. Um 1600 erreichte die Zahl der Prozesse ihren Höhepunkt. Und damit verschob sich auch der Schwerpunkt. Im Gefolge des Trienter Konzils gerieten nach 1600 alle unorthodoxen Erscheinungsformen populärer Religiösität ins Visier. Vor allem magische Praktiken – Liebes- und Heilzauber, Segenssprüche, Verwünschungen, Wahrsagerei und Hexerei – wurden bekämpft.

SPEKTAKULÄRE INQUISITIONSVERFAHREN

Die Kardinäle des Sanctum Officium konnten bei Bedarf jedes Inquisitionsverfahren an sich ziehen. Die spektakulärsten Fälle wurden deshalb stets in Rom entschieden.

So auch im Jahre 1600. Am 17. Februar ließ die katholische Kirche den ehemaligen Dominikanermönch, italienischen Philosophen und Wissenschaftler Giordano Bruno (1548–1600) wegen Ketzerei hinrichten. Bruno galt als hartnäckiger, unbußfertiger und verstockter Ketzer. Am frühen Morgen wurde der 52-Jährige aus seiner Zelle auf die Piazza dei Fiori in Rom gebracht und bei lebendigem Leib auf dem Scheiterhaufen verbrannt. Bis zum Ende fürchteten die Kirchenoberen die Ideen dieses Mannes, der in ganz Europa als mutiger und hervorragender Kopf bekannt war. Ein besonderer Aspekt dieses grausamen Ereignisses war, dass den Henkern befohlen wurde, seine Zunge festzubinden, damit er nicht zu den Anwesenden sprechen konnte.

Der Deutsche Caspar Schoppe schrieb noch am selben Tag an einen protestantischen Freund: „Heute sah ich mit eigenen Augen, wie Giordano Bruno, als Ketzer überführt, auf dem Campo die Fiori vor dem Theater des Pompejus öffentlich verbrannt wurde ... Wärest du zu diesem Zeitpunkt in Rom gewesen, du hättest von vielen Italienern zu hören bekommen, da sei ein Lutheraner verbrannt worden, und das hätte dich in der Absicht bestärkt, dass wir Katholiken grausam sind.

Doch musst du wissen, dass unsere italienischen Freunde nicht fähig sind, Ketzer voneinander zu scheiden oder zwischen ihnen zu unterscheiden. Sie meinen, alles Ketzerische müsse lutheranisch sein. Möge Gott sie in dieser Unbedarftheit belassen und sie davor bewahren, jemals den Unterschied zwischen einem Irrglauben und einem anderen zu erkennen! Sonst, fürchte ich, werden sie dieses Wissen und Erkenntnisvermögen für teuer erkauft halten. Höre von mir die Wahrheit. Nicht ein einziger Lutheraner oder Calvinist muss in Rom um sein Leben fürchten – es sei denn, sein

Rückfall in die alten Irrtümer hat sich zum öffentlichen Ärgernis ausgewachsen." Für Caspar Schoppe war Gordano Bruno jemand, der sich sowohl vom katholischen als auch vom lutherischen Glauben abgewandt hatte und gegen beide Krieg führte: ein Ketzer im wahrsten Sinne des Wortes.

Zwei Tage nach der Hinrichtung erschien ein Bericht in der römischen Zeitung „Avisi di Roma": „Sonnabend, 19.2.1600. Der abscheuliche Dominikanerbruder von Nola, über den wir schon früher berichtet haben, wurde am Donnerstag morgen auf dem Campo die Fiori bei lebendigen Leibe verbrannt. Er war ein ungemein halsstarriger Ketzer, der aus seiner eigenen Eingebung verschiedene Dogmen gegen unseren Glauben fabrizierte, besonders aber gegen die heilige Jungfrau und andere Heilige. Der Elende war so hartnäckig, dass er gewillt war zu sterben. Er sagte sogar, dass er gerne und als Märtyrer sterben werde und dass seine Seele in den Flammen zum Paradiese aufsteigen werde. Jetzt wird er wohl wissen, ob er die Wahrheit gesagt hat."

Was war Brunos Vergehen? Die beharrliche Weigerung, seine vom Obersten Glaubenstribunal definierten Verfehlungen einzusehen, kam einem Nein zur Autorität der Kirche gleich.

Weil Bruno in seinen letzten Worten – „Vielleicht habt ihr, die ihr dies Urteil fällt, mehr Grund zur Angst als ich, der es hinnehmen muss" – die eigene Autorität geltend machte, bewies er, dass er ein eigensinniger Ketzer war. Während seines ganzen Lebens war Bruno Verfechter des Kopernikanischen Systems in der Astronomie, das die Sonne und nicht die Erde ins Zentrum des Sonnensystems stellte.

Er kämpfte gegen die verdummende Autorität der Kirche und weigerte sich während seiner achtjährigen Einkerkerung, seine philosophischen Überzeugungen zu widerrufen. Sein Leben legt Zeugnis ab von dem Drang nach Wissen und Wahrheit, das die erstaunliche Geschichtsperiode kennzeichnet, die man Renaissance nennt – und von der so vieles in der modernen Kunst, Philosophie und Wissenschaft herrührt.

Giordano Bruno

Persona non grata: Giordano Bruno

Geboren wurde Philippo Bruno – erst später im Kloster nahm er den Namen Giordano an – 1548 in Nola. Hier wuchs er auch auf. Mit 17 Jahren trat er in Neapel in den Dominikanerorden ein, erhielt 1572 die Priesterweihe und studierte Theologie. Dann geriet er in Konflikt mit der Klosterleitung, der sich vor allem an seiner Ablehnung christlicher Heiligen- und Marienverehrung entzündete. Als er der Ketzerei angeklagt wurde, verließ er den Orden und nahm eine philosophische Wanderexistenz auf, die ihn durch eine Vielzahl von Stationen in ganz Europa führte. Bruno reiste durch

Italien und Frankreich nach Genf, das er 1579, nachdem er sich kurz zuvor immatrikuliert hatte, im Streit mit den Calvinisten verließ. In Toulouse hatte er 1579 kurzfristig einen Lehrstuhl für Philosophie inne. 1581 machte er sich in Paris einen Namen, fuhr bald darauf nach England, wo er sich mit den anglikanischen Theologen in Oxford überwarf.

Einen literarischen Niederschlag fand diese Zeit in seiner in London veröffentlichten Schrift „Das Aschermittwochsmahl", in der der unbequeme Philosoph schonungslose Polemik gegen den Oxforder Gelehrtenstand übte und das Londoner Geistesleben heftig karikierte.

Später gelangte er über Wittenberg nach Prag, 1589 an die Universität Helmstedt und dann nach Frankfurt. In Helmstedt wurde er nach kurzer Zeit von Pastor Boethius aus der lutherischen Gemeinde ausgeschlossen. Überall war der Nolaner nach kurzer Zeit eine Persona non grata. Meist wurde er nur geduldet und hatte nicht die Chance, in den jeweiligen Lehrkörper integriert zu werden. Aber an einigen Orten konnte er einige seiner Schriften publizieren, die ihre Wirkung nicht verfehlten.

1591 erreichte ihn eine Einladung nach Venedig, die tragische Folgen haben sollte. Denn in der Lagunenstadt fiel er der Denunziation seines dortigen Gastgebers Giovanni Mocenigo zum Opfer. Giovanni Mocenigo zeigte ihn aus Enttäuschung darüber, dass Bruno nicht wie erwartet die Geheimnisse der praktischen Magie lehrte, an.

Brunos Bücher wurden auf den Index der verbotenen Schriften gesetzt, wo sie bis zur Abschaffung des Index 1965 im Zuge des Zweiten Vatikanischen Konzils blieben. Im Jahr 2000 erklärten der päpstliche Kulturrat und eine theologische Kommission die Hinrichtung Giordano Brunos für Unrecht. Eine vollständige Rehabilitierung des Gelehrten durch die katholische Kirche fand aber nicht statt. Auf dem Campo dei Fiori erinnert heute ein Denkmal an Giordano Bruno, welches gegen den entschiedenen Willen des damaligen Papstes Leo XIII. (1878–1903) errichtet wurde.

Galileo Galilei: Und sie bewegt sich doch ...

Leidlich besser erging es dem Kalabreser Thomas Campanella (1568–1639), auch ein Dominikanermönch. Von der Inquisition angeklagt, wurde er zu lebenslanger Haft verurteilt. Allerdings durfte er lesen, schreiben und weit verzweigte Korrespondenzen pflegen. Im Gefängnis schrieb Campanella seine berühmte Utopie vom Sonnenstaat. Papst Urban VIII. schenkte ihm schließlich die Freiheit. 1622 verfasste Campanella die Verteidigungsschrift für das wohl berühmteste Opfer der Inquisition: Galileo Galilei (1564–1642). Der toskanische Naturwissenschaftler, Mathemati-

Titelblatt des „Dialogs“ von Galilei: Aristoteles, Ptolemäus und Kopernikus

Galileo Galilei

ker und Philosoph gilt als Begründer der modernen Astronomie und der klassischen Physik. Neben philosophischen, mathematischen und physikalischen Forschungen trugen vor allem seine astronomischen Erkenntnisse zu einer nachhaltigen, wenn auch verspäteten Korrektur des Weltbildes bei: Galileo Galilei wies die Theorie eines heliozentrischen, also um die Sonne kreisenden Planetensystems, die bereits im Jahrhundert zuvor durch Nikolaus Kopernikus entwickelt worden war, wissenschaftlich nach. Damit verhalf er der so genannten „kopernikanischen Wende" in der Weltsicht, im menschlichen Selbstverständnis und in der Wissenschaftstheorie der beginnenden Neuzeit zur Durchsetzung.

Galileo Galilei wurde am 15. Februar 1564 in Pisa geboren. Der von der Naturwissenschaft begeisterte Galileo tat sich infolge der Erscheinung eines neuen Sterns ab 1606 mit astronomischen Studien hervor. Zu diesem Zweck entwickelte er in Padua ein in Holland gebautes Fernrohr weiter, mit dessen Hilfe ihm der Nachweis der Struktur der Milchstraße und der Mondoberfläche gelang. Im Januar 1610 entdeckte er die vier ersten Jupiter-Monde, die er zu Ehren des Großherzogs von Toskana, Cosimo II. de Medici, „Medicea Sidera“ nannte. Diese Entdeckung war deshalb so bedeutsam, da das Gravitationssystem des Jupiters den Forscher zur schrittweisen Entwicklung seiner Theorie des solarzentrierten Planetensystems veranlasste. Nachdem Galilei im Juli 1610 nach Florenz zurückgekehrt war, ernannte ihn noch im selben Jahr der toskanische Großherzog für seine astronomischen Forschungen zum ersten Mathematiker und Philosophen im Staate. Seine astronomischen Forschungsergebnisse, zu denen sich nun auch die Sonnenflecken und der Ring des Saturns gesellten, wurden in der naturwissenschaftlichen und religiös-philosophischen Fachwelt zum Teil äußerst skeptisch, zum Teil mit Begeisterung aufgenommen.

Insbesondere zur aristotelischen Philosophie, die von der Perfektion und Unveränderlichkeit des Kosmos ausging, geriet Galilei mit der Entdeckung immer neuer Himmelserscheinungen schon frühzeitig in Gegensatz. Bei der katholischen Kirche stießen seine wissenschaftlichen Erkenntnisse anfangs durchaus auf Anerkennung. 1611 sah sich Galilei anlässlich seines Besuchs bei Papst Paul V. in die römische „Academia dei Lincei“ aufgenommen und von der päpstlichen Gelehrtenwelt geehrt. Mit zunehmender Verbreitung seiner Lehre, die in klarem Widerspruch zum geozentrischen Weltbild der Bibel stand, wuchs jedoch die Beunruhigung der katholischen Instanzen. 1615 denunzierte ein Dominikanermönch Galilei als Häretiker bei der Kongregation des Heiligen Offiziums in Rom. 1616 verurteilte das Inquisitionsgericht die kopernikanische Lehre als Irrtum.

Galilei wurde ihre weitere Verbreitung untersagt, die Lehrschrift des Nikolaus Kopernikus von 1543 auf den Index der verbotenen Literatur gesetzt. In den folgenden Jahren, die Galileo Galilei bis 1631 in Florenz, dann im nahen Arcetri verbrachte, hielt er sich an das ihm auferlegte Gebot, widmete sich aber verstärkt der Widerlegung der aristotelischen-scholastischen Physik. In dieser Zeit entstand eine seiner geistvollsten Schriften, der „Saggiatore" (Prüfer mit der Goldwaage).

Infolge des Papstwechsels konnte er 1632 die anfängliche kirchliche Zustimmung zur Veröffentlichung einer weiteren Schrift erhalten, dem „Dialog über die beiden hauptsächlichen Weltsysteme, das ptolemäische und das kopernianische". Bald darauf erreichten jedoch die Jesuiten das Verbot der Publikation.

Noch im selben Jahr zitierte man Galilei erneut vor das römische Inquisitionsgericht, das ihn am 22. 6. 1633 dazu verurteilte, der beanstandeten Lehre abzuschwören. Die ihm auferlegte Gefängnisstrafe wurde durch Papst Urban VIII. wenige Monate später in eine Verbannung umgewandelt.

Als historisch umstritten gilt die Legende, wonach Galilei unmittelbar nach der erzwungenen Abschwörung mit der Äußerung „Und sie (die Erde) bewegt sich doch!" auf der Gültigkeit der kopernikanischen Theorie von der um den Fixstern Sonne kreisenden Erde bestanden hätte. Galileo Galilei starb am 8. Januar 1642 im Alter von 77 Jahren in Arcetri und wurde in Santa Croce, der Heilig-Kreuz-Kirche, zu Florenz begraben.

Die katholische Kirche brauchte noch mehr als ein Jahrhundert, um 1757 die Lehre von Kopernikus und Galilei anzuerkennen und ihre Werke aus dem Index der verbotenen Bücher zu nehmen. Erst unter Papst Johannes Paul II. gestand sie 1992 mit der Rehabilitation beider Gelehrten auch den einst begangenen Justizirrtum ein.

Die Kirche eröffnet die Jagd auf Hexen

Die organisierte Verfolgung von Hexen fand nicht – wie man vielleicht glauben mag – im finsteren Mittelalter statt, sondern zu Beginn der Neuzeit – im Zeitalter der Reformation. In Europa wurden rund 50.000 Frauen und Männer Opfer dieser von Hysterie geprägten Jagd auf Hexen. Mindestens 25.000 Hinrichtungen wurden allein im Heiligen Römischen Reich Deutscher Nation vollzogen. Die Menschen wurden als Hexen, Hexer, Hexenmeister oder Werwölfe hingerichtet. Damals beherrschten politische und religiöse Krisen das Gesellschaftsbild. Diese Missstände, die für eine breite Bevölkerungsschicht vor allem Armut und Krankheit bedeuteten, verstärkten den Volksglauben an Wunderheiler und Wahrsager. Die Kirche schürte aus Angst vor Machtverlust Emotionen gegen Andersgläubige und -kundige. Damit waren Sündenböcke gefunden. Denunziationen und Verfolgungen von Glaubensabtrünnigen und Hexen setzten ein.

Schnell kamen Menschen in den Ruf, Schadenszauber oder Hexerei zu betreiben – in einer Zeit, in der auf Grund allgemein herrschenden Aberglaubens jedes außergewöhnliche Ereignis auf den Einfluss übernatürlicher Kräfte zurückgeführt wurde. Man neigte dazu, allen möglichen schwer erklärlichen Erscheinungen oder Vorgängen magische Ursachen zu unterstellen. Überall schienen damals Geister, Hexen und Zauberer ihr Unwesen zu treiben. Gab es in einem Dorf oder in der Stadt eine Person, die – wie auch immer – durch Andersartigkeit auffiel, lag für viele der Fall klar auf der Hand. Die Gerüchteküche tat ein Übriges, und so dauerte es meist nicht lange, bis diese Person als Schadenszauberin, Giftmischerin, Hexe oder Hexenmeister verschrien war. Neuere Forschungen belegen, dass anfangs häufig ältere Frauen und sozial Benachteiligte der Hexerei verdächtigt wurden. Dabei genügten meist schon Gerüchte oder Denunziationen. Angestachelt von Predigern empfand die Bevölkerung die Anwesenheit von Hexen als zunehmend bedrohlich.

Neues Verständnis von Hexen: eine verschworene Sekte

In der Schweiz machten Anfang des 15. Jahrhunderts Inquisitoren vermeintliche neue Sekten aus. In einem Prozess gegen ein Mitglied tauchte 1419 in der Stadt Luzern zum ersten Mal das deutsche Wort „hexerye“ zur Bestimmung der magischen Praktiken auf. Die katholische Kirche sah sich zum Handeln gezwungen. Da scheinbar immer mehr Menschen der Magie verfielen, definierte sie auf dem Konzil in Basel (1431–1449) den Hexenglauben völlig neu. Lange Abhandlungen wurden geschrieben, die nicht mehr von Einzelpersonen, sondern von einer großen homogenen Hexensekte ausgingen, einer Sekte von Teufelsanbetern, dessen Trachten darauf gerichtet war, Satan zu helfen, die Gläubigen zu verderben und damit die Reihen der Verdammten in der Hölle anwachsen zu lassen.

Zur Hexenlehre zählten die damaligen „Hexentheoretiker“ den Teufelspakt, der durch ein Bündnis mit dem Teufel (Satan, Luzifer) einen Abfall von Gott und damit Gotteslästerung bedeutete. Dabei verschrieb der Mensch dem Teufel seine Seele und erhielt als Gegenleistung Reichtum, Macht, Talent, magische Kräfte oder ähnliche Gaben. Ein derartiger Pakt ist Gegenstand vieler volkstümlicher Sagen und Legenden. Auch in der Literatur wird das Motiv mehrfach aufgegriffen. Der berühmteste Teufelspakt ist wohl der zwischen Goethes Faust und Mephisto. Wenn der Pakt abgeschlossen war, erhielten Hexe oder Zauberer den Auftrag, Böses in jeglicher Hinsicht zu tun. Dafür gab es Salben, Pulver, Zauberformeln und alles, was man dafür benötigte. Der Teufel erschien meist in der Gestalt eines Menschen.

Eng verknüpft mit der Vorstellung eines Paktes mit dem Teufel war der Verdacht der so genannten Teufelsbuhlschaft – Geschlechtsverkehr zwischen Hexen und Teufel. In der frühen Neuzeit gehörte es zu den gängigen Überzeugungen, dass Hexen sich mit dem Teufel paarten. Das Delikt der Buhlschaft erscheint deshalb in den Hexenprozessprotokollen in den Geständnissen oft an erster Stelle. In den Verhören fragten die Richter immer wieder detailliert nach dem Verlauf der Teufelsbuhlschaft, der den Teufelspakt mit einem Geschlechtsverkehr bestärkte. Dabei konnte der Teufel als Mann (inuccubus) oder als Frau (succubus) erscheinen. Als Mann hatte er die Möglichkeit, den Samen so weiterzugeben, dass garantiert ein Junge zur Welt kam – ein „Buhlteufel“. Als Frau hatte er natürlich die Möglichkeit, den Samen umzuwandeln. In den meisten Fällen erschien der Teufel als Mann, da die Frauen ja viel leichter zu überreden waren – so war jedenfalls schon damals die Auffassung vieler frauenfeindlicher „Hexentheoretiker“.

Der hochmütige Satan wird aus dem Himmel verbannt

Als dritten Beweis wurde der Hexensabbat in Verbindung mit dem Hexenflug genannt. Unter Ersterem verstanden die damaligen Theoretiker das Treffen von vermeintlichen Hexen und Hexenmeistern mit dem Teufel an bestimmten, meist abgelegenen Orten, den so genannten Hexentanzplätzen. Man ging davon aus, dass bei diesen Treffen Orgien mit dem Teufel gefeiert wurden und deutete dies als ein Beispiel für eine besonders perverse Veranlagung. Weit verbreitet war der Glaube, dass Hexen auf Besen, Tieren, Stühlen und Ähnlichem durch die Luft fliegen konnten. Zusammen mit der Idee des Sabbats zählt der Hexenflug also zu den entscheidenden Elementen der frühneuzeitlichen Hexenlehre.

Das vierte Element der Hexenlehre war die Schadenszauberei. Als Hexen oder Zauberer bekam man die Aufgabe vom Teufel, wöchentlich oder sogar täglich Schadenszauber zu verüben – auch schwarze Magie genannt. Das konnte ein Unwetter sein, die Zerstörung einer Ernten, Seuchen und vieles mehr.

An diese Hauptelemente knüpften zahlreiche weitere Vorstellungen an: Werwolfglaube, Tierverwandlungen, Monstergeburten als „Wechselbälger“, Wettermacherei etc. Von großer Bedeutung war die Idee einer allgemeinen Hexenverschwörung. Hierfür zog man die Vorstellung des Hexensabbats heran. Man glaubte, einer orgiastischen Versammlung auf der Spur zu sein, bei der die Schwarze Messe den Höhepunkt bildete. Auf solchen Schwarzen Messen feierte die „Kirche des Satans“ eine Art Gottesdienst, um Gott und seine Kirche zu verhöhnen. Man war fest davon überzeugt, dass die gesamte Existenz des Christentums durch diese Hexensekte bedroht wäre. Nicht der Schaden, den die Hexen anrichten, war das entscheidende Merkmal, sondern der Abfall vom Glauben und der damit verbundenen Zuwendung zum Teufel.

Die ideologische Grundlage: Der „Hexenhammer“

Bald schon bildete sich ein Berufsstand von Männern heraus, die ihre Aufgabe darin sahen, die Gesellschaft vor Frauen zu schützen, die vermeintlich mit dem Teufel gegen die Allgemeinheit paktierten. Von der römischen Kurie ernannte Inquisitoren wanderten damals in den Bistümern umher, um gezielt Hexenverfolgungen zu organisieren. Der berüchtigtste unter ihnen war Heinrich Kramer (1430–1505): 1478 zum Inquisitor für ganz Oberdeutschland ernannt, ließ er innerhalb weniger Jahre zahlreiche Hexen zum Tode verurteilen. Da es sowohl in der Kirche als auch in der weltlichen Politik noch viele Gegner der Verfolgungen gab, verfasste er 1484 ein Papier, das er den amtierenden Papst Innozenz VIII. (1432–1492) unterschreiben ließ. Mit der so genannten „Hexenbulle" des hexengläubigen Papstes legalisierte die katholische Kirche zum ersten Mal die Verfolgungen der Inquisitoren.

Trotz der Hexenbulle „Summis desiderantes affectibus" hatte Kramer 1485 bei einem von ihm initiierten Prozess in Innsbruck keinen Erfolg. Der ortsansässige Bischof war von der Rechtmäßigkeit nicht überzeugt, ließ den Prozess platzen und Kramer aus Tirol hinauswerfen. Dieses Scheitern veranlasste diesen zum Schreiben seines berühmten Buches „Hexenhammer", in dem er zusammen mit Jacob Sprenger detailliert die Verbrechen der Hexen beschrieb und Regeln für Prozesse gegen sie aufstellte. Wenn es eine Hexensekte gab, musste es auch Merkmale geben, an denen man Hexen erkennen konnte. Kramer und Sprenger erklärten deshalb genauestens, was eine Hexe war und was man von ihr zu erwarten hatte. Damit schufen sie ein stereotypes Bild, das Jahrhunderte in den Köpfen der Menschen herumspukte.

Ihr Handbuch wurde zur „Bibel" der Hexenjäger. Schon bald nach seiner Veröffentlichung im Jahre 1487 fand das Buch großen Anklang in ganz Europa.

Das Werk fällt insbesondere durch seine extreme Frauenfeindlichkeit auf: „Alles geschieht aus fleischlicher Begierde, die bei ihnen unersättlich ist ... Darum haben sie auch mit den Dämonen zu schaffen, um ihre Begierden zu stillen... Es ist kein Wunder, wenn von der Ketzerei der Hexer mehr Weiber als Männer besudelt werden. Daher ist auch folgerichtig, die Ketzerei nicht zu nennen die der Hexer, sondern der Hexen. ... Also schlecht ist das Weib von Natur, da es schneller am Glauben zweifelt, auch schneller den Glauben ableugnet, was die Grundlage für die Hexerei ist. Gepriesen sei der Herr, der das männliche Geschlecht vor solcher Schändlichkeit bis heute so wohl verwahrte."

Folgerichtig bestimmten die Dominikaner für Hexen die „schwersten Strafen, schwerer als für alle anderen Verbrecher der Welt". Man kann allerdings nicht sagen, dass Innozenz oder die Dominikanermönche die Hexenverfolgung eingeführt hätten; Hexengeschichten sind so alt wie die Menschheit. Was sie allerdings bewirkten, war eine Systematisierung der Verfolgung, welche die ohnehin geringen Überlebenschancen der Angeklagten gegen Null streben ließ. Insbesondere der dritte Teil des „Hexenhammers" - die Prozessordnung – sollte sich als verheerend erweisen.

Kranke Fantasien

Der „Hexenhammer" gliedert sich in drei Teile. Der erste Teil des Buches beschäftigt sich ausschließlich mit der Definition des Hexenverbrechens. Kramer ging es um den Nachweis, dass Hexen und deren Verbrechen real existierten. Er berief sich auf die großen Kirchentheologen Augustinus und Thomas von Aquin, die sich in ihren Abhandlungen bereits philosophisch mit der Zauberei auseinander gesetzt haben. In der Folge wurden ausführlich die theologisch umstrittenen Taten der Hexen diskutiert: Teufelsbuhlschaft, Tierverwandlung und Opferung von Kindern an den Teufel, um magische Elixiere herzustellen. Aus kirchlicher Sicht galt die Frau als Hauptfeindin und weibliche Hexen wurden mit dem Zusatz der Schadenszauberei belegt. So lässt sich auch die starke Konzentration auf den Vorwurf der Schadenszauberei bei der Verhinderung der Fruchtbarkeit bei Menschen, Tieren und Pflanzen sehen. Die Hexenhebammen, so wird im Hexenhammer behauptet, können die Empfängnis im Mutterleib durch Hexerei verhindern. Folgende Anklagepunkte wurden gefunden: es konnte kein Beischlaf geführt werden, oder die Frau war unfruchtbar oder erlitt Fehlgeburten. Weitere Punkte: Gebärende fraßen ihre

Kinder oder opferten sie Dämonen: „Hexen zerreißen und verschlingen Kinder, was sonst nur Wölfe tun. Und wenn diese Hexen Hebammen sind, tun sie das natürlich auch."

Sprenger über Hexenhebammen

„ ... weil die Hebammen hierbei den größten Schaden bereiten, wie reuige Hexen uns und anderen oft gestanden, indem sie sagten: Niemand schadet dem katholischen Glauben mehr als die Hebammen. Denn wenn sie die Kinder nicht töten, dann tragen sie, gleich als wollten sie etwas besorgen, die Kinder aus der Kammer hinaus, und sie in die Luft hebend, opfern sie dieselben den Dämonen."

Auch wenn den Verfassern klar war, dass der Teufel für die Ursache verantwortlich war, führte es in der Praxis dazu, dass Frauen verfolgt wurden. Die „weisen Frauen" waren der Kirche unheimlich, das verstärkte ihren Hass auf sie. Gegenstand des zweiten Teils ist eine ausführliche Darstellung dessen, was Hexen alles anrichten können. Kramer beschrieb dabei zahlreiche Beispiele, die allerdings zu einem großen Teil aus seinem eigenen Erfahrungsschatz, das heißt ausgiebigen Folterungen, stammen. Der dritte Teil des „Hexenhammers" befasst sich mit der rechtspraktischen Umsetzung von Hexenverfolgungen. Dieser Teil ist als Anleitung zur Durchführung von Verfahren zu verstehen und gibt anhand zahlreicher Beispiele detaillierte Regeln für Prozesse gegen Hexen.

Der „Hexenhammer" zählt zu den einflussreichsten Büchern der Weltliteratur und hatte katastrophale Konsequenzen für die Gesellschaft in Europa – vereinzelt bis ins 18. Jahrhundert hinein. Eine bestimmte Gruppe wurde systematisch verfolgt, da sie als Sündenbock für alle negativen Erscheinungen büßen musste.

Der „Hexenhammer" traf auf fruchtbaren Boden. Das Handbuch entwickelte sich rasch zum Leitwerk, die schonungslose Ver-

Hexensabbat auf dem Blocksberg

folgung zauberverdächtiger Frauen und Männern zu systematisieren. Es diente in der Folgezeit zahlreichen Hexentheoretikern als Rechtfertigung für ihr Vorgehen. Eiferer und Sadisten überschlugen sich in der Auslegung des Buches, das im Vergleich zur Realität der Hexenprozesse fast noch gemäßigt erscheint. In leichteren Fällen sah er Buße oder Haft vor, anstelle des Todesurteils durch weltliche Gerichte. Die Bibel der Hexenjäger markierte den Übergang des Hexendeliktes von der geistlichen in die weltliche Gerichtsbarkeit.

Andere „gelehrte" Hexentheoretiker

Nicht nur Kramer und Sprenger schürten den Hass auf vermeintliche Hexen und ebneten Jägern den Weg für deren sadistische Arbeit. Im Jahre 1580 veröffentlichte der französische Philosoph und Richter Jean Bodin (1529–1596) sein Werk „De la démonomanie des sorciers" (Von der Dämonenbesessenheit der Hexen), ein Buch, das zum Hexenhammer der nächsten 100 Jahre werden sollte. Grundlage seiner Abfassung waren die gesammelten Geständnisse der Inquisition. Der unbeugsame Moralist Bodin vertrat darin die Ansicht, es müsse eine weit verbreitete Hexensekte geben, die sich zum Sturz der Kirche zusammengeschlossen hätte. Er forderte die allerhärteste Strafe für „Kindstöterinnen und Menschenfresserinnen", welche es wagten, die göttlichen Gesetze zu ignorieren. „Eine Hexe und eine Giftmischerin ist dasselbe. Alles, was den Hexen zur Last gelegt wird, ist wahr."

Hexensalbe

Mit der Hexen- oder Flugsalbe sollen sich Hexen eingerieben haben, bevor sie zum Hexensabbat flogen. Hieronimus Cardanus schreibt 1563 von einer „Salbe, welche soll der Kraft und Wirkung sein, dass man durch sie wunderbarliche Ding ersehen mag. Solche wird zubereitet aus Kinderfeiste, wie sie sagen, und Eppichsaft, Wolfskraut, Tormentill, Solano und Ruß. Jedoch hält man sie für schlafend, weil sie solche Sachen sehen. Die Ding aber, ob welchen sie ihre Augen verweitern, sind mehrerteils Spielhäuser, grüne Lustplätze, herrliche Mahlzeiten, viel und mancherlei Gezierde, hübsche Kleider, schöne Jünglinge, Könige, Oberherren, ja alles, dass darnach ihnen bang und watz ist, sie vermeinen auch nicht anders, denn dass sie solcher Kurzweil und Wollusts genießen, und gefreuet werden. Sie sehen aber auch den teufel, Raben, Kerker, Einödnen und des Henkers oder Folterers Gaukelsack ..."

Auch der Spanier Martin Anton Delrio (1551–1608) ebnete mit seinem fanatischen Traktat „Disquisitionum magicarum libri sex“ den Weg vermeintlicher Hexen auf den Scheiterhaufen: „In wenigen Jahren werdet ihr Hexen über alle Christen triumphieren, denn es geht dem Teufel ausgezeichnet infolge der Bemühungen von Wierus und seinen Anhängern, die gegen die Inquisition auftreten mit der Behauptung, dass dies alles nur törichte Einbildung sei.“ In die gleiche Bresche schlug der französische Jurist und Generalstaatsanwalt in Lothringen, Nicolas Remy.

Dazu Döbler: „Dieser Remy war ein Mann von unbegreiflicher Strenge, der sich selbst verargte, einmal milde gewesen zu sein; da hatte er Kinder, deren Eltern verbrannt worden waren, nur mit Geißeln nackt um den Richtplatz herumtreiben lassen, auf dem die Scheiterhaufen ihrer Eltern noch glühten. Ein solcher äußerlicher Schein der Begnadigung, so schrieb er später, sei eines ernsthaften Hexenrichters unwürdig. Grausamkeit als Alterskrankheit? Fanatismus als Wahnsinn!“

Eine merkwürdige Figur war Matthew Hopkins, der mit mörderischem Eifer seinen armen Opfern in Essex, Großbritannien, nachstellte. Vor allem den Meerhexen, vor denen sich alle Seeleute fürchteten, weil sie Schiffe und Kapitäne verzauberten, sollte der Garaus gemacht werden. Von 1645 bis 1647 betätigte sich Hopkins als selbst ernannter „Großer Hexenjäger“. Dabei – so berichtet Susan Greenwood – richtete er sein Augenmerk vornehmlich auf die Teufelsmale und die Hausgeister. „Der Körper einer Angeklagten wurde nach diesen schmerzunempfindlichen Malen abgesucht. Dann wurde die Frau nackt ausgezogen und mindestens 24 Stunden lang mit gekreuzten Beinen auf einem Stuhl oder Tisch festgebunden, damit ihre Hausgeister erscheinen sollten. Eine Frau namens Joyce Bonds gestand zum Beispiel, zwei Kobolde in Form von Mäusen zu haben, die in ihr Bett kamen und an ihrem Körper saugten.“ Hopkins selbst glaubte an Hausgeister und schrieb 1647, wie einer zu ihm auf den Hof kam: „ein schwarzes Ding, das so aussah wie eine Katze, obschon dreimal so groß.

Es saß in einer Erdbeerpflanze und starrte mich an. Als ich darauf zuging, hüpfte es über den Zaun und flitzte, von meinem Windhund verfolgt, durch den Hof davon. Der Hund kehrte dann zu mir zurück und zitterte wie Espenlaub." Hunderte von Frauen ließ Hopkins der Wasserprobe unterwerfen und als Folterer war er seiner Zeit weit voraus. Glück brachte ihm das nicht: Er selbst wurde vor Gericht gestellt, der Wasserprobe unterzogen und getötet.

HÖHEPUNKTE DER HEXENVERFOLGUNGEN

Ende des 15. Jahrhunderts verschlechterten sich die Lebensbedingungen der Menschen dramatisch. Lange und harte Winter waren verantwortlich für drastische Ernteeinbußen, Epidemien breiteten sich aus und rafften große Teile der Bevölkerung hin. Vor allem Zauberer und Hexen wurden für die Übel verantwortlich gemacht. Schätzungen zufolge starben in den ersten 30 Jahren nach der Veröffentlichung des „Hexenhammers" mehrere tausend Menschen in ganz Europa auf den Scheiterhaufen. Schwerpunkt in Deutschland waren der Süden und Westen des Landes. Die lokale Gerichtsbarkeit übte dabei einen ganz entscheidenden Einfluss aus.

Hexen auf dem Scheiterhaufen

Um 1520 ebbte die erste Welle der Verfolgungen ab. Manche weltlichen Herrscher, die reformierten Gebiete in Deutschland sowie die spanische Inquisition lehnten die Hexenverbrennungen ab und stellten sie sogar unter Strafe. Doch die Schonzeit für angebliche Hexen währte nicht lange: Mitte des 16. Jahrhunderts verschlechterten sich die Lebensbedingungen erneut. Eine weitere Kältewelle brach über Europa herein. Lebensmittel wurden so teuer, dass große Teile der Bevölkerung Hunger leiden mussten. Durch Predigten von Hexengegnern angestachelt, begannen die Hexenjagden quer durch alle Konfessionen erneut. In vielen Ländern Europas erlebten die Prozesse in den Jahren zwischen 1570 und 1590 ihren Höhepunkt.

Während sich in West- und Südeuropa die Versorgungslage um 1600 allmählich stabilisierte und die Verfolgungen damit abnahmen, war in Zentraleuropa nochmals ein deutlicher Anstieg zu verzeichnen, der seinen Höhepunkt im Dreißigjährigen Krieg (1618–1648) fand. Zwischen 1626 und 1630 kam es zu einer Konzentration ungünstiger Verhältnisse: Durch die Wirren des Krieges lagen viele Felder brach, andere Felder konnten wegen schlechter Witterungsverhältnisse keinen richtigen Ertrag hervorbringen. Wiederum wurden Hexen für die Wetterschäden zur Verantwortung gezogen. In einer beispiellosen Hetzjagd wurden tausende von Menschen in Schnellverfahren abgeurteilt. Allein im Kurfürstentum Köln fanden zwischen 1626 und 1635 über 2.000 Hinrichtungen statt. Diesmal traf es nicht nur ältere arme Frauen, sondern auch Geistliche und Mitglieder des Adels, die sich den Verbrennungen entgegenstellen wollten. Ganz Zentraleuropa war von einer Art Endzeitstimmung befallen. Auf Drängen der Bauern ließen auch Herrscher, die den Hetzjagden skeptisch gegenüber standen, massenweise Scheiterhaufen errichten.

Aufklärer im Aufwind

Erst Ende des 17. Jahrhunderts stabilisierten sich die ökonomischen, klimatischen und politischen Verhältnisse. Die Verfolgungen wurden für die herrschenden Eliten zunehmend zum Störfaktor. Im Zeitalter der Aufklärung wurde wissenschaftlichen

Erkenntnissen mehr Bedeutung zugemessen als Magie und Aberglaube. Während des gesamten 18. Jahrhunderts blieben Hexenprozesse eher eine Seltenheit. Nur in entlegenen Gebieten auf dem Land kam es noch zu vereinzelten Hinrichtungen. Die Aufklärer gewannen mit ihren Schriften gegen die Hexenverfolgungen langsam Oberhand über die konservativen Kleriker. Als 1782 in der Schweiz die letzte Hexe hingerichtet wurde, entfachte dies eine empörte öffentliche Debatte über die rechtlich zweifelhaften Grundlagen des Prozesses. Die Rechtsprechung wurde fast überall reformiert, um 1800 waren alle Magiedelikte aus den Gesetzestexten verschwunden.

Hexenjagden – sogar in der „Neuen“ Welt

Nicht überall in Europa wurde die Hexenjagd gleich intensiv betrieben. Auch die Hochzeiten der Verfolgung waren regional unterschiedlich. Loderten die meisten Scheiterhaufen in Frankreich, der Schweiz, den Niederlanden und Schottland zwischen 1570 und 1600, so waren nach 1600 vor allem Deutschland und das Jura betroffen. Zwischen 1665 und 1675 steigerte sich der Hexenwahn in Schweden und Finnland. In Deutschland waren vor allem der Westen und der Süden betroffen. Berühmtes Beispiel ist die Augsburger Amme Anna Ebeler, die 1669 angeklagt wurde, ihre im Wochenbett liegende Herrin mit einer Schale Suppe vergiftet zu haben. Letztere fiel ins Delirium und starb. Schnell verbreitete sich die Kunde in der Stadt, was andere Frauen bewog, ebenfalls gegen Anna auszusagen, sie hätte ihre Kinder verhext. Anna gestand nach dem sechsten Verhör, als man ihr die Folter androhte. Sie wurde am 23. März 1669 verbrannt. Während die Hexenverfolgung im Großbritannien relativ gemäßigt verlief – allseits bekanntes Beispiel waren die Hexen von Chelmsford – war die Jagd auf vermeintliche Hexen in Schottland schon sehr viel intensiver. „Berühmt“ geworden sind auch die Hexen von Salem, Massachusetts.

Isobel Gowdie

Unvergessen ist Isobel Gowdie, die 1662 gestand, als Hexe tätig gewesen zu sein. Die mit einem einfachen Bauern verheiratete rothaarige Schönheit langweilte sich ganz offensichtlich auf dem Land. Deshalb ging sie nach eigenem Bekenntnis 1647 eine Verbindung mit dem Teufel ein. Dieser erschien ihr als eleganter Herr in der Dorfkirche. Groß und schwarzhaarig soll er gewesen sein; sie musste Jesus abschwören, danach saugte er ihr das Blut aus, zeichnete sie mit einem Mal auf der Schulter und taufte sie auf den Namen Janet. Zum Schluss des Rituals habe der Teufel von der Kanzel gepredigt. Die Hexenzirkel, an denen Isobel Gowdie angeblich teilgenommen hatte, bestanden aus 13 Mitgliedern, die dort lernten, sich in verschiedene Tiere zu verwandeln, obskure Zeremonien mit den Leichen ungetaufter Kinder abzuhalten, „Elfenpfeile" abzuschießen, Feldfrüchte für den Teufel zu rauben, die Milch der Kühe zu stehlen, ihre Feinde mit Hilfe von deren Ebenbildern aus Ton zu vernichten, Unwetter heraufzubeschwören und verschiedene andere Meisterstücke auszuführen.

Isobel Gowdie erklärte auch, wie man sie gelehrt habe, auf einem Strohhalm oder einem Bohnenstängel zu den Hexensabbaten zu fliegen. Jede Hexe im Zirkel habe ihren eigenen Hausgeist gehabt, ihr eigener sei ein schwarz gekleideter Geist mit Namen Read Reiver gewesen. Sie behauptete weiter, mit anderen Zirkelmitgliedern und dem Teufel häufiger Geschlechtsverkehr gehabt zu haben, wobei sie festgestellt habe, dass die riesigen Genitalien des Teufels ihr mehr Vergnügen bereitet hätten als die gewöhnlicher Sterblicher, obwohl sein Samen eiskalt gewesen sei. Obgleich Isobel Gowdie während ihres klaren Geständnisses keine Verwirrung zeigte, ließ sie doch Gewissensbisse wegen ihres Verhaltens erkennen; sie schien sich der wahrscheinlichen Folgen ihrer Erklärungen voll bewusst zu sein und wehklagte in ihrem Prozess, dass sie die härteste Folter verdiene. Obwohl die Berichte von den Prozessen nichts darüber aussagen, ist denkbar, dass sie gehängt und ihr Körper in der üblichen Weise zu Asche verbrannt wurde.

Die Hexen von Salem

Auch die puritanischen Neu-Engländer in Massachusetts lehnten Magie als Teufelswerkzeug ab. Bekanntes Beispiel einer gnadenlosen Jagd auf Hexen war die von Salem, die 1692 losbrach. Ein starker Glaube an den Teufel, Unstimmigkeiten zwischen Familien und Rivalitäten mit der nahe gelegenen Salem-Stadt, eine kurz vorher aufgetretene Pocken-Epidemie und die Angst vor den Angriffen kriegerischer Indianerstämme schufen einen fruchtbaren Boden für Angst und Aberglauben. In Essex County, Massachusetts, wurden 156 Menschen aus 24 Dörfern und Gemeinden angeklagt. Am Ende fanden 19 Menschen den Tod durch Erhängen.

Der Wahn nahm seinen Anfang, als mehrere junge Mädchen merkwürdige Anfälle bekamen. Sie sprachen seltsam und krochen auf dem Boden herum. Ein Augenzeuge berichtete: „Die Kinder wurden von unsichtbaren Kräften gezwickt und gezwackt. Arme, Hals und Rücken verdrehten sich unnatürlich in alle Richtungen, was sie niemals alleine hätten bewerkstelligen können. Auch epileptische Anfälle oder andere natürliche Krankheiten hätten solchen Verrenkungen hervorrufen können. Mitunter wurden sie mit Stummheit geschlagen und konnten nicht mehr sprechen. Aus ihrem Hals kamen schreckliche Laute, ihre Glieder verdrehten sich auf so entsetzliche Weise, dass sie sogar ein Herz aus Stein gerührt hätten.“ Keiner der Ärzte konnte etwas an ihnen finden, geschweige denn die Leiden heilen. Einer sprach frei heraus, was er dachte: Die Mädchen müssten vom Teufel besessen sein. Man befahl ihnen, ihre Peiniger zu nennen.

Die ersten drei Beschuldigten waren Sarah Good, Sarah Osborne und Tituba. Sarah Good war eine stadtbekannte Bettlerin und Obdachlose, die besitzlose Tochter eines französischen Gastwirts, der häufige Selbstgespräche nachgesagt wurden. Sarah Osborne war eine bettlägerige ältere Dame und Tituba eine indianische Sklavin. Doch das war erst der Anfang. Bald brach eine wahre Hexenhysterie aus und immer mehr Frauen wurden beschuldigt. Mit steigender Zahl der Beschuldigten stieg auch die Zahl der Gefängnisinsassen, und die Bevölkerung sah sich einem schwerwiegenden Problem gegenüber: Ohne eine organisierte Regierung gab es keine Möglichkeit, diese Verdächtigen in einem Prozess zu verurteilen. Erst gegen Ende Mai kam Gouverneur Phips nach Salem, um ein Anhörungsgericht zu bilden. Sarah Osborne und Sarah Goods neu geborenes Kind waren mittlerweile in Haft verstorben, viele andere Inhaftierte krank. Insgesamt warteten vielleicht 80 Personen im Gefängnis auf ihren Prozess.

Von den Beschuldigten wurde nur eine entlassen, als die Mädchen ihre Anschuldigungen widerriefen. Alle anderen Fälle wurden mit dem Urteil Hinrichtung wegen Hexerei beendet, kein einziger Angeklagter wurde freigesprochen.

Im Zweifel für den Angeklagten

Die Hexenprozesse endeten im Januar 1693, gleichwohl wurden die bereits Verhafteten bis zum Frühjahr des Folgejahres nicht auf freien Fuß gesetzt. Offiziell wurden die Prozesse von dem durch den König eingesetzten Gouverneur Sir William Phips beendet, nachdem Bostoner Geistliche unter der Führung von Increase Mather am 3. Oktober 1692 einen Einspruch mit dem Titel „Cases of Conscience Concerning Evil Spirits“ eingelegt hatten. Darin stellte Mathers fest, dass es besser sei, wenn zehn verdächtigte Hexen entkämen, als wenn eine unschuldige Person verurteilt würde: Im Zweifel für den Angeklagten. Die Stadt Salem trägt seit den berüchtigten Hexenverbrennungen 1692 den Spitznamen „The Witch City“ – Hexenstadt.

Das Verfahren im Hexenprozess

Für das Verbrechen der Hexerei – in zeitgenössischer Terminologie „crimen atrocissimum et occultissimum“ – wurde eine Art Notstandsrecht konstruiert, das Hexerei zum „crimen exeptum“, zum Ausnahmeverbrechen erklärte: Im Extremfall konnte bloßer

Verdacht zur Verhaftung führen und als Legitimation zur Anwendung der Folter herhalten. Der Hexenprozess der frühen Neuzeit umfasste Anklage (Denunziation), Inhaftierung, Prozess und Verurteilung. Abgesehen von einigen Übergriffen folgte der Hexenprozess einem geregelten Schema.

Anklage und Inhaftierung

Für eine Anklage bzw. Denunziation genügte schon die Aussage einer beliebigen Person – ohne Beachtung ihrer Glaubwürdigkeit oder Vergangenheit. Auch Kinderfantasien gaben Anlass für eine Verfolgung.

Ein bekanntes Beispiel dafür, wie schnell eine Verleumdung zur Inhaftierung führen konnte, ist die Mutter von Johannes Kepler, die 1615 aufgrund eines Streits mit einer Nachbarin als Hexe denunziert wurde. Sie war über ein Jahr gefangen gesetzt, wurde mit der Folter bedroht, wurde aber schließlich aufgrund von Bemühungen ihres berühmten Sohnes freigesprochen.

Die Inquisitoren gingen zunächst einmal von der Richtigkeit der Aussage aus, weshalb sie auch nicht bewiesen werden musste. Gründe waren oft subjektiv, etwa Hass auf Konkurrenten, Neid und Eifersucht. Viele Frauen wurden wegen einer geistigen oder körperlichen Behinderung für vom Teufel besessen gehalten und denunziert. Andere wurden für Plagen und Krankheiten verantwortlich gemacht.

Die Anklage erfolgte häufig durch missgünstige oder neidische Nachbarn. Sie verklagten ihren ungeliebten Mitmenschen fast immer anonym bei den Hexenrichtern. In besonderer Gefahr befand man sich auch, wenn schon andere Familienmitglieder der Hexerei beschuldigt worden waren. Eine andere Möglichkeit, Opfer der fanatischen Hexenjäger zu werden, war das so genannte „Besagen“. Die Hexenrichter waren nämlich der Überzeugung, dass alle Mitglieder der Teufelssekte sich beim Hexensabbat treffen würden. Deshalb fragten sie die Angeklagten unter Folter nach weiteren Hexen, die sie dort gesehen hätten. Auch wenn sie am Anfang vielleicht noch bestritten, jemandem, dessen Namen man ihnen vorgab, begegnet zu sein, ließ ihre Willenskraft unter den unglaublichen Schmerzen doch bald nach.

So fanden die die Hexenrichter immer neue unschuldige Opfer. Selten gestand man vermeintlichen Hexen das Recht auf eine Verteidigung zu. Wenn überhaupt ein Anwalt zugelassen wurde, war dieser vom Richter ausgewählt worden. Jeder Anwalt setzte sich jedoch der Gefahr aus, selbst als Mitglied der Hexensekte angeklagt zu werden.

Das Grusel-Kaleidoskop der Hexenproben

Zu Beginn des Prozesses wurde die Angeklagte in der Regel vollständig entkleidet und die Schamhaare entfernt, um ihre Zauberkraft zu brechen. Ein entwürdigendes Procedere, an denen einige Inquisitoren sich besonders ergötzten. Dann untersuchte man sie am ganzen Körper nach einem „Hexenmal" – Leberflecken, Muttermale oder Warzen.

Fand man derartige Veränderungen, wandte man die Nadelprobe an. In Schottland gab es dafür eigens den Beruf des Hexenstechers. Mit einer langen Nadel stach er in die Male, um herauszufinden, ob das Opfer an dieser Stelle etwas spürte. Dahinter stand die Idee, der Teufel besiegele den Pakt mit der Hexe, indem er sie zwicke. Dies hinterließ ein dauerhaftes Zeichen, das Teufelsmal, das weder schmerzempfindlich war noch blutete. Der berühmte Hexenstecher John Kincaid berichtete: „Sie spürte die Nadel nicht, wenn sie in die entsprechenden Male eindrang, und sie vergoss auch kein Blut. Stach man ihr die Nadel in das Mal und fragte sie, wo sie denn Schmerz spüre, so zeigte sie auf eine völlig andere Körperstelle. Dabei waren die Nadeln 7,5 Zentimeter lang oder gar noch länger." Nachweislich wurden von den Folterknechten auch einziehbare Messer benutzt, die tatsächlich keine blutende Wunden hinterließen. Die Nadelprobe wurde im Allgemeinen durch den Scharfrichter durchgeführt. Dieser war auch für die Durchführung der Folter zuständig.

GEFANGENSCHAFT UNTER UNWÜRDIGEN BEDINGUNGEN

Gefängnisse im heutigen Sinne gab es in der frühen Neuzeit noch nicht, deshalb hielt man die Angeklagten meist in feuchten dunklen Kellern oder Türmen gefangen. Und das zum Teil mehrere Monate oder gar Jahre. Anton Prätorius (1560–1613), ein Kritiker der Hexenprozesse, lieferte in seiner Abhandlung „Von Zauberey und Zauberern" aus dem Jahr 1613 einen beeindruckenden Bericht über die Situation der Inhaftierten: „Bei den Richtern und Amtsleuten und Bürgermeistern findet sich viel zu große Härte in den Gefängnissen. Das beklagt auch die Halsgerichtsordnung. Ich habe selbst solche Gefängnisse gesehen in Besuchung der Gefangenen. Wenn solche Gefangene in langer Einzelhaft ganz verzagt werden, macht sich der Teufel herzu, dass sie ganz verzweifelt werden und sich das Leben nehmen. Die Haare stehen mir zu Berge, wenn ich davon erzähle. Mein Herz will mir im Leibe zerspringen, wenn ich daran denke, dass ein Mensch den anderen um einiger Sünden willen so gräulich plaget, so viel ängstigt und dem Teufel zu Raube setzt und in solchen Jammer bringt.

In dicken starken Türmen, Pforten, Blochhäusern, Gewölben, Kellern oder sonst tiefen Gruben sind gemeinlich die Gefängnisse. In denselbigen sind entweder große dicke Hölzer, zwei oder drei übereinander, dass sie auf und nieder gehen an einem Pfahl oder Schrauben durch dieselben sind Löcher gemacht, dass Arme und Beine daran liegen können. Wenn nun Gefangene vorhanden, hebet oder schraubet man die Hölzer auf, die Gefangenen müssen auf ein Klotz, Steine oder Erden niedersitzen, die Beine in die untern, die Arme in die obern Löcher legen. Dann lässt man die Hölzer wieder fest aufeinander gehen, verschraubt, keilt und verschließet sie auf das härtest, dass die Gefangen weder Bein noch Arme notdürftig gebrauchen oder regen können. Das heißt, im Stock liegen oder sitzen.

Etliche haben große eisern oder hölzern Kreuz, daran sie die Gefangen mit dem Hals, Rücken, Arm und Beinen anfesseln, dass sie stets und immerhin entweder stehen, oder liegen, oder hangen müssen, nach Gelegenheit der Kreuze, daran sie geheftet sind. Etliche haben starke eiserne Stäbe, fünf, sechs oder sieben Vierteil an der Ellen lang, dran beiden Enden eisen Banden sind, darin verschließen sie die Gefangenen an den Armen, hinter den Händen. Dann haben die Stäbe in der Mitte große Ketten in der Mauren angegossen, dass die Leute stets in einem

Lager bleiben müssen. Etliche machen ihnen noch dazu große, schwere Eisen an die Füße, dass sie die weder ausstrecken noch an sich ziehen können. Etliche haben enge Löcher in den Mauren, darin ein Mensch kaum sitzen, liegen oder stehen kann, darin verschließen sie die Leute ohngebunden, mit eisern Türen, dass sie sich nicht wenden oder umkehren mögen.
Etliche haben 15, 20, 30 Klaftern tiefe Gruben, wie Brunnen oder Keller aufs allerstärkest gemauret, oben im Gewölbe mit engen Löchern und starken Türen Gerembsten, dadurch lassen sie die Gefangen, welche an ihren Leibern sonst nicht weiter gebunden, mit Stricken hinunter, und ziehen sie, wenn sie wollen, also wieder heraus.
Solche Gefängnisse habe ich selbst gesehen, in Besuchung der Gefangenen; glaube wohl, es sind noch viel mehr und anderer Gattung, etliche noch gräulicher, etliche auch gelinder und erträglicher. Nachdem nun der Ort ist, sitzen etliche gefangen in großer Kälte, dass ihnen auch die Füß erfrieren und abfrieren, und sie hernach, wenn sie loskommen, ihr Lebtage Krüppel sein müssen. Etliche liegen in steter Finsternis, dass sie der Sonnen Glanz nimmer sehen, wissen nicht, ob es Tag oder Nacht ist. Sie alle sind ihrer Gliedmaßen wenig oder gar nicht mächtig, haben immer währende Unruhe, liegen in ihrem eigenen Mist und Gestank, viel unflätiger und elender denn das Viehe, werden übel gespeiset, können nicht ruhig schlafen, haben viel Bekümmerniss, schwere Gedanken, böse Träume, Schrecken und Anfechtung. Und weil sie Hände und Füße nicht zusammen bringen und wo nötig hinlenken können, werden sie von Läusen und Mäusen, Steinhunden und Mardern übel geplaget, gebissen und gefressen. Werden über das noch täglich mit Schimpf, Spott und Dräuung vom Stöcker und Henker gequälet und schwermütig gemacht.
Summa, wie man sagt: Alle Gefangen arm! Und weil solches alles mit den armen Gefangenen bisweilen über die Maßen lang währet, zwei, drei, vier, fünf Monat, Jahr und Tag, ja etliche Jahr: werden solche Leute, ob sie wohl anfänglich gutes Muts, vernünftig, geduldig und stark gewesen, doch in die Länge schwach, kleinmütig, verdrossen, ungeduldig, und wo nicht ganz, doch halb töricht, misströstig und verzagt. – O ihr Richter, was macht ihr doch? Was gedenkt ihr? Meinet ihr nicht, dass ihr schuldig seid an dem schrecklichen Tod eurer Gefangenen?“

Bei der Wasserprobe (Hexenbad) wurden die Angeklagten gefesselt und ins Wasser geworfen. Gingen sie unter und ertranken, war ihre Unschuld bewiesen. Schwammen sie oben, war es Zauberei und sie standen mit dem Teufel im Bunde.

Auf der Hexenwaage wurde das Gewicht der Verdächtigen geprüft, denn ein Indiz für Hexen war ihre spezifische Leichtigkeit als wichtige Voraussetzung dafür, dass sie fliegen konnten. Waren sie schwer, standen sie im Verdacht, die Waage verhext zu haben, denn jede Abweichung von den Erwartungen der Hexenrichter wurde als Teufelswerk ausgelegt. Bei der Feuerprobe mussten die Angeklagten ein glühendes Stück Eisen über eine bestimmte Entfernung tragen, oder barfuss mit verbundenen Augen über glühende Pflugscharen gehen. Drei Tage später wurden Hände und Füße begutachtet. Waren die Angeklagten verletzt - was wohl im Allgemeinen zu erwarten war –, galten sie als schuldig, waren sie unverletzt, wurden sie für unschuldig erklärt.

Auch die Tränenprobe war eine der Hexenproben, die bei Hexenprozessen zur „Wahrheitsfindung" angewendet wurden, um festzustellen, ob es sich bei dem Angeklagten um eine Hexe oder einen Hexenmeister handelte. Ausgehend von der Annahme, dass eine Hexe nicht weinen könne, wurden nicht geständige Angeklagte aufgefordert zu weinen. Kam es dann zu keinem Tränenfluss, wurde dies als Indiz für eine Schuld angesehen. Ebenso wurde ein Mangel an Tränen während der Folter als Zeichen für ein Bündnis mit dem Teufel angesehen.

Das Verhör: Unschuldsprinzip unbekannt

Man unterschied in der Regel drei Phasen des Verhörs: die gütliche Befragung, die Befragung mit Vorzeigen und Erklären der Folterinstrumente und die peinliche Befragung, bei der die Folter Anwendung fand. Grundsätzlich befanden sich die Inquisitoren in der stärkeren Position, da man das Unschuldsprinzip nicht kannte und stets von der Schuld der Angeklagten ausging. Des Weiteren sah man es als erwiesen an, dass Gott es niemals zulassen wür-

Folter während der peinlichen Befragung

de, dass ein Unschuldiger verurteilt würde. Einen Verteidiger, wie wir ihn heute kennen, gab es nicht; das Gericht argumentierte damit, dass jemand, der einen Anwalt wolle, diesen wohl auch nötig habe, deshalb wäre dadurch nicht nur der Verteidiger in Schwierigkeiten gekommen, sondern auch die Angeklagte hätte ihre Schuld bewiesen. Weil der Teufel als sehr mächtig angesehen wurde, konnte man den Hexen nicht auch noch den Schutz der Gesetze zugestehen, da man sie sonst nicht bekämpfen könnte.

Im Hexenprozess ging es nicht nur im einen religiösen, sondern meist auch um einen tatsächlichen Schaden, der von der Hexe angerichtet worden sein sollte: kranke Kinder, tote Kühe, brennende Scheunen, verdorbene Ernten und so weiter. Da solche Ereignisse ständig vorkamen, war auch immer Bedarf an Schuldigen, und da man sich im Prozess nicht mit Logik, Motiv, Gelegenheit und Alibi herumschlagen musste, war eine Verteidigung praktisch unmöglich.

> Fragen über Fragen
>
> *Die Fragenkataloge enthüllten nicht selten die sexuellen Fantasien der Richter; so fragten sie beispielsweise (Auszug aus dem Fragenkatalog des badischen Landrechts 1588):*
> *Wann ihr der Teufel erschienen?*
> *Ob er auch Heirat oder allein Buhlschaft von ihr begehrt?*
> *Wie er sich genannt, was er für Kleider getragen habe?*
> *Ob sie nichts Teuflisches an ihm gesehen und wisse?*
> *Ob der Teufel nach dem Pakt mit der Angeklagten geschlafen habe?*
> *Auf welche Weise ihr der Teufel die Jungfräulichkeit geraubt habe?*
> *Wie der Penis des Teufels sei und wie sein Samen?*
> *Ob der Koitus mit dem Teufel ihr bessere und größere Lust bereitet habe als der mit einem natürlichen Mann?*
> *Ob der Teufel mit der Angeklagten es mehrfach in der Nacht getrieben habe?*
> *Ob er den Koitus immer in natürlicher Weise ausgeführt habe oder auch mit anderen Teilen des Körpers?*
> *Ob sie von anderen Männern auf natürliche Weise geschwängert worden sei?*
> *Was sie mit dem Säugling getan habe, ob das Kind gelebt habe?*
> *Auf welche Weise sie es getötet habe?*
> *Ob sie sich auch gegen die Natur versündigt habe?*

Gab die Angeklagte kein Geständnis ab, folgte die Schreckung, das Zeigen der Folterwerkzeuge und ihre genaue Erklärung; erst danach folgte die „peinliche Befragung“ – das Verhör unter der Folter. Nach verbreitetem mittelalterlichem Recht durfte ein Urteil nur ausgesprochen werden, wenn der Angeklagte geständig war. Die Hexerei galt als „Ausnahmeverbrechen“, was ein besonders brutales Vorgehen bei der Wahrheitsfindung rechtfertigte. Die Folter war deshalb „die Seele des Hexenprozesses". Häufig kamen Daumenschraube, Streckbank und spanischer Stiefel zum Einsatz. Die vermeintliche Hexen mussten dabei unmenschliche Qualen aushalten. Ebenso galt bei Hexenprozessen oftmals die sonst übliche Regel nicht, dass man einen Angeklagten nur dreimal der Folter unterwerfen dürfe und wenn bis dahin kein Geständnis vorliege, er freizulassen sei. Im „Hexenhammer" wurde geraten, die verbotene Wiederaufnahme der Folter ohne neue Beweise als Fortsetzung zu deklarieren.

Bei der Daumenschraube wurden der Daumen oder andere Finger in eine Zwinge gespannt und deren durch Gewinde miteinander verbundene Backen schraubenförmig zusammengezogen. Dieser Prozess war äußerst schmerzhaft und nicht selten mit Frakturen verbunden, die im Allgemeinen bleibende Schäden an der Hand verursachten.

Die Streckbank war seit in Europa vom Mittelalter bis zum beginnenden 19. Jahrhundert im Gebrauch. Das auf einem langen Tisch liegende Folteropfer wurde jeweils an den Armen und Beinen gefesselt. An einem Ende des Tisches wurde mit einem Handhebelrad das eine Seil, mit dem meistens die Arme in einer Schlinge gefesselt waren, langsam angezogen, sodass die Gelenke gedehnt oder die Knochen der Gepeinigten aus den Gelenken gelöst wurden. Das andere Ende hingegen, in welchem die Beine an den Füßen gefesselt waren, blieb unbewegt, oder Teile der Bank konnten auseinandergekurbelt werden.

Der spanische Stiefel bestand meist aus zwei Eisenplatten, die dem Unterschenkel angepasst waren. Diese wurden um das Schienbein und die Wade gelegt und dann zusammengedreht – manche Versionen spannten lediglich den Fuß ein. Bei einfacheren Versionen wurde ein Holzklotz verwendet, der mit Eisenschienen beschlagen war, um so an den Gewindestäben geführt zu werden. In den spanischen Stiefel wurde der Fuß oder der gesamte Unterschenkel einzeln eingespannt, während immer wieder heißes Pech hineingegossen wurde. Häufig traten dabei Frakturen und auch Quetschungen auf. Das Instrument wurde zuerst in Spanien angewendet, war seit dem 16. Jahrhundert aber beinahe im gesamten Europa verbreitet.

Ein anderes Mittel war das Hochziehen an den auf dem Rücken zusammengebundenen Armen, wobei Gewichte an den Füßen die Qualen verstärkten. Es kam vor, dass ein Angeklagter während der Folter starb. Dann wurde die Schuld durch den Richter und Henker auf den Teufel abgewälzt. Es war nicht möglich, in der Folter seine Unschuld zu beweisen. In den Folterstuben haben sich grauenhafte Szenen abgespielt, die nicht selten in Vergewaltigung und sexuellem Sadismus mündeten. Auch die Folter der Schlaflosigkeit peinigte die Opfer. Matthias Hopkins, der berüchtigte Hexenfinder Englands, ließ die Gefangenen unaufhörlich im Keller umher treiben, damit sie wach blieben und „keinen Zuspruch vom Teufel" erhielten, bis sie mit wunden Füßen halb wahnsinnig zusammenbrachen. Auch „höllische Nahrung" sollte die vermeintlichen Hexen und Hexenmeister zum Geständnis zwingen.

Döbler berichtet: „Besonderen Scharfsinn hatten die Henker der Bamberger Gefängnisse entwickelt: hier stellte man aus scharf gesalzenem und gepfeffertem Hering eine höllische Nahrung her, folterte also mit Durst und Hunger."

Ehrlos, aber wichtig: Der Beruf des Henkers

Mit der Folter betraut war der Scharfrichter bzw. Henker, ein Berufsstand, der damals als ehrlos galt. Überwacht wurde er von der Obrigkeit, die verpflichtet war, den Folterverhören persönlich beizuwohnen. Johann Matthäus Meyfarth äußerte sich 1635 geschockt über das, was in den Folterkammern ablief: „Was habe ich denn gesehen? O liebe Christen! Ich habe gesehen, welchermaßen die Henker und Peiniger den kostbaren Leib des Menschen so geringlich achten. (...) Ich habe gesehen, welchermaßen sie den festen Leib des Menschen zertrümmern, die Glieder voneinander treiben, die Augen aus dem Haupte zwingen, die Füße von den Schienbeinen reißen, die Gelenke aus den Spannadern bewegen,

Hinrichtung durch Scharfrichter

die Schulterscheuben aus der Schaufel heben und die tiefen Adern aufblähen, die hohen Adern an etlichen Orten einsenken, bald in die Höhe zerren, bald auf den Boden stürzen (...) Ich habe gesehen, wie der Henker mit Peitschen geschlagen, mit Ruten gestrichen, mit Schrauben gequetschet, mit Gewichten beschweret, mit Nägeln gestochen, mit Stricken umzogen, mit Schwefel gebrennet, mit Öl begossen, mit Fackeln gesenget!“

Geständnis, Urteil, tödliche Spektakel

Das unter Folter erzwungene Geständnis beinhaltete die Vorwürfe, die man der Angeklagten oder dem Angeklagten bei Prozessbeginn gemacht hatte. Das Urteil lautete in fast allen Fällen Tod durch das Feuer: Die Hexe wurde an einen Pfahl gebunden. Zwischen Arme und Beine der Opfer wurden Pechkränze gelegt, man band Strohbüschel an ihren Leib und schlug zur Befestigung der Garben Klammern in den Pfahl. Für die Familie der Opfer gingen die Probleme weiter, da Hexenjäger sich davon überzeugen mussten, dass keine weiteren Hexen oder Besessene in der Familie waren. Auch mussten sie die Kosten des Verfahrens tragen und das Holz für den Scheiterhaufen bezahlen.

Hexenverbrennungen waren, wie andere Hinrichtungen auch, Schauspiele von großer Anziehungskraft. Viele Menschen reisten von weither an, um sich das Spektakel anzusehen. Als 1574 bei

Das Leiden des Pfarrers Johann Reichard

„Weil die guten Worte nichts gefruchtet, so ist er in währender Tortur etwas aufgeweckt und in drei Sprüngen heruntergeschnellt und nochmals stark ermahnt worden, doch vergebens. Daher wurden ihm die Beinschrauben angetan, das erste Mal etwas, hernach schärfer und zum dritten Male noch schärfer angeschraubt, inzwischen aber durch das Blut Christi zum Geständnisse getreulich angehalten worden, endlich sagte er: Soll ich`s denn sagen? Weil er dann nichts gestehen wollte, ist er mit den Schrauben aufgezogen wiederum aufgeweckt und abermals in drei Sprüngen auf den Stock herabgelassen worden. Obwohl man ihn um Gotteswillen bat, er sollte doch seines Leibes schonen, ist er in seiner Halsstarrigkeit verharrt. Deshalb wurde er zum dritten Male aufgezogen und wiederum wohl aufgeweckt und nach zwei Schüttlungen, weil man ein Geständnis erhoffte, bald hernach heruntergelassen worden. Auf langes Zureden hat der Gefolterte bemerkt: Er sei kein solcher Mann! Dann wurde er abgeführt und verwahrt.“

Linz am Rhein eine Hexe verbrannt wurde, kam es auf der Heimfahrt der riesigen Zuschauermenge auf dem Rhein zu einem Unglück: Mehrere überfüllte Boote kippten um, wobei 40 Personen ertranken. Öffentliche Hinrichtungen waren zudem erstrangige Demonstrationsmöglichkeiten der Obrigkeit: Hier wurden Gerechtigkeit und hartes Durchgreifen gegenüber „Volksschädlingen“ zelebriert.

Johannes Janssen und Ludwig Pastor berichteten von solch einem Spektakel, das 1600 in der Ortenau stattfand:

„Da sieht der Pöbel, die Hexen und Zauberer auf der Schinderkarre zur Richtstätte geführt; oft sind alle Gliedmaßen von den Torturen zerrissen, die Brüste zerfetzt; der einen hängt ein Arm auseinander, einem andern ist das Knie gebrochen wie dem Schächer am Kreuz; sie können nicht mehr gehen und stehen, denn die Beine sind zerquetscht; werden dann angebunden an den Brandpfahl, heulen und jammern ob aller der erlittenen Martern. Diese ruft Gott an und die Strafgerechtigkeit Gottes mit lauter Stimme, eine andere ruft den Teufel an, flucht und schwört noch im Angesichts des Todes: das Volk aber, vornehm und gering, alt und jung, schaut dem allem zu, spottet, höhnt oftmals und lästert die armseligen Opfer – was glaubst du, christlicher Leser, wer hier regiert? Und wer jubiliert, wenn er all das Jammern und die Qualen sieht und das zuschauende Volk, in dem allbereit viele sind, die selber für den nächsten Braten dienen; ist es nicht der Teufel? Wohl. Ihr kennet den Teufel längst, denn er ist unter euch bei dem gotteslästerlichen Fluchen und Schwören, das ihr ohne Scheu und Scham treiben dürft, schlimmer, den die Heiden je getrieben."

HEXENJÄGER UND IHRE OPFER

Nicht nur die Theoretiker des Hexenwahns Krämer und Jacob waren strenge Hexenverfolger. Der hysterische Massenwahn griff auf weite Teile der Bevölkerung über. Der Reformator Martin Luther war überzeugt von der Möglichkeit des Teufelspaktes, der Teufelsbuhlschaft und des Schadenszaubers und befürwortete die gerichtliche Verfolgung von Zauberern und Hexen: „Es ist ein überaus gerechtes Gesetz, dass die Zauberinnen getötet werden, denn sie richten viel Schaden an, was bisweilen ignoriert wird, sie können nämlich Milch, Butter und alles aus einem Haus stehlen … Sie können ein Kind verzaubern … Auch können sie geheimnisvolle Krankheiten im menschlichen Knie erzeugen, dass der Körper verzehrt wird … Schaden fügen sie nämlich an Körpern und Seelen zu, sie verabreichen Tränke und Beschwörungen, um Hass hervorzurufen, Liebe, Unwetter, alle Verwüstungen im Haus, auf dem Acker, über eine Entfernung von einer Meile und mehr machen sie mit ihren Zauberpfeilen Hinkende, dass niemand heilen kann … Die Zauberinnen sollen getötet werden, weil sie Diebe sind, Ehebrecher, Räuber, Mörder… Sie schaden mannigfaltig. Also sollen sie getötet werden, nicht allein weil sie schaden, sondern auch, weil sie Umgang mit dem Satan haben."

Ein überzeugter Hexenhasser war Johann Adam von Bicken, Erzbischof und Kurfürst von Mainz. Unter seiner Ägide landeten viele vermeintliche Hexen auf dem Scheiterhaufen. Der berühmte Hexenkommissar der Stadt Rheinbach, Franz Buirmann, bewirkte über 100 Verbrennungen. Nicht zu vergessen der Hexenbrenner Johann Georg II. Fuchs Freiherr von Dornheim, Fürstbischof von Bamberg und Streiter für die Gegenreformation sowie unbarmherziger Hexenverfolger. In seiner Zeit fanden etwa 300 Menschen in Bamberg und 900 Menschen im Hochstift den Tod auf dem Scheiterhaufen. Der Gründer der Würzburger Universität, Julius Echter, nahm die Hexenverfolgungen in großem Umfang wieder auf. So wurden in Gerolzhofen feste Verbrennungsöfen installiert, um die rund 200 Menschen pro Jahr verbrennen zu können. Zeitweilig wurden so viele Menschen Opfer der krankhaften Hexenjagd, dass die Wirtschaft ernsthaft gefährdet war. Dem Hexenbürgermeister von Lemgo, Hermann Cothmann, fielen über 50 Hexen zum Opfer. Balthasar Nuss war verantwortlich für die Hexenverfolgung in Fulda in den Jahren 1603 bis 1606. In drei Jahren ließ er etwa 300 angebliche Hexen und Hexenmeister foltern und anschließend hinrichten. Das Vermögen der Opfer zog er für sich ein.

Unter der Herrschaft Ferdinand von Bayerns wurden die Hexenprozesse mit besonderer Heftigkeit durchgeführt. Das kurkölnische Westfalen war Kernzone der Hexenprozesse in Deutschland mit hoher Verfolgungsaktivität. Hier fand die reichsweit größte Hexenverfolgung statt. Eine 1607 von Ferdinand von Bayern verfasste und 1628 überarbeitete Hexenprozessordnung verschärfte die Regelungen der kaiserlichen Halsgerichtsordnung Carolina zur Durchführung der Verfolgung und erleichterte damit besonders den Einsatz der Folter. Die eingesetzten Hexenkommissare gingen mit großer Härte vor. Die Liste ließe sich beliebig fortsetzen.

Doch wer waren die Opfer? Einige ausgesuchte Beispiele sollen deutlich machen, wie leicht eine Frau in die Fänge der „Hexenjustiz" geraten konnte:

DAS OPFER MERGA BIEN

Merga Bien war eine der ersten Frauen, die der Hexenjäger Balthasar Nuss in Fulda gefangen nahm und nach 14 Wochen Haft und Folter auf dem Scheiterhaufen verbrennen ließ. Darüber berichten Ingrid Müller-Mönch und Bertold Jäger. Am 19. Juni 1603 wurde Marga inhaftiert und in einen Hundekäfig gesperrt, weil das Gefängnis im Schloss bereits überfüllt war. Dagegen klagte ihr Ehemann Blasius vor dem Reichskammergericht in Speyer. Von dort kam ein Mandat, dass sie bessere Haftbedingungen bekommen sollte und auf keinen Fall gefoltert werden dürfte, denn es hätte sich herausgestellt, dass sie schwanger sei. Aufgrund des damals geltenden Rechts war das Foltern in der Schwangerschaft verboten. Am 4. August wurde Marga jedoch abermals verhört und beschuldigt, ihren zweiten Ehemann und ihre Kinder vergiftet, den Junkern von Schlitz eine Krankheit angehext, den Tod der Kühe des Schultheißen herbeigeführt und am Hexensabbat teilgenommen zu haben. Die entscheidende Anklage aber lautete: Da ihre Ehe mit Blasius Bien 14 Jahre lang kinderlos geblieben wäre, könne ihre derzeitige Schwangerschaft nur das Werk des Teufels sein. Unter der Folter gab sie schließlich alle Anschuldigungen zu mit den Worten: „... ach Gott, so will ich es getan haben" und wurde im Herbst 1603 auf dem Gerichtsplatz in Fulda verbrannt. Dafür musste ihr Ehemann die horrende Summe von 91 Gulden als Hinrichtungskosten an den Hexenmeister Nuss entrichten.

DAS OPFER ELSA BUDDENBOEM

Sabine Alfing berichtet in ihrem Buch über die Hexenprozesse in Münster: „Ein angeblich verzaubertes Geldstück und ein Stück Gebäck brachten die 28jährige Magd Elsa Buddenboem in den Verdacht, eine Hexe zu sein. Ein Kapuzinermönch führte seine Erkrankung auf die Berührung eines Geldstückes zurück, das Elsa ihm gegeben hatte. Eine Magd erklärte, ihre Besessenheit sei auf den Verzehr eines Gebäckstücks zurückzuführen, welches Elsa ihr geschenkt habe. Elsa wurde inhaftiert und verhört. Sie wies alle Beschuldigungen zurück. Der Rat befragte zahlreiche Zeugen, unter anderen ein Ehepaar, bei dem Elsa zwei Jahre lang gewohnt hatte. Beide gaben an, von seltsamen Krankheiten befallen gewesen zu sein, als Elsa bei ihnen gelebt hätte.

Der Rat ordnete an, Elsa zu foltern. Sie gestand gleich zu Beginn der Marter, verschiedene Personen mit einem schwarzen Kraut vergiftet zu haben, das sie vom Teufel bekommen hätte. Sie wiederholte ihr Bekenntnis ein paar Tage später ohne Folter. Der Rat verurteilte sie daraufhin zum Tod durch Verbrennen, der vorgesehenen Strafe für Zauberei. Das Gericht milderte das Urteil ab, indem es Elsa vor der Verbrennung erdrosseln ließ."

Das Opfer Greta Bünichmann

Greta Bünichmann, eine allein stehende Dienstmagd in Münster, arbeitete sieben Jahre bei einem Ehepaar im Haushalt. 1635 wurde sie verhaftet. Man warf ihr Schadenszauberei vor. Der Grund: Ihrem Dienstherrn waren kurz hintereinander mehrere Pferde gestorben. Außerdem, so ein weiterer Anklagepunkt, sei das Kind, das mit Bünichmann in einem Bett schlief, morgens mit Kratzspuren aufwacht. Diese stammten angeblich von der Magd, die sich nachts in das Teufelstier Katze verwandelt hätte. Zudem hätte die Magd ein Kind ihrer Dienstherren beim Vaterunser-Beten unterbrochen. Alle diese Punkte konnte Greta widerlegen. Selbst bei ihrem ersten Verhör unter Folter beteuerte sie ihre Unschuld. Erst danach legte sie unter Druck ein Geständnis ab. Dabei wurden ihr mildernde Umstände zugesagt. Zur Last gelegt wurde ihr zum Ende des Prozesses noch zusätzlich der Tod eines Kindes ihrer Dienstherren. Greta Bünichmann wurde 1635 hingerichtet. Die mildernden Umstände bestanden darin, dass sie enthauptet und nicht bei lebendigem Leib verbrannt wurde.

Das Opfer: die Faulhaberin

Ilse Werder überliefert uns den Fall der Faulhaberin, die 1564 in Büdingen als Hexe angeklagt wurde. In Wächtersbach gab es im 16. Jahrhundert die weit verzweigte adelige Familie Faulhaber. 1564 wurde eine Frau dieser Familie als Hexe angeklagt. Ihr Vorname ist nicht überliefert, sie wurde nur einfach die Faulhaberin genannt. Sie wurde vor Gericht gestellt, und von Graf Georg erging die Order, sie im peinlichen Verhör hart ranzunehmen. Zwölfmal wurde sie von den Henkersknechten gefoltert. Dabei wurden ihre Hände auf dem Rücken gefesselt und sie dann an die Decke des Rathaussaales hochgezogen. Danach wurde sie der Tortur mit Beinschrauben an den Schienbeinen unterzogen.

Immer wieder drängte der Richter, dass sie endlich ihre Verschwörung mit dem Teufel zugeben sollte. Doch trotz zerrissener Glieder hielt die Faulhaberin an ihrem Glauben fest. Schließlich ließ das peinliche Halsgericht Milde walten: Sie wurde noch einmal ausgepeitscht. Dann durfte sie schwer gezeichnet von der Folter zu ihrer Familie zurückkehren, musste allerdings versprechen, sich niemals rächen zu wollen.

Das Opfer Hester Jonas

Über Hester Jonas aus Neuss berichtet Hetty Kemmerich. Hester Jonas zog nach ihrer Heirat mit einem Müller nach Neuss an die Windmühle. Hier erlitt sie schwere Fallsucht-Anfälle. Sie betätigte sich als Hebamme und nutzte die Kräuterheilkunde, unter anderem die Alraune. Im November des Jahres 1635 wurde sie im Alter von etwa 64 Jahren wegen Zauberei verhaftet, verhört und gefoltert. Das Neusser Bürgermeistergericht bezichtigte sie des Schadenzaubers, des Abfalls von Gott, des Paktes mit dem Teufel und der Teufelsbuhlschaft. Schon Jahre zuvor hatte Hester Jonas im Ruf gestanden, eine Hexe zu sein. Durch massive öffentliche Gerüchte sah sich die Obrigkeit nun zum Handeln gezwungen. Bei den ersten beiden Verhören konnte Hester Jonas noch die gegen sie erhobenen Vorwürfe leugnen. Am 19. und 20. Dezember wurde sie jeweils für drei Stunden auf einen Hexenstuhl, einen mit Eisennägeln gespickten Folterstuhl, gesetzt. Danach legte sie ein „Geständnis“ nach Wunsch der Anklage ab. Sie gab zu, mit einem schwarzen Mann namens „Hans Beelzebub“ mehrfach Unzucht getrieben und Menschen wie Tieren durch Zauber geschadet zu haben. Außerdem sei sie vom Teufel besessen.

In derselben Nacht gelang ihr die Flucht aus dem „Neuwachthaus“. Sie wurde jedoch wenig später ergriffen und in den Mühlenturm gesperrt. Hier widerrief sie ihr „Geständnis“. Aber nach Auspeitschung mit „scharfen Ruten“ am folgenden Tag war ihr Widerstand gebrochen. Willig gestand sie alle gegen sie erhobenen Vorwürfe. Das Gericht verurteilte sie nun zum Tode. Heiligabend, am 24. Dezember 1635, wurde Hester Jonas in Neuss von einem Scharfrichter mit dem Schwert enthauptet. Ihr Körper wurde danach verbrannt.

Das Opfer Elisabeth Plainacher

Elisabeth Plainacher ging als „Hexe von Wien“ in die Annalen der Stadt ein. Ihre Tochter Margaret, die um 1550 den Bauern Georg Schlutterbauer geheiratet hatte, starb bei der Geburt der Tochter Anna. Noch vor ihrem Tod nahm sie ihrer Mutter das Versprechen ab, sich um das Mädchen zu kümmern, da Georg Schlutterbauer sich dem Trunk hingab, und zur Gewalttätigkeit neigte.

Schlutterbauer begann, nachdem seine ersten drei Kinder in ein und demselben Jahr gestorben waren, seine Schwiegermutter, die überdies noch im katholischen Österreich zum Protestantismus übergetreten war, als Hexe anzuschwärzen. Sie gäbe ihm sein einziges Kind nicht zurück und verhexe es zusehends. Sie bringe es ausschließlich zu protestantischen Gottesdiensten und richte es für den Teufel ab. Das etwas schwachsinnige, epileptische und pubertäre 15 Jahre alte Mädchen konnte von sich aus den ausgesprochenen Verdacht nicht entkräften und wurde von den Befragenden als vom Teufel besessen bezeichnet. Epilepsie war zu jener Zeit ein starkes Indiz dafür. Anna brachte unter dem Druck des Verhörs offenbar vieles durcheinander, wobei die Ergebnisse wohl dem Wunschdenken der Vernehmungsorganen entsprechen. So gab sie an, ihre Großmutter hätte im Stall Schlangen mit Milch gefüttert. Sie sprach auch von einem großen schwarzen zotteligen Mann, den ihr die Großmutter vorstellte. Die Geistlichkeit exorzierte Anna dreimal. Doch das brachte keine Besserung. Nach dem dritten Exorzismus in Wien erkannte man die Schwachsinnigkeit und brachte sie ins Bürgerspital.

Doch Schlutterbauer gab nicht auf. Er bedrängte die Obrigkeit immer mehr, sodass Elsa Plainacher Mitte 1583 doch noch festgenommen und nach Wien gebracht wurde. Auch sie wurde von den Wiener Ärzten und Priestern für lediglich alt und bei schwachem Verstand bezeichnet. Man plädierte dafür, sie ebenfalls ins Bürgerspital einzuweisen. Da aber trat der Jesuit und Prediger Georg Scherer auf den Plan. Im Wiener Stephansdom hielt er eine Hetzpredigt gegen die Hexen im Allgemeinen und gegen Elsa Plainacher im Besonderen. Das erregte Volk forderte, sie zu foltern, um ein Geständnis zu erzwingen. Im Keller des Malefizspitzbubenhaus in der Wiener Rauhensteingasse wurde Elsa Plainacher, alt und krank, einer dreimaligen fürchterlichen Folter unterzogen, bei der sie alles zugab, was man von ihr hören wollte. So wurde sie zum Tod auf dem Scheiterhaufen verurteilt und am 27.9.1583 auf ein Brett zur Richtstätte Gänseweide gezogen. Elsa Plainacher wurde verschärft, also bei vollem Bewusstsein, auf dem Scheiterhaufen verbrannt. Ihre Asche wurde in die Donau, dem heutigen Donaukanal, gestreut.

Die Opfer: Kinderhexen

Im Zuge der Hexenverfolgung litten nicht nur Frauen unter dem Wahn ihrer Mitmenschen. Dass auch Kinder auf Besen ritten, auf dem Blocksberg um das Feuer tanzten und mit dem Teufel buhlten, fand in der heutigen Forschung bislang nur ganz vereinzelt Beachtung. Aber auch Kinder wurden angeklagt, mit dem Teufel im Bunde zu stehen.

Bis zum Ende des 16. Jahrhunderts galten Kinder im Allgemeinen als unschuldige Betroffene. Gerade tot geborene Säuglinge sollen Hexen bevorzugt zum Opfer gefallen sein. Sie sollen sie aufgefressen, ihr Blut getrunken oder seltsame Salben aus ihren Gliedmaßen gebraut haben. Zu dieser Zeit konzentrierte sich die Hexenverfolgung vor allem auf Frauen. Um 1650 änderte sich das Bild. Plötzlich mussten sich Kinder vor Gericht verantworten, wurden verhört, gefoltert und verurteilt. Es wurde nicht mehr ausgeschlossen, dass auch getaufte Kinder vom Satan verführt und in seinem Sinne aktiv werden konnten. Allerdings galten sie nicht als von sich aus böse. Den Eltern wurden mangelnde Erziehung und unzureichende religiöse Unterweisung vorgeworfen.

Das Merkwürdige an diesen Kinderprozessen war, dass sich die Mädchen und Jungen meist selbst für ihre Taten bezichtigten. So behaupteten sie beispielsweise, mit dem Teufel zusammen gewesen oder eine Hexe zu sein. Die Vorwürfe, die das Gericht daraus erhob, unterschieden sich jedoch von denen gegen Frauen. Während Frauen oftmals beschuldigt wurden, freiwillig mit dem Teufel zu schlafen, galten Kinder eher als unschuldig verführt. Sie besaßen im gesellschaftlichen System eine andere Stellung. In ihrem jungen Alter hofften die Gerichte, dass zunächst noch einfache Erziehungsmaßnahmen greifen könnten.

Aber wie kamen die Kinder dazu, sich selbst der Hexerei zu bezichtigen? Da Hexerei ein allgemeines Dorfgespräch war, hörten auch die Kinder von den Gerüchten, Erzählungen und Anklagen. Dieses Geschehen wirkte natürlich auf die Kinder und sie mussten damit irgendwie umgehen. Somit eigneten sie sich das Gehörte an, setzten es in eigene Erzählungen um und brachten so ihren Beitrag zum Dorfgespräch. Vor Angst um ihre Kinder griffen viele Eltern wieder zu alten volksmagischen Praktiken und versuchten, sie vor dem Teufel mit Amuletten oder ähnlichem Aberglauben zu schützen. Das sah die Obrigkeit wiederum überhaupt nicht gern und wollte die Eltern gewaltsam zum richtigen Glauben zurückbringen. Da waren die Kinder als Druckmittel gerade recht, zumal sie sich sogar selbst beschuldigt hatten. Die Obrigkeit wollte also weniger die Kinder als vielmehr die Untertanen insgesamt mit ihren Maßnahmen disziplinieren.

Ein bekanntes Beispiel ist die „Kindhexe" Agatha Gatter, die im Alter von 14 Jahren in Freiburg in der „gütlichen Befragung" zugab, „dass es nit allein zum zehenden mal bey Hexenzusammenkünfften mit gedachter seyner Mutter gewäsen, sondern auch sich Gottes und seyner Heiligen verläugnet und vom bösen Geist zu zwei underschidlichen malen beschlaffen worden" sei. Die Richter zeigten sich verunsichert und baten den Arzt und katholischen Theologen Johannes Pistorius Niddanus (1546–1608) um Rat. Dieser erklärte sich bereit, die Sache fortzuführen und das Mädchen noch einmal zu verhören. Bei dem Gespräch konfrontierte Pistorius das verunsicherte Mädchen mit der Verlesung ihres Geständnisprotokolls. Der Vater von vier Kindern ordnete an, dass „geschworene Hebammen und Frauen" feststellen sollen, „ob es sein Jungfrauschafft verloren und deflorirt sey." Drei Tage später bekam Pistorius seine Vermutung bestätigt: das Kind war in jeder Beziehung unschuldig. Es wurde in eine Pflegefamilie gebracht.

Hexenmeister und Hexenmänner

Der Anteil der Hexenmeister – zum Teil wurden sie auch als Zauberer, Zaubermeister, Drudner, Trudner oder schlicht als Malefizianten bezeichnet – unter den Opfern der Hexenverfolgungen schwankt in den verschiedenen Regionen Europas und auch in zeitlicher Hinsicht. Zu Beginn der großen Hexenverfolgung waren zunächst sehr viele Männer Opfer von Hexenverfolgung. Das lag vor allem daran, dass sich der Hexereiprozess aus dem Ketzerprozess entwickelt hatte und zunächst noch von der kirchlichen Inquisition geführt wurde. In Ketzerprozessen wurden meist Männer angeklagt, nur selten Frauen. Zu Beginn der Neuzeit wurde Hexerei als ein gewöhnlicher Straftatbestand betrachtet und zunehmend von der weltlichen Gerichtsbarkeit verfolgt; nun nahm der Anteil der Männer unter den Opfern ab. Erst auf dem Höhepunkt der Hexenverfolgungen, in Deutschland etwa in den 1620er Jahren, wurden auch wieder verstärkt Männer verfolgt. Insgesamt waren im Gebiet des Heiligen Römischen Reiches Deutscher Nation ungefähr ein Viertel aller wegen Hexerei Angeklagter Männer. In Frankreich lag der Anteil deutlich höher.

Der Fall Urbain Grandier

Zur Berühmtheit gelangte der 1590 in Mayenne, Frankreich, geborene Urbain Grandier. Der katholische Priester wurde wegen Hexerei angeklagt und endete auf dem Scheiterhaufen. Wie kam es dazu? Grandier, Priester in der Kirche Sainte Croix in Loudun im Bistum Poitiers, war hübsch und begabt. Schon nach kurzer Zeit fanden die Frauen Gefallen an ihm. Allerdings hatte er eine Art, Witwen Trost zuzusprechen und Jungfrauen erbauliche Worte zu sagen, die nicht ganz im Einklang mit seinem geistlichen Berufe stand. Er hatte die Tochter des königlichen Staatsanwaltes Trincant verführt; dann machte er sich an Madeleine de Broue, die Tochter eines königlichen Rates, heran, für die er eine geistreiche Abhandlung gegen die Ehelosigkeit der Priester geschrieben hatte.

Diese skandalösen Vorfälle brachten ganz Loudun in Erregung. 1632 beschuldigte ihn eine Gruppe von Nonnen aus dem lokalen Konvent der Ursulinerinnen an, sie verhext zu haben. Die Klagen begannen, nachdem Grandier sich geweigert hatte, der geistliche Leiter des Konvents zu werden, nicht wissend, dass die Mutter Oberin, Schwester Jeanne des Anges, von ihm besessen war, nachdem sie ihn von weitem gesehen und von seinen sexuellen Taten gehört hätte. Jeanne des Anges wurde von erotischen Träumen und hysterischen Anfällen heimgesucht, die man sich damals nur durch die Besessenheit mit Dämonen erklären konnte. Verzweifelt ließ sie sich von den Schwestern geißeln, aber statt Jeanne zu helfen, löste die Prozedur bei den anderen Nonnen eine ähnliche Raserei aus. Immer wieder schrien die besessenen Klosterschwestern nach Urbain. Deshalb nahmen die Exorzisten an, der Geistliche habe die Nonnen und deren Priorin verhext. Grandier wurde verhaftet, von einem kirchlichen Tribunal befragt und überprüft, am Ende aber frei gesprochen.

Grandier hatte jedoch in der Zwischenzeit durch eine öffentliche verbale Attacke die Feindschaft Kardinal Richelieus erworben, der nun eine neues Verfahren anordnete. Es sollte von einem von ihm ernannten Vertreter geleitet werden: Jean de Laubardemont, ein Verwandter der Mutter Oberin des Konvents von Loudun und Sonderkommissar des französischen Königs. Grandier wurde 1633 in Angers erneut verhaftet, die Möglichkeit, sich an das Parlament in Paris als Appellationsgericht zu wenden, wurde ihm verweigert. Bei der zweiten Befragung erneuerten die Nonnen und ihre Oberin die Vorwürfe nicht, was aber das Urteil nicht mehr beeinflusste.

Die Richter ließen Grandier foltern, führten Dokumente in den Prozess ein, die angeblich von ihm und verschiedenen Dämonen unterzeichnet waren und den Teufelspakt beweisen sollten. Grandier wurde schuldig gesprochen und zum Tode verurteilt. Die Richter ordneten an, dass er der „außergewöhnlichen Befragung" unterworfen werden sollte, eine besonders grausame Form der Tortur, die normalerweise mit Verzögerung zum Tode führte, und die nur bei solchen Opfern angewandt wurde, die ohnehin unmittelbar danach hingerichtet wurden. Auch unter dieser Folter, bei der ihm beide Beine zerquetscht wurden, gestand Grandier nicht, die Nonnen verhext zu haben. Er wurde lebend auf dem Scheiterhaufen verbrannt.

Der Fall Lauterfresser

Der Lauterfresser spielt in der Tiroler Sagenwelt eine große Rolle. Er war als Zauberer und Hexenmeister bekannt, der von Ort zu Ort gezogen sein und von Weissagungen aus Planetenbüchern gelebt haben soll. Ihm zugrunde liegt die historische Gestalt des um 1587 geborenen Mathias Perger. Am 12. Mai 1645 wurde er der Hexerei angeklagt und vor ein Gericht gestellt. Seine Geständnisse, er habe Wetterzauber gemacht, sich mittels einer Bärenhaut in einen Bären verwandelt und Ochsen gerissen, ferner Zauber mit einem Galgenmännlein bewirkt und sei am Gallustag mir einer Ofengabel nach Obermais geflogen, wurden unter Folter abgelegt. Bei den Verhören unter Folter belastete er auch mehrere andere Menschen. Am 12. Oktober widerrief er und beging, als man androhte, ihn auf glühende Eisenplatten zu stellen, einen Selbstmordversuch. Am 26. Oktober wurde das Urteil über Mathias Peyer, den Lauterfresser, gesprochen und er wurde verbrannt.

Zahlreiche Sagen kursieren um den Südtiroler. Er war ein gefürchteter Zauberer, der seinen seltsamen Namen daher hatte, weil er immer nur „Lauteres", also Suppen oder Brei essen wollte. Bekam er das nicht, verwandelte er sich in eine Fliege und holte sich seine Mahlzeit aus den Butterkübeln der Bäuerinnen. Das Lesen und Schreiben brachte er sich selbst bei, indem er sich die Inschriften auf Grabsteinen merkte. Er war auch sehr geschickt und führte nicht selten den Leuten seine Fingerfertigkeiten und Zauberkünste vor. Zudem tobte er sich als „Wettermacher" aus. Hatte man ihm gut zu essen gegeben, ließ er es auf strohtrockenen Wiesen regnen. War er aber verärgert, so ließ er es blitzen und donnern. In Dietenheim bei Bruneck soll er es sogar zustande gebracht haben, dass es plötzlich in einer Stube zu schneien begann.

Der Wettermacher von Matzelsdorf

Traurige Berühmtheit erlangte der 20-jährige Kaspar Haintz aus Österreich, der 1653 in Gmünd wegen Wettermacherei hingerichtet wurde. Aus den Prozessunterlagen geht hervor, dass Kaspar ein schwächlicher, leicht beeinflussbarer, vermutlich psychisch kranker Bauernknecht war. Am 1. April 1653 trafen sich Beamte aus Gmünd, Sommeregg und Millstatt in Treffling, um über aktuelle Unwetterschäden zu reden. Dabei erfuhren sie von einem Knecht, der damit prahlte, dass er beim Wettermachen dabei gewesen war. Kasper wurde verhaftet. Der schwächliche Bursche diente seit einigen Jahren bei verschiedenen Bauern von Gschriet und Laufenberg bis Treffling, blieb aber nirgends länger. Haintz wurde nach Gmünd in den Kerker, die „Keichn“, gebracht und dem peinlichen Verhör zugeführt. Aber auch unter Folter erzählte er von Zusammenkünften auf der Millstätter Alpe, bei denen über das Güss-Machen, das Schauer-Führen, das Reif-Streuen und das Schneiben beraten wurde. Weder Drohungen noch freundliches Zureden brachten ihn davon ab, zu glauben, was er erzählte. Er fantasierte von absurden Zusammenkünften.

Das Urteil der Gerichtsherren war klar. Während der Millstätter Hofrichter Stiegg zu mäßigen suchte, plädierte Dr. Johannes Kletterhammer, Richter der Herrschaft Gmünd, auf volle Schuldfähigkeit: „In Summa die von Casperl bekannten, in Sonderheit des Gauglers Hansl und des Starfachers Riepl zu Matschdorf unfehlbar mit der Zauberei behaftet sei. Denn der Casperl ist so einfältig nit, als wie man ihn dafür haltet. Hat die Aussag so ordentlich getan, als der Witzigste und Gescheiteste thuen kann.“ Nach zweieinhalb Monaten Kerker erfolgte am 9. Juni 1653 in Gmünd die Urteilsverkündung. Noch am Abend wurde Kasper Haintz mit dem Schwert geköpft und anschließend verbrannt.

Der Fall Johannes Junius

Vom Irrsinn der Hexenprozesse waren auch Männer in hohen gesellschaftlichen Positionen betroffen. Unter der Regierung des Fürstbischofs Johann Georg II. Fuchs Freiherr von Dornheim nahm der Hexenwahn im Bistum Bamberg bedrohliche Ausmaße an: Unterstützt von Weihbischof Friedrich Förner ließ er 1627 ein Drudenhaus (Malefizhaus, Hexengefängnis) für über 30 Gefangene bauen. Unter Dornheim fanden etwa 300 Menschen allein in Bamberg und weitere 900 Menschen im übrigen Hochstift den Tod auf dem Scheiterhaufen. Einer davon war der Bamberger Ratsherr und Bürgermeister Johannes Junius, der im August 1628 in Bamberg auf dem Scheiterhaufen verbrannt wurde. Er war ein typisches Opfer des hysterischen Hexenwahns. Seine Frau war bereits vor ihm als Hexe auf dem Scheiterhaufen verbrannt worden, er selbst kam durch Beschuldigungen, die seinen Freunden unter der Folter abgepresst wurden, in Haft. Trotz seines verzweifelten Widerstandes gelang es, ihn dazu zu bringen, sich selbst sowie etliche Verwandte und Freunde der Hexerei zu bezichtigen.

Mit diesen Worten beschrieb Johannes Junius in einem letzten Brief an seine Tochter Veronica die Aussichtslosigkeit seiner Situation; „Unschuldig bin ich in das gefengnus kommen, unschuldig bin ich gemarttert worden, unschuldig muss ich sterben. Denn wer in das Haus kommt, der muss ein Drudner werden oder wird so lange gemartert, bis dass er etwas in seinem Kopf Erdachtes weiß ... Ich bat die Herren (die Untersuchungskommission) um Gottes Willen, sie hörten, dass es lauter falsche Zeugen wären, man sollte sie doch bei Eid und sicher examinieren; es hat aber nicht sein wollen, sondern sie sagten, ich solle es gutwillig bekennen oder der Henker wolle mich wohl zwingen. Ich gab zur Antwort: Ich habe Gott niemals verleugnet und wollte es auch nicht tun, Gott soll mich gnädig davor behüten. Ich wolle lieber darüber ausstehen, was ich sollte.

Und da kam leider, Gott erbarme es im höchsten Himmel, der Henker und hat mir den Daumenstock angelegt, beide Hände zusammengebunden, dass das Blut zu den Nägeln herausgegangen ist und ich die Hände vier Wochen lang nicht gebrauchen konnte, wie du aus dem Schreiben sehen kannst ... Danach hat man mich erst ausgezogen, die Hände auf den Rücken gebunden und auf die Höhe in der Folter gezogen. Da dachte ich, Himmel und Erde gingen unter; sie haben mich achtmal aufgezogen und wieder fallen lassen, dass ich unselige Schmerzen empfand. Und dies alles ist splitternackt geschehen, denn sie haben mich splitternackt ausziehen lassen.

Als mir nun unser Herrgott geholfen hatte, habe ich zu ihnen gesagt: Verzeihe Euch Gott, dass ihr einen ehrlichen Mann unschuldig angreift; Ihr wollt ihn nicht alleine um Leib und Seele, sondern auch um Hab und Gut bringen. Da sagte aber Doktor Braun: Du bist ein Schelm. Ich sagte: Ich bin kein Schelm noch derart und bin so ehrlich, wie Ihr alle seid. Allein, wenn es so zugeht, so wird kein ehrlicher Mann in Bamberg sicher sein. Ihr sowenig wie ich oder ein anderer. Da sagte der Doktor, er wäre nicht vom Teufel angefochten, ich sagte: Ich auch nicht, aber Eure falschen Zeugen, das sind die Teufel, und Eure scharfe Marter. Denn Ihr lasst keinen hinweg, wenngleich er alle Marter aussteht ... also geht es gar Vielen und wird noch Vielen also ergehen, wenn Gott keine Mittel schickt ... bete für mich, Deinen Vater, nach meinem Tode, dass die Anna Maria auch für mich bete, Du darfst kühnlich für mich schwören, dass ich kein Drudner, sondern ein Märtyrer bin, und ich sterbe hiermit gefasst.

Gute Nacht, denn Dein Vater Johanes Junius sieht Dich nimmer mehr. 24. Juli 1628."

Werwölfe: Dämonen in Menschengestalt

Männer fielen also den Wahnvorstellungen der Hexenjäger ebenfalls zum Opfer. Im Zuge der Hexenverfolgungen wurden deshalb zahlreiche Männer vor Gericht gebracht und hingerichtet. Eine beträchtliche Anzahl von ihnen wurde speziell der Werwolfverwandlung bezichtigt.

Die Vorstellung, dass Menschen zeitweilig die Gestalt von Tieren annehmen können, findet man in allen Zeiten und Kulturen. Der Glaube an Tierverwandlungen geht grundsätzlich davon aus, dass Menschen böse Triebe in sich bergen, die sich in der Gestalt autonomer Wesen äußern können. Solche Wesen haben typischerweise das Aussehen von Tieren, sie führen ein blutiges Nachtleben. Neben der Verwandlung in Tiger, Hunde oder Katzen existiert vor allem die Vorstellung, dass Männer, aber auch Frauen, Wolfsgestalt annehmen können; man spricht dann von Lykanthropie. In der gelehrten mittelalterlichen und frühneuzeitlichen Traktatliteratur (Augustinus, Thomas von Aquin, Hexenhammer) wurden Werwölfe verteufelt; nach der Lehrmeinung der Kirchenväter waren die Verwandlungen Teufelswerk. Die zeitgenössischen Debatten drehten sich fast immer um die Frage, ob sich Menschen tatsächlich in Wölfe verwandeln könnten. Eine Minderheit glaubte an eine tatsächliche physische Transformation, während die meisten Dämonologen die Meinung vertraten, es handele sich um eine geistige Verwirrung durch den Teufel.

Vorstellungen von Lykanthropie sind keineswegs auf Wölfe beschränkt. So gibt es Legenden über Werwölfe in Europa, Werbären in Skandinavien, Werleoparden in Afrika und in der Arktis trieben gar Werrobben ihr Unwesen.

Es überrascht nicht, dass der Höhepunkt des Werwolfglaubens mit den Hexenverfolgungen am Ende des 16. und Beginn des 17. Jahrhunderts zusammenfällt. Ein Großteil der Anschuldigungen in den Werwolfprozessen beruhte offensichtlich auf der Denunziation unliebsamer Nachbarn, der Beschuldigung für das Verschwinden von Kindern oder für Verluste beim Vieh.

Im Mittelalter kursierten die wildesten Werwolf-Geschichten. Dies ging einher mit der Darstellung des zum Nahrungskonkurrenten gewordenen Wolfes als Sinnbild des Bösen, sogar als Satan selbst, der seinen Vasallen die Fähigkeit gab, sich in Wölfe zu verwandeln und in dieser Gestalt das Vieh zu töten und Menschen anzufallen. Dieser Prozess der Verteufelung hatte seinen Höhepunkt zurzeit der Inquisition und hielt lange danach noch an.

Um die Boshaftigkeit noch zu unterstreichen, sprach man dem Werwolf sämtliche triebhaften Sünden und schlechte Charaktereigenschaften der Menschen wie Sodomie, Habgier, Mordlust zu. Dabei wurde anscheinend der Begriff des Werwolfs auf alle in Tiergestalt gehüllten Menschen ausgeweitet. Wie bei den gleichzeitig herrschenden Hexenwahn reichten geringste Beschuldigungen aus, um einen Werwolf auf den Scheiterhaufen zu bringen. Die Werwolfprozesse waren eine Farce, deren Urteile de facto schon feststanden, bevor man den Beschuldigten unter Zurhilfenahme sämtlicher Methoden der peinlichen Befragung ihre Geständnisse abgepresst hatte.

DER FALL PETER STUBBE

Nach einer Reihe von Verfahren im Herzogtum Burgund fand 1589 in Bedburg bei Köln der in der Kriminalgeschichte wohl bekannteste Werwolfprozess statt: Der Bauer Peter Stubbe (auch Stübbe oder Stump) wurde zusammen mit seiner Tochter und seiner Geliebten hingerichtet. Zuvor hatte er gestanden, 20 Jahre lang eine Teuflin als Beischläferin gehabt zu haben; diese habe ihm einen Gürtel geschenkt, mit dem er sich, sobald er ihn anlegte, in einen Werwolf verwandeln könnte. Stubbe wurde gerädert und fürchterlich gefoltert. Man riss ihn mit Kneifzangen in Stücke, flocht ihn aufs Rad und enthauptete ihn, bevor man seinen kopflosen Leichnam verbrannte. Für den Fall, dass man etwas ausgelassen hätte, wurden seine Geliebte und seine Tochter gleich mit verbrannt. Ob es sich hierbei um einen wirklichen Werwolfprozess oder um ein inszeniertes Gerichtsverfahren gegen einen politisch unbequemen Mann handelte, ist umstritten. Auf jeden Fall stieß der Fall auf große Resonanz, und selbst in den Niederlanden, in Dänemark und in England erschienen Flugblätter, teilweise mit Holzschnitten geschmückt, in denen die tatsächlichen oder angeblichen Gräueltaten des Peter Stubbe in allen Einzelheiten genüsslich geschildert wurden.

DER FALL ROULET

Im Jahre 1598 wurde in Angers der Prozess eines Werwolfs verhandelt. Man hatte in der Nähe von Caudean, einem abgelegenen Orte, den zerfleischten Leichnam eines 15-jährigen Jungen gefunden. Als man hinzukam, flüchteten zwei Wölfe, die noch von dem Körper gefressen hatten. Man verfolgte sie, kam von der Spur ab, fand aber in der Nähe einen seltsam verwilderten Knaben mit langem Haar und Bart und mit blutigen Händen, mit langen Nägeln wie mit Krallen: Roulet. Er erbettelte sich mit seinem Cousin Julien und seinem Bruder Jean seinen Unterhalt in den benachbarten Ortschaften. Als die Tat geschah, war er schon acht Tage von zu Hause fort.

Im Verhör gab er an, dass er sich auf seiner Reise mit seinen Begleitern in Wölfe verwandelt habe, mit Hilfe einer Salbe, die er von seinen Eltern erhalten hätte. Er gestand ein, er hätte das Kind überfallen und zuerst durch Ersticken getötet; die beiden anderen Wölfe wären seine Verwandten gewesen; er erkannte die Kleider wieder, die er an jedem Tage angehabt, den Leichnam des Kindes, gab die Stelle an, an der die Tat geschehen sei, erkannte den Vater des Kindes als denjenigen, der auf das Geschrei desselben zuerst zur Hilfe herbeigeeilt sei. Im Gefängnis stellte man fest, dass Roulet geisteskrank war. Man verurteilte ihn zum Tode. Er appellierte jedoch an das Parlament in Paris, das befahl, ihn für zwei Jahre in ein Irrenhaus zu stecken, damit er unterrichtet und zur Erkenntnis Gottes zurückgeführt werde, die er in seiner bitteren Armut außer Acht gelassen habe.

Kritik an der Hexenverfolgung

Die Hexenverfolgung wurde nicht pauschal befürwortet. Immer wieder gab es Stimmen gegen das „flammende Schwert" der Inquisition. Harsche Kritik an den schonungslosen blutigen Exzessen des Hexenverfolgung kam ausgerechnet aus Rom. Francesco Albizzi, Assessor im Vatikan, kam im Jahre 1636 in diplomatischer Mission nach Köln. Auf der Reise durch Deutschland bot sich dem Italiener ein ungewohntes, „ein fürchterliches Schauspiel: außerhalb der Mauern mehrerer Dörfer und Städte waren unzählige Pfähle errichtet, an die gefesselt arme und überaus bedauernswerte Frauen als Hexen von den Flammen verzehrt worden waren".

Zurück in Rom erstattete er Bericht über die Verhältnisse in Deutschland. Zwar teilte man im Vatikan den Hexenglauben, hatte aber anders als die provinziellen Kirchenobrigkeiten einen für diese Zeit erstaunlichen Realitätssinn bewahrt. Den Fanatismus in Deutschland hielt man für weitestgehend übertrieben. Doch nur im Herrschaftsbereich der römischen Inquisition konnte das Hei-

Trier Hexentanzplatz

lige Offizium seine für diese Zeit gemäßigte Position in der Hexenfrage konsequent durchsetzen.

Albizzi verfasste gemäßigte Prozessinstruktionen und bewirkte bei Papst Innozenz X., dass 15 Kinder, die in Deutschland wegen Hexerei getötet werden sollten, nach Mailand in Sicherheit gebracht wurden. Diese und andere Erfahrungen führten zu dem Beschluss des Heiligen Offiziums, seine bisher nur handschriftlich und in dickleibigen Handbüchern abgedruckten Hexenprozessinstruktion 1657 als Broschüre drucken zu lassen und an radikale Hexenverfolger, insbesondere außerhalb Italiens (katholische Schweiz, Frankreich, Deutschland), zu verschicken.

In dogmatischer Hinsicht blieb Albizzi konservativ: Die Behauptung, Schadenszauber sei irreal, nannte er häretisch. Auch Hexenflug und -sabbat waren für ihn grundsätzlich möglich, allerdings äußerst selten. Albizzi glaubte sogar an die Wirklichkeit des

Hexenstigmas, gab aber zu, dass dazu innerhalb der Inquisition ernst zu nehmende gegenteilige Auffassungen existierten. Seine allgemeine Magiegläubigkeit wurde dadurch entscheidend entschärft, dass Albizzi bei dem tatsächlichen Nachweis des Hexendeliktes sehr vorsichtig war: Vor der Annahme eines Schadenszaubers mussten Ärzte erst natürliche Ursachen des Todes eines Menschen ausschließen.

Kritische Jesuiten

In seinen Abhandlungen erwähnte Albizzi die „Cautio Criminalis“ (Vorsicht in Strafprozessen). Dieses Werk erschien 1632 und prangerte die Willkürlichkeit der Hexenprozesse an. Der Verfasser war der Jesuitenpater Friedrich Spee von Langenfeld (1591–1635), der sein Traktat aber aus Angst, der Ketzerei angeklagt zu werden, anonym veröffentlichte. In der Schrift heißt es: „Ich will nun etwas sagen, das alle hören sollen, die Ohren haben zu hören. Man erfinde irgendein grässliches Verbrechen, von dem das Volk Schaden fürchtet. Man verbreite ein Gerücht darüber und lasse dann die Gerichte dagegen einschreiten mit denselben Mitteln, wie sie jetzt gegen das Hexenunwesen angewandt werden. Ich verspreche, dass ich mich der allerhöchsten Obrigkeit stellen und lebend ins Feuer geworfen werden will, wenn es in Deutschland nicht bald ebenso viele dieses Verbrechens Schuldige geben sollte, wie es jetzt der Magie Schuldige gibt.“

Friedrich Spee

Aus Spees „cautio criminalis“

„Ich will der Gerechtigkeit nicht in den Arm fallen, ich widersetze mich ihr gar nicht, ich will keine Verbrechen straflos ausgehen lassen, ich will nur dies, was unser Gesetzgeber Christus selbst befohlen hat: dass man das Unkraut nicht ausjäte, wenn zu fürchten steht, dass etwa der Weizen zugleich mit herausgerissen werde. Und ich möchte, dass die es erfahren, die sich rüsten, den Staat zu säubern ...
Darum sollen die Fürsten auch darauf achten, was das für Leute sind, die so eifrig darauf dringen, das Verbrechen der Magie zu bekämpfen. Denn abgesehen davon, dass, wie gesagt, zu fürchten ist, der Fürst könnte sich durch ihren Eifer zu weit hinreißen lassen, steckt oft noch anderes hinter diesem Eifer, nämlich Habsucht, Unwissenheit usw. Der Fürst sollte hieraus schließen, dass er eher zu bremsen und zu zögern hat, als so eilig den Anforderungen derartiger Ratgeber Folge zu leisten.
Ich wiederhole also, wenn die Fürsten solche fanatischen Eiferer voll ungezügelter Leidenschaft um sich dulden, dann ist mit Recht zu befürchten, dass sie (wie so häufig geschieht) von der Leidenschaft berauscht, viele Dinge nicht bedenken und verhindern, die den unschuldigen Bürgern gefährlich werden müssen, wenn die Prozesse erst einmal in Gang gekommen sind. So gerät dann sogleich auch der Weizen in gefahr. Damit das nicht eintritt, wird man den Fürsten raten müssen, nicht nur die Prozesse so vorsichtig wie möglich führen zu lassen, sondern einfach überhaupt keine Hexenprozesse führen zu lassen ...“

Mit seiner sehr kritischen Haltung zur Hexenverfolgung wurde von Spee zu einem Vorkämpfer der Aufklärung. Da Spee in seinem persönlichen Umfeld offen über sein Anliegen sprach, war bald bekannt, wer die „Cautio Criminalis“ geschrieben hatte. Die Empörung über Spee klang jedoch ab, als durch den Schwedeneinfall unter Gustav Adolf andere Probleme anstanden. Trotzdem wurde Spee von Köln nach Trier versetzt. Vier Jahre nach der Veröffentlichung seines Buches starb er. Spee hatte sich bei der Versorgung pestkranker Soldaten angesteckt. Trotz aller Anfeindungen war er dem Jesuitenorden treu geblieben. Spee war einmal gefragt worden, woher er denn schon graues Haar hätte. Er antwortete, das komme davon, dass er viele Hexen als Beichtvater zum Scheiterhaufen hätte begleiten müssen. Er fügte hinzu, dass er in keinem einzigen Fall davon überzeugt gewesen wäre, die Verurteilte wäre der Hexerei wirklich schuldig gewesen. Viele Angeklagte hätten ihm die Unwissenheit oder Bosheit der Richter geklagt oder noch im Sterben in den Flammen Gott selber zum Zeugen ihrer Unschuld angerufen.

Pater Adam Tanner (1572–1632) war ein weiterer kritischer Jesuit. Er veröffentlichte seine Überlegungen zur Vorsicht bei Hexenprozessen 1627 innerhalb seines Werkes „Theologica moralis". Den Verfechtern eines radikalen Kurses hielt er das biblische Gleichnis vom Unkraut unter dem Weizen entgegen. Beide könnten erst während der Ernte (beim Jüngsten Gericht) voneinander getrennt werden. Tanner bejahte zwar die Existenz von Hexen, hielt aber ihre Bestrafung aus Gründen der nicht eindeutigen Beweisbarkeit für unmöglich. Denunziationen wegen Hexerei dürften nicht zur Folter oder Verurteilung von Menschen führen, die bis dahin unbescholten gewesen waren. Dies begründet er mit der „Vernunft". Er forderte klare Bestimmungen für die Prozessführung, um der Willkür der Richter entgegenzuwirken. Die oftmals ungebildeten Angeklagten müssten Verteidiger erhalten. seine Forderungen brachten Tanner mannigfache Anfeindungen ein. So drohten ihm erboste Inquisitoren selber die Folter an.

Für die Opfer: Hermann Löher

Der Kaufmann Löher, geboren 1595 in Münstereifel im Rheinland, verfasste noch im hohen Alter die „Hochnötige Unterthanige wemutige Klage der Frommen Unschültigen", in dem er seine schaurigen Erlebnisse mit Hexenjägern in seiner Heimat der Jahre 1631 bis 1636 von der Seele schrieb. In seinem Traktat über die Hexenjäger nannte er Ross und Reiter.

Über den 60-jährigen Bauern Hilger Lirtz, einst selbst Schöffe, Bürgermeister und Ratsherr in der Stadt, der der Teilnahme am Hexensabbat bezichtigt wurde, berichtet Löher: „Lirtz wird gleich nach seiner Gefangennahme exorziert, mit Nadeln an seinem 60-jährigen verdorrten Leib. Er wird auf Stirn, Brust, hinter dem Hals, wo bei alten Leuten wenig Blut ist, mit 20, 30 Stecknadeln geprüft, von denen etliche blutig wurden, die anderen unblutig blieben. Die blutigen wusch der Henker auf Geheiß Doktor Franz Buirmanns ab und es wurde gesagt, der Henker hat das unblutige Teufelszeichen verfehlt. Er wurde kahl wie ein Türke, aller Haare beraubt, geschoren und misshandelt und mit der Beinschraube, Krokodilsmaul genannt, gepeinigt. Das alles hielt er ohne Geständnis tapfer aus. Daraufhin wird er abends, am Vorabend des Fronleichnamabends auf den verfluchten Peinstuhl gebunden. Dazu wird ihm ein eisernes Hundehalsband, um ihn zu foltern, angelegt. Dieses Hundehalsband hat vier eiserne Ringe, welche mit Seilen an den vier Ecken der Folterkammer mit Schrauben, wie eine Sehne am Bogen, gespannt sind. Er wurde an Händen und Füßen durch Haut und Fleisch gebunden, mit dem Halsband am Hals zerfleischt, denn der Henker rüttelt und stößt den Stuhl, das nennen sie den Galgart tanzen, doch nicht mit schönen Jungfrauen, und sie schlagen mit Stücken auf das gespannte Seile, das nennen sie die Zither oder Laute schlagen. Diese Folterung überstand er zweimal tapfer. Im Zorn schalt er Dr. Franz Buirmann und sämtliche Gerichtspersonen als Mörder, Verbrecher und Diebsgesellen, Verräter seiner Person.

Des Morgens früh an dem hohen Fronleichnamsfest läuten die Glocken zur Frühmesse. Die Leute gehen zur Kirche. Zur siebten Stunde läuten die Glocken in beiden Kirchen inner- und außerhalb der Stadt, um die Prozession feierlich zu begehen. Das Schlagen zur siebten Stunde zählt der gefolterte Mann heimlich mit Bewegen seiner Lippen mit. Das beobachtet Dr. Franz Buirmann. Er sagt: Zählst du Zauberer die Stunde und berechnest du die Zeit der Folter? Das kann und mag dir Erzzauberer nicht helfen. Es kann mir wohl helfen. Wenn ich noch fünf, sechs Stunden die Folter ausstehe, dann habe ich nach dem kaiserlichen Recht die Folter überstanden. Dann müsst ihr Mörder, Verbrecher und Diebe mich freilassen. Ich dich Hexenmeister freilassen? Du sollst mir bei Nichtbekennen zweimal 24 Stunden nach meinem Willen auf dem Folterstuhl sitzen, bis du deine Zauberkunst zugibst und deine Komplizen nennst und besagst.

Während der Prozession und vor ihrem Ende hörte man in der Stadt nach alter Gewohnheit drei Trommeln, Schalmeien, Flöten, Pfeifen, Violinen, Musketen, Haken und Feuerwaffen und viele herrliche, göttliche lateinische und deutsche Lobgesänge von den Pastoren, Vikaren, Chorsängern, Schülern, geschmückten jungen Töchtern usw. (...) Die Gesänge, Stimmen, Glocken und Trommeln konnte der gepeinigte Mann, unter der Folter sitzend, hängend und würgend, hören. Denn er hatte über 50 Jahre lang an der Prozession mit Andacht teilgenommen ... Wenn er Hochverrat an seinem Vaterland und seinem Landesfürsten begangen hätte, so wäre er doch an einem so hochheiligen Fest wie Fronleichnam von Folter verschont worden. Um ein Uhr, nach dem Ende der Prozession, wird er in Abwesenheit sämtlicher Schöffen von der Folter genommen und mit zerrissenen, zerfleischten Gliedern drei, vier Wochen in schwerer Haft, unter der Salbe des Henkers, bei Abscheren von Haaren und Bart, festgehalten."

Die Aufklärung und das Ende der Hexenverfolgungen

Das Ende der Hexenprozesse brachte erst der Sieg der Aufklärung, welche nicht mehr die Kirche, sondern die Vernunft in den Mittelpunkt rückte. Die Macht der Inquisitoren war gebrochen. Die neuzeitliche Trennung von Kirche und Staat sowie die Kritik an der

Inquisition seitens der Aufklärung ließen Einfluss und Bedeutung der Inquisition allmählich zurückgehen.

Die letzte Hexe wurde in der Schweiz 1782 hingerichtet, elf Jahre später kam es in Posen zur Verbrennung zweier Frauen. Sie wurden zum Tod verurteilt, weil sie rot entzündete Augen hatten und das Vieh ihres Nachbarn dauernd krank gewesen war. Die Fälle von Glarus und Posen sind die beiden letzten bekannten Hexenprozesse mit anschließender Hinrichtung. Der Hexenwahn war zwar nicht sofort besiegt, er lebte im Aberglauben weiter – zum Teil bis heute. Die Magie ging in den Untergrund und tauchte bei Rosenkreuzern und Freimaurern wieder auf.

Humanisierung des Strafrechts

Die Aufklärung brachte unter anderem eine Humanisierung des Strafrechtes hervor. Dazu gehörte die Abschaffung der Folter. Am 7. Juli 1806 erfolgte die Aufhebung der Tortur, und das neue Strafgesetzbuch, an dem der berühmte Strafrechtler Johann Anselm Ritter von Feuerbach fünf Jahre gearbeitet hatte, enthielt die Begriffe Ketzerei, Hexerei und Zauberei nicht mehr. Man erkannte, dass die Folter ein untaugliches Mittel zur Wahrheitsfindung sei. Zudem verlor das Geständnis seine Prozess entscheidende Rolle. An seine Stelle setzte man den Zeugen- und Indizienbeweis.

Der Sieg der Toleranz wurde dadurch begünstigt, dass die konfessionell motivierten Kämpfe in Europa zu Ende gingen. Man fand sich damit ab, dass es in Westeuropa zwei Möglichkeiten des christlichen Glaubens gab, nicht nur die katholische, sondern auch die evangelische. Damit verbunden war die Achtung vor der Religion des anderen, ja der Menschenwürde im Allgemeinen. Ein dunkles Kapitel der europäischen Geschichte fand sein Ende.

Und die Inquisition …

Die meisten Opfer der Inquisition blieben unbekannt. Die Mehrheit war unschuldig – auch im Sinne der Anklage. Doch wer einmal in die Mühlen der Inquisition geriet, hatte keine Chance. Er wurde durch eine oft langjährige Haft in finsteren Verließen gefügig gemacht, durch Folter gequält und zu einem Geständnis gezwungen. Sein Vermögen wurde beschlagnahmt und fiel zum großen Teil an die Kirche; seine Angehörigen standen meist mittellos auf der Straße, niemand traute sich, ihnen zu helfen. Den Inquisitoren und der mit ihnen verbündeten weltlichen Macht kam es darauf an, ein Klima der Angst zu erzeugen, das Menschen beherrschbar machte.

Verteidiger des römisch-katholischen Glaubens versuchen noch heute, ihre Kirche von jeder Verantwortlichkeit für die tatsächliche Ketzerverbrennung los zu sprechen. Sie behaupten, die Heilige Inquisition sei das Werk des Staates gewesen. Aber im Gegenteil, „die verbindende Kraft der Gesetze gegen die Ketzer lag nicht in der Macht der weltlichen Fürsten, sondern in der souveränen Herrschaft, welche der Papst als Statthalter Gottes auf Erden über Leben und Tod aller Christen zu besitzen behauptete“, wie Innozenz III. es ausdrücklich betonte. Die Strafen wurden von den Zivilbehörden ausgeführt, aber nur als der säkulare Arm der Kirche. Die Päpste selbst waren die Autoritäten hinter den Inquisitoren. Sie übten die Macht über Leben und Tod sogar über Kaiser aus. Papst Urban II. (1088 -1099), Urheber des ersten Kreuzzuges, verfügte, alle Ketzer müssten gefoltert und getötet werden. Das wurde zu einem Dogma der Kirche. Sogar Thomas von Aquin lehrte, Nichtkatholiken oder Ketzer könnte man nach einer zweiten Warnung rechtmäßig töten. Seine Worte lauteten genau: „Sie haben es verdient, durch den Tod von der Erde verbannt zu werden.“

Die Folter sah man als notwendig an, denn die Kirche fühlte sich verpflichtet, jegliche Abweichung von der gesunden Lehre aus dem Munde der Opfer gewahr zu werden. Je qualvoller die Folter, desto wahrscheinlicher, dass man aus ihren widerspenstigen Lippen die Wahrheit herauspressen konnte. Die Inquisitoren waren überzeugt, es sei „besser, dass hundert Unschuldige sterben, als dass ein Ketzer davonkommt“. Diese entsetzliche Lehre wurde drei Jahrhunderte lang unter jedem Papst aufrecht erhalten.

Ende des 15. Jahrhunderts, als die Ketzer ausgingen, verlegten sich die Inquisitoren auf die Verfolgung von so genannten Hexen. Eigentlich galt Hexerei als bloßer Aberglaube und sollte von der Inquisition nur vermahnt werden, nicht aber verfolgt. Nun wurden Hexen zur kirchenfeindlichen Sekte erklärt, und im deutschen Reich und anderswo fingen die Scheiterhaufen an zu brennen.

Bis weit ins 20. Jahrhundert hinein widmete sich die römische Inquisition der Reinhaltung der Lehre, indem es abweichende wissenschaftliche Werke und Erkenntnisse (Kopernikus, Galilei) versuchte zu unterdrücken und einen so genannten Index der verbotenen Schriften und Bücher erstellte, der diese Werke allesamt als ketzerisch verdammte.

Noch bis zur Neuorganisierung der Inquisition (seit 1908 Sanctum Officium) im Jahr 1966 existierte ein Index der verbotenen Schriften, der erst von Papst Paul VI. abgeschafft wurde. Erst unter ihm erfuhr das Offizium eine Reorganisation, wurde 1966 in seinen Kompetenzen beschnitten und in die Kongregation für Glaubenslehre umbenannt. Grundlegend für den damit gegebenen „stillschweigenden Verzicht“ auf die Inquisition war die Erklärung des 2. Vatikanischen Konzils über die Religionsfreiheit, in der das Konzil ausdrücklich „das Recht der Person und der Gemeinschaften auf gesellschaftliche und bürgerliche Freiheit in religiösen Dingen“ betonte.

In den vergangenen Jahren schließlich gab es erste Schritte der katholischen Kirche, sich zu den Exzessen zu bekennen, die teilweise im Namen Gottes und der Inquisition verübt wurden. Das geheime Archiv der Inquisitionsakten im Vatikan wurde Geschichtsforschern geöffnet. Im Jahre 2000 sprach mit dem verstorbenen Papst Johannes Paul II. erstmals ein Oberhaupt der katholischen Kirche vorsichtig von einer Schuld, die die Kirche mit der Inquisition auf sich geladen habe ...

Sabine Alfing: Hexenjagd und Zaubereiprozesse in Münster. Vom Umgang mit Sündenböcken in den Krisenzeiten des 16. und 17. Jahrhunderts, Münster 1991.
Christoph Auffarth: Die Ketzer. Katharer, Waldenser und andere religiöse Bewegungen, München 2005.
Andreas Beck: Der Untergang der Templer. Größter Justizmord des Mittelalters?, Freiburg 1997.
Wolfgang Behringer: Hexenverfolgung in Bayern. Volksmagie, Glaubenseifer und Staatsräson in der Frühen Neuzeit, München 1997.
Wolfgang Behringer (Hrsg,): Hexen und Hexenprozesse in Deutschland, München 2000.
Wolfgang Behringer: Hexen. Glaube, Verfolgung, Vermarktung, München 1998.
Hartmut Boockmann: Das Mittelalter. Ein Lesebuch, München 1988.
Alfred Bruns: Die Oberkirchener Hexenprotokolle, 1984.
Sabine Buttinger: Das Mittelalter, Darmstadt 2006.
Rainer Decker: Hexen. Magie, Mythen und die Wahrheit, Darmstadt 2004.
Hans-Georg Deggau: Kleine Geschichte der Katharer, Freiburg 2005.
Hannsferdinand Döbler: Hexenwahn. Die Geschichte einer Verfolgung, München 1977.
Edith Ennen: Frauen im Mittelalter, München 1985.
Hermann-Josef Frisch: Lexikon des Christentums, Düsseldorf 2005.
Horst Fuhrmann: Einladung ins Mittelalter, München 1997.
Peter Godman: Die geheime Inquisition. Aus den verbotenen Archiven des Vatikans, München 2002.
Susan Greenwood: Hexen im Mittelalter, Reichelheim 2003.
Dieter Hägermann (Hrsg.): Das Mittelalter. Die Welt der Bauern, Bürger, Ritter und Mönche, 2001.
Franz Irsigler, Arnold Lassotta: Bettler und Gaukler, Dirnen und Henker. Außenseiter in einer mittelalterlichen Stadt, München 2001.
Hetty Kemmerich: Sagt, was ich gestehen soll! Hexenprozesse, 2003.

Anita Lackenberger: Ein teuflisch Werk: Die Torturen der Hexe von Wien, 1998.
F. Donald Logan: Geschichte der Kirche im Mittelalter, Darmstadt 2005.
Elmar M. Lorey: Henrich der Werwolf. Eine Geschichte aus der Zeit der Hexenprozesse mit Dokumenten und Analysen, 1998.
P. G. Maxwell-Stuart: Hexen. Wahn und Wirklichkeit von der Antike bis heute, Essen 2003.
Minka Rublack: Die Reformation in Europa, Frankfurt 2003.
Jeffrey Burton Russell: Biographie des Teufels. Das radikal Böse und die Macht des Guten in der Welt, Berlin 2002.
Dagmar Scherf: „Wegen Hexerei zu Tode gebracht", in: Frankfurter Rundschau, 19.4.2004.
Dagmar Scherf: Homburger Hexenjagd oder wann ist morgen? Fakten und literarische Texte zur Hexenverfolgung in einer hessischen Landgrafschaft, Frankfurt 2000.
Ferdinand Seibt: Glanz und Elend des Mittelalters. Eine endliche Geschichte, Berlin 1999.
Gerd Schwerhoff: Die Inquisition. Ketzerverfolgung in Mittelalter und Neuzeit, München 2004.
Rolf Schulte: Hexenmeister. Die Verfolgung von Männern im Rahmen der Hexenverfolgung von 1530–1730 im Alten Reich, Frankfurt 2001.
Soldan-Heppe: Geschichte der Hexenprozesse, Bd. 2, München, 1911.
Friedrich von Spee: Cautio Criminalis oder Rechtliches Bedenken wegen der Hexenprozesse, München 1983.
Jacob Sprenger, Heinrich Institoris: Der Hexenhammer (Malleus maleficiarum), München 1982.
Heidi Staschen, Thomas Hauschild: Hexen, Königsfurt, o. J.
Ilse Werder: Wächtersbach. Die Faulhaberin, in: Archiv Frauenleben im Main-Kinzig-Kreis: Hexenwahn und Teufelswerk, 2003.